SCHÄFFER
POESCHEL

Kai-Uwe Marten/Reiner Quick/Klaus Ruhnke

Wirtschaftsprüfung

Grundlagen des betriebswirtschaftlichen Prüfungswesen nach nationalen und internationalen Normen

unter Mitarbeit von Annette G. Köhler, Matthias Wolz, Thorsten Seidel

sowie Martin Schmidt, Engin Kayadelen und M. Felix Weiser

2., überarbeitete Auflage

2003
Schäffer-Poeschel Verlag Stuttgart

Verfasser:

Prof. Dr. Kai-Uwe Marten, Abteilung Internationales Rechnungswesen, Universität Ulm
Prof. Dr. Reiner Quick, Lehrstuhl für Wirtschaftsprüfungswesen, Universität GH Essen
Prof. Dr. Klaus Ruhnke, Fachgebiet Wirtschaftsprüfung/Controlling, Freie Universität Berlin

Bibliografische Information Der Deutschen Bibliothek
Die Deutsche Bibliothek verzeichnet diese Publikation in der Deutschen Nationalbibliografie;
detaillierte bibliografische Daten sind im Internet über <http://dnb.ddb.de> abrufbar.

Gedruckt auf chlorfrei gebleichtem, säurefreiem und alterungsbeständigem Papier

ISBN 3-7910-2116-8

Dieses Werk einschließlich aller seiner Teile ist urheberrechtlich geschützt. Jede Verwertung außerhalb der engen Grenzen des Urheberrechtsgesetzes ist ohne Zustimmung des Verlages unzulässig und strafbar. Das gilt insbesondere für Vervielfältigungen, Übersetzungen, Mikroverfilmungen und die Einspeicherung und Verarbeitung in elektronischen Systemen.

© 2003 Schäffer-Poeschel Verlag für Wirtschaft · Steuern · Recht GmbH & Co. KG
www.schaeffer-poeschel.de
info@schaeffer-poeschel.de
Einbandgestaltung: Willy Löffelhardt
Druck und Bindung: Kösel GmbH & Co. KG, Kempten, Allgäu
Printed in Germany
Oktober/2003

Schäffer-Poeschel Verlag Stuttgart
Ein Tochterunternehmen der Verlagsgruppe Handelsblatt

Vorwort zur 2. Auflage

Die positive Resonanz der Adressatengruppen des vorliegenden Lehrbuchs sowie eine Vielzahl aktueller Entwicklungen haben uns dazu veranlasst, das vorliegende Werk inhaltlich zu überarbeiten und zu erweitern. Ausführlicher behandelt werden beispielsweise die Unabhängigkeit des Abschlussprüfers sowie der geschäftsrisikoorientierte Prüfungsansatz, der nicht nur eine zunehmende Verbreitung in der Prüfungspraxis erlangt hat, sondern künftig auch in den internationalen Prüfungsnormen verankert sein wird.

Erweitert wird das Werk um eigenständige Abschnitte zu Fragestellungen mit hoher praktischer Relevanz wie z.B. die Erteilung von Comfort letters, die Prüfung von beizulegenden Zeitwerten (Fair values), die Prüfung der Sicherheit von IT-Systemen (SysTrust), die Prüfung von Nachhaltigkeitsberichten (Sustainability reports) und die Prüfung von Stiftungen. Darüber hinaus finden die Auswirkungen des Sarbanes-Oxley Act, des Deutschen Corporate Governance Kodex, der EU-Empfehlung zur Unabhängigkeit des Wirtschaftsprüfers, die 5. WPO-Novelle sowie das Transparenz- und Publizitätsgesetz auf die Abschlussprüfung Berücksichtigung. Die angegebenen Normen beschreiben den Stand bis zum 1. Januar 2003; wesentliche Änderungen wurden bis zum Mai dieses Jahres ergänzt.

Unser Dank für die Unterstützung bei der Erstellung und Redaktion dieser 2. Auflage gilt unseren Lehrstuhlmitarbeiterinnen und -mitarbeitern Dipl.-Kfm. Frank Dudda, Dipl.-Kfm. Thorsten Klöckner, Dipl.-Kfm. Rasmus Koprivica, Dipl.-Kfm. Kay Lubitzsch, Dipl.-Ök. Michael Matthea, Dr. Stephanie Meyer, Dr. Ulf Meyer, Dr. Guido Neubeck, Dipl.-Ök. Sebastian Papst, Dipl.-Ök. Torsten Pütz, Dipl.-Kfm. Achim Wittich, Dipl.-Ök. Michael Wittekindt. Insbesondere das Engagement von Herrn Dipl.-Kfm. Engin Kayadelen, Frau Dr. Annette G. Köhler, Herrn Dipl.-Kfm. Thorsten Seidel, Herrn Dipl.-Kfm. Martin Schmidt, Herrn Dipl.-Kfm. M. Felix Weiser und Herrn PD Dr. Matthias Wolz hat zum Gelingen dieses Werkes beigetragen.

Berlin, Essen/Münster und Ulm, im Juli 2003

Kai-Uwe Marten
Reiner Quick
Klaus Ruhnke

Vorwort zur 1. Auflage

Die Wirtschaftsprüfung befindet sich im Wandel – und das im wörtlichen Sinne: Zum einen sind die rechtlichen, institutionellen und ökonomischen Rahmenbedingungen der Mitglieder des Berufsstands der Wirtschaftsprüfer in den letzten Jahren durch nachhaltige Veränderungen gekennzeichnet. Zum anderen bewirken gravierende materielle Veränderungen der Prüfungsgegenstände sowie der zunehmende Einsatz neuer Kommunikations- und Informationstechnologien innerhalb und außerhalb der Wirtschaftsprüfung weiterentwickelte Prüfungsmethoden und neue Tätigkeitsfelder.

Zunächst zum Umfeld: Mit der Internationalisierung der Adressatenkreise entscheidungsrelevanter Unternehmensinformationen haben sich die Anforderungen der stakeholder an Inhalt und Zeitnähe der Informationen sowie an die Qualität der Abschlussprüfung maßgeblich gewandelt. Diesem Trend trägt nicht nur der Gesetzgeber Rechnung; KonTraG und KapAEG scheinen hier lediglich einen Vorgeschmack auf künftige Entwicklungslinien zu bieten. Vielmehr leisten auch Kapitalmarktinstitutionen wie die SEC oder die Deutsche Börse AG durch ihre Regelungen bzw. Teilnahmebedingungen einen Beitrag zur Regulierung der Unternehmenspublizität und Wirtschaftsprüfertätigkeit.

Doch welchen Nutzen können Informationen stiften, wenn sie von ihren Adressaten nicht als glaubhaft erachtet werden? Hier wird die Funktion der Wirtschaftsprüfung deutlich: Mit der Forderung nach der Verlässlichkeit nicht nur von Informationen, sondern auch von Systemen und Prozessen sowie Verhaltensweisen muss sich der Wirtschaftsprüfer den neuen Herausforderungen stellen.

Neue Prüfungsansätze wie der prozessorientierte Business Risk Approach und neue Prüfungsdienstleistungen wie die Prüfung unterjähriger Berichte sowie elektronisch abgewickelter Transaktionen zwischen Unternehmen und Endverbrauchern stellen nur einen Ausschnitt der Antworten der Wirtschaftsprüfer auf die veränderten Rahmenbedingungen dar.

Der Entwicklungsstand auf dem Gebiet der Wirtschaftsprüfung auf Basis deutscher *und* internationaler Normen ist unseres Erachtens bislang nur fragmentarisch in der Literatur verarbeitet worden. Das vorliegende Lehrbuch und Kompendium soll diese Lücke schließen. Wir hoffen, damit nicht nur Studierenden und Lehrenden im Fach Wirtschaftsprüfung, sondern auch Angehörigen des Berufsstands der Wirtschaftsprüfer und vereidigten Buchprüfer sowie Berufsexamensanwärtern eine Informationsquelle zur systematischen Vorbereitung und Begleitung der eigenen Arbeit an die Hand gegeben zu haben.

Ausgangspunkt unserer Ausführungen ist die Bezugnahme auf theoretische Erklärungsansätze der Wirtschaftsprüfung sowie deren Einbindung in den geltenden deutschen und internationalen Normenkontext. Im Mittelpunkt steht jedoch der Prozess der Abschlussprüfung. Wesentliche Begriffe und Methoden des risikoorientierten Prüfungsansatzes und mögliche prozessorientierte Ergänzungen werden dargestellt sowie neueste IT-gestützte

Entwicklungen und Sonderprobleme aufgegriffen. Abschließend wird das weitere Leistungsprogramm von Wirtschaftsprüfern erläutert.

Die angegebenen Normen spiegeln den Stand zum 1.1.2001 wider; wesentliche Änderungen der IDW-Normen und der ISA wurden bis zum Juni dieses Jahres ergänzt. Anmerkungen, Literaturhinweise und Kontrollfragen finden sich am Ende jedes Hauptabschnitts; konkrete Beispiele haben wir in den Textfluss eingebunden.

Ohne die Unterstützung unserer Mitarbeiterinnen und Mitarbeiter Dipl.-Kfm. Gernot Keller, Dr. Annette G. Köhler, Dipl.-Ök. Stephanie Meyer, Dipl.-Ök. Ulf Meyer, Dipl.-Kfm. Guido Neubeck, Dipl.-Kfm. Martin Schmidt, Dipl.-Kfm. Thorsten Seidel, Dipl.-Kfm. Christian Terlinde und Dr. Matthias Wolz wäre dieses Werk nicht möglich gewesen. Ihnen – und dabei an erster Stelle Frau Köhler und Herrn Wolz – möchten wir besonders für die inhaltliche und formale Mitgestaltung danken. Unser Dank gilt daneben unseren studentischen Hilfskräften, die nicht nur vorbereitend mitgewirkt, sondern vor allem auch aus der kritischen Sicht der Studierenden unsere Texte auf Verständlichkeit und Konsistenz durchgesehen haben.

Berlin, Essen und Wuppertal, im Juli 2001

Kai-Uwe Marten
Reiner Quick
Klaus Ruhnke

Inhaltsverzeichnis

Vorwort V

Abbildungsverzeichnis XX

Tabellenverzeichnis XXIII

Abkürzungsverzeichnis (mit erläuternden Hinweisen) XXV

Kapitel I: Ökonomische Probleme des Prüfungswesens und ihre Lösungsansätze

1 Information als Kernelement funktionierender Märkte 1
   1.1 Informationen im Steuerungssystem eines Unternehmens 2
   1.2 Prüfungsinstitutionen 4
       1.2.1 Wirtschaftsprüfung 4
       1.2.2 Steuerliche Außenprüfung 10
       1.2.3 Rechnungshöfe 11
       1.2.4 Interne Revision 12
       1.2.5 Aufsichtsrat 14
   1.3 Entscheidungsinstitutionen 15
       1.3.1 Kapitalmärkte und Kreditgeber 15
       1.3.2 Vorstand 17

2 Asymmetrische Information als Motivation von Wirtschaftsprüferleistungen 27
   2.1 Agency-theoretischer Ansatz 27
       2.1.1 Gegenstand und Begriffsabgrenzungen 27
       2.1.2 Allgemeine Merkmale 28
       2.1.3 Vereinfachte formale Darstellung 29
       2.1.4 Anwendung im Kontext der Wirtschaftsprüfung 30
             2.1.4.1 Begründung der Rechnungslegung durch das Management 31
             2.1.4.2 Begründung der Prüfung von Rechnungslegungsinformationen durch Wirtschaftsprüfer 31
   2.2 Begründung der Existenz eines Berufsstands der Wirtschaftsprüfer 32
   2.3 Begründung der Pflichtmäßigkeit von Abschlussprüfungen 36

3 Theoretische Aspekte des Prüfungsprozesses 41
3.1 Einführung: Zu den Problemen der Theorienbildung 41
3.2 Betrachtung ausgewählter Ansätze 42
3.2.1 Messtheoretischer Ansatz 42
3.2.2 Informationsverarbeitungsansatz 45

4 Zugang zum Beruf des Wirtschaftsprüfers 50
4.1 Anerkennung von Einzelpersonen 50
4.1.1 Prüfung 50
4.1.1.1 Zulassungsverfahren 50
4.1.1.2 Zulassungsvoraussetzungen 50
4.1.1.2.1 Persönliche Zulassungsvoraussetzungen 50
4.1.1.2.2 Fachliche Zulassungsvoraussetzungen 51
4.1.1.3 Prüfungsverfahren 52
4.1.1.4 Erleichterte Prüfung 53
4.1.2 Bestellung 54
4.2 Anerkennung von Wirtschaftsprüfungsgesellschaften 55

5 Berufsständische Organisationen 60
5.1 Begriffsabgrenzung 60
5.2 Nationale Ebenen 60
5.2.1 Deutschland 60
5.2.1.1 Wirtschaftsprüferkammer 60
5.2.1.2 Institut der Wirtschaftsprüfer in Deutschland e.V. 62
5.2.2 Vereinigte Staaten 64
5.3 Supranationale Ebenen 65
5.3.1 Fédération des Experts Comptables Européens 65
5.3.2 International Federation of Accountants 66
5.3.3 Ausschuss für internationale Zusammenarbeit 72
5.3.4 International Forum on Accountancy Development 72

6 Prüfungsnormen 76
6.1 Begriffsabgrenzungen und Normenfunktionen 76
6.2 Beziehungsgeflecht zwischen Prüfungs- und Rechnungslegungsnormen 77

6.3 Prüfungsordnung 80
  6.3.1 Quellen und Kategorien 80
  6.3.2 Bindungswirkung 90
  6.3.3 Zur Stellung von Grundsätzen ordnungsmäßiger Abschlussprüfung 96
6.4 Entwicklungsrahmen von Normen 98
  6.4.1 Prozess… 98
  6.4.2 Bezugsrahmen 99
6.5 Normenarten 102
  6.5.1 Überblick und Systematisierung 102
  6.5.2 Detailbetrachtung der einzelnen Normenarten 104
    6.5.2.1 Fachtechnische Normen 105
    6.5.2.2 Ethische Normen 116
    6.5.2.3 Ausbildungsnormen 134
    6.5.2.4 Qualitätsnormen 137
    6.5.2.5 Durchsetzungsnormen 137

7 Grundsatz der Unabhängigkeit 151
  7.1 Begriff und Gefährdung der Unabhängigkeit 151
  7.2 Theoretische Erklärungsansätze für Unabhängigkeitsgefährdungen ... 152
    7.1.1 Quasi-Rentenansatz von DeAngelo 152
    7.1.2 Agency-theoretischer Ansatz von Antle 153
  7.3 Normen zur Sicherung der Unabhängigkeit 154
  7.4 Vorschläge zur Stärkung der Unabhängigkeit 157
    7.4.1 Trennung von Prüfung und Beratung 157
      7.4.1.1 Theoretische Begründung 157
      7.4.1.2 Normativer Rahmen 158
      7.4.1.3 Analyse der Vor- und Nachteile 160
    7.4.2 Externe Pflichtrotation 162
    7.4.3 Einrichtung von Prüfungsausschüssen 165

8 Konsequenzen bei Normverstößen 180
  8.1 Zivilrechtliche Haftung 180
    8.1.1 Auftraggeberhaftung 180
    8.1.2 Dritthaftung 183
      8.1.2.1 Deliktische Haftung 183
      8.1.2.2 Vertragliche und vertragsähnliche Anspruchsgrundlagen 184

8.2 Berufsrechtliche Ahndung 187
    8.2.1 Disziplinaraufsicht durch die Wirtschaftsprüferkammer.................. 187
    8.2.2 Berufsgerichtsbarkeit 188
        8.2.2.1 Organisation der Berufsgerichtsbarkeit............................. 188
        8.2.2.2 Maßnahmen der Berufsgerichtsbarkeit 190
8.3 Strafrechtliche Inanspruchnahme 192
    8.3.1 Verletzung der Berichtspflicht... 192
    8.3.2 Verletzung der Geheimhaltungspflicht.. 194
8.4 Ordnungsrechtliche Konsequenzen 195

Kapitel II: Prüfungsprozess

1 Rahmenbedingungen 202
  1.1 Zielgrößen im Prüfungsprozess 202
  1.2 Prüfungsrisiko 203
    1.2.1 Aufbau des Prüfungsrisikomodells 203
    1.2.2 Modellkritik 207
    1.2.3 Posterior-Risikomodelle 210
  1.3 Materiality 212
    1.3.1 Bedeutung des Grundsatzes der Materiality 212
    1.3.2 Quantifizierung und Standardisierung des Grundsatzes der Materiality 213
        1.3.2.1 Grundsätzliche Vorgehensweisen bei der Quantifizierung von Materiality-Grenzen................................. 213
        1.3.2.2 Materiality-Grenzwerte 215
    1.3.3 Materiality-Allokation 220

2 Auftragsannahme und Prüfungsplanung 224
  2.1 Auftragsannahme 224
    2.1.1 Wahl des Abschlussprüfers.. 224
    2.1.2 Erteilung des Prüfungsauftrags 224
    2.1.3 Annahme oder Ablehnung des Prüfungsauftrags 224
    2.1.4 Niederlegung des Mandats und Abberufung des Prüfers 226
  2.2 Prüfungsplanung 228
    2.2.1 Auftragsspezifische Planung.. 228
        2.2.1.1 Entwicklung einer Prüfungsstrategie 228
        2.2.1.2 Erstellung eines Prüfungsprogramms 230

　　　　　2.2.1.3　Besonderheiten der Planung einer Erstprüfung 233
　　2.2.2　Gesamtplanung aller Aufträge 234

3 Methoden zur Erlangung von Prüfungsnachweisen 238
　3.1　Typologisierung 238
　3.2　Risikomodellorientierte Prüfungsmethoden 242
　　3.2.1　Unternehmen und Umwelt 242
　　　　3.2.1.1　Makroökonomische Faktoren 243
　　　　3.2.1.2　Branchenspezifische Faktoren 243
　　　　3.2.1.3　Mandantenspezifische Faktoren 245
　　　　　3.2.1.3.1　Wirtschaftliche Lage des Mandanten 245
　　　　　3.2.1.3.2　Art des Unternehmens 248
　　　　　3.2.1.3.3　Größe des Unternehmens 249
　　　　　3.2.1.3.4　Integrität und Qualität des Managements 249
　　　　　3.2.1.3.5　Qualität des Personals 251
　　　　　3.2.1.3.6　Prüfungserfahrungen mit dem Mandanten 251
　　　　　3.2.1.3.7　Sonstige mandantenspezifische Faktoren 252
　　　　3.2.1.4　Prüffeldspezifische Faktoren 252
　　　　　3.2.1.4.1　Art und Verwertbarkeit des
　　　　　　　　　　　Vermögensgegenstands 252
　　　　　3.2.1.4.2　Komplexität der Berechnungen, Schätzungen,
　　　　　　　　　　　Ermessensspielräume 254
　　　　　3.2.1.4.3　Art der Transaktionen 254
　　　　　3.2.1.4.4　Bedeutung des Prüffeldes 255
　　3.2.2　Systemprüfung 256
　　　　3.2.2.1　Begriff, Ziele und Grundsätze des internen Kontrollsystems 256
　　　　3.2.2.2　Bedeutung der Prüfung des IKS 259
　　　　3.2.2.3　Vorgehensweise bei der Systemprüfung 261
　　　　　3.2.2.3.1　Aufbauprüfung 261
　　　　　　3.2.2.3.1.1　Umfang der Aufbauprüfung 261
　　　　　　3.2.2.3.1.2　Systemerfassung und vorläufige
　　　　　　　　　　　　　Systembeurteilung 263
　　　　　3.2.2.3.2　Funktionsprüfung 266
　　　　3.2.2.4　Systemprüfung aus heuristischer Sicht 270
　　3.2.3　Analytische Prüfungen 273
　　　　3.2.3.1　Begriff 273
　　　　3.2.3.2　Anwendungsgebiete bei der Jahresabschlussprüfung 275
　　　　3.2.3.3　Ein Ablaufmodell des Urteilsbildungsprozesses bei
　　　　　　　　　analytischen Prüfungshandlungen 276

		3.2.3.4	Verfahren	278
			3.2.3.4.1 Entwicklung des Erwartungswertes aus vergangenen Jahresabschlüssen	279
			3.2.3.4.1.1 Vorjahresvergleich	279
			3.2.3.4.1.2 Kennzahlenanalyse	279
			3.2.3.4.1.3 Trendanalyse	282
			3.2.3.4.1.4 Regressionsanalyse	284
			3.2.3.4.1.5 Box-Jenkins-Zeitreihenanalyse	287
			3.2.3.4.2 Entwicklung des Erwartungswertes aus sonstigen Daten	287
			3.2.3.4.2.1 Branchenwerte (Benchmarking)	287
			3.2.3.4.2.2 Planzahlen des Mandanten	288
			3.2.3.4.2.3 Betriebliche Daten des Mandanten	288
	3.2.4	Einzelfallprüfungen		289
		3.2.4.1	Charakterisierung	289
		3.2.4.2	Auswahlverfahren	290
			3.2.4.2.1 Vorbemerkungen	290
			3.2.4.2.2 Bewusste Auswahlverfahren	291
			3.2.4.2.3 Techniken und Verfahren der Zufallsauswahl	292
			3.2.4.2.4 Kritische Würdigung der Auswahlverfahren	295
		3.2.4.3	Ermittlung des Prüfungsurteils (Auswertungsverfahren)	298
			3.2.4.3.1 Schätzverfahren	298
			3.2.4.3.2 Testverfahren	301
			3.2.4.3.3 Dollar Unit Sampling	304
3.3	Ausgestaltung des risikoorientierten Prüfungsansatzes			314
	3.3.1	Geschäftsrisikoorientierte Prüfung		314
		3.3.1.1	Entwicklungen in der Prüfungspraxis und Vorbemerkungen	314
		3.3.1.2	Geschäftsrisiko und Prüfungsrisiko	315
		3.3.1.3	Kernidee	318
		3.3.1.4	Entwicklungen in der Normengebung	319
		3.3.1.5	Ausgestaltung	320
			3.3.1.5.1 Allgemeine Erfordernisse	320
			3.3.1.5.2 Erlangung von Prüfungsnachweisen	321
			3.3.1.5.3 Phasen des Prüfungsablaufs	322
			3.3.1.5.3.1 Analyse der Strategie	322
			3.3.1.5.3.2 Prozessanalyse	324
			3.3.1.5.3.3 Verbleibende Prüfungshandlungen und Berichterstattung	328
	3.3.2	Tätigkeitskreisorientierte Prüfung		330
		3.3.2.1	Kernidee und Abgrenzung der Tätigkeitskreise	330

3.3.2.2 Prüfung eines Tätigkeitskreises 332
3.3.2.3 Beispiele 336
    3.3.2.3.1 Prüfung des Tätigkeitskreises Beschaffung 336
    3.3.2.3.2 Prüfung des Tätigkeitskreises Absatz 340
3.3.3 Abschlusspostenorientierte Prüfung 342
    3.3.3.1 Kernidee und Grundzüge einer abschlusspostenorientierten Prüfung 342
    3.3.3.2 Darstellung am Beispiel der Prüfung der Forderungen aus Lieferungen und Leistungen 344

3.4 Ausgewählte Einzelprobleme 349
  3.4.1 Prüfung der Vorratsinventur 349
  3.4.2 Saldenbestätigungen 351
  3.4.3 Prüfung von beizulegenden Zeitwerten und von geschätzten Werten 353
    3.4.3.1 Ebene der Rechnungslegung 353
    3.4.3.2 Ebene der Prüfung 355
        3.4.3.2.1 Anzuwendende Prüfungsnormen und allgemeine Vorgehensweise 355
        3.4.3.2.2 Prüfungshandlungen am Beispiel der Beurteilung geschätzter beizulegender Zeitwerte 358

4 Fraud und going concern 380

4.1 Fraud-Prüfung 380
  4.1.1 Einführung und Begriffsabgrenzungen 380
  4.1.2 Aufdeckung von fraud 383

4.2 Going concern-Annahme 387
  4.2.1 Ebene der Rechnungslegung 387
  4.2.2 Ebene der Prüfung 388

5 Urteilsbildung, Berichterstattung und Dokumentation 400

5.1 Urteilsbildungsprozess 400
  5.1.1 Bildung von Urteilen über Einzelsachverhalte 400
  5.1.2 Aggregation der Einzelurteile zu einem Gesamturteil 401

5.2 Ausgewählte Problemstellungen bei der Urteilsbildung 402
  5.2.1 Berücksichtigung von Ereignissen nach dem Abschlussstichtag 402
  5.2.2 Berücksichtigung von Darstellungen des Managements bei der Urteilsbildung 404
  5.2.3 Verwendung von Urteilen Dritter bei der Urteilsbildung 404
  5.2.4 Durchführung von Gemeinschaftsprüfungen 408

5.2.5 Besonderheiten bei der Abschlussprüfung von Unternehmen, die ihre Rechnungslegung teilweise auf Dienstleistungsorganisationen ausgelagert haben 409

5.3 Urteilsmitteilung und Berichterstattung 410

    5.3.1 Bestätigungsvermerk 410
        5.3.1.1 Erteilung 410
        5.3.1.2 Inhalt und Bestandteile 411
        5.3.1.3 Formen des Prüfungsurteils 413
        5.3.1.4 Konsequenzen eines eingeschränkten oder versagten Bestätigungsvermerks 419
    5.3.2 Prüfungsbericht 420
    5.3.3 Weitere Kommunikationsinstrumente 422

5.4 Dokumentation 424

6 Qualitätssicherung und Qualitätskontrolle 428

6.1 Normen zur internen Qualitätssicherung 428

    6.1.1 Begriffsabgrenzungen und Überblick 428
    6.1.2 Kennzeichen zentraler Normenarten 430
        6.1.2.1 VO 1/1995 430
        6.1.2.2 IPPS 1 und ISA 220 431
    6.1.3 Regelungsbereiche 431
        6.1.3.1 Auftragsunabhängige Grundsätze und Maßnahmen 431
        6.1.3.2 Auftragsabhängige Grundsätze und Maßnahmen 435
        6.1.3.3 Interne Nachschau 436

6.2 Normen zur externen Qualitätskontrolle 437

    6.2.1 Begriffsabgrenzungen und Überblick 437
    6.2.2 Quality Review Program der IFAC 438
    6.2.3 Entwicklung einer externen Qualitätskontrolle in Deutschland 440
        6.2.3.1 Zielsetzung 440
        6.2.3.2 Normierung und Anwendungsbereich 440
        6.2.3.3 Durchführung 441
        6.2.3.4 Organisation und Überwachung 444
    6.2.4 Auswirkungen des Sarbanes-Oxley Act auf deutsche Wirtschaftsprüferpraxen 446

7 Erlangung von Prüfungsnachweisen bei IT-Einsatz 452

7.1 IT-Umfeld des zu prüfenden Unternehmens 452

7.2 Einsatz IT-gestützter Prüfungstechniken 459
   7.2.1 Begriffsabgrenzungen 459
   7.2.2 Notwendigkeit des Einsatzes 461
   7.2.3 Fachliche Kompetenz des Abschlussprüfers 463
   7.2.4 Prüfungsprozessorientierte Systematisierung IT-gestützter
          Prüfungstechniken 464
          7.2.4.1 Auftragsannahme und Prüfungsplanung 464
          7.2.4.2 Prüfungdurchführung 465
                   7.2.4.2.1 Checklisten 465
                   7.2.4.2.2 Systemprüfung 466
                   7.2.4.2.3 Aussagebezogene Prüfungshandlungen 471
          7.2.4.3 Prüfungsbegleitung und -berichterstattung 476
          7.2.4.4 Mandantensoftwarespezifische und
                   prüfungsgesellschaftsspezifische Prüfungstechniken 478
   7.2.5 Funktionsweise IT-gestützter Prüfungstechniken am Beispiel des
          Einsatzes genereller Prüfsoftware 480

8 Sonderprobleme 496
   8.1 Prüfung kleiner Unternehmen 496
   8.2 Prüfung des Risikomanagementsystems 499
       8.2.1 Einführung und Begriffsabgrenzungen 499
       8.2.2 Prüfungsgegenstand 501
       8.2.3 Besonderheiten der Prüfung 504
   8.3 Prüfung der Segmentberichterstattung, der Kapitalflussrechnung und des
       Eigenkapitalspiegels 506
       8.3.1 Form, Inhalt und Prüfung der Segmentberichterstattung 508
       8.3.2 Form, Inhalt und Prüfung der Kapitalflussrechnung 516
       8.3.3 Form, Inhalt und Prüfung des Eigenkapitalspiegels 521
   8.4 Prüfung der Beziehungen zu nahe stehenden Personen 525
       8.4.1 Begriffserklärungen und Einordnung in den rechtlichen Rahmen 525
       8.4.2 Planung und Durchführung der Prüfung von Beziehungen zu nahe
             stehenden Personen 527
   8.5 Prüfung der Auswirkungen des Deutschen Corporate Governance Kodex auf
       die Abschlussprüfung 529
       8.5.1 Ebene des Kodex und der Rechnungslegung 529
       8.5.2 Ebene der Prüfung 530
   8.6 Prüfung des Lageberichts 534
       8.6.1 Regelungen zu Aufstellung und Prüfung des Lageberichts 534

        8.6.2 Berichterstattung und Prüfung im Rahmen des Wirtschaftsberichts 535
        8.6.3 Berichterstattung und Prüfung der Risiken der künftigen Entwicklung 538
        8.6.4 Berichterstattung und Prüfung im Sinne des § 289 Abs. 2 HGB 540
              8.6.4.1 Nachtragsbericht 540
              8.6.4.2 Prognosebericht 541
              8.6.4.3 Forschungs- und Entwicklungsbericht 544
              8.6.4.4 Zweigniederlassungsbericht 545
        8.6.5 Besonderheiten des Konzernlageberichts 546
  8.7 Prüfungen auf Konzernebene 547
        8.7.1 Prüfungspflicht, Prüfungsberechtigte und Bestellung des
              Konzernabschlussprüfers 547
        8.7.2 Prüfungsgegenstände 548
        8.7.3 Besonderheiten der Prüfungsdurchführung 551
  8.8 Prüfung von IAS/IFRS- und US-GAAP-Abschlüssen 555
        8.8.1 Grundlagen 555
        8.8.2 Pflichtbestandteile von IAS- und US-GAAP-Abschlüssen 558
        8.8.3 Anzuwendende Prüfungsnormensysteme 559
              8.8.3.1 Anmerkungen zur Prüfung auf der Grundlage internationaler
                      Prüfungsnormen 560
              8.8.3.2 Anmerkungen zur Prüfung auf der Grundlage US-
                      amerikanischer Prüfungsnormen 561

Kapitel III: Weitere Prüfungsdienstleistungen

1 Rahmenbedingungen 575
  1.1 Ökonomische Motivation der Leistungsdiversifizierung 575
  1.2 Vereinbarkeit von Prüfungs- und sonstigen Dienstleistungen 577

2 Leistungsprogramm 581
  2.1 Überblick 581
  2.2 Gesetzliche Prüfungsleistungen 583
        2.2.1 Gründungsprüfung 584
        2.2.2 Prüfung von Versicherungsunternehmen 586
        2.2.3 Prüfung von Kreditinstituten 589
        2.2.4 Depotprüfung 592
        2.2.5 Prüfung von Genossenschaften 593
        2.2.6 Prüfung nach HGrG 596

		2.2.7	Prüfung des Abhängigkeitsberichts 600

2.2.7 Prüfung des Abhängigkeitsberichts 600
2.2.8 Prüfung von Stiftungen 602
2.3 Freiwillige Prüfungsdienstleistungen 605
    2.3.1 Prüfungdienstleistungen im Wandel 605
    2.3.2 Bezugsrahmen für die Leistungserbringung: Elemente und Beziehungsgeflecht 608
    2.3.3 Ausgewählte Leistungen im Einzelnen 613
        2.3.3.1 Freiwillige Prüfungsdienstleistungen mit eigenständiger Normierung 614
            2.3.3.1.1 Prüfung unterjähriger Berichte 614
            2.3.3.1.2 Prüfung umweltbezogener Sachverhalte ... 619
            2.3.3.1.3 Erteilung von comfort letters 622
            2.3.3.1.4 Prüfung der Sicherheit von E-Business 627
            2.3.3.1.5 Prüfung der Sicherheit von IT-Systemen ... 633
        2.3.3.2 Freiwillige Prüfungsdienstleistungen ohne eigenständige Normierung 636
            2.3.3.2.1 Prüfung der Ad-hoc-Publizität 636
            2.3.3.2.2 Prüfung von Wertentwicklungskennzahlen ... 639
            2.3.3.2.3 Geschäftsführungsprüfung außerhalb des HGrG 643
            2.3.3.2.4 Unterschlagungsprüfung 646
            2.3.3.2.5 Prüfung von Nachhaltigkeitsberichten 649

Stichwortverzeichnis 670

Abbildungsverzeichnis

Abb. I.1-1:	Die Steuerung von Unternehmen auf Basis von Informationen	3
Abb. I.1-2:	Prüfungs- und Entscheidungsinstitutionen eines Unternehmens	4
Abb. I.2-1:	Höhe der Transaktionskosten TK für alternative Koordinationsmechanismen in Abhängigkeit vom Umweltzustand s	34
Abb. I.3-1:	Progressive Prüfung	43
Abb. I.3-2:	Retrograde Prüfung	44
Abb. I.3-3:	Problemlösungsmodell	46
Abb. I.5-1:	Aufbau der Wirtschaftsprüferkammer	62
Abb. I.5-2:	Organisation der IFAC nach der Strukturreform	71
Abb. I.6-1:	Beziehungsgeflecht zwischen Rechnungslegungs- und Prüfungsnormen	80
Abb. I.6-2:	Normenquellen und -kategorien	81
Abb. I.6-3:	Systematisierung der durch einen Prüfer erbringbaren Dienstleistungen gem. ISA 120.4 und ISA 100.appendix	100
Abb. I.6-4:	Systematisierung der durch einen Prüfer erbringbaren Dienstleistungen (Stand: 1.5.2003)	102
Abb. I.6-5:	Beziehungsgeflecht zwischen den Normenarten	104
Abb. I.6-6:	Ordnungskonzept für die fachtechnischen Normen	106
Abb. I.6-7:	Aufbau des International Code of Ethics	118
Abb. I.6-8:	Zusammenhang zwischen dem grundsätzlichen Erfordernis der Unabhängigkeit, dem Besorgnis der Befangenheit und konkreten Ausschlussgründen nach deutschen Normen	124
Abb. I.8-1:	Verantwortlichkeit des Abschlussprüfers	180
Abb. I.8-2:	Zivilrechtliche Haftung des Abschlussprüfers	181
Abb. I.8-3:	Instanzenweg der Berufsgerichtsbarkeit	189
Abb. II.1-1:	„Wasserhahn-Sieb-Analogie" zur Beschreibung des Prüfungsrisikos	206
Abb. II.1-2:	Gesamtkosten und optimaler Prüfungsumfang	214
Abb. II.2-1:	Prozess der Prüfungsplanung	232
Abb. II.2-2:	Gesamtplanung von Prüfungsaufträgen	235

Abbildungsverzeichnis

Abb. II.3-1: Teilprozesse einer Prüfung 239

Abb. II.3-2: Regelungsbereiche des IKS 257

Abb. II.3-3: Ablaufplan Prüfung des IKS 265

Abb. II.3-4: Ablauf der Systemprüfung 268

Abb. II.3-5: Ablaufmodell einer heuristisch orientierten Systemprüfung 272

Abb. II.3-6: Ablaufmodell des Urteilsbildungsprozesses bei analytischen Prüfungen 277

Abb. II.3-7: Trendanalyse Jahresüberschuss BASF 1990-2000 283

Abb. II.3-8: Streuungsdiagramm Jahresüberschuss in Abhängigkeit vom Umsatz für BASF 1990-2000 285

Abb. II.3-9: Regressionsgerade 286

Abb. II.3-10: Techniken und Verfahren der Zufallsauswahl 291

Abb. II.3-11: Geschichtete Auswahl 294

Abb. II.3-12: Klumpenauswahl 295

Abb. II.3-13: Darstellung des Entscheidungsbereichs des heterograden Hypothesentests . 303

Abb. II.3-14: Zusammenhang zwischen Prüfungsrisiko und Geschäftsrisiko 317

Abb. II.3-15: Einflussgrößen auf den Branchenwettbewerb 323

Abb. II.3-16: Allgemeines Geschäftsmodell auf Unternehmensebene 324

Abb. II.3-17: Zusammenhang zwischen Schlüsselindikatoren und Abschlussaussagen 327

Abb. II.3-18: Zusammenhänge zwischen den Tätigkeitskreisen 332

Abb. II.3-19: Schrittweise Prüfung eines Tätigkeitskreises 333

Abb. II.3-20 Zusammenhang zwischen Tätigkeitskreisen, Kontrollsystem und Kontrollmaßnahmensystem 334

Abb. II.3-21: Abschlussaussagen, abschlusspostenorientierte Ziele und Prüfungshandlungen 344

Abb. II.3-22: Beziehungsgeflecht zwischen beizulegenden Zeitwerten, Marktwerten und geschätzten Werten sowie den relevanten Prüfungsnormen 356

Abb. II.3-23: Ablauf der Prüfung geschätzter beizulegender Zeitwerte 359

Abb. II.4-1: Unregelmäßigkeiten i.S. von IDW PS 210 382

Abb. II.4-2: Lineare Diskriminanzanalyse auf der Basis von zwei Kennzahlen ... 392

Abb. II.5-1: Allgemeines Vorgehen bei der Bildung von Urteilen über Einzelsachverhalte 400

Abb. II.6-1: Aufbau der VO 1/1995 430

Abb. II.7-1: Arbeitsschritte einer IT-gestützten Rechnungslegung 454

Abb. II.7-2: Prüfungstechniken, Prüfungshandlungen und Prüfungsmethoden 461

Abb. II.7-3: Prüfungsansätze für die IT-Prüfung 461

Abb. II.7-4: Testdatenmethode 469

Abb. II.7-5: IT-gestützte Prüfungstechniken zur Unterstützung aussagebezogener Prüfungshandlungen 474

Abb. II.7-6: Feldstatistiken 482

Abb. II.7-7: Analyse von Verkaufspreisen 485

Abb. II.7-8: Häufigkeitsverteilung für die erste Ziffer einer Zahl nach Benford und Hill 486

Abb. II.8-1: Das dem internen Kontrollsystem im Sinne von IDW PS 260 subsumierte Risikomanagementsystem 500

Abb. II.8-2: Risikomanagement-Prozess 503

Abb. II.8-3: Veränderung des Bestandes an liquiden Mitteln während einer Periode, abgeleitet aus Ein- und Auszahlungen aus laufender Geschäfts-, Investitions- und Finanzierungstätigkeit 517

Abb. II.8-4: Ermittlung des Cashflow aus laufender Geschäfts-, Investitions- und Finanzierungstätigkeit 518

Abb. II.8-5: Überblick über Aufstellung und Prüfung des Lageberichts nach nationalen Normen (IDW RS HFA 1 i.V.m. IDW PS 350) 536

Abb. II.8-6: Ablauf der Konsolidierung 550

Abb. II.8-7: Systematik der US-GAAS 562

Abb. III.1-1: Alternative Kostenverläufe für die Erstellung einer Beratungsleistung 577

Abb. III.2-1: Überblick gesetzliche Prüfungsleistungen 583

Abb. III.2-2: Assurance Engagements – Elemente und Beziehungsgeflecht 609

Abb. III.2-3: Konzeption und Ablauf einer WebTrust-Prüfung 630

Abb. III.2-4: SysTrust-Gütesiegel 635

Abb. III.2-5: Geschäftswertbeitrag-Ermittlung bei der Siemens AG 641

Tabellenverzeichnis

Tab. I.1-1:	Umfang der Abschlussprüfung nach deutschen Normen für ausgewählte Rechtsformen	5
Tab. I.1-2:	Schwellenwerte der Größenklassen nach § 267 Abs. 1 u. 2 HGB	6
Tab. I.1-3:	Von Abschlussprüfern und stakeholdern (Vorstands-, Aufsichtsratsmitglieder, Bankenvertreter) wahrgenommene Ursachen der Erwartungslücke	9
Tab. I.1-4:	Jahrespublizität nach deutschen Normen	19
Tab. I.6-1:	IDW Prüfungsstandards und Prüfungshinweise (Stand: 8.5.2003)	87
Tab. I.6-2:	Systematisierung der Prüfungshandlungen zur Erlangung von Prüfungsnachweisen	108
Tab. II.1-1:	Quantitative Regeln zur Bestimmung der Materiality-Grenze	217
Tab. II.3-1:	Qualitative/quantitative Schätzung des Kontrollrisikos	269
Tab. II.3-2:	Kennzahlen eines fiktiven Unternehmens für die Geschäftsjahre 2001 und 2002	281
Tab. II.3-3:	Umsatz und Jahresüberschuss BASF AG für 1990-2000	282
Tab. II.3-4:	Obere Fehlerintensitäten	306
Tab. II.3-5:	Daten einer Grundgesamtheit von 100 Forderungen	311
Tab. II.3-6:	Stichprobe vom Umfang n = 30	312
Tab. II.3-7:	Zusammenhänge einer geschäftsrisikoorientierten Prüfung am Beispiel des Prüfungsansatzes von PwC	330
Tab. II.3-8:	Kontrollziele des Unternehmens für die Tätigkeit „Auszahlungen" und die dazugehörigen tätigkeitskreisorientierten Abschlussaussagen	337
Tab. II.3-9:	Kontrollmaßnahmen zur Erreichung des Kontrollziels „Auszahlungen sind richtig berechnet und gebucht" und die dazugehörigen tätigkeitskreisorientierten Abschlussaussagen	338
Tab. II.3-10:	Prüfung der Bestände für das Konto „Verbindlichkeiten aus Lieferungen und Leistungen" und die dazugehörigen tätigkeitskreisorientierten Abschlussaussagen	339

Tab. II.3-11: Kontrollziele des Unternehmens für die Tätigkeit „Einzahlungen" und die dazugehörigen tätigkeitskreisorientierten Abschlussaussagen 341

Tab. II.3-12: Kontrollmaßnahmen zur Erreichung des Kontrollziels „Einzahlungen erfolgen vom richtigen Kunden" und die dazugehörigen tätigkeitskreisorientierten Abschlussaussagen 341

Tab. II.3-13: Prüfung der Bestände für das Konto „Forderungen aus Lieferungen und Leistungen" (accounts receivable) und die dazugehörigen tätigkeitskreisorientierten Abschlussaussagen 342

Tab. II.3-14: Prüfungshandlungen zur Überprüfung der Richtigkeit von Abschlussaussagen 346

Tab. II.5-1: Vergleich von IDW PS 320, PS 321, PS 322 mit ISA 600, ISA 610 und ISA 620 (Verwendung von Prüfungsergebnissen und Urteilen Dritter) 407

Tab. II.5-2: Vergleich von IDW PS 400 und ISA 700 (Bestätigungsvermerk bzw. Bestätigungsbericht) 419

Abkürzungsverzeichnis (mit erläuternden Hinweisen)

$	Dollar (Währungseinheit)
€	Euro (Währungseinheit)
AAF	Ausschuss für Aus- und Fortbildung (IDW)
ABAP	Advanced Business Application Programming (SAP)
Abb.	Abbildung
Abs.	Absatz
Abt.	Abteilung
ACL	Audit Command Language (Prüfsprache)
ADR	American Depository Receipt
AFIZ	Ausschuss für internationale Zusammenarbeit
AG	Aktiengesellschaft (Rechtsform)
AICPA	American Institute of Certified Public Accountants (Berufsorganisation der accountants, USA)
AIS	Audit Information System
AktG	Aktiengesetz (zuletzt geändert durch Gesetz vom 19.7.2002)
alph.	alphabetisch
Anm.	Anmerkung
AO	Abgabenordnung
APB	Accounting Principles Board (AICPA)
AR	Audit Risk (Prüfungsrisiko)
ARR	Analytical Review Risk (Risiko aus der Durchführung analytischer Prüfungen)
Art.	Artikel
AS/2	Audit System 2 (Deloitte & Touch)
ASB	Auditing Standards Board (AICPA)
AT	Attestation (Prüfungsnorm, AICPA)
AU	Auditing (Prüfungsnorm, AICPA)
AU § xx.yy	AU subject matter xx, paragraph yy
Aufl.	Auflage
AWV	Arbeitsgemeinschaft für wirtschaftliche Verwaltung e.V.

B2B	Business-to-Business-Handel
B2C	Business-to-Consumer-Handel
BaFin	Bundesanstalt für Finanzdienstleistungsaufsicht
BAKred	Bundesaufsichtsamt für das Kreditwesen
BAV	Bundesaufsichtsamt für das Versicherungswesen
BAWe	Bundesaufsichtsamt für den Wertpapierhandel
BDO	Binder Dijker Otte (Wirtschaftsprüfungsgesellschaft)
BEAT	Business Environment Analyses Template (IT-Tool, Ernst & Young)
Best.	Bestellung
BFA	Bankenfachausschuss (IDW)
BGB	Bürgerliches Gesetzbuch (zuletzt geändert durch Gesetz vom 24.8.2002)
BGH	Bundesgerichtshof
BHO	Bundeshaushaltsordnung
BL § xx.yy	Bylaws subject matter xx, paragraph yy (AICPA)
BMF	Bundesministerium der Finanzen
BMI	Bundesministerium des Innern
BMJ	Bundesministerium der Justiz
BMWi	Bundesministerium für Wirtschaft und Technologie
BörsG	Börsengesetz
BörsO	Börsenordnung
BörsZulV	Börsenzulassungsverordnung
BpO	Betriebsprüferordnung
BS WP/vBP	Berufssatzung der WP/vBP
bspw.	beispielsweise
BT	Bundestag
BverfG	Bundesverfassungsgericht
BW	Buchwert
BWL	Betriebswirtschaftslehre
bzgl.	bezüglich
bzw.	beziehungsweise

C.E.E.	Communauté Economique Européene (Vorgängerorganisation der FEE)
c.p.	ceteris paribus (unter sonst gleichen Bedingungen)
ca.	circa
CA	Chartered Accountant (Wirtschaftsprüfer, Kanada)
CAAT	Computer Assisted Audit Techniques
CAATT	Computer Assisted Audit Tools and Techniques
CF	Cash Flow (deutsch: Cashflow)
CFROI	Cash Flow Return on Investment (Wertentwicklungskennzahl)
CICA	Canadian Institute of Chartered Accountants (Berufsorganisation der accountants, Kanada)
Co.	Compagnie (Kompanie i.S. von Gesellschaft)
corp.	Corporation (Rechtsform)
CPA	Certified Public Accountant (Wirtschaftsprüfer, USA)
CR	Control Risk (Kontrollrisiko)
CVA	Cash Flow Value Added (Wertentwicklungskennzahl)
d.h.	Das heißt
DAI	Deutsches Aktieninstitut e.V.
DATEV	Datenverarbeitung und Dienstleistung für den steuerberatenden Beruf eG
DAX	Deutscher Aktienindex
DBB	Deutsche Bundesbank
DCF	Discounted Cash Flow
DCGK	Deutscher Corporate Governance Kodex
DIN	Deutsche Industrie-Norm; auch: Deutsches Institut für Normung e.V.
Dipl.	Diplom
DM	Deutsche Mark
DR	Detection Risk (Entdeckungsrisiko)
Dr.	Doktor
DRS x	Deutscher Rechnungslegungs Standard Nr. x
DRSC	Deutsches Rechnungslegungs Standards Committee e.V.
DSS	Decision Support System

DUS	Dollar Unit Sampling
DV	Datenverarbeitung
DVFA/SG	Deutsche Vereinigung für Finanzanalyse und Asset Management e.V. /Schmalenbach-Gesellschaft für Betriebswirtschaft e.V.
e.V.	eingetragener Verein
ebd.	ebenda
E & Y	Ernst & Young (Wirtschaftprüfungsgesellschaft)
EBI	Earnings Before Interest
EBIT	Earnings Before Interest and Taxes
E-Business	Electronic Business
E-Commerce	Electronic Commerce
E-Mail	Electronic Mail
ECOFIN	Rat der EU-Wirtschafts- und Finanzminister
ED	Exposure Draft
EDI	Electronic Data Interchange (elektronischer Datenaustausch)
EDIFACT	Electronic Data Interchange for Administration, Commerce and Transport
Education I.yy	Education Introduction.paragraph yy (Ausbildungsnorm, IFAC)
EDV	Elektronische Datenverarbeitung
eG	eingetragene Genossenschaft
EG	Europäische Gemeinschaft
einschl.	einschließlich
engl.	englisch
ERP	Enterprise Resource Planning
et al.	et alii (und andere)
etc.	et cetera
Ethics Sec. xx.yy	Ethics Section xx, paragraph yy (ethische Norm, IFAC)
Ethics yy	Ethics paragraph yy (ethische Norm, IFAC)
EU	Europäische Union
EuroBilG	Euro-Bilanzgesetz
EuroEG	Euro-Einführungsgesetz

EVA	Economic Value Added (Wertentwicklungskennzahl)
evtl.	eventuell
EWG	Europäische Wirtschaftsgemeinschaft
EWR	Europäischer Wirtschaftsraum
EY GAM	Ernst & Young Global Audit Methodology
f.	folgende
F+E	Forschung und Entwicklung
FAIT	Fachausschuss für Informationstechnologie (IDW)
FAMA	Fachausschuss für moderne Abrechnungssysteme (IDW, Vorgänger des FAIT)
FAR	Fachausschuss Recht (IDW)
FEE	Fédération des Experts Comptables Européens
ff.	fortfolgende
FoF	Forum of Firms (IFAC)
FG	Fachgutachten
FMAC	Financial and Management Accounting Committee (IFAC)
FMAG	Finanzmarktaufsichtsgesetz (Österreich)
Fn.	Fußnote
FN-IDW	IDW-Fachnachrichten (Zeitschrift)
FRM	Fehlerreihungsmethode
FWB	Frankfurter Wertpapierbörse
GAAP	Generally Accepted Accounting Principles
GAAS	Generally Accepted Auditing Standards
gem.	gemäß
GenG	Gesetz betreffend die Erwerbs- und Wirtschaftsgenossenschaften (zuletzt geändert durch Gesetz vom 10.12.2001)
GG	Grundgesetz
ggf.	gegebenenfalls
GmbH	Gesellschaft mit beschränkter Haftung (Rechtsform)
GmbHG	GmbH-Gesetz
GoA	Grundsätze ordnungsmäßiger Abschlussprüfung
GoB	Grundsätze ordnungsmäßiger Buchführung

GoBS	Grundsätze ordnungsmäßiger IT-gestützter Buchführungssysteme
GRI	Global Reporting Initiative
GuV	Gewinn- und Verlustrechnung
GVG	Gerichtsverfassungsgesetz
GwG	Geldwäschegesetz
h.M.	herrschende Meinung
HB	Handelsbilanz
HdJ	Handbuch des Jahresabschlusses in Einzeldarstellungen
HFA	Hauptfachausschuss (IDW)
HFA xx.yy	Stellungnahme des HFA, Kennung (Nr./Jahrgang) xx, Textziffer yy (Prüfungsnorm, IDW)
HGB	Handelsgesetzbuch (zuletzt geändert durch Gesetz vom 24.8.2002)
HGrG	Haushaltsgrundsätzegesetz (zuletzt geändert durch Gesetz vom 20.12.2001)
Hrsg.	Herausgeber
Hs.	Halbsatz
htm	hyper text markup (Internet)
http	hyper text transfer protocol (Internet)
I.	Introduction
i.A.	im Allgemeinen
i.d.F.	in der Fassung
i.d.R.	in der Regel
i.d.S.	in dem Sinne
i.e.S.	im engeren Sinne
i.S.	im Sinne
i.S.d.	im Sinne des
i.S.v.	im Sinne von
i.V.m.	in Verbindung mit
i.w.S.	im weiteren Sinne
IAASB	International Accounting and Assurance Standards Board (IFAC)

IAEPS	International Assurance Engagements Practice Statements (IFAC)
IAPS	International Auditing Practice Statement (Prüfungsnorm, IFAC)
IAPS xx.yy	IAPS subject matter xx, paragraph yy
IAS	International Accounting Standards (Rechnungslegungsnorm, IASC), ab 1.4.2001 IFRS
IAS xx.yy	IAS subject matter xx, paragraph yy
IASB	International Accounting Standards Board (seit 1.4.2001 Nachfolgeorganisation des IASC)
IASB Framework.yy	Framework for the Preparation and Presentation of Financial Statements paragraph yy (IASB)
IASC	International Accounting Standards Committee
IBM	International Business Machines (Unternehmen)
Id.	Identification
IDEA	Interactive Data Extraction and Analysis (Prüfsprache)
IDW	Institut der Wirtschaftsprüfer in Deutschland e.V.
IDW (E)PH xx.yy	IDW (Entwurf) Prüfungshinweis Nr. xx, Textziffer yy
IDW (E)PS xx.yy	IDW (Entwurf) Prüfungsstandard Nr. xx, Textziffer yy
IDW (E)RS FAIT xx.yy	IDW (Entwurf) Stellungnahme zur Rechnungslegung, FAIT Nr. xx, Textziffer yy
IDW (E)RS HFA xx.yy	IDW (Entwurf) Stellungnahme zur Rechnungslegung, Hauptfachausschuss Nr. xx, Textziffer yy
IDW (E)S xx.yy	IDW (Entwurf) Standard Nr. xx, Textziffer yy
IDW FG xx.yy	IDW Fachgutachten, Kennung (Nr./Jahrgang) xx, Abschnitt yy
IEG xx.yy	International Education Guideline subject matter xx, paragraph yy (Ausbildungsnorm, IFAC)
IES xx.yy	International Education Standard subject matter xx, paragraph yy (Ausbildungsnorm, IFAC)
IFAC	International Federation of Accountants
IFAD	International Forum on Accountancy Development
IFRIC	International Financial Reporting Interpretations Committee (IASB)
IFRS	International Financial Reporting Standards (Rechnungslegungsnorm, IASB)

IIR	Deutsches Institut für Interne Revision e.V.
IK	Interne Kontrolle
IKS	Internes Kontrollsystem
IMAPS	International Management Accounting Practice Statements (Verlautbarungen, FMAC)
Inc.	Incorporated (Rechtsform, USA)
insbes.	insbesondere
InsO	Insolvenzordnung
IOSCO	International Organization of Securities Commissions
IPPS	International Professional Practice Statement (Prüfungsnorm, IFAC)
IPPS xx.yy	IPPS subject matter xx, paragraph yy
IPSAS	International Public Sector Accounting Standards (Rechnungslegungsnorm, PSC)
IPSG	International Public Sector Guidelines (Rechnungslegungsnorm, PSC)
IR	Inherent Risk (inhärentes Risiko)
IRSPS	International Standards on Related Services Practice Statements (IFAC)
ISA	International Standards on Auditing (Prüfungsnorm, IFAC)
ISA xx.yy	ISA subject matter xx, paragraph yy
ISAE yy	International Standard on Assurance Engagements paragraph yy (Prüfungsnorm, IFAC)
ISO	International Standardization Organization
ISQC	International Standards on Quality Control (IFAC)
ISRS	International Standards on Related Services (IFAC)
IT	Informationstechnologie
ITF	Integrated Test Facilities (Testdatenmethode)
ITG	Information Technology Guidelines (Richtlinien, IT-Committee der IFAC)
IuKDG	Gesetz zur Regelung der Rahmenbedingungen für Informations- und Kommunikationsdienste
IÜS	Internes Überwachungssystem
KAGG	Gesetz über Kapitalanlagegesellschaften
KamG	Kammergericht

KapAEG	Kapitalaufnahmeerleichterungsgesetz
KapCoRiLiG	Kapitalgesellschaften- und Co.-Richtlinie-Gesetz
Kfm.	Kaufmann
KG	Kommanditgesellschaft (Rechtsform)
KGaA	Kommanditgesellschaft auf Aktien (Rechtsform)
KHFA	Krankenhausfachausschuss (IDW)
KMU	Kleine und mittlere Unternehmen
Kom	Kommission (EU-Institution)
KonTraG	Gesetz zur Kontrolle und Transparenz im Unternehmensbereich
KPI	Key Performance Indicator
KPMG	Klynveld Peat Marwick Goerdeler (Wirtschaftsprüfungsgesellschaft)
kum.	kumuliert
KWG	Kreditwesengesetz
LG	Landgericht
LHO	Landeshaushaltsordnung
MARC	Maastricht Accounting and Auditing Research Centre
MAS	Management Advisory Services
m.w.N.	mit weiteren Nachweisen
MD&A	Management's Discussion and Analysis of Results of Operations and Financial Conditions
Mio.	Million
Mrd.	Milliarde
MS	Microsoft (Unternehmen)
MUS	Monetary Unit Sampling
MVS/ESA	Multiple Virtual Storage/Enterprise Systems Architecture (IBM)
n.F.	neue Fassung
NASD	National Association of Securities Dealers
No., Nr.	Nummer
NOPAT	Net Operating Profit After Taxes
NYSE	New York Stock Exchange

o.a.	oben angegebene
o.g.	oben genannte
o.O.	ohne Ortsangabe
o.S.	ohne Seitenangabe
o.V.	ohne Verfasser
OFR	Operating and Financial Review and Prospects
OHG	Offene Handelsgesellschaft (Rechtsform)
Ök.	Ökonom(in)
OLG	Oberlandesgericht
OP	offene Posten
OS	Operating System (IBM)
OwiG	Gesetz über Ordnungswidrigkeiten
PA	Professional Accountant
PC	Personal Computer
Pdf	portable document format (Internet)
PCAOB	Public Company Accounting Oversight Board (USA)
PEST	political, economical, social, technological
plc.	Public Limited Company (Rechtsform, UK)
POB	Public Oversight Board (IFAC)
Prof.	Professor
PrüfbV	Prüfungsberichtsverordnung des BAKred
PrüfV	Prüfungsberichteverordnung des BAV
PrO WP	Prüfungsordnung für Wirtschaftsprüfer (Fassung vom 22.2.1995)
PS	Prüfungsstandard (IDW)
PSC	Public Sector Committee (IFAC)
PSP	Public Sector Perspective
PublG	Gesetz über die Rechnungslegung von bestimmten Unternehmen und Konzernen (Publizitätsgesetz)
PwC	PricewaterhouseCoopers (Wirtschaftsprüfungsgesellschaft)
QMF	Query Management Facility (IBM)
RechVersV	Verordnung über die Rechnungslegung von Versicherungsunternehmen

REDIS	Revisions-Daten-Informations-System (Lotus Notes)
Rg.	Rechnung
ROI	Return on Investment (Wertentwicklungskennzahl)
Rn.	Randnummer
RSW	Rechnergestützte Stichprobenverfahren für die Wirtschaftsprüfung
RWNM	Regelwerk Neuer Markt
S.	Seite
S.A.	Société Anonyme (Rechtsform)
SAI	Social Accountability International
SAP	Systeme, Anwendungen, Produkte in der Datenverarbeitung (Unternehmen)
SAP R/3	SAP Release 3 (Softwareprodukt)
SAS	Statements on Auditing Standards (Prüfungsnorm, AICPA)
SEC	Securities and Exchange Commission (Börsenaufsichtsbehörde, USA)
Sec.	Section
SFAS xx.yy	Statement of Financial Accounting Standards subject matter xx, paragraph yy (Rechnungslegungsnorm, USA)
SMAX	Small Cap Exchange (Handelssegment der FWB)
SMAX-TB	SMAX-Teilnahmebedingungen
SMF	System Management Facilities
SOA	Sarbanes-Oxley Act of 2002
sog.	so genannte
SOP	Statement of Position (Rechnungslegungsnorm, USA)
Sp.	Spalte
SPC	Statement of Policy of Council (Grundsatzverlautbarung des Rates der IFAC)
SQL	Structured Query Language (Datenbankabfragesprache)
SSARS	Statements on Standards for Accounting and Review Services (AICPA)
SSL	Secure Sockets Layer-Protokoll (Internet)
StAP	Steuerliche Außenprüfung
StB	Steuerberater

StBerG	Steuerberatungsgesetz
stellvertr.	stellvertretend
StGB	Strafgesetzbuch
StiftG	Stiftungsgesetz
StPO	Strafprozessordnung
StückAG	Gesetz über die Zulassung von Stückaktien
SWOT	strengths, weaknesses, opportunities, threats
T€	Tausend Euro
Tab.	Tabelle
TAC	Transnational Auditors Committee (IFAC)
TDM	Tausend Deutsche Mark
TK	Transaktionskosten
TR	Test Risk (Testrisiko)
TransPuG	Gesetz zur weiteren Reform des Aktien- und Bilanzrechts, zu Transparenz und Publizität
TÜV	Technischer Überwachungsverein
Tz.	Textziffer
u.	und
u.a.	unter anderem
u.Ä.	und Ähnliches
U.K., UK	United Kingdom
u.U.	unter Umständen
UAG	Umweltauditgesetz
Überbew.	Überbewertung
UEC	Union Européenne des Experts Comptables Economiques et Financiers (Vorgängerorganisation der FEE)
URL	Uniform Resource Locator (Internet)
U.S., US, USA	United States of America
US-GAAP	United States-Generally Accepted Accounting Principles
US-GAAS	United States-Generally Accepted Auditing Standards
v.	vom
v.a.	vor allem
v.St.	vor Steuern

VAG	Versicherungsaufsichtsgesetz
VFA	Versicherungsfachausschuss (IDW)
vBP	vereidigter Buchprüfer
Verf.	Verfasser
vgl.	vergleiche
VO	Vorstand, Vorstände; Stellungnahme des Vorstands des IDW (der WPK); gemeinsame Stellungnahme der Vorstände des IDW und der WPK
Vol.	Volume
vorüberg.	vorübergehend
vs.	versus
WACC	Weighted Average Cost of Capital
WP	Wirtschaftsprüfer
WPG	Wirtschaftsprüfungsgesellschaft
WPg	Die Wirtschaftsprüfung (Zeitschrift)
WpHG	Wertpapierhandelsgesetz
WPK	Wirtschaftsprüferkammer
WPO	Gesetz über eine Berufsordnung der Wirtschaftsprüfer (Wirtschaftsprüferordnung, zuletzt geändert durch Gesetz vom 21.8.2002)
WPOÄG	Wirtschaftsprüferordnungs-Änderungsgesetz
WR	Wirtschaftlichkeitsrechnung
www	world wide web (Internet)
XBRL	Extensible Business Reporting Language
z.B.	zum Beispiel
z.T.	zum Teil
Ziff.	Ziffer
zit.	zitiert
ZPO	Zivilprozessordnung

Kapitel I

Ökonomische Probleme des Prüfungswesens und ihre Lösungsansätze

1   Information als Kernelement funktionierender Märkte[*)]

Informationen über Zustände und Entwicklungen stellen die zentrale Voraussetzung für die effiziente Allokation von Ressourcen dar. Auch wirtschaftspolitische Entscheidungen sind nur dann effektiv, wenn Informationen über die Bedürfnisse von Wirtschaftssubjekten und über die Zusammenhänge innerhalb und zwischen den betrachteten Wirtschaftssubjekten vorliegen. Unternehmen und ihre Organisation als Institution[1] der Erstellung von Gütern und Dienstleistungen bilden den Mittelpunkt wirtschaftlichen Handelns.

Informationen über Prozesse in den einzelnen Unternehmen aber auch über deren wirtschaftliche Lage allgemein stellen für zahlreiche Gruppen innerhalb und außerhalb der Unternehmen eine wichtige Grundlage für eigene Entscheidungen dar.

Die Interessenlagen sind vielfältig:

- Arbeitnehmer sind z.B. am Fortbestand ihrer Einkommensquelle und damit ihres Arbeitgebers interessiert.

- Aufsichtsräte von Aktiengesellschaften benötigen zur Ausübung ihrer Überwachungspflichten geeignete Informationsquellen.

- Eigenkapitalgeber (Unternehmenseigentümer, Aktionäre, Beteiligungsgesellschaften etc.) haben u.a. ein Interesse an einer möglichst hohen Rendite ihres eingesetzten Kapitals.

- Fremdkapitalgeber (z.B. Banken) sind primär an einer möglichst geringen Ausfallquote ihrer Kredite interessiert.

- Aufsichtsbehörden benötigen Informationen zur Entdeckung von Verstößen gegen gesetzliche Auflagen.

- Finanzbehörden sind zur Berechnung der Steuerbemessungsgrundlage auf entsprechende Informationen angewiesen.

- Lieferanten sind um die Erfüllung ihrer Forderungen aus Lieferungen und Leistungen bemüht und haben damit ein Interesse am Fortbestand ihrer Kunden.

Da für alle der aufgeführten Personengruppen mit der Existenz eines Unternehmens etwas „auf dem Spiel steht", werden diese auch als *stakeholder*[2] bezeichnet. Im weiteren Sinne werden darunter jedoch auch diejenigen Interessengruppen eines Unternehmens subsumiert, die ein Unternehmen indirekt beeinflussen können, so auch Gewerkschaften oder (potenzielle) Wettbewerber.

Insbesondere in Zeiten spektakulärer Unternehmenskrisen und -zusammenbrüche wie z.B. Enron und Worldcom wird verstärkt auf die Bedeutung aktueller, relevanter und verlässlicher Informationen hingewiesen und ihr stärkerer Einsatz zur Überwachung und Kontrolle der Führungskräfte von Unternehmen gefordert. Damit verbunden ist auch die Forderung nach einer geeigneten Unternehmenspublizität und somit die Frage, wie man stakeholder anders oder zusätzlich informieren sollte, um die Unternehmensüberwachung zu verbessern.

Die Frage nach Möglichkeiten zur Kontrolle über die Vermögenswerte und die Strukturen innerhalb eines Unternehmens wird in der Literatur zur *Corporate Governance* formuliert und erörtert.[3] Primärer Untersuchungsgegenstand ist hierbei die Beziehung zwischen Eigenkapitalgebern und Management. Auch hier spielen Informationen eine entscheidende Rolle: Man geht von einem Informationsvorsprung des mit Entscheidungskompetenzen ausgestatteten Managements gegenüber dem Eigentümer[4] aus, d.h. vom Vorliegen *asymmetrisch verteilter Informationen* (vgl. Abschnitt 2).

1.1 Informationen im Steuerungssystem eines Unternehmens

Die Funktionsbereiche innerhalb eines Unternehmens lassen sich vereinfacht in die Bereiche Planung, Realisation und Unternehmenssteuerung unterteilen.[5]

Im Rahmen der *Planung* werden sämtliche Zielgrößen eines Unternehmens in Hinblick auf dessen Erstellung von Gütern oder Dienstleistungen festgelegt und die dafür notwendigen Abläufe und Strukturen innerhalb eines Unternehmens bestimmt. Bei der *Realisierung* stehen die Umsetzung der Planvorgaben und alle damit verbundenen Entscheidungen im Mittelpunkt. Planung und Realisation decken alle Aspekte der Unternehmensaktivitäten ab, erstrecken sich also auf die strategische Ausrichtung eines Unternehmens, Beschaffung und Einsatz der Inputfaktoren, Leistungserstellung, Aufbau- und Ablauforganisation, Absatz- und Finanzierungsfragen. Die *Steuerung* eines Unternehmens zielt auf die Minimierung der Abweichungen zwischen geplanten und realisierten Ergebnissen ab. Dazu werden zunächst die aus der Planung abgeleiteten Soll-Zustände den aus der Realisation entstehenden Ist-Zuständen gegenübergestellt und die auftretenden Diskrepanzen quantifiziert und bewertet. Zur Minimierung der Abweichungen bedarf es im zweiten Schritt eines Entscheidungsbündels, das auf die Annäherung der Ist-Ergebnisse an die Soll-Vorgaben bzw. eine Korrektur der Soll-Vorgaben hinwirkt.

Das Steuerungssystem erfordert verlässliche und zeitnahe *Informationen* über die geplanten und realisierten Leistungsprozesse, um Abweichungen zwischen geplanten Soll-Größen einerseits und realisierten Ist-Größen andererseits zu identifizieren, quantifizieren und zu bewerten. Dieser Soll-Ist-Abgleich wird als *Prüfung* bezeichnet. Zur zielgerichteten Bestimmung der Soll-Größen sind wiederum Informationen, die im Zuge der Realisation entstehen, möglichst frühzeitig in Planungsprozesse einzubinden. Anhand der Prüfungsergebnisse werden schließlich *Entscheidungen* über die Adjustierung von Steuerungsgrößen in der Planung und Realisation gefällt.

Informationen bilden damit die Grundlage zur Verringerung von Soll-Ist-Abweichungen und stellen die Voraussetzung für eine effektive Unternehmenssteuerung und damit die effiziente Allokation von Ressourcen dar.[6] Der auf Informationsflüssen basierende Zusammenhang zwischen den Bereichen Planung, Realisation und Steuerung ist in Abb. I.1-1 dargestellt.

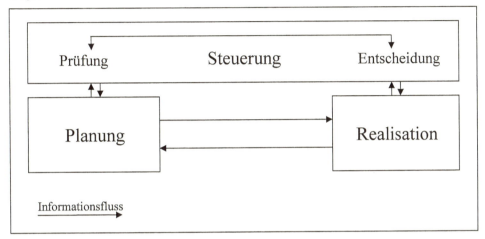

Abb. I.1-1: Die Steuerung von Unternehmen auf Basis von Informationen

Prüfungs- und Entscheidungsinstitutionen sind i.d.R. organisatorisch voneinander abgekoppelt, um die Unabhängigkeit der Prüfungsinstitutionen zu ermöglichen.[7] Der Auftrag an eine Prüfungsinstitution ist mit der Abgabe des Prüfungsurteils häufig keineswegs abgeschlossen, sondern erstreckt sich auf Grund der Kompetenz und des Informationsstands zunehmend auf die Erarbeitung von Verbesserungsvorschlägen. Die Umsetzung der Vorschläge sowie die mögliche Sanktion bestehender Soll-Ist-Abweichungen liegt jedoch im Einflussbereich der Entscheidungsinstitutionen.

Das Beziehungsgeflecht einzelner Prüfungs- und Entscheidungsinstitutionen im System der Unternehmenssteuerung verdeutlicht Abb. I.1-2.

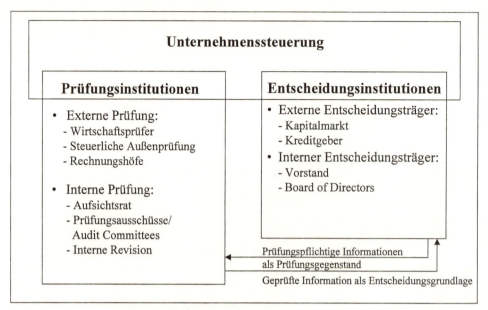

Abb. I.1-2: Prüfungs- und Entscheidungsinstitutionen eines Unternehmens

1.2 Prüfungsinstitutionen

Die hohe Komplexität der Beziehungen zwischen Marktteilnehmern sowie der Umstand, dass Marktteilnehmer in verschiedenen Funktionen auf mehreren Märkten gleichzeitig agieren können, führen zu einem ständig wachsenden Informationsbedarf bei gleichzeitig steigender Marktintransparenz, d.h. zu einem Zustand, in dem Informationen nicht allen beteiligten Akteuren gleichermaßen vorliegen, oder einzelnen Akteuren vorenthalten werden können. Darüber hinaus ist die Beschaffung von Informationen mit Zeit- und Ressourcenbedarf, d.h. mit Kosten verbunden, die in manchen Fällen den Nutzen übersteigen, der den einzelnen stakeholdern durch die Informationen zufließt. Im Hinblick auf eine bedarfsgerechte Ausdifferenzierung der Prüfungsleistungen ist das Prüfungswesen auf mehrere Institutionen innerhalb und außerhalb von Unternehmen – d.h. ein *externes* und ein *internes* Prüfungswesen – unterteilt.

1.2.1 Wirtschaftsprüfung

Wirtschaftsprüfer (auditors) stellen die zentrale Institution des *externen* Prüfungswesens für Unternehmen dar.[8] Von entscheidender Bedeutung ist dabei die Tätigkeit von Wirtschaftsprüfern im Rahmen ihrer Vorbehaltsaufgabe der gesetzlichen *Jahresabschlussprüfung*, auch *Abschlussprüfung (audit)*, und der Erteilung oder Versagung von Bestätigungsvermerken über die Vornahme und das Ergebnis solcher Prüfungen für bestimmte Unternehmen (§ 2

Abs. 1 WPO). Der Prozess der Abschlussprüfung, der Prüfungsprozess, wird in Kapitel II ausführlich dargestellt. Der Gegenstand der Abschlussprüfung nach deutschen Normen ist für ausgewählte Rechtsformen in Tab. I.1-1 aufgeführt.

Rechnungslegende Einheit		Gegenstand der Abschlussprüfung
kleine Kapitalgesellschaften (AG, GmbH, KGaA) (§ 267 Abs. 1 u. 4 HGB)		§ 316 Abs. 1 Satz 1 HGB: keine Prüfungspflicht
mittelgroße Kapitalgesellschaften (§ 267 Abs. 2 u. 4 HGB)		§ 316 Abs. 1 Satz 1 HGB: Jahresabschluss, Lagebericht
große Kapitalgesellschaften (§ 267 Abs. 3 u. 4 HGB)	nicht börsennotiert	§ 316 Abs. 1 Satz 1 HGB: Jahresabschluss, Lagebericht
	börsennotiert, sowie börsennotierte kleine oder mittelgroße Kapitalgesellschaften	§ 316 Abs. 1 Satz 1 HGB: Jahresabschluss, Lagebericht; § 317 Abs. 4 HGB (bei AG): Vorhandensein und Effektivität des vorgeschriebenen Risikomanagementsystems nach § 91 Abs. 2 AktG
Konzerne, deren Mutterunternehmen als Kaptalgesellschaft firmieren und bei denen die Befreiungsvorschriften der §§ 291 bis 293 HGB nicht greifen	nicht börsennotiert	§ 316 Abs. 2 Satz 1 HGB: Konzernabschluss sowie Konzernlagebericht
	börsennotiert	§ 316 Abs. 2 Satz 1 HGB: Konzernabschluss einschließlich Kapitalflussrechnung, Segmentberichterstattung und Eigenkapitalspiegel (§ 297 Abs. 1 Satz 2 HGB), Konzernlagebericht; § 317 Abs. 4 HGB (bei AG): Vorhandensein und Effektivität des vorgeschriebenen Risikomanagementsystems nach § 91 Abs. 2 AktG (h.M.)
Unternehmen, die nicht in der Rechtsform einer Kapitalgesellschaft firmieren und bestimmte Größenkriterien übersteigen		§ 6 Abs. 1 PublG: Jahresabschluss und Lagebericht
Konzerne, deren Mutterunternehmen nicht in der Rechtsform einer Kapitalgesellschaft firmieren und die auf Konzernebene bestimmte Größenkriterien übersteigen		§ 14 Abs. 1 PublG: Konzernabschluss, Konzernlagebericht

Tab. I.1-1: Umfang der Abschlussprüfung nach deutschen Normen für ausgewählte Rechtsformen

Die Differenzierung nach kleinen, mittelgroßen und großen Kapitalgesellschaften ist in § 267 Abs. 1 u. Abs. 2 HGB geregelt. Eine Gesellschaft gilt dann als *klein*, wenn sie mindestens zwei der Merkmale (*Schwellenwerte*) nach § 267 Abs. 1 HGB nicht überschreitet. Eine Gesellschaft ist *mittelgroß*, wenn sie mindestens zwei der Merkmale nach

§ 267 Abs. 1 HGB, jedoch nicht zwei der Merkmale nach § 267 Abs. 2 HGB überschreitet. Es handelt sich um eine *große* Kapitalgesellschaft, wenn zwei der Merkmale des § 267 Abs. 2 HGB überschritten sind. Die Rechtsfolgen der betreffenden Größenklassen treten jedoch nur ein, wenn die Voraussetzungen an zwei aufeinanderfolgenden Stichtagen erfüllt sind (§ 267 Abs. 4 Satz 1 HGB). Die Schwellenwerte sind in Tab. I.1-2 aufgeführt.

Merkmale	Schwellenwerte nach	
	§ 267 Abs. 1 HGB	§ 267 Abs. 2 HGB
Bilanzsumme (in T€)	3.438	13.750
Umsatzerlöse (in T€)	6.875	27.500
Durchschnittliche Arbeitnehmerzahl	50	250

Tab. I.1-2: Schwellenwerte der Größenklassen nach § 267 Abs. 1 u. 2 HGB[9]

Kapitalgesellschaften & Co, d.h. Personengesellschaften, bei denen keine natürliche Person i.S. des § 264a Abs. 1 HGB mittelbar oder unmittelbar persönlich haftender Gesellschafter ist, sind wie Kapitalgesellschaften zu behandeln. Der Jahresabschluss besteht aus Bilanz, Gewinn- und Verlustrechnung sowie Anhang (§ 264 Abs. 1 HGB); der Konzernabschluss aus Konzernbilanz, Konzern-Gewinn- und Verlustrechnung sowie Konzernanhang (§ 297 Abs. 1 HGB); im Falle eines kapitalmarktorientierten Konzerns erweitert sich der Konzernabschluss um eine Kapitalflussrechnung, eine Segmentberichterstattung sowie einen Eigenkapitalspiegel (§ 297 Abs. 1 Satz 2 HGB).

Informationen, die nicht Bestandteil des Jahresabschlusses bzw. Konzernabschlusses und des Lageberichts sind, die aber mit diesen zusammen veröffentlicht werden (*zusätzliche Informationen*), unterliegen zwar nicht der Prüfungspflicht, sind aber vom Abschlussprüfer *kritisch zu lesen*, da Unstimmigkeiten zwischen diesen Informationen und dem geprüften Jahresabschluss oder Lagebericht die Glaubwürdigkeit pflichtmäßig zu publizierender Informationen in Frage stellen können (IDW PS 202.7 sowie Abschnitt 6.5.2.1).

Die Prüfungspflicht von Rechnungslegungsinformationen, die nach den internationalen Rechnungslegungsnormen *International Accounting Standards (IAS)* – seit dem 1.4.2001 werden vom IASB neu erlassene Standards als *International Financial Reporting Standards (IFRS)* bezeichnet – erstellt werden, ist nicht explizit normiert, d.h. die IAS enthalten keine Regeln zur Prüfungspflicht, sondern nur allgemeine Ausführungen zu den Bestandteilen von Abschlüssen als Gegenstand der Abschlussprüfung. Die Pflicht zur Abschlussprüfung ergibt sich vielmehr aus dem Anwendungsbereich des HGB für alle Unternehmen mit Sitz in Deutschland, nach dem die Bestandteile des (Konzern-)Jahresabschlusses und des (Konzern-)Lageberichts der Prüfungspflicht unterliegen (§ 317 Abs. 1 u. 2 HGB).

Macht ein Unternehmen von der Möglichkeit Gebrauch, anstelle eines HGB-Konzernabschlusses einen Konzernabschluss nach internationalen Rechnungslegungsnormen aufzustellen (*befreiender* Abschluss), so unterliegen der nach internationalen Rechnungslegungsnormen aufgestellte Konzernabschluss sowie alle Unterlagen, die zur Herstellung der Gleichwertigkeit eines nach international anerkannten Rechnungslegungsgrundsätzen aufgestellten Konzernabschlusses mit einem nach den Vorschriften des HGB aufgestellten Konzernabschlusses dienen (IDW PS 202.9), der Prüfungspflicht des Abschlussprüfers. Ein befreiender Konzernabschluss ist derzeit gem. § 292a HGB lediglich für Konzernabschlüsse börsennotierter Mutterunternehmen möglich. Macht ein Unternehmen von der Möglichkeit eines befreienden Konzernabschlusses Gebrauch, sind alle in den Konzernabschluss einzubeziehenden Einzelabschlüsse im Zuge der Pflicht zur konzerneinheitlichen Bilanzierung (§ 300 Abs. 1 HGB) und konzerneinheitlichen Bewertung (§ 308 Abs. 1 HGB) auf die IAS/IFRS überzuleiten. Diese Ergänzungsrechnung für jedes zu konsolidierende Einzelunternehmen wird als Handelsbilanz II (HB II) bezeichnet.

Gleichwohl ist mit einer zunehmenden Verbreitung von IAS/IFRS-Abschlüssen zu rechnen. Zum einen hat die IOSCO (vgl. Kapitel I, Abschnitt 5.3.2) bereits im Mai 2000 ihren Mitgliedern empfohlen, 30 ausgewählte IAS im Zusammenhang mit grenzüberschreitenden Börsennotierungen sowie mit Wertpapierangeboten multinationaler Unternehmen als Grundlagen der Rechnungslegung für die Zulassung an den jeweiligen Börsen anzuerkennen.[10]

Zum anderen wird für börsennotierte Konzernmutterunternehmen der EU durch die EU-Verordnung vom 19.6.2002 betreffend die Anwendung internationaler Rechnungslegungsgrundsätze („IAS-Verordnung")[11] spätestens für Geschäftsjahre, die am oder nach dem 1.1.2005 beginnen, eine Bilanzierung nach IAS/IFRS verpflichtend (Art. 4).[12] In Bezug auf Konzernabschlüsse nicht-kapitalmarktorientierter Unternehmen sowie Einzelabschlüsse enthält die Verordnung ein Wahlrecht, wonach es den Mitgliedstaaten vorbehalten ist, die Anwendung der IAS/IFRS den bilanzierenden Unternehmen als Wahlrecht zu gestatten oder als Pflicht verbindlich vorzuschreiben (Art. 6). Gegenwärtig hat sich der deutsche Gesetzgeber diesbezüglich noch nicht festgelegt. Schließlich sind Kapitalgesellschaften, deren Aktien oder aktienvertretende Zertifikate (z.B. ADRs) im Handelssegment „Prime Standard" der Frankfurter Wertpapierbörse (FWB) gehandelt werden, zur (unterjährigen) Rechnungslegung nach IAS/IFRS oder alternativ nach den US-GAAP verpflichtet (§§ 62 Abs. 1 Satz 1, 63 Abs. 1 i.V.m. §§ 77, 78 BörsO FWB).[13]

Daneben werden Wirtschaftsprüfern weitere gesetzliche Prüfungsleistungen (vgl. Kapitel III, Abschnitt 2) sowie freiwillige Prüfungsleistungen übertragen. Weitere Berufsaufgaben umfassen v.a. die Steuerberatung (§ 2 Abs. 2 WPO i.V.m. §§ 3 u.12 StBerG) und das Auftreten als Prozessbevollmächtigte vor Finanzgerichten sowie die Unternehmensberatung, die Tätigkeit als Gutachter oder Sachverständiger gem. § 2 Abs. 3 Nr. 1 WPO und die Treuhandtätigkeit gem. § 2 Abs. 3 Nr. 3 WPO (vgl. Kapitel III, Abschnitt 2.1).

Die ISA nennen als Tätigkeitsfelder von Wirtschaftsprüfern neben der Abschlussprüfung Sonderprüfungen gem. ISA 800, Prüfungen zukunftsorientierter Informationen gem. ISA 810 sowie prüfungsnahe Dienstleistungen (related services), die Aufträge zur Vornahme von vereinbarten Prüfungshandlungen (agreed-upon procedures) und die Erstellung von Abschlüssen (compilations) (vgl. Abschnitt 6.4.2 sowie Kapitel III, Abschnitt 2.3).

Nachdem die Abschlussprüfung die Voraussetzung für die Feststellung des Jahresabschlusses darstellt (§ 316 Abs. 1 Satz 2 HGB), ist sie innerhalb der externen Prüfungsinstitutionen von Unternehmen von zentraler Bedeutung. Die Abschlussprüfung stellt eine Ordnungsmäßigkeitsprüfung dar. Nach geltender nationaler Norm des § 317 HGB ist zu prüfen, ob

- bei der Buchführung und der Erstellung des Jahresabschlusses – i.d.R. bestehend aus Bilanz, Gewinn- und Verlustrechnung sowie Anhang des Unternehmens – und des Lageberichts die gesetzlichen Vorschriften und ergänzenden Bestimmungen des Gesellschaftsvertrages und der Satzung beachtet worden sind,[14]

- unter Beachtung der Grundsätze ordnungsmäßiger Buchführung ein den tatsächlichen Verhältnissen entsprechendes Bild der Vermögens-, Finanz- und Ertragslage des Unternehmens vermittelt wird,

- im Lagebericht die Risiken der künftigen Entwicklung des Unternehmens zutreffend dargestellt sind,[15]

- das in börsennotierten Aktiengesellschaften nach § 91 Abs. 2 AktG einzurichtende Überwachungssystem (Risikofrüherkennungssystem) seine Aufgaben erfüllen kann.

Auch nach den internationalen Prüfungsnormen *International Standards on Auditing* (ISA) liegt das Ziel der Abschlussprüfung in der Abgabe eines Urteils darüber, ob der Abschluss eines Unternehmens in allen wesentlichen Punkten in Übereinstimmung mit den anzuwendenden Rechnungslegungsnormen aufgestellt wurde (ISA 200.2).

Dabei ist eine hinreichende Sicherheit zu gewährleisten, dass der Abschluss insgesamt keine wesentlichen falschen Aussagen enthält (IDW PS 200.24 und ISA 200.8).

Es ist hingegen nicht Aufgabe des Abschlussprüfers, zu untersuchen, ob sich ein Unternehmen in einer wirtschaftlich guten Lage befindet. Dieses Missverständnis lebt häufig nach Unternehmenszusammenbrüchen auf, denen ein uneingeschränkter Bestätigungsvermerk durch einen Abschlussprüfer voraus ging und wird als *Erwartungslücke* (expectation gap) diskutiert. Als Erwartungslücke wird die Abweichung der öffentlichen Erwartungen an eine Jahresabschlussprüfung von der wahrgenommenen Prüfungsrealität bezeichnet.[16] Die Erwartungen befinden sich gleichzeitig in einem Spannungsfeld von Soll-Erwartungen (basierend auf den in § 321 Abs. 1 HGB konkretisierten Erwartungen des Gesetzgebers) und zumeist gruppeninteressengeleiteten Erwartungen der Adressaten von Abschlussprüferleistungen. Daneben können Informationen über Prüfungsinhalte die Wahrnehmung der Prüfungsleistung nachhaltig beeinflussen. Die Erwartungslücke ist deshalb gruppen- und situationsspezifisch ausgeprägt.

Für Deutschland werden sowohl von Wirtschaftsprüfern als auch von stakeholdern[17] u.a. zu hohe öffentliche Erwartungen, eine unzureichende Aussagekraft des Bestätigungsvermerks (als Teil der Prüfungsrealität) und unberechtigte Kritik durch die Medien (als Einflussgröße für die Wahrnehmung) als wichtigste Ursachen der Erwartungslücke genannt (vgl. Tab. I.1-3).

1 Information als Kernelement funktionierender Märkte

Ursachen \ Gruppe der Befragten	Wirtschafts-prüfer	Stakeholder	Alle Befragten
Zu hohe Erwartungen	74%	69%	71%
Unzureichende Aussagekraft des Testats	51%	57%	55%
Unberechtigte Kritik durch die Medien	72%	48%	54%
Zu viel Spielraum der Rechnungslegungsnormen	47%	50%	49%
Zu knapp bemessener Inhalt der Abschlussprüfung	23%	33%	31%
Abhängigkeit der Prüfer vom Mandanten	2%	24%	19%
Fehler der Prüfer bei der Prüfungsdurchführung	9%	15%	14%

Tab. I.1-3: Von Abschlussprüfern und stakeholdern (Vorstands-, Aufsichtsratsmitglieder, Bankenvertreter) wahrgenommene Ursachen der Erwartungslücke[18]

Die Strategien zur Verringerung der Erwartungslücke betreffen dementsprechend die Wahrnehmung der Jahresabschlussadressaten und/oder die Prüfungsrealität und lassen sich in drei Gruppen einteilen:[19]

- Strategien, die auf eine höhere Konformität der Prüferleistungen mit Prüfungsnormen (Prüferversagen) abzielen,

- Strategien, die auf die Entwicklung von Normen, die das Prüferverhalten in eine erwartungskonforme Richtung beeinflussen (Normenversagen), abzielen,

- Strategien, die auf die Aufklärung der Öffentlichkeit zur Herausbildung einer normenkonformen Erwartungshaltung (Öffentlichkeitsversagen) abzielen.

In berufsständischen und gesetzlichen Neuregelungen sowie in Empfehlungen politischer Entscheidungsträger wurde das Problem aus Sicht des Prüferversagens bereits mehrfach aufgegriffen:

- Das 1996 von der EU-Kommission veröffentlichte Grünbuch „Rolle, Stellung und Haftung des Abschlußprüfers in der Europäischen Union" schlägt beispielsweise Maßnahmen vor, die die Leistungen der Abschlussprüfer harmonisieren und verbessern sollen.[20]

- Das am 1.5.1998 in Kraft getretene Gesetz zur Kontrolle und Transparenz im Unternehmensbereich (KonTraG) soll u.a. eine Intensivierung und Problem- sowie Zukunftsorientierung der Prüfungshandlungen fördern und damit die Qualität der Abschlussprüfung verbessern. So ist nach § 317 Abs. 1 Satz 3 HGB die Abschlussprüfung so anzulegen, dass Unrichtigkeiten und Verstöße gegen gesetzliche Vorschriften und andere relevante Normen, die sich auf die Darstellung des Bildes der Vermögens-, Finanz- und Ertragslage gem. § 264 Abs. 2 HGB auswirken, bei gewissenhafter Berufsausübung erkannt werden (IDW PS 210.12).

- Der im Frühjahr 2003 verabschiedete Maßnahmenkatalog der Bundesregierung zur Stärkung der Unternehmensintegrität und des Anlegerschutzes zielt auf eine Sicherstellung der Effektivität der Abschlussprüfung durch die Sicherstellung der Unabhängigkeit des Abschlussprüfers ab, z.B. durch das Verbot der Erbringung von über die Abschlussprüfung hinaus gehenden Dienstleistungen bei einem Abschlussprüfungsmandanten eines Wirtschaftsprüfers.[21]

- Die Bundesregierung folgt mit ihrer Konzeption der Sichtweise der EU-Kommission, die am 16.5.2002 mit der Empfehlung „Unabhängigkeit des Wirtschaftsprüfers in der EU – Grundprinzipien" ebenfalls eine Reihe von Wirtschaftsprüferleistungen definiert hat, von denen ihrer Ansicht nach die Gefahr der Beeinträchtigung der Unabhängigkeit des Abschlussprüfers ausgeht, falls diese Leistungen gleichzeitig zur Abschlussprüfung bei einem Unternehmen erbracht werden.[22]

Es stellt sich jedoch die Frage, ob diese Maßnahmen nicht gleichzeitig die Erwartungen der stakeholder erhöhen und damit zu einer Erweiterung oder zumindest Verschiebung der Erwartungslücke beitragen.

1.2.2 Steuerliche Außenprüfung

Die Institution der steuerlichen Betriebsprüfung wird in der Abgabenordnung (AO) als steuerliche Außenprüfung (StAP) bezeichnet. Die StAP ist eine außerhalb der zu prüfenden Einrichtungen angesiedelte Prüfungsinstanz der Finanzverwaltung und damit den (öffentlich-rechtlichen) externen Prüfungsinstitutionen zuzuordnen.

Die StAP ist gem. § 193 Abs. 1 AO grundsätzlich jederzeit bei Steuerpflichtigen zulässig, die

- einen gewerblichen Betrieb oder
- einen land- und forstwirtschaftlichen Betrieb unterhalten oder
- die freiberuflich tätig sind

und unterliegt der Zuständigkeit des Finanzamts des jeweils betroffenen Steuerpflichtigen. Die Steuerpflichtigen haben das Betreten des Betriebes zu dulden und darüber hinaus den Prüfern einen Arbeitsplatz, Hilfsmittel und Unterlagen zur Verfügung zu stellen. Außerdem wird mit Beginn der Prüfung der Ablauf der Steuerfestsetzungsfrist gehemmt (§ 171 Abs. 4 AO). Für Steuerpflichtige, die ein Steuerdelikt begangen haben, ist nach Erscheinen des Prüfers die Selbstanzeige nicht mehr möglich (§ 371 Abs. 2 Nr. 1a AO).

Aufgabe der StAP ist es, die Besteuerungsgrundlagen, also die tatsächlichen und rechtlichen Verhältnisse, die für die Steuerpflicht und -bemessung maßgeblich sind, zu prüfen (§ 199 AO). Im Mittelpunkt steht damit die Ermittlung der Besteuerungsgrundlagen, nicht die Steuerfestsetzung (diese kann ihr jedoch übertragen werden). Die StAP wird zur Sicherung des Steueraufkommens als erforderlich erachtet, da nach deutschem Steuerrecht zunächst der Steuerpflichtige selbst für die Ermittlung der Besteuerungsgrundlagen zu sorgen hat. Daraus entstehende Steuerumgehungen und -verfehlungen sind mit den Grundsätzen der Gleichmäßigkeit und Gerechtigkeit in der Besteuerung jedoch nicht vereinbar.[23]

Die Prüfung konzentriert sich im Wesentlichen auf Sachverhalte, die zu Steuerausfällen, Steuererstattungen und/oder Gewinnverlagerungen führen können (§ 6 BpO). Im Vordergrund stehen:

- Bilanzierungs- und Bewertungsfragen der Steuerbilanz sowie
- das Beziehungsgeflecht von Unternehmen und Gesellschaftern, einschließlich der daraus entstehenden Regelungen zu Gewinnverteilung, Entnahmen, Einlagen, Gewinnausschüttung und Verträgen mit Dritten.

Das Ergebnis der Prüfung wird nach einer Schlussbesprechung in einem Prüfungsbericht festgehalten. Dieser enthält die Prüfungsfeststellungen, die für die Besteuerung maßgeblich sind, sowie die Änderungen der Besteuerungsgrundlagen. Er ist Grundlage für die i.d.R. stattfindende Berichtigungsveranlagung, die zu Steuernachzahlungsforderungen des Finanzamts oder Steuererstattungsansprüchen des Steuerpflichtigen führt.[24]

1.2.3 Rechnungshöfe

Die ordnungsmäßige Rechnungslegung sowie eine wirksame Rechnungsprüfung sind auch für die Verwaltung öffentlicher Ressourcen notwendig, die sich in die

- Verwaltung des Zahlungsverkehrs der öffentlichen Hand,
- Verwaltung des öffentlichen Vermögens,
- Verwendung öffentlicher Mittel sowie
- Mittelbewirtschaftung in Unternehmen der öffentlichen Hand

auf Landes- und Bundesebene untergliedern lässt.[25] Dementsprechend ist in Deutschland ein von den ausführenden Instanzen unabhängiges Prüfungssystem installiert worden, das darauf abzielt, eine Bewirtschaftung öffentlicher Ressourcen zu gewährleisten, die den Prinzipien der Ordnungsmäßigkeit und Wirtschaftlichkeit entspricht. Der Prüfungsauftrag ist im Haushaltsgrundsätzegesetz (HGrG) sowie in der Bundeshaushaltsordnung (BHO) und den entsprechenden Landeshaushaltsordnungen (LHO) verankert und nach § 42 HGrG sowie § 88 Abs. 1 BHO/LHO geregelt.[26]

Die Ergebnisse der Prüfungsleistung dienen als

- Information und damit als Entscheidungsgrundlage für das Entlastungsverfahren der Regierung (vgl. § 46 HGrG sowie §§ 97, 114 BHO),
- Information im Rahmen der Beratung der Exekutive und Legislative bei neuen Entscheidungen sowie

- Information der Öffentlichkeit über den öffentlichen Ressourceneinsatz und dessen Effizienz und Effektivität.[27]

Gemäß Art. 109 Abs. 1 GG, wonach Bund und Länder in ihrer Mittelbewirtschaftung voneinander unabhängig sind, wird auf Bundesebene vom Bundesrechnungshof und auf Landesebene von den Landesrechnungshöfen geprüft. Die Rechnungshöfe sind außerhalb und unabhängig von den Finanzbehörden angesiedelt und bilden deshalb (öffentlich-rechtliche) Instanzen des externen Prüfungswesens.

Neben den zentralen Prüfungsmaßstäben der Ordnungsmäßigkeit und Wirtschaftlichkeit der Mittelbewirtschaftung spielt die Wirksamkeit der Mittelverwendung zunehmend eine Rolle. Auf Grund des hohen Personalkostenanteils am Gesamtausgabenvolumen wird gem. § 90 Nr. 4 BHO/LHO auch geprüft, ob die Aufgabenwahrnehmung mit geringerem Personalaufwand stattfinden kann. Demzufolge werden häufig Untersuchungen der Aufbau- und Ablauforganisation durchgeführt sowie potenzielle Veränderungen des Personalbedarfs vor dem Hintergrund sich ändernder Aufgaben geprüft.

1.2.4 Interne Revision

Die Interne Revision oder auch *Innenrevision* ist eine Prüfungsinstitution, die von der Unternehmensführung eingesetzt wird. Im Gegensatz zu externen Prüfungsinstitutionen wird die Innenrevision von Unternehmensangehörigen durchgeführt, sofern sie nicht an Dritte (i.d.R. Wirtschaftsprüfungsgesellschaften) delegiert wird. Revisionsabteilungen sind jedoch im Hinblick auf deren Unabhängigkeit und Objektivität organisatorisch von den zu prüfenden Einheiten und Prozessen eines Unternehmens abgekoppelt und unterstehen i.d.R. direkt der Unternehmensführung. Die Prüfungsaufträge können einmalig oder wiederholt erteilt werden; zunehmend werden kontinuierliche Prüfungen durchgeführt. Aufgabe der Internen Revision ist die Unterstützung der Unternehmensleitung in ihrer Führungsfunktion durch umfassende Prüfungen in allen Teilen des Unternehmens sowie die Beratung der Fachabteilungen eines Unternehmens.[28] Es lassen sich vier Aufgabenbereiche der Internen Revision unterscheiden:[29]

1. Financial Auditing: Vergangenheitsorientierte Beurteilung der Aussagefähigkeit, Ordnungsmäßigkeit und Verlässlichkeit des Rechnungswesens,

2. Operational Auditing: Zukunftsorientierte Beurteilung betrieblicher Abläufe und Systeme, insbesondere des internen Kontrollsystems (IKS) im Hinblick auf eine Effizienz- und Effektivitätssteigerung,

3. Management Auditing: Zukunftsorientierte Beurteilung des betrieblichen Führungsverhaltens (insb. Geschäftsführungsprüfungen) im Hinblick auf eine Erhöhung von dessen Effizienz und Effektivität,

4. Internal Consulting: Beratung und Entwicklung von Verbesserungsvorschlägen.

Der Übergang vom Financial über das Operational zum Management Auditing beschreibt die konsequente Ausdehnung und Weiterentwicklung des Aufgabenspektrums der Internen Revision.[30] Während sich das Financial Auditing lediglich auf das Rechnungswesen eines Unternehmens bezieht, erstrecken sich das Operational und Management Auditing auf das gesamte Unternehmen einschließlich dessen Aufbau- und Ablauforganisation. Der Fokus der Aufgabenstellung verschiebt sich dabei von der Sicherstellung der Ordnungsmäßigkeit des betrieblichen Rechnungswesens hin zur Unterstützung der Unternehmensangehörigen beim Erreichen unternehmerischer Ziele.

Neben der Feststellung von Abweichungen zwischen Soll-Vorgaben und Ist-Größen tritt die Unterbreitung von Vorschlägen zur Verringerung dieser Abweichungen immer stärker in den Vordergrund. Im Falle einer Umsetzung dieser Vorschläge wird die Innenrevision häufig mit der Durchführung und Überwachung der Umsetzungsmaßnahmen betraut. An die Stelle der Durchführung von Datenerhebungen und -analysen tritt verstärkt die Entwicklung alternativer Lösungskonzepte und damit die kontinuierliche und prozessbegleitende Beratung des Managements.

Die Einrichtung einer Innenrevision ist gesetzlich nicht vorgeschrieben. Gleichwohl hat die Kodifizierung von Überwachungssystemen für börsennotierte Aktiengesellschaften gem. § 91 Abs. 2 AktG die Funktion und Stellung der Internen Revision indirekt beeinflusst, da durch die Gesetzesänderung der Verpflichtung zur Einrichtung eines angemessenen Überwachungssystems (auch: Risikomanagementsystems) und einer angemessenen Internen Revision besonders Nachdruck verliehen wurde.[31] Als Teil des Überwachungssystems wird die Interne Revision – wenn auch nicht als eigene organisatorische, so doch als funktionale Einheit – faktisch zur Pflicht.[32] Im Zuge der Einbeziehung des Überwachungssystems in die Prüfungsgegenstände der Abschlussprüfung wird die Interne Revision für börsennotierte Aktiengesellschaften darüber hinaus Bestandteil der Pflichtprüfung (§ 317 Abs. 4 HGB). Umgekehrt fließen die Arbeitsergebnisse der Internen Revision in die Prüfungsnachweise der Abschlussprüfer ein (vgl. Kapitel II, Abschnitt 5.2.3).

Auch auf internationaler Ebene wird die Bedeutung der Internen Revision innerhalb des Überwachungssystems von Unternehmen immer stärker hervorgehoben. So weist die EU-Kommission z.B. ausdrücklich auf die Verhinderung von Betrugsdelikten und rechtswidrigen Handlungen sowie auf die Zusammenarbeit mit dem Aufsichtsrat bzw. Prüfungsausschuss als wesentliche Aufgaben der Internen Revision hin und fordert, der Internen Revision künftig mehr Beachtung zukommen zu lassen.[33]

Die fortschreitenden Veränderungen im Umfeld der Unternehmen sowie innerhalb der Unternehmen selbst führen zu einem kontinuierlichen Wandel der Anforderungen an die Aufgabeninhalte und Arbeitsweise der Internen Revision. Insbesondere die steigende Dynamik von Marktentwicklungen und der wachsende Wettbewerbsdruck u.a. infolge zunehmend globaler Märkte dürften ein erhöhtes Risiko und damit erhöhte Anforderungen an die Interne Revision auslösen. Gleichzeitig ermöglichen verbesserte Kommunikations- und Informationstechnologien die immer umfangreichere und zeitnähere Verarbeitung unternehmensinterner und -externer Daten. Entsprechend verlagern sich die Prüfungsobjekte der Internen Revision von *Ergebnisprüfungen*, in denen die Prüfung eigens erhobener Daten über Geschäftsprozesse im Vordergrund steht, hin zu *Systemprüfungen*, die sich auf die Prüfung der Geschäftsprozesse selbst und deren Interdependenzen beziehen.

1.2.5 Aufsichtsrat

Im Gegensatz zur Internen Revision ist in Deutschland der Aufsichtsrat neben dem Vorstand und der Hauptversammlung *notwendiges* Organ einer Aktiengesellschaft und damit zugleich wichtigste interne Prüfungsinstitution im Steuerungssystem eines Unternehmens. Bei Unternehmen in der Rechtsform einer GmbH kann ein Aufsichtsrat freiwillig eingerichtet werden (§ 52 GmbHG). Der Aufsichtsrat hat die Aufgabe, die Geschäftsführung zu überwachen (§ 111 Abs. 1 AktG). Die Befugnis zur Geschäftsführung – und damit Entscheidungsbefugnisse zur Umsetzung von Maßnahmen, die infolge seiner Tätigkeit aus § 111 Abs. 1 AktG erwachsen – können ihm nicht übertragen werden (§ 111 Abs. 4 AktG).

Diese *dualistische* Organisation deutscher Aktiengesellschaften mit ihrer strikten Aufteilung der Unternehmenssteuerung in Geschäftsführung (Entscheidungsfunktion) durch den Vorstand einerseits und Überwachung (Überwachungsfunktion) durch den Aufsichtsrat andererseits unterscheidet sich grundlegend von dem US-amerikanischen Board-Modell, welches dem *monistischen* Prinzip folgt. Obwohl die in den USA im Board of Directors zusammengefasste Unternehmenssteuerung einer Aktiengesellschaft aus unternehmensinternen wie -externen Mitgliedern (inside directors bzw. outside directors) besteht, besitzt jedes Board-Mitglied grundsätzlich gleichermaßen die Verpflichtung, die Entscheidungs- und Überwachungsfunktionen in sich zu vereinen.

Bei börsennotierten Aktiengesellschaften ist darüber hinaus ein Prüfungsausschuss (Audit Committee) einzurichten, der sich ausschließlich aus outside directors zusammensetzt und als Schnittstelle zwischen Interner Revision und Abschlussprüfung auf der einen Seite und Board of Directors auf der anderen Seite die Effizienz und Effektivität der Überwachungsfunktion erhöhen soll.[34] Zusammengesetzt aus Vertretern der Aktionäre und der Arbeitnehmer trägt das deutsche Aufsichtsratsmodell dem Anspruch, wonach die Führung und die Überwachung von Unternehmen zu trennen sei, dem Grunde nach stärker Rechnung als das Board-Modell amerikanischer Prägung.[35]

Wesentlicher Bestandteil des Prüfungsauftrags eines Aufsichtsrats ist weiterhin die Prüfung des Jahresabschlusses, des Lageberichts und des Vorschlags für die Verwendung des Bilanzgewinns (§ 171 Abs. 1 Satz 1 AktG) sowie die Zusammenarbeit mit dem Abschlussprüfer. Der Aufsichtsrat ist Empfänger des Prüfungsberichts und hat gem. § 318 Abs. 1 Satz 4 HGB i.V.m. § 111 Abs. 2 Satz 3 AktG dem Abschlussprüfer den Prüfungsauftrag für den Jahres- und den Konzernabschluss zu erteilen.

Der Aufsichtsrat kann die Bücher und Schriften der Gesellschaft einsehen und prüfen sowie u.a. für besondere Aufgaben Sachverständige beauftragen (vgl. § 111 Abs. 2 AktG). Der

Vorstand unterliegt dabei dem Aufsichtsrat gegenüber einer erhöhten Berichtspflicht (§ 90 AktG) in Bezug auf

- die Rentabilität der Gesellschaft,
- den Gang der Geschäfte sowie
- Geschäfte, die für die Rentabilität oder Liquidität der Gesellschaft von erheblicher Bedeutung sein können (§ 90 Abs. 1 AktG).

Eine für die Überwachungsfunktion des Aufsichtsrats zentrale Rolle spielen dabei die Bereitstellung von Informationen über potenzielle Schwachstellen und Fehlentwicklungen sowie der so genannte Pflichtbericht des Vorstands an den Aufsichtsrat gem. § 90 Abs. 1 Nr. 1 AktG, wonach dem Aufsichtsrat über die beabsichtigte Geschäftspolitik sowie über andere grundsätzliche Fragen der Unternehmensplanung zu berichten ist. Dabei hat der Vorstand auf Abweichungen der tatsächlichen Entwicklung von früher berichteten Zielen unter Angabe von Gründen einzugehen (§ 90 Abs. 1 Nr. 1 Halbsatz 2 AktG). Ist die Gesellschaft Mutterunternehmen i.S.d. § 290 Abs. 1, 2 HGB, so hat der Bericht des Vorstands auch auf Tochterunternehmen und auf Gemeinschaftsunternehmen i.S.d. § 310 Abs. 1 HGB einzugehen (§ 90 Abs. 1 Satz 2 AktG). Ist die Gesellschaft börsennotiert, so hat der Aufsichtsrat gem. § 161 AktG jährlich gemeinsam mit dem Vorstand eine so genannte Comply-or-explain-Erklärung in Bezug auf die Einhaltung der Empfehlungen des Deutschen Corporate Governance Kodex (DCGK) abzugeben (vgl. ausführlich Kapitel II, Abschnitt 8.5).

1.3 Entscheidungsinstitutionen

Analog zu den Prüfungsinstitutionen kann bei den Entscheidungsinstitutionen zwischen externen und internen Entscheidungsinstitutionen unterschieden werden.

1.3.1 Kapitalmärkte und Kreditgeber

Sowohl die Ausdehnung der Geschäftstätigkeit (z.B. im Zuge der Erschließung neuer Märkte) als auch die Entwicklung und/oder Anwendung neuer Leistungserstellungs- und Informationstechnologien erfordert häufig die Verbreiterung der Kapitalbasis von Unternehmen und damit die Gewinnung von Investoren und Kreditgebern. Gleichzeitig hat das Unternehmen den bestehenden vertraglichen Verpflichtungen zu Zinszahlungen für das in Anspruch genommene Fremdkapital sowie den Renditeerwartungen der Anteilseigner nachzukommen.

Bei Gefahr eines Forderungsausfalls werden Fremdkapitalgeber dazu neigen, nach Ablauf der Vertragsbeziehung keine weiteren Mittel zur Verfügung zu stellen oder bei laufenden Verträgen von einer Ausdehnung der Kreditlinie abzusehen bzw. die vorhandenen zu reduzieren. Anteilseigner werden zum Verkauf ihrer Position neigen, bzw. potenzielle Anleger werden von einem Engagement Abstand nehmen, wenn alternative Investitionsmöglichkeiten eine höhere Rendite bei gleichem Risiko bieten. Sowohl Fremd- als auch Eigenkapitalgeber können folglich in Abhängigkeit vom wirtschaftlichen Erfolg des Unternehmens über die Bereitstellung finanzieller Ressourcen entscheiden. Dabei besitzen die Teilnehmer auf den Märkten für *handelbare* Eigen- oder Fremdkapitalpositionen – wie Aktien oder Anleihen – (*Kapitalmärkte*) in der kurzen Frist über eine höhere Entscheidungsmacht als Kreditgeber, die i.d.R. langfristig an abgeschlossene Kreditverträge gebunden sind.

Zur effizienten Funktionsweise von Kapitalmärkten bedarf es der Bereitstellung glaubwürdiger und gleichzeitig relevanter Informationen für Entscheidungsträger. Die Rechnungslegung stellt in diesem Zusammenhang ein normiertes Informationsinstrument der Unternehmensführung zur Ausübung von Anreiz-, Überwachungs- und Kontrollfunktionen dar. Die Prüfung dieser Informationen im Hinblick auf ihre Normenkonformität dient damit als Glaubwürdigkeitssignal und leistet somit einen wichtigen Beitrag zur Funktionsfähigkeit der Kapitalmärkte. Konkrete Nutzenkategorien der Prüfung sind die Fehleraufdeckungskraft, Fehlerprophylaxe und Prognoseeignung der Prüfungsergebnisse.[36]

Schwankungen in der erwarteten Qualität der Abschlussprüfung und damit in der vermuteten Glaubwürdigkeit der Rechnungslegungsinformationen dürften sich in Kapitalmarktbewegungen niederschlagen. Gleichwohl lassen weder theoretische Überlegungen noch der empirische Befund keine eindeutigen Schlussfolgerungen zu. So kann grundsätzlich die Größe einer Wirtschaftsprüfungsgesellschaft als positiv korrelierter Indikator für die Abschlussprüfungsqualität erachtet werden, wenn mit der relativen Bedeutung des einzelnen Mandanten für die Wirtschaftsprüfungsgesellschaft die ökonomisch motivierte Bereitschaft, sich Mandanteninteressen zu beugen, sinkt. Umgekehrt bewirkt die Zugrundelegung der Mandanten-Portfolios einzelner *Partner* großer Wirtschaftsprüfungsgesellschaften möglicherweise ähnliche Anreize wie die Anreize in kleinen Wirtschaftsprüfungsgesellschaften.[37]

In den USA ließen sich allerdings bei dem Wechsel von Mandantenunternehmen von einer kleinen zu einer großen Prüfungsgesellschaft oder umgekehrt Kapitalmarktreaktionen beobachten. Ein Wechsel von einer kleinen zu einer großen Prüfungsgesellschaft wird vom Kapitalmarkt eher positiv bewertet, der Wechsel von einer großen zu einer kleinen Prüfungsgesellschaft hingegen eher negativ.[38] Der Negativeffekt wurde bei einer Beteiligung des Managements am Unternehmen von über 50% zusätzlich verstärkt. Offensichtlich können nach Ansicht der Anleger Manager mit einer hohen Beteiligung einen gegenüber Managern mit niedriger Beteiligung größeren Nutzen aus einem Prüferwechsel ziehen, sofern sie dadurch negative Informationen unterdrücken können (information suppression hypothesis). Eine Unterdrückung negativer Informationen erscheint wiederum eher bei einer Prüfung durch kleine Gesellschaften möglich.[39] Beruht der Wechsel auf einem Prüferrücktritt (auditor resignation), so reagiert der Kapitalmarkt signifikant negativ.[40]

Ferner konnten bei Börsengängen Korrelationen zwischen der Größe des Abschlussprüfers eines Emittenten und dem Ausmaß von Underpricing-Effekten festgestellt werden: Mandanten großer Prüfungsgesellschaften sind von einem *underpricing,* d.h. einem ersten Börsenkurs, der oberhalb des Emissionskurses liegt, weniger stark betroffen als Mandanten kleiner

Gesellschaften. Das heißt, der Emissionskurs von Unternehmen, die von einer großen Prüfungsgesellschaft geprüft werden, ist vergleichsweise höher als der von Unternehmen, die von kleinen Gesellschaften geprüft werden.[41] Da der Kapitalzufluss für ein Unternehmen mit steigendem Emissionskurs wächst, stellt die Wahl einer großen Prüfungsgesellschaft für Unternehmen, die einen Börsengang planen, einen Vorteil dar. Diesem zusätzlichen Nutzen sind gleichwohl die zusätzlichen Kosten infolge der im Vergleich zu kleinen Prüfungsgesellschaften höheren Prüfungsgebühren großer Gesellschaften gegenüber zu stellen.

Die empirischen Ergebnisse zum underpricing geben Hinweise darauf, dass Unternehmen vor Börsengängen angesichts des zusätzlichen Nutzens aus einem höheren Kapitalzufluss zusätzliche Prüfungskosten in Kauf nehmen.

1.3.2 Vorstand

Der Vorstand hat die Aufgabe, die Gesellschaft gerichtlich und außergerichtlich zu vertreten (§ 78 Abs. 1 AktG) sowie eigenverantwortlich zu leiten (§ 76 Abs. 1 AktG). Vom Aufsichtsrat bestellt, hat er mit der Sorgfalt eines ordentlichen Geschäftsführers seinen Aufgaben nachzugehen. Als Entscheidungsinstitution obliegt ihm u.a. die

- langfristige (strategische) Ausrichtung und Steuerung der Geschäftstätigkeit,

- kurzfristige (operative) Wahrnehmung der aus der strategischen Ausrichtung der Geschäftstätigkeit entstehenden Aufgaben,

- Einrichtung eines Systems zur Früherkennung von den Fortbestand des Unternehmens gefährdenden Entwicklungen (§ 91 Abs. 2 AktG),

- Bereitstellung von Informationen, insbesondere für den Aufsichtsrat des Unternehmens.

Wie bereits dargestellt (vgl. Abschnitt 1.2.5), ergibt sich die Informationspflicht des Vorstands gegenüber dem Aufsichtsrat aus dem dualistischen Aufbau deutscher Aktiengesellschaften. Zur Sicherstellung der Funktionsfähigkeit der internen und externen Prüfungsinstitutionen besteht neben der Berichtspflicht gegenüber dem Aufsichtsrat (§ 90 AktG) die Pflicht des Vorstands zur Erstellung und Veröffentlichung umfangreicher Rechnungslegungs- und anderer Informationen. Dabei sind nicht alle Informationen, die publizitätspflichtig sind, gleichzeitig prüfungspflichtig und umgekehrt. Die Publizitätspflicht deutscher Aktiengesellschaften wird im Folgenden differenziert nach deutschen und internationalen Normen dargestellt. Dabei ist zu unterscheiden zwischen Regelpublizität (Jahrespublizität und unterjähriger Publizität) sowie ereignisbezogener Publizität.

Jahrespublizität

Die Jahrespublizität umfasst sämtliche Informationen, die einmal jährlich – i.d.R. nach Feststellung des Jahresabschlusses – zu veröffentlichen sind. Tab. I.1-4 stellt die für ausgewählte Rechtsformen geltenden deutschen Normen zur Jahrespublizität dar.

Die Rechnungslegungs- und Publizitätspflicht nach IAS ergibt sich aus dem Anwendungsbereich des IAS 1, wonach alle Unternehmen, die nach internationalen Normen Rechnung legen, unabhängig von ihrer Rechtsform oder Größe die in IAS 1.7 genannten Bestandteile eines „vollständigen" Abschlusses (complete set of financial statements) erstellen und publizieren müssen. Dies sind im Einzelnen:

- Bilanz (balance sheet),
- Gewinn- und Verlustrechnung (income statement),
- Eigenkapitalveränderungsrechnung (statement showing changes in equity),
- Kapitalflussrechnung (cash flow statement),
- Anhang, bestehend aus Angaben zu Bilanzierungs- und Bewertungsmethoden (accounting policies) und zu einzelnen Jahresabschlussbestandteilen (explanatory notes).

Für börsennotierte Aktiengesellschaften erstreckt sich die Aufstellungspflicht auch auf die Segmentberichterstattung (segment reporting) gem. IAS 14. Unternehmen, deren Stammaktien öffentlich gehandelt werden, haben des Weiteren die Ergebnis-Kennzahl „Gewinn je Aktie" (earnings per share) gem. IAS 33 auszuweisen. Darüber hinaus wird die Unternehmensleitung angeregt, einen „financial review by management" zu erstellen, in dem die Haupteinflussfaktoren auf die Ertragslage sowie potenzielle Chancen und Risiken der Geschäftsentwicklung erörtert werden (IAS 1.8). Falls die Gesellschaft börsennotiert i.S.d. § 3 Abs. 2 AktG ist, ist der Vorstand gemäß dem durch das TransPuG neu in das Aktiengesetz aufgenommenen § 161 AktG nach Satz 1 dazu verpflichtet, jährlich gemeinsam mit dem Aufsichtsrat zu erklären, dass den Empfehlungen des Deutschen Corporate Governance Kodex (DCGK) entsprochen wurde und wird oder welche Empfehlungen nicht angewendet wurden oder werden (sog. Comply-or-explain-Erklärung). Nach Satz 2 ist die Erklärung den Aktionären dauerhaft zugänglich zu machen. (Zur Prüfung der Auswirkungen des DCGK auf die Abschlussprüfung vgl. Kapitel II.8.5).

1 Information als Kernelement funktionierender Märkte

Rechnungslegende Einheit	Rechnungslegungspflicht: (übergeordnete Norm: § 238 HGB)	Publizitätspflicht
kleine Kapitalgesellschaften (AG, GmbH, KGaA) (§ 267 Abs. 1 u. 4 HGB), sofern nicht börsennotiert	§ 242 HGB: Verkürzte (§ 266 Abs. 1 Satz 3) Bilanz, GuV; § 264 HGB: Anhang; größenabhängige Erleichterung gem. §§ 274a und 276 HGB	§§ 325 i.V.m. 326 HGB: Bilanz, Anhang; größenabhängige Erleichterung: Verkürzung des Anhangs gem. § 326 HGB
mittelgroße Kapitalgesellschaften (§ 267 Abs. 2 u. 4 HGB), sofern nicht börsennotiert	§ 242 HGB: Bilanz, GuV; § 264 HGB: Anhang, Lagebericht; größenabhängige Erleichterung gem. § 276 HGB	§§ 325 i.V.m. 327 HGB: Jahresabschluss mit Bestätigungsvermerk bzw. Vermerk über dessen Versagung, Lagebericht, Bericht des Aufsichtsrats, Gewinnverwendungsvorschlag; größenabhängige Erleichterungen gem. § 327 HGB
große Kapitalgesellschaften (§ 267 Abs. 3 u. 4 HGB) sowie kleine und mittelgroße börsennotierte Kapitalgesellschaften	§ 242 HGB: Bilanz, GuV; § 264 HGB: Anhang, Lagebericht	§ 325 Abs. 1 u. 2 HGB: Jahresabschluss mit Bestätigungsvermerk bzw. Vermerk über dessen Versagung, Lagebericht, Bericht des Aufsichtsrats, Gewinnverwendungsvorschlag, Erklärung nach § 161 AktG (bei Börsennotierung)
Konzerne, deren Mutterunternehmen als Kapitalgesellschaft firmieren und bei denen die Befreiungsvorschriften der §§ 291 bis 293 HGB nicht greifen	§ 290 HGB: Konzernabschluss und Konzernlagebericht; bei Kapitalmarktorientierung Erweiterung des Konzernabschlusses um Kapitalflussrechnung, Segmentberichterstattung und Eigenkapitalspiegel gem. § 297 HGB	§ 325 Abs. 3 bis 5 HGB: Konzernabschluss mit Bestätigungsvermerk bzw. Vermerk über dessen Versagung, Konzernlagebericht, Bericht des Aufsichtsrats
Unternehmen, die nicht in der Rechtsform einer Kapitalgesellschaft firmieren und bestimmte Größenkriterien übersteigen	§§ 1, 5 PublG i.V.m. § 242 HGB: Bilanz, GuV; bei Nicht-Personenhandelsgesellschaften und Nicht-Einzelkaufleuten Erweiterung des Jahresabschlusses um Anhang sowie Lagebericht (§ 5 Abs. 2 PublG)[42]	§ 9 Abs. 1 PublG i.V.m. § 325 Abs. 1, 2, 4, 5 HGB: Jahresabschluss, Lagebericht; bei Personengesellschaften und Einzelunternehmen: Offenlegung der GuV und des Gewinnverwendungsvorschlages freigestellt (§ 9 Abs. 2 PublG)
Konzerne, deren Mutterunternehmen nicht in der Rechtsform einer Kapitalgesellschaft firmieren und die auf Konzernebene bestimmte Größenkriterien übersteigen	§§ 11 i.V.m. 13 PublG, 297 HGB: Konzernabschluss, Konzernlagebericht	§ 15 Abs. 1 Satz 1 PublG i.V.m. § 325 Abs. 3 bis 5 HGB: Konzernabschluss mit Bestätigungsvermerk bzw. Vermerk über dessen Versagung, Konzernlagebericht

Tab. I.1-4: Jahrespublizität nach deutschen Normen

Unterjährige Publizität

Unterjährige Berichte (interim reports) umfassen einen Zeitraum von weniger als einem Geschäftsjahr. Die am meisten verbreitete Form der unterjährigen Publizität ist die Zwischenberichterstattung infolge der Transformation der EG-Zwischenberichtsrichtlinie aus dem Jahr 1982 in deutsches Recht. So haben im amtlichen Markt notierte Kapitalgesellschaften gem. § 40 Abs. 1 BörsG i.V.m. § 53 BörsZulV Berichte über das erste *Halbjahr des Geschäftsjahres* zu publizieren. Die Veröffentlichungsfrist beträgt zwei Monate nach Ablauf der Berichtsperiode (§ 61 Abs. 1 Satz 1 BörsZulV). Als Generalnorm schreibt § 40 BörsG Zahlenangaben und Erläuterungen im Zwischenbericht vor. Konkretisierte Berichtsinhalte mit Bezug zu den Zahlenangaben sind in § 54 BörsZulV und zu den Erläuterungen in § 55 BörsZulV geregelt. Dies sind beispielsweise Umsatzerlöse (aufgegliedert), Ergebnis vor oder nach Steuern, Vergleichszahlen des Vorjahreszeitraums, Angaben zur Auftragslage und zur Entwicklung der Kosten und Preise, Anzahl der Arbeitnehmer, Investitionen, besondere Umstände mit (potenziellem) Einfluss auf das Ergebnis des Berichtszeitraums und das Ergebnis der Geschäftstätigkeit sowie Aussichten für das laufende Geschäftsjahr. Emittenten, die einen Konzernabschluss veröffentlichen, können wahlweise einen Einzel- oder einen Konzernzwischenbericht erstellen (§ 56 Satz 1 BörsZulV); Hinweise zur konkreten Ausgestaltung finden sich in DRS 6.

Neben den Zwischenberichten haben Unternehmen, deren Aktien in bestimmten Aktienmarktsegmenten gehandelt werden – z.B. im „Prime Standard" der FWB – *Quartalsberichte zu erstellen* (§ 63 Abs. 1 BörsO FWB). Unterjährige Berichte sind nicht prüfungspflichtig (zur freiwilligen Prüfung unterjähriger Berichte vgl. Kapitel III, Abschnitt 2.3.3.1.1).

Neben dem *vollständigen* Abschluss, der für *jedes* Geschäftsjahr zu erstellen ist, sehen die IAS auch Abschlüsse für Berichtsperioden vor, die kürzer als ein Geschäftsjahr sind. Diese unterjährigen Berichte (interim financial reports) können ebenfalls als vollständiger Abschluss oder als verkürzter Abschluss (condensed financial statement) erstellt werden (IAS 34.4). Die IAS schreiben nicht vor, welche Unternehmen unterjährige Berichte zu erstellen haben oder in welchen Zeitabständen diese zu erstellen sind. Börsennotierten Unternehmen wird lediglich empfohlen, mindestens zum Ende der Hälfte eines Geschäftsjahres einen unterjährigen Bericht zu erstellen und diesen innerhalb von 60 Tagen nach Abschluss der Berichtsperiode verfügbar zu machen (IAS 34.1). Die jeweilige Pflicht zur unterjährigen Berichterstattung, die sich aus den entsprechenden Teilnahmebedingungen der Börsensegmente ergibt, bleibt davon unberührt.

Unternehmen, die pflichtgemäß oder freiwillig unterjährige Berichte nach IAS erstellen, sind zur Anwendung des IAS 34 verpflichtet. Danach kann sich ein unterjähriger Bericht aus Kosten- und Zeitgesichtspunkten auf die Mindestbestandteile

- verkürzte Bilanz (condensed balance sheet),
- verkürzte Gewinn- und Verlustrechnung (condensed income statement),

- verkürzte Eigenkapitalveränderungsrechnung (condensed statement showing changes in equity),
- verkürzte Kapitalflussrechnung (condensed cash flow statement),
- ausgewählte erläuternde Anhangsangaben (selected explanatory notes)

beschränken.

Ereignisbezogene Publizität

Für börsennotierte Kapitalgesellschaften (AG, KGaA) besteht neben der beschriebenen Regelpublizität gem. § 15 WpHG die Pflicht zur „Ad-hoc-Publizität", d.h. der Pflicht zur unverzüglichen Veröffentlichung einer neuen Tatsache, sofern diese Tatsache im Tätigkeitsbereich der Kapitalgesellschaft eingetreten und nicht öffentlich bekannt ist, und sofern sie geeignet ist, auf Grund ihrer Auswirkungen auf die Vermögens- und Finanzlage oder auf den allgemeinen Geschäftsverlauf erhebliche Änderungen im Börsenkurs zu verursachen. Dies sind u.a. Verschmelzungsverträge, Kapitalmaßnahmen, Dividendenänderungen, Erwerb oder Veräußerung wesentlicher Beteiligungen. Auf diese Weise können entscheidungsrelevante Informationen zeitnah an externe stakeholder kommuniziert sowie Insidergeschäften vorgebeugt werden. Gemäß § 15 Abs. 2 WpHG ist die zu veröffentlichende Tatsache der Geschäftsführung der zuständigen Börse sowie der Bundesanstalt für Finanzdienstleistungsaufsicht (BaFin) mitzuteilen. Eine Prüfungspflicht besteht hingegen nicht (zur freiwilligen Prüfung vgl. Kapitel III, Abschnitt 2.3.3.2.1).

Anmerkungen

*) Dieser Abschnitt wurde unter Federführung von Herrn Prof. Dr. K.-U. Marten erstellt.

1 Unter einer Institution ist ein auf die Steuerung individueller Verhaltensweisen ausgerichtetes formelles oder informelles Normensystem einschließlich dessen Garantieinstrumente zu verstehen; vgl. *Richter/Furubotn* (1999), S. 7, sowie *Erlei/Leschke/Sauerland* (1999), S. 23 f. Institutionen umfassen auch Organisationen oder Berufsstände, die auf einem Normensystem basieren.

2 To be at stake (engl.) = auf dem Spiel stehen; vgl. *Freeman* (1984), S. 31.

3 Einen Überblick über den Stand der Diskussion zur Corporate Governance bieten z.B. *Shleifer/Vishny* (1997); deren Einbindung in das Gedankengut der Institutionenökonomie beschreibt *Williamson* (1985).

4 Unter dem Eigentümer wird im Folgenden die Vielzahl der Anteilseigner eines Unternehmens subsumiert.

5 Vgl. *Leffson* (1988), S. 9 ff.

6 Die Funktionsbereiche eines Unternehmens lassen sich auch als Regelkreis abbilden, der durch Steuergrößen den Einfluss von Störgrößen auf das Ergebnis eines Prozesses

mindert. Dieses Konzept der Kybernetik taucht auch in anderen Sozialwissenschaften und in den Naturwissenschaften auf; vgl. *Chmielewicz* (1994), S. 33 f.

7 Vgl. *Sieben/Bretzke* (1973), S. 627.

8 Dies gilt ebenso für vereidigte Buchprüfer i.S.d. §§ 128-131d WPO. Der Begriff „accountants" schließt neben den Wirtschaftsprüfern sämtliche mit dem Rechnungswesen befasste Berufsgruppen (financial accountants, managerial accountants) ein. Zur weiteren Differenzierung in „professional accountant" und „professional accountant in public practice" siehe Kapitel II, Abschnitt 4.5.2.2.

9 Am 24.1.2003 wurde von der Kommission der Europäischen Gemeinschaften ein Vorschlag für eine Richtlinie des Rates zur Änderung der Richtlinie 78/660/EWG hinsichtlich der in Euro ausgedrückten Beträge vorgelegt (KOM (2003) 29 endgültig). Darin wird vorgeschlagen, die Schwellenwerte für die Bilanzsumme auf T€ 3.650 bzw. T€ 14.600 und für die Nettoumsatzerlöse auf T€ 7.300 bzw. auf T€ 29.200 zu erhöhen (Art. 1). Da sich der Vorschlag auf die Änderung einer Richtlinie bezieht, liegt es im Ermessen der Mitgliedstaaten (eine Umsetzung des Vorschlags unterstellt), die Heraufsetzung der Schwellenwerte durch nationale Gesetzesänderungen umzusetzen. Der Richtlinienvorschlag wurde am 13.5.2003 durch den EU-Ministerrat gebilligt.

10 Vgl. *Technical Committee of the IOSCO* (2000): IASC Standards – Assessment Report: Report of the Technical Committee of the International Organization of Securities Commissions, o.O. 2000, S. 1.

11 Verordnung (EG) Nr. 1606/2002 des Europäischen Parlaments und des Rates vom 19.7.2002 betreffend die Anwendung internationaler Rechnungslegungsstandards, Amtsblatt Nr. L 243 vom 11.9.2002, S. 1-4, verabschiedet vom Ministerrat der EU am 6.6.2002.

12 Europäische Unternehmen, die infolge einer Notierung an einer US-amerikanischen Börse derzeit nach US-GAAP bilanzieren müssen, erhalten ebenso wie Mutterunternehmen, die den organisierten Kapitalmarkt ausschließlich mit Fremdkapitaltiteln (d.h. in erster Linie Schuldverschreibungen) in Anspruch nehmen, einen Aufschub zur Konzernrechnungslegung nach IAS/IFRS bis 2007 (Art. 9).

13 Auch die Unternehmen, die noch in den Handelssegmenten Neuer Markt und SMAX, welche zum Ende des Jahres 2003 endgültig durch die Deutsche Börse AG aufgelöst werden (§§ 95 Abs. 2 1. Hs. i.V.m. 90 Abs. 1 Satz 2 BörsO FWB), verblieben sind, haben im Rahmen der Zulassungsfolgepflichten ihre (unterjährige) Rechnungslegung nach den IAS oder den US-GAAP vorzunehmen (Abschnitt 2, Ziff. 7.3.2 Abs. 1 Satz 1 und Ziff. 7.1.2 Abs. 1 RWNM bzw. Ziff. 3.2 Abs. 1 Satz 1 und Ziff. 3.1.2 Abs. 2 SMAX-TB). Bezüglich der Einstellung des SMAX siehe Rundschreiben der Deutsche Börse AG Listing 06/2002, Neusegmentierung des Aktienmarktes, vom 22.11.2002, S. 4.

14 Bei Konzernen entspricht dies dem Konzernabschluss, bestehend aus Konzern-Bilanz, Konzern-Gewinn- und Verlustrechnung sowie Konzern-Anhang.

15 Bei Konzernen entspricht dies dem Konzern-Lagebericht.

16 Vgl. *Ruhnke/Deters* (1997), S. 925, sowie *Köhler/Marten* (2002). Auch in der wissenschaftlichen Diskussion um die Erwartungen an die Jahresabschlussprüferleistung werden höchst unterschiedliche Meinungen vertreten. Einen Überblick hierzu liefert u.a. *Schildbach* (1988), S. 341 ff.
17 Dies sind insbesondere Vorstands- und Aufsichtsratsmitglieder sowie Bankenvertreter.
18 In Anlehnung an *Ruhnke/Deters* (1997), S. 930.
19 Vgl. *Ruhnke/Deters* (1997), S. 926.
20 Vgl. *Europäische Kommission* (1996).
21 Vgl. *Bundesregierung* (2003), Abschnitt 5.
22 Vgl. *EU-Kommission* (2002), Besondere Umstände, Tz. 7.
23 Vgl. *Erhard/Wenzig* (1995), S. 19 f.
24 Vgl. *Rose* (2002).
25 Vgl. *Leffson* (1988), S. 46 f.
26 Auf kommunaler Ebene werden entsprechende Prüfungen von den kommunalen Rechnungsprüfungsämtern durchgeführt.
27 Vgl. *Heuer* (2002).
28 Vgl. *Deutsches Institut für Interne Revision e.V.* (1991), S. 3.
29 IDW PS 260 definiert das interne Kontrollsystem als die Summe aller von der Unternehmensleitung eingeführten Grundsätze, Verfahren und Maßnahmen, die auf die organisatorische Umsetzung von Entscheidungen der Unternehmensleitung ausgerichtet sind, die sich auf die Sicherung der Effektivität und Effizienz der Geschäftstätigkeit, die Ordnungsmäßigkeit und Verlässlichkeit der internen und externen Rechnungslegung sowie die Einhaltung der für das Unternehmen maßgeblichen rechtlichen Vorschriften beziehen (IDW PS 260.5). In Abweichung dazu z.B. *Peemöller/Richter* (2000), S. 75, sowie *Lück* (1999), S. 226.
30 Vgl. *Hofmann* (2000), S. 164 f.
31 Vgl. *Ernst/Seibert/Stuckert* (1998), S. 53.
32 Vgl. *Peemöller/Richter* (2000) S. 48.
33 Vgl. *Europäische Kommission* (1996).
34 Zum Stand der Diskussion und zur Frage der Notwendigkeit von Prüfungsausschüssen in deutschen Aktiengesellschaften vgl. *Schmalenbach-Gesellschaft für Betriebswirtschaft e.V.* (2000).
35 Vgl. *Theisen* (1999), S. 205.
36 Vgl. *Ruhnke* (2003), S. 250 u. S. 255.
37 Vgl. hierzu grundlegend *DeAngelo* (1981a), *DeAngelo* (1981b) sowie *Maijoor/Meuwissen/Buijink* (1994).
38 Vgl. z.B. *Nichols/Smith* (1983), S. 534 ff.
39 Vgl. *Kluger/Shields* (1991), S. 269.

40 Vgl. *Wells/Loudder* (1997), S. 138 ff.

41 Vgl. u.a. *Elder* (1994), S. 2 ff.

42 Bei Nicht-Personenhandelsgesellschaften und Nicht-Einzelkaufleuten im Sinne des § 5 PublG handelt es sich beispielsweise um Stiftungen, die ein Gewerbe betreiben, oder um Vereine, deren Zweck auf einen wirtschaftlichen Geschäftsbetrieb ausgerichtet ist.

Literaturhinweise

Bundesregierung (2003): Maßnahmenkatalog der Bundesregierung zur Stärkung der Unternehmensintegrität und des Anlegerschutzes, URL: http://www.bundesfinanz ministerium.de/Anlage/17029/Massnahmenkatalog-der-Bundesregierung-zur-Staerkung -von-Unternehmensintegritaet-und-Anlegerschutz.pdf (Stand: 11.4.2003).

Chmielewicz, K. (1994): Forschungskonzeptionen der Wirtschaftswissenschaft, 3. Aufl., Stuttgart.

DeAngelo, L.E. (1981a): Auditor independence, 'low balling', and disclosure regulation, in: Journal of Accounting and Economics, S. 113-127.

DeAngelo, L.E. (1981b): Auditor size and audit quality, in: Journal of Accounting and Economics, S. 183-199.

Deutsches Institut für Interne Revision e.V. (1991): Grundsätze der Internen Revision, Frankfurt am Main.

Elder, R. (1994): Audit firm size, industry specialization and initial public offerings of common stock, working paper, Michigan State University, Ann Arbor.

Engels, D. (2002): Rechnungshöfe, staatliche, in: Ballwieser, W./Coenenberg, A.G./v. Wysocki, K. (Hrsg.): Handwörterbuch der Rechnungslegung und Prüfung, 3. Aufl., Stuttgart, Sp. 1978-1987.

Erhard, F./Wenzig, H. (1995): Steuerliche Betriebsprüfung, Achim.

Erlei, M./Leschke, M./Sauerland, D. (1999): Neue Institutionenökonomik, Stuttgart.

Ernst, C./Seibert, U./Stuckert, G. (1998): KonTraG, KapAEG, StückAG, EuroEG, Düsseldorf.

Europäische Kommission (1996): Grünbuch – Rolle, Stellung und Haftung des Abschlussprüfers in der Europäischen Union, Brüssel.

Europäische Kommission (2002): Unabhängigkeit des Wirtschaftsprüfers in der EU – Grundprinzipien, o.O.

Freeman, R.E. (1984): Strategic Management – A Stakeholder Approach, Boston.

Hofmann, R. (2000): Prüfungs-Handbuch – Praxisorientierter Leitfaden einer umfassenden unternehmerischen Überwachungs- und Revisionskonzeption, Berlin.

Kluger, B./Shields, D. (1991): Managerial moral hazard and auditor changes, in: Critical Perspectives on Accounting, S. 255-272.

Korndörfer, W./Peez, L. (1993): Einführung in das Prüfungs- und Revisionswesen. Lehrbuch für Studium und Praxis, 3. Aufl., Wiesbaden.

Leffson, U. (1988): Wirtschaftsprüfung, 4. Aufl., Wiesbaden.

Lück, W. (1999): Prüfung der Rechnungslegung: Jahresabschlußprüfung, München und Wien.

Maijoor, S.J./Meuwissen, R.H./Buijink, W.F.J. (1993): An Empirical Study of Size, Quality and Client Portfolio Structure of Audit Firms and Engagement Partners, Arbeitspapier Universiteit Maastricht – Maastricht Accounting and Auditing Research Centre (MARC), Maastricht 1994.

Marten, K.-U./Köhler, A.G. (2002): Erwartungslücke, in: Ballwieser, W./Coenenberg, A.G./v. Wysocki, K. (Hrsg.): Handwörterbuch der Rechnungslegung und Prüfung, 3. Aufl., Stuttgart, Sp. 702-712.

Nichols, D.R./Smith, D.B. (1983): Auditor credibility and auditor changes, in: Journal of Accounting Research, S. 534-543.

Ordelheide, D. (1995): Brauchen wir für die Unternehmensüberwachung mehr Publizität?, in: Picot, A. (Hrsg.): Corporate Governance – Unternehmensüberwachung auf dem Prüfstand, Stuttgart, S. 89-109.

Peemöller, V.H./Richter, M. (2000): Entwicklungstendenzen der Internen Revision. Chancen für die unternehmensinterne Überwachung, Berlin.

Richter, R./Furubotn, E.G. (1999): Neue Institutionenökonomik, 2. Aufl., Tübingen.

Rose, G. (2002): Außenprüfung, steuerliche, in: Ballwieser, W./Coenenberg, A.G./v. Wysocki, K. (Hrsg.): Handwörterbuch der Rechnungslegung und Prüfung, 3. Aufl., Stuttgart, Sp. 200-214.

Ruhnke, K. (2003): Nutzen von Abschlussprüfungen: Bezugsrahmen und Einordnung empirischer Studien, in: Zeitschrift für betriebswirtschaftliche Forschung, S. 250-280.

Ruhnke, K./Deters, E. (1997): Die Erwartungslücke bei der Abschlussprüfung, in: Zeitschrift für Betriebswirtschaft, S. 923-945.

Schildbach, T. (1988): Die Jahresabschlußprüfung im Spannungsfeld möglicher Prüfungsgegenstände und Adressaten, in: Betriebswirtschaftliche Forschung und Praxis, S. 341-355.

Schmalenbach-Gesellschaft für Betriebswirtschaft e.V. (2000): Prüfungsausschüsse in deutschen Aktiengesellschaften, in: Der Betrieb, S. 2281-2285.

Shleifer, A./Vishny, R.W. (1997). A survey of corporate governance, in: The Journal of Finance, S. 737-783.

Sieben, G./Bretzke, W.-R. (1973): Zur Typologie betriebswirtschaftlicher Prüfungssysteme, in: Betriebliche Forschung und Praxis, S. 625-630.

Teoh, H.Y./Wong, T.J. (1993): Perceived auditor quality and the earnings response coefficient, in: The Accounting Review, S. 346-366.

Theisen, M.R. (1999): Zur Reform des Aufsichtsrats – Eine betriebswirtschaftliche Bestandsanalyse und Perspektive, in: Dörner, D./Menold, D./Pfitzer, N. (Hrsg.): Reform des Aktienrechts, der Rechnungslegung und Prüfung – KonTraG – KapAEG – EuroEG – StückAG, Stuttgart, S. 203-251.

Wagenhofer, A. (2001): International Accounting Standards, 3. Aufl., Wien.

Wells, D.W./Loudder, M.L. (1997): The market effects of auditor resignations, in: Auditing: A Journal of Practice and Theory, S. 138-144.

Williamson, O.E. (1985): The economic institutions of capitalism – firms, markets, relational contracting, New York und London.

Kontrollfragen

1. Was verstehen Sie unter dem Begriff „stakeholder"?

2. Beschreiben Sie die Bedeutung von Informationen im Beziehungsgeflecht zwischen Prüfungs- und Entscheidungsinstitutionen. Welche Funktion besitzen in diesem Zusammenhang Prüfungsergebnisse?

2 Asymmetrische Information als Motivation von Wirtschaftsprüferleistungen[*]

Informationen spielen bei der Unternehmenssteuerung und damit auch bei der Planung und Realisation der Güter- und Dienstleistungserstellung eine zentrale Rolle. Liegen für alle Institutionen *gleichermaßen* unvollständige Informationen vor, ist das Marktergebnis – also die Menge und der Preis der angebotenen Güter und Dienstleistungen – lediglich suboptimal; das gesellschaftliche Wohlfahrtsmaximum wird nicht erreicht. Dieses Ergebnis tritt jedoch bereits dann ein, wenn lediglich *einzelnen* Wirtschaftssubjekten Informationen vorenthalten werden können. In dieser Situation kommt der Ausgestaltung der jeweiligen Beziehungen der Wirtschaftssubjekte untereinander eine wichtige Rolle zu, da Unterschiede im Informationsstand Handlungsanreize schaffen, die den Nutzen der Informationsträger zu Ungunsten derjenigen mit weniger Informationen steigern können.

Ein zentrales Beispiel hierfür sind Unternehmen, deren Unternehmensführung nicht von den Eigentümern selbst ausgeübt, sondern an Dritte delegiert wird. Auf Grund des Informationsvorsprungs der Unternehmensführung (Management) gegenüber den Eigentümern, besitzen Manager den Anreiz, zunächst ihren persönlichen Nutzen zu maximieren (z.B. ihr Einkommen), bevor sie den Nutzen der Eigentümer, der zumeist mit einer Gewinnmaximierung verknüpft ist, steigern.

2.1 Agency-theoretischer Ansatz

Vertragsbeziehungen zwischen Wirtschaftssubjekten mit asymmetrischen Informationen lassen sich im Kontext des agency-theoretischen Ansatzes analysieren. In diesem Zusammenhang kann auch die Nachfrage nach Wirtschaftsprüferleistungen begründet werden: Das Ergebnis der Wirtschaftprüferleistung stellt von einem unabhängigen Dritten bereitgestellte Information über einen Prüfungsgegenstand dar, die das Informationsgefälle zwischen Prinzipal und Agent verringert.[1]

2.1.1 Gegenstand und Begriffsabgrenzungen

Der agency-theoretische Ansatz (auch: Prinzipal-Agent-Theorie oder Agency-Theorie) stellt die Beziehung zwischen Wirtschaftssubjekten im Rahmen von Auftragsbeziehungen zwischen zwei Vertragspartnern, die mit jeweils unterschiedlichen Handlungsspielräumen und Informationen sowie individuellen Präferenzstrukturen ausgestattet sind, modellhaft dar. Dabei wird zwischen dem Auftraggeber (*Prinzipal*) und dem Auftragnehmer (*Agent*) unterschieden.[2]

Der agency-theoretische Ansatz ist Teil der Neuen Institutionenökonomik, in der es um die Analyse von Institutionen bei Vorliegen von Transaktionskosten geht.[3] Gleichzeitig sind

Prinzipal-Agenten-Beziehungen eine Teilmenge der eingangs beschriebenen stakeholder-Beziehungen (vgl. Abschnitt 1.2.1).

2.1.2 Allgemeine Merkmale

Der agency-theoretische Ansatz basiert auf der Annahme, dass der Prinzipal im Zuge der Delegation von Entscheidungsbefugnissen an den Agenten dessen Leistung nicht vollständig beobachten kann. Der Prinzipal ist deshalb bei der Leistungsbeurteilung des Agenten auf Informationen Dritter oder des Agenten selbst angewiesen. Der Agent ist jedoch seinerseits in der Lage, Informationen über

- a priori bestehende Eigenschaften seiner eigenen Person und/oder seiner Dienstleistung (hidden characteristics),
- Handlungsalternativen oder das konkrete Verhalten seiner eigenen Person (hidden action),
- seine eigenen Absichten oder Strategien und damit verbundene Konsequenzen (hidden intention),

vor dem Prinzipal zu verbergen.[4]

Die drei genannten Ausprägungen der Informationsasymmetrie zwischen Prinzipal und Agent bieten dem Agent einen *Handlungsspielraum* sowie die Möglichkeit, seinen Nutzen zu maximieren, ohne gleichzeitig im Sinne seines Auftraggebers zu handeln. Auf Grund verschiedener Präferenzstrukturen und Risikoeinstellungen von Prinzipal einerseits und Agent andererseits kommt es damit zu Interessenkonflikten.

Eine Prinzipal-Agenten-Beziehung ist durch folgende Merkmale gekennzeichnet:

- Zwischen Prinzipal und Agent existiert eine Vertragsbeziehung.
- Es liegen asymmetrische Informationen, i.d.S., dass der Agent gegenüber dem Prinzipal einen Informationsvorsprung besitzt, vor.
- Prinzipal und Agent besitzen unterschiedliche Nutzenfunktionen.
- Es existieren externe Effekte, d.h. Entscheidungen des Agenten beeinflussen nicht nur dessen eigenen Nutzen, sondern auch den des Prinzipalen.

Die Leistung des Managers bleibt damit i.d.R. unterhalb des aus gesamtwirtschaftlicher Sicht optimalen Niveaus und kann z.B. durch den Einsatz von Überwachungsinstrumenten oder Anreizmechanismen, die eine wahrheitsgetreue Informationsübertragung fördern, gesteigert werden. Prüfungsleistungen im Hinblick auf eine Überwachung des Agenten (monitoring) können durch interne und externe Prüfungsinstitutionen wahrgenommen werden;[5] Anreizmechanismen werden durch eine Vertragsgestaltung zwischen Prinzipal und

Agent geschaffen, die den Agenten dazu anhält, im Sinne des Prinzipalen zu agieren. Ein Beispiel hierfür ist die Beteiligung des Agenten am Unternehmensergebnis.

Die optimale Ausgestaltung der Vertragsbeziehung zwischen Prinzipal und Agent stellt folglich das Kernelement zahlreicher agency-theoretischer Betrachtungen dar.[6] Besonders zu berücksichtigen sind dabei „Agency-Kosten" (agency costs), d.h. Kosten, die bei der Ableitung und Implementierung geeigneter Anreiz- und Überwachungs- oder Kontrollsysteme entstehen und/oder nach Einsatz dieser Systeme als Differenz zum Wohlfahrtsmaximum auftreten. Agency-Kosten lassen sich drei Kategorien zuordnen:[7]

1. Überwachungs- und Kontrollkosten (monitoring expenditures): Kosten für die Ausgestaltung, Implementierung und Aufrechterhaltung eines Kontrollsystems sowie Kosten für die Überwachung dessen Effektivität und ggf. für die Durchführung entsprechender Modifikationen,

2. Vertragskosten (bonding expenditures): Kosten für Anbahnung, Abschluss und Ausgestaltung von Verträgen zwischen Prinzipal und Agent sowie Kosten für die Überwachung der Vertragseinhaltung,

3. Residualverlust (residual loss): Differenz zwischen dem potenziellen maximalen aggregierten Nutzenniveau innerhalb eines Unternehmens oder Wirtschaftssystems ohne Prinzipal-Agenten-Beziehungen und dem entsprechenden aggregierten Nutzenniveau mit Prinzipal-Agenten-Beziehungen. Der Residualverlust kann durch Kontrollsysteme oder Verträge verringert werden; die dafür anfallenden Kosten sind jedoch von den entstehenden Wohlfahrtszuwächsen abzuziehen.

Die Ableitung eines optimalen Kontroll- und Anreizsystems lässt sich damit als Minimierungsansatz der Agency-Kosten formulieren.

2.1.3 Vereinfachte formale Darstellung

Zur Verdeutlichung der Interdependenzen einer Prinzipal-Agenten-Beziehung sei der funktionale Zusammenhang zwischen den individuellen Nutzen der Vertragspartner und den relevanten Einflussgrößen vereinfacht formal dargestellt.[8]

1. Produktionsfunktion $y = y(x, z)$

    Der Einfluss des Arbeitseinsatzes des Agenten x auf den wahren Output y ist positiv; der Einfluss der nur vom Agenten beobachtbaren jedoch stochastisch verteilten Umweltvariable z ist positiv oder negativ. Da ausschließlich der Agent seinen wahren Arbeitseinsatz sowie den aktuellen Zustand der Umweltvariable kennt, kennt nur er den wahren Output.

2. Entlohnungsfunktion $p = p(\hat{y})$

Die Entlohnung des Agenten p basiert auf dem an den Prinzipal kommunizierten Output $\hat{y}$; mit steigendem kommunizierten Output erhöht sich das Einkommen des Agenten, d.h. der Einfluss des berichteten Output auf die Entlohnung ist positiv.

3. Nutzenfunktion des Agenten $u = u(x, p)$

Der Einfluss des Arbeitseinsatzes x ist einerseits negativ, da zunehmender Arbeitseinsatz den Nutzen des Agenten u beeinträchtigt, andererseits positiv, da der Arbeitseinsatz positiv auf den Output und damit wiederum auf die Entlohnung p wirkt. Der Einfluss der Entlohnung auf den Nutzen ist positiv.

4. Nutzenfunktion des Prinzipalen $v = v(x, p)$

Der Einfluss des Arbeitseinsatzes des Agenten x auf den Nutzen des Prinzipalen z ist positiv, da der Arbeitseinsatz des Agenten den Unternehmensgewinn und damit das Einkommen (Nutzen) des Prinzipalen erhöht; die mit dem Arbeitseinsatz verbundene Entlohnung des Agenten p wirkt hingegen negativ, da sie den für den Prinzipal verbleibenden Unternehmensgewinn schmälert.

Unter der Annahme, dass der Agent möglichst kurzfristig an einer Nutzenmaximierung interessiert ist, während der Prinzipal aus langfristiger Sicht eine Nutzenmaximierung anstrebt, stellen sich auf Grund des funktionalen Zusammenhangs zwischen x und y die Nutzenfunktionen von Agent und Prinzipal dar als $u = g(\hat{y} - y)$ und $v = h(\hat{y} - y)$. Für den Agenten steigt mit wachsender Differenz zwischen kommuniziertem Output $\hat{y}$ und wahrem Output y der Nutzen, da seine Entlohnung zunehmend höher wird als dies seinem Arbeitseinsatz entspricht. Er besitzt also den Anreiz, den Output höher als tatsächlich erwirtschaftet zu kommunizieren.

Für den Prinzipal stehen dem zunächst eintretenden Nutzen aus dem höher als tatsächlich erwirtschafteten Gewinn langfristig jedoch noch größere Kosten gegenüber: Zum einen hat er Kosten zu tragen, die z.B. aus Reputationsverlusten oder Sanktionen bei Aufdeckung der falschen Angaben entstehen, zum anderen ist der Personalaufwand gemessen am Arbeitseinsatz des Agenten zu hoch. Aus Sicht des Prinzipalen ist folglich eine möglichst dem tatsächlichen Output entsprechende Information des Agenten erstrebenswert.

2.1.4 Anwendung im Kontext der Wirtschaftsprüfung

Auch die Bedeutung der Rechnungslegung und deren Glaubwürdigkeitserhöhung durch die Abschlussprüfung lassen sich aus der Perspektive von Prinzipal-Agenten-Beziehungen darstellen.[9] Ausgangspunkt ist dabei die Betrachtung der Eigen- oder Fremdkapitalgeber (z.B. Aktionäre oder Banken) als Prinzipal und des Unternehmensmanagements (z.B. Vorstand) als Agent.

2.1.4.1 Begründung der Rechnungslegung durch das Management

Rechnungslegungsnormen stellen eine Ausprägung der Normierung des Informationsflusses zwischen dem Agent und dem Prinzipal dar. Die damit einhergehende Einschränkung des Spielraumes bei der Berichterstattung erhöht die Wahrscheinlichkeit einer realitätsnahen Leistungs- und Ergebnisdarstellung des Agenten. Das vom Prinzipal wahrgenommene Investitionsrisiko wird gesenkt, der Risikoaufschlag wird verringert. Die Kapitalkosten des Unternehmens sinken.

Gleichwohl lassen Wahlrechte und Ermessensspielräume in den Rechnungslegungsnormen Möglichkeiten für abschlusspolitische Maßnahmen bei der Darstellung der Vermögens-, Finanz- und Ertragslage der Unternehmen zu. Nach deutschen Normen erstellte Rechnungslegungsinformationen verursachen in diesem Zusammenhang eher die Möglichkeit von Nutzeneinbußen für den Prinzipal als die Rechnungslegung nach den internationalen Rechnungslegungsnormen IAS/IFRS und den US-amerikanischen Rechnungslegungsnormen US-GAAP, die explizit auf die Entscheidungsrelevanz (decision usefulness) der Rechnungslegung für die Abschlussadressaten, insbesondere die Kapitalgeber, abstellen.

Formal gesehen verringern Rechnungslegungsnormen die Differenz zwischen dem kommunizierten und dem tatsächlichen Output, $\hat{y} - y$, und bilden somit die Grundlage für eine Reduzierung des Wohlfahrtsverlustes, der durch die Informationsasymmetrien in Prinzipal-Agenten-Beziehungen verursacht wird.

2.1.4.2 Begründung der Prüfung von Rechnungslegungsinformationen durch Wirtschaftsprüfer

In Abhängigkeit vom zeitlichen Bezug der Informationsasymmetrien zum Zeitpunkt des Vertragsabschlusses von Prinzipal und Agent können drei verschiedene Problemarten innerhalb von Prinzipal-Agenten-Beziehungen unterschieden werden, die jeweils ein Motiv zur Prüfung von Rechnungslegungsinformationen durch einen Wirtschaftsprüfer darstellen: adverse selection (adverse Selektion), moral hazard (moralisches Risiko) und signaling (Signalisierung).[10]

Das Problem der *adverse selection* tritt in Prinzipal-Agenten-Beziehungen immer dann auf, wenn der Agent bereits vor Vertragsabschluss einen Informationsvorsprung gegenüber dem Prinzipal bezüglich seiner persönlichen Eignung und Qualifikation aufweisen kann: Ein Vertragsangebot, das den Arbeitseinsatz und die Entlohnung des Agenten bestimmt, zieht gerade diejenigen Agenten an, die zu einem suboptimalen Arbeitseinsatz bereit sind, und dabei im Zuge ihrer für den Prinzipal unbeobachtbaren Arbeitsleistung trotzdem die vereinbarte Entlohnung erhalten wollen. In diesem Fall kann der Eigentümer anhand der Prüfungsergebnisse nachträglich indirekt Aufschluss über die qualifizierenden Voraussetzungen des Agenten und dessen tatsächlichen Arbeitseinsatz erhalten.

Moral hazard ergibt sich in Vertragsbeziehungen, in denen Prinzipal und Agent zwar vor Vertragsabschluss denselben Informationsstand besitzen, in denen jedoch nach Vertragsabschluss das Verhalten des Agenten durch den Prinzipal nicht mehr beobachtbar ist. Der Agent besitzt damit den Anreiz, die Situation zu seinen Gunsten (und zu Ungunsten des Prinzipalen) zu nutzen, statt die aus gesamtwirtschaftlicher Sicht optimale Leistung zu erbringen. Da sich die Leistung des Agenten letztlich im Rechnungswesen niederschlägt, kann der Prinzipal durch die Prüfung dieser Informationen die Verlässlichkeit der Angaben des Agenten (mit Ausnahme eines Restrisikos) sicherstellen und damit sein Informationsdefizit zumindest teilweise abbauen.

Während bei moral hazard und adverse selection die Erstellung von Prüfungsleistungen in erster Linie aus Sicht des Prinzipalen wünschenswert erscheint, bietet der Effekt des *signaling* auch für den Agenten ein erhebliches Nutzenpotenzial. Besitzt der Agent zwar unbeobachtbare, aber auch für den Prinzipal nutzenstiftende Eigenschaften oder Fähigkeiten, ist es für den Agenten sinnvoll, vor Vertragsabschluss dem Prinzipal die eigene Qualifikation und Eignung glaubhaft zu signalisieren und damit die Vertragsausgestaltung zu seinen Gunsten zu beeinflussen.

Bezogen auf Aktiengesellschaften oder andere Gesellschaften mit vergleichbarer Gesellschafterstruktur wird die Tragweite der Effekte und damit der Nutzen der Wirtschaftsprüfung besonders deutlich: Die Informationsasymmetrie zwischen den Anteilseignern einer Aktiengesellschaft und dem Vorstand ist u.a. auf Grund der großen Anzahl von Aktionären, deren räumlicher Distanz zueinander und zum Unternehmen sowie nicht zuletzt durch den hohen Komplexitätsgrad der Informationen besonders hoch. Das Testat des Wirtschaftsprüfers als Bestätigung der Normenkonformität der Rechnungslegung und damit letztlich als Glaubwürdigkeitssignal für die Leistung des Vorstands im Sinne der Anteilseigner ist für den Abbau dieser Asymmetrie deshalb von zentraler Bedeutung.

2.2 Begründung der Existenz eines Berufsstands der Wirtschaftsprüfer

Das Verhältnis zwischen Wirtschaftssubjekten lässt sich durch eine Austauschbeziehung charakterisieren. Der Austausch von materiellen oder immateriellen Gütern, Dienstleistungen, Rechten oder Zahlungsmitteln stellt einerseits für Unternehmen die Voraussetzung für Leistungserstellungsprozesse dar und erhöht andererseits den Nutzen der Konsumenten und anderer Abnehmer. Die Tauschprozesse werden auch als *Transaktionen* bezeichnet und gehen i.d.R. mit Kosten – den *Transaktionskosten* – einher.[11] Diese Kosten entstehen in Zusammenhang mit der Anbahnung, Gestaltung, Kontrolle und Modifikation von Transaktionen und stellen das zentrale Kriterium bei der Entscheidung über alternative institutionelle Rahmenbedingungen dar.

In der Transaktionskostentheorie stehen zwei Alternativen zur Steuerung von Transaktionen (governance mechanisms) zur Auswahl:[12]

1. Markt (market):

   Regelung/Organisation von Transaktionen über den Preismechanismus; Wettbewerb der Parteien (invisible hand) und Verträge über Rechte und Pflichten der betroffenen Parteien,

2. Hierarchie (hierarchy):

   Kontrolle der Transaktionen durch eine dritte Partei, die neben der Befugnis über die Ausgestaltung von Anreiz-, Kontroll- und Sanktionssystemen die Entscheidungsbefugnis besitzt, auch unvorhergesehene Ereignisse verbindlich zu regeln (managerial fiat).

Ein Beispiel für ein hierarchisches System ist ein Unternehmen mit arbeitsteiliger Leistungserstellung – als Alternative zu einem Markt, auf dem die einzelnen Leistungen von spezialisierten Unternehmen angeboten und über Kaufverträge gehandelt werden. Neben diesen Extrema lassen sich in der Realität auch zahlreiche Mischformen (hybrids) aus Hierarchien und Märkten beobachten wie z.B. einerseits komplexe Vertragssysteme, die möglichst allen zu erwartenden Umweltzuständen Rechnung tragen oder den Einsatz von Drittparteien im Streitfall vorsehen, oder andererseits Hierarchien, die durch Wettbewerbselemente ergänzt werden. Die Entscheidung für einen bestimmten Steuerungsmechanismus richtet sich nach der Höhe der mit den Alternativen verbundenen Transaktionskosten.

Dem Transaktionskostenansatz liegen zwei Annahmen über das Verhalten von Wirtschaftssubjekten zugrunde:

- Beschränkte Rationalität (bounded rationality): Wirtschaftssubjekte sind nicht immer in der Lage, alle relevanten Sachverhalte zu erkennen, zu verstehen und zu kommunizieren,

- Opportunismus (opportunism): Wirtschaftssubjekte sind in erster Linie auf die Durchsetzung eigener Interessen bedacht und deshalb zumindest zeitweise bereit, zum Nachteil ihrer Transaktionspartner diese nicht vollständig und/oder falsch zu informieren, sich nicht an Absprachen zu halten oder ihnen auf andere Weise Schaden zuzufügen, wenn sie selbst davon profitieren können.

Treffen diese Verhaltensweisen auf bestimmte Umweltbedingungen, kann dies zu einem Versagen des Marktmechanismus führen. In dieser Situation liegt das Transaktionskostenniveau der Marktlösung oberhalb des Transaktionskostenniveaus einer Hierarchie. Im Zuge der Transaktionskostenminimierung ist es sinnvoll, einen hierarchisch organisierten Steuerungsmechanismus zu wählen. Für die erste Verhaltensannahme, beschränkte Rationalität, führen sowohl *Unsicherheit* in Bezug auf künftige Ereignisse oder Entwicklungen als auch ein hoher Grad an *Komplexität*, der Zusammenhänge für Transaktionspartner unüberschaubar werden lässt, zum Versagen von Marktlösungen. Opportunismus birgt vor allem dann ein Problempotenzial, wenn Transaktionen zwischen Wirtschaftssubjekten ein hohes Maß an *Spezifität* aufweisen. Diese liegt vor, wenn die Transaktionen individuell für einen bestimmten Transaktionspartner ausgestaltet werden und nur unter Aufwendung zusätzlicher Kosten oder unter Inkaufnahme eines Gewinnabschlags mit anderen Transaktionspartnern durchgeführt werden können. Beispiel hierfür ist die Entwicklung eines speziell auf die Bedürfnisse eines Kunden abgestimmten Informationssystems, das nur nach kostenintensiver Modifikation für andere Kunden nutzbar ist.

Abb. I.2-1 stellt die Wahl des transaktionskostenminimierenden Koordinationsmechanismus in Abhängigkeit vom Umweltzustand (Grad der Unsicherheit, Komplexität und Spezifität) dar. Ausgehend von der Höhe der Transaktionskosten (TK) je vorliegendem Umweltzustand (s) sind die Transaktionskostenverläufe für die Koordinationsmechanismen Markt, Hierarchie und Hybrid abgebildet. Bis zu einem Unsicherheits-, Komplexitäts- und Spezifitätsgrad s_1 weist die Koordination von Transaktionen über einen Markt im Vergleich zu anderen Steuerungsmechanismen die niedrigsten Transaktionskosten auf. Ab dem Unsicherheits-, Komplexitäts- und Spezifizätsgrad s_2 ist die Koordination über Hierarchien effizient. Dazwischen minimiert die Wahl eines hybriden Koordinationsmechanismus die Höhe der damit einhergehenden Transaktionskosten.

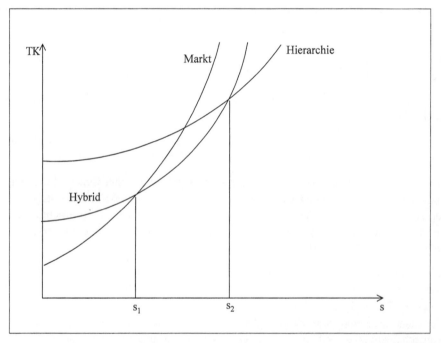

Abb. I.2-1: Höhe der Transaktionskosten TK für alternative Koordinationsmechanismen in Abhängigkeit vom Umweltzustand s[13]

Auch die Durchführung einer pflichtmäßigen Abschlussprüfung ist mit Transaktionskosten verbunden, da sie sowohl aus Sicht des Mandanten als auch aus Sicht des Abschlussprüfers durch Spezifität, Unsicherheit und Komplexität gekennzeichnet ist. Vereinfacht stellen sich für Mandanten in einer Welt *ohne* berufsständische Organisation der Wirtschaftsprüfer die Umweltzustände folgendermaßen dar:

- Unsicherheit: Qualifikation und Eignung des Abschlussprüfers sowie Normenkonformität und Einheitlichkeit dessen Vorgehens sind dem Mandanten a priori nicht bekannt. Die Qualität der Prüfungsleistung ist mit hoher Unsicherheit behaftet.
- Komplexität: Das Angebot für Abschlussprüfungen ist heterogen und deshalb unüberschaubar.
- Spezifität: Von Mandanten im Rahmen von Abschlussprüfungen bereitgestellte Informationen können teilweise für Folgemandate verwendet werden. Beim Wechsel des Abschlussprüfers fallen Kosten für die erneute Bereitstellung dieser Informationen an.

Analog sehen sich Abschlussprüfer in einer Welt *ohne* berufsständische Organisation vereinfacht dargestellt folgenden Umweltzuständen gegenüber:

- Unsicherheit: Die bei der Durchführung von Abschlussprüfungen anzuwendende Prüfungsnormen weisen einen hohen Gestaltungsfreiraum auf, der ohne Konkretisierung – beispielsweise durch die IDW-Normen – Unsicherheiten birgt.
- Komplexität: Die anzuwendenden Rechnungslegungs- und Prüfungsnormen sind durch kontinuierliche Modifikationen gekennzeichnet und damit für den einzelnen Abschlussprüfer nur schwer zu überblicken und anzuwenden.
- Spezifität: Der Abschlussprüfer hat neben fundierten Kenntnissen aus dem Finanz-, Rechnungs-, Steuer- und Rechtswesen unter hohem Aus- und Fortbildungsaufwand ein umfangreiches wirtschaftsprüfungsspezifisches Wissen nachzuweisen. Die letztgenannte spezifische Qualifikation kann in anderen Berufsfeldern nur teilweise nutzenstiftend eingesetzt werden.

Eine Senkung der für alle beteiligten Wirtschaftssubjekte entstehenden Transaktionskosten kann durch die Wahl eines Steuerungsmechanismus erreicht werden, der anstelle einer Marktlösung die Einrichtung einer ranghöheren dritten Instanz mit Gestaltungsautorität vorsieht. Die Einrichtung des Berufsstands der Wirtschaftsprüfer stellt eine solche Lösung dar. Unsicherheits-, komplexitäts- und spezifitätsreduzierend wirken die gemeinsame Interessenvertretung sowie die Homogenisierung des Angebots von Wirtschaftsprüferleistungen durch Sicherstellung der Qualifikation der Mitglieder des Berufsstands und die weitgehende Vereinheitlichung der prüferischen Handlungen im Zuge von:

- Regelung des Zugangs zum Beruf (Abschnitt 4),
- Vereinheitlichung der Prüfungsprozesse durch Herausgabe von fachtechnischen Prüfungsnormen (Abschnitt 6.5.2.1),
- Berufsaufsicht u.a. zur Einhaltung ethischer Normen (Abschnitt 6.5.2.2),
- Normen zur Aus- und Fortbildung (Abschnitt 6.5.2.3),
- Qualitäts- und Durchsetzungsnormen (Abschnitt 6.5.2.4 und 6.5.2.5).

2.3 Begründung der Pflichtmäßigkeit von Abschlussprüfungen

Nach der agency- und transaktionskostentheoretischen Motivation von Wirtschaftsprüferleistungen stellt sich die Frage, weshalb in Anbetracht der damit verbundenen wohlfahrtsökonomischen Vorteile für bestimmte Unternehmen Abschlussprüfungen zwingend vorgeschrieben sind. Die *Pflichtmäßigkeit* der Abschlussprüfung ergibt sich aus dem Kosten-/Nutzenverhältnis der Abschlussprüfung, das zwischen den individuellen Unternehmen und der Gruppe der stakeholder divergiert.

1. Kosten-Nutzen-Verhältnis

   Die Bestellung eines Abschlussprüfers ist mit Kosten verbunden, denen aus Sicht des Mandanten zunächst kein direkter Nutzen gegenübersteht. Die Erhöhung der Glaubwürdigkeit der Rechnungslegungsinformationen infolge der Abschlussprüfung tritt mit einer zeitlichen Verzögerung ein; die Senkung der Kapitalkosten ist a priori nicht quantifizierbar und unterliegt der Unsicherheit. Der Nutzen einer Abschlussprüfung wird von risikoaversen Unternehmen also tendenziell eher unterschätzt, der *erwartete* Nutzen des Mandanten liegt kurzfristig unterhalb des *tatsächlichen* Nutzens. Entspricht der Preis der Abschlussprüfung dem tatsächlichen Grenznutzen der Abschlussprüfung für ein Unternehmen, bleibt in einem Wirtschaftssystem *ohne* Prüfungspflicht die Nachfrage nach Abschlussprüfungen infolge der zu geringen Nutzenerwartung unter dem gesamtwirtschaftlich optimalen Nachfrageniveau.

2. Externe Effekte

   Die Auftraggeber von Abschlussprüfungen dürften Dritte vom Nutzen des Prüfungsurteils häufig nicht ausschließen können (*Ausschlussprinzip* ist nicht erfüllt). Würden beispielsweise im Rahmen einer Abschlussprüfung wesentliche Mängel im Rechnungswesen eines Unternehmens aufgedeckt, wäre eine Geheimhaltung der daraus für das Management entstehenden Konsequenzen vor den Gläubigern eines Unternehmens nur schwer denkbar – dies gilt auch dann, wenn diese nicht Auffraggeber der Abschlussprüfung sind. Die Abschlussprüfung ist in diesem Fall mit positiven externen Effekten verbunden, d.h. sie erhöht nicht nur den Nutzen der Auftraggeber, sondern auch derjenigen, die an den Kosten der Jahresabschlussprüfung nicht oder nur unterproportional beteiligt sind. Nachdem jeder stakeholder weiß, dass er möglicherweise einen Nutzen aus Abschlussprüfungen erhalten kann, ohne dafür Ressourcen bereitstellen zu müssen, besitzt er den Anreiz, darauf zu warten, dass andere die gewünschte Prüfungsleistung nachfragen, um dann selbst am Nutzen zu partizipieren (Trittbrettfahrerverhalten). Damit bleibt die tatsächliche aggregierte Nachfrage nach Abschlussprüfungsleistungen hinter der gesamtwirtschaftlich optimalen Nachfrage zurück.[14]

Anmerkungen

*) Dieser Abschnitt wurde unter Federführung von Herrn Prof. Dr. K.-U. Marten erstellt.

1   Vgl. *Wagenhofer/Ewert* (2003), S. 143.

2   Begriffsbestimmungen und Kernelemente des agency-theoretischen Ansatzes gehen auf *Jensen/Meckling* (1976) sowie *Ross* (1973) zurück. Diese basieren teilweise auf den grundlegenden Arbeiten zu Marktunvollkommenheiten in Beziehungen zwischen Wirtschaftssubjekten von *Alchian/Demsetz* (1972) sowie *Akerlof* (1970). Allgemeine Modifikationen und Erweiterungen des agency-theoretischen Ansatzes wurden u.a. von *Fama* (1980) und *Hill/Jones* (1992) vorgenommen. Das Verhältnis zwischen dem agency-theoretischen Ansatz und anderen betriebswirtschaftlichen Erklärungsansätzen beschreiben u.a. *Eisenhardt* (1989) und *Spremann* (1989).

3   Transaktionskosten beschreiben den Ressourceneinsatz bei der Schaffung und Benutzung von Institutionen, vgl. *Richter/Furubotn* (1999), S. 33. Sie beinhalten die Kosten für die Information, Bewertung und Kontrolle des Kaufs und Verkaufs von Verfügungsrechten an wirtschaftlichen Gütern. Zum Begriff „Institution" vgl. Abschnitt 1.

4   Vgl. *Fischer* (1995) sowie *Herzig/Watrin* (1995).

5   Weitere Kontrollinstrumente beschreibt u.a. *Jensen* (1993).

6   Vgl. z.B. *Arrow* (1985), *Hart/Holmström* (1987) sowie *Spremann* (1989).

7   Vgl. *Jensen/Meckling* (1976).

8   Zur ausführlichen formalen Darstellung sei z.B. auf *Ballwieser* (1989) und *Hartmann-Wendels* (1989) verwiesen. Die Grundlagen hierzu finden sich in *Jensen/Meckling* (1976).

9   Eine zusammenfassende Darstellung der Rolle des Rechnungswesens im Prinzipal-Agenten-Kontext bietet u.a. *Elschen* (1998); grundsätzliche Überlegungen stammen u.a. von *Penno* (1985). Weiterführende Analysen zur Rolle der Wirtschaftsprüfung im Kontext des agency-theoretischen Ansatzes stammen u.a. von *Herzig/Watrin* (1995) sowie *Marten* (1994), *Marten* (1995).

10 Die ersten Ausführungen zur Analyse der Wirtschaftsprüfung im Kontext von Informationsasymmetrien geht auf *Antle* (1982) zurück; eine detaillierte Analyse bietet *Ewert* (1993). Zur Erläuterung einschränkender Annahmen in Bezug auf die Risikoneigung der Akteure und die Wirkung des Vergütungssystems vgl. *Ewert/Stefani* (2001), S. 160 ff. Für die Erläuterung der Begriffe „moral hazard", „adverse selection" und „signaling" vgl. auch *Molho* (1997).

11 Die Rolle von Transaktionskosten innerhalb einer allgemeinen Theorie der Unternehmung stellt *Albach* (1999), S. 419, dar; die Bedeutung von Transaktionskosten für die Modellierung von Kaufprozessen wird von *Weiber/Adler* (1995a), S. 52, abgeleitet und von *Weiber/Adler* (1995b), S. 104 ff., empirisch untersucht. Zum Begriff der Transaktionskosten vgl. auch Abschnitt 2.1.1.

12 Vgl. *Williamson* (1975), *Williamson* (1985).

13 In Anlehnung an *Williamson* (1991), S. 284.

14 Die formale Darstellung externer Effekte und die Ableitung des Trittbrettfahrerverhaltens finden sich z.B. bei *Varian* (1992), S. 552 ff. In Bezug auf die Überwachungssysteme von Unternehmen wird das Trittbrettfahrerverhalten u.a. von *Grossman/Hart* (1980) aufgegriffen.

Literaturhinweise

Akerlof, G.A. (1970): The market for „lemons": Qualitative uncertainty and the market mechanism, in: Quarterly Journal of Economics, S. 488-500.

Albach, H. (1999): Eine allgemeine Theorie der Unternehmung, in: Zeitschrift für Betriebswirtschaft, S. 411-427.

Alchian, A.A./Demsetz, H. (1972): Production, information costs and economic organization, in: American Economic Review, S. 777-795.

Antle, R. (1982): The auditor as an economic agent, in: Journal of Accounting Research, S. 503-527.

Arrow, K.J. (1985): The economics of agency, in: Pratt, J.W./Heckhauser, R.J. (Hrsg.): Principals and Agents – The Structure of Business, Boston, S. 37-51.

Ballwieser, W. (1986): Kapitalmarkt, Managerinteressen und Rolle des Wirtschaftsprüfers, in: Schneider, D. (Hrsg.): Schriften des Vereins für Socialpolitik, Heft 165, S. 351-362.

Ballwieser, W. (1989): Auditing in an agency setting, in: Bamberg, G./Spremann, K. (Hrsg.): Agency Theory, Information, and Incentives, Berlin et al., S. 327-346.

Eisenhardt, K.M. (1989): Agency theory: An assessment and review, in: Academy of Management Review, S. 57-74.

Elschen, R. (1998): Principal-Agent, in: Busse von Colbe, W./Pellens, B. (Hrsg.): Lexikon des Rechnungswesens, München et al., 4. Aufl., S. 557-560.

Ewert, R. (1993): Rechnungslegung, Wirtschaftsprüfung, rationale Akteure und Märkte. Ein Grundmodell zur Analyse der Qualität von Unternehmenspublikationen, in: Zeitschrift für betriebswirtschaftliche Forschung, S. 715-747.

Ewert, R./Stefani, U. (2001): Wirtschaftsprüfung, in: Jost, P.-J. (Hrsg.): Die Prinzipal-Agenten-Theorie in der Betriebswirtschaftslehre, Stuttgart, S. 147-182.

Fama, E.F. (1980): Agency problems and the theory of the firm, in: Journal of Political Economy, S. 288-307.

Fischer, M. (1995): Agency-Theorie, in: Wirtschaftswissenschaftliches Studium, S. 320-322.

Grossman, S.J./Hart, O.D. (1980): Takeover bids, the free-rider problem, and the theory of the corporation, in: Bell Journal of Economics, Heft 11, S. 42-64.

Hart, O.D./Holmström, B. (1987): The theory of contracts, in: Bewley, T.F. (Hrsg.): Advances in Economic Theory, Fifth World Congress of the Econometric Society, Cambridge, UK, S. 71-155.

Hartmann-Wendels, T. (1989): Principal-Agent-Theorie und asymmetrische Informationsverteilung, in: Zeitschrift für Betriebswirtschaft, S. 714-734.

Herzig, N./Watrin, C. (1995): Obligatorische Rotation des Wirtschaftsprüfers – ein Weg zur Verbesserung der externen Unternehmenskontrolle?, in: Zeitschrift für betriebswirtschaftliche Forschung, S. 775-804.

Hill, C.W.L./Jones, T.M. (1992): Stakeholder-agency theory, in: Journal of Management Studies, S. 131-154.

Jensen, M.C. (1986): Agency costs of free cash flow, corporate finance, and takeovers, in: American Economic Review, S. 323-329.

Jensen, M.C. (1993): The modern industrial revolution, exit, and the failure of internal control systems, in: The Journal of Finance, S. 831-880.

Jensen, M.C./Meckling, W.H. (1976): Theory of the firm: Managerial behavior, agency costs and ownership structure, in: Journal of Financial Economics, S. 305-360.

Marten, K.-U. (1994): Auditor change: Results of an empirical study of the auditing market in the context of the agency theory, in: The European Accounting Review, S. 168-171.

Marten, K.-U. (1995): Empirische Analyse des Prüferwechsels im Kontext der Agency- und Signalling-Theorie, in: Zeitschrift für Betriebswirtschaft, S. 703-727.

Molho, I. (1997): The Economics of Information. Lying and Cheating in Markets and Organisations, Oxford.

Penno, M. (1985): Informational issues in the financial reporting process, in: Journal of Accounting Research, S. 240-255.

Richter, R./Furubotn, E.G. (1999): Neue Institutionenökonomik, 2. Aufl., Tübingen.

Ross, S. (1973): The economic theory of agency: The principal's problem, in: American Economic Review, S. 134-139.

Spremann, K. (1989): Stakeholder Ansatz versus Agency-Theorie, in: Zeitschrift für Betriebswirtschaft, S. 742-746.

Spremann, K. (1990): Asymmetrische Information, in: Zeitschrift für Betriebswirtschaft, S. 561-586.

Varian, H. (1992): Microeconomic Analysis, 3. Aufl., New York et al.

Wagenhofer, A./Ewert, R. (2003). Externe Unternehmensrechnung. Berlin et al.

Weiber, R./Adler, J. (1995a): Informationsökonomisch begründete Typologisierung von Kaufprozessen, in: Zeitschrift für betriebswirtschaftliche Forschung, S. 43-65.

Weiber, R./Adler, J. (1995b): Positionierung von Kaufprozessen im informationsökonomischen Dreieck: Operationalisierung und verhaltenswissenschaftliche Prüfung, in: Zeitschrift für betriebswirtschaftliche Forschung, S. 99-123.

Williamson, O.E. (1975): Markets and Hierarchies: Analysis and Antitrust Implications, New York.

Williamson, O.E. (1985): The Economic Institutions of Capitalism – Firms, Markets, Relational Contracting, New York und London.

Williamson, O.E. (1991): Comparative Economic Organization: The Analysis of Discrete Structural Alternatives, in: Administrative Science Quarterly, S. 269-296.

Kontrollfragen

1. Erörtern Sie den Begriff Prinzipal-Agenten-Beziehung.

2. Welche Annahmen liegen dem Transaktionskostenansatz zugrunde?

3. Wie lässt sich die Pflichtmäßigkeit der Jahresabschlussprüfung begründen?

3 Theoretische Aspekte des Prüfungsprozesses[*)]

3.1 Einführung: Zu den Problemen der Theorienbildung

Neben dem oben dargestellten theoretischen Bezugsrahmen für die *Motivation* von Prüfungsleistungen (vgl. Abschnitt 2) lässt sich auch die Prüfungsdurchführung selbst theoretisch beleuchten. Eine einheitliche Prüfungstheorie existiert nicht.[1] Vielmehr lassen sich verschiedene (theoretische) Ansätze identifizieren, die sich auch als Forschungsprogramm kennzeichnen lassen; die Begriffe Ansatz und Forschungsprogramm werden im Folgenden synonym verwendet. *Forschungsprogramme* stellen um gewisse, zumeist inhaltliche und/oder methologische Leitideen organisierte natürliche Beurteilungseinheiten dar.[2]

Erfahrungswissenschaftliche Ansätze streben die Erklärung früherer und gegenwärtiger sowie eine Prognose künftiger Prüfungsprozesse an.[3] In Bezug auf die Erklärungsaufgabe geht es darum, das prüferische Verhalten (im Kontext der relevanten Normen und des vorliegenden Prüfungsobjektes) durch die Konstruktion eines geeigneten Systems empirisch gehaltvoller Aussagen zu erklären.[4]

Wie realistisch ist nun die Herleitung eines solchen Systems? Kennzeichnend für die Jahresabschlussprüfung ist ihr enger Raum-Zeit-Bezug sowie ihre hohe Komplexität. Bereits die regionale Spezifität von Rechnungslegungs- und Prüfungsnormen führt zu unterschiedlichen Vorgehensweisen bei der Planung und der Durchführung von Prüfungshandlungen. Die anzuwendenden Normen unterliegen ihrerseits kontinuierlichen Veränderungen. Die Herausbildung nomologischer Hypothesen (Gesetzesaussagen, deren Gültigkeit nicht auf ein bestimmtes Raum-Zeit-Gebiet beschränkt ist) zur Erklärung des Prüfungsprozesses scheitert indes an den bereits zuvor angesprochenen Problemen (hohe Prüfungskomplexität und regionale Spezifität von Normen, die zudem kontinuierlichen Veränderungen unterliegen). Folglich existiert auch keine allgemeingültige Prüfungstheorie, welche in der Lage ist, den Prüfungsprozess auf der Grundlage nomologischer Hypothesen systematisch zu erklären.

Auch bei einer Beschränkung des Invarianzpostulats[5] auf einen bestimmten Raum-Zeit-Ausschnitt (Quasitheorie) scheitert die Theorienbildung an der hohen Komplexität. Selbst bei einer Beschränkung auf bestimmte Teilbereiche einer Prüfungstheorie (z.B. Erklärung des prüferischen Vorgehens bei der Prüfung der going concern-Annahme[6]) ist es nicht möglich, ein System abschließender (quasi-)theoretischer Aussagen herzuleiten; gleichwohl erlauben die hiermit einhergehenden Bemühungen wichtige Einsichten in den Prüfungsprozess. Diese Bemühungen können sich auf die *Herausbildung von Bezugsrahmen* beziehen, die sich als eine Vorstufe erfahrungswissenschaftlicher Ansätze interpretieren lassen. Ein Bezugsrahmen verfolgt das Ziel, durch die gewählten Kategorien das betrachtete Problem (Erklärung gegenwärtiger und Prognose künftiger Prüfungsprozesse) verständnisfördernd darzustellen sowie relevante Beziehungen und Mechanismen zwischen diesen Kategorien zu identifizieren. Dabei verfolgt ein Bezugsrahmen zum einen die Aufgabe, Mechanismen für die Integration der reichhaltigen Einzelbefunde bereitzustellen. Gleichzeitig wird der Anspruch erhoben, künftige Forschungsarbeiten zu steuern.[7]

Neben verschiedenen erfahrungswissenschaftlich orientierten Ansätzen existieren weitere theoretische Ansätze, die geeignet erscheinen, Beiträge zum Verständnis des Prüfungsprozesses zu leisten.[8] Als bedeutsame nicht-erfahrungswissenschaftlich orientierte Ansätze, welche primär auf die Bildung formaler Modelle ausgerichtet sind, sind z.B. spieltheoretische[9] und agency-theoretische Ansätze[10] zu nennen. Die in der Literatur anzutreffenden Systematisierungen der prüfungstheoretischen Ansätze sind allerdings weder einheitlich noch überschneidungsfrei.

Im Folgenden werden beispielhaft zwei ausgewählte Ansätze näher beleuchtet, die im Kontext der Prüfungsdurchführung nennenswerte theoretische Beiträge erwarten lassen: Der *messtheoretische Ansatz* soll sachlogische Zusammenhänge bei der prüferischen Urteilsbildung analysieren und erklären, ohne Aussagen über das tatsächliche Verhalten des Prüfers zu treffen. Weiterhin wird der *Informationsverarbeitungsansatz* der kognitiven Psychologie untersucht. Dieser Ansatz lässt sich als Basis für eine systematische, empirisch orientierte kognitive Betrachtung des Prüfungsprozesses heranziehen.

3.2 Betrachtung ausgewählter Ansätze

3.2.1 Messtheoretischer Ansatz

Der messtheoretische Ansatz versucht, die Ergebnisse der formalen Messtheorie auf die prüferische Urteilsbildung zu übertragen. Dieser Ansatz betrachtet die *Prüfung als besondere Form des Vergleichens*.[11]

Ausgangspunkt der prüferischen Urteilsbildung ist folglich einerseits die Erfassung der verschiedenen Merkmalsausprägungen eines Prüfungsgegenstands (Ist-Zustand des Prüfungsgegenstands) und andererseits die Ableitung eines Soll-Zustands des Prüfungsgegenstands auf Basis der jeweils relevanten Rechnungslegungs- und Prüfungsnormen. Der Abgleich erfolgt durch die Gegenüberstellung der Merkmalsausprägungen der Ist- und Soll-Prüfungsgegenstände und die Messung evtl. auftretender Abweichungen nach deren Umfang und Richtung. Die gemessenen Abweichungen stellen die Grundlage der Beurteilung des Prüfungsobjektes dar.

Als Messung wird dabei die Zuordnung von Zahlen oder Symbolen (Messgrößen) zu Objekten (Maßgrößen) nach bestimmten Regeln verstanden. Die *Ableitung des Soll-Objektes* geschieht entweder progressiv oder retrograd (vgl. auch Kapitel II, Abschnitt 3.1).

- Bei einer *progressiven* Vorgehensweise geht der Prüfer von vorhandenen Daten und Dokumenten zum Prüfungsgegenstand aus und konstruiert ein hypothetisches normenkonformes Soll-Objekt. Dieses wird mit dem tatsächlichen Ist-Objekt verglichen (vgl. Abb. I.3-1).

Beispielsweise kann er anhand der für die Beurteilung der Werthaltigkeit einer Forderung relevanten Unterlagen sowie unter Rückgriff auf die relevanten Rechnungslegungsnormen (N_P)[12] den Betrag bestimmen, der in der Bilanz anzusetzen ist (Messwert für das Soll-Objekt). Durch Vergleich mit dem Wertansatz, den das Unternehmen in der vorläufigen Bilanz ausweist (Messwert für das Ist-Objekt), lassen sich mögliche Abweichungen feststellen.

Die Beurteilungen auf Abschlussebene setzen voraus, dass der aus dem wirtschaftlichen Tatbestand unter Zuhilfenahme der für die Beleggestaltung maßgeblichen Normen abgeleitete Soll-Beleg mit dem Ist-Beleg übereinstimmt; ist dies der Fall, so lassen sich anhand des Ist-Belegs die entsprechenden Soll-Buchungen ableiten. Stimmen Soll- und Istbuchungen überein, so fungieren diese wiederum als Ausgangsbasis, um den Sollzustand der relevanten Forderungsposition festzustellen. Da die zuvor genannten Beurteilungen miteinander verknüpft sind, spricht man hier auch von einer Prüfungskette.

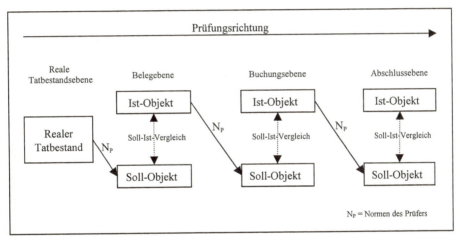

Abb. I.3-1: Progressive Prüfung

- Dagegen geht die *retrograde* Vorgehensweise von den tatsächlichen Merkmalsausprägungen des Prüfungsgegenstands aus und entwirft hypothetische Daten und Dokumente, die bei normenkonformem Verhalten dem vorhandenen Prüfungsgegenstand zugrunde liegen müssten. Diese (Soll-)Daten und Dokumente werden mit den tatsächlichen abgeglichen (vgl. Abb. I.3-2).

Beispielsweise nimmt der Prüfer bei der Prüfung einer bestimmten Forderungsposition die tatsächliche Abbildung im (vorläufigen) Jahresabschluss zur Kenntnis (Ist-Objekt). Darauf aufbauend werden die Buchungen konstruiert, die das Unternehmen hätte tätigen müssen (Soll-Objekt). Anschließend wird festgestellt, ob die seitens des Unternehmens getätigten Buchungen (Ist-Objekt) mit dem Soll-Objekt übereinstimmen. Analog hierzu wird in weiteren Schritten geprüft, ob die entsprechenden Belege vorliegen und ob der reale Sachverhalt mit den entsprechenden Belegen übereinstimmt. Im Unterschied zu einem progressiven bildet bei einem retrograden Vorgehen nicht der reale Tatbestand, sondern die Abschlussposition den Ausgangspunkt der Prüfungskette.

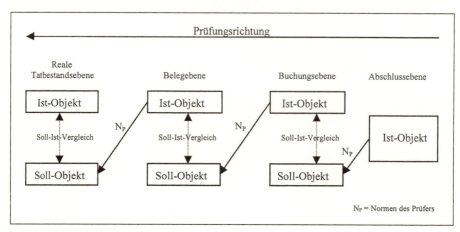

Abb. I.3-2: *Retrograde Prüfung*

Voraussetzung für die *Messung von Abweichungen* zwischen zwei Objekten ist die Abbildung derer Merkmalsausprägungen auf derselben Skala. Als Fehler wird dabei ein unzulässiges Abweichen des Ist- vom Soll-Objekt bezeichnet. Das Ist-Objekt ist zweifelsfrei normenkonform, wenn der Soll-Ist-Vergleich zu keinen Abweichungen führt. Problematisch gestaltet sich indes die Beurteilung, wann Abweichungen dazu führen, dass das Ist-Objekt nicht mehr als normenkonform zu beurteilen ist. Hier erlaubt der messtheoretische Ansatz lediglich Aussagen, die z.B. angeben, dass der tatsächliche Ansatz in der Bilanz (Ist-Objekt) bezogen auf das normenkonforme Soll-Objekt um 100 € zu hoch ist (Abstandsskalierung) oder dass der Wertansatz des Ist-Objektes den des normenkonformen Soll-Objektes um 20% überschreitet (kardinale Skalierung).

Prüfungen bestehen i.d.R. aus einer Reihe von Einzelbeurteilungen. Die *Aggregation der Einzelurteile zu einem Gesamturteil* erfolgt nach a priori festzulegenden Regeln, die mit dem Grad der gegenseitigen Abhängigkeit der Einzelurteile variieren können. Kommen die Einzelurteile auf Basis unterschiedlicher Skalen zustande, ist bei deren Aggregation eine Gewichtung der Einzelurteile vorzunehmen. Auch die Ergebnisse der Jahresabschlussprüfung sind schließlich in einem Gesamturteil zusammenzufassen, das durch eine Gewichtung der Einzelfeststellungen gebildet wird. Insgesamt arbeitet der messtheoretische Ansatz *sachlogische Zusammenhänge der prüferischen Urteilsbildung* heraus, ohne indes konkrete Lösungen für die in der Praxis anstehenden Prüfungsfragen anbieten zu können.[13]

3.2.2 Informationsverarbeitungsansatz

Da sich jeder Prüfungsprozess gleichzeitig als Informationsverarbeitungsprozess kennzeichnen lässt, liegt es nahe, für die Abbildung und Erklärung des Prüfungsprozesses auf den *Informationsverarbeitungsansatz der kognitiven Psychologie* zurückzugreifen.[14] Dieser verhaltenswissenschaftlich orientierte Ansatz rückt den Ablauf des menschlichen Informationsverarbeitungsprozesses in den Mittelpunkt der Betrachtung. Bezogen auf die Prüfung lässt sich dieser Ansatz wie folgt konkretisieren:[15]

Im Mittelpunkt des Prüfungsprozesses steht die Verarbeitung von Informationen. Dabei unterliegt der Prüfer jedoch dahingehend einer *begrenzten Rationalität* (bounded rationality)[16], dass er bei schlecht strukturierten Aufgaben immer nur eine begrenzte Menge an Informationen wahrnehmen, auswählen und zur Beurteilung eines bestimmten Sachverhalts heranziehen kann. Demnach zieht der Prüfer bei komplexen Prüfungsaufgaben nicht die objektiv erforderlichen Informationen (Aufgabenrahmen) heran. Vielmehr baut er auf Basis von Vorinformationen (z.B. Kenntnisse der Vorjahresprüfung oder Situation der Branche, in der sich der Mandant befindet) einen beschränkten subjektiven Problemabbildungsrahmen auf und formuliert eine initiale Urteilshypothese, die Erwartungen zu bestimmten Eigenschaften des Prüfungsgegenstands ausdrückt (z.B.: Der noch ausstehende Teil einer Forderung ist außerplanmäßig abzuschreiben.). Danach versucht er, durch die im Abbildungsraum vorhandenen Operatoren Informationen über den Aufgabenrahmen herzuleiten.

Die eigentliche Problemlösung vollzieht sich dann als Suche (nach Prüfungsnachweisen, welche geeignet sind, die Urteilshypothese zu stützen oder zu widerlegen) im Problemabbildungsraum. Hierbei bedingt das Prinzip der begrenzten Rationalität, dass die Wahl der Operatoren eng mit Heuristiken verknüpft ist. Heuristiken sind vereinfachte Regeln zur Problemlösung, die darauf abzielen, Komplexität dadurch zu reduzieren, indem stets der aussichtsreichste Lösungsweg verfolgt wird. Insofern erhebt eine Heuristik nicht den Anspruch auf eine optimale Lösung, sondern auf ein handhabbares, nicht willkürliches Vorgehen, welches zumindest eine zufriedenstellende Lösung hervorbringt. So richtet der Prüfer sein Augenmerk z.B. auf die Prüfungsgegenstände, bei denen ein Fehler am ehesten zu erwarten ist (z.B. bekannte Fehlerhäufigkeiten, vor kurzem aufgetretene Fehler sowie Schwachstellen mit hohem Fehlerpotenzial).

Dieser *hypothesengesteuerte heuristische Suchprozess* wird abgebrochen, wenn anhand der vorliegenden Informationen der Überzeugungsgrad einen Schwellenwert (Abbruchkriterium) erreicht, der die Formulierung eines Prüfungsurteils erlaubt, welches der vorgegebenen Prüfungssicherheit (vgl. Abschnitt 6.4.2) entspricht.

Das in Abb. I.3-3 dargestellte *Problemlösungsmodell* fasst die zuvor angestellten Überlegungen zusammen.[17]

Dieses Problemlösungmodell lässt sich nicht nur in Bezug auf einzelfallbezogene Prüfungshandlungen, sondern in leicht modifizierter Form auch für die Zwecke der *Systemprüfung* (vgl. Kapitel II, Abschnitt 3.2.2) einsetzen:[18]

Liegt ein System hoher Komplexität vor, so dürfte der Prüfer im Rahmen der Systemprüfung kaum in der Lage sein, als Vergleichsmaßstab ex ante ein Soll-System zu entwerfen und die Systemprüfung als Soll-Ist-Vergleich i.S.d. messtheoretischen Ansatzes durchzuführen. Vielmehr verschafft der Prüfer sich zunächst erste Informationen über das Ist-System und bildet dieses gedanklich ab (vorläufiges Ist-Systemmodell). Weitere Prüfungshandlungen dienen dazu, die gedankliche Abbildung des Ist-Systemmodells zu präzisieren; auf diesem Wege werden gleichzeitig Fehler im Aufbau und/oder in der Funktionsweise des Ist-Systems offengelegt.

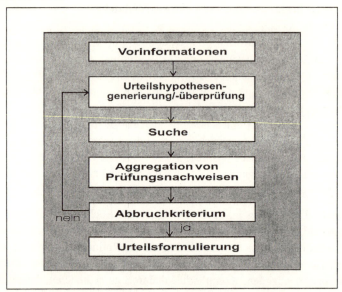

Abb. I.3-3: Problemlösungsmodell

Einer risikoorientierten Strategie (vgl. Kapitel II, Abschnitt 3.2) entspricht es, heuristische Fehlerhypothesen[19] (z.B. fehlende Eingabekontrollen oder geringe fachliche Kompetenz der Mitarbeiter) aufzustellen und zu testen. Der Prüfer kann auch schwierige oder selten vorkommende Geschäftsvorfälle auswählen und deren Verarbeitung überprüfen. Über die sukzessive Überprüfung der Fehlerhypothesen am vorläufigen Ist-Systemmodell reift dieses Modell zum Ist-System heran. Bestätigen sich die Fehlerhypothesen im Laufe der Prüfung nicht, so entsprechen sich Ist- und Soll-System und das Prüfungsobjekt ist als normenkonform zu beurteilen. Stellt der Prüfer dagegen Fehler fest, weichen (nach Ablauf der Prüfung) Ist- und Soll-System voneinander ab, so dass diese beiden Systeme im Laufe der Prüfung sukzessive abgebildet werden (vgl. ausführlich Kapitel II, Abschnitt 3.2.2.4).

Insgesamt ist das Problemlösungsmodell auch dahingehend nützlich, als *empirisch zu erkundende Erkenntniskategorien vorstrukturiert werden*. Diese empirische Erkundung bezieht sich zum einen auf den Einsatz des Prüfers in der Praxis und zum anderen auf den empirischen Forscher, dessen Anliegen es ist, zumindest Teilbereiche der Prüfungsrealität systematisch zu erhellen (z.B. Untersuchung der Frage, welche Prüfungsnachweise im Prüffeld x für die Beurteilung relevant sind und unter welchen Bedingungen ein wesentlicher Fehler vorliegt, der dazu führt, dass der Bestätigungsvermerk nicht uneingeschränkt und ohne Zusatz zu erteilen ist). Gleichzeitig werden Hilfestellungen bei der *Integration empirischer Einzelbefunde* in Richtung einer Gesamtschau des Prüfungsprozesses gegeben. Obgleich besonders im anglo-amerikanischen Bereich reichhaltige empirische Belege vorliegen, anhand derer sich Partialbereiche des prüferischen Vorgehens bereits gut erklären lassen, lässt sich der Prüfungsprozess derzeit *nicht vollständig beschreiben und erklären*.

Derartige nomologische Aussagen sind auch in Zukunft nicht zu erwarten. Die Gründe hierfür sind vielfältig: Einerseits weisen die Prüfungsprozesse in der Realität eine Komplexität und Dynamik auf, die sich zumeist nur situationsspezifisch erklären lassen. Eng verknüpft mit dem zuvor Gesagten ist der Umstand, dass das Problemlösungsmodell zahlreichen *Verzerrungen* unterliegt. Verzerrungen lassen sich vereinfacht als empirisch beobachtete (systematische) Abweichungen von der erwarteten streng rationalen Problemlösung kennzeichnen. Verzerrungen beruhen nicht nur auf Vereinfachungen zwecks Handhabung einer hohen Komplexität, sondern sind auch motivational, emotional und durch andere Einflüsse im Prüfungsumfeld bedingt.[20]

Beispiel

Beispielsweise bewirkt der *Ankereffekt* ein Verharren auf Vorinformationen, d.h. neu erlangte Prüfungsnachweise gleichen den initialen Überzeugungsgrad (der Urteilshypothese) zwar in die richtige Richtung an, jedoch nehmen diese Anpassungen insgesamt ein zu geringes Ausmaß ein. Überdies lässt sich belegen, dass ein drohender Verlust des Prüfungsauftrags das Prüfungsurteil in Richtung der Mandantenposition beeinflusst, d.h. die Urteilshypothesenformulierung und die Suche nach Prüfungsnachweisen nebst deren Aggregation zu einem Prüfungsurteil variieren in Abhängigkeit davon, ob und inwieweit der Mandant versucht, Druck auf den Prüfer auszuüben (*Effekt des Mandantendrucks*).

Gleichwohl geht das zuvor skizzierte Vorgehen, nicht zuletzt auf Grund des erhobenen Anspruchs, reale Urteilsbildungsprozesse erklären zu wollen, deutlich über den im vorherigen Abschnitt skizzierten messtheoretischen Ansatz hinaus. Die sachlogischen Erkenntnisse des messtheoretischen Ansatzes sind jedoch nicht nutzlos; vielmehr fließen diese Überlegungen in die prüfungsspezifische Ausrichtung des Informationsverarbeitungsansatzes ein. Der zuletzt genannte Ansatz geht zudem insoweit über den messtheoretischen Ansatz hinaus, als die Logik von Soll-Ist-Vergleichen nicht nur auf jene Fälle beschränkt wird, bei denen sich die Merkmalsausprägungen von Soll-Objekten aus Normen ableiten lassen. Vielmehr werden auch jene Prüfungsprozesse näher beleuchtet, bei denen der Urteilsfindungsprozess der Logik eines hypothesengesteuerten heuristischen Suchprozesses folgt. Insofern erfährt auch die logische Dimension eine Erweiterung.

Anmerkungen

*) Dieser Abschnitt wurde unter Federführung von Herrn Prof. Dr. K. Ruhnke erstellt.

1   Vgl. hierzu sowie zu den folgenden Ausführungen *Ruhnke* (2000), S. 191 ff. m.w.N.
2   Vgl. stellvertr. *Schanz* (1988), S. 85 ff.
3   Vgl. allgemein *Chmielewicz* (1994), S. 150 ff. Zu den einzelnen erfahrungswissenschaftlichen Ansätzen vgl. *Ruhnke* (2000), S. 221 ff.; zum verhaltensorientierten Ansatz vgl. zuletzt *Lenz* (2002), Sp. 1924 ff.
4   Zur Umformung von Ursache-/Wirkungszusammenhängen in Ziel-/Mittelbeziehung im Rahmen einer Prüfungstechnologie vgl. *Ruhnke* (2000), S. 433 ff.
5   Invarianzen sind Regelmäßigkeiten (generelle Aussagen) über die Natur- oder Sozialwelt, deren Geltung nach dem Kriterium der Wahrheit an der Realität zu prüfen ist.
6   Eine Darstellung verschiedener empirischer Erkenntnisse in Bezug auf die Prüfung der going concern-Annahme sowie die Aufdeckung von Unregelmäßigkeiten findet sich in *Ruhnke* (2000), S. 398 ff.
7   Vgl. ausführlich *Ruhnke* (2000), S. 265 ff. m.w.N.
8   Zu weiteren Ansätzen sowie dem bestehenden Beziehungsgeflecht vgl. *Ruhnke* (2000), S. 196 ff.
9   Vgl. hierzu *Ewert* (2002), Sp. 1908 ff., sowie *Ruhnke* (2000), S. 201 ff.
10 Demnach liefern agency-theoretische Ansätze nicht nur einen Beitrag zur Motivation von Prüfungsleistungen (vgl. Abschnitt 2), sondern tragen auch zur Erklärung des Prüfungsprozesses bei. *Ewert* (2002), Sp. 1911 ff., verwendet in diesem Zusammenhang den Begriff „kontrakttheoretische Ansätze".
11 Vgl. stellvertr. *v. Wysocki* (2002), Sp. 1886 ff.
12 Der Begriff „Normen des Prüfers" ist hier weit zu fassen und soll sowohl die relevanten Rechnungslegungs- als auch die Prüfungsnormen ansprechen; vgl. Kapitel I, Abschnitt 6.2.
13 Zur Kritik am messtheoretischen Ansatz vgl. *Otte* (1986), S. 96 ff.
14 Dieser Ansatz geht auf *Newell/Simon* (1972), S. 787 ff., zurück.
15 Zu den nachstehenden Ausführungen siehe *Ruhnke* (2000), S. 290 ff. m.w.N.
16 Zur bounded rationality im Kontext der Begründung von Prüfungsdienstleistungen siehe Abschnitt 2.2.
17 Entnommen aus *Ruhnke* (2000), S. 292, der das Problemlösungsmodell zudem um die Kategorien Verzerrungen und Lernumgebung erweitert.
18 Vgl. *Gans* (1986), S. 434 ff., sowie *Ruhnke* (1994), S. 610.
19 Während die *Urteilshypothese* eine *Vermutung über den Zustand des Prüfungsobjektes* (normenkonform oder nicht-normenkonform) beinhaltet, ist die *Fehlerhypothese* insofern *stärker am Prüfungsprozess orientiert*, als dass sie Angaben z.B. über vermutete

Fehlerarten und Fehlerorte sowie das vermutete Fehlerausmaß enthält. Demnach bilden Fehlerhypothesen differenzierte Suchhypothesen. Vgl. auch *Gans* (1986), S. 379 f.

20 Vgl. ausführlich *Ruhnke* (2000), S. 291 ff. m.w.N.

Literaturhinweise

Chmielewicz, K. (1994): Forschungskonzeption der Wirtschaftswissenschaft, 3. Aufl., Stuttgart.

Ewert, E. (2002): Prüfungstheorie, spieltheoretischer Ansatz, in: Ballwieser, W./Coenenberg, A.G./v. Wysocki, K. (Hrsg.): Handwörterbuch der Rechnungslegung und Prüfung, 3. Aufl., Stuttgart, Sp. 1908-1923.

Gans, C. (1986): Betriebswirtschaftliche Prüfungen als heuristische Suchprozesse, Bergisch-Gladbach.

Lenz, H. (2002): Prüfungstheorie, verhaltensorientierter Ansatz, in: Ballwieser, W./Coenenberg, A.G./v. Wysocki, K. (Hrsg.): Handwörterbuch der Rechnungslegung und Prüfung, 3. Aufl., Stuttgart, Sp. 1924-1938.

Newell, A./Simon, H. (1972): Human Problem Solving, Englewood Cliffs.

Otte, A. (1986): Prüfungstheorie und Grundsätze ordnungsmäßiger Abschlußprüfung, Gießen.

Ruhnke, K. (1994): Prüfungsansätze bei standardsoftwaregestützter Erstellung des Konzernabschlusses, in: Die Wirtschaftsprüfung, S. 608-617.

Ruhnke, K. (2000): Normierung der Abschlußprüfung, Stuttgart.

Schanz, G. (1988): Methodologie für Betriebswirte, 2. Aufl., Stuttgart.

v. Wysocki, K. (2002): Prüfungstheorie, meßtheoretischer Ansatz, in: Ballwieser, W./Coenenberg, A.G/v. Wysocki, K. (Hrsg.): Handwörterbuch der Rechnungslegung und Prüfung, 3. Aufl., Stuttgart, Sp. 1886-1899.

Kontrollfragen

1. Warum ist es so schwer, im Prüfungswesen nomologische Hypothesen herzuleiten?

2. Definieren Sie die folgenden Begriffe, grenzen Sie diese voneinander ab und stellen Sie diese in einen sinnvollen Zusammenhang: Bezugsrahmen, erfahrungswissenschaftliche Ansätze, Erkenntnisfortschritt, Forschungsprogramm, Informationsverarbeitungsansatz, messtheoretischer Ansatz, prüfungstheoretische Ansätze und Prüfungstheorie.

3. Legen Sie die Idee einer Prüfung als hypothesengesteuerter heuristischer Suchprozess dar.

4 Zugang zum Beruf des Wirtschaftsprüfers[*)]

4.1 Anerkennung von Einzelpersonen

4.1.1 Prüfung

4.1.1.1 Zulassungsverfahren

Das Zulassungsverfahren hat die Aufgabe, die fachliche Auslese zu sichern und wird mit einem Antrag des Bewerbers auf Zulassung zur Prüfung eingeleitet. Über diesen Antrag entscheidet nach § 5 WPO die bei der WPK eingerichtete Prüfungsstelle für das Wirtschaftsprüferexamen (§ 7 WPO). Diese Prüfungsstelle ist eine unabhängige Verwaltungseinheit der WPK und wird von einer Person geleitet, welche die Befähigung zum Richteramt haben muss. Dieser Geschäftsführer ist nicht an Weisungen gebunden. Die Zulassung eines Bewerbers hängt von der Erfüllung persönlicher und fachlicher Voraussetzungen ab.

4.1.1.2 Zulassungsvoraussetzungen

4.1.1.2.1 Persönliche Zulassungsvoraussetzungen

Die mit dem Prüferberuf verbundene Verantwortung setzt eine besondere persönliche Eignung für diesen Beruf voraus. Durch das Versagen der Zulassung zum Examen müssen bzw. können solche Bewerber vom Beruf ferngehalten werden, die auf Grund ihres bisherigen Verhaltens oder in ihrer Person festgestellter Umstände für den Beruf des WP persönlich ungeeignet erscheinen. Die Zulassung zum Examen muss versagt werden, wenn erkennbar ist, dass die Berufsausübung aus rechtlichen bzw. tatsächlichen Gründen unmöglich sein wird, was in folgenden Situationen der Fall ist (§ 10 Abs. 1 WPO):

- Infolge strafrechtlicher Verurteilung besitzt der Bewerber nicht die Fähigkeit zur Bekleidung öffentlicher Ämter;
- Der Bewerber hat sich eines Verhaltens schuldig gemacht, das die Ausschließung aus dem Beruf rechtfertigen würde;
- Der Bewerber ist infolge eines körperlichen Gebrechens, wegen Schwäche seiner geistigen Kräfte oder wegen einer Sucht dauerhaft unfähig, den Beruf des WP ordnungsgemäß auszuüben;
- Der Bewerber befindet sich nicht in geordneten wirtschaftlichen Verhältnissen.

Die Zulassung zum Examen kann versagt werden, wenn sich der Bewerber so verhalten hat, dass die Besorgnis begründet ist, er werde den Berufspflichten als WP nicht genügen (§ 10 Abs. 2 WPO).

Werden nach erfolgter Zulassung, aber vor vollendeter Prüfung o.a. Tatsachen bekannt, so muss bzw. kann die Zulassung nach Anhörung des Bewerbers zurückgenommen bzw. widerrufen werden (§ 11 WPO).

4.1.1.2.2 Fachliche Zulassungsvoraussetzungen

Fachliche Anforderungen betreffen die Vorbildung und die bisherige praktische Tätigkeit des Bewerbers. Die *Vorbildungsvoraussetzungen* enthält § 8 WPO. Im Hinblick auf die Fülle und die Schwierigkeit der beruflichen Anforderungen geht dieser grundsätzlich von einer akademischen Vorbildung aus, d.h. vom Bewerber wird eine abgeschlossene Hochschulausbildung verlangt; auch die IFAC (vgl. Abschnitt 5.3.2) empfiehlt einen Universitätsabschluss (IEG 9.26). Es existiert kein Fakultätsvorbehalt, so dass es Absolventen sämtlicher Studiengänge möglich ist, sich um die Zulassung zum Wirtschaftsprüferexamen zu bewerben. In Anbetracht der zunehmenden Komplexität und Internationalisierung des Wissens wird damit auch Quereinsteigern, wie z.B. Mathematikern oder Informatikern, die Chance gegeben, den Beruf des Wirtschaftsprüfers zu ergreifen. Universitäts- und Fachhochschulstudium werden als gleichrangig angesehen.

Auf den Nachweis des abgeschlossenen Hochschulstudiums kann in folgenden Fällen verzichtet werden:

- Bewährung in mindestens zehnjähriger Tätigkeit bei einem zur Vornahme von Pflichtprüfungen Berechtigten;[1]
- Mindestens fünfjährige Ausübung des Berufs als vereidigter Buchprüfer (vBP) oder Steuerberater (StB).

Die *Tätigkeitsvoraussetzungen* enthält § 9 WPO. Danach hat ein Bewerber mindestens drei Jahre Prüfungstätigkeit nachzuweisen, und zwar nach Abschluss des Hochschulstudiums, nach dem fünften Jahr der Mitarbeit bzw. während oder nach der beruflichen Tätigkeit als vBP oder StB (die IFAC empfiehlt mindestens drei Jahre; IEG 9.49). Beträgt die Regelstudienzeit der Hochschulausbildung weniger als acht Semester, verlängert sich die Tätigkeit auf vier Jahre. Unter „Prüfungstätigkeit" wird dabei die Durchführung materieller Buch- und Bilanzprüfungen nach betriebswirtschaftlichen Grundsätzen in fremden Unternehmen verstanden.

Als Prüfungstätigkeit kann die Tätigkeit als StB, Revisor in größeren Unternehmen, beim Prüfungsverband deutscher Banken, als Prüfer im öffentlichen Dienst oder Mitarbeiter der WPK oder einer Interessenvereinigung zur Vertretung der Belange wirtschaftsprüfender Berufsstände (z.B. IDW) bis zur Höchstdauer von einem Jahr angerechnet werden. Dasselbe gilt für Prüfer im öffentlichen Dienst, sofern der Bewerber nachweislich selbstständig Prüfungen von größeren Unternehmen durchgeführt hat. Wird eine Prüfungstätigkeit im Rahmen einer besonderen Hochschulausbildung nachgewiesen, so kann dies ebenfalls bis zu einer Höchstdauer von maximal einem Jahr angerechnet werden. In diesem Fall kann die

Zulassung zur Prüfung zudem bereits mit dieser einjährigen Prüfungstätigkeit erfolgen. Es müssen jedoch mindestens zwei Jahre Prüfungstätigkeit bei einer Person, Gesellschaft oder Institution, die zur Durchführung von Pflichtprüfungen befugt ist, abgeleistet worden sein. Während dieser Zeit soll der Bewerber insbesondere an gesetzlich vorgeschriebenen Prüfungen teilgenommen und bei der Abfassung von Prüfungsberichten mitgewirkt haben. Der Nachweis der Prüfungstätigkeit entfällt für Bewerber, die seit mindestens 15 Jahren den Beruf als StB oder vBP ausgeübt haben. Eine Berufstätigkeit als Steuerbevollmächtigter ist hierauf mit bis zu zehn Jahren anrechenbar.

4.1.1.3 Prüfungsverfahren

Die Zulassung als WP wird vom Bestehen eines besonderen Zulassungsexamens abhängig gemacht, das den Nachweis der fachlichen Befähigung im Sinne von § 1 Abs. 1 WPO, den Beruf des WP ordnungsgemäß auszuüben, erbringen soll. Die Prüfung soll eine auf Aufgaben aus der Berufsarbeit abgestellte Verständnisprüfung sein. Sie wird vor einer *Prüfungskommission* abgelegt. Den Vorsitz der Prüfungskommission hat jeweils eine Person inne, die eine für Wirtschaft zuständige oder eine andere oberste Landesbehörde vertritt. Dadurch wird der Einfluss des Staates gesichert. Folgende Mitglieder gehören nach § 3 Abs. 1 der Prüfungsordnung für WP (PrO WP) der Prüfungskommission an: ein Vertreter der obersten Landesbehörde als Vorsitzender, ein Hochschullehrer der Betriebswirtschaftslehre, ein Mitglied mit der Befähigung zum Richteramt, ein Vertreter der Finanzverwaltung, ein Vertreter der Wirtschaft und zwei WP.

Die Prüfung gliedert sich in einen schriftlichen und einen mündlichen Teil (§ 12 Abs. 2 WPO; § 6 PrO WP) und umfasst vier Prüfungsgebiete (§ 5 PrO WP): wirtschaftliches Prüfungswesen, Unternehmensbewertung und Berufsrecht; angewandte Betriebswirtschaftslehre/Volkswirtschaftslehre; Wirtschaftsrecht; Steuerrecht.

- Der *schriftliche Prüfungsteil* besteht aus sieben Aufsichtsarbeiten (zwei aus wirtschaftlichem Prüfungswesen, Unternehmensbewertung und Berufsrecht, zwei aus der angewandten Betriebswirtschaftslehre/Volkswirtschaftslehre, eine aus dem Wirtschaftsrecht sowie zwei aus dem Steuerrecht), für die jeweils vier bis sechs Stunden zur Verfügung stehen (§ 8 Abs. 2 PrO WP). Für die Bestimmung der schriftlichen Prüfungsaufgaben wird nach § 8a PrO WP bei der Prüfungsstelle eine Aufgabenkommission eingerichtet. Dieser gehören ein Vertreter der obersten Landesbehörde als Vorsitzenden, der Geschäftsführer der Prüfungsstelle, ein Vertreter der Wirtschaft, ein Mitglied mit Befähigung zum Richteramt, zwei Hochschullehrer für Betriebswirtschaft, zwei WP und ein Vertreter der Finanzverwaltung an. Sie werden in der Regel für die Dauer von drei Jahren berufen. Zur Beurteilung der Aufsichtsarbeiten steht ein Notenspektrum von sehr gut (wird ausschließlich bei einem Notendurchschnitt von 1,00 erteilt) bis ungenügend (5,01 - 6,00) zur Verfügung. Für die schriftliche Prüfung wird eine Gesamtnote ermittelt. Falls nicht mindestens die Gesamtnote 5,00 erzielt wurde oder die Aufsichtsarbeiten aus dem Gebiet „wirtschaftliches Prüfungswesen, Unternehmensbewertung und Berufsrecht" im Durchschnitt nicht mindestens mit der Note 5,00 bewertet sind, wird der Kandidat gem. § 12 PrO WP von der mündlichen Prüfung ausgeschlossen. Er hat die Prüfung nicht bestanden.

- Die *mündliche Prüfung* (§ 14 PrO WP) beginnt mit einem Kurzvortrag des Bewerbers über einen Gegenstand aus der Berufsarbeit des WP, dessen Dauer zehn Minuten nicht überschreiten soll. An den Vortrag schließen sich fünf Prüfungsabschnitte (zwei zum Prüfungsgebiet „wirtschaftliches Prüfungswesen, Unternehmensbewertung und Berufsrecht" und je einer zu angewandte Betriebswirtschaftslehre/Volkswirtschaftslehre, Wirtschaftsrecht und Steuerrecht) an. Für die mündliche Prüfung wird eine Gesamtnote festgelegt.

Für die Prüfung wird nach § 16 PrO WP eine *Gesamtnote* ermittelt, indem die Gesamtnote der schriftlichen Prüfung mit 0,6 und die Gesamtnote der mündlichen Prüfung mit 0,4 gewichtet wird. Die Prüfung gilt als bestanden, wenn auf jedem Prüfungsgebiet mindestens die Note 4,00 erzielt wurde (§ 17 PrO WP). Hat der Bewerber eine Prüfungsgesamtnote von mindestens 4,00 erzielt, aber auf einem oder mehreren Prüfungsgebieten eine mit schlechter als 4,00 bewertete Leistung erbracht, so ist auf diesen Gebieten eine Ergänzungsprüfung abzulegen. Gleiches gilt, falls der Bewerber eine Prüfungsgesamtnote von mindestens 4,00 nicht erzielt, aber nur auf einem Prüfungsgebiet eine mit geringer als 4,00 bewertete Leistung erbracht hat. Eine *Ergänzungsprüfung* gliedert sich in eine schriftliche und eine mündliche Prüfung ohne Kurzvortrag (§ 18 PrO WP). Der Kandidat muss sich innerhalb eines Jahres nach Mitteilung des Prüfungsergebnisses zur Ergänzungsprüfung anmelden und auf jedem abzulegenden Prüfungsgebiet eine mindestens mit 4,00 zu bewertende Leistung erbringen. Andernfalls hat er die gesamte Prüfung nicht bestanden. Tritt der Bewerber von der Prüfung zurück, so gilt gem. § 20 Abs. 1 PrO WP die gesamte Prüfung als nicht bestanden. Gemäß § 21 Abs. 1 PrO WP kann der Bewerber die Prüfung zweimal wiederholen.

4.1.1.4 Erleichterte Prüfung

Nach § 13 WPO können StB die *Prüfung in verkürzter Form* ablegen, d.h. die schriftliche und mündliche Prüfung im Steuerrecht entfällt.[2] Auch für vereidigte Buchprüfer (vBP) sind Möglichkeiten der Examensverkürzung vorgesehen (§ 13a WPO). Für vBP, die StB sind, entfallen die Prüfungen in angewandte Betriebswirtschaftslehre/Volkswirtschaftslehre und Steuerrecht; für vBP, die Rechtsanwalt sind, entfallen die Prüfungen in angewandte Betriebswirtschaftslehre/Volkswirtschaftslehre und Wirtschaftsrecht.[3]

Ein Kandidat, der in einem Mitgliedstaat der EU oder einem anderen Vertragsstaat des Abkommens über den Europäischen Wirtschaftsraum ein Diplom erlangt hat, das zur Pflichtprüfung von Jahresabschlüssen befugt, kann gem. § 131g WPO nach Ablegung einer *Eignungsprüfung* als WP bestellt werden (diese Regelung basiert auf der „Hochschuldiplomrichtlinie" der EU). Beruht der Befähigungsnachweis auf einer Ausbildung, die nicht überwiegend in der EU stattgefunden hat, so besteht nur dann eine Berechtigung zur Ablegung der Eignungsprüfung, wenn der Bewerber eine dreijährige Berufserfahrung als gesetzlicher Abschlussprüfer nachweisen kann. Die Eignungsprüfung umfasst ausschließlich die beruflichen Kenntnisse des Bewerbers und soll dessen Fähigkeit beurteilen, den Beruf eines WP in Deutschland auszuüben. Sie muss dem Umstand Rechnung tragen, dass der Kandidat bereits im Ausland die beruflichen Voraussetzungen für die Zulassung zu Pflichtprüfungen erfüllt hat. Der schriftliche Teil der Eignungsprüfung beinhaltet Wirtschaftsrecht und Steuerrecht (§ 4 der PrO WP). Gebiete der mündlichen Eignungsprüfung sind das wirtschaftliche Prüfungswesen, das Berufsrecht der WP und ein vom Bewerber zu bestimmendes Wahlfach (z.B. Insolvenzrecht oder Arbeits- und Sozialversicherungsrecht).

Des Weiteren besteht die Möglichkeit zur Anrechnung von bestimmten, bereits erbrachten Studienleistungen. Liegen als gleichwertig anerkannte Prüfungsleistungen vor, die im Rahmen einer Hochschulausbildung erbracht wurden, so entfällt die schriftliche und mündliche Prüfung in dem angerechneten Prüfungsgebiet. Anrechnungsfähige Prüfungsgebiete sind angewandte Betriebswirtschaftslehre/Volkswirtschaftslehre und Wirtschaftsrecht (§ 13b WPO).[4] Das Bundesministerium für Wirtschaft und Arbeit ist ermächtigt, die Voraussetzungen und das Verfahren zur Feststellung der Gleichwertigkeit festzulegen.

Schließlich können nach § 8a WPO Hochschulausbildungsgänge als zur Ausbildung von Berufsangehörigen besonders geeignet anerkannt werden, sofern sie alle Wissensgebiete des WP-Examens umfassen, mit einer Hochschulprüfung oder einer staatlichen Prüfung abschließen und die Prüfungen in Inhalt, Form und Umfang dem WP-Examen entsprechen. Leistungsnachweise der Hochschulausbildung ersetzen dann die entsprechenden Prüfungen im WP-Examen.

Vor Erhebung einer Klage gegen Bescheide, die im Rahmen des Zulassungs- und Prüfungsverfahrens erlassen worden sind, bedarf es nach § 5 Abs. 5 WPO der Nachprüfung in einem Vorverfahren. Die Entscheidungen in diesem Verfahren trifft die Widerspruchskommission, die personell mit der Aufgabenkommission identisch ist (§ 8b PrO WP).

4.1.2 Bestellung

Die Bestellung als WP erfolgt gem. § 15 WPO nach bestandener Prüfung auf Antrag durch Aushändigung einer von der WPK ausgestellten Urkunde. Die Bestellung ist ein Verwaltungsakt, durch den der Bewerber die mit dem Beruf des WP verbundenen Rechte und Pflichten übernimmt. Nach § 16 Abs. 1 WPO *muss die Bestellung versagt werden*, wenn

- in der Person des Bewerbers liegende Gründe eingetreten oder bekannt geworden sind, auf Grund derer seine Zulassung zur Prüfung hätte versagt werden müssen;
- der Bewerber, der nicht ausschließlich angestellt ist, keine Berufshaftpflichtversicherung nachweist;
- der Bewerber eine Tätigkeit ausübt, die mit dem Beruf nach § 43 Abs. 2 und § 43a Abs. 3 WPO unvereinbar ist;

4 Zugang zum Beruf des Wirtschaftsprüfers

- im Zeitpunkt der Bestellung keine berufliche Niederlassung zum Berufsregister angegeben wird.

Die Bestellung

- *kann* beim Vorliegen von Gründen *versagt werden*, aus denen die Zulassung zur Prüfung hätte versagt werden können (§ 16 Abs. 2 WPO). Nach § 17 WPO haben die Bewerber vor Aushändigung der Urkunde den Berufseid zu leisten;
- *erlischt* gem. § 19 WPO durch Tod, Verzicht oder durch eine im berufsgerichtlichen Verfahren ausgesprochene rechtskräftige Ausschließung aus dem Beruf;
- *ist* mit Wirkung für die Zukunft *zurückzunehmen*, wenn nachträglich Tatsachen bekannt werden, bei deren Kenntnis die Bestellung hätte versagt werden müssen (§ 20 Abs. 1 WPO). Sie muss nach § 20 Abs. 2 WPO *widerrufen* werden, wenn der WP
    - nicht eigenverantwortlich tätig ist oder eine mit dem Beruf unvereinbare Tätigkeit ausübt;
    - infolge strafrechtlicher Verurteilung die Fähigkeit zur Bekleidung öffentlicher Ämter verloren hat;
    - infolge eines körperlichen Gebrechens, wegen Schwäche seiner geistigen Kräfte oder wegen einer Sucht dauerhaft unfähig ist, den Beruf des WP ordnungsgemäß auszuüben;
    - eine Berufshaftpflichtversicherung nicht oder nicht im erforderlichen Umfang unterhält;
    - sich nicht in geordneten wirtschaftlichen Verhältnissen befindet;
    - keine berufliche Niederlassung unterhält;
    - die vorgeschriebene Berufshaftpflichtversicherung innerhalb der letzten fünf Jahre wiederholt nicht aufrechterhalten hat und diese Unterlassung auch zukünftig zu befürchten ist.

Über die Rücknahme und den Widerruf entscheidet gem. § 21 WPO die WPK.

4.2 Anerkennung von Wirtschaftsprüfungsgesellschaften

Vergleichbar mit der Bestellung als WP ist die Anerkennung als Wirtschaftsprüfungsgesellschaft (WPG) ein öffentlich-rechtlicher Verwaltungsakt. Die Voraussetzungen für eine Zulassung als WPG sind im § 28 WPO geregelt:

- *Unternehmensleitung durch WP*

    Grundsätzlich müssen alle eine WPG leitende Personen WP sein (vgl. auch § 1 Abs. 3 Satz 2 WPO). Davon gibt es zwei Ausnahmen. Zum einen können auch vBP,

StB, Rechtsanwälte und – nach Genehmigung durch die WPK – andere, besonders befähigte Personen, die einen mit dem Beruf des WP vereinbaren Beruf ausüben, Leitungsfunktionen übernehmen. Zum anderen kann die WPK auch genehmigen, dass in einem ausländischen Staat zugelassene Prüfer Vorstandsmitglieder, Geschäftsführer, persönlich haftende Gesellschafter oder Partner einer WPG werden, sofern ihre Befähigung der eines WP entspricht. In der Unternehmensleitung müssen jedoch mehr WP als andere Personen tätig sein. Bei nur zwei Geschäftsführern muss mindestens einer WP sein.

- *Residenzpflicht*

Mindestens ein WP, der Mitglied der Unternehmensleitung ist, muss seine berufliche Niederlassung am Sitz der Gesellschaft haben (siehe auch § 19 Abs. 2 Berufssatzung).

- *Gesellschafterverhältnisse*

Gesellschafter einer WPG können WP und WPG sein. Des Weiteren können vBP, StB, Steuerbevollmächtigte, Rechtsanwälte, Personen, mit denen eine gemeinsame Berufsausübung nach § 44b Abs. 2 WPO zulässig ist, oder Personen, deren Tätigkeit in der Unternehmensleitung von der WPK genehmigt worden ist, Gesellschafter sein, sofern mindestens die Hälfte dieser Personen in der Gesellschaft tätig ist. Bei Kapitalgesellschaften müssen solche nicht in der Gesellschaft tätige Personen weniger als 25% der Anteile am Nennkapital halten. Sie dürfen also weder eine qualifizierte Mehrheit, noch eine Sperrminorität an Stimmen bzw. Anteilen halten. Anteile einer WPG dürfen nicht für Rechnung eines Dritten gehalten werden. WP und WPG müssen die Mehrheit der Anteile und Stimmrechte inne haben. Schließlich können nur Gesellschafter zur Ausübung von Gesellschafterrechten bevollmächtigt werden, die WP sind.

- *Vinkulierte Namensanteile*

Bei Kapitalgesellschaften müssen die Anteile auf den Namen lauten und ihre Übertragung muss an die Zustimmung der Gesellschaft gebunden sein. Diese Regelung ist im Zusammenhang mit § 38 i.V.m. § 40 WPO zu sehen, wonach WPG eine Gesellschafterliste bei dem von der WPK zu führenden Berufsregister einzureichen haben.

- *Haftungsbasis*

Bei GmbH muss das Stammkapital mindestens 25.000 € betragen. Kapitalgesellschaften müssen nachweisen, dass der Wert der einzelnen Vermögensgegenstände abzüglich der Schulden mindestens dem gesetzlichen Mindestbetrag des Grund- oder Stammkapitals entspricht.

- *Berufshaftpflichtversicherung*

Ohne Nachweis einer Berufshaftpflichtversicherung ist die Anerkennung einer WPG zu versagen.

Zulässige *Rechtsformen* für eine WPG sind nach § 27 Abs. 1 WPO die Kapitalgesellschaft (AG, KGaA, GmbH), die Personenhandelsgesellschaft (OHG, KG) und die Partnerschaftsgesellschaft. Die Anerkennung von Personenhandelsgesellschaften, die gem. §§ 105 und 161 HGB das Betreiben eines Handelsgewerbes bedingen, setzt voraus, dass sie wegen ihrer Treuhandtätigkeiten als Handelsgesellschaften in das Handelsregister eingetragen worden sind. Unzulässig sind dagegen bürgerlich-rechtliche Gesellschaften, weil es an der Rechtsfähigkeit fehlt, Mischformen aus Personenhandelsgesellschaft und Kapitalgesellschaft (also AG & Co. und GmbH & Co.), weil nicht alle gesetzlichen Vertreter natürliche Personen sind, die Europäische Wirtschaftliche Interessenvereinigung, denn der Zweck dieser Rechtsform darf nicht auf die Berufstätigkeit, sondern nur auf Hilfsgeschäfte gerichtet sein, und die stille Gesellschaft.

Bei der Wahl der *Firma* ist zu beachten, dass die Bezeichnung „Wirtschaftsprüfungsgesellschaft" in die Firma aufzunehmen ist (§ 31 WPO; § 29 Abs. 1 Berufssatzung). Diese Bezeichnung muss unverändert, d.h. weder gekürzt noch kombiniert, in die Firma eingefügt werden. Ortsangaben in der Firma sind im Zweifel zulässig, wenn sie in substantivischer Form und nicht in attributiver Weise erfolgen. Unzulässig sind dagegen Spezialisierungs- oder Branchenhinweise (z.B. Prüfungsgesellschaft für Kreditinstitute; § 29 Abs. 2 Berufssatzung).

Für die Beendigung der Anerkennung als WPG ist das Erlöschen, die Rücknahme und der Verzicht vorgesehen. Nach § 33 Abs. 1 WPO erlischt die Anerkennung durch Verzicht, der schriftlich von den gesetzlichen Vertretern zu erklären ist, und durch Auflösung der Gesellschaft (durch Verschmelzung, Spaltung, Vermögensübertragung, Liquidation). Die Anerkennung muss gem. § 34 WPO zurückgenommen oder widerrufen werden, wenn nachträglich Anerkennungsvoraussetzungen entfallen sind (z.B. weil die Gesellschaft durch das Ausscheiden von gesetzlichen Vertretern mit WP-Qualifikation nicht mehr ordnungsmäßig besetzt ist oder weil sich die Kapitalbeteiligung in unzulässiger Weise verändert hat). Des Weiteren ist die Anerkennung zu widerrufen, falls die Gesellschaft in Vermögensverfall geraten ist, es sei denn, dass dadurch die Interessen der Auftraggeber oder anderer Personen nicht gefährdet sind.

Abschließend sei darauf hingewiesen, dass der Berufszugang zentraler Gegenstand der so genannten 8. EG-Richtlinie war. Die vorgestellten deutschen Normen stehen mit dieser in Einklang.

Anmerkungen

*) Dieser Abschnitt wurde unter Federführung von Herrn Prof. Dr. R. Quick erstellt.
1   Hierunter fallen Wirtschaftsprüfer, Wirtschaftsprüfungsgesellschaften, vereidigte Buchprüfer und Buchprüfungsgesellschaften, genossenschaftliche Prüfungsverbände, Prüfungsstellen eines Sparkassen- und Giroverbandes, überörtliche Prüfungseinrichtungen für Körperschaften und Anstalten öffentlichen Rechts.
2   Gleiches gilt für Bewerber, die das Steuerberaterexamen bestanden haben.

3 Der Zugang zum Beruf des vBP wurde inzwischen geschlossen. Als Konsequenz daraus wird auch die verkürzte Prüfung für vBP auslaufen. Anträge auf Zulassung müssen bis spätestens 31.12.2007 eingereicht werden und Prüfungen bis spätestens 31.12.2009 abgelegt sein.

4 Zur Reform des Wirtschaftsprüfer-Examens wurde eine intensive Diskussion mit kontroversen Meinungen geführt. Vgl. *Siegel/Rückle/Sigloch* (2001); *IDW/WPK-Arbeitskreis „Reform des Wirtschaftsprüferexamens"* (2001); *Marten/Köhler/Klaas* (2001); *Baetge/Ballwieser/Böcking* (2001); *Schneider et al.* (2002).

Literaturhinweise

Baetge, J./Ballwieser, W./Böcking, H.-J. (2001): Ansätze für eine Reform der Hochschulausbildung im Fach „Wirtschaftsprüfung" – Optionen für einen zusätzlichen Zugang zum Wirtschaftsprüferberuf, in: Die Wirtschaftsprüfung, S. 1138-1152.

Buchner, R. (1997): Wirtschaftliches Prüfungswesen, 2. Aufl., München.

Coenenberg, A.G./Haller, A./Marten, K.-U. (1999): Accounting education for professionals in Germany – Current state and new challenges, in: Journal of Accounting Education, S. 367-390.

Elkart, W./Schmidt, G. (2002): Aus- und Fortbildung des Prüfers, in: Ballwieser, W./Coenenberg, A.G./v. Wysocki, K. (Hrsg.): Handwörterbuch der Rechnungslegung und Prüfung, 3. Aufl., Stuttgart, Sp. 176-184.

Forster, K.-H. (1993): Wirtschaftsprüfer, in: Chmielewicz, K./Schweitzer, M. (Hrsg.): Handwörterbuch des Rechnungswesens, 3. Aufl., Stuttgart, Sp. 2206-2215.

Gelhausen, H.F. (2002): Prüfungsgesellschaften, Rechtsformen, in: Ballwieser, W./Coenenberg, A.G./v. Wysocki, K. (Hrsg.): Handwörterbuch der Rechnungslegung und Prüfung, 3. Aufl., Stuttgart, Sp. 1799-1808.

IDW (2000): Wirtschaftsprüfer-Handbuch 2000, Handbuch für Rechnungslegung, Prüfung und Beratung, Band I, 12. Aufl., Düsseldorf, S. 1-139.

IDW/WPK-Arbeitskreis „Reform des Wirtschaftsprüferexamens" (2001): Überlegungen zur Reform des Wirtschaftsprüferexamens, in: Die Wirtschaftsprüfung, S. 1110-1116.

Kaiser, S. (2003): Veränderungen beim Beufszugang zum Wirtschaftsprüfer durch die 5. WPO-Novelle, in: Deutsches Steuerrecht, S. 995-998.

Marten, K.-U./Köhler, A.G./Klaas, H. (2001): Zugangswege zum Beruf des Wirtschaftsprüfers im europäischen Vergleich, in: Die Wirtschaftsprüfung, S. 1117-1138.

Schneider, D./Bareis, P./Rückle, D./Siegel, T./Sigloch, J. (2002): Die Qualität des Wirtschaftsprüfers und die Betriebswirtschaftslehre im Wirtschaftsprüfer-Examen, in: Die Wirtschaftsprüfung, S. 397-403.

Siegel, T./Rückle, D./Sigloch, J. (2001): Reform des WP-Examens: Beibehaltung des Fachs BWL in modifizierter Form, in: Betriebs-Berater, S. 1084-1087.

Kontrollfragen

1. Welche Ausbildung setzt die Zulassung zum WP-Examen voraus?
2. Was ist Gegenstand des WP-Examens?
3. Für welche Personenkreise existiert ein erleichterter Zugang zum Beruf des WP?
4. Unter welchen Umständen muss die Bestellung zum WP widerrufen werden?
5. Wer kann Gesellschafter einer WPG sein?

5 Berufsständische Organisationen[*]

5.1 Begriffsabgrenzung

Berufsständische Organisationen vertreten den wirtschaftsprüfenden Berufsstand in der Öffentlichkeit, nehmen berufliche Selbstverwaltungsaufgaben wahr und sind mit der beruflichen Facharbeit befasst. Dabei ist es eine zentrale Aufgabe, Prüfungsnormen herauszugeben sowie deren Einhaltung zu sichern.[1]

Die folgenden Ausführungen geben einen Überblick über die Aufgaben und den organisatorischen Aufbau der aus Sicht des deutschen Berufsstands bedeutsamen Berufsorganisationen. Dabei wird auch auf jene Organisationen eingegangen, welche auf die Existenz der Berufsorganisationen sowie deren Arbeit einen wesentlichen Einfluss nehmen.

5.2 Nationale Ebenen

Berufsständische Organisationen sind zumeist auf nationaler Ebene angesiedelt. Für einen in Deutschland agierenden Prüfer besitzen naturgemäß die deutschen Organisationen eine herausragende Stellung. Des Weiteren werden die US-amerikanischen Organisationen dargestellt, da sie von zentraler Bedeutung für die weltweite Entwicklung des Berufsstands sind und faktisch einen hohen Einfluss auf die Normengebung auf internationaler Ebene (vgl. hierzu die Abschnitte 5.3.2 sowie 6.3) nehmen.

5.2.1 Deutschland

In Deutschland sind als berufsständische Organisationen vor allem die Wirtschaftsprüferkammer (WPK) und das Institut der Wirtschaftsprüfer in Deutschland e.V. (IDW) zu nennen.[2] Für die Normengebung besitzt zudem der Gesetzgeber eine zentrale Stellung. Grundlage für die Bildung nationaler Berufsorganisationen ist das „Gesetz über eine Berufsordnung der Wirtschaftsprüfer"; synonym findet der Begriff Wirtschaftsprüferordnung (WPO) Verwendung. Die WPO überträgt in § 4 Abs. 1 die Erfüllung der beruflichen Selbstverwaltungsaufgaben auf die WPK. Des Weiteren kommt dem IDW als Berufsorganisation auf privater Basis eine besondere Stellung zu.

5.2.1.1 Wirtschaftsprüferkammer

Die WPK ist eine Körperschaft öffentlichen Rechts (§ 4 Abs. 2 WPO). Sie hat ihren Sitz in Berlin. Pflichtmitglieder sind alle Wirtschaftsprüfer, vereidigte Buchprüfer, Wirtschaftsprüfungsgesellschaften und Buchprüfungsgesellschaften sowie deren Vertreter, die nicht Wirtschaftsprüfer sind (§§ 58 Abs. 1 u. 128 Abs. 3 WPO). Zum 1.1.2003 betrug die Anzahl der Pflichtmitglieder 18.538. Weitergehende Informationen finden sich im Internet unter http://www.wpk.de.

Organe der WPK sind die Wirtschaftsprüferversammlung, der Beirat, der Vorstand und die Kommission für Qualitätskontrolle (§ 59 Abs. 1 WPO; § 5 Organisationssatzung der WPK). Der Beirat wird von der Wirtschaftsprüferversammlung gewählt, die sich aus sämtlichen Pflicht- und freiwilligen Mitgliedern zusammensetzt; der Vorstand wird vom Beirat gewählt. Dem Vorstand obliegt die gesamte Leitung der WPK. Die Aufsicht über die WPK führt das Bundesministerium für Wirtschaft und Technologie (Staatsaufsicht; § 66 WPO).

Ein weiteres Organ bildet die Kommission für Qualitätskontrolle. Diese Kommission ist nach § 57e Abs. 1 Satz 4 WPO für alle Angelegenheiten der Qualitätskontrolle (§ 57a ff. WPO) zuständig, soweit nicht der Qualitätskontrollbeirat zuständig ist. Die wichtigsten Aufgaben des Qualitätskontrollbeirats sind es, die Angemessenheit und Funktionsfähigkeit des Systems der Qualitätskontrolle im Interesse der Öffentlichkeit zu überwachen, Empfehlungen zur Fortentwicklung und Verbesserung des Systems zu geben sowie die Erstellung eines unterjährigen Berichts (§ 57f Abs. 2 WPO).

Die Mitglieder der Kommission für Qualitätskontrolle werden auf Vorschlag des Vorstands vom Beirat der WPK gewählt (§ 57e Abs. 1 Satz 2 WPO). Die Mitglieder des Qualitätskontrollbeirats werden auf Vorschlag des Vorstands, der der Zustimmung des Bundesministeriums für Wirtschaft und Technologie bedarf, vom Beirat der WPK gewählt (§ 57f Abs. 1 Satz 3 WPO). Weitere Einzelheiten zu den Tätigkeiten der beiden zuletzt genannten Organe in Angelegenheiten der Qualitätskontrolle finden sich in Kapitel II. 6.

Abb. I.5-1 gibt gibt einen Überblick über den Aufbau der WPK.

Nach § 57 Abs. 1 WPO hat die WPK die gesetzliche *Aufgabe*, „die beruflichen Belange der Gesamtheit der Mitglieder zu wahren und die Erfüllung der beruflichen Pflichten zu überwachen." Zu den besonders wichtigen Aufgaben zählen nach § 57 Abs. 2-4 WPO die Ausübung der Berufsaufsicht, die Interessenvertretung der Gesamtheit der Mitglieder, die Beteiligung bei berufsqualifizierenden Examina (z.B. das Vorschlagen der berufsständischen Mitglieder für die Zulassungs- und Prüfungsausschüsse), das Betreiben eines Systems der Qualitätskontrolle sowie die Ausarbeitung von Normen für die Berufsausübung.

Die zuvor angesprochene Berufsaufsicht umfasst die Führung des Berufsregisters, die fachliche und disziplinarische Berufsaufsicht, die Vermittlung bei Streitigkeiten und die Beurlaubung von Angehörigen der prüfenden Berufe (vgl. Abschnitt 8.2). Normen für die Berufsausübung finden sich vor allem in der Berufssatzung sowie ferner in den Berufsrichtlinien; die WPK kann auch Verlautbarungen herausgeben (vgl. Abschnitt 6.3).

Neben den Darstellungen im Internet ist die mehrmals im Jahr erscheinende Zeitschrift „Wirtschaftsprüferkammer-Mitteilungen" das wesentliche *Publikationsmedium* der WPK.

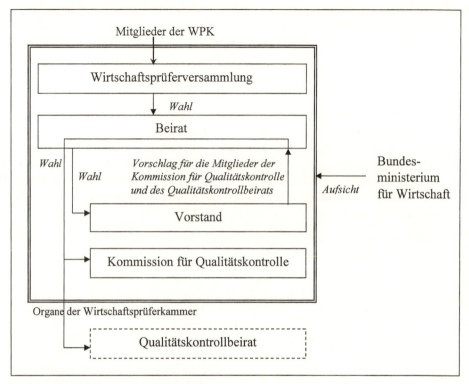

Abb. I.5-1: Aufbau der Wirtschaftsprüferkammer

5.2.1.2 Institut der Wirtschaftsprüfer in Deutschland e.V.

Das IDW ist die Fachorganisation der Wirtschaftsprüfer und als eingetragener Verein im Gegensatz zur WPK privatrechtlich organisiert. Die Mitgliedschaft im IDW ist freiwillig. Zum 1.5.2003 waren 10.173 Wirtschaftsprüfer und 963 Wirtschaftsprüfungsgesellschaften als ordentliche Mitglieder im IDW organisiert. Das IDW hat seinen Hauptsitz in Düsseldorf. Weitergehende Informationen finden sich im Internet unter http://www.idw.de.

Organe des IDW sind der Wirtschaftsprüfertag (Mitgliederversammlung i.S.d. BGB), der Verwaltungsrat und der Vorstand (§ 7 der Satzung des IDW). Der Wirtschaftsprüfertag besteht aus sämtlichen ordentlichen IDW-Mitgliedern; dieser tritt alle zwei Jahre zusammen. Der Wirtschaftsprüfertag und die Landesgruppen des IDW (Baden-Württemberg, Bayern, Berlin/Brandenburg, Bremen, Hamburg/Mecklenburg-Vorpommern, Hessen, Niedersachsen, Nordrhein-Westfalen, Rheinland-Pfalz, Saarland, Sachsen/Sachsen-Anhalt/Thüringen und Schleswig-Holstein) wählen den Verwaltungsrat. Der Verwaltungsrat wählt wiederum den Vorstand.

Das IDW hat sich die *Aufgabe* gesetzt, „die Fachgebiete des Wirtschaftsprüfers zu fördern und für die Interessen des Wirtschaftsprüfers einzutreten" (§ 2 Abs. 1 der Satzung des IDW). Insofern werden auch berufspolitische Aufgaben wahrgenommen.

Nach Abs. 2 obliegt es dem IDW insbesondere, sich für die fachliche Förderung des Prüfers und seines Nachwuchses einzusetzen sowie „für einheitliche Grundsätze der unabhängigen, eigenverantwortlichen und gewissenhaften Berufsausübung einzutreten und deren Einhaltung durch die Mitglieder sicherzustellen." In Erfüllung dieser Aufgaben entwickelt das IDW fachliche Regeln und Arbeitshilfen für die Prüfung und füllt die vom Gesetzgeber belassenen Freiräume mittels fachgerechter Interpretation des geschriebenen Rechts aus. Es gibt Empfehlungen zur Lösung offener Prüfungsfragen. Obwohl es nach § 57 Abs. 2 Nr. 10 WPO der WPK obliegt, die „berufliche Fortbildung der Mitglieder und Ausbildung des Berufsnachwuchses zu fördern", wird diese Aufgabe einvernehmlich vom IDW wahrgenommen.

Die für die Normensetzung bedeutsame *Facharbeit* des IDW vollzieht sich in Ausschüssen und Arbeitskreisen (§ 12 der Satzung des IDW):[3]

- Übergeordnet ist dabei der Hauptfachausschuss (HFA), dem als ständige Einrichtung die Beratung fachlicher Probleme grundlegender Art sowie die Erstellung von Prüfungsnormen obliegt.

- Die Fachausschüsse behandeln Fachfragen aus speziellen Tätigkeitsgebieten oder Wirtschaftszweigen.

    - Fachausschüsse mit branchenunabhängigem Bezug zur Abschlussprüfung sind der Fachausschuss für Informationstechnologie (FAIT)[4] sowie der Ausschuss für Aus- und Fortbildung (AAF).

    - Als weitere Ausschüsse sind z.B. der Bankenfachausschuss (BFA), der Versicherungsfachausschuss (VFA), der Krankenhausfachausschuss (KHFA) sowie der Fachausschuss Recht (FAR) zu nennen.

- Arbeitskreise werden vom Vorstand bei Bedarf eingerichtet. Zu unterscheiden ist zwischen permanenten und weiteren Arbeitskreisen.

    - Für die Abschlussprüfung besonders bedeutsam ist der permanente Arbeitskreis Konzernrechnungslegung.

    - Weitere Arbeitskreise mit branchenunabhängigem Bezug zur Abschlussprüfung sind: Continuous Auditing, Corporate-Governance-Kodex und Abschlussprüfung, Durchführung von Qualitätskontrollen, Externe Qualitätskontrollen, Fast Close, ISA Transformation, Mündliche Berichterstattung an den Aufsichtsrat, Prüfungsberichtsverordnung, Qualitätssicherung, Reform des WP-Examens sowie Stichprobenprüfung.

    - Weitere Arbeitskreise mit prüfungsbezogener Branchenfokussierung sind u.a.: Prüfung von Kapitalanlagegesellschaften sowie Rechnungslegung und Prüfung öffentlicher

Verwaltungen. Ein weiterer Arbeitskreis ohne prüfungsbezogene Branchenfokussierung aber mit Bezug zur Prüfung ist der Kreis Prospektprüfung.

Wesentliche *Publikationsmedien* des IDW sind die Zeitschriften „IDW-Fachnachrichten (FN-IDW)" und „Die Wirtschaftsprüfung (WPg)". Zentral sind auch das Wirtschaftsprüfer-Handbuch (WP-Handbuch) sowie die Tätigkeitsberichte des IDW. Hinzu kommen die Darstellungen im Internet.

5.2.2 Vereinigte Staaten

In den USA ist die nationale Börsenaufsichtsbehörde Securities and Exchange Commission (SEC)[5] befugt, Prüfungsnormen zu setzen. Gleichwohl hat die SEC das standard setting weitgehend an fachkundige Dritte delegiert, um deren spezialisiertes Wissen zu nutzen. Eine herausragende Stellung nimmt hier die Berufsorganisation der accountants[6], das *American Institute of Certified Public Accountants* (AICPA), ein.

Das AICPA ist die nationale Dachorganisation des US-amerikanischen Berufsstands der accountants. Die Mitgliedschaft ist freiwillig. Dem AICPA gehören 339.579 Certified Public Accountants (CPA) an (Erfassungszeitpunkt: 30.9.2002; Stand der Darstellung im Internet: 1.5.2003). Davon üben ca. 40% den Beruf aus (membership in public practice). Weitergehende Informationen finden sich im Internet unter http://www.aicpa.org.

Wichtiges *Organ* mit Leitungsbefugnis ist der Rat (council). Zwischen den Treffen des council werden die Aktivitäten durch den board of directors geleitet, welcher als ausführender Ausschuss (executive committee) des council agiert. Die Facharbeit kann an senior committees, boards und divisions delegiert werden (BL § 310 ff.).

Beispiele[7]

Besonders bedeutsam ist das permanent eingerichtete *Auditing Standards Board* (ASB), dem die Herausgabe von Prüfungsnormen obliegt. Das ASB gibt u.a. Statements on Auditing Standards (SAS) heraus. Die Inhalte der SAS finden sich in den Auditing-Normen (AU). Um dem Normenanwender die Orientierung zu erleichtern, verweisen die AU auf die SAS. Beispielsweise basiert AU § 312 auf SAS 47, 82 u. 96.

Das *Accounting and Review Services Committee* gibt Normen für compilations und reviews von Jahresabschlüssen heraus (vgl. Abschnitt 6.4.2). Diese werden als Statements on Standards for Accounting and Review Services (SSARS) bezeichnet. Auch hier erfolgen entsprechende Querverweise zwischen den SSARS und den Accounting and Review Services-Normen.

Dem *Joint Trial Board* obliegt die einheitliche Durchsetzung der berufsständischen Normen. Dazu kann der board disziplinarische Strafen verhängen.

Da hinsichtlich der Prüfung Anforderungsunterschiede bestehen, wurden zwei Abteilungen (divisions of firms) eingerichtet: Seit 1990 müssen Prüfer, zu deren Mandantenschaft bei der SEC registrierte Unternehmen gehören, Mitglieder der SEC Practice Section sein. Für Prüfer, die ausschließlich nicht bei der SEC registrierte Mandate betreuen, kommt die Private Companies Practice Section in Betracht. Die Mitglieder der SEC Practice Section unterliegen strengeren Anforderungen wie z.B. einer Pflicht zur Partner Rotation sowie zur Berichterstattung über die an den Mandanten erbrachten Beratungsleistungen.

BL § 101.01 legt die *Aufgaben* des AICPA fest. Als solche sind zu nennen: die Herausgabe und Förderung qualitativ hochwertiger berufsständischer Normen, die Regelung des Berufszugangs sowie die ständige Entwicklung und Verbesserung der Ausbildung des Berufsstands, die Interessenvertretung der CPA sowie die Förderung der Beziehungen zu accountants in anderen Ländern.[8] Demnach sind die Aufgaben des AICPA ähnlich denen des IDW und der WPK.

Publikationsmedien sind u.a. das „Journal of Accountancy", „The CPA Letter" sowie „The Practicing CPA". Die Audit and Attest Standards Group des AICPA gibt als newsletter das Medium „In our Opinion" heraus. Hinzu kommen die Darstellungen im Internet; hierzu zählen auch Informationen über die Treffen des ASB (vor allem die Teilnehmer, eine Zusammenfassung zentraler Ergebnisse sowie das Abstimmungsverhalten im Verfahren der Normengebung).

5.3 Supranationale Ebenen

Die Arbeit supranationaler berufsständischer Organisationen ist räumlich nicht auf eine Nation beschränkt.[9]

5.3.1 Fédération des Experts Comptables Européens

In der Fédération des Experts Comptables Européens (FEE) sind die führenden Berufsorganisationen der accountants in Europa zusammengeschlossen. Ihr gehören derzeit 41 Berufsorganisationen aus 27 Ländern an, die etwa 500.000 Mitglieder repräsentieren (Stand: 30.4.2003). Davon üben ungefähr 45% den Beruf aus (accountants represented in FEE work in public practice). Deutscher Vertreter bei der FEE ist das IDW. Die FEE wurde 1986 als Nachfolgeorganisation der Group d'Etudes des Experts Comptables de la C.E.E. sowie der Union Européenne des Experts Comptables Economiques et Financiers (UEC) gegründet. Weitergehende Informationen finden sich im Internet unter http://www.fee.be.

Geschäftsführendes *Organ* der FEE ist die Generalversammlung (general assembly), deren Hauptversammlung zumeist in zweijährigen Abständen abgehalten wird. Die Leitung der FEE obliegt dem Rat (council). Die Verantwortung für die Umsetzung der Beschlüsse des Rates trägt die Exekutive (president, deputy president und vice president).

Zu den wesentlichen *Aufgaben* der FEE gehört die Vertretung und Förderung der Interessen des Berufsstands in Europa sowie dessen Vertretung auf internationaler Ebene. Des Weiteren soll auf die Verbesserung und Harmonisierung der accountancy-Praktiken in Europa hingewirkt werden (FEE, Mission statement and objectives). Die FEE betreibt jedoch kein eigenständiges standard setting, sondern gibt auf der Grundlage durchgeführter Projekte Vorschläge für die Prüfung und verweist dort teilweise auf die IFAC-Normen. Seit 1998 wurden insbesondere die folgenden, für die Abschlussprüfung besonders bedeutsamen Materialien herausgegeben:[10]

- Auditing: Continuous quality assurance, 1998; Setting the standards in Europe, 1998; The auditor's report in Europe, 2000; Position paper: Proposal on International Standards on Auditing in the EU, 2000; Position paper: The role of accounting and auditing in Europe, 2002.

- Ethics: Statutory audit independence and objectivity, 1998; FEE Paper: The conceptual approach to protecting auditor independence, 2001.

Der Präsident der FEE erkennt die Normensetzungskompetenz der International Federation of Accountants (IFAC) ausdrücklich an: „FEE has (...) promoted ISA's as the sole international standards on auditing."[11] I.d.S. fordert die FEE explizit, dass die Prüfung der ab 2005 geforderten internationalen Konzernabschlüsse börsennotierter EU-Unternehmen den internationalen Prüfungsnormen der IFAC genügen soll.[12]

Als periodische *Publikationsmedien* der FEE sind die Jahresberichte (annual report) sowie die Newsletter (European Update) zu nennen. Hinzu kommen die Darstellungen im Internet.

5.3.2 International Federation of Accountants

Die IFAC ist die zentrale, mit der Herausgabe internationaler Prüfungsnormen befasste Organisation, die sich als Normengeber für internationale Prüfungsnormen versteht (international standard setting body). Insofern besteht eine Arbeitsteilung mit dem International Accounting Standards Board (IASB), dessen Normen (vor allem IFRS sowie die vom IFRIC herausgegebenen Interpretations of IAS) sich auf die externe Rechnungslegung beziehen. Weitergehende Informationen zur IFAC und zum IASB finden sich im Internet unter http://www.ifac.org und http://www.iasb.org.uk.[13]

Die enge Beziehung zwischen diesen beiden Organisationen spiegeln gegenseitige Verpflichtungserklärungen wider (mutual commitments). Denen zufolge sind die IFAC-Mitglieder automatisch Mitglieder des IASB; zudem erkennt die IFAC die Autonomie des IASB hinsichtlich der Verabschiedung von internationalen Rechnungslegungsnormen ausdrücklich an. Gleichwohl soll die Autonomie der beiden Organisationen gewahrt bleiben.

Der IFAC gehören derzeit 155 Organisationen aus 113 Ländern an, die über 2,5 Millionen accountants vertreten (Stand: 30.4.2003).

Das IDW hat sich die *Aufgabe* gesetzt, „die Fachgebiete des Wirtschaftsprüfers zu fördern und für die Interessen des Wirtschaftsprüfers einzutreten" (§ 2 Abs. 1 der Satzung des IDW). Insofern werden auch berufspolitische Aufgaben wahrgenommen.

Nach Abs. 2 obliegt es dem IDW insbesondere, sich für die fachliche Förderung des Prüfers und seines Nachwuchses einzusetzen sowie „für einheitliche Grundsätze der unabhängigen, eigenverantwortlichen und gewissenhaften Berufsausübung einzutreten und deren Einhaltung durch die Mitglieder sicherzustellen." In Erfüllung dieser Aufgaben entwickelt das IDW fachliche Regeln und Arbeitshilfen für die Prüfung und füllt die vom Gesetzgeber belassenen Freiräume mittels fachgerechter Interpretation des geschriebenen Rechts aus. Es gibt Empfehlungen zur Lösung offener Prüfungsfragen. Obwohl es nach § 57 Abs. 2 Nr. 10 WPO der WPK obliegt, die „berufliche Fortbildung der Mitglieder und Ausbildung des Berufsnachwuchses zu fördern", wird diese Aufgabe einvernehmlich vom IDW wahrgenommen.

Die für die Normensetzung bedeutsame *Facharbeit* des IDW vollzieht sich in Ausschüssen und Arbeitskreisen (§ 12 der Satzung des IDW):[3]

- Übergeordnet ist dabei der Hauptfachausschuss (HFA), dem als ständige Einrichtung die Beratung fachlicher Probleme grundlegender Art sowie die Erstellung von Prüfungsnormen obliegt.

- Die Fachausschüsse behandeln Fachfragen aus speziellen Tätigkeitsgebieten oder Wirtschaftszweigen.

    - Fachausschüsse mit branchenunabhängigem Bezug zur Abschlussprüfung sind der Fachausschuss für Informationstechnologie (FAIT)[4] sowie der Ausschuss für Aus- und Fortbildung (AAF).

    - Als weitere Ausschüsse sind z.B. der Bankenfachausschuss (BFA), der Versicherungsfachausschuss (VFA), der Krankenhausfachausschuss (KHFA) sowie der Fachausschuss Recht (FAR) zu nennen.

- Arbeitskreise werden vom Vorstand bei Bedarf eingerichtet. Zu unterscheiden ist zwischen permanenten und weiteren Arbeitskreisen.

    - Für die Abschlussprüfung besonders bedeutsam ist der permanente Arbeitskreis Konzernrechnungslegung.

    - Weitere Arbeitskreise mit branchenunabhängigem Bezug zur Abschlussprüfung sind: Continuous Auditing, Corporate-Governance-Kodex und Abschlussprüfung, Durchführung von Qualitätskontrollen, Externe Qualitätskontrollen, Fast Close, ISA Transformation, Mündliche Berichterstattung an den Aufsichtsrat, Prüfungsberichtsverordnung, Qualitätssicherung, Reform des WP-Examens sowie Stichprobenprüfung.

    - Weitere Arbeitskreise mit prüfungsbezogener Branchenfokussierung sind u.a.: Prüfung von Kapitalanlagegesellschaften sowie Rechnungslegung und Prüfung öffentlicher

Verwaltungen. Ein weiterer Arbeitskreis ohne prüfungsbezogene Branchenfokussierung aber mit Bezug zur Prüfung ist der Kreis Prospektprüfung.

Wesentliche *Publikationsmedien* des IDW sind die Zeitschriften „IDW-Fachnachrichten (FN-IDW)" und „Die Wirtschaftsprüfung (WPg)". Zentral sind auch das Wirtschaftsprüfer-Handbuch (WP-Handbuch) sowie die Tätigkeitsberichte des IDW. Hinzu kommen die Darstellungen im Internet.

5.2.2 Vereinigte Staaten

In den USA ist die nationale Börsenaufsichtsbehörde Securities and Exchange Commission (SEC)[5] befugt, Prüfungsnormen zu setzen. Gleichwohl hat die SEC das standard setting weitgehend an fachkundige Dritte delegiert, um deren spezialisiertes Wissen zu nutzen. Eine herausragende Stellung nimmt hier die Berufsorganisation der accountants[6], das *American Institute of Certified Public Accountants* (AICPA), ein.

Das AICPA ist die nationale Dachorganisation des US-amerikanischen Berufsstands der accountants. Die Mitgliedschaft ist freiwillig. Dem AICPA gehören 339.579 Certified Public Accountants (CPA) an (Erfassungszeitpunkt: 30.9.2002; Stand der Darstellung im Internet: 1.5.2003). Davon üben ca. 40% den Beruf aus (membership in public practice). Weitergehende Informationen finden sich im Internet unter http://www.aicpa.org.

Wichtiges *Organ* mit Leitungsbefugnis ist der Rat (council). Zwischen den Treffen des council werden die Aktivitäten durch den board of directors geleitet, welcher als ausführender Ausschuss (executive committee) des council agiert. Die Facharbeit kann an senior committees, boards und divisions delegiert werden (BL § 310 ff.).

Beispiele[7]

Besonders bedeutsam ist das permanent eingerichtete *Auditing Standards Board* (ASB), dem die Herausgabe von Prüfungsnormen obliegt. Das ASB gibt u.a. Statements on Auditing Standards (SAS) heraus. Die Inhalte der SAS finden sich in den Auditing-Normen (AU). Um dem Normenanwender die Orientierung zu erleichtern, verweisen die AU auf die SAS. Beispielsweise basiert AU § 312 auf SAS 47, 82 u. 96.

Das *Accounting and Review Services Committee* gibt Normen für compilations und reviews von Jahresabschlüssen heraus (vgl. Abschnitt 6.4.2). Diese werden als Statements on Standards for Accounting and Review Services (SSARS) bezeichnet. Auch hier erfolgen entsprechende Querverweise zwischen den SSARS und den Accounting and Review Services-Normen.

Dem *Joint Trial Board* obliegt die einheitliche Durchsetzung der berufsständischen Normen. Dazu kann der board disziplinarische Strafen verhängen.

Vertreten sind alle wichtigen Industrienationen, wie z.B. Australien, Deutschland, Frankreich, Großbritannien, Italien, Japan, Kanada und die USA, aber auch Entwicklungsländer sowie alle bedeutsamen Länder der aufstrebenden Volkswirtschaften Lateinamerikas, Asiens und Afrikas (emerging markets). Deutsche Vertreter sind das IDW und die WPK.

Die IFAC hat sich die *Aufgabe* gesetzt, den Berufsstand der accountants zu entwickeln und zu verbessern, um qualitativ hochwertige Dienstleistungen im öffentlichen Interesse anzubieten (Preface to ISA 2). Durch Kooperation mit ihren Mitgliedern, regionalen und anderen Organisationen initiiert, leitet und koordiniert die IFAC Anstrengungen, um international fachliche, berufsethische sowie auf die Ausbildung des Prüfers bezogene Verlautbarungen herauszugeben.

Um die Interessen ihrer Mitglieder zu fördern, arbeitet die IFAC mit weiteren Organisationen zusammen. Bedeutsam sind u.a. die Welthandelsorganisation (World Trade Organization), die Weltbank (World Bank) sowie die Vereinten Nationen (United Nations). Eine herausragende Stellung in der Zusammenarbeit besitzt indes die International Organization of Securities Commissions (IOSCO). Weitergehende Informationen zur IOSCO finden sich im Internet unter http://www.iosco.org.

Die IOSCO hat sich als weltweite Organisation der nationalen Börsenaufsichtsbehörden das Ziel gesetzt, die grenzüberschreitende Zusammenarbeit bei der Börsenzulassung und -aufsicht zu fördern. Ihr besonderes Interesse an den Aktivitäten der IFAC (und des IASB) besteht darin, durch die Anerkennung der durch die zuletzt genannten Organisationen herausgegebenen Standards einen einheitlichen Maßstab für die Börsenzulassung zu schaffen, um auf diese Weise grenzüberschreitende Kapitalmarkttransaktionen zu erleichtern. Gleichwohl kann die IOSCO die Anerkennung dieser Standards den nationalen Börsenaufsichtsbehörden nur empfehlen; eine Anerkennung durch die jeweiligen nationalen Börsenaufsichtsbehörden ist jedoch sehr wahrscheinlich. Am 17.5.2000 hat die IOSCO eine Empfehlung hinsichtlich der Anerkennung der seitens des IASB herausgegebenen Rechnungslegungsnormen ausgesprochen; mit einer Anerkennung der IFAC-Normen ist nicht vor Ende 2004 zu rechnen[14]. Die Anerkennung der IFAC-Normen durch die IOSCO ist zentrales strategisches Ziel der IFAC.

Nicht zuletzt vor dem Hintergrund der Anerkennung der IFAC-Normen durch die IOSCO hat die IFAC eine weitreichende Strukturreform vollzogen. Neben der Einbindung von Nicht-Prüfern in das standard setting sowie einer stärkeren Öffnung des standard setting für die Öffentlichkeit betrifft die Reform vor allem die Neugründung verschiedener Gremien.[15] Die folgenden Ausführungen beziehen sich auf die Struktur der IFAC nach Durchführung dieser Reform.

Zentrale *Organe* der IFAC sind der council und das board.[16] Der council setzt sich aus je einem Repräsentanten jeder Mitgliedsorganisation zusammen. Der council ist zuständig für Satzungsfragen und wählt das board. Das board bestimmt die Leitlinien der IFAC und überwacht die Tätigkeiten der IFAC, die Umsetzung von Arbeitsprogrammen sowie die Arbeit der Ausschüsse. Das board tagt mindestens zweimal im Jahr und setzt sich aus 17 Mitgliedern zusammen, die mindestens 16 Länder repräsentieren müssen.

Die Arbeit der IFAC vollzieht sich weiterhin in verschiedenen Gremien (committees, boards, forums, task forces). Diese Gremien lassen sich dahingehend systematisieren, ob diese primär Aktivitäten verfolgen, die der *Herstellung und Wahrung der Funktionstüchtigkeit des organisatorischen Rahmens der IFAC* dienen, oder ob in erster Linie die eigentliche Facharbeit im Vordergrund steht.

Der zuerst genannten Gruppe lassen sich die nachstehend genannten ständig eingerichteten Gremien zurechnen.

- Das Forum of Firms (FoF) ist als Arbeits- und Interessengemeinschaft weltweit agierender Wirtschaftsprüferpraxen konzipiert, die Prüfungen von Jahresabschlüssen durchführen, welche außerhalb des Rechtsraumes des Mandanten z.B. für bedeutsame Kreditvergabe- und Investitionsentscheidungen verwendet werden (sog. transnational audits).[17] Über das FoF sollen diese Praxen i.S. eines selfregulatory regimes zusammengebracht und an der Arbeit der IFAC beteiligt werden.

  Die Mitgliedschaft ist offen für Praxen, die

  - transnational audits durchführen oder an der Übernahme derartiger Prüfungen interessiert sind,
  - sich dazu verpflichten, den FoF-Qualitätsstandard einzuhalten, und
  - sich dazu verpflichten, ihre Prüfungstätigkeiten regelmäßig einer internationalen externen Qualitätskontrolle (International Quality Assurance Review) zu unterwerfen.[18]

  Der zuvor angesprochene FoF-Qualitätsstandard formuliert die folgenden Anforderungen:

  - Die Praxis muss über einen Prüfungsansatz verfügen, der die Einhaltung der internationalen fachtechnischen Prüfungsnormen sicherstellt; zusätzlich sind ggf. die relevanten nationalen Prüfungsnormen beachtenswert.
  - Als Mindestanforderung sind die internationalen sowie ggf. einschlägige nationale ethische Prüfungsnormen zu beachten.
  - Weiterbildungsprogramme müssen Partner und Mitarbeiter über internationale Entwicklungen in den Bereichen Rechnungslegung und Prüfung informieren.
  - Die Einhaltung des Prüfungsansatzes ist über angemessene Qualitätskontrollstandards und die Durchführung regelmäßiger interner Qualitätskontrollen sicherzustellen.[19]

- Das Transnational Auditors Committee (TAC) ist als ständiger Ausschuss der IFAC der ausführende Arm des FoF. Dabei obliegt es dem TAC, alle für die Zielsetzung des FoF relevanten Schritte zu unternehmen und insbesondere die Qualitätskontrollmaßnahmen durchzuführen.[20] Die zuletzt angesprochenen Maßnahmen sollen sicherstellen, dass der

Qualitätsstandard auch tatsächlich von den Mitgliedern des FoF angewendet wird. Die prüferische Durchsicht (FoF Quality Assurance Review) findet auf einer firm on firm-Basis statt, wobei sich das Mitglied den Prüfer selbst auswählen kann. Dabei lassen sich drei review-Stufen unterscheiden. Die erste Stufe ist freiwillig und die beiden folgenden Stufen sind obligatorisch. Das Vorgehen gestaltet sich im Einzelnen wie folgt:[21]

- Der benchmark review unterbreitet im Hinblick auf die in der Praxis vorhandenen Qualitätsstandards Empfehlungen und Verbesserungsvorschläge.

- Der design review ist darauf ausgerichtet, festzustellen, ob die Ausgestaltung (design) der in den Praxen vorhandenen Grundsätze und Verfahren (Soll-Qualitätsstandard in der Praxis) den Anforderungen des FoF-Qualitätsstandards entspricht.

- Der compliance review umfasst zum einen den Inhalt des design reviews. Zusätzlich ist festzustellen, ob die tatsächlich vorhandenen Grundsätze und Verfahren (Ist-Qualitätsstandard in der Praxis) dem Soll-Qualitätsstandard in der Praxis in allen wesentlichen Punkten entsprechen. Wesensmerkmal dieser Stufe ist die Verwendung der Ergebnisse des nationalen Prozesses der Qualitässicherung gem. IPPS 1 (vgl. Abschnitt 6.1.2.2); entspricht der nationale Prozess nicht den Anforderungen des IPPS 1, so bedarf es im Rahmen des compliance reviews zusätzlicher Prüfungshandlungen.

Das TAC gibt Praxishinweise (TAC Practice Alerts) heraus, welche die Mitglieder des FoF bei der Anwendung des FoF-Qualitätsstandards und der Durchführung internationaler externer Qualitätskontrollen unterstützen sollen.

- Aufgabe des Public Oversight Board (POB) ist es, die in Bezug zum öffentlichen Interesse stehenden Aktivitäten der IFAC und des FoF zu überwachen.[22] Überwacht wird vor allem, ob das standard setting Ergebnisse hervorbringt, welche den Interessen der Abschlussadressaten entsprechen und ob die Mitgliedsorganisationen ihren aus der Mitgliedschaft in der IFAC und im FoF resultierenden Verpflichtungen nachkommen.

- Dem Compliance Committee obliegt es, zu überprüfen, ob die nationalen Berufsorganisationen ihrer Verpflichtung zur Umsetzung der IFAC-Normen in nationale Normenäquivalente (vgl. Abschnitt 6.3.2) nachkommen.

Für die *prüfungsbezogene Facharbeit* der IFAC besonders bedeutsam sind die folgenden ständigen Ausschüsse:

- Das International Auditing and Assurance Standards Board (IAASB) hat als bedeutendster Ausschuss die Aufgabe, Normen für die Durchführung von Prüfungsdienstleistungen sowie für verwandte Dienstleistungen (related services) herauszugeben (zu den Normen vgl. Abschnitt 6.4.2 und Kapitel III, Abschnitt 2.3.2). Von den 18 Mitgliedern des IAASB sind 15 Prüfer und erstmals drei Nicht-Prüfer (jeweils ein akademisches Mitglied, ein Jahresabschlussverwender und ein Vertreter des Public Sector Committee).

- Das Ethics Committee ist damit befasst, berufsethische und verwandte Fragestellungen zu diskutieren, maßgebliche Leitsätze zu entwickeln und zu empfehlen sowie deren weltweite Akzeptanz zu fördern (zu den Normen vgl. Abschnitt 6.5.2.2).

- Dem Education Committee obliegt es, Standards, Leitsätze und Diskussionspapiere und andere Informationsdokumente zu erarbeiten sowie Forschungsarbeiten durchzuführen. Ziel ist es, das Ausbildungs- und Trainingsniveau der Mitglieder des Berufsstands zu erhalten und zu fördern (zu den Normen vgl. Abschnitt 6.5.2.3). Ein Schwerpunkt liegt in der Angleichung des Ausbildungsniveaus in den Entwicklungs- und Industrieländern.

- Das Public Sector Committee (PSC) konzentriert seine Arbeit auf die Rechnungslegung, die Prüfung und die finanzielle Berichterstattung von öffentlichen Verwaltungen. Ähnlich wie das IASB verfolgt das PSC das Ziel, ein Basisregelwerk von Rechnungslegungsnormen für öffentliche Verwaltungen herauszugeben. Entwickelt werden neben International Public Sector Guidelines (IPSG) vor allem International Public Sector Accounting Standards (IPSAS), die wiederum auf den internationalen Rechnungslegungsnormen des IASB basieren. Insgesamt sollen 22 IPSAS entwickelt werden; derzeit liegen 20 IPSAS vor (Stand: 30.4.2003).[23]

Als ständige Ausschüsse *ohne direkten Prüfungsbezug* sind zu nennen:

- Die Aktivitäten des Financial and Management Accounting Committee (FMAC) zielen darauf ab, die Mitgliedsorganisationen der IFAC bei der Entwicklung der Teilbereiche der berufsständischen Arbeit zu fördern und zu unterstützen, welche die interne und externe Rechnungslegung betreffen. Das FMAC gibt vor allem Verlautbarungen in Form von International Management Accounting Practice Statements (IMAPS) sowie Studien heraus.

- Das Information Technologie Committee (IT-Committee) hat u.a. eine Reihe von Richtlinien in Form von Information Technology Guidelines (ITG) herausgegeben. Die primär an Führungskräfte im Unternehmen gerichteten ITG besitzen unverändert ihre Gültigkeit; zuletzt wurde im April 2002 die ITG 6 herausgegeben, welche sich mit dem IT-Monitoring beschäftigt. Das IT-Committee ist im November 2001 zurückgetreten.[24]

Des Weiteren werden vom Rat als wichtig erachtete Themen in aufgabenbezogenen Sondereinheiten (task forces) behandelt. Als solche sind die auf die Wiederherstellung öffentlichen Vertrauens in die Glaubwürdigkeit von Jahresabschlüssen gerichteten Aktivitäten der Task Force on Rebuilding Public Confidence in Financial Reporting, die Anti-Money Laundering Task Force, welche sich mit Fragestellungen der Geldwäsche beschäftigt, sowie die Aktivitäten der Small and Medium Enterprise Task Force zu nennen.

Abb. I.5-2 gibt einen zusammenfassenden Überblick über die Organisation der IFAC nach der Strukturreform.

5 Berufsständische Organisationen

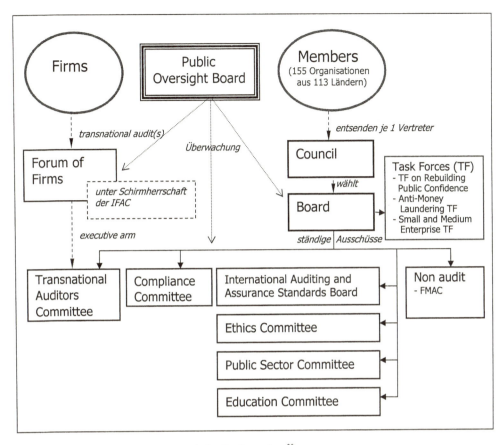

Abb. I.5-2: Organisation der IFAC nach der Strukturreform[25]

Wesentliche *Publikationsmedien* sind das jährlich erscheinende IFAC-Handbook, das quartalsweise herausgegebene Informationsmedium „IFAC Quarterly" (bis 1995 unter dem Titel IFAC Newsletter) sowie die fallweise erscheinenden „IFAC News & Views". Weiterhin wird ein Jahresbericht (annual report) publiziert. Als Forum für den Informationsaustausch in Ausbildungs- und Trainingsfragen erscheint quartalsweise das Education Network. Das PSC gibt das Informationsmedium „UPDATE Public Sector Committee" heraus.

Hinzu kommen die Darstellungen im Internet; hierzu zählen auch Informationen zu den Treffen des IAASB, wie z.B. die Tagesordnung, Hintergrundinformationen sowie eine Zusammenfassung zentraler Ergebnisse. Zudem werden aktuelle Informationen automatisch über E-Mail zugesandt, wenn man sich bei der IFAC über die Internetadresse eNews@pop.ifac.org für einen newsletter registrieren lässt.

Für die Arbeit der IFAC ist weiterhin die *Consultative Advisory Group* des IAASB bedeutsam. Diese Gruppe bietet den stakeholdern der IFAC die Möglichkeit, sich an der Entwicklung internationaler Prüfungsnormen zu beteiligen. In der Consultative Advisory Group des IAASB sind u.a. das Baseler Committee on Banking Supervision, die EU-Kommission, die FEE, das Institute of Internal Auditors, die IOSCO und die Weltbank vertreten.

5.3.3 Ausschuss für internationale Zusammenarbeit

Die supranationalen Institutionen entfalten wiederum über den Ausschuss für internationale Zusammenarbeit (AFIZ) eine nationale Dimension. Die prüfungsbezogene Aufgabe des AFIZ besteht darin, die Aktivitäten der deutschen Delegierten in der FEE, der IFAC und im IASB zu beraten und zu koordinieren, um einen einheitlichen Standpunkt in diesen Institutionen zu vertreten. AFIZ-Vertreter sind der Präsident der WPK, der Vorstandsvorsitzende des IDW, der Vorsitzende des HFA sowie alle in den zuvor genannten internationalen Gremien tätigen deutschen Vertreter.

5.3.4 International Forum on Accountancy Development

Im Juni 1999 hat sich das International Forum on Accountancy Development (IFAD) mit dem Ziel konstituiert, weltweit für eine verbesserte Finanzberichterstattung und mehr Transparenz auf den Kapitalmärkten zu sorgen. Mitglieder dieses Forums sind u.a. Vertreter des Baseler Committee of Banking Supervision, des IASB, der IFAC, der FEE, der Weltbank, der IOSCO sowie der Big-Four Wirtschaftsprüfungsgesellschaften. Weitergehende Informationen finden sich unter http://www.ifad.net.

Vor diesem Hintergrund soll ein eingesetzter Lenkungsausschuss (International Steering Committee) Vorgaben für die fünf Kernbereiche einer qualitativ hochwertigen und verlässlichen Unternehmensberichterstattung (Rechnungslegungsnormen, Unternehmensüberwachung, Prüfung, Ausbildung und regulatorisches Umfeld) entwickeln und die Umsetzung der Vorgaben auf nationaler Ebene überwachen.[26] Nach Auffassung des IFAD bilden die IFRS die Benchmark oder den Mindeststandard für die Rechnungslegung; gleichzeitig sind für Prüfungszwecke die IFAC-Normen weltweit einheitlich anzuwenden.[27]

Anmerkungen

*) Dieser Abschnitt wurde unter Federführung von Herrn Prof. Dr. K. Ruhnke erstellt.

1 Zu einer ökonomischen Begründung für die Existenz des Berufsstands vgl. Abschnitt 2 sowie zu den Prüfungsnormen vgl. Abschnitt 6.

2 Vgl. stellvertr. *Buchner* (1997), S. 86 ff.; *IDW* (2000), B 1 ff.; *Ruhnke* (2000), S. 32 ff., u. *WPK* (2002). Zum Bundesverband der vereidigten Buchprüfer e.V. vgl. *Buchner* (1997), S. 97 ff.

3 Siehe hierzu die Darstellungen unter http://www.idw.de (Stand: 1.1.2003).

4 Seit 1997 ersetzt der FAIT den Fachausschuss für moderne Abrechnungssysteme (FAMA); der FAIT ist auch mit der Herausgabe von Standards (vgl. IDW RS FAIT 1 und IDW ERS FAIT 2) befasst.

5 Vgl. http://www.sec.gov sowie *Arens/Elder/Beasley* (2003), S. 30 ff.

6 Zu einer Begriffsabgrenzung siehe die Abschnitte 1.1 und 6.5.2.2.

7 Zu den einzelnen US-amerikanischen Prüfungsnormen siehe *AICPA* (2002a) u. *AICPA* (2002b).

8 Siehe auch das mission statement in BL § 911.01.

9 Vgl. ferner *Ruhnke* (2000), S. 79 ff. Zu den Aktivitäten auf EU-Ebene siehe auch Abschnitt 6.3.1.

10 Die Studien stehen zumeist kostenlos zum download unter http://www.fee.be bereit. Neben den angegebenen Studien sind für die Abschlussprüfung auch weitere Studien relevant; zu nennen ist z.B. der Bereich Regulierung des Berufsstands.

11 *Darbyshire* (1998), S. 473.

12 Vgl. *FEE* (2001), Tz. 1.1 u. Tz. 2.5.

13 Vgl. auch *IFAC* (2003) und *IASB* (2002).

14 Vgl. *Mertin* (2003), S. 5.

15 Angesprochen sind die folgenden Gremien: FoF, TAC, POB und Compliance Committee; diese Gremien werden im laufenden Text näher beschrieben.

16 Vgl. hierzu IFAC, Constitution.7 ff. Die Satzung der IFAC i.d.F. Mai 2000 steht im Internet unter http://www.iasb.org zum download bereit.

17 Vgl. FoF, Constitution.definitions. Die Satzung des FoF i.d.F. März 2002 steht im Internet unter http://www.ifac.org zum download bereit.

18 Vgl. FoF, Constitution.6.

19 Vgl. FoF, Constitution.6 b).

20 Vgl. FoF, Constitution.44.

21 Vgl. FoF, Proposed Framework für FoF Quality Assurance Reviews (August 2002).

22 Vgl. PoB, Charter.21, Draft 10. Das zuvor angegebene Dokument i.d.F. vom August 2001 steht im Internet unter http://www.ifac.org/about/new_constitution_nov_2001.pdf (Stand: 30.4.2002) zum download bereit.

23 Zur Bilanzierung und Bewertung von Sachanlagevermögen nach den IPSAS vgl. *Vogelpoth/Dörschell/Viehweger* (2002), S. 1360 ff.
24 So die Auskunft der IFAC (Maria Hermann) vom 2.12.2002.
25 Vgl. *Ruhnke* (2002a), S. 4.
26 Vgl. *IDW* (2001), S. 30.
27 Vgl. *IFAD* (1999). Siehe hierzu auch *Mertin/Schmidt* (2001), S. 331 f.

Literaturhinweise

AICPA (2002a): AICPA professional standards, Vol. 1, U.S. auditing standards, attestation standards, as of June 1, 2002, New York.

AICPA (2002b): AICPA professional standards, Vol. 2, accounting & review services, code of professional conduct, bylaws, international accounting, international auditing, consulting services, quality control, peer review, tax practice, personal financial planning, continuing professional education, as of June 1, 2002, New York.

Arens, A.A./Elder, R.J./Beasley, M.S. (2003): Auditing and Assurance Services, 3. Aufl., Upper Saddle River.

Buchner, R. (1997): Wirtschaftliches Prüfungswesen, 2. Aufl., München.

Darbyshire, D. (1998): Role, position and liability of the statutory auditor in the European Union, in: IDW (Hrsg.): Bericht über die Fachtagung 1997 des Instituts der Wirtschaftsprüfer in Deutschland e.V., 1. und 2. Oktober 1997 in Hannover, Weltweite Rechnungslegung und Prüfung – Risiken, Chancen und Konsequenzen einer unaufhaltsamen Entwicklung –, Düsseldorf, S. 471-476.

FEE (2001): Proposal on International Standards on Auditing in the EU, November, Brüssel.

IASB (2002): International Accounting Standards 2002, London.

IDW (2000): Wirtschaftsprüfer-Handbuch 2000, Handbuch für Rechnungslegung, Prüfung und Beratung, Band I, 12. Aufl., Düsseldorf.

IDW (2001): Das IDW 2000/2001, Tätigkeitsbericht, Düsseldorf.

IFAC (2003): 2003 Handbook of International Auditing, Assurance and Ethics Pronouncements, Februar, New York.

IFAD (1999): The IFAD Vision, URL: http://www.ifad.net/content/ie/ie_f_aboutifad_frameset.htm, Rubrik: Vision (Stand: 11.7.2003).

Mertin, D./Schmidt, S. (2001): Internationale Harmonisierung der Anforderungen an die Abschlussprüfung auf der Grundlage der Verlautbarungen der IFAC, in: Die Wirtschaftsprüfung, S. 317-334.

Mertin, D. (2003): Zur Fortentwicklung der International Standards on Auditing and Assurance, in: Die Wirtschaftsprüfung, S. 1-9.

Ruhnke, K. (2000): Normierung der Abschlußprüfung, Stuttgart.

Ruhnke, K. (2002a): Internationale Einflüsse auf die deutsche Prüfungspraxis, Materialien zum Vortrag vor dem Verein zur Förderung des Bilanz- und Steuerrechts sowie der Wirtschaftsprüfung am 23.4.2002, Berlin.

Ruhnke, K. (2002b): Internationale Einflüsse auf die deutsche Prüfungspraxis, in: Zeitschrift für kapitalmarktorientierte Rechnungslegung, S. 155-165.

Vogelpoth, N./Dörschell, A./Viehweger, C. (2002): Die Bilanzierung und Bewertung von Sachanlagevermögen nach den International Public Sector Accounting Standards, in: Die Wirtschaftsprüfung, S. 1360-1371.

WPK (2002): Die Wirtschaftsprüferkammer, Düsseldorf.

Kontrollfragen

1. Geben Sie einen systematischen Überblick über die wichtigsten berufsständischen Organisationen und skizzieren Sie deren Aufgaben.

2. Welche strukturellen Maßnahmen hat die IFAC ergriffen, um eine Anerkennung der von ihr herausgegebenen Normen durch die IOSCO zu fördern?

3. In welchen Organisationen ist der deutsche Berufsstand der Wirtschaftsprüfer vertreten?

6 Prüfungsnormen[*)]

6.1 Begriffsabgrenzungen und Normenfunktionen

Unter einer *Norm* ist im allgemeinen Sprachgebrauch eine Regel, ein Gesetz, eine Vorschrift, ein Prinzip, ein Maßstab, ein Befehl, eine Bitte, eine Erlaubnis oder eine Ermächtigung zu verstehen. Normen beinhalten den Anspruch, einen Grund für menschliches Handeln darzustellen, d.h. Handlungen zu steuern.[1] Normen drücken nicht das aus, was ist, sondern was sein soll und beinhalten insofern eine Wertung.

Demzufolge ist eine *Prüfungsnorm* als Regel definiert, die den Anspruch erhebt, das Verhalten des Prüfers zu steuern.[2] Die Gesamtheit der Prüfungsnormen lässt sich als Prüfungsordnung definieren.[3] Wird gleichzeitig der Nachweis des Systemcharakters[4] der vorhandenen Normenordnung geführt oder werden diesbezügliche Versuche unternommen, findet der Terminus Normensystem Verwendung.

Prüfungsnormen erfüllen verschiedene *Funktionen*:

- Normen können ihren Anspruch auf Steuerung nur erfüllen, wenn sie verhaltenswirksam sind. Richten sich die Normen an den Prüfer, indem sie bestimmte Handlungen vorschreiben oder verbieten, erfüllen sie eine *präskriptive Funktion*. Die Handlungswirksamkeit von Normen wird positiv beeinflusst, wenn diese widerspruchsfrei, vollständig und operational sind sowie den gesetzten Prüfungszielen entsprechen. Darüber hinaus beeinflussen die Sanktionen, die einem Prüfer bei einem Normenverstoß drohen, die Wirksamkeit von Normen (Durchsetzungsnormen; vgl. Abschnitte 6.5.1 und 6.5.2.5).

- Des Weiteren erfüllen Prüfungsnormen eine *deskriptive Funktion*, indem sie über Art und Umfang der durchgeführten Prüfung informieren und den Empfänger des Prüfungsurteils (im Fall der Jahresabschlussprüfung sind die Abschlussadressaten angesprochen) dabei unterstützen, das Prüfungsergebnis in Form des Bestätigungsvermerks sachgerecht zu interpretieren.

- Erfüllen Normen die zuvor genannten Funktionen, tragen sie gleichzeitig dazu bei, dass die geprüften Abschlussinformationen hinsichtlich ihrer Glaubwürdigkeit vergleichbar sind (*Standardisierungsfunktion*).

- Eng mit der deskriptiven Funktion verknüpft ist die auf den Mandanten bezogene *prophylaktische Funktion*: Indem die Überwachten durch die Prüfungsnormen Kenntnis über die Prüfung erlangen, lassen sich durch die normeninduzierte Abschreckung Fehler in der Rechnungslegung des Mandanten teilweise von vornherein vermeiden. Weiterhin ist zu erwarten, dass Durchsetzungsnormen (vgl. Abschnitt 6.5.2.5 sowie Abschnitt 8) eine auf den Prüfer bezogene prophylaktische Wirkung entfalten.

- Des Weiteren stärken Prüfungsnormen in Konfliktfällen die Stellung des Prüfers gegenüber dem Mandanten. Hier entfalten die Normen eine *Schutzfunktion*, da es dem Mandanten schwer fallen dürfte, seine Vorstellungen gegenüber dem Prüfer durchzusetzen, sofern dem konkrete und verbindliche Normen entgegenstehen.

6.2 Beziehungsgeflecht zwischen Prüfungs- und Rechnungslegungsnormen

Eine Abschlussprüfung erfordert definitionsgemäß eine Beurteilung des Prüfungsobjektes auf seine Konformität mit den angewandten Rechnungslegungsnormen. Folglich setzt jede prüferische Aktivität ein gewisses Mindestmaß an Normierung voraus. Die Normierung betrifft demnach nicht nur die Prüfungs-, sondern auch die Rechnungslegungsnormen. Das dabei bestehende Beziehungsgeflecht wird nachstehend näher beleuchtet.

Rechnungslegungsnormen geben vor, wie die ökonomische Realität im Jahresabschluss abzubilden ist (Soll-Objekt der Prüfung). Als Rechnungslegungsnormen kommen nationale[5] oder internationale Normen in Betracht (IDW PS 201.5; ISA 120.3). Internationale Normen sind die seitens des IASB herausgegebenen International Accounting Standards (IAS), die künftig als International Financial Reporting Standards (IFRS) bezeichnet werden.[6]

Zunächst einmal obliegt es grundsätzlich der Unternehmensleitung, einen (vorläufigen) Abschluss zu erstellen (IDW PS 200.30; ISA 200.12 i.V.m. IAS 1.6). Dieser Abschluss enthält Angaben der Unternehmensleitung zur Abbildung der ökonomischen Realität im Jahresabschluss. Diese *Abschlussaussagen* (financial statement assertions) stellen Behauptungen des Unternehmens dar; synonym findet auch der Begriff Aussagen in der Rechnungslegung Verwendung (IDW PS 300.7). Die Unternehmensleitung behauptet darin, dass die Abbildung der Realität im Jahresabschluss den Erfordernissen der angegebenen Rechnungslegungsnormen entspricht.

IDW PS 300.7 und ISA 500.13 kategorisieren die Abschlussaussagen wie folgt:

- *Vorhandensein* (existence): Ein Vermögenswert oder eine Schuld ist zu einem bestimmten Zeitpunkt vorhanden. Die gebuchten Geschäftsvorfälle wurden in der entsprechenden Periode tatsächlich abgewickelt.

- *Eintritt* (occurance): Ein Geschäftsvorfall oder ein Ereignis ist in dem zu prüfenden Geschäftsjahr eingetreten.

- *Vollständigkeit* (completeness): Es gibt keine nicht ausgewiesenen Vermögenswerte, Schulden, Geschäftsvorfälle, Ereignisse oder andere nicht offengelegte Posten.

- *Zuordnung* (rights and obligations): Ein Vermögenswert oder eine Schuld ist auf Grund rechtlicher oder wirtschaftlicher Tatbestände dem Unternehmen zuzuordnen. Angesprochen sind die Anforderungen, die das jeweils angewandte System von Rechnungslegungsnormen an die rechtlichen und wirtschaftlichen Tatbestände stellt. Eine unterschiedliche Zuordnung nach deutschen und internationalen Normen kann sich dabei u.a. bei sale and lease back-Geschäften ergeben.

Beispiel

Sale and lease back-Geschäfte umfassen den Verkauf eines Gegenstands und das Zurückleasen desselben durch den Verkäufer (Leasingnehmer). Solche Geschäfte sind der *internationalen Rechnungslegungsnorm* IAS 17 zufolge nach ihrem wirtschaftlichen Gehalt zu beurteilen; bei wirtschaftlicher Betrachtungsweise hat gar kein Verkauf stattgefunden, sondern der Leasinggeber (Käufer) gibt dem Leasingnehmer einen Kredit, der durch den Leasinggegenstand abgesichert ist. Ist der Leasingvertrag als financial leasing zu qualifizieren, so ist der Leasinggegenstand *dem Leasingnehmer zuzuordnen*; der Leasingnehmer hat einen ggf. entstehenden Gewinn aus der Veräußerung des Leasinggegenstands an den Leasinggeber über die Vertragslaufzeit erfolgswirksam zu vereinnahmen (IAS 17.50). Dagegen folgen die *deutschen Rechnungslegungsnormen* den Leasingerlassen der Finanzverwaltung; hier wird das Leasinggeschäft regelmäßig so ausgestaltet, dass der Leasinggegenstand *dem Leasinggeber zuzuordnen* ist (i.d.R. keine Zuordnung des Leasinggegenstands nach der wirtschaftlichen Betrachtungsweise); der Leasingnehmer kann einen ggf. entstehenden Gewinn sofort in voller Höhe vereinnahmen.

- *Bewertung* (valuation): Ein Vermögenswert oder eine Schuld ist mit einem Wert angesetzt, der nach den Rechnungslegungsnormen zulässig ist. Beispielsweise ist nach § 255 Abs. 2 u. 3 HGB bei der Ermittlung der Herstellungskosten ein Teilkostenansatz zulässig, während nach IAS 2 u. 16 die produktionsbezogenen Vollkosten anzusetzen sind.

- *Erfassung und Abgrenzung* (measurement): Geschäftsvorfälle oder Ereignisse wurden betragsmäßig richtig erfasst. Ein- und Auszahlungen wurden zeitlich zutreffend (i.S. der gewählten Definition von Aufwendungen und Erträgen bzw. income und expenses) abgegrenzt.

- *Darstellung und Offenlegung* (presentation and disclosure): Die Offenlegung, der Ausweis und die Beschreibung eines Postens genügt den Anforderungen der angewandten Rechnungslegungsnormen.

Das Konzept der Abschlussaussagen wurde auf internationaler Ebene im Zuge einer verstärkten Ausrichtung der Prüfungsnormen in Richtung einer geschäftsrisikoorientierten Prüfung (vgl. Abschnitt 3.3.1) *modifiziert*. ED ISA 210.7 (audit evidence) verwendet nun den Begriff Aussagen (assertions). Es wird davon ausgegangen, dass der Prüfer Aussagen verwendet, um das Risiko *verschiedener Arten* von Falschdarstellungen einzuschätzen. Um ein solches Vorgehen zu ermöglichen, teilt das ED die Aussagen in drei Kategorien ein und ordnet diesen wiederum kategoriespezifische Aussagen zu.

- *Aussagen über eine Klasse von Geschäftsvorfällen und Ereignissen* (assertions about classes of transactions and events for the period under audit): In diese Kategorie fallen die auf eine Klasse von Geschäftsvorfällen und Ereignissen bezogenen Aussagen Eintritt, Vollständigkeit, Richtigkeit (ähnlich dem Teilaspekt „Erfassung" der Abschlussaussage „measurement" i.S. von ISA 500.14), Periodenabgrenzung (ähnlich dem Teilaspekt „Abgrenzung" der Abschlussaussage „measurement" i.S. von ISA 500.14) und Zuordnung (von Geschäftsvorfällen und Ereignissen zu den richtigen Konten).

- *Aussagen über Abschlusssalden* (assertions about account balances at the period end): In diese Kategorie fallen die auf die Abschlusssalden bezogenen Aussagen Vorhandensein, Zuordnung, Vollständigkeit und Bewertung.

- *Aussagen über die Darstellung und Offenlegung* (assertions about presentation and disclosure): In diese Kategorie fallen die auf die Darstellung und Offenlegung bezogenen Aussagen Eintritt und Vorhandensein, Vollständigkeit, Transparenz sowie Genauigkeit und Bewertung.

Die Abschlussaussagen (bzw. Aussagen nach ED ISA 210.7) sind sowohl im Kontext einer tätigkeitskreisorientierten (vgl. Kapitel II, Abschnitt 3.3.2) als auch einer abschlusspostenorientierten (vgl. Kapitel II, Abschnitt 3.3.3) Prüfung bedeutsam.

Die Abbildung im Jahresabschluss kann zufällige Fehler und/oder bewusst falsche Darstellungen beinhalten (vgl. Kapitel II, Abschnitt 4). Um das Risiko wesentlicher Falschdarstellungen zu reduzieren, ist der vorläufige Abschluss (Ist-Objekt) im Hinblick auf seine Konformität mit den Rechnungslegungsnormen zu prüfen. Die durch die Rechnungslegungsnormen *determinierten Aussagenkategorien des abschlusserstellenden Unternehmens* bilden somit *die Prüfkategorien des Abschlussprüfers*.[7]

Im einfachsten Fall ermittelt der Prüfer z.B. in Bezug auf die Abschlussposition Vorräte zur Abschlussaussage Bewertung einen Wertansatz (Soll-Objekt), der den angewandten Rechnungslegungsnormen entspricht. Bestehen Wahlrechte bei der Konstruktion des Soll-Objektes, so ist das Soll-Objekt innerhalb einer Bandbreite festzulegen (z.B. Ermittlung der Herstellungskosten zu Teil- oder zu Vollkosten nach Maßgabe des § 255 Abs. 2 u. 3 HGB); dasselbe gilt im Falle der Existenz von Ermessensspielräumen (z.B. bei der Konstruktion der Soll-Vorstellungen hinsichtlich der Abschlussaussage Bewertung bei der Abschlussposition Rückstellungen). Weicht dieser Wertansatz wesentlich von der vorläufigen Darstellung des Unternehmens (Ist-Objekt) ab, ist der vorläufige Abschluss entsprechend zu korrigieren und/oder der Prüfer muss erwägen, ob und inwieweit über die festgestellten Abweichungen zu berichten ist. Im Rahmen der externen Berichterstattung ist vor allem zu prüfen, ob und inwieweit der Bestätigungsvermerk einzuschränken oder zu versagen ist.

Die Prüfung selbst muss wiederum bestimmten Anforderungen genügen. Dabei legen die *Prüfungsnormen* die Maßstäbe hinsichtlich Art und Umfang der Prüfung nebst der zu gewährenden Prüfungssicherheit fest.

Abb. I.6-1 verdeutlicht das Beziehungsgeflecht zwischen Prüfungs- und Rechnungslegungsnormen.

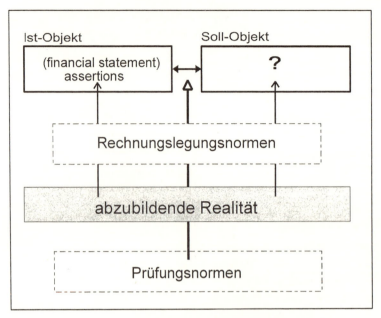

Abb. I.6-1: Beziehungsgeflecht zwischen Rechnungslegungs- und Prüfungsnormen[8]

6.3 Prüfungsordnung

6.3.1 Quellen und Kategorien

Prüfungsnormen lassen sich zum einen nach der Quelle ihrer Herausgabe systematisieren. Als Quelle kommen vorzugsweise der Gesetzgeber sowie berufsständische Organisationen in Betracht. Die Normenquelle bestimmt wiederum, welche Bindungswirkung eine Norm aus dem Status ihrer Quelle heraus maximal entfalten kann. Die seitens der einzelnen Normenquellen herausgegebenen Normen lassen sich wiederum einem Normenwerk oder mehreren Werken zuordnen. Normenwerke sind dadurch gekennzeichnet, dass verschiedene Einzelnormen unter einer bestimmten Bezeichnung firmieren; z.B. sind der Normenquelle Gesetzgeber die Werke HGB und WPO zuzurechnen.

Zum anderen ist eine Systematisierung entlang der Dimensionen gesetzliche, berufsständische, betriebliche und sonstige Normen möglich. In diesem Fall werden teilweise Normen verschiedener Quellen einer Dimension zugeordnet; dies gilt vor allem im Bereich der berufsständischen Normen.

Abb. I.6-2 nimmt die Perspektive eines in Deutschland agierenden Abschlussprüfers ein und gibt einen Überblick über zentrale Normenquellen und -kategorien.[9]

6 Prüfungsnormen

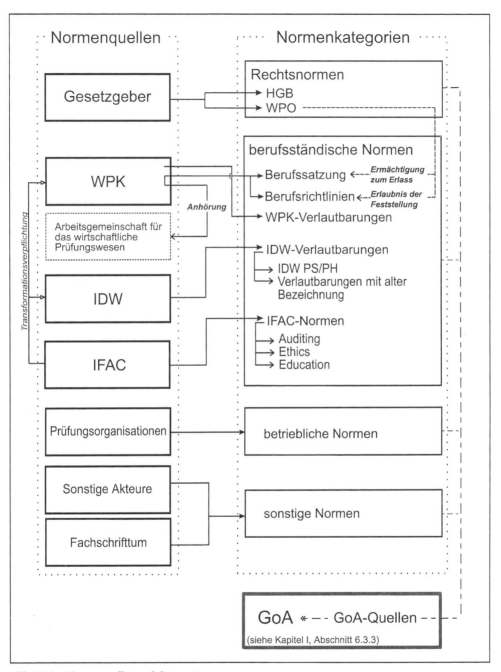

Abb. I.6-2: Normenquellen und -kategorien

Auf die Abschlussprüfung bezogene Normenquellen finden sich zunächst einmal in den *gesetzlichen Normen*. Zu nennen sind hier das Handelsgesetzbuch (HGB) und das Gesetz über eine Berufsordnung der Wirtschaftsprüfer (sog. Wirtschaftsprüferordnung, WPO).[10] Besonders bedeutsam sind zum einen die §§ 316-324 u. 332 f. HGB. Weiterhin regelt der Dritte Teil der WPO (§§ 43-56) Rechte und Pflichten des Wirtschaftsprüfers. Die beiden genannten Rechtsquellen beleuchten die Prüfung lediglich punktuell und sind zudem wenig konkret. Vielmehr stellt der Gesetzgeber es zumeist in das pflichtgemäße Ermessen des Abschlussprüfers, welche Prüfungshandlungen konkret vorzunehmen sind. Dies verdeutlicht z.B. § 320 Abs. 2 Satz 1 HGB: „Der Abschlussprüfer kann von den gesetzlichen Vertretern alle Aufklärungen und Nachweise verlangen, die für eine sorgfältige Prüfung notwendig sind."

Einen engen Bezug zu den gesetzlichen Normen weisen die von der Kommission der Europäischen Union (*EU-Kommission*) herausgegebenen Richtlinien und andere offizielle Verlautbarungen (z.B. in Gestalt von Empfehlungen und Mitteilungen) auf.[11]

- Die dem Zwecke der Harmonisierung des Gesellschaftsrechts dienenden *EU-Richtlinien* binden den Normenanwender jedoch nicht unmittelbar. Vielmehr trifft die Mitgliedstaaten eine Verpflichtung, die *Ziele* der Richtlinien in nationales Recht umzusetzen.[12] Bedeutsam für die Prüfung ist die 1985 in deutsches Recht transformierte 8. Richtlinie (Prüferrichtlinie), welche die Voraussetzungen für die Zulassung der mit der Pflichtprüfung beauftragten Personen betrifft. Weiterhin regelt die Hochschuldiplomrichtlinie die wechselseitige Anerkennung entsprechender Berufsqualifikationen (vgl. Abschnitt 4).

- *EU-Empfehlungen* werden herausgegeben, um die Mitgliedstaaten möglichst rasch zu einem gewünschten Verhalten zu bewegen. Zuletzt hat die EU-Kommission am 16.5.2002 eine Empfehlung zur Unabhängigkeit des Abschlussprüfers in der EU (vgl. hierzu Abschnitt 6.5.2.2) verabschiedet.

Als Forum für die Erörterung von Fragen der Abschlussprüfung mit dem Berufsstand dient der EU-Kommission das seit Mai 1998 regelmäßig tagende *EU-Committee on Auditing*. An diesem Gremium beteiligen sich neben Vertretern der Fachministerien der EU-Mitgliedstaaten auch Vertreter nationaler und europäischer Berufsorganisationen, darunter auch das IDW und die WPK. Das EU-Committee hat wesentlich an der Arbeit der EU-Kommission mitgewirkt.

Derzeit lehnen sich die Aktivitäten auf EU-Ebene stark an die Normensetzungsaktivitäten der IFAC (und des IASB) an.[13]

Die *deutschen berufsständischen Normen* konkretisieren die gesetzlichen Regelungen. Die seitens der WPK erlassene Berufssatzung konkretisiert die WPO; dies gilt insbes. hinsichtlich der in § 43 WPO kodifizierten allgemeinen und besonderen Berufspflichten. Die Berufsrichtlinien besitzen zwar formal keine Gültigkeit mehr; diese sind aber auf Grund der Verpflichtung zu einer gewissenhaften Prüfung gem. § 43 Abs. 1 WPO faktisch zu beachten (vgl. Abschnitt 6.3.2). Des Weiteren beinhalten die Verlautbarungen des IDW vorzugsweise

Konkretisierungen zu den §§ 316 f. u. 322 f. HGB, welche die Pflicht zur Prüfung sowie Gegenstand und Umfang der Prüfung nebst Berichterstattung regeln.

- Die *Berufsrichtlinien* unterteilen sich in Grundsätze und richtungsweisende Feststellungen.[14] Letztere konkretisieren die Grundsätze, indem sie Hinweise für das berufliche Verhalten geben. Die Grundsätze lassen sich wiederum

    - in originäre (I. Unabhängigkeit und Unbefangenheit, II. Gewissenhaftigkeit, III. Eigenverantwortlichkeit, IV. Verschwiegenheit, V. Unparteilichkeit, VI. Berufswürdiges Verhalten) und

    - hieraus abgeleitete Berufsgrundsätze (VII. Unvereinbare Tätigkeiten, VIII. Kundmachung, Werbeverbot, IX. Unterzeichnung von Bestätigungsvermerken und Prüfungsvermerken, X. Siegelführung)

    unterteilen.

- Da Richtlinien lediglich die Auffassung der Mitglieder des Berufsstands deklaratorisch feststellen, hat die WPK von der in § 57 Abs. 3 WPO gegebenen Möglichkeit, eine *Berufssatzung* zu erlassen, Gebrauch gemacht.[15] Änderungen und Auslegungsfragen der Satzung sind Aufgabe des Vorstands der WPK.

    - Die allgemeinen Berufspflichten behandelt Teil 1 der Berufssatzung. Hier wird kasuistisch zu einzelnen Sachgebieten (wie z.B. Unabhängigkeit, Gewissenhaftigkeit, Verschwiegenheit, Eigenverantwortlichkeit) Stellung genommen.

    - Die besonderen Berufspflichten werden nach Einsatzgebieten (Teile 2-5) systematisiert. Beispielsweise spricht Teil 2 die besonderen Pflichten bei der Durchführung von Prüfungen und der Erstattung von Gutachten sowie Teil 3 die besonderen Pflichten bei beruflicher Zusammenarbeit an. Obgleich die Berufssatzung teilweise sachgerechte Operationalisierungen (z.B. die §§ 2 Abs. 2 u. 27 Berufssatzung) enthält, sind in beachtlichem Umfang auch unbestimmte Normenbegriffe feststellbar (z.B. die §§ 1 Abs. 1, 7 u. 27 Berufssatzung).

- Die *Verlautbarungen des IDW* werden seit 1998 sachorientiert strukturiert. Das IDW differenziert zwischen Prüfungsstandards (IDW PS) sowie erläuternden Prüfungshinweisen (IDW PH). Tab. I.6-1 zeigt die Systematik sowie zentrale Normen und Normenentwürfe.

Die bisherigen prüfungsspezifischen Verlautbarungen des IDW besitzen unverändert Gültigkeit, bis sie teilweise oder ganz durch entsprechende IDW PS oder IDW PH ersetzt sind. Von den bisher nicht (vollständig) ersetzten Normen sind vor allem Teilbereiche von HFA FG 1/1988 (Durchführung von Abschlussprüfungen) sowie HFA 4/1997 (projektbegleitende Prüfung EDV-gestützter Systeme) bedeutsam. Hinzu treten *sonstige Verlautbarungen* (z.B. die Umsetzung des FEE-Musterverhaltenskodex durch das IDW unter der Bezeichnung „Verhaltenskodex für die kommerzielle Nutzung des Internets durch Mitgliedsorganisationen der FEE und deren Mitglieder" vom 12.11.2002). Einen engen

Bezug zur Prüfung weisen auch die Verlautbarungen des FAIT auf (vgl. hierzu IDW RS FAIT 1 und IDW ERS FAIT 2 sowie Kapitel II, Abschnitt 7).

Normengruppen		Einzelnormen	
IDW PS/PH	Gruppenbenennung	IDW PS/*PH*	Prüfungs-/Regelungsfokus
100	Zusammenfassender Standard		
120-199	Qualitätssicherung	PS 140	Die Durchführung von Qualitätskontrollen in der Wirtschaftsprüferpraxis
		PH 9.140	*Checklisten zur Durchführung der Qualitätskontrolle*
200-249	Prüfungsgegenstand und -auftrag	PS 200	Ziele und allgemeine Grundsätze der Durchführung von Abschlussprüfungen
		PH 9.200.1	*Pflichten des Abschlussprüfers des Tochterunternehmens und des Konzernabschlussprüfers in Zusammenhang mit § 264 Abs. 3 HGB*
		PS 201	Rechnungslegungs- und Prüfungsgrundsätze für die Abschlussprüfung
		PS 202	Die Beurteilung von zusätzlichen Informationen, die von Unternehmen zusammen mit dem Jahresabschluss veröffentlicht werden
		PS 203	Ereignisse nach dem Abschlussstichtag
		PS 205	Prüfung von Eröffnungsbilanzwerten im Rahmen von Erstprüfungen
		PS 208	Zur Durchführung von Gemeinschaftsprüfungen (Joint Audit)
		PS 210	Zur Aufdeckung von Unregelmäßigkeiten im Rahmen der Abschlussprüfung
		PS 220	Beauftragung des Abschlussprüfers
		PS 230	Kenntnisse über die Geschäftstätigkeit sowie das wirtschaftliche und rechtliche Umfeld des zu prüfenden Unternehmens im Rahmen der Abschlussprüfung
		PS 240	Grundsätze der Planung von Abschlussprüfungen

6 Prüfungsnormen 85

250-299	Prüfungsansatz	EPS 250	Wesentlichkeit im Rahmen der Jahresabschlussprüfung
		EPS 255	Beziehungen zu nahe stehenden Personen im Rahmen der Abschlussprüfung
		PS 260	Das interne Kontrollsystem im Rahmen der Abschlussprüfung
		PS 270	Die Beurteilung der Fortführung der Unternehmenstätigkeit im Rahmen der Abschlussprüfung
300-399	Prüfungsdurchführung	PS 300	Prüfungsnachweise im Rahmen der Abschlussprüfung
		PS 301	Prüfung der Vorratsinventur
		EPS 302	Bestätigungen Dritter
		PS 303	Erklärungen der gesetzlichen Vertreter gegenüber dem Abschlussprüfer
		PS 312	Analytische Prüfungshandlungen
		PS 314	Die Prüfung von geschätzten Werten in der Rechnungslegung
		PS 318	Prüfung von Vergleichsangaben über Vorjahre
		PS 320	Verwendung der Arbeit eines anderen externen Prüfers
		PS 321	Interne Revision und Abschlussprüfung
		PS 322	Verwertung der Arbeit von Sachverständigen
		PS 330	Abschlussprüfung bei Einsatz von Informationstechnologie
		PH 9.330.1	*Checkliste zur Abschlussprüfung beim Einsatz von Informationstechnologie*
		EPS 331	Abschlussprüfung bei teilweiser Auslagerung der Rechnungslegung an Dienstleistungsunternehmen
		PS 340	Die Prüfung des Risikofrüherkennungssystems nach § 317 Abs. 4 HGB
		EPS 345	Auswirkungen des Deutschen Corporate Governance Kodex auf die Abschlussprüfung
		PS 350	Prüfung des Lageberichts

400-499	Bestätigungsvermerk, Prüfungsbericht und Bescheinigungen	PS 400	Grundsätze für die ordnungsmäßige Erteilung von Bestätigungsvermerken bei Abschlussprüfungen
		PH 9.400.1	Zur Erteilung des Bestätigungsvermerks bei Krankenhäusern
		PH 9.400.2	Bestätigungsvermerk des Abschlussprüfers einer Kapitalanlagegesellschaft zum Rechenschaftsbericht eines Sondervermögens
		PH 9.400.3	Zur Erteilung des Bestätigungsvermerks bei kommunalen Wirtschaftsbetrieben
		PH 9.400.5	Bestätigungsvermerk bei Prüfungen von Liquidationseröffnungsbilanzen
		PH.9.420.1	Nachweis der zweckentsprechenden Verwendung pauschaler Fördermittel nach Landeskrankenhausrecht
		PS 450	Grundsätze ordnungsmäßiger Berichterstattung bei Abschlussprüfungen
		EPS 450 n.F.	Grundsätze ordnungsmäßiger Berichterstattung bei Abschlussprüfungen
		PH 9.450.1	Berichterstattung über die Prüfung öffentlicher Unternehmen
		PH 9.450.2	Zur Wiedergabe des Vermerks über die Abschlussprüfung im Prüfungsbericht
		PS 460	Arbeitspapiere des Abschlussprüfers
		PS 470	Grundsätze für die mündliche Berichterstattung des Abschlussprüfers an den Aufsichtsrat
500-799	Abschlussprüfung von Unternehmen bestimmter Branchen	PS 520	Besonderheiten und Problembereiche bei der Abschlussprüfung von Finanzdienstleistungsinstituten
		PS 521	Die Prüfung des Wertpapierdienstleistungsgeschäftes nach § 36 WpHG bei Finanzdienstleistungsunternehmen
		PS 522	Prüfung der Adressenausfallrisiken und des Kreditgeschäftes von Kreditinstituten
		EPS 523	Prüfung der Funktionsfähigkeit der Internen Revision bei Kreditinstituten
		EPS 610	Prüfung von Energieversorgungsunternehmen
		PS 720	Fragenkatalog zur Prüfung der Ordnungsmäßigkeit der Geschäftsführung und der wirtschaftlichen Verhältnisse nach § 53 HGrG
		PS 740	Prüfung von Stiftungen

800-999	Review- und andere Reporting-Aufträge	PS 800	Empfehlungen zur Prüfung eingetretener oder drohender Zahlungsunfähigkeit bei Unternehmen
		PS 820	Grundsätze ordnungsmäßiger Durchführung von Umweltberichtsprüfungen
		PS 880	Erteilung und Verwendung von Softwarebescheinigungen
		PS 890	Die Durchführung von WebTrust-Prüfungen
		PS 900	Grundsätze für die prüferische Durchsicht von Abschlüssen
		PH 9.900.1	Prüferische Durchsicht von Pro-Forma-Angaben
		EPS 910	Grundsätze für die Erteilung eines Comfort Letter

Tab. I.6-1: IDW Prüfungsstandards und Prüfungshinweise (Stand: 8.5.2003)

- In seltenen Fällen sind Verlautbarungen der WPK sowie gemeinsame Stellungnahmen des IDW und der WPK anzutreffen.
  - Derzeit besteht lediglich eine wesentliche Verlautbarung der WPK mit unmittelbarem Bezug zur Normengebung. Hier trifft der Vorstand der WPK einige grundsätzliche Feststellungen zu der in § 319 Abs. 2 Nr. 5 HGB getroffenen Abgrenzung von Prüfung und Erstellung des Jahresabschlusses.[16]
  - Als gemeinsame Verlautbarung ist vor allem VO 1/1995 zur Qualitätssicherung in der Wirtschaftsprüferpraxis zu nennen. Hinzu tritt eine Vielzahl weiterer Verlautbarungen ohne direkten Bezug zur Normengebung (vgl. z.B. die gemeinsamen Stellungnahmen von WPK und IDW zu den EU-Empfehlungen zur Unabhängigkeit des Abschlussprüfers vom 5.11.2002 und zum US-amerikanischen „Sarbanes-Oxley Act of 2002" vom 19.8.2002[17]).

Die *internationalen berufsständischen Normen* werden sukzessiv überarbeitet. Der aktuelle Stand ist im Internet einsehbar; ein jährlich aktualisierter Stand wird zudem als Buch (IFAC-Handbook) publiziert.[18] Die Diskussionsentwürfe sowie alle ab dem 1.1.2003 vom IAASB endgültig verabschiedeten ISA werden kostenlos im Internet veröffentlicht.

Die IFAC teilt die Normen in verschiedene Bereiche ein. Besonders bedeutsam für die Jahresabschlussprüfung sind die fachtechnischen (auditing), die ethischen (ethics) sowie die Ausbildungsnormen (education).[19]

- *Auditing:* Das IAASB unterscheidet die fachtechnischen Prüfungsnormen derzeit in International Standards on Auditing (ISA) und International Auditing Practice Statements (IAPS) (vgl. Abschnitt 6.5.2.1).

ISA beinhalten durch Fettdruck hervorgehobene (blacklettering) grundsätzliche Prinzipien (basic principles) und wesentliche Prüfungshandlungen (essential procedures). Des Weiteren werden (in Normaldruck) Interpretationshilfen in Form erklärender und anderer Materialien gegeben (Preface to International Standards on Auditing and Related Services.10). ISA brauchen nur auf wesentliche Sachverhalte angewendet zu werden. Abweichungen sind lediglich in Ausnahmefällen zulässig. Der Prüfer muss dann vorbereitet sein, das Abweichen zu begründen (Preface to International Standards on Auditing and Related Services.12). Dagegen sollen IAPS den Prüfer lediglich durch Praxishinweise bei der Anwendung der Standards oder der Förderung einer guten Berufspraxis unterstützen (Preface to International Standards on Auditing and Related Services.17).

Auf internationaler Ebene ist es *geplant*, künftig ein „Auditing and Assurance Handbook" herauszugeben, welches den Bereich auditing nebst quality control neu strukturiert und die folgenden Bereiche umfasst (Invitation to comment.5 u. ED Preface to the International Standards on Quality Control, Auditing, Assurance and Related Services.appendix):

- *Quality control*: Herausgegeben werden International Standards on Quality Control (ISQC).

- *Audits and reviews of historic financial statements*: Herausgegeben werden die bereits weiter oben angesprochenen ISA und IAPS.

- *Assurance engagements on other subject matters*: Herausgegeben werden International Standards on Assurance Engagements (ISAE) und International Assurance Engagements Practice Statements (IAEPS).

- *Related services*: Herausgegeben werden International Standards on Related Services (ISRS) und International Standards on Related Services Practice Statements (IRSPS).

ISA, ISAE und ISRS bilden die IAASB Engagement Standards (ED Preface to the International Standards on Quality Control, Auditing, Assurance and Related Services.11). Werden Dienstleistungen unter Bezugnahme auf die zuvor genannten Standards erbracht, so sind die ISQC anzuwenden (ED Preface to the International Standards on Quality Control, Auditing, Assurance and Related Services.12). Die Herausgabe der IAASB Engagement Standards sowie der korrespondierenden Practice Statements und der ISQC soll dem IAASB obliegen.

- *Ethics:* Die seitens des Ethics Committee herausgegebenen ethischen Normen unterscheiden nicht zwischen Standards und Statements. Vielmehr werden ausgehend von den gesetzten Zielen (Zielnormen) allgemein gehaltene Normen formuliert und im Anschluss daran durch einen nach Anwenderklassen differenzierten ethischen Kodex (The Code) konkretisiert (vgl. Abschnitt 6.5.2.2).

- *Education:* Education I.5 zufolge unterscheidet das Education Committee vor allem zwischen Standards (International Education Standards, IES) und Leitsätzen (International Education Guidelines, IEG) (vgl. Abschnitt 6.5.2.3).

  - IES beziehen sich auf wichtige Elemente (z.B. zu behandelnde Sachverhalte, Methoden und Techniken), die Ausbildungsprogramme enthalten sollten und die das Potenzial einer internationalen Anerkennung, Akzeptanz und Anwendung besitzen. Im Vordergrund steht die Herausgabe berufsständischer Standards ordnungsmäßiger Berufsausbildung. ED Introduction to International Education Standards for Professional Accountants.2 spricht hier von „standards of generally accepted good practice in the education".

- IEG sollen eine gute Berufspraxis fördern und/oder Ratschläge geben; diese basieren u.a. auf best practice-Studien. Seit Oktober 1996 werden die in den Leitsätzen ausgesprochenen Empfehlungen durch Fettdruck hervorgehoben; die discussion section führt die einzelnen Empfehlungen näher aus und begründet diese.

Betriebliche Normen sollen das prüferische Verhalten auf der Ebene der einzelnen Prüfungsgesellschaften steuern. Hiervon abzugrenzen sind die direkt an den einzelnen Mitarbeiter gerichteten Verhaltensanweisungen; hier handelt es sich um individuelle Normen.

Der Geltungsbereich betrieblicher Normen ist nicht an Ländergrenzen, sondern an den räumlichen Wirkungsbereich der jeweiligen Prüfungsgesellschaft gebunden. Betriebliche Normen finden ihren Ausdruck im Prüfungshandbuch oder audit manual der jeweiligen Gesellschaft. Die betrieblichen Normen besitzen Anweisungs- und Leitliniencharakter und dienen der Konkretisierung der berufsständischen sowie der gesetzlichen Normen.

Dagegen besitzen die berufsständischen und gesetzlichen Normen einen anderen räumlichen Fokus. Während die (berufsständischen) Normen der IFAC eine weltweite Gültigkeit anstreben, ist der Geltungsbereich der durch die jeweiligen nationalen berufsständischen Organisationen herausgegebenen Normen auf das jeweilige Land beschränkt; dies gilt auch für die gesetzlichen Normen.

Als *weitere Normenquellen* sind zu nennen:

- *andere Akteure:* Bedeutsam sind vor allem die Äußerungen betriebswirtschaftlich orientierter Arbeitskreise sowie der Finanzministerien.[20]
- *das Fachschrifttum:* Da das prüferische Vorgehen einem ständigen Wandel unterliegt und zudem stets neue Prüfungsprobleme auftreten (z.B. Beurteilung der Risiken, die daraus resultieren, dass ein Mandant sein Geschäft über das Internet abwickelt; E-Commerce) bildet das Fachschrifttum temporär oftmals die einzige Normenquelle, aus der sich (zeitnah) Hinweise für das prüferische Vorgehen ableiten lassen.

Des Weiteren ist zu klären, ob einem *Richterspruch* Normencharakter zukommt. Die Rechtsprechung bindet nur die am konkreten Verfahren Beteiligten.[21] Gleichwohl kann ein Richterspruch auf künftige Prüfungen „ausstrahlen" und insofern eine präskriptive Funktion entfalten. Die Delegation von Rechtsetzungsbefugnissen von der Legislative auf die Rechtsprechung ist eines der heikelsten Probleme der Rechtslehre. „Unbestritten ist, daß [sic] der Prozess der Rechtskonkretisierung bis zur Rechtsschöpfung reicht."[22] Auf Grund des engen Bezugs zu den Prüfungsnormen lässt sich die Rechtsprechung (zumindest) den Normen i.w.S. zurechnen.[23]

6.3.2 Bindungswirkung

Wesentliche *Determinanten der Bindungswirkung* einer Norm sind ihre Strukturmerkmale sowie der Status der herausgebenden Quelle. Zentrale *Strukturmerkmale* sind die Widerspruchsfreiheit, die Vollständigkeit, die Operationalität sowie die Eindeutigkeit und Konkretheit einer Norm. Demnach entfaltet eine Norm, die zwar von der Natur ihrer Quelle heraus den Prüfer in hohem Maße bindet, auf Grund nur unzureichend ausgeprägter (minorer) Strukturmerkmale faktisch nur eine geringe Bindungswirkung.[24] Im Folgenden wird dargestellt, inwieweit der *Status der Quelle*, welche die Norm herausgegeben hat, ihre Bindungswirkung beeinflusst. Überdies werden bedeutsame Unterschiede in der Bindungswirkung von Normentexten innerhalb einer Quelle angesprochen. Die Darstellungen folgen weitgehend der Reihenfolge der in Abb. I.6-3 dargestellten Normenkategorien; die Ausführungen zu den internationalen Prüfungsnormen beinhalten auch Anmerkungen zur Bindungswirkung der US-GAAS.

- An die seitens staatlicher Autoritäten herausgegebenen *gesetzlichen Normen* des HGB und der WPO ist der Prüfer zwingend gebunden.

- Die *Berufssatzung* hat als berufsständische Norm im Unterschied zu Gesetzen keinen statusbildenden, sondern einen statusausfüllenden Charakter; sie konkretisiert damit die Bestimmungen der WPO.[25] Innerhalb der durch die Statusausfüllung gezogenen Grenzen entfaltet die Berufssatzung ein Verpflichtungspotenzial, das dem der gesetzlichen Normen entsprechen dürfte. Im Anschluss an den Wortlaut der Berufssatzung ist die Begründung abgedruckt, die aber nicht formal Gegenstand der Verabschiedung war. Sie enthält für den Berufsstand eine dienliche Kommentierung zur Berufssatzung (Vorwort zur Berufssatzung). Insofern hat die Begründung empfehlenden Charakter. Einer gewissenhaften Berufsausübung i.S. von § 43 Abs. 1 WPO entspricht es, diese Begründungen zu beachten, sofern diese im Einzelfall überzeugende Regeln beinhalten.

- Die *Berufsrichtlinien* sind faktisch auch nach Erlass der Berufssatzung von Bedeutung.[26] Den Richtlinien kommt indes lediglich empfehlender Charakter zu. Stehen Richtlinien und Berufssatzung in Konflikt zueinander, besitzt die zuletzt Genannte als höherrangige Normenart Vorrang. Insofern ist davon auszugehen, dass die Berufsrichtlinien und die Begründungen zur Berufssatzung aus dem Status der Quelle heraus eine ähnliche Bindungskraft entfalten.

- *IDW-Verlautbarungen* sind keine gesetzlichen Normen, da dem IDW als Privatrechtssubjekt die Kompetenz zum Erlass von Rechtsnormen fehlt. § 43 Abs. 1 Satz 1 WPO fordert, dass der Prüfer seinen Beruf gewissenhaft auszuüben hat. Nach § 4 Abs. 1 Berufssatzung sind dabei u.a. die für Berufsausübung maßgeblichen fachlichen Regeln zu beachten. Nach Auffassung des IDW zählen hierzu auch die sonstigen fachlich anerkannten Regeln in Gestalt der IDW-Normen (IDW-Prüfungsstandards und -Prüfungshinweise).[27] Eine gesetzliche Verpflichtung ergibt sich aus dieser Interpretation der gewissenhaften Berufsausübung indes nicht. Bei den IDW-Normen handelt es sich demnach strenggenommen um Meinungsäußerungen eines eingetragenen Vereins,[28] welche nur die Mitglieder des Vereins im Wege einer freiwilligen Selbstverpflichtung binden.

Bezogen auf die gerichtliche Auslegung einer gesetzlichen Prüfungsnorm verdeutlichte das Amtsgericht Duisburg 1993 die Verbindlichkeit der Verlautbarungen wie folgt: Eine IDW-Norm „ist lediglich eine Meinungsäußerung, die in der juristischen Diskussion wie jede andere Ansicht nur Gewicht hat, soweit ihr überzeugende Argumente zugrunde liegen. (...) Seine (angesprochen ist das IDW, die Verf.) Verlautbarungen (...) mögen zwar einen Bestand an anerkannten Grundsätzen und Regeln der ordnungsmäßigen Berufsausübung wiedergeben, wie er nach eingehender Diskussion im Berufsstand der Wirtschaftsprüfer für richtig und notwendig gehalten wird. Sie haben aber (...) keine rechtliche Verbindlichkeit."[29]

Gleichwohl besitzen diese Normen faktisch ein über die Fachliteratur hinausgehendes Potenzial, den Prüfer zu binden. Innerhalb dieser Normenquelle dominieren die IDW PS; ein Abweichen von diesen Normen ist nur in begründeten Ausnahmefällen möglich. Weicht ein Prüfer von diesen Normen ab, muss er im Zweifelsfall vor Gericht in der Lage sein, sein Abweichen zu rechtfertigen. Neben die IDW PS treten die IDW PH, welche die zuerst Genannten zumeist erläutern. Die Anwendung der IDW PH wird empfohlen, obgleich diese eine deutlich geringere Verbindlichkeit als die IDW PS besitzen (IDW PS 201.29).

- Die *Verlautbarungen der WPK* verpflichten den Prüfer ähnlich wie die IDW PS; auf Grund der Pflichtmitgliedschaft der Prüfer in der WPK im Vergleich zur freiwilligen Mitgliedschaft im IDW ist die Bindungswirkung bei Involvierung der WPK tendenziell höher.

- Hinsichtlich der *berufsständischen internationalen Normen* ist festzustellen, dass die Satzung der IFAC ihre Mitgliedsorganisationen verpflichtet, nach besten Kräften auf eine Beachtung der IFAC-Normen hinzuwirken (*best endeavors-Klausel*; vgl. Constitution.4 c.). Kommen die Mitgliedsorganisationen ihrer Verpflichtung nicht nach, so stellt dies einen Grund dafür dar, der jeweiligen nationalen Organisation die Mitgliedschaft zu entziehen oder die Mitgliedschaft auszusetzen (ED Statement of Membership Obligations).

Die sich auf die Weise ergebende sukzessive Transformation internationaler Normen in nationale Verlautbarungen bewirkt eine Art sanfte Harmonisierung der Prüfungsnormen. Dabei erkennt die IFAC ausdrücklich an, dass die internationalen die nationalen Bestimmungen nicht außer Kraft setzen (ED Preface to the International Standards on Quality Control, Auditing, Assurance and Related Services.3).

Wurde eine internationale Norm sachgerecht in eine nationale Verlautbarung transformiert, ist die nationale Norm auch anzuwenden. Folglich besteht eine *Dominanz nationaler Normenäquivalente*. Für diese Dominanz spricht auch, dass die Verfassung der IFAC ausdrücklich vorsieht, dass besonders die Prinzipien, auf denen die ISA basieren, in die nationalen Verlautbarungen aufzunehmen sind (Constitution.4 c. ii.). Eine direkte vorbehaltlose Verbindlichkeit internationaler Normen ist demnach abzulehnen.[30] Obgleich die Verfassung der IFAC nur die ISA anspricht, trifft die Transformationsverpflichtung dem Grunde nach auch die IAPS. Hierfür spricht die vergleichsweise hohe Bindungskraft, die den Practice Statements zukommt (vgl. hierzu die nachstehenden Ausführungen zur „Bindungswirkung innerhalb der internationalen berufsständischen Normen" innerhalb dieses Gliederungspunktes).

Gehen die internationalen ausnahmsweise einmal über die nationalen Normen hinaus oder wurde eine internationale Norm noch nicht (vgl. hierzu die nachstehenden Ausführungen zum Stand der ISA-Transformation) oder nicht sachgerecht transformiert, so hat ein i.S. von § 43 Abs. 1 WPO gewissenhaft agierender Prüfer sein Augenmerk direkt auf die internationalen Normentexte zu lenken, um festzustellen, ob das praktizierte Vorgehen auch den internationalen Erfordernissen entspricht. Demnach erscheint es durchaus möglich, dass ein Prüfer z.B. einen ISA direkt anwendet oder von einem IDW PS abweicht. Die IFAC-Normen zählen zweifelsfrei zu den fachlichen Regeln i.S. von § 4 Abs. 1 Berufssatzung, die ein gewissenhaft agierender Prüfer gem. § 43 Abs. 1 WPO zur Kenntnis zu nehmen hat.

Auch unter Berücksichtigung von IDW PS 201.32, der eine unmittelbare Bindungswirkung der IFAC-Normen unter Hinweis auf die bestehende Transformationsverpflichtung ablehnt, gelangt man zu keiner anderen Beurteilung. Dieses Argument kann lediglich die Dominanz nationaler Normenäquivalente begründen. Es entbindet den Prüfer jedoch z.B. im Fall einer noch nicht erfolgten Transformation nicht davon, sein Augenmerk direkt auf die internationalen Normentexte zu lenken. Allerdings darf eine ausnahmsweise direkte Anwendung eines ISA nicht dazu führen, dass von Prüfungsnormen mit öffentlichrechtlichem Charakter (z.B. die Regelungen im HGB) abgewichen wird.[31]

Stand der ISA-Transformation

Derzeit steht die Transformation von acht ISA aus.[32] Teilweise liegen die IDW PS allerdings erst in Form eines Diskussionsentwurfs vor. Als nicht (vollständig) transformierte fachtechnische Prüfungsstandards sind zu nennen: ISA 100, 120, 530, 545, 800, 810, 920 u. 930 (Stand: 8.5.2003). In Bezug auf ISA 920 (agreed-upon procedures) existiert mit IDW PS 880 lediglich ein spezieller Standard zur Erteilung und Verwendung von Softwarebescheinigungen. Mit dem Hauptanwendungsfall von ISA 930 (compilations), der Erstellung von Abschlüssen, beschäftigt sich HFA 4/1996. Die sich durch die geplante Neustrukturierung der IFAC-Normen ergebenden Änderungen (vgl. hierzu die Ausführungen zu den internationalen berufsständischen Normen im Bereich auditing in Abschnitt 6.3.1) konnten naturgemäß noch keine Berücksichtigung finden.

Die weltweit einheitliche Anwendung der IFAC-Normen wird auch durch das IFAD (vgl. Abschnitt 5.3.4) gefördert. Für multinational börsennotierte Unternehmen hat die IOSCO (vgl. Abschnitt 5.3.2) eine zentrale Stellung inne. Empfiehlt die IOSCO den nationalen

6 Prüfungsnormen

Börsenaufsichtsbehörden, die IFAC-Normen als Maßstab für die Börsenzulassung zu akzeptieren, und folgen die nationalen Behörden dieser Empfehlung, kann die IOSCO eine direkte Durchsetzungskraft der IFAC-Normen begründen. Obgleich die IOSCO die IFAC-Normen derzeit einer kritischen Durchsicht unterzieht, ist eine baldige Anerkennung seitens der IOSCO zu erwarten. Nicht zuletzt vor diesem Hintergrund hat die IFAC die in Abschnitt 5.3.2 beschriebene weitreichende Strukturreform vollzogen. Im Mai 2000 hat die IOSCO ihren Mitgliedern bereits empfohlen, die IAS als Basisregelwerk für die Zulassung an den Wertpapierbörsen anzuerkennen.

Die IFAC-Normen eignen sich zweifelsfrei für die Prüfung von IAS/IFRS-Abschlüssen. Gleichwohl ist der *Anwendungsbereich der IFAC-Normen* nicht auf die Prüfung eines bestimmten Systems von Rechnungslegungsnormen beschränkt (ISA 120.3) und insofern grundsätzlich *rechnungslegungsnormenneutral*. Weltweit sind Jahresabschlüsse nur dann vergleichbar, wenn zum einen die angewandten Rechnungslegungsnormen vergleichbar sind und zum anderen die auf diese Weise generierten Abschlussinformationen hinsichtlich ihrer Glaubwürdigkeit vergleichbar sind. Dies spricht für eine weltweite Anwendung der IFAC-Normen bzw. der sachgerecht transformierten nationalen Normenäquivalente. Aus deutscher Sicht sind die folgenden Besonderheiten erwähnenswert:

- Der Anwendungsbereich der internationalen Rechnungslegungsnormen (und der US-GAAP) hat sich über die Öffnungsklausel des § 292a HGB deutlich erweitert. Demnach sind börsennotierte Mutterunternehmen von der Pflicht zur Aufstellung eines handelsrechtlichen Konzernabschlusses befreit, sofern sie einen Konzernabschluss nach internationalen Normen aufstellen. Diese Regelung ist allerdings zeitlich bis zum 31.12.2004 befristet. Für die Abschlussprüfung sind die deutschen Prüfungsnormen mit öffentlich-rechtlichem Charakter und vorrangig die sachgerecht transformierten nationalen Normenäquivalente heranzuziehen.

- Durch die Verordnung der Europäischen Union zur Anwendung internationaler Rechnungslegungsnormen hat sich eine noch stärkere Fokussierung auf die IAS/IFRS ergeben. Demnach sind ab 2005 alle konsolidierten Abschlüsse von börsennotierten EU-Unternehmen nach IAS/IFRS zu erstellen. Zudem werden Überlegungen angestellt, ab 2005 bei allen Pflichtprüfungen (zumindest für IAS/IFRS-Konzernabschlüsse) innerhalb der EU vorzuschreiben, dass diese auf der Basis der ISA zu erfolgen haben.[33] Dabei sind, der Normensetzungsphilosophie der IFAC folgend, nationale Normenäquivalente vorrangig anzuwenden.[34] Zudem sind die Prüfungsnormen mit öffentlich-rechtlichem Charakter zu beachten.

- Abschlüsse, die ein Emittent von zum Prime Standard an der FWB zugelassenen Aktien erstellt, sind „in Übereinstimmung mit den International Standards on Auditing (ISA) zu prüfen" (§ 62 Abs. 2 BörsO FWB). Auch hier sind nationale Normenäquivalente vorrangig anzuwenden; zudem sind die Prüfungsnormen mit öffentlich-rechtlichem Charakter zu beachten.

- Der Anwendungsbereich der IFAC-Normen bzw. der nationalen Normenäquivalente ist indes nicht auf die Konzernebene beschränkt, sondern strahlt auch auf die Einzelabschlussebene aus. Dies liegt darin begründet, dass die in einen befreienden oder künftig auf Basis der EU-Verordnung zu erstellenden IAS/IFRS-Konzernabschluss einzubeziehenden Einzelabschlüsse gleichfalls nach IAS/IFRS zu erstellen sind oder zumindest auf die IAS/IFRS überzuleiten sind (IAS-HB II; vgl. Kapitel II, Abschnitt 8.5).

- Teilweise erstellen die Unternehmen auch freiwillig einen nach IFAC-Normen geprüften IAS/IFRS-Abschluss, weil sie sich hiervon Vorteile (z.B. günstigere Kreditvergabekonditionen oder einen höheren Ausgabekurs der Aktien bei einem Börsengang oder bei Durchführung einer Kapitalerhöhung) versprechen.

Die folgenden Ausführungen beleuchten die *Bindungswirkung innerhalb der internationalen berufsständischen Normen*.

- Bei den fachtechnischen Normen (*auditing*) resultieren die Differenzierungen aus der Unterscheidung in ISA und IAPS sowie den fettgedruckten und nicht hervorgehobenen Textpassagen (vgl. Abschnitt 6.3.1).

  -- Fettgedruckte ISA binden den Prüfer bestmöglich. Normal- und fettgedruckte Normentexte sind jedoch nicht isoliert voneinander zu sehen. Auch nicht hervorgehobene Passagen binden den Prüfer, wenngleich in abgeschwächter Form. Eine deutlich abgeschwächte Bindung dürfte sich jedoch nicht ergeben, da für das Verstehen und die Anwendung der Grundprinzipien und wesentlichen Prüfungshandlungen der gesamte Text der ISA zu beachten ist (Preface to International Standards on Auditing and Related Services.11).

  -- Dagegen besitzt ein Practice Statement (IAPS) einen von einem Standard (ISA) abweichenden Grundstatus. Demnach bindet ein Practice Statement den Prüfer weniger stark als ein Standard. Gleichwohl ist die Bindungskraft eines Practice Statement faktisch beachtlich. Hierfür spricht zum einen, dass es dem Prüfer in einem Schadensersatzprozess schwer fallen dürfte, sich unter Verweis auf den geringeren Anspruch der IAPS zu exkulpieren.[35] Zum anderen muss ein Prüfer, der ein anwendbares Practice Statement nicht beachtet, darauf vorbereitet sein, zu erklären, wie er den Anforderungen eines Standards, die in einem Practice Statement behandelt werden, gerecht wird (ED Preface to the International Standards on Quality Control, Auditing, Assurance and Related Services.19).

- Die Beurteilung der Bindungswirkung der ethischen Normen (*ethics*) wird dadurch erschwert, dass nationale Unterschiede in den kulturellen, sprachlichen, rechtlichen und sozialen Systemen die Transformation der zuvor angesprochenen internationalen Rahmennormen in ein nationales Normenäquivalent u.U. erheblich beeinflussen. Die IFAC erkennt diesen Tatbestand ausdrücklich an (Ethics 1) und fordert ihre Mitgliedsorganisationen unmissverständlich auf, detaillierte, auf das nationale Umfeld abgestimmte Regeln herauszugeben (Ethics 1; SPC, Implementation and Enforcement of Ethical Requirements.2 u. 5 ff.). Vor dem Hintergrund des zuvor Gesagten lässt sich in Zusammenhang mit den ethischen Normen eher als bei den ISA eine abweichende Transformation in eine nationale Norm rechtfertigen. Dies darf allerdings nicht dazu führen, auf eine Transformation vollends zu verzichten oder die nationalen Umfeldfaktoren in unzulässiger Weise für eine abweichende Transformation heranzuziehen.

Innerhalb der ethischen Normen besitzen die Ziele gegenüber den grundsätzlichen Erfordernissen sowie den fundamentalen Prinzipien Vorrang. Diese drei Elemente dürften wiederum ein höheres Bindungspotenzial als der ethische Kodex (The Code) besitzen. Jedoch ist davon auszugehen, dass der ethische Kodex auf Grund seiner vermutlich überlegenen Strukturmerkmale (besonders seiner Detaillierung) im Einzelfall eine höhere Bindungswirkung entfalten kann als die zuvor angesprochenen Ziele, Erfordernisse und Prinzipien. Diese Aussage gilt naturgemäß unter dem Vorbehalt, dass es keiner abweichenden Transformation bedarf.[36]

- Ebenso wie bei den ethischen Normen gilt auch in Bezug auf die Ausbildungsnormen (*education*), dass abweichende nationale Umfeldfaktoren die Transformation der zuletzt genannten Normen in nationale Normenäquivalente erschweren. Gleichwohl fordert die IFAC auch hier ihre Mitgliedsorganisationen unmissverständlich auf, detaillierte, auf das nationale Umfeld abgestimmte Regeln herauszugeben (Education I.6 f.). Auch bei den Ausbildungsnormen lässt sich eher als bei den ISA eine abweichende Transformation in eine nationale Ausbildungsnorm rechtfertigen und es gilt ebenso, dass dies nicht dazu führen darf, auf eine Transformation vollends zu verzichten oder die nationalen Umfeldfaktoren in unzulässiger Weise für eine abweichende Transformation heranzuziehen.

Die herausgegebenen Leitsätze (IEG) bilden die benchmark, an der sich die Ausbildungsnormen der Mitgliedsorganisationen messen lassen müssen (ED Introduction to International Education Standards for Professional Accountants.2). IEG haben naturgemäß eine geringere Bindungskraft als die Standards (IES). Gleichwohl ist ein IES stets in Zusammenhang mit den im Einzelfall relevanten IEG zu lesen (ED Introduction to International Education Standards for Professional Accountants.4).

Innerhalb der Ausbildungsnormen gilt in Bezug auf die Bindungswirkung Folgendes: Innerhalb der IES besitzen die fettgedruckten Textpassagen den Status eines Standards (standard paragraphs); Textpassagen in Normaldruck beinhalten kommentierende Ausführungen (commentary paragraphs), welche der Interpretation der fettgedruckten Textpassagen dienlich sein sollen (vgl. z.B. ED IES Experience Requirements.3). Innerhalb der IEG besitzen fettgedruckte Leitsätze Vorrang gegenüber der discussion section.

Das lange Zeit praktizierte Vorgehen, auf die Herausgabe von IES vollständig zu verzichten, wurde im Jahr 2002 durch die Herausgabe einer Vielzahl von Diskussionsentwürfen für IES aufgegeben. Es ist zu vermuten, dass die IFAC auf diese Weise versucht, dem gesetzten Ziel der weltweiten Verbesserung und Vereinheitlichung der berufsständischen Ausbildung Nachdruck zu verleihen.

Dagegen stellen die nationalen *US-amerikanischen Prüfungsnormen* (US-GAAS)[37] keine internationalen berufsständischen Normen dar. Daher trifft die deutschen standard setter keine Verpflichtung, die US-GAAS in deutsche Normen zu transformieren.[38] Für den deutschen Prüfer besteht auch keine Pflicht sicherzustellen, dass sein praktiziertes Verhalten den Anforderungen der US-GAAS entspricht.

Die US-GAAS entfalten jedoch dann Bindungswirkung, wenn ein deutsches Unternehmen (auch) eine Notierung an einer US-Börse anstrebt und sich für diese Zwecke den Registrierungs- und Berichtspflichten der SEC unterwirft. Wurde die Abschlussprüfung nicht nach US-Normen durchgeführt, muss der Bestätigungsbericht zum Ausdruck bringen, ob die foreign GAAS den US-GAAS entsprechen. Im Falle einer Nichtübereinstimmung der foreign GAAS mit den US-GAAS ist zusätzlich zu erklären, dass die Prüfung in Übereinstimmung mit den US-GAAS durchgeführt worden ist.[39]

- *Betriebliche Normen* binden nur die Prüfer, die einer bestimmten Prüfungsorganisation angehören. Die räumliche Beschränkung des Anwendungsbereichs steht einer hohen Bindungswirkung jedoch nicht grundsätzlich entgegen. Da auf betrieblicher Ebene zusätzliche Sanktionsmechanismen greifen, muss die Beurteilung der Bindungswirkung auch an den betrieblichen Sanktionen (im Extremfall droht die Entlassung) sowie den betrieblichen Mechanismen zur Aufdeckung von Normenverstößen (z.B. Art und Umfang der internen Nachschau) ansetzen.

- Die *Äußerungen anderer Akteure* und das *Fachschrifttum* können gleichfalls begründete fachliche Argumentationen beinhalten, die ein Prüfer nicht ignorieren darf. In diesem Fall kann sich die Bindungskraft über die Verpflichtung in § 43 Abs. 1 Satz 1 WPO i.V.m. § 4 Abs. 1 Berufssatzung zur Beachtung fachlich anerkannter Regeln ergeben.

6.3.3 Zur Stellung von Grundsätzen ordnungsmäßiger Abschlussprüfung

Grundsätze ordnungsmäßiger Abschlussprüfung (GoA) erheben zweifelsfrei den Anspruch auf Verhaltenssteuerung. Demnach ist jeder Prüfungsgrundsatz auch eine Prüfungsnorm. Gleichwohl besitzt der Umkehrschluss, jede Norm sei auch ein Grundsatz, keine Gültigkeit.[40] Vielmehr ist ein Grundsatz eine besondere Norm; das folgende auf die deutschen GoA bezogene Zitat verdeutlicht dies: „Not every newly derived auditing standard becomes automatically a part of generally accepted standards. This also requires a certain degree of academic and professional recognition as well as a general agreement that non-compliance with the standard would violate the aims of the audit of annual financial statements."[41]

Obwohl der Prozess der Anerkennung als GoA nicht abschließend geklärt ist, besteht Einigkeit dahingehend, dass die Unterschiede zwischen Norm und Grundsatz in dem besonderen Entwicklungsprozess eines Grundsatzes begründet liegen.

Als wesentliche *Methoden zur Genese* von GoA sind die Induktion, die Deduktion und die Hermeneutik zu nennen. Des Weiteren müssen die GoA Systemcharakter besitzen. Teilweise wird auch gefordert, für die Anerkennung als Grundsatz sei ein gewisser Konsens Voraussetzung.[42]

- Die *Induktion* ermittelt die GoA empirisch aus der Anschauung ehrbarer und ordentlicher Prüfer. Die Bestimmung des Kreises der ehrbaren und der ordentlichen Prüfer setzt einen Maßstab zur Abgrenzung voraus. Dieser kann jedoch nur gewonnen werden, wenn bereits Vorstellungen über ehrbare und ordentliche Prüfer vorliegen. Demnach setzt die induktive Ermittlung letztendlich ihr Ergebnis voraus. Des Weiteren versagt die induktive Methode, wenn es um die Beantwortung von Prüfungsfragen geht, für die sich noch keine allgemeine Übung herausgebildet hat.

- Die *Deduktion* gewinnt die GoA aus den gesetzten Prüfungszielen. Demnach gilt es, zunächst die Beziehungen zwischen den Prüfungszielen und den Mitteln zur Zielerreichung zu identifizieren. Dabei müssen sich die Mittel nicht nur logisch aus den Zielen ableiten lassen; vielmehr müssen auch geeignete Prüfungshandlungen und -techniken verfügbar sein, mittels derer sich die gesetzten Ziele in der Prüfungspraxis erreichen lassen. Auf diese Weise erlangt die Deduktion sowohl eine logische als auch eine empirische Dimension.

- Als weitere Methode ist die *Hermeneutik* zu nennen. Diese schließt die Induktion und die Deduktion ein und berücksichtigt darüber hinaus weitere bedeutsame Umstände wie z.B. den Wortlaut und Wortsinn der Normen, ihren Bedeutungszusammenhang sowie ihre Entstehungsgeschichte. Operationale methodische Regeln, wie im Einzelnen vorzugehen ist, geben die Hermeneutiker allerdings nicht an.

Aus dem Blickwinkel von Abb. I.6-2 bilden die dort angesprochenen Normenkategorien bzw. die hinter diesen Kategorien stehenden Einzelnormen GoA-Quellen (vgl. Abschnitt 6.3.1). Über eine Akzeptanz dieser möglichen GoA als tatsächliche GoA entscheidet die Anwendung der zuvor genannten Methoden bzw. die Kontrollkriterien, die diesen Methoden innewohnen.

Obgleich sich der Bestand an GoA auf Grund der zuvor angedeuteten Anwendungsprobleme oftmals nicht zweifelsfrei feststellen lässt, wird deutlich, dass auch Normen, die den Anspruch eines Grundsatzes erheben, nicht automatisch als GoA zu übernehmen sind. Demnach ist die oftmals vertretene Meinung, das IDW habe die alleinige Kompetenz zur Herausgabe von GoA,[43] abzulehnen.[44] Vielmehr lassen sich die Normen des IDW als „induktiver Beitrag sachkundiger Wirtschaftsprüfer zur Formulierung"[45] der GoA interpretieren.

Auch die *internationalen Prüfungsnormen* bilden eine GoA-Quelle. Die Stellung der IFAC-Normen als Herleitungsquelle ist besonders evident, sofern ein kapitalmarktorientierter (IAS/IFRS-)Abschluss zu prüfen ist. Auch für die Zwecke der GoA-Herleitung ist ggf. direkt auf sachgerecht transformierte nationale Normenäquivalente zurückzugreifen.

Der *Gesetzgeber* kann gleichfalls keine Grundsätze herausgeben. Wird er aktiv, entstehen Gesetze. Obwohl die Anerkennung eines Gesetzes als Grundsatz sehr wahrscheinlich ist, kann sie scheitern.

Zu fragen ist auch, ob die *Rechtsprechung* befugt ist, Grundsätze festzulegen. Die Gerichte können den GoA bezogen auf den jeweils vorliegenden Einzelfall Rechtskraft verleihen. Gleichwohl verbleibt die Möglichkeit, einen richterlich festgestellten Grundsatz mittels Anwendung der zuvor genannten Methoden zu falsifizieren.[46] Die Wahrscheinlichkeit einer solchen Falsifikation ist als nicht gering einzustufen. Hierfür sprechen insbes. die fehlende Expertise des Richters in abschlussspezifischen Fachfragen und die hiermit einhergehende Notwendigkeit, auf berufsständische Expertise zurückzugreifen, sowie der häufig feststellbare Befund, dass die meisten Gerichtsentscheidungen „ein unentwirrbares Gemisch von Sachverständigengutachten, Tatsachen und Rechtsbehauptungen, Präjudizien und Literaturzitaten"[47] beinhalten. Folglich legt die Rechtsprechung weder grundsätzlich GoA fest noch bildet sie eine Methode zu deren Gewinnung. Die Rechtsprechung ist vielmehr als *eine* Erkenntnisquelle bei der Entwicklung zweckgerechter GoA anzusehen.

6.4 Entwicklungsrahmen von Normen

Der Entwicklungsrahmen spricht zum einen den Entwicklungsprozess der Normen sowie zum anderen einen ggf. vorhandenen Bezugsrahmen für die Herausgabe von Normen an.

6.4.1 Prozess

In *Deutschland* unterliegt die Herausgabe *gesetzlicher Prüfungsnormen* (insbes. das HGB u. die WPO) dem normalen Gesetzgebungsprozedere. Prüfungsspezifika bestehen nicht.

Nachstehend wird der Prozess der Entwicklung einer *IDW-Norm* skizziert: Die Entwicklung eines IDW-Prüfungsstandards umfasst mehrere Lesungen sowie die Vorlegung eines Standardentwurfs an die interessierte Öffentlichkeit mit der Bitte um Änderungs- oder Ergänzungsvorschläge. Ein Standard gilt dann als angenommen, wenn in Anwesenheit von mindestens der Hälfte der ordentlichen Mitglieder des HFA zumindest drei Viertel der Mitglieder, die anwesend sind oder sich schriftlich geäußert haben, zustimmen. Jedoch müssen insgesamt mehr als die Hälfte der ordentlichen Mitglieder zustimmen.

Das mehrstufige Verfahren zur Entwicklung von *internationalen Prüfungsnormen* ist derzeit im Preface to International Standards on Auditing and Related Services.18 ff. geregelt (sog. working procedures). Die Sitzungen des IAASB sind öffentlich. Besucher können sich online unter http://www.iaasb.org zur Teilnahme registrieren. Im November 2002 hat die IFAC ein ED für ein *neues Vorwort* vorgelegt, welches verschiedene Modifikationen zu dem bisher praktizierten Verfahren vorschlägt. Das gleichfalls mehrstufige Verfahren lässt sich nun wie folgt skizzieren (ED Preface to the International Standards on Quality Control, Auditing, Assurance and Related Services.21 ff.):

- Die IFAC ist ausdrücklich an externem Input für die Normengebung (von den nationalen Normengebern) interessiert. Die vorläufige Vorbereitung und der Entwurf eines ISA oder IAPS wird einer Sondereinheit (task force) übertragen, die hierzu auf Basis einer umfassenden Informationensbeschaffung (welche auch die Vergabe von Aufträgen für Forschungsarbeiten beinhalten kann) Stellung bezieht und hierzu dem IAASB ein ED zur Durchsicht und Diskussion vorlegt.

- Findet ein ED zu einem ISA die Zustimmung des IAASB, wird dieser auf der Internetseite der IFAC veröffentlicht. Die Mitgliedsorganisationen und andere interessierte Akteure werden zur Stellungnahme aufgefordert. Dabei beträgt die Frist für die Abgabe von Kommentaren mindestens 90 Tage. Das zuvor Gesagte gilt auch für ein ED zu den IAPS; allerdings behält sich die IFAC hier vor, dass es in bestimmten Situationen gerechtfertigt sein kann, kein ED zu einem IAPS herauszugeben.

- Anhand der eingegangenen Kommentare (z.B. via E-Mail an EDcomments@ifac.org) wird der ED, soweit dies erforderlich sein sollte, überarbeitet und ein überarbeiteter (auf Board-Ebene genehmigungsfähiger) Entwurf (revised draft) erstellt. Sollten die Änderungen wesentlich (substantial) sein, so ist zu erwägen, ein zweites ED (reexposure draft) herauszugeben und die relevanten Akteure wiederholt um die Abgabe von Kommentaren zu bitten. Ist dies der Fall, wird das reexposure draft, soweit dies erforderlich sein sollte, anhand der eingegangenen Kommentare überarbeitet und ein genehmigungsfähiger Entwurf erstellt.

- Der genehmigungsfähige Entwurf wird nach Genehmigung der Ausschussmitglieder des IAASB als endgültige IFAC-Norm (definitive ISA/IAPS) verabschiedet. Dabei müssen mindestens 2/3 der anwesenden Mitglieder des IAASB zustimmen. Für die Beschlussfassung müssen zudem mindestens zwölf der 18 Mitglieder anwesend sein.

6.4.2 Bezugsrahmen

Der Bezugsrahmen der IFAC (framework) systematisiert die durch einen Prüfer erbringbaren Dienstleistungen anhand der folgenden Kategorien (ISA 120.4 sowie ISA 100):

- Art/Natur der Dienstleistung (nature of service),

- vermittelte Prüfungssicherheit (level of assurance) sowie

- Berichtsformulierung (report provided).

Im Kontext der Jahresabschlussprüfung bringt der level of assurance den Grad der Verlässlichkeit der Abschlussaussagen (vgl. Abschnitt 6.2) für die Zwecke der Verwendung durch eine dritte Partei (z.B. Investoren) zum Ausdruck (ISA 120.6).

Die IFAC unterscheidet zwischen Prüfungsdienstleistungen (assurance engagements) und verwandten Dienstleistungen (related services) (vgl. ISA 120.4 u. ISA 100.appendix).

- Die Jahresabschlussprüfung (audit) bildet die zentrale *Prüfungsdienstleistung*. Als weitere assurance engagements sind der review, die examination sowie sonstige frei zu vereinbarende assurance engagements (vgl. Kapitel III, Abschnitt 2.3) zu nennen.

- Im Unterschied zu den zuvor genannten Leistungen zielen die *verwandten Dienstleistungen* (related services) nicht auf die Einhaltung einer Prüfungssicherheit ab. In Betracht kommen agreed-upon procedures sowie compilations.

Abb. I.6-3 gibt einen Überblick über die zuvor angesprochenen Dienstleistungsarten.

Dienstleistungsarten					
Prüfungsdienstleistungen (assurance engagements)				verwandte Dienstleistungen (related services)	
Jahresabschlussprüfung (audit)	Review	examination	frei zu vereinbarende assurance engagements	agreed-upon procedures	compilations

Abb. I.6-3: Systematisierung der durch einen Prüfer erbringbaren Dienstleistungen gem. ISA 120.4 und ISA 100.appendix

Im Folgenden werden die einzelnen Dienstleistungen näher beschrieben:

- *Audits* sollen den Prüfer in die Lage versetzen, sich eine Meinung dahingehend zu bilden, ob der Jahresabschluss den relevanten Rechnungslegungsnormen entspricht.

    Es muss mit hoher Sicherheit ein Abschluss vorliegen, der frei von wesentlichen Fehlern ist (positive assurance). Eine absolute Sicherheit kann jedoch wegen der Notwendigkeit, Beurteilungen vorzunehmen und Tests durchzuführen sowie auf Grund der natürlichen Grenzen von Kontrollsystemen nicht gegeben werden (high, but not absolute assurance); synonym finden auch der Begriff reasonable assurance sowie die deutschsprachigen Übersetzungen angemessene Prüfungssicherheit oder hinreichende Prüfungssicherheit Verwendung (ISA 120.6 f.; 120.11 ff. u. 200.8 ff. sowie IDW PS 200.24 ff.).

- *Reviews* umfassen geeignete Nachforschungen (insbes. Befragungen) und analytische Verfahren, die notwendig sind, um die Zuverlässigkeit einer Vermutung zu überprüfen. Im Normalfall beinhaltet ein review (prüferische Durchsicht) keine Beurteilung des Systems der Rechnungslegung und der internen Kontrolle, keine Belegprüfung und keine Einholung von Saldenbestätigungen. Gleichwohl sind alle beurteilungsrelevanten Informationen zu berücksichtigen, die in den Verfügungsbereich des Prüfers gelangen.

    Die gegebene Urteilssicherheit bewegt sich im Gegensatz zu einem audit lediglich auf einem mittleren Niveau (moderate assurance). Die Anforderungen an ein review sind erfüllt, wenn es keine Anhaltspunkte dafür gibt, dass der zu beurteilende Sachverhalt (z.B. ein nicht prüfungspflichtiger Jahresabschluss) nicht den relevanten Bestimmungen entspricht (negative assurance) (ISA 120.14 ff.). ISA 910 und IDW PS 900 enthalten spezifische Regeln zum review von Abschlüssen; IDW PS 900.5 ff. sprechen hier von einer „negativ formulierten Aussage mit einer gewissen Urteilssicherheit".

- Die Dienstleistung *examination* bezieht sich derzeit lediglich auf die gesonderte Erteilung eines Auftrags zur Prüfung zukunftsorientierter finanzieller Informationen (ISA 810). Da die den Prognosen zugrunde liegenden Annahmen ihrem Wesen nach spekulativ sind, ist der Prüfer zumeist nur in der Lage, eine negative assurance auf mittlerem Niveau abzugeben (ISA 810.8 f.). Während bei einer prüferischen Durchsicht die Urteilssicherheit oftmals freiwillig (z.B. auf Grund der hohen Kosten eines audit im Vergleich zu einem review oder des gegebenen Zeitdrucks bei dem review unterjähriger Berichte) eingeschränkt wird, liegen die Gründe für die Beschränkung bei einer examination im Prüfungsobjekt selbst.

- *Agreed-upon procedures* beziehen sich auf vereinbarte prüfungsnahe Handlungen (z.B. Vereinbarung zur Einholung von Saldenbestätigungen anhand einer beigefügten Liste wichtiger Lieferanten; vgl. ISA 920.appendix 2). Es wird lediglich über vorgefundene Tatsachen (factual findings) berichtet. Die Empfänger des Berichts müssen dann ihre Schlussfolgerungen selbst ziehen. Diese Handlungen beinhalten keine Prüfungssicherheit (ISA 920.5). Der Bericht ist nur an die Parteien gerichtet, die den vorzunehmenden Prüfungshandlungen zugestimmt haben, da andere Parteien, welche die Gründe für die Vereinbarung nicht kennen, die Ergebnisse falsch interpretieren können (ISA 120.17 u. ISA 920).

- Im Rahmen eines *compilation engagement* verwendet der accountant sein Wissen, um Abschlussinformationen zu sammeln, zu klassifizieren und zusammenzufassen. Ein solcher Auftrag hat normalerweise die Erstellung eines Abschlusses zum Gegenstand (ISA 930.appendix 1 sowie HFA 4/1996). Demzufolge werden lediglich Daten in eine handhabbare Form gebracht, ohne die den Daten zugrunde liegenden Vermutungen zu prüfen. Diese Handlungen sind nicht dazu bestimmt und zudem auch nicht geeignet, den Finanzinformationen Prüfungssicherheit zu verleihen. Der Nutzen für den Verwender dieser Finanzinformationen liegt darin, dass die Handlungen mit der berufsüblichen Sorgfalt und Vorsicht ausgeführt werden (ISA 120.18 u. ISA 930). Insofern erlangen die Finanzinformationen auch auf diese Weise eine gewisse Glaubwürdigkeit.

Das ED Preface to the International Standards on Quality Control, Auditing, Assurance and Related Services.appendix vom November 2002 schlägt verschiedene Änderungen des zuvor dargestellen Bezugsrahmens vor.

Abb. I.6-4 stellt wesentliche Elemente dieses Bezugsrahmens dar; die ethischen und die Qualitätsnormen wurden nicht in die Abbildung aufgenommen.

Die geplanten Änderungen betreffen u.a. die folgenden Punkte:

- Bei den Prüfungsdienstleistungen wird strikt zwischen historischen Finanzinformationen (audits and reviews of historic financial information) einerseits und anderen Prüfungsgegenständen (other assurance engagements) andererseits unterschieden.

- Der Bezugsrahmen für Prüfungsdienstleistungen behandelt sowohl audit-level engagements als auch review-level engagements (vgl. hierzu Kapitel II, Abschnitt 2.3.2).

- Die examination (ISA 810) als eigenständige Kategorie entfällt und wird nun den anderen Prüfungsdienstleistungen zugeordnet.

Es bleibt abzuwarten, welche Gestalt der künftige Bezugsrahmen einnehmen wird.

Dienstleistungsarten						
Bezugsrahmen für Prüfungsdienstleistungen (ED proposed „International framework for assurance engagements")					Bezugsrahmen für verwandte Dienstleistungen (related services framework)	
Prüfung und Durchsicht von historischen Finanzinformationen (beabsichtigter ISA 100 „Audits and reviews of historic financial information")[48]			andere Prüfungsdienstleistungen (ED proposed ISAE 2000 „Assurance engagements on subject matters other than historical financial information")			
historische Abschlüsse (historic financial statements)		andere historische Finanzinformationen (other historic financial information)	Regelungsinhalte, die alle zu behandelnden Gegenstände betreffen (topics that apply to all subject matters)	gegenstandspezifische Standards (subject matter specific standards)		
Jahresabschlussprüfung (audit)	review	(einschl. ISA 800)		(einschl. ISA 810)	agreed-upon procedures	compilations

Abb. I.6-4: *Systematisierung der durch einen Prüfer erbringbaren Dienstleistungen (Stand: 1.5.2003)*[49]

Ein explizit formulierter Bezugsrahmen existiert in Deutschland nicht. Differenziert wird lediglich dahingehend, dass für Prüfungen mit einem abweichenden Prüfungsgegenstand (d.h. keine handelsrechtliche Abschlussprüfung) oder einem geringeren Umfang kein Bestätigungsvermerk, sondern lediglich eine Bescheinigung erteilt werden darf (IDW PS 400.5).[50]

6.5 Normenarten

6.5.1 Überblick und Systematisierung

Während die Normenquellen angeben, welche Institution oder welcher Akteur mit der Herausgabe einer Regelung befasst ist, setzen die Normenarten einen anderen Fokus, indem sie die vorhandenen Normen hinsichtlich der *Natur ihres Regelungsbereichs* systematisieren.

Bei der eigentlichen Berufsausübung hat der Prüfungsträger (insbes. Abschlussprüfer) *fachtechnische Normen* zu beachten, welche direkt Art und Umfang der Erbringung einer Prüfungs- oder einer verwandten Dienstleistung (vgl. Abschnitt 6.4.2) regeln. Voraussetzung für die Erbringung einer solchen Dienstleistung ist es, dass der Prüfer über einen gewissen Ausbildungsstand verfügt und sich zudem kontinuierlich weiterbildet (*Ausbildungsnormen*).

Des Weiteren vermag eine Prüfung den gegebenen Abschlussinformationen nur dann Glaubwürdigkeit zu verleihen, wenn der Prüfer ethischen Anforderungen (wie z.B. der Unabhängigkeit und der Unbefangenheit) genügt. *Ethische Normen* behandeln keine fachtechnischen Probleme, sondern geben vor, unter welchen Voraussetzungen der Prüfer in der Lage ist, die fachtechnischen, aber auch die Ausbildungs- und die Qualitätsnormen sachgerecht anzuwenden, und wie z.B. bestehende Interessenkonflikte mit dem Mandanten i.S. einer für den Abschlussadressaten nutzenstiftenden Weise zu lösen sind.[51]

Qualitätsnormen legen das Anforderungsprofil bei der Organisation der Wirtschaftsprüferpraxis[52] und der Abwicklung einzelner Prüfungsaufträge fest. Zudem soll eine interne und/oder externe Nachprüfung sicherstellen, dass die zuvor angesprochenen Anforderungen auch eingehalten wurden. Qualitätsnormen ziehen zumeist konkrete Handlungen bzw. Maßnahmen des Prüfers zur Qualitätssicherung nach sich.

Durchsetzungsnormen beinhalten Anreize, um die Erfüllung der präskriptiven Funktion der zuvor genannten Normenarten sicher zu stellen. Dabei wird ein opportun agierender Prüfer unterstellt, der immer dann normenkonform prüft, wenn die Anreize zur Normenbefolgung ausreichend hoch sind. Dies ist immer dann der Fall, wenn gilt:

> Wahrscheinlichkeit der Aufdeckung eines Normenverstoßes · Nutzeneinbuße > zusätzliche Kosten einer normenkonformen Prüfung (im Vergleich zu einer laxen Prüfung).

Durchsetzungsnormen legen einen Preis (Nutzeneinbuße des Prüfers, z.B. in Form einer monetären Sanktion, von Reputationsverlusten, von Gefängnisstrafen oder durch Ausschluss von der Berufsausübung) fest, der im Falle einer Prüfung, die nicht dem in den fachtechnischen, den Ausbildungs-, den Qualitäts- und/oder den ethischen Normen geforderten Niveau entspricht, zu entrichten ist.

Das in Abb. I.6-5 dargestellte *Beziehungsgeflecht zwischen den zuvor angesprochenen Normenarten* lässt sich wie folgt beschreiben:

Die fachtechnischen Normen bilden den Kernbereich. Ohne ihre Existenz lassen sich die Inhalte der anderen Normenarten nicht sachgerecht bestimmen, d.h. das den anderen Normenarten innewohnende Potenzial zur Verhaltenssteuerung (präskriptive Normenfunktion; vgl. Abschnitt 6.1) kann nur in Verbindung mit den direkt auf den Prüfungsprozess bezogenen fachtechnischen Normen wirksam werden.

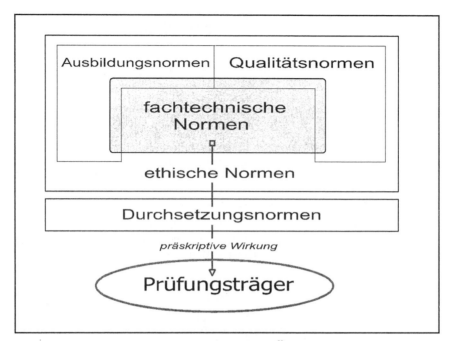

Abb. I.6-5: Beziehungsgeflecht zwischen den Normenarten[53]

Während die Ausbildungsnormen darauf abzielen, den Prüfer in die Lage zu versetzen, das geforderte fachliche Niveau einzuhalten, zielen die Qualitätsnormen primär auf das Handeln des Prüfers im Hinblick auf die Etablierung von Maßnahmen zur Qualitätssicherung ab.

Des Weiteren sprechen ethische Normen das Verhalten des Prüfers betreffende moralische Wertvorstellungen an. Dagegen betonen die Durchsetzungsnormen vorzugsweise die Anreizkomponente unter der Annahme der Existenz eines opportun agierenden Prüfers.[54]

6.5.2 Detailbetrachtung der einzelnen Normenarten

Die folgenden Ausführungen geben einen Überblick über wesentliche, den einzelnen Normenarten zuzurechnende Einzelnormen. In die Untersuchung eingebunden werden die deutschen und die internationalen Normen; da die US-amerikanischen Prüfungsnormen einen deutschen Prüfer i.d.R. nicht direkt binden, finden diese im Folgenden keine Beachtung[55].

Abweichende nationale und internationale Prüfungswelten lassen sich fast ausnahmslos durch zusätzliche Prüfungshandlungen ineinander überführen.[56] Dabei ist davon auszugehen, dass sich der auf Ebene der Prüfungsorganisation angewandte Prüfungsansatz (betriebliche Normen) so konzipieren lässt, dass die Prüfung sowohl den nationalen als auch den internationalen Anforderungen genügt. Die Big Four-Prüfungsorganisationen erheben regelmäßig einen solchen Anspruch.

Beispiele

Die KPMG führt hierzu in dem Audit Service Manual Folgendes aus: „The policies and guidance in this manual are consistent with ISA"[57]. Ernst & Young geben an, dass die Ernst & Young Global Audit Methodology „complies with International Standards on Auditing (...) in all respects applicable to audit methodology"[58].

6.5.2.1 Fachtechnische Normen

Fachtechnische Normen regeln Art und Umfang der Erbringung einer Prüfungs- oder einer verwandten Dienstleistung (vgl. Abschnitt 6.4.2). Die folgenden Ausführungen beziehen sich auf die Jahresabschlussprüfung (audit). Fachtechnische Normen geben das Prüfungsziel an und behandeln den gesamten Prozess der Zielerreichung (Gewinnung eines Prüfungsurteils). Demnach berühren fachtechnische Normen den zeitlichen Ablauf einer Prüfung von der Auftragsannahme, der Prüfungsplanung, den Methoden zur Erlangung von Prüfungsnachweisen, den begleitenden Dokumentations- und Kommunikationserfordernissen über die Urteilsbildung bis hin zur Berichterstattung.

Die fachtechnischen Normen lassen sich jedoch nur *bedingt prozessual organisieren*. Dies liegt vor allem darin begründet, dass der komplexe Prüfungsprozess regelmäßig nicht deterministisch, sondern iterativ abläuft.

Besonders deutlich wird dies am Beispiel der Prüfungsplanung; hier lösen die im Zuge der Prüfungsdurchführung erlangten Prüfungsnachweise sukzessive Modifikationen des (vorläufigen) Prüfungsplans aus. Demnach ist die Prüfungsplanung kein abgegrenzter Prozessschritt, sondern ein sachlich abgegrenzter Teilbereich der Prüfung, der nahezu den gesamten Prüfungsprozess begleitet. Des Weiteren sind die Methoden zur Erlangung von Prüfungsnachweisen (z.B. analytische Prüfungen) teilweise bereits in der Planungsphase einzusetzen. Auch die Dokumentationserfordernisse begleiten den gesamten Ablauf einer Prüfung.

Der Prüfungsprozess setzt sich demnach aus *mehreren Teilprozessen* zusammen, die überwiegend *zeitlich parallel ablaufen*, sich zudem *gegenseitig beeinflussen* und teilweise *miteinander interagieren*.

Weiterhin geben die fachtechnischen Normen den Versuch einer prozessualen Orientierung teilweise bewusst auf, um sich abgegrenzten Bereichen zuzuwenden, die als besonders bedeutsam erachtet werden. Hervorzuheben sind hier die Frage nach der Aufdeckung betrügerischer Handlungen, die wesentlichen Einfluss auf den Abschluss nehmen (*fraud-Prüfung*), sowie die Frage, ob und inwieweit der Prüfer über die Standardformulierung des Bestätigungsvermerks hinausgehend eine Aussage hinsichtlich des Fortbestehens eines Unternehmens treffen muss (*going concern-Prüfung*).

Während die beiden zuvor genannten Fragen integrativer Bestandteil eines jeden Prüfungsprozesses sind, treten weitere sachlich abgegrenzte Bereiche hinzu, die gleichfalls gesondert behandelt werden (*Sonderprobleme*): Solche Sachververhalte setzen an den Besonderheiten des Prüfungsobjektes (z.B. Prüfung kleiner Unternehmen oder Prüfung von Konzernen) und/oder an spezifischen nationalen (oder internationalen) Erfordernissen der Rechnungslegung und/oder der Prüfung (z.B. die nach deutschen Normen erforderliche Prüfung des Lageberichts und des Risikomanagementsystems) an.

Abb. I.6-6 fasst die zuvor angesprochenen Überlegungen zusammen.

Dem zuvor dargelegten Ordnungskonzept werden nachstehend zentrale deutsche und internationale Prüfungsnormen zugeordnet und ggf. bestehende, besonders bedeutsame Unterschiede benannt. Das IDW hat bereits eine Vielzahl von IFAC-Normen in entsprechende IDW-Normen transformiert.[59] Die angesprochene Systematik und die zugeordneten Prüfungsnormen bereiten die auf den Prüfungsprozess bezogenen Ausführungen in Kapitel II vor.

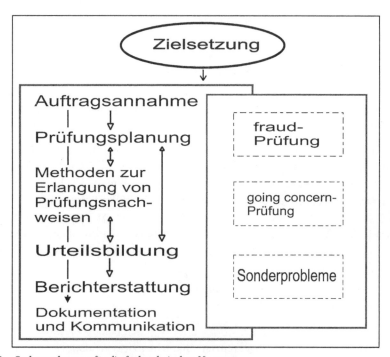

Abb. I.6-6: Ordnungskonzept für die fachtechnischen Normen

Zielsetzung

Das Ziel einer Prüfung besteht darin, die Abgabe eines Urteils darüber zu ermöglichen, ob der Jahresabschluss (Prüfungsobjekt) in allen wesentlichen Punkten den angegebenen Rechnungslegungsnormen entspricht (§ 317 Abs. 1 Satz 3 HGB; IDW PS 200.8 ff.; IDW PS 210.12 ff. und ISA 200.2; vgl. auch Abschnitt 6.2). Demnach soll die Glaubwürdigkeit der

Rechnungslegungsinformationen erhöht werden. Prüfungsobjekte bilden sowohl der Einzel- als auch der Konzernabschluss nebst zugrunde liegender Buchführung; darüber hinaus sind ggf. auch der Lagebericht, das Risikomanagementsystem, die Segmentberichterstattung, die Kapitalflussrechnung sowie der Eigenkapitalspiegel prüfungspflichtig (vgl. Kapitel II, Abschnitte 8.2 ff.). Die drei zuletzt genannten Rechenwerke sind durch die Änderungen des § 297 Abs. 1 Satz 2 HGB durch das TransPuG zu eigenständigen Bestandteilen des Konzernabschlusses kapitalmarktorientierter Mutterunternehmen geworden. Die Prüfung selbst muss den (relevanten) Prüfungsnormen entsprechen und ist mit einer kritischen Grundhaltung zu planen und durchzuführen (IDW PS 200.17; IDW PS 210.14 und ISA 200.6 f.; ISA 240.13).

Auftragsannahme und Prüfungsplanung

Die Auftragsbedingungen sind mit dem Mandanten schriftlich zu vereinbaren; die Erstellung eines Auftragsbestätigungsschreibens wird empfohlen (IDW PS 220 und ISA 210; vgl. auch Kapitel II, Abschnitt 2.1 sowie die Ausführungen zu Ethics Sec. 13 in Abschnitt 6.5.2.2). International ist es unter bestimmten Voraussetzungen möglich, die vereinbarte Prüfungssicherheit vor Beendigung des Prüfungsauftrags auf ein niedrigeres Niveau herabzustufen: Beispielsweise ist es zulässig, von der reasonable assurance eines audit auf die moderate assurance eines review zu wechseln (ISA 210.12 ff.). Ein solches Vorgehen ist indes bei einer gesetzlichen Abschlussprüfung in Deutschland unzulässig.[60]

Die Prüfungstätigkeit ist zu planen (§ 37 Berufssatzung; IDW PS 240.7 und ISA 300; vgl. auch Kapitel II, Abschnitt 2.2). Nationale und internationale Normen formulieren ähnliche inhaltliche Anforderungen an eine Planung nebst deren Dokumentation:

Die Prüfungsplanung umfasst die Entwicklung einer *Prüfungsstrategie* sowie eines hieraus ableitbaren *Prüfungsprogramms*. Dabei betont IDW PS 240.20, dass die Erstellung des Prüfungsprogramms nach sachlichen, personellen und zeitlichen Gesichtspunkten zu erfolgen hat. Bereits vor der Auftragsannahme sowie im Rahmen der Prüfungsplanung hat der Prüfer sich Kenntnisse über die Geschäftstätigkeit und das wirtschaftliche Umfeld des Mandanten zu verschaffen (§ 4 Abs. 2 Berufssatzung; IDW PS 230.7 u. 9; IDW PS 240.17 und ISA 310.4 ff.). Dabei ist auch zu berücksichtigen, ob und inwieweit der Mandant seine Rechnungslegung auf Dienstleistungsunternehmen auslagert (IDW EPS 331 u. ISA 402; vgl. auch Kapitel II, Abschnitt 5.2.5). Die Verwendung von Ergebnissen anderer Prüfer und die Einbeziehung von Sachverständigen ist gleichfalls zu planen (IDW PS 240.20 und ISA 600.7; ISA 610.9 ff. u. ISA 620.8). Zudem hat der Abschlussprüfer bei der Planung zwingend analytische Prüfungen einzusetzen (IDW PS 312.27 ff.; ISA 520.2). Das Erfordernis einer Gesamtplanung aller Aufträge der Wirtschaftsprüferpraxis findet sich nur in IDW PS 240.10 und VO 1/1995 B. IV.

Der Prüfer muss auch die Beachtung von Gesetzen und sonstigen Vorschriften in die Planung einbeziehen. Insbesondere hat er sich Kenntnisse über das rechtliche Umfeld (legal and regulatory framework) des zu prüfenden Unternehmens anzueignen. Überdies ist festzustellen, wie das Unternehmen sich an dieses Regelwerk hält (IDW PS 230.5 ff.; IDW PS 210.32 und ISA 250, insbes. 250.2 u. 15 f. sowie IAPS 1010.30 ff. unter Bezugnahme auf die Berücksichtigung von Umweltgesetzen und -vorschriften im Rahmen der Jahresabschlussprüfung).

Methoden zur Erlangung von Prüfungsnachweisen

Prüfungsnachweise (audit evidence) sind vom Abschlussprüfer erlangte Informationen, die zu Schlussfolgerungen (Prüfungsfeststellungen) führen, auf die er sein Prüfungsurteil stützt (IDW PS 300.6 und ISA 500.4). Normalerweise hat der Prüfer für alle Abschlussaussagen (vgl. Abschnitt 6.2) Prüfungsnachweise zu erlangen. Nach IDW PS 300.14 ff. und ISA 500.3 ff. lassen sich Prüfungsnachweise entweder durch Systemprüfungen oder aussagebezogene Prüfungshandlungen erlangen. Tab. I.6-2 systematisiert die im Folgenden näher darzustellenden Prüfungshandlungen zur Erlangung von Prüfungsnachweisen.

Prüfungshandlungen zur Erlangung von Prüfungsnachweisen (obtaining audit evidence from audit procedures)					
Systemprüfungen (tests of control)		aussagebezogene Prüfungshandlungen (substantive procedures)			
Aufbauprüfung (suitability of design)	Funktionsprüfung (effective operation)	analytische Prüfungen (analytical procedures)	Einzelfallprüfungen (tests of details of transactions and balances)		
			Vollprüfung (selecting all items)	Auswahlprüfung	
				bewusste Auswahl (selecting specific items)	Zufallsauswahl (audit sampling)

Tab. I.6-2: Systematisierung der Prüfungshandlungen zur Erlangung von Prüfungsnachweisen

- *Systemprüfungen* zielen auf die Erlangung von Prüfungsnachweisen über die angemessene Ausgestaltung (Aufbauprüfung) und Wirksamkeit (Funktionsprüfung) des rechnungslegungsbezogenen internen Kontrollsystems (IKS) ab (IDW PS 260.27 ff. und ISA 400 sowie Kapitel II, Abschnitt 3.2.2).
- *Aussagebezogene Prüfungshandlungen* dienen dem Prüfer dazu, sich eine hinreichende Prüfungssicherheit darüber zu verschaffen, ob die Abschlussaussagen den in den Rechnungslegungsnormen festgelegten Anforderungen entsprechen. Dabei lassen sich zwei Arten von aussagebezogenen Prüfungshandlungen unterscheiden, die sich auch kombiniert einsetzen lassen: *Analytische Prüfungen* (IDW PS 312.20 ff. und ISA 520.10 ff. so-

wie Kapitel II, Abschnitt 3.2.3) und *Einzelfallprüfungen* (IDW PS 300.14 und ISA 500.6 sowie Kapitel II, Abschnitt 3.2.4).

Bei der Durchführung von Einzelfallprüfungen kann der Prüfer alle Elemente einer Grundgesamtheit auswählen, sich bewusst auf bestimmte Elemente konzentrieren oder zufällig eine Stichprobe (audit sampling) ziehen (ISA 530.22 ff.). Dem audit sampling kann ein statistischer oder ein nicht-statistischer Ansatz zugrunde gelegt werden (ISA 530.28 ff.). Streng genommen stellt der nicht statistische-Ansatz keine Zufallsauswahl dar; die seitens der IFAC gewählte Terminologie wird an dieser Stelle nicht weiter problematisiert.

Den Normalfall des audit sampling bildet der statistische Ansatz. Das angewandte Stichprobenverfahren muss den Anforderungen der Wahrscheinlichkeitstheorie genügen (vgl. hierzu Kapitel II, Abschnitte 3.2.4.2 f.). Genügt das Verfahren ausnahmsweise nicht den Anforderungen der Wahrscheinlichkeitstheorie, so liegt ein nicht-statistischer Ansatz vor. Audit sampling und die bewusste Auswahl unterscheiden sich dahingehend, dass bei der bewussten Auswahl die Elemente (definitionsgemäß) bewusst und nicht zufällig gezogen werden.

Art, Umfang und zeitliche Folge des Einsatzes von Prüfungshandlungen zur Erlangung von Prüfungsnachweisen folgen dem *Prüfungsrisikomodell* (vgl. Kapitel II, Abschnitt 1.2). Dabei müssen die Prüfungsaussagen mit hinreichender Sicherheit getroffen werden. Eine hinreichende Sicherheit ist dann gegeben, wenn das Risiko der Abgabe eines positiven Prüfungsurteils trotz wesentlicher Fehler im Prüfungsobjekt auf ein akzeptables Maß reduziert wird (*Prüfungsrisiko*).

Das Prüfungsrisiko setzt sich wiederum aus zwei Komponenten zusammen.

- Zum einen kann der Prüfer über den Einsatz aussagebezogener Prüfungshandlungen das Risiko des Entdeckens von Fehlern variieren (*Entdeckungsrisiko*).
- Zum anderen wird die Höhe des akzeptierbaren Entdeckungsrisikos wiederum durch die Höhe des Risikos der Existenz von Fehlern im Prüfungsobjekt beeinflusst (*Fehlerrisiko*). Das Fehlerrisiko beinhaltet wiederum inhärente und Kontrollrisiken, die es vor Durchführung der aussagebezogenen Prüfungshandlungen zu beurteilen gilt (IDW PS 260.23 ff.).
  - *Inhärente Risiken* sprechen die dem Geschäft des Mandanten sowie die dem Abschluss, den Kontensalden und den Geschäftsvorfällen innewohnenden Risiken an (IDW PS 260.27 ff. und ISA 310.2 u. 400.11 ff. sowie zu den Umweltrisiken als Teilbereich der inhärenten Risiken IAPS 1010.17 ff.).
  - *Kontrollrisiken* stellen die Gefahr dar, dass wesentliche Fehler durch das IKS des Unternehmens nicht verhindert oder aufgedeckt und korrigiert werden (ISA 400.5 u. 21 ff. sowie IDW PS 260.24 u. 30 ff.). Dabei ist ein hohes Kontrollrisiko anzunehmen, wenn der Prüfer keine ausreichenden Prüfungsnachweise für ein niedrigeres Kontrollrisiko erlangt (ISA 400.31).

Im Rahmen der Überlegungen zu einer verstärkt geschäftsrisikoorientierten Ausgestaltung (vgl. Kapitel II, Abschnitt 3.3.1) der Jahresabschlussprüfung sind Überlegungen im

Gange, die Prüfungsnormen verstärkt auf die hiermit einhergehenden Erfordernisse auszurichten. Hierzu zählt auch, dass künftig nicht nur eine separate Einschätzung der inhärenten und der Kontrollrisiken, sondern auch eine gemeinsame Einschätzung dieser Risiken zulässig sein soll (zu den geplanten Normenänderungen vgl. Kapitel II, Abschnitt 3.3.1.3).

Ungeachtet der Beurteilung des Fehlerrisikos ist es nicht möglich, in wesentlichen Prüffeldern auf den Einsatz aussagebezogener Prüfungshandlungen zu verzichten (IDW PS 260.77 und ISA 400.45).

Ausgehend von den zuvor angesprochenen Risikobeurteilungen hat der Prüfer aussagebezogene Prüfungshandlungen dergestalt einzusetzen, dass das Prüfungsrisiko auf ein vertretbar niedriges Niveau reduziert bzw. eine vorgegebene Prüfungssicherheit erreicht wird. Dabei muss der Prüfer auch berücksichtigen, ab wann das Ausmaß von falschen Aussagen im Abschluss *wesentlich* ist (IDW EPS 250 und ISA 320 sowie Kapitel II, Abschnitt 1.3).

Hinsichtlich der *Einholung von Prüfungsnachweisen bei bestimmten Posten* gehen IDW PS 301 und ISA 501.4 ff. auf die Anwesenheit des Abschlussprüfers bei der Inventur ein (vgl. Kapitel II, Abschnitt 3.4.1). Die Nachforschungen bei Rechtsstreitigkeiten und Klagen, die Bewertung und die Offenlegung langfristiger Finanzanlagen sowie die Segmentberichterstattung (vgl. Kapitel II, Abschnitt 8.4) werden in IDW PS 300.39 ff. und ISA 501.31 ff. behandelt. Bezüglich der Nachforschungen bei Rechtsstreitigkeiten und Klagen besteht unter den in IDW PS 300.41 und ISA 501.33 ff. genannten Voraussetzungen eine Pflicht zur Kontaktaufnahme mit dem Rechtsanwalt des Mandanten; verweigert die Unternehmensleitung ihre Einwilligung zu einer solchen Kontaktaufnahme, hat dies Konsequenzen für die Erteilung des Testates (ISA 501.37). Des Weiteren behandeln IDW EPS 302 und ISA 505 detailliert das *Einholen von Bestätigungen Dritter* (vgl. Kapitel II, Abschnitt 3.5.2).

Die *Prüfung von geschätzten Werten in der Rechnungslegung* (wie z.B. der Wert strittiger Forderungen, die Nutzungsdauer von Vermögensgegenständen oder die Höhe von drohenden Verlusten aus schwebenden Geschäften) behandeln IDW PS 314 und ISA 540 (vgl. Kapitel II, 3.4.3).

Zeitliche Aspekte der Erlangung von Prüfungsnachweisen berühren zum einen die Erstprüfung und zum anderen die Frage, ob und inwieweit Prüfungshandlungen vorzunehmen sind, welche Ereignisse nach dem Abschlussstichtag betreffen.

- Die Regelungen zu den Besonderheiten der *Erstprüfung* in IDW PS 205 und ISA 510 sind ähnlich ausgestaltet.[61]

- Nach IDW PS 203.11 und ISA 560.4 sind die Prüfungshandlungen auch darauf auszurichten, ausreichende und angemessene Prüfungsnachweise dafür zu erlangen, dass alle *Ereignisse* festgestellt werden, *die bis zum Datum des Bestätigungsvermerks eingetreten sind*. Ein solches Vorgehen ist notwendig, da z.B. bei der Bewertung einzelner Abschlussposten sog. wertaufhellende Ereignisse zu berücksichtigen sind (IDW PS 203.8).

Weiterhin sind nach dem Datum des Bestätigungsvermerks eingetretene Ereignisse u.U. für die Beurteilung der going concern-Annahme relevant (vgl. Kapitel II, Abschnitt 4.2).

- *Nach dem Datum des Bestätigungsvermerks* (aber vor Veröffentlichung des Abschlusses) besteht keine aktive Pflicht hinsichtlich der Erlangung von Prüfungsnachweisen. Werden dem Prüfer Ereignisse bekannt, die den Abschluss wesentlich beeinflussen, hat er zu beurteilen, ob der Abschluss geändert werden muss (ISA 560.8 f.).

  In IDW PS 203.17 und ISA 560.8 wird die Auffassung vertreten, die Unternehmensleitung habe den Prüfer zu informieren, falls zwischen dem Datum des Bestätigungsvermerks und der Veröffentlichung des Abschlusses Sachverhalte auftreten, die sich auf den Abschluss auswirken können (nachträgliche Informationspflicht).

  Ergibt sich auf diesem Wege eine Abschlussänderung, hat der Prüfer sicherzustellen, dass auch alle in dem zuvor genannten Zeitraum bekannt gewordenen Ereignisse (in dem nicht geänderten Bereich), die im Abschluss zu berücksichtigen wären, festgestellt werden. Demnach sind die in ISA 560.4 f. genannten Prüfungshandlungen uneingeschränkt auf den Zeitraum bis zur Erstellung des neuen Bestätigungsvermerks auszudehnen. Dagegen ist die Nachtragsprüfung gem. § 316 Abs. 3 HGB auf die vorgenommenen Änderungen (der Unternehmensleitung) begrenzt. Insofern besteht ein zwingender Unterschied (IDW PS 203.29).

Setzt der Mandant ein *IT-gestütztes Rechnungslegungssystem* ein (vgl. Kapitel II, Abschnitt 7), hat der Prüfer einen möglichen Einfluss auf die Prüfungsdurchführung zu berücksichtigen. Der Einsatz von IT-Systemen verändert das Prüfungsziel allerdings nicht.

- Bereits im Rahmen der Planung von IT-Systemprüfungen hat der Prüfer die Auswirkungen des IT-Einsatzes im Unternehmen auf seinen Prüfungsansatz hinreichend zu berücksichtigen (IDW PS 330.48; § 4 Abs. 2 Berufssatzung und ISA 401.4).

- Um das Prüfungsrisiko in einem IT-Umfeld von stand-alone-, online-, sowie Datenbank-Systemen (IAPS 1001-1003) auf das vorgegebene Maß zu reduzieren, sind die Prüfungsmethoden an den Prüfungsgegenstand (IT-gestützte Rechnungslegung des Mandanten) anzupassen.

- Die Verwendung IT-gestützter Prüfungstechniken kann die Effizienz und Effektivität der Prüfung wesentlich erhöhen (IDW PS 330.94 und ISA 401.11 f.; IAPS 1009). Diese Techniken können den Prüfer bei der Durchführung sowohl der Systemprüfung als auch der aussagebezogenen Prüfungshandlungen sachgerecht unterstützen (IDW PS 330.96 ff.).

- Der Prüfer muss abwägen, ob er die Ergebnisse eines IT-Sachverständigen in die Urteilsfindung einzubeziehen hat (IDW PS 330.47 und ISA 401.4 i.V.m. ISA 620); als Arbeitsergebnisse Dritter lassen sich auch Softwarebescheinigungen als Prüfungsnachweis verwerten (IDW PS 880.50 ff.). Führt der Prüfer bereits mit Beginn der Entwicklung eines

IT-Systems beim Mandanten Prüfungshandlungen durch (sog. projektbegleitende Prüfung), so lassen sich auch auf diese Weise Prüfungsnachweise erlangen (HFA 4/1997).

Insgesamt formulieren die deutschen und die internationalen Normen ähnliche Anforderungen (IDW PS 330 sowie zu den GoB im IT-Kontext IDW RS FAIT 1, IDW ERS FAIT 2 und ISA 401 sowie die IAPS 1001, 1002, 1003, 1008, 1009).

Urteilsbildung

Die Urteilsbildung des Prüfers basiert auf Schlussfolgerungen (Prüfungsfeststellungen), die aus den erlangten Prüfungsnachweisen abgeleitet wurden (IDW PS 300.1 u. 6 und ISA 700.2). Unmittelbar vor der Bildung des Gesamturteils bedarf es einer abschließenden, auf analytischen Prüfungen beruhenden Gesamtdurchsicht (IDW PS 312.23 und ISA 520.13). Zur Aggregation von Teilurteilen zu einem Gesamturteil finden sich keine ins Detail gehende Normen (vgl. Kapitel II, Abschnitt 5.1).

Die Nachweise werden vorzugsweise mittels der weiter oben dargestellten Methoden erlangt. Der Grad der Verlässlichkeit der Prüfungsnachweise hängt insbesondere von deren Art ab (IDW PS 300.36 und ISA 500.15). Darüber hinaus lassen sich ggf. auch *Erklärungen der Unternehmensleitung* als Prüfungsnachweis verwerten (IDW PS 303.8 ff. und ISA 580; IAPS 1010.48). Dabei ist der Abschlussprüfer gehalten, von dem geprüften Unternehmen eine Vollständigkeitserklärung einzuholen, in der die Vollständigkeit der erteilten Aufklärungen und Nachweise versichert wird (IDW PS 303.20 ff. und ISA 580.11 ff.).

Als Nachweise sind auch *Urteile Dritter* (andere Abschlussprüfer, Interne Revision sowie Sachverständige) bei der Urteilsbildung zu berücksichtigen. In diesem Fall hat der gesamtverantwortliche Prüfer wiederum geeignete Nachweise dafür zu erlangen, dass die Arbeiten Dritter für seine Zwecke verwendbar sind (IDW PS 320, 321, 322 und ISA 600, 610, 620 sowie IAPS 1010.41 ff.; vgl. auch Kapitel II, Abschnitt 5.2.3).

Bei der Urteilsbildung hat der Prüfer zu berücksichtigen, ob die *Vergleichsangaben* über Vorjahre (comparatives) den Anforderungen der angewandten Rechnungslegungsnormen entsprechen (IDW PS 318 und ISA 710). Als Vergleichsangaben sind z.B. die im Abschluss enthaltenen Angaben für die Vorperiode gem. § 265 Abs. 2 HGB oder IAS 1.38 ff. zu nennen.

Hat der Prüfer sich sein (vorläufiges) Urteil zu dem geprüften Abschluss gebildet, verpflichten IDW PS 202.7 und ISA 720.2 den Prüfer, sonstige Informationen in Dokumenten, die einen Jahresabschluss beinhalten (z.B. Geschäftsbericht, Börsenprospekt), kritisch zu lesen, um wesentliche Widersprüche zu dem geprüften Abschluss festzustellen. Das IDW spricht hier von *zusätzlichen Informationen, die von Unternehmen zusammen mit dem Jahresabschluss veröffentlicht werden.*

6 Prüfungsnormen

Berichterstattung

Zentrales Instrument der *externen* Berichterstattung ist der *Bestätigungsbericht* (auditor's report on financial statements). Obgleich der deutsche Gesetzgeber den Bestätigungsvermerk durch den im Zuge des KonTraG eingeführten § 322 HGB inhaltlich zu einem Bestätigungsbericht ausgebaut hat, wurde formal die Bezeichnung *Bestätigungsvermerk* beibehalten. Die Normen der Berichterstattung in ISA 700 sowie in § 322 HGB i.V.m. IDW PS 400 sind ähnlich ausgestaltet (vgl. Kapitel II, Abschnitt 5.3).

Die genannten Berichterstattungsnormen weichen lediglich insofern bedeutsam voneinander ab, als dass die deutschen Normen eine *Verweigerung des Prüfungsurteils* (disclaimer of opinion) nicht vorsehen.[62] Eine solche Verweigerung ist nach ISA 700.38 u. 44 angezeigt, wenn mögliche Auswirkungen der Einschränkungen des Prüfungsumfangs (limitation of scope) so wesentlich und umfassend sind, dass eine Einschränkung (qualified opinion) nicht ausreicht, um die irreführende oder unvollständige Natur des Abschlusses offenzulegen. Nach deutschen Normen wäre der Vermerk in diesem Fall zu versagen (§ 322 Abs. 3 u. 4 HGB i.V.m. IDW PS 400.66; in diesem Fall liegt ein sog. Prüfungshemmnis vor).

Des Weiteren hat der Prüfer in den Fällen, in denen er sein Urteil teilweise auf *Ergebnisse anderer Prüfer* stützt, in seinem Bestätigungsbericht hierauf hinzuweisen und die Größenordnung der von ihm nicht geprüften Bereiche anzugeben (ISA 600.18). Da die deutschen Normen einen entsprechenden Hinweis nebst Größenangabe nicht fordern (insbes. IDW PS 400.93), besteht ein inhaltlicher Unterschied. Auch den gem. ISA 620.17 zulässigen Hinweis auf die Verwendung von *Ergebnissen eines Sachverständigen* im Fall eines nicht uneingeschränkt erteilten Bestätigungsvermerks sehen die deutschen Normen nicht vor. Verwendet der Prüfer den Prüfungsbericht einer seitens des Mandanten in Anspruch genommenen Dienstleistungsorganisation, darf er hierauf in seinem Bestätigungsbericht nicht hinweisen (ISA 402.18); hier besteht Kompatibilität zu den deutschen Normen.

Überdies geht ISA 560.11 auf die Berichterstattungserfordernisse ein, sofern *Ereignisse nach dem Datum des Bestätigungsberichts*, aber vor Veröffentlichung des Abschlusses aufgedeckt werden. Hält es der Prüfer für erforderlich, den Abschluss zu ändern und weigert sich die Unternehmensleitung, die Änderung vorzunehmen, ist den für den Abschluss verantwortlichen Personen mitzuteilen, dass der Bestätigungsbericht nicht an Dritte weitergeben werden darf. Wenn der Abschluss dennoch weitergegeben wird, muss der Prüfer Schritte unternehmen, um zu verhindern, dass Dritte sich auf den Bestätigungsbericht verlassen.[63] Nach IDW PS 400.11 ff. ist der Prüfer grundsätzlich zum Widerruf des Bestätigungsvermerks verpflichtet.

Abweichende Konsequenzen für die Berichterstattung können sich bei der Prüfung von *Vergleichsangaben* gem. IDW PS 318.30 ff. und ISA 710.10 ff. ergeben. Hier kann es u.U. erforderlich sein, den Vermerk nur nach internationalen Normen einzuschränken (IDW PS 318.37).

Im Rahmen der Prüfung *zusätzlicher Informationen* sind die Konsequenzen für die externe Berichterstattung ähnlich ausgestaltet (IDW PS 202.16 ff. und ISA 720.12 f.). Dabei kann das kritische Lesen zu dem Ergebnis führen, dass entweder die im Jahresabschluss oder Lagebericht gegebenen oder die zusätzlichen Informationen änderungsbedürftig sind. Über wesentliche nicht berichtigte unzutreffende zusätzliche Informationen (die im Widerspruch zum Jahresabschluss stehen) ist nach IDW PS 400.116 im Prüfungsbericht (§ 321 Abs. 1 HGB) im Rahmen der *Redepflicht* zu berichten.

- Weigert sich der Mandant *vor Erteilung des Bestätigungsvermerks* die notwendigen Anpassungen in dem geprüften Jahresabschluss oder Lagebericht vorzunehmen, ist der Vermerk einzuschränken oder zu versagen (IDW PS 202.14). Weigert sich der Mandant, die notwendigen Anpassungen der anderen Informationen vorzunehmen, so vertritt das IDW in PS 202.15 die Meinung, dass es nach Art und Gewichtigkeit der Unstimmigkeiten sachgerecht sein kann, den Bestätigungsvermerk nicht herauszugeben bis die Unstimmigkeiten geklärt sind. Für die zuvor angesprochene Konsequenz finden sich in § 322 HGB keine Anhaltspunkte. Insofern handelt es sich um eine berufsständische Meinungsäußerung contra legem.[64] Ist der Abschlussprüfer bei wesentlichen Unstimmigkeiten nicht in der Lage, festzustellen, ob der Jahresabschluss oder die zusätzlichen Informationen zutreffend sind, liegt hierin ein Prüfungshemmnis, auf Grund dessen der Bestätigungsvermerk gleichfalls einzuschränken oder zu versagen ist (IDW PS 202.16).

- *Nach Erteilung des Bestätigungsvermerks* hat der Mandant bei wesentlichen Unstimmigkeiten im Abschluss und Lagebericht entsprechende Änderungen vorzunehmen, die einer Nachtragsprüfung zu unterziehen sind; im Falle unvollständiger oder falscher zusätzlicher Informationen stellt IDW PS 202.18 lediglich fest, dass zu prüfen ist, ob und welche Maßnahmen des Prüfers erforderlich sind.

In Deutschland ist der schriftlich abzufassende *Prüfungsbericht* (long-form audit report) das zentrale Instrument der *internen* (insbes. an den Aufsichtsrat gerichteten) Berichterstattung (§ 321 HGB i.V.m. IDW PS 450; vgl. Kapitel II, Abschnitt 5.3.2). Am 4.11.2002 hat das IDW einen Entwurf für eine Neufassung von IDW PS 450 vorgelegt, der vor allem die aus dem TransPuG resultierenden Einflüsse auf die Berichterstattung des Abschlussprüfers aufgreift. International existiert kein Berichtsinstrument, welches *formal* dem Prüfungsbericht entspricht. Vielmehr ist das internationale Normensystem dahingehend anders ausgerichtet, als ISA 260 sowie verschiedene Einzelnormen zumeist zeitnahe Erfordernisse einer (schriftlichen und/oder mündlichen) Kommunikation auch an die Leitungs- und Überwachungsorgane des Unternehmens (those charged with goverance) festlegen. Die Vorgaben im geplanten IDW-Standard sind teilweise restriktiver (IDW EPS 450.134 n.F.) und berücksichtigen zudem Transformationserfordernisse, die aus den Besonderheiten des deutschen Systems der Unternehmensführung resultieren (IDW EPS 450.133 n.F.).

Ein über den Prüfungsbericht hinausgehendes gängiges Mittel der nationalen und internationalen Berufspraxis ist der gleichfalls in Schriftform abzufassende *Management-Letter*, welcher die Unternehmensleitung über festgestellte Schwachstellen (zumeist im IKS) informiert und Vorschläge zur Verbesserung anregt (vgl. Kapitel II, Abschnitt 5.3.3). Die Prüfungsnormen verpflichten jedoch nicht dazu, ein Management-Letter zu erstellen (vgl. hierzu auch IDW EPS 450.17 n.F.).

Dokumentation und Kommunikation

Der Abschlussprüfer hat alle wichtigen Angelegenheiten in den Arbeitspapieren zu dokumentieren (§ 51b WPO i.V.m. IDW PS 460 und ISA 230). Die Kommunikationserfordernisse sind in den einzelnen Normen geregelt (vgl. im Zusammenhang mit den Unregelmäßigkeiten z.B. IDW PS 210.51 ff. u. ISA 240.28 ff.); teilweise lässt sich die Grenzlinie zwischen Kommunikation und Berichterstattung nicht trennscharf ziehen. Besonders bedeutsam ist hier das Kommunikationserfordernis, die Unternehmensleitung frühestmöglich über Schwächen im IKS nebst Änderungsvorschlägen zu informieren (IDW PS 260.81 u. ISA 400.49). Hat der Abschlussprüfer im Zuge der Prüfungsdurchführung für die Arbeit der Überwachungsorgane eines Unternehmens bedeutsame Kenntnisse erlangt, sind diese zeitnah an die zuständigen Organe (z.B. Aufsichtsrat) zu kommunizieren (ISA 260.2). Die Grundsätze für die mündliche Berichterstattung des Abschlussprüfers an den Aufsichtsrat regelt IDW PS 470.

§ 321 HGB u. IDW PS 450 bzw. IDW EPS 450 n.F. gehen nur auf die schriftliche Berichterstattung am Ende der Prüfung in Form eines Prüfungsberichts ein. In Deutschland ist das Erfordernis einer *Schlussbesprechung* (Kommunikation am Ende der Prüfung) nicht normiert (Ausnahmen bestehen jedoch für Unternehmen bestimmter Rechtsformen oder Branchen; vgl. z.B. § 57 Abs. 4 GenG); ein solches Vorgehen entspricht jedoch der gängigen Berufspraxis und besitzt insofern GoA-Charakter (vgl. auch Kapitel II, Abschnitt 5.3.3).

Fraud und going concern

Der Prüfer ist innerhalb der in den Prüfungsnormen festgelegten Grenzen verpflichtet, absichtliche Handlungen aufzudecken, die zu wesentlichen Falschdarstellungen im Jahresabschluss führen (fraud). Des Weiteren besteht eine Pflicht zur Prüfung der going concern-Annahme. Die beiden zuvor genannten Bereiche verfolgen innerhalb der Jahresabschlussprüfung ein eigenständig abgrenzbares Prüfungsziel, welches ein besonderes prüferisches Vorgehen erfordert. Gleichwohl sind diese Prüfungen nicht isoliert zu planen und durchzuführen, sondern i.S. des risikoorientierten Prüfungsansatzes sachgerecht in den gesamten Prozess der Jahresabschlussprüfung einzubinden (vgl. Abb. I.6-6). Als besonders bedeutsame (Prüfungs-)Normen, die diese Bereiche regeln, sind § 317 Abs. 1 Satz 3 HGB i.V.m. IDW PS 210 u. §§ 317 Abs. 1, 252 Abs. 1 Nr. 2 HGB i.V.m. IDW PS 270 sowie ISA 240 u. 570 zu nennen (vgl. Kapitel II, Abschnitt 4).

Sonderprobleme

Sonderprobleme sprechen sachlich abgegrenzte Bereiche an, die sich zumeist weitgehend losgelöst von den prozessualen Erfordernissen behandeln lassen. Diese Probleme setzen an den Besonderheiten des Prüfungsobjektes und/oder spezifischen nationalen oder internationalen Prüfungserfordernissen an. Im Folgenden werden jene sachlich abgegrenzten Bereiche angesprochen, die auf Grund ihrer Eigenart und/oder Bedeutung in den Ausführungen dieses Gliederungspunktes bisher keine Beachtung gefunden haben.

Als sachlich abgegrenzte Bereiche, für die nur nationale Prüfungsnormen existieren, sind vor allem die Prüfung des *Lageberichts* (§§ 289 u. 317 Abs. 2 HGB i.V.m. IDW RS HFA 1 u. IDW PS 350; vgl. Kapitel II, Abschnitt 8.2) sowie die Prüfung des *Risikomanagementsystems* (§ 91 Abs. 2 AktG u. § 317 Abs. 4 HGB i.V.m. IDW PS 340; vgl. Kapitel II, Abschnitt 8.3) zu nennen. National und international geregelt ist die Prüfung der Angabepflichten zu *Beziehungen mit wirtschaftlich nahe stehenden Personen* (sog. related parties; vgl. IDW EPS 255 und ISA 550 i.V.m. IAS 24 sowie Kapitel II, Abschnitt 8.6). Dagegen existieren für die Prüfung *kleiner Unternehmen* (IAPS 1005 u. Kapitel II, Abschnitt 8.1) nur internationale Prüfungsnormen.

Stark abweichende prüfungsobjektinduzierte Prüfungserfordernisse ergeben sich auch bei der Prüfung von *Konzernabschlüssen* (vgl. Kapitel II, Abschnitt 8.5). Diese Besonderheiten erlangen jedoch weder in den nationalen noch in den internationalen Normen ausreichende Beachtung. Des Weiteren verpflichtet § 297 Abs. 1 Satz 2 HGB die gesetzlichen Vertreter börsennotierter Mutterunternehmen dazu, den Konzernabschluss um eine *Kapitalflussrechnung*, eine *Segmentberichterstattung* und einen *Eigenkapitalspiegel* zu erweitern. Diese sind als Pflichtbestandteil der Rechnungslegung prüfungspflichtig; spezifische Normen zur Prüfung bestehen jedoch nicht (vgl. Kapitel II, Abschnitt 8.3 sowie ausnahmsweise ISA 501.42 ff.).

6.5.2.2 Ethische Normen

Im Prüfungskontext berühren ethische Normen moralische Wertvorstellungen, die das Verhalten des Prüfers gegenüber dem Mandanten, den eigenen Berufsangehörigen sowie der Öffentlichkeit betreffen (Problemfelder ethischer Normen).[65] In einem marktwirtschaftlich orientierten System sprechen ethische Normen vorzugsweise den *Zielkonflikt von Gewinnerzielung und Erlangung eines vertrauenswürdigen Urteils* an (vgl. Kapitel II, Abschnitt 1.1).

Gewinnerzielung ist hier weit auszulegen und soll alle Nutzenbeiträge umfassen, die dem Prüfer im Austausch gegen die Hinnahme von Beeinträchtigungen einer normenkonformen Prüfung zufließen. Beispiele für hieran anknüpfende Konflikte sind: der wettbewerbsinduzierte Druck auf die Prüfungshonorare, mögliche Beeinträchtigungen der Unabhängigkeit durch Kopplung von Prüfung und Beratung, der drohende Entzug eines Mandates bei

Nichterteilung eines uneingeschränkten Bestätigungsvermerks sowie das diesen Vorgang begleitende Phänomen des opinion shopping.

Opinion shopping kennzeichnet eine Situation, in der ein Mandant versucht, einen (möglicherweise drohenden) Konflikt mit dem amtierenden Prüfer dahingehend zu lösen, dass er auch bei anderen Prüfern Meinungen hinsichtlich der Behandlung eines Sachverhaltes abfragt. Ziel des Mandanten ist es, entweder zu dem Prüfer zu wechseln, der dem Mandanten nahe stehende Ansichten vertritt, oder auf den amtierenden Prüfer mittels der Androhung eines Wechsels Druck auszuüben.

Die IFAC erkennt an, dass es auf Grund nationaler Unterschiede in den kulturellen, sprachlichen, rechtlichen und sozialen Systemen primär den nationalen Mitgliedsorganisationen obliegt, detaillierte ethische Anforderungen aufzustellen (Ethics 1). Diese Organisationen haben auch die Verantwortung für die Implementierung und Durchsetzung (Ethics 1 u. SPC, Implementation und Enforcement of Ethical Requirements.2 u. 5 ff.).

Da jedoch die Identität des Berufsstands weltweit durch das Bemühen um das Erreichen gemeinsamer Ziele sowie die Befolgung bestimmter fundamentaler Prinzipien für diese Zwecke gekennzeichnet ist, erachtet die IFAC die Schaffung eines International Code of Ethics dennoch als erforderlich (Ethics 2 f.). Die internationalen ethischen Normen sollen als Modell dienen (Ethics 4), auf dem nationale Normen aufbauen. Dieses Modell erscheint gleichzeitig geeignet, um die ethischen Normentexte entlang sachlicher Kriterien zu systematisieren.

Abb. I.6-7 legt die *Struktur der internationalen ethischen Normen* dar und benennt die einzelnen Elemente.

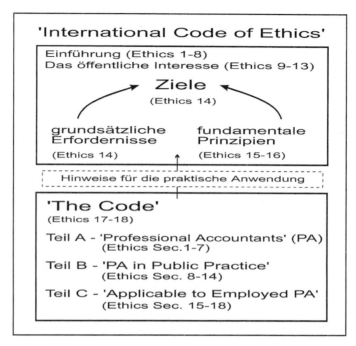

Abb. I.6-7: Aufbau des International Code of Ethics

Um die gesetzten Ziele zu erreichen, muss grundsätzlichen Erfordernissen entsprochen werden. Darüber hinaus sind für das Erreichen dieser Ziele fundamentale Prinzipien zu beachten. Als *Ziele* des Berufsstands nennen Ethics 9 ff. u. 14 das Arbeiten auf dem höchstmöglichen Stand der Professionalität, das Erlangen einer bestmöglichen prüferischen Leistung sowie das Erfüllen der öffentlichen Interessen.

Diese Ziele verlangen, dass vier *grundsätzlichen Erfordernissen* (basic needs) entsprochen werden muss. Hierzu zählen nach Ethics 14

- der Bedarf an Maßnahmen, welche die Glaubwürdigkeit von Informationen erhöhen (credibility),
- der Bedarf an fachlich kompetenten Personen, die sich als solche identifizieren lassen (professionalism),
- der Bedarf an qualitativ hochwertigen Prüfungsdienstleistungen (quality of services; vgl. auch Abschnitt 6.5.2.4) sowie
- das Erfordernis, dass die Dienstleistungsempfänger sich darauf verlassen können, dass der Leistungserbringer an ethische Normen gebunden ist (confidence).

Zudem setzt die Zielerreichung das Einhalten *fundamentaler Prinzipien* (fundamental principles) voraus. Nach Ethics 15 f. zählen hierzu die Objektivität, die fachliche Kompetenz

6 Prüfungsnormen

und gebührende Sorgfalt (due care), die Verschwiegenheit, das berufswürdige Verhalten[66] sowie die fachtechnischen Normen (vgl. Abschnitt 6.5.2.1).

Auf Grund der allgemeinen Natur der Ziele sowie der fundamentalen Prinzipien ist es nicht beabsichtigt, auf dieser Grundlage spezifische ethische Probleme zu lösen. Für diese Zwecke gibt *The Code* der Praxis in typischen Situationen eine Richtschnur für zielkonformes Verhalten sowie für die Einhaltung der fundamentalen Prinzipien (Ethics 17).

The Code gliedert sich in *drei Anwenderklassen* (Ethics 18):

- Während *Teil A* sich an alle Berufsangehörigen (professional accountants) richtet, die Mitglied in einer IFAC-Mitgliedsorganisation sind,
- engt *Teil B* den Anwenderkreis auf die Angehörigen, die den Prüferberuf ausüben (professional accountants in public practice) ein.

Hierzu zählen alle Partner (einer Prüfungsgesellschaft) oder Personen, die eine ähnliche Position innehaben und jeder Angestellte, der in einer Praxis mandantenbezogene fachliche Dienstleistungen (z.B. Prüfung oder Beratung) erbringt, sowie professional accountants, die in einer Praxis Geschäftsführungsfunktionen ausüben. Der Ausdruck gilt auch für eine Gesellschaft der Berufsangehörigen in freiberuflicher Praxis (Ethics Definitions).

Dagegen spricht *Teil C* nur diejenigen professional accountants an, die den Prüferberuf nicht ausüben, d.h. in der Industrie, im Handel, im öffentlichen Dienst oder im Bildungswesen tätige Personen.[67]

Ausgehend von dieser Systematik greifen Ethics Sec. 1-18 thematisch zusammengehörige Problemkreise auf und erörtern diese eingehend und umfassend. Die folgenden Ausführungen behandeln mit Teil A und B jene ethischen Normen, die einen unmittelbaren Bezug zum Prüfungswesen aufweisen. Hierbei werden lediglich ausgewählte Aspekte angesprochen und es wird komparativ auf wesentliche deutsche Normen verwiesen. Ethics Sec. 8 wurde im November 2001 überarbeitet. Mit weiteren Überarbeitungen, die den gesamten International Code of Ethics betreffen, ist zu rechnen; ein entsprechender Diskussionsentwurf wird voraussichtlich im Sommer 2003 veröffentlicht.

Die deutschen ethischen Normen (insbes. §§ 43 f. u. 49 WPO, Berufssatzung und §§ 318 ff. HGB sowie IDW PS 201.24 ff.) beinhalten kein erkennbares Systematisierungskonzept. Aus diesem Grunde wird im Folgenden die sachliche Gliederung der internationalen Normen herangezogen, um die aus Sicht eines deutschen Prüfers relevanten ethischen Normen systematisch darzustellen.

Integrität und Objektivität (Ethics Sec. 1)

Ethics Sec. 1 normiert das Erfordernis der Integrität und Objektivität; dieses Erfordernis ist zugleich fundamentales Prinzip. Der Berufsangehörige wird u.a. ausdrücklich darauf aufmerksam gemacht, dass in bestimmten Situationen Druck (z.B. seitens des Mandanten) auf ihn ausgeübt wird und dass ein solcher Druck die Objektivität beeinträchtigen kann. Auch wahrgenommene Beeinträchtigungen der Objektivität sind zu vermeiden. Als Beispiel wird die Annahme von Geschenken oder Einladungen genannt, die geeignet sind, den Eindruck einer Beeinflussung des beruflichen Urteilsvermögens des Prüfers zu erwecken.

Das Erfordernis der Objektivität ist nicht ganz trennscharf hinsichtlich der Anforderungen an einen Prüfer in Bezug auf seine Unabhängigkeit (Ethics Sec. 8) und Unbefangenheit sowie die hiermit in einem engen Zusammenhang stehende Besorgnis der Befangenheit (vgl. hierzu Abb. I.6-8 und die dort angegebenen nationalen Normen).

Lösung ethischer Konflikte (Ethics Sec. 2)

Ethische Konflikte treten z.B. auf, wenn der Berufsangehörige durch den Mandanten und/oder einen Vorgesetzten aufgefordert wird, gegen fachliche Regeln zu verstoßen. Für die Lösung ethischer Konflikte hat der Prüfer nach Ethics Sec. 2.3 zunächst die internen Anweisungen der jeweiligen Prüfungsgesellschaft zu befolgen. Lässt sich der Konflikt auf diese Weise nicht beilegen, wird eine an den Hierarchieebenen orientierte Konfliktlösung angeregt. Dabei ist der Sachverhalt zunächst mit dem unmittelbaren Vorgesetzten zu erörtern. Besteht der Anschein, dass der Vorgesetzte selbst in den Konflikt involviert ist, ist die nächst höhere Hierarchieebene anzusprechen. Zu erwägen ist auch, auf vertraulicher Basis z.B. bei einem unabhängigen Berater über das mögliche Vorgehen Rat einzuholen. Besteht der Konflikt nach Ausschöpfung aller Möglichkeiten weiter, kann der Berufsangehörige bei schwerwiegenden Angelegenheiten keine andere Alternative haben, als zu kündigen und den Sachverhalt schriftlich einem geeigneten Vertreter der Prüfungsorganisation vorzutragen.

Korrespondierende nationale Regeln bestehen nicht. Obgleich die deutschen Normen weisungsinduzierte Beeinflussungen der Urteilsfindung eines Prüfers verbieten (§ 44 Abs. 1 WPO; § 11 Berufssatzung), schließt ein solches Verbot die Existenz eines hieraus resultierenden Konfliktes nicht grundsätzlich aus.

Fachliche Kompetenz (Ethics Sec. 3)

Berufsangehörige dürfen nach Ethics Sec. 3 nicht den Anschein erwecken, dass sie über eine fachliche Kompetenz verfügen, die sie gar nicht besitzen; die Konkretisierungen dieses fundamentalen Prinzips sind indes nicht sehr weitreichend. In ähnlicher Weise verbietet § 4 Abs. 2 der Berufssatzung die Übernahme eines Auftrages, sofern der Prüfer nicht über die erforderliche Sachkunde verfügt.

Verschwiegenheit (Ethics Sec. 4)

Die Pflicht zur Verschwiegenheit über während der Ausübung der beruflichen Tätigkeit erhaltene Informationen lässt sich aus dem besonderen Vertrauensverhältnis zwischen Prüfer und Mandant begründen (§ 323 Abs. 1 u. 3 HGB; § 43 Abs. 1 Satz 1 auch i.V.m. § 56 Abs. 1 WPO sowie §§ 9 f. Berufssatzung). In Deutschland wird der Wirtschaftsprüfer bereits bei seiner öffentlichen Bestellung auf seine Verschwiegenheit vereidigt (§ 17 Abs. 1 WPO).

Diese Pflicht gilt auch nach Beendigung des Auftragsverhältnisses und ist grundsätzlich gegenüber jedermann zu wahren. Überdies hat der Berufsangehörige sicherzustellen, dass seine Gehilfen und Mitarbeiter dieser Pflicht nachkommen (§ 50 WPO und Ethics Sec. 4.3). Verschwiegenheit ist grundsätzlich einzuhalten, es sei denn, der Berufsangehörige wird ausdrücklich zur Offenlegung ermächtigt[68] oder es besteht eine gesetzliche oder berufliche Pflicht hierzu (Ethics Sec. 4.2).

Beispielsweise geht Ethics Sec. 4.8 (c) (ii) davon aus, dass beruflich bedingt von der Pflicht zur Verschwiegenheit abgewichen werden kann oder muss, sofern dies die Maßnahmen einer externen Qualitätskontrolle erfordern. Eine entsprechende Einschränkung der Verschwiegenheitspflicht bei Durchführung einer externen Qualitätskontrolle gibt national § 57b Abs. 3 WPO vor. Weitere Details zur Handhabung der Verschwiegenheitspflicht hängen vom Recht des Landes der jeweiligen Mitgliedsorganisation ab.

Steuerberatung (Ethics Sec. 5)

Wirtschaftsprüfer sind zur Steuerberatung befugt (§ 2 Abs. 2 WPO). Die Beratung oder Vertretung in solchen Angelegenheiten ist mit einer Prüfung durch denselben Prüfer i.d.R. vereinbar. Der BGH hat in seinem Urteil vom 21.4.1997 die grundsätzliche Vereinbarkeit von Beratung in wirtschaftlichen sowie steuerlichen Angelegenheiten und die gleichzeitige Abschlussprüfung bestätigt.[69] Eine Beratungstätigkeit, die *über eine Entscheidungshilfe hinausgeht*, steht indes der gleichzeitigen Tätigkeit als Abschlussprüfer desselben Unternehmens entgegen, wenn dadurch die Besorgnis der Befangenheit hervorgerufen wird (§ 22 Berufssatzung sowie die entsprechende Begründung hierzu). Einzelne bei der Beratung in Steuerangelegenheiten zu beachtende Verhaltensregeln finden sich in Ethics Sec. 5.2 ff.; eine Unabhängigkeitsbedrohung liegt hier im Allgemeinen nicht vor (Ethics Sec. 8.177).

Grenzüberschreitende Tätigkeiten (Ethics Sec. 6)

Bei grenzüberschreitenden Tätigkeiten hat sich der Berufsangehörige von den in Ethics Sec. 6.3 normierten berufsständischen Erfordernissen leiten zu lassen: Übt ein Berufsangehöriger seinen Beruf außerhalb seines Heimatlandes aus und bestehen spezifische Unterschiede in den ethischen Anforderungen,

- so sind die strengeren ethischen Regeln entweder des Landes der Berufsausübung oder die der IFAC zu beachten.

- Sind indes (im Land der Berufsausübung) die ethischen Regeln des Heimatlandes zwingend anzuwenden und sind diese zudem strenger als die beiden zuvor genannten Regelwerke, sind die Anforderungen des Heimatlandes zu befolgen.

Kundmachung (Ethics Sec. 7)

Es ist zulässig, die Öffentlichkeit sachlich und neutral über die Tätigkeit des Prüfers zu informieren (§ 52 Satz 3 WPO; § 33 Abs. 1 Berufssatzung).[70]

Unabhängigkeit (Ethics Sec. 8)

Die Ausführungen zur Unabhängigkeit (vgl. hierzu aus ökonomischer Sicht Abschnitt 7) nehmen innerhalb der internationalen ethischen Normen einen breiten Raum ein. Die Regelungen in Ethics Sec. 8 wurden im November 2001 grundlegend überarbeitet.[71] Die am 16.5.2002 verabschiedete Empfehlung der EU-Kommission zur Unabhängigkeit des Abschlussprüfers[72] ist ähnlich ausgestaltet[73]. Die nachstehenden Ausführungen konzentrieren sich auf Ethics Sec. 8 und zentrale korrespondierende deutsche Normen. Ethics Sec. 8.1 ff. zufolge erstreckt sich der Geltungsbereich von Ethics Sec. 8 nicht nur auf die Jahresabschlussprüfung, sondern auf sämtliche Prüfungsleistungen bzw. assurance engagements (vgl. Abschnitt 6.4.2).

Die IFAC gliedert ihre Überlegungen zur Unabhängigkeit in einen allgemeinen und einen speziellen Teil. Zunächst stellt Ethics Sec. 8.8 ff. einen Bezugsrahmen dar (a conceptional approach to independence), welcher den Prüfer nicht zur Einhaltung spezifischer Regeln anhält, sondern ihn dabei unterstützen soll, Bedrohungen der Unabhängigkeit (threats) zu identifizieren und zu beurteilen. Weiterhin geht es darum, den Prüfer bei der Identifikation und Umsetzung geeigneter Schutzmaßnahmen (safeguards) zu unterstützen. Die Schutzmaßnahmen sind auf Art und Schwere der Bedrohung auszurichten. Lässt sich auf diese Weise die Bedrohung nicht auf ein akzeptables Maß reduzieren, so besteht die letzte Schutzmaßnahme darin, bestimmte Verbindungen nicht einzugehen oder dem Mandanten bestimmte zusätzliche Leistungen nicht zu erbringen. Die Anwendung des Bezugsrahmens wird durch die beispielhafte Erörterung einer nicht abschließenden Anzahl spezifischer Situationen ergänzt, in denen die Unabhängigkeit bedroht sein könnte (Ethics Sec. 8.100 ff.). Ein entsprechender Bezugsrahmen existiert in Deutschland derzeit nicht; gleichwohl arbeitet man an einer Neufassung der relevanten Normen.[74]

Der *Bezugsrahmen* führt zunächst aus, dass der Prüfer sowohl tatsächlich bzw. seiner inneren Einstellung nach (independence of mind) als auch dem äußeren Anschein nach (independence of appearance) unabhängig sein soll (Ethics Sec. 8.8). Weiterhin identifiziert Ethics Sec. 8.28 ff. fünf Arten von *Unabhängigkeitsbedrohungen*.

- Beim *self-interest threat* ist die Unabhängigkeit dadurch gefährdet, dass der Prüfer ein eigenes (finanzielles) Interesse am Prüfungsergebnis hat (z.B. der Prüfer vergibt ein Darlehn an den Mandanten, das mandantenspezifische Prüfungshonorar nimmt einen wesentlichen Anteil am Gesamthonorar ein oder der Prüfer unterhält in Bereichen enge Geschäftsbeziehungen mit dem Mandanten).

- Beim *self-review threat* ist der Prüfer nicht in der Lage, das Prüfungsobjekt mit hinreichender Objektivität zu beurteilen, weil der Prüfer selbst in die Erstellung des Prüfungsobjektes involviert war. Die Bezeichnungen „self-review threat" und „*Gefahr der Selbstprüfung*" werden im Folgenden synonym verwendet.

- Beim *advocacy threat* kann die Unabhängigkeit dadurch beeinträchtigt sein, dass der Prüfer für den Mandanten (z.B. vor Gericht) Stellung beziehen muss. Hier resultiert die Bedrohung daraus, dass der Prüfer sich mit der Position des Mandanten identifiziert und dadurch seine Objektivität verliert.

- Beim *familiarity threat* kann die Unabhängigkeit dadurch beeinträchtigt werden, dass der Prüfer den Mandanten auf Grund dessen Persönlichkeit oder auf Grund enger Beziehungen zu sehr schätzt, als dass er objektiv dessen Arbeit beurteilen könnte.

- Beim *intimidation threat* beruht die Unabhängigkeitsgefährdung auf einer Einschüchterung durch den Mandanten (z.B. Drohung des Mandanten, den Prüfer zu wechseln, sofern dieser sich nicht der Einschätzung des Mandanten hinsichtlich der Bewertung bestimmter Abschlussposten anschließt).

Darauf aufbauend werden verschiedene Kategorien von *Schutzmaßnahmen* angesprochen, die sich im Einzelfall als geeignet erweisen können, um die Risiken aus den zuvor genannten Unabhängigkeitsbedrohungen abzuschwächen oder zumindest auf ein akzeptables Maß zu reduzieren (Ethics Sec. 8.34 ff.). Folgende drei Kategorien werden unterschieden:

- Es kann sich um durch den *Berufsstand, die Rechtsprechung oder andere Normen geschaffene Schutzmaßnahmen* handeln, die sich z.B. auf Aus- und Fortbildungserfordernisse oder gesetzliche Unabhängigkeitserfordernisse beziehen.

- *Schutzmaßnahmen beim Mandanten* beziehen sich z.B. auf das Vorhandensein kompetenter Entscheidungsträger, eines internen Kodex, der zu einer fairen Berichterstattung verpflichtet, sowie von Prüfungsausschüssen (Audit Committees).

- *Schutzmaßnahmen beim Prüfer* beziehen sich zum einen auf allgemeine Schutzmaßnahmen (z.B. dokumentierte Grundsätze zur Identifikation von Unabhängigkeitsbedrohungen sowie zeitnahe Dokumentation möglicher Änderungen) und zum anderen auf auftragsspezifische Schutzmaßnahmen (z.B. Durchsicht der Prüfungsergebnisse durch einen nicht am Auftrag beteiligten Prüfer).

Ein entsprechend ausformulierter Bezugsrahmen liegt in Deutschland derzeit nicht vor. Gleichwohl muss der Prüfer zweifelsfrei unabhängig sein. National ist das grundsätzliche Erfordernis der Unabhängigkeit vor allem in § 43 Abs. 1 WPO und in den §§ 1 f. Berufssatzung normiert. Der Prüfer muss sowohl tatsächlich als auch dem äußeren Anschein nach unabhängig sein. Das internationale Konstrukt „Unabhängigkeit dem äußeren Anschein nach" und das nationale Konstrukt „Besorgnis der Befangenheit" dürften sich entsprechen. Dieses

Erfordernis zieht die Konsequenz nach sich, dass der Prüfer seine Tätigkeit zu versagen hat, sofern die Besorgnis der Befangenheit besteht (§ 49 WPO; § 20 Berufssatzung). Die Besorgnis der Befangenheit steht u.U. auch der Bestellung des Abschlussprüfers entgegen (§ 318 Abs. 3 HGB). Konkretisiert wird das Konstrukt „Besorgnis der Befangenheit" über die in § 319 Abs. 2 u. 3 HGB sowie in den §§ 21 u. 23 Berufssatzung genannten Ausschlussgründe. Das Beziehungsgeflecht der nationalen Normen verdeutlicht Abb. I.6-8.

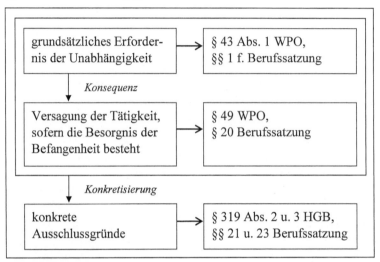

Abb. I.6-8: *Zusammenhang zwischen dem grundsätzlichen Erfordernis der Unabhängigkeit, dem Besorgnis der Befangenheit und konkreten Ausschlussgründen nach deutschen Normen*

Der spezielle Teil von Ethics Sec. 8 beschreibt spezifische Umstände und Beziehungen, die Unabhängigkeitsbedrohungen hervorrufen können. Die genannten Beispiele stellen diese Bedrohungen sowie Maßnahmen, die im Einzelfall geeignet erscheinen, diese Bedrohungen zumindest zu reduzieren, dar (Ethics Sec. 8.100). Die deutschen Normen sind hier *weitaus weniger detailliert* und eröffnen insofern Interpretationsspielräume, die über die internationalen Normen hinausgehen.[75]

Im Folgenden werden ausgewählte Beispiele entlang des speziellen Teils des Bezugsrahmens der IFAC systematisiert und unter Verweis auf die korrespondierenden nationalen Normen dargestellt. Die Ausführungen erheben nicht den Anspruch auf Vollständigkeit. Dargestellt werden nur die Unabhängigkeitsbedrohungen in Zusammenhang mit einer Abschlussprüfung, d.h. der Bereich non-audit assurance services wird nicht behandelt. Zudem werden die in den IFAC-Normen angesprochenen Schutzmaßnahmen zumeist nicht detailliert dargelegt.

- *Finanzielle Interessen* können dazu führen, dass der Prüfer ein eigenes Interesse am Prüfungsergebnis hat (self-interest treat) (Ethics Sec. 8.102-123). Finanzielle Interessen liegen z.B. in einer finanziellen Beteiligung am Unternehmen des Mandanten begründet (§ 319 HGB, insbes. Abs. 2 Nr. 1 u. 3 sowie Abs. 3 Nr. 1; § 21 Abs. 2 Nr. 2 Berufssatzung unter Hinweis auf finanzielle Bindungen und Ethics Sec. 8.102). Solche Interessen bestehen auch dann, wenn der Prüfer vom Auftraggeber Versorgungszusagen annimmt (§ 2 Abs. 2 Nr. 4 Berufssatzung und Ethics Sec. 8.114).

- *Kredite und Garantien* (Ethics Sec. 8.124-129): Vergibt ein Mandant, der nicht als Kreditinstitut zu klassifizieren ist, wesentliche Kredite an den Prüfer, so kann dies zu einem self-interest threat führen (Ethics Sec. 8.127 f.). Die Vergabe von Krediten wird in den deutschen Normen nicht explizit angesprochen; gleichwohl stehen die internationalen Vorgaben in Einklang mit dem in § 43 Abs. 1 WPO kodifizierten grundsätzlichen Erfordernis der Unabhängigkeit. Das allgemeine Verbot der Übernahme von Mandantenrisiken findet sich in § 2 Abs. 2 Nr. 3 Berufssatzung.

- *Enge geschäftliche Beziehungen mit dem Mandanten* (Ethics Sec. 8.130-132): Diese können z.B. darin begründet liegen, dass der Prüfer zusammen mit dem Mandanten ein Produkt unter gemeinsamen Namen vertreibt oder mit dem Mandanten ein Gemeinschaftsunternehmen betreibt (Ethics Sec. 1.130). Handelt es sich um ein Abschlussmandat und ist der Sachverhalt wesentlich, so ist es nicht möglich, die Unabhängigkeitsbedrohung durch geeignete Schutzmaßnahmen auf ein akzeptables Maß zu reduzieren. Ist der Prüfer finanziell an dem zuvor angesprochenen Gemeinschaftsunternehmen beteiligt oder in entsprechenden Leitungs- oder Aufsichtsorganen vertreten, so könnten u.a. § 319 Abs. 2 Nr. 1, Nr. 3 u. Nr. 6 bzw. Abs. 3 Nr. 1 HGB greifen. Ansonsten dürften die internationalen Vorgaben in Einklang mit dem in § 43 Abs. 1 WPO kodifizierten grundsätzlichen Erfordernis der Unabhängigkeit stehen.

- *Persönliche und familiäre Beziehungen* des Prüfers zum Mandanten können gleichfalls die Besorgnis der Befangenheit hervorrufen (Ethics Sec. 8.133-139). Der Terminus persönliche und familiäre Beziehungen dürfte den nahen Beziehungen i.S. von § 21 Abs. 2 Berufssatzung entsprechen; die Existenz einer nahen Beziehung begründet nach Abs. 1 die Besorgnis der Befangenheit.

- *Beschäftigung beim Mandanten* (Ethics Sec. 8.140-142 u. 146-149): Unabhängigkeitsbedrohungen bestehen, wenn der amtierende Prüfer beim Mandanten eine Position einnimmt, die es ihm erlaubt, Einfluss auf das Prüfungsobjekt zu nehmen; das Risiko einer Bedrohung besteht auch dann, wenn der Prüfer einen Wechsel in ein Arbeitsverhältnis beim Mandanten beabsichtigt (Ethics Sec. 8.140). Von einer Unabhängigkeitsbedrohung ist auch auszugehen, wenn Prüfungspersonal dem Mandanten zeitweilig entgeltlich überlassen wird (vgl. auch Ethics Sec. 8.189).

Unabhängigkeitsbedrohungen bestehen weiterhin, wenn ein *ehemaliger Prüfungspartner* zu einem Mandanten wechselt und die Prüfungsgesellschaft den Mandanten unverändert prüft (Ethics Sec. 8.141). Dabei hängt die Unabhängigkeitsbedrohung von den folgenden Faktoren ab: 1) Position, die der ehemalige Prüfungspartner nun beim Mandanten einnimmt, 2) den Beziehungen zwischen dem ehemaligen Prüfungspartner und dem aktuellen Prüfungsteam sowie 3) der Position, die der ehemalige Prüfungspartner im Prüfungsteam bzw. der Prüfungsgesellschaft inne hatte. Als Schutzmaßnahme wird z.B. die Notwendigkeit angesprochen, die Planungen für die laufende Prüfung des Mandanten zu ändern.

Ist der amtierende Prüfer z.B. im Vorstand oder Aufsichtsrat des Mandanten vertreten, ist es nicht möglich, das Risiko einer Unabhängigkeitsbedrohung über Schutzmaßnahmen auf ein akzeptables Maß zu reduzieren (Ethics Sec. 8.146).

In ähnlicher Weise geht § 319 Abs. 2 Nr. 2 HGB davon aus, dass ein Prüfer nicht Abschlussprüfer sein darf, sofern dieser gesetzlicher Vertreter, Aufsichtsrat oder Arbeitnehmer ist oder in den letzten Jahren vor seiner Bestellung war.

Die Empfehlung der EU-Kommission zur Unabhängigkeit des Abschlussprüfers spricht sich (in Abschnitt B.3.4.) für die Einführung einer *Abkühlungsphase* (cooling off-period) von wenigstens zwei Jahren für solche Fälle aus, in denen ein Prüfungspartner mit Schlüsselfunktionen eine Prüfungsgesellschaft verlässt, um bei einem Prüfungsmandanten eine Managementposition ebenfalls mit Schlüsselfunktion zu erlangen. Der US-amerikanische Sarbanes-Oxley Act enthält in Sec. 206 eine ähnliche Regelung. Eine Abkühlungsphase geben derzeit weder die deutschen noch die internationalen Normen vor.

- *Personeller Wechsel vom Mandanten zum Prüfer* (Ethics Sec. 8.143-145): Wechselt z.B. ein leitender Angestellter des Mandanten zum amtierenden Prüfer, so darf diese Person auf Grund bestehender Unabhängigkeitsbedrohungen (z.B. Beteiligung dieser Person an der Erstellung von Unterlagen, die nun Prüfungsgegenstand sind) nicht dem Prüfungsteam zugewiesen werden, welches den vorherigen Arbeitgeber prüft.

- Bei einer *lang andauernden Verbindung mit dem Mandanten* werden auf Grund einer zu großen Vertrautheit oder eines übermäßigen Vertrauens Unabhängigkeitsbedrohungen wahrscheinlicher (Ethics Sec. 8.150-154). Als eine mögliche Schutzmaßnahme wird vorgeschlagen, die mit der Durchführung eines Prüfungsauftrags beauftragten führenden Mitarbeiter (senior personnel) turnusmäßig zu wechseln (Ethics Sec. 8.150). Bei börsennotierten Mandanten muss der verantwortlich zeichnende Prüfer (lead engagement partner) binnen einer vorgegebenen Periode, die sieben Jahre nicht überschreiten sollte, rotieren (Ethics Sec. 8.151).

National gibt § 319 Abs. 3 Nr. 6 HGB eine Pflicht zur internen Rotation bei der Prüfung einer amtlich notierten Aktiengesellschaft vor; demnach ist eine Rotation dann zwingend, wenn der verantwortliche Prüfer in den vergangenen zehn Jahren den Bestätigungsvermerk in mehr als sechs Fällen gezeichnet hat. Der ausgeschlossene Prüfer darf weder Mitglied des Prüfungsteams sein noch diesem Team beratend zur Seite stehen. Diese Regelung gilt auch für Wirtschaftsprüfer, die nicht Mitglied einer Wirtschaftsprüfungsgesellschaft sind (§ 319 Abs. 2 Satz 2 HGB).

Ist eine solche interne Rotation z.B. bei kleinen Büros mit börsennotierten Mandanten nicht praktikabel, sind geeignete Schutzmaßnahmen zu treffen, um einer möglichen Unabhängigkeitsbedrohung entgegenzuwirken. Als Beispiel für eine solche Maßnahme wird die Einbeziehung eines weiteren Prüfers genannt, der in keiner Verbindung zu dem bestehenden Prüfungsteam steht. Der weitere Prüfer kann die Arbeit des Prüfungsteams durchsehen oder diesem Team beratend zur Seite stehen (Ethics Sec. 8.154).

Die aktuelle Diskussion hinsichtlich der Ausgestaltung des Rotationsprinzips wird vor allem in den USA geführt. In diesem Zusammenhang ist der sog. Sarbanes-Oxley Act of 2002 von besonderer Bedeutung. Die darin enthaltenen Bestimmungen gelten für alle bei der SEC registrierten börsennotierten Unternehmen; betroffen sind auch deutsche Prüfer, die Prüfungsleistungen für diese Unternehmen oder deren Tochtergesellschaften erbringen. Der Sarbanes-Oxley Act of 2002 (i.d.F. vom 22.1.2003) sieht vor, dass die beiden Wirtschaftsprüfer in führender Position (senior partner) maximal fünf Jahre in Folge einen Mandanten prüfen dürfen; dem folgt eine Auszeit (time-out period) von fünf Jahren. Andere bedeutsame Partner (other significant partner) können den Mandanten sieben Jahre prüfen; die time-out period beträgt zwei Jahre. Kleinere Prüfungsgesellschaften mit weniger als zehn Partnern, die weniger als fünf Unternehmen prüfen, sind von der Rotationsregel ausgenommen.

- In Zusammenhang mit der *Erbringung von Nicht-Prüfungsdienstleistungen für Prüfungsmandanten* (Ethics Sec. 8.155-202) werden verschiedene Arten von Unabhängigkeitsbedrohungen erörtert.

1) *Buchführungstätigkeiten oder andere Dienstleistungen, die mit dem Jahresabschluss verbunden sind* (Ethics Sec. 8.163-170): In diesem Fall besteht die Gefahr der Selbstprüfung. § 319 Abs. 2 Nr. 5 HGB führt eine über die Prüfungstätigkeit hinausgehende Mitwirkung bei der Führung der Bücher oder der Aufstellung des zu prüfenden Jahresabschlusses explizit als Ausschlussgrund an. Unzulässig ist eine Beratung im Regelfall erst dann, wenn sie über die Darstellung von Alternativen i.S. einer Entscheidungshilfe hinausgeht (§ 23 Berufssatzung nebst Begründung; die Verlautbarung des Vorstands der WPK zur Abgrenzung von Prüfung und Erstellung sowie ein diesbezügliches Urteil des BGH[76]). Ein prüfungsfähiger Jahresabschluss liegt indes nicht vor, wenn das Zahlenwerk keinen Abschluss der Konten darstellt oder in ihm wesentliche Bewertungsmaßnahmen zum Jahresende fehlen. Eine Beseitigung dieses Mangels würde in diesem Fall zweifelsfrei zu einer unzulässigen Mitwirkung (über die Prüfungstätigkeit hinaus) führen. Dies gilt auch für den Anhang und Lagebericht. Die deutschen Regelungen sind insofern strenger, als Ethics Sec. 8.170 in Notfällen (z.B. wenn der Abschlussprüfer auf Grund unvorhergesehener Ereignisse der Einzige ist, der eine rechtzeitige Aufstellung des Jahresabschlusses und mithin ggf. auch den Fortbestand des Unternehmens sicherstellen kann) unter bestimmten Voraussetzungen eine Unterstützung bei der Führung der Bücher und der Aufstellung des Abschlusses über das zuvor beschriebene Maß erlaubt. Die Notfallregelung ist auch in der Empfehlung der EU-Kommission zur Unabhängigkeit des Abschlussprüfers (Anhang B.7.2.1.) enthalten.

2) *Bewertungsleistungen* (Ethics Sec. 8.171-176): In Deutschland werden keine Bedenken gegen die Erstellung von Bewertungsgutachten (z.B. Berechnung der Höhe der Pensionsrückstellungen) vorgebracht. Dagegen ist die Erstellung solcher Gutachten nach Ethics Sec. 8.173 unter Hinweis auf die Gefahr der Selbstprüfung generell unvereinbar mit der gleichzeitigen Prüfung, sofern die Begutachtung wesentliche Sachverhalte des Jahresabschlusses betrifft und die Bewertung auf subjektiven Annahmen beruht.[77]

3) *Steuerberatung* (Ethics Sec. 8.177): An dieser Stelle sei auf die Ausführungen zu Ethics Sec. 5 verwiesen.

4) *Übernahme von Leistungen der Internen Revision und von IT-Dienstleistungen* (Ethics Sec. 8.178-188): Die Übernahme eines wesentlichen Anteils der Internen Revisionstätigkeiten durch den Prüfer kann die Gefahr der Selbstprüfung auslösen (Ethics Sec. 8.181). Auch die Übernahme von IT-Dienstleistungen durch den Prüfer kann die Gefahr der Selbstprüfung auslösen, sofern es sich um den Entwurf und die Implementierung von IT-Systemen handelt, die jahresabschlussrelevante Informationen generieren (Ethics Sec. 8.184). Konkrete Schutzmaßnahmen benennen Ethics Sec. 8.182 u. 185. Dagegen sprechen die deutschen Normen die beiden zuvor genannten Leistungsübernahmen nicht explizit an. Eine Übernahme ist grundsätzlich möglich, sofern der Prüfer keine unternehmerischen Entscheidungen trifft. Hier sind die internationalen Normen konkreter als die deutschen Normen.

5) *Übernahme einer Angestelltenfunktion für den Mandanten* (Ethics Sec. 8.189): Wird Prüfungspersonal dem Mandanten entgeltlich überlassen (Doppelbeschäftigung oder Leiharbeitsverhältnis) und besitzt dieses Personal die Möglichkeit, Einfluss auf die Buchführung und die Abschlusserstellung des Mandanten zu nehmen, so kann die Gefahr der Selbstprüfung bestehen. Konkrete Schutzmaßnahmen (z.B. der Angestellte des Prüfers darf nicht für die Prüfung dieses Mandanten zuständig sein) werden benannt. Bezüglich der deutschen Normen gilt das unter 4) Gesagte.

6) *Dienstleistungen in Zusammenhang mit Rechtsstreitigkeiten (litigation support services)* (Ethics Sec. 8.190-192): Hierzu zählt z.B. die Tätigkeit des Prüfers als Augenzeuge oder als Person, die damit beauftragt ist, Schadenssummen zu schätzen, die in Zusammenhang mit Rechtsstreitigkeiten des Mandanten von diesem zu zahlen oder von Dritten an den Mandanten zu zahlen sind. Hier besteht die Gefahr der Selbstprüfung, sofern die zuvor genannten Aktivitäten die Darstellungen im Jahresabschluss beeinflussen. Konkrete Schutzmaßnahmen (z.B. die Involvierung unabhäniger Experten in die Dienstleistungserbringung) werden benannt. Bezüglich der deutschen Normen gilt das unter 4) Gesagte.

7) *Rechtsberatung und -vertretung (legal services)* (Ethics Sec. 8.193-199): In diesem Fall kann sowohl ein advocacy threat als auch die Gefahr der Selbstprüfung bestehen. Die Gefahr der Selbstprüfung besteht, sofern die Rechtsberatung und -vertretung Aspekte betrifft, die einen wesentlichen Einfluss auf den Jahresabschluss nehmen. Die

deutschen Normen sprechen die Rechtsberatung und -vertretung nicht explizit an. Als eine mögliche konkrete Schutzmaßnahme empfiehlt Ethics Sec. 8.198 die Rechtsberatung und -vertretung von Personen durchführen zu lassen, die nicht in die Prüfung involviert sind. Die Position des Prüfers als ständiger Rechtsberater des Mandanten (general council for legal affairs) ist grundsätzlich nicht mit der gleichzeitigen Prüfungstätigkeit vereinbar (Ethics Sec. 8.199). Im Hinblick auf den advocacy threat könnte man argumentieren, dass sich auf Grund der Rechtsberatung und -vertretung eine nahe Beziehung i.S. des § 21 der Berufssatzung ergibt, welche die Besorgnis der Befangenheit begründet. Bezüglich der Gefahr der Selbstprüfung gilt das unter 4) Gesagte.

8) *Personalberatung für leitende Angestellte* (Ethics Sec. 8.200): In diesem Fall kann ein familiarity threat, ein intimidation threat oder die Gefahr der Selbstprüfung bestehen. Beispielsweise könnte der Prüfer dem Mandanten Führungspersonal im Rechnungswesen empfehlen und sich im Rahmen der Abschlussprüfung an sein Urteil bezüglich der Qualifikation des Bewerbers gebunden fühlen. In Deutschland wäre die Besorgnis der Befangenheit des § 318 Abs. 3 HGB im Hinblick auf den genannten Sachverhalt auszulegen.

9) *Finanzdienstleistungen und ähnliche Leistungen* (Ethics Sec. 8.201): Hier kann sowohl ein advocacy threat als auch die Gefahr der Selbstprüfung bestehen. Beispielsweise ist es dem Prüfer gem. Ethics. Sec. 8.201 untersagt, für Anteile des Mandanten zu werben, mit diesen zu handeln oder selbst Anteile zu zeichnen. Auch § 319 Abs. 2 Nr. 1 HGB verbietet es, selbst Anteile an der zu prüfenden Kapitalgesellschaft zu halten. Das Werben für Anteile des Mandanten dürfte die Besorgnis der Befangenheit hervorrufen.

In den USA untersagt der Sarbanes-Oxley Act of 2002 dem Abschlussprüfer ohne Bezugnahme auf ein Rahmenkonzept die Erbringung von acht Nicht-Prüfungsdienstleistungen (wie z.B. die Buchführungstätigkeit oder andere mit der Buchführung oder dem Abschluss verbundene Leistungen, Bewertungsdienstleistungen und die Übernahme der Internen Revision).[78] Nicht ausdrücklich benannte sonstige Nichtprüfungsleistungen einschließlich Steuerberatung (tax services) sind grundsätzlich nur zulässig, wenn die Tätigkeit zuvor durch das Audit Committee (vgl. Abschnitt 1.2.5; alle bei der SEC-registrierten Unternehmen müssen einen solchen Ausschuss einrichten) genehmigt wurde.

- *Prüfungshonorare und Honorarfestsetzung* (Ethics Sec. 8.203-209; vgl. auch Ethics Sec. 10):

    - *Relative Höhe*: Bezieht der Prüfer einen bedeutenden Anteil (large proportion) seines Gesamthonorars (total fee) von einem Mandanten, besteht ein self-interest threat. § 319 Abs. 2 Nr. 8 HGB setzt die Obergrenze bei 30% (sog. kritische Honorargrenze). Der Prüfer wird indes erst im sechsten Jahr von der Mandatsbetreuung ausgeschlossen, d.h. nachdem die Umsatzabhängigkeit fünf Jahre hintereinander bestanden hat. Zur Vermeidung von Härtefällen (z.B. Eröffnung einer Praxis) kann die WPK befristete Ausnahmegenehmigungen erteilen.

    - *Ausstehende Honorare*: Ein self-interest threat besteht des Weiteren, wenn Honorare für bereits erbrachte Prüfungsleistungen über einen längeren Zeitraum ausstehen.

    - *Honorarfestsetzung*: Berechnet der Prüfer für ein Mandat ein wesentlich geringeres Honorar als sein Vorgänger, so besteht ein self-interest threat, sofern der Prüfer nicht nachweisen kann, dass diesem Mandat ausreichend Prüfungszeit und entsprechend qualifizierte Mitarbeiter zugewiesen werden, die eine Einhaltung aller relevanten Prüfungsnormen sicherstellen.

    - *Erfolgshonorare (contingent fees)*: Unter Hinweis auf den self-interest und advocacy threat ist es verboten, Honorare zu vereinbaren, die an das Ergebnis der Prüfung (z.B. Erteilung eines uneingeschränkten Bestätigungsvermerks) geknüpft sind. Geeignete Schutzmaßnahmen existieren in diesem Fall nicht. Eine entsprechende nationale Regelung findet sich in § 55a Abs. 1 WPO und § 2 Abs. 2 Nr. 1 Berufssatzung.

    - *Veröffentlichung der Honorare*: Die Empfehlung der EU-Kommission zur Unabhängigkeit des Abschlussprüfers empfiehlt den Mitgliedstaaten in Abschnitt A.5., die vom Mandanten bezogenen Prüfungs- und sonstigen Honorare zu veröffentlichen. Stehen die Honorare für Nichtprüfungsleistungen in „keinem Verhältnis" zu dem für die Pflichtprüfung gezahlten Honoraren, sollte der Prüfer nachweisen können, dass seine Unabhängigkeit hierdurch nicht beeinträchtigt wird (Empfehlung der EU-Kommission zur Unabhängigkeit des Abschlussprüfers, Anhang A.5.; vgl. hierzu auch IDW EPS 345.46, jedoch unter Bezugnahme auf die Auswirkungen des DCGK auf die Abschlussprüfung). Eine entsprechende internationale Norm findet sich nicht (siehe auch Ethics Sec. 10).

- *Annahme von Waren und Dienstleistungen* (Ethics Sec. 8.210): Hier besteht ein self-interest oder intimidation threat, sofern es sich um wesentliche Werte (significant value) handelt. Schutzmaßnahmen existieren nicht. In Analogie zu dem in § 2 Abs. 2 Nr. 4 Berufssatzung normierten Verbot zur Annahme von Versorgungsleistungen, ist es auch in Deutschland verboten, Waren und Dienstleistungen von wesentlichem Wert anzunehmen.

- *Tatsächliche oder drohende Prozesse* (Ethics Sec. 8.211): Besteht ein Rechtsstreit mit dem Mandanten oder zeichnet sich ein solcher ab, kann ein self-interest oder intimidation threat bestehen. Falls Schutzmaßnahmen die Bedrohung nicht auf ein akzeptables Maß reduzieren, darf der Prüfer den Prüfungsauftrag nicht annehmen bzw. er muss ein vorhandenes Mandat niederlegen (so auch die Empfehlung der EU-Kommission zur Unabhängigkeit des Abschlussprüfers, Anhang B.5.). In Zusammenhang mit der Mandatsniederlegung wäre nach deutschen Normen zu beurteilen, ob ein wichtiger Kündigungsgrund i.S. des § 318 Abs. 6 Satz 1 HGB vorliegt. Dabei sind strenge Anforderungen an das Vorliegen eines wichtigen Grundes zu stellen.

Erwähnenswert sind weiterhin die in der Empfehlung der EU-Kommission zur Unabhängigkeit des Abschlussprüfers im Anhang B.4.3.1. enthaltenen Ausführungen zum *Eigentum an und zur Kontrolle über Prüfungsgesellschaften*, die in dieser Form nicht in Ethics Sec. 8 zu finden sind. Demnach muss zumindest die Mehrheit der Anteile an einer Prüfungsgesellschaft nebst Stimmrechten von Abschlussprüfern gehalten werden (differenzierter hierzu vgl. § 28 Abs. 4 Satz 1 Nr. 3-5 WPO). Die Empfehlung sieht jedoch auch im Mehrheitsfall ein ernstzunehmendes Risiko für die Unabhängigkeit der Abschlussprüfer: „Gesetzt den Fall, 49% der Stimmrechte entfielen auf einen Anteilseigner, bei dem es sich nicht um einen Abschlussprüfer handelt, und die übrigen 51% wären auf verschiedene Abschlussprüfer verteilt, so könnte Ersterer die Prüfungsgesellschaft faktisch kontrollieren." Als weitere Schutzmaßnahme wird vorgeschlagen, „die Stimmrechte eines einzelnen Anteilseigners, bei dem es sich nicht um einen Abschlussprüfer handelt, auf 5% oder 10% zu beschränken."

Berufliche Kompetenz und Verantwortlichkeiten bei dem Einsatz von Nicht-Berufsangehörigen (Ethics Sec. 9)

Verfügt ein Berufsangehöriger nicht über die Kompetenz, einen bestimmten Teil einer beruflichen (Prüfungs-)Dienstleistung auszuführen, hat er Ethics Sec. 9.1 zufolge den fachlichen Rat von anderen Sachverständigen einzuholen. Andere Sachverständige sind z.B. andere Berufsangehörige, Anwälte, Versicherungsmathematiker und Ingenieure. Die Verwertung der Arbeit von Sachverständigen ist in den fachtechnischen Normen geregelt (vgl. IDW PS 322 und ISA 620 sowie Kapitel II, Abschnitt 5.2.3).

Diese Personen müssen gleichfalls ethischen Verhaltensanforderungen genügen. Da der Prüfer unverändert die Gesamtverantwortung für die zu erbringende Dienstleistung trägt, muss er sicherstellen, dass diesen Anforderungen Genüge getan wird (IDW PS 322.12 ff. sowie allgemein zum Grundsatz der Eigenverantwortlichkeit vgl. § 43 Abs. 1 Satz 1 WPO; § 11 Berufssatzung und Ethics Sec. 9.3). Gelangt der Prüfer zu einem bestimmten Zeitpunkt zu der Überzeugung, dass der Sachverständige nicht berufswürdig handelt oder ein solches Verhalten nicht respektiert, darf der Auftrag nicht angenommen werden. Ein bereits angenommener Auftrag ist zurückzugeben (Ethics Sec. 9.6). IDW PS 322.15 weist zudem darauf hin, dass das Risiko einer Beeinträchtigung der Unparteilichkeit und Unbefangenheit steigt, wenn der Sachverständige mit dem zu prüfenden Unternehmen verbunden ist.

Honorare und Provisionen (Ethics Sec. 10)

Die Berechnung der Prüfungshonorare erfolgt regelmäßig auf Basis der geleisteten Stunden (Ethics Sec. 10.3). *Erfolgshonorare* sind, wie bereits in Ethics Sec. 8.207 ff. ausgeführt, verboten (§ 55a Abs. 1 WPO; § 2 Abs. 2 Nr. 1 Berufssatzung und Ethics Sec. 10.7 ff.).

Für die Erbringung der Prüfungsleistung kann es notwendig oder sachdienlich sein, ein vorher vereinbartes angemessenes *Pauschalhonorar* in Ansatz zu bringen (Ethics Sec. 10.5). Pauschal- bzw. Festpreishonorare sind in der Praxis weit verbreitet. Ein national agierender Prüfer hat § 27 Berufssatzung zu beachten: Demnach darf ein Pauschalhonorar nur dann vereinbart werden, wenn gleichzeitig festgelegt wird, dass dieses Honorar zu erhöhen ist, sofern für den Prüfer nicht vorhersehbare Umstände eintreten, die zu einer erheblichen Erhöhung des Prüfungsaufwandes führen.

Die Abgabe und Entgegennahme von *Provisionen* für die Vermittlung eines Mandanten ist unzulässig (§ 55a Abs. 2 WPO und Ethics Sec. 10.10 ff.).

Unvereinbare Tätigkeiten (Ethics Sec. 11)

Ein Prüfer darf nicht gleichzeitig Geschäfte, Beschäftigungen oder andere Tätigkeiten ausüben, die seine Integrität, Objektivität oder Unabhängigkeit sowie die hohe Reputation des Berufsstands beeinträchtigen und somit mit der Ausübung des Berufs unvereinbar sind (§ 1 Abs. 1 Satz 1 Berufssatzung sowie insbes. § 43a WPO und Ethics Sec. 11).

Mandantengelder (Ethics Sec. 12)

Der Prüfer hat eine treuhänderische Verwaltung von Mandantengeldern abzulehnen, wenn der Grund zur Annahme besteht, dass sie aus illegalen Aktivitäten stammen oder für solche bestimmt sind (Ethics Sec. 12.1). Anforderungen an die Verwaltung legaler Gelder finden sich in Sec. 12.2 ff. Mandantengelder umfassen alle Gelder (einschließlich Urkunden über einen Rechtsanspruch auf Geld wie z.B. Wechsel, Schuldverschreibungen und Urkunden, die auf eine Geldzahlung gerichtet sind, z.B. Inhaberschuldverschreibungen), die ein Prüfer empfangen hat, um sie zu verwahren oder auszuzahlen. Dabei handelt der Prüfer auf Anweisung der Person, von der oder in deren Namen die Gelder empfangen wurden (Ethics Definitions). In Deutschland ist der Prüfer nach § 2 Abs. 3 Nr. 3 WPO grundsätzlich zur treuhänderischen Verwaltung (vgl. Kapitel III, Abschnitt 2.1) befugt. Den Umgang mit fremden Vermögenswerten regelt § 8 Berufssatzung.

Verhalten gegenüber anderen Berufsangehörigen in freiberuflicher Praxis (Ethics Sec. 13)

Ethics Sec. 13 regelt das Verhalten gegenüber anderen Berufsangehörigen in freiberuflicher Praxis. Dabei ist vorzugsweise die Beziehung zwischen existing accountant und receiving accountant angesprochen. Während ein existing accountant ein laufendes Prüfungsmandat ausübt oder andere Dienstleistungen erbringt, wird dem receiving accountant von einem existing accountant oder dessen Mandanten ein Dienstleistungsauftrag übertragen oder der receiving accountant wird von den beiden zuletzt genannten Personen um Rat gebeten (Ethics Definitions).

Wird ein Berufsangehöriger in freiberuflicher Praxis um die Erbringung einer beruflichen Leistung oder Beratung gebeten, sind Erkundigungen einzuholen, ob der Mandant bereits einen existing accountant hat (Ethics Sec. 13.7). Ist dies der Fall und ist der existing accountant weiterhin für das Unternehmen tätig, sind Ethics Sec. 13.8-14 zu beachten (Fall A). Die Übertragung eines Auftrages an einen anderen (von dem existing accountant abweichenden) Prüfer ist z.B. dann geboten, wenn nur der zuletzt Genannte über das in einem bestimmten Gebiet erforderliche Spezialwissen und die notwendige Erfahrung verfügt (Ethics. Sec. 13.2). Führt die Bestellung zu einer Ablösung des existing accountant, sind die in Ethics Sec. 13.15-26 beschriebenen Verfahren zu befolgen (Fall B). § 52 Satz 1 WPO fordert ein berufswürdiges Verhalten bei der Auftragsannahme; diese Norm eignet sich bestenfalls als Deduktionsbasis.[79]

- In *Fall A* hat der receiving accountant seine Leistungen auf den spezifischen Auftrag, der ihm vom Mandanten oder existing accountant zugewiesen wurde, zu beschränken. Vor der Annahme eines solchen Mandates hat der receiving accountant den Mandanten über seine berufliche Pflicht zu unterrichten, dass er sich unverzüglich mit dem existing accountant in Verbindung setzen muss. Auf diese Unterrichtung darf nur bei Vorliegen stichhaltiger Gründe verzichtet werden.

  Wird ein receiving accountant zu einem bestimmten Sachverhalt (z.B. Anwendung von Rechnungslegungsnormen) um seine Meinung gebeten und stellt sich heraus, dass diese konträr zu der des existing accountant ist, so kann diese Stellungnahme ungebührlichen Druck auf das Urteilsvermögen und die Objektivität des zuletzt Genannten ausüben. Um dieses Risiko zu minimieren, hat sich der receiving accountant (mit Zustimmung des Mandanten) mit dem existing accountant in Verbindung zu setzen und alle für die Meinungsfindung relevanten Auskünfte einzuholen. Verweigert der Mandant die Einwilligung, darf der spezifische Auftrag normalerweise nicht ausgeführt werden.

- Die Eigentümer eines Unternehmens haben das Recht, für die Prüfung des folgenden Geschäftsjahres einen vom existing accountant abweichenden Prüfer zu bestellen (*Fall B*). Dabei muss der mögliche Mandatsnachfolger (receiving accountant) die Gelegenheit haben festzustellen, ob berufliche Gründe vorliegen, weswegen er eine Bestellung nicht annehmen darf (Ethics Sec. 13.15 sowie ähnlich in den Berufsrichtlinien, II., Richtungsweisende Feststellung 12.). Bevor der mögliche Mandatsnachfolger ein Mandat mit wiederkehrenden Aufträgen annimmt, ist sicherzustellen,

  - dass der Mandant den existing accountant von dem beabsichtigen Wechsel in Kenntnis gesetzt und ihm gestattet hat, mit dem möglichen Mandatsnachfolger offen und ehrlich zu kommunizieren (a).

- Ist die Antwort des Mandanten hinsichtlich der beiden zuletzt genannten Punkte zufriedenstellend, hat der mögliche Mandatsnachfolger um Erlaubnis zur Kommunikation mit dem existing accountant zu ersuchen (b).

Sind die unter (a) oder (b) genannten Voraussetzungen nicht gegeben, muss der mögliche Mandatsnachfolger das Mandat *ablehnen* (vgl. ähnlich VO 1/1995, B. II Maßnahmen, 4. Abs.). Liegen die zuvor genannten Voraussetzungen indes vor, hat der existing accountant den möglichen Mandatsnachfolger (auf Grundlage einer vorzugsweise schriftlich formulierten Anfrage) über Besonderheiten des Mandats sowie mögliche Gründe, die einer Auftragsannahme entgegenstehen, zu informieren. Die Kommunikation zwischen Mandatsvorgänger und -nachfolger in dem Fall, dass der Vorgänger nicht auf die Anfrage des Nachfolgers reagiert, regelt Ethics Sec. 13.23. Im Fall eines Prüferwechsels hat der Mandatsvorgänger unverzüglich alle Bücher und Unterlagen an seinen Nachfolger zu übergeben (Ethics Sec. 13.25).

Auftragsbezogene und öffentliche Werbung (Ethics Sec. 14)

Erlauben es die nationalen Normen dem Prüfer auftragsbezogen (solicitation) oder öffentlich (advertising) zu werben, so muss die Werbung hohen Anforderungen hinsichtlich Objektivität, Ehrlichkeit, Wahrhaftigkeit, Anständigkeit und Stil genügen (Ethics Sec. 14.2; so auch insbes. § 33 Abs. 3 Berufssatzung). Verboten ist u.a. die vergleichende Werbung, das Erheben eines unberechtigten Anspruchs, Sachverständiger oder Experte auf einem bestimmten Gebiet zu sein sowie selbstbelobigende Behauptungen, die nicht nachprüfbar sind (Ethics Sec. 14.3).

Die deutschen Normen sind insgesamt sehr restriktiv ausgelegt (§ 52 WPO; §§ 31-36 Berufssatzung).[80] Auftragsbezogene Werbung ist ebenso explizit verboten wie Image- und vergleichende Werbung (§ 52 Satz 2 WPO; §§ 33, 35 Berufssatzung). § 34 der Berufssatzung schließt die Verwendung von Werbemethoden oder Werbeträgern der gewerblichen Wirtschaft nicht grundsätzlich aus, verbietet jedoch deren Einsatz, sofern dieser mit dem Berufsbild des Prüfers nicht vereinbar ist: „Dabei sind im Rahmen der Gesamtwürdigung neben Form und Inhalt insbesondere auch die Wahl des Werbeträgers und die Häufigkeit des werbenden Auftretens zu berücksichtigen" (§ 34 Abs. 2 Satz 2 Berufssatzung).

6.5.2.3 Ausbildungsnormen

Ausbildungsnormen regeln den Berufsweg zum Wirtschaftprüfer von der Zulassung für das Wirtschaftsprüferexamen, der Bestellung und Ausübung des Berufs bis hin zu den Ausbildungserfordernissen, die sich im Zuge der Berufsausübung ergeben.

Das Education Committee der IFAC (vgl. Abschnitt 5.3.2) betont ausdrücklich, dass sich im Zuge der Umsetzung internationaler in nationale Normen ggf. erhebliche Transformationserfordernisse ergeben können. Aus diesem Grund obliegt es den nationalen Mitgliedsorganisationen, detaillierte Anforderungen an die Aus- und Fortbildung des Prüfers festzulegen (Education I.7).[81] Für diese Zwecke gibt IEG 9 entlang der nachstehend genannten Dimensionen *Empfehlungen für die Normengebung der nationalen Mitgliedsorganisationen.*

- *Ziel* einer berufsständischen Ausbildung ist das Hervorbringen von kompetenten professional accountans (IEG 9.7 ff.).

- *Voraussetzungen*: Das Erreichen dieses Ziels setzt wiederum berufsständisches Wissen (knowledge), geeignete Fertigkeiten (skills) sowie berufsständische Werte (professional values) voraus (IEG 9.10 ff.).

- *Elemente:* IEG 9.22 ff. definieren fünf Elemente, die der berufsständischen Ausbildung und dem Erwerb entsprechender Fertigkeiten zugrunde liegen müssen. Diesen Elementen zufolge ist der Zugang zum Berufsstand zu regeln, bedarf es einer allgemeinen, einer berufsständischen und einer praktischen Ausbildung sowie des Nachweises der berufsständischen Qualifikation durch eine Prüfung (assessment of professional competence).

Die Ausbildungsnormen lassen sich, dem *Werdegang eines Wirtschaftsprüfers folgend*, in die Bereiche Zugang zum Wirtschaftsprüferberuf sowie Weiterbildungserfordernisse systematisieren.

Zugang zum Wirtschaftsprüferberuf

Der Zugang zum Wirtschaftsprüferberuf knüpft an fachliche und persönliche Voraussetzungen an (vgl. Abschnitt 4).[82] Allgemeine Ausführungen zu den Zugangserfordernissen finden sich in ED IES Entry Requirements.

National regelt § 10 WPO die Beurteilung der persönlichen Eignung, indem die Zulassung zum Prüfungsexamen in den in Abs. 1 genannten Fällen (z.B. strafgerichtliche Verurteilung) zu versagen ist (*persönliche Zugangserfordernisse*). Überdies kann nach Abs. 2 die Zulassung zur Prüfung versagt werden, „wenn der Bewerber sich so verhalten hat, dass die Besorgnis begründet ist, er werde den Berufspflichten als Wirtschaftsprüfer nicht genügen."

Die *fachlichen Zugangserfordernisse* beziehen sich auf eine universitäre oder äquivalente Ausbildung, die mindestens eine zweijährige Vollzeitausbildung oder eine äquivalente Teilzeitausbildung umfassen sollte (ED IES Content of Professional Education Programs.12). Der Zeitraum der praktischen Ausbildung sollte drei Jahre nicht unterschreiten (ED IES Experience Requirements.14). In Bezug auf die fachliche Eignung bestimmen die §§ 8 f. WPO die Voraussetzungen für die Zulassung. Erforderlich ist z.B. der Nachweis eines Hochschulstudiums sowie der Nachweis einer mindestens drei Jahre andauernden Prüfungstätigkeit. Der Nachweis des Studiums kann auch u.a. durch eine mindestens zehnjährige Tätigkeit im Prüfungswesen ersetzt werden.

Das ED IES Content of Professional Education Programs.13 ff. formuliert die *Prüfungsinhalte*, die Gegenstand der nationalen Ausbildungsprogramme sein sollten. Als relevante

Ausbildungskomponenten werden „organizational and business knowledge", „information technology knowledge" und „accounting, finance and related knowledge" genannt und in weitere Teilgebiete differenziert. Die konkreter abgefassten internationalen Ausbildungsnormen gehen teilweise über die nationalen Bestimmungen hinaus:

- IEG 11.36-97 geht ausführlich auf die Ausbildungserfordernisse im IT-Bereich ein (vgl. auch ED IES Content of Professional Education Programs.20 ff.). Dabei behandeln z.B. IEG 11.85 ff. die Anforderungen, die an einen mit der Evaluierung von IT-Systemen befassten Prüfer zu stellen sind.[83]

- IEG 10.7 ff. sprechen detailliert ethische Aspekte einer Prüferausbildung an (vgl. auch ED IES Professional Values and Ethics).

Das *Prüfungsverfahren* wird in ED IEG Assessment of Professional Competence behandelt.

Nationale Regelungen zum Prüfungsverfahren und zu den Prüfungsinhalten finden sich in den §§ 12-14 u. 131 WPO sowie konkretisierend in den §§ 2-23 der Prüfungsordnung für Wirtschaftsprüfer (PrO).[84]

Weiterbildung

Nach § 43 Abs. 2 Satz 4 WPO ist der Wirtschaftsprüfer zur Weiterbildung verpflichtet; eine ähnlich allgemeine Verpflichtung enthält § 6 Abs. 1 der Berufssatzung der WPK.[85] ED IES Continuing Professional Education and Development.5 fordert die Mitgliedsorganisationen der IFAC auf, den Umfang der berufsbegleitenden Ausbildung festzulegen. Ausführliche Ausführungen hierzu finden sich in ED IES Continuing Professional Education and Development und in ED IEG Continuing Professional Education and Development. Dabei beschäftigt sich das Education Committee auch mit methodischen Fragen wie z.B. der Eignung von input- und outputorientierten Systemen zur Messung der fachlichen Kompetenz.

Konkretisierungen zu der Fortbildungsverpflichtung finden sich in der IDW-Verlautbarung VO 1/1993. Abschnitt II. der zuvor genannten Norm stellt Art und Umfang der Fortbildung in das Ermessen der Eigenverantwortlichkeit des Prüfers. VO 1/1993 spricht lediglich mögliche Arten des Wissenserwerbs (z.B. Besuch von Fachveranstaltungen) an, ohne indes die fachlichen Inhalte der Fortbildung festzulegen. Gefordert wird lediglich, dass der Umfang 40 Stunden im Jahr nicht unterschreiten darf (eine ähnliche Forderung enthält ED IES Continuing Professional Education and Development.25).

Dagegen geht die IFAC z.B. auf die Weiterbildungserfordernisse im Bereich der Informationstechnologien detailliert ein (IEG 11.98-129). Weiterhin fordert IEG 10.16 ff. die Mitgliedsorganisationen auf, sicherzustellen, dass sich der Prüfer hinsichtlich der Handhabung ethischer Probleme weiterbildet; eine entsprechende Verpflichtung findet sich in den deutschen Normen nicht.

6.5.2.4 Qualitätsnormen

Die Qualitätsnormen regeln die interne Qualitätssicherung und die externe Qualitätskontrolle (vgl. Kapitel II, Abschnitt 6).

- Die *interne Qualitätssicherung* betrifft die Prüfungsqualität bei der Organisation der Wirtschaftsprüferpraxis, der Abwicklung einzelner Prüfungsaufträge sowie der Nachprüfung der Maßnahmen zur Qualitätssicherung (VO 1/1995, B.-D.). In ähnlicher Weise unterscheidet ISA 220 zwischen Grundsätzen und Maßnahmen bei einer Prüfungsgesellschaft im Hinblick auf die Prüfungstätigkeit im Allgemeinen (ISA 220.4-7) und Maßnahmen in Bezug auf einzelne Prüfungsaufträge (ISA 220.8-17). Die deutschen Qualitätsnormen (VO 1/1995 i.V.m. den IDW-Arbeitshilfen zur Qualitätssicherung) und die internationalen Qualitätsnormen (IPPS 1 und ISA 220, der im Anhang Beispiele für Qualitätssicherungsmaßnahmen gibt) sind zwar abweichend aufgebaut, formulieren jedoch vergleichbare Anforderungen.

- Eine *externe Qualitätskontrolle* wird in nahezu allen EU-Mitgliedstaaten praktiziert. Auch die IFAC legt ihren Mitgliedsorganisationen die Einführung einer externen Qualitätskontrolle nahe (IPPS 1.12). Die §§ 57a ff. WPO verpflichten Wirtschaftsprüfer in eigener Praxis und Wirtschaftsprüfungsgesellschaften, sich im Abstand von drei Jahren einer Qualitätskontrolle zu unterziehen, wenn sie gesetzlich vorgeschriebene Abschlussprüfungen durchführen. Einzelheiten zur Durchführung einer solchen Kontrolle finden sich in IDW PS 140, der durch IDW PH 9.140 in Form einer Checkliste ergänzt wird.

Während in Deutschland die externe Qualitätskontrolle derzeit durch bei der WPK registrierte Wirtschaftsprüfer in eigener Praxis oder Wirtschaftsprüfergesellschaften erfolgt (§ 57a Abs. 3 WPO), obliegt die externe Qualitätskontrolle in den USA künftig einer eigens für diese Zwecke eingerichteten nonprofit-Gesellschaft; angesprochen ist das sog. Public Company Accounting Oversight Board (vgl. hierzu Kapitel II, Abschnitt 6.2).

6.5.2.5 Durchsetzungsnormen

Durchsetzungsnormen setzen Anreize zur Erfüllung der präskriptiven Funktion der zuvor angesprochenen Normenarten. Dabei lassen sich Haftungs- und reine Anreiznormen unterscheiden.

Haftungsnormen (zivilrechtliche Haftung) setzen dahingehend einen Anreiz, dass der Prüfer Schadensersatzbeiträge zu entrichten hat, d.h. der Prüfer hat im Fall einer nichtnormenkonformen Prüfung für den hieraus entstandenen Schaden aufzukommen (insbes. § 323 HGB, §§ 823 u. 826 BGB; §§ 16 f. Berufssatzung u. § 54 WPO; vgl. Abschnitt 8.1). Als Haftungsgläubiger kommen neben dem Mandanten (Auftraggeberhaftung) auch Dritte wie z.B. Gläubiger und Investoren (Dritthaftung) in Betracht.

Dagegen zielen die nachstehend genannten Durchsetzungsnormen nicht direkt darauf ab, einen entstandenen Schaden zu ersetzen. Vielmehr wird dem Prüfer (unabhängig von einem eingetretenen Schaden) damit gedroht, ihn im Falle eines normenabweichenden Verhaltens z.B. eine Geldstrafe aufzuerlegen, eine Rüge zu erteilen oder von der Berufsausübung auszuschließen.

Diese als *reine Anreiznormen* bezeichneten Regelungen lassen sich weiter differenzieren in berufs-, straf- und ordnungsrechtliche Normen.

- In Deutschland nimmt die WPK die *berufsrechtliche Ahndung* wahr. Bei Pflichtverletzungen, die über den Bereich der Ahndungsmöglichkeiten der WPK hinausgehen, greift die berufsgerichtliche Bestrafung (insbes. §§ 57, 63 u. 67 ff. WPO; vgl. Abschnitt 8.2).

- *Strafrechtliche Normen* setzen zum einen an Verletzungen der Berichtspflicht und zum anderen an Verletzungen der Geheimhaltungspflicht an (insbes. §§ 332 i.V.m. 321 f. sowie 333 HGB; vgl. Abschnitt 8.3).

- *Ordnungsrechtliche Konsequenzen* drohen dann, wenn bei einer Pflichtprüfung ein Testat erteilt wird, obwohl der Prüfer oder die Gesellschaft, für die er tätig wird, auf Grund der Ausschlussgründe des § 319 Abs. 2 u. 3 HGB nicht Abschlussprüfer sein darf (insbes. § 334 Abs. 2 u. 3 HGB; vgl. Abschnitt 8.4).

Durchsetzungsnormen werden auf europäischer sowie auf internationaler Ebene diskutiert.[86] Supranationale Normen zur Haftung existieren nicht. Insofern besteht auch keine (z.B. den fachtechnischen IFAC-Normen vergleichbare) Verpflichtung, internationale in nationale Normen zu transformieren. Gleichwohl gehen von den supranationalen Überlegungen, die zumeist aus dem Blickwinkel einer Harmonisierung und/oder Verbesserung der nationalen Durchsetzungsnormen heraus motiviert sind, oftmals direkte Impulse auf das nationale standard setting aus.

Beispielsweise ist die durch das KonTraG vollzogene Erhöhung der Haftungsgrenze von 500 TDM auf eine Mio. € bzw. vier Mio. € vor allem vor dem Hintergrund der internationalen Entwicklungen zu sehen (§ 323 Abs. 2 HGB i.V.m. Bundesrat, Drucksache 872/97, S. 97).[87] Gleichwohl wurde die nationale Eigenständigkeit beibehalten; dies kommt dadurch zum Ausdruck, dass die in anderen Ländern in aller Regel übliche unbeschränkte Haftung unverändert abgelehnt wird.[88] Obgleich in Zusammenhang mit den jüngsten Bilanzskandalen wie z.B. Enron oder Worldcom keine Änderungen der nationalen Haftungsregeln in der Diskussion sind, bleibt abzuwarten, wie sich diese Regeln in Zukunft entwickeln werden.

Anmerkungen

*) Dieser Abschnitt wurde unter Federführung von Herrn Prof. Dr. K. Ruhnke erstellt.

1   In Anlehnung an *Hoerster* (1989), *S.* 231.

2   Vgl. hierzu Egner (1980), S. 70 ff.; Ruhnke (2000), S. 31 ff. Zur besonderen Stellung sog. Grundsätze ordnungsmäßiger Abschlussprüfung (GoA) vgl. Abschnitt 6.3.3.

3   Vgl. *Loitlsberger* (1953), S. 23.
4   Die Systemtheorie versteht unter einem System eine geordnete Gesamtheit von Elementen, zwischen denen Beziehungen bestehen. Vgl. *Klaus/Liebscher* (1976), S. 800 ff.
5   In Deutschland sind vorzugsweise das HGB sowie die nicht-kodifizierten GoB zu nennen.
6   Vgl. *IASB* (2002). Zur Prüfung eines IAS- oder US-GAAP-Abschlusses vgl. Kapitel II, Abschnitt 8.6.
7   Vgl. ähnlich *Hömberg* (1994), Rn. 14.
8   Vgl. auch *Ruhnke* (2002a), Sp. 1843.
9   Die Grundsätze ordnungsmäßiger Abschlussprüfung (GoA) werden auf Grund ihres deutlich eigenständigen Charakters gesondert in Abschnitt 6.3.3 behandelt. Einzelheiten zu der Bindungswirkung der einzelnen Normenquellen finden sich in Abschnitt 6.3.2.
10 Vgl. ferner u.a. §§ 6 u. 14 PublG, §§ 171 Abs. 1 Satz 2 u. 176 Abs. 2 AktG, § 42a Abs. 1 Satz 2 u. Abs. 3 GmbHG sowie §§ 53 ff. GenG.
11 Vgl. hierzu http://www.europa.eu.int/comm/internal_market/de/company/audit.
12 Vgl. stellvertr. *Lutter* (1996), S. 16.
13 Vgl. stellvertr. *Ruhnke* (2002b), S. 155 ff. m.w.N.
14 Vgl. *WPK* (1987), S. 5 ff. Die Erlaubnis zur Feststellung von Berufsrichtlinien findet sich in § 57 Abs. 2 Nr. 5 WPO.
15 Erstmals wurde die Berufssatzung am 11.6.1996 herausgegeben. Zur Berufssatzung siehe *WPK* (2002).
16 Vgl. *WPK* (1996a), S. 196 f.
17 Zu den Ausführungsregeln zum Sarbanes-Oxley Act vom 22.1.2003 vgl. *Lanfermann/Maul* (2003), S. 349 ff.
18 Vgl. http://www.ifac.org sowie *IFAC* (2003). Siehe ferner *Guy/Carmichael* (1999).
19 Weitere Bereiche bilden die Normen zur Prüfung öffentlicher Unternehmen (public sector) sowie das management accounting. Diese Teilbereiche besitzen für die Prüfung privatwirtschaftlicher Unternehmen jedoch keine zentrale Bedeutung. Vgl. hierzu Abschnitt 5.3.2.
20 Vgl. stellvertr. *Freiling/Lück* (1992), S. 268 ff.; *BMF* (1996), S. 1 ff.
21 Vgl. bereits *Schulze zur Wiesch* (1963), S. 58 f. Wesentliche Urteile betreffen die Vereinbarkeit von Prüfung und Beratung (vgl. z.B. *BGH* (1997), S. 1470 ff.) sowie den Umfang der Prüfung (vgl. z.B. *OLG Düsseldorf* (1996), S. 343 ff.).
22 *Leffson* (1987), S. 137.
23 Eine Aufnahme in Abb. I.6-2 erfolgt indes nicht; zur Stellung im Rahmen der Herleitung von GoA siehe Abschnitt 6.3.3.

24   Vgl. ausführlich *Ruhnke* (2000), S. 54 ff.
25   Statusbildende Normen kennzeichnen „(e)inschneidende, das Gesamtbild der beruflichen Betätigung wesentlich prägende Vorschriften über die Ausübung des Berufes" (*BVerfG* (1973), S. 160 f.). Zu weiteren Einzelheiten vgl. *Taupitz* (1991), S. 827 ff.
26   Vgl. hierzu die Begründung zum Dritten Änderungsgesetz zur WPO; abgedruckt in *WPK* (1996b), S. 9. Dagegen beinhaltet das Vorwort zur Berufssatzung den Hinweis, dass die Berufsrichtlinien nach Inkrafttreten der Berufssatzung außer Kraft treten; vgl. *WPK* (2002), S. 6.
27   Vgl. *IDW* (2000), A 281.
28   So bereits *Kicherer* (1972), S. 73.
29   *Amtsgericht Duisburg* (1994), S. 123. Siehe hierzu auch *Ruhnke* (2000), S. 60 f. m.w.N.; zur Anerkennung der IDW-Normen als GoA vgl. Abschnitt 6.3.3.
30   Eine solche direkte Verbindlichkeit schließt die *WPK* [(1997), S. 39)] offensichtlich nicht aus.
31   Vgl. auch *Ruhnke/Schmidt/Seidel* (2002), S. 139 ff., u. *Ruhnke* (2002b), S. 158 f.
32   Zu der vom IDW vertretenen Auffassung hinsichtlich des Standes der ISA-Transformation vgl. *Vorstand des IDW* (2002), S. 696.
33   „Although there is general agreement that any initiative in this field should be based on the International Standards on Auditing (ISA)" (Note for the informal ECOFIN council, S. 3, (abrufbar unter http://www.iasplus.com/resource/ecofin02.pdf; Stand: 1.1.2003). Im Rat „Wirtschaft und Finanzen" (ECOFIN council) treten die im Rat der EU für Wirtschafts- und Finanzfragen zuständigen Minister zusammen. Informationen zu den Institutionen auf EU-Ebene finden sich unter http://www.europa.eu.int/institutions.
34   Es ist entgegen dem Wortlaut der Darstellungen in *Kirsch/Dohrn/Wirth* (2002), S. 1231, nicht davon auszugehen, dass sich die Überlegungen der EU darauf beziehen, die „ISA verpflichtend vorzuschreiben" (ebd., unter Verweis auf die in Fn. 33 angegebene Literatur).
35   Dies ist z.B. in Deutschland bei Nichtbeachtung der im IAPS 1005 gegebenen Praxishinweise zur Prüfung kleiner Unternehmen der Fall.
36   Zur Systematik der ethischen Normen vgl. Abschnitt 6.5.2.2 i.V.m. Abb. I.6-7; siehe zur Problematik der Transformation ethischer Normen *Ruhnke* (2000), S. 155 ff. m.w.N.
37   Vgl. hierzu *AICPA* (2002a), *AICPA* (2002b) sowie kommentierend *Bailey* (2002).
38   Vielmehr sind auch die US-Vertreter in der IFAC grundsätzlich verpflichtet, die IFAC-Normen in nationale (US-amerikanische) Regelungen zu transformieren. Gleichwohl beeinflusst die SEC vermutlich in beachtlichem Umfang die Aktivitäten der IFAC und die der IOSCO; vgl. *Ruhnke* (1999), S. 237 f.
39   Vgl. *KPMG* (2003), S. 300. Zu den eher marginalen Unterschieden zwischen den US-GAAS und den IFAC-Normen siehe die in Fn. 55 angegebene Literatur.

40 Vgl. bereits *Schade* (1982), S. 41 f.
41 *Forster* (1990), Sp. 1019.
42 Vgl. hierzu sowie zu den folgenden Ausführungen *Ruhnke* (2000), S. 77 ff. m.w.N. Siehe auch *Rückle* (2002), Sp. 1026 ff.
43 I.d.S. z.B. *Niehus* (1992), S. 491; *Wiedmann* (1996), S. 152 f., sowie das IDW selbst; vgl. IDW PS 201.28.
44 So auch *Bähr/Fischer-Winkelmann* (1994), S. 241.
45 *Claussen/Korth* (1991), § 317 HGB Rn. 35.
46 Vgl. *Leffson* (1987), S. 142.
47 *Kruse* (1970), S. 98
48 Siehe hierzu ED Assurance engagements.explanatory memorandum.the current exposure draft.structure.
49 Eine Darstellung in Anlehnung an das ED Preface to the International Standards on Quality Control, Auditing, Assurance and Related Services.appendix. Berücksichtigt wurde auch das ED Assurance Engagements, proposed „International Framework for Assurance Engagements", proposed ISAE 2000 „Assurance Engagements on subject matters other than historical financial information" and proposed withdrawal of ISA 120 „Framework of International Standards on Auditing".
50 Vgl. auch *IDW* (2000), Q 1130 ff.
51 Eine Auseinandersetzung mit der Frage, ob und inwieweit ethisches Verhalten über Normen erzwingbar (Durchsetzungsnormen) oder erlernbar ist (Ausbildungsnormen), findet sich in *Ruhnke* (2000), S. 166 ff. u. 325 ff. m.w.N.
52 Der Terminus Wirtschaftsprüferpraxis kann sich sowohl auf einen Einzelprüfer als auch auf eine Prüfungsorganisation beziehen.
53 Vgl. auch *Ruhnke* (2002a), Sp. 1846.
54 Die Abgrenzungen sind nicht ganz trennscharf. Beispielsweise entfalten auch Qualitätsnormen Anreize hinsichtlich der Befolgung der fachlichen Normen. Qualitäts- und Durchsetzungsnormen unterscheiden sich vor allem dahingehend, dass die Qualitätsnormen regelmäßig ein aktives Tun des Prüfers im Hinblick auf die Etablierung von Qualitätssicherungsmaßnahmen erfordern; dagegen rücken die Durchsetzungsnormen zumeist die Nutzeneinbuße bei einem Verstoß gegen eine andere Normenart in den Vordergrund.
55 Zur Bindungswirkung der US-GAAS für einen deutschen Prüfer siehe Abschnitt 6.3.2. Obgleich sich die US-GAAS und die IFAC-Normen in ihrem Aufbau unterscheiden, weichen die Normentexte sowohl inhaltlich als auch in ihrer Strukturtiefe nur in vergleichsweise geringem Umfang voneinander ab. Vgl. AU.Appendix B sowie *Ruhnke* (2000), S. 97 ff.

56 Zusätzliche Prüfungshandlungen sind bereits im Zuge der Prüfungsplanung zu berücksichtigen. Unüberwindbare Konflikte betreffen vor allem konfligierende externe oder interne Berichterstattungserfordernisse.

57 Zit. in: *Schindler* (1997), S. 155.

58 Vgl. *Ernst & Young* (2002), S. iii.

59 Vgl. hierzu Abschnitt 6.3.2, Stand der ISA-Transformation.

60 So auch das *IDW* (1998), S. 35.

61 Bezüglich der Kommunikationserfordernisse bei einem Vorjahresabschluss, der durch einen anderen Prüfer geprüft wurde (Prüferwechsel), verweist ISA 510.7 auf Ethics Sec. 13.15 ff.; siehe hierzu Abschnitt 6.5.2.2. Vgl. ferner IDW PS 205.12 f.

62 Vgl. hierzu *Jansen/Pfitzer* (1999), S. 694 ff.

63 Zur Vorgehensweise, sofern dem Prüfer nach Veröffentlichung des Abschlusses Tatsachen bekannt werden, vgl. ISA 560.13 ff. u. *IDW* (1998), S. 533 ff.

64 Vgl. *Ruhnke* (2003), S. 375 f.

65 Vgl. *Ruhnke* (2000), S. 112 ff.; siehe auch *Kuhner* (1999), S. 7 ff., u. *Hayes et al.* (1999), S. 70 ff.

66 Erwartet wird ein Verhalten, das der guten Reputation des Berufsstands entspricht. Verhaltensweisen, die geeignet sind, dem Berufsstand Schaden zuzufügen, sind zu unterlassen.

67 Neben den zuvor angesprochenen Berufsbezeichnungen findet im Folgenden der Terminus Prüfer unverändert Anwendung; für den Geltungsbereich der jeweils angesprochenen ethischen Norm ist die zuvor angesprochene Klasseneinteilung heranzuziehen.

68 Beispielsweise kann der Prüfer in Zivilprozessen von seinem Zeugnisverweigerungsrecht (§ 383 Abs. 1 ZPO) Gebrauch machen; die Pflicht zur Verschwiegenheit entfällt, wenn der Auftraggeber den Prüfer hiervon wirksam befreit hat. Bei Strafprozessen findet sich eine weitgehend analoge Regelung in §§ 53 u. 53a StPO.

69 Siehe *BGH* (1997), S. 1470 ff.

70 Siehe hierzu auch die Beispiele in den Berufsrichtlinien, VIII. u. Ethics Sec. 14.8. Vgl. hierzu auch die Ausführungen zum Stichwort „Werbung" innerhalb dieses Gliederungspunktes.

71 Vgl. hierzu sowie zu den folgenden Ausführungen *Hagemeister* (2002), S. 334 ff.

72 Vgl. *EU-Kommission* (2002). Vgl. auch *Niehues* (2002), S. 182 ff.

73 So die Aussage von *Ferlings/Lanfermann* (2002), S. 2117, Fn. 3. I.d.S. auch *Schwandtner* (2002), S. 328.

74 Vgl. *Vorstand des IDW* (2002), S. 704 f.

75 I.d.S. auch *Hagemeister* (2002), S. 334. Zu den deutschen Normen vgl. stellvertr. *Mattheus* (2002), § 319 HGB.

76 Siehe *WPK* (1996a), S. 196 f., u. *BGH* (1997), S. 1470 ff.

77   Vgl. stellvertr. *Adler/Düring/Schmaltz* (2000), § 319 HGB Tz. 132.
78   Vgl. *Ring* (2002), S. 1345 ff.
79   Vgl. auch § 26 Berufssatzung, jedoch unter Beschränkung auf die vorzeitige Beendigung des Prüfungsauftrages auf Grund einer Kündigung des vorherigen Prüfers.
80   Vgl. hierzu *Maxl* (1998), S. 114 ff.
81   Zur wechselseitigen Anerkennung entsprechender nationaler Berufsqualifikationen siehe SPC, Recognition of Professional Accountancy Qualifications. Auf EU-Ebene (vgl. Abschnitt 6.3.1) behandelt die 8. Richtlinie die Zulassungsvoraussetzungen der mit der Pflichtprüfung betrauten Personen und die sog. Hochschuldiplomrichtlinie die wechselseitige Anerkennung entsprechender Berufsqualifikationen.
82   Einzelheiten zum Berufszugang in Deutschland finden sich in Abschnitt 4; vgl. hierzu auch *Coenenberg/Haller/Marten* (1999), S. 4 ff.
83   Siehe hierzu auch IEG 11.appendices, die einen ins Detail gehenden Rahmen für die IT-Ausbildung von professional accountants vorgeben. § 5 PrO WP legt lediglich die Prüfungsgebiete fest; IT-Wissen dürfte innerhalb der in der PrO genannten Gebiete bestenfalls am Rande Eingang in die Ausbildung finden.
84   Zu den Prüfungsgebieten siehe § 5 PrO WP sowie SOP, Recognition of Professional Accountancy Qualification.15 f.
85   Siehe ferner VO 1/1995, B. III 5. u. § 4 Abs. 10 der IDW-Satzung.
86   Siehe hierzu das Grünbuch der *EU-Kommission* (1996), S. 280 ff., sowie *FEE* (1996). Auf internationaler Ebene war die Legal Liability Task Force der IFAC mit Fragen der Prüferhaftung befasst; zuletzt wurde eine Vergleichsstudie zur Prüferhaftung in den einzelnen Mitgliedsorganisationen der IFAC herausgegeben. Vgl. *Legal Liability Task Force* (1998).
87   Vgl. hierzu *Kleekämper/König* (1999), S. 706 f.
88   Vgl. Bundesrat, Drucksache 872/97, S. 97. Zu der Frage, welches System von Durchsetzungsnormen am besten geeignet ist, um wirksame Anreize zur Einhaltung der anderen Normenarten zu entfalten, vgl. *Legal Liability Task Force* (1998), Executive Summary, S. 1 ff., u. *Ruhnke* (2000), S. 342 ff.

Literaturhinweise

Adler, H./Düring, W./Schmaltz, K. (2000): Rechnungslegung und Prüfung der Unternehmen – Kommentar zum HGB, AktG, GmbHG, PublG nach den Vorschriften des Bilanzrichtlinien-Gesetzes, Teilband 7, 6. Aufl., Stuttgart.

AICPA (2002a): AICPA professional standards, Vol. 1, U.S. auditing standards, attestation standards, as of June 1, 2002, New York.

AICPA (2002b): AICPA professional standards, Vol. 2, accounting & review services, code of professional conduct, bylaws, international accounting, international auditing, consulting services, quality control, peer review, tax practice, personal financial planning, continuing professional education, as of June 1, 2002, New York.

Amtsgericht Duisburg (1994): Beschluss vom 31.12.1993 – 23 HR B 3193, Anforderungen an den Bestätigungsvermerk zur Zwischenbilanz bei der Kapitalerhöhung aus Gesellschaftsmitteln, Bedeutung der Stellungnahme des Hauptfachausschusses des Instituts der Wirtschaftsprüfer bei der gerichtlichen Auslegung einer gesetzlichen Vorschrift, in: Der Betrieb, S. 466-467.

Bähr, G./Fischer-Winkelmann, W.F. (1974): Grundsätze ordnungsmäßiger aktienrechtlicher Jahresabschlußprüfung, in: Bähr, G./Fischer-Winkelmann, W.F./Munkert, M. (Zusammensteller): Wirtschaftsprüfung, Allgemeine Prüfungslehre, München, S. 235-261.

Bailey, L.P. (Hrsg.) (2002): 2003 Miller GAAS guide: a comprehensive restatement of standards for auditing, attestation, compilation, and review, New York.

BGH (1997): Urteil vom 21.4.1997 – II ZR 317/95, Prüfung und Beratung, in: Betriebs-Berater, S. 1470-1472.

BMF (1996): Grundsätze ordnungsmäßiger DV-gestützter Buchführungssysteme (GoBS) (BMF-Schreiben vom 7.11.1995 – IV A 8 – S 0316 – 52/95), in: Der Betrieb, Beilage zu Heft 4, S. 1-8.

BVerfG (1973): Entscheidungen des Bundesverfassungsgerichtes, herausgegeben von den Mitgliedern des Bundesverfassungsgerichtes, 33. Band, Tübingen.

Claussen, C.P./Korth, M. (1991): Kommentierung zu § 317 HGB, in: Zöllner, W. (Hrsg.): Kölner Kommentar zum Aktiengesetz, Köln, S. 639-659.

Coenenberg, A.G./Haller, A./Marten, K.-U. (1999): Accounting education for professionals in Germany – current state and new challenges, in: Journal of Accounting Education, S. 367-390.

Egner, H. (1980): Betriebswirtschaftliches Prüfungswesen, Berlin.

Ernst & Young (2002): Ernst & Young, Global Audit Methodology, unveröffentlichte interne Quelle, o.O.

Europäische Kommission (1996): Grünbuch der Europäischen Kommission: Rolle, Stellung und Haftung des Abschlußprüfers in der Europäischen Union, in: Wirtschaftsprüferkammer-Mitteilungen, S. 280-296.

EU-Kommission (2002): Empfehlung der Kommission vom 16.5.2002, Unabhängigkeit des Abschlussprüfers in der EU – Grundprinzipien, Amtsblatt Nr. L 191 vom 19.7.2002.

FEE (1996): The Role, Position and Liability of the Statutory Auditor in the European Union, Brüssel.

Ferlings, J./Lanfermann, G. (2002): Unabhängigkeit von deutschen Abschlussprüfern nach Verabschiedung des Sarbanes-Oxley Acts, in: Die Wirtschaftsprüfung, S. 2117-2122.

Forster, K.-H. (1990): Generally accepted auditing standards, in: Chmielewicz, K./Schweitzer, M. (Hrsg.): Handwörterbuch des Rechnungswesens, 3. Aufl., Stuttgart, Sp. 2206-2215.

Freiling, C./Lück, W. (1992): Für den Arbeitskreis 'Externe und interne Überwachung der Unternehmung' der Schmalenbach-Gesellschaft-Deutsche Gesellschaft für Betriebswirtschaft e.V., Zusammenarbeit von Abschlußprüfer und Interner Revision, in: Zeitschrift Interne Revision, S. 268-276.

Guy, D.M./Carmichael, D.R. (1999): Guide to International Standards on Auditing & Related Services 2000, Fort Worth.

Hagemeister, C. (2002): Neue Anforderungen an die Unabhängigkeit des Abschlussprüfers durch IFAC und Europäische Kommission, in: Der Betrieb, S. 333-340.

Hayes, R./Schilder, A./Dassen, R./Wallage, P. (1999): Principles of auditing: an international perspective, London et al.

Hömberg, R. (1994): Grundlagen der Prüfungstechnik, in: v. Wysocki, K./Schulze-Osterloh, J. (Hrsg.): Handbuch des Jahresabschlusses in Einzeldarstellungen (HdJ), Loseblattsammlung, Abt. VI/3, Köln.

Hoerster, N. (1989): Stichwort Norm, in: Seiffert, H./Radnitzky, G. (Hrsg.): Handlexikon der Wissenschaftstheorie, München, S. 231-234.

IASB (2002): International Accounting Standards 2002, London.

IDW (1998): Abschlußprüfung nach International Standards on Auditing (ISA), Vergleichende Darstellung deutscher und internationaler Prüfungsgrundsätze, Düsseldorf.

IDW (2000): Wirtschaftsprüfer-Handbuch 2000, Handbuch für Rechnungslegung, Prüfung und Beratung, Band I, 12. Aufl., Düsseldorf.

IFAC (2003): 2003 Handbook of International Auditing, Assurance and Ethics Pronouncements, Februar, New York.

Jansen, W./Pfitzer, N. (1999): Der Bestätigungsvermerk des Abschlußprüfers nach neuem Recht, in: Dörner, D./Menold, D./Pfitzer, N. (Hrsg.): Reform des Aktienrechts, der Rechnungslegung und Prüfung: KonTraG – KapAEG – EuroEG – StückAG, Stuttgart, S. 679-702.

Kicherer, H.-P. (1972): Die Fachgutachten des Instituts der Wirtschaftsprüfer (IDW) über die Grundsätze ordnungsmäßiger Abschlußprüfung, in: Betriebs-Berater, S. 68-74.

Kirsch, H.J./Dohrn, M./Wirth, J. (2002): Rechnungslegungs- und Prüfungspraxis der DAX-100-Unternehmen – Bestandsaufnahme und Auswirkungen der EU-Verordnung zur Anwendung internationaler Rechnungslegungsstandards, in: Die Wirtschaftsprüfung, S. 1217-1231.

Klaus, G./Liebscher, H. (Hrsg.) (1976): Wörterbuch der Kybernetik, 4. Aufl., Berlin.

Kleekämper, H./König, K.U. (1999): Die Haftung des Abschlußprüfers, in: Dörner, D./Menold, D./Pfitzer, N. (Hrsg.): Reform des Aktienrechts, der Rechnungslegung und der Prüfung: KonTraG – KapAEG – EuroEG – StückAG, Stuttgart, S. 703-716.

KPMG (2003): Rechnungslegung nach US-amerikanischen Grundsätzen – Grundlagen der US-GAAP und SEC-Vorschriften, 3. Aufl., Düsseldorf.

Kruse, H.W. (1970): Grundsätze ordnungsmäßiger Bilanzierung, Köln.

Kuhner, C. (1999): Der Code of Ethics for Professional Accountants der IFAC – Neue Verhaltensrichtschnur für den Wirtschaftsprüfer?, in: Wirtschaftsprüferkammer-Mitteilungen, S. 7-15.

Lanfermann, G./Maul, S. (2003): SEC-Ausführungsregeln zum Sarbanes-Oxley Act, in: Der Betrieb, S. 349-355.

Leffson, U. (1987): Die Grundsätze ordnungsmäßiger Buchführung, 7. Aufl., Düsseldorf.

Legal Liability Task Force (1998): Auditor Liability Study, New York.

Loitlsberger, E. (1953): Zur Theorie der Prüfung, in: Illetschko, L. L. (Hrsg.): Grundlagen der Buchprüfung, Wien, S. 20-56.

Lutter, M. (1996): Europäisches Unternehmensrecht, 4. Aufl., Berlin.

Mattheus, D. (2002): Kommentierung zu § 319 HGB, in: Baetge, J./Kirsch, H.-J./Thiele, S. (Hrsg.): Bilanzrecht, Handelsrecht mit Steuerrecht und den Regelungen des IASB, Bonn und Berlin.

Maxl, P. (1998): Ausgewählte Fragen zum Werberecht der Wirtschaftsprüfer und vereidigten Buchprüfer, in: Wirtschaftsprüferkammer-Mitteilungen, S. 114-122.

Mintz, S.M. (1997): Cases in Accounting Ethics Professionalism, 3. Aufl., New York et al.

Niehues, M. (2002): Unabhängigkeit des Abschlußprüers – Empfehlung der EU-Kommission – Hintergrund und Überblick, in: Wirtschaftsprüferkammer-Mitteilungen, S. 182-193.

Niehus, R.J. (1992): Zur Weiterentwicklung der Grundsätze ordnungsmäßiger Durchführung von Abschlußprüfungen – Anregungen aus nationaler und internationaler Sicht –, in: Moxter, A./Müller, H.-P./Windmöller, R./v. Wysocki, K. (Hrsg.): Rechnungslegung – Entwicklungen bei der Bilanzierung und Prüfung von Kapitalgesellschaften, Festschrift zum 65. Geburtstag von Professor Dr. Dr. h.c. Karl-Heinz Forster, Düsseldorf, S. 489-506.

OLG Düsseldorf (1996): Urteil vom 27.6.1996 – 5 U 11/96, Umfang der gesetzlichen Abschlußprüfung, in: Wirtschaftsprüferkammer-Mitteilungen, S. 342-346.

Ring, H. (2002): Trennung von gleichzeitiger Prüfung und Beratung, in: Die Wirtschaftsprüfung, S. 1345-1354.

Rückle, D. (2002): Grundsätze ordnungsmäßiger Abschlussprüfung, in: Ballwieser, W./Coenenberg, A.G./v. Wysocki, K. (Hrsg.): Handwörterbuch der Rechnungslegung und Prüfung, 3. Aufl., Stuttgart, Sp. 1026-1041.

Ruhnke, K. (1999): Bedeutung internationaler Prüfungsnormen für die Erbringung von Prüfungsdienstleistungen auf nationaler Ebene, in: Der Betrieb, S. 237-244.

Ruhnke, K. (2000): Normierung der Abschlußprüfung, Stuttgart.

Ruhnke, K. (2002a): Prüfungsnormen, in: Ballwieser, W./Coenenberg, A.G./v. Wysocki, K. (Hrsg.): Handwörterbuch der Rechnungslegung und Prüfung, 3. Aufl., Stuttgart, Sp. 1841-1852.

Ruhnke, K. (2002b): Internationale Einflüsse auf die deutsche Prüfungspraxis, in: Zeitschrift für kapitalmarktorientierte Rechnungslegung, S. 155-165.

Ruhnke, K. (2003): Prüfung der Einhaltung des Deutschen Corporate Governance Kodex durch den Abschlussprüfer, in: Die Aktiengesellschaft, S. 371-377.

Ruhnke, K./Schmidt, M./Seidel, T. (2002): Anzuwendende Prüfungsnormen bei der Prüfung eines Konzernabschlusses nach § 292a HGB, in: Betriebs-Berater, S. 138-142.

Schade, G. (1982): Zur Konkretisierung des Gebots sorgfältiger Abschlußprüfung, Düsseldorf.

Schindler, J. (1997): Internationale Prüfungsnormen aus der Sicht einer internationalen Wirtschaftsprüfungsgesellschaft, in: Richter, M. (Hrsg.): Theorie und Praxis der Wirtschaftsprüfung, Berlin, S. 153-166.

Schwandtner, C. (2002): Die Unabhängigkeit des Abschlussprüfers, Europäische und internationale Ansätze im Vergleich, in: Deutsches Steuerrecht, S. 323-332.

Schulze zur Wiesch, D.W. (1963): Grundsätze ordnungsmäßiger aktienrechtlicher Jahresabschlußprüfung, Düsseldorf.

Taupitz, J. (1991): Die Standesordnungen der freien Berufe, Berlin.

Vorstand des IDW (2002): Bericht des Vorstandes anlässlich der Verwaltungsratssitzung am 12.11.2002 in Baden-Baden, in: IDW-Fachnachrichten, S. 694-707.

Wiedmann, H. (1996): Entwicklung internationaler Prüfungs-Standards, in: Schruff, L. (Hrsg.): Bilanzrecht unter dem Einfluß internationaler Reformzwänge, Düsseldorf, S. 149-196.

WPK (1987): Richtlinien für die Berufsausübung der Wirtschaftsprüfer und vereidigten Buchprüfer, Düsseldorf.

WPK (1996a): Verlautbarung des Vorstandes der Wirtschaftsprüferkammer zur Abgrenzung von Prüfung und Erstellung (§ 319 Abs. 2 Nr. 5 HGB), in: Wirtschaftsprüferkammer-Mitteilungen, S. 196-197.

WPK (1996b): Bericht des Vorstandes der Wirtschaftsprüferkammer, in: Wirtschaftsprüferkammer-Mitteilungen, Beilage zu Heft 3.

WPK (2002): Berufssatzung WP/vBP. Satzung der Wirtschaftsprüferkammer über die Rechte und Pflichten bei der Ausübung der Berufe des Wirtschaftsprüfers und des vereidigten Buchprüfers (BS WP/vBP), Berlin.

Kontrollfragen

1. Geben Sie einen systematischen Überblick über die durch einen Prüfer erbringbaren Dienstleistungen und grenzen Sie diese voneinander ab.

2. Grenzen Sie die Begriffe Normenquellen, Normenkategorien und Normenarten voneinander ab und erläutern Sie das bestehende Beziehungsgeflecht.

3. Legen Sie Inhalt und Zweck der financial statement assertions dar. Gehen Sie auch auf den Zusammenhang zwischen Prüfungs- und Rechnungslegungsnormen ein.

4. Nehmen Sie zu der folgenden Aussage kritisch Stellung: „Das IDW besitzt die Legitimation, Grundsätze zur Abschlussprüfung herauszugeben."

5. Sie sind Mitglied in einem Prüfungsteam und mit der Prüfung eines bestimmten Sachverhalts betraut, zu dem abweichende nationale und internationale Prüfungsnormen vorliegen. Wie ist zu verfahren? Begründen Sie die von Ihnen vertretene Auffassung.

6. Gehen Sie auf Inhalt und Bedeutung ethischer Prüfungsnormen für die Existenz des Berufsstands ein.

7. Warum ist das Unabhängigkeitserfordernis so zentral für den Prüfer? Gehen Sie auch auf ethische Prüfungsnormen ein und diskutieren Sie mögliche Anwendungsprobleme.

8. Stellen Sie das System der internationalen Normen zur Unabhängigkeit des Abschlussprüfers dar. Wodurch unterscheidet sich dieses System von dem System der deutschen Normen zur Unabhängigkeit des Abschlussprüfers?

9. Gehen Sie auf die Zulässigkeit von Prüfung und Beratung durch einen Wirtschaftsprüfer ein.

Fallstudien

Bei den nachstehend skizzierten Situationen liegt möglicherweise ein Verstoß gegen ethische Verhaltensregeln vor. Sie sollen vor dem Hintergrund der deutschen und internationalen ethischen Prüfungsnormen beurteilen, ob eine ethische Konfliktsituation gegeben ist und mögliche Hinweise zur Lösung erarbeiten.

Das Vorgehen ist stets zu begründen; mögliche Deduktionen aus übergeordneten Zielen oder Prinzipien sind offenzulegen. Setzen Sie weitere Annahmen, falls dies für die Problemlösung erforderlich sein sollte, und gehen Sie auf alle sich hieraus ergebenden Szenarien ein.

1. WP Paul Müller ist seit mehreren Jahren mit der Jahresabschlussprüfung der Zellstoff-AG betraut. Der Mandant ersucht Müller, ein IT-gestütztes Abrechnungssystem für das Personalwesen zu installieren und einzuführen. Müller ist geübt im Umgang mit Anwendungsprogrammen und mit den Anforderungen der Personalabrechnung des Mandanten bestens vertraut. Erfahrungen bei der Einführung von IT-gestützten Systemen bestehen indes nicht. Müller gibt dem Mandanten zu verstehen, dass ihm die Einführung von IT-Systemen keine Probleme bereiten wird. Den daraufhin seitens des Mandanten erteilten Auftrag zur Installation und Einführung nimmt Müller an.

2. WP Anke Schmidt zeichnet als Partnerin einer Prüfungsgesellschaft für das Mandat Ostseewerke AG verantwortlich. Im vergangenen Jahr wurde den Ostseewerken ein großer Auftrag erteilt. Um die Risiken dieses Auftrags richtig beurteilen zu können, ist es absehbar, dass der Zeitbedarf für die laufende Prüfung das Vorjahresniveau um ca. 20% übersteigt. Der Mandant ist lediglich bereit, ein pauschal vereinbartes Prüfungshonorar auf der Basis des Vorjahres zu akzeptieren.

3. Das Industrieunternehmen HighTech wurde bisher von der Prüfungsgesellschaft Treuhand geprüft. Nun erhält die Organisation AuditProfessional den Prüfungsauftrag. WP/StB Andrew Amazon ist als Partner von AuditProfessional damit betraut festzustellen, ob der Prüfungsauftrag angenommen werden soll. Welche Handlungen sind im Kontext der Auftragsannahme aus dem Blickwinkel der ethischen Prüfungsnormen bedeutsam? Es ist davon auszugehen, dass Amazon noch keine Vorkenntnisse besitzt.

4. WP Peter Henkens ist Mitglied einer Prüfungsgesellschaft, die mit der Prüfung der Telecommunication AG betraut ist. Henkens, der nicht in die Prüfung involviert ist, hält 3% der Anteile der Telecommunication AG. Der Anteilsbesitz ist, gemessen an dem gesamten Privatvermögen von Henkens, nicht als wesentlich einzustufen.

5. WP Hubert Allround ist als Mitglied der Prüfungsorganisation BigEleven mit der Prüfung der im TecDax notierten EasyInternet betraut. EasyInternet befindet sich in einer hervorragenden Marktposition und weist über drei Jahre hinweg Wachstumsraten im Umsatz und im Ertrag in dreistelliger Höhe auf. Die organisatorische Rechnungslegungsinfrastruktur konnte dieser Entwicklung nur bedingt folgen. Der Geschäftsführer von EasyInternet trägt an Hubert Allround das Anliegen heran, er solle konkrete abschlusspolitische Maßnahmen tätigen, die geeignet sind, langfristig stille Reserven zu legen. Hubert Allround wird ausdrücklich angehalten, die Maßnahmen selbst durchzuführen. Der Mandant akzeptiert für die Mehrarbeit eine angemessene Erhöhung des zuvor vereinbarten Pauschalhonorars. Auf eine Rückfrage von Hubert Allround an seinen Vorgesetzten, ob die Maßnahmen durchzuführen seien, stellt der Vorgesetzte fest: Die EasyInternet ist hervorragend am Markt positioniert und der Fortbestand des Unternehmens ist nicht gefährdet. Insofern bestehen keine Bedenken, die Maßnahmen durchzuführen, sofern eine ordnungsgemäße Dokumentation gewährleistet ist.

7 Grundsatz der Unabhängigkeit[*]

7.1 Begriff und Gefährdung der Unabhängigkeit

Der Abschlussprüfer trifft ein Urteil über die Normenkonformität von Jahresabschlüssen und Lageberichten. Urteile, auf welche die Adressaten nicht vertrauen können, haben für diese keinen Wert. Voraussetzungen für die Abgabe vertrauenswürdiger Urteile sind Urteilsfähigkeit und Urteilsfreiheit des Urteilenden sowie eine sachgerechte Urteilsbildung.[1] Während die *Urteilsfähigkeit* auf die fachliche Qualifikation des Abschlussprüfers abstellt, ist *Urteilsfreiheit* gegeben, wenn der Abschlussprüfer sein Urteil frei von jeglichen Einflüssen treffen, d.h. unabhängig und unbefangen abgeben kann.

Unbefangenheit (innere Unabhängigkeit) bezeichnet die innere Einstellung des Abschlussprüfers, ohne geistige Bindung unvoreingenommen tätig zu werden. Darüber hinaus muss der Prüfer nicht nur tatsächlich unabhängig und unbefangen sein, sondern auch für diejenigen, zu Gunsten derer er seine Schutz- und Ordnungsfunktion ausübt, als unabhängig erscheinen. Damit ist das Problem der Besorgnis der Befangenheit angesprochen. Sie liegt vor, falls bei einem vernünftigen vorurteilslosen Dritten ein aus einem sachlichen Grund abgeleitetes Misstrauen besteht, dass der Abschlussprüfer nicht unabhängig ist.[2] Hiermit wird die äußere Unabhängigkeit angesprochen, die das Freisein von rechtlichen, wirtschaftlichen und faktischen Einwirkungsmöglichkeiten durch das zu prüfende Unternehmen oder durch Dritte umfasst. Die internationale Literatur unterscheidet zwischen independence in fact und independence in appearance.[3] *Independence in fact*[4] ist gegeben, wenn ausschließlich sachgerechte Erwägungen angestellt werden. *Independence in appearance* knüpft dagegen an objektivierbare Umstände an, bei deren Vorliegen die Besorgnis der Befangenheit begründet wird.

Die Möglichkeiten der Beeinträchtigung der Unabhängigkeit und Unbefangenheit sind vielgestaltig. Dabei sind folgende typische Situationen der Gefährdung der Urteilsfreiheit zu nennen:[5]

- *Personelle Verflechtungen* (der Prüfer ist z.B. gesetzlicher Vertreter, Aufsichtsratsmitglied oder Arbeitnehmer beim zu prüfenden Unternehmen);
- *Finanzielle Interessen* (sowohl aus Beteiligungs- und Schuldverhältnissen – der Prüfer besitzt z.B. Anteile am zu prüfenden Unternehmen – als auch aus der Leistungsbeziehung zum geprüften Unternehmen – z.B. Kundenabhängigkeit, d.h. hoher Anteil der Einnahmen von dem betreffenden Mandanten an den Gesamteinnahmen des Prüfers);
- *Persönliche Beziehungen* (auf Verwandtschaft oder sozialen Bindungen beruhend);
- *Verbindung von Prüfungs- und Beratungstätigkeit*.

Im folgenden Abschnitt soll mit dem auf der Existenz von Quasi-Renten basierenden Ansatz von DeAngelo und dem agency-theoretischen Ansatz von Antle ein theoretischer Bezugsrahmen hergestellt werden, der die Entstehung des Unabhängigkeitsproblems zu erklären versucht.

7.2 Theoretische Erklärungsansätze für Unabhängigkeitsgefährdungen

7.1.1 Quasi-Rentenansatz von DeAngelo[6]

Eine Erstprüfung verursacht zusätzliche *Start up-Kosten*, u.a. weil sich der Prüfer mit der Geschäftstätigkeit und dem Geschäftsumfeld des Mandanten sowie dessen Rechnungswesen und internen Kontrollsystem vertraut machen muss. Folgeprüfungen sind kostengünstiger. Der bisherige Prüfer verfügt bei zukünftigen Prüfungen seines Mandanten über einen Informationsvorsprung und damit im Vergleich zu einem neuen Prüfer über Kostenvorteile. Für den Mandanten ist ein Prüferwechsel nachteilig, denn er löst *Transaktionskosten* aus. Aus diesen Gründen kann der bisherige Prüfer künftig Honorare verlangen, die über seinen Prüfungskosten liegen, d.h. so genannte *Quasi-Renten* beziehen.[7] Zwischen dem Prüfer und seinem Mandanten besteht ein bilaterales Monopol, in dem beide Parteien Anreize haben, ihre Geschäftsbeziehung fortzusetzen. Jede Partei kann die Gegenpartei durch die Beendigung der vertraglichen Beziehung schädigen. Beim Mandanten würde dies Transaktionskosten auslösen, während dem Prüfer zukünftige Quasi-Renten verloren gingen. Damit kann auch jede Partei mit der Beendigung des Vertragsverhältnisses drohen, der Prüfer, um höhere Honorare zu verlangen, der Mandant, um dem Prüfer Konzessionen hinsichtlich seines Prüfungsurteils abzuringen. Die Existenz mandantenspezifischer Quasi-Renten beeinträchtigt somit die Unabhängigkeit des Abschlussprüfers.[8]

Gleichwohl ist zu berücksichtigen, dass ein Prüfer auch von anderen Mandanten Quasi-Renten bezieht. Wird prüferisches Fehlverhalten aufgedeckt bzw. Abhängigkeit des Prüfers wahrgenommen, so droht ein Reputationsverlust und damit der Verlust eines Teils der Quasi-Renten aus anderen Prüfungsaufträgen, sei es durch Kündigung oder durch Verringerung der Prüfungshonorare. Dieser Effekt verringert die Beeinträchtigung der Unabhängigkeit. Je mehr Mandate ein Prüfer betreut, desto größer ist das Risiko, Quasi-Renten aus anderen Prüfungsaufträgen zu verlieren, desto unabhängiger der Abschlussprüfer und desto höher die Prüfungsqualität. Da größere Prüfungsgesellschaften über tendenziell mehr Mandate verfügen, sind diese unabhängiger, d.h. die Anreize zum Verschweigen aufgedeckter Mängel kommen weniger zum Tragen. Sie bieten deshalb eine größere Prüfungsqualität.[9]

Erwartete künftige Quasi-Renten lösen einen Wettbewerb um Mandanten aus, erzwingen die Vorwegnahme zukünftiger Kostenvorteile eines amtierenden Prüfers und bewirken, dass das Prüfungshonorar einer Erstprüfung unter den Prüfkosten liegt. Dieses Phänomen wird als *low balling Effekt* bezeichnet. Der durch das Prüfungshonorar nicht gedeckte Teil der Erstprüfungskosten ist in späteren Perioden nicht mehr entscheidungsrelevant und stellt sunk costs dar.[10] Er beeinträchtigt nicht unmittelbar die Unabhängigkeit des Abschlussprüfers. DeAngelo zeigt schließlich auch auf, dass der Kapitalwert der Prüfungshonorare eines

Prüfers wegen des low balling im Gleichgewicht bei vollkommenem Wettbewerb Null beträgt, d.h. er erwirtschaftet in Folgeperioden keine echten, sondern nur Quasi-Renten.

Eine alternative Erklärung für die Existenz von Quasi-Renten und low balling liefert das *Modell von Dye*.[11] Danach bezahlt der Mandant Quasi-Renten, um den Abschlussprüfer zu einem aus Mandantensicht günstigen Prüfungsurteil zu bewegen. Dies führt zu einem low balling bei Erstprüfungen und zu möglichen Beeinträchtigungen der Unabhängigkeit des Abschlussprüfers bei zukünftigen Prüfungen. Sind Prüfungshonorare und damit auch Quasi-Renten von den Adressaten des Prüfungsergebnisses beobachtbar und sind die Adressaten dazu in der Lage, die Höhe von Prüfungshonoraren zu beurteilen, so erkennen sie Unabhängigkeitsprobleme. Da dies die Glaubwürdigkeit der Abschlussprüfung und damit auch der Rechnungslegung reduziert, macht es für den Mandanten keinen Sinn, Quasi-Renten zu zahlen. Die *Publizität des Prüfungshonorars* verhindert somit Quasi-Renten, low balling und Unabhängigkeitsbeeinträchtigungen. Low balling wird in diesem Modell durch die Nichtbeobachtbarkeit von Quasi-Renten und nicht durch die Existenz von Transaktionskosten verursacht.[12]

7.1.2 Agency-theoretischer Ansatz von Antle[13]

Nicht nur zwischen den Eigentümern und dem Management (vgl. Abschnitt 2.1), sondern auch zwischen den Eigentümern und dem Abschlussprüfer besteht eine *Prinzipal-Agenten-Beziehung*.[14] Auch der Abschlussprüfer hat einen Informationsvorsprung, d.h. er hat mehr, bessere und zeitnähere Informationen. Daher ist seine Prüfungsleistung durch die Eigentümer nicht vollständig beobachtbar (*hidden action*). Unterstellt man, dass sich der Abschlussprüfer nutzenmaximierend verhält, d.h. der Prüfer berücksichtigt bei seinen Aktionen nicht nur berufsethische, sondern vor allem auch wirtschaftliche Aspekte, besteht die Gefahr eines moral hazard, d.h. eines opportunistischen Ausnutzens seines Informationsvorsprungs durch den Abschlussprüfer, ohne gleichzeitig im Sinne der Eigentümer zu handeln. Der Abschlussprüfer könnte zum einen seine Prüfungsqualität reduzieren und damit bei gegebenem Prüfungshonorar seine Aufwendungen mindern. Zum anderen könnte der Prüfer aber auch seine *Unabhängigkeit* gegenüber dem Management *aufgeben* und *Zahlungen* dafür *akzeptieren*, dass er in seinem Prüfungsbericht aufgedeckte Unregelmäßigkeiten verschweigt.[15] Nach Antle gilt ein Abschlussprüfer dann nicht mehr als unabhängig, wenn er solche Zahlungen annimmt.[16]

Für die Eigentümer hängen die Folgen einer fehlenden Unabhängigkeit des Abschlussprüfers von ihren Möglichkeiten ab, Fehlverhalten des Abschlussprüfers aufzudecken und zu sanktionieren. Zur Kontrolle der Unabhängigkeit des Prüfers ist es insbesondere erforderlich, Transaktionen zwischen dem Management und dem Abschlussprüfer zu überwachen. Dies spricht für eine *Offenlegung von Beratungsleistungen und -honoraren* des Prüfers. Schließlich stellt Antle fest, dass die Unabhängigkeit des Abschlussprüfers gestärkt wird, falls ein Bekanntwerden von Abhängigkeiten seine Reputation beeinträchtigt und somit den Marktwert seiner Prüfungsleistungen reduziert.[17]

7.3 Normen zur Sicherung der Unabhängigkeit

Die WPO verpflichtet den Wirtschaftsprüfer im Rahmen der allgemeinen Berufspflichten in § 43 Abs. 1 WPO zur unabhängigen Berufsausübung. Da es für die Vertrauenswürdigkeit des Prüfungsurteils nicht nur darauf ankommt, dass der Prüfer innerlich tatsächlich unabhängig ist, sondern auch darauf, dass die Prüfungsadressaten den Prüfer für unabhängig halten, hat er nach § 49 WPO seine Tätigkeit zu versagen, wenn bei der Durchführung eines Auftrags die Besorgnis der Befangenheit besteht. Durch die §§ 2, 20-24 Berufssatzung werden diese allgemeinen Regelungen der WPO konkretisiert. So liegt nach § 23 Berufssatzung die Besorgnis der Befangenheit insbesondere vor, wenn nahe Beziehungen zu einem Beteiligten oder zum Beurteilungsgegenstand bestehen, die geeignet sein können, die Urteilsbildung zu beeinflussen. Nahe Beziehungen bestehen z.B. zwischen Angehörigen oder bei finanziellen oder kapitalmäßigen Bindungen. Ein Prüfer ist gem. § 24 Berufssatzung von der Übernahme gesetzlicher Prüfungen ausgeschlossen, wenn er in der zu prüfenden Gesellschaft Treuhandtätigkeiten wahrnimmt. Zudem wird auf die Ausschlussgründe des § 319 HGB verwiesen.

Nach § 318 Abs. 1 Satz 4 HGB wird bei einer Aktiengesellschaft der *Prüfungsauftrag* durch den Aufsichtsrat erteilt und nicht mehr vom Vorstand, dessen Rechenschaftslegung der Abschlussprüfer zu kontrollieren hat. Hat der Aufsichtsrat den Prüfungsauftrag erteilt, so ist der Prüfungsbericht ihm vorzulegen (§ 321 Abs. 5 HGB). Daneben stärkt auch der *Schutz vor unberechtigter Abwahl* die Unabhängigkeit des Prüfers. Ein Prüfungsauftrag kann gem. § 318 Abs. 1 Satz 5 HGB nur widerrufen werden, wenn nach § 318 Abs. 3 HGB durch Gericht ein anderer Abschlussprüfer bestellt wurde. Hierzu ist ein Antrag der gesetzlichen Vertreter, des Aufsichtsrats oder von Gesellschaftern (bei AG bzw. KGaA jedoch nur, wenn diese mindestens 20% oder eine Mio. € des Grundkapitals repräsentieren) nötig. Die Abwahl ist nur aus in der Person des gewählten Prüfers liegenden Gründen möglich, insbesondere wenn die Besorgnis der Befangenheit besteht. Der Schutz vor ungerechtfertigter Abwahl wird durch die *Beschränkung des Kündigungsrechts* seitens des Abschlussprüfers ergänzt. Eine Kündigung ist nur aus wichtigem Grund möglich, wobei Meinungsverschiedenheiten über den Inhalt des Bestätigungsvermerks nicht als solcher anzusehen sind (§ 318 Abs. 6 HGB).

In § 319 Abs. 2 u. 3 HGB werden Tatbestände genannt, bei deren Vorliegen der Prüfer bzw. die Prüfungsgesellschaft unwiderlegbar als abhängig gelten. Ein WP bzw. ein vBP darf in folgenden Situationen nicht Abschlussprüfer sein:

1. *Besitz von Anteilen* an der zu prüfenden Gesellschaft

2. *Personelle Verflechtung*

   Der Prüfer ist oder war in den letzten drei Jahren vor seiner Bestellung gesetzlicher Vertreter, Aufsichtsratsmitglied oder Arbeitnehmer der zu prüfenden Gesellschaft (direkte personelle Verflechtung) oder eines anderen Unternehmens, das mit der zu prüfenden Gesellschaft verbunden ist oder von dieser mehr als 20% der Anteile hält (indirekte personelle Verflechtung).

3. *Mitwirkung* an der Buchführung oder der Jahresabschlusserstellung der zu prüfenden Gesellschaft

   Auch die indirekte Mitwirkung, d.h. der Prüfer ist gesetzlicher Vertreter, Arbeitnehmer, Aufsichtsratsmitglied, Gesellschafter oder Inhaber eines Unternehmens, welches die unvereinbare Beratungstätigkeit ausübt, stellt einen Ausschlussgrund dar.

4. *Umsatzabhängigkeit*

   Der Prüfer hat in den letzten fünf Jahren jeweils mehr als 30% seiner Gesamteinnahmen aus der Prüfung und Beratung der zu prüfenden Gesellschaft und von Unternehmen, an denen diese mehr als 20% der Anteile besitzt, bezogen. Dies ist auch im laufenden Geschäftsjahr zu erwarten.

Ein Ausschlussgrund ist auch dann gegeben, wenn eine Person, mit welcher der Prüfer seinen Beruf gemeinsam ausübt, oder eine Person, die der Prüfer bei der Prüfung einsetzt, die angeführten Abhängigkeitsmerkmale erfüllen. Für Prüfungsgesellschaften gelten im Wesentlichen analoge Ausschlusstatbestände:

1. *Anteilsbesitz*

   Die Prüfungsgesellschaft besitzt Anteile an der zu prüfenden Gesellschaft oder ist mit ihr verbunden (direkter Anteilsbesitz) bzw. ein mit der Prüfungsgesellschaft verbundenes Unternehmen besitzt mehr als 20% der Anteile an der zu prüfenden Gesellschaft oder ist mit ihr verbunden (indirekter Anteilsbesitz). Des Weiteren ist ein Ausschlusstatbestand gegeben, wenn bei einer Prüfungsgesellschaft, die eine juristische Person ist, ein gesetzlicher Vertreter oder ein Gesellschafter, der mindestens 50% der Stimmrechte besitzt, oder bei einer anderen Prüfungsgesellschaft ein Gesellschafter Anteile an der zu prüfenden Gesellschaft besitzt.

2. *Personelle Verflechtung*

   Bei einer Prüfungsgesellschaft, die eine juristische Person ist, erfüllt ein gesetzlicher Vertreter oder ein Gesellschafter, der mindestens 50% der Stimmrechte besitzt, oder bei einer anderen Prüfungsgesellschaft erfüllt ein Gesellschafter den Tatbestand der direkten oder der indirekten personellen Verflechtung. Nicht erlaubt ist auch die direkte personelle Verflechtung eines Aufsichtsratsmitglieds der Prüfungsgesellschaft.

3. *Mitwirkung* an der Buchführung oder der Jahresabschlusserstellung der zu prüfenden Gesellschaft

Neben der direkten Mitwirkung stellt auch die indirekte Mitwirkung einen Ausschlussgrund dar. Letztere ist bei Prüfungsgesellschaften gegeben, wenn sie Gesellschafter eines Unternehmens ist, das die unvereinbare Beratungstätigkeit ausübt. Ein Ausschlusstatbestand liegt auch dann vor, wenn ein gesetzlicher Vertreter oder ein Gesellschafter der Prüfungsgesellschaft direkt oder indirekt mitwirkt. Zudem ist die direkte Mitwirkung durch ein Aufsichtsratsmitglied der Prüfungsgesellschaft nicht gestattet.

4. *Umsatzabhängigkeit*

Für Prüfungsgesellschaften gilt die gleiche Regelung wie für Einzelpersonen.

5. *Interne Rotation*

Beschäftigt die Prüfungsgesellschaft einen Wirtschaftsprüfer, der in den vergangenen zehn Jahren den Bestätigungsvermerk in mehr als sechs Fällen gezeichnet hat, so muss sich in dem zu prüfenden Geschäftsjahr ein anderer Wirtschaftsprüfer derselben Prüfungsgesellschaft für die Prüfung verantwortlich zeichnen. Diese Rotationspflicht gilt nur bei der Prüfung von Aktiengesellschaften, deren Aktien zum Handel im amtlichen Markt zugelassen sind. Nach § 319 Abs. 2 Satz 2 HGB ist die Rotationspflicht auch anzuwenden, wenn ein Wirtschaftsprüfer Abschlussprüfer ist. In diesem Fall muss es zu einer externen Rotation kommen.[18]

Auch bei Prüfungsgesellschaften ist ein Ausschlussgrund dann gegeben, wenn eine Person, die bei der Prüfung eingesetzt wird, die angeführten Abhängigkeitsmerkmale erfüllt.

Die *EU-Kommission* hat am 16.5.2002 eine *Empfehlung zur Sicherung der Unabhängigkeit* des Abschlussprüfers herausgegeben.[19] Diese ist auf Grund ihres Empfehlungscharakters für die Mitgliedstaaten nicht bindend. Die EU erwartet jedoch eine Anwendung ihrer Empfehlungen und behält sich legislative Maßnahmen, d.h. die Verabschiedung einer Richtlinie, vor, zu deren Umsetzung die Mitgliedstaaten dann verpflichtet wären. Bei der Empfehlung handelt es sich um einen auf Prinzipien basierenden Ansatz, der den nötigen Spielraum bietet, um rasch und wirkungsvoll auf neue Entwicklungen zu reagieren. Im Gegensatz zu einem regelbasierten Ansatz kann ein auf Prinzipien beruhendes Konzept der fast unbegrenzten Anzahl individueller Konstellationen gerecht werden, die in der Praxis und den verschiedenen Rechtssystemen innerhalb der EU auftreten. Die Empfehlung umfasst zwei Teile. In Teil A (*Framework*) wird festgelegt, welchen allgemeinen Anforderungen die Abschlussprüfer zur Gewährleistung ihrer Unabhängigkeit genügen müssen. Teil B (*Specific Requirements*) enthält Verhaltensregeln für spezielle Situationen.[20] Maßstab zur Beurteilung der Urteilsfreiheit ist die Frage, ob ein vernünftiger und informierter Dritter, der über die relevanten Kenntnisse zum Prüfungsauftrag verfügt, zu dem Schluss gelangt, dass der Abschlussprüfer keinen Interessenskonflikten ausgesetzt ist und zu einem objektiven und unparteiischen Urteil gelangt. Ein System von *Sicherungsmaßnahmen* (Safeguards) soll die Risiken für die Urteilsfreiheit mindern und die Unabhängigkeit des Abschlussprüfers demonstrieren. Im Teil B werden exemplarisch Sachverhalte aufgelistet, welche die Urteilsfreiheit in besonderem Maße beeinträchtigen können bzw. einen Ausschluss von der Prüfungstätigkeit zwingend nach sich ziehen sollen.

Die *IFAC* hat im November 2001 ihren neuen *Code of Ethics* veröffentlicht (vgl. Abschnitt 6.5.2.2), in dem die Regeln über die Unabhängigkeit und Unbefangenheit des Abschlussprüfers neu gefasst sind (Sec. 8). Wegen der Unmöglichkeit, sämtliche Situationen zu erfassen, welche die Unabhängigkeit des Prüfers beeinträchtigen, wählt auch die IFAC einen prinzipienbasierten Ansatz[21], d.h. zunächst werden Rahmengrundsätze formuliert, die helfen, Bedrohungen der Unabhängigkeit zu identifizieren und entsprechende Sicherungsmaßnahmen zu ergreifen (Ethics Sec. 8.1-48). Daran schließen sich Ausführungen zur Anwendung dieser Grundsätze auf bestimmte Situationen an. Aufbau und Inhalt der Sec. 8 ähneln in weiten Teilen der Empfehlung der EU-Kommission.

7.4 Vorschläge zur Stärkung der Unabhängigkeit

Im Rahmen der ethischen Prüfungsnormen kommt dem Grundsatz der Unabhängigkeit eine herausragende Stellung zu. Insofern verwundert es nicht, dass hierzu eine breite Palette von Verbesserungsvorschlägen existiert. So wurde u.a. vorgeschlagen, ein staatliches Aktienamt einzurichten, das direkt für Abschlussprüfungen zuständig sein oder alternativ zumindest die Auswahl der Abschlussprüfer vornehmen soll.[22] Andere Vorschläge zielen auf die Überwachung und die Sanktionierung der Prüfer ab und umfassen z.B. eine Beaufsichtigung durch eine vom Berufsstand unabhängige Instanz (Public Oversight) oder eine Ausdehnung der zivilrechtlichen Haftung (Abschnitt 8.1). Im Zentrum der aktuellen Diskussion stehen aber die Untersagung von Beratungstätigkeiten, die Einführung einer externen Pflichtrotation und die Einrichtung von Prüfungsausschüssen. Diese potenziellen Maßnahmen sollen im Folgenden diskutiert werden.

7.4.1 Trennung von Prüfung und Beratung

7.4.1.1 Theoretische Begründung

Ist der Prüfer gleichzeitig als Berater beim Mandanten tätig, kann er die bei der Beratung erlangten Informationen auch im Rahmen seiner Prüfung nutzen und dadurch seine Prüfungskosten senken (knowledge spillovers). Damit steigen sowohl seine aus der Prüfungstätigkeit beim Mandanten erzielbaren Quasi-Renten als auch das Risiko der Beeinträchtigung seiner Unabhängigkeit.[23] Umgekehrt kann der Berater Synergievorteile durch seine Kenntnisse aus der Prüfungstätigkeit nutzen und so die Kosten des Beratungsauftrags senken. Dadurch ist die *Gesamt-Quasi-Rente aus Prüfung und Beratung höher* als die erzielbare Quasi-Rente bei ausschließlicher Prüfungstätigkeit, so dass sich die Unabhängigkeit des Abschlussprüfers reduziert. Höhere Quasi-Renten bedeuten darüber hinaus ein höheres low balling, d.h. der beratende Prüfer kann Prüfer, die keine Beratungsleistungen anbieten, im

Wettbewerb um Erstprüfungsmandate unterbieten. Je umfassender sein Beratungsangebot, desto größer sind die Quasi-Renten und damit die Wettbewerbsvorteile des Prüfers bei der Konkurrenz um Erstprüfungsmandate.[24] Diese Überlegung basiert auf der Annahme konstanter Prüfungshonorare. Die gleichzeitige Beratung könnte jedoch auch zu reduzierten[25], aber auch zu höheren[26] Prüfungshonoraren führen.

Aus dem Blickwinkel des agency-theoretischen Ansatzes könnten Beratungsleistungen vom Management an den Prüfer vergeben werden, um Zahlungen, die der Abschlussprüfer für die Aufgabe seiner Unabhängigkeit erhält, einen legalen Charakter zu verleihen.[27]

7.4.1.2 Normativer Rahmen

In Deutschland sind WP u.a. dazu befugt, in steuerlichen und wirtschaftlichen Angelegenheiten zu beraten (§ 2 Abs. 2 u. 3 WPO). Prüfung und Beratung durch denselben Wirtschaftsprüfer sind grundsätzlich miteinander vereinbar. Diese Überlegung wird durch den Wortlaut des § 319 Abs. 2 Nr. 8 HGB gestützt, der einen Ausschluss des Abschlussprüfers vorsieht, wenn dieser in den letzten fünf Jahren mehr als 30% der Gesamteinnahmen aus seiner beruflichen Tätigkeit aus der Prüfung und Beratung der zu prüfenden Kapitalgesellschaft bezogen hat und dies auch im laufenden Geschäftsjahr zu erwarten ist. Wäre der Gesetzgeber von einer generellen Unvereinbarkeit von Prüfung und Beratung ausgegangen, so hätte er nicht die Formulierung „Prüfung und Beratung" gewählt. Dem Grundsatz, dass ein Abschlussprüfer keinen Sachverhalt beurteilen soll, an dessen Zustandekommen er selbst maßgeblich mitgewirkt hat, kommt § 319 Abs. 2 Nr. 5 HGB nach. Dieser schließt einen Prüfer von der Abschlussprüfung aus, sofern er bei der Führung der Bücher oder der Aufstellung des zu prüfenden Jahresabschlusses der Kapitalgesellschaft über die Prüfungstätigkeit hinaus mitgewirkt hat.[28] Untersagt ist jedoch nur eine Mitwirkung, die über die Prüfungstätigkeit hinaus geht. Stellt der Prüfer bei der Durchführung der Prüfung Unzulänglichkeiten fest und unterbreitet er seinem Mandanten Korrekturvorschläge zur Vermeidung einer Einschränkung oder Versagung des Bestätigungsvermerks, so verstößt er damit nicht gegen das Mitwirkungsverbot des § 319 Abs. 2 Nr. 5 HGB.[29] Insofern wird das *Selbstprüfungsverbot* durch das *Einwirkungsgebot* überlagert, d.h. der Abschlussprüfer muss versuchen, den von der prüfungspflichtigen Kapitalgesellschaft erstellten Jahresabschluss so zu beeinflussen, dass eine normenkonforme Rechnungslegung zustande kommt.[30]

Zur Vereinbarkeit von Prüfungstätigkeit und Beratung nehmen auch die §§ 22 und 23 der Berufssatzung Stellung. § 22 bestimmt die grundsätzliche Vereinbarkeit von Prüfung und Beratung, sofern nicht die Besorgnis der Befangenheit besteht. Sie kann begründet sein, falls die Beratungstätigkeit über eine fachliche und wissenschaftliche Sachaufklärung oder über eine gutachterliche Darstellung von Alternativen hinausgeht und deswegen die Besorgnis besteht, dass die Funktion des außenstehenden objektiven unparteiischen Prüfers nicht mehr gegeben ist. Gemäß § 23 sind Prüfung und Beratung für den Fall unvereinbar, dass ein Prüfer am Zustandekommen des von ihm zu beurteilenden Sachverhalts über die Prüfungstätigkeit hinaus selbst maßgeblich mitgewirkt hat. Nach einer Verlautbarung des

Vorstands der Wirtschaftsprüferkammer zur Abgrenzung von Prüfung und Erstellung kann der Prüfer Entscheidungshilfen geben. Das Treffen von Entscheidungen muss aber immer den zuständigen Unternehmensorganen selbst obliegen, da ansonsten eine unzulässige Mitwirkung über die Prüfungstätigkeit hinaus vorliegt.[31]

Zu diesem Ergebnis gelangt auch der BGH in seinem so genannten *Allweiler-Urteil*[32], dem grundlegende Bedeutung zukommt.[33] Danach stellt Beratung die Abgabe oder Erörterung von Empfehlungen durch sachverständige Personen im Hinblick auf zukünftige Entscheidungen des Ratsuchenden dar. Sie ist dadurch gekennzeichnet, dass Handlungsmöglichkeiten und ihre Konsequenzen aufgezeigt werden, während die Entscheidung dem Beratenen selbst vorbehalten bleibt. Nach dem *Kriterium der funktionalen Entscheidungszuständigkeit* wird die Grenze zwischen zulässiger und unzulässiger Beratung dort gezogen, wo der Prüfer die Funktion des Beraters mit Entscheidungsvorschlägen verlässt und in die funktionelle Entscheidungskompetenz des Unternehmers eingreift.

In der *EU-Empfehlung* zur Sicherung der Unabhängigkeit des Abschlussprüfers stellt die Vereinbarkeit von Prüfung und Beratung einen Schwerpunkt dar. Der Abschlussprüfer sollte weder Entscheidungen für seinen Mandanten treffen, noch in dessen Entscheidungsprozesse eingebunden sein. Als für die Urteilsfreiheit besonders kritisch werden hier die über die Prüfungstätigkeit hinausgehende Mitwirkung bei der Buchführung und der Jahresabschlusserstellung, IT-Beratung zu Systemen, die dem Jahresabschluss zugrunde liegende Daten generieren, Bewertungen von Vermögensgegenständen und Schulden, die in den zu prüfenden Jahresabschluss Eingang finden, die Übernahme von Aufgaben der Internen Revision des Mandanten, Beratungsleistungen zur Beilegung von Rechtsstreitigkeiten, sofern diese einen wesentlichen Einfluss auf den Jahresabschluss haben, und die Mitwirkung an der Rekrutierung von Führungskräften angesehen.

Im *Code of Ethics der IFAC* werden als Beratungsleistungen, welche die Unabhängigkeit des Abschlussprüfers beeinträchtigen, im Vergleich zur EU-Empfehlung zusätzlich die Personalausleihe an den Auftraggeber, sofern dieses Personal die Buchführung bzw. den Jahresabschluss beeinflussen kann, die Rechtsberatung zu Angelegenheiten mit wesentlichem Einfluss auf den Jahresabschluss und Corporate Finance-Dienstleistungen behandelt. Zudem wird explizit die Kompatibilität von Prüfung und Steuerberatung festgestellt.

Im *Sarbanes-Oxley Act of 2002* vom 30.7.2002 wurden die US-Regelungen zu Prüfung und Beratung verschärft (SOA Sec. 201). Einem Abschlussprüfer sind nachstehende Beratungsleistungen grundsätzlich verboten:

1. Buchführung und Jahresabschlusserstellung,

2. Konzeption und Umsetzung von Finanzinformationstechnologiesystemen,

3. Schätz- und Bewertungsgutachten,

4. Versicherungsmathematische Dienstleistungen,

5. Interne Revision,

6. Übernahme von Managementfunktionen im zu prüfenden Unternehmen,
7. Personalberatung,
8. Finanzdienstleistungen,
9. Rechtsberatung und -vertretung.

Andere Beratungsleistungen sind nur zulässig, sofern das Audit Committee deren Erbringung durch den Abschlussprüfer vorab genehmigt hat. Eine solche Genehmigung ist nur dann nicht erforderlich, wenn die gesamten Beratungshonorare 5% des Prüfungshonorars nicht überschreiten (SOA Sec. 202).[34] Für deutsche Abschlussprüfer sind diese US-amerikanischen Regelungen relevant, sofern sie Prüfungsmandaten haben, die an US-Börsen gelistet sind.

Im am 25.2.2003 veröffentlichten so genannten *10-Punkte-Plan der Bundesregierung*[35] wird als Reaktion auf diese internationalen und US-amerikanischen Entwicklungen eine Reihe von strengeren Regelungen für den Bereich Prüfung und Beratung angekündigt, die den deutschen normativen Rahmen verändern würden:

- Verbot bestimmter Beratungsleistungen (Buchführung, Finanzinformationssysteme, Bewertungsgutachten, Aktuartätigkeit, Innenrevision, Managementfunktion, Finanzdienstleistungen),

- Benachrichtigung des Aufsichtsrats über die Vergabe von Beratungsaufträgen an den Abschlussprüfer verbunden mit einer Genehmigungspflicht des Aufsichtsrats,

- Beschränkung von Beratungshonoraren (im Verhältnis zu Prüfungshonoraren).

7.4.1.3 Analyse der Vor- und Nachteile

Für ein Verbot von gleichzeitiger Prüfung und Beratung spricht, dass eine Doppelfunktion als Prüfer und Berater die Urteilsfreiheit gefährdet. Beratung ist durch ein besonderes Vertrauensverhältnis zwischen Berater und Unternehmensleitung gekennzeichnet, das auf Grund persönlicher Bindungen mit den Funktionsträgern des Mandanten die Urteilsfreiheit des Prüfers negativ beeinflussen und so einer objektiven Prüfung abträglich sein kann (*familiarity threat*).[36] War der Prüfer auch als Berater tätig, muss er u.U. Sachverhalte beurteilen, deren Gestaltung er durch seine Empfehlungen beeinflusst hat. Die Prüfung selbst herbeigeführter Sachverhalte löst jedoch Befangenheit aus, denn die notwendige Distanz zum Prüfungsobjekt geht verloren.[37] Der Prüfer könnte Fehler, die im Zusammenhang mit seiner Beratungstätigkeit stehen, übersehen bzw. seine Beratungsfehler, die er im Rahmen der Prüfung erkennt, verschweigen (*self review threat*).[38] Mit zunehmenden Beratungsleistungen steigt die Gefahr, dass sich der Prüfer mit den Interessen des zu prüfenden Unternehmens bzw. mit denen ihrer Führungskräfte identifiziert (*advocacy threat*). In diesem Zusammenhang wird auch darauf verwiesen, dass die Reputation des Beraters von den Beratungsergebnissen abhängt, so dass der Prüfer, der gleichzeitig berät, ein erhebliches Eigeninteresse am Unternehmen hat.[39]

Des Weiteren kann die gleichzeitige Prüfung und Beratung zu finanzieller Abhängigkeit führen (*self interest threat*). Durch zusätzliche Beratungsaufträge steigt der Umsatz mit dem Mandanten, so dass das finanzielle Interesse des Prüfers an dieser Geschäftsverbindung und damit die potenzielle Kundenabhängigkeit wächst. Der Abschlussprüfer könnte eher zu Zugeständnissen bereit sein, weil er befürchten muss, zugleich Prüfungs- und Beratungsauftrag zu verlieren.[40] Zudem erhöht ein Beratungsverbot das Vertrauen in die Unabhängigkeit des Abschlussprüfers und es erleichtert den Schutz sensibler Unternehmensinformationen.[41] Dem letzten Argument ist jedoch entgegenzuhalten, dass der Wirtschaftsprüfer im Gegensatz zu vielen anderen Beratern einem strengen Berufsrecht unterliegt, das ihn u.a. zur Verschwiegenheit verpflichtet und das Verletzungen von Berufspflichten sanktioniert. Aus diesen Gründen fördert die Verknüpfung von Prüfung und Beratung u.U. den Informationsschutz.

Für eine gleichzeitige Wahrnehmung von Prüfungs- und Beratungstätigkeit werden vielfältige Argumente angeführt. Sie führt zu *Informations- und Kostenvorteilen*. Der Abschlussprüfer erhält als Berater zusätzliche Einblicke in das Unternehmen, so dass er seinen Prüfungsaufgaben noch effizienter nachkommen kann.[42] Umgekehrt stehen die Arbeitsunterlagen und Erkenntnisse der Prüfung auch für die Beratungstätigkeit zur Verfügung. Dieser verbesserte Informationsstand erhöht nicht nur die Wirtschaftlichkeit, sondern auch die Qualität von Prüfung und Beratung.

Der Wirtschaftsprüfer verfügt über ein erhebliches Erfahrungspotenzial und eine hohe Qualifikation.[43] Zudem ist er auch im Rahmen von Beratungstätigkeiten an vorgegebene Verhaltensnormen gebunden. Beides schützt vor Fehlberatungen. Für den Mandanten reduziert sich das Beratungsrisiko nicht nur auf Grund dieser Qualifikationsvorteile des Prüfers, sondern auch, weil er ihn und seine Fähigkeiten bereits im Rahmen der Prüfungstätigkeiten kennen gelernt hat. Die Erfahrungen mit dem Abschlussprüfer lassen Rückschlüsse auf dessen Eignung als Berater zu, da die Anforderungen ähnlich sind.[44] Insofern genießt der Prüfer einen Vertrauensvorsprung. Prüfung und Beratung aus einer Hand verringern die Transaktionskosten des Mandanten. Beratungstätigkeiten sind zudem mit dem Vorteil verknüpft, dass sie zum Ausgleich von Schwankungen in der Auslastung der personellen Kapazitäten von Wirtschaftsprüferpraxen beitragen, da die Prüfungstätigkeit vom Umfang her saisonabhängig stark variiert.[45] Darüber hinaus wird darauf verwiesen, dass Prüfung und Beratung häufig nicht trennscharf voneinander abgrenzbar sind und eine vertrauensvolle Zusammenarbeit mit dem Mandanten stärken. Außerdem besteht in der Regel keine Personenidentität zwischen Prüfern und Beratern (da die Beratung von organisatorisch weitgehend selbstständigen Abteilungen durchgeführt wird) und der Wegfall von Beratungsleistungen würde den Wirtschaftsprüferberuf weniger attraktiv für Hochschulabsolventen machen.[46] Zudem findet sich der Hinweis, dass ein Beratungsverbot durch Überkreuzgeschäfte (d.h. Prüfungsgesellschaft A berät die Prüfungsmandanten von Prüfungsgesellschaft B und umgekehrt) umgangen werden kann und die Einhaltung eines Beratungsverbots schwer durchzusetzen und zu kontrollieren ist.[47] Schließlich stößt man auch auf das Argument, dass Beratungstätigkeiten die Position des Prüfers stärken, da der Mandant zum einen aus Effizienzgründen selbst ein starkes Interesse an Prüfung und Beratung haben dürfte und zum anderen der Prüfer bei rückläufigem Prüfungsgeschäft weniger erpressbar sei.[48]

Mangelnde Objektivität lässt sich weder durch Effizienzargumente (geringere Beratungs- und Prüfungskosten) noch durch die Chance auf eine effektivere Prüfung und Beratung aufwiegen. Auf Grund der momentanen Wettbewerbssituation am Prüfungsmarkt[49], der durch sinkende Prüfungshonorare gekennzeichnet ist, muss davon ausgegangen werden, dass die Informationen aus der Beratungstätigkeit nicht zur Verbesserung der Prüfungsqualität, sondern zur Reduktion der Prüfungskosten genutzt werden, zumal die Prüfungsnormen (ISA 120.7, 120.13, 200.8-11) lediglich ein Urteil mit hinreichender Sicherheit verlangen. Auch von einer verbesserten Beratung profitieren in erster Linie der Prüfer und der Mandant. Fehlende Unabhängigkeit geht dagegen zu Lasten der Adressaten des Prüfungsergebnisses, insbesondere außenstehender Adressaten wie Anteilseigner und Gläubiger, und damit zu Lasten der öffentlichen Aufgabe der Abschlussprüfung. Des Weiteren ist zu beachten, dass durch die Verbindung von Prüfung und Beratung Abhängigkeitsvermutungen ausgelöst werden, die den Wert des Prüfungsurteils mindern und sich deshalb in verminderten Prüfungshonoraren niederschlagen können.

7.4.2 Externe Pflichtrotation

Abschlussprüfer sind ökonomische Agenten, deren Entscheidungen durch eigene Interessen geleitet werden. Ihre Bereitschaft, über Fehler zu berichten, sinkt, falls diese Verhaltensweise zu Umsatzeinbußen führen kann. Wird ein Prüfungsauftrag nicht verlängert, so verliert der Abschlussprüfer künftige Quasi-Renten. Der Mandant kann ihn daher mit der Drohung, den Prüfungsauftrag nicht weiterzuführen, unter Druck setzen und so seine Unabhängigkeit beeinträchtigen. Eine externe Pflichtrotation *beschränkt die Quasi-Renten* aus einem Prüfungsauftrag. Damit verringern sich für den Prüfer die negativen ökonomischen Konsequenzen einer Nichtverlängerung des Prüfungsauftrags und die Gefährdung seiner Unabhängigkeit wird reduziert. Er braucht sich über die Auswirkungen von Meinungsverschiedenheiten mit dem Mandanten keine Sorgen zu machen, denn er wird ohnehin ersetzt.

Innerhalb der EU existiert eine externe Rotationspflicht schon seit langer Zeit in *Italien*. Abschlussprüfer von börsennotierten Gesellschaften, Versicherungsunternehmen, Investmentbanken, Zeitungsverlagen und Staatsunternehmen können dort maximal neun aufeinanderfolgende Jahre im Amt bleiben, wobei der Bestellzeitraum drei Jahre beträgt. Eine erneute Bestellung ist erst nach Ablauf einer Sperrfrist von fünf Jahren möglich.[50] In *Österreich* ist für Abschlussprüfungen von Geschäftsjahren, die nach dem 31.12.2003 beginnen, eine externe Rotation für alle prüfungspflichtigen Unternehmen vorgeschrieben. Da keine explizite Sperrfrist vorgesehen ist, scheint eine Wiederübernahme des Mandats nach einem Jahr Pause möglich zu sein.[51] Eine berufsständische Regelung schreibt in *Griechenland* vor, dass bei der Prüfung öffentlicher Unternehmen nach sechsjähriger Mandatsdauer keine Wiederwahl möglich ist.[52] Dagegen wurde in *Spanien* 1996 die externe Rotation nach nur wenigen Jahren wieder abgeschafft.[53] Darüber hinaus wird von einer externen Rotationspflicht bei der Prüfung von staatlichen Unternehmen in *Indien*[54] und in *Israel*[55] berichtet. In der EU-Empfehlung zur Sicherung der Unabhängigkeit des Abschlussprüfers und im Code of Ethics der IFAC (Ethics 8.42 u. 8.150 ff.) wird lediglich eine interne Rotation angesprochen. Gleiches gilt für den Sarbanes-Oxley Act (Sec. 203) indem jedoch auch eine Studie zur externen Rotation in Auftrag gegeben wird (Sec. 207), so dass dieses Thema in den USA relevant werden könnte.

Zur Beurteilung des Vorschlags, den Abschlussprüfer turnusmäßig zu wechseln, soll in erster Linie untersucht werden, wie sich eine solche Rotation auf die Prüfungsqualität auswirkt. Die *Prüfungsqualität* hängt zum einen von der Fähigkeit des Prüfers ab, Fehler in der Rechnungslegung zu erkennen, und wird zum anderen von seiner Bereitschaft determiniert, über solche Fehler zu berichten, d.h. von seiner Unabhängigkeit. Einige Argumente sprechen dafür, dass sich die Fehleraufdeckungswahrscheinlichkeit durch einen turnusmäßigen Prüferwechsel erhöht:[56]

- Eine langjährige Auftragsbeziehung erhöht die Gefahr von Betriebsblindheit. Der Prüfer antizipiert die Vorjahresergebnisse, anstatt auf Veränderungen zu achten. Häufig wird auf die in den Arbeitspapieren dokumentierten Prüfungsergebnisse des Vorjahres vertraut, ohne dass für die Urteilsbildung wesentliche Bereiche wie das IKS neu untersucht werden.

- Im Laufe der Zeit wächst das Vertrauen des Abschlussprüfers in die Unternehmensleitung, so dass er Prüfungshandlungen nur noch eingeschränkt oder weniger streng durchführt bzw. so von der Integrität des Mandanten überzeugt ist, dass er Fehler ignoriert, übersieht oder für weniger wichtig hält.

- Bei einer langen Amtszeit steigt die Gefahr, dass sich der Prüfer mit den Problemen des Managements identifiziert und nicht mit der notwendigen professionellen Skepsis tätig wird.

- Durch den Prüferwechsel gelangen neue Prüfungsmethoden zur Anwendung. Langjähriges Vertrauen in das Management beschränkt dagegen die notwendige Kreativität, so dass es an Innovationen mangelt.

- Prüfungsverfahren werden für den Mandanten weniger berechenbar.

- Im Bewusstsein, dass seine Tätigkeit nach dem Prüferwechsel von Berufskollegen kontrolliert wird, arbeitet der Abschlussprüfer sorgfältiger.

- Rotation verstärkt den Wettbewerb um Prüfungsmandate, denn es sind viele freie Mandate auf dem Markt. Dies kann einen positiven Einfluss auf die Prüfungsqualität haben.

- Der Prüfer hat starke Anreize, in den ersten Jahren des Mandats eine hohe Prüfungsqualität zu liefern, denn das Management ist sich über diese unsicher.[57] Eine Rotationspflicht bewirkt, dass sich Prüfer häufiger in der oben beschriebenen Situation befinden.

Des Weiteren wird darauf verwiesen, dass ein obligatorischer Prüferwechsel das Vertrauen in die Richtigkeit von Jahresabschlüssen erhöht. Er signalisiert hohe Prüfungsqualität, denn der Abschlussprüfer wird als unabhängig wahrgenommen, und erhöht so das Vertrauen in die Abschlussprüfung und die Glaubwürdigkeit des Prüfungsurteils.[58]

Es finden sich aber auch viele Argumente, die für einen negativen Einfluss des Prüferwechsels auf die Fähigkeit des Prüfers, Fehler aufzudecken, sprechen:[59]

- Verlust mandantenspezifischer Erfahrung und des Verständnisses der Unternehmensstrukturen. Der Lern- bzw. Erfahrungskurveneffekt geht ganz oder teilweise verloren.

- Durch den Einarbeitungsbedarf des neuen Prüfers steigt auch die Gefahr, dass er in den ersten Jahren eher Fehler übersieht, denn er kennt den Mandanten weniger gut.

- Der Prüfer ist bei Erstprüfungen stärker von Auskünften des Mandanten abhängig und kann deren Richtigkeit nur schwer kontrollieren.

- Rotation behindert mehrjährige Prüfungspläne.

- Da nicht alle Bereiche des Mandanten intensiv geprüft werden können, bleiben bei Erstprüfungen bestimmte Aspekte ungeprüft.

- Weniger Anreize, in mandanten- bzw. branchenspezifische Ressourcen (z.B. Know-how der Prüfungsassistenten) zu investieren, denn die Rotation reduziert die wirtschaftliche Nutzungsdauer solcher Vermögenswerte.

- Durch einen obligatorischen Prüferwechsel sinken die Wettbewerbsanreize, denn besonders effektive und effiziente Prüfer erhalten nicht die maximal möglichen Rückflüsse aus ihren Prüfungsmandaten, da die Rotation die Nachfrage nach ihren Prüfungsleistungen zeitlich beschränkt. Außerdem erhält der Prüfer durch die Rotation leichter neue Mandate. Damit sinkt die Motivation, in Wirtschaftlichkeit und Wirksamkeit zu investieren (z.B. Humanvermögen oder technologische Innovationen).

Der Vergleich zeigt, dass die Fähigkeit des Abschlussprüfers, wesentliche Fehler zu erkennen, durch einen obligatorischen Prüferwechsel negativ beeinflusst werden kann. Viele Studien belegen jedoch, dass längere Beziehungen zum Mandanten zu einer verringerten Prüfungsqualität führen.[60]

Des Weiteren wird darauf verwiesen, dass eine Rotationspflicht den *Konzentrationsprozess* auf dem Prüfungsmarkt steigert, denn in aller Regel erfolgt ein Wechsel von einer kleinen zu einer großen Prüfungsgesellschaft.[61]

Schließlich findet sich das Argument, dass eine Rotationspflicht zu *höheren Prüfungskosten* führt, denn durch die steigende Anzahl von Erstprüfungen fallen häufiger Start up-Kosten (u.a. auch Lernkosten) an, die voraussichtlich nicht in voller Höhe an den Auftraggeber weiter verrechnet werden können.[62] Durch den Prüferwechsel erhöhen sich die Stückkosten der Nutzung mandantenspezifischer Ressourcen, da deren Einsatzmöglichkeiten zeitlich limitiert sind. Es gibt Schätzungen, nach denen sich die Prüfungskosten um neun Prozent erhöhen sollen.[63] Außerdem ist zwar der Verlust von Mandaten sicher, das Gewinnen von neuen Prüfungsaufträgen aber nicht garantiert. Daraus können *Personalanpassungsprobleme* resultieren. Auch beim Auftraggeber ist mit zusätzlichen Kosten zu rechnen. Auf der einen Seite dürften die *Prüfungshonorare* wegen der erhöhten Prüfungskosten *steigen* und auf der anderen Seite entstehen *Transaktionskosten* bei der Suche nach einem Prüfer sowie Kosten für die Einführung und die Information des neuen Prüfers. Auch aus volkswirtschaftlicher Sicht werden zusätzliche Kosten verursacht, denn die Kontrollmöglichkeiten des Marktes werden reduziert, da der Mandant einen freiwilligen Prüferwechsel (im Sinne eines opinion shopping) eher verstecken kann.[64] Kostenargumente betreffen primär den Abschlussprüfer bzw. den Mandanten. Sie sind nicht geeignet, Unabhängigkeitsbeeinträchtigungen, die zu Lasten der externen stakeholder gehen, zu rechtfertigen.

7.4.3 Einrichtung von Prüfungsausschüssen

Audit Committees sind aus dem Board-System (vgl. Abschnitt 1.2.5) der anglo-amerikanischen Unternehmensverfassung bekannt, für das charakteristisch ist, zur Bewältigung der vielfältig anfallenden Aufgaben Spezialfragen in entsprechend verkleinerter Besetzung der Directors in Unterausschüssen erörtern und entscheiden zu lassen. Sie stellen hierbei einen ständigen Ausschuss des Führungs- und Kontrollorgans Board of Directors dar, der sich primär mit der Überwachung des Rechnungswesens, der Rechnungslegung, der Abschlussprüfung sowie mit der Koordination der internen und externen Prüforgane des Unternehmens beschäftigt.[65] Die Einrichtung derartiger Ausschüsse ist aus dem anglo-amerikanischen System der Unternehmensverfassung nicht mehr wegzudenken, zumal die Existenz dieser Organe eine Voraussetzung für die Börsenzulassung bildet.[66]

In Deutschland wird die Implementierung bei börsennotierten Aktiengesellschaften durch den *Deutschen Corporate Governance Kodex* (zu dessen Auswirkungen auf die Abschlussprüfung vgl. Kapitel II, Abschnitt 8.5) empfohlen, indem der Aufsichtsrat einen Prüfungsausschuss in Anlehnung an das Audit Committee einrichten soll, der sich insbesondere mit Fragen der Rechnungslegung und des Risikomanagements, der Unabhängigkeit des Abschlussprüfers sowie mit der Erteilung des Prüfungsauftrags an den Abschlussprüfer, der Bestimmung von Prüfungsschwerpunkten und der Honorarvereinbarung befasst. Allerdings dürfen Prüfungsausschüsse in Deutschland nur entscheidungsvorbereitend tätig werden (Plenarvorbehalt des Aufsichtsrats). Der Prüfungsausschuss soll eine Erklärung des vorgesehenen Prüfers einholen, ob Beziehungen zwischen dem Prüfer und dem Unternehmen bestehen, die Zweifel an seiner Unabhängigkeit begründen können. Die Erklärung soll sich auch darauf erstrecken, in welchem Umfang im vorausgegangenen Geschäftsjahr andere

Leistungen für das Unternehmen, insbesondere auf dem Beratungssektor, erbracht wurden bzw. für das folgende Jahr vertraglich vereinbart sind. Durch die Entsprechenserklärung nach § 161 AktG muss dargelegt werden, inwieweit den Empfehlungen des Kodex entsprochen wurde und wird. Abweichungen vom Kodex sind offenzulegen („to explain").

Auch auf EU-Ebene spricht man sich im *Bericht der Winter-Gruppe*, der konkrete Empfehlungen zum Aufgabenbereich und zur Besetzung beinhaltet, für einen solchen Ausschuss aus.[67]

Dem Audit Committee in den USA obliegen im Rahmen der Abschlussprüfung folgende *Aufgaben*[68]:

- Wahl und Entlassung des Abschlussprüfers, Vereinbarung des Prüfungshonorars;
- Festlegung und Besprechung des Umfangs, der Schwerpunkte sowie der Art der Prüfung mit dem Abschlussprüfer;
- Überwachung der Arbeiten des Abschlussprüfers, Lösung von Konflikten zwischen dem Management und dem Prüfer;
- Entgegennahme der Prüfungsergebnisse;
- Diskussion mit dem Abschlussprüfer über den Jahresabschluss, den Prüfungsbericht und den Management-Letter (vgl. hierzu Kapitel II, Abschnitt 5.3.3) einschließlich der Reaktion auf diesen;
- Besprechung von Vorschlägen des Abschlussprüfers zur Verbesserung des internen Überwachungssystems;
- Diskussion aller Ergebnisse mit dem Management;
- Einrichtung und Förderung eines Verfahrens, für die Entgegennahme, Aufbewahrung und Behandlung von Beschwerdefällen, die im Zusammenhang mit der Rechnungslegung, dem internen Kontrollsystem und der Abschlussprüfung im Unternehmen stehen, sowie für eine anonyme und vertrauliche Behandlung von Hinweisen bezüglich Zweifelsfragen zur Rechnungslegung und zur Abschlussprüfung, die von den Angestellten des Unternehmens gegeben werden;
- Überprüfung der Unabhängigkeit des Abschlussprüfers;
- Genehmigung der Erbringung von Beratungsleistungen durch den Prüfer;
- Koordination von Abschlussprüfung und Interner Revision.

Aufgabenkatalog, Rechte und Pflichten, Kompetenzen, Organisation und die Berichterstattung des committees sollten in einer den unternehmensspezifischen Besonderheiten Rechnung tragenden *Satzung* festgelegt werden. Der Ausschuss soll aus mindestens drei Mitgliedern bestehen, die dem Board of Directors angehören.[69] In der Regel wird er mit drei bis fünf Mitgliedern besetzt, aus denen ein Vorsitzender gewählt wird. Es sollen mindestens

7 Grundsatz der Unabhängigkeit

vierteljährlich Sitzungen stattfinden. Regelmäßige zusätzliche Sitzungsteilnehmer sind der Abschlussprüfer, der Leiter der Internen Revision sowie Vertreter der Geschäftsführung.[70]

Als notwendige Voraussetzung zur erfolgreichen Erfüllung ihrer Aufgaben sind zum einen ausreichende Kenntnisse der Bilanzierung, Prüfung und ein Verständnis der Geschäftstätigkeit unerlässlich. Zum anderen ist ein Verständnis für die Geschäftsführung unentbehrlich. Daher kommen nur die nicht geschäftsführenden Outside-Directors für das Audit Committee in Betracht.[71]

Durch das Audit Committee ist es möglich, die notwendige Unabhängigkeit des Abschlussprüfers zu stärken. Dies geschieht schon durch die Wahl des Abschlussprüfers durch das Audit Committee und dessen Zuständigkeit für die Vereinbarung des Prüfungshonorars. Für das Management wird es damit schwieriger, Wiederwahl und Honorarhöhe als Druckmittel gegen den Abschlussprüfer zu verwenden und so seine Unabhängigkeit zu unterminieren. Einen weiteren Beitrag zur Steigerung der Unabhängigkeit leisten die Festlegung des Umfangs und der Schwerpunkte der Prüfung sowie die ständige Begleitung des committees durch diese. Das Audit Committee entscheidet darüber, welche Beratungsleistungen vom Abschlussprüfer übernommen werden dürfen. Damit wird dem Management die Möglichkeit genommen, dem Abschlussprüfer mit dem Entzug von Beratungsaufträgen und damit von Quasi-Renten zu drohen. Zudem wird es für das Management schwerer, Zahlungen, die dem Abschlussprüfer für die Aufgabe seiner Unabhängigkeit gewährt werden, durch Beratungsverträge zu legalisieren. Außerdem stellt das Audit Committee für den Prüfer einen neutralen Gesprächspartner dar, der ihm die Möglichkeit gibt, wichtig erscheinende Fragen bezüglich der Prüfung unabhängig vom Management zu klären und so Probleme und Schwierigkeiten während der Prüfung sowie Konflikte mit dem Management zur Sprache zu bringen.[72] Innerhalb der regelmäßigen Besprechungen kann der Abschlussprüfer vom Fortgang der Prüfung berichten, Prüfungsergebnisse erläutern, seine Eindrücke vom Rechnungswesen und anderen Bereichen des Unternehmens darlegen, Fragen beantworten, seine Meinung zur Darstellung der wirtschaftlichen Lage schildern sowie weitere Hintergrundinformationen und Lösungsvorschläge liefern.[73] Durch die Einbeziehung des Audit Committees in die Diskussion um den Inhalt des Management-Letter, der sich mit Mängeln, die nicht direkt die Ordnungsmäßigkeit der Rechnungslegung betreffen, befasst, kann die Einleitung der nötigen Maßnahmen des Managements zur Realisierung der Empfehlungen forciert werden. So dient das committee als Koordinationsinstrument zwischen Abschlussprüfer und Management. Die regelmäßige Kommunikation mit dem Ausschuss, also die Mitteilung seiner Informationen, Bedenken, Ergebnisse und Vorschläge, bietet dem Prüfer auch die Möglichkeit, seine Haftungsrisiken zu reduzieren, da er im Regressfall die normenkonforme Pflichterfüllung beweisen kann.[74]

Schließlich ist eine Koordination zwischen der Internen Revision und dem Abschlussprüfer wünschenswert, da sich die geprüften Bereiche teils überschneiden.

Anmerkungen

*) Dieser Abschnitt wurde unter Federführung von Herrn Prof. Dr. R. Quick erstellt.

1 Vgl. *Leffson* (1988), S. 61.

2 Vgl. *Peemöller/Oberste-Padtberg* (2001), S. 1813.

3 Vgl. z.B. *Knechel* (2001), S. 48.

4 Häufig findet sich der synonym verwendete Begriff independence in mind.

5 Vgl. *Buchner* (1997), S. 39-40.

6 Vgl. *DeAngelo* (1981a); *DeAngelo* (1981b). Kritisch hinterfragt z.B. von *Ewert* (2002), Sp. 2392-2393.

7 Alternativ werden Quasi-Renten damit erklärt, dass der bisherige Prüfer bessere Informationen über die künftigen Prüfungskosten beim Mandanten hat als ein potenzieller neuer Prüfer (vgl. *Schatzberg/Sevcik* (1994)) bzw. damit, dass der Mandant bereit ist, dem Abschlussprüfer eine Prämie dafür zu zahlen, dass er zu einem Positivbefund gelangt, wobei der Mandant diese Bereitschaft beim bisherigen Prüfer besser beurteilen kann (vgl. *Schatzberg* (1994)). Gigler/Penno zeigen auf, dass die Kosten des Prüferwechsels u.U. die Quasi-Renten des bisherigen Prüfers reduzieren. Vgl. *Gigler/Penno* (1995).

8 Zu Recht weisen Kanodia/Mukherji darauf hin, dass der Mandant den Abschlussprüfer am stärksten unter Druck setzen kann, wenn er dessen Prüfungskosten und damit dessen Quasi-Renten kennt. Ob diese vom Mandanten beobachtbar sind, ist fraglich. Vgl. *Kanodia/Mukherji* (1994), S. 607.

9 Vgl. *Ewert* (1990), S. 192. Auch die Adressaten des Prüfungsergebnisses gehen davon aus, dass die gleichzeitige Verrichtung von Beratungstätigkeiten die Unabhängigkeit des Prüfers um so mehr beeinträchtigt, je kleiner die Prüfungsgesellschaft ist. Dies wurde empirisch nachgewiesen von *Shockley* (1981). Weitere Belege dafür, dass mit zunehmender Größe der Prüfungsgesellschaft weniger Unabhängigkeitsbeeinträchtigungen wahrgenommen werden, liefern *McKinley/Pany/Reckers* (1985); *Lindsay* (1989); *Knapp* (1991); *Gul* (1989); *Gul* (1991); *Lindsay* (1992); *Dykxhoorn/Sinning/Wiese* (1996).

10 Simon/Francis verweisen allerdings auf Forschungsergebnisse, wonach sunk costs, entgegen den Vorhersagen der ökonomischen Theorie, zukünftige Entscheidungen doch beeinflussen. Demnach würde low balling den Wunsch des Abschlussprüfers, seinen Mandanten nicht zu verlieren, verstärken. Dies steigere das Abhängigkeitsproblem. Vgl. *Simon/Francis* (1988), S. 266-267.

11 Vgl. *Dye* (1991).

12 Zu einem empirischen Nachweis vgl. *Craswell/Francis* (1999). Sie konnten für Australien, wo die Prüfungshonorare veröffentlicht werden, kein low balling nachweisen.

13 Vgl. *Antle* (1984).

14 Vgl. den Überblick bei *Ballwieser* (1987a); *Ballwieser* (1987b) sowie z.B. *Baiman/Evans/Noel* (1987).
15 Vgl. *Ewert* (1990), S. 140-146.
16 Vgl. *Antle* (1984), S. 9.
17 Vgl. *Antle* (1984), S. 17.
18 Diese externe Rotationspflicht dürfte von geringer praktischer Relevanz sein, da in der Regel Wirtschaftsprüfungsgesellschaften und nicht Einzelprüfer mit der Prüfung von börsennotierten Gesellschaften betraut werden.
19 Vgl. *Commission of the European Communities* (2002).
20 Ausführlich beschrieben bei *Hagemeister* (2002) und *Schwandtner* (2002), S. 325 ff.
21 Ein solcher Ansatz wird auch von der *FEE* (2001) vorgeschlagen.
22 Vgl. *Richter* (1975).
23 Vgl. *Beck/Frecka/Solomon* (1988).
24 Diese Zusammenhänge zeigen *Ostrowski/Söder* (1999).
25 Vgl. *Gigler/Penno* (1995).
26 Empirisch nachgewiesen u.a. von *Simunic* (1984).
27 Vgl. *Antle* (1984), S. 16.
28 Die Zulässigkeit der Mitwirkung am Jahresabschluss wird u.a. diskutiert von *Münch* (1993), S. 851; *Harder* (1996); *v. Wysocki* (1996).
29 Vgl. *Weiland* (1996), S. 1213.
30 Eine ausführliche, fallbezogene Abgrenzung zwischen zulässiger und unzulässiger Beratung liefern *Dörner* (1997), S. 90-91; *Löcke* (1997), S. 1055-1056; *Adler/Düring/Schmaltz* (2000), § 319 HGB Tz. 123-139.
31 Vgl. *WPK* (1996), S. 1435.
32 Vgl. *BGH* (1997).
33 Zur Diskussion dieses Urteils vgl. *Heni* (1997); *Hommelhoff* (1997); *Thiele* (1997); *Ebke* (1998); *Röhricht* (1998); *Neumann* (1998).
34 Zur Umsetzung des Sarbanes-Oxley Act durch die SEC vgl. *Schmidt* (2003).
35 http://www.bmj.bund.de/ger/service/gesetzgebungsvorhaben/10000668/?sid=d1df34534 4c04c53cc5c5661094e2da7 (Stand: 23.5.2003).
36 Vgl. *Rückle* (1995), S. 510.
37 Vgl. *Zembke* (1994), S. 88.
38 Vgl. *Jacobs* (1975), S. 2238.
39 Vgl. *Bormann* (2002), S. 193.
40 Vgl. *Schulze-Osterloh* (1977), S. 107.
41 Vgl. *Ballwieser* (2001), S. 104 f..
42 Vgl. *Lange* (1994), S. 28-32.

43 Vgl. *Schulze-Osterloh* (1976), S. 429.
44 Vgl. *Böcking/Löcke* (1997), S. 466.
45 Vgl. *Fleischer* (1996), S. 762.
46 Vgl. *Jacobs* (1975), S. 2239.
47 Vgl. *Dörner* (1997), S. 85.
48 Vgl. *Ballwieser* (2001), S. 109 f..
49 Vgl. z.B. *Ludewig* (2002), S. 614.
50 Vgl. *Quick/Ungeheuer* (2000).
51 Vgl. *Haller/Reitbauer* (2002), S. 2229 ff.
52 Vgl. *Weißenberger* (1999), S. 621.
53 Vgl. *Nowotny/Gelter* (2001), S. 325.
54 Vgl. *Gietzmann/Sen* (2002), S. 201.
55 Vgl. *Catanach/Walker* (1999), S. 47.
56 Vgl. z.B. *Luik* (1976), S. 237 f.; *Hoyle* (1978), S. 70 ff.; *Brody/Moscove* (1998).
57 Vgl. *Craswell/Francis/Taylor* (1995).
58 Vgl. *Petty/Cuganesan* (1996).
59 Vgl. z.B. *Arruñada/Paz-Ares* (1997); *Catanach/Walker* (1999); *Ballwieser* (2001), S. 110.
60 Vgl. z.B. *Dies/Giroux* (1992); *Copley/Doucet* (1993); *O'Keefe/Simunic/Stein* (1994); *Raghunathan/Lewis/Evans* (1994). Im Bericht der Cohen-Commission wurde allerdings festgehalten, dass Prüferversagen in den ersten Jahren des Prüfungsauftrags häufiger vorkommt. Vgl. *AICPA* (1978).
61 Vgl. *Marten* (1994), S. 122 u. S. 227 ff.
62 Vgl. *Haller/Reitbauer* (2002), S. 2234.
63 Vgl. *O'Leary* (1996), S. 21.
64 Vgl. *Arrunad/Paz-Ares* (1997), S. 32 ff.
65 Vgl. *Coenenberg/Reinhart/Schmitz* (1997), S. 989.
66 Vgl. etwa NYSE Listed Company Manual § 303.01 (A); NASD Marketplace Rules 4350 d 2.
67 Report of the high level group of company law experts on a modern regulatory framework for company law in europe. Der Bericht ist abrufbar unter: http://europa.eu.int/comm/internal_market/en/company/company/modern/consult/report_en.pdf (Stand: 23.5.2003).
68 Explizit werden die Aufgaben nur teilweise in der Ausführungsregel 33-8220 der SEC aufgeführt. Der gesamte Aufgabenbereich ist in dieser Norm nicht eindeutig festgelegt und wird in den Satzungen der Unternehmen oder der committees selbst definiert. Die Aufgaben der US-amerikanischen Audit Committees decken sich im Wesentlichen mit denen nach den Empfehlungen der Winter-Gruppe. Für den deutschen Prüfungsaus-

schuss ist eine Übernahme der Aufgaben weitestgehend möglich, wobei lediglich die Abwahl des Abschlussprüfers durch das committee nicht zulässig ist, da eine Abberufung nach § 318 Abs. 3 HGB nur durch Gerichtsbeschluss möglich ist. Zu den Aufgaben siehe z.B. *Rössler* (2001), S. 97, 102.

69 Vgl. *Committee on the Financial Aspects of Corporate Governance* (1992), Tz. 4.3; in Deutschland entstammen die Mitglieder dem Aufsichtsrat.

70 Vgl. *Langenbucher/Blaum* (1994), S. 2202 f.

71 Hinsichtlich der Besetzung bestehen große Unterschiede zwischen deutscher Praxis, US-amerikanischem Recht und den Empfehlungen der Winter-Gruppe, insbesondere zu Vorstellungen bezüglich der Unabhängigkeit. Probleme, die aus der Mitbestimmung resultierten, wurden von der SEC ausgeräumt, indem sie bzgl. der Mitgliedschaft von Arbeitnehmern im Aufsichtsrat und weitergehend im Audit Committee, die eigentlich nicht die Unabhängigkeitskriterien der SEC erfüllen, eine Ausnahme zulässt.

72 Vgl. *Lück* (1990), S. 1002.

73 Vgl. *Lück/Hall* (1984), S. 1942; *Wüstemann* (1971), S. 38.

74 Vgl. *Girnghuber* (1998), S. 64.

Literaturhinweise

Adler, H./Düring, W./Schmaltz, K. (2000): Rechnungslegung und Prüfung der Unternehmen – Kommentar zum HGB, AktG, GmbHG, PublG nach den Vorschriften des Bilanzrichtlinien-Gesetzes, neu bearbeitet von Forster, K.-H./Goerdeler, R./Lanfermann, J./Müller, H.-P./Siepe, G./Stolberg, K., Teilband 7, 6. Aufl., Stuttgart.

AICPA (1978): Commission on auditor's responsibility (Cohen Commission): Report, Conclusions, and Recommendations, New York.

Antle, R. (1982): The auditor as an economic agent, in: Journal of Accounting Research, S. 503-527.

Antle, R. (1984): Auditor independence, in: Journal of Accounting Research, S. 1-20.

Arruñada, B./Paz-Ares, C. (1997): Mandatory rotation of company auditors: A critical examination, in: International Review of Law and Economics, S. 31-61.

Baiman, S./Evans, J.H./Noel, J. (1987): Optimal contracts with utility-maximizing auditor, in: Journal of Accounting Research, S. 217-244.

Ballwieser, W. (1987a): Auditing in an agency setting, in: Bamberg, G./Spremann, K. (Hrsg.): Agency Theory, Information and Incentives, Berlin und Heidelberg, S. 327-346.

Ballwieser, W. (1987b): Kapitalmarkt, Managementinteressen und die Rolle des Wirtschaftsprüfers, in: Schneider, D. (Hrsg.): Kapitalmarkt und Finanzierung, Berlin, S. 351-362.

Ballwieser, W. (2001): Die Unabhängigkeit des Wirtschaftsprüfers – Eine Analyse von Beratungsverbot und externer Rotation, in: Lutter, M. (Hrsg.): Der Wirtschaftsprüfer als Element der Corporate Governance, Düsseldorf, S. 99-115.

Beck, P./Frecka, T.J./Solomon, I (1988): A model of the market for MAS and audit services: Knowledge spillovers and auditor-auditee bonding, in: Journal of Accounting Literature, S. 50-64.

BGH (1997), Urteil vom 21.4.1997 – II ZR 317/95, in: Der Betrieb, S. 1394-1396.

Böcking, H.-J./Löcke, J. (1997): Abschlußprüfung und Beratung. Eine ökonomische Analyse, in: Die Betriebswirtschaft, S. 461-474.

Bormann, M. (2002): Unabhängigkeit des Abschlussprüfers: Aufgabe und Chance für den Berufsstand, in: Betriebs-Berater, S. 190-197.

Brody, R.G./Moscove, S.A. (1998): Mandatory auditor rotation, in: National Public Accountant, Heft 3, S. 32-35.

Buchner, R. (1997): Wirtschaftliches Prüfungswesen, 2. Aufl., München.

Commission of the European Communities (2002): Commission Recommendation: Statutory auditors' independence in the EU: A set of fundamental principles, Brussels, 16 May 2002, http://www.europa.eu.int/comm/internal_market/en/company/audit/official/6942-01/6942-01_en.pdf (Stand: 23.5.2003).

Committee on the Financial Aspects of Corporate Governance (1992): Cadbury code, in: Committee on the Financial Aspects of Corporate Governance: Report of the Committee on the Financial Aspects of Corporate Governance, London, S. 58-60.

Catanach, A.H./Walker, P.L. (1999): The international debate over mandatory auditor rotation: A conceptual research framework, in: Journal of International Accounting, Auditing & Taxation, S. 43-66.

Coenenberg, A.G./Reinhart, A./Schmitz, J. (1997): Audit Committees – Ein Instrument zur Unternehmensüberwachung? – Reformdiskussion im Spiegel einer Befragung der Vorstände deutscher Unternehmen, in: Der Betrieb, S. 989-997.

Copley, P.A./Doucet, M.S. (1993): Auditor tenure, fixed fee contracts, and the supply of substandard single audits, in: Public Budgeting & Finance, S. 23-35.

Craswell, A.T./Francis, J.R./Taylor, S. (1995): Auditor brand name reputations and industry specializations, in: Journal of Accounting and Economics, S. 297-322.

Craswell, A.T./Francis, J.R. (1999): Pricing initial audit engagements: A test of competing theories, in: The Accounting Review, S. 201-216.

DeAngelo, L.E. (1981a): Auditor independence, 'low balling', and disclosure regulation, in: Journal of Accounting and Economics, S. 113-127.

DeAngelo, L.E. (1981b): Auditor size and audit quality, in: Journal of Accounting and Economics, S. 183-199.

Deis, D.R./Giroux, G.A. (1992): Determinants of audit quality in the public sector, in: The Accounting Review, S. 462-479.

Dörner, D. (1997): Inwieweit schließen sich Erstellung, Beratung und Prüfung von Jahresabschlüssen gegenseitig aus?, in: Wagner, F.W. (Hrsg.): Steuerberatung im Spannungsfeld von Betriebswirtschaft und Recht. Festschrift zum 75. Geburtstag von Professor Dr. Heinz Stehle, Stuttgart et al., S. 81-102.

Dye, R.A. (1991): Informationally motivated auditor replacement, in: Journal of Accounting and Economics, S. 347-374.

Dykxhoorn, H.J./Sinning, K.E./Wiese, M. (1996): Wie deutsche Banken die Qualität von Prüfungsberichten beurteilen, in: Betriebs-Berater, S. 2031-2034.

Ebke, W.F. (1998): Vereinbarkeit von Prüfung und Beratung. Anmerkungen zum BGH-Urteil vom 21.4.1997 – II ZR 317/95, in: Wirtschaftsprüferkammer-Mitteilungen, S. 76-81.

Ewert, R. (1990): Wirtschaftsprüfung und asymmetrische Information, Berlin et al.

Ewert, R. (1993): Rechnungslegung, Wirtschaftsprüfung, rationale Akteure und Märkte. Ein Grundmodell zur Analyse der Qualität von Unternehmenspublikationen, in: Zeitschrift für betriebswirtschaftliche Forschung, S. 715-747.

Ewert, R. (2002): Unabhängigkeit und Unbefangenheit, in: Ballwieser, W./Coenenberg, A.G./v. Wysocki, K. (Hrsg.): Handwörterbuch der Rechnungslegung und Prüfung, 3. Aufl., Stuttgart, Sp. 2386-2395.

Ewert, R./Stefani, U. (2001): Wirtschaftsprüfung, in: Jost P.-J. (Hrsg.): Die Prinzipal-Agenten-Theorie in der Betriebswirtschaftslehre, Stuttgart, S. 147-182.

FEE (2001): FEE Paper: The conceptional approach to protecting auditor independence, Bruxelles, February 2001, http://www.fee.be/secretariat/PDFs/FEE%20Paper%20on%20Conceptual%20Approach%20to%20Protecting%20Auditor%20Independence.PDF (Stand: 23.5.2003).

Fleischer, H. (1996): Das Doppelmandat des Abschlussprüfers – Grenzen der Vereinbarkeit von Abschlussprüfung und Steuerberatung, in: Deutsches Steuerrecht, S. 758-764.

Gietzmann, M.B./Sen, P.K. (2002): Improving auditor independence through selective mandatory rotation, in: International Journal of Auditing, S. 183-210.

Gigler, F./Penno, M. (1995): Imperfect competition in audit markets and its effect on the demand for audit-related services, in: The Accounting Review, S. 317-336.

Girnghuber, G. (1998): Das US-amerikanische Audit Committee als Instrument zur Vermeidung von Defiziten bei der Überwachungstätigkeit der deutschen Aufsichtsräte. Frankfurt am Main.

Gul, F.A. (1989): Bankers' perceptions of factors affecting auditor independence, in: Accounting, Auditing & Accountability Journal, S. 40-51.

Gul, F.A. (1991): Size of audit fees and perceptions of auditors' ability to resist management pressure in audit conflict situations, in: Abacus, S. 162-172.

Hagemeister, C. (2002): Neue Anforderungen an die Unabhängigkeit des Abschlussprüfers durch IFAC und Europäische Kommission, in: Der Betrieb, S. 333-400.

Haller, A./Reitbauer, S. (2002): Obligatorische externe Rotation des Abschlussprüfers – Felix Austria?, in: Der Betrieb, S. 2229-2235.

Harder, N. (1996): Die Steuerberatung durch den Abschlussprüfer, in: Der Betrieb, S. 717-720.

Heni, B. (1997): Zur Risikolage des Abschlussprüfers bei Missachtung des Selbstprüfungsverbots, in: Deutsches Steuerrecht, S. 1210-1215.

Herzig, N./Watrin, C. (1995): Obligatorische Rotation des Wirtschaftsprüfers – ein Weg zur Verbesserung der externen Unternehmenskontrolle?, in: Zeitschrift für betriebswirtschaftliche Forschung, S. 775-804.

Hommelhoff, P. (1997): Abschlussprüfung und Abschlussberatung, in: Zeitschrift für Unternehmens- und Gesellschaftsrecht, S. 550-562.

Hoyle, J. (1978): Mandatory auditor rotation: The arguments and an alternative, in: Journal of Accountancy, Heft May, S. 69-78.

Jacobs, O.H. (1975): Zur Frage der Vereinbarkeit von Jahresabschlußprüfung und Beratung, in: Der Betrieb, S. 2237-2241.

Kanodia, C./Mukherji, A. (1994): Audit pricing, lowballing and auditor turnover: A dynamic analysis, in: The Accounting Review, S. 593-615.

Knapp, M.C. (1991): Factors that audit committee members use as surrogates for audit quality, in: Auditing: A Journal of Practice & Theory, S. 35-52.

Knechel, R.W. (2001): Auditing, assurance & risk, 2. Aufl., Cincinnati.

Lange, S. (1994): Die Kompatibilität von Abschlußprüfung und Beratung. Eine ökonomische Analyse, Frankfurt am Main et al.

Langenbucher, G./Blaum, U. (1994): Audit Committees – Ein Weg zur Überwindung der Überwachungskrise?, in: Der Betrieb, S. 2197-2206.

Leffson, U. (1988): Wirtschaftsprüfung, 4. Aufl., Wiesbaden.

Lindsay, D. (1989): Financial statement users' perceptions of factors affecting the ability of auditors to resist client pressure in a conflict situation, in: Accounting & Finance, S. 1-18.

Lindsay, D. (1992): Auditor-client conflict resolution: An investigation of the perceptions of the financial community in Australia and Canada, in: The International Journal of Accounting, S. 342-365.

Löcke, J. (1997): Mitwirkung des Abschlussprüfers an der Erstellung des Jahresabschlusses, in: GmbH-Rundschau, S. 1052-1057.

Ludewig, R. (2002): Ein Appell – nicht nur an die Wirtschaftsprüfer, in: Die Wirtschaftsprüfung, S. 613-615.

Lück, W. (1990): Audit Committees – Eine Einrichtung zur Effizienzsteigerung betriebswirtschaftlicher Überwachungssysteme?, in: Zeitschrift für betriebswirtschaftliche Forschung, S. 995-1013.

Lück, W./van Hall, G. (1984): Audit Committees – Zur Entwicklung von Prüfungsausschüssen in den USA, in: Der Betrieb, S. 1941-1943.

Luik, H. (1976): Ist ein obligatorischer Prüferwechsel für Aktiengesellschaften sinnvoll?, in: Betriebs-Berater, S. 237-239.

Marten, K.-U. (1994): Der Wechsel des Abschlußprüfers, Düsseldorf.

McKinley, S./Pany, K./Reckers, P.M.J. (1985): An examination of the influence of CPA firm type, size and MAS provision on loan officers decisions and perceptions, in: Journal of Accounting Research, S. 887-896.

Münch, B. (1993): Legt der BGH strengere Maßstäbe hinsichtlich der Befangenheit des Wirtschaftsprüfers an?, in: Der Betrieb, S. 851.

Neumann, N. (1998): Abschlussprüfung und Beratung nach der Allweiler-Entscheidung des BGH, in: Zeitschrift für Wirtschaftsrecht, S. 1338-1349.

Niehus, R.J. (2003): Turnusmäßiger Wechsel des Abschlussprüfers – Argumente eines Pro und seine Gestaltungsmöglichkeiten –, in: Der Betrieb, S. 1637-1643.

Nowotny, C./Gelter, M. (2001): Die Prüferrotation nach dem FMAG, in: Österreichische Zeitschrift für Recht und Rechnungswesen, S. 325-331.

O'Leary, C. (1996): Compulsory Rotation of Audit Firms for Public Companies?, in: Accountancy Ireland, Heft April, S. 20-22.

O'Keefe, T.B./Simunic, D.A./Stein, M.T. (1994): The production of audit services: Evidence from a major public accounting firm, in: Journal of Accounting Research, S. 241-261.

Ostrowski, M./Söder, B.H. (1999): Der Einfluss von Beratungsaufträgen auf die Unabhängigkeit des Jahresabschlussprüfers, in: Betriebswirtschaftliche Forschung und Praxis, S. 554-564.

Peemöller, V.H./Oberste-Padtberg S. (2001): Unabhängigkeit des Abschlussprüfers – Internationale Entwicklungen, in: Deutsches Steuerrecht, S. 1813-1820.

Petty, R./Cuganesan, S. (1996): Auditor rotation: Framing the debate, in: Australian Accountant, Heft May, S. 40-41.

Quick, R./Ungeheuer, S. (2000): Tätigkeitsfelder und Berufsaufsicht des italienischen Revisore Contabile, in: Wirtschaftsprüferkammer-Mitteilungen, S. 18-29.

Raghunathan, B./Lewis, B./Evans, J. (1994): An Empirical Investigation of Problem Audits, in: Research in Accounting Regulation, S. 33-58.

Richter, M. (1975): Die Sicherung der aktienrechtlichen Publizität durch ein Aktienamt, Köln et al.

Röhricht, V. (1998): Beratung und Abschlußprüfung, in: Die Wirtschaftsprüfung, S. 153-163.

Rössler, S. (2001): Das Audit Committee als Überwachungsinstrument des Aufsichtrats – Ein Beitrag zur Verbesserung der Corporate Governance vor dem Hintergrund des Gesetzes zur Kontrolle und Transparenz im Unternehmensbereich (KonTraG), Landsberg.

Rückle, D. (1995): Bestellung und Auswahl des Abschlussprüfers – Zur ökonomischen Analyse des Rechts der Rechnungslegung, in: Elschen, R./Siegel, T./Wagner, F.W. (Hrsg.): Unternehmenstheorie und Besteuerung. Dieter Schneider zum 60. Geburtstag, Wiesbaden, S. 495-514.

Schatzberg, J.W. (1994): A new examination of auditor „low ball" pricing: Theoretical model and experimental evidence, in: Auditing: A Journal of Practice & Theory, Supplement, S. 33-55.

Schatzberg, J.W./Sevcik, G.R. (1994): A multiperiod model and experimental evidence of independence and „lowballing", in: Contemporary Accounting Research, S. 137-174.

Schmidt, S. (2003): Neue Anforderungen an die Unabhängigkeit des Abschlussprüfers: SEC-Verordnung im Vergleich mit den Empfehlungen der EU-Kommission und den Plänen der Bundesregierung, in: Betriebs-Berater, S. 779-786.

Schulze-Osterloh, J. (1976): Zur öffentlichen Funktion des Abschlussprüfers, in: Zeitschrift für Unternehmens- und Gesellschaftsrecht, S. 411-434.

Schulze-Osterloh, J. (1977): Stellung und Unabhängigkeit des Wirtschaftsprüfers, in: Busse von Colbe, W./Lutter, M. (Hrsg.): Wirtschaftsprüfung heute: Entwicklung oder Reform? Ein Bochumer Symposion, Wiesbaden, S. 92-119.

Schwandtner, C. (2002): Die Unabhängigkeit des Abschlussprüfers. Europäische und internationale Ansätze im Vergleich, in: Deutsches Steuerrecht, S. 323-332.

Shockley, R.A. (1981): Perceptions of auditors' independence: An empirical analysis, in: The Accounting Review, S. 785-800.

Simon, D.T./Francis, J.R. (1988): The effects of auditor change on audit fees: Tests of price cutting and price recovery, in: The Accounting Review, S. 255-269.

Simunic, D.A. (1984): Auditing, Consulting, and Auditor Independence, in: Journal of Accounting Research, S. 679-702.

Thiele, S. (1997): Anmerkung zum BGH-Urteil vom 21.4.1997 – II ZR 317/95, in: Der Betrieb, S. 1396-1397.

v. Wysocki, K. (1996): Zum Prüfungsverbot nach § 319 Abs. 2 Nr. 5 HGB. Zugleich Anmerkungen zum Urteil des OLG Karlsruhe vom 23.11.1995, in: Baetge, J./Börner, D./Forster, K.-H./Schruff, L. (Hrsg.): Rechnungslegung, Prüfung und Beratung – Herausforderungen für den Wirtschaftsprüfer – Festschrift zum 70. Geburtstag von Professor Dr. Rainer Ludewig, Düsseldorf, S. 1129-1146.

Watts, R.L./Zimmerman, J.L. (1986): Positive accounting theory, Englewood Cliffs 1986.

Weiland, H. (1996): Zur Vereinbarkeit von Abschlussprüfung und Beratung, in: Betriebs-Berater, S. 1211-1216.

Weißenberger, B.E. (1999): Ökonomische Analyse des Prüferwechsels – Eine Untersuchung des § 319 Abs. 3 Nr. 6 HGB, in: Dörner, D./Menold, D./Pfitzer, N. (Hrsg.): Reform des Aktienrechts, der Rechnungslegung und Prüfung, Stuttgart, S. 617-647.

Wirtschaftsprüferkammer (1996): Verlautbarung des Vorstandes der Wirtschaftsprüferkammer zur Abgrenzung von Prüfung und Erstellung (§ 319 Abs. 2 Nr. 5 HGB), in: Der Betrieb, S. 1434-1435.

Wüstemann, G. (1971): Prüfungsausschüsse des Aufsichtsrats – Ein Erfahrungsbericht aus den USA, in: Die Wirtschaftsprüfung, S. 37-41.

Yost, J.A. (1995): Auditor independence as a unique equilibrium response, in: Journal of Accounting, Auditing and Finance, S. 81-102.

Zembke, C. (1994): Inkompatibilität von Prüfung und Beratung – Interessenkonflikte des Wirtschaftsprüfers infolge seiner Doppelfunktion und deren Analyse anhand der Rechtsnormen, in: Der Steuerberater, S. 87-98.

Kontrollfragen

1. Welche grundsätzlichen Abhängigkeitssituationen lassen sich unterscheiden?
2. Was hat die Existenz von so genannten Quasi-Renten mit dem Unabhängigkeitsproblem zu tun?
3. Skizzieren Sie den Beitrag, den der agency-theoretische Ansatz zur Erklärung des Unabhängigkeitsproblems leistet.
4. Zeigen Sie auf, in welchen Situationen ein Wirtschaftsprüfer den Prüfungsauftrag nach HGB nicht annehmen darf, da seine Abhängigkeit vermutet wird.
5. Inwieweit beeinträchtigt die Erbringung von Beratungsleistungen durch den Abschlussprüfer dessen Unabhängigkeit?
6. Welche Argumente sprechen für einen obligatorischen Prüferwechsel?
7. Wie kann ein Audit Committee nach anglo-amerikanischem Vorbild die Unabhängigkeit eines Abschlussprüfers in Deutschland stärken?

Fallstudien

1. Der Wirtschaftsprüfer K. Lustig-Alt ist seit zehn Jahren Abschlussprüfer der Haribo GmbH, welche die Merkmale einer mittelgroßen GmbH erfüllt. Seit drei Jahren ist er auch als Berater der Haribo GmbH tätig. Seine Beratungsaufgaben umfassen:

   a. Mitwirkung bei Personalakquisition und -auswahl

   b. Übernahme eines Teils der Aufgaben der Innenrevision

   c. Erstellung von Unternehmensbewertungsgutachten

   Durch die Aufnahme der Beratungstätigkeit sind seine Umsätze mit der Haribo GmbH von 25% auf 35% seiner Gesamteinnahmen aus seiner beruflichen Tätigkeit gestiegen. Vor wenigen Wochen hat Lustig-Alt Herrn Thomas Gottschalk als Prüfungsgehilfen eingestellt. Dieser war zuvor in der Marketing-Abteilung der Haribo GmbH angestellt. Nach Beendigung der letzten Abschlussprüfung bei der Haribo GmbH hat ein Vetter von Lustig-Alt auf dessen Empfehlung Anteile an der Haribo GmbH erworben. Zudem hat sich Lustig-Alt inzwischen einer externen Qualitätskontrolle nach § 57a WPO unterzogen. Da das Ergebnis diverse Mängel in der Qualitätssicherung aufzeigt, hat der Prüfer für Qualitätskontrolle nur eine eingeschränkte Erklärung erteilt. Uwe Haargenau, ehemaliger Mitarbeiter von Lustig-Alt, hat inzwischen das Wirtschaftsprüferexamen bestanden. Seit einem halben Jahr ist er Leiter der Buchhaltung der Haribo GmbH.

Die Haribo GmbH erteilt Lustig-Alt erneut den Auftrag zur Prüfung des Jahresabschlusses. Prüfen Sie, ob Lustig-Alt nach § 319 Abs. 2 HGB Abschlussprüfer sein darf.

2. Die Reportnix AG ist eine mittelgroße Kapitalgesellschaft im Sinne des § 267 HGB. Der Vorstand der Reportnix AG erteilt dem Wirtschaftsprüfer Gregor Svensen den Auftrag zur Prüfung des Jahresabschlusses und des Lageberichts. Eine Zustimmung der Hauptversammlung wurde nicht eingeholt, da Gregor Svensen bereits seit sieben Jahren Abschlussprüfer der Reportnix AG ist. Svensens Bruder ist Leiter der Buchführung der Reportnix AG und hat zudem wesentliche Teile seines Vermögens in Anteile der Reportnix AG investiert. Zeitgleich mit dem Prüfungsauftrag erhält Svensen von der Reportnix AG erstmals den Auftrag zur Durchführung der Internen Revision (outsourcing). Seine Umsätze mit der Reportnix AG betragen nun 32% seiner Gesamteinnahmen. Entnervt von mehreren kritischen Äußerungen von Svensen kündigt der Vorstand der Reportnix AG nach zwei Monaten (vor Abschluss der Prüfung) den Prüfungsauftrag unter Hinweis auf mangelnde Objektivität auf Grund der Tätigkeit und des Anteilsbesitzes von Svensens Bruder.

Beurteilen Sie den Fall im Hinblick auf die Kompatibilität mit den Regeln des HGB.

8 Konsequenzen bei Normverstößen*)

Verstößt der Abschlussprüfer gegen bestehende Normen, drohen ihm verschiedene Konsequenzen:

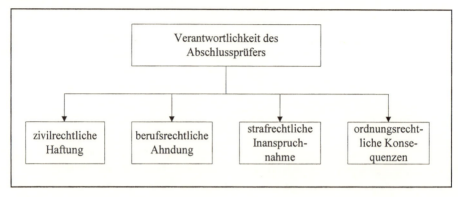

Abb. I.8-1: Verantwortlichkeit des Abschlussprüfers

Wird der Abschlussprüfer für Pflichtwidrigkeiten zur Verantwortung gezogen, steigt die Wahrscheinlichkeit, dass er fachtechnische und ethische Prüfungsnormen einhält. Sanktionen schützen somit den Mandanten sowie Dritte (*zivilrechtliche Haftung*), den Berufsstand (*berufsrechtliche Ahndung*) und die Allgemeinheit (*straf- und ordnungsrechtliche Inanspruchnahme*) vor den Nachteilen asymmetrisch verteilter Informationen (vgl. hierzu auch Abschnitte 6.5.1 und 6.5.2.5).

8.1 Zivilrechtliche Haftung

Abschlussprüfer unterliegen einem Haftungsrisiko, d.h. sie können zum Ersatz eines Schadens verurteilt werden, der einem Mandanten oder einem Dritten auf Grund eines Berufsversehens entstanden ist. Abb. I.8-2 skizziert die Systematik der Abschlussprüferhaftung in Deutschland.[1]

8.1.1 Auftraggeberhaftung

Nach § 323 Abs. 1 HGB haften die gesetzlichen Abschlussprüfer, ihre Gehilfen und die bei der Prüfung mitwirkenden gesetzlichen Vertreter einer Prüfungsgesellschaft für jede vorsätzliche oder fahrlässige Pflichtverletzung gegenüber dem geprüften Unternehmen und verbundenen Unternehmen im Sinne des § 271 Abs. 2 HGB. Gegenüber dritten Personen – z.B. Aktionären oder Gläubigern der geprüften Gesellschaft – haftet der Abschlussprüfer nach § 323 HGB nicht.

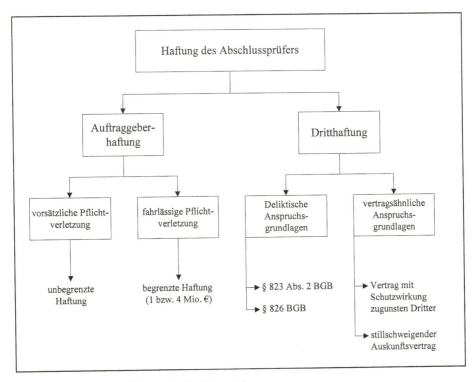

Abb. I.8-2: Zivilrechtliche Haftung des Abschlussprüfers

Für eine Haftung nach § 323 HGB müssen folgende vier Voraussetzungen erfüllt sein:

- Eine Pflichtverletzung bedeutet einen *Verstoß* gegen die gesetzlichen Vorschriften über die Abschlussprüfung, die anerkannten Grundsätze ordnungsmäßiger Abschlussprüfung, die Berichtspflichten sowie gegen alle im Zusammenhang mit der Prüfung stehenden Berufspflichten des Wirtschaftsprüfers (z.T. wird die Auffassung vertreten, dass nur Verstöße gegen die gesetzlichen Pflichten des Abschlussprüfers bzw. sogar lediglich eine Verletzung der in § 323 HGB genannten Pflichten – Gewissenhaftigkeit, Unparteilichkeit, Verschwiegenheit, Verwertungsverbot – als Pflichtverletzung zu klassifizieren ist).

- Die Haftung ist nur bei *schuldhaftem Verhalten* des Abschlussprüfers gegeben. Schuldhaft ist vorsätzliches und fahrlässiges Verhalten, wobei leichte Fahrlässigkeit genügt.

- Aus dem Pflichtverstoß des Prüfers muss dem Auftraggeber ein *Schaden* entstanden sein. Beruhend auf der Differenzhypothese ist ein Schaden die Differenz zweier Güter- und Vermögenslagen einer Person zu verschiedenen Zeitpunkten. Stellt sich z.B. heraus, dass die Abschlussprüfung nicht normenkonform durchgeführt wurde, kann es für den Mandanten notwendig werden, die Abschlussprüfung durch einen anderen Prüfer wiederholen zu lassen, um das Vertrauen der Kapitalmärkte zurückzugewinnen. Der Schaden bestünde dann in dem zusätzlich anfallenden Prüfungshonorar.

- Der Schaden muss durch die pflichtwidrige Handlung des Abschlussprüfers verursacht worden sein (*Kausalität*). Um sich im Streitfall zu entlasten (Exkulpation), kann der beklagte Abschlussprüfer einwenden, dass der Schaden ganz oder teilweise ebenso eingetreten wäre, wenn er die gebotene Handlung vorgenommen und daraufhin den Bestätigungsvermerk eingeschränkt oder versagt oder den Prüfungsbericht anders formuliert hätte (*rechtmäßiges Alternativverhalten*). Des Weiteren kann der Abschlussprüfer geltend machen, dass der Schaden früher oder später auf Grund eines anderen Ereignisses ebenso eingetreten wäre (*Reserveursache*).

Soweit sich der Abschlussprüfer zur Erfüllung des ihm erteilten Prüfungsauftrages der Mitwirkung von Prüfungsgehilfen bedient, hat er gem. § 278 BGB (Haftung für den Erfüllungsgehilfen) für deren Verschulden in gleichem Umfang wie für eigenes Verschulden einzutreten. Darüber hinaus haftet er bei Pflichtverletzungen seiner Prüfungsgehilfen, unabhängig von deren Verschulden, für eigenes Verschulden bei deren Auswahl, Leitung, Überwachung und Fortbildung (Haftung für den Verrichtungsgehilfen gem. § 831 BGB). Die unmittelbare Haftung des Abschlussprüfers auch für Pflichtverstöße seiner Prüfungsgehilfen lässt deren eigene Einstandspflicht nicht entfallen. Alle Ersatzpflichtigen haften nach § 323 Abs. 1 Satz 4 HGB als Gesamtschuldner.

Die *Ersatzpflicht* von Personen, die fahrlässig gehandelt haben, ist auf *1 Mio. € bzw. bei der Prüfung börsennotierter Gesellschaften auf 4 Mio. €* begrenzt (§ 323 Abs. 2 HGB).

Für diese Haftungsbegrenzung lassen sich folgende Argumente anführen:

- Die Begrenzung des Haftungsrisikos scheint zur Existenzsicherung des Prüfers geboten, da es sich bei der Prüfertätigkeit um in besonderem Maße schadensgeneigte Arbeit mit typischerweise extrem hohen Risiken handelt. Schon leichte Fahrlässigkeit des Prüfers kann zu großen und nicht mehr tragbaren Schäden führen. Tendenziell risikosteigernd wirkt sich dabei der Umstand aus, dass sich der Prüfer bei seiner Tätigkeit oftmals gegensätzlichen Interessen mehrerer Beteiligter (z.B. Aktionären und Arbeitnehmern) gegenübersieht.

- Das Problem der Versicherbarkeit: Da nur wenige Prüfer bzw. Prüfungsgesellschaften bei höheren Haftungsbeträgen in der Lage wären, die dann anfallenden Versicherungsprämien aufzubringen, wäre ohne eine Haftungsbegrenzung der Wettbewerb innerhalb des Berufsstands gefährdet. Ferner sind bei einem unbegrenzten Haftpflichtrisiko Auswirkungen auf die Struktur des Berufsstands zu erwarten. Größere Prüfungsgesellschaften könnten aus der Sicht eines an einem möglichst hohen Rückgriffspotenzial interessierten Mandanten Vorteile bieten.

- Eine unbegrenzte Haftung könnte dazu führen, dass prüfungspflichtige Unternehmen mit einem hohen Haftungsrisiko möglicherweise nicht mehr in der Lage sind, einen Abschlussprüfer zu finden.
- Ebenso findet sich das Argument, dass Schadensmöglichkeiten, die überschaubare Größenordnungen überschreiten und in keinem Verhältnis zur Vergütung des Prüfers stehen, „gerechterweise der Risikosphäre der geprüften Gesellschaft und ihrer Aktionäre" zuzuordnen seien.

Gegen die Haftungsbegrenzung sprechen hingegen folgende Argumente:

- Sie schützt den Abschlussprüfer einseitig und zu Lasten des Mandanten, wobei auch andere freie Berufe keine solche besondere Protektion genießen.
- Es stellt sich die Frage, ob die bestehende fixe Haftungsgrenze fair ist, da der relative Schadensersatz des Mandanten mit abnehmender Schadenshöhe steigt.
- Eine unbegrenzte Haftung wäre ein Anreiz für eine höhere Prüfungsqualität, würde unqualifizierte Prüfer von Jahresabschlussprüfungen abhalten und könnte das öffentliche Vertrauen in Abschlussprüfungen steigern.

Die *Ersatzpflicht* nach den Vorschriften des § 323 HGB *kann durch Vertrag* weder *ausgeschlossen noch beschränkt* werden (§ 323 Abs. 4 HGB). Eine vertragliche Erhöhung der Haftungssumme wird durch das Gesetz nicht ausgeschlossen. Berufsrechtlich ist es aber unzulässig, abweichend von § 323 Abs. 2 Satz 1 HGB eine höhere Haftung anzubieten oder zuzusagen. Ein derartiger Wettbewerb um Pflichtprüfungsaufträge ist als unlauter und daher berufswidrig anzusehen. Er würde wirtschaftlich stärkere Abschlussprüfer bevorteilen.

8.1.2 Dritthaftung

8.1.2.1 Deliktische Haftung

Als Anspruchsgrundlage aus dem Recht der unerlaubten Handlungen kommen in erster Linie § 823 Abs. 2 BGB und § 826 BGB in Betracht. Nach § 823 Abs. 2 BGB haftet der Abschlussprüfer auch gegenüber Vertragsfremden, wenn er gegen ein den Schutz des Dritten bezweckendes Gesetz verstößt. Ob eine Norm den Schutz des anderen bezweckt, bestimmt sich danach, inwieweit sie nach ihrem Inhalt – neben möglichen anderen Zwecken – zumindest auch dem Individualschutz des Einzelnen gegenüber einer näher bestimmten Art und Weise der Schädigung dient. Als *Schutzgesetze* kommen in erster Linie strafrechtliche Vorschriften in Betracht (§ 263 StGB, § 264 StGB, § 264a StGB, § 266 StGB, § 267 StGB, § 203 StGB sowie die §§ 283-283d StGB). Daneben ist auch die handelsrechtliche Strafvorschrift über die Verletzung der Berichtspflicht (§ 332 HGB) als Schutzgesetz zu Gunsten prüfungsvertragsfremder Dritter anzusehen. Alle genannten Vorschriften erfassen nur vorsätzliches Handeln. Dieses Vorsatzerfordernis bedeutet jedoch, dass der geschädigte außenstehende Dritte in der Praxis über § 823 Abs. 2 BGB in den wenigsten Fällen (etwa bei einer

Verletzung von Berichtspflichten) zu einem Ersatz seines Schadens gelangen wird, da Vorsatz dem Abschlussprüfer regelmäßig nicht nachzuweisen ist und typischerweise auch nicht vorliegen wird.

Eine Haftung des Abschlussprüfers nach § 826 BGB setzt voraus, dass er mit dem Vorsatz, Dritte zu schädigen, sittenwidrig seine Prüfungs-, Berichts- oder Bestätigungspflichten verletzt. Ein *gegen die guten Sitten verstoßendes Verhalten* des Prüfers liegt vor, wenn ihm bei seinen Prüfungshandlungen ein besonders leichtfertiges und gewissenloses Verhalten nachzuweisen ist. Davon ist beispielsweise dann auszugehen, wenn der Abschlussprüfer einen unrichtigen Bestätigungsvermerk erteilt,

- ohne eine Prüfung durchgeführt zu haben,[2]
- nachdem er die Prüfungsdurchführung in vollem Umfang einem anderen überlassen und dessen Prüfungsergebnisse übernommen hat[3] oder
- obwohl die Buchführung so gravierende Mängel aufwies, dass die Erstellung eines ordnungsmäßigen Jahresabschlusses von vornherein unmöglich war.

Vorsatz ist dann gegeben, wenn der Prüfer es wenigstens als möglich erachtet und für diesen Fall gebilligt hat, dass infolge seines Handelns eine andere Person einen Schaden erleiden könnte (bedingter Vorsatz).[4]

Zusammenfassend lässt sich feststellen, dass deliktische Anspruchsgrundlagen auf Grund der restriktiven Anwendungsvoraussetzungen (Verletzung eines Schutzgesetzes, Vorsatz, Sittenwidrigkeit) nur in wenigen Fällen geeignet sind, Schadensersatzforderungen Dritter zu begründen.

8.1.2.2 Vertragliche und vertragsähnliche Anspruchsgrundlagen

Neben dem Deliktsrecht steht bei der Geltendmachung von Schadensersatzansprüchen mit dem Vertragsrecht ein zweiter prinzipieller Normenkreis des BGB zur Verfügung. Vertragliche Ansprüche haben für den Dritten im Vergleich zu Ansprüchen aus unerlaubter Handlung u.a. den Vorteil, dass auch bei fahrlässigem Fehlverhalten eine Haftung eintritt. Allerdings kennt das Vertragsrecht des BGB im Grundsatz nur Rechtsbeziehungen, welche auf die Beteiligten ausgerichtet sind. Wird ein Dritter anlässlich der Abwicklung des Vertrags geschädigt, so gesteht ihm das BGB keine vertragsrechtlichen Ansprüche zu. Mit dem Vertrag mit Schutzwirkung zu Gunsten Dritter und dem Auskunftsvertrag hat die Rechtsprechung jedoch zwei gesetzlich nicht geregelte Konstrukte geschaffen, die zur Anwendung kommen könnten.

Als Voraussetzungen für das mögliche Vorliegen eines *Vertrages mit Schutzwirkung zu Gunsten Dritter* werden folgende Umstände genannt:[5]

- *Leistungsnähe des Dritten*, d.h. der Dritte kommt mit der Leistung des Schuldners an den Gläubiger typischerweise in Berührung. Eine Leistungsnähe der Aktionäre und Gläubiger der geprüften Gesellschaft zum Prüfungsvertrag ist gegeben, denn der Bestätigungsvermerk ist an unternehmensexterne Personen zu deren Information gerichtet.

- *Schutzpflicht des Gläubigers*, d.h. die Leistung soll nach dem Parteiwillen auch dem Dritten zugute kommen. Es komme allein darauf an, ob die Vertragsparteien einen Dritten in den Schutzbereich einbeziehen wollten. Fehlt eine ausdrückliche Parteiabrede, so muss der Richter anhand der Umstände des Einzelfalls prüfen, ob die Vertragsparteien konkludent das Schuldverhältnis auf Dritte erstreckt haben. Hierzu muss der Auftraggeber ersichtlich ein Interesse an der Einbeziehung des Dritten haben. Ein weiteres Indiz für eine entsprechende Interessenlage der Parteien ist darin zu sehen, dass der Auftragnehmer über eine vom Staat anerkannte Sachkunde verfügt, in der Öffentlichkeit besonderes Vertrauen genießt und dieses auch beruflich auswertet. Ein Wirtschaftsprüfer erfüllt diese Kriterien.

- *Erkennbarkeit für den Schuldner*, d.h. die mögliche Einbeziehung von Dritten in die Schutzpflicht muss erkennbar sein. Für den Drittschutz sei es nicht entscheidend, dass der Schuldner Zahl und Namen der in den Schutzbereich einbezogenen Dritten kenne. Erforderlich sei allerdings, dass die zu schützende Personengruppe überschaubar und objektiv abgrenzbar sei, denn damit bestehe die Gefahr unübersehbarer Haftungsrisiken nicht mehr. In die sachkundige Äußerung muss Vertrauen gesetzt worden sein, und dies muss für den Prüfer erkennbar werden. Es muss für ihn des Weiteren erkennbar sein, dass der vertrauende Dritte die sachverständige Äußerung zur Grundlage seiner Vermögensdisposition machen will.

Darüber hinaus ist der Versuch unternommen worden, eine vertragliche Haftung des Abschlussprüfers gegenüber einem Dritten auf einen unmittelbar zwischen diesen bestehenden *Auskunftsvertrag* zu gründen. Wer einem anderen eine Bescheinigung in dem Bewusstsein ausstellt, dieser werde sie einem Dritten vorlegen, um ihn in seinem Sinne zu beeinflussen, soll dem Dritten, der sich auf die Bescheinigung stützt, für die Richtigkeit und Vollständigkeit der Bescheinigung haften. Maßgeblich für den Rechtsbindungswillen der Parteien sollte nach der *älteren Rechtsprechung des BGH* sein, dass kraft beruflicher Stellung Auskünfte erteilt werden, die für den Empfänger erkennbar von erheblicher Bedeutung waren und die dieser zur Grundlage wesentlicher Entschlüsse oder Maßnahmen machen will. Der Auskunft Gebende muss besonderes Vertrauen in Anspruch nehmen oder ein besonderes eigenes Interesse haben.[6] Die *neuere Rechtsprechung des BGH* schränkt jedoch die Auskunftshaftung stark ein und stellt weitere Bedingungen für die Annahme eines stillschweigend geschlossenen Auskunftsvertrags auf. Entscheidend soll sein, ob die Gesamtumstände den Schluss zulassen, die Auskunft habe Gegenstand vertraglicher Rechte und Pflichten sein sollen.[7] Die Annahme eines Auskunftsverhältnisses beschränkt sich auf Fälle, in denen der Abschlussprüfer auf Verlangen (auch) des Dritten hinzugezogen wird und dann unter Berufung auf seine Sachkunde und Prüfungstätigkeit Erklärungen oder Zusicherungen unmittelbar gegenüber Dritten abgibt.[8]

Eine vertragliche oder vertragsähnliche Haftung des Prüfers gegenüber Dritten im Rahmen der Pflichtprüfung handelsrechtlicher Jahresabschlüsse wird in der Literatur mit folgenden Argumenten weitgehend abgelehnt:[9]

- Die vertragliche Haftpflicht sei die Sanktionierung von Verletzungen vertraglicher Pflichten, die nur zwischen Abschlussprüfer und geprüfter Gesellschaft bestünden.

- Trotz Kenntnis weitergehender Vorschläge im Schrifttum habe der Gesetzgeber Dritte nicht in die Schadensersatzberechtigung nach § 323 HGB aufgenommen. Es entspräche offensichtlich dem Willen des Gesetzgebers, die Haftung des Abschlussprüfers auf Fälle bloßer Fahrlässigkeit zu beschränken. Angesichts dieser eindeutigen Stellungnahme des Gesetzgebers sei eine richterliche Rechtsfortbildung, d.h. eine Ausweitung der Dritthaftung durch das gesprochene Recht, eine unzulässige Grenzüberschreitung.

- Eine über §§ 823, 826 BGB hinausgehende Dritthaftung des Abschlussprüfers stehe im Widerspruch zum haftungsrechtlichen Gesamtsystem, wonach fremde Vermögensinteressen nur einen begrenzten deliktsrechtlichen Schutz genießen.

- Der Kreis der zu schützenden Personen sei letztlich nicht abgrenzbar, und die Schutzwürdigkeit des Dritten würde einseitig betont.

- Eine weitergehende Dritthaftung gefährde das Ansehen der Wirtschaftsprüfer, erhöhe keineswegs die Marktchancen des Berufsstands, habe keine präventive Wirkung, gefährde die Versicherbarkeit und damit die wirtschaftliche Existenz von Berufsangehörigen, beschleunige den Konzentrationsprozess und lasse eine Abwälzung des Schadensrisikos auf die Allgemeinheit erwarten.

Die Rechtsprechung hatte in der Vergangenheit eine vertragliche oder vertragsähnliche Haftung im Bereich freiwilliger Prüfungen, der Abschlusserstellung durch den Wirtschaftsprüfer und bei Prospektprüfungen (d.h. bei Prüfungen des Prospektes über das Angebot einer Kapitalanlage), nicht jedoch bei handelsrechtlichen Pflichtprüfungen zugrunde gelegt.[10] Vorschläge, bei der Neufassung des § 323 HGB im Rahmen des KonTraG eine Dritthaftung für fahrlässige Pflichtverletzungen gesetzlich auszuschließen, wurden nicht umgesetzt.

Das Dritthaftungsrisiko des handelsrechtlichen Abschlussprüfers bei fahrlässigen Pflichtverletzungen hat sich durch ein neueres Urteil des BGH grundlegend geändert.[11] Der BGH verneint eine Sperrwirkung des § 323 Abs. 1 Satz 3 HGB gegen eine vertragliche Haftung des Abschlussprüfers gegenüber Dritten nach Maßgabe der von der Rechtsprechung entwickelten Grundsätze zur Dritthaftung Sachkundiger. Die Einbeziehung einer unbekannten Vielzahl von Dritten in den Schutzbereich des Prüfungsauftrages würde zwar der gesetzgeberischen Intention zuwiderlaufen, das Haftungsrisiko des Abschlussprüfers angemessen zu begrenzen. Wenn jedoch die Vertragspartner übereinstimmend davon ausgehen, dass die Prüfung auch im Interesse eines bestimmten Dritten durchgeführt werde, gäbe es keinen Grund, dem Dritten Ansprüche gegen den seine Prüfungspflichten verletzenden Prüfer zu versagen. Bei einer Haftung auf Grund einer Schutzwirkung aus dem Prüfungsvertrag sei die Haftungsbeschränkung des § 323 Abs. 2 HGB zu berücksichtigen, denn sie gehe als Spezialregelung den vertragsrechtlichen Bestimmungen des bürgerlichen Rechts vor.

8.2 Berufsrechtliche Ahndung

8.2.1 Disziplinaraufsicht durch die Wirtschaftsprüferkammer

Alle Berufsangehörigen sind zwangsweise in einer Körperschaft des öffentlichen Rechts, der Wirtschaftsprüferkammer (WPK; vgl. Abschnitt 5.2.1.1), zusammengeschlossen. Die WPK hat u.a. die Aufgabe, die Aufsicht über die berufliche Tätigkeit ihrer Mitglieder zu führen (§ 57 WPO). Im Rahmen dieser Aufsichtsfunktion hat sie das Recht und die Pflicht, bei beruflichen Verfehlungen einzuschreiten. Hierzu stehen ihr mit der Belehrung und der Rüge zwei Maßnahmen der Berufsaufsicht zur Verfügung.

- Die *Belehrung* stellt die mildeste Form der Standesmaßnahmen der WPK dar. Sie ergibt sich aus § 57 WPO, wonach die Kammer auch die Aufgabe hat, die Mitglieder in Fragen der Berufspflichten zu beraten und zu belehren. Eine Belehrung setzt voraus, dass der WPK eine schuldhafte Berufspflichtverletzung bekannt wird, deren Bedeutung so gering ist, dass eine strengere Maßnahme, d.h. eine Rüge oder gar ein berufsgerichtliches Verfahren, nicht in Betracht kommt, die WPK aber dennoch Veranlassung sieht, ihr Missfallen zum Ausdruck zu bringen. Für die Belehrung bestehen keine Formvorschriften, d.h. sie kann mündlich oder schriftlich erteilt werden. Bei einer mündlichen Mitteilung wird die WPK den Vorgang trotzdem aktenkundig machen, da die Belehrung für den Fall weiterer Verstöße von Bedeutung sein kann.

- Im Gegensatz zur Belehrung ist für die Erteilung einer *Rüge* ein förmliches Verfahren vorgeschrieben. Nach dem im § 63 WPO verankerten Rügerecht des Kammervorstands kann dieser das Verhalten eines der Berufsgerichtsbarkeit unterliegenden Mitglieds rügen, wenn dieses ihm obliegende Pflichten verletzt hat, seine Schuld aber gering genug ist, um vom Antrag auf Einleitung eines berufsgerichtlichen Verfahrens abzusehen. Die Rüge kann mit einer Geldbuße von maximal 10.000 € verbunden und auf diese Weise verschärft werden. Der Vorstand wird im Rahmen der Berufsaufsicht von Amts wegen, auf Anzeige bzw. Beschwerde oder auf Grund einer Mitteilung der Strafverfolgungsbehörden bzw. der Strafgerichtsbarkeit über die Erhebung der Anklage oder die Verurteilung im strafgerichtlichen Verfahren unterrichtet. Die systematische Überprüfung der beruflichen Tätigkeit erstreckt sich allerdings im Wesentlichen auf eine Durchsicht der geprüften Jahresabschlüsse und Bestätigungsvermerke.[12] Externe Qualitätskontrollen (vgl. auch Kapitel II, Abschnitt 6.2) können nicht zu disziplinarrechtlichen Konsequenzen führen (§ 57e Abs. 5 WPO).

Vor Ausspruch der Rüge ist rechtliches Gehör zu gewähren. Die Rüge ist in Form eines schriftlichen Bescheids zu erteilen. Dieser Rügebescheid ist zu begründen und dem betroffenen Berufsangehörigen zuzustellen. Zudem ist der Generalstaatsanwaltschaft in Berlin eine Abschrift des Rügebescheids zuzuleiten.

Binnen eines Monats nach Zustellung kann gegen den Rügebescheid beim Vorstand der WPK Einspruch erhoben werden, über den der Vorstand selbst entscheidet (§ 63 Abs. 5 WPO). Gegen den abweisenden Einspruchsbescheid kann der Berufsangehörige nach § 63a Abs. 1 WPO innerhalb eines Monats nach Zustellung schriftlich die Entscheidung der Kammer für WP-Sachen beim LG Berlin beantragen, die endgültig entscheidet (§ 63a Abs. 3 Satz 4 WPO).

Persönliche Mitglieder der WPK haben nach § 62 WPO in Disziplinaraufsichtssachen vor der WPK zu erscheinen, wenn sie zur Anhörung geladen werden. Auf Verlangen haben sie Auskunft zu geben und ihre Handakten vorzulegen, es sei denn, dass sie dadurch Gefahr laufen würden, wegen einer Straftat, einer Ordnungswidrigkeit oder einer Berufspflichtverletzung verfolgt zu werden und sie sich hierauf berufen. Ein Recht auf Auskunftsverweigerung unter Hinweis auf die Verschwiegenheitspflicht besteht nicht. Um Berufsangehörige zur Erfüllung ihrer Pflichten nach § 62 WPO anzuhalten, kann die WPK gegen sie nach vorheriger schriftlicher Androhung, ggf. auch mehrfach, ein Zwangsgeld von bis zu 1.000 € festsetzen (§ 62a WPO).

Die WPK ist berechtigt, zur Durchführung von Ermittlungen dritte Personen um Auskunft zu bitten. Diese sind jedoch nicht zur Auskunft verpflichtet (§ 64 Abs. 4 WPO).

Hält der Vorstand der WPK das Fehlverhalten eines Berufsangehörigen für so gravierend, dass der Ausspruch einer Rüge als nicht mehr ausreichend erscheint, wird die Angelegenheit an die Generalstaatsanwaltschaft Berlin als gem. § 84 WPO zuständige Ermittlungsbehörde abgegeben, die ihrerseits prüft, ob ein berufsgerichtliches Verfahren einzuleiten ist (§ 85 WPO). Leistet die Generalstaatsanwaltschaft dem Antrag des Vorstands keine Folge, so hat sie ihre Entscheidung unter Angabe der Gründe mitzuteilen (§ 86 Abs. 1 WPO). Der Vorstand der WPK kann gegen diesen Bescheid binnen eines Monats nach Bekanntmachung beim KamG Berlin eine gerichtliche Entscheidung beantragen (§ 86 Abs. 2 WPO). Auf der anderen Seite kommt es gelegentlich vor, dass ein Aufsichtsvorgang an die WPK zur Weiterbehandlung im Rahmen der Berufsaufsicht zurückgegeben wird. Schließlich hat die Generalstaatsanwaltschaft nach § 69 Abs. 1 WPO auch die Möglichkeit, einen Vorfall, der zum Ausspruch einer Rüge geführt hat, aufzugreifen und im Rahmen eines berufsgerichtlichen Verfahrens weiterzuverfolgen. Die Rüge wird unwirksam, wenn der Berufsangehörige in einem derartigen berufsgerichtlichen Verfahren freigesprochen wird bzw. wenn die Eröffnung des Hauptverfahrens abgelehnt worden ist, weil eine schuldhafte Pflichtverletzung nicht festgestellt werden konnte.

8.2.2 Berufsgerichtsbarkeit

8.2.2.1 Organisation der Berufsgerichtsbarkeit

Bei Berufspflichtverletzungen, die über den Bereich der Ahndungsmöglichkeiten der WPK im Rahmen der Standesaufsicht hinausgehen, greift die berufsgerichtliche Bestrafung. Die

8 Konsequenzen bei Normverstößen

Berufsgerichtsbarkeit wird durch besondere Kammern und Senate bei den ordentlichen Strafgerichten geführt, so dass sich der in Abb. I.8-3 dargestellte Instanzenweg ergibt.

In den Berufsgerichten wirken neben Berufsrichtern (in erster Instanz ein Berufsrichter, in zweiter und dritter Instanz jeweils drei Berufsrichter) jeweils zwei ehrenamtliche Beisitzer aus dem Berufsstand mit. Damit wird die Einbringung spezieller beruflicher Erkenntnisse bei der Abwägung der Sachverhalte und bei der Urteilsbildung gewährleistet.

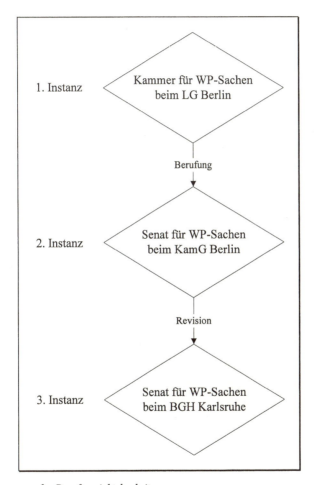

Abb. I.8-3: Instanzenweg der Berufsgerichtsbarkeit

8.2.2.2 Maßnahmen der Berufsgerichtsbarkeit

Gegen einen Berufsangehörigen, der seine Pflichten schuldhaft verletzt hat, wird eine berufsgerichtliche Maßnahme verhängt (§ 67 Abs. 1 WPO). Bei der Pflichtverletzung kann es sich auch um ein außerhalb des Berufs liegendes Verhalten handeln, wenn es nach den Umständen des Einzelfalles im besonderen Maße geeignet ist, Achtung und Vertrauen in einer für die Ausübung der Berufstätigkeit oder für das Ansehen des Berufs bedeutsamen Weise zu beeinträchtigen (§ 67 Abs. 2 WPO). Berufsgerichtliche Strafen sind nach § 68 Abs. 1 WPO:

- Warnung,
- Verweis,
- Geldbuße bis zu 100.000 €,
- Verbot, auf bestimmten Tätigkeitsgebieten (z.B. Pflichtprüfungen) für die Dauer von einem bis zu fünf Jahren tätig zu werden,
- Berufsverbot von einem bis zu fünf Jahren und
- Ausschließung aus dem Beruf.

Die berufsgerichtlichen Maßnahmen des Verweises und der Geldbuße können nebeneinander verhängt werden (§ 68 Abs. 2 WPO). Außerdem hat die Berufsgerichtsbarkeit gem. § 111 WPO die Möglichkeit, ein *vorläufiges Berufsverbot* zu verhängen, falls dringende Gründe für die Annahme vorhanden sind, dass gegen den Berufsangehörigen auf Ausschließung aus dem Beruf erkannt wird. Die Möglichkeit eines vorläufigen Berufsverbots ist notwendig, denn der Weg durch drei Instanzen erfordert Zeit. Das BVerfG hat dargelegt, dass ein vorläufiges Berufsverbot verfassungsrechtlich als Eingriff in die durch Art. 12 Abs. 1 GG gewährleistete Freiheit der Berufswahl zu beurteilen ist und nur zum Schutz wichtiger Gemeinschaftsgüter und unter strikter Beachtung des Grundsatzes der Verhältnismäßigkeit statthaft ist.[13] Darüber hinaus kann das Gericht gem. § 68a Abs. 1 WPO die Aufrechterhaltung des pflichtwidrigen Verhaltens untersagen, sofern die Pflichtverletzung im Zeitpunkt der Verhängung der Maßnahme noch nicht abgeschlossen ist. Auch die Vornahme einer gleich gearteten Pflichtverletzung kann untersagt werden, wenn der Betroffene wegen einer solchen Pflichtverletzung bereits zuvor berufsgerichtlich geahndet, gerügt oder belehrt worden war. Handelt der Betroffene der Untersagung wissentlich zuwider, so kann gegen ihn ein Ordnungsgeld in Höhe von maximal 100.000 € verhängt werden (§ 68a Abs. 2 WPO). Sprechen dringende Gründe dafür, dass es zu einer solchen Untersagungsverfügung kommen wird, so kann gem. § 121a WPO eine vorläufige Untersagung ausgesprochen werden.

Warnung ist die mildeste berufsgerichtliche Strafe. Als nächst schwerere Ahndungsmaßnahme folgt der Verweis. Warnung und Verweis haben (ebenso wie Belehrung und Rüge) keine unmittelbaren materiellen Folgen für den Betroffenen, sofern man von den Gerichtskosten und dem Zeitverlust absieht. Sie beeinträchtigen lediglich die Berufsehre des Bestraften. Wirtschaftsprüfer haben gem. § 99 Abs. 2 WPO Zutritt zu dem grundsätzlich nichtöffentlichen Verfahren, so dass das Ansehen des Betroffenen beeinträchtigt wird. Außerdem kann nach § 99 Abs. 1 WPO auf Antrag der Staatsanwaltschaft und muss auf Antrag des betroffenen Berufsangehörigen die Öffentlichkeit hergestellt werden. Schließlich ist die Hauptverhandlung immer dann öffentlich, wenn die vorgeworfene Pflichtverletzung in Zusammenhang mit der Durchführung handelsrechtlicher Jahresabschlussprüfungen steht.[14] Der Zweck von Warnung und Verweis liegt darin, dem Berufsangehörigen die Tatsache und den Umfang einer begangenen Pflichtverletzung klar vor Augen zu führen, um dadurch für die Zukunft ein pflichtgemäßes Verhalten zu erreichen. Gleichzeitig wirken sie, auch wenn das vom Gesetz nicht ausdrücklich hervorgehoben wird, im Allgemeinen bei künftigen Verfehlungen strafverschärfend.

Eine *Warnung* geht dem Wortsinne nach der Handlung, vor der gewarnt wird, voraus. Die Warnung bezieht sich also nicht auf eine konkrete Pflichtverletzung, sondern lediglich darauf, in Zukunft ein entsprechendes Verhalten zu unterlassen. Die Pflichtverletzung wird hingenommen und dient als Anlass, eindringlich vor Wiederholung zu warnen.

Dagegen bezieht sich der *Verweis* unmittelbar auf die Verhaltensweise, welche Gegenstand des berufsgerichtlichen Verfahrens war. Er soll dem Verurteilten klar vor Augen führen, dass seine berufliche Verhaltensweise außerordentlich schwerwiegend ist und unter keinen Umständen geduldet werden kann.

Im Gegensatz zur Warnung und zum Verweis beeinträchtigt die Geldbuße nicht mehr nur das Ansehen des Betroffenen, sondern auch unmittelbar sein Vermögen. § 68 Abs. 1 WPO begrenzt die *Geldbuße* auf *100.000 €*. Einen Mindestbetrag sieht das Gesetz nicht vor. Der Strafrahmen gibt dem Richter die Möglichkeit, sowohl den Unrechtsgehalt der Tat als auch die wirtschaftliche Lage des Beschuldigten bei seinem Urteil angemessen zu berücksichtigen.

Die Möglichkeiten zur generellen bzw. nur auf bestimmte Tätigkeiten beschränkten Suspendierung wurden neu in den Katalog der berufsgerichtlichen Sanktionen aufgenommen. Dadurch wird der Tatsache Rechnung getragen, dass die Ausschließung aus dem Beruf als schärfste berufsgerichtliche Maßnahme vergleichsweise selten ausgesprochen wird. Zudem wird die erhebliche Lücke zwischen dem Berufsausschluss auf der einen und der Geldbuße auf der anderen Seite geschlossen. Da die Suspendierung zudem mindestens ein Jahr umfasst, verbessert sich die Präventivwirkung des Disziplinarsystems erheblich.

Die *Ausschließung aus dem Beruf* setzt objektiv eine erhebliche Pflichtverletzung des Berufsangehörigen und subjektiv ein hohes Maß an Verschulden voraus. Die Feststellung der Berufsunwürdigkeit ist als äußerste Maßnahme zur Bestrafung von Berufspflichtverletzungen gedacht und kann nur dann als angemessen angesehen werden, wenn ein Berufsangehöriger eine so schwere Berufspflichtverletzung begangen hat, dass eine sofortige Entfernung aus dem Berufsstand bei Abwägung der Interessen aller Beteiligter (der des Betroffenen, der Berufsorganisation und der Öffentlichkeit) erforderlich erscheint, oder wenn sich wiederholt Maßnahmen der Berufsaufsicht bzw. berufsgerichtliche Bestrafungen nicht als ausreichend erwiesen haben, um den Berufsangehörigen von pflichtwidrigen Handlungen abzuhalten. Für die Ausschließung ist entscheidend, in welchem Maße durch die Pflichtverletzung das allgemeine Vertrauen in den Beruf des Wirtschaftsprüfers und die Achtung des Berufsstands in der Öffentlichkeit beeinträchtigt worden sind. Die Wahrung bloßer berufsständischer Belange genügt nicht. *Unterschlagung* (§ 246 StGB), *Betrug* (§ 263 StGB), *Untreue* (§ 266 StGB) und *Urkundenfälschung* (§ 267 StGB) führen regelmäßig zum Verlust der Berufszugehörigkeit. Auch die schuldhafte Zerrüttung der wirtschaftlichen Verhältnisse stellt eine schwere Berufspflichtverletzung dar, die in gravierenden Fällen (Zwangsvollstreckungsmaßnahmen, Abgabe einer eidesstattlichen Versicherung, entehrende Vollstreckungsmaßnahmen wie Haftbefehl und Vorführung durch den Gerichtsvollzieher) zur Ausschließung aus dem Beruf führen muss.

Nach § 105 WPO ist gegen das Urteil der Kammer für WP-Sachen die Berufung an den Senat für WP-Sachen zulässig. Sie muss binnen einer Woche nach Verkündung des Urteils (bei Abwesenheit des Beschuldigten nach Zustellung des Urteils) bei der Kammer für WP-Sachen schriftlich eingelegt werden. Die Berufung kann nur schriftlich begründet werden. Gegen ein Urteil des Senats für WP-Sachen ist die Revision an den BGH zulässig, wenn das Urteil auf Ausschließung aus dem Beruf lautet, der Senat für WP-Sachen beim KamG Berlin entgegen einem Antrag der Staatsanwaltschaft nicht auf Ausschließung aus dem Beruf erkannt hat oder wenn der Senat für WP-Sachen beim KamG Berlin die Revision im Urteil zugelassen hat (§ 107 Abs. 1 WPO). Die Revision darf nur zugelassen werden, wenn in der zweiten Instanz über Rechtsfragen oder Fragen der Berufspflichten entschieden worden ist, die von grundsätzlicher Bedeutung sind (§ 107 Abs. 2 WPO). Auch die Revision ist binnen einer Woche nach Verkündung bzw. Zustellung des Urteils schriftlich einzulegen (§ 107a WPO).

Die Verfolgung einer Pflichtverletzung verjährt in fünf Jahren, es sei denn, die Pflichtverletzung hätte die Ausschließung aus dem Beruf gerechtfertigt (§ 70 WPO).

8.3 Strafrechtliche Inanspruchnahme

8.3.1 Verletzung der Berichtspflicht

In § 332 Abs. 1 HGB werden drei Tatbestände unter dem Begriff „Verletzung der Berichtspflicht" zusammengefasst: die unrichtige Berichterstattung, das Verschweigen erheblicher Umstände im Prüfungsbericht (vgl. zum Prüfungsbericht Kapitel II, Abschnitt 5.3.2) und die Erteilung eines unrichtigen Bestätigungsvermerks (vgl. zum Bestätigungsvermerk Kapitel II, Abschnitt 5.3.1). Alle drei Tatbestände der Verletzung der Berichtspflicht können nur *vorsätzlich* herbeigeführt worden sein.

Der Abschlussprüfer macht sich strafbar, wenn er über das Ergebnis der Prüfung im Prüfungsbericht gem. § 321 HGB unrichtig berichtet (*unrichtige Berichterstattung*). Unrichtigkeit der Berichterstattung liegt vor, falls sich das Ergebnis der Prüfung nicht mit dem Inhalt des Prüfungsberichts deckt. Von entscheidender Bedeutung ist, dass das Gesetz von einem falschen Bericht über das Prüfungsergebnis und nicht von einem Bericht über ein falsches Ergebnis der Prüfung spricht. Die Strafbarkeit der unrichtigen Berichterstattung ist auf erhebliche Umstände beschränkt. Bei den in § 321 Abs. 1 Satz 1-4 HGB genannten Pflichtinhalten des Prüfungsberichts ist grundsätzlich von einer Erheblichkeit der entsprechenden Umstände auszugehen.

Ein weiterer Straftatbestand ist das *Verschweigen erheblicher Umstände im Prüfungsbericht* (unvollständiger Prüfungsbericht), d.h. von Fakten, die für den Zweck des Berichts wichtig und für eine ausreichende Information der Berichtsempfänger von Bedeutung sind. Tathandlung ist hier, dass über Umstände, die während der Prüfung bekannt geworden sind, nicht berichtet wird. Der Abschlussprüfer kann sich nicht dadurch entlasten, dass er die verschwiegenen Umstände mündlich oder außerhalb des Berichts schriftlich mitteilt, denn es kommt auf das Verschweigen im Bericht an.

Schließlich ist auch die *Erteilung eines unrichtigen Bestätigungsvermerks* strafbar. Ein uneingeschränkter Bestätigungsvermerk gem. § 322 Abs. 1 HGB ist inhaltlich unrichtig, wenn nach dem Ergebnis der Jahresabschlussprüfung eine Einschränkung oder Versagung gem. § 322 Abs. 4 HGB hätte erfolgen müssen. Auch wenn nach dem abschließenden Ergebnis der Prüfung keine Einwendungen zu erheben waren und damit die Voraussetzungen für eine uneingeschränkte Erteilung ohne Ergänzung vorlagen, das Testat aber nur in eingeschränkter oder ergänzter Form erteilt wurde, ist eine inhaltliche Unrichtigkeit gegeben. Der Bestätigungsvermerk drückt einen Positivbefund aus. Insofern liegt keine inhaltliche Unrichtigkeit des Bestätigungsvermerks vor, wenn dieser zu Unrecht versagt worden ist. In diesem Fall kann aber eine Strafbarkeit als unrichtige Berichterstattung gegeben sein, falls die entsprechenden Voraussetzungen erfüllt sind, da der Bestätigungsvermerk nach § 322 Abs. 5 HGB Bestandteil des Prüfungsberichts ist.

Ausschließlich der Abschlussprüfer und seine Gehilfen können sich wegen des Sonderdelikts der unrichtigen Berichterstattung strafbar machen (*geschlossener Täterkreis*). Ist eine Prüfungsgesellschaft Abschlussprüfer, verlagert sich die strafrechtliche Verantwortlichkeit auf die gesetzlichen Vertreter der Prüfungsgesellschaft (§ 14 Abs. 1 StGB, Handeln für einen anderen). § 332 HGB erfasst nur Verstöße bei einer nach dem HGB vorgesehenen Abschlussprüfung, d.h. er gilt nicht für Abschlussprüfer im Rahmen einer freiwilligen Abschlussprüfung.

Verletzungen der Berichtspflicht sind nur strafbar, wenn sie *vollendet* sind, d.h. der Versuch ist nicht strafbar. Die Straftat ist nicht schon vollendet, wenn der Prüfungsbericht fertiggestellt oder auch schon unterschrieben ist, sondern erst dann, wenn der Prüfungsbericht dem gesetzlichen Adressaten zugegangen ist. Auf eine Kenntnisnahme kommt es nicht an. Für den inhaltlich unrichtigen Bestätigungsvermerk ist ebenfalls der Zugang bei den gesetzlichen Empfängern erforderlich. Mit seiner Unterzeichnung ist der Straftatbestand noch nicht erfüllt.

Ein Verstoß gegen die Berichtspflicht wird mit Freiheitsstrafe bis zu drei Jahren oder mit Geldstrafe bestraft. Ist ein *qualifiziertes Tatbestandsmerkmal* des § 332 Abs. 2 HGB erfüllt, d.h. handelt der Täter gegen Entgelt, in Bereicherungsabsicht oder in Schädigungsabsicht, erscheint die Tat besonders schwerwiegend und es ist deswegen eine erhöhte Strafandrohung von fünf Jahren vorgesehen.

8.3.2 Verletzung der Geheimhaltungspflicht

Der § 333 HGB subsumiert unter dem Begriff „Verletzung der Geheimhaltungspflicht" zum einen den Tatbestand des unbefugten Offenbarens von Geheimnissen (§ 333 Abs. 1 Satz 1 HGB) und zum anderen den Tatbestand des unbefugten Verwertens von Geheimnissen (§ 333 Abs. 2 Satz 2 HGB). Wie auch andere Strafvorschriften im HGB, ist § 333 HGB als Sonderdelikt ausgestattet, d.h. Täter können nur Abschlussprüfer und deren Gehilfen sein. Ist eine Prüfungsgesellschaft Abschlussprüfer, verlagert sich die strafrechtliche Verantwortlichkeit auf die Mitglieder des vertretungsberechtigten Organs bzw. auf die vertretungsberechtigten Gesellschafter. § 333 HGB greift nur, wenn *vorsätzlich* gegen die Geheimhaltungspflicht verstoßen wurde.

Damit die gedankliche Beziehung einer Person zu einer Sache als Geheimnis angesehen werden kann, müssen drei Voraussetzungen erfüllt sein: die Tatsache darf nicht offenkundig sein (*objektives Geheimniselement*), und es muss ein Geheimhaltungswille (*subjektives Geheimniselement*) sowie ein berechtigtes Geheimhaltungsinteresse (*normatives Geheimniselement*) der geprüften Gesellschaft vorliegen.

Dem Täter muss das Geheimnis in seiner Funktion als Abschlussprüfer oder Prüfungsgehilfe bekannt geworden sein. Erforderlich ist also eine „*amtskausale*" Erlangung der Kenntnis. § 333 HGB setzt somit voraus, dass der Täter in dem Zeitpunkt, in dem er Kenntnis von dem Geheimnis erlangt, Abschlussprüfer oder dessen Gehilfe ist. Nicht erforderlich ist, dass zum Zeitpunkt der Verletzung der Geheimhaltungspflicht die Funktion eines Abschlussprüfers noch wahrgenommen wird. Die Geheimhaltungspflicht und das Verwertungsverbot bestehen vielmehr zeitlich unbegrenzt, also auch nach Mandatsbeendigung.

Beim *Offenbaren* teilt der Täter das Geheimnis mit, gibt es schriftlich oder mündlich an eine oder mehrere Personen, die bisher davon keine Kenntnis hatte(n), weiter oder macht es sonst so zugänglich, dass sich der bisherige Kreis der Mitwisser erweitert oder doch wenigstens in einer vom Täter nicht mehr zu kontrollierenden Weise erweitern kann. Dabei reicht es aus, dass die Information dem Dritten zugänglich gemacht wird, ohne dass es auf die tatsächliche Kenntnisnahme durch diesen ankommt. Unbefugt ist das Offenbaren, wenn der Täter zur Weitergabe des Geheimnisses weder berechtigt noch verpflichtet war. *Verwertung* ist jede Ausnutzung des Geheimnisses, die nach der Vorstellung des Handelnden unmittelbar darauf gerichtet ist, für sich oder einen anderen einen Vermögensvorteil herbeizuführen. Bei der Verwertung wird kein Geheimnis durchbrochen, sondern lediglich der in der Einweihung des Täters liegende Informationsvorsprung zur Herbeiführung von Vorteilen genutzt.

Strafbar ist nur die *vollendete Verletzung* der Geheimhaltungspflicht. Beim Offenbaren liegt eine vollendete Tat vor, wenn die Information durch das Verhalten des Täters dem Empfänger zugänglich gemacht worden ist. Der Täter hat dann alles seinerseits Erforderliche für die Kenntnisnahme durch den Empfänger getan. Unbeachtlich ist, ob dieser die Information auch tatsächlich aufnimmt und versteht. Geschieht das Offenbaren brieflich, so kommt es auf den Empfang, nicht auf die Absendung des Briefes an. Wenn der Abschlussprüfer oder sein Gehilfe die notwendigen Maßnahmen eingeleitet hat, die ihm oder einem anderen den angestrebten Vermögensvorteil bringen sollen, ist die Verwertung eines Geheimnisses vollendet. Für die Vollendung ist ohne Bedeutung, ob der Täter die mit der Verwertung beabsichtigten Ziele auch tatsächlich erreicht.

Nach § 333 Abs. 3 HGB wird die Verletzung der Geheimhaltungspflicht *nur auf Antrag der gesetzlichen Vertretungsorgane der Kapitalgesellschaft* verfolgt. Ohne einen Antrag kann der Täter, selbst wenn ein öffentliches Interesse an einer Ahndung besteht, nicht bestraft werden. Der Strafantrag ist binnen einer Frist von drei Monaten ab Kenntnis des gesetzlichen Vertretungsorgans von der Tat und der Person des Täters zu stellen.

Beim unbefugten Offenbaren kann eine Freiheitsstrafe bis zu einem Jahr oder eine Geldstrafe verhängt werden. Liegen die Qualifikationen des § 333 Abs. 2 Satz 1 HGB (Handeln gegen Entgelt oder mit Bereicherungs- oder Schädigungsabsicht) vor, erhöht sich die Strafandrohung auf Freiheitsstrafe bis zu zwei Jahren oder Geldstrafe. Dieses Strafmaß gilt auch für das unbefugte Verwerten.

8.4 Ordnungsrechtliche Konsequenzen

Nach § 334 Abs. 2 HGB handelt ordnungswidrig, wer bei gegebener Prüfungspflicht zu einem Jahresabschluss oder Konzernabschluss einer Kapitalgesellschaft einen Bestätigungsvermerk nach § 322 HGB erteilt, obwohl nach § 319 Abs. 2 HGB er oder nach § 319 Abs. 3 HGB die Gesellschaft, für die er tätig wird, nicht Abschlussprüfer sein darf. Eine solche Zuwiderhandlung stellt kein kriminelles Unrecht dar. Nach dem Gesetz liegt eine Ordnungswidrigkeit dann vor, wenn die Handlung ausschließlich mit einer *Geldbuße* geahndet wird (§ 1 OWiG). Die angedrohte Geldbuße ist nicht als Strafe, sondern lediglich als eine nachdrückliche Pflichtenmahnung anzusehen.

Aus § 10 OWiG ergibt sich, dass nur vorsätzliches Verhalten als Ordnungswidrigkeit verfolgt werden kann, denn Fahrlässigkeit ist in § 334 Abs. 2 HGB nicht ausdrücklich erwähnt. Bedingter Vorsatz reicht aus.

Gemäß § 36 Abs. 1 Nr. 2b OWiG sind bei Ordnungswidrigkeiten grundsätzlich die obersten fachlich zuständigen Landesbehörden zuständig, es sein denn, dass eine besondere Zuständigkeitsregelung getroffen ist. Da dies hier nicht der Fall ist, ist das Wirtschaftsministerium des Bundeslandes, in dem die Kapitalgesellschaft ihren Sitz hat, für Ordnungswidrigkeiten nach § 334 HGB zuständig. Die Behörde entscheidet gem. § 47 OWiG nach ihrem pflichtgemäßen Ermessen, ob sie die Ordnungswidrigkeit verfolgt (Opportunitätsprinzip). Bejaht sie dies, geht sie von Amts wegen vor, d.h. ihr Tätigwerden setzt keinen Antrag voraus.

Die Ahndung erfolgt grundsätzlich durch Bußgeldbescheid (§ 68 OWiG). Gegen diesen Bescheid kann der Betroffene innerhalb von zwei Wochen nach Zustellung schriftlich oder zur Niederschrift bei der Behörde Einspruch einlegen (§ 67 Abs. 1 OWiG). Über den Einspruch entscheidet das Amtsgericht. Unter bestimmten Voraussetzungen kann Rechtsbeschwerde eingelegt werden (§ 79 OWiG), wobei nach § 79 Abs. 3 OWiG i.V.m. § 121 Abs. 1 Nr. 1a GVG grundsätzlich das Oberlandesgericht Beschwerdegericht ist. Eine von § 334 Abs. 2 HGB sanktionierte Ordnungswidrigkeit kann nach § 334 Abs. 3 HGB mit einer Geldbuße von bis zu 25.000 € geahndet werden. Nach § 17 Abs. 1 OWiG beträgt die Mindestgeldbuße 5 €. Grundlagen für die Bemessung der Ordnungswidrigkeit sind die Bedeutung der Ordnungswidrigkeit und die Schwere des Vorwurfs gegen den Täter. Daneben kommen auch dessen wirtschaftliche Verhältnisse in Betracht (§ 17 Abs. 3 OWiG). Die Geldbuße soll den wirtschaftlichen Vorteil des Täters aus der Ordnungswidrigkeit übersteigen (§ 17 Abs. 4 OWiG). Zu diesem Zweck darf die Geldbuße das gesetzliche Höchstmaß übersteigen. Allerdings wird dem Täter mit Verstößen gem. § 334 Abs. 2 HGB regelmäßig kein konkreter wirtschaftlicher Vorteil entstehen.

Anmerkungen

*) Dieser Abschnitt wurde unter Federführung von Herrn Prof. Dr. R. Quick erstellt.
1   Zu den internationalen Dimensionen der Haftung vgl. etwa *Quick* (2000).
2   Vgl. *BGH* (1986a).
3   Vgl. *OLG Düsseldorf* (1996), S. 249.
4   Vgl. *BGH* (1972a).
5   Vgl. *Hagen* (1971), S. 15.
6   Vgl. *BGH* (1972b); *BGH* (1979).
7   Vgl. *BGH* (1985); *BGH* (1986b).
8   Vgl. *Lang* (1989), S. 61 f.
9   Vgl. *Adler/Düring/Schmaltz* (2000), § 323 HGB Tz. 196 ff.
10 So z.B. noch *LG Frankfurt* (1998), S. 74.
11 Vgl. *BGH* (1998).
12 Im Jahr 2001 hat die WPK insbesondere alle bekanntgewordenen Testate der Berufsangehörigen, sämtliche im Bundesanzeiger erschienenen Konzernabschlüsse sowie stichprobenweise die im Bundesanzeiger veröffentlichten Jahresabschlüsse und die der Handelsregisterpublizität unterliegenden Abschlüsse durchgesehen. Häufig vorkommende Abweichungen waren z.B. fehlender Bestätigungsvermerk, fehlende Erläuterung des Sonderpostens mit Rücklageanteil, Divergenzen zwischen den Abschreibungen gem. GuV und gem. Anlagespiegel, fehlende Angaben zu den Organmitgliedern im Anhang,

fehlender Anlagespiegel oder fehlender Risikobericht im Lagebericht. Zu Details vgl. *WPK* (2002).

13 Vgl. *BVerfG* (1977) und *BVerfG* (1978).

14 Damit wird dem erhöhten Interesse der Öffentlichkeit und des Berufsstands an der Klärung von Verfahren, die im Zusammenhang mit Abschlussprüfungen stehen, und an dem Nachweis einer funktionsfähigen Berufsaufsicht Rechnung getragen. Dies hat gegenüber den Persönlichkeitsrechten des Betroffenen Vorrang. Zum Schutz dieses Persönlichkeitsrechts kann jedoch die Öffentlichkeit im Einzelfall auf Antrag ausgeschlossen werden, insbesondere zum Schutz der Privatsphäre des Wirtschaftsprüfers gem. § 171b GVG und zum Schutz von Geschäftsgeheimnissen des Mandanten (§ 172 Nr. 2 GVG). Somit kann das Gericht im Einzelfall prüfen, ob diese Interessen das Bedürfnis der Öffentlichkeit nach Transparenz überwiegen.

Literaturhinweise

Adler, H./Düring, W./Schmaltz, K. (2000): Rechnungslegung und Prüfung der Unternehmen – Kommentar zum HGB, AktG, GmbHG, PublG nach den Vorschriften des Bilanzrichtlinien-Gesetzes, neu bearbeitet von Forster, K.-H./Goerdeler, R./Lanfermann, J./Müller, H.-P./Siepe, G./Stolberg, K., Teilband 7, 6. Aufl., Stuttgart.

BGH (1972a): VI ZR 184/70, Urteil vom 18.1.1972, in: Wertpapier-Mitteilungen, S. 466-468.

BGH (1972b): VI ZR 120/71, Urteil vom 5.12.1972, in: Neue Juristische Wochenschrift, S. 321-323.

BGH (1979): VII ZR 259/77, Urteil vom 22.3.1979, in: Wertpapier-Mitteilungen, S. 530-533.

BGH (1985): VI ZR 73/84, Urteil vom 17.9.1985, in: Wertpapier-Mitteilungen, S. 1531-1533.

BGH (1986a): IVa ZR 86/85, Urteil vom 26.11.1986, in: Wertpapier-Mitteilungen, S. 257-260.

BGH (1986b): IVa ZR 127/84, Urteil vom 19.3.1986, in: Wertpapier-Mitteilungen, S. 711-712.

BGH (1998): III ZR 245/96, Urteil vom 2.4.1998, in: Betriebs-Berater, S. 1152-1154.

BVerfG (1977): 1 BvR 124/76, Beschluss vom 2.3.1977, in: Neue Juristische Wochenschrift, S. 892-894.

BVerfG (1978): 1 BvR 352/78, Beschluss vom 30.5.1978, in: Neue Juristische Wochenschrift, S. 1479-1480.

Ebke, W.F. (1983): Wirtschaftsprüfer und Dritthaftung, Bielefeld.

Ebke, W.F. (1997): Zivilrechtliche Haftung des gesetzlichen Abschlußprüfers, in: Wirtschaftsprüferkammer-Mitteilungen, S. 22-24.

Ebke, W.F./Scheel, H. (1991): Die Haftung des Wirtschaftsprüfers für fahrlässig verursachte Vermögensschäden Dritter, in: Wertpapier-Mitteilungen, S. 389-398.

Geilen, G. (1985): Kommentierungen zu § 403 und § 404 AktG, in: Zöllner, W. (Hrsg.): Kölner Kommentar zum Aktiengesetz, Band 3, Köln et al.

Hagen, H. (1971): Die Drittschadensliquidation im Wandel der Rechtsdiagnostik – Ein Beitrag zur Koordinierung von Rechtsfortbildungen, Frankfurt am Main.

Hense, B. (2003): Kommentierungen zu § 323 HGB, § 332 HGB, § 333 HGB und § 334 HGB, in: Berger, A./Ellrott, H./Förschle, G./Hense, B. (Hrsg.): Beck'scher Bilanz-Kommentar: Handels- und Steuerrecht – §§ 238 bis 339 HGB –, 5. Aufl., München.

Hoffmann, V.H./Knierim, T.C. (2002): Falsche Berichterstattung des Abschlussprüfers, in: Betriebs-Berater, S. 2275-2277.

Hopt, K.J. (2002): Haftung bei Rechnungslegung und Prüfung in Deutschland, in: Ballwieser, W./Coenenberg, A.G./v. Wysocki, K. (Hrsg.): Handwörterbuch der Rechnungslegung und Prüfung, 3. Aufl., Stuttgart, Sp. 1071-1084.

Kuhner, C./Päßler, N. (2002): Kommentierung zu § 323 HGB, in: Küting, K./Weber, C.-P. (Hrsg.): Handbuch der Rechnungslegung. Einzelabschluss. Kommentar zur Bilanzierung und Prüfung, 5. Aufl., Stuttgart.

Lang, A. (1989): Zur Dritthaftung der Wirtschaftsprüfer, in: Die Wirtschaftsprüfung, S. 57-64.

LG Frankfurt (1998): 2/18 O 475/95, Urteil vom 8.4.1997, in: Gerling Informationen für wirtschaftsprüfende, rechts- und steuerberatende Berufe, S. 72-77.

Matoni, U. (1990): Die Prüfung der Rechnungslegung von Kapitalgesellschaften und die Kontrolle der Abschlussprüfertätigkeit. Ein Vergleich der Rechtslage des Aktiengesetzes von 1965 und des Bilanzrichtliniengesetzes in Verbindung mit einer Untersuchung zur Berufshaftung, Bremen.

OLG Düsseldorf (1996): 5 U 11/96, Urteil vom 27.6.1996, in: Gerling Informationen für wirtschaftsprüfende-, rechts- und steuerberatende Berufe, S. 242-250.

Otto, H.-J./Mittag, J. (1996): Die Haftung des Jahresabschlußprüfers gegenüber Kreditinstituten, in: Wertpapier-Mitteilungen, S. 325-333 u. S. 377-384.

Quick, R. (1992): Die Haftung des handelsrechtlichen Abschlußprüfers, in: Betriebs-Berater, S. 1675-1685.

Quick, R. (1997): Das Risiko der berufsrechtlichen Ahndung deutscher Wirtschaftsprüfer, in: Betrieb und Wirtschaft (Teil I und II), S. 241-248 u. S. 321-325.

Quick, R. (2000): Nationale und internationale Haftung deutscher Abschlussprüfer, in: Die Betriebswirtschaft, S. 60-77.

Quick, R. (2000): Zivilrechtliche Verantwortlichkeit europäischer und amerikanischer Abschlussprüfer, in: Betriebswirtschaftliche Forschung und Praxis, S. 525-548.

Pfennig, G. (2002): Kommentierungen zu §§ 332-333 HGB, in: Küting, K./Weber, C.-P. (Hrsg.): Handbuch der Rechnungslegung. Einzelabschluss. Kommentar zur Bilanzierung und Prüfung, 5. Aufl., Stuttgart.

Schmitz, B. (1989): Die Vertragshaftung des Wirtschaftsprüfers und Steuerberaters gegenüber Dritten – Eine Auseinandersetzung mit den Haftungsausdehnungstendenzen der Rechtsprechung des BGH, in: Der Betrieb, S. 1909-1915.

Völschau, K. (1966): Die Verantwortlichkeit des aktienrechtlichen Abschlußprüfers, Hamburg.

WPK (2002): Bericht der Wirtschaftsprüferkammer über die Abschlussdurchsicht im Jahr 2001. Beilage zu Wirtschaftsprüferkammer-Mitteilungen Heft 4/2002.

Kontrollfragen

1. Unter welchen Voraussetzungen haftet der Abschlussprüfer gegenüber dem Auftraggeber?
2. Zeigen Sie Vor- und Nachteile einer summenmäßigen Haftungsbeschränkung auf.
3. Welche deliktischen Anspruchsgrundlagen stehen für Schadensersatzansprüche Dritter zur Verfügung?
4. Unter welchen Voraussetzungen kann der Vertrag mit Schutzwirkung zu Gunsten Dritter einem Schadensersatzanspruch Dritter zugrunde gelegt werden?
5. Erläutern Sie die Disziplinarmaßnahmen der WPK.
6. Welche Disziplinarmaßnahmen können von Berufsgerichten verhängt werden?
7. Unter welchen Voraussetzungen hat sich der Abschlussprüfer eine Verletzung der Berichtspflicht zu Schulden kommen lassen?
8. Was ist ein Geheimnis im Sinne von § 333 HGB?

Fallstudien

1. Der Wirtschaftsprüfer Redefix ist Abschlussprüfer bei der PROINFARKT AG. Im Rahmen seiner Abschlussprüfungstätigkeit erfährt Redefix, dass eine Übernahme der PROINFARKT AG durch die TIEFST AG geplant ist, wobei die Aktionäre der PROINFARKT AG mit 100 € pro Aktie (bei einem aktuellen Kurs von 90 €) abgefunden werden sollen.

   Der Vorstand der PROINFARKT AG setzt Redefix davon in Kenntnis, dass die Öffentlichkeit frühestens in zwei Monaten von der geplanten Übernahme informiert werden soll, um spekulative Käufe der Aktien der PROINFARKT AG (und damit ein Ansteigen des Kurses auf über 100 €) zu vermeiden. Trotzdem informiert Redefix unverzüglich seinen Schwager Geldmachfix schriftlich von der geplanten Übernahme und empfiehlt ihm, Aktien der PROINFARKT AG zu kaufen. Geldmachfix übersieht den Brief seines Schwagers in einem Wust von Werbebroschüren und wirft ihn ungeöffnet zum Altpapier. Während dessen stellt Redefix im Rahmen seiner Prüfungshandlungen fest, dass der Vorstand der PROINFARKT AG den Jahresabschluss manipuliert hat, um die Übernahme nicht zu gefährden. Der Ausweis fiktiver Vorräte und uneinbringlicher Forderungen resultierte u.a. in der Überbewertung des Eigenkapitals der PROINFARKT AG um 100%. Um seinem Schwager das gute Geschäft nicht zu verderben, verschweigt Redefix die Manipulationen im Prüfungsbericht und erteilt einen uneingeschränkten Bestätigungsvermerk.

   Auf Grund dieser positiven Berichterstattung übernimmt die TIEFST AG die PROINFARKT AG.

   Prüfen Sie, ob Redefix nach § 333 HGB (Verletzung der Geheimhaltungspflicht) bzw. nach § 332 HGB (Verletzung der Berichtspflicht) bestraft werden kann.

2. Der Wirtschaftsprüfer Ernst ist handelsrechtlicher Abschlussprüfer der nicht börsennotierten SCHNEIDER AG gem. § 319 ff. HGB. Die SCHNEIDER AG wies in ihrem letzten Jahresabschluss einen Gewinn in Höhe von 2 Mio. € aus. Im Forderungsbestand der SCHNEIDER AG waren uneinbringliche Forderungen in Höhe von 2,5 Mio. € enthalten, die von deren Hauptbuchhalter versehentlich nicht außerplanmäßig abgeschrieben wurden. Mit der Prüfung des Prüffeldes „Forderungen" war der Prüfungsgehilfe Siehtweg betraut, den der Wirtschaftsprüfer Ernst vor mehreren Jahren unter Anwendung größtmöglicher Sorgfalt eingestellt hatte. Siehtweg hatte bereits in den Vorjahren die Forderungen der SCHNEIDER AG geprüft, ohne einen Fehler zu entdecken. Auf Grund dieser Erfahrungen prüfte er bei der letzten Jahresabschlussprüfung die Forderungen nur oberflächlich, indem er wichtige Prüfungshandlungen – u.a. die Einholung von Saldenbestätigungen – unterließ.

   Die SCHNEIDER AG investierte auf Grund der vermeintlich guten Erfolgslage in den Ausbau ihrer Produktionsanlagen. Auf Grund von Liquiditätsengpässen, die durch den fehlenden Eingang o.a. Forderungen ausgelöst wurden, war es der SCHNEIDER AG jedoch nicht möglich, die Investition abzuschließen. Daraus resultierte ihr ein Schaden in Höhe von 5 Mio. €.

Prüfen Sie, ob der SCHNEIDER AG Schadensersatzansprüche zustehen.

Kapitel II

Prüfungsprozess

1 Rahmenbedingungen*⁾

1.1 Zielgrößen im Prüfungsprozess

Abschlussprüfungen sollen dem Abschlussprüfer die Abgabe eines Urteils darüber ermöglichen, ob der Abschluss mit den relevanten Rechnungslegungsnormen in Einklang steht (IDW PS 200.8-10). Aus diesem Zweck ergibt sich als erste *Zielgröße des Prüfungsprozesses* die Wirksamkeit (Effektivität), d.h. die Erlangung eines Urteils mit ausreichender Urteilssicherheit. Als zweite Zielgröße ist die Wirtschaftlichkeit (Effizienz) der durchzuführenden Prüfung (ISA 300.2-3) zu nennen, d.h. für die Abschlussprüfung ist der wirtschaftlichste Prüfungsprozess auszuwählen und durchzuführen. Dieser ist dadurch charakterisiert, dass die Differenz zwischen Urteilsbildungsbeitrag (Ergebnis) und Kosten (Mitteleinsatz) im Vergleich zu anderen Prozessen ein Maximum erreicht. Die Zielfunktion lässt sich demnach mit „Abgabe eines hinreichend sicheren Prüfungsurteils bei minimalen Prüfungskosten" formulieren.

Aus den Prüfungsnormen leitet sich die zu fordernde Mindesturteilsqualität ab. Auf Grund der Notwendigkeit, das Ermessen einzusetzen, der Anwendung von Stichproben, der Rechnungslegungs- und internen Kontrollsystemen immanenten Grenzen und der begrenzten Aussagekraft vieler Prüfungsnachweise kann das Urteil des Abschlussprüfers darüber, dass der Abschluss keine wesentlich falschen Aussagen enthält, nicht absolut, sondern lediglich hinreichend sicher sein (ISA 120.7, 120.13, 200.8-11, vgl. Kapitel I, Abschnitt 6.4.2). Somit ist *ein Urteil über die Ordnungsmäßigkeit der Prüfung mit hinreichender Qualität*, d.h. hinreichend sicher und genau, *zu minimalen Kosten zu gewinnen* (Anwendung des Minimalprinzips). Lassen sich die Prüfungskosten wegen der Unsicherheit zukunftsbezogener Daten nicht als deterministische, sondern nur als stochastische Größen angeben, dann ist der Kostenerwartungswert, der sich durch Gewichtung aller möglichen Prüfungskosten mit ihrer jeweiligen Eintrittswahrscheinlichkeit ergibt, bei hinreichender Urteilsqualität zu minimieren.

Der Begriff der *Prüfungskosten* kann im Zusammenhang mit der Anwendung des Kostenminimierungsprinzips in unterschiedlicher Weise definiert werden. Unter Verwendung einer engen Begriffsauslegung wird die Forderung nach Minimierung der Prüfungskosten gleichgesetzt mit der Bedingung der Minimierung des dem zu prüfenden Unternehmen in Rechnung zu stellenden zeitabhängigen Prüfungshonorars, das im Gegensatz zum Werthonorar von der Art der Prüfungsdurchführung abhängig ist. Demnach ist das Wirtschaftlichkeitsprinzip bei der Prüfung dann erreicht, wenn das Urteil über die Ordnungsmäßigkeit des Jahresabschlusses mit der verlangten Mindestqualität bei minimalem Verbrauch an Prüferzeiten gefällt wird. Nach einer weiteren Begriffsfassung zählen zu den Prüfungskosten alle der einzelnen Prüfung unmittelbar oder mittelbar zurechenbaren Aufwendungen des jeweiligen Abschlussprüfers. Weiterhin ist zu berücksichtigen, dass auch beim zu prüfenden Unternehmen Prüfungskosten anfallen können, wie z.B. Personalkosten für die von Arbeitnehmern des zu prüfenden Unternehmens aufgewandte Arbeitszeit oder Raumkosten für die Arbeitsplätze der Prüfer in den Geschäftsräumen des zu prüfenden Unternehmens. Selbst Nacharbeitungskosten, wirtschaftliche Verluste, die dem zu prüfenden Unternehmen auf Grund der Nichtaufdeckung von Fehlern entstehen, und Kosten durch mögliche rechtliche Inanspruchnahme des Prüfers können in den Kosten berücksichtigt werden.

Das Ziel, die Prüfungskosten zu minimieren, kann häufig nicht uneingeschränkt verfolgt werden, da auch *zeitliche und personelle Restriktionen* im Prüfungsunternehmen *als Nebenbedingungen* zu beachten sind. Bei der Entwicklung einer Prüfungsstrategie und bei der Erarbeitung eines Prüfungsprogramms hat der Abschlussprüfer insbesondere das Risiko und die Wesentlichkeit zu berücksichtigen (ISA 300.9).

1.2 Prüfungsrisiko

1.2.1 Aufbau des Prüfungsrisikomodells

Im Rahmen einer prüfungsrisikoorientierten Jahresabschlussprüfung wird das *Prüfungsrisiko* als die Wahrscheinlichkeit definiert, dass der Abschlussprüfer den Jahresabschluss bzw. ein Prüffeld akzeptiert, obwohl wesentliche Fehler vorliegen (zur Definition des Prüfungsrisikos und seiner Komponenten siehe auch ISA 400.3-6). Man spricht auch vom Risiko einer irrtümlichen Annahme bzw. einem β-Fehler. Die Gefahr einer irrtümlichen Ablehnung, d.h. eines α-Fehlers, ist dagegen nicht ausdrücklicher Gegenstand des risikoorientierten Prüfungsansatzes. Eine Möglichkeit zur prüfungszieladäquaten Beachtung des Prüfungsrisikos besteht in dessen (vereinfachter) Abbildung in so genannten *Risikomodellen*. Die grundsätzliche Struktur eines Risikomodells verdeutlicht nachfolgende in SAS 47 enthaltene Gleichung:[1]

$$AR = IR \cdot CR \cdot DR \quad \text{mit}$$

AR = Audit Risk (Prüfungsrisiko) = Wahrscheinlichkeit dafür, dass der Prüfer ein Prüffeld für normenkonform befindet, obwohl wesentliche Fehler vorliegen;

IR = Inherent Risk (inhärentes Risiko) = Wahrscheinlichkeit für das Auftreten wesentlicher Fehler unter der Annahme, dass es keine internen Kontrollen gibt;

CR = Control Risk (Kontrollrisiko) = Wahrscheinlichkeit dafür, dass wesentliche Fehler nicht rechtzeitig durch das interne Kontrollsystem verhindert oder aufgedeckt werden;

DR = Detection Risk (Entdeckungsrisiko) = Wahrscheinlichkeit dafür, dass der Prüfer wesentliche Fehler nicht aufdeckt.

Die Beurteilung des *inhärenten Risikos* (vgl. hierzu Abschnitt 3.2.1) ist eine vergleichsweise unstrukturierte, komplexe Aufgabe und verlangt die Integration einer großen Bandbreite quantitativer und qualitativer Daten. Das inhärente Risiko wird durch eine Vielzahl von Faktoren bestimmt.[2] Diese lassen sich in allgemeine und prüffeldspezifische Faktoren unterscheiden:

- Allgemeine Faktoren

    - makroökonomische Faktoren (z.B. die konjunkturelle Lage),

    - branchenspezifische Faktoren (z.B. die wirtschaftliche Lage des Wirtschaftszweiges) und

    - mandantenspezifische Faktoren (z.B. dessen wirtschaftliche Lage, die Art bzw. die Größe des Unternehmens, die Integrität und Qualität des Managements oder die Qualität des Personals).

- Prüffeldspezifische Faktoren

    Dazu zählen beispielsweise die Art und die Verwertbarkeit des Vermögensgegenstands oder die Existenz von komplexen Berechnungen, Schätzgrößen oder Ermessensspielräumen (ISA 400.12).

Das inhärente Risiko besteht unabhängig vom Prüfungsprozess. Der Prüfer kann es schätzen, nicht aber beeinflussen oder kontrollieren.

Das *Kontrollrisiko* ist eine Funktion der Wirksamkeit der internen Kontrollen des Mandanten bezüglich des Vermeidens oder des Aufdeckens wesentlicher Fehler (ISA 400.21). Der Abschlussprüfer muss ein Verständnis über die Kontrollstruktur des zu prüfenden Unternehmens gewinnen. Hierzu sollte er spezifische interne Kontrollen identifizieren und bewerten. Existieren in dem zu untersuchenden Prüffeld interne Kontrollen und ist es die beabsichtigte Prüfungsstrategie, auf diese zu vertrauen, werden *systemorientierte Prüfungshandlungen* vorgenommen, um die Wirksamkeit solcher internen Kontrollen zu bewerten (vgl. hierzu auch Abschnitt 3.2.2). Wirksame interne Kontrollen in einem Prüffeld reduzieren das Kontrollrisiko, wohingegen unwirksame interne Kontrollen es erhöhen (Kontrollschwächen liegen beispielsweise bei unangemessener Dokumentation, beim unbeschränkten Zugriff auf leicht verkäufliche Vermögensgegenstände oder beim Fehlen einer Lagerbuchführung vor).

Das Kontrollrisiko kann nie gleich Null sein, denn die internen Kontrollen vermögen nie vollständige Sicherheit zu liefern, so dass alle wesentlichen Fehler verhindert oder aufgedeckt würden. Selbst bei der Anwendung wirksamer interner Kontrollen besteht wegen inhärenter Systembeschränkungen immer ein gewisses Kontrollrisiko. Diese Systembeschränkungen liegen darin begründet, dass Kontrollen z.B. infolge unverständlicher Kontrollanweisungen oder auf Grund menschlichen Versagens durch mangelnde Sorgfalt, durch Ablenkungen und durch Ermüdung unwirksam sein können. Des Weiteren lassen sich Kontrollen, die auf Funktionstrennung beruhen, durch betrügerisches Zusammenwirken von Angestellten umgehen. Daneben gibt es immer die Möglichkeit, dass sich das Management über die internen Kontrollen hinwegsetzt, wenn es bewusst Fehler begehen will (*management override*). Wie das inhärente Risiko besteht auch das Kontrollrisiko unabhängig vom Prüfungsprozess. Es liegt in der Verantwortung des Mandanten, das Kontrollrisiko zu kontrollieren. Der Prüfer kann es zwar schätzen, keineswegs aber seine Höhe beeinflussen.

Das *Prüfungsrisiko* ist *vorzugeben*. Die Prüfungspraxis sieht häufig ein Prüfungsrisiko von 5% als angemessen an, und erachtet Variationen bis zu maximal 10% als gerechtfertigt. Bisweilen wird für das Prüfungsrisiko auch eine Bandbreite von 1-5% vorgeschlagen. Der Prüfer hat das *inhärente Risiko* und das *Kontrollrisiko* zu *schätzen*. Danach lässt sich das maximal zulässige Entdeckungsrisiko durch Umformung obiger Gleichung ermitteln:

$$DR = \frac{AR}{IR \cdot CR}.$$

Für AR = 5%, IR = 90% und CR = 50% ergibt sich beispielsweise ein maximal zulässiges Entdeckungsrisiko von

$$DR = \frac{0{,}05}{0{,}9 \cdot 0{,}5} = 11{,}\overline{1}\%.$$

Das *Entdeckungsrisiko* stellt demnach die vom Prüfer *zu kontrollierende Variable* dar. Es ist so anzupassen, dass das Prüfungsrisiko auf das vorgegebene Niveau reduziert bleibt. Zwischen dem inhärenten Risiko und dem Kontrollrisiko auf der einen Seite und dem Prüfungsrisiko auf der anderen Seite besteht eine inverse Beziehung. Zu einem gegebenen Prüfungsrisiko kann eine Erhöhung des inhärenten Risikos bzw. des Kontrollrisikos durch ein geringeres Entdeckungsrisiko kompensiert werden. Ein niedriges inhärentes Risiko bzw. Kontrollrisiko erlaubt dagegen ein höheres Entdeckungsrisiko (ISA 400.43).

Die *Kontrolle des Entdeckungsrisikos* erfolgt durch eine *Modifikation des Prüfungsprogrammes*, d.h. insbesondere durch eine Anpassung von Art und Umfang der geplanten Prüfungshandlungen. Ein niedriges Entdeckungsrisiko erfordert zuverlässigere Prüfungshandlungen, d.h. der Prüfer hat mehr Einzelfallprüfungen zu verrichten und darf sich weniger auf analytische Prüfungshandlungen verlassen, da Einzelfallprüfungen im Vergleich zu analytischen Prüfungshandlungen grundsätzlich den höheren Sicherheitsbeitrag leisten. Ist das zulässige Entdeckungsrisiko gering, sind somit umfangreichere Prüfungshandlungen notwendig, d.h. insbesondere der Stichprobenumfang muss erhöht werden (ISA 400.47). Neben dem Prüfungsprogramm werden aber auch zeitliche und personelle Aspekte der Prüfung beeinflusst. Ein niedriges maximal zulässiges Entdeckungsrisiko limitiert die Möglichkeiten für Zwischenprüfungen (d.h. die Vornahme von Prüfungshandlungen vor Aufstellung des Jahresabschlusses), da diese im Vergleich zur Hauptprüfung einen geringeren Sicherheitsbeitrag leisten. Schließlich bedingt ein niedriges Entdeckungsrisiko einen erhöhten Zeit- und Personalbedarf und es erfordert den Einsatz von qualifizierterem Personal.

Das Risikomodell aus SAS 47 lässt sich durch die „*Wasserhahn-Sieb-Analogie*" erläutern:[3]

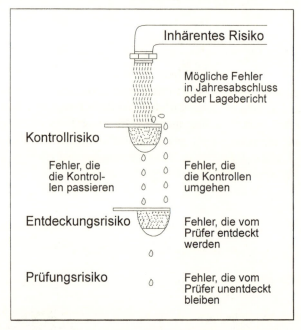

Abb. II.1-1: „Wasserhahn-Sieb-Analogie" zur Beschreibung des Prüfungsrisikos

Die Möglichkeit, dass in einem Prüffeld wesentliche Fehler auftreten (inhärentes Risiko), wird durch den Wasserhahn bzw. den Wasserstrahl dargestellt. Die Siebe symbolisieren Maßnahmen des Mandanten und des Prüfers zur Aufdeckung wesentlicher Fehler. Zunächst besteht für den Mandanten die Möglichkeit, ein internes Kontrollsystem (IKS) zu installieren, durch das aufgetretene Fehler entdeckt und korrigiert werden können. Das erste Sieb stellt das IKS des Mandanten dar. Es besteht jedoch die Gefahr, dass wesentliche Fehler das IKS unentdeckt durchlaufen oder es umgehen. Deshalb liegt es in der Verantwortung des Prüfers, Prüfungshandlungen zu entwickeln, mit denen er wesentliche Fehler mit angemessener Sicherheit aufdeckt und die es vermeiden, dass wesentliche Fehler in den Jahresabschluss eingehen. Diese Prüfungshandlungen sind durch das zweite Sieb symbolisiert. Wegen der Möglichkeit, dass ein wesentlicher Fehler existiert, er nicht durch das IKS des Mandanten aufgedeckt wird und es auch dem Prüfer misslingt, ihn zu entdecken, besteht immer ein gewisses Prüfungsrisiko (dargestellt durch die Fehler, die beide Siebe durchflossen haben).

Ein leicht modifiziertes Risikomodell sieht SAS 39 vor:

$AR = CR \cdot ARR \cdot TR$.

1 Rahmenbedingungen

Es unterscheidet sich vom Modell aus SAS 47 zum einen durch die fehlende explizite Berücksichtigung des inhärenten Risikos und zum anderen durch die Untergliederung des Entdeckungsrisikos in die Komponenten *Risiko aus analytischen Prüfungshandlungen* (ARR) und *Testrisiko (Risiko aus Einzelfallprüfungen* (TR)).

Ein wesentlicher Nutzen der Risikomodelle liegt in der Möglichkeit, verschiedene im Verlauf des Prüfungsprozesses gewonnene Informationen einerseits konzeptionell zu trennen, andererseits aber in ihrer Wirkung auf die Güte des Prüfungsurteils gemeinsam zu analysieren. Darüber hinaus liegt der Wert der Modelle vor allem in *ihrem Beitrag zu verbesserten Entscheidungen*. Die den Risikomodellen immanente Zerlegung des Prüfungsrisikos resultiert in der Dekomposition und damit in einer Vereinfachung eines komplexen Beurteilungsprozesses. Zudem zwingt die Zerlegung den Prüfer, explizit Informationselemente zu betrachten, die er bei der Anwendung eines holistischen (ganzheitlichen) Ansatzes übersehen könnte. Diesem Nutzen steht eine Reihe potenzieller Schwächen der Risikomodelle gegenüber, die im Folgenden näher zu betrachten sind.

1.2.2 Modellkritik

Risikomodelle werden unter verschiedenen Aspekten kritisiert:[4]

a. Mangelnde Unabhängigkeit

Die Anwendung des *Multiplikationssatzes der Wahrscheinlichkeitsrechnung*, der z.B. für drei unabhängige Ereignisse A_1, A_2 und A_3 die Wahrscheinlichkeit P für das gemeinsame Eintreffen mit

$$P(A_1 \cap A_2 \cap A_3) = P(A_1) \cdot P(A_2) \cdot P(A_3)$$

beschreibt, verlangt, dass die einzelnen Teilrisiken unabhängig voneinander sind. Dies entspricht jedoch nicht der Realität. Beispielsweise wird das inhärente Risiko durch das Kontrollrisiko beeinflusst: Je schwächer die internen Kontrollen, d.h. je höher das Kontrollrisiko, desto eher sind die Mitarbeiter versucht, Veruntreuungen zu begehen, d.h. desto höher das inhärente Risiko. Schwache Kontrollen fördern zudem eine sorglosere Einstellung zur Aufgabenerfüllung, so dass mehr unbeabsichtigte Fehler auftreten. Ein *konservativer Ansatz* zur Lösung dieses Problems bestünde darin, das inhärente Risiko mit dem maximalen Wert von 100% anzunehmen, wodurch jedoch der Prüfungsumfang erhöht würde. Eine weitere Lösungsmöglichkeit liegt darin, keine Trennung in das inhärente Risiko und in das Kontrollrisiko vorzunehmen, sondern eine *kombinierte Schätzung* durchzuführen. Damit wird auch das Problem gelöst, dass es in der Praxis oft schwer ist, zwischen inhärentem Risiko und Kontrollrisiko zu unterscheiden.

Neben der beschriebenen Abhängigkeit des inhärenten Risikos vom Kontrollrisiko existieren weitere Interdependenzen. Eine Nichtberücksichtigung dieser Abhängigkeiten führt zu *einer Unterschätzung der Teilrisiken*, falls die internen Kontrollen schwach wären. Die Folge wäre ein wesentlich höheres Prüfungsrisiko als vom Prüfer für zulässig erachtet.

Diesem Kritikpunkt lässt sich entgegenhalten, dass die Teilrisiken in den Risikomodellen als *bedingte Wahrscheinlichkeiten* zu interpretieren sind, für die ebenfalls der Multiplikationssatz gilt:[5]

$$P(A_1 \cap A_2 \cap A_3) = P(A_1) \cdot P(A_2 | A_1) \cdot P(A_3 | A_1 \cap A_2).$$

b. *Mangelnde Objektivität*

Die meisten Komponenten der Risikomodelle müssen vom Prüfer subjektiv geschätzt werden. Diese *subjektiven Wahrscheinlichkeiten* bestimmt der Prüfer nach pflichtgemäßem Ermessen, d.h. u.a. unter Berücksichtigung seiner Erfahrungen aus der Vergangenheit. Das Ergebnis hängt auch davon ab, wie stark der Prüfer mit dieser Aufgabe vertraut bzw. trainiert ist. Deshalb kommen verschiedene Prüfer zumeist zu unterschiedlichen Ergebnissen. Eine Kombination objektiver und subjektiver Wahrscheinlichkeiten könne zu einem ungerechtfertigten Genauigkeitseindruck führen.

Unterschätzen subjektive Wahrscheinlichkeiten die (nicht feststellbaren) objektiven Wahrscheinlichkeiten, wird der Prüfer vermutlich zu wenig Prüfungsarbeit verrichten und Fehler nicht entdecken. Die Prüfung kann unwirksam sein und das tatsächliche Prüfungsrisiko höher als geplant. Im umgekehrten Falle verrichtet der Prüfer dagegen zu viel Arbeit. Das Prüfungsrisiko ist geringer als geplant, d.h., die Prüfung ist unwirtschaftlich.

Zudem ist die Zulässigkeit des Rechnens mit subjektiven Wahrscheinlichkeiten umstritten. Andererseits liegen insbesondere für das inhärente Risiko und das Kontrollrisiko keine objektiven Wahrscheinlichkeiten vor, so dass sich letztlich die Frage stellt, auf vorhandenes Wissen zurückzugreifen oder darauf zu verzichten. Die Notwendigkeit, Wahrscheinlichkeitsschätzungen vorzunehmen, erzwingt *die Offenlegung subjektiver Vorstellungen* bzw. der ihnen zugrunde liegenden Prämissen, die dann zumindest auf Widerspruchsfreiheit überprüft werden können. Der Verzicht auf die Auswertung vorhandenen Wissens dürfte auch deshalb kaum rational sein. Ein solcher Verzicht nimmt dem Entscheidungsträger die Möglichkeit, seine allgemeinen Erfahrungen und speziellen Informationen zu berücksichtigen.

c. *Mangelnde Vollständigkeit*

Risikomodelle erfassen das Risiko nicht vollständig. Zum einen lassen sie regelmäßig das *Nicht-Stichprobenrisiko* (dieses umfasst alle Risiken, die Teil des Prüfungsprozesses, aber nicht auf Stichproben zurückzuführen sind) aus, da es durch eine adäquate Prüfungsplanung, die Zuordnung kompetenten Personals, eine sorgfältige Überwachung der Prüfungsdurchführung und Maßnahmen zur Qualitätskontrolle zu kontrollieren ist. Sind diese Voraussetzungen jedoch nicht erfüllt, darf das Nicht-Stichprobenrisiko nicht vernachlässigt werden. Diesem Problem lässt sich durch eine explizite Berücksichtigung im Risikomodell abhelfen, wobei von einer additiven Beziehung zwischen dem Stichprobenrisi-

1 Rahmenbedingungen

ko (da der Prüfer bei der Untersuchung einer Stichprobe zu einem anderen Schluss kommen kann, als wenn sämtliche Elemente der Grundgesamtheit untersucht worden wären) und dem Nicht-Stichprobenrisiko auszugehen ist:

$$AR = IR \cdot CR \cdot (DR_S + DR_N).$$

Des Weiteren findet sich die Anmerkung, dass das *Risiko der irrtümlichen Ablehnung* eines normenkonformen Jahresabschlusses bzw. Prüffeldes nicht in die Risikomodelle einbezogen werde. Liegt die wesentliche Aufgabe der Risikomodelle darin, zur Planung des Prüfungsumfanges beizutragen, lässt sich dieser Kritik entgegenhalten, dass das Risiko irrtümlicher Ablehnung zwar nicht in die Risikomodelle eingeht, aber auf andere Art und Weise in die Bestimmung des Prüfungsumfanges einfließt. Darüber hinaus lässt sich anfügen, dass das Prüfungsrisiko im engeren Sinne nur als das Risiko irrtümlicher Annahme definiert ist und den Risikomodellen diese engere Definition zugrunde liegt. Die Nichtberücksichtigung des α-Risikos betrifft die Wirtschaftlichkeit der Prüfung. Die vorgestellten Risikomodelle leisten demnach keinen Beitrag zur Beantwortung der Frage nach der optimalen (d.h. kostengünstigsten) Mischung alternativer Prüfungshandlungen.

d. *Mangelnde Stetigkeit*

Risikomodelle sind diskreter Natur und unterscheiden lediglich zwischen den Zuständen 'kein Fehler' und 'Fehler in Höhe der Materiality-Grenze'. Mit dieser Dichotomie wird die Realität grob vereinfacht. Es ist sehr unwahrscheinlich, dass der tatsächliche Fehlerbetrag exakt der Materiality-Grenze entspricht. Die wahre Fehlerverteilung geht von einem Betrag, der nahe Null liegt, bis zu einem Betrag, der die Materiality-Grenze übersteigt. Eine *stetige Wahrscheinlichkeitsverteilung* entspräche daher eher der Wirklichkeit.

e. *Mangelnde Gewichtung*

Als weiterer Kritikpunkt an den Risikomodellen wird angeführt, dass die Teilrisiken eine Gleichgewichtung erfahren. Das zulässige Niveau des Prüfungsrisikos lässt sich durch verschiedene Kombinationen aus inhärentem Risiko, Kontrollrisiko und Entdeckungsrisiko einhalten, d.h., eine *wechselseitige Kompensation der Risikokomponenten* ist zulässig. Daraus folgt, dass die Risikomodelle in bestimmten Situationen einen vollständigen Verzicht auf ergebnisorientierte Prüfungshandlungen signalisieren. Beträgt z.B. das vorgegebene AR 5% und schätzt der Abschlussprüfer das IR auf 40% und das CR auf 10%, so ergibt sich ein maximal zulässiges Entdeckungsrisiko von

$$DR = \frac{0{,}05}{0{,}4 \cdot 0{,}1} = 1{,}25$$

Ein Entdeckungsrisiko von 125% ist ohne jegliche ergebnisorientierte Prüfungshandlungen zu erreichen. Solch ein Ergebnis widerspricht allerdings den Prüfungsnormen (ISA 400.45).

Tatsächlich sehen Theorie und Praxis signifikante qualitative Unterschiede zwischen den Teilrisiken. Da die Risikomodelle solche qualitativen Unterschiede ignorieren, ist es unumgänglich, ihrer Anwendung gewisse Beschränkungen aufzuerlegen, beispielsweise in dem Sinne, dass ein gewisses Mindestniveau an ergebnisorientierten Prüfungshandlungen – unabhängig von den Ergebnissen der Risikoanalyse – unbedingt eingehalten werden muss. Neben dieser praktischen Lösung ließe sich ein *Gewichtungsschema* in das theoretische Konzept der Risikomodelle einbinden. Ein solches Schema könnte folgende Form haben:

$$AR = IR^x \cdot CR^y \cdot DR^z.$$

Bei $x = y = z = 1$ ist eine Gleichgewichtung der Teilrisiken gegeben. Damit beinhalten die bislang behandelten Risikomodelle einen Spezialfall des allgemeinen Gewichtungsschemas. Es erscheint jedoch zweifelhaft, dass ein von allen Prüfern zu nutzendes allgemeines Gewichtungsschema spezifiziert werden kann.

f. Mangelnde deskriptive Eignung

Schließlich wirft man den Risikomodellen vor, dass sie das tatsächliche Verhalten des Abschlussprüfers bei der Verarbeitung der Risikokomponenten nicht korrekt abbilden, da sie die Teilrisiken multiplikativ verknüpfen. Damit wird klar, dass die Risikomodelle als *deskriptive Modelle* der Schätzung des Prüfungsrisikos ungeeignet sind. Eine fehlende Eignung als mögliche *präskriptive Modelle* wird damit aber nicht bewiesen. Eine Erklärung für die Diskrepanzen zwischen den Aussagen des Risikomodells und den tatsächlichen Risikoschätzungen der Prüfer könnte also zum einen darin liegen, dass deren Entscheidungsprozesse unvollkommen sind, zum anderen aber auch in Modellfehlern zu finden sein.

1.2.3 Posterior-Risikomodelle

Das vorgestellte Risikomodell gehört zu der Gruppe der Jointrisiko-Modelle, die vom American Institute of Certified Public Accountants (AICPA) präferiert werden. Diese betrachten das Prüfungsrisiko a priori, d.h. im Planungsstadium. A priori kann sich der Prüfer für eine (korrekte oder irrtümliche) Annahme oder für eine (korrekte oder irrtümliche) Ablehnung der Grundgesamtheit entscheiden. Das Prüfungsrisiko bemisst sich deshalb mit

$$AR = \frac{\text{Wahrscheinlichkeit für die irrtümliche Annahme}}{\text{Wahrscheinlichkeit für die Annahme} + \text{Wahrscheinlichkeit für die Ablehnung}}$$

Da der Nenner des obigen Ausdrucks alle möglichen Ergebnisse umfasst, beträgt die Gesamtwahrscheinlichkeit 1, so dass sich vereinfacht die bereits vorgestellte AICPA-Formel ergibt:

$$AR = \text{Wahrscheinlichkeit für die irrtümliche Annahme} = IR \cdot CR \cdot DR.$$

1 Rahmenbedingungen

Das Canadian Institute of Chartered Accountants (*CICA*) empfiehlt seinen Mitgliedern das Posteriorrisiko-Modell. Dieses berechnet das Prüfungsrisiko a posteriori, d.h. unter der Annahme, dass der Abschlussprüfer die Grundgesamtheit angenommen hat (vgl. *CICA* 1980, S. 97):

$$AR = \frac{\text{Wahrscheinlichkeit für die irrtümliche Annahme}}{\text{Wahrscheinlichkeit für die Annahme}}$$

Eine Annahmeentscheidung kann korrekt oder falsch sein, so dass sich die Wahrscheinlichkeit für die Annahme als die Summe aus der Wahrscheinlichkeit für die irrtümliche Annahme und der für die korrekte Annahme ergibt. Die Wahrscheinlichkeit für die irrtümliche Annahme beträgt $IR \cdot CR \cdot DR$. Für die Wahrscheinlichkeit für die korrekte Annahme setzt das CICA (1-IR) an. Daraus ergibt sich

$$AR = \frac{IR \cdot CR \cdot DR}{IR \cdot CR \cdot DR + (1-IR)}$$

bzw. als Bestimmungsgleichung für das maximal zulässige Entdeckungsrisiko

$$DR = \frac{AR \cdot (1-IR)}{(1-AR) \cdot IR \cdot CR}.$$

Es fällt auf, dass die Wahrscheinlichkeit für die korrekte Annahme nur ungenau – mit der Wahrscheinlichkeit, dass ein wesentlicher Fehler vorkommt (1-IR) – geschätzt wird. Eine korrekte Annahme der Grundgesamtheit erfolgt aber beispielsweise auch dann, falls interne Kontrollen wesentliche Fehler aufdecken ($IR \cdot (1-CR)$). Verfeinerte Modelle versuchen, diesen Mangel des CICA-Modells zu vermeiden.[6]

Modellvergleiche zeigen, dass Posteriorrisiko-Modelle normalerweise zu einem niedrigeren Entdeckungsrisiko und damit zu strengeren Anforderungen an die Prüfungsplanung führen als die Jointrisiko-Modelle. Dies verdeutlicht auch das auf S. 205 für das Modell aus SAS 47 eingeführte Beispiel (AR = 5%, IR = 90% und CR = 50%). Setzt man diese Daten in das Posteriorrisiko-Modell ein, so ergibt sich für das zulässige Entdeckungsrisiko

$$DR = \frac{0{,}05 \cdot 0{,}1}{0{,}95 \cdot 0{,}9 \cdot 0{,}5} \approx 1{,}17\%.$$

Es stellt sich die Frage, ob die Posteriorrisiko-Modelle zu konservativ sind, oder ob die Jointrisiko-Modelle einseitig eine Steigerung der Wirtschaftlichkeit im Auge haben und die Notwendigkeit eines vertrauenswürdigen Prüfungsurteils aus dem Blick verlieren.

1.3 Materiality

1.3.1 Bedeutung des Grundsatzes der Materiality

Die Definitionen der einzelnen Risikokomponenten der Risikomodelle stellen jeweils auf die Wahrscheinlichkeit für *wesentliche* Fehler ab. Daraus wird deutlich, dass Prüfungsrisiko und Wesentlichkeit (Materiality) miteinander verzahnt sind. Je höher der Wesentlichkeitsgrad, umso geringer ist das Prüfungsrisiko bzw. sind die einzelnen Teilrisiken (ISA 320.10).

Das anglo-amerikanische Prüfungswesen behandelt die Bestimmung eines als wesentlich betrachteten Fehlerbetrages als Problem der Materiality (siehe auch ISA 320). Dabei wird der Grundsatz der Materiality auf das Informationsbedürfnis eines *average prudent investor* bezogen. Demnach darf die Rechnungslegung höchstens einen Fehler in derjenigen Höhe enthalten, der die wirtschaftlichen Entscheidungen der aktuellen und potenziellen Anteilseigner, die eine ausreichende Sachkenntnis und keine besonderen Präferenzen und Risikoneigungen haben, nicht beeinflusst (dieses Konzept findet sich unter der Bezeichnung *decision usefulness* auch in den internationalen Rechnungslegungsnormen; IASB Framework.30 sowie IAS 1.31).

Nicht nur bei der Prüfungsplanung, sondern auch bei der Prüfungsdurchführung, der Urteilsbildung und der Berichterstattung über die Prüfung sind Materiality-Aspekte zu berücksichtigen. Im Bereich der Prüfungsplanung ist dem Grundsatz der Materiality durch die Auswahl entsprechender, der Materiality der jeweiligen Prüfungsgebiete angemessenen Prüfungshandlungen Rechnung zu tragen. Damit einher geht die Festlegung des Prüfungsumfanges, der zu einer normenkonformen Beurteilung des Jahresabschlusses erforderlich erscheint, d.h. der zu einer Aufdeckung wesentlicher Fehler führt. Auf der Ebene der Prüfungsdurchführung ist zu entscheiden, ob ein gefundener Fehler einzeln oder in Summe mit anderen Fehlern wesentlich ist.

Im Rahmen der Berichterstattung über die Prüfung wird der Grundsatz der Materiality sowohl als Minimal-, wie auch als Maximalforderung gesehen, d.h. Wesentliches ist darzustellen, Unwesentliches ist wegzulassen. Die weiteste Interpretation des Grundsatzes der Materiality besteht darin, ihn darauf zu beziehen, ob ein vom Abschlussprüfer erkannter Fehler so bedeutend ist, dass dieser zu einer Einschränkung oder Verweigerung des Bestätigungsvermerks führen würde. Diese Auslegung ignoriert, dass der Prüfer die Teilurteile der Prüfung nicht nur hinsichtlich der Aufgabe der Gewinnung eines Gesamturteils abzuleiten hat, sondern auch im Hinblick auf die Aufgabe der Erstellung eines Prüfungsberichts, in dem gerade auch solche Beanstandungen darzulegen sind, die sich nicht auf den Bestätigungsvermerk ausgewirkt haben. Die Materiality ist deshalb an der Aufgabe der Prüfung zu orientieren, die neben der Aufgabe der Gewinnung eines Gesamturteils auch die Aufgaben der Prüfungsdurchführung und der Berichterstattung umfasst. Für die Prüfung der Rechnungslegung sind die als wesentlich betrachteten Fehlerbeträge demnach geringer anzusetzen, als es für die Gewinnung eines Gesamturteils erforderlich wäre, da aus dem Blickwinkel des Bestätigungsvermerks unwesentliche Fehler für den Prüfungsbericht wesentlich sein können. Zudem ist zu beachten, dass mehrere unwesentliche Fehler u.U. in ihrer Summe wesentlich sind.

1.3.2 Quantifizierung und Standardisierung des Grundsatzes der Materiality

1.3.2.1 Grundsätzliche Vorgehensweisen bei der Quantifizierung von Materiality-Grenzen

Bei der Ermittlung von Materiality-Grenzen ist zwischen der logisch-deduktiven und der empirisch-induktiven Methode zu unterscheiden. Die *logisch-deduktive* Gewinnung[7] von Materiality-Grenzen basiert auf dem Sinn und Zweck des Grundsatzes der Materiality und orientiert sich an der Entscheidungssituation der Informationsempfänger. Somit ist die Materiality von Jahresabschlussdaten davon abhängig, ob diese Informationen Entscheidungen der Adressaten beeinflussen.

Direkte logisch-deduktive Quantifizierungsverfahren versuchen, die Auswirkungen von Jahresabschlussinformationen auf die Entscheidungsbildung der Adressaten auf direktem Wege zu ermitteln, d.h. sie haben zum Ziel, das Entscheidungssystem des Adressaten zu simulieren. Informationen, die den erwarteten Nutzen des Adressaten vergrößern, werden als wesentlich angesehen.

Indirekte Ansätze zur logisch-deduktiven Quantifizierung knüpfen nicht direkt beim Entscheidungssystem des Adressaten an, sondern analysieren die Auswirkungen von Informationen auf bestimmte geeignete Ersatzzielgrößen. Zu den indirekten Verfahren zählen das Prüfungskosten-Nutzenmodell und der investitionsrechnerische Ansatz.

- Ausgangspunkt des *Prüfkosten-Nutzenmodells* ist einerseits das Ziel der Maximierung des sich aus den Jahresabschlussinformationen ergebenden Nutzens und andererseits das Ziel der Minimierung der Prüfungskosten. Beide Komponenten können jeweils in einer Funktion erfasst werden, nämlich der Prüfungskostenfunktion und der Fehlerkostenfunktion (vgl. Abb. II.1-2).

  Aus der Prüfungskostenfunktion und der Fehlerkostenfunktion, die die Kosten des entgangenen Nutzens auf Grund der Nichtveröffentlichung von Informationen und der Veröffentlichung fehlerhafter Informationen darstellt, lässt sich eine Gesamtkostenfunktion bilden, deren Minimum den optimalen Prüfungsumfang angibt, von dem sich – zumindest theoretisch – auf das entsprechende Prüfungsrisiko und daraus wiederum auf den optimalen Materiality-Wert schließen lässt.

- Beim *investitionsrechnerischen Ansatz* wird ein potenzieller Investor betrachtet, der seine Investitionsentscheidung an der Differenz aus dem inneren Wert einer Aktie und deren Börsenkurs unter Berücksichtigung von Transaktionskosten und Steuerwirkungen orientiert. Eine Jahresabschlussgröße ist wesentlich, wenn sie den wahrgenommenen inneren

Wert um einen größeren Betrag als die Transaktionskosten verändert, denn nur dann beeinflusst sie die Entscheidungen (Kaufen, Verkaufen) eines Investors.

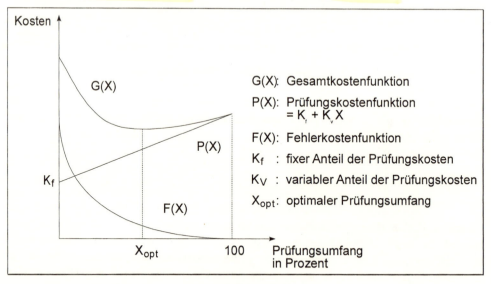

Abb. II.1-2:   Gesamtkosten und optimaler Prüfungsumfang

Die Möglichkeiten der Anwendung logisch-deduktiver Ansätze sind insbesondere auf Grund der ungenügenden Informationen über die Entscheidungsfindung der Adressaten sehr begrenzt. Aber auch andere Elemente dieser Ansätze sind problematisch. So werden z.B. die Prüfungskosten von der festgelegten Materiality beeinflusst. Auf der anderen Seite werden im Prüfungskosten-Nutzenmodell die Prüfungskosten zur Ableitung der Materiality herangezogen.

Auf Grund der begrenzten Anwendungsmöglichkeiten logisch-deduktiver Ansätze müssen sich Aussagen zu Materiality-Grenzwerten in erster Linie an der Analyse empirischer Beobachtungen orientieren. Das bedeutendste statistische Verfahren zur Quantifizierung von Materiality-Grenzwerten ist die *Diskriminanzanalyse*. Dabei handelt es sich um ein statistisches Verfahren, das auf der Basis empirischer Daten den Zusammenhang einer abhängigen Variablen (hier: Materiality-Grenze) von einer oder mehreren unabhängigen Variablen (hier: verschiedene als relevant betrachtete finanz- oder erfolgswirtschaftliche Kennzahlen) beschreiben kann.[8]

1 Rahmenbedingungen

1.3.2.2 Materiality-Grenzwerte

Zur Anwendung des Grundsatzes der Materiality sind Entscheidungskriterien (Materiality-Grenzen) erforderlich, nach denen der Prüfer festlegen kann, welche Sachverhalte zu prüfen sind und über welche Fehler zu berichten ist, damit der Prüfungszweck uneingeschränkt erfüllt wird. Der Grundsatz der Materiality wird allgemein als *relative Größe* verstanden. So ist ein Fehler in Höhe von 1 Mio. € bei einem Unternehmen mit einem Gewinn in Höhe von 5 Mio. € ohne Zweifel wesentlich, bei einem Unternehmen mit einem Gewinn von 200 Mio. € hingegen höchstwahrscheinlich nicht. Dabei besteht sowohl das Problem der Verwendung *geeigneter Bezugsgrößen* als auch das Problem der *quantitativen Normierung* der relativen Größe.

Zumeist steht die Definition von Materiality-Werten als *Prozentsatz einer Jahresabschlussgröße* im Vordergrund, wobei für die Jahresabschlussgröße oft eine Durchschnittszahl aus mehreren aufeinanderfolgenden Jahren verwendet wird. Um außerdem eine hinreichende Operationalität zu erreichen, sollte man sich auf die Verwendung quantitativer bzw. quantifizierbarer Größen beschränken sowie möglichst wenige, im Idealfall nur eine Bezugsgröße anwenden. Um eine möglichst breite Anwendbarkeit zu gewährleisten, muss ein Materiality-Grenzwert bzw. seine Bezugsgröße von der Unternehmensgröße abhängig sein. Dabei ist zu beachten, dass bestimmte Größenmerkmale branchenspezifisch ausgeprägt sind. So weist z.B. ein Produktionsunternehmen auf Grund des in aller Regel erheblich umfangreicheren Anlagevermögens typischerweise eine wesentlich höhere Bilanzsumme auf als ein ansonsten vergleichbares Handels- oder Dienstleistungsunternehmen. Der Anstieg in der Höhe von Materiality-Grenzen sollte nicht proportional, sondern vielmehr degressiv zur Unternehmensgröße verlaufen. Des Weiteren sollte die Bezugsgröße im Zeitablauf möglichst geringe Schwankungen aufweisen und zudem frei von abschlusspolitischen Beeinflussungsmöglichkeiten sein, um die Vergleichbarkeit der Daten verschiedener Jahre sicherzustellen. Abschließend ist Neutralität hinsichtlich inflationärer Tendenzen zu fordern. Als geeignete Materiality-Grenzen werden verschiedene Kennzahlen und Prozentsätze diskutiert.

- *Jahresüberschuss*

    Hierbei handelt es sich um eine Maßzahl für den nachhaltigen wirtschaftlichen Erfolg eines Unternehmens und entspricht daher den Adressateninteressen. Ein quantitativer Materiality-Grenzwert, der zwischen 5% und 10% des Jahresüberschusses liegt, ist am verbreitetsten und am meisten akzeptiert. Beträge, die kleiner als 5% sind, gelten als unwesentlich, während man Beträge über 10% für material hält. Für den dazwischenliegenden Bereich obliegt die Beurteilung der Materiality dem pflichtgemäßen Ermessen des Prüfers. Ein Kritikpunkt an der Verwendung dieser Bezugsgröße besteht in der *Gefahr starker Schwankungen* eines darauf bezogenen Materiality-Wertes. Wegen der von Jahr zu Jahr unterschiedlichen Jahresüberschüsse legt der Prüfer deshalb i.d.R. nicht den laufenden Jahresüberschuss, sondern einen *durchschnittlichen Jahresüberschuss* der letzten 3-5 Jahre zugrunde und erreicht so eine *Glättung der Bezugsgröße*. Ein weiteres Problem der Bezugsgröße „Jahresüberschuss" ist darin zu sehen, dass er *direkt durch die gewähl-*

ten Bewertungsmethoden (z.B. das Abschreibungsverfahren) *beeinflusst* wird, was zwischenbetriebliche Materiality-Vergleiche erschwert. Daneben ist zu bedenken, dass der Jahresüberschuss nicht gleichlaufend zur Unternehmensgröße sein muss. Trotz der Durchschnittsbildung besteht weiterhin das grundsätzliche Problem, dass sich die Materiality-Grenze von Jahr zu Jahr ändert, so dass Beträge, die im letzten Jahr noch unwesentlich waren, bei sinkenden Jahresüberschüssen und sonst gleichen Bedingungen jetzt material sein können. In *Verlustjahren* ist die Festsetzung einer Materiality-Grenze mit der Bezugsgröße Jahresüberschuss vor Steuern nicht möglich (dieses Problem betrifft insbesondere auch nichterwerbswirtschaftliche Unternehmen). Als Alternative bieten sich daher zunächst die *Umsatzerlöse* an. Diese sind im Gegensatz zum Jahresüberschuss vor Steuern i.d.R. unabhängig von den gewählten Bewertungsmethoden. Angesichts dieser nicht unerheblichen Kritik am Jahresüberschuss verwendet der amerikanische Berufsstand AICPA nur dessen nachhaltige Komponente in Form des Betriebsergebnisses (nach Steuern, after-tax income from continuing operations). Diese Größe wird als derjenige Maßstab angesehen, der anerkanntermaßen – zumindest für börsennotierte Unternehmen – für die Adressaten die größte Bedeutung hat.[9] Damit wird eine Materiality-Grenze von 5-10% des ordentlichen Betriebsergebnisses nach Steuern quasi als Referenz vorgegeben.

Um den angesprochenen Situationen gerecht zu werden, wurden verschiedene alternative Bezugsgrößen in Kombination mit quantitativen Regeln entwickelt, die dem Prüfer bei der Planung der Prüfung eine nützliche Hilfe sein können.

- *Rohertrag*

  Diese Größe bleibt u.U. auch bei Entstehen eines Jahresfehlbetrages positiv und liefert dann auch bei Schwankungen des wirtschaftlichen Erfolges brauchbare Materiality-Werte. Allerdings ist ihre Aussagekraft hinsichtlich der Ertragslage gering. Zudem würde eine Materiality-Grenze als Prozentsatz des Rohertrages Handelsunternehmen im Vergleich zu Produktionsunternehmen bevorzugen, da deren Bruttogewinn bei gleichem Umsatz oder Nettogewinn im Allgemeinen höher ist.

- *Eigenkapital*

  Für den Einsatz des Eigenkapitals als Bezugsgröße spricht hauptsächlich die Stabilität dieser Größe, daneben ihre zumindest grobe Abhängigkeit von der Unternehmensgröße. Das Eigenkapital sagt jedoch wenig über den wirtschaftlichen Erfolg eines Unternehmens aus. Bei nicht erwerbswirtschaftlichen Unternehmen sind einkommens- und ertragsorientierte Materiality-Werte nicht anwendbar. Für solche Unternehmen wird daher die Bilanzsumme empfohlen.

- *Bilanzsumme*

  Die Vorteile der Bilanzsumme liegen in ihrer Konstanz und in ihrer direkten Beziehung zur Unternehmensgröße. Von Nachteil ist ihre branchenspezifische Ausprägung. Dieses Problem ließe sich durch die Vorgabe unterschiedlicher Materiality-Grenzwerte für verschiedene Branchen lösen.

1 Rahmenbedingungen

- *Einnahmen*

  Diese sind vor allem bei nichterwerbswirtschaftlichen Unternehmen als Bezugsgröße verwendbar. Sie sind ebenfalls stabiler als der Jahresüberschuss. Als weitere mögliche Bezugsgrößen werden der Verschuldungsgrad, die Eigenkapitalrentabilität und der Marktwert des Eigenkapitals genannt.

Die Anwendung einzelner isolierter Bezugsgrößen und darauf basierender Materiality-Grenzwerte führt – wegen der spezifischen Schwächen einzelner Bezugsgrößen – häufig zu logisch nicht plausiblen Ergebnissen. Daraus folgt die Überlegung, *kombinierte Bezugsgrößen* zu schaffen und so die Vor- und Nachteile einzelner Bezugsgrößen auszugleichen. Kombinierte Bezugsgrößen haben zudem den Vorteil, weitgehend sicher vor Manipulationen zu sein, da sich ein aus mehreren Bestandteilen zusammengesetzter Wert erheblich schwerer gezielt beeinflussen lässt als einzelne isolierte Größen. Nachfolgende Tabelle vermittelt einen Überblick über quantitative Normierungen von Materiality-Grenzen.

Nr.	Materiality-Grenze	Bezugsgröße	Erläuterungen
1.	5 - 10%	Jahresüberschuss bzw. ordentliches Betriebsergebnis nach Steuern	Der 10%-Satz wird bei geringem Periodenerfolg, der 5%-Satz bei höheren Periodenerfolgen angewandt.
2.	0,25 - 3%	Umsatzerlöse	Mit steigenden Umsatzerlösen sinkt der anzuwendende %-Satz.
3.	variabler %-Satz	Rohertrag	Der Grenzwert wird berechnet zu $1{,}5 \cdot \text{Rohertrag}^{2/3}$
4.	1%	Eigenkapital	Das Eigenkapital eignet sich besonders gut als Bezugsgröße für strenge Obergrenzen, da es eine beständige Größe ist.
5.	0,5%	Bilanzsumme	Diese Regel wird bei Unternehmen angewandt, die keine erwerbswirtschaftlichen Ziele verfolgen.
6.	0,5%	Einnahmen	Dieser Quantifizierungsvorschlag geht davon aus, dass Einnahmen stetiger sind als der Periodenerfolg. Er eignet sich zum Einsatz bei gemeinnützigen Unternehmen.
7.	0,5% + 0,5% + 5% + 2% + 1%	Bilanzsumme Einnahmen Jahresüberschuss v.St. Rohertrag (nach Abschreibungen) Eigenkapital	Die Summe dieser Größen wird durch 5 dividiert, d.h. es wird ein Durchschnitt ermittelt. Dieser Ansatz ist geeignet, um im Falle negativer Periodenerfolge zu einem Grenzwert zu gelangen.

Tab. II.1-1: Quantitative Regeln zur Bestimmung der Materiality-Grenze [10]

Eine Variation der Regel 3 wird als *Audit Gauge* (oder auch *Prüfungsmaß*) bezeichnet, wobei sich die Materiality-Grenze nach folgender Formel errechnet:[11]

Audit Gauge = 1,6 (max [Bilanzsumme; Einnahmen])$^{2/3}$.

Auch hier wächst die Materiality-Grenze durch die Verwendung einer Wurzelfunktion langsamer als die zugrunde liegende Bezugsgröße. Der Multiplikator wurde dabei anhand von empirischen Daten ermittelt.

Wesentlichkeitsbeurteilungen obliegen dem pflichtgemäßen Ermessen des Abschlussprüfers (ISA 320.4; IDW EPS 250.14). Allerdings stellt die daraus folgende Unbestimmtheit des Grundsatzes der Materiality ein Problem dar.

Die Festlegung quantitativer Materiality-Richtgrößen könnte zur *Objektivierung der Entscheidensfindung* des Prüfers beitragen. Für die Normierung des Grundsatzes der Materiality sprechen folgende Argumente:

- Erhöhte Vergleichbarkeit von Urteilen über die Ordnungsmäßigkeit von Jahresabschlüssen, da sie die Einheitlichkeit von Prüfungsurteilen unterstützen;
- Sicherstellung einheitlicher Auslegungen gleichartiger Sachverhalte;
- ohne Vorgabe von Richtlinien ist es möglich, dass gleichartige Sachverhalte durch verschiedene Prüfer unterschiedlich beurteilt werden.

Des Weiteren *erhöhen* quantitative Materiality-Richtlinien *das Vertrauen der Jahresabschlussadressaten in das Prüfungsurteil*, da sie die Beachtung der Richtlinien erwarten können. Das Fehlen verbindlicher Materiality-Standards macht den Prüfer in juristischer Hinsicht verwundbar, da er sich nicht auf eine zwingend vorgeschriebene Anwendung bestimmter Normen berufen kann. Fehlen verbindliche Materiality-Standards, so steht der Richter vor demselben Problem wie der Prüfer, nach eigenem Ermessen entscheiden zu müssen, ob ein Sachverhalt als wesentlich zu beurteilen ist. Vorgegebene Standards könnten solche Situationen von vornherein vermeiden, da Jahresabschlussersteller, Prüfer und Adressaten von denselben zwingend vorgeschriebenen Grenzwerten ausgehen müssten und deshalb nur wenig Raum für verschiedene Materiality-Auffassungen wäre. Folglich wären *Meinungsverschiedenheiten* zwischen Prüfer und Unternehmensleitung über das, was als wesentlich zu erachten ist, teilweise zu *vermeiden*. Richtgrößen böten zudem *Anhaltspunkte für die Urteilsfindung von Gerichten*. Sie würden auch die *Ausbildung des Berufsnachwuchses erleichtern*, da Berufsanfänger über keine Erfahrungen verfügen, so dass sie zur Entscheidungsfindung auf allgemeine Regeln zurückgreifen müssen. Dabei sind Richtgrößen leichter vermittelbar als die umfassende und langjährige Berufserfahrung, anhand der ansonsten die Beurteilung der Materiality von Sachverhalten erfolgt. Sie könnten außerdem *Wettbewerbsverzerrungen* zwischen Prüfungsunternehmen *vermeiden* helfen, denn sie verhindern die Reduzierung von Prüfungskosten durch geringere Prüfungsgenauigkeit.

Die Gegner der Vorgabe von Materiality-Standards wenden ein, dass *Materiality-Probleme nur unter Berücksichtigung des jeweiligen Tatbestands entschieden* werden könnten. Die relevanten Umstände einer Entscheidungssituation sind jedoch nur dem Prüfer bekannt. Nur er kann deshalb Relevanz und Gewicht der Faktoren abwägen und befindet sich folglich in der besten Position, über die Wesentlichkeit eines Sachverhaltes richtig zu entscheiden. Außerdem sei es schwierig, die passende Richtgröße für die Vielzahl der verschiedenen Materiality-Entscheidungen herauszufiltern. Die Festlegung quantitativer Richtgrößen würde die Freiheit des Berufsstands und das *unabhängige berufliche Urteilsvermögen einschränken*. Eine Materiality-Vorgabe entbindet den Prüfer teilweise von seiner materiellen Verantwortung, weil er sich auf einen formellen Vergleich von Zahlen zurückziehen kann. Gerade der Verzicht auf eine allgemein verbindliche Regelung und die damit verbundene Möglichkeit der Würdigung spezifischer Umstände kann zu einer Vermeidung von Fehlern beitragen. Weiterhin bestehe das Risiko, dass *Materiality-Standards den Prüfer fehlleiten*. Feste Standards würden zudem die Position des Prüfers gegenüber dem Management in den Fällen schwächen, in denen er auf Grund spezifischer Umstände eine Abweichung von den üblichen Standards für geboten hält. Wohl aus diesen Gründen ist der deutsche Berufsstand der Auffassung, dass allgemeine Bezugsgrößen und damit Materiality-Grenzen nicht vorgegeben werden können (IDW EPS 250.14).

Zu Recht wird bezweifelt, dass eine allgemeine Richtgröße in allen Fällen zu sinnvollen Ergebnissen führen kann. Je nach Sachverhalt, zu beurteilender Position, Unternehmensbranche und -größe und wirtschaftlicher Lage sind verschiedene Materiality-Grenzwerte und Bezugsgrößen als geeignet zu betrachten, weshalb Materiality-Grenzwerte in Abhängigkeit von diesen Aspekten vorgegeben werden sollten. Zusätzlich sollte ein Abweichen von Materiality-Standards gefordert werden, wenn dies nach dem pflichtgemäßen Ermessen des Prüfers unter Würdigung der Umstände des Einzelfalles geboten scheint. Eine *Flexibilität* von Materiality-Grenzwerten lässt sich durch die *Vorgabe mehrerer Standards mit verschiedenen Bezugsgrößen* gewährleisten. Um den Besonderheiten des Einzelfalls ausreichend Rechnung zu tragen, gibt man z.T. *Bandbreiten von Prozentsätzen zur Beurteilung der Materiality* vor. Innerhalb dieser Bandbreiten obliegt die Materiality-Beurteilung dem prüferischen Ermessen unter Beachtung der dem jeweiligen Fall innewohnenden spezifischen Gegebenheiten. Auch die Vorgabe von Bandbreiten ruft jedoch Probleme hervor, wie z.B. die Bestimmung der adäquaten Breite und der Randwerte oder die Frage, ob für verschiedene zu beurteilende Sachverhalte unterschiedliche Bandbreiten anzugeben sind. Die Vorgabe einer Materiality-Richtgröße als Bandbreite birgt zudem die Gefahr, dass stets die obere Grenze Anwendung findet.

Materiality-Entscheidungen sind zwar in erster Linie quantitativer Art, es können jedoch auch *qualitative Kriterien* zur Bestimmung der Materiality herangezogen werden, d.h. ein vom quantitativen Gesichtspunkt unwesentlicher Fehler kann wegen seiner qualitativen Natur als wesentlich angesehen werden. Solche qualitativen Aspekte können z.B. aus der Möglichkeit resultieren, dass das Management versucht, Fehler zu verschleiern, auch wenn es sich bei diesen nur um relativ kleine und unbedeutende Fehler handelt. Des Weiteren sind sachverhaltsabhängige Kriterien bei der Bestimmung der Materiality zu berücksichtigen. So kann die Beurteilung, ob eine Information wesentlich ist, z.B. von der wirtschaftlichen Lage des zu prüfenden Unternehmens abhängen. Zudem sind auch die Art des Fehlers (erfolgsbeeinflussende Fehler sind z.B. meist bedeutsamer als Klassifikationsfehler; die illegale Zahlung eines unwesentlichen Betrages kann als wesentlicher Fehler eingestuft werden), die Frage, ob ein Fehler in eine wichtige Kennzahl einfließt oder die Frage, ob ein Sachverhalt nur eine oder mehrere Rechnungslegungsperioden beeinflusst, von Relevanz. Würden qualitative Merkmale bei der Beurteilung der Materiality nicht berücksichtigt, so bestünde die Gefahr, dass einzelne Sachverhalte irrtümlich nicht als material eingestuft werden, weil sie erheblich zu niedrig ausgewiesen werden.

1.3.3 Materiality-Allokation

Nach der Bestimmung der Gesamtmateriality (M) für die Jahresabschlussprüfung stellt sich das Problem, diesen Wert auf die einzelnen Bereiche der Prüfung aufzuteilen, denn der Abschlussprüfer hat den Grundsatz der Wesentlichkeit nicht nur im Hinblick auf den gesamten Abschluss, sondern auch im Hinblick auf einzelne Kontensalden zu berücksichtigen (ISA 320.7; IDW EPS 250.13). Die Bestimmung der Materiality für einzelne Prüffelder wird durch die „Gesamtmateriality" des gesamten Prüfungsauftrages beeinflusst, da diese von den „individuellen Materiality" (M_i) gemeinsam eingehalten werden muss.

Der gängigste Vorschlag zur Materiality-Allokation ist in der so genannten Quadratwurzel-Formel zu sehen:[12]

$$M = \sqrt{\sum_{i=1}^{I} M_i^2} \ .$$

Diese Bedingung wird von einer Anzahl von Kombinationen der M_i erfüllt. Die *Summe der M_i darf hierbei M überschreiten.* Aus dieser allgemeinen Allokationsbedingung lässt sich eine Formel herleiten, welche die individuelle Materiality-Grenze eines Prüffeldes in Abhängigkeit von dessen relativem Wert BW_i (d.h. dem Anteil des Buchwertes des Prüffeldes in Relation zur Summe der Buchwerte aller Prüffelder, BW) eindeutig festlegt:[13]

$$M_i = M \cdot \sqrt{\frac{BW_i}{BW}} \ .$$

Der Vorteil des geschilderten Ansatzes liegt in seiner Einfachheit und Praktikabilität. Zur Bestimmung eines Ausgangswertes für die individuelle Materiality eines Prüffeldes müssen lediglich die Gesamtmateriality sowie die Buchwerte der Prüffelder vorliegen. Bei der Bestimmung zulässiger Materiality-Grenzen spielen jedoch zahlreiche, insbesondere auch qualitative Faktoren eine Rolle. Deshalb ist der so errechnete Wert zu modifizieren, so dass dem prüferischen Ermessen eine erhebliche Bedeutung zukommt. So bietet es sich beispielsweise an, die individuelle Materiality für die Prüfung der liquiden Mittel unter dem errechneten Wert festzulegen, da hier eine hohe Genauigkeit mit relativ geringen Kosten erreicht werden kann. Aus der umgekehrten Überlegung heraus erscheint es ratsam, die individuelle Materiality bei der Prüfung von Vorräten höher anzusetzen.

1 Rahmenbedingungen

Das beschriebene Allokations-Verfahren hat die grundsätzlich zu begrüßende Eigenschaft, dass die Gesamtmateriality niedriger ist als die Summe der individuellen Materiality-Werte. Dabei ist allerdings zu beachten, dass die Differenz dieser beiden Größen bei einer Aufteilung des gesamten Prüfungsstoffes in sehr viele kleine Prüffelder sehr groß wird. Diesen Zusammenhang verdeutlicht folgendes Beispiel: BW = 2.500 €, M = 20 €. Das Prüfungsvolumen wird in 25 Prüffelder zu je 100 € aufgeteilt. Man erhält

$$M_i = 20\sqrt{\frac{100}{2500}} = 4.$$

Die Summe der individuellen Materiality-Werte beträgt hier 100 € und unterscheidet sich erheblich von M. Derart hohe individuelle Materiality-Werte sind kaum zu tolerieren, so dass das Allokationsverfahren für die Prüfungspraxis allenfalls in modifizierter Form anwendbar ist.[14] Auf Grund der den theoretischen Allokationsproblemen innewohnenden Umsetzungsprobleme bedient sich die Prüfungspraxis in der Regel vereinfachten Vorgehensweisen, indem z.B. als individuelle Materiality 50% der Gesamtmateriality angesetzt wird.

Materiality und Höhe des Prüfungsrisikos stehen in einem umgekehrten Verhältnis zueinander: je höher die Wesentlichkeitsgrenze, um so geringer das Prüfungsrisiko und umgekehrt (ISA 320.10; IDW EPS 250.16).[15]

Anmerkungen

*) Dieser Abschnitt wurde unter Federführung von Herrn Prof. Dr. R. Quick erstellt.
1   Vgl. *AICPA* (1984).
2   Vgl. *IDW* (2000), R 52 f.
3   Entnommen aus: *AICPA* (1985), S. 44.
4   Zur Kritik an den Risikomodellen siehe insbesondere *Cushing/Loebbecke* (1983).
5   Dieser Aspekt wird ausführlich diskutiert von *Lea/Adams/Boykin* (1992).
6   Vgl. *Kinney* (1989).
7   Vgl. *Würtele* (1989), S. 16-57.
8   Vgl. z.B. *Backhaus et al.* (2000), S. 145-224.
9   Vgl. *AICPA* (2002), Rn. 70.
10 Vgl. hierzu *Quick* (1996), S. 205-206 m.w.N.
11 Vgl. hierzu auch *Pany/Wheeler* (1989).
12 Vgl. *Elliott/Rogers* (1972), S. 53.
13 Vgl. zur Herleitung z.B. *Quick* (1996), S. 216-221.
14 Zu weiteren Allokationsverfahren vgl. z.B. *Quick* (1996), S. 222-227.
15 Vertieft hierzu *Wolz* (2003), S. 156-173.

Literaturhinweise

AICPA (1981): Statement on auditing standards No. 39 – audit sampling, in: Journal of Accountancy, Vol. 152, Heft August, S. 106-110.

AICPA (1984): Statement on auditing standards No. 47 – audit risk and materiality in conducting an audit, in: Journal of Accountancy, Vol. 157, Heft February, S. 143-146.

AICPA (1985): Audits of Small Businesses, New York.

AICPA (2002): Performing Audit Procedures in Response to Assessed Risks and Evaluating the Audit Evidence Obtained, in: Proposed Statements on Auditing Standards, Exposure Draft, New York, December 2, 2002

Backhaus, K./Erichson, B./Plinke, W./Weiber, R.. (2000): Multivariate Analysemethoden – Eine anwendungsorientierte Einführung, 9. Aufl., Berlin.

CICA (1977): Materiality in Auditing, 5. Aufl., Toronto.

CICA (1980): Extent of Audit Testing. A Research Study, Toronto.

Colbert, J.L. (1987): Audit risk – Tracing the evolution, in: Accounting Horizons, S. 49-57.

Cushing, B.E./Loebbecke, J.K. (1983): Analytical approaches to audit risk: A survey and analysis, in: Auditing: A Journal of Practice & Theory, S. 23-41.

Cushing, B.E./Searfoss, D.G./Randall, R.H. (1979): Materiality allocation in audit planning: A feasibility study, in: Journal of Accounting Research, Supplement, S. 172-216.

Diehl, C.-U. (1993): Risikoorientierte Abschlussprüfung – Gedanken zur Umsetzung in der Praxis, in: Deutsches Steuerrecht, S. 1114-1121.

Elliott, R.K./Rogers, J.R. (1972): Relating statistical sampling to audit objectives, in: Journal of Accountancy, Vol. 134, Heft July, S. 46-55.

Holstrum, G.L./Messier, W.F. (1982): A review and integration of empirical research on materiality, in: Auditing: A Journal of Practice & Theory, S. 45-63.

IDW (2000): Wirtschaftsprüfer-Handbuch 2000, Handbuch für Rechnungslegung, Prüfung und Beratung, Band I, 12. Aufl., Düsseldorf.

Kinney, W.R. (1989): Achieved audit risk and the audit outcome space, in: Auditing: A Journal of Practice & Theory, Supplement, S. 67-84.

Lea, R.B./Adams, S.J./Boykin, R.F. (1992): Modeling of the audit risk assessment process at the assertion level within an account balance, in: Auditing: A Journal of Practice & Theory, Supplement, S. 152-179.

Leslie, D.A. (1985): Materiality. The Concept and its Application to Auditing. A Research Study, Toronto.

Obermeier, I. (1983): Statistische Abschlußprüfung, Bern und Stuttgart.

Pany, K./Wheeler, S. (1989): Materiality – An inter-industry comparison of the magnitudes and stabilities of various quantitative measures, in: Accounting Horizons, S. 71-77.

Quick, R. (1996): Die Risiken der Jahresabschlußprüfung, Düsseldorf.

Quick, R. (1999): Prüfungsmethoden im Spiegel der Forschung, in: Richter, M. (Hrsg.): Theorie und Praxis der Wirtschaftsprüfung – Wirtschaftsprüfung und ökonomische Theorie, Prüfungsmarkt, Prüfungsmethoden, Urteilsbildung. Band 2, Berlin, S. 177-234.

Stachuletz, R./Kühnberger, M. (1987): Einige Überlegungen zur Konkretisierung des Materiality-Grundsatzes, in: Die Betriebswirtschaft, S. 401-413.

Thompson, J.H./Hodge, T.G./Worthington, J.S. (1990): An inventory of materiality guidelines in accounting literature, in: The CPA Journal, Heft July, S. 50-54.

Wiedmann, H. (1993): Der risikoorientierte Prüfungsansatz, in: Die Wirtschaftsprüfung, S. 13-25.

Wolz, M. (2003): Wesentlichkeit im Rahmen der Jahresabschlussprüfung – Bestandsaufnahme und Konzeptionen zur Umsetzung des Materialitygrundsatzes, Düsseldorf.

Würtele, G. (1989): Die Operationalisierung des Grundsatzes der Materiality bei Abschlussprüfungen, Pfaffenweiler.

Kontrollfragen

1. Beschreiben Sie die Zielfunktion einer handelsrechtlichen Jahresabschlussprüfung.

2. Aus welchen Elementen bestehen Prüfungsrisikomodelle? Zeigen Sie dabei auf, wie diese Komponenten ermittelt werden.

3. Welche Probleme sind den Risikomodellen immanent?

4. Wie unterscheiden sich a priori- von a posteriori-Risikomodellen?

5. Welche Materialitybezugsgrößen werden vorgeschlagen? Diskutieren Sie die Vor- und Nachteile der einzelnen Bezugsgrößen.

6. Was versteht man unter Materiality-Allokation?

2 Auftragsannahme und Prüfungsplanung*)

2.1 Auftragsannahme

Der Prozess der Bestellung des Abschlussprüfers kann grundsätzlich in drei Phasen unterteilt werden:

- Wahl des Abschlussprüfers,
- Erteilung des Prüfungsauftrags an den Abschlussprüfer,
- Annahme des Prüfungsauftrags durch den Abschlussprüfer.

2.1.1 Wahl des Abschlussprüfers

Abschlussprüfer von prüfungspflichtigen Kapitalgesellschaften können nach § 319 Abs. 1 HGB nur Wirtschaftsprüfer und Wirtschaftsprüfungsgesellschaften sein. Mittelgroße GmbH dürfen auch von vereidigten Buchprüfern oder Buchprüfungsgesellschaften geprüft werden. Ist eines der Ausschlusskriterien des § 319 Abs. 2 u. 3 HGB erfüllt, so wird ein Wirtschaftsprüfer nicht als Abschlussprüfer zugelassen. Der Abschlussprüfer wird nach § 318 Abs. 1 Satz 1 HGB von den Gesellschaftern des Unternehmens bzw. bei Konzernen von den Gesellschaftern des Mutterunternehmens gewählt.[1] Bei Aktiengesellschaften hat der Aufsichtsrat gem. § 124 Abs. 3 AktG die Aufgabe, den Abschlussprüfer vorzuschlagen. Die Bestellung des Abschlussprüfers erfolgt gem. § 119 Abs. 1 Nr. 4 AktG durch die Hauptversammlung.[2]

2.1.2 Erteilung des Prüfungsauftrags

Der Prüfungsauftrag ist ein schuldrechtlicher Vertrag (Werkvertrag), der durch Angebot und Annahme zustande kommt (IDW PS 220.5). Die Auftragserteilung an den gewählten Abschlussprüfer erfolgt bei Unternehmen, die nicht Aktiengesellschaften sind, durch den gesetzlichen Vertreter (§ 318 Abs. 1 Satz 4 HGB) und bei Aktiengesellschaften und KGaA durch den Aufsichtsrat (§ 111 Abs. 2 Satz 3 AktG i.V.m. § 318 Abs. 1 Satz 4 HGB)[3]. Dabei ist sowohl die Vergütungsvereinbarung als auch die Festlegung von Prüfungsschwerpunkten und ergänzenden Prüfungshandlungen Bestandteil der Erteilung des Prüfungsauftrags.

2.1.3 Annahme oder Ablehnung des Prüfungsauftrags

Ein Abschlussprüfer ist *nicht zur Annahme eines Prüfungsauftrags* verpflichtet. Ein Prüfungsauftrag muss abgelehnt werden, wenn einer der Ausschlusstatbestände des § 319 Abs. 2 u. 3 HGB erfüllt ist. Ein Wirtschaftsprüfer darf z.B. nicht Abschlussprüfer sein, wenn er Aktionär der zu prüfenden Gesellschaft ist (§ 319 Abs. 2 Satz 1 Nr. 1 HGB). Zusätzlich muss der potenzielle Abschlussprüfer beurteilen, ob er den Auftrag den Berufs-

2 Auftragsannahme und Prüfungsplanung

pflichten nach annehmen darf, und ob er über ausreichende Kenntnisse und Erfahrungen verfügt, um die Prüfung sachgerecht durchführen zu können (IDW PS 220.11 sowie § 4 Abs. 2 der Berufssatzung; vgl. Kapitel I, Abschnitt 6.5.2.2). Folgende *Ablehnungsgründe* könnten gegen die Annahme des Prüfungsauftrags sprechen:

- Es liegt die Besorgnis der Befangenheit vor.
- Der Abschlussprüfer verfügt nicht über die nötige Sachkenntnis oder nicht über ausreichende Kapazitäten, um den Auftrag ordnungsgemäß ausführen zu können.
- Es besteht die Gefahr einer Interessenkollision mit anderen Auftraggebern.
- Die Vertragsparteien erzielen keine Einigung über das Prüfungshonorar.[4]
- Dem Wirtschaftsprüfer erscheint das Risiko eines Fehlurteils und des damit verbundenen Risikos eines Imageschadens und einer Haftung zu hoch.[5]

Vor Annahme des Prüfungsauftrags soll der Prüfer das zu prüfende Unternehmen und dessen Umfeld untersuchen, um das Risiko und die Redlichkeit des Mandanten einschätzen zu können (VO 1/1995 B. II; ISA 310.4). Bei einer *Erstprüfung* soll er zusätzlich zu seiner eigenen Analyse des Unternehmens Rücksprache mit dem vorherigen Prüfer nehmen, dessen Arbeitspapiere (working papers) einsehen und sich über den Grund des Prüferwechsels informieren (VO 1/1995 B. II; ISA 510.7; vgl. auch Kapitel I, Abschnitt 6.5.2.2). Dazu muss das zu prüfende Unternehmen den Vorprüfer von seiner Verschwiegenheitspflicht befreien.[6] Wurde das Unternehmen im vorangegangenen Geschäftsjahr nicht geprüft, so hat der Prüfer besonders gründlich zu recherchieren. Er sollte sich ausreichende Informationen über Art und Umfang des Auftrags, Tätigkeiten, Geschäftsgebahren und Umfeld des Unternehmens und der Unternehmensführung sowie über mögliche, dem Auftragsverhältnis innewohnende Risiken beschaffen (VO 1/1995 B. II; ähnlich ISA 310.4). Handelt es sich um einen *Folgeauftrag*, so kann der Prüfer auf seine vorhandenen Kenntnisse über das Unternehmen zurückgreifen. Dennoch muss er überprüfen, ob die Informationen, die seine Entscheidung bezüglich der Auftragsannahme maßgeblich beeinflussen, weiterhin unverändert Bestand haben (vgl. IDW PS 240.13; ISA 310.7; ISA 400.36).

Relevante Sachverhalte und Überlegungen, die zur Auftragsannahme geführt haben, sollen in die Arbeitspapiere aufgenommen werden (vgl. IDW PS 460.18). Nimmt ein Abschlussprüfer einen Prüfungsauftrag an, so sollte er dies durch ein *Auftragsbestätigungsschreiben* (engagement letter) zum Ausdruck bringen.

Zweck eines Auftragsbestätigungsschreibens ist es, die Vereinbarungen zwischen dem Abschlussprüfer und dem zu prüfenden Unternehmen (Auftragsbedingungen – terms of engagement) festzuhalten und/oder die Willenserklärung zum Vertragsabschluss darzustellen (IDW PS 220.13). Ein solches Schreiben ist nicht gesetzlich vorgeschrieben, wird aber empfohlen (vgl. IDW PS 220.14; ISA 210.2 u. 5).

Die Form des Schreibens kann individuell gestaltet werden. Das IDW hat „Allgemeine Auftragsbedingungen" herausgegeben, die die Abschlussprüfer üblicherweise den Verträgen zugrunde legen. Bei gesetzlich vorgeschriebenen Prüfungen dürfen die Inhalte der Auftragsbestätigung den gesetzlichen Regelungen, insbesondere bezüglich Haftungsbegrenzung oder Prüfungsumfang, nicht widersprechen. Das IDW und die IFAC empfehlen, in einem Auftragsbestätigungsschreiben folgende Punkte zu dokumentieren (IDW PS 220.19; ISA 220.6):

- Zielsetzung der Abschlussprüfung,

- Verantwortlichkeit der gesetzlichen Vertreter für den Jahresabschluss,

- Art und Umfang der Abschlussprüfung,

- Art und Umfang der Berichterstattung und Bestätigung,

- Hinweis auf das unvermeidbare Risiko, dass falsche Angaben, selbst wenn es sich um wesentliche Fehler handelt, unentdeckt bleiben können,[7]

- Erfordernis eines unbeschränkten Zugangs zu allen relevanten Dokumenten und Hinweis auf die Auskunftspflichten der gesetzlichen Vertreter (§ 320 HGB),

- Erfordernis der Vorlage zusätzlicher Informationen, die zusammen mit dem Jahresabschluss veröffentlicht werden,

- Grundlagen der Vergütung,

- Vereinbarungen über Haftungsbeschränkungen (bei freiwilligen Jahresabschlussprüfungen),

- Verpflichtung der zu prüfenden Gesellschaft, eine Vollständigkeitserklärung (Abschnitt 5.2.2)[8] abzugeben.

Als ergänzende Hinweise können die in IDW PS 220.20-22 sowie ISA 210.7 f. angesprochenen Punkte aufgenommen werden. Das Auftragsbestätigungsschreiben wird aus Dokumentationszwecken mit in die Arbeitspapiere aufgenommen (vgl. IDW PS 460.18; ISA 230.11) und im Allgemeinen dem abschließenden Prüfungsbericht als Anhang hinzugefügt.

Wird ein Prüfungsauftrag abgelehnt, so hat der Beauftragte dieses gem. § 51 Satz 1 WPO unverzüglich dem Auftraggeber mitzuteilen (IDW PS 220.6; ISA 210.2). Dem Mandant soll damit die Möglichkeit gegeben werden, den Auftrag zeitnah an einen anderen Wirtschaftsprüfer zu geben, ohne dass die Gefahr besteht, (gesetzliche) Fristen nicht einhalten zu können.

2.1.4 Niederlegung des Mandats und Abberufung des Prüfers

Es gibt zwei Möglichkeiten, einen rechtskräftig zustande gekommenen Prüfungsauftrag aufzulösen: Die *Niederlegung* des Mandats durch den beauftragten Abschlussprüfer oder die

2 Auftragsannahme und Prüfungsplanung

Abberufung des Prüfers durch ein Gericht. Die auftraggebende Gesellschaft hat keine Möglichkeit, den Prüfungsauftrag zu widerrufen.

Der Prüfer kann den Prüfungsauftrag in bestimmten Fällen kündigen (Niederlegung). Eine Kündigung ist nach § 318 Abs. 6 Satz 1 HGB nur aus wichtigem Grund zulässig. Meinungsverschiedenheiten über den Inhalt, die Versagung oder Einschränkung des Bestätigungsvermerks gelten ausdrücklich nicht als ausreichender Kündigungsgrund (§ 318 Abs. 6 Satz 2 HGB). Der Abschlussprüfer hat seine Mandatsniederlegung schriftlich zu begründen und über das Ergebnis seiner bisherigen Prüfung zu berichten (§ 318 Abs. 6 Satz 3 u. 4 HGB).

Für die Abberufung eines gewählten Abschlussprüfers durch einen Gerichtsbeschluss ist folgendes Verfahren vorgesehen: Die gesetzlichen Vertreter, der Aufsichtsrat oder eine qualifizierte Minderheit der Gesellschafter[9] stellen einen Antrag. Das Gericht hält daraufhin eine Anhörung mit den Beteiligten und dem gewählten Prüfer ab und kann dann, wenn der Abberufungsgrund in der Person des Abschlussprüfers liegt, einen anderen Prüfer bestellen (§ 318 Abs. 3 HGB). Als Grund für eine Abberufung gilt insbesondere die Besorgnis der Befangenheit. Aber auch unzureichende Qualifikation, die mangelnde Verfügbarkeit von Prüfungspersonal oder eine unzureichende sachliche Ausstattung des gewählten Prüfers oder gegen ihn anhängige berufsrechtliche Verfahren können eine Ersetzung begründen.

Eine Abschlussprüferbestellung durch das Gericht erfolgt auch dann, wenn der Abschlussprüfer vor Ablauf des Geschäftsjahres noch nicht gewählt worden ist. Weist der gewählte Abschlussprüfer den Auftrag zurück, fällt er (z.B. durch Tod oder Geschäftsunfähigkeit) aus oder ist er nicht in der Lage, den Auftrag termingerecht durchzuführen, und existiert in einem solchen Fall kein ordnungsgemäß gewählter Ersatzprüfer, so wird ebenfalls nach § 318 Abs. 4 HGB ein Abschlussprüfer gerichtlich bestellt. Ein gerichtlich bestellter Abschlussprüfer hat die gleichen Rechte und Pflichten wie ein durch die Gesellschaft gewählter und beauftragter Abschlussprüfer.

Neben den gesetzlichen Vorschriften des § 318 HGB hat der Wirtschaftsprüfer bei der Auftragsannahme insbesondere auch IDW PS 220 (Vereinbarungen zur Beauftragung des Abschlussprüfers) sowie die vom IDW und der WPK gemeinsam herausgegebenen Stellungnahme VO 1/1995 (Zur Qualitätssicherung in der Wirtschaftsprüferpraxis) zu beachten. Auf internationaler Ebene regelt ISA 210 (Terms of Audit Engagement) die entsprechenden Sachverhalte in diesem Kontext.

In den hier behandelten Aspekten weisen beide Normengefüge keine grundsätzlichen Unterschiede auf. Folgende *Abweichungen* lassen sich feststellen:

- Im Auftragsbestätigungsschreiben sollte nach IDW PS 220.19 auf die Auskunfts- und Vorlagepflichten der gesetzlichen Vertreter, die sich aus § 320 HGB ergeben, hingewiesen werden. Dieser Punkt wird in den ISA nicht erwähnt.

- Eine Niederlegung des Prüfungsauftrags durch den Wirtschaftsprüfer ist nur unter den restriktiven Voraussetzungen des § 318 HGB möglich.

2.2 Prüfungsplanung

Unter Planung ist der Entwurf einer Ordnung zu verstehen, nach der die eigentliche Prüfung zu vollziehen ist.[10] Planung ist im Allgemeinen Voraussetzung für wirtschaftliches Handeln und damit auch Voraussetzung für eine ökonomische Durchführung der Prüfung.

Innerhalb des Gesamtprozesses der Prüfung, der neben der Planung die Phasen der Prüfungsdurchführung, Urteilsbildung, Dokumentation und Berichterstattung sowie die Qualitätssicherung und Qualitätskontrolle enthält, ist die Planung der erste Teilprozess.

Ziel der Prüfungsplanung ist die Sicherstellung eines in sachlicher, personeller und zeitlicher Hinsicht unter Beachtung der gegebenen Verhältnisse (§ 37 der Berufssatzung) sowie des Wirtschaftlichkeitsprinzips adäquaten Prüfungsablaufs. Insbesondere soll gewährleistet werden, dass Aussagen über das Ergebnis der Prüfung zum mit dem Mandanten vereinbarten Termin mit hinreichender Sicherheit getroffen werden können.

Unbeachtet der wirtschaftlichen Notwendigkeit der Durchführung einer Prüfungsplanung ergibt sich die Pflicht zur Planung aus IDW PS 240.7 und § 37 der Berufssatzung. Die Planung hat zum einen auf Ebene der einzelnen Prüfungsaufträge (auftragsspezifische Planung, Abschnitt 2.2.1) und zum anderen auf Ebene der Gesamtheit der Aufträge zu erfolgen (Abschnitt 2.2.2). Auf internationaler Ebene behandelt ISA 300 Aspekte der Planung einer Jahresabschlussprüfung.

2.2.1 Auftragsspezifische Planung

Die Planung der Jahresabschlussprüfung eines Unternehmens wird grundsätzlich in die Phase der globalen und in die Phase der detaillierten Planung unterteilt. Die globale Planung hat das Ziel, eine mandantenspezifische Prüfungsstrategie zu entwickeln und wird deshalb auch als strategische Prüfungsplanung bezeichnet. Funktion der detaillierten Planung ist die Erstellung eines in sachlicher, personeller und zeitlicher Hinsicht abgestimmten Prüfungsprogramms.

2.2.1.1 Entwicklung einer Prüfungsstrategie

Basis für die Entwicklung einer Prüfungsstrategie ist die Abgrenzung der Prüfungsobjekte. Bei der handelsrechtlichen Pflichtprüfung ergeben sich die Gegenstände der Prüfung aus § 317 HGB. Ergänzend können im Prüfungsauftrag oder durch andere Gesetze weitere Prüfungsobjekte bestimmt werden (z.B. Prüfung der Geschäftsführung; vgl. Kapitel III, Abschnitt 2.3.3.2.3). Bei Prüfungsaufträgen, die nicht auf Grund gesetzlicher Vorschriften durchgeführt werden, ergeben sich die Prüfungsgegenstände allein aus den Vereinbarungen zwischen Prüfer und Unternehmen (vgl. Kapitel III, Abschnitt 2.3). Wird einer Prüfungsgesellschaft ein Auftrag zur Jahresabschlussprüfung ohne weitere Angaben erteilt, sind die

2 Auftragsannahme und Prüfungsplanung

handelsrechtlichen Vorschriften zu beachten. Entsprechendes gilt, wenn ein Bestätigungsvermerk i.S.d. § 322 HGB erteilt werden soll.[11]

Als zentrales Element der gesamten Prüfungsplanung ist die Risikoanalyse zu sehen. Im Rahmen der Risikoanalyse hat sich der Wirtschaftsprüfer ausreichende Kenntnisse über das zu prüfende Unternehmen anzueignen. Er muss die Besonderheiten des Unternehmens und des Unternehmensumfelds berücksichtigen (IDW PS 240.16, PS 230.7 u. 9; ISA 310.4 ff.). Die bereits im Vorfeld während der Phase der Auftragsannahme gewonnenen Erkenntnisse können hierbei herangezogen werden. Insbesondere sind hinsichtlich Unternehmens- und Prüfungsrisiken die folgenden Elemente zu beachten:

- Kenntnisse über die Geschäftstätigkeit des Unternehmens,
- Verständnis für das interne Kontrollsystem sowie Art, Zeitpunkt und Ausmaß interner Kontrollen,
- Überblick über Leitung, Koordination, Überwachung und Nachschau,
- Überblick über das wirtschaftliche Umfeld bzw. den Markt, auf dem das Unternehmen agiert (gegenwärtige und potenzielle Konkurrenten, Substitutionsprodukte, Lieferanten und Abnehmer).

Um eine systematische Risikoanalyse vornehmen zu können, bietet es sich an, z.B. das Five-Forces-Modell von Porter, die SWOT-Analyse oder Portfoliotechniken anzuwenden (zur geschäftsorientierten Prüfung vgl. Abschnitt 3.3.1).

Mit Hilfe von Risikobeurteilungen und darauf aufbauenden Wesentlichkeitseinschätzungen kann eine vorläufige Abschätzung des inhärenten Risikos und des Kontrollrisikos vorgenommen werden. Die Einschätzung der zuletzt genannten Risiken ist notwendig, da der Wirtschaftsprüfer die Prüfungsplanung in seine risikoorientierte Vorgehensweise (vgl. Abschnitt 1.2.1) einbindet.

Bei der Risikoanalyse und der Abgrenzung der Prüfungsobjekte sind Interdependenzen zu beachten. Zum einen haben Art und Umfang der Prüfungsgegenstände Einfluss auf zu identifizierende und zu analysierende Risiken. Zum anderen können Ergebnisse der Risikoanalyse eine Erweiterung der Prüfungsobjekte bedeuten. Wird z.B. das Risiko des Vorhandenseins von Unterschlagungstatbeständen als erheblich eingestuft, können Geschäftsführungsprüfungen zum Gegenstand der Prüfung und damit Gegenstand der Prüfungsplanung werden, soweit ein Einfluss auf Aussagen im Jahresabschluss vermutet werden kann (IDW PS 210.22 f.). Das Institut der Wirtschaftsprüfer empfiehlt, in diesem Kontext die Aufsichtsorgane des Unternehmens bei der Planung weiterer Prüfungshandlungen zu kontaktieren (IDW PS 210.28).

Auf Basis der Prüfungsobjekte und der Risikoanalyse entwickelt der Abschlussprüfer eine Prüfungsstrategie. Sie ist Kernstück der risikoorientierten Abschlussprüfung und Grundlage der Erstellung des Prüfungsprogramms.

2.2.1.2 Erstellung eines Prüfungsprogramms

In der zweiten Phase der Prüfungsplanung wird ein *Prüfungsprogramm* erstellt, welches Art, Umfang und Zeitpunkt der einzelnen Prüfungshandlungen sowie den Personaleinsatz während der Prüfung determiniert. Ein Prüfungsprogramm beinhaltet Prüfungsanweisungen an die an der Prüfung beteiligten Mitarbeiter sowie Anweisungen zur Überwachung und Dokumentation der Prüfungsdurchführung. Dabei werden oftmals allgemeine Fragebögen und standardisierte Checklisten verwendet, die an die Gegebenheiten des zu prüfenden Unternehmens und die Besonderheiten der einzelnen Prüfung anzupassen sind.

Das Prüfungsprogramm muss in der Lage sein, einen ordnungsgemäßen Prüfungsablauf in sachlicher, zeitlicher und personeller Hinsicht zu gewährleisten.

- Sachliche Planung

  Im Rahmen der sachlichen Planung werden die komplexen Prüfungsobjekte in einheitlich zu prüfende Teilbereiche, die so genannten Prüffelder unterteilt (IDW PS 240.19). Die Einteilung hängt von den Prüfungsobjekten, vom Prüfungszweck, von der verfolgten Prüfungsstrategie und vom Umfang des Prüfungsstoffs ab. Für jedes der Prüffelder legt der Prüfer Prüfungsziele und daraus abgeleitet Art und Umfang der durchzuführenden Prüfungshandlungen fest. Er plant vor dem Hintergrund des erwarteten Fehlerrisikos und des annehmbaren Entdeckungsrisikos die laufende Überwachung und Durchsicht der Prüfungsergebnisse. Außerdem beinhaltet die sachliche Planung Überlegungen zur Verwendung von Prüfungsergebnissen anderer Prüfer, zur Hinzuziehung von Sachverständigen und zu der vom Unternehmen zu erwartenden Unterstützung. Es ist eine Gewichtung von anzuwendenden Systemprüfungshandlungen, analytischen Prüfungen und Einzelfallprüfungen (vgl. Abschnitte 3.2.2, 3.2.3, 3.2.4) vorzunehmen.[12] Die anzuwendenden Prüfungsmethoden sind entsprechend der Ergebnisse der Risikoanalyse und der verfolgten Risikostrategie für einzelne Prüffelder tätigkeitskreisorientiert zu planen. Werden die Risiken als gering eingestuft, können eher system- und analytische Prüfungsmethoden gewählt werden. Dies wird dann der Fall sein, wenn dem Prüffeld zugrunde liegende Verarbeitungsvorgänge häufig vorkommen und standardisiert sind sowie die Wirksamkeit interner Kontrollen als hoch eingeschätzt wird. Zu denken ist hierbei bspw. an den Verkaufsprozess und dessen Prüffelder „Debitoren" und „Umsatzerlöse". Einzelfallprüfungen müssen hingegen bei Posten mit einem geringen Wirkungsgrad des internen Kontrollsystems gewählt werden. Dies ist z.B. regelmäßig bei den Prüffeldern der außerplanmäßigen Abschreibungen und Wertberichtigungen sowie der Rückstellungen der Fall.

- Personelle Planung

  Im Rahmen der personellen Planung werden den einzelnen Prüffeldern Mitarbeiter zugeordnet, die für die Durchführung der Prüfung die Verantwortung tragen. Zu beachten ist, dass der dem Prüffeld zugeordnete Mitarbeiter über die notwendigen Kenntnisse und Erfahrungen verfügt, damit ein fundiertes prüffeldspezifisches Urteil über das Ergebnis der

Prüfung gefällt werden kann, welches später vom Prüfungsleiter im Rahmen der Gesamturteilsbildung herangezogen wird. Neben Aspekten, die in direktem Zusammenhang mit den einzelnen Mitarbeitern stehen (Qualifikation, zeitliche Verfügbarkeit, Unabhängigkeit gegenüber dem Mandanten), beinhaltet die personelle Planung nach IDW PS 240.20 auch Überlegungen zur internen Prüferrotation, welche in § 319 Abs. 3 Nr. 6 HGB verankert ist.

- Zeitliche Planung

Im Rahmen der zeitlichen Planung ist festzulegen, zu welchen Zeitpunkten welche Prüffelder geprüft werden sollen. Hierbei ist zu beachten, dass manche Prüffelder in einer bestimmten Reihenfolge bearbeitet werden müssen (sog. Reihenfolgebedingungen). So kann bspw. das Prüffeld „Abschreibungen" erst beurteilt werden, nachdem die Bestands- bzw. Zugangs-/Abgangsprüfung des Anlagevermögens stattgefunden hat (Reihenfolgeproblematik). Außerdem ist aufzuteilen, welche Prüfungshandlungen vor der eigentlichen (Haupt-)Prüfung vorgenommen werden. Zu den zu planenden Handlungen der Vorprüfung gehören u.a. die Inventurprüfungsplanung, die Planung von Saldenbestätigungsaktionen sowie die Planung der Prüfung des internen Kontrollsystems, das ggf. das Risikomanagementsystem (§ 317 Abs. 4 HGB) einzuschließen hat. Des Weiteren müssen zeitliche Gegebenheiten vor Ort berücksichtigt werden. Insbesondere müssen der Stand der Jahresabschlussarbeiten, die im Funktionsbereich des Mandanten liegen, und die Arbeitszeiten des beim Mandanten beschäftigten Personals berücksichtigt werden (sog. Prüfungsbereitschaft des Mandanten).[13]

Als Instrument zur Durchführung der (zeitlichen) Planung kann die Netzplantechnik herangezogen werden. Sie wurde in den fünfziger Jahren entwickelt, um komplexe Projekte zu planen. Voraussetzung für die Anwendung der Netzplantechnik ist, dass sich ein Projekt (Jahresabschlussprüfung) in mehrere Teilprojekte (Prüffelder) zerlegen lässt und Interdependenzen/Beziehungen der Teilprojekte bekannt sind. Unter Beachtung von Reihenfolgebedingungen und der voraussichtlich benötigten Bearbeitungsdauer der einzelnen Prüffelder wird ein Plan erstellt, der einen vollständigen Überblick über den Zeitablauf der Prüfung gibt.

Zwischen den sachlichen, personellen und zeitlichen Gegebenheiten bestehen Interdependenzen, die bei der Planung zu berücksichtigen sind. So wird z.B. die Prüfungsreihenfolge und der Prüfungsumfang der Prüffelder von der Verfügbarkeit des qualifizierten Personals und den festgelegten Endterminen mitbestimmt. Ebenso ist es denkbar, dass aus der Prüfungsprogrammplanung gewonnene Erkenntnisse die Prüfungsstrategie verändern können. Aus theoretischer Sicht wäre auf Grund der Interdependenzen ein *Simultanplanungsprozess*, d.h. ein unter gleichzeitiger Berücksichtigung aller endogenen und exogenen Einflussfaktoren stattfindender Planungsprozess, adäquat. Wegen den der Simultanplanung anhaftenden Problemen, die im Wesentlichen in der Komplexität des Prüfungsobjekts bzw. des Planungsprozesses bestehen, werden in der Praxis Ansätze der *stufenweisen Prüfungsplanung* angewandt. Das bedeutet, dass zunächst eine Entwicklung der Prüfungsstrategie erfolgt, auf

Grund derer dann die Prüffelder bestimmt werden (sachliche Planung), die dann wiederum Basis für die personelle und die zeitliche Planung bilden.

Wünsche des Auftraggebers, die sich auf Prüfungsschwerpunkte, den zeitlichem Ablauf der Prüfung oder einzelne Prüfungshandlungen beziehen, dürfen nur berücksichtigt werden, wenn sie einer ordnungsmäßigen Prüfung nicht entgegenstehen (IDW PS 240.9).[14]

Sowohl die Entwicklung der Prüfungsstrategie als auch die Planung des Prüfungsprogramms sind als *kontinuierliche und rückgekoppelte Prozesse* anzusehen (IDW PS 240.21; ISA 300.12). Das liegt zum einen daran, dass während der Planung noch nicht alle zur Prüfungsdurchführung notwendigen Informationen vorliegen. Zum anderen können während der Prüfung Erkenntnisse gewonnen werden (z.B. durch die Aufdeckung von Fehlern), die zu einer Modifikation der Prüfungsplanung führen.[15] Die ursprüngliche Prüfungsplanung wird daher kontinuierlich an den jeweiligen Erkenntnisstand angepasst.

Die festgelegte Prüfungsstrategie und das ausgearbeitete Prüfungsprogramm sowie alle im Rahmen der Planung gewonnenen Erkenntnisse über die einzelnen Prüfungsgebiete werden schriftlich in den Arbeitspapieren festgehalten (IDW PS 460.7, 12 u. 18). Insbesondere zeitliche Planvorgaben (Soll-Zeiten) für einzelne Prüffelder stellen in Verbindung mit den vom Prüfpersonal festgehaltenen Ist-Zeiten eine wertvolle Unterstützung für die Planung einer Folgeprüfung dar.

Wesentliche Elemente des Prozesses der Prüfungsplanung sind in Abb. II.2-1 dargestellt.

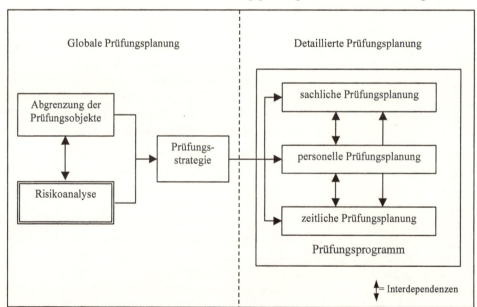

Abb. II.2-1: Prozess der Prüfungsplanung[16]

2.2.1.3 Besonderheiten der Planung einer Erstprüfung

Bei der erstmaligen Prüfung eines Unternehmens nimmt die Planung einen beträchtlichen Anteil am Gesamtprozess der Prüfung ein. Während bei Folgeprüfungen der Planungsanteil bei ca. zehn Prozent liegt, muss bei der Erstprüfung bis zu einem Viertel der gesamten Prüfungszeit für Planungsaktivitäten einkalkuliert werden. Als Gründe hierfür können die dem Prüfer nicht bekannten Gegebenheiten im Unternehmen genannt werden. Außerdem bestehen Unsicherheiten bezüglich der Qualifikationen, Kompetenzen und Arbeitsauffassung der für die Erstellung der Prüfungsobjekte verantwortlichen Personen. Die aufgeführten Gründe führen dazu, dass der Prüfer das Risiko, ein falsches Prüfungsurteil abzugeben, a priori höher einschätzt. Risiken bestehen insbesondere im Hinblick auf die Funktionsfähigkeit der eingesetzten Buchhaltungs- und Kontrollsysteme. Daher werden bei Erstprüfungen im Speziellen für die strategische Prüfungsplanung bzw. die Risikoanalyse mehr Ressourcen als bei Folgeprüfungen beansprucht. Bei Folgeprüfungen kann der Prüfer dann auf die Erfahrungen der Vorjahre zurückgreifen, wobei sicherzustellen ist, dass sich die Planung an einem aktualisierten Kenntnisstand orientiert und alle für die Rechnungslegung wichtigen Sachverhalte neu beurteilt wurden (IDW PS 240.24).

Auf Grund der höheren Risiken der Erstprüfung werden entsprechende Besonderheiten explizit in IDW PS 240.24 und PS 205 behandelt. Die Prüfungsplanung ist aus den genannten Gründen umfassender anzulegen.

Bei Folgeprüfungen lassen sich zwei Fälle unterscheiden (IDW PS 240.24):

- Wurde der Mandant im Vorjahr von einem anderen Abschlussprüfer geprüft, so dürfen dessen Prüfungsergebnisse unter Beachtung des Grundsatzes der Eigenverantwortlichkeit verwendet werden. Der Prüfer wird den Prüfungsbericht des Vorjahresprüfers durchsehen. Sofern der Bestätigungsvermerk des Vorjahres nicht uneingeschränkt oder mit einem Zusatz erteilt worden ist, muss der Abschlussprüfer bei der laufenden Prüfung denjenigen Posten, die zu Einwendungen geführt haben, besondere Aufmerksamkeit widmen (IDW PS 205.12 u. 13 sowie ISA 510.6).

- Wurde der Mandant im Vorjahr nicht geprüft, so sind Prüfungshandlungen vorzunehmen, die sicherstellen, dass die Erfassung und Bewertung der Positionen der Eröffnungsbilanz so erfolgte, dass die Darstellung der Ertragslage des Unternehmens im zu prüfenden Geschäftsjahr nicht wesentlich beeinträchtigt wird. IDW PS 205.14 enthält Vorschläge für durchzuführende Prüfungshandlungen (ähnlich ISA 510.9 u. 10).

Für die Prüfung von *erstmalig* aufgestellten Jahresabschlüssen (auf Grund einer Neugründung, Verschmelzung oder Spaltung) enthalten IDW PS 205.15 u. 16 weitere Hinweise. Den Themenbereich der *Eröffnungsbilanzsalden* im Rahmen von Erstprüfungen regeln IDW PS 205 und ISA 510. Diese Standards behandeln Art und Umfang der durchzuführenden Prüfungshandlungen in Abhängigkeit davon, ob und mit welchem Ergebnis der Vorjahresabschluss geprüft wurde.

2.2.2 Gesamtplanung aller Aufträge

Neben der Planung der einzelnen Prüfungsaufträge (Abschnitt 2.2.1) ist auch eine angemessene *Gesamtplanung* aller Aufträge einer Wirtschaftsprüferpraxis vorzunehmen (IDW PS 240.10 u. 25-27).

Dafür ist zunächst die voraussichtlich benötigte Anzahl der Tage der Abwicklung der jeweiligen Aufträge basierend auf den vorläufigen Planungen der einzelnen Aufträge zu bestimmen. In Abhängigkeit quantitativer (Auftragsabwicklungsdauer) und qualitativer Aspekte ist der Einsatz der Mitarbeiter zu koordinieren. Qualitative Aspekte können hierbei unterteilt werden in formelle (Berufsexamina, Stufe auf der internen Karriereleiter der Prüfungsgesellschaft (Manager, Prüfungsleiter) und materielle (Erfahrungen mit mandantenspezifischen Prüfungsobjekten und mit dem Umgang mit dem Mandanten bzw. Mitarbeitern des Mandanten) Elemente.

Nicht vernachlässigt werden sollte auch die Einplanung zeitlicher Reserven. Es kann immer vorkommen, dass Mitarbeiter der Prüfungsgesellschaft z.B. krankheitsbedingt ausfallen oder dass aus anderen unvorhergesehenen Gründen zusätzliche personelle Ressourcen benötigt werden. Entsprechend des Gesamtziels der Planung (Sicherstellung der prüfungszielorientierten Durchführung der Prüfung in der vorgegebenen Zeit) sind die im Prüfungsauftrag festgeschriebenen Fristen bei der Aufstellung des Gesamtplans primär zu berücksichtigen. Außerdem sollten mit dem Mandanten getroffene Terminabsprachen hinsichtlich der vom Prüfer vor Ort durchzuführenden Prüfungsaktivitäten eingehalten werden. Dann kann gewährleistet werden, dass für die Prüfungstätigkeiten erforderliche Arbeitsplätze (i.d.R. ein separates Prüferzimmer) und die für die Prüfungsobjekte verantwortlichen Mitarbeiter (Urlaubsplanung) zu Informationszwecken zur Verfügung stehen. Die Tätigkeiten vor Ort sollten an zusammenhängenden Tagen verrichtet werden sollten, um mehrmalige Transporte von Akten, EDV und Büromaterial von der Prüfungsgesellschaft zum Unternehmen und zurück sowie längere Einarbeitungszeiten zu vermeiden. Dieser Grundsatz gilt natürlich nicht in Bezug auf Vorprüfungshandlungen wie Inventurbeobachtungen, die mehrere Monate vor der Hauptprüfung stattfinden können.

Es bietet sich an, das Ergebnis der Gesamtplanung in einer tabellarischen Übersicht festzuhalten. Eine solche Übersicht ist in vereinfachter Form in Abbildung Abb. II.2-2 dargestellt. In Einklang mit den mit den Mandanten vereinbarten Fertigstellungsterminen wurden Prüfteams den einzelnen Mandanten bzw. Aufträgen (M1, M2, ...) für bestimmte Kalenderwochen zugeordnet. Jedes Prüfteam besteht aus einem Prüfungsleiter (P) und (in Abhängigkeit des in der auftragsspezifischen Planung eruierten Prüfungsausmaßes) mehreren Prüfungsassistenten (A). Mit diesem Instrument hat die Prüfungsgesellschaft einen Überblick, welcher Prüfer gerade bei welcher Prüfung verweilt. Personelle Kapazitätsengpässe werden auf diese Weise schon im Vorfeld schnell ersichtlich, potenzieller Handlungsbedarf wird aufgedeckt.

Insbesondere kurz vor (Inventurprüfungen) und in den ersten Monaten nach dem Kalenderjahresendestichtag, der bei den meisten Mandanten zugleich der Jahresabschlussstichtag ist, stellt die Gesamtplanung aller Aufträge für die Wirtschaftsprüfer jedes Jahr eine neu zu

2 Auftragsannahme und Prüfungsplanung

bewältigende Herausforderung dar. Auch die Gesamtplanung ist zu dokumentieren und kontinuierlich an sich ändernde Bedingungen anzupassen sowie mit den einzelnen Aufträgen zu koordinieren.

Während die auftragsspezifische Planung im Verantwortungsbereich des jeweiligen Prüfungsleiters liegt, obliegt die Gesamtplanung grundsätzlich der Geschäftsleitung der Prüfungsgesellschaft.

Kalenderwoche	1	2	3	4	5	6
Fertigstellungs-termin/Mandant (M)			M1	M2		M3
Prüfungsleiter (P)						
P1	M1	M1	M1	M3	M3	M3
P2	M2	M2	M2	M2	M4	M4
...	...	...	...	...	...	...
Prüfungsassistenten (A)						
A1	M1	M1	M1	Reserve	M3	M3
A2	M1	M1	M2	M2	M4	M4
A3	M2	M2	M2	M2	M4	M4
...	...	...	...	...	...	...

Abb. II.2-2: Gesamtplanung von Prüfungsaufträgen

Anmerkungen

*)   Dieser Abschnitt wurde unter Federführung von Herrn Prof. Dr. K.-U. Marten erstellt.

1   Vgl. *Budde/Steuber* (1999), § 318 HGB Tz. 5 u. Tz. 10.

2   Die Aktionäre sind in ihrer Wahl nicht an die Vorschläge des Aufsichtsrats gebunden (§ 127 AktG; vgl. auch *Adler/Düring/Schmaltz* (2000), § 318 HGB Tz. 107).

3   Vgl. *Ziemons* (2000), S. 78.

4   Vgl. zu diesen Punkten VO 1/1995 B. I und B II.

5   Vgl. *Lützeler/Lang* (2002), Sp. 132; dementsprechend ist bereits in der Phase der Auftragsannahme die in Abschnitt 2.2.1.1 beschriebene Risikoanalyse vorläufig vorzunehmen.
6   Vgl. *Lützeler/Lang* (2002), Sp. 136.
7   Unabhängig davon hat der Prüfer seine Tätigkeit so anzulegen, dass Falschaussagen, die den Jahresabschluss wesentlich beeinflussen, mit angemessener Prüfungssicherheit entdeckt werden (vgl. Abschnitt 4.1).
8   Siehe auch *Strieder* (2000), S. 298-300.
9   Die Anteile der antragstellenden Gesellschafter müssen zusammen 10% des Grundkapitals oder einen Nennbetrag von 1 Mio. € erreichen (§ 318 Abs. 3 Satz 1 HGB).
10 Vgl. *Sperl* (1978), S. 19.
11 Vgl. *Adler/Düring/Schmaltz* (2000), § 317 HGB Tz. 12; *Marten/Köhler/Neubeck* (2002), § 317 HGB Tz. 23.
12 Vgl. *Zaeh* (2000), S. 228-235.
13 Vgl. *Richter* (2002), Sp. 1771 f.
14 Vgl. auch *Forster* (1998), S. 43.
15 Vgl. *Gans* (1986), S. 400 ff.; *Hömberg* (2002), Sp. 1853 f.
16 In Anlehnung an *Zaeh* (1999), S. 376.

Literaturhinweise

Adler, H./Düring, W./Schmaltz, K. (2000): Rechnungslegung und Prüfung der Unternehmen – Kommentar zum HGB, AktG, GmbHG, PublG nach den Vorschriften des Bilanzrichtlinien-Gesetzes, neu bearbeitet von Forster, K.-H./Goerdeler, R./Lanfermann, J./Müller, H.-P./Siepe, G./Stolberg, K., Teilband 7, 6. Aufl., Stuttgart.

Budde, W.D./Steuber, E. (1999): Kommentierung zu § 318 HGB, in: Budde, W.D./Clemm, H./Ellrott, H./Förschle, G./Hoyos, M. (Bearbeiter): Beck'scher Bilanz-Kommentar: Handels- und Steuerrecht – § 238 bis 339 HGB –, 4. Aufl., München, S. 1783-1797.

Farr, W.-M. (2000): Checkliste für die Aufstellung und Prüfung des Lageberichts bzw. Konzernlageberichts, Düsseldorf.

Forster, K.-H. (1998): Abschlußprüfung nach dem Regierungsentwurf des KonTraG, in: Die Wirtschaftsprüfung 1998, S. 41-56.

Gans, C. (1986): Betriebswirtschaftliche Prüfungen als heuristische Suchprozesse, Bergisch Gladbach.

Hömberg, R. (2002): Prüfungsplanung, in: Ballwieser, W./Coenenberg, A.G./v. Wysocki, K. (Hrsg.): Handwörterbuch der Rechnungslegung und Prüfung, 3. Aufl., Stuttgart, Sp. 1852-1861.

Lützeler, G./Lang, S.R. (2002): Auftragsannahme und Auftragsfortführung, in: Ballwieser, W./Coenenberg, A.G./v. Wysocki, K. (Hrsg.): Handwörterbuch der Rechnungslegung und Prüfung, 3. Aufl., Stuttgart, Sp. 132-140.

Marten, K.-U./Köhler, A.G./Neubeck, G. (2002): Kommentierung zu § 317 HGB, in: Baetge, J./Kirsch, H.-J./Thiele, S. (Hrsg.): Bilanzrecht, Handelsrecht mit Steuerrecht und den Regelungen des IASB, Bonn und Berlin.

Richter, M. (2002): Prüfungsbereitschaft, in: Ballwieser, W./Coenenberg, A.G./v. Wysocki, K. (Hrsg.): Handwörterbuch der Rechnungslegung und Prüfung, 3. Aufl., Stuttgart, Sp. 1771-1777.

Sperl, A. (1978): Prüfungsplanung, Düsseldorf.

Strieder, T. (2000): Zeitpunkt und Unterzeichnung von Vollständigkeitserklärungen, in: Betriebs-Berater, S. 298-300.

Zaeh, P.E. (1999): Die Planung der Prüfungsmethoden in einer Problem- und Risikoorientierten Abschlussprüfung, in: Zeitschrift für Planung, S. 373-390.

Zaeh, P.E. (2000): Die Entwicklung von Prüfungsstrategien im Kontext der Problem- und Risikoorientierten Abschlussprüfung, in: Zeitschrift für Planung, S. 217-237.

Ziemons, H. (2000): Erteilung des Prüfungsauftrags an den Abschlussprüfer einer Aktiengesellschaft durch einen Aufsichtsratsausschuss?, in: Der Betrieb, S. 77-81.

Kontrollfragen

1. Wie wird die ordnungsmäßige und rechtswirksame Bestellung eines Abschlussprüfers gewährleistet?
2. Was kann den Wirtschaftsprüfer zur Ablehnung eines Prüfungsauftrags veranlassen?
3. In welchen Schritten erfolgt die Prüfungsplanung und was ist jeweils zu beachten?
4. Worin liegen die Unterschiede zwischen der Planung von Erst- und Folgeprüfungen?

3 Methoden zur Erlangung von Prüfungsnachweisen[*)]

3.1 Typologisierung

Prüfung lässt sich definieren als ein „Prozess zur Gewinnung eines vertrauenswürdigen Urteils durch den Vergleich eines vom Prüfer nicht selbst herbeigeführten Ist-Objektes mit einem vorgegebenen oder zu ermittelnden Soll-Objekt und anschließender Urteilsbildung und der Urteilsmitteilung an diejenigen, die auf Grund der Prüfung Entscheidungen fällen".[1] Demnach umfasst eine Prüfung folgende Teilprozesse:

- Feststellung des Ist-Objektes, d.h. Ermittlung der zu beurteilenden Merkmalsausprägung eines realisierten Zustands, eines Vorgangs, einer Information, eines Dokumentes etc.;
- Feststellung des Soll-Objektes, d.h. Ermittlung der aus Normen abgeleiteten Sollmerkmalsausprägung des Prüfungsobjektes;
- Soll-Ist-Vergleich, d.h. Gegenüberstellung der Istmerkmalsausprägungen und der Sollmerkmalsausprägungen des Prüfungsobjektes, um die Übereinstimmung bzw. die Abweichung zwischen den Merkmalsausprägungen festzustellen;
- Beurteilung der Abweichungen, d.h. Feststellung, ob sie zulässig sind, da die Normen oft einen Spielraum der Gestaltung des Ist-Objektes zulassen oder ob sie ein tolerierbares Maß übersteigen;
- Formulierung des Prüfungsergebnisses und ggf. Mitteilung des Ergebnisses an die Adressaten der Prüfung.

Abb. II.3-1 veranschaulicht diese Teilprozesse.

Ausgehend von dem Soll-Ist-Vergleich als Grundelement jeder Prüfung lassen sich vielfältige Prüfungstechniken, Prüfungshandlungen, Prüfungsmethoden und Prüfungsstrategien (zur Abgrenzung der Begriffe vgl. Abschnitt 7.2.1) unterscheiden:

- Risikoneutrale vs. risikoorientierte Prüfung

  In Bezug auf die Berücksichtigung des Prüfungsrisikos gibt es risikoneutrale und risikoorientierte Prüfungen. Das Prüfungsrisiko bezeichnet in diesem Zusammenhang das Risiko, dass der Abschlussprüfer unwissentlich versäumt, seinen Bestätigungsvermerk einzuschränken oder zu versagen, wenn der Jahresabschluss wesentliche Fehler enthält. Es besteht zum einen aus dem Risiko, dass wesentliche Fehler oder Falschaussagen im Jahresabschluss enthalten sind, und zum anderen aus dem Risiko, dass der Abschlussprüfer diese nicht entdeckt. Risikoorientierte Prüfung bedeutet, dass der Abschlussprüfer während der Prüfungsplanung, der Prüfungsdurchführung und der Berichterstattung risikoabwägend zu handeln und zu entscheiden hat. Er muss die einzelnen Risikofaktoren für die Prüfungsplanung zusammenstellen, gewichten und bewerten, um die Ergebnisse dieser Risikoanalyse in den Prüfungsplan (insbesondere in die Auswahl der Prüfungsmethoden und die Bestimmung des Prüfungsumfangs) einfließen zu lassen. Die Forderung nach einer möglichst wirtschaftlichen Prüfung erfordert vom Abschlussprüfer eine Risikobeurteilung der einzelnen Prüfungsgebiete, die es ihm ermöglicht, bei der Allokation von Prüfungsressourcen risikoreiche Bereiche besonders zu berücksichtigen.

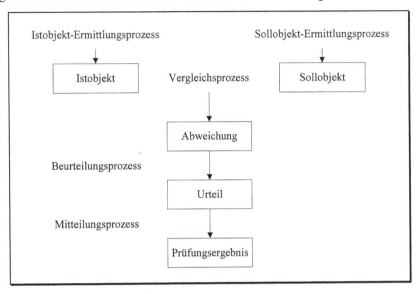

Abb. II.3-1: *Teilprozesse einer Prüfung*[2]

- Direkte vs. indirekte Prüfung

Nach dem Kriterium „Art der Vergleichshandlung" ist zwischen direkten und indirekten Prüfungen zu unterscheiden. Eine direkte Prüfung liegt vor, wenn der Prüfungsgegenstand (z.B. die Forderungen aus Lieferungen und Leistungen) unmittelbar geprüft wird. Bei indirekten Prüfungen bedient sich der Prüfer zur Urteilsbildung über den Prüfungsgegenstand dagegen bestimmter Ersatztatbestände, um aus bekannten oder unterstellten Zusammenhängen zwischen dem Prüfungsgegenstand und dem Ersatztatbestand einen Rückschluss auf die Normenkonformität des Prüfungsgegenstands zu gewinnen. So könnte der Prüfer z.B. die Forderungen aus Lieferungen und Leistungen indirekt über die Umsatzerlöse prüfen. Haben sich die Forderungen erhöht, so lassen gestiegene Umsatzerlöse auf die Richtigkeit der Position Forderungen aus Lieferungen und Leistungen schließen.

- Systemorientierte vs. ergebnisorientierte Prüfung

Hinsichtlich des Prüfungsobjektes wird in systemorientierte und ergebnisorientierte Prüfungen differenziert. Die Systemprüfung (vgl. Abschnitt 3.2.2) dient dazu, Kontrollregeln, nach denen die Bearbeitung der Geschäftsvorfälle, die Belegbearbeitung, die Verbuchung und die Jahresabschlussarbeiten vollzogen werden, zu erfassen, hinsichtlich ihres Vorhandenseins zu beurteilen und auf ihre Wirksamkeit zu prüfen. Neben die Systemprüfung tritt die Prüfung von Bearbeitungsergebnissen (Ergebnisprüfung), wobei Art und Umfang der Ergebnisprüfung von den bei der Systemprüfung getroffenen Feststellungen abhängen. Ergebnisprüfungen lassen sich in Einzelfallprüfungen (Detailprüfungen, vgl. Abschnitt 3.2.4) und analytische Prüfungen (Globalprüfungen, vgl. Abschnitt 3.2.3) unterteilen. Einzelfallprüfungen untersuchen unmittelbar die jeweils interessierenden Einzelsachverhalte der Buchführung und des Jahresabschlusses. Analytische Prüfungen kontrollieren die Jahresabschlussdaten durch das Studium bedeutsamer Trends und Beziehungen und die Untersuchung ungewöhnlicher Schwankungen und Abweichungen. Häufig beruhen sie auf dem Vergleich von Kennzahlen mit den entsprechenden Vorjahreswerten, mit den Daten anderer (Konkurrenz-)Unternehmen oder mit prognostizierten Werten. Aus den Ergebnissen der Vergleiche lässt sich auf die Plausibilität einzelner Ergebnisse schließen. Daneben lassen sich analytische Prüfungen auch auf der Basis der Analyse mit Hilfe wirtschaftlich orientierter Kontrollrechnungen durchführen.

- Balance Sheet Audit vs. Transaction Audit

Nach der Prüfungsstrategie ist das balance sheet audit vom transaction audit abzugrenzen. Die Vorgehensweise des balance sheet audit orientiert sich strikt an dem zu prüfenden Jahresabschluss und beinhaltet die Überprüfung von Abschlussaussagen (financial statement assertions, vgl. Kapitel I, Abschnitt 6.2), d.h. u.a. von Existenz, wirtschaftlicher Zugehörigkeit und Bewertung von Jahresabschlusspositionen. Diese Prüfungsstrategie greift überwiegend auf die ergebnisorientierte Prüfung zurück. Beim transaction audit werden für Gruppen verwandter Geschäftsaktivitäten und die damit zusammenhängenden Transaktionen so genannte Transaktionskreise abgegrenzt. So könnten z.B. im produzierenden Gewerbe die Haupttransaktionskreise Einkauf, Verkauf, Produktion, Personal und Finanzen unterschieden werden. Der Prüfer konzentriert sich auf Prozesse, um Ergebnisse zu verstehen, d.h. die Prüfung der Rechnungslegung ist überwiegend auf die korrekte Erfassung der täglich angefallenen Geschäftsvorfälle im abgelaufenen Geschäftsjahr gerichtet, so dass vor allem auf die systemorientierte Prüfung zurückgegriffen wird.

- Vollprüfung vs. Auswahlprüfung

In Hinblick auf die Prüfungsintensität lassen sich Prüfungsurteile mit Hilfe einer Vollprüfung (lückenlosen Prüfung) oder einer Auswahlprüfung gewinnen. Bei einer lückenlosen Prüfung wird das Prüfungsurteil erst gefällt, wenn sämtliche Prüfungsgegenstände untersucht worden sind. Werden nicht alle Prüfungsgegenstände in die Prüfung einbezogen, so spricht man von einer Auswahlprüfung. Bei solchen stichprobenweisen Prüfungen stehen mit der bewussten Auswahl und der Zufallsauswahl zwei grundsätzlich verschiedene Auswahlverfahren zur Verfügung. Von einer bewussten Auswahl spricht man, wenn die Auswahl der in die Stichprobe einzubeziehenden Fälle vom Prüfer subjektiv auf Grund seines Sachverstandes, d.h. seiner persönlichen Kenntnisse und Erfahrungen, getätigt und diese Entscheidung eigenverantwortlich, selbstständig und nach pflichtgemäßem Ermessen getroffen wird. Dadurch bedingt kann die Wahrscheinlichkeit dafür, dass bestimmte

Elemente in die Stichprobe gelangen, nicht angegeben werden. Wesentliches Kennzeichen der Zufallsauswahl ist, dass jedes Element die gleiche bzw. eine bestimmte berechenbare, von Null verschiedene Wahrscheinlichkeit hat, in die Stichprobe zu gelangen.

- Progressive vs. retrograde Prüfung

Bezüglich der Prüfungsrichtung sind progressive und retrograde Prüfungen möglich. Die progressive Prüfung geht den Weg von der eigentlichen Buchungsgrundlage, dem Beleg, über Grundbücher, Journale, Hauptbuch zur Bilanz bzw. zur Gewinn- und Verlustrechnung. Dagegen bestreitet die retrograde Prüfung den umgekehrten Weg von der Bilanz bzw. der Gewinn- und Verlustrechnung zum Beleg.

Diese Vorgehensweise kann auch als progressive oder retrograde Bestimmung des Soll-Objektes bei der prüferischen Urteilsbildung ausgedrückt werden (vgl. hierzu Kapitel I, Abschnitt 3). Geht der Prüfer von vorhandenen Daten und Dokumenten (d.h. dem wirtschaftlichen Sachverhalt, der sich in den Belegen widerspiegelt) aus und leitet aus diesen unter Verwendung der relevanten Normen das Soll-Objekt „korrekter Jahresabschluss" ab, gewinnt er seinen Vergleichsmaßstab anhand der progressiven Vorgehensweise. Bildet jedoch der Jahresabschluss bzw. der Inhalt der in der Rechnungslegung ausgewiesenen Konten den Ausgangspunkt, schließt der Abschlussprüfer unter Verwendung der entsprechenden Normen auf die wirtschaftlichen Sachverhalte zurück, die sich in den Belegen wiederfinden müssen (Soll-Objekt ist hier der wirtschaftliche Sachverhalt, der seinen Ausdruck in den Belegen findet: retrograde Vorgehensweise).

- Formelle vs. materielle Prüfung

Ferner lassen sich nach dem Prüfungszweck formelle und materielle Prüfungen unterscheiden. Formelle Prüfungen stellen auf die äußere Ordnungsmäßigkeit einschließlich der rechnerischen Richtigkeit der Rechnungslegung ab, während durch materielle Prüfungen die inhaltliche Richtigkeit und die wirtschaftliche Berechtigung des Abschlusspostens geprüft werden.

- Manuelle vs. IT-gestützte Prüfung

Nach dem Automatisierungsgrad der Prüfungstechnik sind manuelle von IT-gestützten Prüfungen abzugrenzen (vgl. Abschnitt 7.2).

- Kontinuierliche vs. diskontinuierliche Prüfung

Auch kann nach dem Kriterium „Prüfungskontinuität" zwischen kontinuierlicher und diskontinuierlicher Prüfung unterschieden werden. Im Rahmen der kontinuierlichen Prüfung wird jährlich mit der gleichen Intensität geprüft, wobei sich die Prüfung unmittelbar dem Ergebnis der vorhergehenden Prüfung anschließt. Bei der diskontinuierlicher Prüfung wird jährlich oder in mehrjährigen Abständen mit unterschiedlicher Intensität geprüft, z.B. im Rahmen mehrjähriger Prüfungspläne.

- Prüfung vor Ort vs. Fernprüfung

  Diese Unterscheidung knüpft an den Ort der Prüfungsdurchführung an.

- Angekündigte Prüfung vs. Überraschungsprüfung

  Hierbei wird nach der Vorhersehbarkeit der Prüfung bzw. des Prüfungstermins differenziert.

Die aufgeführten Klassifikationen werden in der Literatur zumeist isoliert diskutiert, obwohl zwischen ihnen zahlreiche Verbindungen bzw. Überschneidungen bestehen. So ist z.B. die Systemprüfung grundsätzlich eine indirekte Prüfung, denn es wird aus der Qualität der Verarbeitungsprozesse auf die Richtigkeit der Verarbeitungsergebnisse geschlossen. Wird jedoch die Qualität des Verarbeitungssystems mit Hilfe der Qualität von Verarbeitungsergebnissen beurteilt, so gelangen Elemente der direkten Prüfung in die Systemprüfung. Da im letztgenannten Fall gleichzeitig das System und seine Ergebnisse beurteilt werden, spricht man von einem Dual Purpose Test. Zudem sei darauf verwiesen, dass auch analytische Prüfungen eine Untergruppe der direkten Prüfung darstellen. Mitunter wird auch die Systemprüfung den indirekten Prüfungen subsumiert.

3.2 Risikomodellorientierte Prüfungsmethoden

3.2.1 Unternehmen und Umwelt

Die aktuellen Prüfungsansätze großer Wirtschaftsprüfungsgesellschaften basieren auf der Erkenntnis, dass der Jahresabschluss das Ergebnis der gesamten Geschäftstätigkeit des Mandanten ist und die strategischen und operativen Entscheidungen der Unternehmensleitung reflektiert. Demnach basieren diese Prüfungsansätze auf Kenntnissen der Geschäftstätigkeit und des wirtschaftlichen und rechtlichen Umfeldes des Mandanten, die es erlauben, Ereignisse, Geschäftsvorfälle und Abläufe zu identifizieren und zu verstehen, die eine wesentliche Auswirkung auf den Abschluss, auf die Prüfung oder den Bestätigungsbericht haben können (IDW PS 230; ISA 320). Der Abschlussprüfer verwendet diese Kenntnisse u.a. bei der Einschätzung des Fehlerrisikos, der Identifikation von Problemen und bei der Bestimmung von Art, Umfang und zeitlichem Ablauf der Prüfungshandlungen (IDW PS 230.6 f.; ISA 310.2). Damit wird explizit berücksichtigt, dass das Prüfungsrisiko des Abschlussprüfers mit dem Geschäftsrisiko des Mandanten in Zusammenhang steht.

Im Rahmen des risikoorientierten Prüfungsansatzes ist die Analyse der Geschäftstätigkeit, der Marktbedingungen und der sonstigen Umfeldfaktoren notwendig, um das inhärente Risiko einzuschätzen. Zur Beurteilung des inhärenten Risikos müssen aber nicht nur solche allgemeine makroökonomische, branchen- und unternehmensbezogene Aspekte, sondern darüber hinaus auch spezielle prüffeldbezogene Kriterien herangezogen werden. Aus diesem Grund beschäftigen sich die nachfolgenden Ausführungen nicht nur mit dem Unternehmen und dem Umfeld seiner Geschäftstätigkeit, sondern auch mit Risikofaktoren im Bereich einzelner Prüffelder.

3.2.1.1 Makroökonomische Faktoren

Die *konjunkturelle Lage* einer Volkswirtschaft beeinflusst das Fehlerrisiko. Während einer Rezession ist das inhärente Risiko wesentlich höher als in einer gesunden, wachsenden Volkswirtschaft, denn es sind z.B. Probleme beim Einzug von Kundenforderungen oder ein erhöhter Vorratsbestand und eine Verschlechterung der Altersstruktur der Vorräte zu erwarten. Des Weiteren kann sich beim Mandanten die Liquiditätslage verschlechtern, so dass dieser Zahlungen später veranlasst. Die Konsequenz ist ein Anstieg der Verbindlichkeiten und der passivischen antizipativen Rechnungsabgrenzungsposten. Aus Konjunktureinbrüchen ergibt sich u.U. eine massive Insolvenzgefährdung des Mandanten und die going concern-Prämisse (vgl. Abschnitt 4.2) wird fraglich.

Inflation ist mit einem Anstieg der Aufwendungen verknüpft, da sich eine *Erhöhung des Hauptrefinanzierungszinssatzes* in erhöhten Zinsaufwendungen niederschlägt oder bei Unternehmen, die ihre Kreditlinien ausgeschöpft haben, Liquiditätsengpässe verursacht. Auch Veränderungen des *Außenwertes der Landeswährung* wirken sich auf das inhärente Risiko aus. Die *Arbeitsmarktverhältnisse* erschweren möglicherweise die Rekrutierung qualifizierter Arbeitskräfte. Wechselkurse determinieren Mandanten mit Import- oder Exportaktivitäten. Erheblich beeinflusst werden die makroökonomischen Rahmenbedingungen von der *Fiskalpolitik* des Staates bzw. der *Geldpolitik* der Europäischen Zentralbank.

Im weiteren Sinne sind den makroökonomischen Faktoren auch die *politischen* bzw. *gesetzgeberischen Rahmenbedingungen* zu subsumieren (z.B. politische Instabilität, soziale Unruhe, neue Vorschriften zum Arbeitsschutz oder das Auslaufen der Nutzung von Atomkraftwerken, Umweltschutzgesetze).[3]

3.2.1.2 Branchenspezifische Faktoren

Informationen über die Branche des Mandanten erlangt der Abschlussprüfer aus folgenden Quellen: Publikationen über die Besonderheiten der Rechnungslegung der Branche, Jahresabschlüsse und Lageberichte anderer Unternehmen der Branche, Konsultation der jeweiligen Branchenspezialisten innerhalb der Prüfungsgesellschaft, Publikationen der Branche (die z.B. die Art der Branche beschreiben und über wirtschaftliche und politische Ereignisse berichten, die sich zum Prüfungszeitpunkt auf die Branche auswirken), staatliche Veröffentlichungen über die Branche (z.B. Branchenstatistiken) sowie Mitteilungen von Industrie- und Handelskammern, Unternehmerverbänden und Wirtschaftsvereinigungen (IDW PS 230.14; ISA 310.4 ff.).

Ein wichtiger branchenspezifischer Faktor zur Beurteilung des inhärenten Risikos ist in der *Wettbewerbsintensität* der Branche zu sehen. Es hängt von der Wettbewerbssituation ab, ob das zu prüfende Unternehmen die Möglichkeit für weiteres Wachstum hat oder ob es zur Erhaltung des Marktanteils gezwungen ist, die Verkaufspreise auf ein niedrigeres Niveau zu setzen, so dass sich möglicherweise Probleme im Rahmen der Vorratsbewertung ergeben. Von Interesse dürfte auch die Frage sein, ob der Wettbewerb durch neu hinzukommende

Konkurrenten verschärft wird oder ob Markteintrittsschranken existieren, welche die gegenwärtigen Anbieter schützen. Bei einer zunehmenden Anzahl von Anbietern steigt gleichzeitig die Wahrscheinlichkeit für obsolete Vorräte. Oft wird ein Wirtschaftszweig auch durch bestimmte Unternehmen beherrscht (entweder durch branchenzugehörige Unternehmen oder durch Lieferanten bzw. Kunden). Gerade Unternehmen in sehr wettbewerbsintensiven Branchen sind häufiger dem Druck der Kapitalgeber ausgesetzt, ein kontinuierliches Gewinnwachstum auszuweisen. Unter diesen Umständen wächst die Gefahr, dass Erträge (income) zu früh bzw. Aufwendungen (expenses) zu spät gebucht werden und damit gegen zentrale Bewertungsgrundsätze (HGB: Realisations- und Imparitätsprinzip[4]; IAS: realisation principle und matching principle) verstoßen wird.

Weiterhin ist die *wirtschaftliche Lage* des Wirtschaftszweiges zu berücksichtigen. Das inhärente Risiko ist höher, falls sich der Mandant in einer rückläufigen oder gar in einer notleidenden Branche betätigt, denn hier kann die going concern-Prämisse in Frage gestellt werden. Auch das Risiko für Falschdarstellungen durch das Management ist in einer rückläufigen Branche höher.

Häufig bestehen in ganzen Branchen (z.B. der Stahlindustrie) *Überkapazitäten*, etwa auf Grund rückläufiger Nachfrage oder zunehmendem Wettbewerb durch Importe. Unter diesen Umständen steigt die Gefahr überhöhter Vorratsbestände und damit auch die Gefahr veralteter Vorräte, woraus sich ein Abwertungserfordernis ergeben kann.

Zu den das inhärente Risiko beeinflussenden branchenspezifischen Faktoren zählt auch die *Kapitalintensität* der Branche. Je größer die Kapitalintensität ist, desto höher sind die Fixkosten im Vergleich zu den variablen Kosten und desto schneller steigen die Gewinne, wenn einmal der Break-Even-Punkt erreicht ist. Umgekehrt sind Unternehmen aus kapitalintensiven Branchen in Perioden mit sinkenden Erlösen aber auch höheren Risiken ausgesetzt. Ein weiterer die Branche betreffender Faktor des inhärenten Risikos ist in der *Stabilität der Nachfrage* zu sehen. Ist die Nachfrage größeren saisonalen Schwankungen ausgesetzt (z.B. in der Spielwarenindustrie auf Grund des Weihnachtsgeschäfts), so ist ein höheres Fehlerrisiko gegeben.

Es ist des Weiteren zu berücksichtigen, dass in bestimmten Branchen besondere Rechnungslegungsprobleme anfallen (z.B. die Bilanzierung von Finanzderivaten bei Kreditinstituten oder von unfertigen Bauten im Baugewerbe), deren Lösung oft nicht durch Normen vorgegeben ist, so dass sich das inhärente Risiko im Vergleich zu anderen Industrie-, Handels- oder Dienstleistungsunternehmen erhöht. Auch in Branchen, in denen *Verstaatlichungen* drohen, die *besonderen gesetzlichen Zwängen* unterliegen oder in denen in jüngster Zeit *illegale Handlungen* enthüllt wurden, vermutet man ein höheres Fehlerrisiko. Das Risiko des Veraltens von Vorräten ist in Wirtschaftszweigen, deren *Produkte einen kurzen Produktlebenszyklus aufweisen*, besonders hoch (z.B. High-Tech-Industrie, Mode- und Kosmetikbranche). Dort droht eine Überbewertung von obsoleten Vorräten. Bei *Kreditinstituten* ist wegen dem zumeist sehr hohen Transaktionsvolumen, der typischerweise breiten geografischen Streuung der Geschäftstätigkeit, der permanenten Entwicklung von neuen Finanzin-

3 Methoden zur Erlangung von Prüfungsnachweisen

strumenten bzw. neuen Finanzdienstleistungen mit entsprechenden Anforderungen an das Rechnungswesen, der intensiven Nutzung von IT sowie der schnellen Liquidierbarkeit, dem hohen Wert und der mangelnden körperlichen Überwachbarkeit der Vermögensgegenstände von einem erhöhten Fehlerrisiko auszugehen.[5]

3.2.1.3 Mandantenspezifische Faktoren

3.2.1.3.1 Wirtschaftliche Lage des Mandanten

Die wirtschaftliche Lage eines Unternehmens umfasst die Vermögens-, die Finanz- und die Ertragslage. Das Management eines Unternehmens mit einer schlechten wirtschaftlichen Lage ist eher versucht, Abschlusspolitik (*window dressing*) zu betreiben, d.h. ein von den tatsächlichen Verhältnissen abweichendes, besseres Bild vom Unternehmen zu zeichnen, um bestehende Schwierigkeiten zu verbergen. Eine kritische Erfolgs- und/oder Liquiditätslage führt im Extremfall zu betrügerischen Handlungen des Managements. Je stärker die Kritik von Aktionären und Finanzanalysten an der wirtschaftlichen Lage ist, desto größer ist die Motivation des Managements, den ausgewiesenen Gewinn bzw. das vom Jahresabschluss vermittelte Bild von der Finanzlage zu schönen. Umgekehrt erhöht eine sehr gute wirtschaftliche Lage das Risiko einer zu konservativen Rechnungslegung. Maßnahmen, die zu einem verbesserten Ausweis der wirtschaftlichen Lage führen, sind z.B.:

- Verbindlichkeiten werden nicht erfasst, so dass der Erfolg und die Liquidität zu günstig ausgewiesen werden;
- Warenverkäufe der Folgeperiode werden in der alten Rechnungslegungsperiode erfasst, um den Gewinn zu erhöhen;
- Wareneinkäufe der neuen Periode werden in der alten Periode erfasst, nicht jedoch die dazugehörigen Verbindlichkeiten;
- überhöhte Erfassung von Vorratsbeständen während der Inventur;
- Verkauf von Waren in der Rechnungslegungsperiode, die der Kunde im neuen Jahr (vereinbarungsgemäß) zurückgibt;
- Unterlassung von notwendigen Abschreibungen auf zweifelhafte Forderungen;
- Aufwendungen werden aktiviert, statt in der GuV verrechnet zu werden (z.B. Aktivierung von Reparatur- und Wartungsaufwand, überhöhter Ausweis von Vorräten durch die Aktivierung nicht aktivierungsfähiger Gemeinkosten wie z.B. Vertriebskosten);
- ertragswirksame Auflösung von Rückstellungen in unzulässigem Umfang;
- Verkauf von Gegenständen des Anlagevermögens zu überhöhten Preisen, die nach dem Bilanzstichtag zurückgelegt werden (Sale and Lease Back-Geschäfte).

Diese Aufstellung verdeutlicht auch, dass es nicht effektiv ist, auf Grund einer schlechten wirtschaftlichen Lage in allen Prüfungsgebieten das Ausmaß ergebnisorientierter Prüfungshandlungen zu erhöhen. Wichtig ist vielmehr die Bestimmung derjenigen Prüffelder, die im Falle einer ungünstigen Erfolgs- bzw. Finanzlage ein erhöhtes Manipulationsrisiko aufweisen.

Das inhärente Risiko ist um so höher einzuschätzen, je schlechter die Finanzlage ist. Der Mandant ist daran interessiert, im Jahresabschluss ein bezüglich der Fristigkeit möglichst ausgeglichenes Verhältnis von Vermögen und Schulden auszuweisen. Vermutet der Abschlussprüfer eine merklich verschlechterte Liquiditätslage, so muss er sich besonders solchen Ausweis- und Bewertungsfragen widmen, die das dargestellte Bild der Finanzlage beeinflussen können. Zu nennen wäre hier die Zuordnung von Vermögensgegenständen zu Positionen des Anlage- bzw. Umlaufvermögens sowie von Forderungen und Verbindlichkeiten zu den mit speziellen Fristangaben versehenen Positionen, aber auch die Bewertung der Gegenstände des Umlaufvermögens im Verhältnis zur Bewertung der Gegenstände des Anlagevermögens (wird z.B. das Umlaufvermögen überbewertet, das Anlagevermögen dagegen unterbewertet, so verbessert sich die Kennzahl Anlagendeckung (Anlagevermögen / Umlaufvermögen) und damit die im Jahresabschluss zum Ausdruck gebrachte Finanzlage). Eine zu ungünstige Darstellung der Liquiditätslage ist für den Jahresabschlussersteller ohne Nutzen. Insofern sind für den Abschlussprüfer lediglich Liquiditätsverschlechterungen von Interesse.

Ursachen für eine schlechte Erfolgslage finden sich u.a. im Beschaffungs-, Produktions- und Absatzprozess. Im *Beschaffungsbereich* wirkt sich eine Abhängigkeit von einem oder von wenigen Lieferanten negativ aus. Zur Abschätzung des inhärenten Risikos muss der Einkaufsbereich dahingehend analysiert werden, ob langfristige Verträge existieren, die Stabilität der Lieferungen gewährleistet ist, Waren aus dem Ausland importiert werden, vom Lieferanten nach Ablauf des Jahres Boni gewährt werden und besondere Lieferbedingungen (z.B. just in time) vereinbart sind.

Mit zunehmender *Komplexität des Verarbeitungsprozesses* steigt das inhärente Risiko. In engem Zusammenhang damit steht das erhöhte Fehlerrisiko bei langen betrieblichen Durchlaufzeiten. Für die Beurteilung der Erfolgslage ist auch die Höhe und die Zusammensetzung der Herstellungskosten, d.h. das Verhältnis von Materialeinzelkosten, Fertigungslöhnen und Gemeinkosten von Bedeutung. Daneben sind auch die Produktionsverfahren und die Entlohnungsmethoden relevant. Für die im Produktionsprozess verwendete Kapitalausstattung gilt, dass aus einer höheren Kapitalintensität ein höheres Risiko folgt. Schließlich ist die Frage zu beantworten, ob die Fabrikation in der Lage ist, eingegangene Lieferverpflichtungen zu erfüllen.

Ein wichtiger Bestimmungsfaktor der Ertragslage ist in der *Art der Produkte* und *Dienstleistungen* des zu prüfenden Unternehmens zu sehen. Dabei ist eine breite Produktpalette zumeist mit weniger Risiken behaftet, als wenn das Unternehmen vom Markterfolg eines oder weniger Produkte abhängt. Wichtig ist auch die Lage des Produkts im *Produktlebenszyklus*.

Der Prüfer sollte ferner untersuchen, inwieweit *Produktmängel* zu Reklamationen geführt haben, denn damit sind Bewertungsrisiken bei Vorräten verknüpft und es besteht die Gefahr, dass die aus Reklamationen resultierenden Erlösschmälerungen bei der Forderungsbewertung unberücksichtigt bleiben.

Negativ wirkt sich für die Erfolgslage des Weiteren ein *Nachfragerückgang nach den Produkten* des Mandanten aus. Ein solcher Nachfragerückgang kann beispielsweise auf ein technologisches Veralten von Produkten und Dienstleistungen zurückzuführen sein. Überalterte Produkte führen nicht nur zu Ertragseinbußen, sondern mindern auch den Wert von Vorräten, so dass in dieser Konstellation der Angemessenheit der Abschreibungen auf Vorräte besondere Aufmerksamkeit zu widmen ist. Die Erfolgslage wird nicht nur durch ein verringertes Absatzvolumen, sondern auch durch eine *eingeschränkte Absatzqualität* (z.B. durch erhöhtes Kreditrisiko, Verzicht auf Eigentumsvorbehalte, nicht kostendeckende Absatzpreise, verringerte Gewinnspannen) negativ beeinflusst.

Ähnlich wie auf der Beschaffungsseite liegt auch auf der *Absatzseite* ein erhöhtes Risiko vor, falls der Mandant nur wenige Großkunden hat, von denen er wirtschaftlich abhängig ist. Positiv wirkt sich dagegen eine Monopolsituation aus, d.h. eine Abhängigkeit der Kunden von den Leistungen des Mandanten. Demgegenüber fördert eine zu rasche Ausdehnung des Kundenstammes das Risiko, denn sie resultiert zumeist in einer Einschränkung von Kreditprüfungen und schlägt sich so möglicherweise in Forderungsausfällen nieder. Gleiches gilt, falls der Mandant einen großen Teil seiner Produkte ins Ausland verkauft. Des Weiteren beeinflusst die Saisonalität des Geschäfts das inhärente Risiko. Eine stabile Nachfrage ist günstiger als saisonale Schwankungen. Während der Saisonspitze müssen häufig Aushilfskräfte eingestellt werden, auch das Buchführungspersonal leistet Überstunden und ist überlastet. Diese Sachverhalte vermögen, Fehler zu verursachen. Als letzter Aspekt der Absatzseite sei die Nachfrageelastizität genannt. Je unelastischer die Nachfrage, desto stabiler sind die Erträge.

Mit rückläufiger Ertragslage steigt das inhärente Risiko. Man darf unterstellen, dass die Unternehmensleitung nicht nur einen positiven, sondern auch einen tendenziell gleichbleibenden oder sich stetig verbessernden Erfolgsausweis anstrebt. Eine *Manipulation des Erfolgsausweises* ist immer dann zu erwarten, wenn das tatsächlich erzielte Ergebnis des Mandanten wesentlich über oder unter dem zum Ausweis gewünschten Ergebnis liegt. Für den Abschlussprüfer sind des Weiteren auch *Veränderungen der Erfolgsstruktur* von Bedeutung. Bei einem Rückgang des ordentlichen Betriebserfolgs dürfte das Management daran interessiert sein, diesen möglichst hoch auszuweisen, um eine Strukturverschlechterung des Unternehmensgesamterfolges (d.h. eine Verringerung des Anteils des Betriebserfolgs am Gesamterfolg zu Gunsten des Finanz- bzw. des außerordentlichen Erfolges) nicht so sehr in Erscheinung treten zu lassen.

3.2.1.3.2 Art des Unternehmens

Die Art eines Unternehmens wird durch mehrere Aspekte bestimmt: Rechtsform, Entwicklungsgrad, Wachstum, Organisationsstruktur, Anzahl der Standorte und Alter.[6]

Der Abschlussprüfer muss sich fragen, wer die wesentlichen *Eigentümer* sind und wie hoch ihr Anteil am Eigenkapital ist, d.h. er muss die Eigentümerstruktur analysieren. In einem Unternehmen mit begrenztem Eigentümerkreis ist das inhärente Risiko höher einzustufen als in einem Unternehmen mit einer breiteren Eigentümerbasis, denn Erstere tendieren zu nur eingeschränkten internen Kontrollen. Eigenkapitalinteressen des Managements erhöhen das Risiko. Von Bedeutung ist auch der Grad des Einflusses der Eigentümer. Eine aktive Rolle der Eigentümer im Unternehmen reduziert das Fehlerrisiko, weil damit eine Überprüfung der Geschäfte und eine Überwachung des Managements und des Personals verknüpft ist. Probleme ergeben sich jedoch, falls es den Eigentümern möglich ist, interne Kontrollen zu umgehen. Eng mit der Eigentümerproblematik verknüpft ist die Frage nach der *Rechtsform* des Mandanten. Kapitalgesellschaften weisen den Vorteil auf, dass zumeist Aufsichtsgremien existieren, die bereits vorab Prüfungen durchführen.

Mitunter findet sich der Hinweis, dass das Fehlerrisiko in *schnell wachsenden Unternehmen* erhöht sei, weil dort das interne Kontrollsystem nicht mehr zur Unternehmensgröße passe.[7]

Mit zunehmender *Komplexität* des Unternehmens steigt das Fehlerrisiko. Die Komplexität eines Unternehmens bestimmt sich u.a. aus der Organisationsstruktur und der Anzahl der Standorte. Je dezentralisierter und diversifizierter ein Unternehmen ist, desto höher ist das Risiko, denn mit wachsender Dezentralisierung steigt die Anzahl der zu überwachenden Entscheidungszentren. Als weitere wichtige Aspekte der Organisationsstruktur werden die Anzahl an Hierarchieebenen (eine flache Struktur ermöglicht eine intensive Kontrolle durch das obere Management) und hiermit in einem engen Zusammenhang stehend die Kontrollspanne des Managements (ab einer bestimmten Zahl an Mitarbeitern ist keine wirksame Kontrolle mehr möglich) genannt. Aufbau- und Ablauforganisation haben Einfluss auf die Höhe des inhärenten Risikos. Bestehen z.B. Unklarheiten über Aufgaben, Kompetenz und Verantwortung einzelner Stellen, so wird dadurch das Risiko etwaiger Manipulationen erhöht, da solche Unklarheiten tendenziell Unterschlagungen und Veruntreuungen (vgl. hierzu Abschnitt 4.1) erleichtern. Des Weiteren kann eine schlechte unzweckmäßige Organisation leicht zur Überlastung einzelner Mitarbeiter führen und dadurch die Wahrscheinlichkeit für das Auftreten von Fehlern erhöhen. Schließlich beeinträchtigen unzweckmäßige und ineffiziente Aufbau- und Ablauforganisationen in der Regel auch die Produktivität einer Unternehmung mit entsprechend negativen Auswirkungen auf die wirtschaftliche Lage.

Eine hohe *Anzahl von Standorten* spricht für ein höheres inhärentes Risiko. Dies gilt um so mehr, je stärker die geografische Streuung der Standorte ist, insbesondere dann, wenn Standorte im Ausland liegen. Zur Beurteilung des Risikos muss die Bedeutung und die Funktion des Standorts (Produktion, Verwaltung, Verkaufsniederlassung) berücksichtigt werden.

Junge Unternehmen geraten eher in wirtschaftliche Schwierigkeiten als etablierte Unternehmen. Die Insolvenzanfälligkeit sinkt mit zunehmendem *Alter* des Unternehmens. Insofern sind ältere Unternehmen im Allgemeinen mit geringeren Risiken behaftet.

3.2.1.3.3 Größe des Unternehmens

Das *Fehlerrisiko kann mit zunehmender Unternehmensgröße sinken*, weil dort eine Kumulation mehrerer Funktionen in einer Person eher vermeidbar ist, fehlerreduzierende Hilfsmittel (z.B. IT) in größerem Umfang eingesetzt werden, prozessabhängige und prozessunabhängige unternehmensinterne Prüfungen vermehrt stattfinden, das Personal höher qualifiziert ist, die Managementaufgaben auf mehrere Köpfe verteilt sind (so dass es zumeist Interessengegensätze gibt, die Manipulationen erschweren) und es ab einer bestimmten Unternehmensgröße unerlässlich ist, in allen Bereichen Pläne aufzustellen, die als zusätzliche Kontrollinstrumente wirken. Des Weiteren steigt mit der Unternehmensgröße die Zahl der Prüfungsgegenstände und die Bedeutung des einzelnen Prüfungsgegenstands für das Gesamtergebnis nimmt ab.

Umgekehrt kann das *Fehlerrisiko mit zunehmender Unternehmensgröße* auch *steigen*, weil der zunehmende Spezialisierungsgrad Kontrollen erschwert oder weil wegen der größeren Anzahl von Geschäftsvorfällen verstärkt neuartige Geschäftsvorfälle auftreten, die stärker fehlergefährdet sind. In einem kleinen Unternehmen mit nur einer Hierarchieebene kontrolliert der Eigentümer die Geschäftstätigkeit primär durch direkte Überwachung. Bei größeren Unternehmen ist es auf Grund natürlicher Grenzen der Leitungsspanne unmöglich, sämtliche Aktionen aller Untergebenen unmittelbar zu kontrollieren. Delegation wird erforderlich und es entstehen mehrstufige Hierarchien, die eventuell zu einen Kontrollverlust führen (z.B. auf Grund der verschlechterten Beobachtbarkeit von Aktionen, einer verzerrten Kommunikation durch Kodierung, einer Nicht-Weitergabe von Informationen an Vorgesetzte, Informationsfiltrierung). Diese Gefahr ist um so größer, je größer die Distanz zwischen Top-Management und der ausführenden Ebene bzw. je länger die Befehlskette ist.

3.2.1.3.4 Integrität und Qualität des Managements

Bei fehlender Integrität des Managements steigt die Gefahr für wesentliche Fehler im Jahresabschluss. Bewusste Fehler des Managements (vgl. auch Abschnitt 4.1) sind gravierender als betrügerische Handlungen des Personals, denn sie umfassen eher einen wesentlichen Betrag. Das Management verfügt häufig über die Möglichkeit, interne Kontrollen zu umgehen, und bei Falschdarstellungen des Managements besteht ein Interessenkonflikt zwischen Management und Prüfer in Bezug auf die Aufdeckung. Insofern muss der Abschlussprüfer besonders auf Versuche des Managements achten, die Vermögens-, Finanz- und Ertragslage falsch auszuweisen. Nicht immer sind bewusste Fehler des Managements offensichtlich, denn im Einzelfall mag es schwierig sein, zwischen Täuschungen und Beurteilungsfehlern zu unterscheiden.

Für die Unternehmensleitung existieren vielfältige *Anreize für bewusste Fehler*. Sie reichen von persönlichen Bereicherungsabsichten (z.B. über Prämien oder Gewinnbeteiligungen) bis zur Sorge über die Sicherheit der Position. Unterschiedliche Fehler können durch die wirtschaftliche Lage des Mandanten verursacht werden. Ungünstig wirkt sich aus, wenn das Management unter dem Druck steht, Zielvorgaben zu erfüllen, vor allem wenn diese auf zu optimistischen Gewinnprognosen basieren. In einer stabilen oder einer prosperierenden Volkswirtschaft wirkt ein erwartetes Gewinnwachstum ebenso als Auslöser für bewusste Fehler des Managements wie die Notwendigkeit, in einer Rezession zu überleben. Weitere Motive liegen in der Notwendigkeit, jüngste Akquisitionen rechtfertigen zu müssen, dem Erfordernis, ein bestehendes Dividendenniveau zu erhalten, dem Wunsch, einen hohen Börsenkurs zu erhalten bzw. den gegenwärtigen Börsenkurs zu verbessern, der Absicht, das Unternehmen oder Unternehmensteile zu verkaufen oder in dem Bestreben, die Besicherungsmöglichkeiten zu verbessern. Bewusste Fehler können schließlich auch dem Zweck dienen, Unehrlichkeiten des Managements zu verbergen. In diesem Zusammenhang stellen private finanzielle Probleme eines Managers ein besonderes Risiko dar.

Besteht eine direkte Beziehung zwischen der Bezahlung des Managers und dem im Jahresabschluss ausgewiesenen Gewinn, so *erhöht sich das Risiko eines überhöhten Erfolgsausweises*, falls der Manager die Abschlusspolitik beeinflussen kann. Des Weiteren wird die Unternehmensleitung bestrebt sein, den Gewinn zu glätten, um einen gleichmäßigen Trend (z.B. ein kontinuierliches Gewinnwachstum) zu erreichen und damit ihr persönliches Einkommen zu optimieren. Die durch eine Gewinnbeteiligung der Unternehmensleitung ausgelöste Erhöhung des inhärenten Risikos dürfte stärker sein, falls Anzeichen für persönliche finanzielle Schwierigkeiten von Managern vorliegen (Schulden, unangemessener Lebensstil im Vergleich zum Einkommen, Börsenspekulationen, Spielleidenschaft u.a.).

Besitzt das Management Aktien des zu prüfenden Unternehmens oder Kaufoptionen auf solche Aktien, so ist ein weiteres, allerdings für den Abschlussprüfer nur schwer oder überhaupt nicht zu ermittelndes Motiv für den Ausweis zu hoher Gewinne gegeben, denn hinter dem Ausweis überhöhter Gewinne steht in diesem Fall das Ziel, den Kurs der Aktie nach oben zu manipulieren und dadurch finanziell zu profitieren.

Die Wahrscheinlichkeit für Fehler steigt mit zunehmender *Fluktuationsrate* im Management (vor allem bei Führungskräften im Rechnungswesen) und mit abnehmender *Kompetenz* und *Reputation* des Managements (einschließlich einer mangelnden Kreditwürdigkeit und eines fragwürdigen oder gar kriminellen Hintergrunds).

Zu den Rahmenbedingungen, die bei der Beurteilung des Fehlerrisikos beachtet werden sollten, zählt auch das Ausmaß, in dem der Jahresabschluss Gegenstand für einen *dominierenden Einfluss eines Managers* ist. Falls der Entscheidungsprozess von einer Person dominiert wird (vgl. auch Abschnitt 8.1), besteht Anlass zur eingehenden Prüfung. Ein kooperativer Führungsstil, eine geschickte Aufgabendelegation und die Vorgabe klar umrissener Ziele trägt zur Verminderung der Fehlerrisiken bei.

Eine wichtige Rolle spielt das *Verhältnis zwischen dem Management und dem externen Prüfer*, das seinen Ausdruck z.B. im Auftreten von Meinungsverschiedenheiten, aber auch in der Häufigkeit, mit der das Management den Abschlussprüfer kontaktiert, findet. Je geringer das *Risikobewusstsein* und das *Kontrollbewusstsein* im Management ausgeprägt sind, desto höher wird die Wahrscheinlichkeit für Fehler und Fehleinschätzungen.

Neben der Unternehmensleitung sind aber auch die Aufsichtsgremien von Bedeutung. So sollte sich der Abschlussprüfer u.a. über deren Zusammensetzung, das geschäftliche Ansehen und die Erfahrung der einzelnen Mitglieder sowie deren Unabhängigkeit von der Unternehmensleitung Kenntnisse verschaffen (IDW PS 230 Anhang; ISA 310.appendix).

3.2.1.3.5 Qualität des Personals

Die Qualität der im Rechnungswesen tätigen Mitarbeiter wird durch deren *Leistungsbereitschaft* und deren Leistungsfähigkeit bestimmt. Faktoren, welche die Leistungsbereitschaft beeinflussen, liegen im Menschen selbst (z.B. Charakter, physische und psychische Faktoren) oder außerhalb des Individuums (z.B. Arbeitsbedingungen, Betriebsklima). Eine geringe Motivation der Angestellten erhöht das Fehlerrisiko, insbesondere im Extremfall, dass die Mitarbeiter innerlich bereits gekündigt haben. Mangelnde Motivation schlägt sich zudem in verstärkter Abwesenheit nieder, die sich ebenfalls negativ auf das inhärente Risiko auswirkt. Die *Leistungsfähigkeit* des Personals hängt von Intelligenz, Fertigkeiten, Ausbildung und Erfahrung der Mitarbeiter, aber auch von den betrieblichen Rahmenbedingungen (z.B. Ausstattung des Arbeitsplatzes) ab. Eine sorgfältige Rekrutierung und eine stetige Weiterbildung der Arbeitskräfte steigert deren Leistungsfähigkeit. Muss unter Zeitdruck gearbeitet werden oder werden Aushilfskräfte beschäftigt, nimmt die Fehlerwahrscheinlichkeit zu. Führt eine zu knappe Personalausstattung dazu, dass Mitarbeiter Überstunden leisten oder gar den Urlaub absagen müssen, werden deren Leistungsbereitschaft und deren Leistungsfähigkeit gleichermaßen beeinträchtigt. Eine hohe *Fluktuation* des im Rechnungswesen tätigen Personals erhöht ebenfalls die Wahrscheinlichkeit für Fehler.

3.2.1.3.6 Prüfungserfahrungen mit dem Mandanten

Ein häufig genannter Bestimmungsfaktor des inhärenten Risikos sind die in den Arbeitspapieren dokumentierten Informationen und die Ergebnisse der *Vorjahresprüfungen*, insbesondere die der letzten Jahresabschlussprüfung. Die Erfahrungen des Abschlussprüfers bei früheren Jahresabschlussprüfungen im gleichen Unternehmen und vor allem Häufigkeit, Art, Ursache und Höhe der dabei aufgedeckten Fehler liefern Belege über die Fähigkeit des Mandanten, zuverlässige Jahresabschlüsse zu erstellen.

Für die Beurteilung des inhärenten Risikos ist es auch von Bedeutung, ob es sich um eine Erstprüfung oder um eine Folgeprüfung handelt. Wegen der schlechteren Informationsbasis wird das inhärente Risiko bei einem neuen Mandanten tendenziell höher eingeschätzt.

Bei einer Erstprüfung sind zwei Situationen voneinander zu unterscheiden: Das Unternehmen wird überhaupt zum ersten Mal geprüft oder es hat ein *Prüferwechsel* stattgefunden. Im ersten Fall muss sich der Prüfer auf seine subjektiven Erwartungen über die Klasse von Mandanten stützen, welcher der neue Mandant angehört (z.B. Banken, schnell wachsendes Unternehmen). Solche Erwartungen sind das Ergebnis bisheriger direkter oder indirekter Erfahrungen mit vergleichbaren Unternehmen. Fand dagegen ein Prüferwechsel statt, so bilden die Prüfungsunterlagen des Vorprüfers eine zusätzliche Informationsquelle. Für die Beurteilung des inhärenten Risikos ist es in diesem Fall von Interesse, die Gründe für den Prüferwechsel zu eruieren und insbesondere festzustellen, ob zwischen Mandant und Prüfer Meinungsverschiedenheiten über Fragen der Rechnungslegung auftraten.

3.2.1.3.7 Sonstige mandantenspezifische Faktoren

Existieren *Pläne zum Verkauf* des Unternehmens bzw. wesentlicher Unternehmensteile *oder für eine bedeutsame Erhöhung des Eigen- oder Fremdkapitals* (z.B. durch ein Going Public), muss der Abschlussprüfer mit einer höheren Fehlerwahrscheinlichkeit rechnen. In diesen Situationen wird der Eigentümer bzw. die Unternehmensleitung bestrebt sein, die Lage des Unternehmens möglichst günstig darzustellen, um einen hohen Verkaufspreis zu erzielen bzw. potenzielle Kapitalgeber zu motivieren, Eigen- oder Fremdkapital zur Verfügung zu stellen. Gleiches gilt für *geplante Fusionen* oder einen *geplanten Management Buy-Out* (Übernahme des Unternehmens durch das eigene Management). Da das Management an einem günstigen Kaufpreis interessiert ist, besteht ein Interesse daran, die Vermögens-, Finanz- und Ertragslage des Unternehmens eher ungünstiger darzustellen.

Ein weiterer Faktor, der ein gestiegenes inhärentes Risiko anzeigen kann, sind *Änderungen in der Abschlusspolitik*. Wenn das bilanzierende Unternehmen z.B. bei der Bewertung der fertigen Erzeugnisse plötzlich zusätzliche Gemeinkostenbestandteile einbezieht (ein Wahlrecht zur Einbeziehung von Gemeinkosten in die Herstellungskosten besteht nur nach HGB; nach den IAS 2.10 f., IAS 23 müssen produktionsbedingte Gemeinkosten aktiviert werden, wogegen für nicht produktionsbezogene Gemeinkosten ein Aktivierungsverbot besteht), so kann das Motiv hierfür in dem Bedürfnis eines verbesserten Ausweises der wirtschaftlichen Lage liegen. Risikomindernd wirkt sich die Existenz von Maßnahmen zum Erkennen bewusster oder unbewusster Fehler des Managements im Rechnungswesen aus. Gleiches gilt, falls die Empfehlungen interner und externer Prüfer berücksichtigt werden.

3.2.1.4 Prüffeldspezifische Faktoren

3.2.1.4.1 Art und Verwertbarkeit des Vermögensgegenstands

Das inhärente Risiko ist um so höher, je anfälliger Vermögenswerte für *Diebstahl und Unterschlagung* sind, denn damit steigt die Wahrscheinlichkeit, dass in der Bilanz Vermögenswerte ausgewiesen werden, die der Gesellschaft bereits entzogen wurden. Die Diebstahls- und Unterschlagungsgefahr wird wiederum durch folgende Eigenschaften der Vermögenswerte bestimmt:

- Wert,
- Liquidität (d.h. der Schnelligkeit, mit der ein Vermögenswert in Geld umgewandelt werden kann),
- Attraktivität (z.B. Zigaretten, Kosmetika, Videorecorder),
- Größe,
- Austauschbarkeit und
- Mobilität (Grundstücke und Gebäude, aber auch technische Anlagen und Maschinen sind weniger gefährdet).

Die Existenz von *Schutzeinrichtungen* für die Vermögenswerte (Zugangsbeschränkungen, Zugangskontrollen, Sicherung durch Verschluss, Zäune und Gitter, Alarmanlagen, Einsatz von Nachtwächtern, Kontrolle des Personals bei Verlassen des Werksgeländes) mindert das Risiko. Gleiches gilt – wegen der minimalen Zugriffsmöglichkeiten – für vollautomatische Hochregallager. Gleichzeitig werfen diese Systeme aber auch neue Risiken auf oder geben altbekannten Risiken neue Dimensionen. Vollautomatisierte Lager, bei denen der Lagerverantwortliche keinen persönlichen Kontakt mit der Ware hat, bergen die Gefahr, dass EDV-Daten bewusst manipuliert werden, um Fehler zu kaschieren.

Besondere Fehlerrisiken bestehen bei *Vermögenswerten, die für Verluste anfällig* sind. Dazu zählen, neben den diebstahlgefährdeten Gütern, Vermögenswerte, die wegen eines raschen technischen Fortschritts schnell veralten (z.B. Personalcomputer), Erzeugnisse, deren Verwertbarkeit durch die Mode beeinflusst wird, sowie Waren mit ins Gewicht fallenden unkontrollierbaren Abgängen durch Verderb, Verdunsten, Abrieb u.Ä. Vorräte sind anfälliger für Wertminderungen als andere Vermögenswerte. Als eine weitere potenzielle Ursache für Wertminderungen ist die Sensibilität eines Vermögenswertes für Kurs- und Währungsrisiken zu nennen. Mit zunehmender Wahrscheinlichkeit für Wertminderungen wächst die Gefahr, dass Vermögenswerte noch zu ursprünglichen Wertansätzen ausgewiesen werden, die weit über den tatsächlichen Werten liegen (sowohl HGB als auch IAS/IFRS verlangen den Ansatz von Marktwerten, sofern diese die fortgeführten Anschaffungs- oder Herstellungskosten unterschreiten).

Bei bestimmten Vermögenswerten (z.B. Devisen, Wertpapiere) ist ein höheres inhärentes Risiko anzunehmen, weil sie *Gegenstand von Spekulationsgeschäften* sein können. Ein höheres Fehlerrisiko ist auch in solchen Prüffeldern gegeben, in denen *für Bewertungszwecke Spezialkenntnisse* (z.B. versicherungsmathematische Kenntnisse im Zusammenhang mit Pensionsrückstellungen) benötigt werden. Schließlich bedingen auch *alte Positionen* (z.B. überfällige Forderungen) eine hohe Fehlerwahrscheinlichkeit.

3.2.1.4.2 Komplexität der Berechnungen, Schätzungen, Ermessensspielräume

Prüffelder, die *komplexe Berechnungen* erfordern (z.B. hinsichtlich der Zurechnung von Gemeinkosten), haben eine höhere Wahrscheinlichkeit, wesentliche Fehler zu enthalten, als Prüffelder, die durch einfache Berechnungen bestimmt sind (zur Prüfung von geschätzten Werten vgl. Abschnitt 3.4.3).

Viele Jahresabschlussinformationen sind nicht präzise messbar, sondern nur auf der Basis aktuell verfügbarer Informationen geschätzt worden (z.B. Forderungsausfälle, Obsoleszens von Vorräten, Nutzungsdauer abnutzbarer Vermögensgegenstände, Fertigungsgrad bei Bauunternehmen, Schadensrückstellungen bei Versicherungsunternehmen, Garantierückstellungen). Die Begründungen hierfür sind die mit Unsicherheit behaftete Geschäftstätigkeit und Jahresabschlusserstellung. Prüffelder, die auf *Schätzungen* beruhende Beträge enthalten, weisen ein höheres inhärentes Risiko auf als solche, die auf faktischen Daten basieren. Dies lässt sich mit der subjektiven Natur dieser Schätzungen, der Unvorhersehbarkeit zukünftiger Ereignisse sowie dem für die Schätzungsdurchführung erforderlichen Sachverstand erklären. Besonders kritisch sind Schätzungen, die eine ungewöhnlich große Bedeutung haben oder bei denen ein breites Methodenspektrum anwendbar ist (z.B. Forderungsausfälle, Garantierückstellungen). Ermessensspielräume (z.B. hinsichtlich der Frage, ob eine Verpflichtung hinreichend konkret ist, um passiviert zu werden) werfen vergleichbare Probleme auf.

Fehlurteile resultieren mitunter auch daraus, dass der Bilanzierende *bei der Anwendung von Abschlusserstellungsnormen Fehler begeht.* Solche Fehler sind vor allem möglich, wenn ein Problem erstmals beim Mandanten auftaucht (z.B. eine Reparatur kommt erstmals vor und die angefallenen Kosten werden aktiviert statt erfolgswirksam verbucht), wenn sich für ein Problem noch keine Normen entwickelt haben (z.B. bzgl. der handelsrechtlichen Behandlung innovativer Finanzierungsinstrumente) oder wenn sich die Normen geändert haben (so wurden z.B. mit IAS 39 die Möglichkeiten für das Hedge Accounting bei Finanzinstrumenten stark eingeschränkt). Die Fehlerwahrscheinlichkeit steigt mit zunehmender Anzahl und Größe der Spielräume und Signifikanz der Ermessensspielräume des Mandanten bzgl. Anwendung und Auslegung von Normen.

3.2.1.4.3 Art der Transaktionen

Große, komplexe und ungewöhnliche Transaktionen sowie Transaktionen mit verbundenen Unternehmen werfen in dem betreffenden Prüffeld ein erhöhtes inhärentes Risiko auf, insbesondere wenn diese Transaktionen nahe am Abschlussstichtag vorgenommen werden:

- Die Abbildung *komplexer Geschäftsvorfälle* im Rechnungswesen ist mit höherer Wahrscheinlichkeit fehlerhaft als die Abbildung einfacher Geschäftsvorfälle, denn es bestehen mehr Möglichkeiten, Fehler zu begehen.

- *Ungewöhnliche Transaktionen* (z.B. Kauf oder Verkauf von Unternehmensteilen, Kauf oder Verkauf von Immobilien, Kapitalerhöhungen) weisen ebenfalls eine höhere Fehlerwahrscheinlichkeit auf, da keine routinemäßigen Verarbeitungsvorgänge existieren und die Verarbeitung häufig spezielle Kenntnisse erfordert. Prüffelder, die durch routinemäßig verarbeitete und laufend wiederkehrende Transaktionen gekennzeichnet sind und viele unbedeutende Geschäftsvorfälle enthalten, weisen ein geringeres inhärentes Risiko auf als Prüffelder mit nicht-routinemäßig bearbeiteten, selten wiederkehrenden und wenigen aber bedeutsamen Geschäftsvorfällen. Das Risiko wesentlicher Fehler ist in den Routineverarbeitungen (z.B. Einkäufe, Verkäufe, Zahlungseingänge, Zahlungsausgänge) relativ niedrig, da ihr Ablauf in der Regel stark formalisiert ist (d.h. sie lassen dem Bearbeiter wenig Spielraum) und sie durch ein System manueller und automatisierter interner Kontrollen überwacht werden. *Nicht-routinemäßige Verarbeitungsvorgänge* kommen nicht ständig vor (z.B. Bestandsaufnahme, Währungsumrechnung, Bilanzierung von Leasinggeschäften, Bildung von Umweltschutzrückstellungen) und sind meist weniger formalisiert und kontrolliert, weshalb das Fehlerrisiko hier höher einzustufen ist. Sie sind auch manipulationsanfälliger, da der Einzelvorgang erfahrungsgemäß eine größere Bedeutung hat.

- *Transaktionen mit verbundenen Unternehmen* werden häufig nicht mit der üblichen Strenge kontrolliert. Zudem besteht die Gefahr, dass sie ausschließlich abschlusspolitischen Zielen dienen, also ohne ökonomische Substanz sind. Auch *Transaktionen mit anderen verbundenen Parteien* (z.B. Eigentümern und Managern sowie deren Familien) sind mit einem erhöhten inhärenten Risiko behaftet. Gleiches gilt für *Transaktionen, an denen das Management in ungewöhnlichem Maße beteiligt* ist und die zu einem direkten oder indirekten Nutzen für das Management führen (zur Prüfung von Beziehungen zu wirtschaftlich nahe stehenden Personen vgl. IDW EPS 255; ISA 550 sowie Abschnitt 8.4).

Kritisch zu betrachten sind auch solche *Positionen, deren Ermittlung einige Zeit zurückliegt und die auf den Bilanzstichtag fortgeschrieben wurden* (z.B. bei vorverlegter Stichtagsinventur). Eine erhöhte Fehlerwahrscheinlichkeit liegt schließlich auch dann vor, wenn das Prüffeld *Null- oder Negativpositionen* enthält (vgl. auch Abschnitt 7.2.5).

3.2.1.4.4 Bedeutung des Prüffeldes

Mit abnehmender Bedeutung eines Prüffeldes (vgl. Abschnitt 1.3) sinkt das inhärente Risiko. Die Bedeutung hängt in erster Linie von der *wertmäßigen Größe* des Prüffeldes ab. Je größer ein Prüffeld, desto größer sein Einfluss auf die Finanz- und/oder Ertragslage des Unternehmens und desto größer kann ein Fehler sein, d.h. mit zunehmender Größe des Prüffeldes steigt die Wahrscheinlichkeit für wesentliche Fehler. Neben der Größe beeinflussen aber auch die Anzahl und das Volumen der Transaktionen, die im Laufe des Geschäftsjahres im Prüffeld anfallen, dessen Bedeutung. Wichtige Prüffelder sollten während der Prüfung eine erhöhte Aufmerksamkeit erfahren.

3.2.2 Systemprüfung

3.2.2.1 Begriff, Ziele und Grundsätze des internen Kontrollsystems

Das *interne Kontrollsystem* (IKS) umfasst alle von der Unternehmensleitung festgelegten Grundsätze, Maßnahmen und Verfahren, die gerichtet sind auf die organisatorische Umsetzung der Entscheidungen der Unternehmensleitung (IDW PS 260.5)

- zur Sicherung der Wirksamkeit und Wirtschaftlichkeit der Geschäftsführung,
- zur Ordnungsmäßigkeit und Verlässlichkeit der internen und externen Rechnungslegung sowie
- zur Einhaltung der für das Unternehmen maßgeblichen rechtlichen Vorschriften.

Das IKS besteht aus Regelungen zur Steuerung der Unternehmensaktivitäten (internes Steuerungssystem)[8] und Regelungen zur Überwachung der Einhaltung dieser Regelungen (internes Überwachungssystem). Beim internen Überwachungssystem ist zwischen prozessintegrierten Überwachungsmaßnahmen (organisatorische Sicherungsmaßnahmen, Kontrollen) und prozessunabhängigen Überwachungsmaßnahmen, die vor allem von der Internen Revision (vgl. Kapitel I, Abschnitt 1.2.4) durchgeführt werden, zu unterscheiden. Daneben können sonstige prozessunabhängige Überwachungsmaßnahmen festgelegt sein (z.B. in Form von high level-controls, die im besonderen Auftrag der gesetzlichen Vertreter oder durch diese selbst vorgenommen werden). Das Risikomanagementsystem ist ein Teilbereich des IKS (zu dessen Prüfung vgl. Abschnitt 8.2). Abb. II.3-2 fasst die Regelungsbereiche des IKS zusammen.

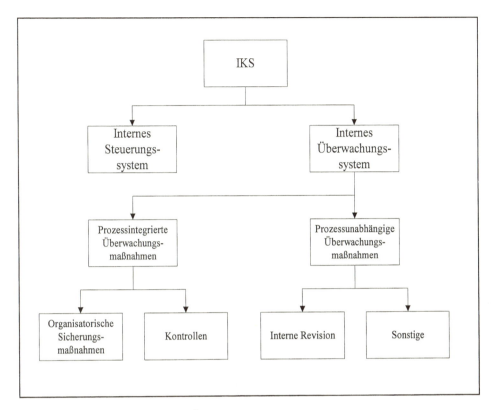

Abb. II.3-2: Regelungsbereiche des IKS⁹

Im Rahmen der Abschlussprüfung muss sich der Abschlussprüfer nur insoweit mit den Grundsätzen und Verfahren des Rechnungslegungs- und internen Kontrollsystems befassen, wie diese rechnungslegungsrelevant sind (ISA 400.9).

Interne Kontrollmaßnahmen des Rechnungslegungssystems dienen u.a. zur Erreichung folgender Ziele (IDW PS 260.8; ISA 400.13):

- Abwicklung von Geschäftsvorfällen in Übereinstimmung mit der generellen oder speziellen Ermächtigung der Unternehmensleitung;
- vollständige und zeitnahe Erfassung aller Geschäftsvorfälle und anderer Sachverhalte in der richtigen Höhe, auf den richtigen Konten und in der zugehörigen Abschlussperiode, um die Erstellung des Abschlusses in Übereinstimmung mit dem bestimmten Rechnungslegungskonzept (z.B. HGB oder IAS/IFRS) zu gewährleisten;
- Vollständigkeit und Richtigkeit der Buchführungsunterlagen;

- Durchführung von Inventuren in angemessenen Zeitabständen und Einleitung entsprechender Maßnahmen bei festgestellten Abweichungen;
- zeitnahe und vollständige Bereitstellung verlässlicher und relevanter Informationen.

Das IKS soll in erster Linie die Entstehung von Fehlern in der Buchführung verhindern. Zudem enthält ein wirksames IKS auch Einrichtungen, die dazu dienen, bereits aufgetretene Fehler aufzudecken und zu korrigieren. Der Realisierung der mit dem IKS angestrebten Ziele dienen die folgenden organisatorischen Grundsätze:

- Für die Organisation der Aufgabenbildung und der Aufgabenverteilung gilt der *Grundsatz der Funktionstrennung,* wonach dispositive, ausführende und überwachende Funktionen[10] nicht durch alle Bearbeitungsstufen von einer Person ausgeführt werden dürfen. Dieser Grundsatz beinhaltet zwangsläufig eine Kontrollwirkung, da mindestens zwei Personen an der Bearbeitung eines Geschäftsvorfalles beteiligt sind. Eine klare Abgrenzung von Zuständigkeit und Verantwortung soll schriftlich in Dienstanweisungen festgehalten werden. Die Aufgaben sind so auf die Mitarbeiter zu verteilen, dass ein Mitarbeiter nur eine bestimmte Teilaufgabe übernimmt und bei deren Ausführung zugleich überwacht, ob vorgeschaltete Funktionsstellen korrekt tätig geworden sind. Durch die Funktionstrennung soll insbesondere vermieden werden, dass einzelne Personen die Möglichkeit haben, Vermögensschädigungen zu begehen und diese zu verschleiern. Mit abnehmender Unternehmensgröße wird es schwerer, die Funktionstrennung immer konsequent einzuhalten.

- Das *Prinzip der Kompetenzbündelung* stellt das notwendige Gegenstück zur Funktionstrennung dar. Danach erhalten mehrere Mitarbeiter nur gemeinsam die Kompetenz, eine bestimmte Funktion wahrzunehmen. Diese Mitarbeiter kontrollieren sich folglich gegenseitig bei der Ausübung ihrer Tätigkeit.

- Der *Grundsatz der Organisation des Arbeitsablaufs* erfordert genaue und schriftlich fixierte Anweisungen, die festlegen, wer, was, wann und wie zu tun hat und in welcher Beziehung diese Tätigkeiten zueinander stehen. Alle Tätigkeiten, die für die Bearbeitung eines Vorgangs innerhalb des Unternehmens erforderlich sind, sollten so angeordnet sein, dass sich ein zwangsläufiger Arbeitsablauf ergibt.

- Die Grundsätze der Funktionstrennung und der Organisation des Arbeitsablaufs werden durch den *Grundsatz der Kontrolle* ergänzt, wonach in einem gut funktionierenden IKS keine Arbeit ohne Kontrolle bleiben soll.

Organisationspläne, Dienst- und Arbeitsanweisungen, Kontenpläne und Kontierungsrichtlinien sowie Buchungs- und Belegformulare sind typische Hilfsmittel, mit denen das IKS realisiert wird. In größeren Unternehmen kommt der Internen Revision die Aufgabe zu, die Funktionsfähigkeit des IKS regelmäßig zu überprüfen.

Die Systemprüfung umfasst sowohl das Rechnungslegungssystem als auch das rechnungslegungsrelevante IKS und ist Pflichtbestandteil einer normenkonformen Jahresabschlussprüfung (zur IT-Systemprüfung vgl. Abschnitt 7.2.4.2.2).

3.2.2.2 Bedeutung der Prüfung des IKS

Zur Feststellung der Normenkonformität des Jahresabschlusses bietet sich zum einen die Möglichkeit, dessen Aussagen auf Richtigkeit zu prüfen (*aussagebezogene Prüfung*). Sofern der Jahresabschluss nach bestimmten Regeln in einem festen organisatorischen Gefüge erstellt wird, kann der Prüfer die Beweiskraft für die Normenkonformität des Jahresabschlusses zum anderen auch dadurch gewinnen, dass er das System von Abläufen, Regelungen, Handlungen und Kontrollen für die Verbuchung von Geschäftsvorfällen sowie die Aufstellung des Jahresabschlusses prüft. Dieser Beurteilungsprozess, der sich nicht primär an Einzelsachverhalten orientiert, sondern auf die Gestaltung, die Wirksamkeit und die Funktionsfähigkeit des Systems ausgerichtet ist, wird als Systemprüfung (*systemorientierte Prüfung*) bezeichnet (vgl. auch Kapitel I, Abschnitt 6.5.2.1).

Der Abschlussprüfer muss feststellen, ob das Unternehmen durch die Einrichtung eines wirksamen IKS auf die identifizierten inhärenten Risiken reagiert hat. Ein IKS ist als wirksam zu klassifizieren, wenn es mit hinreichender Sicherheit verhindert, dass sich Unternehmensrisiken wesentlich auf die Normenkonformität des Jahresabschlusses oder des Lageberichts auswirken (IDW PS 260.30). Zur Prüfung der Wirksamkeit des IKS muss sich der Prüfer Kenntnisse über das IKS aneignen und dessen Aufbau und Funktion prüfen.

Ein zweckgerecht aufgebautes und zuverlässig arbeitendes IKS vermittelt dem Prüfer eine hohe Beweiskraft für die Normenkonformität des Jahresabschlusses. Erkennt der Prüfer hingegen Schwachstellen im IKS, so ist mit wesentlichen Fehlermöglichkeiten zu rechnen, die anschließend eingehend zu untersuchen sind. Die Ergebnisse der Systemprüfung erlauben es dem Abschlussprüfer, die Art, den zeitlichen Ablauf und den Umfang der aussagebezogenen Prüfungshandlungen festzulegen (IDW PS 260.74; ISA 400.10). Würde der Prüfer auf eine Beurteilung des IKS verzichten, so müsste sein Urteil ausschließlich auf aussagebezogenen Prüfungshandlungen basieren, wozu eine große Anzahl von Positionen zu überprüfen wäre. Dies kann leicht zu hohen Prüfungskosten und zur Überschreitung der Zeitrestriktion des Prüfers führen. Insbesondere in großen Unternehmen mit vielfältigen und aus einer größeren Anzahl von Elementen bestehenden Jahresabschlusspositionen wäre eine ausschließlich aussagebezogene Prüfung nahezu unmöglich.

Die Beurteilung der Qualität des IKS durch den Abschlussprüfer hat *Auswirkungen auf die Prüfungsintensität* im aussagebezogenen Teil der Jahresabschlussprüfung. Der Abschlussprüfer kann den Umfang der aussagebezogenen Prüfungen um so niedriger bemessen, je zuverlässiger das IKS beurteilt wird. Aus Systemfehlern resultiert ein erhöhtes Kontrollrisiko. Es muss durch eine umfangreiche, den Fehlermöglichkeiten angepasste

Aussageprüfung kompensiert werden. Bei der *Bildung von Prüfungsschwerpunkten* sollte sich der Prüfer an den im IKS erkannten Schwachstellen orientieren.

Ein IKS wird das Auftreten *wesentlicher Fehler* im Jahresabschluss *nie vollständig verhindern* können:

- Zum einen lässt sich kein IKS konstruieren, das zu 100% funktioniert, denn dazu müsste das IKS ständig wirksam und vollständig sein. Zur Gewährleistung der Wirksamkeit muss das IKS aus zwangsweise begleitenden, nicht ausschaltbaren und nicht umgehbaren Kontrollen bestehen. Durch geeignete organisatorische Maßnahmen kann eine automatische Wirksamkeit erreicht werden. Die Vollständigkeitsbedingung ist schwerer zu erfüllen, denn dazu dürfte es keinen einzigen Ablauf im Unternehmen geben, für den es kein funktionsfähiges IKS gibt. Während dieser Grundsatz bei den routinemäßigen Geschäftsvorfällen ohne größere Schwierigkeiten realisierbar ist, dürfte seine Etablierung bei den ungewöhnlichen Geschäftsvorfällen nahezu unmöglich sein, weil diese selten und in ihrem Ablauf sehr unterschiedlich sind. Zudem verzichtet u.U. die Unternehmensleitung aus Kosten-Nutzen-Überlegungen heraus auf die Implementierung bestimmter Maßnahmen. Schließlich besteht die Gefahr einer zeitweisen Unwirksamkeit des IKS auf Grund veränderter Unternehmens- und Umweltbedingungen.

- Zum anderen besteht keine Garantie, dass das geplante IKS auch eingehalten wird. Die Existenz eines wirksamen IKS wäre nur dann ein ausreichend beweiskräftiges Indiz für einen normenkonformen Jahresabschluss, wenn sich der Prüfer darauf verlassen könnte, dass alle Tätigkeiten im Rahmen der Buchführung und der Jahresabschlusserstellung einer Kontrolle unterliegen und diese Kontrollen stets wie vorgesehen funktionieren. Der Ablauf der Kontrollhandlungen des IKS ist jedoch nicht deterministisch, d.h. nicht vollständig voraussehbar. Da Personen tätig werden ist vielmehr damit zu rechnen, dass Systemabweichungen auftreten und Kontrollaufgaben nicht oder nur unzureichend wahrgenommen werden. Für das Funktionieren des IKS lassen sich nur Wahrscheinlichkeiten angeben, d.h. sein Ablauf ist stochastisch. Ein wirksames IKS reduziert zwar die Wahrscheinlichkeit des Auftretens von Fehlern erheblich, es ist aber auf Grund seiner Stochastizität möglich, dass Kontrolleinrichtungen versagen und dadurch Fehler nicht verhindert werden bzw. unentdeckt bleiben. Zudem können Fehler auftreten, weil grundsätzlich Möglichkeiten bestehen, die Kontrollen bewusst zu umgehen oder auszuschalten (z.B. indem Mitarbeiter, die sich gegenseitig zu kontrollieren haben, das Auslassen bestimmter Kontrollen vereinbaren).

Ein hinreichend sicheres Urteil über die Normenkonformität des Jahresabschlusses ist allein auf Grundlage einer Beurteilung des IKS i.d.R. nicht möglich, so dass systembezogene Prüfungsinformationen durch aussagebezogene Informationen zu ergänzen sind (siehe auch IDW PS 260.77; ISA 400.14). System- und aussagebezogene Prüfungshandlungen sind also keine einander ausschließende Vorgehensweisen, sondern ergeben nur zusammen eine hinreichende Urteilssicherheit. Durch Systemprüfungen hat der Abschlussprüfer Prüfungsnachweise über die angemessene Ausgestaltung (Aufbauprüfung) und Wirksamkeit (Funktionsprüfung) des auf die Rechnungslegung bezogenen IKS einzuholen (IDW PS 300.15; ISA 500.11).

3.2.2.3 Vorgehensweise bei der Systemprüfung

3.2.2.3.1 Aufbauprüfung

3.2.2.3.1.1 Umfang der Aufbauprüfung

Bei der Aufbauprüfung sollte sich der Abschlussprüfer an der konkreten Ausgestaltung des IKS durch die Unternehmensleitung orientieren. Hierzu prüft er folgende Komponenten des IKS (IDW PS 260.41 ff.):

- *Kontrollumfeld*

  Der Abschlussprüfer hat das Kontrollumfeld im Unternehmen zu beurteilen, um die Einstellungen, das Problembewusstsein und das Verhalten der Unternehmensleitung und der leitenden sowie der mit der Überwachung des Unternehmens betrauten Mitarbeiter im Hinblick auf das IKS feststellen zu können. Das Kontrollumfeld wird bestimmt durch die Bedeutung von Integrität und ethischen Werten im Unternehmen, die Bedeutung der fachlichen Kompetenz im Unternehmen, die Unternehmenskultur und -philosophie sowie das dadurch vermittelte Werteverständnis der Mitarbeiter, den Führungsstil der Unternehmensleitung, die Zuordnung von Weisungsrechten und Verantwortung, die Überwachungstätigkeit des Aufsichtsrats bzw. der Gesellschafterversammlung sowie die Grundsätze der Personalentwicklung. Ein ungünstiges Kontrollumfeld birgt die Gefahr, dass die Mitarbeiter IKS-Regelungen nicht oder nur der Form halber anwenden. Ein günstiges Kontrollumfeld ist notwendige aber keine hinreichende Bedingung für die Wirksamkeit des IKS.

- *Risikobeurteilungen*

  Unternehmen sind vielfältigen Risiken (z.B. finanzwirtschaftlicher, rechtlicher, leistungswirtschaftlicher oder strategischer Natur) ausgesetzt, welche die Erreichung der Unternehmensziele gefährden können. Risikobeurteilungen dienen dazu, solche Risiken zu erkennen und zu analysieren, und bilden die Grundlage für die Entscheidungen der Unternehmensleitung über den Umgang mit den Risiken. Vom Abschlussprüfer ist die Angemessenheit der Risikobeurteilungen im Unternehmen festzustellen. Dazu sind alle wesentlichen Regelungen zu beurteilen, die auf die Feststellung und Analyse von für die Rechnungslegung relevanten Risiken gerichtet sind, um zu verstehen, wie die Unternehmensleitung zu Risikobeurteilungen kommt und wie sie über die Einrichtung organisatorischer Regelungen zur Begrenzung möglicher Auswirkungen dieser Risiken entscheidet. Ursachen von für die Ordnungsmäßigkeit und Verlässlichkeit der Rechnungslegung relevanten Risiken können z.B. Veränderungen in der Geschäftstätigkeit, schnelles Unternehmenswachstum oder finanzielle Interessen der Unternehmensleitung bzw. der Mitarbeiter am Unternehmenserfolg sein.[11] In erster Linie hat der Abschlussprüfer dabei ein

Verständnis dafür zu gewinnen, wie im Unternehmen mögliche Risiken identifiziert werden, die sich auf die Normenkonformität der Rechnungslegung auswirken können, und wie deren Tragweite in Bezug auf die Eintrittswahrscheinlichkeit und auf die quantitativen Auswirkungen beurteilt wird.

- *Kontrollaktivitäten*

Kontrollaktivitäten sind Grundsätze und Verfahren, die sicherstellen sollen, dass die Entscheidungen der Unternehmensleitung beachtet werden. Sie tragen dazu bei, dass notwendige Maßnahmen ergriffen werden, um den Unternehmensrisiken zu begegnen. Durch die Beurteilung der Kontrollaktivitäten seitens des Abschlussprüfers soll festgestellt werden, ob sie geeignet sind, wesentliche Fehler in der Rechnungslegung zu verhindern oder aufzudecken und zu korrigieren. Demzufolge kann es für den Abschlussprüfer sinnvoll sein, zwischen Kontrollaktivitäten mit fehlervermeidender und mit fehleraufdeckender Wirkung zu unterscheiden. Für die Ordnungsmäßigkeit und Verlässlichkeit der Rechnungslegung besonders bedeutsame Kontrollaktivitäten sind die Analyse von Sachverhalten und Entwicklungen, die Kontrolle der Richtigkeit, Vollständigkeit und Genehmigung von Vorgängen, Kontrollen zur Sicherung von Vermögenswerten und Aufzeichnungen und Funktionstrennung.

- *Information und Kommunikation*

Information und Kommunikation dienen dazu, dass die für die Entscheidungen der Unternehmensleitung erforderlichen Informationen in geeigneter und zeitgerechter Form eingeholt, aufbereitet und an die zuständigen Stellen weitergeleitet werden. Dies umfasst auch die für die Risikobeurteilungen notwendigen Informationen sowie die Informationen der Mitarbeiter über Aufgaben und Verantwortlichkeiten im IKS. Der Abschlussprüfer analysiert das betriebliche Informationssystem, um beurteilen zu können, ob alle rechnungslegungsrelevanten Informationen erfasst und verarbeitet werden. Die Normenkonformität der Rechungslegung setzt ein angemessenes Informationssystem voraus. Kenntnisse über das Rechnungslegungssystem als Bestandteil des betrieblichen Informationssystems ermöglichen es dem Abschlussprüfer, festzustellen, welche Arten von Geschäftsvorfällen im Unternehmen vorkommen, wie diese ausgelöst werden, welche Buchführungsunterlagen und Konten geführt werden und wie der Rechnungslegungsprozess organisiert ist. Außerdem hat sich der Abschlussprüfer mit den Kommunikationsprozessen zu befassen, die den Mitarbeitern ein Verständnis für ihre Aufgaben und Verantwortlichkeiten im Rahmen der Erfassung und Verarbeitung von Geschäftsvorfällen in der Rechnungslegung vermitteln.

- *Überwachung des IKS*

Hierunter ist die Beurteilung der Wirksamkeit des IKS durch Mitarbeiter des Unternehmens zu verstehen. Daher ist die Angemessenheit und das kontinuierliche Funktionieren des IKS zu untersuchen. Die Unternehmensleitung hat dafür Sorge zu tragen, dass festgestellte Mängel im IKS auf geeignete Weise abgestellt werden. Überwachungsmaßnahmen können zum einen in die Unternehmensprozesse eingebaut sein und zum anderen von der Internen Revision durchgeführt werden. Schließlich muss der Abschlussprüfer sich auch mit den wesentlichen auf die Überwachung des IKS bezogenen Maßnahmen beschäftigen (z.B. die Prüfung des IKS durch die Interne Revision oder durch einen externen Prüfer oder die spontane Prüfung einzelner Regelungen des IKS durch die Unternehmensleitung, sog. high level-controls).

3.2.2.3.1.2 Systemerfassung und vorläufige Systembeurteilung

Die Aufbauprüfung erfordert eine Systemerfassung und mündet in eine vorläufige Systembeurteilung. Die zur Erfassung erforderlichen Prüfungsnachweise kann der Prüfer durch eigene *Beobachtungen von Aktivitäten und Arbeitsabläufen* erlangen. Sollte dies nicht möglich sein, kommen auch Befragungen von Mitgliedern der Unternehmensleitung, Personen mit Überwachungsfunktionen und sonstigen Mitarbeitern (Interviews), die Auswertung der Systemdokumentation des zu prüfenden Unternehmens (z.B. Organisationspläne, Dienstanweisungen, Funktionsdiagramme, Stellenbeschreibungen, Arbeitsplatzbeschreibungen, Arbeitsablaufschemata) oder die Durchsicht von Unterlagen, die durch das IKS generiert werden, in Betracht (IDW PS 260.61; ISA 400.17).

Die Durchführung einer *Befragung* stellt hohe Qualifikationsansprüche an den Prüfer, der den Interviewpartner zur Erlangung der erforderlichen Prüfungsnachweise entsprechend steuern muss. Des Weiteren birgt die persönliche Kontaktaufnahme und die damit verbundene unmittelbare Konfrontation des Mitarbeiters des zu prüfenden Unternehmens mit dem Prüfer die Gefahr, dass der Prüfer Suggestivfragen, d.h. solche Fragen stellt, auf die der Mitarbeiter vom Prüfer erwartete Antworten gibt. Auch bei Anwendung von Interviews ist eine Analyse der Systemdokumentation erforderlich, um die relevanten Mitarbeiter bestimmen zu können. Zur Systemerfassung und -dokumentation in den Arbeitspapieren des Abschlussprüfers eignen sich insbesondere die Fragebogentechnik und die Konstruktion von Ablaufdiagrammen. Außerdem werden die Verwendung verbaler Beschreibungen und die Verwendung der Entscheidungstabellentechnik diskutiert.

Die Techniken zur *Systemerfassung* sind sehr unterschiedlich. In der Prüfungspraxis ist die Erfassung des IKS mit Hilfe der *Fragebogentechnik* weit verbreitet. Nachstehend soll eine idealtypische Anwendung beschrieben werden. Es sei darauf verwiesen, dass die Prüfungspraxis davon abweichend heuristisch vorgeht, da ein ordnungsmäßiges Soll-System kaum zu entwerfen ist (vgl. Abschnitt 3.2.2.4). Die Fragebogentechnik ist als das Abarbeiten einer Checkliste[12] zu verstehen, d.h. der Prüfer füllt die Fragebögen selbst aus (vgl. auch Kapitel II, Abschnitt 7.2.4.2.1). Zunächst wird für das IKS ein ordnungsmäßiges Soll-System konstruiert und als Fragenkatalog zusammengestellt, wobei die Existenz jeder in diesem Soll-System vorhandenen Kontrolleinrichtung erfragt wird. Die einzelnen Fragen sind meist so formuliert, dass die Bejahung einer Frage eine Übereinstimmung mit dem Soll-System signalisiert, während eine Verneinung auf eine Systemschwachstelle hinweist. Ein vollständig ausgefüllter Fragebogen repräsentiert – wegen der ihm zugrunde liegenden Informationen – in erster Linie das von der Unternehmung konzipierte IKS. So werden z.B. bei einem Interview die Befragten im Allgemeinen die Fragen des Prüfers wegen befürchteter Sanktionsmaßnahmen entsprechend den ihnen vorgegebenen Dienstanweisungen beantworten, auch wenn sie sich tatsächlich anders verhalten sollten. Durch eine geschickte Fragestellung lassen sich mitunter aber auch Informationen über das tatsächlich realisierte IKS gewinnen.

Da die Erstellung eines Fragebogens erhebliche Rüstzeit beansprucht und viel Erfahrung erfordert, verwendet die Prüfungspraxis weitgehend standardisierte Fragebögen. Sie gewährleisten eine einheitliche Prüfungsdurchführung und geben dem Abschlussprüfer die Möglichkeit zur ausreichenden Kontrolle seiner Mitarbeiter. Eine vollständige Systemerfassung ist allerdings nur durch einen individuell zusammengestellten Prüfungsfragebogen möglich, denn jedes zu beurteilende IKS weist spezifische Besonderheiten auf. Zudem besteht bei der Anwendung standardisierter Fragebögen die Gefahr einer Mechanisierung der Prüfungstätigkeit. Ein geeigneter Kompromiss besteht darin, die wesentlichen Systemkomponenten mittels eines Standardfragebogens zu erfassen, der dann während der Prüfung entsprechend den Unternehmensgegebenheiten durch den Prüfer reduziert und/oder um ergänzende Fragen erweitert wird. Dadurch lässt sich bei vertretbarer Rüstzeit für die einzelne Jahresabschlussprüfung das Risiko einer falschen oder unvollständigen Systemerfassung vermindern. Ist ein der aktuellen Prüfungssituation angepasster Fragebogen erstellt, so ist eine relativ schnelle, vollständige und übersichtliche Systemerfassung möglich.

Dem Prüfer ist durch den Fragebogen ein Leitfaden vorgegeben, so dass bei sorgsamer Anleitung und Überwachung auch weniger erfahrene Prüfungsassistenten bei der Prüfung eingesetzt werden können, ohne dass die Qualität der Systemerfassung leidet. Die Gefahr der Fragebogentechnik liegt darin, dass der Prüfungsassistent auf Grund der detailliert vorgegebenen Fragen zu schematisch vorgeht, beim Ausfüllen des Fragebogens nicht mitdenkt und keinen „prüferischen Spürsinn" entwickelt. Außerdem können falsch beantwortete Fragen ein falsches Bild vom IKS vermitteln. Ein weiterer Nachteil ist die Tatsache, dass Missbräuche auftreten können wie z.B. das Kopieren der Antworten der letzten Buchführungsperiode.

Einer rein verbalen Beschreibung des Systems mangelt es oft an der nötigen Übersichtlichkeit. Deshalb werden häufig *Ablaufdiagramme* als geeignete Form für die Erfassung und die Dokumentation des IKS angesehen, die netzwerkanalytisch, umfassend und überschaubar über die Grundbedingungen der Rechnungslegung und dessen Fehlerrisiko informieren. Ein Ablaufdiagramm ist die bildliche Darstellung des Systemablaufs, wobei die zu verwendenden Symbole genormt sind. Mit seiner Hilfe können Tätigkeiten in ihrer logischen und zeitlichen Reihenfolge in übersichtlicher Form dargestellt werden. Die bildliche Darstellung wird dabei in der Regel durch verbale Erläuterungen ergänzt (vgl. hierzu Abb. II.3-3).

Die Übertragung der durch Befragung von Mitarbeitern des zu prüfenden Unternehmens oder durch eigenes Beobachten von Systemabläufen gewonnenen Informationen über das IKS in das Ablaufdiagramm ist i.d.R. noch zeitaufwendiger als das Anfertigen eines umfassenden Fragebogens und setzt entsprechende Erfahrung des Prüfers voraus. Dieser Nachteil ist vor allem bei Erstprüfungen feststellbar. Bei Folgeprüfungen können die Vorjahresdiagramme als Grundlage dienen. Außerdem beinhaltet eine zeitaufwendige Erstellung den Vorteil der intensiven Auseinandersetzung mit dem IKS durch den Prüfer. Bereits geringfügige Modifikationen des IKS können eine Änderung des gesamten Ablaufdiagramms auslösen. Der Vorteil gegenüber der Fragebogentechnik besteht darin, dass sich durch Ablaufdiagramme komplexe Zusammenhänge klar und übersichtlich darstellen lassen, ohne dass Detailinformationen verloren gehen. Die genormten Symbole sind für jeden sachkundigen Dritten problemlos zu verstehen. Außerdem können Kontrollen leichter identifiziert werden und die Vollständigkeit der Systemerfassung lässt sich einfacher nachprüfen. Sind in der Systemdokumentation des zu prüfenden Unternehmens bereits detaillierte Ablaufdiagramme vorhanden, so kann der Prüfer u.U. auf eine Eigenerstellung verzichten. Er braucht dann nur die Aktualität und Wirklichkeitstreue der Unterlagen zu prüfen, so dass der Zeitaufwand wesentlich reduziert ist.

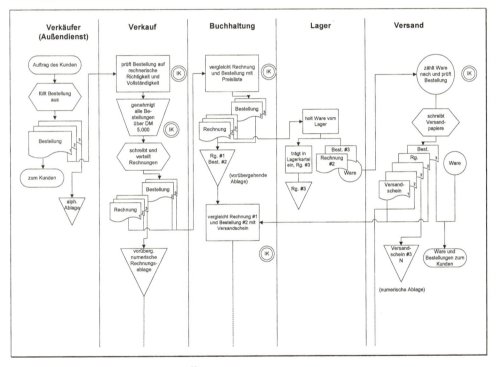

Abb. II.3-3: Ablaufplan Prüfung des IKS[13]

Zur Aufbauprüfung gehört auch die *vorläufige Beurteilung* des festgestellten IKS. Hierzu bedarf es zunächst einer Identifikation von Fehlermöglichkeiten. Nach der Identifikation notwendiger Kontrollpunkte hat der Prüfer angemessene Kontrolltechniken zu bestimmen. Durch einen Vergleich der in einem System als notwendig erachteten Kontrollen mit dem festgestellten IKS lassen sich Systemstärken und -schwächen identifizieren und die erwartete Zuverlässigkeit des IKS beurteilen (*reliance test*). Eine Schwachstelle ist gegeben, wenn für eine Fehlerart keine Kontrolle vorgesehen ist oder wenn die geplanten Kontrollen nicht in der Lage sind, systematische Fehler zu verhindern oder zumindest offen zu legen. Zufällige Fehler führen nicht zu einer Schwachstelle. Sie sind durch das Tätigwerden von Menschen bedingt, deren Fehlertendenz durch ex ante definierte Kontrollhandlungen kaum minimiert werden kann. Negative Effekte einer erkannten Schwachstelle auf die Qualität des IKS sind um so geringer, je geringer der Einfluss dieser Schwachstelle auf die Rechnungslegung ist.

Nach der vorläufigen Systembeurteilung wird eine *vorläufige Prüfungsstrategie* formuliert. Die festgestellten Systemstärken und -schwächen dienen als Informationsbasis zur Planung des weiteren Prüfungsablaufs, einschließlich der noch zu verrichtenden systemorientierten und aussagebezogenen Prüfungshandlungen. Hält der Abschlussprüfer das IKS ganz oder teilweise für unwirksam und ist dementsprechend in einzelnen Prüffeldern von einem hohen Kontrollrisiko auszugehen, sind Prüfungsnachweise ggf. ausschließlich durch aussagebezogene Prüfungshandlungen einzuholen. In diesem Fall muss der Abschlussprüfer entscheiden, ob die durch die aussagebezogenen Prüfungshandlungen eingeholten Prüfungsnachweise zur Stützung des Prüfungsurteils geeignet sowie zu Erlangung der geforderten Prüfungssicherheit ausreichend und geeignet sind. Ist dies nicht der Fall, hat er den Bestätigungsvermerk einzuschränken oder zu versagen (IDW PS 400.50 ff.). Schätzt der Abschlussprüfer die Kontrollrisiken vorläufig als nicht hoch ein, muss er Funktionsprüfungen zur Beurteilung der Wirksamkeit des IKS durchführen. Bei Verzicht auf die Durchführung von Funktionsprüfungen muss der Abschlussprüfer in den betreffenden Prüffeldern von einem hohen Kontrollrisiko ausgehen (IDW PS 260.64).

Die im Rahmen der Aufbauprüfung durchgeführten Prüfungshandlungen reichen zur Beurteilung des IKS und damit zur Beurteilung der Kontrollrisiken nicht aus. Hierzu ist zusätzlich erforderlich, die Funktionsweise des IKS auf der Grundlage von durch Funktionsprüfungen eingeholten Prüfungsnachweisen festzustellen.

3.2.2.3.2 Funktionsprüfung

Die Funktionsprüfung (vgl. hierzu auch IDW PS 260.65 ff.; ISA 400.27 ff.) besteht aus den Komponenten Transformationsprüfung, Funktionsfähigkeitsprüfung und der abschließenden Systembeurteilung. Auch ein wirksam konzipiertes System sichert noch keine zuverlässigen Arbeitsabläufe, denn mit der Systemkonzeption besteht noch keine Gewähr für ihre tatsächliche Umsetzung. Mit Hilfe einer Stichprobenauswahl (vgl. Abschnitt 3.2.4.2) ist daher festzustellen, ob das von der Unternehmung geplante IKS von den Mitarbeitern in der geplanten Form kontinuierlich praktiziert wird (Transformationsprüfung) und ob diese Kontrollen auch effektiv funktionieren (Funktionsfähigkeitsprüfung), d.h. ob sie geeignet sind, wesentliche Verstöße gegen Rechnungslegungsnormen zu verhindern oder aufzudecken und zu korrigieren. Die notwendigen Prüfungshandlungen zur Durchführung von Transformations- und Funktionsfähigkeitsprüfung werden in der anglo-amerikanischen Literatur und Prüfungspraxis als *compliance tests* bezeichnet.[14]

Die *Transformationsprüfung* befasst sich mit der Umsetzung des gewollten IKS, wofür insbesondere Befragungen, die Durchsicht von Nachweisen über die Durchführung von Maßnahmen, der Nachvollzug von Kontrollaktivitäten durch den Abschlussprüfer und Beobachtungen sowie single purpose tests als Prüfungshandlungen in Frage kommen:

- Bei der Beobachtung besteht allerdings das Problem, dass die beobachteten Mitarbeiter in aller Regel bemüht sein werden, sich an die vorgeschriebenen Handlungen zu erinnern, womit der Prüfer die tatsächliche Existenz des geplanten IKS feststellt. Zudem ist die Anwesenheit des Prüfers erforderlich.

- Der *single purpose test* hat das Ziel, Kontrollvermerke, die die Durchführung von Kontrollen dokumentieren, auf ihr Vorhandensein zu überprüfen. Es kommt darauf an festzustellen, ob vorgesehene Kontrollfunktionen nachweislich durchgeführt werden. Single purpose tests sind lediglich für Systemprüfungszwecke geeignet. Bei Verarbeitungs- und Kontrollschritten, die auf Grund fehlender Dokumentationspflicht keinen sichtbaren Prüfungspfad hinterlassen, gestaltet sich die Transformationsprüfung schwieriger (ISA 530.16). Der Prüfer ist hier gezwungen, sich auf Beobachtungen zu stützen.

Das Vorliegen von Kontroll- und Bearbeitungsvermerken beweist noch nicht, dass eine Bearbeitung gemäß dem geplanten IKS erfolgte. Um sicherzustellen, dass die einzelnen Systemelemente mit dem gewünschten Erfolg arbeiten, ist deshalb eine Funktionsfähigkeitsprüfung erforderlich. Die *Funktionsfähigkeitsprüfung* befasst sich mit der Qualität des realisierten Systems. Aus technischen Gründen ist der Prüfer gezwungen, aus den Verarbeitungsergebnissen auf die Funktionsfähigkeit des IKS zu schließen. Diese Prüfungshandlungen bezeichnet man als *dual purpose tests*, da sie sowohl der Systemprüfung als auch dem aussagebezogenen Teil der Prüfung dienen können.

Die Funktionsprüfungen stellen die Grundlage für die abschließende Beurteilung der Kontrollrisiken durch den Abschlussprüfer dar. Eine *abschließende Systembeurteilung* fasst die Ergebnisse der beiden Teilprüfungen zusammen, stimmt diese mit der vorläufigen Systembeurteilung der Aufbauprüfung ab und beinhaltet die Informationsbasis auf welcher der Prüfer sein weiteres prüferisches Vorgehen im aussagebezogenen Teil der Prüfung bestimmen kann. Lassen die Systemtests ein wirksames IKS vermuten, so kann der Abschlussprüfer die aussagebezogenen Prüfungshandlungen einschränken. Haben die Systemtests dagegen unbefriedigende Ergebnisse erbracht, so ist der Prüfungsumfang auszudehnen. Aus der Systemprüfung ergeben sich Hinweise auf Schwachstellen und Fehlermöglichkeiten und damit Hinweise auf Prüfungsschwerpunkte. Abb. II.3-4 fasst den Ablauf der Systemprüfung grafisch zusammen.

So leicht die Beurteilung von Funktion und Wirksamkeit einzelner Kontrollen ist, so schwer ist die Beurteilung des gesamten IKS, d.h. die Zusammenfassung von Einzelurteilen über Elemente des IKS zu einer Gesamtaussage im Sinne einer quantitativen oder qualitativen

Schätzung des Kontrollrisikos für ein Prüffeld. Sie ist aber notwendig, um eine Verknüpfung von systemorientierter und aussagebezogener Prüfung herbeizuführen. In der Literatur finden sich qualitative und quantitative Ansätze für die Analyse und Beurteilung des IKS. Dabei werden qualitative Bewertungen oft in eine quantitative Schätzung des Kontrollrisikos transformiert (vgl. Tab. II.3-1).

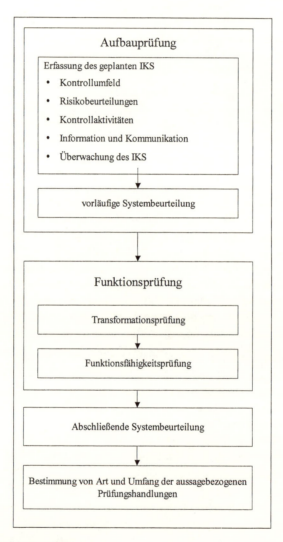

Abb. II.3-4: Ablauf der Systemprüfung

Beurteilung der internen Kontrollen	Schätzung des Kontrollrisikos
ausgezeichnet	10%
gut	30%
befriedigend	50%
schwach	70%
unzuverlässig	100%

Tab. II.3-1: Qualitative/quantitative Schätzung des Kontrollrisikos

Die Anzahl der Beurteilungsstufen und die spezifischen Prozentsätze des Kontrollrisikos sind subjektive Wahrscheinlichkeitsurteile des Prüfers.[15] In die Bestimmung des Kontrollrisikos fließt also das pflichtgemäße Ermessen des Prüfers ein. Sie erfolgt in Abhängigkeit von der Bedeutung des betreffenden Prüffeldes bzw. der in diesem Prüffeld vorkommenden Fehlerarten. Je wirksamer die für ein Prüffeld relevanten internen Kontrollen sind, desto geringer ist das Kontrollrisiko. Ausgezeichnete Kontrollen rechtfertigen eine wesentliche Verringerung des Kontrollrisikos unter das maximale Niveau von 100% und führen zu einem minimalen Kontrollrisiko. Unzuverlässige interne Kontrollen, auf die sich der Abschlussprüfer bei der Prüfung eines Prüffeldes nicht verlassen kann, erfordern dagegen den Ansatz des maximalen Kontrollrisikos. Der Ansatz eines maximalen Kontrollrisikos ist zum einen angemessen, wenn für das entsprechende Prüffeld keine einschlägigen Kontrollen bestehen bzw. sich solche Kontrollen als unwirksam erweisen. Zum anderen kann der Prüfer das Kontrollrisiko maximal schätzen, falls er glaubt, dass die Kosten für die Durchführung systemorientierter Prüfungshandlungen den marginalen Nutzen (d.h. die Verringerung ergebnisorientierter Prüfungshandlungen) übersteigen. Die Spezifikation des mit einem Minimum verknüpften Prozentsatzes des Kontrollrisikos ist ein wichtiges Urteil, denn es quantifiziert den niedrigsten Risikograd, der dem Kontrollrisiko zugeordnet werden kann.

Das geschätzte Kontrollrisiko wirkt sich auf den Umfang der aussagebezogenen Prüfungshandlungen aus. Je schlechter die internen Kontrollen, desto höher ist das Kontrollrisiko und desto mehr aussagebezogene Prüfungshandlungen müssen geplant werden.

Die Anwendung anspruchsvollerer quantitativer Beurteilungsverfahren dient einer Objektivierung. Zu diesen quantitativen Verfahren zählen neben Scoring-Modellen insbesondere analytische Ansätze auf der Basis der Methoden der Zuverlässigkeitstheorie bzw. der Theorie der Markov-Ketten.[16]

In der Prüfungspraxis wird einer qualitativen Beurteilung des IKS der Vorzug gegeben, da man klare und eindeutige Beurteilungsergebnisse anstrebt. Es lässt sich jedoch kritisch anmerken, dass hier objektive Kriterien für die Einteilung in die einzelnen Beurteilungsklassen fehlen.

Aus Effizienzgründen kann der Abschlussprüfer auf die Ergebnisse von Vorjahresprüfungen zurückgreifen. Diese sind jedoch auf den neusten Stand zu bringen und durch aktuelle Prüfungsnachweise zu bestätigen (IDW PS 260.70). Im Rahmen von Vorprüfungen gewonnene Erkenntnisse über die Kontrollrisiken müssen um eine Beurteilung des IKS für den Zeitraum zwischen Vorprüfung und Abschlussstichtag ergänzt werden.

3.2.2.4 Systemprüfung aus heuristischer Sicht

Die Literatur konzipiert die Systemprüfung überwiegend als traditionellen Soll-Ist-Vergleich, d.h. als Vergleich eines ordnungsmäßigen Soll-Systems mit einem zu prüfenden Ist-System. Dabei wird davon ausgegangen, der Prüfer sei in der Lage, ein ordnungsmäßiges Soll-Objekt (= Soll-System) zu entwerfen.[17] In der Praxis dürfte der Prüfer jedoch kaum in der Lage sein, ex ante ein solches Soll-System zu entwerfen.

Dies liegt zum einen in der hohen Komplexität des Ist-Systems begründet, welches die ex ante-Abbildung eines Soll-Systems nahezu unmöglich macht (Komplexitätsargument). Zum anderen besitzen Unternehmen weitgehende Freiheiten bei der Systemgestaltung; es wird daher nicht nur ein Soll-System, sondern eine Vielzahl zulässiger Soll-Systeme geben (Freiheitsgradargument). Weiterhin impliziert die ex ante-Ableitung des Soll-Systems die Vorstellung, der Prüfer verfüge über vollständiges Wissen über sämtliche in der Realität möglichen Systemausprägungen, die den in den Prüfungsnormen geforderten Ansprüchen genügen. Dies ist jedoch nicht der Fall.

Aus den genannten Gründen stellt die Systemprüfung fast ausnahmslos keinen Soll-Ist-Vergleich im traditionellen Sinne dar. Vielmehr folgt die Prüfungspraxis intuitiv der Grundidee einer heuristisch orientieren Systemprüfung (zu dem zugrunde liegenden theoretischen Ansatz vgl. Kapitel I, Abschnitt 3.2.2).

Das prüferische Vorgehen folgt dabei dem in Abb. II.3-5 dargestellten Ablaufmodell.[18] Das Ablaufmodell unterscheidet zwei Phasen:

1. Ermittlung eines vorläufigen Systemmodells

In dieser Phase verschafft sich der Prüfer Informationen über das Ist-System (z.B. Einsichtnahme in die Programmdokumentation, Durchführung von Kontrolltests und Informationen aus der Vorjahresprüfung) und bildet dieses gedanklich ab. Für diese erstmalige gedankliche Abbildung des Ist-Systems wird im Folgenden der Begriff „vorläufiges Systemmodell" verwendet.

2. Systembeurteilung als hypothesengesteuerter Suchprozess

In der zweiten Phase geht es darum, mittels weiterer Prüfungshandlungen die erste gedankliche Abbildung des Ist-Systemmodells zu präzisieren. Dabei entspricht es einer risikoorientierten Prüfungsstrategie (vgl. Abschnitt 1.2), Fehlerhypothesen (F) aufzustellen und zu testen. Fehlerhypothesen sind begründete Vermutungen hinsichtlich der Existenz von Fehlern.

- Fehlerhypothesen lassen sich auf Basis der *in der ersten Phase festgestellten Schwachstellen* identifizieren.

- Beinhaltet das vorläufige Systemmodell keine Hinweise auf Schwachstellen und/oder ist dieses Modell noch lückenhaft, kann der Prüfer auch auf der Basis von *Erfahrungswissen* Fehlerhypothesen formulieren. In diesem Fall werden jene Fehlerindikatoren herangezogen, deren Auftreten in der Vergangenheit ein sicheres Indiz für Schwachstellen im System war. Die heuristische Grundregel für das Abarbeiten von Fehlerindikatoren lautet: „Wenn (Fehlerindikator) dann (vermutlich Systemfehler)". Hier stellt der Prüfer zunächst die Existenz des Fehlerindikators (z.B. unzureichende Ausbildung und/oder hohe Fluktuation von Mitarbeitern, fehlende Funktionentrennung, lückenhafte Arbeitsanweisungen) fest; existiert ein solcher Indikator, ist dem Sachverhalt durch einzelfallorientierte Prüfungshandlungen gezielt nachzugehen (bewusste Auswahl).

- Bei der regelgebundenen Fehlerhypothesengenerierung[19] begibt sich der Prüfer auf die *Suche nach Fehlerindikatoren*. Er denkt sich z.B. schwierige oder selten vorkommende Geschäftsvorfälle aus, prüft deren Verarbeitung und versucht auf diese Weise Schwächen im System aufzudecken.

Bestätigt sich die seitens des Prüfers formulierte Fehlerhypothese (F1) nicht, entspricht das vorläufige Ist-Systemmodell dem vorläufigen Soll-Systemmodell. Der Überzeugungsgrad der Urteilshypothese steigt. Da noch keine ausreichende Urteilssicherheit gegeben ist (Abbruchkriterium nicht erreicht), setzt der Prüfer seine Fehlersuche fort. Der Prüfer generiert eine weitere Fehlerhypothese (F2) und stellt z.B. fest, dass das vorliegende Ist-System den vermuteten Fehler aufweist. In diesem Fall weichen Ist- und Soll-Systemmodell voneinander ab. Der Prüfer hat wiederum festzustellen, ob die erforderliche Urteilssicherheit erreicht ist. Hat der Prüfer nach der Generierung weiterer Fehlerhypothesen und deren Test diese Sicherheit erlangt (Abbruchkriterium erreicht), wird die Fehlersuche beendet. Sobald der Prüfer zumindest einen Fehler festgestellt hat, weichen das endgültige Ist-Systemmodell und das endgültige Soll-Systemmodell voneinander ab. Auf diese Weise werden Ist- und Soll-Systemmodell sukzessive abgebildet.

Von den zuvor genannten Modellen schließt der Prüfer auf das Ist-System und das Soll-System. Der Prüfer muss nun beurteilen, welchen Einfluss die festgestellten Fehler auf die Gesamtbeurteilung nehmen.

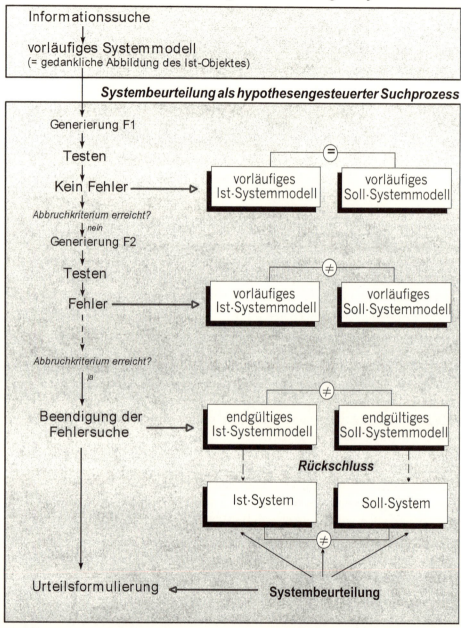

Abb. II.3-5: Ablaufmodell einer heuristisch orientierten Systemprüfung[20]

Stellt der Prüfer z.B. schwerwiegende Mängel in abgegrenzten Teilbereichen des Systems fest, so ist zu prüfen, ob der Bestätigungsvermerk bereits aus diesem Grunde eingeschränkt zu erteilen ist (IDW PS 400.50). In der Regel werden die aufgedeckten Fehler (Schwachstellen im System) jedoch nicht gravierend sein. Gleichwohl ist stets zu beachten, dass aufgedeckte Fehler grundsätzlich zu einer Ausweitung aussagebezogener Prüfungshandlungen i.S. des risikoorientierten Prüfungsansatzes führen (IDW PS 260.36).

Zusammenfassend ist festzustellen, dass das zuvor skizzierte Ablaufmodell wesentlich zum Verständnis für das prüferische Vorgehen im Rahmen einer Systemprüfung beiträgt. Gleichwohl vermag das Modell nicht, alle anstehenden Probleme zu lösen: Insbesondere wird keine Aussage dahingehend getroffen, wie sich auf Basis des vorliegenden Ist- und Soll-Systems die Urteilsformulierung genau vollzieht. Weiterhin ist die Fehlerhypothesenformulierung sehr stark prüfungsobjektspezifisch (z.B. Generierung von Fehlerhypothesen bei der Prüfung der integrierten Standardsoftware SAP R/3), so dass sich auch hier (den Erkenntnismöglichkeiten eines Modells folgend) keine detaillierten, sondern lediglich konzeptionelle Hinweise für das prüferische Vorgehen ableiten lassen.

3.2.3 Analytische Prüfungen

3.2.3.1 Begriff

Jahresabschlussprüfungen zielen darauf ab, ein hinreichend sicheres Urteil über die Normenkonformität des Jahresabschlusses zu minimalen Kosten zu gewinnen. Die steigenden Erwartungen der Adressaten der Prüfungsergebnisse auf der einen Seite und der zunehmende Wettbewerbsdruck auf dem Prüfungsmarkt auf der anderen Seite zwingen die Prüfungsgesellschaften dazu, wirksamere und wirtschaftlichere Prüfungsmethoden zu entwickeln. Analytische Prüfungen (mitunter auch als Plausibilitätsbeurteilungen oder Verprobungen bezeichnet) könnten die Effektivität und Effizienz von Jahresabschlussprüfungen steigern und somit zur kostengünstigen Aufdeckung von Fehlern im Jahresabschluss beitragen (IDW PS 312.10).[21]

Mit der Risikoanalyse, der Systemprüfung und der Ergebnisprüfung sind drei grundsätzliche Prüfungsmethoden voneinander zu unterscheiden. Während die *Risikoanalyse* der Abschätzung der generellen Gefahr dient, dass in dem betreffenden Prüfungsgebiet wesentliche Fehler enthalten sind, wird bei der *Systemprüfung* die Zuverlässigkeit und die Funktionsfähigkeit des internen Kontrollsystems untersucht, um festzustellen, inwieweit durch die vorhandenen internen Kontrollen mögliche Fehler identifiziert werden (IDW PS 260.50). Die *Ergebnisprüfung* zielt auf den Nachweis der Vollständigkeit und Richtigkeit sowie der buchmäßig korrekten Erfassung der von dem jeweiligen System verarbeiteten Daten ab. Je nach Prüfungsgegenstand sind im Rahmen von Ergebnisprüfungen mehrere oder alle der so genannten Abschlussaussagen zu prüfen (vgl. Abschnitt 3.1). Im Rahmen der Ergebnisprüfung ist zwischen *Einzelfallprüfungen* (Detailprüfungen), d.h. der Prüfung von einzelnen Geschäftsvorfällen und Beständen, und *analytischen Prüfungen* zu unterscheiden.

Analytische Prüfungen untersuchen aggregierte Größen. Sie beinhalten lediglich eine pauschale Prüfung von Gesamtheiten von Geschäftsvorfällen oder Bestandsgrößen und nicht die Prüfung einzelner Geschäftsvorfälle oder Bestandselemente. Dementsprechend lassen sich mit Hilfe von analytischen Prüfungen auch keine Aussagen über Einzelsachverhalte treffen. Sie dienen vielmehr dazu, die Konsistenz und die wirtschaftliche Plausibilität einer Gesamtheit von Geschäftsvorfällen oder Bestandsgrößen zu beurteilen, indem versucht wird, auffällige Abweichungen der im Jahresabschluss ausgewiesenen Beträge von erwarteten Größen oder ungewöhnliche Veränderungen dieser Beträge im Zeitablauf festzustellen (IDW PS 312.5; ISA 520.3).

Analytische Prüfungen zählen zu den *indirekten Prüfungen*. Während bei direkten Prüfungen unmittelbare Vergleiche zwischen den Aufzeichnungen der Buchführung und den Belegen vorgenommen werden, sind indirekte Prüfungsmethoden dadurch gekennzeichnet, dass aus bekannten oder erwarteten Zusammenhängen zwischen dem Prüfungsobjekt und einem Ersatztatbestand Rückschlüsse auf den normgerechten Zustand des Prüfungsgegenstands gezogen werden. Dabei kann der Abschlussprüfer sowohl auf Zusammenhänge zwischen einzelnen Jahresabschlusspositionen untereinander als auch auf Zusammenhänge zwischen Jahresabschlusspositionen und wichtigen betrieblichen Daten zurückgreifen, wie etwa der Beziehung zwischen der Zahl der Beschäftigten und der Höhe der Lohnaufwendungen eines Geschäftsjahres (IDW PS 312.8; ISA 520.5). Somit wird lediglich überprüft, ob der ausgewiesene Betrag des Prüfungsobjektes in Anbetracht der Höhe des Ersatztatbestandes plausibel ist. Diese Vorgehensweise setzt die Existenz von sachlogischen Beziehungen zwischen dem Prüfungsgegenstand und dem Ersatztatbestand voraus. Dabei kann der Abschlussprüfer solange vom Vorliegen eines derartigen Zusammenhanges ausgehen, bis ihm etwas Gegenteiliges bekannt geworden ist. Bestätigt sich ein erwarteter Zusammenhang im zu prüfenden Sachverhalt, kann dies als ein Prüfungsnachweis für die Vollständigkeit, Genauigkeit und Richtigkeit der Daten des Rechnungswesens herangezogen werden (IDW PS 312.6).

Neben den analytischen Prüfungen werden auch die *summarischen Kontrollrechnungen* den indirekten Globalprüfungen zugerechnet. Hierbei handelt es sich um Abstimmungsprüfungen der Vollständigkeit und betragsmäßigen Richtigkeit von Buchungsdaten. Diese summarische Gegenüberstellung von Zahlen beruht auf rechnerischen und methodischen Zusammenhängen des Abrechnungssystems der Buchführung. Unterformen sind die systematische Summenprüfung (d.h. mittels der Hauptabschlussübersicht wird überprüft, ob der Buchungsstoff über die verschiedenen Erfassungsstufen Grundbuch und Nebenbücher sowie Hauptbuch in die Bilanz und die Gewinn- und Verlustrechnung überführt worden ist), die Prüfung anhand von Buchungskreisen (d.h. Teilabstimmungen zwischen Haupt- und Nebenbüchern) und die Prüfung anhand der Zuschreibungsformel (Anfangsbestand + Zugänge ./. Abgänge = Endbestand).

3.2.3.2 Anwendungsgebiete bei der Jahresabschlussprüfung

Analytische Prüfungen sind vom Abschlussprüfer in allen Phasen der Jahresabschlussprüfung anzuwenden (IDW PS 312.16).[22] Bei der *Prüfungsplanung* werden sie zur Beurteilung der Geschäftstätigkeit und des wirtschaftlichen Umfeldes des Mandanten verwendet, so dass sie dem Abschlussprüfer bei der allgemeinen Risikobeurteilung helfen. Damit dienen sie auch dem Erkennen von Prüfungsschwerpunkten, d.h. der Identifizierung von kritischen Prüfungsgebieten, und der Eingrenzung bedeutender Prüffelder. Dadurch wird die Planung der Art, des Umfangs und des zeitlichen Ablaufs weiterer Prüfungshandlungen unterstützt (IDW PS 312.19; ISA 520.8).

Während der eigentlichen *Prüfungsdurchführung* sollen analytische Prüfungen zur Erlangung verlässlicher Prüfungsnachweise beitragen, d.h. Fehler und Unregelmäßigkeiten bei den Jahresabschlussposten aufdecken. Somit kann der Prüfer somit neben Detailprüfungen von Geschäftsvorfällen und Beständen auch analytische Prüfungen oder eine Kombination aus beiden einsetzen. Welche Prüfungsmethode bzw. Kombination von Prüfungsmethoden zur Herleitung eines hinreichend sicheren Prüfungsurteils zum Einsatz kommt, liegt in der eigenverantwortlichen Beurteilung des Abschlussprüfers (IDW PS 312.20). Entschließt er sich zur Verwendung von analytischen Prüfungen, ist u.a. die Verlässlichkeit der Ergebnisse des jeweiligen Verfahrens, die Verfügbarkeit von Informationen, deren Zuverlässigkeit und Vergleichbarkeit sowie die Erkenntnisse des Prüfers aus der Prüfungsplanung und der Systemprüfung zu berücksichtigen (IDW PS 312.21; ISA 520.12). Durch die Feststellung ungewöhnlicher oder unerwarteter Beträge machen analytische Prüfungen den Abschlussprüfer auf mögliche Falschdarstellungen aufmerksam und ermöglichen dadurch einen zielgerichteten Einsatz von Detailprüfungen. Falls keine Anzeichen für Mängel entdeckt werden, können sie das Vertrauen des Prüfers in die Normenkonformität des Prüfungsgegenstands stärken, und die Anwendung weiterer Einzelfallprüfungen kann anschließend eingeschränkt oder vollständig ausgelassen werden (IDW PS 312.11).[23] Bei wesentlichen Positionen des Jahresabschlusses ist es dem Abschlussprüfer jedoch nicht gestattet, sein Prüfungsurteil allein aus den Ergebnissen analytischer Prüfungen herzuleiten (IDW PS 312.12). Das Ausmaß, zu dem sich der Abschlussprüfer auf die Ergebnisse der analytischen Prüfungen verlassen kann, hängt u.a von anderen Prüfungshandlungen, die auf das gleiche Prüfungsziel gerichtet sind, der Genauigkeit, mit der die erwarteten Ergebnisse von analytischen Verfahren prognostiziert werden können, und der Beurteilung des Fehlerrisikos ab (IDW PS 312.24; ISA 520.15). Analytische Prüfungen werden insbesondere bei der Prüfung der Vollständigkeit buchungspflichtiger Sachverhalte, der Beschaffung von Prüfungsnachweisen über Posten der Gewinn- und Verlustrechnung, zur going concern-Beurteilung, der Beurteilung zukunftsorientierter Angaben im Lagebericht und zur Aufdeckung wesentlicher Unterschlagungen als wirkungsvolles Prüfungsinstrument angesehen.

Vor Beendigung der Prüfung dienen analytische Prüfungen der *abschließenden Gesamtdurchsicht* der Prüfungsergebnisse. Der Prüfer vergleicht die während der Prüfung gewonnenen Erkenntnisse mit dem Gesamteindruck, den die aggregierten Größen des Jahresabschlusses vermitteln. Somit unterstützen analytische Prüfungen den Abschlussprüfer bei der

Beurteilung der Angemessenheit der Prüfungshandlungen sowie der Stichhaltigkeit der Einzelurteile und des Gesamturteils über den Jahresabschluss, indem sie entweder bestätigende Beweise dafür liefern, dass der geprüfte Jahresabschluss keine wesentlichen Fehler enthält, oder einen Bedarf an zusätzlichen Prüfungshandlungen signalisieren.

3.2.3.3 Ein Ablaufmodell des Urteilsbildungsprozesses bei analytischen Prüfungshandlungen

Abb. II.3-6 skizziert die Ablaufstruktur von analytischen Prüfungen. Diese beginnen mit der *Entwicklung von Erwartungen* (vgl. Schritt 1). So könnte der Abschlussprüfer bspw. auf Grund eines gestiegenen Absatzes einen im Vergleich zum Vorjahr höheren Materialverbrauch vermuten. Mit Hilfe solcher Erwartungen werden die Jahresabschlussdaten des Mandanten beurteilt. Zur Entwicklung von Erwartungen wertet der Abschlussprüfer sein Wissen über den Mandanten und die Branche aus. Parallel zur Entwicklung von Erwartungen legt der Prüfer auch Materiality-Bandbreiten (vgl. Abschnitt 1.3.2.2) fest, die benötigt werden, um akzeptable Abweichungen von erwarteten Werten festzustellen.

Anschließend *vergleicht* der Abschlussprüfer *die tatsächlichen Jahresabschlusswerte mit den für diese Prüffelder entwickelten Erwartungen* (vgl. Schritt 2). Wurden *keine bedeutsamen Abweichungen festgestellt*, fällt der Prüfer eine von drei möglichen Entscheidungen. Der Prüfer könnte entscheiden, dass die analytischen Prüfungen eine ausreichende Beweisgrundlage darstellen, so dass das Prüffeld als normenkonform angenommen wird (vgl. Schritt 3.1).[24] Des Weiteren könnte der Prüfer das Ergebnis der analytischen Prüfungen auch zur Reduzierung weiterer Prüfungshandlungen in dem entsprechenden Prüffeld heranziehen (vgl. Schritt 3.2).[25] Schließlich könnte sich der Prüfer aber auch dafür entscheiden, das geplante Prüfungsprogramm nicht zu ändern (vgl. Schritt 3.3). Eine solche Entscheidung kann z.B. durch mangelndes Vertrauen des Prüfers in das Ergebnis der analytischen Prüfung veranlasst sein oder dadurch, dass der Prüfungsplan bereits reduziert wurde, so dass der Prüfer zu einer weiteren Verringerung des Prüfungsumfangs nicht bereit ist. In einem solchen Fall dienen die weiteren Prüfungshandlungen dazu, das Ergebnis der analytischen Prüfung zu bestätigen.

3 Methoden zur Erlangung von Prüfungsnachweisen

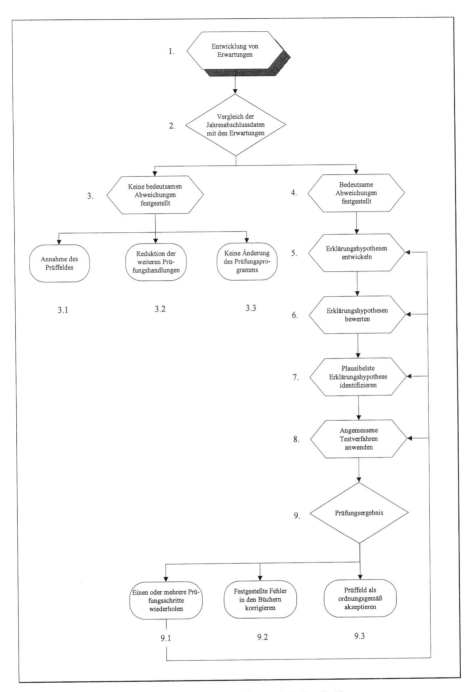

Abb. II.3-6: Ablaufmodell des Urteilsbildungsprozesses bei analytischen Prüfungen

Stellt der Prüfer dagegen *eine bedeutsame Abweichung* fest (vgl. Schritt 4), kann damit ein fehlerhaftes Prüffeld signalisiert werden. Der Prüfer muss dann versuchen, den Grund für diese Abweichung zu eruieren. Da für eine festgestellte wesentliche Abweichung zahlreiche Gründe verantwortlich sein können (wie z.B. zufällige Schwankungen, eine Änderung des Geschäftsfeldes, ungewöhnliche Transaktionen oder Ereignisse und Fehler im Prüffeld), ist die Identifikation der im Einzelfall vorliegenden Ursache die Voraussetzung für die Entwicklung wirksamer Prüfungshandlungen zur Beurteilung der Abweichung.

Im nächsten Schritt *entwickelt* der Abschlussprüfer *Erklärungshypothesen* über die den Abweichungen zugrunde liegenden Ursachen (vgl. Schritt 5). Die Entwicklung einer zutreffenden Erklärungshypothese ist ein kritischer Teil der analytischen Prüfung. Falls der Prüfer eine richtige Hypothese über die Ursache der Abweichungen entwickelt hat, können zusätzliche Prüfungshandlungen auf dieses spezifische Problem ausgerichtet werden, was zu einer effizienteren Prüfung führt.

Nach der Entwicklung der Erklärungshypothesen muss der Abschlussprüfer jede einzelne darauf überprüfen, ob sie für die Abweichung verantwortlich sein kann (vgl. Schritt 6). Im Anschluss an die *Bewertung der Erklärungshypothesen* nutzt der Abschlussprüfer sein Wissen über den Mandanten, um aus den verbliebenen *Erklärungshypothesen die plausibelsten herauszufiltern* (vgl. Schritt 7). Bezüglich dieser Erklärungshypothesen *plant* der Prüfer dann *andere, i.d.R. einzelfallbezogene Prüfungshandlungen* (vgl. Schritt 8), die wesentliche Beweise für die Abweichungsursache liefern sollen.

Abschließend *wertet* der Abschlussprüfer *die Ergebnisse aus* (vgl. Schritt 9) und entscheidet, ob zusätzliche analytische oder andere Prüfungshandlungen wegen nicht schlüssiger Ergebnisse vorzunehmen sind (vgl. Schritt 9.1), ob ein Fehler identifiziert wurde, so dass der Abschlussprüfer vom Mandanten entsprechende Korrekturen verlangen kann (vgl. Schritt 9.2), oder ob eine Ursache vorliegt, die keinen Fehler darstellt (vgl. Schritt 9.3).

3.2.3.4 Verfahren

Wie dem zuvor dargestellten Ablaufmodell zu entnehmen ist, hängt die Effektivität und Effizienz von analytischen Prüfungen entscheidend davon ab, welchen Wert der Prüfer für eine Jahresabschlussposition oder eine auf Jahresabschlussdaten basierende Kennzahl erwartet (vgl. Schritt 1) und anschließend mit den zu prüfenden Daten vergleicht (vgl. Schritt 2). Zur Bildung dieses sog. *Erwartungswertes* stehen dem Püfer unterschiedliche Arten von Informationen zur Verfügung. In Betracht kommen insbesondere Vorjahreswerte, Branchenwerte, Planzahlen und betriebliche Daten des zu prüfenden Unternehmens. In Abhängigkeit von den herangezogenen Informationen lassen sich zwei grundsätzliche Verfahren analytischer Prüfungen unterscheiden. Zum einen kann der Erwartungswert aus den Jahresabschlussdaten des Vorjahres bzw. der Vorjahre entwickelt werden und zum anderen können sonstige Daten herangezogen werden.

3.2.3.4.1 Entwicklung des Erwartungswertes aus vergangenen Jahresabschlüssen

3.2.3.4.1.1 Vorjahresvergleich

Der Vorjahresvergleich ist eines der einfachsten Verfahren der analytischen Prüfungen. Bei diesem in der Prüfungspraxis häufig angewandten Verfahren wird eine bestimmte Jahresabschlussposition des zu prüfenden Geschäftsjahres dem entsprechenden Wert des Vorjahres gegenübergestellt und auf signifikante Abweichungen hin untersucht. Stößt der Prüfer dabei auf eine Position, die im Vergleich zum Vorjahr erheblich gestiegen bzw. gesunken ist und liegen keine Einflüsse aus der Unternehmensumwelt vor (vgl. hierzu Abschnitt 3.2.1), die diese Abweichung erklären könnten, so erhält der Prüfer einen ersten Hinweis auf einen potenziellen Fehler in der entsprechenden Jahresabschlussposition. Dieses Vorgehen ermöglicht es ihm, sich stärker auf Positionen zu konzentrieren, die eine sog. unerwartete Abweichung aufweisen und somit ein stärkeres Risiko innehaben.

3.2.3.4.1.2 Kennzahlenanalyse

Der im vorangegangenen Abschnitt erläuterte Vergleich von einzelnen Jahresabschlusspositionen aufeinander folgender Geschäftsjahre weist eine entscheidende Schwäche auf. Jahresabschlusspositionen stehen häufig in einem festen Verhältnis zueinander und sollten daher auch gemeinsam betrachtet werden. So stehen beispielsweise bei einem Industrieunternehmen die Umsatzerlöse und der Wareneinsatz in einem unmittelbaren Zusammenhang. Bei einfachen *Vorjahresvergleichen* bleiben diese Abhängigkeiten jedoch unberücksichtigt.

Eine Möglichkeit zur Überwindung dieser Grenzen stellt die Kennzahlenanalyse dar. Hier werden *Verhältniszahlen* aufeinanderfolgender Geschäftsjahre untersucht, um so festzustellen, ob bestimmte Beziehungen zwischen den Jahresabschlusszahlen des geprüften Unternehmens über die Zeit stabil bleiben. Abweichungen könnten ein Anzeichen für Fehler sein. Der Einsatz von Kennzahlenanalysen ist optimal, wenn die zu prüfende Größe nur durch eine andere Größe determiniert wird und das Verhältnis zwischen beiden Größen konstant ist. Solche monokausalen und zugleich linearen Zusammenhänge liegen aber im Bereich des Jahresabschlusses selten vor, so dass Kennzahlenanalysen in der Regel eine relativ geringe Beweiskraft für die Normenkonformität eines Prüffeldes haben und keine tiefgreifende Analyse der zu beurteilenden Größen erlauben. Ihre Bedeutung liegt vor allem in der Identifizierung von Prüfungsschwerpunkten.

Im Rahmen analytischer Prüfungen werden z.B. folgende als *Bilanzkennzahlen* bekannte Verhältniszahlen (common ratios)[26] häufig zu Analysezwecken herangezogen:

Beispiele

- Liquidität 1. Grades $\qquad \dfrac{\text{liquide Mittel}}{\text{kurzfristige Verbindlichkeiten}}$

- Liquidität 2. Grades $\qquad \dfrac{\text{monetäres Umlaufvermögen}}{\text{kurzfristige Verbindlichkeiten}}$

- Liquidität 3. Grades $\qquad \dfrac{\text{Umlaufvermögen}}{\text{kurzfristige Verbindlichkeiten}}$

- Deckungsgrad B $\qquad \dfrac{\text{langfristiges Kapital}}{\text{Anlagevermögen}}$

- Verschuldungsgrad $\qquad \dfrac{\text{Fremdkapital}}{\text{Eigenkapital}}$

- Kundenziel $\qquad \dfrac{\varnothing\text{Bestand an Forderungen}}{\text{Umsatzerlöse}} \cdot 365$

- Umschlagshäufigkeit der Forderungen $\qquad \dfrac{\text{Umsatzerlöse}}{\text{Bestand an Forderungen zum Ende der Periode}}$

- Umschlagsdauer der Vorräte $\qquad \dfrac{\varnothing\text{Bestand an Vorräten}}{\text{Umsatzerlöse}} \cdot 365$

- Eigenkapitalrentabilität $\qquad \dfrac{\text{Jahresergebnis}}{\varnothing\text{Eigenkapital}}$

- Return on Investment $\qquad \dfrac{\text{Jahresergebnis}}{\varnothing\text{Gesamtkapital}}$

- Gesamtkapitalrentabilität $\qquad \dfrac{\text{Jahresergebnis} + \text{Fremdkapitalzinsen}}{\varnothing\text{Gesamtkapital}}$

- Umsatzrentabilität $\qquad \dfrac{\text{Jahresergebnis}}{\text{Umsatzerlöse}}$

Im Folgenden soll anhand von zwei ausgewählten Kennzahlen für die Geschäftsjahre 2001 und 2002 eines fiktiven Unternehmens (Tab. II.3-2) exemplarisch dargestellt werden, welche Hypothesen bei einer durch Kennzahlenanalyse festgestellten unerwarteten Abweichung vom Prüfer entwickelt werden könnten (vgl. Schritt 5 des Ablaufmodells):[27]

Kennzahl	2001	2002
Umschlagsdauer der Vorräte	45 Tage	13 Tage
Umschlagshäufigkeit der Forderungen	6,88	5,12

Tab. II.3-2: Kennzahlen eines fiktiven Unternehmens für die Geschäftsjahre 2001 und 2002

Die Umschlagsdauer der Vorräte gibt an, wieviele Tage das Vorratsvermögen durchschnittlich im Unternehmen verbleibt, bis es veräußert wird. Ist diese Kennzahl wie in dem oben aufgeführten Beispiel im Vergleich zum Vorjahr signifikant gesunken, ist ein Fehlersignal im Sinne einer unerwarteten Abweichung gegeben, dem der Prüfer nachgehen muss. Eine gesunkene Umschlagsdauer der Vorräte kann etwa durch die Einführung einer *just in time*-Produktion induziert worden sein. Denkbar wäre auch, dass die Verkaufspreise für Fertigerzeugnisse stärker gestiegen sind als die Einkaufspreise für Rohstoffe. Der Prüfer muss jedoch auch in Betracht ziehen, dass ein Fehler in den Jahresabschlussdaten vorliegt. So könnte die festgestellte Abweichung durch die unvollständige Erfassung von Vorräten oder durch die Verbuchung fiktiver Verkäufe verursacht worden sein. Es ist nun die Aufgabe des Prüfers, die Durchführung der Prüfung derart zu gestalten, dass das Vorliegen eines Fehlers in den Jahresabschlussdaten mit einer ausreichenden Sicherheit ausgeschlossen werden kann.

Eine wichtige Kennzahl zur Beurteilung der Werthaltigkeit der ausgewiesenen Kundenforderungen stellt die Umschlagshäufigkeit der Forderungen dar. Liegt, wie in unserem Beispiel, eine signifikante Verringerung dieser Kennzahl vor, bedeutet dies, dass die Kunden ihre offenen Rechnungen im Geschäftsjahr 2002 langsamer begleichen als im Geschäftsjahr 2001. Diese Entwicklung kann wiederum durch unterschiedliche Gründe hervorgerufen worden sein. Zu nennen wären u.a.:

- die Senkung der Anforderungen an die Kreditwürdigkeit neuer Kunden,

- die Verlängerung des Zahlungsziels, um langjährige Geschäftsbeziehungen zu pflegen oder um neue Kunden zu gewinnen,

- eine Krise in der jeweiligen Branche, die mithin eine langsamere Zahlungsmoral mit sich bringt,

- eine Änderung bei der Abschreibung zweifelhafter Forderungen oder

- ein Fehler in dem ausgewiesenen Forderungsbestand.

3.2.3.4.1.3 Trendanalyse

Bei der Anwendung von Trendanalysen werden im Gegensatz zu den beiden vorangegangenen Verfahren nicht nur die Daten der beiden letzten Geschäftsjahre herangezogen. Vielmehr berücksichtigt der Prüfer hier eine Vielzahl von vorangegangen Perioden, um einen Erwartungswert zu ermitteln. Somit ist er in der Lage, festzustellen, ob bestimmte Jahresabschlussdaten auf Grund der Entwicklung der entsprechenden Beträge im Zeitablauf plausibel erscheinen. Durch die *Extrapolation* dieser Entwicklung in die Zukunft ermittelt er einen Erwartungswert für die aktuelle Jahresabschlussgröße, der als Vergleichsmaßstab für den zu prüfenden Betrag dient. Eine einfache Vorgehensweise zur Durchführung der Trendanalyse bildet die grafische Methode (vgl. Abb. II.3-7). Dazu werden die Beträge des zu prüfenden Jahresabschlusspostens zu verschiedenen Zeitpunkten in ein Streuungsdiagramm eingetragen. In dieses Diagramm trägt der Abschlussprüfer freihändig eine Trendlinie ein, welche die Entwicklung des Postens verdeutlicht. Durch die Verlängerung der Trendlinie entwickelt der Prüfer einen Prognosewert für die zu prüfende Größe. Der Bereich, in den die Beträge der Vorjahre gefallen sind, wird durch eine obere und eine untere Grenzlinie gekennzeichnet. Diese Grenzlinien können als Konfidenzintervall interpretiert werden.

Der Verlauf der zielrelevanten Größe muss nicht notwendigerweise linear sein. Mit Hilfe der *Methode der kleinsten Quadrate* lässt sich die Lage der Trendlinie im Streuungsdiagramm auch mathematisch bestimmen. Der Vorteil der Trendanalyse ist darin zu sehen, dass zufällige Schwankungen der untersuchten Größe in der Vorperiode durch die Berücksichtigung mehrerer Vergangenheitswerte teilweise ausgeglichen werden. Allerdings wird die Zeit als alleiniger Einflussfaktor für die Entwicklung des zu prüfenden Jahresabschlusspostens angesehen, d.h. es wird unterstellt, dass andere Faktoren, welche die betrachtete Größe beeinflussen können, sich im Zeitablauf konstant verhalten.

Beispiel

Am Beispiel des Jahresüberschusses der BASF AG von 1990-2000 soll das Verfahren der einfachen Trendanalyse veranschaulicht werden. Die Umsatzzahlen und der Jahresüberschuss (in Mio. €) entwickelten sich im untersuchten Zeitraum wie folgt (entnommen aus: BASF Jahresbericht 2000):

Jahr	1990	1991	1992	1993	1994	1995	1996	1997	1998	1999	2000
Umsatz	23.030	22.781	21.440	20.742	22.330	23.637	24.939	28.520	27.643	29.473	35.946
Jahresüberschuss	568	540	313	389	598	1.239	1.452	1.639	1.664	1.245	1.282

Tab. II.3-3: Umsatz und Jahresüberschuss BASF AG für 1990-2000

Sucht der Abschlussprüfer einen plausiblen Jahresüberschuss für das Jahr 2001, verlängert er die Trendgerade des Jahresüberschusses bis zum Jahr 2001 (im Beispiel: ca. 1.800 Mio. €). Diese Prognose wird i.A. nicht mit dem tatsächlich ausgewiesenen Wert übereinstimmen. Liegt dieser außerhalb des von den beiden Grenzlinien markierten Bereichs (im Beispiel etwa 1.350-2.200 Mio. €), wird der Abschlussprüfer eine nicht durch die Vergangenheitsdaten plausibel zu machende Abweichung vermuten und weitere Prüfungshandlungen durchführen.

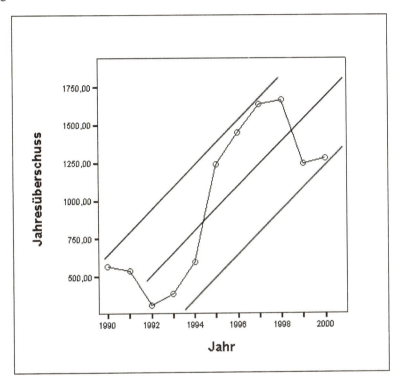

Abb. II.3-7: Trendanalyse Jahresüberschuss BASF 1990-2000

Eine wesentliche Schwäche der Trendanalyse stellt die Beschränkung auf eine einzige erklärende Variable, nämlich die Zeit, dar. Es wird unterstellt, dass alle anderen den zu bildenden Erwartungswert beeinflussenden Faktoren während des Beobachtungszeitraums unverändert bleiben. Auf Grund dieser Reduktion auf die Zeit droht die sog. Extrapolationsfalle, da in der Realität vorliegende Abhängigkeiten zwischen einzelnen Jahrersabschlussgrößen unberücksichtigt bleiben (vgl. auch Abschnitt 3.2.3.4.1.2).[28]

3.2.3.4.1.4 Regressionsanalyse

Eine Möglichkeit den o.a. Schwächen der Trendanalyse entgegenzuwirken, ist in der Anwendung der Regressionsanalyse zu sehen. Diese erlaubt eine Spezifizierung des funktionalen Zusammenhangs zwischen einer abhängigen und einer oder mehrerer unabhängigen Variablen. Auf der Grundlage von Beobachtungswerten wird die stochastische Abhängigkeit zwischen Jahresabschlussgrößen durch eine Regressionsfunktion approximiert, mit deren Hilfe die zu prüfende Jahresabschlussgröße in Abhängigkeit von den Ausprägungen der berücksichtigten Einflussfaktoren prognostiziert werden kann.

Bei der *Einfachregression* wird die zu prognostizierende Variable Y (z.B. die Forderungen) bzgl. der Abhängigkeit von einer einzigen Bestimmungsvariablen X (z.B. den Umsatzerlösen) untersucht. Oft wird zur Ermittlung der Regressionsfunktion, die den Zusammenhang zwischen abhängiger und unabhängiger Variable möglichst gut abbilden soll, ein linearer Zusammenhang unterstellt, so dass sich diese unter Vernachlässigung der stochastischen Zufallskomponente mit

$$Y = a + b \cdot X$$

ergibt. Die Regressionskoeffizienten a und b werden dabei mit der Methode der kleinsten Quadrate geschätzt. Im Unterschied hierzu berücksichtigt die *Mehrfachregression* den Einfluss mehrerer Variablen auf die zu prüfende Jahresabschlussgröße. Unter Vernachlässigung der stochastischen Zufallskomponente und unter Annahme eines linearen Zusammenhangs ergibt sich die Regressionsfunktion mit

$$Y = a + b_1 \cdot X_1 + \ldots + b_n \cdot X_n.$$

Bei der Anwendung der Regressionsanalyse besteht die Möglichkeit, für den Prognosewert Sicherheits- und Genauigkeitsgrade vorzugeben, so dass dem Abschlussprüfer ein eindeutiger und objektiver Maßstab für die Beweiskraft von Prüfungsnachweisen zur Verfügung steht. Die Regressionsanalyse selbst ist ein objektives Verfahren. Allerdings fließt das subjektive Urteil des Abschlussprüfers bei der Auswahl des Zusammenhangs zwischen der zu prüfenden Jahresabschlussgröße und einer oder mehrerer unabhängiger Variablen ein. Zudem wird die Gültigkeit der Regressionsbeziehung bis in die geprüfte Periode unterstellt.

Mit Hilfe der Regressionsanalyse werden Erwartungen hinsichtlich der zu prüfenden Jahresabschlussgröße entwickelt. Der Abschlussprüfer kann also z.B. mit Hilfe seiner Information über die Umsatzerlöse in dem zu prüfenden Jahresabschluss sowie der von ihm unterstellten Regressionsbeziehung zwischen den Umsatzerlösen und den Forderungen ermitteln, in welcher Höhe er Forderungen in der Bilanz erwartet. Diese Erwartung ist der Ausgangspunkt im Ablauf analytischer Prüfungen (vgl. Abb. II.3-6, Schritt 1).

3 Methoden zur Erlangung von Prüfungsnachweisen

Beispiel

Anhand der BASF-Daten (vgl. Tab. II.3-3) soll die Einfachregression veranschaulicht werden, indem der Jahresüberschuss Y in Abhängigkeit von den Umsatzerlösen X gesetzt wird. Trägt man dazu den Jahresüberschuss der Jahre 1990-2000 gegen den jeweils erzielten Umsatz in einem Streuungsdiagramm ab, ergibt sich das in Abb. II.3-8 dargestellte Bild.

Im nächsten Schritt stellt der Abschlussprüfer nun den jeweils erzielten Jahresüberschuss Y in eine lineare Beziehung zum jeweils erzielten Umsatz X, indem er setzt

$$Y = a + b \cdot X.$$

Anhand der Methode der kleinsten Quadrate ergibt sich hieraus

$$Y = -978 + 0{,}07735 \cdot X.$$

Damit ergeben sich die Regressionsgerade sowie der 95%-Vertrauensbereich wie in Abb. II.3-9 dargestellt.

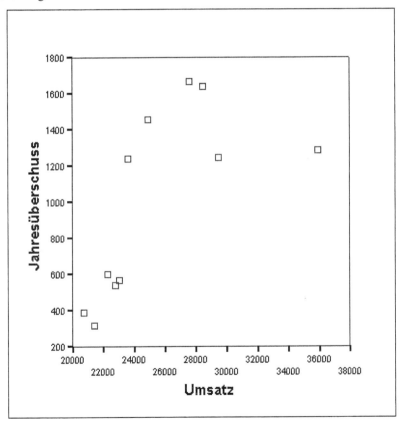

Abb. II.3-8: Streuungsdiagramm Jahresüberschuss in Abhängigkeit vom Umsatz für BASF 1990-2000

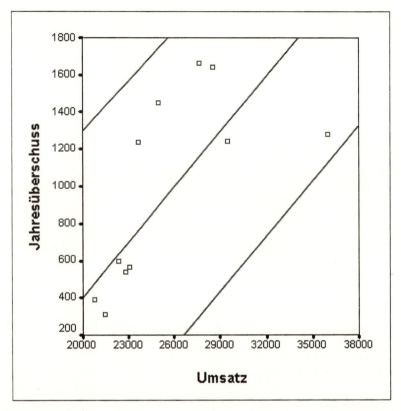

Abb. II.3-9: Regressionsgerade

Anhand der so gewonnenen Erkenntnisse ist der Abschlussprüfer in der Lage, den Jahresüberschuss des Jahres 2001 auf seine Plausibilität zu beurteilen. Weist das zu prüfende Unternehmen für das Jahr 2001 beispielsweise einen Umsatz von 25.000 Mio. € auf, ermittelt der Abschlussprüfer zunächst anhand der gewonnenen Regressionsbeziehung einen erwarteten Wert Y für den Jahresüberschuss des Jahres 2001 von

$$Y = -978 + 0{,}07735 \cdot 25.000 = 955{,}75.$$

Ist im Jahresabschluss des zu prüfenden Unternehmens tatsächlich ein Jahresüberschuss von 950 Mio. € ausgewiesen, kann der Abschlussprüfer diesen als prinzipiell plausibel ansehen. Weicht der Jahresüberschuss dagegen deutlich von dem erwarteten Wert ab, so hat der Prüfer die Gründe hierfür zu hinterfragen. Ist z.B. ein Überschuss von 2.000 Mio. € ausgewiesen, ist zu beurteilen, ob sich die Aufwendungen des Unternehmens tatsächlich verringert haben (z.B. durch Personalabbau oder sonstige Rationalisierungsmaßnahmen) oder ob etwa möglicherweise bewusste oder unbewusste Fehler des Unternehmens zu diesem ungewöhnlich positiven Ergebnisausweis geführt haben (Handlungsbedarf des Abschlussprüfers im Sinne vermehrter Einzelfallprüfungen ergibt sich insbesondere für den Fall, dass der ausgewiesene Überschuss außerhalb des durch die geschwungenen Linien gekennzeichneten Konfidenzbereiches zu liegen kommt).

3.2.3.4.1.5 Box-Jenkins-Zeitreihenanalyse

Als weiteres Verfahren wird die *Box-Jenkins-Zeitreihenanalyse* vorgeschlagen. Im Unterschied zur Regressionsanalyse erfordert sie keine Unabhängigkeit der Beobachtungswerte untereinander. Vielmehr nutzt sie vorhandene Abhängigkeiten im Datenmaterial zur Konstruktion eines geeigneten Modells aus. Bei diesem Verfahren handelt es sich um ein genaues Prognoseverfahren, das aber komplex und aufwendig ist und ein umfangreiches Datenmaterial erfordert.

3.2.3.4.2 Entwicklung des Erwartungswertes aus sonstigen Daten

3.2.3.4.2.1 Branchenwerte (Benchmarking)

Ein in jüngster Vergangenheit zunehmend beachtetes Verfahren der analytischen Prüfung ist das sog. *Benchmarking*.[29] Hierbei werden die Zahlen des zu prüfenden Unternehmens externen Branchenwerten gegenübergestellt und auf wesentliche Abweichungen hin untersucht. Im Gegensatz zu den bisher vorgestellten Verfahren analytischer Prüfungen handelt es sich hier nicht um einen Vergleich von Zahlen unterschiedlicher Perioden (*Zeitvergleich*). Vielmehr erfolgt eine Gegenüberstellung von Daten, die aus der gleichen Periode stammen, jedoch unterschiedlicher Herkunft sind.

Beim *Benchmarking* kommen zwei alternative Vergleichswerte in Betracht. Bei der ersten Alternative vergleicht der Prüfer die Jahresabschlussdaten mit einfachen Branchendurchschnittswerten, die er aus diversen Quellen erlangen kann (vgl. hierzu Abschnitt 3.2.1.2). Weichen einzelne Jahresabschlusspositionen oder Kennzahlen des zu prüfenden Unternehmens signifikant von den Branchendurchschnittswerten und -kennzahlen ab, so könnte dies auf einen potenziellen Fehler hindeuten, der vom Prüfer weiter zu eruieren ist. Ein Nachteil dieser Vorgehensweise kann jedoch darin gesehen werden, dass sich einzelne Unternehmen zum Teil erheblich von den anderen Unternehmen der Branche unterscheiden und somit ein Vergleich dann nicht sinnvoll erscheint.

Sieht sich der Prüfer mit diesem Problem konfrontiert, sollte er die zweite Alternative des *Benchmarking* in Betracht ziehen, bei der die Jahresabschlussdaten nicht einem weit gestreuten Durchschnittswert gegenübergestellt werden, sondern mit den Daten eines einzelnen, dem zu prüfenden Unternehmen in Größe und Struktur möglichst ähnlichen Unternehmen verglichen werden. Schwierigkeiten könnten sich jedoch sowohl bei der Suche nach einem angemessenen *Benchmark-Unternehmen* als auch bei der Beschaffung wichtiger Vergleichsdaten eines bereits identifizierten Unternehmens ergeben.

3.2.3.4.2.2 Planzahlen des Mandanten

Eine Vielzahl von Unternehmen erstellen Planzahlen für einzelne oder mehrere Geschäftsjahre. Da Planzahlen die Erwartungen des Mandanten für die unterschiedlichen Perioden darstellen, können wesentliche Abweichungen zwischen Plan- und tatsächlichen, ausgewiesenen Werten Hinweise auf potenzielle Fehler liefern. Liegen hingegen keine wesentlichen Abweichungen vor, so kann dies auf eine geringe Fehlerwahrscheinlichkeit hindeuten.[30]

Bevor sich der Prüfer für dieses Verfahren der analytischen Prüfung entscheidet, sollte er sich jedoch vergewissern, ob die Planzahlen des Mandanten auch tatsächlich für einen Vergleich mit den zu prüfenden Werten geeignet sind. Dagegen könnte etwa sprechen, dass viele Unternehmen ihre Planzahlen ohne große Sorgfalt erstellen oder ihren Mitarbeitern absichtlich schwierig einzuhaltende Planzahlen vorgeben, um diese zu bestmöglichen Ergebnissen zu motivieren. In diesem Fall käme einem Vergleich eine geringe Aussagekraft zu.[31] Ein weiteres Problem beim Heranziehen von Planzahlen besteht in der Möglichkeit, dass Unternehmen ihre Jahresabschlussdaten dahingehend modifizieren, dass sie mit den herausgegebenen Planzahlen übereinstimmen. Würde ein Prüfer in diesem Fall einen Vergleich vornehmen, so könnte er selbst beim Vorliegen eines wesentlichen Fehlers in der jeweiligen Position keine unerwartete Abweichung feststellen.[32]

3.2.3.4.2.3 Betriebliche Daten des Mandanten

Bei dieser Variante der analytischen Prüfung zieht der Prüfer Daten aus dem internen Rechnungswesen des Mandanten heran, die nicht in den Jahresabschluss einfließen. Auf Grund von funktionalen sowie anderen allgemeinen oder stochastischen Zusammenhängen zwischen betrieblichen und Jahresabschlussdaten, eignet sich diese Vorgehensweise zur Bildung eines Erwartungswertes häufig besser als die separate Betrachtung von Jahresabschlussdaten.

Beispiele

- Taxibetriebe: Kraftstoffverbrauch der Periode = Fahrleistung der Periode · durchschnittlicher Kraftstoffverbrauch je 100 km

- Hotels: Umsatzerlöse der Periode = Anzahl der Zimmer · Belegungsrate · Preis pro Nacht

- Industrie- bzw. Dienstleistungsunternehmen:

    Wareneinsatz der Periode = Anzahl der produzierten Einheiten · Anschaffungs-/Herstellungskosten pro Stück

    Personalkosten der Periode = Anzahl der Mitarbeiter · durchschnittlich geleistete Stunden pro Mitarbeiter · durchschnittlicher Stundenlohn

Diese einfachen Rechenmodelle kommen mit einem geringen Umfang an notwendigem Datenmaterial aus und sind auf Grund ihrer einfachen Struktur in kurzer Zeit und ohne großen Aufwand anwendbar. Ihre Ergebnisse sind aber relativ pauschal und durch ihren subjektiven Charakter gekennzeichnet, so dass sie vor allem in der Prüfungsplanung zum Erkennen kritischer Prüfungsgebiete zum Einsatz kommen.

3.2.4 Einzelfallprüfungen

3.2.4.1 Charakterisierung

Nachdem der Abschlussprüfer die dem zu prüfenden Jahresabschluss bzw. die dem zu prüfenden Prüffeld innewohnenden Risiken abgeschätzt (entsprechend dem inhärenten Risiko, vgl. Abschnitt 3.2.1) und die Qualität des IKS (entsprechend dem Kontrollrisiko, vgl. Abschnitt 3.2.2) sowie die generelle Plausibilität des vorgelegten Jahresabschlusses bzw. Prüffeldes beurteilt hat, muss er den Beitrag an Prüfungssicherheit festlegen, der noch durch einzelfallorientierte Prüfungshandlungen zu erbringen ist (korrespondierend zum noch zu akzeptierenden Entdeckungsrisiko). Dies geschieht in Übereinstimmung mit dem Prüfungsrisikomodell (vgl. Abschnitt 1.2) z.B. anhand der Beziehung

$$AR = CR \cdot ARR \cdot TR$$

zu

$$TR = \frac{AR}{CR \cdot ARR}.$$

(AR: Prüfungsrisiko; CR: Kontrollrisiko; ARR: Risiko aus der Durchführung analytischer Prüfungshandlungen; TR: Testrisiko (Risiko aus der Durchführung von Einzelfallprüfungen))

Nachdem die Prüfung des IKS und damit die Abschätzung des Kontrollrisikos eher auf die Beurteilung der Fehlerhäufigkeit abstellt, sind Einzelfallprüfungen in der Regel auf die Beurteilung der Fehlerhöhe bzw. des Fehlerbetrages ausgerichtet. Angesichts des mit Einzelfallprüfungen verbundenen Zeitbedarfs und Kostenumfangs wird für viele Prüffelder (insbesondere solche mit Massentransaktionen) nicht die Überprüfung sämtlicher Elemente (*Vollprüfung*) möglich sein. Hier wird nach Möglichkeit lediglich eine Teilmenge, eine *Stichprobe*, der zu beurteilenden Prüfungsgegenstände überprüft (*Auswahlprüfung*). Da bei Auswahlprüfungen nicht notwendigerweise alle Fehler aufgedeckt werden können, sind diese nur dann zulässig, wenn der Prüfungsauftrag nicht explizit die Fehlerlosigkeit des Prüffeldes – wie im Fall einer Unterschlagungsprüfung (vgl. Kapitel III, Abschnitt 2.3.3.2.4) – verlangt.

Die Eingrenzung der Prüfung auf eine Auswahl der Prüfungsgegenstände zieht eine Unsicherheit bei der Urteilsbildung nach sich, da das Prüfungsergebnis für eine Teilmenge nicht ohne Einschränkung auf das gesamte Prüffeld übertragen werden darf. Werden beispielsweise lediglich die Buchungsvorgänge von einem Sachbearbeiter untersucht, kann daraus nicht zwangsläufig auf das Verhalten eines anderen Sachbearbeiters geschlossen werden. Zusammensetzung und Umfang der zu prüfenden Teilmenge sind folglich derart zu bestimmen, dass mit einer eindeutig bestimmbaren Urteilssicherheit eine Aussage über das gesamte Prüffeld getroffen werden kann (dies ist jedoch nur bei Verfahren der Zufallsauswahl möglich; vgl. auch die Ausführungen in Abschnitt 3.2.4.2.3).

Dabei beinhaltet TR das vom Abschlussprüfer maximal zu akzeptierende Risiko, dass der zu prüfende Jahresabschluss nach Durchführung der Einzelfallprüfungen noch wesentliche Fehler enthält. Die Dimensionierung des Betrages, ab dem ein Fehler bzw. die Summe aller festgestellten Fehler als wesentlich angesehen wird, wird als Materiality-Grenzwert M bezeichnet und vorab auf Jahresabschluss- wie auf Prüffeldebene geeignet festgelegt (vgl. Abschnitt 1.3). Auf diese Weise ermittelt der Prüfer vor Durchführung seiner Einzelfallprüfungen die notwendige Sicherheit (1-TR) und Genauigkeit (M) dieser Prüfungshandlungen.

Im Folgenden sind nun Verfahren zu diskutieren, die eine geeignete Auswahl zu prüfender Elemente sicherstellen (Auswahlverfahren) sowie Methoden, die die derart identifizierten Stichprobenelemente zu einer hinreichend sicheren und genauen Schätzung des tatsächlichen Wertes des Prüffeldes verdichten (Auswertungsverfahren).

3.2.4.2 Auswahlverfahren

3.2.4.2.1 Vorbemerkungen

Eine vollständige Überprüfung eines Prüffeldes wäre mit dem Vorteil verbunden, dass dieses Prüffeld mit einer sehr hohen Sicherheit und Genauigkeit durch den Prüfer beurteilt werden kann. Da bei einer Abschlussprüfung meist sehr umfangreiche Prüffelder auftreten und die Fehleranfälligkeit des Prüfers z.B. infolge des Ermüdungseffekts mit zunehmendem Umfang der Prüfungshandlungen steigt, ist eine hundertprozentige Urteilssicherheit auch bei lückenloser Prüfung nicht erreichbar. Zeit- und Kostengründe sprechen für eine nicht lückenlose Prüfung (Auswahlprüfung), bei der in Kauf genommen wird, dass Fehler unentdeckt bleiben. Die Zielsetzung der Abschlussprüfung erfordert im Allgemeinen keine lückenlose Prüfung, denn das Prüfungsurteil soll nicht mit maximaler, sondern mit hinreichender Urteilsqualität (vgl. Kapitel I, Abschnitt 6.4.2) ermittelt werden. Der Prüfer hat nicht hundertprozentige Sicherheit und absolute Genauigkeit anzustreben. Er kann sich vielmehr auf eine Auswahlprüfung beschränken, sofern damit eine hinreichende Urteilsqualität erreichbar ist. In diesem Fall stellt sich die Frage nach dem Auswahlverfahren, wobei grundsätzlich zwischen der Auswahl aufs Geratewohl, der bewussten Auswahl und der Zufallsauswahl unterschieden werden kann.

- Die *Auswahl aufs Geratewohl* greift rein willkürlich, d.h. ohne jede Überlegung, eine Anzahl von Elementen aus einem Prüffeld heraus. Da diese subjektive Entscheidung des Prüfers nicht nach dem pflichtgemäßen Ermessen erfolgt bzw. nicht auf sachlichen Gesichtspunkten basiert, widerspricht sie den Prüfungsnormen.

3 Methoden zur Erlangung von Prüfungsnachweisen

- Von einer *bewussten Auswahl* spricht man, wenn die Auswahl der in die Stichprobe einzubeziehenden Elemente einer Grundgesamtheit vom Prüfer subjektiv auf Grund seines Sachverstandes, d.h. seiner persönlichen Kenntnisse und Erfahrungen, getätigt und diese Entscheidung eigenverantwortlich, selbstständig und nach pflichtgemäßem Ermessen getroffen wird. Dabei lässt sich die Auswahlwahrscheinlichkeit für die einzelnen Elemente der Grundgesamtheit nicht angeben, ein Repräsentationsschluss – d.h. eine Aussage bzgl. des Verhaltens der Grundgesamtheit aus der Beobachtung der Stichprobe heraus – ist nicht möglich (ISA 530.25 f.).

- Wesentliches Kennzeichen einer *Zufallsauswahl* (Stichprobenerhebung) ist, dass jedes Element die gleiche bzw. eine bestimmte, berechenbare, von Null verschiedene Wahrscheinlichkeit besitzt, in die Stichprobe zu gelangen (ISA 530.42). Nachfolgende Abbildung gibt einen Überblick über die Techniken und Verfahren der Zufallsauswahl:

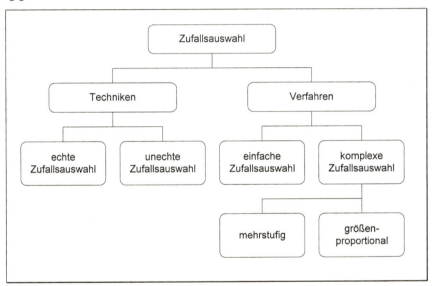

Abb. II.3-10:   Techniken und Verfahren der Zufallsauswahl

3.2.4.2.2 Bewusste Auswahlverfahren

Die wichtigsten bewussten Auswahlverfahren sind die Auswahl nach dem Konzentrationsprinzip, die detektivische Auswahl und die Auswahl typischer Fälle (ISA 530.25).

- Bei der *Auswahl nach dem Konzentrationsprinzip* wählt der Prüfer nur solche Elemente aus, denen er besondere Bedeutung für die Urteilsbildung beimisst, denn bei solchen Elementen können Fehler die Aussagefähigkeit einer Jahresabschlussposition in besonderem Maße beeinträchtigen. Die Bedeutung eines Prüfungsgegenstands ergibt sich aus seinem absoluten oder relativen Wert. Der Nachteil dieser Auswahltechnik liegt darin, dass eventuelle Fehler oder Unkorrektheiten bei den als unbedeutend eingestuften Elementen des Prüffeldes unentdeckt bleiben, obwohl sie für die Urteilsbildung des Prüfers von erheblicher Relevanz sein können.

- Das Auswahlkriterium „Fehlerrisiko" wird bei der *detektivischen Auswahl* verwendet. Hierbei wählt der Prüfer auf Grund seines Spürsinns und seiner Erfahrung solche Sachverhalte aus, bei denen er am ehesten Fehler vermutet (z.B. die Verbuchung von Geschäftsvorfällen durch die Urlaubsvertretung).

- Die *Auswahl typischer Fälle* stellt eine Entnahmetechnik dar, bei der der Prüfer solche Sachverhalte aus dem Prüffeld herausgreift, die er auf Grund seiner bisherigen Erfahrungen für die Beurteilung der Normenkonformität als typisch erachtet. In der Praxis werden diese Auswahltechniken in der Regel kombiniert angewandt.

3.2.4.2.3 Techniken und Verfahren der Zufallsauswahl

Die Techniken der Zufallsauswahl sollen die Zufälligkeit der Auswahl gewährleisten.

- Hierzu ist am ehesten die *echte Zufallsauswahl* geeignet, die meist mit Hilfe von Zufallszahlentafeln erfolgt. Eine Zufallszahlentafel besteht aus einer Reihe von Ziffern von 0 bis 9, die durch eine Folge unabhängiger Versuche nach dem Modell „Ziehen mit Zurücklegen" gewonnen wurden. Zufallszahlentafeln sind nur anwendbar, wenn die Elemente einer Grundgesamtheit mit den Ziffern 1,2, ..., N (N: Umfang der Grundgesamtheit) durchnummeriert sind. Ist die Nominalzahl N eine k-stellige Zahl, so fasst man, um eine Stichprobe vom Umfang n zu bestimmen, ausgehend von einer beliebigen Stelle der Zufallszahlentafel, die ersten k Ziffern zu einer k-stelligen Zahl zusammen, die nächsten k zu einer zweiten etc. In den Fällen, in denen die k-stellige Zufallszahl $Z < N$ ist, bezeichnet sie ein Stichprobenelement, sofern sie noch nicht vorgekommen ist. Das Verfahren endet, wenn n Zufallszahlen gefunden worden sind.

- Da die Techniken der echten Zufallsauswahl oft organisatorisch und zeitlich zu aufwendig sind, werden häufig auch die kostengünstigeren Techniken der so genannten *unechten Zufallsauswahl* angewandt, von denen vor allem die systematische Auswahl bedeutsam ist, die in Form der systematischen Auswahl mit Zufallsstart, des Schlussziffernverfahrens, der Buchstabenauswahl oder des Datums- bzw. Geburtstageauswahlverfahrens erfolgen kann.

  - Das systematische Auswahlverfahren mit Zufallsstart setzt voraus, dass die Elemente der Grundgesamtheit unabhängig von den Merkmalsausprägungen der Elemente nummeriert sind. Zunächst wird der Quotient aus N und n (Umfang der Stichprobe) berechnet. Jedes (N/n)-te Element gelangt in die Stichprobe. Aus den ersten N/n Elementen wird eines zufällig ausgewählt, z.B. das Element mit der Nummer a. Die Elemente mit den Nummern

$$a, a+\frac{N}{n}, a+2\frac{N}{n}, \ldots, a+(n-1)\frac{N}{n}$$

stellen die Stichprobe dar.

Beispiel

Aus einer Grundgesamtheit vom Umfang 1.000 sollen 10 Elemente anhand der systematischen Auswahl mit Zufallsstart bestimmt werden (d.h. N = 1.000, n = 10). Damit ergibt sich $N/n = 100$, d.h. es ist jedes 100-ste Element zu ziehen. Als Startwert aus dem Intervall $[1;100]$ wird zufällig der Wert a = 43 bestimmt. Damit wird die Stichprobe von den Elementen mit der Nummer 43, 143, 243, ..., 943 gebildet.

- Das Schlussziffernverfahren kann nur angewandt werden, wenn die Elemente der Grundgesamtheit von 1 bis N durchnummeriert sind und die Nummerierung der Elemente der Grundgesamtheit nicht mit den zu untersuchenden Merkmalsausprägungen korreliert ist. Alle Elemente mit einer bestimmten zufällig ausgewählten Schlussziffer oder Schlussziffernkombination werden in die Stichprobe aufgenommen. Durch geeignete Wahl der Schlussziffern lässt sich jeder beliebige Stichprobenumfang realisieren.

- Bei den Buchstaben-, Datums- oder Geburtstageauswahlverfahren müssen alphabetische, nach dem Datum oder nach Geburtstagen geordnete Verzeichnisse der prüfungspflichtigen Geschäftsfälle vorliegen.

Die Verfahren der Zufallsauswahl werden in einfache (uneingeschränkte) und komplexe (eingeschränkte) Zufallsauswahl unterteilt.

- Bei dem Verfahren der *einfachen Zufallsauswahl* hat jedes Element der Grundgesamtheit die gleiche, berechenbare, von Null verschiedene Wahrscheinlichkeit, in die Stichprobe zu gelangen. Die Entnahme der Elemente kann mit oder ohne Zurücklegen der bereits ausgewählten Elemente erfolgen.

- Gemeinsames Kennzeichen der *komplexen Zufallsauswahl* ist nicht mehr die gleiche, sondern eine berechenbare, von Null verschiedene Wahrscheinlichkeit, in die Stichprobe einbezogen zu werden. Hier wären insbesondere die *mehrstufigen Auswahlverfahren*,, bei dem die Grundgesamtheit hierarchisch zerlegt wird, und das *Zufallsstichprobenverfahren mit größenproportionaler Auswahlwahrscheinlichkeit* zu nennen.

  - Im Rahmen des mehrstufigen Auswahlverfahrens findet häufig das zweistufige Auswahlverfahren Anwendung, bei dem die Grundgesamtheit in mehrere Teilbereiche (L) zerlegt wird, aus denen l Bereiche ausgewählt werden. Aus der Anzahl der Elemente dieser ausgewählten Teilbereiche N_h (h = 1, 2, ..., l) wird dann eine einfache Zufallsstichprobe n_h entnommen (ISA 530.36 ff.).

- Die geschichtete Auswahl bildet einen Spezialfall der zweistufigen Auswahl, denn der Auswahlsatz in der ersten Stufe beträgt 100%, d.h. sämtliche Teilgesamtheiten (Schichten) gehen in die Auswahl ein, so dass L = l gilt. In der zweiten Stufe ist der Auswahlsatz geringer als 100%. Die Schichten sollen dabei so gebildet werden, dass die Elemente einer Schicht hinsichtlich des Untersuchungsmerkmals wenig streuen. Dadurch verringert sich bei gleicher Urteilsqualität der erforderliche Gesamtstichprobenumfang bzw. verbessert sich bei gleichbleibendem Gesamtstichprobenumfang die Sicherheit und Genauigkeit des mathematisch-statistischen Stichprobenverfahrens. Dieser Schichtungseffekt wird umso größer, je homogener die Elemente innerhalb einer Schicht bzgl. des Untersuchungsmerkmals sind und je inhomogener die Schichten zueinander sind (vgl. hierzu Abb. II.3-11).

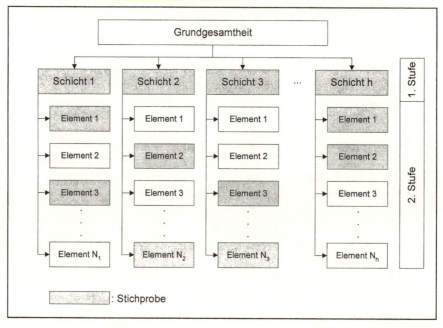

Abb. II.3-11: *Geschichtete Auswahl*

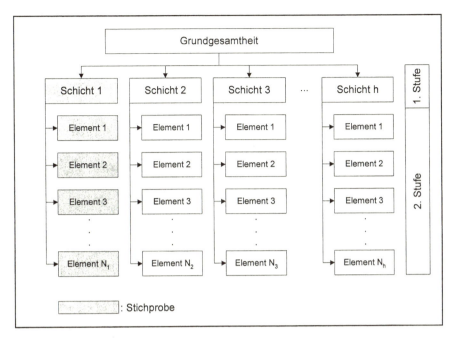

Abb. II.3-12:   Klumpenauswahl

- Die Klumpenauswahl ist ein weiterer Spezialfall der zweistufigen Auswahl, wobei der Auswahlsatz in der ersten Stufe kleiner 100% ist, d.h. nur ein Teil der gebildeten Teilgesamtheiten (Klumpen) findet Berücksichtigung, so dass L > 1 gilt. In der zweiten Stufe beträgt der Auswahlsatz 100%, d.h. die ausgewählten Klumpen werden lückenlos untersucht. Die Elemente eines Klumpens sollten hinsichtlich des Untersuchungsmerkmals möglichst inhomogen, die Klumpen untereinander möglichst homogen sein, denn nur bei dieser Konstellation ist ein positiver Klumpeneffekt, d.h. eine Reduzierung des Stichprobenumfangs durch Klumpenbildung möglich. Sind die Klumpen untereinander vollkommen homogen, so braucht nur ein einziger Klumpen untersucht zu werden, da dieser ein repräsentatives Abbild der Grundgesamtheit darstellt (vgl. hierzu Abb. II.3-12).

- Beim Zufallsstichprobenverfahren mit größenproportionaler Auswahlwahrscheinlichkeit erfolgt die Auswahl proportional zum Wert der Elemente (vgl. auch Dollar Unit Sampling in Abschnitt 3.2.4.3.3).

3.2.4.2.4   Kritische Würdigung der Auswahlverfahren

Als unbestreitbarer *Vorteil der bewussten Auswahl* gilt

- die Möglichkeit des Prüfers, den Stichprobenumfang und die Auswahl der Stichprobenelemente auf Grund seiner prüferischen Erfahrung, seiner Kenntnisse vom zu prüfenden

Unternehmen sowie nach Maßgabe seiner eigenverantwortlichen Entscheidung zu bestimmen. Der erfahrene Prüfer wird u.U. wesentlich schneller und sicherer zu einem zutreffenden Urteil gelangen, wenn er sämtliche verfügbaren Vorinformationen über die mutmaßliche Qualität des stichprobenweise zu prüfenden Prüffeldes berücksichtigt, denn bei der Zufallsauswahl muss der Prüfer von seinen Erfahrungen und Kenntnissen abstrahieren, und die Einbeziehung von Vorwissen ist nur in einem sehr beschränkten Umfang möglich.

- Des Weiteren ist die Urteilsstichprobe universeller anwendbar, denn für die auf der Zufallsauswahl beruhenden Stichprobenverfahren existieren restriktive Anwendungsvoraussetzungen durch die ihre Anwendungsmöglichkeiten beschränkt werden. Hierbei sind insbesondere die Forderung nach Homogenität der Grundgesamtheit und das Vorliegen so genannter statistischer Massenerscheinungen, d.h. einer bestimmten Mindestgröße der Grundgesamtheit, zu nennen.

Weitere Vorteile der bewussten Auswahl liegen darin,

- dass die Stichprobenelemente ohne größere Vorarbeiten ausgewählt werden können,

- dass der Prüfer keine Vorkenntnisse über mathematisch-statistische Verfahren benötigt und

- dass die Ermittlung des notwendigen Stichprobenumfangs und die Formulierung des Prüfungsurteils im Vergleich zur Zufallsauswahl keinen großen analytischen Aufwand erfordert.

- Darüber hinaus spricht das Argument der größtmöglichen Fehlerfindung für die bewusste Auswahl (in der Form der detektivischen Auswahl). Sie wird dem Ziel, bei der Abschlussprüfung einen möglichst hohen Anteil der vorhandenen Fehler aufzufinden, am besten gerecht.

- Schließlich wird die Bedeutung des Prüfungsgegenstands bei der bewussten Auswahl (in der Form der Auswahl nach dem Konzentrationsprinzip) berücksichtigt.

Die Hauptvorteile der Zufallsauswahl sind darin zu sehen,

- dass die Wahrscheinlichkeit dafür, dass die Elemente der Grundgesamtheit in die Stichprobe gelangen, angegeben werden kann. Die Stichprobe bildet ein verkleinertes, aber wirklichkeitsgetreues Abbild der Grundgesamtheit, und diese Repräsentanz ist beweisbar. Diese intersubjektive Nachprüfbarkeit der Repräsentanz vereinfacht die Exkulpation des Abschlussprüfers im Regressfall. Dagegen ergibt die bewusste Auswahl normalerweise kein verkleinertes Abbild der Grundgesamtheit, sondern vielmehr eine verzerrte Stichprobe; selbst wenn dies zufällig der Fall ist, lässt sich die Repräsentanz der Stichprobe nicht beweisen. Bei der bewussten Auswahl treten systematische Fehler auf, also solche Abweichungen vom wahren Wert, die nicht zufällig entstanden sind, sondern durch wissentliche oder willentliche Einwirkungen sowie durch organisatorische oder technische Umstände bedingt sind. Systematische Fehler tendieren in eine Richtung, so dass sie sich gegenseitig nicht ausgleichen können. Ihr verzerrender Einfluss nimmt vielmehr mit wachsendem Stichprobenumfang zu. Da die Stichproben bei bewusster Auswahl nicht repräsentativ, sondern verzerrt sind, ist die Fehlerstruktur der Stichprobe nicht auf die Grundgesamtheit übertragbar. Zwar kann auch eine zufallsgesteuerte Auswahl fehlerbehaftet sein, doch bei zufälligen Fehlern der Zufallsauswahl ist, im Gegensatz zu den systematischen Fehlern einer Nicht-Zufallsauswahl, die Wahrscheinlichkeit ihres Auftretens berechenbar.

- Der der Zufallsauswahl zugrunde liegende Zufallsmechanismus erlaubt die Anwendung wahrscheinlichkeitstheoretischer Gesetze, so dass Aussagen über Sicherheit und Genauigkeit der Stichprobenergebnisse abgeleitet werden können. Bei vorgegebener Aussagesicherheit und Aussagegenauigkeit erlaubt die zufallsgesteuerte Auswahl eine Quantifizierung des erforderlichen Stichprobenumfangs. Die Berechenbarkeit des erforderlichen Stichprobenumfangs ist für die Zeitplanung der Prüfung (vgl. Abschnitt 2.2) von Interesse. Dagegen ist die Urteilsqualität bei der bewussten Auswahl nicht exakt bestimmbar, so dass der zur Einhaltung einer vorgegebenen Sicherheit und Genauigkeit erforderliche Stichprobenumfang nicht berechnet werden und der Stichprobenumfang entweder zu klein oder zu groß sein kann. Im zweiten Fall eines zu großen Stichprobenumfangs führt die bewusste Auswahl somit zu Unwirtschaftlichkeiten.

- Ein weiterer Vorteil der Zufallsauswahl liegt in der Unvorhersehbarkeit. Weder der Prüfer selbst noch das zu prüfende Unternehmen können die Zusammensetzung der Stichprobe abschätzen. Dagegen besteht bei der bewussten Auswahl die Gefahr, dass das Auswahlsystem vom zu prüfenden Unternehmen durchschaut wird.

- Bei der Zufallsauswahl werden subjektive Einflüsse des Prüfers auf die Zusammensetzung der Stichprobe größtenteils eliminiert. Der bei der bewussten Auswahl bestehende subjektive Einfluss des Prüfers birgt die Gefahr einer willkürlichen Auswahl der Stichprobenelemente. Er bewirkt weiterhin, dass keine einheitliche Vorgehensweise bei der Bestimmung der Zusammensetzung und des Umfangs der Stichprobe besteht, worunter die Vergleichbarkeit von Prüfungsurteilen leidet.

Eine in den USA durchgeführte Befragung zu Stichprobenverfahren ergab als wichtigste Gründe für die Anwendung der Zufallsauswahl die damit verbundene höhere Objektivität (sowohl bzgl. der Auswahl der Stichprobe als auch hinsichtlich der Auswertung der Stichprobenergebnisse), Planungsvorteile in Bezug auf die Abschätzung des Prüfungsumfangs und mögliche Effizienzvorteile.[33]

Gegen die Anwendung mathematisch-statistischer Verfahren wurden vor allem folgende Argumente angeführt: Mangel an Mitarbeitern mit entsprechender Ausbildung, die Auswahl der Stichprobenelemente ist zeitaufwendiger, die Zufallsauswahl wird für die Prüfung kleinerer Unternehmen als weniger relevant angesehen und das subjektive Ermessen des Prüfers fließt nur in geringem Umfang in die Auswahl ein.

3.2.4.3 Ermittlung des Prüfungsurteils (Auswertungsverfahren)

Wendet man zur Ermittlung des Prüfungsurteils statistische Verfahren an, kommen drei grundlegende Vorgehensweisen in Betracht:

- Schätzverfahren
- Testverfahren
- Dollar Unit Sampling

3.2.4.3.1 Schätzverfahren

Bei der Anwendung eines *Schätzverfahrens* wird zunächst anhand der zuvor beschriebenen Verfahren eine Stichprobe gezogen, die ein möglichst repräsentatives Abbild des zu beurteilenden Prüffeldes, der *Grundgesamtheit*, darstellt. Die Stichprobe wird nun auf ihre Fehlerstruktur untersucht. Da man die Stichprobe als verkleinertes Abbild des Prüffeldes ansehen kann, wird die Fehlerstruktur einfach auf die Grundgesamtheit hochgerechnet.[34]

Das klassische Verfahren im Rahmen der Schätzverfahren stellt die *einfache Mittelwertschätzung* dar. Hierbei wird zur Beurteilung der Angemessenheit des Buchwertes X eines Prüffeldes eine Stichprobe vom Umfang n gezogen, für deren Elemente der tatsächlich anzusetzende Wert y (*Sollwert*) erhoben wird. Zur Auswertung der Stichprobe wird das arithmetische Mittel $\bar{y}$ der Sollwerte gebildet und auf den Umfang N des Prüffeldes hochgerechnet: $\hat{Y} = N \cdot \bar{y}$. Dieser Schätzwert $\hat{Y}$ wird zur Beurteilung des Buchwertes X herangezogen.

Dabei ist nicht zu erwarten, dass der geschätzte Sollwert mit dem tatsächlichen Sollwert Y übereinstimmt, den der Prüfer allerdings nicht kennt. Daher wird er das Prüffeld auch dann akzeptieren, wenn der Schätzer für den tatsächlichen Sollwert $\hat{Y}$ „nahe genug" am ausgewiesenen Buchwert X liegt. Um beurteilen zu können, ob die Differenz zwischen X und $\hat{Y}$ akzeptabel ist, greift der Prüfer auf Konfidenzintervalle zurück. Dazu errechnet er eine Bandbreite um seinen Schätzer $\bar{y}$, in dem der wahre Sollwert mit hinreichender, z.B. 95%iger, Sicherheit liegt. Liegt in dieser Bandbreite auch der ausgewiesene Buchwert X, so akzeptiert der Prüfer den Wertansatz für dieses Prüffeld. Ein solches Intervall besitzt die Form

$$\left[\bar{y} - t_{(1-\alpha/2)} \cdot \sigma_{\bar{y}}; \bar{y} + t_{(1-\alpha/2)} \cdot \sigma_{\bar{y}}\right]$$

Dabei fließen folgende Informationen in die Berechnung ein:

- α: gewünschter Sicherheitsgrad, z.B. 95%;
- $t_{(1-\alpha/2)}$: $(1-\alpha/2)$-Quantil der Standardnormalverteilung;
- $\sigma_{\bar{y}}$: Standardabweichung des durchschnittlichen Sollwertes $\bar{y}$ in der Stichprobe.

Der Prüfer hat ferner sicherzustellen, dass seine Schätzung hinreichend genau ist, d.h. das Konfidenzintervall um den geschätzten durchschnittlichen Sollwert $\bar{y}$ nicht zu breit ist. Dabei wird die Breite des Konfidenzintervalls über die Anzahl der Elemente in der Stichprobe n gesteuert. Diese ergibt sich aus obigem Konfidenzintervall gemäß der Beziehung

$$n \geq \frac{t_{(1-\alpha/2)}^2 N\sigma^2}{t_{(1-\alpha/2)}^2 \sigma^2 + Ne^2}.$$

Zur Festlegung des Stichprobenumfangs muss der Prüfer die gewünschte Genauigkeit der Schätzung vorgeben. Er legt dazu mit Hilfe des Parameters e die maximale Breite des Konfidenzintervalls vor, z.B. 2% des geschätzten durchschnittlichen Sollwertes (d.h. bei einem geschätzten Sollwert von z.B. 500 € wird das Konfidenzintervall auf 500 € ± 2% = 500 € ± 10 € festgelegt).

Die in die Ermittlung des Stichprobenumfangs einfließende Varianz σ^2 der durchschnittlichen Sollwerte in der Grundgesamtheit ist unbekannt und daher geeignet zu schätzen. Als Verfahren hierzu bieten sich an

- Verwendung der Varianz der Buchwerte

    Wenn die Buchführung als bestandszuverlässig anzunehmen ist, stellt die Varianz der Buchwerte den bestmöglichen Schätzer für die Varianz der Sollwerte dar.

- Verwendung der Varianz der geprüften Vorjahresdaten

    Kann nicht angenommen werden, dass die Buchführung prinzipiell bestandszuverlässig ist, und sich die Struktur und die Werte der erfassten Vermögensgegenstände seit der letzten Prüfung nicht wesentlich verändert haben, kann die Varianz der geprüften Vorjahreswerte verwendet werden.

- Erhebung einer Pilotstichprobe

    Stehen keine plausiblen Annahmen bezüglich der Varianz der Sollwerte zur Verfügung, kann eine Vorabstichprobe mit einem zunächst willkürlichen Stichprobenumfang – z.B. n = 30 – zur Schätzung der Varianz der Sollwerte erhoben werden. Dieser Stichprobenumfang ist jedoch als vorläufig anzusehen und im Laufe der weiteren Prüfung zu verifizieren.

Beispiel

Ein Prüffeld weist folgende Wertansätze auf:

Nr.	y_i	x_i	Nr.	y_i	x_i	Nr.	y_i	x_i	Nr.	y_i	x_i	Nr.	y_i	x_i
1	114	114	21	123	123	41	88	88	61	105	105	81	76	65
2	117	117	22	76	76	42	80	80	62	102	102	82	125	125
3	77	77	23	109	109	43	106	106	63	103	103	83	111	111
4	93	93	24	76	76	44	78	78	64	113	113	84	97	97
5	118	118	25	92	92	45	106	106	65	118	118	85	120	120
6	98	98	26	110	110	46	88	88	66	86	86	86	103	103
7	81	81	27	109	109	47	121	135	67	123	125	87	96	96
8	89	94	28	111	100	48	78	78	68	86	86	88	116	116
9	81	81	29	87	87	49	82	82	69	119	119	89	102	102
10	111	111	30	102	102	50	114	114	70	116	116	90	91	73
11	120	120	31	116	116	51	99	99	71	102	102	91	93	93
12	117	117	32	108	108	52	115	115	72	108	108	92	86	86
13	88	88	33	89	89	53	115	115	73	77	77	93	103	103
14	117	117	34	112	112	54	99	99	74	96	96	94	114	114
15	106	106	35	91	91	55	116	116	75	120	120	95	83	83
16	106	106	36	81	81	56	83	83	76	117	117	96	80	63
17	116	99	37	100	100	57	111	111	77	118	129	97	88	88
18	95	95	38	104	104	58	90	90	78	80	80	98	124	124
19	95	95	39	81	78	59	119	119	79	86	86	99	110	110
20	124	124	40	121	121	60	80	80	80	110	110	100	102	102

Dabei sind die Elemente, die die Stichprobe bilden, grau unterlegt. Fehlerbehaftete Elemente sind hingegen eingerahmt. Der Prüfer kennt dabei lediglich die Buchwerte x der jeweiligen Elemente und erhebt die Sollwerte y für die Elemente der Stichprobe. Aus diesen Größen errechnet er den durchschnittlichen Sollwert der Stichprobe $\bar{y}$ zu $\bar{y} = 97{,}2$ €. Der geschätzte Sollwert des Prüffeldes beläuft sich damit auf $\hat{Y} = 100 \cdot 97{,}2 = 9.720$ €. Dieser Wert steht einem ausgewiesenen Buchwert von $X = 10.089$ € gegenüber.

Damit liegt der Buchwert 369 € – gleichbedeutend etwa 4% – über dem Schätzwert und dürfte vom Prüfer nicht akzeptiert werden. Bevor er das Prüffeld jedoch als nicht ordnungsmäßig ablehnt, hat er die Sicherheit und Genauigkeit seiner Schätzung zu beurteilen. Dazu legt er ein 95%-Konfidenzintervall um den geschätzten Sollwert der Stichprobe. Gibt man die Genauigkeit der Schätzung und damit die Breite des Konfidenzintervalles vor – z.B. $\bar{y} \pm 2\%$ –, so ergibt sich daraus $e = 1{,}94$ und damit unter Einbeziehung der Varianz der Sollwerte der Stichprobe in Höhe von $\sigma^2 = 334{,}4$ ein Mindeststichprobenumfang von 77 Elementen.[35]

Hiermit wird ersichtlich, dass der Umfang der Pilotstichprobe zu gering bemessen war, um das Prüffeld abschließend beurteilen zu können. Um ein endgültiges Urteil abgeben zu können, hat der Prüfer die noch ausstehenden Elemente nachträglich zu erheben und auszuwerten.

Dieses Vorgehen ist noch relativ grob, da z.B. der durchschnittliche Sollwert der Stichprobe implizit mit dem durchschnittlichen Buchwert der Grundgesamtheit verglichen wird, woraus bereits Ungenauigkeiten der Schätzung resultieren. Daher kann diese Vorgehensweise im Rahmen der gebundenen Hochrechnung verfeinert werden:[36]

1. Aus der Betrachtung des durchschnittlichen Buchwertes sowie des durchschnittlichen Sollwertes der Stichprobenelemente wird der durchschnittliche Fehler der Stichprobe ermittelt und dieser auf die Grundgesamtheit hochgerechnet (*Differenzenschätzung*).
2. Aus der Betrachtung des durchschnittlichen Sollwertes der Stichprobe in Relation zum durchschnittlichen Buchwert der Stichprobe wird ein Faktor ermittelt, mit dem der Gesamtbuchwert multipliziert wird, um den Gesamtsollwert des Prüffeldes zu ermitteln (*Verhältnisschätzung*).
3. Buchwerte und Sollwerte der Stichprobe können auch in Form einer Regressionsanalyse in eine lineare Beziehung zueinander gesetzt werden, mit deren Hilfe der Sollwert auf Prüffeldebene ermittelt wird (*Regressionsschätzung*).

Diese Verfahren versprechen eine deutlich gesteigerte Effizienz (d.h. geringere Varianz der Schätzer) und damit wesentlich geringere notwendige Prüfungsumfänge als die einfache Hochrechnung.

3.2.4.3.2 Testverfahren

Alternativ zu den Schätzverfahren kann der Prüfer im Rahmen eines *Testverfahrens* auch eine Hypothese zum Fehleranteil (homograde Fragestellung) oder der Fehlerhöhe (heterograde Fragestellung) des Prüffeldes verwenden, um dessen Ordnungsmäßigkeit zu beurteilen.

Die Vorgehensweise der homograden Fragestellung ist dabei, dass ein gerade noch akzeptabler Fehleranteil, z.B. 2%, sowie ein nicht mehr akzeptabler Fehleranteil, z.B. 4%, festgelegt werden. Auch hier ist eine Stichprobe zu ziehen, die nun daraufhin untersucht wird, ob sie eher die Hypothese „Fehleranteil 2%" oder die Hypothese „Fehleranteil 4%" plausibel erscheinen lässt. Da die Bestimmung des Fehleranteils jedoch nicht Gegenstand von Einzelfallprüfungen ist, soll diese Vorgehensweise an dieser Stelle nicht vertieft werden.[37]

Ausgangspunkt von Testverfahren zur Beurteilung der Fehlerhöhe (heterograde Fragestellung) ist die Überlegung, dass sich bei genügend großem Stichprobenumfang gemäß dem zentralen Grenzwertsatz von *De Moivre* und *Laplace* die Stichprobenparameter $\bar{y}$ (z.B. durchschnittlicher Sollwert der Stichprobe) bei einer häufigen Wiederholung einer Stichprobenziehung und -auswertung annähernd normal (im Sinne einer Normalverteilung) um den Grundgesamtheitsparameter µ (tatsächlicher durchschnittlicher Sollwert der Grundgesamtheit, d.h. des Prüffeldes) verteilen.[38] Auch hier werden zunächst eine Nullhypothese sowie eine Gegenhypothese formuliert, z.B.:

- H_0: Der durchschnittliche Sollwert des Prüffeldes beläuft sich auf μ_0 €;
- H_1: Der durchschnittliche Sollwert des Prüffeldes beläuft sich auf μ_1 €.

Unter Annahme der Normalverteilung ermittelt sich die Annahmegrenze der Nullhypothese nach der Formel

$$\bar{y}^* = \mu_0 + t_0 \frac{\sigma}{\sqrt{n}} \sqrt{\frac{N-n}{N-1}}.$$

Dabei hängt t_0 vom vorgegebenen α-Risiko (d.h. dem Risiko der unzutreffenden Ablehung der Nullhypothese) ab. Auf analoge Weise ermittelt sich die Annahmegrenze der Gegenhypothese mit

$$\bar{y}^* = \mu_1 - t_1 \frac{\sigma}{\sqrt{n}} \sqrt{\frac{N-n}{N-1}},$$

wobei t_1 vom vorgegebenen ß-Risiko (d.h. dem Risiko der unzutreffenden Annahme der Nullhypothese) abhängig ist und ebenso wie t_0 aus der Vertafelung der Verteilungsfunktion der Standardnormalverteilung entnommen werden kann. Eine Darstellung des resultierenden Entscheidungsbereichs ist Abb. II.3-13 zu entnehmen.

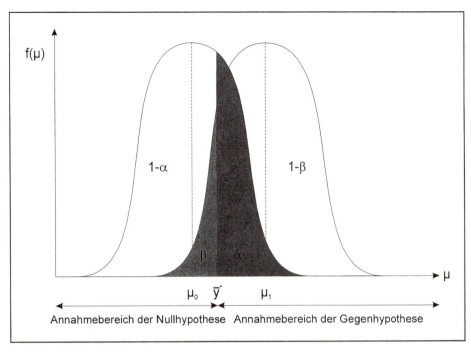

Abb. II.3-13: *Darstellung des Entscheidungsbereichs des heterograden Hypothesentests*

Da beide Grenzen zusammenfallen sollen, ermittelt man den erforderlichen Stichprobenumfang durch Gleichsetzen der rechten Seiten der beiden Gleichungen und Auflösung nach n. Unter Vernachlässigung des Endlichkeitskorrekturfaktors $(N-n)/(N-1)$ ergibt sich

$$n = \left[\frac{\sigma(t_0 + t_1)}{\mu_1 - \mu_0}\right]^2,$$

wobei σ die (unbekannte) Standardabweichung der Grundgesamtheit (d.h. des korrekten Prüffeldes) ist. Diese Größe ist geeignet zu schätzen, beispielsweise durch die Standardabweichung des Prüffeldes (setzt voraus, dass der Prüfer ein grundsätzlich ordnungsmäßiges Prüffeld vermutet), die Varianz des Prüffeldes aus dem Vorjahr (setzt voraus, dass sich die Struktur – Werthöhen und -häufigkeiten – nicht wesentlich geändert haben) oder durch eine Pilotstichprobe.

Beispiel

Liegen z.B. die Parameter α = 5%, ß = 2,5%, μ_0 = 100.000, μ_1 = 300.000 (vermutete Unterbewertung, da $\mu_0 < \mu_1$) und σ = 400.000 vor, so ergibt sich der erforderliche Stichprobenumfang n aus

$$n = \left[\frac{400.000 \cdot (1,645 + 1,96)}{300.000 - 100.000}\right]^2 \approx 52,13$$

und beträgt 53 Elemente. Durch Einsetzen in die Formel zur Ermittlung der Annahmegrenze der Nullhypothese (bzw. in die Formel zur Ermittlung der Annahmegrenze der Gegenhypothese) ergibt sich unter Vernachlässigung des Endlichkeitskorrekturfaktors die Grenze bei 191.413.

Für das vorangehende Beispiel (siehe Schätzverfahren) ergibt sich μ_0 als der durchschnittliche Buchwert der Stichprobe und damit μ_0 = 100,89. Als Gegenhypothese bietet es sich an, einen um einen wesentlichen Fehler verzerrten durchschnittlichen Buchwert anzunehmen (zu Materiality-Überlegungen vgl. Abschnitt 1.3), also z.B. $\mu_1 = \mu_0 - 10\% = 90,8$ (zu beachten ist hierbei, dass hier eine Überbewertung vermutet wird, d.h. $\mu_0 > \mu_1$). Als Varianz des durchschnittlichen Sollwertes in der Stichprobe wird wiederum $\sigma^2 = 334,4$ und damit σ = 18,3 ermittelt. Es ergibt sich

$$n = \left[\frac{18,3 \cdot (1,645 + 1,96)}{100,89 - 90,8}\right]^2 \approx 42,7 \, .$$

Auch hier erweist sich der Stichprobenumfang der Pilotstichprobe als zu gering, so dass der Prüfer weitere Elemente auswählen und auswerten muss, bevor er zu seinem abschließenden Urteil gelangt. Unter Verwendung des notwendigen Stichprobenumfangs ermittelt sich die kritische Annahmegrenze zu 95 €, so dass bei einem festgestellten durchschnittlichen Sollwert in der Stichprobe von 97,2 € das Prüffeld nicht verworfen werden könnte.

3.2.4.3.3 Dollar Unit Sampling

Eine Sonderstellung im Rahmen der Verfahren zur Urteilsbildung mit Hilfe mathematisch-statistischer Verfahren stellt das *Dollar Unit Sampling* (auch: Monetary Unit Sampling) dar, da es die Schätzung der Fehlerhöhe mit der Schätzung des Fehleranteils vereint. Es hat sich mittlerweile zum Standardverfahren der Prüfungspraxis im Rahmen statistischer Stichprobenverfahren (vgl. Kapitel I, Abschnitt 6.5.2.1) herausgebildet (ISA 530.29).

Ausgangspunkt des Dollar Unit Samplings ist die Vorstellung, dass jede in einem Prüffeld enthaltene Geldeinheit ein unabhängiges Untersuchungsobjekt darstellt. Insofern stellt das Dollar Unit Sampling eine maximale Schichtung des Prüffeldes dar und verbindet daher geschichtete Mittelwertschätzung einerseits und – durch die wertproportionale Zufallsauswahl der zu untersuchenden Stichprobenelemente – eine Fehleranteils- wie auch -höhenschätzung andererseits. Darüber hinaus entspricht diese Auswahl in besonderem Maße der praktischen Vorgehensweise des Abschlussprüfers, da höherwertige Vermögensgegenstände mit einer höheren Wahrscheinlichkeit für die Stichprobe ausgewählt werden. Des Weiteren trägt die wertproportionale Auswahl der besonderen Beachtung des β-Risikos Rechnung, da hinter großen Beträgen eher große Fehlermöglichkeiten stehen, hinter kleinen Beträgen in der Regel hingegen nur kleine.

Das Dollar Unit Sampling beruht nun auf der Annahme, dass die fehlerhaften Geldeinheiten im Prüffeld Poisson-verteilt sind.[39] Gesucht ist dabei jeweils diejenige Fehlerintensität λ, für die in $100 \cdot \alpha$% (also z.B. in 5%) der Fälle mehr als x (z.B. x = 2) fehlerhafte Elemente in einer Stichprobe vom Umfang n beobachtet werden. Die Fehlerintensität entspricht dabei – entsprechend der Approximationsbedingungen der der Prüfungssituation eigentlich korrespondierenden hypergeometrischen Verteilung durch eine Binomial- bzw. eine Poisson-Verteilung – dem Produkt aus Stichprobenumfang n und der Fehlerwahrscheinlichkeit p der Binomialverteilung. Damit ergibt sich:

$$W(\text{maximal x Fehler im Prüffeld}) = \sum_{i=0}^{x} \frac{\lambda_{x;\alpha}^{i}}{i!} \cdot e^{-\lambda_{x,\alpha}} = \alpha.$$

Das Risiko α ist vom Abschlussprüfer vorzugeben. In der Regel wird hierbei ein Wert von $\alpha = 0{,}05$ und damit 5% gewählt. Der Parameter $\lambda_{x;\alpha}$ der Poisson-Verteilung wird als obere *Fehlerintensität* bezeichnet und liegt in tabellierter Form für die verschiedensten Konstellationen (x;α) vor (vgl. hierzu auch Tab. II.3-4).

Kernpunkt des Verfahrens ist dabei der Schluss von der Anzahl der beobachteten Fehler in der Stichprobe auf die Fehlerwahrscheinlichkeit im Prüffeld: Beobachtet der Prüfer in einer Stichprobe vom Umfang n eine Anzahl von x fehlerhaften Elementen, liest er aus der nachfolgenden Tabelle die zugehörige Fehlerintensität $\lambda_{x;\alpha}$ ab. Diese stellt das Produkt aus Fehlerwahrscheinlichkeit und Stichprobenumfang dar, so dass das Verhältnis von Fehlerintensität $\lambda_{x;\alpha}$ und Stichprobenumfang n diejenige Fehlerwahrscheinlichkeit p darstellt, die mit einer Wahrscheinlichkeit von $1-\alpha$ nicht überschritten wird. Das Produkt dieser Fehlerwahrscheinlichkeit mit dem Buchwert des Prüffeldes ergibt dann in der Grundform des Dollar Unit Samplings den maximal zu erwartenden Fehler im Prüffeld.

x	$\lambda_{x;0,05}$	$\alpha = 0{,}05$ $\lambda_{x;0,05} - \lambda_{x-1;0,05}$	$\lambda_{x;0,1}$	$\alpha = 0{,}1$ $\lambda_{x;0,1} - \lambda_{x-1;0,1}$
0	2,996	-	2,303	-
1	4,744	1,748	3,890	1,587
2	6,296	1,552	5,322	1,432
3	7,754	1,458	6,681	1,359
4	9,154	1,400	7,994	1,313
5	10,513	1,359	9,275	1,281

Tab. II.3-4: Obere Fehlerintensitäten

Die Grundform des Dollar Unit Samplings lässt sich in folgenden Schritten skizzieren:

- Eine Stichprobe mit einem (zunächst beliebigen) Umfang n wird ausgewertet, d.h. – in der Grundform des Dollar Unit Samplings – die Anzahl x der Fehler in der Stichprobe wird ermittelt.

- In Kombination mit dem vorgegebenen Risiko α liest der Prüfer aus einer Tabelle die passende obere Fehlerintensität $\lambda_{x;\alpha}$ ab. Diese ist – wie bereits angedeutet wurde – als Produkt der Fehlerwahrscheinlichkeit p des Prüffeldes mit dem Stichprobenumfang n aufzufassen.

- Die ermittelte obere Fehlerintensität $\lambda_{x;\alpha}$ wird durch den Stichprobenumfang n dividiert, um die Fehlerwahrscheinlichkeit p zu erhalten:

$$p = \frac{\lambda_{x;\alpha}}{n}.$$

- Dieser Fehleranteil der Stichprobe wird auch als Fehleranteil des Prüffeldes interpretiert, d.h. der maximal zu erwartende Fehler ergibt sich als Produkt des Buchwertes des Prüffeldes mit der Fehlerwahrscheinlichkeit p (*Maximalfehlermethode*).

Beispiel

Aus einem Prüffeld mit einem Gesamtbuchwert (BW) von 100.000 € wird eine Stichprobe vom Umfang n = 100 gezogen. In der Stichprobe werden zwei Fehler festgestellt. Für α = 5% ergibt sich $\lambda_{x;\alpha} = 6{,}296$, so dass sich der Fehleranteil p ermitteln lässt zu

$$p = \frac{\lambda_{x;\alpha}}{n} = \frac{6{,}296}{100} = 0{,}06296.$$

Der maximal zu erwartende Fehler im Prüffeld ergibt sich damit durch die Multiplikation aus Gesamtbuchwert des Prüffeldes mit der ermittelten Fehlerwahrscheinlichkeit p zu

$$BW \cdot p = 100.000 \cdot 0{,}06296 = 6.296 \text{ €}.$$

Diese grundlegende Vorgehensweise versetzt den Abschlussprüfer in die Lage, vorab einen angemessenen Stichprobenumfang festzulegen. Hierzu benötigt er die für das Prüffeld angemessene individuelle Materiality M (vgl. Abschnitt 1.3), z.B. 10% vom Gesamtbuchwert des Prüffeldes. Dementsprechend ist der Stichprobenumfang so auszulegen, dass Fehler in der Größenordnung dieser Materiality-Grenze M mit dem vorzugebenden Risiko α nicht unentdeckt bleiben. Da in einem Prüffeld mindestens kein Fehler vorkommen wird, muss daher gelten

$$M \geq \frac{\lambda_{0;\alpha}}{n} \cdot BW \text{ und damit } n \geq \lambda_{0;\alpha} \cdot \frac{BW}{M} = 2{,}996 \cdot \frac{BW}{M}.$$

Beispiel

Aus einem Prüffeld mit einem Gesamtbuchwert BW von 100.000 € soll eine Stichprobe gezogen werden. Als nicht zu überschreitende Materiality-Grenze werden 10% des Gesamtbuchwertes und damit 10.000 € festgelegt. Damit ergibt sich

$$n \geq \lambda_{0;\alpha} \cdot \frac{BW}{M} = 2{,}996 \cdot \frac{100.000}{0{,}1 \cdot 100.000} = 29{,}96.$$

Das Prüffeld ist also anhand einer Stichprobe zu untersuchen, die einen Stichprobenumfang von mindestens 30 Elementen umfasst.

Erwartet der Prüfer von vornherein kein fehlerfreies Prüffeld, kann er auch diese Fehlererwartung berücksichtigen. Würde er z.B. zwei Fehler als akzeptabel ansehen, würde sich ergeben

$$n \geq \lambda_{2;\alpha} \cdot \frac{BW}{M} = 6{,}296 \cdot \frac{100.000}{0{,}1 \cdot 100.000} = 62{,}96.$$

Mit dieser Fehlererwartung müsste der Prüfer demzufolge mindestens 63 Elemente überprüfen.

Ist auf die oben dargestellte Weise ein Zusammenhang zwischen der Anzahl beobachteter Fehler in der Stichprobe, der Aussagesicherheit α sowie der oberen Fehlerintensität $\lambda_{x;\alpha}$ hergestellt, bietet sich folgende Vorgehensweise an:

1. Der Prüfer zieht unter Berücksichtigung von α und M sowie der Fehleranzahl der Vorabstichprobe (oder subjektiven Fehlererwartungen) eine Stichprobe im Umfang von n und stellt die Anzahl der darin enthaltenen fehlerhaften Elemente fest;

2. er ermittelt die Fehlerrate $\lambda_{x;\alpha}$ und den durchschnittlichen Fehler $\bar{d}$ in der Stichprobe und

3. berechnet den wahrscheinlichen maximalen Fehler im Prüffeld.

4. Anschließend bleibt zu beurteilen, ob das bis hierhin gewonnene Urteil hinreichend sicher und genau ist.

zu 1.:

Die Erhebung der Stichprobe (*Schritt 1*) kann dabei anhand verschiedener Verfahren erfolgen:

- Im Rahmen der *reinen Zufallsauswahl* werden aus der Gesamtheit der Elemente der Grundgesamtheit – d.h. der Anzahl der Geldeinheiten im Prüffeld – rein zufällig n Geldeinheiten bestimmt. Die n Positionen, die die ausgewählten Geldeinheiten beinhalten, gelangen in die Stichprobe. Als Nachteil der reinen Zufallsauswahl kann die möglicherweise ungleichmäßige Verteilung der Stichprobenelemente im Prüffeld angesehen werden. Um eine gleichmäßigere Verteilung zu erreichen, stehen die Methoden der fixen und der variablen Intervallziehung zur Verfügung.

- Bei der Methode der *fixen Intervallziehung* (*fixed interval sampling*) wird das Prüffeld mit einem Gesamtbuchwert von Y Geldeinheiten entsprechend dem zuvor fixierten Stichprobenumfang n in Teilintervalle der Länge J unterteilt: $J = Y/n$. Aus dem ersten Intervall wird nun eine Zufallszahl a bestimmt: $1 \leq a \leq J$. In die Stichprobe vom Unfang n gelangen nun diejenigen Positionen des Prüffeldes, die die Geldeinheiten a, $a+J$, $a+2 \cdot J$, ..., $a+(n-1) \cdot J$ beinhalten. Als Nachteil der fixen Intervallziehung ist die eingeschränkte Zufälligkeit der gezogenen Elemente (und der damit einhergehenden möglicherweise eingeschränkten Zulässigkeit des Schlusses von der Stichprobe auf die Grundgesamtheit) zu kritisieren, da eine einzige Zufallszahl die gesamte Stichprobe determiniert. Um diesem Kritikpunkt zu begegnen, kann der Prüfer die variable Intervallziehung verwenden.

- Bei der Methode der *variablen Intervallziehung* (*variable interval sampling*) werden entsprechend der Methode der fixen Intervallziehung n Entnahmeintervalle der Länge J gebildet. Im Gegensatz hierzu werden jedoch n Zufallszahlen $a_1, ..., a_n$ mit $1 \leq a_i \leq J \; \forall i = 1, ..., n$ gezogen. Die Stichprobe wird dann von denjenigen Positionen des Prüffeldes gebildet, die die Geldeinheiten a_1, $a_2 + J$, ..., $a_n + (n-1) \cdot J$ enthalten. Mit Hilfe dieses Verfahrens erreicht der Prüfer eine bestmögliche Abdeckung des gesamten Prüffeldes, ohne auf eine ausreichende Zufälligkeit seiner Auswahl verzichten zu müssen.

zu 2.:

Der Abschlussprüfer wertet beim Dollar Unit Sampling die so erhobene (Vorab-)Stichprobe vom Umfang n in *Schritt 2* aus und bestimmt die Anzahl x der beobachteten falsch bewerteten Vermögensgegenstände sowie die durchschnittliche Fehlerrate $\bar{d}$ mit

$$d_i = \frac{\text{Buchwert}_i - \text{Istwert}_i}{\text{Buchwert}_i}$$

als individuelle Abweichung des Elementes i des Prüffeldes sowie

$$\bar{d} = \frac{1}{n}\sum_{i=1}^{n} d_i\,.$$

zu 3.:

Die Bestimmung des maximal zu erwartenden Fehlers (*Schritt 3*) kann beim Dollar Unit Sampling anhand verschiedener Methoden geschehen, z.B.:

- Maximalfehlermethode,
- Durchschnittsfehlermethode,
- Fehlerreihungsmethode.

Bei der *Maximalfehlermethode* geht der Abschlussprüfer davon aus, dass eine fehlerhafte Geldeinheit innerhalb eines Prüffeldes mit einem Gesamtbuchwert BW vollständig fehlerhaft bewertet wurde. Entsprechend liest er aus einer Tabelle oberer Fehlerintensitäten die mit der beobachteten Fehleranzahl x und der gewünschten Aussagesicherheit $1-\alpha$ korrespondierende Fehlerintensität $\lambda_{x;\alpha}$ ab. Mit diesen Informationen ermittelt er den maximal zu erwartenden Fehler F_{max} im Prüffeld als

$$F_{max}(x) = \frac{\lambda_{x;\alpha}}{n} \cdot BW\,.$$

Nachteil dieser Methode ist die implizite Unterstellung, dass eine fehlbewertete Position im Prüffeld vollständig fehlbewertet ist – eine Annahme, die in der Realität selten zutrifft. Daher neigt dieses Verfahren zu deutlich überhöhten geschätzten Fehlerbeträgen. Durch eine einfache Modifikation der Maximalfehlermethode kann jedoch eine Berücksichtigung der tatsächlichen Fehlerraten erreicht werden:

Bei der *Durchschnittsfehlermethode* lässt der Abschlussprüfer die beobachteten Fehlerraten d_i in seine Schätzung mit einfließen, da nicht anzunehmen ist, dass sämtliche fehlbewerteten Positionen vollständig fehlbewertet sind. Er modifiziert daher $F_{max}(x)$ durch Multiplikation mit der beobachteten durchschnittlichen Fehlerrate $\bar{d}$ zu

$$F_\varnothing(x) = \frac{\lambda_{x;\alpha}}{n} \cdot BW \cdot \bar{d}\,.$$

Als Nachteil dieser Methode wird jedoch gesehen, dass sie in einigen Fällen zu nicht plausiblen Schätzungen führt. Dies zeigt z.B. der Vergleich zweier Prüffelder A (kein Fehler) und B (sechs Fehler mit einer durchschnittlichen Fehlerhöhe von $\bar{d}=0{,}25$) mit einem Gesamtbuchwert von jeweils Y Geldeinheiten und bei einer Aussagesicherheit von 95% zu geschätzten maximalen Fehlern von $F_\varnothing^A = 2{,}966 \cdot Y/n$ bzw. $F_\varnothing^B = 11{,}842 \cdot 0{,}25 \cdot Y/n = 2{,}9605 \cdot Y/n$. Dies bedeutet, ein fehlerfreies Prüffeld kann bei der Durchschnittsfehlermethode zu höheren geschätzten maximalen Fehlern führen als ein mit zahlreichen Fehlern behaftetes Prüffeld. Als sinnvollere Alternative wird daher die konservativere Fehlerreihungsmethode vorgeschlagen, die ebenfalls die beobachteten Fehlerraten einbezieht.

Bei der *Fehlerreihungsmethode* (FRM) werden die x beobachteten Fehlerraten d_i zunächst der Größe nach absteigend sortiert ($d_1 \geq d_2 \geq ... \geq d_x$) und anschließend der zu erwartende Fehler F_{FRM} berechnet als

$$F_{FRM}(x) = BW \cdot \frac{1}{n}\left(\lambda_{0;\alpha} + \sum_{i=1}^{x} \frac{\lambda_{i;\alpha} - \lambda_{i-1;\alpha}}{n} \cdot d_i\right).$$

Damit stellt dieses Verfahren sicher, dass der geschätzte Maximalfehler für ein fehlerbehaftetes Prüffeld über dem eines fehlerfreien Prüffeldes liegt, ohne jedoch die beobachteten Fehleranteile außer Acht zu lassen. Dadurch kommt diese Methode jedoch zu durchaus konservativen geschätzten Fehlerbeträgen.

Insgesamt betrachtet stellt die Maximalfehlermethode diejenige Methode mit den größten Sicherheitszuschlägen dar, da sie vom schlechtesten Fall ausgeht (Annahme der vollständigen Überbewertung der Position). Diese Sicherheitszuschläge werden bei der Fehlerreihungsmethode bereits deutlich reduziert, allerdings fließen immer noch die größten Fehlerraten zusammen mit den größten oberen Fehlerintensitäten in den zu erwartenden Fehlerbetrag ein und sind damit in der Regel noch zu hoch. Lediglich die Durchschnittsfehlermethode berücksichtigt die beobachteten Fehler ohne modellimmanente Interpretationen und stellt somit den objektivsten Wert dar.

zu 4.:

Nachdem der Prüfer anhand eines der vorgeschlagenen Verfahren den zu erwartenden Fehler ermittelt hat, muss er Sicherheit und Genauigkeit seines Urteils bewerten. Ist er bei der Dimensionierung der Stichprobe von einer gewissen Fehleranzahl ausgegangen (z.B. null Fehlern bei der Bemessung einer Vorabstichprobe), ist der ermittelte Fehler nur dann hinreichend sicher, wenn diese Fehleranzahl in der Stichprobe nicht überschritten wurde. Ist dies doch der Fall, hat der Abschlussprüfer zwei Alternativen:

- Neuerliche Ermittlung eines Stichprobenumfangs, der die beobachtete Fehlerhäufigkeit berücksichtigt;

- Ermittlung eines Konfidenzintervalls unter Verwendung z.B. der Differenzenschätzung, um abzuschätzen, ob die Aussagesicherheit und -genauigkeit möglicherweise doch schon ausreichen (das Dollar Unit Sampling gibt lediglich eine Aussage zu einem Fehler ab, der mit einer gewissen Wahrscheinlichkeit nicht überschritten wird; daher kann das Ergebnis einer Stichprobenauswertung auch dann schon ausreichend sein, wenn die angewandte Fehlerhypothese eigentlich unzutreffend war).

Diese Vorgehensweise wird so lange iteriert, bis eine ausreichende Sicherheit und Genauigkeit erreicht ist.

3 Methoden zur Erlangung von Prüfungsnachweisen

Beispiel

Zielsetzung der stichprobenweisen Prüfung mittels DUS-Verfahren ist die Überprüfung, ob die Überbewertungen im Prüffeld bei einer vorgegebenen Aussagesicherheit die Materiality-Grenze überschreiten. Die Grundgesamtheit besteht aus 100 Forderungspositionen, deren Buchwerte (BW) in der folgenden Tabelle aufgeführt sind.

Nr.	BW	Über-bew.	Kum. BW	Nr.	BW	Über-bew.	Kum. BW	Nr.	BW	Über-bew.	Kum. BW
1	1020	-	1020	36	2035	-	55049	71	200	-	124565
2	696	-	1716	37	988	-	56037	72	2455	-	127020
3	208	-	1924	38	306	-	56343	73	3950	-	130970
4	1847	-	3771	39	5551	-	61894	74	-	-	130970
5	1240	-	5011	40	2652	636	64546	75	906	-	131876
6	5391	27	10402	41	195	-	64741	76	100	-	131976
7	1190	-	11592	42	950	-	65691	77	1041	-	133017
8	2554	-	14146	43	306	-	65997	78	1190	-	134207
9	218	-	14364	44	2605	-	68602	79	576	-	134783
10	5000	973	19364	45	3196	360	71798	80	-	-	134783
11	4606	-	23970	46	850	-	72648	81	10	-	134793
12	2106	-	26076	47	3722	-	76370	82	4860	-	139653
13	402	-	26478	48	4222	-	80592	83	885	-	140538
14	1335	-	27813	49	5000	-	85592	84	104	-	140642
15	3240	-	31053	50	5300	-	90892	85	-	-	140642
16	2507	-	33560	51	582	-	91474	86	2940	-	143582
17	2824	-	36384	52	1450	-	92924	87	576	-	144158
18	650	-	37034	53	260	-	93184	88	1020	-	145178
19	144	-	37178	54	5261	-	98445	89	-	-	145178
20	669	-	37847	55	1200	-	99645	90	873	-	146051
21	543	-	38390	56	770	-	100415	91	5218	-	151269
22	730	-	39120	57	2456	-	102871	92	119	-	151388
23	770	385	39890	58	1278	-	104149	93	720	-	152108
24	145	-	40035	59	2266	-	106415	94	-	-	152180
25	7049	-	47084	60	1780	890	108195	95	975	-	153083
26	640	-	47724	61	3008	-	111203	96	1160	-	154243
27	890	-	48614	62	3329	-	114532	97	540	-	154783
28	238	-	48852	63	3175	-	117707	98	145	-	154928
29	742	-	49594	64	1080	-	118787	99	710	-	155638
30	480	480	50074	65	425	-	119212	100	362	-	156000
31	240	-	50314	66	569	-	119781				
32	480	-	50794	67	2064	-	121845				
33	845	-	51639	68	-	-	121845				
34	345	-	51984	69	1860	-	123705				
35	1030	-	53014	70	660	100	124365				

Tab. II.3-5: Daten einer Grundgesamtheit von 100 Forderungen

Die Summe der Buchwerte des Prüffeldes beträgt somit 156.000 €. Die Angaben des Beispielfalles zeigen, dass mit einer vollständigen Prüfung eine Überbewertung von 3851 € festgestellt werden könnte. Die Materiality-Grenze M, bei deren Überschreiten das Prüffeld als wesentlich überbewertet abzulehnen ist, wird mit 10% des Buchwertes, also 15.600 €, festgelegt. Das Prüffeld kann daher als ordnungsmäßig akzeptiert werden. Im Folgenden soll gezeigt werden, zu welcher Entscheidung der Prüfer bei einer stichprobenweisen Prüfung auf Basis der verschiedenen DUS-Verfahren gelangt, wenn eine Aussagesicherheit von 95% vorgegeben wird (Risiko der Annahme eines wesentlich überbewerteten Prüffeldes 5%).

Auf Basis einer Aussagesicherheit von 95% und der festgelegten Materiality-Grenze von 15.600 € ist im ersten Schritt der erforderliche Stichprobenumfang n festzulegen. Die Berechnung erfolgt dabei unter Zugrundelegung der pessimistischen Maximalfehlermethode, um so einen möglichst sicheren Stichprobenumfang zu bestimmen. Unter der Annahme eines fehlerfreien Prüffeldes ergibt sich der Stichprobenumfang anhand der Beziehung

$$n \geq \frac{(n \cdot \theta_0(x)) \cdot Y}{M} = \frac{2{,}996 \cdot 156.000}{15.600},$$

d.h. aus der Grundgesamtheit von 100 Forderungen ist eine Stichprobe vom Umfang n = 30 zu ziehen. Zur größenproportionalen Auswahl wird dazu die *Fixed-Interval-Methode* verwendet. Das Entnahmeintervall J errechnet sich zu 156.000 : 30 = 5.200. Als zufälliger Startpunkt der Entnahme wird durch Generierung einer Zufallszahl aus dem Intervall [0; 5.200] die 2.600-te € festgelegt. Damit ergibt sich die Stichprobe in nachstehender Tabelle.

Entnommene €	Nr.	BW	Überbew.	Fehlerrate d	Entnommene €	Nr.	BW	Überbew.	Fehlerrate d
2600	4	1847	-	-	80600	49	5000	-	-
7800	6	5391	27	0,00501	85800	50	5300	-	-
13000	8	2554	-	-	91000	51	582	-	-
18200	10	5000	973	0,195	96200	54	5261	-	-
23400	11	4606	-	-	101400	57	2456	-	-
28600	15	3240	-	-	106600	60	1780	890	0,5
33800	17	2824	-	-	111800	62	3329	-	-
39000	22	730	-	-	117000	63	3175	-	-
44200	25	7049	-	-	122200	69	1860	-	-
49400	29	742	-	-	127400	73	3950	-	-
54600	36	2035	-	-	132600	77	1041	-	-
59800	39	5551	-	-	137800	82	4860	-	-
65000	42	950	-	-	143000	86	2940	-	-
70200	45	3196	360	0,113	148200	91	5218	-	-
75400	47	3722	-	-	153400	96	1160	-	-

Tab. II.3-6: *Stichprobe vom Umfang n = 30*

In der Stichprobe vom Umfang n = 30 werden vier fehlerhafte € festgestellt. Bei einer Aussagesicherheit von 95% beträgt der maximale Fehleranteil in der Grundgesamtheit deshalb $\theta_0(4) = 9{,}154 : 30 = 0{,}305$.

Nach der *Maximalfehlermethode* ermittelt sich der gesuchte obere Fehlerbetrag zu

$$D_0 = \theta_0(4) \cdot Y = 0{,}305 \cdot 156.000 = 47.580.$$

Auf Grundlage dieser pessimistischen Fehlerbewertung muss der Prüfer das Prüffeld als nicht ordnungsmäßig ablehnen, da die tolerierbare Materiality-Grenze der Überbewertung lediglich 15.600 € beträgt, es aber bei der Aussagesicherheit von 95% nach den Stichprobenergebnissen und der Maximalfehlermethode nicht ausgeschlossen werden kann, dass die Überbewertung des Prüffeldes diese Materiality-Grenze übersteigt.

Die *Durchschnittsfehlermethode* bewertet dagegen den geschätzten maximalen Fehleranteil mit dem Durchschnitt aus den in der Stichprobe aufgetretenen Fehlerraten. Die durchschnittliche Fehlerrate $\bar{d}$ ergibt sich zu

$$\bar{d} = \frac{0{,}00501 + 0{,}195 + 0{,}113 + 0{,}5}{4} = 0{,}203.$$

Die Durchschnittsfehlermethode führt so zu einer oberen Fehlergrenze von

$$D_0 = \theta_0(4) \cdot Y \cdot \bar{d} = 0{,}305 \cdot 156.000 \cdot 0{,}203 = 9.658{,}74.$$

Auf Grundlage dieser Methode kann das Prüffeld als ordnungsmäßig akzeptiert werden, da die Überbewertung im Prüffeld mit einer Aussagesicherheit von 95% unter der errechneten maximalen Fehlerbetragsgrenze von 9.658,74 € liegt und daher mit einer Sicherheit von mindestens 95% nur unwesentliche Überbewertungen vorliegen.

Bei Anwendung der *Fehlerreihungsmethode* sind die in der Stichprobe beobachteten Fehlerraten zunächst nach abnehmender Größe zu ordnen. Daraus ergibt sich die Reihenfolge $d_1 = 0{,}5 \geq d_2 = 0{,}195 \geq d_3 = 0{,}113 \geq d_4 = 0{,}00501$. Entsprechend der Vorgehensweise der Fehlerreihungsmethode wird der mit jeder in der Stichprobe festgestellten fehlerhaften Geldeinheit hinzukommende Fehleranteil mit diesen Fehlerraten bewertet. Die erforderlichen Fehleranteilsdifferenzen können dabei Tabelle 1 entnommen werden (die Differenzen der Fehlerintensitäten müssen hierzu durch den Stichprobenumfang n dividiert werden) und lauten für k = 1, ..., 4 und n = 30: 0,0583; 0,0517; 0,0486; 0,0467. Daraus ergibt sich als obere Fehlergrenze

$$\begin{aligned}D_0 = &\ 0{,}0998 \cdot 156.000 + 156.000 \cdot (0{,}0583 \cdot 0{,}5 + 0{,}0517 \cdot 0{,}195 \\ &+ 0{,}0486 \cdot 0{,}113 + 0{,}0467 \cdot 0{,}00501) = 22.582{,}13.\end{aligned}$$

Auch auf Basis der Fehlerreihungsmethode ist das Prüffeld daher bei einem Fehlerrisiko von 5% abzulehnen.

Wie das Beispiel zeigt, sind die Maximalfehlermethode und die Fehlerreihungsmethode als sehr konservativ zu charakterisieren. Sie führen im Beispiel zur Ablehnung des Prüffeldes, obwohl dieses nur unwesentlich überbewertet ist; zum anderen ergeben sich durch die vorsichtige Fehlerbewertung im Vergleich zur der im Beispiel tatsächlich vorgenommenen Überbewertung sehr hohe obere Fehlerbetragsgrenzen.

Ein Grund für die divergierenden Werte für den maximal zu erwartenden Fehler liegt offensichtlich in der wenig repräsentativen Stichprobe. Der Stichprobenumfang verspricht nur für eine fehlerfreie Stichprobe eine hinreichende Aussagesicherheit und -genauigkeit. Bei vier fehlerhaften Elementen und einer 95%igen Aussagesicherheit wäre jedoch ein Stichprobenumfang von mindestens 92 Elementen – hier quasi einer Vollerhebung entsprechend – notwendig. Eine nachträgliche Erhebung von Stichprobenelementen ist im hier betrachteten Beispiel daher unausweichlich.

3.3 Ausgestaltung des risikoorientierten Prüfungsansatzes

Hinsichtlich der Ausgestaltung des risikoorientierten Prüfungsansatzes existieren verschiedene Vorschläge. Diese stehen jedoch nicht im Widerspruch zueinander, sondern fokussieren unterschiedliche Aspekte einer risikoorientierten Prüfung. Als *Ansatzpunkte für die Ausgestaltung* kommen gem. IDW PS 260.37 vor allem

- die Geschäftsrisiken und die hiermit in einem engen Zusammenhang stehenden Geschäftsprozesse (geschäftsrisikoorientierte Prüfung) (Abschnitt 3.3.1),
- die betrieblichen Funktionsbereiche des Mandanten (Tätigkeitskreise) (Abschnitt 3.3.2) sowie
- die Systematik der Rechnungslegung (abschlusspostenorientierte Prüfung) (Abschnitt 3.3.3)

in Betracht. Dabei schließen sich die genannten Ansatzpunkte nicht gegenseitig aus: Beispielsweise gehen auch eine geschäftsrisikoorientierte oder eine tätigkeitskreisorientierte Prüfung in bestimmten Teilbereichen zwingend abschlusspostenorientiert vor.

3.3.1 Geschäftsrisikoorientierte Prüfung

3.3.1.1 Entwicklungen in der Prüfungspraxis und Vorbemerkungen

Die Abschlussprüfung befindet sich derzeit in einem tiefgreifenden Wandel. Triebfeder dieses Wandels bilden die bestehenden Erwartungslücken im Bereich der externen Rechnungslegung und der Abschlussprüfung (vgl. Kapitel I, Abschnitt 1.2.1) sowie die stärkere Ausrichtung der beiden zuvor genannten Bereiche auf die Informationsbedürfnisse der internationalen Finanzmärkte. Eng hiermit verbunden ist die Forderung der stakeholder eines Unternehmens, die Prüfung müsse einen für sie spürbaren Zusatznutzen (added value) entfalten. Auch das KonTraG bringt das Erfordernis mit sich, die Abschlussprüfung stärker problem- und risikoorientiert durchzuführen.[40]

Diese Veränderungen treffen zum einen die Prüfung des Jahresabschlusses und zum anderen die Erweiterung des Dienstleistungsspektrums um freiwillige Prüfungsleistungen (vgl. Kapitel III, Abschnitt 2.3). Den im Folgenden näher zu untersuchenden Wandel im Bereich der Abschlussprüfung tragen derzeit vor allem die großen Prüfungsgesellschaften.[41]

Diese Gesellschaften erheben verstärkt den Anspruch einer geschäftsrisikoorientierten Prüfung; synonym finden auch die Begriffe „business risk audit approach", „business audit" oder „business risk oriented audit" Verwendung. Beispielsweise bezeichnet KPMG den verwendeten Ansatz als „KPMG Business Audit"; PricewaterhouseCoopers verwenden den Begriff „PwC Audit" und Ernst & Young sprechen von der „Ernst & Young Global Audit Methodology (EY GAM)".[42] Auch die Prüfungsansätze nicht-großer Prüfungsgesellschaften wie z.B. die Dres. Brönner Treuhand-Revision GmbH enthalten geschäftsrisikoorientierte Elemente;[43] gleichwohl sind die internen Vorgaben weniger konsequent auf die Geschäftsrisiken ausgerichtet als die entsprechenden Vorgaben der zuvor genannten großen Gesellschaften. Anzumerken ist, dass in der Literatur und bei den Prüfungsgesellschaften keine einheitliche Terminologie vorherrscht, obgleich zumeist identische Sachverhalte angesprochen werden.

Wichtig für das Verständnis der nachfolgenden Ausführungen ist, dass es sich bei einer geschäftsrisikoorientierten Prüfung *nicht um eine Geschäftsführungsprüfung* (vgl. Kapitel III, Abschnitte 2.2.6 und 2.3.3.2.3) *handelt*. Vielmehr geht es vereinfacht formuliert darum, anhand der Geschäftsrisiken und den hiermit in einem engen Zusammenhang stehenden Geschäftsprozessen solche Prüfungsschwerpunkte zu identifizieren, die im Hinblick auf die Existenz von wesentlichen Fehlern (Abweichungen von den angewandten Rechnungslegungsnormen) besonders risikoträchtig erscheinen.

3.3.1.2 Geschäftsrisiko und Prüfungsrisiko

In Zusammenhang mit einer geschäftsrisikoorientierten Prüfung wird regelmäßig der Terminus Geschäftsrisiko (business risk) verwendet. *Geschäftsrisiko* ist die Gefahr, dass ein Unternehmen (Mandant) seine Ziele nicht erreicht. Da das Scheitern der für die Zielerreichung gewählten Strategie sowohl interne als auch externe Ursachen haben kann, zählen zu den Geschäftsrisiken sämtliche externen (z.B. Bedrohung durch neue Konkurrenzprodukte) und internen (z.B. Rückgang der Umsätze durch fehlerhafte Produkte) Risiken.[44]

Höhere Geschäftsrisiken führen regelmäßig auch zu *höheren Fehlerrisiken* (inhärente Risiken, Kontrollrisiken; vgl. Abschnitt 1.2); höhere Fehlerrisiken gehen definitionsgemäß mit einem höheren Prüfungsrisiko einher. Sind z.B. die Entwicklungszyklen für neue Produkte im Branchenvergleich überdurchschnittlich lang, liegt darin ein wesentliches Geschäftsrisiko begründet. Dieses erhöhte inhärente Risiko führt dazu, dass der Prüfer c.p. weitere Prüfungshandlungen tätigen muss, um über ein reduziertes Entdeckungsrisiko das Prüfungsrisiko auf das in den Prüfungsnormen vorgegebene Maß zu reduzieren. Teilweise wird argumentiert, es seien Geschäftsrisiken denkbar, deren *Zeithorizont* jenseits von den in Jahresabschluss und Lagebericht (vgl. Abschnitt 8.6) zu erfassenden Sachverhalten liegt. Demnach wären Geschäftsrisiken denkbar, die nicht zu höheren Fehlerrisiken führen.[45] Der Lagebericht muss allerdings u.a. auch auf die Risiken der künftigen Entwicklung eingehen. Als Beurteilungshorizont werden regelmäßig zwei Jahre genannt (IDW RS HFA 1.36 unter Bezugnahme auf die sonstigen Risiken). „Erkennbare Auswirkungen, die erst nach diesem Zeitraum eintreten können, sind allerdings je nach ihrem Gewicht mit zu berücksichtigen."[46]

Weiterhin sind Geschäftsrisiken denkbar, die auf Grund ihrer *mangelnden Spezifität* zu keiner Abbildung im Jahresabschluss führen. Ist es z.B. „nur entfernt möglich" (remote), dass aus einem Geschäftsrisiko eine Verpflichtung für das Unternehmen resultiert, so ist nach IAS 37 weder eine Rückstellung (provision) zu bilanzieren noch eine Eventualschuld (contingent liability) außerhalb der Bilanz anzugeben. Gleichwohl dürfte hier zumeist ein Fehlerrisiko bestehen, da der Prüfer zu beurteilen hat, ob nicht doch die Voraussetzungen (z.B. das Bestehen der Verpflichtung und der Abfluss von Ressourcen sind möglich) vorliegen, welche zumindest eine Angabepflicht für eine Eventualschuld i.S. von IAS 37.28 u. 86 begründen.

Die zuvor geführte Diskussion lässt indes einen zentralen *konzeptionellen Unterschied* zwischen dem Prüfungsrisiko und dem Geschäftsrisiko außer Acht: Das Geschäftsrisiko bezieht sich im Wesentlichen nur auf zwei Teilkomponenten des Prüfungsrisikos, namentlich das inhärente und das Kontrollrisiko. Diese beiden Risiken kann der Prüfer regelmäßig nicht beeinflussen. Demnach lässt sich das Prüfungsrisiko durch Einzelfallprüfungen und analytische Prüfungen reduzieren, nicht aber das Geschäftsrisiko (zum Aufbau des Risikomodells vgl. Abschnitt 1.2.1).[47] Das Prüfungsrisiko darf bei einer normenkonformen Abschlussprüfung ein bestimmtes Maß nicht überschreiten und dies gilt unabhängig davon, wie hoch das Geschäftsrisiko ist. Insofern besteht gerade keine weitgehende Kongruenz zwischen dem Prüfungsrisiko und dem Geschäftsrisiko.

Eine stärkere Fokussierung auf das Geschäftsrisiko könnte allerdings eine modifizierte Interpretation des inhärenten und des Kontrollrisikos *innerhalb des Risikomodells* bewirken. Da das Geschäftsrisiko regelmäßig sowohl inhärente als auch Kontrollrisiken anspricht, wird vorgeschlagen, entweder die zuvor genannten Risiken durch eine einheitliche Betrachtung des Geschäftsrisikos zu ersetzen (Alternative 1) oder das Geschäftsrisiko als Determinante des inhärenten und des Kontrollrisikos explizit in das Risikomodell aufzunehmen (Alternative 2).[48] Die erste Alternative würde der am Risikomodell geübten Kritik hinsichtlich der mangelnden Unabhängigkeit von inhärentem und Kontrollrisiko (z.B. sind die Mitarbeiter bei schwachen internen Kontrollen eher versucht, Veruntreuungen zu begehen; in diesem Fall ist das inhärente Risiko hoch) den Boden entziehen. Nachteilig ist allerdings, dass die Aussagekraft des Risikomodells in diesem Fall leidet. Die Vorteile der ersten Alternative stellen gleichzeitig die Nachteile der zweiten Alternative dar (und umgekehrt).

Weiterhin ist davon auszugehen, dass der Prüfer effektiver Unregelmäßigkeiten im Jahresabschluss und insbesondere fraud aufdecken kann (vgl. Abschnitt 4.1), sofern er die auf die absichtlichen und unabsichtlichen Fehler bezogenen Risikobeurteilungen separat vornimmt.[49]

Wird zudem berücksichtigt, dass sich das Entdeckungsrisiko nur durch einen unabhängigen, kompetenten und motivierten Prüfer nachhaltig reduzieren lässt, so führen die vorgetragenen Argumente zu der in Abb. II.3-14 dargestellten (modifizierten) Betrachtungsweise der Zusammenhänge zwischen Prüfungsrisiko und Geschäftsrisiko (zum Risikomodell vgl. Abschnitt 1.2). Die Abbildung soll auch den zuvor angesprochenen konzeptionellen Unterschied zwischen Prüfungsrisiko und Geschäftsrisiko (des Mandanten) verdeutlichen, d.h. der Prüfer kann durch geeignete Einzelfallprüfungen und analytische Prüfungen das Entdeckungsrisiko und mithin auch das Prüfungsrisiko beeinflussen, während das Geschäftsrisiko sich nicht verändert. Die Abbildung geht davon aus, dass das Geschäftsrisiko über das inhärente und das Kontrollrisiko das Prüfungsrisiko beeinflusst (Alternative 2). Alternative 1 würde es entsprechen, in Abb. II.3-14 die Felder „inhärentes Risiko" und „Kontrollrisiko" durch ein einheitliches Feld „Geschäftsrisiko" zu ersetzen.

Welche Alternative letztendlich vorziehenswürdig ist, lässt sich derzeit nicht beurteilen. Die Überlegenheit einer der beiden Alternativen ist empirisch zudem nur schwer nachweisbar. Ein Indiz für die Vorziehenswürdigkeit einer der beiden Alternativen wäre z.B. der empirische Nachweis, dass eine Alternative in ähnlichen Situationen eine höhere Fehleraufdeckungskraft besitzt.[50]

Abb. II.3-14:   Zusammenhang zwischen Prüfungsrisiko und Geschäftsrisiko[51]

3.3.1.3 Kernidee

Eine geschäftsrisikoorientierte Prüfung geht davon aus, dass ein besseres Verständnis für das Geschäft des Mandanten wesentlich zu einem besseren Verständnis der Prüfungsrisiken beiträgt. Kernidee einer geschäftsrisikoorientierten Prüfung ist, dass die *Perspektive*, durch die der Prüfer das Geschäft und die Branche des Mandanten betrachtet, das prüferische Vorgehen in hohem Maße beeinflusst. Um ein hinreichendes Verständnis der Geschäfte des Mandanten zu erlangen, muss sich der Prüfer verdeutlichen, dass der Mandant in ein komplexes Netz von Beziehungen eingebunden ist, welches wiederum in ein weiter gefasstes ökonomisches Beziehungsnetz eingebunden ist. Das zuletzt genannte Netz greift die Beziehungen des Mandanten z.B. zu Wettbewerbern, strategischen Partnern, Lieferanten, Kunden und Kapitalgebern auf. Die einzelnen Netzwerkbeziehungen, ihre Stärke und die Dynamik des Wandels dieser Beziehungen gilt es zu erkennen.[52]

Dieses Netz ökonomischer Beziehungen lässt sich als System beschreiben. Dabei ist es wichtig, dass der Prüfer sein Augenmerk nicht nur isoliert auf die einzelnen Systemelemente, sondern auf das System insgesamt und besonders auf die Interaktionen zwischen den einzelnen Systemelementen richtet. Beispielsweise gehen Veränderungen einzelner Systemelemente zumeist auf verschiedene Ursachen zurück. Dabei können selbst kleinste Veränderungen (z.B. in den Refinanzierungskosten oder in der Gewinnmarge) auf Grund sich selbstverstärkender Schleifen (vgl. auch Abschnitt 3.3.1.5.3.2) zu gravierenden Veränderungen im Gesamtsystem führen, welche die Existenz eines Unternehmens bedrohen. Entscheidend für eine gute Problemlösung i.S. einer geschäftsrisikoorientierten Prüfung ist demnach, dass der Prüfer die Gesamtsystemzusammenhänge erkennt und versteht (*Systemdenken*). Hierzu gehört auch das Verständnis für die Dynamik, die sich im Zeitablauf aus Veränderungen einzelner Systemelemente ergeben kann.[53]

Übertragen auf das prüferische Vorgehen entspricht die zuvor eingenommene ganzheitliche (holistische) Perspektive einem *top down-Ansatz*. Danach hat der Prüfer, ausgehend von der Beschäftigung mit der Gesamtheit der Geschäftsprozesse und dem Geschäftsumfeld des Mandanten, Erwartungshaltungen (bzw. Hypothesen) zu entwickeln, die es im weiteren Prüfungsverlauf durch Detailprüfungen zu verifizieren gilt. Dieses Vorgehen ist nicht grundsätzlich neu. Auch bislang hat sich der Prüfer nicht nur isoliert mit den Geschäftsvorfällen und Abschlussposten beschäftigt und die einzelnen Teilurteile in ein Gesamturteil über den Jahresabschluss verdichtet (reduktionistisches Vorgehen i.S. eines bottom up-Ansatzes). Der traditionelle risikoorientierte Prüfungsansatz[54] beinhaltet definitionsgemäß Risikoelemente und holistische Elemente.[55] Neu ist, dass die Risikofokussierung im Zuge einer geschäftsrisikoorientierten Prüfung eine stärkere Betonung erfahren hat. Zudem erscheint ein top down-Ansatz konzeptionell besser geeignet, um zu prüfen, ob sich die tatsächlichen wirtschaftlichen Sachverhalte richtig in den Belegen und letztendlich in den im Jahresabschluss enthaltenen Abschlussaussagen niedergeschlagen haben. Diesen Ansatz gilt es im Folgenden näher zu beleuchten.

3.3.1.4 Entwicklungen in der Normengebung

Einer stärkeren Ausrichtung der Prüfung auf die Geschäftsrisiken trägt ein gemeinsam vom IAASB und dem US-amerikanischen APB betriebenes Projekt Rechnung, welches sich mit der Frage beschäftigt, inwieweit das traditionelle Risikomodell sowie die bestehenden Prüfungsnormen vor dem Hintergrund einer geschäftsrisikoorientierten Prüfung zu überarbeiten sind. Begrüßenswert ist, dass die internationalen und US-amerikanischen standard setter koordiniert agieren und eine weitgehende Konvergenz ihrer Prüfungsnormen beabsichtigen.[56]

In Bezug auf die internationalen Prüfungsnormen liegen bereits entsprechende Diskussionsentwürfe vor (ED ISA 210, 400 u. 401 sowie ED Ergänzungen zu ISA 200).[57] Die geplanten Standards haben vor allem *vier Stoßrichtungen* (Audit risk explanatory memorandum to exposure drafts.significant changes and effect on the auditor's work):

- Der Prüfer hat sich stärker als bisher ein eingehendes Verständnis über die Geschäftstätigkeit des Mandanten zu verschaffen.

- Der Prüfer muss stärker als bisher Risikobeurteilungen vornehmen und den Einfluss der identifizierten Risiken auf den Jahresabschluss und die darin enthaltenen Abschlussaussagen in sein Kalkül einbeziehen.

- Der Prüfer ist stärker als bisher dazu angehalten, die identifizierten Risiken und die eingesetzten Prüfungshandlungen zu verbinden.

- Der Prüfer muss zusätzlich bestimmte Sachverhalte dokumentieren (vgl. z.B. ED ISA 400.117 ff.).

Auf Ebene der Abschlussaussagen geht ED Ergänzungen zu ISA 200.20 grundsätzlich davon aus, dass die inhärenten und Kontrollrisiken nicht separat, sondern gemeinsam zu beurteilen sind. Dabei ist von einer gemeinsamen Einschätzung des Risikos einer wesentlichen Falschdarstellung im Jahresabschluss die Rede (combined assessment of the risk of material misstatement). In Bezug auf das modifizierte Risikomodell bevorzugt das IAASB auf Ebene der Abschlussaussagen insofern Alternative 1. Gleichwohl wird eine separate Einschätzung des inhärenten und des Kontrollrisikos unverändert als zulässig erachtet (the auditor may make separate or combined assessments of inherent and control risk).

Die nachstehenden Ausführungen verdeutlichen beispielhaft die verstärkte Ausrichtung auf die Geschäftsrisiken:

- Der Abschlussprüfer muss die Geschäftsziele und -strategien sowie die damit verbundenen Geschäftsrisiken, die zu einer wesentlichen Falschdarstellung im Jahresabschluss führen können, verstehen (ED ISA 400.36; ED Ergänzungen zu ISA 200.12). ED ISA 400.appendix 3 gibt beispielhaft Bedingungen und Ereignisse an, die das Risiko einer wesentlichen Falschdarstellung begründen (z.B. Beschränkungen in der Verfügbarkeit von Eigen- und/oder Fremdkapital, wesentliche Transaktionen mit nahe stehenden Unternehmen und Personen oder Änderungen im IT-Umfeld des Mandanten).

- Der Prüfer muss die auf die Identifikation von Geschäftsrisiken ausgerichteten Unternehmensprozesse, die Reaktionen des Unternehmens auf identifizierte Risiken sowie die daraus resultierenden Ergebnisse verstehen (risk assessment process). Hier handelt es sich um einen Teilbereich des internen Kontrollsystems (ED ISA 400.41).

- Der Prüfer muss die unternehmensinternen Prozesse der Leistungsmessung und -beurteilung verstehen. Als unternehmensinterne Informationen, die das Management für diese Zwecke heranzieht, sind z.B. Schlüsselindikatoren und Budgets zu nennen; in Betracht kommt auch das Benchmarking mit Wettbewerbern. Ein solches Vorgehen erlaubt dem Prüfer eine Beurteilung, inwieweit der Mandant bei der Erreichung der Geschäftsziele Fortschritte gemacht hat. Ein Abweichen von gesetzten Zielen kann die Unternehmensleitung zu wesentlichen Falschdarstellungen im Jahresabschluss motivieren. Dies gilt besonders dann, wenn die Gehaltszahlungen an das Management an bestimmte Schlüsselindikatoren geknüpft sind (ED ISA 400.45 ff.).

- Weiterhin wird der Prüfer dabei unterstützt, das Geschäft des Mandanten und das Geschäftsumfeld zu verstehen. Für diese Zwecke werden beispielhaft Geschäftsziele und -strategien sowie zugehörige Geschäftsrisiken genannt (ED ISA 400.appendix 1.objectives and strategies and related business risks). Als Beispiele sind zu nennen:

  – Aus der Entwicklung neuer Produkte (Geschäftsziel) können neue Haftungsrisiken (Geschäftsrisiko) resultieren.

  – Muss ein Unternehmen sich ständig den Entwicklungen seiner Branche anpassen (Geschäftsziel) und verfügt das Unternehmen nicht über entsprechendes Know-how, so bestehen Anpassungsrisiken (Geschäftsrisiko).

  – Führt ein Unternehmen ein neues IT-System ein (Geschäftsziel), besteht das Risiko, dass das IT-System die unternehmensinternen Prozesse nicht adäquat abbildet (Geschäftsrisiko).

3.3.1.5 Ausgestaltung

3.3.1.5.1 Allgemeine Erfordernisse

Wesensmerkmal ist die bereits zuvor angesprochene Verfolgung des top down-Ansatzes.[58] Dabei besteht Einigkeit dahingehend, verstärkt das Erfordernis des spezifischen Wissens über die Geschäftstätigkeit des Mandanten in den Blickpunkt zu rücken.[59]

Auch IDW PS 230.2 u. 8 fordern, dass

- die zu erlangenden Kenntnisse über die Geschäftstätigkeit sowie das wirtschaftliche und rechtliche Umfeld des zu prüfenden Unternehmens

dem Abschlussprüfer eine Identifikation

- der für den Unternehmenserfolg zentralen Einflussfaktoren,

- der Unternehmensstrategie,

- den Erfolg der Strategie möglicherweise gefährdenden Geschäftsrisiken und der Reaktion des Unternehmens auf diese Risiken sowie

- der Geschäftsprozesse, ihrer wesentlichen Risiken und der diesbezüglichen Kontrollmechanismen selbst

ermöglichen müssen.

3.3.1.5.2 Erlangung von Prüfungsnachweisen

Im Hinblick auf die Erlangung von Prüfungsnachweisen bringt eine geschäftsrisikoorientierte Prüfung die folgenden Neuerungen:[60]

Dem top down-Ansatz entspricht es, verstärkt jene Kontrollen zu prüfen, die in der Unternehmenshierarchie möglichst weit oben angesiedelt sind. Durch eine stärkere Fokussierung auf geschäftsrisikobezogene *high level-Kontrollen* soll der Umfang der zu prüfenden low level-Kontrollen auf der operativen Ebene möglichst gering gehalten werden.[61]

Ist der Prüfer mit den Geschäftsrisiken und den Geschäftsprozessen, den dazugehörigen Prozesskontrollen sowie der (z.B. anhand von leistungsbezogenen Schlüsselindikatoren gemessenen) Prozessleistung vertraut, so ist zu erwarten, dass er in der Lage ist, sich eine unabhängige und zuverlässige Erwartungshaltung hinsichtlich der Behauptungen des Managements im Jahresabschluss (sog. Abschlussaussagen, vgl. Kapitel I, Abschnitt 6.2) zu bilden. Ein solches Vorgehen erlaubt einen breiter angelegten Einsatz *analytischer Prüfungen* (so auch ED ISA 400.40).[62] Vermutet wird, dass sich auf diese Weise die bereits bestehende hohe Fehleraufdeckungskraft analytischer Prüfungen[63] weiter erhöhen lässt. Diese Vermutung wäre zu belegen.

Aus dem Blickwinkel der Jahresabschlussprüfung ist zum einen zu fragen, ob die auf der Basis einer intensiveren Beschäftigung mit den Geschäftsrisiken formulierten Erwartungen hinsichtlich bestimmter Eigenschaften des Prüfungsgegenstands signifikant von den Erwartungen abweichen, die der Prüfer ohne eine derart intensive Beschäftigung gehabt hätte. Zum anderen ist zu untersuchen, ob der Prüfer auf der Basis einer intensiveren Beschäftigung mit den Geschäftsrisiken im Fall einer identifizierten Abweichung zwischen den erwarteten und den tatsächlichen Größen andere Hypothesen heranzieht, um diese Abweichungen zu erklären (vgl. Abschnitt 3.2.3.3). Dies erscheint besonders dahingehend bedeutsam, als es Prüfern oftmals Probleme bereitet, die richtige Erklärungshypothese für festgestellte Abweichungen zu identifizieren. Zu untersuchen wäre, ob eine unproduktive mentale Problemrepräsentation auf fehlende bzw. unzulängliche Kenntnisse über die Geschäftsrisiken des Mandanten zurückzuführen ist.[64]

Aus den beiden zuvor genannten Punkten folgt unmittelbar ein geringerer bzw. ein stärker fokussierter Einsatz *einzelfallorientierter Prüfungen*. Dies gilt besonders dann, wenn sich durch die in der zuvor beschriebenen Weise eingesetzen analytischen Prüfungen keine Anhaltspunkte für spezifische Risiken ergeben.

3.3.1.5.3 Phasen des Prüfungsablaufs

Die großen Prüfungsgesellschaften haben die Neuorientierung ihrer Prüfungsansätze zumeist in ähnlicher Weise vollzogen. Dabei kann das prüferische Vorgehen den nachstehend beschriebenen Phasen folgen.[65]

3.3.1.5.3.1 Analyse der Strategie

Die Analyse der Strategie zielt darauf ab, einen Überblick über die strategischen Geschäftsziele des Unternehmens, die zur Verwirklichung eingesetzten Strategien, die operative Umsetzung durch Prozesse sowie die Geschäftsrisiken zu gewinnen. Hier besteht ein enger Bezug zu den Prüfungshandlungen, die sich ggf. in Zusammenhang mit der Prüfung des Risikomanagementsystems des Mandanten ergeben (§ 317 Abs. 1 HGB i.V.m. § 91 Abs. 2 AktG sowie ausführlich in Abschnitt 8.2). Wichtig ist, dass die Analyse der Strategie letztendlich auf eine Identifikation der für den Abschluss wesentlichen Risiken auszurichten ist.

Der Prüfer muss das Geschäft des Mandanten und seinen Umgang mit den Geschäftsrisiken *verstehen*. Bereits die Formulierung von Strategien beeinflusst die Entscheidung, mit welchen Risiken man sich auseinandersetzen will und welche man vermeiden will.

Beispiel

Eine Strategie zur Lohnfertigung oder Beschaffung von Gütern aus anderen Ländern bringt andere Risiken (z.B. Währungsrisiken, Risiko eines Embargos) mit sich als die Strategie zur Produktion oder Beschaffung vor Ort. Eine Strategie, Vermögensgegenstände grundsätzlich zu leasen, bringt andere Risiken mit sich als die Strategie, diese Vermögensgegenstände zu kaufen (z.B. birgt ein gekaufter Vermögensgegenstand ein höheres Risiko, diesen auf Grund technischen Fortschritts außerplanmäßig abschreiben zu müssen; ein solches Risiko lässt sich durch eine entsprechende Ausgestaltung des Leasingvertrags nahezu vollständig vermeiden).[66]

Demnach sind zunächst einmal die spezifischen Aktionsprogramme[67] der gewählten Strategie zu identifizieren und zu analysieren, da diese wiederum mögliche Gründe für das Scheitern der Strategie darstellen. Weiterhin geht es darum, die auf eine Reduktion externer Geschäftsrisiken ausgerichteten high level-Kontrollen auf der Managementebene (vgl. auch IDW RS FAIT 1.111) zu identifizieren und deren Wirksamkeit zu prüfen.[68]

Die Durchführung der Analyse kann durch verschiedene betriebswirtschaftliche Verfahren unterstützt werden:[69]

- Das *SWOT-Verfahren* dient der systematischen Erfassung von Stärken, Schwächen, Chancen und Risiken des Unternehmens.[70]

- Bei der *PEST-Analyse* geht es um die strukturierte Aufbereitung von Informationen der politischen, wirtschaftlichen, gesellschaftlichen und technologischen Einflussfaktoren.[71]

- Um das Geschäft des Mandanten zu verstehen, lässt sich auch das Konzept der *Balanced Scorecard* einsetzen, welches die Geschäftsziele und -strategien in einen Ursache-/Wirkungsbeziehungen darstellenden Bezugsrahmen übersetzt. Dieser ordnet die Beziehungen nach verschiedenen Perspektiven und greift für die Darstellung sowohl Früh- als auch Spätindikatoren auf.[72] Dabei eignen sich Frühindikatoren (z.B. bei einem Versicherungsunternehmen die Frühindikatoren „Vertreterleistung über Plan" sowie „Umfrage über Versicherungsnehmerzufriedenheit") auch für die im Rahmen Abschlussprüfung durchzuführende Beurteilung der Annahme der Unternehmensfortführung (vgl. Abschnitt 4.2).

- Das *Five-Forces-Modell* von Porter dient der Branchenanalyse. Demnach wird die Wettbewerbssituation einer Branche durch die in Abb. II.3-15 genannten Risikofaktoren beeinflusst.

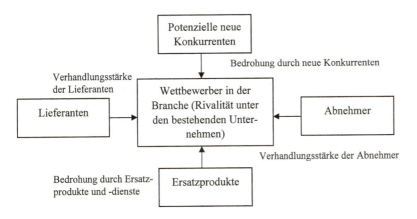

Abb. II.3-15: Einflussgrößen auf den Branchenwettbewerb[73]

- Eine Strategie ist nur dann erfolgreich, wenn die Unternehmensaktivitäten genau aufeinander abgestimmt sind. Ein Verfahren, um die Geschäftstätigkeit des Mandanten zusammenhängend darzustellen und die erlangten Informationen zu organisieren sowie zu integrieren, ist das in Abb. II.3-16 dargestellte allgemeine *Geschäftsmodell* auf Unternehmensebene. Ein Geschäftsmodell stellt das Abbild der Unternehmensstrategie dar.[74] Das dargestellte allgemeine Modell dient dem Prüfer als Ausgangsbasis, um mandantenspezifische Geschäftsmodelle auf Unternehmensebene zu entwickeln.

Weiterhin sind die Auswirkungen der Geschäftsrisiken auf den Abschluss (z.B. die Notwendigkeit, Schätzungen zu tätigen sowie bestimmte Sachverhalte im Anhang zu erläutern) zu betrachten sowie *für den Abschluss wesentliche Geschäftsvorfälle* und *Schlüsselprozesse* (sog. *prüfungssensitive Prozesse*[75]) zu identifizieren. Schlüsselprozesse steuern und kontrollieren die Geschäftsrisiken und lösen wesentliche Geschäftsvorfälle aus. Für diese Geschäftsvorfälle und die in diesem Zusammenhang relevanten Abschlussposten werden zugleich Prüfungsziele entwickelt, die sich an den jeweils relevanten Abschlussaussagen orientieren müssen.

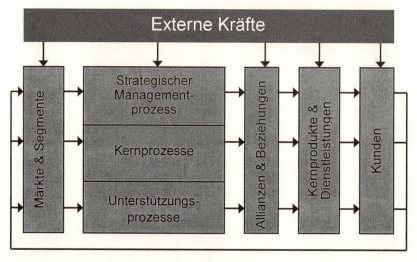

Abb. II.3-16: *Allgemeines Geschäftsmodell auf Unternehmensebene*[76]

3.3.1.5.3.2 Prozessanalyse

Im Rahmen der Prozessanalyse geht es darum, auf Basis der zuvor identifizierten strategischen Geschäftsrisiken sowie wesentlicher Geschäftsvorfälle ein Verständnis hinsichtlich der Handhabung der Schlüsselprozesse durch den Mandanten zu erlangen. Dabei ist zu untersuchen,

- ob die Prozessziele in Einklang mit den Unternehmenszielen stehen und
- ob die Schlüsselprozesse wirksam sind.

Für die Beurteilung der Wirksamkeit dieser Prozesse sind *kritische Erfolgsfaktoren* (critical success factors; weitgehend synonym finden teilweise auch die Begriffe Werttreiber oder value drivers Verwendung) zu identifizieren. Zur Messung dieser Erfolgsfaktoren kommen wiederum *Schlüsselindikatoren* (key performance indicators, KPI) in Betracht.[77] Kritische Erfolgsfaktoren und Schlüsselindikatoren gelten zumeist *branchenspezifisch*.[78]

Beispiele

Ist der Schlüsselprozess Kundenservice von besonderer Bedeutung für den Unternehmenserfolg, sind z.B. Mitarbeiterzufriedenheit und Mitarbeitermotivation *kritische Erfolgsfaktoren*. Als leistungsbezogene *Schlüsselindikatoren* zur Messung dieser Erfolgsfaktoren kommen z.B. Fluktuation und Fehlzeiten in Betracht. Als Benchmark für die Fluktuation kann ein Mitarbeiterwechsel angesehen werden, der 10% der gesamten Mitarbeiterzahl im Jahr nicht übersteigt; für die Fehlzeiten kann als Benchmark eine Fehlzeit herangezogen werden, welche die Gesamtarbeitszeit um nicht mehr als 6% übersteigt.

Bei einem Call-Center kann die Kundenzufriedenheit *kritischer Erfolgsfaktor* und die Wartezeit der Kunden bis zur Durchstellung an einen Call-Center-Agenten ein möglicher geeigneter *Schlüsselindikator* sein: Wird eine Wartezeit von 15 Sekunden als akzeptabel angesehen, so signalisiert z.B. eine 90 Sekunden andauernde Wartezeit einen schlecht funktionierenden Prozess.[79]

Bei einem PC-Hersteller kann die Auftragsabwicklung *kritischer Erfolgsfaktor* und die Auftragsabwicklungszeit einen geeigneten *Schlüsselindikator* darstellen: Ist diese im Vergleich zur Konkurrenz lang (Benchmarking), dann ist das in Zusammenhang mit dem Abwicklungsprozess stehende Geschäftsrisiko hoch (z.B. kann eine auf eine zu lange Lieferzeit zurückzuführende Kundenunzufriedenheit den Auslöser für einen Umsatzrückgang darstellen). Weiterhin trägt die Beschäftigung mit diesem Schlüsselindikator dazu bei, eine unabhängige Erwartungshaltung hinsichtlich verschiedener Abschlussposten wie z.B. Vorräte, Umsätze und umsatzbezogene Herstellungskosten zu entwickeln; dies gilt auch hinsichtlich der Frage, inwieweit die Umsätze am Jahresende periodengerecht abgegrenzt wurden.[80]

Prozessrisiken und deren Kontrollen sind zu beurteilen (ED ISA 400.41).[81] Der Einfluss des verbleibenden prozessbezogenen Risikos auf das Risiko einer wesentlichen Falschaussage im Jahresabschluss ist abzuschätzen. Werden weiterhin Feststellungen hinsichtlich der Existenz und der Wirksamkeit abschlussbezogener Kontrollen in das Kalkül einbezogen, ergibt sich das für die Durchführung der weiteren Prüfungshandlungen letztlich relevante Risiko einer wesentlichen Falschaussage im Jahresabschluss.

Im Folgenden sollen beispielhaft die *Zusammenhänge zwischen Schlüsselindikatoren und Abschlussaussagen* verdeutlicht werden:

Beispiel[82]

Die Lobis AG beschäftigt sich mit der Herstellung und dem PC-Vertrieb über das Internet. Zielgruppe sind Kunden, die über umfangreiches IT-Wissen verfügen. Jüngste Umsatzsteigerungen haben zu Problemen bei der Abwicklung des technischen Kundenservices geführt. Da in der Branche ein intensiver Wettbewerb herrscht, hat das Management der Lobis AG sich dazu entschlossen, seine Strategie dahingehend zu ändern, dass nicht nur in die Erschließung neuer Märkte in Übersee, sondern auch in einen verbesserten Kundenservice investiert werden soll.

Das Schleifendiagramm in Abb. II.3-17 zeigt u.a. die folgenden Wirkungszusammenhänge:

- Die sich selbstverstärkende Schleife (reinforcing loop) R1 gibt an, dass die steigende Nachfrage steigende Umsätze generiert. Die auf diese Weise generierten finanziellen Mittel erlauben die Erschließung neuer Märkte. Auf diese Weise wird wiederum eine steigende Nachfrage generiert. Wird R1 isoliert betracht und ein entsprechendes Potenzial in anderen Märkten vorausgesetzt, so ergibt sich ein kontinuierliches Umsatzwachstum.

- Die ausgleichende Schleife (balancing loop) B2 zeigt an, dass eine zusätzliche Nachfrage zu einer niedrigeren Qualität in der technischen Kundenbetreuung führt, wenn die Betreuungskapazitäten konstant gehalten werden. Wird eine positive Beziehung zwischen der Qualität der technischen Kundenbetreuung und der Produktnachfrage unterstellt, so führt eine niedrigere Betreuungsqualität zu einer sinkenden Nachfrage, die wiederum eine höhere Qualität der technischen Kundenbetreuung nach sich zieht (ausgleichender Mechanismus).

- Dieser ausgleichende Mechanismus lässt sich nur durch Investitionen in die technischen Betreuungskapazitäten durchbrechen. Hier zeigt die ausgleichende Schleife B3, dass die gesunkene Qualität der technischen Kundenbetreuung eine Qualitätslücke nach sich zieht, die wiederum Investitionen in die technische Kundenbetreuung erfordert.

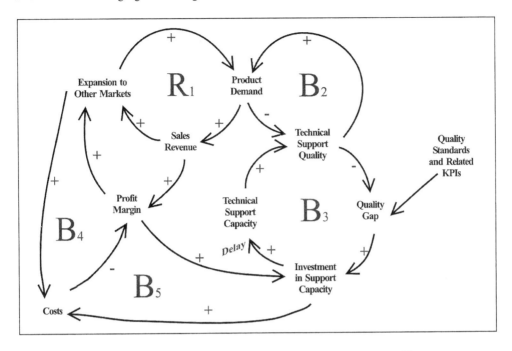

Abb. II.3-17: Zusammenhang zwischen Schlüsselindikatoren und Abschlussaussagen[83]

Der Prüfer muss feststellen, inwiefern die Lobis AG auf den Prozess „technische Kundenbetreuung" bezogene Schlüsselindikatoren zur Messung der Prozessqualität und der Kundenzufriedenheit festgelegt hat und systematisch überwacht. Relevant ist auch, inwieweit die Lobis AG in der Lage ist, *zeitnah* ihre Betreuungskapazitäten auszubauen, d.h. zeitnah weiteres Personal einzustellen und einzuarbeiten. Baut die Lobis AG trotz starker Expansion die Betreuungskapazitäten für die technische Kundenbetreuung nicht aus, so handelt es sich um ein für den Abschlussprüfer relevantes Prozessrisiko.

Eine Beschäftigung mit den zuvor angedeuteten Zusammenhängen erlaubt dem Prüfer auch eine *unabhängige Erwartungshaltung* hinsichtlich der Abschlussaussagen zu den Posten Umsatzerlöse und den umsatzbezogenen Herstellungskosten sowie der Gewinnspanne zu entwickeln. So erscheint es beispielsweise nicht plausibel, wenn die Lobis AG bei starker Expansion und hoher Wettbewerbsintensität trotz fehlender Investitionen in die technische Kundenbetreuung ständig steigende Umsätze bei einer unveränderten Gewinnspanne ausweist. Auf diese Weise lassen sich ggf. auch Prüfungsnachweise für die Beurteilung der going concern-Annahme (vgl. Abschnitt 4.2) sowie für die Darstellungen im Lagebericht (vgl. Abschnitt 8.6) gewinnen. Besteht ein hoher Druck auf das Management der Lobis AG, ständig steigende Umsätze bei einer vorgegebenen Gewinnspanne zu generieren, können sich auch Hinweise auf die mögliche Existenz von fraud (vgl. Abschnitt 4.1) ergeben.

3.3.1.5.3.3 Verbleibende Prüfungshandlungen und Berichterstattung

In Abhängigkeit von den zuvor ermittelten strategischen und Prozessrisiken sowie den bestehenden Kontrollen sind die *verbleibenden Prüfungshandlungen* zu planen. Die aussagebezogenen Prüfungshandlungen müssen sich direkt auf die identifizierten Risiken beziehen (ED ISA 401.44).

Beispiel

Hat sich das Käuferverhalten hinsichtlich der Akzeptanz eines bestimmten Produktes geändert (Geschäftsrisiko), dann ist festzustellen, inwieweit die Marktforschungsabteilung des Mandanten dies erkannt hat und bereits auf den neuen Kundengeschmack abgestimmte Produktentwicklungen betrieben werden (high level-Kontrollen). Weiterhin ist u.a. zu prüfen, inwieweit der Mandant diese schwer absetzbaren Produkte noch auf Lager hat und welche Maschinen zur Produktion eingesetzt werden. In Folge ist festzustellen, ob und in welchem Umfang die Vorräte und die Maschinen außerplanmäßig abzuschreiben sind (Durchführung aussagebezogener Prüfungshandlungen: Abschlusspositionen Vorräte und Sachanlagen, Abschlussaussage Bewertung).

Existieren wirksame interne Kontrollen und bestätigen analytische Prüfungen die vorläufige Einschätzung eines niedrigen Risikos einer wesentlichen Falschaussage im Jahresabschluss, so kann auf Einzelfallprüfungen weitgehend verzichtet werden.

Allerdings darf der Prüfer sich bei wesentlichen Posten nicht „ausschließlich auf die Ergebnisse analytischer Prüfungshandlungen stützen" (IDW PS 312.12). Demnach sind in diesem Fall stets Einzelfallprüfungen und/oder Systemprüfungen zu tätigen; dies schließt definitionsgemäß den Verzicht auf Einzelfallprüfungen nicht aus. Allerdings besteht bei einer alleinigen Anwendung analytischer Prüfungen die Gefahr, dass der Mandant die ungeprüften Datenkonstellationen dergestalt manipuliert, dass analytische Prüfungen „ins Leere gehen" (siehe hierzu auch IDW PS 312.13 u. ED ISA 401.45). Obgleich eine geschäftsrisikoorientierte Prüfung zweifelsfrei dazu beiträgt, unabhängige Erwartungshaltungen hinsichtlich der Abschlussaussagen zu entwickeln, muss der Prüfer stets abwägen, ob ein vollständiger Verzicht auf ins Detail gehende Einzelfallprüfungen zulässig ist (vgl. auch IDW PS 300.10); so ist z.B. die Prüfung eines wesentlichen Kassenbestands ohne eine stichprobenweise Belegprüfung nicht denkbar. Zudem fordert ED ISA 401.43 ausdrücklich, dass der Prüfer *unabhängig* von der zuvor vorgenommenen Einschätzung des Risikos einer wesentlichen Falschdarstellung im Jahresabschluss für jede wesentliche Klasse von Transaktionen, für jedes wesentliche Konto und jede wesentliche Angabepflicht aussagebezogene Prüfungshandlungen tätigen muss.

Die verbleibenden Prüfungshandlungen müssen letztendlich „die Brücke zu den Abschlussaussagen schlagen" (*Bridging Problematik*). Demnach muss die Beschäftigung mit den strategischen Geschäftszielen, den eingesetzten Strategien und Geschäftsprozessen stets in ein Prüfungsurteil münden, ob der Jahresabschluss und die enthaltenen Abschlussposten sowie die dazugehörigen Abschlussaussagen mit den relevanten Rechnungslegungsnormen übereinstimmen. Diesen Zusammenhang verdeutlicht beispielhaft Tab. II.3-7. Die dargestellte, weitgehend selbsterklärende Tabelle verdeutlicht, dass auch eine geschäftsrisikoorientierte Prüfung auf abschlusspostenbezogene Prüfungshandlungen (vgl. Abschnitt 3.3.3) zurückgreift. Demnach handelt es sich bei der geschäftsrisikoorientierten Prüfung um eine sinnvolle Weiterentwicklung der bisherigen Überlegungen zur Ausgestaltung des risikoorientierten Prüfungsansatzes,[84] welche stärker auf das Geschäft des Mandanten als Ausgangspunkt für das prüferische Handeln fokussiert.

Dabei ist stets zu beachten, dass die Abschlussprüfung einen komplexen und iterativen Prozess darstellt (vgl. Abschnitt 3.2.2.4 sowie Kapitel I, Abschnitt 3.2.2), d.h. zuvor getätigte Risikoeinschätzungen können sich im Prüfungsverlauf bestätigen oder verändern (ED ISA 401.59). Dies hat wiederum zur Folge, dass Art, Umfang und zeitlicher Ablauf der geplanten Prüfungshandlungen ständig im Hinblick auf ihre Eignung zu prüfen und ggf. zu revidieren sind (vgl. Abschnitt 2.2).

Hinsichtlich der *Berichterstattung* (vgl. Abschnitt 5.3) ergeben sich keine grundsätzlich neuen Anforderungen: Sämtliche Prüfungshandlungen und -feststellungen sind zu dokumentieren (vgl. z.B. ED ISA 400.117 ff. u. 401.65). Ein Prüfungsbericht ist zu erstellen und das Ergebnis der Prüfung ist in Form des Bestätigungsvermerks an die stakeholder zu kommunizieren.

Die im Rahmen der zuvor skizzierten Prüfungsdurchführung gewonnenen Erkenntnisse erlauben es dem Prüfer, Beiträge zur *kontinuierlichen Verbesserung* der Aktivitäten des Mandanten zu leisten. Der Prüfer vermag den Mandanten im internen feedback-Prozess zu unterstützen. Dabei ist es möglich, die bisher im Wesentlichen auf die Schwachstellen im internen Kontrollsystem beschränkten Angaben im Management-Letter (IDW PS 450.15; IDW EPS 450.17 n.F.) deutlich auszuweiten; Ähnliches gilt für die Ausführungen im Prüfungsbericht. Einen Zusatznutzen bringen auch die im Rahmen einer geschäftsrisikoorientierten Prüfung eingesetzten Verfahren, wie z.B. die Balanced Scorecard, das Benchmarking sowie das Geschäftsmodell auf Unternehmensebene. Diese kann der Mandant für die Reflektion seiner Strategien und Prozesse sowie für weitergehende Analysen nutzen.

Geschäfts-ziele	Geschäfts-risiken	Antwort der Unterneh-mensleitung / Kontrollen (Prozess-analyse)	Prüfungsrisiko	Rechnungslegungselemente einschl. Abschlussposten (Beispiele)	verbleibende Prüfungs-handlungen (Beispiele)
				Rechnungslegungsaussagen einschl. Abschlussaussagen (Beispiele)	
(Ersatz-)Investitionen müssen sich rechnen; 14 % ROI (Return on invest-ment)	a) Fehlin-vestition / Falschkal-kulation	Wirtschaftlich-keitsrechnung (WR) und Zustimmungser-fordernisse	Verstöße gegen Geschäftsord-nung: WR und/oder erfor-derliche Zustim-mungen fehlen	Anlagevermögen, Abschreibun-gen, Lagebericht	Veranlassung von Anpas-sungsbuchun-gen; Prüfung, ob für neue Investi-tionsobjekte WR und Zu-stimmungen vorliegen
				Vorhandensein, Zuordnung, Bewertung	
		Investitions-controlling	unzureichendes laufendes Inves-titionscontrolling mit fehlerhafter Entscheidung Aktivierung / Aufwand	Anlagevermögen, Materialauf-wand, Lagebericht	Gespräch mit dem Investiti-onscontroller
				Vorhandensein, Erfassung und Abgrenzung, Bewertung	
	b) geringe Auslastung der Produk-tionsanla-gen in den Standorten	Produktionssteu-erung durch tägliche Überwa-chung der Out-puts und wöchentliche Abstimmung der Produktionspläne mit den Ver-triebsdaten	Überbewertung des Produktions-vermögens	Anlagevermögen, Abschreibun-gen	Werthaltigkeits-prüfung der Pro-duktionsanlagen anhand von Auslastungs-kennziffern
				Bewertung	
			Personalüber-kapazität	Rückstellungen, Personalauf-wand, Anhang, Lagebericht	Prüfung der Sozialplan-rückstellungen
				Bewertung, Erfassung und Abgrenzung, Darstellung und Offenlegung	

Tab. II.3-7: Zusammenhänge einer geschäftsrisikoorientierten Prüfung am Beispiel des Prüfungsansatzes von PwC[85]

3.3.2 Tätigkeitskreisorientierte Prüfung

3.3.2.1 Kernidee und Abgrenzung der Tätigkeitskreise

Werden die Prüffelder streng abschlusspostenorientiert (vgl. Abschnitt 3.3.3) abgegrenzt, besteht der Nachteil, ihrer Natur nach zusammengehörige Abschlussposten isoliert vonein-ander zu prüfen. Beispielsweise erscheint es wenig sinnvoll, die Forderungen aus Lieferun-gen und Leistungen und die Umsatzerlöse vollkommen losgelöst voneinander zu betrachten.

Aus diesem Grunde liegt es nahe, sog. Tätigkeitskreise (Transaktionskreise, sog. transaction cycles) abzugrenzen, denen sich logisch zusammengehörige Geschäftsvorfälle sowie die damit verbundenen Verarbeitungs- und Kontrollsysteme zuordnen lassen (*transaction cycle approach*). Für ein solches Vorgehen spricht auch, dass die internen Kontrollen und Kontrollrisiken in Bezug auf die einzelnen Transaktionskreise zumeist relativ homogen sind.[86]

Einer tätigkeitskreisorientierten und einer geschäftsrisikoorientierten Prüfung (vgl. Abschnitt 3.3.1) ist eine gewisse Prozessorientierung gemein. Während die zuerst genannte Prüfung darauf abzielt, möglichst homogene Vorgänge i.S. einer geeigneten Prüfbarkeit in Tätigkeitskreise zusammenzufassen, ist es das Anliegen einer geschäftsrisikoorientierten Prüfung, primär aus einer strategischen Perspektive heraus, die den Geschäftsprozessen innewohnenden Risiken zu identifizieren und zu beurteilen. Ziel ist die Identifikation von Schlüsselprozessen (prüfungssensitive Prozesse). Dies bedeutet allerdings nicht, dass eine tätigkeitskreisorientierte Prüfung vollkommen von Geschäftsrisiken abstrahiert; vielmehr ist die Fokussierung hier eine andere.

Da die Abgrenzung der Tätigkeitskreise von Unternehmen zu Unternehmen variiert, sind die relevanten Tätigkeitskreise zunächst zu identifizieren.[87] Häufig wird zwischen folgenden Tätigkeitskreisen unterschieden:[88]

- Beschaffung: Beschaffungsvorgänge und Beschaffungsausgaben (acquisition and payment cycle),
- Löhne, Gehälter und Personal (payroll and personnel cycle),
- Produktion und Lagerhaltung (inventory and warehousing cycle),
- Absatz: Verkauf und Verkaufseinnahmen (sales and collection cycle),
- Kapitalaufnahme und Rückzahlung (capital acquisition and repayment cycle).

Der Zusammenhang zwischen diesen Tätigkeitskreisen lässt sich beispielhaft anhand des Leistungserstellungsprozesses eines Industrieunternehmens nachvollziehen. Abb. II.3-18 enthält zusätzlich zu den genannten Tätigkeitskreisen den Bereich „Zahlungsmittel und Zahlungsmitteläquivalente", da der Prozess der Leistungserstellung mit der Bereitstellung finanzieller Ressourcen beginnt. Die akquirierten Mittel werden zur Beschaffung von Produktionsmitteln (z.B. Werkzeuge und Rohstoffe) und Vorleistungen eingesetzt sowie zur Entlohnung der Beschäftigten verwendet. Die fertigen Produkte werden im Rahmen der Lagerhaltung erfasst. Durch den Verkauf der Produkte erzielt das Unternehmen Einnahmen, mit denen Kapitalkosten gedeckt und neue Leistungserstellungsprozesse initiiert werden.

Jeder der beschriebenen Geschäftsvorfälle betrifft einen oder mehrere der genannten Tätigkeitskreise und löst entsprechende Kontenbewegungen aus. Beispielsweise betrifft der Geschäftsvorfall „Kauf von Rohstoffen" aus dem Tätigkeitskreis „Beschaffung" die Konten „Bank" und „Vorräte". Das Konto „Bank" wird wiederum u.a. bei der Buchung von Geschäftsvorfällen aus den Tätigkeitskreisen „Beschaffung" und „Absatz" angesprochen.

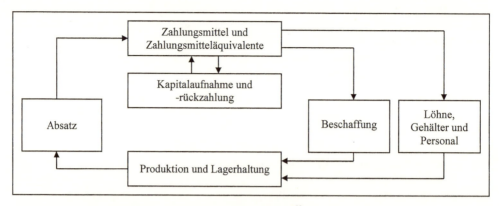

Abb. II.3-18: Zusammenhänge zwischen den Tätigkeitskreisen[89]

Demnach ignoriert die tätigkeitskreisorientierte Prüfung nicht die einzelnen Konten und die dahinter stehenden Abschlussposten. Vielmehr erfolgt eine Fokussierung auf geeignete Tätigkeitskreise, um die Darstellungen auf den Konten besser verstehen und damit auch prüfen zu können.[90]

3.3.2.2 Prüfung eines Tätigkeitskreises

Die allgemeine Vorgehensweise bei der Prüfung eines Tätigkeitskreises umfasst die fünf in Abb. II.3-19 dargestellten Schritte. Unter Berücksichtigung geschäftsrisikoorientierter Überlegungen (vgl. Abschnitt 3.3.1) erscheint es sachgerecht, jenen Tätigkeitskreisen, die für die Zielerreichung eines Unternehmens kritisch sind, besondere Beachtung zu schenken (prüfungssensitive Tätigkeitskreise).[91] So ist z.B. bei Unternehmen, die in hohem Maße von monopolisierten Zuliefermärkten abhängig sind, der Bereich Beschaffung als kritisch zu erachten.

Der Prüfer verschafft sich ein Bild über die Abläufe innerhalb der zu prüfenden Tätigkeit und stellt das inhärente Risiko fest. Danach erfolgt die Abschätzung des Kontrollrisikos, woraus der Prüfer im Rahmen seiner Risikoeinschätzung den Umfang der aussagebezogenen Prüfungshandlungen ableitet. Abschließend trifft er anhand der erlangten Prüfungsnachweise eine Aussage über den Tätigkeitskreis und die betroffenen Konten. Insbesondere bei Systemprüfungen zur Abschätzung des Kontrollrisikos geht der Prüfer nach dem Informationsverarbeitungsansatz vor, da die Ableitung eines Soll-Objektes ex ante nur teilweise möglich ist (vgl. Abschnitt 3.2.2.4 und Kapitel I, Abschnitt 3.2.2).

3 Methoden zur Erlangung von Prüfungsnachweisen

```
┌─────────────────────────────────┐
│  Analyse eines Tätigkeitskreises │
└─────────────────────────────────┘
┌─────────────────────────────────┐
│ Feststellung des inhärenten Risikos │
└─────────────────────────────────┘
┌─────────────────────────────────┐
│  Abschätzung des Kontrollrisikos │
└─────────────────────────────────┘
┌─────────────────────────────────┐
│   Durchführung aussagebezogener  │
│        Prüfungshandlungen        │
└─────────────────────────────────┘
┌─────────────────────────────────┐
│    Evaluation und Aggregation der│
│        Prüfungsnachweise         │
└─────────────────────────────────┘
```

Abb. II.3-19:   *Schrittweise Prüfung eines Tätigkeitskreises*

ED ISA 210.7 unterscheidet zwischen Aussagen des Managements, die sich auf bestimmte Transaktions- und Ereignisklassen (assertions about classes of transactions and events), Konten (assertions about account balances) sowie Angabepflichten (assertions about presentation and disclosure) beziehen (vgl. Kapitel I, Abschnitt 6.2). Diese Differenzierung stellt primär auf das Erfordernis einer verstärkt geschäftsrisikoorientierten Ausrichtung der Abschlussprüfung (vgl. Abschnitt 3.3.1) ab. Die folgenden Ausführungen erheben nicht den Anspruch, das in dem ED ISA 210.7 formulierte Konzept der Abschlussaussagen auf eine tätigkeitskreisorientierte Prüfung zu übertragen. Um das Wesen einer tätigkeitskreisorientierten Prüfung besser zu verdeutlichen, soll diese so dargestellt werden, wie sie vor einer verstärkt geschäftsrisikoorientierten Ausrichtung der Abschlussprüfung verstanden wurde.

Im *ersten Schritt* ist der zuvor identifizierte Tätigkeitskreis zu analysieren. Der Prüfer hat festzustellen, welche typischen Funktionen dem Tätigkeitskreis zuzuordnen sind, welche Geschäftsvorfälle und Abschlussposten nebst den zugehörigen Verarbeitungs- und Kontrollsystemen betroffen sind, welche Funktionen von welchen Personen ausgeführt werden und in welchen Belegen Verarbeitungsnachweise zu finden sind. Weiterhin muss der Prüfer sich einen Eindruck von dem Beziehungsgeflecht zwischen den einzelnen Tätigkeitskreisen verschaffen.[92]

Im *zweiten Schritt* erfolgt die Festlegung des inhärenten Risikos. Das inhärente Risiko ist definiert als das Risiko bzw. die Wahrscheinlichkeit, dass in einem Prüffeld Fehler auftreten, die einzeln oder zusammen mit anderen Fehlern wesentlich sind (vgl. Abschnitt 1.2.1). Die mögliche Aufdeckung und Korrektur von Fehlern durch das IKS des Unternehmens bleibt unberücksichtigt. Der Prüfer legt das inhärente Risiko für jeden Tätigkeitskreis in Abhängigkeit von den darin enthaltenen Geschäftsprozessen und den betroffenen Konten fest; auch hier bestehen Berührungspunkte zwischen einer tätigkeitskreis- und einer geschäftsrisikoorientierten Prüfung.

Die Beurteilung des Kontrollrisikos bildet den *dritten Schritt*. Das Kontrollrisiko beschreibt das Risiko bzw. die Wahrscheinlichkeit dafür, dass in einem Prüffeld vorhandene Fehler, die einzeln oder zusammen mit anderen Fehlern wesentlich sind, durch das IKS des Unternehmens weder verhindert noch aufgedeckt und korrigiert werden (vgl. Abschnitt 1.2.1). Das Unternehmen legt in einem Kontrollsystem Kontrollziele fest, um Fehler im Jahresabschluss zu vermeiden. Kontrollmaßnahmen sind die Richtlinien und Verfahren, die das Erreichen der Kontrollziele sicherstellen.[93]

Bei der Prüfung der einzelnen Tätigkeitskreise wird zunächst das IKS geprüft. Für diesen Zweck legt der Prüfer für die Kontrollsysteme der einzelnen Tätigkeitskreise Soll-Anforderungen im Hinblick auf die grundsätzliche Eignung zur Vermeidung von Fehlern im Jahresabschluss fest. Der Prüfer definiert ferner Prüfungsziele, anhand derer er die Korrektheit der relevanten Jahresabschlussaussagen beurteilen kann. Im Tätigkeitskreis „Beschaffung" dient beispielsweise das Prüfungsziel „Auszahlungen sind in der richtigen Periode gebucht" zur Beurteilung der Abschlussaussage „Erfassung und Periodenabgrenzung" (vgl. Kapitel I, Abschnitt 6.2). Abb. II.3-20 verdeutlicht das zuvor Gesagte.

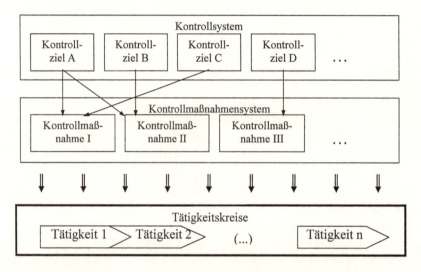

Abb. II.3-20 Zusammenhang zwischen Tätigkeitskreisen, Kontrollsystem und Kontrollmaßnahmensystem

Nach der Beurteilung der Angemessenheit des Kontrollsystems beurteilt der Prüfer die Kontrollmaßnahmen in Hinblick auf ihre tatsächliche Wirksamkeit (Effektivität) und Effizienz. Das Unternehmen verfügt über ein Kontrollmaßnahmensystem, um seine Kontrollziele zu erreichen. Das Kontrollziel „Auszahlungen sind richtig berechnet und gebucht" wird beispielsweise durch Kontrollmaßnahmen wie „Abstimmung der tatsächlichen Aufwendungen mit dem Budget und Genehmigung wesentlicher Abweichungen durch das Management" oder „Abstimmung der Bankauszüge mit dem Hauptbuch" erreicht. Zur Überprüfung der tatsächlichen Wirksamkeit dieser Kontrollmaßnahmen legt der Prüfer spezielle Prüfungshandlungen fest, mit denen er Prüfungsnachweise über die Wirksamkeit der Kontrollmaßnahmen und damit über die Fähigkeit des Systems zur Vermeidung von Fehlern im Jahresabschluss erlangt. Diese Funktionsprüfung wird durch Einzelfallprüfungen ergänzt.

Die beschriebene Vorgehensweise weist das typische Prinzip einer Systemprüfung auf (vgl. Abschnitt 3.2.2): Zunächst werden im Rahmen einer Aufbauprüfung Soll-Anforderungen an das System definiert, die mit dem zu prüfenden Ist-System verglichen werden. Aufbauend darauf findet die Überprüfung der Wirksamkeit des Systems statt (Funktionsprüfung). Die Prüfung des IKS kann bereits vor dem Jahresabschlussstichtag durchgeführt werden.

Im *vierten Schritt* werden aussagebezogene Prüfungshandlungen durchgeführt. Auf Grund der Erkenntnisse über das inhärente Risiko und das Kontrollrisiko bestimmt der Prüfer Art und Umfang der aussagebezogenen Prüfungshandlungen nach dem risikoorientierten Prüfungsansatz. Als Methoden kommen analytische Prüfungshandlungen (vgl. Abschnitt 3.2.3) sowie Einzelfallprüfungen (vgl. Abschnitt 3.2.4) in Frage.

Der *fünfte Schritt* beinhaltet die Evaluation und Aggregation der erlangten Prüfungsnachweise zur Urteilsbildung über die geprüften Tätigkeitskreise. Folgende Prüfungshandlungen bilden nach IDW PS 300.21-33 sowie ISA 500.19-25 (zu verschiedenen Modifikationen vgl. ED ISA 210.15-35) die Basis für die Einholung von Prüfungsnachweisen:

- Einsichtnahme in Unterlagen des Unternehmens (inspection of documents),
- Inaugenscheinnahme (physical examination),
- Beobachtung (observation),
- Befragung (inquiry),
- Einholung von Bestätigungen (confirmations),
- Berechnung (computation; ED ISA 210.34 f. spricht in diesem Zusammenhang von recalculation und reperformance),
- Analytische Prüfungen (analytical procedures).

Für System- und Funktionsprüfungen werden vor allem die Befragung, Beobachtung und Einsichtnahme in Unterlagen angewandt (IDW PS 260.61; ISA 400.17).

Die Zuverlässigkeit der Prüfungsnachweise variiert mit den genannten Prüfungshandlungen: Prüfungsnachweise aus externen Quellen sind zuverlässiger als aus internen Quellen; Prüfungsnachweise in Form von Dokumenten und schriftlichen Erklärungen sind zuverlässiger als mündliche Erklärungen (IDW PS 300.36; ISA 500.15 bzw. ED ISA 210.10). So sind z.B. Prüfungsnachweise aus externen Quellen (z.B. Bankbestätigung zum Kontostand) verlässlicher als solche, die intern erstellt wurden (z.B. Befragungen von Mitarbeitern).

Durch die Kombination verschiedener Prüfungshandlungen kann die Effizienz der Prüfung erhöht werden. Die Ergebnisse aller Prüfungshandlungen sind zu dokumentieren, da der Prüfer sein Urteil über die Normenkonformität des Jahresabschlusses anhand dieser Prüfungsnachweise fällt, und dieses auch zu einem späteren Zeitpunkt und/oder für nicht mit der Prüfung betraute Personen nachvollziehbar sein soll (IDW PS 460.7, 9-10, 12 u. 18; ISA 230.5-6).

Neben der Evaluation der Verlässlichkeit der Prüfungsnachweise sind diese Nachweise zu einem Urteil über den untersuchten Tätigkeitskreis zu aggregieren. Ziel der tätigkeitskreisorientierten Prüfung ist es, eine Aussage über die Normenkonformität der Buchungs- und Verarbeitungsvorgänge innerhalb der Tätigkeitskreise zu treffen. Dabei konzentrieren sich die Prüfungshandlungen auf Systemprüfungen (vgl. Abschnitt 3.2.2.3 sowie zum Informationsverarbeitungsansatz vgl. Kapitel I, Abschnitt 3.2.2). Der Prüfer bildet zunächst eine Urteilshypothese (z.B. „Die Geschäftsvorfälle im Tätigkeitskreis Produktion und Lagerhaltung werden in Übereinstimmung mit den Normen korrekt gebucht und verarbeitet."). Daraufhin wählt er die Prüfungshandlungen derart, dass sie geeignet sind, seine Urteilshypothese zu stützen oder zu verwerfen. Der Prüfer bricht die Suche nach Prüfungsnachweisen ab, sobald der Überzeugungsgrad der Urteilshypothese einen Schwellenwert erreicht hat (Abbruchkriterium), der es erlaubt, die Hypothese entweder anzunehmen oder zu verwerfen. Der erforderliche Schwellenwert gilt auch dann als erreicht, wenn das Urteil durch die ausstehenden Prüfungsnachweise nicht mehr wesentlich beeinflusst werden kann.

3.3.2.3 Beispiele

3.3.2.3.1 Prüfung des Tätigkeitskreises Beschaffung

Die Prüfung des Tätigkeitskreises Beschaffung wird analog in fünf Schritten durchgeführt (vgl. Abb. II.3-19).

Im *ersten Schritt* betrachtet der Prüfer den Beschaffungsvorgang, der sich vom Beschaffungsmarkt und von den Lieferanten und der Materialorder einer Abteilung über die Bestellung und Lieferung bis zur Bezahlung der Ware erstreckt. Dieser Tätigkeitskreis besteht aus diversen Geschäftsvorfällen, die wiederum Buchungen auf unterschiedlichen Konten auslösen und durch verschiedene Dokumente belegt werden. Die wichtigsten Tätigkeiten im Tätigkeitskreis Beschaffung sind der Einkauf von Waren oder Dienstleistungen, die Begleichung der daraus entstehenden Verbindlichkeiten, die Rückgabe von Waren infolge von Mängeln sowie die Behandlung von Rabatten oder Skonti.

Dabei sind z.B. die Konten Vorräte (inventory), Geschäftsausstattung (equipment), Verbindlichkeiten aus Lieferungen und Leistungen (accounts payable), Skonti (cash discounts) und Guthaben bei Kreditinstituten (cash in bank) betroffen. Die zentralen Abläufe umfassen die Verarbeitung der Bestellungen, die Entgegennahme von Vorleistungen, die Entstehung von Verbindlichkeiten und das Veranlassen und Dokumentieren der Auszahlungen. Dabei

3 Methoden zur Erlangung von Prüfungsnachweisen

verwendet das zu prüfende Unternehmen unterschiedliche Dokumente zur Aufzeichnung der Verarbeitungsvorgänge (z.B. Bestellformulare oder Warenrechnungen).

Die Festlegung des inhärenten Risikos bildet den *zweiten Schritt* der tätigkeitskreisorientierten Prüfung. Die Höhe des inhärenten Risikos hängt von der Häufigkeit der erwarteten Fehler ab: Je höher die erwartete Fehlerhäufigkeit, desto höher das inhärente Risiko. Auf monopolisierten Zulieferermärkten kann das inhärente Risiko z.B. in Lieferausfällen oder unerwarteten und unausweichlichen Preissteigerungen von Roh-, Hilfs- und Betriebsstoffen bestehen, die die Ertragssituation des Unternehmens beeinträchtigen können.

Im *dritten Schritt* wird das Kontrollrisiko tätigkeitskreisorientiert untersucht und seine Höhe festgelegt. Das bedeutet, dass der Aufbau des IKS zunächst identifiziert und auf seine prinzipielle Funktionsfähigkeit hin überprüft wird. Anschließend werden Funktionstests durchgeführt, welche die tatsächliche Wirksamkeit belegen.

Tab. II.3-8 enthält *Kontrollziele* des Unternehmens für die Tätigkeit „Auszahlungen" im Tätigkeitskreis „Beschaffung" und die dazugehörigen tätigkeitsorientierten Abschlussaussagen (oftmals findet synonym der Begriff „transaction-related audit objectives" Verwendung).[94]

Kontrollziele für die Tätigkeit Auszahlungen im Tätigkeitskreis Beschaffung	zentrale tätigkeitskreisorientierte Abschlussaussagen
Auszahlungen erfolgen nur für tatsächlich erhaltene Waren und Dienstleistungen.	Vollständigkeit, Vorhandensein
Auszahlungen erfolgen an die richtigen Lieferanten.	Vollständigkeit, Vorhandensein
Auszahlungen sind richtig berechnet und gebucht (siehe Tab. II.3-9).	Erfassung und Abgrenzung
Alle Auszahlungen sind gebucht.	Vollständigkeit
Auszahlungen sind in der richtigen Periode gebucht.	Erfassung und Abgrenzung

Tab. II.3-8: Kontrollziele des Unternehmens für die Tätigkeit „Auszahlungen" und die dazugehörigen tätigkeitskreisorientierten Abschlussaussagen

Jedes dieser Kontrollziele wird durch eine oder mehrere *Kontrollmaßnahmen* erreicht. Tab. II.3-9 zeigt mögliche Kontrollmaßnahmen zu dem Kontrollziel „Auszahlungen sind richtig berechnet und gebucht."[95] Der Prüfer analysiert die Kontrollmaßnahmen – genau wie die Kontrollziele – um das Kontrollrisiko zu bestimmen. Dabei untersucht er zunächst den Aufbau des Kontrollmaßnahmensystems und dann dessen tatsächliche Wirksamkeit (Aufbau- und Funktionsprüfung).

Kontrollmaßnahmen	Kontrollziel	zentrale tätigkeits-kreisorientierte Abschlussaussagen
Vereinbarungen mit den Lieferanten werden mit Buchungen in der Kreditorenbuchhaltung verglichen und Abweichungen werden analysiert.	Auszahlungen sind richtig berechnet und gebucht.	Erfassung und Abgrenzung
Die tatsächlichen Aufwendungen werden regelmäßig mit dem Budget verglichen. Das Management analysiert und genehmigt wesentliche Abweichungen.		
Das Management überprüft die Nachweise vor der Genehmigung der Auszahlung. Die Nachweise werden nach erfolgter Auszahlung entwertet.		
Die Bankauszüge werden regelmäßig mit dem Hauptbuch abgestimmt.		
Rechnungen, Gutschriften und andere Anpassungen der Verbindlichkeiten werden gesammelt, die Sammlung enthält eine Kontrollsumme. Fehler, die durch nicht abstimmbare Kontrollsummen erkannt werden, werden sofort korrigiert.		
Die Zusammenstellung der Auszahlungen wird überprüft, erkannte Fehler werden sofort korrigiert.		
Die Auszahlungsdaten werden eingegeben und kontrolliert, erkannte Fehler werden sofort korrigiert.		

Tab. II.3-9: Kontrollmaßnahmen zur Erreichung des Kontrollziels „Auszahlungen sind richtig berechnet und gebucht" und die dazugehörigen tätigkeitskreisorientierten Abschlussaussagen

Nachdem der Prüfer das inhärente Risiko und das Kontrollrisiko festgelegt hat, bestimmt er im *vierten Schritt* den Umfang der aussagebezogenen Prüfungshandlungen mit Hilfe des risikoorientierten Prüfungsansatzes (vgl. Abschnitt 1.2.1). Für die mit dem Tätigkeitskreis Beschaffung in Verbindung stehenden Konten führt der Prüfer eine Prüfung der Bestände durch. Diese wird im Folgenden anhand des Kontos Verbindlichkeiten aus Lieferungen und Leistungen (accounts payable) konkretisiert, da es sich um ein umfangreiches Konto handelt, das eine hohe Anzahl von Buchungen enthält. Tab. II.3-10 zeigt beispielhaft einige aussagebezogene Prüfungshandlungen, mit denen der Prüfer kontrolliert, ob das Konto ordnungsmäßig dargestellt ist.[96]

Prüfungshandlungen zur Prüfung der Bestände	zentrale tätigkeitskreisorientierte Abschlussaussagen
Abgleich von Belegen mit dem Einkaufsbuch (purchase journal) (Stichprobe).	Vollständigkeit
Saldenbestätigungen für einzelne Verbindlichkeiten (accounts payable) einholen (besonders für große oder unübliche Beträge)	Vorhandensein
Aus dem Lieferantenbuch (accounts payable list) einzelne Positionen zu den Warenrechnungen zurückverfolgen (Stichprobe)	Vorhandensein
Vergleich der Daten auf den Belegen mit den Daten im Einkaufsbuch (purchase journal) (Stichprobe)	Erfassung und Abgrenzung
Summe der Kreditorensalden mit dem Hauptbuchkonto abstimmen	Vollständigkeit
Abstimmung der Saldenliste mit den Einzelkonten	Erfassung und Abgrenzung, Vollständigkeit
Rechnerische Überprüfung der Beträge der Warenrechnungen (Stichprobe)	Bewertung

Tab. II.3-10: Prüfung der Bestände für das Konto „Verbindlichkeiten aus Lieferungen und Leistungen" und die dazugehörigen tätigkeitskreisorientierten Abschlussaussagen

Bei der Beurteilung des Aufbaus des Kontrollsystems ist der Prüfer auf die mündlichen Aussagen der Mitarbeiter und/oder die schriftlichen Dokumentationen des Unternehmens über die Kontrollziele und -maßnahmen angewiesen. Interne Quellen gelten als weniger verlässlich als externe Quellen. Mündliche Aussagen werden als weniger verlässlich eingeschätzt als schriftliche Nachweise. Vor diesem Hintergrund legt der Prüfer eine Hypothese über den Aufbau des Kontrollsystems fest. Er führt so lange Prüfungshandlungen durch, bis er durch die erlangten Prüfungsnachweise mit hinreichender Sicherheit seine Hypothese (z.B. „Der Aufbau des Kontrollsystems ist geeignet, Falschdarstellungen im Jahresabschluss zu vermeiden.") annehmen oder verwerfen kann. Dabei bietet der risikoorientierte Prüfungsansatz dem Prüfer Anhaltspunkte zur Quantifizierung der erforderlichen Prüfungssicherheit. Zu einer Aussage über die tatsächliche Wirksamkeit des Kontrollsystems und über die mit der Beschaffung in Verbindung stehenden Konten gelangt der Prüfer auf die gleiche Art und Weise.

Im *fünften Schritt* evaluiert der Prüfer die erlangten Prüfungsnachweise und bildet sich unter Beachtung der Verlässlichkeit der einzelnen Nachweise Teilurteile, die zu einem Gesamturteil über den untersuchten Tätigkeitskreis zu aggregieren sind. Dabei zielt das prüferische Vorgehen letztendlich auf eine Beurteilung der mit der Beschaffung in Verbindung stehenden Darstellungen im Jahresabschluss ab.

3.3.2.3.2 Prüfung des Tätigkeitskreises Absatz

Die Prüfung des Tätigkeitskreises Absatz folgt gleichfalls den fünf aus Abb. II.3-19 bekannten Schritten. Die Tätigkeitskreise Absatz und Beschaffung sind ähnlich strukturiert, da die Beschaffung eines Gegenstands in einem Unternehmen bei dem Lieferanten einen Geschäftsvorfall im Tätigkeitskreis Absatz hervorruft.

Im *ersten Schritt* verschafft sich der Prüfer einen Überblick über den Tätigkeitskreis Absatz des Mandanten und identifiziert dabei die hier relevanten Tätigkeiten sowie die hierdurch ausgelösten Geschäftsvorfälle, die sich wiederum in den Buchungen und den dazugehörigen Belegen niederschlagen. Relevante Geschäftsvorfälle sind der Verkauf von Waren oder Dienstleistungen, der Erhalt von Zahlungen, die Rücknahme von Waren, die Anerkennung von Reklamationen sowie Rabatte oder Skonti. Die damit verbundenen Tätigkeiten umfassen die Lieferscheinerstellung, den Versand der Ware, das Schreiben von Rechnungen und die Kontrolle und Buchung von Zahlungseingängen. Der Tätigkeitskreis Absatz löst Buchungen auf Bestandskonten (asset accounts) – wie die Konten Fertigerzeugnisse (finished products), unfertige Erzeugnisse (work in process), Forderungen aus Lieferungen und Leistungen (accounts receivable) oder Bank/Kasse (cash in bank/cash) – und auf Erfolgskonten (expense and revenues accounts) – wie Umsatzerlöse (sales revenues) oder Erlösschmälerungen (sales deductions) – aus, die sich durch Dokumente wie Rechnungen, Lieferscheine und Kontoauszüge belegen lassen.

Der Prüfer legt im *zweiten Schritt* das inhärente Risiko fest. Da vor allem die mit dem Tätigkeitskreis Absatz verbundenen Konten „Forderungen" und „Herstellungskosten der zur Erzielung der Umsatzerlöse erbrachten Leistungen" im Vergleich zu anderen Konten mit höherer Wahrscheinlichkeit Falschdarstellungen enthalten,[97] ist das inhärente Risiko in diesem Tätigkeitskreis tendenziell als hoch einzuschätzen.

Im *dritten Schritt* erfolgt die Festlegung des Kontrollrisikos. Wie jeder Tätigkeitskreis verfügt auch der Tätigkeitskreis Absatz – zur Vermeidung von Falschdarstellungen im Jahresabschluss – über ein Kontrollsystem und ein Kontrollmaßnahmensystem. Dieses IKS wird tätigkeitskreisorientiert geprüft, um das Kontrollrisiko zu bestimmen. Demnach sind die relevanten Kontrollen zu identifizieren, auf ihre Angemessenheit hin zu beurteilen und auf die tatsächliche Wirksamkeit hin zu prüfen.

Die Kontrollziele für die Tätigkeit „Einzahlungen" im Tätigkeitskreis Absatz stellt Tab. II.3-11 dar. Für das Kontrollziel „Einzahlungen erfolgen vom richtigen Kunden" sind einige relevante Kontrollmaßnahmen in Tab. II.3-12 zusammengefasst. Die Beurteilung der Angemessenheit der Kontrollziele und der Wirksamkeit der Kontrollmaßnahmen führt der Prüfer analog zu der bei der Festlegung des Kontrollrisikos im Tätigkeitskreis Beschaffung beschriebenen Vorgehensweise durch. Die Anwendung verschiedener Prüfungshandlungen, wie Beobachtung, Befragung oder Einsichtnahme in Dokumente ermöglicht es dem Prüfer, das vorläufige Kontrollrisiko festzulegen. Erkenntnisse aus der Durchführung der aussagebezogenen Prüfungshandlungen (vierter Schritt) können seine Einschätzung stützen oder ihn dazu veranlassen, seine Einschätzung zu revidieren.

3 Methoden zur Erlangung von Prüfungsnachweisen

Kontrollziele für die Tätigkeit Einzahlung im Tätigkeitskreis Absatz	zentrale tätigkeitskreisorientierte Abschlussaussagen
Einzahlungen erfolgen nur für tatsächlich gelieferte Waren und erbrachte Dienstleistungen.	Vollständigkeit, Vorhandensein
Einzahlungen erfolgen vom richtigen Kunden (siehe Tab. II.3-12).	Vollständigkeit, Vorhandensein
Einzahlungen sind in der richtigen Höhe gebucht.	Bewertung
Alle Einzahlungen sind verbucht.	Vollständigkeit
Einzahlungen sind in der richtigen Periode gebucht.	Erfassung und Abgrenzung

Tab. II.3-11: *Kontrollziele des Unternehmens für die Tätigkeit „Einzahlungen" und die dazugehörigen tätigkeitskreisorientierten Abschlussaussagen*

Kontrollmaßnahmen	Kontrollziel	zentrale tätigkeitskreisorientierte Abschlussaussagen
Vereinbarungen mit den Kunden werden mit Buchungen in der Debitorenbuchhaltung verglichen und Abweichungen werden analysiert.	Einzahlungen erfolgen vom richtigen Kunden	Vollständigkeit, Vorhandensein
Die erhaltenen Einzahlungen werden regelmäßig mit der Umsatzplanung verglichen. Das Management analysiert wesentliche Abweichungen.		
Die Bankauszüge werden regelmäßig mit dem Hauptbuch abgestimmt.		
Rechnungen, Lastschriften und andere Anpassungen der Forderungen werden gesammelt, die Sammlung enthält eine Kontrollsumme. Fehler, die durch nicht abstimmbare Kontrollsummen erkannt werden, werden sofort korrigiert.		
Die Zusammenstellung der Einzahlungen wird überprüft, erkannte Fehler werden sofort korrigiert.		
Die Einzahlungsdaten werden eingegeben und kontrolliert, erkannte Fehler werden sofort korrigiert.		

Tab. II.3-12: *Kontrollmaßnahmen zur Erreichung des Kontrollziels „Einzahlungen erfolgen vom richtigen Kunden" und die dazugehörigen tätigkeitskreisorientierten Abschlussaussagen*

Mit Hilfe des risikoorientierten Prüfungsansatzes legt der Prüfer im *vierten Schritt* unter Berücksichtigung des inhärenten Risikos und des Kontrollrisikos den Umfang der Einzelfallprüfungen fest. Tab. II.3-13 enthält einige Beispiele zur Prüfung der Bestände für das Konto „Forderungen aus Lieferungen und Leistungen", welches von vielen Buchungen im Zusammenhang mit dem Tätigkeitskreis Absatz betroffen ist. Die Ergebnisse dieser Prüfungshandlungen sind vom Prüfer zu dokumentieren (IDW PS 460.12; ISA 230.11).

Prüfungshandlungen zur Prüfung der Bestände	zentrale tätigkeitskreisorientierte Abschlussaussagen
Abgleich von Belegen mit dem Debitorensystem (receivable system) (Stichprobe)	Vollständigkeit
Saldenbestätigungen für einzelne Forderungen (accounts receivable) einholen (besonders für große oder unübliche Beträge)	Vorhandensein, Erfassung und Abgrenzung, Bewertung
Aus der Debitorenliste (accounts receivable list) einzelne Positionen zu den Warenrechnungen zurückverfolgen (Stichprobe)	Vorhandensein
Vergleich der Daten auf den Belegen mit den Daten im Debitorensystem (receivable system) (Stichprobe)	Erfassung und Abgrenzung
Summe der Debitorensalden mit dem Hauptbuchkonto abstimmen	Vollständigkeit
Abstimmung der Saldenliste mit den Einzelkonten	Erfassung und Abgrenzung, Vollständigkeit
Rechnerische Überprüfung der Beträge der Warenrechnungen (Stichprobe)	Bewertung

Tab. II.3-13: Prüfung der Bestände für das Konto „Forderungen aus Lieferungen und Leistungen" (accounts receivable) und die dazugehörigen tätigkeitskreisorientierten Abschlussaussagen

Im *fünften Schritt* evaluiert der Prüfer die erlangten Prüfungsnachweise und bildet sich unter Beachtung der Verlässlichkeit der einzelnen Nachweise Teilurteile, die zu einem Gesamturteil über den untersuchten Tätigkeitskreis zu aggregieren sind. Dabei zielt das prüferische Vorgehen letztendlich auf eine Beurteilung der Normenkonformität der Jahresabschlussdarstellungen (Abschlussposten und dazugehörige Abschlussaussagen) ab, die mit dem Tätigkeitskreis Absatz in Zusammenhang stehen.

3.3.3 Abschlusspostenorientierte Prüfung

3.3.3.1 Kernidee und Grundzüge einer abschlusspostenorientierten Prüfung

Bei der Erlangung von Prüfungsnachweisen orientiert sich die Prüfungspraxis zunehmend an den Geschäftsrisiken (vgl. Abschnitt 3.3.1). Gleichwohl ist auch bei einer Orientierung an den Geschäftsrisiken letztendlich ein Prüfungsurteil hinsichtlich der Übereinstimmung des Jahresabschlusses (und den darin enthaltenen Abschlussposten) mit den relevanten Rechnungslegungsnormen zu treffen. Demnach stehen die Überlegungen zur geschäftsrisikoorientierten Prüfung, die primär strategische Aspekte fokussieren, und die operativ angelegten Überlegungen zu einer abschlusspostenorientierten (und auch zu einer tätigkeitskreisorientierten) Prüfung nicht im Widerspruch zueinander. Diese *ergänzen* sich vielmehr.

In Bezug auf das Verhältnis von tätigkeitskreisorientierter (vgl. Abschnitt 3.3.2) und abschlusspostenorientierter Prüfung ist festzustellen, dass auch bei einer tätigkreisorientierten

Prüfung „letztendlich zu prüfen (ist, die Verf.), ob und in welchem Umfang tätigkeitskreisbezogene Teilurteile positionsbezogene Abschlussaussagen stützen; demnach gehen Positions- und Tätigkeitskreisorientierung teilweise ineinander über".[98]

Die abschlusspostenorientierte Prüfung (balance sheet audit) setzt definitionsgemäß an den zu prüfenden Abschlussposten an.[99] Der Prüfer geht dabei zumeist *retrograd* vor (vgl. auch Kapitel I, Abschnitt 3.2.1), indem er an den Verarbeitungsergebnissen ansetzt, die sich im Jahresabschluss niedergeschlagen haben (Ist-Objekt). Durch Vergleich mit einem vom Prüfer zu konstruierenden normenkonformen Soll-Objekt lässt sich dann anhand der ggf. festgestellten Abweichungen und unter Berücksichtigung zu definierender Wesentlichkeitsgrenzen die Normenkonformität des Ist-Objektes feststellen.[100] Lässt sich das Soll-Objekt auf Grund der ihm innewohnenden hohen Komplexität ex ante nicht vollständig konstruieren, ist es auch möglich, dass der Prüfer Fehlerhypothesen formuliert und diese anhand des vorliegenden Ist-Objektes prüft. Auf Grund der festgestellten Abweichungen lässt sich dann sukzessive das normenkonforme Soll-Objekt herleiten (vgl. Kapitel I, Abschnitt 3.2.2).

Bei einer abschlusspostenorientierten Prüfung stehen stärker als bei einer geschäftsrisikoorientierten Prüfung die Einzelfallprüfungen im Vordergrund. Gleichwohl bedeutet die Ausrichtung an Abschlussposten keine Beschränkung auf Einzelfallprüfungen. Vielmehr ist auch hier die Anwendung von Systemprüfungen und analytischen Prüfungen zwingend. Die Praxis entwickelt teilweise *abschlusspostenbezogene Standardprüfungsprogramme*[101], die durch Ausblendung irrelevanter Fragen sowie durch individuell erforderliche Fragen *in mandantenspezifische* abschlusspostenbezogene Prüfungsprogramme zu überführen sind.[102] Diese auch IT-gestützt einsetzbaren Standardprüfungsprogramme haben Checklistencharakter (vgl. kritisch zum Einsatz von Checklisten Abschnitt 7.2.4.2.1).

Die *Durchführung der Prüfung* von Abschlussposten orientiert sich an den *Abschlussaussagen*.[103] ED ISA 210.7 hat die bestehenden Abschlussaussagen teilweise modifiziert und neu strukturiert (vgl. Kapitel I, Abschnitt 6.2). Gleichwohl besteht eine weitgehende Übereinstimmung der nachstehend genannten Abschlussaussagen mit den in ED ISA 210.7 angesprochenen Aussagen des Managements, die sich auf bestimmte Konten (assertions about account balances) sowie Angabepflichten (assertions about presentation and disclosure) beziehen.

Die Abschlussaussagen dienen dem Prüfer als eine Art Orientierungshilfe bei der Erlangung ausreichender und geeigneter Prüfungsnachweise. Demnach muss der Prüfer anhand der in den Abschlussaussagen genannten Kategorien postenbezogen der Frage nachgehen, ob die Angaben der Unternehmensleitung zur Abbildung der ökonomischen Realität den zugrunde gelegten Rechnungslegungsnormen (z.B. deutsche Normen oder IAS/IFRS) entsprechen.

Die Abschlussaussagen lassen sich in die nachstehenden Kategorien einteilen: Vorhandensein, Zuordnung, Eintritt, Vollständigkeit, Bewertung, Erfassung und Abgrenzung sowie Darstellung und Offenlegung (vgl. Kapitel I, Abschnitt 6.2). Aus den Abschlussaussagen lassen sich abschlusspostenorientierte Prüfungsziele ableiten, deren Verfolgung wiederum mit postenspezifischen Prüfungshandlungen einhergeht.

Beispielsweise lässt sich aus der Abschlussaussage „Vorhandensein" in Bezug auf die Position „Forderungen aus Lieferungen und Leistungen" das abschlusspostenorientierte Prüfungsziel „Überprüfung der Existenz der Forderungen aus Lieferungen und Leistungen am Bilanzstichtag" ableiten. Als mögliche Prüfungshandlung, die dem Nachweis des Vorhandenseins einer Forderung dienlich ist, ist das Einholen von Saldenbestätigungen zu nennen.

Analog hierzu sind aus den Abschlussaussagen abschlusspostenorientierte Prüfungsziele ableitbar, die zumeist mit den tätigkeitskreisorientierten Prüfungszielen (vgl. Abschnitt 3.3.2) übereinstimmen, jedoch teilweise hiervon abweichen. Beispielsweise ist es nur über eine abschlusspostenorientierte Vorgehensweise möglich, geeignete Prüfungsnachweise hinsichtlich der Beurteilung der Abschlussaussagen „Zuordnung" sowie „Darstellung und Offenlegung" zu erlangen.[104]

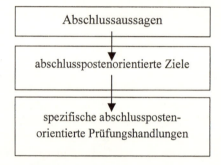

Abb. II.3-21:   Abschlussaussagen, abschlusspostenorientierte Ziele und Prüfungshandlungen

3.3.3.2 Darstellung am Beispiel der Prüfung der Forderungen aus Lieferungen und Leistungen

Im Folgenden soll die abschlusspostenbezogene Prüfung am Beispiel der Position „Forderungen aus Lieferungen und Leistungen" (im Folgenden: Forderungen) konkretisiert werden; die Bildung von Pauschalwertberichtigungen wird nachstehend nicht weiter vertieft. Der Prüfer muss sich zunächst einmal damit beschäftigen, welche *Anforderungen die seitens des Mandanten angewandten Rechnungslegungsnormen* im Hinblick auf die zu überprüfenden Abschlussaussagen formulieren.

Beispiel

Bezogen auf die Forderungen sind die IAS/IFRS und die deutschen Rechnungslegungsnormen ähnlich ausgestaltet. Untersucht wird im Folgenden die Abschlussaussage „Bewertung": Beispielsweise sind Forderungen nach den deutschen Normen zum niedrigeren Barwert anzusetzen, sofern es sich um eine unverzinsliche oder niedrig verzinsliche Forderung handelt.[105] In ähnlicher Weise sind nach IAS 39.75 vom Unternehmen ausgereichte Forderungen (angesprochen sind die „receivables originated by enterprise") zu fortgeführten Anschaffungskosten zu bewerten, d.h. anzusetzen ist der Barwert der erwarteten künftigen Zahlungsmittelzuflüsse, abgezinst mit dem ursprünglichen Effektivzins (IAS 39.111).

Allerdings können sich auch Abweichungen ergeben: Hier ist es entgegen den deutschen Normen nach IAS 21.11a möglich, Fremdwährungsforderungen mit einem Wert anzusetzen, der über die ursprünglichen Anschaffungskosten hinausgeht. Dagegen ist nach deutschen Normen der Ansatz eines höheren Stichtagskurses grundsätzlich unzulässig (§ 253 Abs. 1 Satz 1 HGB); lediglich kurzfristige Forderungen können nach der in IDW RS HFA 2.18 vertretenen Auffassung mit dem höheren Stichtagskurs angesetzt werden.

Da Forderungen regelmäßig das Ergebnis von Routinetransaktionen sind, ist zunächst das *IKS* zu prüfen. Zu untersuchen ist das Verfahren zur Abwicklung und Buchung der Verkäufe sowie das System zur Überwachung und Vermeidung größerer Außenstände; prüfungswürdig im Detail sind u.a. der Prozess der Genehmigung von Verkäufen auf Ziel sowie die Verwendung vornummerierter Auftragsbestätigungen und Ausgangsrechnungen. Führt der Prüfer die abschlusspostenorientierte Prüfung z.B. in Fortführung einer tätigkeitskreisorientierten Prüfung (vgl. Abschnitt 3.3.2) durch, so ist das zuvor für den Tätigkeitskreis Absatz ermittelte Kontrollrisiko relevant.

Weiterhin sind *analytische Prüfungen* durchzuführen. Zu untersuchen ist z.B. die Altersstruktur der Forderungen. Weiterhin bieten sich Vergleiche der vorläufigen (ungeprüften) Zahlen mit entsprechenden Vorjahreswerten oder branchenüblichen Werten an. Bezugspunkte für den Vergleich können sein: das Verhältnis der Forderungen (Debitoren) zum Nettoumsatz oder die Forderungsintensität (Kundenforderungen / Gesamtvermögen).

Die Intensität und das Ergebnis der Prüfung des IKS sowie der analytischen Prüfungen bestimmen wiederum *Art und Umfang der Einzelfallprüfungen*. Dabei werden bedeutsame Posten zumeist vollständig geprüft; bezogen auf den verbleibenden Rest der Grundgesamtheit bietet es sich an, eine repräsentative statistische Stichprobe zu ziehen, deren Elemente dann wiederum im Detail zu prüfen sind. Die vorherigen Ausführungen stehen im Einklang mit der Grundkonzeption des risikoorientierten Prüfungsansatzes (vgl. Abschnitt 1.2).

Die durchzuführenden Einzelfallprüfungen zielen darauf ab, die Richtigkeit der Abschlussaussagen festzustellen. Zumeist ist es der Fall, dass sich mittels der Durchführung *einer* Prüfungshandlung Beiträge zur Überprüfung der Richtigkeit *mehrerer* Abschlussaussagen gewinnen lassen. Tab. II.3-14 stellt beispielhaft verschiedene Prüfungshandlungen sowie damit korrespondierende Abschlussaussagen dar.[106]

Prüfungshandlungen zur Prüfung der Abschlussposition Forderungen	zentrale abschlusspostenorientierte Abschlussaussagen
Prüfung der Versanddokumente, der Verkaufsdokumente und anderer Unterlagen als Nachweis für den Bestand der Forderung	Vorhandensein
Prüfung der korrekten Abgrenzung von Retouren und Nachlässen	Vorhandensein, Bewertung
Einholen von Saldenbestätigungen	Vorhandensein, Zuordnung, Bewertung, Erfassung und Abgrenzung
Verkauf einer Forderung (Factoring)	Zuordnung
Abstimmung der in der vorläufigen Bilanz ausgewiesenen Forderungen mit der Saldenliste und den Hauptbuchkonten	Vollständigkeit
Prüfung der kurz vor Ende des Geschäftsjahrs gebuchten Rechnungen im Hinblick auf eine korrekte Periodenzuordnung	Erfassung und Abgrenzung
Prüfung der Bonuszahlungen sowie Gutschriftsanzeigen (z.B. lückenlose Nummernfolge für einen ausgewählten Zeitraum)	Erfassung und Abgrenzung, Bewertung
Prüfung der Anwendung des korrekten Umrechnungskurses bei Fremdwährungsforderungen	Bewertung
Zahlungseingänge von Forderungen zwischen Abschlussstichtag und Beendigung der Prüfung im kommenden Geschäftsjahr	Bewertung
Bonitätsanalyse ausgewählter Debitoren	Bewertung
Prüfung von Debitorenkonten mit hohen Umsätzen und geringem Jahresendbestand sowie von Konten mit Null- oder Negativsalden	Bewertung
Einsichtnahme in Mahnakten des Mandanten	Bewertung
Prüfung der Forderungen in Bezug auf problembehaftete Produkte (z.B. Qualitätsmängel)	Bewertung
Kritische Durchsicht der Offene-Posten-Liste der Debitoren im Hinblick auf den korrekten Bilanzausweis (z.B. Offenlegung von Forderungen gegenüber verbundenen Unternehmen oder getrennter Ausweis von kurz- und langfristigen Forderungen)	Darstellung und Offenlegung

Tab. II.3-14: *Prüfungshandlungen zur Überprüfung der Richtigkeit von Abschlussaussagen*

Aus dem Blickwinkel des *Informationsverarbeitungsansatzes* (vgl. Kapitel I, Abschnitt 3.2.2) lässt sich das Vorgehen wie folgt skizzieren:[107]

- Auf Grund der vorhandenen *Vorinformationen* (z.B. Ergebnisse der Vorjahresprüfung sowie Systemprüfung und der analytischen Prüfungen) formuliert der Prüfer eine initiale *Urteilshypothese*, welche die Erwartungen des Prüfers an die zu prüfende(n) Forderung(en) zum Ausdruck bringt. Die Vorinformationen zeichnen gleichfalls für den initialen Überzeugungsgrad der Urteilshypothese verantwortlich. Ist die zu prüfende Position wesentlich, darf der Prüfer auf den Einsatz aussagebezogener Prüfungshandlungen nicht verzichten (IDW PS 260.77; ISA 400.45). Die Urteilshypothese kann z.B. in Bezug auf die Abschlussaussage Bewertung wie folgt formuliert sein: „Der ausstehende Anteil einer Forderungsposition ist außerplanmäßig abzuschreiben."

- Ausgehend von der zuvor formulierten Urteilshypothese begibt sich der Prüfer auf die *Suche* nach weiteren Prüfungsnachweisen. Dabei kann der Prüfer sein Vorgehen daran orientieren, zunächst jene Informationen zu beschaffen, welche die vorhandenen Informationen zu einem typischen Muster ergänzen.

  Beispielsweise lassen sich in Bezug auf die Abschlussaussage Bewertung Muster von Informationen identifizieren, die erfahrungsgemäß typisch sind

  – für einen Kunden, der verspätet zahlt,

    Beispiele: Es handelt sich um einen aktiven Kunden des zu prüfenden Unternehmens; in der Vergangenheit wurden letzten Endes doch alle säumigen Beträge gezahlt; der Einblick in die Korrespondenz mit dem Schuldner gibt Anlass zu der Annahme, dass der säumige Betrag eingehen wird.

  oder

  – für einen Kunden, der gar nicht zahlt.

    Beispiele: Die Saldenbestätigung war nicht zustellbar; bei der Einholung der Saldenbestätigung haben sich ernsthafte Probleme ergeben; ein Gespräch mit dem Schuldner ist nicht möglich; der Schuldner befindet sich in einem Insolvenzverfahren.

  Die Suche kann sich auch auf die Erlangung jener Prüfungsnachweise konzentrieren, die erfahrungsgemäß die Urteilshypothese am stärksten beeinflussen; einen zentralen Orientierungspunkt geben dabei die vorhandenen Vorinformationen (z.B. Schwachstellen im IKS oder mangelnde Qualifikation und/oder Zuverlässigkeit eines in der Debitorenabteilung tätigen Mitarbeiters).

- Anhand der erlangten Prüfungsnachweise wird der Überzeugungsgrad der Urteilshypothese sukzessive revidiert. Bei der *Aggregation von Prüfungsnachweisen* kommt z.B. den Prüfungsnachweisen aus verlässlichen Quellen (z.B. von unabhängigen Dritten eingeholte Saldenbestätigungen) eine größere Bedeutung zu als solchen Nachweisen, die aus weniger verlässlichen Quellen stammen (IDW PS 300.36; ISA 500.15).

- Die Informationssuche ist bei Erreichen des *Abbruchkriteriums* zu beenden. Der Abbruch erfolgt insbesondere dann, wenn

  – die erlangten Prüfungsnachweise ein typisches Muster (korrespondierend mit einer ausreichenden Prüfungssicherheit) ergeben,

- keine beurteilungsrelevanten Prüfungsnachweise mehr ausstehen oder
- die ausstehenden Prüfungsnachweise (unabhängig von ihrer Ausprägung) das Prüfungsurteil nicht mehr wesentlich zu beeinflussen vermögen.

- Ist das Abbruchkriterium erreicht, lässt sich in Bezug auf den untersuchten Abschlussposten bzw. auf einzelne postenspezifische Abschlussaussagen ein *Prüfungsurteil* (z.B. die Bewertung einer bestimmten Forderungsposition entspricht den Anforderungen der angewandten Rechnungslegungsnormen) formulieren.

Soll die Prüfungsdurchführung durch ein *abschlusspostenbezogenes Standardprüfungsprogramm* (vgl. Abschnitt 3.3.3.1) unterstützt werden, so fragen Checklisten in Bezug auf den Abschlussposten Forderungen z.B. die folgenden Punkte ab:[108]

- *Prüfungsunterlagen erhalten?* (z.B. Sachkonto und Kontokorrent, Saldenliste, Liste der zum Prüfungszeitpunkt noch offenen Forderungen)
- *Prüfungshandlungen*
  - *Risikoanalyse* (Abfrage verschiedener Fehlerindikatoren auf Kontensaldenebene und Jahresabschlussebene, z.B. Höhe eines Kontensaldos, Komplexität der anzustellenden Beurteilungen bei der Bewertung, Umfang, in dem das Management bei Bewertungsfragen involviert ist, und Auffälligkeiten bei der zeitlichen Entwicklung der folgenden Größen: Preisnachlässe, Abschreibungen auf Forderungen, Frachtaufwand, Werbeaufwand);
  - *Prüfung des IKS* (z.B. „Ist durch Buchungsanweisung, Bilanzierungsrichtlinien und Kenntnis der verantwortlichen Person sichergestellt, dass die gesetzlichen Rechnungslegungsvorschriften beachtet werden?");
  - *Prüfung der Abschlussaussagen* bei Konzentration auf die Nachweis-, Bewertungs- und Ausweisprüfung (z.B. „Wurde der Ansatz der Forderungen zum Nennwert in Stichproben überprüft durch Abstimmung mit den jeweiligen Aufträgen und Ausgangsrechnungen?"; „Wurden die im Prüfungszeitraum vorgenommenen Ausbuchungen von Forderungen auf ihre Belegung und Genehmigung überprüft?") sowie
  - *sonstige individuell erforderliche Prüfungshandlungen.*

Nachteilig an der Verwendung von (abschlusspostenbezogenen) Standardprüfungsprogrammen in Gestalt von Checklisten ist, dass diese zu schematisch und kreativitätshemmend vorgehen und insgesamt nur eine geringe Fehleraufdeckungskraft besitzen (vgl. Abschnitt 7.2.4.2.1). Gleichwohl können Checklisten dem Prüfer Anregungen für einzelne Prüfungshandlungen geben. Aus dem Blickwinkel des Informationsverarbeitungsansatzes geben Checklisten Anhaltspunkte für die Suche nach weiteren Prüfungsnachweisen, welche z.B. im Einzelfall besonders geeignet erscheinen, die Urteilshypothese wesentlich zu beeinflussen oder ein bestimmtes Informationsmuster (z.B. Kunde, der verspätet zahlt oder Kunde, der gar nicht zahlt) zu vervollständigen.

3.4 Ausgewählte Einzelprobleme

Im Zusammenhang mit der Erlangung von Prüfungsnachweisen finden in den nationalen und internationalen Prüfungsnormen zwei Aspekte besondere Beachtung: Die Prüfung der Vorratsinventur (IDW PS 301 sowie ISA 501.4-18) und das Einholen von Saldenbestätigungen (IDW EPS 302 sowie ISA 501.19-30 u. ISA 505).

3.4.1 Prüfung der Vorratsinventur

Die Pflicht zur Inventur ergibt sich mittelbar aus § 240 HGB. Der Begriff Inventur beschreibt die Methode zur Erfassung der Bestände, d.h. die Gesamtheit aller Maßnahmen, die zur Erfassung der Vermögensgegenstände und Schulden nach Art, Menge und Wert und damit zur Aufstellung des Inventars erforderlich sind.[109] Der Begriff wird in der Praxis häufig in Zusammenhang mit der Bestandserfassung der Vorräte verwendet. Dies wird als Vorratsinventur bezeichnet.[110] Auch die Vorschriften des IDW PS 301 und des ISA 501.4-18 beziehen sich auf die Vorratsinventur.

Der Abschlussprüfer hat die Inventurprüfung sorgfältig zu planen und dabei Art, Umfang und Zeitraum seiner Prüfungshandlungen unter Berücksichtigung der nachfolgenden Aspekte festzulegen (IDW PS 301.8; ISA 501.8):

- Art und Wert der Vorräte,
- Art der angewandten Inventurverfahren,
- Art des vorratsbezogenen internen Kontrollsystems,
- Fehlerrisiko,
- Angemessenheit und Wirksamkeit der angewandten Inventurverfahren,
- Eignung der Inventurrichtlinien des Mandanten,
- zeitlicher Ablauf der Inventur,
- Lagerorte der Vorräte,
- Notwendigkeit der Hinzuziehung von Sachverständigen sowie
- Ergebnisse früherer Inventurprüfungen.

Bei der Inventurprüfung untersucht der Prüfer sowohl die Angemessenheit der Organisation der Bestandsaufnahme als auch die Einhaltung der Inventuranweisungen. Der Abschlussprüfer hat das IKS auf Angemessenheit (Aufbauprüfung) und Wirksamkeit (Funktionsprüfung) zu prüfen sowie aussagebezogene Prüfungshandlungen durchzuführen (zur Prüfung des IKS vgl. Abschnitt 3.2.2).

Zur Prüfung des vorratsbezogenen IKS hat der Abschlussprüfer zunächst die Einhaltung der Inventurgrundsätze[111] (Vollständigkeit, Richtigkeit, Einzelerfassung und Nachprüfbarkeit) festzustellen. Dazu hat er die Inventurrichtlinien[112] des Unternehmens hinsichtlich der angewandten Kontrollverfahren, der Kategorisierung der Vorräte und der Erfassung von Vorratsbewegungen zu würdigen (IDW PS 301.14) und sich davon zu überzeugen, dass Inventurrichtlinien sachgerecht umgesetzt werden.

Sind die Vorräte eines Unternehmens absolut oder relativ für den Abschluss wesentlich, so muss der Prüfer bei der Vorratsinventur anwesend sein (IDW PS 301.7; ISA 501.5).[113] Dabei hat er sich von der ordnungsmäßigen Handhabung der Inventurverfahren und vom Vorhandensein, von der Vollständigkeit und der Beschaffenheit der im Jahresabschluss ausgewiesenen Vorräte zu überzeugen (IDW PS 301.7 u. 18; ISA 501.5). Der Abschlussprüfer beobachtet die körperliche Bestandsaufnahme und kontrolliert deren Ergebnisse durch Inaugenscheinnahme der aufgeführten Ist-Bestände sowie durch Probezählungen (IDW PS 301.18; ISA 501.13). Der Umfang solcher aussagebezogenen Prüfungshandlungen bestimmt sich nach dem bei der Prüfung des inventurbezogenen IKS ermittelten Fehlerrisikos und der Wesentlichkeit der jeweiligen Vorratsbestände. In der Praxis existieren Checklisten, die den Abschlussprüfer bei der Planung und Durchführung der Inventurbeobachtung unterstützen.[114] Ist es dem Abschlussprüfer auf Grund unvorhergesehener Umstände nicht möglich, zu dem geplanten Termin an der Inventur teilzunehmen, sind vom Prüfer an einem alternativen Termin Kontrollzählungen durchzuführen, oder es ist durch diesen die Durchführung von weiteren Bestandsaufnahmen zu beobachten. Verhindert der Lagerort eine Inventurteilnahme, muss sich der Abschlussprüfer durch alternative Prüfungshandlungen ausreichende und angemessene Prüfungsnachweise verschaffen. Erfolgt die Auftragserteilung nach Durchführung der Inventur, ist eine Inventurteilnahme nicht möglich (IDW FG 3/1988 C.II. Anm. 4; IDW PS 301.20 ff.; ISA 501.6-7).

Die Anwendung von Inventurvereinfachungen[115] (insbesondere der im § 241 HGB geregelten Vereinfachungen Stichprobeninventur, vor- und nachverlegte Stichtagsinventur und permanente Inventur[116]) verlangt vom Abschlussprüfer zusätzliche Prüfungshandlungen. Er muss sich vor allem davon überzeugen, dass die jeweiligen Anwendungsvoraussetzungen der Inventurvereinfachung erfüllt sind. Über die Anwendungsmöglichkeiten verschiedener Inventurvereinfachungen informiert die HFA-Stellungnahme 1/1990 „Zur körperlichen Bestandsaufnahme im Rahmen von Inventurverfahren". Dagegen beschäftigt sich die HFA-Stellungnahme 1/1981 i.d.F. 1990 „Stichprobenverfahren für die Vorratsinventur" mit der Stichprobeninventur.

Bei der Prüfung der Stichprobeninventur ist festzustellen, ob ein anerkanntes mathematisch-statistisches Verfahren zur Anwendung kommt, ob das Verfahren den GoB entspricht und ob der Aussagegehalt der Stichprobeninventur dem einer Vollaufnahme zumindest entspricht. Außerdem ist die Ordnungsmäßigkeit der Lagerbuchführung zu überprüfen. Zusätzliche Prüfungserfordernisse ergeben sich aus der Besonderheit, dass ein mathematisch-statistisches Verfahren zur Anwendung kommt. So hat der Prüfer insbesondere die Angemessenheit und Richtigkeit des Stichprobenverfahrens zu beurteilen, wobei er u.a. auf eine eindeutige Abgrenzung der Grundgesamtheit, eine zufällige Auswahl der Stichprobe, eine korrekte Bestimmung des Stichprobenumfangs und eine vollständige Erfassung der Stichprobenelemente zu achten hat. Zudem muss der Abschlussprüfer die Auswertung der Stichprobenergebnisse sachlich und rechnerisch prüfen (IDW PS 301.29). Die vor- und nachverlegte Stichtagsinventur setzt die Anwendung eines den GoB entsprechenden wertmäßigen Fort- oder Rückschreibungsverfahrens voraus. In diesem Fall hat der Abschlussprüfer die Fortschreibung bzw. Rückrechnung der Zu- und Abgänge im Vorratsvermögen zwischen Aufnahmetag und Abschlussstichtag zu prüfen (IDW PS 301.25). Die Anwendung der permanenten Inventur setzt die Wirksamkeit des jeweiligen Lager- und Bestandsbuchführungssystems voraus. Ferner ist zu beachten, dass sämtliche Vorräte mindestens einmal im Geschäftsjahr körperlich aufgenommen werden müssen und die Richtigkeit der Buchbestände anhand der Ergebnisse der körperlichen Bestandsaufnahme zu kontrollieren ist. Für den Abschlussprüfer ist zu beachten, dass er bei den Bestandsaufnahmen zeitweise anwesend sein muss (IDW PS 301.26). ISA 501 enthält lediglich Vorschriften zur Prüfung einer permanenten Inventur (ISA 501.9 u. 16). Zudem muss nach ISA 501.15 die Vorratsinventur nicht zwingend zum Geschäftsjahresende durchgeführt werden, sofern kein hohes Kontrollrisiko vorliegt.

3.4.2 Saldenbestätigungen

Prüfungsnachweise können durch Bestätigungen Dritter eingeholt werden. Diese Bestätigungen sind Gegenstand von IDW EPS 302. Die internationalen Prüfungsnormen behandeln die Einholung von Bestätigungen in ISA 505 (external confirmations).

Eine Einholung von Bestätigungen fällt regelmäßig in den Bereich der Einzelfallprüfungen (Abschnitt 3.2.4) (IDW EPS 302.1), kann aber auch im Kontext der Funktionsprüfung des internen Kontrollsystems (Abschnitt 3.2.2.3.2) zur Erlangung von Prüfungsnachweisen eingesetzt werden (IDW EPS 302.24). Gegenstand der Bestätigungen Dritter im Rahmen der Abschlussprüfung sind regelmäßig Salden, mit denen Prüfungsaussagen in den Prüffelder Debitoren, Kreditoren, Bankguthaben und Bankverbindlichkeiten im Hinblick auf eine hinreichende Sicherheit fundiert werden.

Grundsätzlich werden Saldenbestätigungen auf den Abschlussstichtag bezogen eingeholt. Sofern der Prüfer ein angemessenes internes Kontrollsystem und ein geringes inhärentes Risiko in diesem Bereich nachgewiesen hat, kann er die Saldenbestätigungen auch für einen anderen Stichtag als den Bilanzstichtag einholen (IDW EPS 302.7 u. 24; ISA 501.29 u. 37).

Unter einer Bestätigung im Kontext der Abschlussprüfung wird die Einholung und Beurteilung von Prüfungsnachweisen verstanden, die auf einer direkten Mitteilung einer dritten Partei als Antwort auf eine Anfrage zu einem bestimmten Gegenstand in Zusammenhang mit dem Jahresabschluss eines Unternehmens beruhen (ISA 505.4). Dies sind häufig einzelne Jahresabschlusspositionen oder deren entsprechende Konten.

Saldenbestätigungen dienen z.B. der Erlangung von Prüfungsnachweisen über die Höhe von Forderungen (Debitoren) oder Verbindlichkeiten (Kreditoren). Sie sind dann einzuholen, wenn diese Posten wesentlich oder wenn das inhärente Risiko und das Kontrollrisiko jeweils bezogen auf das gesamte Unternehmen oder einzelne Prüffelder von Bedeutung sind (IDW EPS 302.6; ISA 501.20).

Bei der Einholung von Saldenbestätigungen ist es im Allgemeinen nicht erforderlich, sich alle Salden bestätigen zu lassen. Der Prüfer kann eine bewusste Auswahl vornehmen, z.B. anhand eines der Auswahlkriterien Höhe des Saldos, Umfang des Geschäftsverkehrs (bspw. anhand der Jahresverkehrszahlen des entsprechenden Kontos ermittelt), Zahlungszielüberschreitung, Struktur und Ordnungsmäßigkeit des Kontokorrents. Alternativ können auch mathematisch-statistische Verfahren angewandt werden (IDW EPS 302.25; vgl. auch Abschnitt 3.2.4). Lässt sich der Nachweis einer Forderung oder Verbindlichkeit auf andere Art und Weise mit derselben Zuverlässigkeit erbringen, so braucht der Prüfer keine Saldenbestätigungsaktion durchzuführen (IDW EPS 302.6; ISA 505.10). Er kann das Unternehmen auch nicht verpflichten, Saldenbestätigungen einzuholen.[117] Regelmäßige Zahlungsein- bzw. Zahlungsausgänge allein reichen i.d.R. als Nachweis nicht aus (IDW EPS 302.26).

Um zuverlässige Prüfungsnachweise zu erhalten, ist es in der Regel erforderlich, dass Auswahl, Versand und Rücklauf der Saldenbestätigungsschreiben unter der Kontrolle des Abschlussprüfers stehen (IDW EPS 302.39; ISA 501.23 u. 30). Für eine Bestätigungsanfrage kommen grundsätzlich *zwei Methoden* in Betracht (IDW EPS 302.17; ISA 501.24 u. 20-23):[118]

- Bei der positiven Methode bittet der Prüfer den Adressaten, entweder seine Übereinstimmung oder Nichtübereinstimmung mit dem ausgewiesenen Bilanzstichtagssaldo schriftlich zu bestätigen oder den entsprechenden Saldo mitzuteilen.[119]

- Bei der negativen Methode braucht der Adressat nur dann zu antworten, wenn er mit dem ausgewiesenen Bilanzstichtagssaldo nicht einverstanden ist.

Die positive Methode wird am häufigsten angewandt und führt zu verlässlicheren Ergebnissen als die negative Methode. Die negative Form findet nur in einer begrenzten Anzahl von Fällen Anwendung und ist z.B. angebracht, wenn ein sicheres Kontrollsystem existiert und das inhärente Risiko als gering eingeschätzt wird, wenn sehr viele betragsmäßig kleine Einzelsalden geprüft werden sollen und der Prüfer nicht befürchten muss, dass die Anzahl der Fehler erheblich ist oder Antworten ausbleiben könnten (IDW EPS 302.22).[120] Zu beachten ist, dass eine ausbleibende Antwort kein sicheres Indiz für eine Zustimmung des Adressaten ist. Daher sind ggf. ergänzende Prüfungshandlungen durchzuführen (ISA 505.22). Bleiben die Antworten bei positiven Bestätigungsanfragen aus, hat der Prüfer alternative Prüfungshandlungen zur Beurteilung dieser Posten vorzunehmen (IDW EPS 302.41; ISA 501.21 u. 28 sowie 505.16 u. 31-32), indem er die den zu beurteilenden Saldo beeinflussenden Geschäftsvorfälle mit Hilfe von internen und externen Dokumenten (z.B. Rechnungen, Lieferscheine, Leistungsnachweise, Zahlungseingangs- und -ausgangsbelege) prüft. Erhält er jedoch Antworten, unabhängig von der angewandten Methode, darf er nicht verkennen, dass die gemachten Angaben nicht den Tatsachen entsprechen müssen. So könnten z.B. befragte Personen Bestätigungen abgeben, ohne diese wirklich geprüft zu haben. Weiter muss er die Zuverlässigkeit, Kompetenz, Objektivität, Position im Unternehmen und die Sachkenntnis in dieser Angelegenheit, aber auch die Interessenlage des Antwortenden (IDW EPS 302.37 f.) sowie die Tatsache, dass i.d.R. keine rechtlich verbindliche Auskunftspflicht besteht, berücksichtigen.

Eine Saldenbestätigung eines Dritten, die den vom Mandanten vorgelegten Saldo gleichlautend bestätigt, ist kein ausreichendes Indiz für die Richtigkeit des Prüffeldes. Beispielsweise lässt sich mit der Saldenbestätigung ebenso wenig die Werthaltigkeit einer Forderung beurteilen wie die Vollständigkeit der im Jahresabschluss ausgewiesenen Verbindlichkeiten aus Lieferungen und Leistungen.

In manchen Aspekten geht IDW EPS 302 über die internationalen Normen hinaus. So macht IDW EPS 302.25 ff. ausführlichere Ausführungen im Hinblick auf die verschiedenen Arten der Bestätigungsanfragen. Außerdem wird in der deutschen Norm explizit die Einholung einer Bankbestätigung gefordert, in der nicht nur Kontensalden bestätigt werden sollen, sondern jegliche Geschäftsbeziehungen mit dem Mandanten erfragt werden (IDW EPS 302.29).

3.4.3 Prüfung von beizulegenden Zeitwerten und von geschätzten Werten[121]

3.4.3.1 Ebene der Rechnungslegung

Beizulegende Zeitwerte (fair values) gewinnen besonders für internationale Jahresabschlüsse zunehmend an Bedeutung. Die wachsende Verwendung beizulegender Zeitwerte führt jedoch nicht zwingend zu einer höheren Aussagekraft von Jahresabschlüssen.

Beispiel

Der Fall Enron Corp. hat gezeigt, wie die Bewertung von Bilanzpositionen mit dem beizulegenden Zeitwert dazu missbraucht werden kann, das Jahresergebnis in die gewünschte Richtung zu steuern. Lüdenbach/Hoffmann gehen davon aus, dass Enron bewusst Kontrakte über solche Vermögenswerte abgeschlossen hat, die zum beizulegenden Zeitwert zu bewerten sind, für die aber keine Marktwerte verfügbar waren, so dass der beizulegende Zeitwert durch Schätzungen zu ermitteln war. Durch Variation der den Schätzungen zugrunde liegenden Prämissen war es wiederum möglich, das Ergebnis nahezu beliebig zu manipulieren.[122]

Allgemein lässt sich der *beizulegende Zeitwert* als der Betrag definieren, zu dem ein Vermögensgegenstand/Vermögenswert zwischen sachverständigen, vertragswilligen und voneinander unabhängigen Parteien getauscht oder eine Schuld beglichen werden könnte (vgl. z.B. IAS 16.6, IAS 22.8 u. IAS 38.7). Eine Vielzahl von Abschlussposten ist zum beizulegenden Zeitwert zu bewerten.

Beispiele

Nach den *internationalen Rechnungslegungsnormen* ist der fair value u.a. bei der Bewertung von Finanzinstrumenten (IAS 39) sowie im Rahmen von IAS 40 und IAS 41 bedeutsam. Das Sachanlagevermögen kann bei Anwendung der zulässigen Alternative gem. IAS 16.29 gleichfalls zum fair value bewertet werden. Dieser Bewertungsmaßstab ist weiterhin bei der Durchführung außerplanmäßiger Abschreibungen auf den Nettoveräußerungspreis anzuwenden, wenn der Vermögenswert auf einem aktiven Markt gehandelt wird (IAS 36 gibt als Bewertungsmaßstab den erzielbaren Betrag vor, der als der höhere Betrag aus Nettoveräußerungspreis und Nutzungswert definiert ist).

Auch die *deutschen Rechnungslegungsnormen* geben den beizulegenden Zeitwert in nicht wenigen Fällen als Bewertungsmaßstab vor. Beispielsweise ist dieser bei Vermögensgegenständen bedeutsam, wenn er unter den fortgeführten Anschaffungs- oder Herstellungskosten liegt (sog. niedrigerer beizulegender Wert nach § 253 Abs. 2 Satz 3 HGB). Dem beizulegenden Zeitwert ähnlich sind außerdem die Wertmaßstäbe des Börsenpreises und des Marktpreises nach § 253 Abs. 3 Satz 1 HGB.

Der beizulegende Zeitwert ist vorzugsweise ein *Marktwert*, d.h. ein an aktiven Märkten beobachtbarer Wert (zu den Bedingungen für das Vorliegen eines aktiven Marktes vgl. IAS 38.7). Ein aktiver Marktwert wird nicht berechnet, sondern ist *direkt am aktiven Markt beobachtbar* (z.B. Kapitalmärkte, Märkte für landwirtschaftliche Produkte und Rohstoffe). Ist ein Marktwert nicht verfügbar, weichen die Rechnungslegungsnormen i.d.R. auf andere Wertfindungsmethoden aus, die in mehr oder weniger großem Maß Schätzungen erforderlich machen. Je weiter sich die Wertfindung von aktiven Märkten entfernt, desto mehr gewinnen die beizulegenden Zeitwerte den Charakter von geschätzten Werten. Der Begriff „beizulegender Zeitwert" ist demnach ein Oberbegriff für eine Bandbreite unterschiedlich gewonnener Wertansätze; dabei bildet der Begriff „Marktwert" das eine und der Begriff „geschätzter Wert" das andere Extrem.

Sollte ein Marktwert nicht verfügbar sein, so kommt eine Vielzahl anderer Wertfindungsmethoden in Betracht, die sich nicht immer eindeutig voneinander abgrenzen lassen. Allen Wertfindungmethoden ist gemein, dass sie in mehr oder weniger großem Maß Schätzungen erforderlich machen und folglich einen mehr oder weniger stark ausgeprägten Charakter von geschätzten beizulegenden Zeitwerten haben. So sind Werte denkbar, die zwar nicht aus aktiven Märkten stammen, aber dennoch „marktnah" ermittelt wurden. Als sog. *geschätzte beizulegende Zeitwerte* kommen z.B. angepasste Marktwerte (z.B. bei Immobilien) oder auf der Basis finanzwirtschaftlicher Bewertungsmodelle ermittelte Werte (z.B. Optionspreismodelle oder das Discounted Cash Flow-Verfahren für die Bewertung von Finanzinstrumenten) in Betracht. Die zuletzt angesprochenen finanzwirtschaftlichen Bewertungsmodelle arbeiten mit Daten, die an aktiven Märkten beobachtet werden können.

Über den zuvor skizzierten Anwendungsbereich des fair value hinaus sieht sich der Prüfer mit einer Vielzahl von geschätzten Werten konfrontiert, die aber nicht beizulegende Zeitwerte sind oder ihre Ermittlung betreffen. Beispiele für sog. *geschätzte Werte außerhalb von beizulegenden Zeitwerten* sind der „best estimate" für die Bewertung von Rückstellungen nach IAS 37.36, Werte in Zusammenhang mit der Behandlung langfristiger Fertigungsaufträge nach dem Fertigstellungsgrad gem. IAS 11 (percentage of completion method), Werte in Zusammenhang mit den planmäßigen Abschreibungen (z.B. die Nutzungsdauer als Basis der Berechnung einer geschätzten Größe) sowie der „value in use" nach IAS 36. Wie die Beispiele zeigen, kann es sich bei den geschätzten Werten außerhalb von beizulegenden Zeitwerten sowohl um Größen handeln, die direkt als bilanzieller Bewertungsmaßstab relevant sind (z.B. value in use), aber auch um Größen, die nur im Rahmen der Ermittlung anderer Werte herangezogen werden müssen (z.B. die betriebsgewöhnliche Nutzungsdauer), selbst aber nicht direkt zu einem in der Bilanz auszuweisenden Wert führen.

3.4.3.2 Ebene der Prüfung

3.4.3.2.1 Anzuwendende Prüfungsnormen und allgemeine Vorgehensweise

Die Prüfung geschätzter Werte ist Gegenstand von IDW PS 314, der ISA 540 in eine nationale Norm transformiert. Mit der Prüfung beizulegender Zeitwerte beschäftigt sich ISA 545. ISA 545 konkretisiert daher einerseits ISA 540, sofern es um die Prüfung von geschätzten beizulegenden Zeitwerten geht. Andererseits behandelt ISA 545 auch die Prüfung von Marktwerten, bei denen es sich gerade nicht um geschätzte Werte handelt. Demnach überschneiden sich ISA 540 und 545 in vielen Bereichen; diese beiden Normen sind aber nicht deckungsgleich.

ISA 545 soll als „Dachnorm" für eine Reihe von IAPS dienen,[123] die sich mit Prüffeldern beschäftigen, bei denen der beizulegende Zeitwert besonders bedeutsam ist. Bislang liegt mit IAPS 1012 (Auditing of Derivative Financial Instruments) nur *ein* solches IAPS vor. Da ISA 545 und IAPS 1012 bislang nicht in deutsche Prüfungsnormen transformiert wurden, muss ein deutscher Prüfer sein Augenmerk direkt auf die internationalen Normentexte lenken (zur Bindungswirkung internationaler Prüfungsnormen vgl. Kapitel I, Abschnitt 6.3.2).

Abb. II.3-22 verdeutlicht das Beziehungsgeflecht zwischen beizulegenden Zeitwerten, Marktwerten und geschätzten Werten sowie den relevanten Prüfungsnormen.

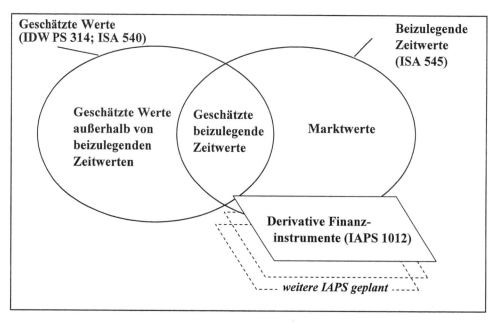

Abb. II.3-22: Beziehungsgeflecht zwischen beizulegenden Zeitwerten, Marktwerten und geschätzten Werten sowie den relevanten Prüfungsnormen[124]

Da Marktwerte direkt am Markt beobachtbar sind, gestaltet sich deren Prüfung weitgehend unproblematisch. Zu prüfen ist vor allem, ob ein aktiver Markt vorliegt.[125] Die folgenden Ausführungen konzentrieren sich zumeist auf die allgemeine Vorgehensweise bei der Prüfung geschätzter beizulegender Zeitwerte.

Wie bei anderen Abschlussposten, muss der Prüfer auch bei der Prüfung beizulegender Zeitwerte beurteilen, ob der vom Unternehmen im zu prüfenden Jahresabschluss angesetzte Betrag den relevanten Rechnungslegungsnormen entspricht (vgl. hierzu Kapitel I, Abschnitt 6.2). Er hat dazu angemessene und ausreichende Prüfungsnachweise zu erlangen (ISA 545.3). Im Kontext einer anschaffungskostenorientierten Rechnungslegung ist ein Großteil der Wertansätze pagatorisch fundiert. Stark vereinfacht formuliert, hat der Prüfer in einem solchen Fall die Übereinstimmung des im prüfungspflichtigen Abschluss ausgewiesenen Ist-Wertes (Ist-Objekt) mit den zugrunde liegenden aktivierungspflichtigen und -fähigen Zahlungen (z.B. den Auszahlungen bei der Anschaffung) festzustellen. Dabei handelt es sich zumeist um einen konkreten Wert, der als Soll-Wert (Soll-Objekt) dient. Die Besonderheit bei der Prüfung beizulegender Zeitwerte besteht darin, dass im Regelfall nicht nur *ein* normenkonformer Wert existiert, sondern *eine Bandbreite mehr oder weniger plausibler Soll-Werte vorliegt*. Eine Ausnahme stellen die Marktwerte dar; hier bildet der auf einem aktiven Markt festgestellte konkrete Wert den Soll-Wert.

Bei der Prüfung von beizulegenden Zeitwerten, die den Charakter von geschätzten Werten haben, geht es daher auch nicht um den Vergleich *eines* Soll-Wertes mit einem Ist-Wert. Vielmehr ist zu beurteilen, ob der vom Unternehmen behauptete Wert sich im Rahmen des Ermessensspielraums bewegt, den die Rechnungslegungsnormen zwangsläufig eröffnen (siehe ähnlich IDW PS 314.27 ff.):

- In einem *ersten Schritt* stellt der Prüfer fest, ob der behauptete Wert innerhalb einer vom Prüfer zu ermittelnden Soll-Bandbreite liegt. Weiterhin ist zu beachten, dass selbst wenn alle beizulegenden Zeitwerte innerhalb der Soll-Bandbreite liegen, der Fall auftreten kann, dass der Prüfer sie letztlich nicht akzeptieren kann. Es ist nämlich denkbar, dass zwar alle einzelnen Werte jeweils im Ermessenspielraum liegen, in der Gesamtheit aber systematisch in eine Richtung verzerrt sind.
- Daher muss der Prüfer in einem *zweiten Schritt* beurteilen, ob die Schätzung von Werten, die für sich betrachtet innerhalb der zu akzeptierenden Bandbreite liegen, insgesamt den Jahresabschluss in dieselbe Richtung verzerren und ob diese Verzerrungen in der Summe den Jahresabschluss wesentlich beeinflussen (IDW PS 314.29).

Solche systematischen Verzerrungen können auch ein Indiz dafür sein, dass die Unternehmensleitung sich darum bemüht, bestimmte Ergebniszahlen auszuweisen. Ursache hierfür kann wiederum sein, dass die Unternehmensleitung ergebnisabhängig entlohnt wird oder unter einem starken Druck steht, die eigenen oder die Erwartungen Dritter zu erfüllen. In diesem Fall sind Risikoindikatoren für die Existenz von Rechnungslegungsdelikten (Täuschungen) gegeben (zum Vorliegen von fraud vgl. Abschnitt 4.1), denen der Prüfer nachzugehen hat.

Hinsichtlich der *Prüfungsplanung* und des *Risikomodells* bestehen bei der Prüfung von beizulegenden Zeitwerten keine Besonderheiten. Demzufolge ist es zunächst erforderlich, das inhärente Risiko und das Kontrollrisiko einzuschätzen, um dann in Abhängigkeit einer auf dieser Basis vorgenommenen Beurteilung des Prüfungsrisikos die Planung der aussagebezogenen Prüfungshandlungen vorzunehmen (vgl. Abschnitt 1.2). Die beizulegenden Zeitwerte und die geschätzten Werte erlangen in diesem Kontext allerdings insofern besondere Bedeutung, als diese besonders anfällig für Fehler und Manipulationen sind. Der Prüfer wird den Umfang der aussagebezogenen Prüfungshandlungen besonders bei solchen Prüffeldern mit einem hohen inhärenten Risiko ausweiten, also z.B. bei Vermögenswerten, die mit einem beizulegenden Zeitwert bilanziert werden, dessen Wertermittlung mit hohen Unsicherheiten behaftet ist.

Um einen effektiven Prüfungsansatz zu entwickeln, muss der Prüfer den Prozess des Mandanten zur Ermittlung beizulegender Zeitwerte und der Angabepflichten nebst der relevanten Kontrollen verstehen (ISA 545.10 ff.); dieses Erfordernis betont auch ISA 545.39. Dies gilt für Marktwerte und geschätzte Werte gleichermaßen. ISA 545.11 stellt zunächst einmal fest, dass die Unternehmensleitung des zu prüfenden Unternehmens für die Einrichtung eines solchen Prozesses verantwortlich ist. Allerdings gibt ISA 545 im Folgenden nur wenige konkrete Empfehlungen zur Prüfung dieses Prozesses. Beispielsweise heißt es in

ISA 545.14, dass die Einschätzung des inhärenten Risikos und des Kontrollrisikos bei der Planung der Prüfungshandlungen zu berücksichtigen ist. Weiterhin nennt ISA 545.12 Aspekte, die für die Erlangung des Prozessverständnisses von Bedeutung sein können; so ist es z.B. für die Beurteilung der Kontrollen bedeutsam, ob eine Funktionstrennung zwischen den Personen besteht, welche den Geschäftsvorfall auslösen, der zu einem beizulegenden Zeitwert führt, und denen, die für die Bewertung verantwortlich zeichnen.

3.4.3.2.2 Prüfungshandlungen am Beispiel der Beurteilung geschätzter beizulegender Zeitwerte

Bei der Prüfung geschätzter beizulegender Zeitwerte sind zunächst die Daten und Annahmen zu beurteilen und die darauf aufbauende Berechnung, welche zum geschätzten beizulegenden Zeitwert (Aussage) führt, ist nachzuvollziehen. Demnach folgt die Prüfung den folgenden in Abb. II.3-23 dargestellten Schritten.

Der Prüfer hat zunächst die Daten und Annahmen nachzuvollziehen, die den geschätzten beizulegenden Zeitwerten zugrunde liegen. *Daten* sind *Informationen über die Gegenwart*, die empirisch gestützt sein sollten, wie z.B. Zinssätze, erzielbare Mieten zu einem bestimmten Zeitpunkt an einem bestimmten Ort. Dagegen sind *Annahmen* Aussagen über *zukünftige Bedingungen oder Entwicklungen*. Angesprochen ist hier die Gesetzmäßigkeit, wie aus den (Ausgangs-)Daten (ggf. unter Zugrundelegung von Prämissen) auf das künftige Ereignis geschlossen wird. Die wichtigste und gebräuchlichste Prämisse ist die sog. Zeitstabilitätsprämisse, die unterstellt, dass in der Vergangenheit beobachtbare Gesetzmäßigkeiten auch künftig Gültigkeit haben.

ISA 545 unterscheidet offenbar zwischen Daten und Annahmen, denn es werden unterschiedliche Beurteilungskriterien formuliert. Demnach müssen Daten richtig, vollständig und relevant sein (ISA 545.40 sowie allgemein in Bezug auf geschätzte Werte IDW PS 314.13). Dagegen nennt ISA 545.51 für Annahmen (assumptions) die Kriterien Relevanz, Zuverlässigkeit, Neutralität, Verständlichkeit und Vollständigkeit (relevant, reliable, neutral, understandable and complete).

3 Methoden zur Erlangung von Prüfungsnachweisen

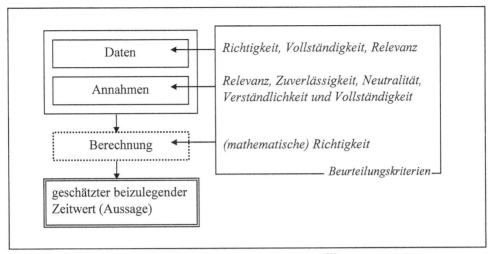

Abb. II.3-23: Ablauf der Prüfung geschätzter beizulegender Zeitwerte[126]

Im Folgenden werden die Beurteilungskriterien für die *Daten* näher beleuchtet:

- Da es sich um Informationen über gegenwärtige Zustände handelt, die idealerweise ohnehin empirisch zu gewinnen sind, dürfte die Beurteilung der *Richtigkeit* keine Probleme bereiten. Daten können einerseits direkt an aktiven Märkten beobachtbar sein; andererseits können sie aus einer Vielzahl anderer Quellen nachvollziehbar gewonnen werden.

- *Relevant* sind Daten, wenn diese den geschätzten beizulegenden Zeitwert beeinflussen. Demnach betrifft das Kriterium der Relevanz gleichermaßen die Daten als auch die auf diesen Daten aufbauende(n) Annahme(n). Soll z.B. ein beizulegender Zeitwert für ein Mehrfamilienwohnhaus in Berlin bestimmt (hier: geschätzt) werden, so ist eine Annahme über die Entwicklung der Wohnraummieten auf dem Berliner Wohnungsmarkt erforderlich. Da die Annahme über die künftige Entwicklung der Wohnraummieten auf den gegenwärtigen Wohnraummieten (= Daten) basieren muss, sind sowohl Annahmen zur künftigen Entwicklung als auch Daten zur derzeitigen Wohnraummiete relevant.

- Auch für das Kriterium der *Vollständigkeit* gilt, dass Daten und Annahmen gleichermaßen betroffen sind und daher auch gemeinsam zu beurteilen sind. Die vollständige Berücksichtigung aller relevanten Faktoren ist notwendige Bedingung für die Ermittlung eines geschätzten beizulegenden Zeitwertes i.S.d. Rechnungslegungsnormen.

Die nachstehenden Ausführungen beschäftigen sich mit den Beurteilungskriterien für die *Annahmen*:

- Da die Kriterien der *Vollständigkeit* und *Relevanz* bereits auf der Ebene der Daten zu beurteilen sind, sind auf der Ebene der Annahmen noch die Kriterien der Verständlichkeit, der Zuverlässigkeit und der Neutralität näher zu beurteilen.

- Unter *Neutralität* ist in diesem Zusammenhang zu verstehen, dass die Annahme die plausibelste Entwicklung unterstellt bzw. bei mehreren Annahmen die Entwicklungen nicht in eine Richtung (systematisch) verzerrt unterstellt werden. Annahmen sind nicht neutral, wenn die auf ihrer Basis abgeleiteten Prognoseaussagen die Berichtsadressaten irreführen (vgl. auch ISA 100.45 (c) u. F.36). In Fortführung des o.g. Beispiels zur Ermittlung eines geschätzten beizulegenden Zeitwertes für ein Berliner Mehrfamilienhaus ist auch die gesamtwirtschaftliche Entwicklung ein relevanter Faktor. Demnach ist eine Annahme über die künftige gesamtwirtschaftliche Entwicklung zu generieren.

  Dabei geht es um die Frage, ob die Annahme *plausibel* ist. Bei mehreren möglichen Entwicklungen liegt es (zunächst einmal) nahe, die plausibelste Annahme zu unterstellen. Wird eine unplausible Entwicklung unterstellt, ist die Annahme verzerrt und die geforderte Neutralität ist mithin nicht gegeben. Wenn mehrere Annahmen gleich plausibel sind, aber zu wesentlich abweichenden beizulegenden Zeitwerten führen, dürfte eine neutrale Ermittlung des beizulegenden Zeitwertes nicht möglich sein. Ohne das zuvor Gesagte zu negieren, lässt sich die Entscheidungsnützlichkeit von mit Unsicherheiten behafteten Zeitwerten erhöhen, indem man die zugrunde liegenden Annahmen im Anhang (notes) offenlegt (vgl. auch F.37).

  Im Zweifel ist vorsichtig vorzugehen, d.h. die Annahmen sind dergestalt zu treffen, dass der beizulegende Zeitwert eher nicht zu hoch ausfällt. Zwar sind die unterschiedlichen Betonungen des Vorsichtsprinzips in den nationalen und internationalen Rechnungslegungsnormen zu beachten; allerdings bezieht F.37 das prudence principle ausdrücklich auf die Ungewissheit über künftige Entwicklungen.

  Dem Erfordernis der Neutralität entspricht es auch, die gesetzten Annahmen in den Folgeperioden *stetig* anzuwenden (vgl. auch ISA 545.27 f.); ein mögliches Abweichen bedarf der Begründung (z.B. die Annahmen wurden empirisch widerlegt).

- Die zuvor angesprochenen Plausibilitätsüberlegungen leisten gleichzeitig einen wichtigen Beitrag zur Beurteilung des Kriteriums der *Zuverlässigkeit*. Eine Beurteilung sowohl des Kriteriums der Zuverlässigkeit als auch des Kriteriums der *Verständlichkeit* setzt weiterhin voraus, dass Transparenz dahingehend besteht, wie die Unternehmensleitung die Annahmen entwickelt hat. Dabei ist zunächst zwischen den Daten und Annahmen zu trennen, weil nur letztere „verständlich" entwickelt werden müssen. Dagegen werden Daten nachvollziehbar *erhoben*, aber nicht entwickelt. Bereits eine transparente (und damit verständliche) Vorgehensweise, wie die Annahmen entwickelt wurden, stellt einen Nachweis dafür dar, dass sich das zu prüfende Unternehmen systematisch und umfassend mit der Materie auseinandergesetzt hat. Eine verständliche Entwicklung der Annahmen ist außerdem die Voraussetzung für Sensitivitätsanalysen, bei denen die Annahmen variiert werden, um festzustellen, in welchem Maß der geschätzte beizulegende Zeitwert von den Annahmen abhängt.

Eine wesentliche *Ausnahme im Hinblick auf die Beurteilung der Annahmen* stellen *Bewertungsmodelle* dar, wie sie bei der Bewertung von Finanzinstrumenten eingesetzt werden können (IAS 39.100). Auf diese Weise ermittelte beizulegende Zeitwerte stellen keine Marktwerte dar, denn bei Existenz von Marktwerten bräuchte ein Bewertungsmodell gerade nicht eingesetzt zu werden. Andererseits handelt es sich auch nicht eindeutig um geschätzte beizulegende Zeitwerte, denn die Annahmen müssen im Normalfall nicht explizit entwickelt werden. Als Bewertungsmodelle kommen insbesondere das Discounted Cash Flow-Verfahren (DCF-Verfahren; vgl. IDW S 1) und Optionspreismodelle in Betracht. Den Bewertungsmodellen ist gemein, dass sie auf Rechenparameter (in der Terminologie des ISA 545: Daten) zurückgreifen, die aus einem (aktiven) Kapitalmarkt abgeleitet bzw. an diesem beobachtet werden können (z.B. ein Zinssatz). Die wichtigsten Rechenparameter (Daten) sind risikoadäquate Zinssätze (DCF-Modell) sowie Zinssätze, Preise des Basiswertes und Volatilitäten (Optionspreismodell). Die Entwicklung von expliziten Annahmen ist hier nicht erforderlich. Vielmehr existieren implizite Annahmen in Bezug auf die eingesetzten Modelle selbst; z.B. unterstellen die Optionspreismodelle in ihrer Grundform effiziente Kapitalmärkte. Der errechnete beizulegende Zeitwert gilt demnach nur unter der Annahme, dass der relevante Kapitalmarkt die seitens des Modells geforderte Effizienz aufweist. Werden Betafaktoren oder Maße für Volatilitäten verwendet, so gilt implizit die Prämisse, dass die Daten auch für die Zukunft Gültigkeit besitzen (Zeitstabilitätsprämisse). Im Unterschied zu den Annahmen, wie sie im vorigen Abschnitt beschrieben wurden, ist eine Beurteilung weitgehend entbehrlich. Da die Rechnungslegungsnormen die Verwendung der Modelle ausdrücklich vorsehen, unterstellen sie gleichzeitig deren Anwendbarkeit und damit die Gültigkeit der in den Modellen enthaltenen Annahmen.

Die zuvor genannten Anforderungen betreffen zumeist einzelne Annahmen oder die Gesamtheit der Annahmen zur Schätzung eines Wertes. Im Folgenden werden beispielhaft Prüfungshandlungen angesprochen, die sich anbieten, wenn *mehrere geschätzte Werte zu prüfen sind* (vgl. ferner ISA 545.46 f. u. 62). Diese Prüfungshandlungen setzen an der Konsistenz der Annahmen an:

- Der Prüfer kann die *Konsistenz der Annahmen zwischen verschiedenen Vermögenswerten* prüfen. Beispielsweise bedarf es einer Begründung dafür, wenn bei der Bewertung einer Gruppe von Rindern von steigendem Absatz und steigenden Preisen ausgegangen wird, bei einem Bestand an Mastschweinen aber von sinkendem Fleischkonsum.

- Der Prüfer kann ferner die *Konsistenz mit historischen Daten* prüfen. Beispielsweise wird der Prüfer bei der Bewertung einer Garantierückstellung Informationen zu Garantiefällen in der Vergangenheit heranziehen. Änderungen bei dem prognostizierten Anteil der reklamierten Geräte bedürfen einer Begründung, etwa der Einführung eines neuen Modells. Änderungen bei der Höhe der Kosten könnten sich durch gestiegene Ersatzteilkosten erklären lassen, die dann aber wiederum mit dem ensprechenden Materialaufwand in der Gewinn- und Verlustrechnung korrespondieren müssen.

Bei der *Überprüfung der Berechnung* geht es darum, zu beurteilen, ob das Unternehmen aus den Daten und Annahmen den geschätzten beizulegenden Zeitwert richtig ermittelt hat. Angesprochen ist daher eher eine Frage der richtigen mathematischen Berechnung bzw. der korrekten Anwendung von Berechnungsverfahren (IDW PS 314.20; ISA 545.50). In Fortführung des Immobilienbeispiels wären die (angenommenen) nachhaltig erzielbaren künftigen Mieten nach Abzug umlagefähiger Betriebskosten um die (angenommenen) künftigen nicht umlagefähigen Betriebskosten zu mindern und der so ermittelte Jahresertrag mit einer geeigneten Rendite in einen Ertragswert umzurechnen. Die Rendite wiederum kann aus den Daten zu vergleichbaren Objekten errechnet werden.

Im Folgenden werden weitere Prüfungshandlungen angesprochen, die *nicht bei der Ermittlung* des geschätzten beizulegenden Zeitwertes ansetzen, sondern *den beizulegenden Zeitwert als Ganzes stützen sollen*.

- *Sensitivitätsanalysen* knüpfen an den Annahmen an. Da der beizulegende Zeitwert nur dann als Bewertungsmaßstab in Betracht kommt, wenn er zuverlässig ermittelbar ist, muss geprüft werden, wie sich die Variation von Annahmen auf den beizulegenden Zeitwert auswirkt. Im Idealfall führt das Unternehmen solche Analysen selbst durch; ggf. muss der Prüfer erwägen, diese Analysen selbst durchzuführen (ISA 545.45). Dabei sollten die Annahmen in einer Bandbreite variiert werden, die als noch plausibel anzusehen ist. Ist die Streuung der auf dieser Basis berechneten beizulegenden Zeitwerte zu groß bzw. weichen diese Werte wesentlich voneinander ab, so ist zu beurteilen, ob sich ein fair value überhaupt verlässlich ermitteln lässt. In diesem Fall ist ggf. ein anderer Bewertungsmaßstab heranzuziehen.

Daraus folgt, dass selbst dann, wenn der geschätzte beizulegende Zeitwert auf neutralen (unverzerrten) Annahmen beruht, die Zuverlässigkeit insgesamt zu verneinen ist, wenn sich alternative Annahmen setzen lassen und diese Annahmen erstens ähnlich plausibel sind wie die gewählten Annahmen und zweitens zu deutlich abweichenden geschätzten beizulegenden Zeitwerten führen. Umgekehrt gilt, dass eine geringe Streuung oder keine Streuung kein Indiz für seine zuverlässige Ermittelbarkeit ist.

- *Verwendung von unternehmensunabhängigen Schätzungen*: Als 1. Alternative bietet es sich an, dass der Prüfer einen selbst ermittelten geschätzten beizulegenden Zeitwert mit dem von Unternehmensseite berechneten Wert vergleicht (ISA 545.52). Da ähnliche Bewertungsfragen oftmals auch bei Mandaten mit gleichem Sitz (z.B. Immobilien) oder der gleichen Branche (z.B. landwirtschaftliche Vermögenswerte) auftreten, kommen diese Schätzungen ebenfalls als Vergleichsmaßstab in Betracht (2. Alternative).

Eine dritte Alternative besteht darin, dass der Prüfer sich die Schätzwerte von einem unabhängigen Dritten beschafft (ISA 545.29 ff.) und entsprechend vergleicht. Beispielsweise könnte ein Prüfer, der nicht über die notwendigen fachlichen Kenntnisse verfügt, bei einem externen Sachverständigen ein Gutachten in Auftrag geben. Dieses Gutachen kann der Prüfer im Rahmen der in IDW PS 322 gegebenen Möglichkeiten verwerten. Dabei ist nicht nur der vom Sachverständigen geschätzte Wert selbst, sondern es sind auch die verwendeten Daten und gesetzten Annahmen mit den korrespondierenden Größen, welche die Unternehmensleitung verwendet hat, zu vergleichen.

Bei allen drei Alternativen hat der Prüfer ggf. wesentlich abweichende beizulegende Zeitwerte im Hinblick auf unterschiedliche Daten und Annahmen zu untersuchen. Bei den verwendeten Daten lassen sich auf diese Weise vor allem aussagekräftige Prüfungsnachweise zur Beurteilung der Kriterien Richtigkeit und Vollständigkeit erlangen; ein Vergleich der Annahmen kann u.a. dazu beitragen, die Kriterien Neutralität, Verständlichkeit und Vollständigkeit zu beurteilen.

- *Berücksichtigung von Ereignissen nach dem Abschlussstichtag*: Weiterhin lassen sich Geschäftsvorfälle und Ereignisse, die nach dem Abschlussstichtag eingetreten sind, als Prüfungsnachweis für die seitens der Unternehmensleitung vorgenommenen Schätzungen verwerten (ISA 545.53 ff.). Diesbezüglich ausgerichtete Prüfungshandlungen können das Erfordernis verringern oder sogar aufheben, die von der Unternehmensleitung zur Ermittlung der Schätzung zugrunde gelegten Verfahren zu prüfen.

- *Plausibilisierung mit Marktwerten*: Wird der geschätzte Wert in Anlehnung an einen aktiven Markt ermittelt, so eröffnen sich weitere Ansatzpunkte für Prüfungshandlungen:

Beispiele

Soll etwa ein Bestand an Gemüse bewertet werden, welcher der deutschen Handelsklasse II zuzurechen ist und sind nur Preise für die Handelsklasse I verfügbar, aber Preise für die Klasse II der Vergangenheit, so kann der Prüfer unter Zugrundelegung der durchschnittlichen Preisdifferenz zwischen Klasse I und II der Vergangenheit den aktuellen Preis für die Handelsklasse II näherungsweise ermitteln oder einen geschätzten (behaupteten) Wert auf diese Art plausibilisieren.

Ist eine Immobilie zu bewerten, so kann der Prüfer den Preis einer vergangenen Markttransaktion als Grundlage für die Berechnung heranziehen. Hierzu leitet er aus dem Vergleichspreis die impliziten Parameter wie Nettomiete nach umlagefähigen Betriebskosten und Heizung sowie die implizite Rendite des Objektes ab und legt diese Daten, u.U. nach weiteren Anpassungen, seiner eigenen Berechnung zugrunde. Für seine eigene Berechnung wird er auf branchenübliche Rechenverfahren zurückgreifen.

Anmerkungen

*) In diesem Abschnitt wurden u.a. der Teilabschnitt 3.2 (mit Ausnahme von Teilabschnitt 3.2.2.4) unter Federführung von Herrn Prof. Dr. R. Quick und die Teilabschnitte 3.2.2.4, 3.3 und 3.4.3 unter Federführung von Herrn Prof. Dr. K. Ruhnke bearbeitet.

1 *Leffson* (1988), S. 13.
2 Vgl. *v. Wysocki* (1988), S. 122.
3 Zu den makroökonomischen Faktoren vgl. auch ISA 310.appendix, Punkt A; IDW PS 320.Anhang, Punkt A.

4 Zum prudence principle vgl. z.B. *Buchholz* (2003), S. 51 f.
5 Zu den branchenspezifischen Faktoren vgl. auch ISA 310.appendix, Punkt B; IDW PS 230.Anhang, Punkt B.
6 Zu den mandantenspezifischen Faktoren vgl. ISA 310.appendix, Punkt C; IDW PS 230.Anhang, Punkt C.
7 Vgl. *Stice* (1991), S. 521.
8 Abweichend davon ist das interne Steuerungssystem nach ISA 400 kein Bestandteil des IKS.
9 IDW PS 260.6.
10 Im IDW PS 260.51 ist von „genehmigende, ausführende, verwaltende und abrechnende Funktion" die Rede.
11 An dieser Stelle wird deutlich, dass Überschneidungen in der Beurteilung des Unternehmens und der Umwelt und in der Beurteilung des IKS existieren. Damit sind Abhängigkeiten zwischen dem inhärenten Risiko und dem Kontrollrisiko zu erkennen.
12 Beispiele für derartige Checklisten finden sich etwa unter http://www.checkliste.de/unternehmen/revision-internes-kontrollsystem/index.htm.
13 *Selchert* (1996), S. 220 f.
14 Vgl. z.B. *Gray/Manson* (2000), S. 203 f.
15 So schlagen z.B. Carmichael/Willingham vor, ein minimales Kontrollrisiko von 40%, ein mittleres Kontrollrisiko von 60%, ein wesentliches Kontrollrisiko von 80% und ein maximales Kontrollrisiko von 100% anzusetzen; vgl. *Carmichael/Willingham* (1989), S. 204.
16 Vgl. *Quick* (1996), S. 373-415.
17 Knop spricht in diesem Zusammenhang sogar von einem „Idealsystem"; vgl. hierzu *Knop* (1984), S. 315.
18 Zu den Einzelheiten einer Systemprüfung aus heuristischer Sicht vgl. *Gans* (1986), S. 434 ff. m.w.N.
19 Vgl. *Gans* (1986), S. 442 ff.
20 Entnommen aus *Ruhnke* (1999).
21 Im Gegensatz zu ISA 520 betont IDW PS 312.29 die Effizienz von analytischen Prüfungen im Rahmen der Abschlussprüfung.
22 Anders als ISA 520 schreibt IDW PS 312 die Anwendung von analytischen Prüfungshandlungen in allen drei Phasen der Abschlussprüfung zwingend vor (IDW PS 312.29).
23 Im Gegensatz dazu ist es nach ISA 400.45 nicht zugelassen, vollständig auf die Durchführung von Einzelfallprüfungen zu verzichten.
24 Jedoch ist zu beachten, dass sich der Abschlussprüfer bei wesentlichen Positionen des Jahresabschlusses nicht allein auf die Ergebnisse von analytischen Prüfungen verlassen darf, um sich ein Urteil über die Vollständigkeit und Richtigkeit der Daten zu bilden (IDW PS 312.12); vgl. auch Abschnitt 3.2.3.2.

25 Empirische Studien belegen, dass die Prüfungspraxis von dieser Einschränkungsmöglichkeit selten Gebrauch macht; vgl. *Ruhnke* (2000), S. 389, Fn. 892; *Cohen/Kida* (1989).

26 Eine ähnliche Auflistung solcher Kennzahlen findet sich bei *Arens/Loebbecke* (2000), S. 196 ff.

27 Vgl. im Folgenden *Baetge* (1998), S. 185-193; *Knechel* (2001), S. 273 sowie 279.

28 Vgl. *Quick/Kayadelen* (2002), S. 951 m.w.N.

29 Vgl. etwa *Knechel* (2001), S. 281 f.

30 Vgl. *Arens/Elder/Beasley* (2003), S. 213.

31 Vgl. ebd.

32 Vgl. ebd.

33 Vgl. *Bedingfield* (1975), S. 48-55.

34 Zur Vorgehensweise bei den Schätzverfahren vgl. ausführlich *Quick* (2000), S. 100 ff.

35 Vgl. *Quick* (2000), S. 101-107.

36 Vgl. hierzu etwa *Quick* (2000), S. 117 ff.

37 Vgl. hierzu etwa *Quick* (2000), S. 161 ff.

38 Vgl. z.B. *Anderson et al.* (1976), S. 138.

39 Der Vorgang des Prüfens entspricht – übersetzt in ein Urnenmodell – der Situation des Ziehens ohne Zurücklegen bei einer Trefferwahrscheinlichkeit – entsprechend dem Aufdecken eines Fehlers – p. Diese Vorgehensweise würde durch eine hypergeometrische Verteilung modelliert, die jedoch nur sehr aufwendig zu berechnen ist. Daher wird diese Verteilung in der Regel durch die Binomialverteilung approximiert (da die Verteilungen für $N \rightarrow \infty$ identisch sind), die der Situation des Ziehens mit Zurücklegen entspricht. Diese Vereinfachung wird als zulässig angesehen, wenn etwa $N > 10$, $n/N < 0,1$, $p > 0,1$. Aber auch das Rechnen mit einer Binomialverteilung ist noch aufwendig, so dass stattdessen oft die Poisson-Verteilung Verwendung findet, die ihrerseits die Grenzverteilung der Binomialverteilung für den Fall $\lambda = n \cdot p$ und $n \rightarrow \infty$ darstellt. Die Verwendung der Poisson-Verteilung an Stelle der Binomialverteilung wird dann als zulässig erachtet, wenn n „hinreichned groß" und p dementsprechend „hinreichend klein" ist (zu den Approximationen vgl. etwa *Buchner* (1997), S. 372-380). Als Anwendungsvoraussetzungen für das DUS gelten daher die Anwendungsvoraussetzungen für die Approximation der Hypergeometrischen Verteilung durch die Poisson-Verteilung. Diese werden jedoch unterschiedlich scharf formuliert, z.B. $n > 2000$ und $p < 0,1$ (vgl. *Guy/Alderman/Winters* (1999), S. 351). Dieser Stichprobenumfang ist jedoch als recht vorsichtig anzusehen.

40 Vgl. BT-Drucksache 13/9712, S. 11, 26, 28, sowie *Ernst* (1998), S. 1028.

41 Zu den folgenden Ausführungen vgl. *Ruhnke* (2002), S. 437 ff. m.w.N.

42 Vgl. *KPMG* (2002), *Ernst & Young* (2002) u. *PwC* (2002) sowie ergänzend *Küster* (2003).

43 Vgl. *Dres. Brönner Treuhand-Revision GmbH* (2002).
44 Vgl. *Bell et al.* (1997), S. 15, sowie *Messier* (2000), S. 46 u. 84.
45 Vgl. *IDW* (2000), R 159.
46 *IDW* (2000), F 812.
47 Ausnahmsweise lässt sich das Geschäftsrisiko z.B. dadurch reduzieren, dass der Prüfer in einer vorgezogenen Prüfung Schwachstellen in der Organisation der Geschäftsprozesse feststellt und der Mandant die mitgeteilten Schwachstellen umgehend beseitigt. In diesem Fall ist ab dem Zeitpunkt, zu dem die Schwachstellen als nachweislich beseitigt gelten, von einem reduzierten Geschäftsrisiko und natürlich auch von einem reduzierten Prüfungsrisiko (Fehlerrisiko) auszugehen.
48 Vgl. *Lemon/Tatum/Turley* (2000), S. 17.
49 Vgl. *Zimbelmann* (1997), S. 75, sowie *Ruhnke* (2000), S. 401 f.
50 Zum Nutzen von Abschlussprüfungen und insbesondere zur Fehleraufdeckungskraft sowie den damit verbundenen Problemen vgl. *Ruhnke* (2003), S. 259-261.
51 Entnommen aus *Ruhnke* (2002), S. 439. Vgl. ähnlich *Messier* (2000), S. 83.
52 Vgl. hierzu sowie zu den folgenden Ausführungen *Bell et al.* (1997), S. 14 ff., u. *Bell/Peecher/Solomon* (2002), S. 1 ff.
53 Vgl. *Bell/Peecher/Solomon* (2002), S. 17 ff.
54 Eine traditionelle Abschlussprüfung beschreibt den Entwicklungsstand der Prüfung vor Einführung der im Folgenden näher zu untersuchenden geschäftsrisikoorientierten Prüfung.
55 Die Risikofokussierung der traditionellen Abschlussprüfung erlangt in der Literatur oftmals keine bzw. nur sehr geringe Beachtung; vgl. z.B. *Bell et al.* (1997), S. 63 f. u. 72.
56 Vgl. *APB* (2001), S. 3.
57 Ein Überblick über die veränderten US-amerikanischen Prüfungsnormen findet sich in *Dilley* (2002), S. 5 ff.
58 Siehe auch *Lemon/Tatum/Turley* (2000), S. 11.
59 So die empirische Untersuchung von *Lemon/Tatum/Turley* (2000), S. 9.
60 Vgl. *Lemon/Tatum/Turley* (2000), S. 18.
61 Vgl. auch *Knechel* (2001), S. 153 ff.
62 Vgl. *Bell et al.* (1997), S. 71.
63 Vgl. hierzu die in *Ruhnke* (2002), S. 440, Fn. 39, angegebenen Studien.
64 Zur zentralen Bedeutung einer korrekten Problemrepräsentation für den erfolgreichen Einsatz analytischer Prüfungen vgl. z.B. *Bierstaker/Bédard/Biggs* (1999), S. 18 ff.
65 Zu den folgenden Ausführungen vgl. *Bell et al.* (1997), S. 33 ff., sowie diesen folgend u.a. *Wiedmann* (1999), S. 96 ff., u. *KPMG* (2002). Vgl. ähnlich auch *PwC* (2002) sowie *Knechel* (2001), S. 120 ff., jedoch ohne Bezugnahme auf eine bestimmte Prüfungs-

gesellschaft. Auch das Vorgehen von E&Y ist ähnlich, jedoch sind die Phasen des Prüfungsablaufs anders abgegrenzt; vgl. *Ernst & Young* (2002).

66 In Anlehnung an *KPMG* (2001), S. 3.
67 Aktionsprogramme umfassen alle Aktivitäten und organisatorischen Arrangements, die der Strategierealisierung dienen; ein Scheitern gut begründeter Unternehmensstrategien kann z.B. in dem fehlenden strategic fit der Strategien mit den organisatorischen Gegebenheiten begründet liegen.
68 Vgl. *Knechel* (2001), S. 153, der hier den Begriff management controls verwendet.
69 Vgl. hierzu auch *Gay* (2002), S. 68 ff.
70 SWOT steht für strengths, weaknesses, opportunities, threats.
71 PEST steht für political, economical, social, technological.
72 Vgl. ausführlich *Kaplan/Norton* (1996).
73 In Anlehnung an *Porter* (1989), S. 23.
74 Vgl. *Hoffmann* (2000), S. 96 ff.
75 Vgl. *Knechel* (2001), S. 185. *PwC* (2002), S. 10, sprechen in diesem Zusammenhang von key risks ohne explizite Prozessfokussierung.
76 In Anlehnung an *Arricale et al.* (2000), S. 28. Weiterhin existieren branchenbezogene Geschäftsmodelle; ein Geschäftsmodell für den Einzelhandel findet sich ebd., S. 29.
77 Vgl. hierzu *Kohl* (2001), S. 177 ff., u. *Hoffmann* (2000), S. 90 ff. Anzumerken ist, dass die verwendete Terminologie in der Literatur nicht immer einheitlich ist.
78 Vgl. hierzu *DiPiazza/Eccles* (2002), S. 87.
79 Vgl. *DiPiazza/Eccles* (2002), S. 96 f.
80 Vgl. *Bell et al.* (1997), S. 54 f.
81 Zu den process controls vgl. ausführlich *Knechel* (2001), S. 195 ff. u. S. 213 ff.
82 In Anlehnung an *Bell et al.* (1997), S. 55 ff.
83 Entnommen aus *Bell et al.* (1997), S. 56.
84 So auch *PwC* (2002), S. 7.
85 Modifizierte Darstellung in Anlehnung an *PwC* (2002), S. 36. Ein methodisch ähnliches Vorgehen findet sich bei *Dres. Brönner Treuhand-Revision GmbH* (2002), A. Risikobogen, o.S.
86 Vgl. ausführlich *Guy/Alderman/Winters* (1999), S. 227 ff.; *Ricchiute* (2003), S. 206 ff., u. *Arens/Elder/Beasley* (2003), S. 141 ff., sowie ferner *Messier* (2000), S. 114 u. S. 347 ff.
87 Die Identifikation der Tätigkeitskreise umfasst die folgenden Schritte: „1. Review account components for homogeneity. 2. Identify representative cycles. 3. Flowchart each cycle, supplementing with narratives and questionnaires as necessary. 4. Trace one or a few representative transactions through each cycle (a transaction walk-through). 5. Revise flowcharts if necessary." (*Ricchiute* (2003), S. 216).

88 Vgl. hierzu die in Fn. 86 angegebene Literatur.
89 In Anlehnung an *Arens/Elder/Beasley* (2003), S. 145.
90 So auch *Ricchiute* (2003), S. 207.
91 Teilweise wird vorgeschlagen, die Tätigkeitskreise möglichst konsequent analog zu den Geschäftsprozessen i.S. der geschäftsrisikoorientierten Prüfung abzugrenzen; vgl. hierzu *Orth* (1999), S. 576 f.
92 Vgl. hierzu *Guy/Alderman/Winters.* (1999), S. 229.
93 Vgl. zu diesem Abschnitt *Orth* (1999), S. 580.
94 Vgl. *Orth* (1999), S. 580. Vgl. hierzu auch *Arens/Elder/Beasley* (2003), S. 551.
95 Vgl. zu den Inhalten auch *Orth* (1999), S. 581.
96 Weitere Prüfungshandlungen und ausführliche Erklärungen finden sich in *IDW* (2000), R 492-495, u. *Arens/Elder/Beasley* (2003), S. 546-552.
97 Als allgemeine Fehlerursachen werden häufig Unerfahrenheit und mangelnde Sachkenntnis, Unachtsamkeit sowie Zeitdruck der verantwortlichen Mitarbeiter angeführt; vgl. *Wright/Ashton* (1989), S. 717.
98 *Ruhnke* (2000), S. 273 f.; i.d.S. auch *Ricchiute* (2003), S. 207.
99 Zur Prüfung einzelner Bilanz- und GuV-Posten vgl. z.B. *IDW* (2000), R 348 ff.; *Penné/Schwed/Janßen* (2000), S. 84 ff.
100 Vgl. *Buchner* (1997), S. 165.
101 Zum Prüfungsprogramm als Teilaspekt der Prüfungsplanung vgl. Abschnitt 2.2.1.2.
102 Vgl. *Niemann* (2002), S. 3 ff., insbesondere S. 17 f.
103 Vgl. *Arens/Elder/Beasley* (2003), S. 146 ff.
104 Vgl. *Arens/Elder/Beasley* (2003), S. 148 ff.
105 Vgl. stellvertr. *Baetge/Kirsch/Thiele* (2002), S. 322.
106 Zur Prüfung der Forderungen aus Lieferungen und Leistungen vgl. allgemein *IDW* (2000), R 421 ff.; *Messier* (2000), S. 377 ff., u. *Arens/Elder/Beasley* (2003), S. 443 ff.
107 Vgl. hierzu *Ruhnke* (1992), S. 691 ff. m.w.N.
108 In Anlehnung an *Niemann* (2002), S. 73 u. S. 205 ff.
109 Vgl. *Adler/Düring/Schmaltz* (1998), § 240 HGB Tz. 4.
110 Zum Begriff der Vorräte und der Vorratsinventur siehe auch *Quick* (2000), S. 2-5.
111 Vgl. *Quick* (2000), S. 8 ff.
112 Ausführliche Informationen zu den Inventurrichtlinien finden sich bei *Quick* (2000), S. 209 ff.
113 Eine umfassende Darstellung des Grundsatzes der Inventurbeobachtung findet sich bei *Quick* (1991), S. 217 ff.
114 Vgl. z.B. die „Checkliste für die Inventurbeobachtung" bei *Farr* (2000).
115 Ausführlich diskutiert bei *Quick* (2000).

116 Als weitere Inventurvereinfachungen sind die Einlagerungsinventur und die systemgestützte Werkstattinventur zu nennen. Hierbei handelt es sich streng genommen um Sonderformen der permanenten Inventur.

117 Siehe *Durchlaub* (1978), S. 145.

118 Vgl. *IDW* (2000), R 423. Die ISA unterscheiden zwischen der positiven und negativen Form der Bestätigungsanfrage. Die positive Anfrage erfordert in jedem Fall eine Antwort des Befragten. Entweder erklärt dieser seine Zustimmung oder Nicht-Zustimmung zu einer vorgegebenen Information (entspricht dem positiven Verfahren der nationalen Normen) oder er teilt die nachgefragte Information mit. Bei der negativen Anfrage hat der Befragte nur im Fall der Nicht-Zustimmung zu antworten (entspricht dem negativen Verfahren der nationalen Norm).

119 Ein Beispiel für eine positive Bestätigungsanfrage findet sich bei *Lück* (1993), S. 96.

120 Vgl. *Lück* (1993), S. 151.

121 Zu den folgenden Ausführungen siehe ausführlich *Ruhnke/Schmidt* (2003) m.w.N.

122 Vgl. *Lüdenbach/Hoffmann* (2002), S. 1173 f.

123 Vgl. *Simnett/Tatum* (2002), S. 15.

124 Entnommen aus *Ruhnke/Schmidt* (2003), Abschnitt 2.4.

125 Vgl. hierzu *Ruhnke/Schmidt* (2003), Abschnitt 4.2.

126 Entnommen aus *Ruhnke/Schmidt* (2003), Abschnitt 4.1.1.

Literaturhinweise

Adenauer, P. (1989): Berücksichtigung des Internen Kontrollsystems bei der Jahresabschlußprüfung, Bergisch Gladbach und Köln.

Adler, H./Düring, W./Schmaltz, K. (1998): Rechnungslegung und Prüfung der Unternehmen – Kommentar zum HGB, AktG, GmbHG, PublG nach den Vorschriften des Bilanzrichtlinien-Gesetzes, neu bearbeitet von Forster, K.-H./Goerdeler, R./Lanfermann, J./Müller, H.-P./Siepe, G./Stolberg, K., Teilband 6, 6. Aufl., Stuttgart.

AICPA (1993): Audit Risk Alert – 1993, New York.

Anderson, O./Popp, W./Schaffranek, M./Steinmetz, D./Stenger, H. (1976): Schätzen und Testen, Berlin et al.

APB (2001): Approved Highlights, November 5-6, abrufbar unter: http://aicpa.org/members/div/auditsd/calendar (Stand: 1.10.2002).

Arens, A.A./Loebbecke, J.K. (2000): Auditing – An Integrated Approach, 8. Aufl., New Jersey et al.

Arens, A.A./Elder, R.J./Beasley, M.S. (2003): Auditing and Assurance Services – An Integrated Approach, 9. Aufl., Upper Saddle River.

Arricale, J.W./Bell, T./Solomon, I./Wessels, S. (2000): Strategic-systems auditing: Systems viability and knowledge acquisitions, in: Richter, M. (Hrsg.): Theorie und Praxis der Wirtschaftsprüfung II, Berlin, S. 11-34.

Baetge, J. (1998): Bilanzanalyse, Düsseldorf.

Baetge, J./Kirsch, H.-J./Thiele, S. (2002): Bilanzen, 6. Aufl., Düsseldorf.

Bedingfield, J.P. (1975): The current state of statistical sampling and auditing, in: Journal of Accountancy, Heft December, S. 48-55.

Bell, T./Knechel, W.R. (1994): Empirical analyses of errors discovered in audits of property and casualty insurers, in: Auditing: A Journal of Practice & Theory, S. 84-100.

Bell, T.B./Marrs, F.O./Solomon, I./Thomas, H. (1997): Auditing organizations through a strategic-systems lens, University of Illinois at Urbana-Champaign.

Bell, T.B./Peecher, M.E./Solomon, I. (2002): The strategic-systems approach to auditing, in: Bell, T.B./Solomon, I. (Hrsg.): Cases in strategic-systems auditing, University of Illinois at Urbana-Champaign.

Bierstaker, J.L./Bédard, J.C./Biggs, S.F. (1999): The role of problem representation shifts in auditor decision processes in analytical procedures, in: Auditing: A Journal of Practice & Theory, S. 18-36.

Biggs, S.F./Mock, T J./Watkins, P.R. (1989): Analytical Review Procedures and Processes in Auditing, Vancouver.

Biggs, S.F/Mock, T.J./Quick,R. (2000): Das Prüfungsurteil bei analytischen Prüfungshandlungen, in: Die Wirtschaftsprüfung, S. 169-178.

Brewer, C.W. (1981): The Nature of Audit Risk Indicators and their Effect on the Intensity of Audit Work Performed, University of Houston.

Buchner, R. (1997): Wirtschaftliches Prüfungswesen, 2. Aufl., München.

Burkel, P. (1992): Die Prüfung der Effizienz des internen Kontrollsystems zur Beurteilung der Aussagekraft einer entscheidungsorientierten Unternehmensplanung, in: Betriebswirtschaftliche Forschung und Praxis, S. 57-63.

Carmichael, D.R./Willingham, J.J. (1989): Auditing Concepts and Methods – A Guide to Current Auditing Theory and Practice, 5. Aufl., New York et al.

Cohen, J./Kida, T. (1989): The impact of analytical review results, internal control reliability, and experience on auditor's use of analytical review, in: Journal of Accounting Research, S. 263-276.

Colbert, J.L. (1988): Inherent risk: An investigation of auditors' judgments, in: Accounting, Organizations and Society, S. 111-121.

Colbert, J.L. (1989): When it's double or nothing in assessing audit risk, in: The Woman CPA, Heft April, S. 24-29.

Colbert, J.L. (1991): Understanding the relationship between business risk and inherent risk, in: Managerial Auditing Journal, No. 3, S. 4-7.

Dilley, J.A. (2002): ASB issues exposure draft on the auditor's risk assessment process, in: In Our Opinion, No. 4, S. 5-9.

DiPiazza, S.A./Eccles, R.G. (2002): Building Public Trust, New York.

Dirsmith, M.W./Haskins, M.E. (1991): Inherent risk assessment and audit firm technology: A contrast in world theories, in: Accounting, Organizations and Society, S. 61-90.

Dörner, D. (1997): Berichterstattung durch den Abschlußprüfer und Auswirkungen auf die Abschlußprüfung, in: Baetge, J. (Hrsg.): Aktuelle Entwicklungen in Rechnungslegung und Wirtschaftsprüfung: Reformbedarf, Perspektiven, internationale Einflüsse, Düsseldorf, S. 13-59.

Dres. Brönner Treuhand-Revision GmbH (2002): Hilfsmittel zum Prüfungsansatz, unveröffentlichte interne Quelle, o.O.

Drexl, A./Salewski, F. (1991): Grundlagen für eine expertensystembasierte Beurteilung des Internen Kontrollsystems bei Abschlußprüfungen, in: Zeitschrift für Betriebswirtschaft, S. 755-776.

Dyckerhoff, C. (2001): Entwicklungstendenzen bei der Abschlußprüfung, in: Boysen, K./Dyckerhoff, C./Otte, H. (Hrsg.): Der Wirtschaftsprüfer und sein Umfeld zwischen Tradition und Wandel zu Beginn des 21. Jahrhunderts, Festschrift zum 75. Geburtstag von Hans-Heinrich Otte, Düsseldorf, S. 111-127.

Ehrmann, H. (1998): Kompakt-Training Balanced Scorecard, Ludwigshafen.

Ernst & Young (2002): Ernst & Young, Global Audit Methodology, April, unveröffentlichte interne Quelle, o.O.

Ernst, C. (1998): KonTraG und KapAEG sowie aktuelle Entwicklungen zur Rechnungslegung und Prüfung in der EU, in: Die Wirtschaftsprüfung, S. 1025-1035.

Ernst, C. (1999): Auswirkungen des KonTraG auf Rechnungslegung und Prüfung – Ein Beitrag zur Schließung der Erwartungslücke, in: Baetge, J. (Hrsg.): Auswirkungen des KonTraG auf Rechnungslegung und Prüfung, Düsseldorf, S. 1-21.

Ernst, C./Seibert, U./Stuckert, F. (1998): KonTraG, KapAEG, StückAG, EuroAG, Düsseldorf.

Farr, W.-M. (2000): Checkliste für die Inventurbeobachtung, 2. Aufl., Düsseldorf.

Freiling, K./Lück, W. (1986): Interne Überwachung und Jahresabschlußprüfung, in: Zeitschrift für betriebswirtschaftliche Forschung, S. 996-1006.

Gans, C. (1986): Betriebswirtschaftliche Prüfungen als heuristische Suchprozesse, Bergisch Gladbach.

Gärtner, M. (1994): Analytische Prüfungshandlungen im Rahmen der Jahresabschlußprüfung. Ein Grundsatz ordnungsmäßiger Abschlußprüfung, Marburg.

Gay, G. (2002): Audit risk reduction, in: Australian CPA, March, S. 68-70.

Gray, I./Manson, S. (2000): The Audit Process – Principles, Practice & Cases, 2. Aufl., London.

Guy, D.M./Alderman, C.W./Winters, A.J. (1999): Auditing, 5. Aufl., Fort Worth et al.

Hall, W.D./Renner, A.J. (1988): Lessons that auditors ignore at their own risk, in: Journal of Accountancy, Vol. 166, Heft July, S. 5058.

Ham, J./Losell, D./Smieliauskas, W. (1985): An empirical study of error characteristics in accounting populations, in: The Accounting Review, S. 387-406.

Hoffmann, O. (2000): Performance Management, 2. Aufl., Bern.

Hoppenstedt (2000): Zehnjahresübersicht BASF-Gruppe, abrufbar unter http://www.boersenforum.de (Stand: Mai 2000).

Houghton, C.W./Fogarty, J.A. (1991): Inherent risk, in: Auditing: A Journal of Practice & Theory, S. 1-21.

Hylas, R.E./Ashton, R.H. (1982): Audit detection of financial statement errors, in: The Accounting Review, S. 751-765.

IDW (2000): Wirtschaftsprüfer-Handbuch 2000, Handbuch für Rechnungslegung, Prüfung und Beratung, Band I, 12. Aufl., Düsseldorf.

Janssen, F.-C. (2001): KonTraG und internationale Prüfungsstandards, in: Baetge, J. (Hrsg.): Internationale Grundsätze für Rechungslegung und Prüfung, Düsseldorf, S. 131-181.

Johnson, J.R./Leitch, R.A./Neter, J. (1981): Characteristics of errors in accounts receivable and inventory audits, in: The Accounting Review, S. 270-293.

Johnson, R. (1987): Evaluating audit risk components, in: Accountancy, Heft February, S. 124-125.

Johnson, R.N. (1987): Auditor detected errors and related client traits – A study of inherent and control risks in a sample of U.K. Audits, in: Journal of Business, Finance & Accounting, S. 39-64.

Kaplan, R.S./Norton, D.P. (1996): The Balanced Scorecard, Translating Strategy into Action, Boston.

Kinney, W.R./McDaniel, L.S. (1989): Characteristics of firms correcting previously reported quarterly earnings, in: Journal of Accounting & Economics, S. 71-93.

Knechel, W.R. (2001): Auditing: Assurance & Risk, 2. Aufl., Cincinnati.

Knop, W. (1983): Eine Möglichkeit zur optimalen Planung einer einzelnen Jahresabschlußprüfung unter besonderer Berücksichtigung der Beurteilung des internen Kontrollsystems, Thun und Frankfurt am Main.

Knop, W. (1984): Eine Prüfungsstrategie zur Prüfung des Internen Kontrollsystems (IKS) einer Unternehmung durch den Abschlußprüfer (Teil I und II), in: Die Wirtschaftsprüfung, S. 313-319 u. S. 348-355.

Kohl, T. (2001): Die Berücksichtigung der wirtschaftlichen Lage im Rahmen der Abschlussprüfung, Köln.

Konrath, L. (1990): Audit risk assessment: A discussion and illustration of the interrelated nature of statements on auditing standards, in: The Woman CPA, Heft Summer, S. 14-18.

Koonce, L. (1993): A cognitive characterization of analytical review, in: Auditing: A Journal of Practice & Theory, S. 57-76.

KPMG (2001): KPMG Business Audit, Quickguide, unveröffentlichte interne Quelle, Berlin.

KPMG (2002): KPMG Audit Manual, unveröffentlichte interne Quelle, o.O.

Kreutzfeldt, R.W./Wallace, W.A. (1986): Error characteristics in audit populations: Their profile and relationship to environmental factors, in: Auditing: A Journal of Practice & Theory, S. 20-43.

Kroneberger, W. (1980): Die Auswertung des Internen Kontrollsystems im Rahmen der Jahresabschlußprüfung, in: Wirtschaftsprüfung und Wirtschaftsrecht, Beiträge zum 75-jährigen Bestehen der Treuhand-Vereinigungs Aktiengesellschaft, Stuttgart, S. 201-234.

Küster, T. (2003): Angaben zum Prüfungsansatz von PwC, Schreiben vom 17.2.2003.

Lachnit, L. (1992): Globalabstimmung und Verprobung, in: Coenenberg, A.G./v. Wysocki, K. (Hrsg.): Handwörterbuch der Revision, 2. Aufl., Stuttgart, Sp. 719-742.

Langenbucher, G. (1997): Qualität und Umfang der Abschlußprüfung, in: Baetge, J. (Hrsg.): Aktuelle Entwicklungen in Rechnungslegung und Wirtschaftsprüfung: Reformbedarf, Perspektiven, internationale Einflüsse, Düsseldorf, S. 61-107.

Leffson, U. (1988): Wirtschaftsprüfung, 4. Aufl., Wiesbaden.

Leffson, U. (1992): Systemprüfung, in: Coenenberg, A.G./v. Wysocki, K. (Hrsg.): Handwörterbuch der Revision, 2. Aufl., Stuttgart, Sp. 1925-1930.

Lehner, U. (1999): Risikomanagement – ein Gegenstand der Abschlußprüfung, in: Baetge, J. (Hrsg.): Auswirkungen des KonTraG auf Rechnungslegung und Prüfung, Düsseldorf, S. 23-41.

Leichti, J.L. (1986): How to evaluate inherent risk – and improve your audits, in: The Practical Accountant, Heft March, S. 59-64.

Lemieux, R.N./Kosiek, T.M. (1989): Understanding the business environment and operations, in: Internal Auditing, Heft Spring, S. 89-93.

Lemon, W.M./Tatum, K.W./Turley, S.W. (2000): Developments in the audit methodologies of large accounting firms, Caxton Hill.

Loebbecke, J.K./Eining, M.M./Willingham, J.J. (1989): Auditors' experience with material irregularities: Frequency, nature and detectability, in: Auditing: A Journal of Practice & Theory, S. 1-28.

Lück, W. (1993): Jahresabschlußprüfung: Grundsätze für eine umfassende Prüfung der Rechnungslegung, Stuttgart.

Lüdenbach, N./Hoffmann, W.-D. (2002): Enron und die Umkehrung der Kausalität der Rechnungslegung, in: Der Betrieb, S. 1169-1175.

Mattheus, D. (1999): Die gewandelte Rolle des Wirtschaftsprüfers als Partner des Aufsichtsrats nach dem KonTraG, in: Zeitschrift für Unternehmens- und Gesellschaftsrecht, S. 682-714.

Messier, W.F. (2000): Auditing & Assurance Services – A Systematic Approach, 2. Aufl., Boston et al.

Müller, C. (1996): Entwicklung eines wissensbasierten Systems zur Unterstützung analytischer Prüfungshandlungen im Rahmen der Jahresabschlußprüfung, Frankfurt am Main et al.

Niemann, W. (2002): Jahresabschlußprüfung, München.

Orth, T.M. (1999): Überlegungen zu einem prozeßorientierten Prüfungsansatz, in: Die Wirtschaftsprüfung, S. 573-585.

Penné, G./Schwed, F./Janßen, S. (2000): Bilanzprüfung: Ausweis, Bilanzierung, Bewertung und Prüfung der Bilanzpositionen, Stuttgart.

Peters, J.M. (1989): A Knowledge Based Model of Inherent Audit Risk Assessment, University of Pittsburgh.

Porter, M.E. (1989): Wettbewerbsvorteile, Frankfurt am Main.

PwC (2002): Towards Performance Audit, unveröffentlichte interne Quelle, Frankfurt am Main.

Quick, R. (1991): Grundsätze ordnungsmäßiger Inventurprüfung, Düsseldorf.

Quick, R. (1996): Die Risiken der Jahresabschlußprüfung, Düsseldorf.

Quick, R. (2000): Inventur, Düsseldorf.

Quick, R./Kayadelen, E. (2002): Zur Aussagefähigkeit von Prognosen in Emissionsprospekten am Neuen Markt, in: Die Wirtschaftsprüfung, S. 949-965.

Ramage, J.G./Krieger, A.M./Spero, L.L. (1979): An empirical study of error characteristics in audit populations, in: Journal of Accounting Research, Supplement, S. 72-102.

Ricchiute, D.N. (2003): Auditing and Assurance Services, 7. Aufl., Mason.

Ruhnke, K. (1992): Wissensbasierte Systeme für die Wirtschaftsprüfung, in: Die Wirtschaftsprüfung, S. 688-695.

Ruhnke, K. (1999): Begleitmaterialien zur Vorlesung Prüfungstechnik, Fachgebiet Wirtschaftsprüfung/Controlling der Gerhard-Mercator-Universität Duisburg.

Ruhnke, K. (2000): Normierung der Abschlußprüfung, Stuttgart.

Ruhnke, K. (2001): Vorlesungsmaterialien zur Veranstaltung „Betriebswirtschaftliches Prüfungswesen" im Sommersemester 2001 an der Freien Universität Berlin.

Ruhnke, K. (2002): Geschäftsrisikoorientierte Abschlussprüfung – Revolution im Prüfungswesen oder Weiterentwicklung des risikoorientierten Prüfungsansatzes?, in: Der Betrieb, S. 437-443.

Ruhnke, K. (2003): Nutzen von Abschlussprüfungen: Bezugsrahmen und Einordnung empirischer Studien, in: Zeitschrift für betriebswirtschaftliche Forschung, S. 250-280.

Ruhnke, K./Schmidt, M. (2003): Überlegungen zur Prüfung beizulegender Zeitwerte, erscheint in: Die Wirtschaftsprüfung.

Schick, A.G./Ponemon, L.A. (1993): The influence of auditors' perceptions of organizational decline on audit risk, in: Organization Science, S. 92-107.

Selchert, F.W. (1996): Jahresabschlußprüfung der Kapitalgesellschaften, 2. Aufl., Wiesbaden.

Simnett, R./Tatum, K.W. (2002): Developments in International Auditing Standards during 2001, in: The Auditor's Report, Spring, S. 14-17.

Sperl, A. (1978): Prüfungsplanung, Düsseldorf.

St. Pierre, K./Anderson, J.A. (1984): An analysis of the factors associated with lawsuits against public accountants, in: The Accounting Review, S. 242-263.

Steele, A. (1992): Audit Risk and Audit Evidence: The Bayesian Approach to Statistical Auditing, London et al.

Stice, J.D. (1991): Using financial and market information to identify pre-engagement factors associated with lawsuits against auditors, in: The Accounting Review, S. 516-533.

Strawser, J.R. (1985): An Empirical Investigation of Auditor Judgment: Factors Affecting Perceived Audit Risk, Texas A&M University.

Stringer, K.W./Stewart, T.R. (1996): Statistical Techniques for Analytical Review in Auditing, 2. Aufl., New York et al.

v. Wysocki, K. (1988): Grundlagen des betriebswirtschaftlichen Prüfungswesens, 3. Aufl., München.

Wagenhofer, A. (2001): International Accounting Standards, 3. Aufl., Wien.

Wanik, O. (1992): Internes Kontrollsystem, Prüfung, in: Coenenberg, A.G./v. Wysocki, K. (Hrsg.): Handwörterbuch der Revision, 2. Aufl., Stuttgart, Sp. 896-908.

Wiedmann, H. (1981): Die Prüfung des internen Kontrollsystems, in: Die Wirtschaftsprüfung, S. 705-711.

Wiedmann, H. (1998): Ansätze zur Fortentwicklung der Abschlußprüfung, in: Die Wirtschaftsprüfung, S. 338-350.

Wiedmann, H. (2000): Abschlußprüfung zwischen Ordnungsmäßigkeitsprüfung und betriebswirtschaftlicher Überwachung, in: Poll, J. (Hrsg.): Bilanzierung und Besteuerung der Unternehmen – Das Handels- und Steuerrecht auf dem Weg ins 21. Jahrhundert, Festschrift für Dr. iur. Dr. rer. pol. Herbert Brönner zum 70. Geburtstag, Stuttgart, S. 443-464.

Willingham, J.J./Wright, W.F. (1985): Financial statement errors and internal control judgments, in: Auditing: A Journal of Practice & Theory, S. 57-70.

Wittlage, H. (1998): Moderne Organisationskonzeptionen: Grundlagen und Gestaltungsprozeß, Wiesbaden.

Wittmann, A. (1981): Systemprüfung und ergebnisorientierte Prüfung, Berlin.

Wright, A./Ashton, R. H. (1989): Identifying audit adjustments with attention-directing procedures, in: The Accounting Review, S. 710-728.

Zimbelman, M.F. (1997): The effects of SAS 82 on auditor's attention to fraud risk factors and audit planning decisions, in: Journal of Accounting Research, Supplement, S. 75-97.

Kontrollfragen

1. Klassifizieren Sie die Determinanten des inhärenten Risikos.
2. Welche Bedeutung hat die Vermögens-, Finanz- und Ertragslage des Mandanten für den risikoorientierten Prüfungsprozess?
3. Schildern Sie die Konsequenzen der Ergebnisse der Systemprüfung für den weiteren Prüfungsablauf.
4. Welche Komponenten sind im Rahmen der Aufbauprüfung zu prüfen?
5. Diskutieren Sie die Vor- und Nachteile einzelner Systemerfassungstechniken.
6. Was ist Gegenstand der Funktionsprüfung?
7. Worin besteht der Unterschied zwischen einem Single Purpose Test und einem Dual Purpose Test?
8. Skizzieren Sie den Prozess einer Systemprüfung als hypothesengesteuerter heuristischer Suchprozess.
9. Beschreiben Sie die Einsatzmöglichkeiten analytischer Prüfungshandlungen im Rahmen des Prüfungsprozesses.
10. Welche Kennzahlen finden im Rahmen analytischer Prüfungshandlungen häufig Anwendung?
11. Charakterisieren Sie die grundsätzliche Vorgehensweise bei Durchführung von Schätzverfahren.
12. Diskutieren Sie die verschiedenen Auswahlverfahren unter besonderer Berücksichtigung der konzeptionellen Unterschiede der bewussten gegenüber der Zufallsauswahl. Anhand welcher Verfahren ist die Sicherheit und die Genauigkeit des Urteils kontrollierbar?
13. Charakterisieren Sie die grundsätzliche Vorgehensweise bei Durchführung von Schätzverfahren.
14. Charakterisieren Sie die grundsätzliche Vorgehensweise bei Durchführung von Testverfahren.
15. Charakterisieren Sie die grundsätzliche Vorgehensweise bei der Durchführung des Dollar Unit Samplings.
16. Ist das Dollar Unit Sampling in der vorgestellten Form gleichermaßen für Über- wie auch für Unterbewertungen anwendbar? Begründen Sie Ihre Antwort.
17. Welche Ansatzpunkte einer risikoorientierten Prüfung kennen Sie? Handelt es sich um komplementäre oder einander ausschließende Ansatzpunkte?

18. Legen Sie die Grundzüge einer geschäftsrisikoorientierten Prüfung dar und gehen Sie dabei insbesondere auf die Bridging-Problematik ein.

19. Wodurch unterscheiden sich das Prüfungsrisiko und das Geschäftsrisiko (des Mandanten)? Verdeutlichen Sie Ihre Ausführungen vor dem Hintergrund des Risikomodells.

20. In welchem Zusammenhang stehen eine geschäftsrisikoorientierte und eine abschlusspostenorientierte Prüfung?

21. Welchen Stellenwert besitzt die statistische Zufallsauswahl im Rahmen einer geschäftsrisikoorientierten Prüfung?

22. Die Medienbeobachtungs-AG (M-AG) mit Sitz in Köln beschäftigt sich damit, für ihre Kunden Dienstleistungen in Form von Medienbeobachtungsanalysen zu erstellen. Dabei geht es darum, dass die Kunden der M-AG verschiedene Suchbegriffe (z.B. Produkte des Kunden oder Konkurrenzprodukte sowie der Kundenname selbst) vorgeben und die M-AG alle Print- und Internet-Medien nach diesen Kriterien untersucht und die Auswertungen (z.B. in Form von Zeitungsausschnitten) den Kunden bereitstellt. Die M-AG verfügt über eine Vertriebsmannschaft von 15 Mitarbeitern und ein Rechercheteam (Produktion) von 90 Mitarbeitern. Für diese Form von Dienstleistungen existiert in Deutschland ein Marktvolumen in Höhe von jährlich 600 Mio. €. Die M-AG hat sich das strategische Ziel gesetzt, in Deutschland einen Marktanteil von 50% zu erreichen (Marktführerschaft). Derzeit hält die M-AG einen Marktanteil von 27%; es existieren noch zwei Konkurrenten mit einem Marktanteil von jeweils 30%. Sie sind mit der Prüfung der M-AG befasst. Geben Sie einen kurzen Überblick über den Ablauf einer geschäftsrisikoorientierten Prüfung. Skizzieren Sie mögliche Ansatzpunkte zur Lösung der Bridging-Problematik bei der Prüfung der M-AG. Welche weiteren zentralen Informationen benötigen Sie? Falls Sie weitere Annahmen treffen, legen Sie diese offen.

23. In welche Tätigkeitskreise lassen sich die Tätigkeiten eines Unternehmens einteilen? Wie sind diese Tätigkeitskreise verknüpft?

24. Legen Sie die Grundzüge einer tätigkeitskreisorientierten Prüfung dar und verdeutlichen Sie Ihr Vorgehen am Beispiel der Prüfung des Tätigkeitskreises „Beschaffung".

25. Legen Sie die Grundzüge einer abschlusspostenorientierten Prüfung dar und verdeutlichen Sie Ihr Vorgehen am Beispiel der Prüfung der Abschlussposition „Forderungen aus Lieferungen und Leistungen".

26. Verdeutlichen Sie die Vorgehensweise einer abschlusspostenorientierten Prüfung am Beispiel der Prüfung der Abschlussposition „Vorräte".

27. Diskutieren Sie die Notwendigkeit und den Gegenstand einer Inventurbeobachtung.

28. Wozu dient die Einholung von Saldenbestätigungen, und was ist dabei zu beachten?

29. Welche Problematik besteht bei der Prüfung geschätzter Werte in der Rechnungslegung, und wie geht der Abschlussprüfer dabei vor?

30. Definieren Sie die folgenden Begriffe und grenzen Sie diese voneinander ab: „Beizulegender Zeitwert", „Marktwert" und „Geschätzter beizulegender Zeitwert".
31. Gehen Sie auf den Ablauf der Prüfung geschätzter beizulegender Zeitwerte ein.
32. Erläutern Sie den Unterschied zwischen Daten und Annahmen im Rahmen der Prüfung geschätzter beizulegender Zeitwerte.

4 Fraud und going concern*⁾

4.1 Fraud-Prüfung

4.1.1 Einführung und Begriffsabgrenzungen

Spektakuläre Unternehmensschieflagen, wie z.B. Balsam, Procedo, Worldcom, ComROAD und Ahold haben das Vertrauen der Öffentlichkeit in die Abschlussprüfung erschüttert.

Beispiele

Die folgenden Aussagen des Insolvenzverwalters der Balsam AG verdeutlichen dies: „Die Jahresabschlüsse sind seit zehn Jahren systematisch zum Nachteil der Gläubiger der Balsam AG, insbesondere der Procedo GmbH (...) und der beteiligten Banken gefälscht worden. (...) (Die Fälschungen, die Verf.) seien sehr intelligent, dauerhaft und plausibel angelegt worden, um die Arglosigkeit der Geschäftspartner auszunutzen."[1] Bei Worldcom wurden nicht aktivierungsfähige Ausgaben für den Betrieb von Telefonnetzen in Höhe von 3,8 Mrd. US-$ als Investition verbucht und aktiviert; beachtlich ist, dass nicht eine externe, sondern eine interne Prüfung die Fehlbuchungen festgestellt hat.[2] Im Fall ComROAD hatte der Prüfer die Existenz einer Scheinfirma, mit der 98% der Umsätze getätigt wurden, nicht überprüft und sich alleine auf das Einholen von Saldenbestätigungen verlassen.[3]

Betrügerische Handlungen und andere Normenverstöße stellen zweifelsfrei eines der *zentralen Problemfelder* im Prüfungswesen dar.

Beispiele

Eine auf die USA bezogene Untersuchung des Instituts der Certified Fraud Examiners aus dem Jahr 1995, in der 1.508 Normenverstöße in Unternehmen analysiert wurden, zeigt, dass allein die untersuchten Bilanzdelikte einen Schaden in Höhe von mehr als 2,3 Mrd. US-$ verursacht haben.[4] Weiterhin beziffert eine auf Europa bezogene fraud-Studie von PwC (die Interviewstichprobe aus dem Jahr 2001 umfasst 3.400 Unternehmen aus 15 europäischen Ländern) den Schaden der letzten beiden Jahre auf 3,6 Mrd. €; davon entfallen 63% der begangenen Verstöße auf Unterschlagungen. Allerdings ist es nicht möglich, die Schadenssumme herauszurechnen, die auf Bilanzdelikte entfällt.[5]

Verstöße werden am häufigsten durch Zufall oder durch Hinweise von Angestellten aufgedeckt. Eine hohe Fehleraufdeckungskraft haben auch die Interne Revision, interne Kontrollen sowie die externe Abschlussprüfung.[6] Weiterhin erwartet ein großer Teil der Öffentlichkeit, dass der Abschlussprüfer betrügerische Handlungen mit absoluter Sicherheit aufdeckt. Diese Vorstellungen entsprechen jedoch nicht dem in den Prüfungsnormen festgelegten Anspruchsniveau an eine Abschlussprüfung.[7] In der Vergangenheit hat sich der Berufsstand wiederholt darum bemüht, ein deutlicheres Bild von den Zuständigkeiten des Prüfers zu zeichnen (zuletzt IDW PS 210 sowie ISA 240[8]).

Die Rechnungslegung kann *falsche Angaben* enthalten, die auf verschiedenen Ursachen beruhen können. Zu den falschen Angaben zählen:

- *Fehler* (error; das IDW spricht hier von Unrichtigkeiten) beruhen auf unbeabsichtigten Falschaussagen im Abschluss und Lagebericht wie z.B. unbeabsichtigten Fehlbuchungen, Schreib- oder Rechenfehlern sowie auf der irrtümlich falschen Anwendung von Rechnungslegungsnormen (IDW PS 210.7; ISA 240.3).
- *Rechnungslegungsdelikte* (Täuschungen in der Terminologie des IDW) zielen *direkt* auf die Manipulation des Jahresabschlusses bzw. der zugrunde liegenden Buchführung sowie des Lageberichts ab, wie z.B. unterlassene Buchungen oder eine bewusst falsche Bewertung; hier wird gegen Rechnungslegungsnormen verstoßen (IDW PS 210.7; ISA 240.4).
- *Dolose Handlungen* (Vermögensschädigungen in der Terminologie des IDW) sind vorsätzliche Verstöße mit Bereicherungsabsicht. Diese Handlungen sind vorrangig auf die widerrechtliche Aneignung von Unternehmensvermögen sowie auf die Erhöhung von Verpflichtungen zu Lasten des Gesellschaftsvermögens ausgerichtet, sofern diese nicht zutreffend in der Rechnungslegung abgebildet werden. Hierzu zählen insbesondere Unterschlagungen und Diebstahl. Werden dolose Handlungen zutreffend in der Rechnungslegung abgebildet, so liegen in der Terminologie des IDW sonstige Gesetzesverstöße vor (vgl. Abb. II.4-1) (IDW PS 210.7; ISA 240.4).
- Bei den *sonstigen Normenverstößen, die zu falschen Angaben in der Rechnungslegung führen* (Gesetzesverstöße in der Terminologie des IDW), handelt es sich um (beabsichtigte oder unbeabsichtigte[9]) Verstöße gegen Nicht-Rechnungslegungsnormen (hierzu zählen auch Verstöße gegen den Gesellschaftsvertrag oder die Satzung),
  - die keine dolosen Handlungen darstellen und
  - die zu falschen Angaben in der Rechnungslegung (z.B. Auswirkungen von Verstößen gegen Umweltgesetze in Form von Geldstrafen, für die ein anzusetzender Passivposten nicht gebildet wurde) führen (IDW PS 210.7; ISA 250.2).[10]

Beispiel

Als Beispiel für eine *dolose Handlung* ist der Diebstahl von Lagerbeständen zu nennen. Täuscht der Täter dabei durch einen gefälschten Inventurbeleg vor, dass die Gegenstände immer noch auf Lager sind, so bleibt die Schädigung ohne Einfluss auf den Jahreserfolg. Üblicherweise wird der Täter versuchen, die Vermögensschädigung durch entsprechende Manipulationen im Jahresabschluss bzw. der zugrunde liegenden Buchführung zu verdecken (*Rechnungslegungsdelikt*). So kann der Täter z.B. einen fingierten Beleg hinsichtlich des Lagerabgangs erstellen, so dass keine Bestandsdifferenz entsteht (vgl. auch ISA 240.7).

Dies setzt jedoch wiederum voraus, dass der Täter sowohl auf das Vermögen des Unternehmens als auch auf die Unterlagen des Rechnungswesens zugreifen kann. Besondere praktische Bedeutung besitzen hier betrügerisch herbeigeführte Auszahlungen (fraudulent disbursement): Zu nennen sind neben gefälschten Spesenabrechnungen, Schecks und Gehaltsabrechnungen vor allem gefälschte Rechnungen.[11]

Nicht zu falschen Angaben in der Rechnungslegung führen definitionsgemäß Verstöße gegen Nicht-Rechnungslegungsnormen, die keine dolosen Handlungen darstellen und die zutreffend in der Rechnungslegung abgebildet werden. Diese *sonstigen Normenverstöße, die nicht zu falschen Angaben in der Rechnungslegung führen*, bezeichnet das IDW als sonstige Gesetzesverstöße (IDW PS 210.7; ISA 250.2).

Abb. II.4-1 verdeutlicht das zuvor Gesagte sowie den Anwendungsbereich der deutschen und der internationalen Prüfungsnormen. Dabei geben die kursiv gedruckten Begriffe die in IDW PS 210 gewählte Terminologie wieder, die jedoch sprachlich nicht immer zu überzeugen vermag.

	Unregelmäßigkeiten (IDW PS 210)			
	Falsche Angaben in der Rechnungslegung			Keine falschen Angaben in der Rechnungslegung
Fehler/ error *(Unrichtigkeiten)*	Verstöße[12]			
	fraud			
	Rechnungslegungsdelikte *(Täuschungen)*	dolose Handlungen *(Vermögensschädigungen)*	sonstige Normenverstöße, die zu falschen Angaben in der Rechnungslegung führen *(Gesetzesverstöße)*	sonstige Normenverstöße, die nicht zu falschen Angaben in der Rechnungslegung führen *(sonstige Gesetzesverstöße)*
unbeabsichtigt	beabsichtigt	beabsichtigt	beabsichtigt / unbeabsichtigt[13]	beabsichtigt / unbeabsichtigt
	Berichterstattung im Prüfungsbericht und (sofern wesentlicher Einfluss auf die Rechnungslegung) im Bestätigungsvermerk			Berichterstattung nur im Prüfungsbericht
	ISA 240			ISA 250

Abb. II.4-1: Unregelmäßigkeiten i.S. von IDW PS 210

4.1.2 Aufdeckung von fraud

Die folgenden Ausführungen konzentrieren sich auf die Aufdeckung von fraud. Dabei treffen den Abschlussprüfer und die Unternehmensleitung unterschiedliche Pflichten.

- Die *Unternehmensleitung* (gesetzliche Vertreter des Unternehmens) trifft die Verantwortung, ein IKS einzurichten, welches darauf ausgerichtet ist, fraud zu verhindern und aufzudecken (IDW PS 210.8; ISA 240.12). Ein solches IKS entfaltet regelmäßig eine hohe Abschreckungswirkung und ist aus diesem Grunde von besonderer Bedeutung.[14]

- Der *Abschlussprüfer* besitzt hinsichtlich der Aufdeckung von fraud eine *positive Suchverantwortung*. Demnach sind zunächst die Risiken einzuschätzen. Darauf aufbauend sind die Prüfungshandlungen so zu planen, dass mit angemessener Prüfungssicherheit durch fraud entstandene Falschaussagen, die den Jahresabschluss insgesamt wesentlich beeinflussen, bei gewissenhafter Berufsausübung erkannt werden (§ 317 Abs. 1 Satz 3 HGB i.V.m. IDW PS 210.12 u. 34 f.; ISA 240.13). Des Einsatzes kriminalistischer Prüfungshandlungen bedarf es nicht; insofern handelt es sich nicht um eine gezielte Unterschlagungsprüfung (vgl. Kapitel III, Abschnitt 2.3.3.2.4).

Bei der *Prüfungsplanung* hat der Prüfer zunächst vorläufig zu beurteilen, inwieweit ein Risiko besteht, dass Täuschungen und Vermögensschädigungen zu wesentlichen Falschaussagen im Abschluss geführt haben (IDW PS 210.22). Mögliche Anfälligkeiten für falsche Angaben in der Rechnungslegung auf Grund von Unregelmäßigkeiten sind bereits bei der Prüfungsplanung zusammen mit dem Prüfungsteam zu diskutieren (IDW PS 210.25; ISA 240.20 u. ED ISA 400.18) und entsprechend zu dokumentieren (ED ISA 400.117a sowie die allgemein gehaltenen Dokumentationsverpflichtungen in IDW PS 210.58 u. ISA 240.49 f.). Die auf diese Weise gewonnene Risikoeinschätzung ist den während der Prüfung gewonnenen Erkenntnissen laufend anzupassen.

Weiterhin sind die inhärenten und die Kontrollrisiken einzuschätzen (IDW PS 210.22 ff.; ISA 240.32 ff.).

- Als *inhärente Risiken* sind Umstände zu nennen, die eine Motivation begründen. Zu nennen sind z.B. kritische Unternehmenssituationen (z.B. schrumpfende Geschäftstätigkeit oder Abhängigkeit von wenigen Lieferanten oder Kunden) und Zweifel an der Integrität der Geschäftsführung (z.B. Beherrschung der Geschäftsführung durch wenige Personen oder häufiger Personalwechsel in Führungspositionen). Überdies kann ein ungewöhnlicher Druck auf dem Management lasten, den aktuellen Aktienkurs zu erhöhen, weil die Erhöhung von shareholder value über den Verbleib des Managements im Unternehmen entscheidet oder weil ein hoher Teil der Managementvergütung auf Aktienoptionsprogramme (stock options) entfällt. In ähnlicher Weise äußerten sich 82% von 200 befragten Angestellten öffentlich notierter US-Unternehmen dahingehend, dass eine in diesem Zusammenhang stehende Gier nach mehr Geld (executive greed) zu Fehlverhalten führt; zudem gaben 60% der Befragten an, dass der Druck des Kapitalmarktes, kurzfristig positive Ergebniszahlen auszuweisen, die Anwendung nicht normenkonformer Rechnungslegungspraktiken fördere.[15]

- Für die Einschätzung der fraud-spezifischen *Kontrollrisiken* können die nachstehenden Faktoren bedeutsam sein: mangelnde Funktionsfähigkeit des IKS, Nichtbeachtung des Grundsatzes der Funktionentrennung sowie die Möglichkeit des Managements, sich über die vorhandenen internen Kontrollen hinwegzusetzen (management override; IDW PS 210.19; ISA 240.16). Die Interne Revision als Bestandteil des Kontrollumfelds deckt häufig Unregelmäßigkeiten im Unternehmen auf; insofern setzt eine Gesamtrisikobeurteilung auch voraus, dass der Prüfer sich mit der Existenz und Funktionsfähigkeit einer Internen Revision sowie ihrer Unabhängigkeit beschäftigt. Die Prüfung der Kontrollrisiken weist einen engen Bezug zur Prüfung des internen Überwachungssystems gem. § 317 Abs. 4 HGB auf (vgl. Abschnitt 8.2).

Auf Basis der Beurteilung der inhärenten und der Kontrollrisiken hat der Prüfer i.S. des *risikoorientierten Prüfungsansatzes* (vgl. Abschnitt 1.2) weitere aussagebezogene Prüfungshandlungen (substantive procedures) festzulegen, um eine angemessene Prüfungssicherheit hinsichtlich der Existenz wesentlicher Falschaussagen im Jahresabschluss zu erlangen (IDW PS 210.34; ISA 240.39). Für den Fall, dass der Prüfer zuvor Risikofaktoren als solche identifiziert hat, geben ISA 240.39 ff. i.V.m. appendix.2 Hinweise auf möglicherweise zu tätigende aussagebezogene Prüfungshandlungen.

Ersten empirischen Belegen zufolge kann der Prüfer effektive Unregelmäßigkeiten aufdecken, sofern er die auf die absichtlichen und unabsichtlichen Fehler bezogenen Risikobeurteilungen *separat* vornimmt.[16] Dies spricht dafür, die Beurteilungen der inhärenten und Kontrollrisiken gleichfalls differenziert nach Fehlerart (beabsichtigte oder unbeabsichtigte Fehler) vorzunehmen (vgl. auch Abschnitt 3.3.1.2, insbesondere Abb. II.3-14).

Die folgenden Praxisbeispiele verdeutlichen, dass bereits einfache *analytische Prüfungen* wie Plausibilitätstests und Kennzahlenanalysen wichtige Anhaltspunkte im Hinblick auf die Existenz von fraud geben können.[17]

Beispiele

Das Vorratsvermögen (Kopierer) der Saxon Industries war im Jahr 1981 um 86 Mio. US-$ überbewertet; davon entfielen 58 Mio. US-$ auf nicht existierende Kopierer. Bereits der einfache Vergleich der Lagerkapazität mit den ausgewiesenen Vorräten in den einzelnen Lagern legt Unstimmigkeiten offen: Beispielsweise wurden für ein Lager Vorräte in Höhe von 532.000 US-$ ausgewiesen, obwohl das Lager nur eine Kapazität für einen Gesamtwert von 200.000 US-$ besaß.

Nach den Angaben der Fluggesellschaft Flight Transportation Corporation (FTC) stieg die Zahl der berichteten Flüge von 120 (1980) auf 260 (1981) und 365 (1982). Hier hätte eine Kontrolle der Anzahl der von FTC angestellten Piloten, ein Vergleich der tatsächlichen mit der gesetzlich zulässigen Stundenzahl, die ein Pilot pro Jahr fliegen darf sowie ein Vergleich der Produktivität der FTC mit den Vorjahreswerten und/oder mit dem Branchendurchschnitt zeigen können, dass die FTC entweder deutlich produktiver arbeitet als die Branche (ist dies der Fall, muss der Prüfer den Gründen hierfür nachgehen) oder dass die berichteten Flüge mit den angestellten Piloten gar nicht realisiert werden konnten.

Weiterhin bedarf es stets einer Erklärung, wenn die Gewinne deutlich rascher wachsen als der Umsatz. Dasselbe gilt, wenn Gewinn und Umsatz steigen, aber der Cashflow rückläufig ist. So hatte Enron im Juni 2001 einen Gewinn von 404 Mio. US-$, gleichzeitig waren aber 527 Mio. US-$ Cashflow abgeflossen.[18] Hier ist stets zu klären, ob die festgestellten Inplausibilitäten auf erlaubte abschlusspolitische Maßnahmen, fraud oder auf andere Ursachen zurückzuführen sind.

Werden, wie in den vorstehenden Beispielen, durch analytische Prüfungen entsprechende Hinweise auf die mögliche Existenz von fraud gewonnen, muss der Prüfer diesen unerwarteten Abweichungen durch gezielte aussagebezogene Prüfungshandlungen nachgehen.

Bezogen auf das zuletzt genannte Beispiel wäre anhand weiterer Dokumente wie den bestehenden Verträgen mit den Piloten, den Gehaltsabrechnungen und den Flugaufzeichnungen zu prüfen, ob sich der bestehende Verdacht erhärten lässt. Ergeben sich auch auf dieser Basis keine Anhaltspunkte für Unregelmäßigkeiten, ist zu prüfen, ob die Gründe für die höhere Produktivität der FTC (im Vergleich zu anderen Unternehmen der Branche) nachvollziehbar und plausibel erscheinen. Ist dies der Fall, dürfte der Prüfer eine ausreichende Prüfungssicherheit erlangt haben. Anderenfalls sind die nachstehend beschriebenen Berichterstattungs- und Kommunikationserfordernisse zu beachten; ggf. ist die Einholung eines rechtlichen Rates erforderlich.

Der Prüfer hat auch den Einfluss seiner Feststellungen oder Vermutungen auf andere Gebiete der Abschlussprüfung zu berücksichtigen und ggf. bereits getroffene Feststellungen zu revidieren: Beispielsweise ist die Prüfungssicherheit bereits getroffener Prüfungsaussagen zu reduzieren, sofern diese in hohem Maße auf Erklärungen der Unternehmensleitung basiert und wenn Indizien für eine Involvierung der Leitung in Unregelmäßigkeiten sprechen (IDW PS 210.50).

Liegen die Mandantendaten in DV-lesbarer Form vor, lassen sich inbesondere Prüfsprachen für die Zwecke der fraud-Aufdeckung einsetzen (vgl. Abschnitt 7.2.5 mit weiteren Praxisbeispielen). Hinsichtlich der Prüfungsplanung und -durchführung ist festzustellen, dass sich das bereits im Rahmen des risikoorientierten Prüfungsansatzes dargelegte prüferische Vorgehen grundsätzlich auch für die Zwecke der Aufdeckung von fraud eignet. Gleichwohl wird eine Aufdeckung von fraud in noch höherem Maße von der kritischen Grundhaltung des Prüfers, seinen ethischen Grundeinstellungen und seinem Gespür für Unregelmäßigkeiten abhängen.

Als *besondere Problemfelder* sind in diesem Zusammenhang die Beurteilung von Risikofaktoren auf der Basis von Checklisten sowie die Abgrenzung zu einer auf kriminalistischen Methoden beruhenden Unterschlagungsprüfung zu nennen.

- Der *Einsatz von Fragebögen bzw. Checklisten*, welche Warnsignale (red flags) hinsichtlich erhöhter fraud-Risiken beinhalten (z.B. in IDW PS 210.31 sowie deutlich detaillierter in ISA 240.appendix 1 u. 3), ist nicht unproblematisch. So zeigen empirische Studien, dass das Abarbeiten vorgegebener red flags die Offenlegung von fraud nicht unterstützt, sondern sogar behindert: Beispielsweise decken Prüfer bei Verwendung von Fragebögen in signifikant geringerem Umfang Normenverstöße auf, die auf fraud beruhen. Vermutlich suggerieren Fragebögen dem Prüfer, dass das anstehende Problem durch das einfache Abhaken kritischer Faktoren lösbar sei und wirken insofern der in IDW PS 210.17 und ISA 240.18 geforderten kritischen Grundhaltung entgegen.[19]

- Obgleich die Prüfungsnormen dem Prüfer eine positive Suchverantwortung auferlegen, ist der Prüfer berechtigt, von der Echtheit der vorgelegten Dokumente und Aufzeichnungen sowie von der Wahrheit der gegebenen Auskünfte auszugehen, sofern die Prüfung zu keinen gegenteiligen Feststellungen führt (IDW PS 210.41; ISA 240.19).

Damit ist das *Anspruchsniveau* einer fraud-Aufdeckung im Rahmen der Jahresabschlussprüfung deutlich geringer als bei einer auf kriminalistischen Methoden beruhenden Unterschlagungsprüfung (vgl. Kapitel III, Abschnitt 2.3.3.2.4). Eine genaue Grenzziehung zwischen den beiden zuvor angesprochenen Prüfungsarten ist indes nicht möglich. IDW PS 210.18 und ISA 240.17 stellen ausdrücklich fest, dass eine nachträgliche fraud-Aufdeckung nicht automatisch ein Prüferversagen begründet. Gleichwohl dürfte es einem Abschlussprüfer, gegen den der Vorwurf erhoben wird, das in den Prüfungsnormen formulierte Anspruchsniveau nicht eingehalten zu haben, schwer fallen, sich im Falle eines Rechtsstreits zu exkulpieren.

Führte fraud zu wesentlichen Falschaussagen in der Rechnungslegung, so ist der zuständige gesetzliche Vertreter so bald wie möglich davon in Kenntnis zu setzen (IDW PS 210.52); weitere *Mitteilungspflichten* finden sich in IDW PS 210.51 ff. Zudem hat der Prüfer erkannte Risikofaktoren für Verstöße und deren Auswirkungen auf seine Einschätzungen in den Arbeitspapieren zu dokumentieren; diese *Dokumentationspflicht* und weitere Pflichten regelt IDW PS 210.58.

Des Weiteren führen durch fraud verursachte wesentliche Falschaussagen im Jahresabschluss zu einer Einschränkung oder Versagung des *Bestätigungsvermerks*.[20]

Im *Prüfungsbericht* hat der Prüfer positiv z.B. über „bei Durchführung der Prüfung festgestellte Unrichtigkeiten (...) zu berichten" (§ 321 Abs. 1 Satz 3 HGB). Dabei ist auch über solche Tatsachen zu berichten, die entsprechende Verstöße „erkennen lassen" (so auch IDW PS 210.59). Ferner ist u.a. zu berichten, wenn Beanstandungen zwar nicht zur Einschränkung oder Versagung des Bestätigungsvermerks geführt haben, aber für eine angemessene Information der Berichtsempfänger (insbesondere für die Überwachung der Unternehmensführung) von Bedeutung sind. Zu berichten ist auch über sonstige Normenverstöße, die nicht zu falschen Angaben in der Rechnungslegung geführt haben (IDW PS 210.48).

International sind die Mitteilungs-, Dokumentations- und Berichterstattungserfordernisse ähnlich geregelt, wenngleich die internationalen Normen formal kein dem Prüfungsbericht deutscher Prägung ausgestaltetes Berichterstattungsinstrument kennen (ISA 240.48 ff. u. 56 ff. u. ISA 700.36 ff.).

4.2 Going concern-Annahme

4.2.1 Ebene der Rechnungslegung

Die Annahme der Unternehmensfortführung (*going concern-Annahme*) ist ein zentrales Grundprinzip der Rechnungslegung, welches sich in ähnlicher Form sowohl in den deutschen als auch in den internationalen Rechnungslegungsnormen findet.

Den *deutschen Normen* zufolge ist so lange von der Fortsetzung der Unternehmenstätigkeit auszugehen, bis dem nicht tatsächliche oder rechtliche Gegebenheiten entgegenstehen (§ 252 Abs. 1 Nr. 2 HGB):[21]

- Der going concern-Prämisse entgegenstehende *tatsächliche Gegebenheiten* sind vorrangig wirtschaftliche Schwierigkeiten. Jedoch ist es nicht möglich, wirtschaftliche Tatbestände zu benennen, die zwingend eine Unternehmensfortführung ausschließen. Ersatzweise lassen sich Sachverhalte benennen, die eine Fortführung gefährden können. Hierzu zählen z.B. das Unvermögen, existenznotwendige Investitionen durchzuführen, der Fortfall wesentlicher Kreditgeber, Zulieferer oder Kunden.

- Als entgegenstehende *rechtliche Gegebenheiten* kommen z.B. die Eröffnung des Insolvenzverfahrens oder Satzungsvorschriften, welche die Auflösung der Gesellschaft zur Folge haben, in Betracht. Zu den Insolvenzgründen zählen die Zahlungsunfähigkeit, die drohende Zahlungsunfähigkeit sowie die Überschuldung (§§ 16 ff. InsO).

Die gesetzlichen Vertreter des Mandaten müssen bei Aufstellung des Abschlusses eine Einschätzung vornehmen, inwieweit das Unternehmen fähig ist, den Geschäftsbetrieb fortzuführen (IDW PS 270.9 ff.). Entscheidend für die Beurteilung der Unternehmensfortführung sind grundsätzlich die Verhältnisse am Bilanzstichtag.

- Gleichwohl sind Ereignisse zu berücksichtigen, die nach dem Abschlussstichtag eintreten, sofern diese bessere Erkenntnisse über die Verhältnisse zum Abschlussstichtag liefern; in diesem Zusammenhang könnte man auch von going concern-aufhellenden Ereignissen sprechen. Während IDW PS 203.2 u. 8 keine eindeutige Aussage treffen, inwieweit auch going concern-begründende Ereignisse zu berücksichtigen sind, vertritt das IDW in PS 270.48 die Auffassung, dass *going concern-aufhellende und -begründende Ereignisse* zu berücksichtigen sind.[22]

- *Stichtag für die Berücksichtigung* von Ereignissen, die nach dem Abschlussstichtag eingetreten sind, ist nach Auffassung des IDW der Zeitpunkt der Erteilung des Bestätigungsvermerks (IDW PS 203.2 u. PS 270.8).[23]

- Als *Bezugsperiode für die Beurteilung* der Unternehmensfortführung nennt das IDW einen Zeitraum, der ausgehend vom Bilanzstichtag mindestens das gesamte folgende Geschäftsjahr umfasst (IDW PS 270.8 sowie IDW PS 800.12).

Den *internationalen Normen* zufolge bildet der going concern-Grundsatz eine Fundamentalprämisse der Rechnungslegung (IASB Framework.23). Des Weiteren obliegt es auch nach IAS 1.23 dem Management des zu prüfenden Unternehmens, bei der Aufstellung des Abschlusses eine Einschätzung über die Fähigkeit des Unternehmens, den Geschäftsbetrieb fortzuführen, vorzunehmen (so auch ISA 570.4).

- Nach IAS 10 sind Ereignisse, die nach dem Abschlussstichtag eintreten, bei der Beurteilung der going concern-Annahme zu berücksichtigen. IAS 10.13 unterscheidet *nicht* zwischen *going concern-aufhellenden und -begründenden Ereignissen*;[24] insofern besteht Übereinstimmung mit IDW PS 270.48. IAS 10.13 fordert ausdrücklich, dass ein Unternehmen den Abschluss nicht auf Grundlage der Annahme der Unternehmensfortführung aufstellen darf, wenn das Management nach dem Abschlussstichtag beabsichtigt, die Gesellschaft aufzulösen oder die Geschäftsführung einzustellen oder hierzu keine realistische Alternative hat.

- *Stichtag für die Berücksichtigung* von Ereignissen, die im Rahmen der going concern-Beurteilung heranzuziehen sind, ist der Zeitpunkt, an dem der Abschluss zur Veröffentlichung freigegeben (authorised for issue) wird (IAS 10.13 ff. i.V.m. IAS 10.2). Unter Verweis auf die Entscheidungsrelevanz dieses Zeitpunktes besteht nach IAS 10.16 f. eine diesbezügliche Angabepflicht in den notes.

- Als *Bezugsperiode für die Beurteilung* der Unternehmensfortführung hält IAS 1.24 einen Zeitraum von mindestens zwölf Monaten (foreseeable future) für angemessen, den das Management bei seinen Beurteilungen hinsichtlich der Unternehmensfortführung zu berücksichtigen hat.

Ist von einer Fortführung der Unternehmenstätigkeit auszugehen, so gelangen die deutschen oder internationalen Rechnungslegungsvorschriften zur Anwendung (*Regelfall*). Kann indes von einer Unternehmensfortführung nicht mehr ausgegangen werden, sind die Vermögensgegenstände oder assets generell mit den erwarteten Nettoveräußerungserlösen anzusetzen; ggf. sind Rückstellungen für Sozialplanverpflichtungen zu bilden.[25] Die Beurteilung der Annahme der Unternehmensfortführung gehört zu den schwierigsten Problemfeldern der Rechnungslegung überhaupt, da die Beantwortung dieser Frage unauflöslich mit der Beurteilung künftiger Ereignisse und damit der Problematik von Prognosen verknüpft ist.

4.2.2 Ebene der Prüfung

Sowohl die deutschen als auch die internationalen Prüfungsnormen verpflichten zu einer Prüfung der going concern-Annahme.[26] IDW PS 270 und ISA 570 geben diese Pflicht explizit vor und enthalten spezifische Regelungen zur *Prüfungsplanung und -durchführung*.

4 Fraud und going concern

Die Pflicht zur Prüfung ergibt sich auch über die Verpflichtung des Prüfers, die Übereinstimmung des Jahresabschlusses mit den angewandten Rechnungslegungsnormen (§ 252 Abs. 1 Nr. 2 HGB sowie IASB Framework.23 u. IAS 1.23 f.) zu prüfen (vgl. Kapitel I, Abschnitt 6.2). Als weitere beachtenswerte deutsche Normen sind IDW PS 800 und FAR 1/1996, Abschnitt 3 zu nennen, welche die Prüfung der Zahlungsunfähigkeit, der drohenden Zahlungsunfähigkeit und der Überschuldung (als Gegebenheiten, die der going concern-Annahme entgegenstehen können) behandeln.

Aus dem Blickwinkel des *risikoorientierten Prüfungsansatzes* betrifft die Prüfung der going concern-Annahme das inhärente Risiko. Dabei erhöht eine Gefährdung der Unternehmensfortführung das inhärente Risiko. Ceteris paribus muss der Prüfer insbesondere über Einzelprüfungen zusätzliche Prüfungsnachweise erlangen, um das Prüfungsrisiko auf ein vertretbares Niveau zu reduzieren bzw. eine vorgegebene Prüfungssicherheit zu erreichen (vgl. Abschnitt 1.2).

Der Prüfer hat bei der Planung und der Durchführung von Prüfungshandlungen sowie bei der Würdigung der Prüfungsergebnisse zu beurteilen, ob Ereignisse oder Sachverhalte wesentliche Unsicherheiten beinhalten, die einen Zweifel an der going concern-Annahme erwecken könnten (IDW PS 270.13 u. ISA 570.2 u. 300.9). Der Prüfer muss eine diesbezügliche unternehmensbezogene Risikobeurteilung vornehmen (IDW PS 270.18 u. ISA 570.11 ff.).

Im Folgenden werden Beispiele für Ereignisse und Bedingungen (IDW PS 270.11 verwendet den Begriff Umstände), die erhebliche Zweifel an der Fortführungsfähigkeit des Unternehmens aufwerfen, aufgeführt (IDW PS 270.11 u. 16; IDW PS 350.10 f. unter Bezugnahme auf den Lagebericht sowie ISA 570.14 i.V.m. ISA 570.8).

- *Finanzwirtschaftliche Umstände* (z.B. Verschuldungsgrad, Nettoabfluss liquider Mittel, Rücknahme von Kreditlinien, erhebliche Betriebsverluste, ungünstige Finanzkennzahlen und die Unfähigkeit, Kredite ohne Sicherheitenstellung von außen zu beschaffen),

- *betriebliche Umstände* (z.B. Ausscheiden wichtiger Führungskräfte ohne entsprechenden Ersatz, Engpässe bei der Beschaffung wichtiger Vorräte, Verlust eines größeren Marktes sowie von Franchise-Verträgen und von Hauptlieferanten) und

- *sonstige Umstände* (z.B. Verstöße gegen Eigenkapitalvorschriften oder andere gesetzliche Regelungen, anhängige Rechtsstreitigkeiten, die zu nicht erfüllbaren Ansprüchen gegen das Unternehmen führen, oder für das Unternehmen nachteilige Änderungen in der Gesetzgebung).

Die genannten Umstände erheben weder den Anspruch auf Vollständigkeit, noch bedeutet das Vorliegen einer oder mehrerer Faktoren, dass eine wesentliche Unsicherheit hinsichtlich der Unternehmensfortführung besteht. Andere Umstände können die Bedeutung der genannten Faktoren wiederum abschwächen; z.B. kann der Verlust eines Hauptlieferanten durch die Verfügbarkeit einer geeigneten anderen Lieferquelle abgeschwächt werden (IDW PS 270.28 u. ISA 570.8).

Die in der Literatur diskutierten Krisenursachen decken sich mit den o.g. Umständen und gehen teilweise darüber hinaus.[27] Dabei liegt das Kernproblem darin, die teilweise heterogenen Ausprägungen der untersuchten Umstände zu verarbeiten und hieraus eine konsistente Beurteilungslogik abzuleiten. Wird der *Ablauf einer Unternehmenskrise* näher betrachtet, so erscheint es wichtig, dass

- die Krise häufig mit einem Marktproblem beginnt (Fehlinvestitionen oder keine Reaktion auf Markttrends).
- Danach werden Anpassungsmaßnahmen (insbesondere auf der Kostenseite) nicht rechtzeitig ergriffen oder nicht konsequent genug durchgeführt.
- Abschlussgestaltungen und Finanzierungsprobleme sind zumeist nachgelagert.

Stellt der Prüfer in der Planungsphase oder im Verlauf der Prüfung Umstände fest, die *Zweifel am weiteren Fortbestand des Unternehmens* aufkommen lassen, so bedarf es weiterer auf die Prüfung der Angemessenheit der going concern-Annahme ausgerichteter Prüfungshandlungen (IDW PS 270.18 u. 26 ff. sowie ISA 570.12 i.V.m. ISA 570.26 ff.).

- Der Prüfer muss die Zukunftspläne der Unternehmensleitung durchsehen. So sind ggf. bestehende Sanierungspläne mit dem Management zu erörtern und auf ihre Durchführbarkeit sowie ihre Eignung zur Verbesserung der Unternehmenssituation zu beurteilen (IDW PS 270.28 u. PS 350.13-18 unter Bezugnahme auf den Lagebericht sowie ISA 570.26 f.).
- Als Prüfungshandlungen, die in diesem Zusammenhang relevant sind, sind z.B. die Analyse von Cashflow-, Gewinn- und anderen Prognosen sowie deren Erörterung durch das Management zu nennen. Dabei hat der Prüfer auch die Verlässlichkeit des Prognosesystems des Unternehmens und die Plausibilität der den Prognosen zugrunde liegenden Annahmen zu würdigen. Das verwendete Prognosemodell muss die erwarteten Veränderungen der Unternehmensumwelt sowie die geplanten Reaktionen des Unternehmens hierauf aufnehmen. Für diese Zwecke ist eine Auseinandersetzung z.B. mit Stärken und Schwächen des Unternehmens im Vergleich zu den relevanten Wettbewerbern sowie den Entwicklungen auf den Beschaffungs- und Absatzmärkten unabdingbar.[28]

Eine nationale Besonderheit besteht insoweit, als § 91 Abs. 2 AktG den Vorstand einer Aktiengesellschaft verpflichtet, geeignete Maßnahmen zu treffen, damit den Fortbestand der Gesellschaft gefährdende Entwicklungen früh erkannt werden. Die aus der Prüfung dieses Risikofrüherkennungssystems (vgl. Abschnitt 8.2) resultierenden Prüfungsnachweise lassen sich wiederum für die Beurteilung der going concern-Annahme heranziehen (und umgekehrt).

Auch unter Beachtung der zuvor angesprochenen Prüfungsnormen verbleibt ein *erheblicher Ermessensspielraum beim Prüfer*, wenn es um die Beurteilung der going concern-Annahme geht. Ein für die going concern-Prüfung notwendiges Soll-Objekt als Beurteilungsmaßstab lässt sich auf Grund der Problematik, die künftige Entwicklung des Unternehmens zu prognostizieren, regelmäßig nicht zuverlässig bestimmen. Demnach mangelt es zumeist an einem Soll-Objekt, welches wiederum als Referenzpunkt für die Beurteilung der Einschätzungen des Managements hinsichtlich des Fortbestands des Unternehmens (Ist-Objekt) heranzuziehen ist. Ungeachtet der bestehenden Unsicherheiten muss sich der Abschlussprüfer auf das Gebiet der *Prognoseprüfung* begeben und versuchen, ein diesbezügliches Prüfungsurteil zu erlangen.[29]

Zu einer *Objektivierung der Urteilsfindung* können hier die Diskriminanzanalyse, die Analyse mit künstlichen neuronalen Netzen sowie die logistische Regression beitragen:[30]

- Die *Diskriminanzanalyse* zielt darauf ab, die Bestandfestigkeit von Unternehmen anhand ausgewerteter Jahresabschlüsse (anderer Unternehmen) zu analysieren. Dabei handelt es sich um ein mathematisch-statistisches Verfahren zur Trennung einer Menge von Objekten (Unternehmen) und Zuordnung zu vorgegebenen überschneidungsfrei abgegrenzten Teilmengen (bestandsgefährdete und nicht-bestandsgefährdete Unternehmen), deren Unterschiede mit Hilfe der beobachteten Merkmale (Kennzahlenwerte) erklärt werden sollen.

Beispiel

Das Vorgehen bei der multivariaten[31] Diskriminanzanalyse gestaltet sich stark vereinfacht wie folgt: Grundlage der Analyse ist eine Stichprobe von Jahresabschlüssen, welche Kennzahlenwerte für bestandsgefährdete und nicht-bestandsgefährdete Unternehmen beinhaltet. Gesucht wird nach den Kennzahlen ($K_1 \dots K_m$), welche am besten geeignet sind, die beiden zuvor genannten Teilmengen voneinander zu trennen. Die einzelnen Kennzahlen werden hinsichtlich ihrer Bedeutung gewichtet und zu einem Diskriminanzwert D verdichtet. Werden für die Gewichtung die Variablen $g_1 \dots g_m$ und für das absolute Glied die Variable a_0 eingeführt, so ist die lineare multivariate Diskriminanzfunktion allgemein wie folgt definiert:

$D = a_0 + g_1 \cdot K_1 + g_2 \cdot K_2 + \dots + g_m \cdot K_m$.

Die Variablengewichte sind so zu wählen, dass eine bestmögliche Trennung von bestandsgefährdeten und nicht-bestandsgefährdeten Unternehmen erfolgt. Diese ist dann gegeben, wenn die Distanz zwischen den Kennzahlenmittelwerten der beiden Unternehmensgruppen möglichst groß und die Streuung der Kennzahlenwerte innerhalb einer Gruppe möglichst klein wird. Für die bestmögliche Trennung ist ein kritischer Trennwert zu bestimmen. Dieser markiert die Trennlinie zwischen den bestandsgefährdeten und nicht-bestandsgefährdeten Unternehmen. Dabei werden alle Unternehmen, deren D-Wert größer (kleiner) als der kritische Trennwert ist, als nicht-bestandsgefährdet (bestandsgefährdet) bezeichnet. Allerdings ist die Abgrenzung in dem Bereich um den kritischen D-Wert nicht ganz überschneidungsfrei, d.h. ein Unternehmen mit einem D-Wert, der den kritischen Wert geringfügig über- oder unterschreitet, lässt sich nicht eindeutig als bestandsgefährdet oder nicht-bestandsgefährdet einstufen (Grauzone).

Bei nur zwei verwendeten Kennzahlen lässt sich die Trennlinie (hier: Trenngerade), die diese Kriterien erfüllt, in eine Grafik einzeichnen. Im Folgenden werden beispielhaft die Kennzahlen Fremdkapitalquote und Cash-Flow-Return-on-Investment[32] sowie die in der Vergangenheit festgestellten Kennzahlenausprägungen von zwölf gesunden und zwölf kranken Unternehmen herangezogen. Die in Abb. II.4-2 abgetragene Trenngerade trennt die bestandsgefährdeten Unternehmen (schwarze Quadrate) von den nicht-bestandsgefährdeten Unternehmen (weiße Quadrate). Dabei werden von zwölf später tatsächlich kranken Unternehmen zwei fälschlicherweise als gesund klassifiziert (α-Fehler = 2/12). Von den zwölf tatsächlich gesunden Unternehmen werden gleichfalls noch zwei fälschlich als krank klassifiziert (β-Fehler = 2/12).

Für die Zwecke der Überprüfung der going concern-Annahme ermittelt der Prüfer auf Basis der mandantenspezifischen Kennzahlenwerte einen D-Wert (Ist-Objekt) und vergleicht diesen mit dem kritischen D-Wert (empirisch ermitteltes Soll-Objekt). Der aggregierte D-Wert trifft dann eine Aussage darüber, wie bestandsfest der Mandant ist. Von Vorteil ist, dass keine Aussage in dichotomer Weise (Bestandsgefährdung oder Nicht-Bestandsgefährdung) getroffen wird. Vielmehr misst der D-Wert den Abstand des Unternehmens von einem Zusammenbruch. Ähnliches gilt für die grafische Ermittlung; hier gilt z.B., dass die Bestandsgefährdung zunimmt, je weiter das Unternehmen oberhalb der Trenngeraden zu positionieren ist.

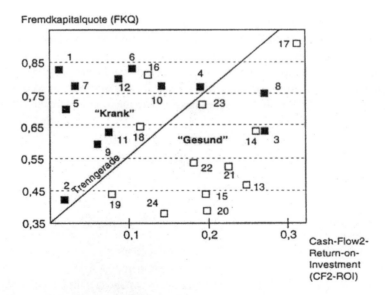

Abb. II.4-2: Lineare Diskriminanzanalyse auf der Basis von zwei Kennzahlen[33]

- Neben der zuvor beispielhaft angesprochenen linearen Trennung[34] bietet es sich an, mit Hilfe einer Analyse auf Basis von *künstlichen neuronalen Netzen*[35] eine nicht-lineare Trennung vorzunehmen. Die Klassifikationsleistung solcher neuronalen Netze ist recht beachtlich: Beispielsweise gelang es auf der Basis ausgewählter Abschlusskennzahlen mit einer Wahrscheinlichkeit von 91,25% insolvenzgefährdete Unternehmen bis zu drei Jahre vor der Insolvenz als solche korrekt zu klassifizieren; überdies wurden 66,45% der tatsächlich gesunden Unternehmen richtig klassifiziert. Der α-Fehler (Anteil der tatsächlich kranken Unternehmen, die als gesund eingestuft wurden) beträgt somit 8,75%; der β-Fehler (Anteil der tatsächlich gesunden Unternehmen, die als krank eingestuft wurden) beträgt 33,55%.[36]

- Auch die *logistische Regression* ist ein Verfahren, mit dem die Trennfähigkeit beobachteter Variablen zwischen der Gruppe der bestandsgefährdeten und nicht-bestandsgefährdeten Unternehmen bestimmt werden kann. Das auf dieser Basis entwickelte System Moody's RiskCalc^{TM} Germany[37] führt ein empirisch fundiertes Rating in Bezug auf nicht-börsennotierte mittelständische Unternehmen durch. Die Beurteilung, ob ein Kredit ausfällt oder nicht, wird anhand von sechs Kennzahlen vollzogen, die gewichtet in einen Gesamtscore eingehen. Dabei beeinflussen die Verschuldung (38%) und die Rentabilität (25%) die Unternehmensbeurteilung am stärksten. Das auf die Beurteilung von Kreditausfallrisiken ausgerichtete System dürfte sich auch für die Beurteilung der going concern-Annahme einsetzen lassen.

Demnach lässt sich über den Einsatz der zuvor genannten Verfahren ein empirisch gewonnenes (objektives) Soll-Objekt ermitteln, welches als Beurteilungsmaßstab für die vorzunehmende Beurteilung des Ist-Objektes (D-Wert auf Basis der Kennzahlenausprägungen des zu prüfenden Unternehmens) heranzuziehen ist. Nicht zuletzt unter Hinweis auf die hohe Prognosekraft neuronaler Netze und auf die aus der Objektivierung der prüferischen Entscheidungsfindung resultierenden Vorteile erscheinen diese Netze bestens geeignet, um den Prüfer bei der Beurteilung der going concern-Annahme zu unterstützen.[38]

Hinsichtlich der *Berichterstattungserfordernisse* in Bezug auf die going concern-Annahme lassen sich die nachstehend beschriebenen Situationen unterscheiden.[39] Diese differenzieren die Berichterstattungserfordernisse vor allem in Abhängigkeit davon, ob die going concern-Annahme als angemessen beurteilt wird und inwieweit eine wesentliche Unsicherheit besteht. Eine wesentliche Unsicherheit (material uncertainty) besteht, wenn der mögliche Einfluss einer Unsicherheit so erheblich ist, dass eine klare Offenlegung von Art und Auswirkung der Unsicherheit erforderlich ist, damit der aufgestellte Abschluss nicht irreführend ist (ISA 570.31; so auch IDW PS 270.35).

1. *Going concern-Annahme wird als angemessen beurteilt und keine wesentliche Unsicherheit*

    Hat der Prüfer ausreichende Prüfungsnachweise erlangt, die einen erheblichen Zweifel an der Unternehmensfortführung ausschließen, ist der Bestätigungsbericht nicht zu modifizieren (ISA 570.30 ff.), d.h. uneingeschränkt und ohne Zusatz zu erteilen.

2. *Going concern-Annahme wird als angemessen beurteilt und wesentliche Unsicherheit*

Wird die going concern-Annahme als angemessen beurteilt und existieren gleichzeitig wesentliche Unsicherheiten, so ist festzustellen, ob eine angemessene Offenlegung (adequate disclosure) dieser Unsicherheiten im Abschluss vorgenommen wurde. Eine solche Offenlegung setzt eine angemessene Beschreibung der wesentlichen Ereignisse oder Bedingungen, die Anlass für den Zweifel an der Unternehmensfortführung gegeben haben, sowie die Abgabe einer klaren Aussage, dass eine wesentliche Unsicherheit besteht, voraus (ISA 570.32).

- Erfolgte eine *angemessene Offenlegung*, ist der Bestätigungsbericht nicht zu modifizieren, jedoch um einen gesonderten Abschnitt (emphasis of matter paragraph) zu ergänzen. Dieser muss die Existenz einer wesentlichen Unsicherheit hervorheben und auf die Angaben in den Erläuterungen zum Abschluss (notes) hinweisen, welche die für eine angemessene Offenlegung erforderlichen Angaben aufnehmen (ISA 370.33).

- Falls *keine angemessene Offenlegung* erfolgte, ist ein eingeschränktes (qualified opinion) oder ein negatives Prüfungsurteil (adverse opinion) abzugeben. In diesem Fall muss der Bestätigungsbericht auf die bestehende wesentliche Unsicherheit hinweisen (ISA 570.34).

In den zuvor beschriebenen Situationen gelangt man unter Anwendung der deutschen Prüfungsnormen zu einem ähnlichen Ergebnis. Nach § 322 Abs. 2 Satz 2 HGB ist auf bestandsgefährdende Risiken einzugehen.

- Dieses Vorgehen schränkt den Bestätigungsvermerk (gem. § 322 HGB) nicht ein, sofern ein gesonderter Abschnitt zum Bestätigungsvermerk klar auf die wesentliche Unsicherheit und auf die diesbezüglichen Darstellungen im Lagebericht verweist (IDW PS 400.77 u. PS 270.40).

Beispiel

„Unsere Prüfung hat zu keinen Einwendungen geführt. Nach unserer Überzeugung vermittelt der Jahresabschluss unter Beachtung der Grundsätze ordnungsmäßiger Buchführung ein den tatsächlichen Verhältnissen entsprechendes Bild der Vermögens-, Finanz- und Ertragslage der Gesellschaft. (...) Ohne diese Beurteilung einzuschränken, weisen wir auf die Ausführungen des Vorstands im Lagebericht hin. Dort ist in Abschnitt III. „Risiken zukünftiger Entwicklung" ausgeführt, dass die Gesellschaft nur bei Durchführung der vorgeschlagenen Rekapitalisierungsmaßnahmen in ihrem Fortbestand zu erhalten ist."[40]

- Stellt der Lagebericht indes die Gefährdung des Fortbestands der Gesellschaft nicht angemessen dar, so sind die bestehenden Risiken und ihre möglichen Auswirkungen in dem gesonderten Abschnitt anzugeben und der Vermerk ist einzuschränken (IDW PS 400.78 u. PS 270.37). Eine Verweigerung des Prüfungsurteils sehen die nationalen Prüfungsnormen indes nicht vor.

3. Going concern-Annahme wird als nicht angemessen beurteilt

Wird die Unternehmensfortführungsannahme als nicht angemessen beurteilt, so ist ein negatives Prüfungsurteil zu erteilen, sofern der Jahresabschluss auf Basis der going concern-Annahme erstellt wurde (ISA 570.18). Den deutschen Prüfungsnormen zufolge ist in diesem Fall ein Versagungsvermerk zu erteilen (IDW PS 400.65 ff. u. PS 270.41). Dies gilt auch dann, wenn der Lagebericht die bestandsgefährdenden Tatsachen zutreffend darstellt (IDW PS 270.41).

Neben den zuvor angesprochenen externen Berichterstattungserfordernissen sehen die deutschen Normen auch eine intern ausgerichtete Berichterstattung im Prüfungsbericht vor (§ 321 Abs. 1 HGB i.V.m. IDW PS 350.31-40 u. PS 270.32 f.).

Die Diskussion hinsichtlich der Berichterstattung über die Prüfung der going concern-Annahme ist eng verknüpft mit der Frage hinsichtlich der *Existenz einer sich selbsterfüllenden Prophezeiung* (selffulfilling prophecy). Eine selffulfilling prophecy liegt dann vor, wenn durch das Bekanntwerden der Voraussage das vorhergesagte Ereignis eintritt.

Lange Zeit stand die deutschsprachige Literatur einem gesonderten Abschnitt im Bestätigungsvermerk, der auf bestehende going concern-Probleme hinweist, ablehnend gegenüber. Dabei wurde argumentiert, dieser Hinweis rufe einen Vertrauensschwund in der Öffentlichkeit hervor, der wiederum eine negative Unternehmensentwicklung beschleunige (z.B. Rücknahme von Krediten oder Vermeidung von wirtschaftlichen Beziehungen mit dem gefährdeten Unternehmen). Aus diesem Grunde wurde dem Abschlussprüfer empfohlen, diesen Hinweis nicht zu erteilen, da er ansonsten mit für den Unternehmenszusammenbruch verantwortlich wäre.

Gegen die Existenz einer selffulfilling prophecy spricht indes, dass mit einem going concern-Vermerk testierte Krisenunternehmen nicht häufiger zusammenbrechen als vergleichbare Unternehmen mit einem zuvor uneingeschränkt und ohne Zusatz erteilten Vermerk. Vielmehr gilt es als wahrscheinlich, dass die nachteiligen Effekte dieses Hinweises über das erhöhte Bewusstsein für die bedrohte Unternehmensfortführung sowie die Bereitschaft, die notwendigen Krisenbewältigungsmaßnahmen einzuleiten, zumindest kompensiert werden.[41] Insofern ist § 322 Abs. 2 Satz 2 HGB konsequent. Demzufolge ist grundsätzlich über die den Fortbestand des Unternehmens gefährdenden Risiken zu berichten.

Anmerkungen

*) Dieser Abschnitt wurde unter Federführung von Herrn Prof. Dr. K. Ruhnke erstellt.
1 *Stange* (1994), S. 1.
2 Vgl. *Sosalla/Liebert/Bögler* (2002).
3 Vgl. *o.V.* (2002a), S. 11.
4 Vgl. *Sell* (1999), S. 5 f. m.w.N.

5   Vgl. *PwC* (2002), S. 2 u. S. 6.
6   Vgl. hierzu die Ergebnisse der Befragung der *Association of Certified Fraud Examiners* (2002), S. 11; zu der zugrunde gelegten, von ISA 240 abweichenden Begriffsdefinition von fraud und abuse siehe ebd., S. iii. Die Anzahl der ausgewerteten Fragebögen betrug 663; befragt wurden zumeist auditors, fraud examiners sowie sonstige accountants. Vgl. ebd., S. 3.
7   Zur Erwartungslücke sowie zu den empirischen Studien vgl. Kapitel I, Abschnitt 1.2.1.
8   Angesprochen ist ISA 240 in der Fassung, die für Prüfungen von Jahresabschlüssen anzuwenden ist, die sich auf ein Geschäftsjahr beziehen, das am 30.6.2002 oder später endete. Zu ISA 240 vgl. *Mertin/Schmidt* (2001), S. 1303 ff. Zu der US-amerikanischen Regelung vgl. SAS 99 (i.d.F. vom 15.10.2002).
9   Unbeabsichtigte sonstige Normenverstöße, die in der Rechnungslegung berücksichtigungspflichtig sind, rechnet IDW PS 210.7 zu den Fehlern (Unrichtigkeiten). Diese Verstöße werden allerdings von der Fehlerdefinition in ISA 240.3 nicht erfasst und fallen nach ISA 250.2 f. in den Anwendungsbereich von ISA 250.
10 Vgl. auch *Sell* (1999), S. 88.
11 Vgl. *Sell* (1999), S. 21 ff.
12 Der Terminus Verstöße beschränkt sich gem. IDW PS 210.7 auf die Kategorien „Täuschungen", „Vermögensschädigungen" sowie „Gesetzesverstöße".
13 Vgl. Fn. 9.
14 So die Ergebnisse der Befragung der *Association of Certified Fraud Examiners* (2002), S. 12.
15 Vgl. *Fleishman-Hillard Inc.* (2002), question 4B und 4f.
16 Vgl. *Zimbelman* (1997), S. 75, sowie *Ruhnke* (2000), S. 400 f.
17 Vgl. hierzu *Sell* (1999), S. 179 ff., insbes. S. 185 u. S. 186 f. m.w.N.
18 Vgl. *o.V.* (2002b), S. 31.
19 Vgl. *Ruhnke* (2000), S. 398 ff. m.w.N.
20 Zu den Einzelheiten siehe § 322 HGB i.V.m. IDW PS 210.61 f. u. PS 400.50 ff.
21 Vgl. *Krawitz* (2002), Sp. 1009 m.w.N.
22 Dagegen sind nach *Budde/Geißler* (1999), § 252 HGB Anm. 12, nur going concern-aufhellende Ereignisse zu berücksichtigen. *Adler/Düring/Schmaltz* (1995), § 252 HGB Tz. 21, vertreten die Auffassung, dass eine sich nach dem Bilanzstichtag abzeichnende Einstellung der Unternehmenstätigkeit auf den Jahresabschluss zurückzubeziehen ist, um andernfalls ggf. noch mögliche Gewinnausschüttungen oder Entnahmen unmöglich zu machen oder zu begrenzen.
23 Zur Berücksichtigung von Ereignissen nach der Erteilung des Bestätigungsvermerks vgl. IDW PS 203.17 ff.
24 Vgl. auch *Bischof/Doleczik* (2002), IAS 10 Tz. 29.
25 Vgl. ausführlich *Adler/Düring/Schmaltz* (1995), § 252 HGB Tz. 27 ff.

26 Zu der US-amerikanischen Regelung siehe SAS 59 (AU § 341).
27 Vgl. hierzu *Füser* (2001), S. 193 ff. m.w.N.
28 Die hiermit einhergehenden Schwierigkeiten sind ähnlich gelagert wie die Probleme, die es bei der Schätzung künftiger Cashflow- oder Gewinnströme im Rahmen der *Unternehmensbewertung* zu bewältigen gilt. Vgl. hierzu IDW S 1.73 ff.
29 Anhaltspunkte für die Prognoseprüfung finden sich in ISA 810. Vgl. ferner *Groß/Amen* (2002a), S. 433 ff., u. *Groß/Amen* (2002b), S. 225 ff.
30 Zu den folgenden Ausführungen vgl. *Baetge* (1998), S. 39 ff. u. 560 ff.; *Baetge/Baetge/Kruse* (2002), Sp. 1163 ff.; *Baetge* (2002), S. 2281 ff. m.w.N.
31 Multivariat bedeutet, dass mehrere Kennzahlen gleichzeitig zur Klassifikation herangezogen werden; verwendet man nur eine Kennzahl, so handelt es sich um eine univariate Diskriminanzanalyse.
32 Die Fremdkapitalquote ist als kurzfristiges Fremdkapital / Bilanzsumme definiert und der Cash-Flow2-Return-on-Investment ist wie folgt definiert: (ordentliches Betriebsergebnis + Normalabschreibungen + Zuführungen zu den Pensionsrückstellungen) / Bilanzsumme.
33 Entnommen aus *Baetge* (1998), S. 571.
34 Linear bedeutet, dass die Trenngerade linear verläuft; bei einer nicht-linearen Analyse trennt eine nicht-lineare Linie die bestandsgefährdeten und die nicht-bestandsgefährdeten Unternehmen.
35 Zur Funktionsweise vgl. stellvertr. *Baetge/Baetge/Kruse* (2002), Sp. 1168 ff.
36 Zu den Einzelheiten vgl. *Baetge* (1998), S. 572 ff., sowie Abschnitt 7.2.4.1.
37 Die Systementwicklung basierte auf mehr als 11.400 Jahresabschlüssen von über 4.000 Unternehmen. Vgl. *Baetge* (2002), S. 2281 ff., sowie die Darstellungen im Internet unter http://riskcalc.moodysrms.com (Stand: 1.1.2003).
38 Vgl. auch *Baetge/Zülch* (2001), S. 20 ff.
39 Weiterhin sprechen IDW PS 270.42 ff. und ISA 570.37 f. den Fall an, in dem die gesetzlichen Vertreter auf Anfrage des Prüfers nicht oder nur in unzureichendem Maße bereit sind, bestimmte Einschätzungen vorzunehmen.
40 *Herlitz AG* (2001), S. 67 f.
41 Vgl. ausführlich *Ruhnke* (2000), S. 137 f. u. S. 411 ff. m.w.N.

Literaturhinweise

Adler, H./Düring, W./Schmaltz, K. (1995): Rechnungslegung und Prüfung der Unternehmen – Kommentar zum HGB, AktG, GmbHG, PublG nach den Vorschriften des Bilanzrichtlinien-Gesetzes, neu bearbeitet von Forster, K.-H./Goerdeler, R./Lanfermann, J./Müller, H.-P./Siepe, G./Stolberg, K., Teilband 1, 6. Aufl., Stuttgart.

Association of Certified Fraud Examiners (2002): 2002 Report of the Nation Occupational Fraud and Abuse, Austin.

Baetge, J. (1998): Bilanzanalyse, Düsseldorf.

Baetge, J. (2002): Die Früherkennung von Unternehmenskrisen anhand von Abschlusskennzahlen, in: Der Betrieb, S. 2281-2287.

Baetge, J./Baetge, K./Kruse, A. (2002): Insolvenzgefährdung, Früherkennung, in: Ballwieser, W./Coenenberg, A.G./v. Wysocki, K. (Hrsg.): Handwörterbuch der Rechnungslegung und Prüfung, 3. Aufl., Stuttgart, Sp. 1163-1179.

Baetge, J./Zülch, H. (2001): Von der Spätwarnung zur Frühwarnung, in: Boysen, K./Dyckerhoff, C./Otte, H. (Hrsg.): Der Wirtschaftsprüfer und sein Umfeld zwischen Tradition und Wandel zu Beginn des 21. Jahrhunderts, Festschrift zum 75. Geburtstag von Hans-Heinrich Otte, Düsseldorf, S. 1-47.

Bischof, S./Doleczik, G. (2002): Kommentierung zu IAS 10, in: Baetge, J./Dörner, D./Kleekämper, H./Wollmert, P./Kirsch, H.-J. (Hrsg.): Rechnungslegung nach International Accounting Standards (IAS), Kommentar auf der Grundlage des deutschen Bilanzrechts, Loseblattsammlung, 2. Aufl., Stuttgart, S. 1-22.

Budde, W.D./Geißler, H. (1999): Kommentierung zu § 252 HGB, in: Budde, W.D./Clemm, H./Ellrott, H./Förschle, G./Hoyos, M. (Bearbeiter): Beck'scher Bilanz-Kommentar: Handels- und Steuerrecht – § 238 bis 339 HGB –, 4. Aufl., München, S. 396-417.

Fleishman-Hillard Inc. (2002): FH national public-held company employee corporate governance poll, in: topline summary 8/12/02, o.O.

Füser, K. (2001): Intelligentes Scoring und Rating, Wiesbaden.

Groß, P.J./Amen, M. (2002a): Die Fortbestehensprognose – Rechtliche Anforderungen und ihre betriebswirtschaftlichen Grundlagen, in: Die Wirtschaftsprüfung, S. 225-240.

Groß, P.J./Amen, M. (2002b): Die Erstellung der Fortbestehensprognose, in: Die Wirtschaftsprüfung, S. 433-450.

Herlitz AG (2001): Geschäftsbericht 2000, Berlin.

Krawitz, N. (2002): Going Concern, in: Ballwieser, W./Coenenberg, A.G./v. Wysocki, K. (Hrsg.): Handwörterbuch der Rechnungslegung und Prüfung, 3. Aufl., Stuttgart, Sp. 850-855.

Mertin, D./Schmidt, S. (2001): Die Aufdeckung von Unregelmäßigkeiten im Rahmen der Abschlussprüfung nach dem überarbeiteten ISA 240, in: Die Wirtschaftsprüfung, S. 1303-1311.

o.V. (2002a): Sonderprüfer stellen jahrelang Bilanzfälschungen bei Comroad fest, in: Handelsblatt vom 24.4.2002, S. 11.

o.V. (2002b): Auch Laien können Warnzeichen in Bilanzen erkennen, in: Handelsblatt vom 2.9.2002, S. 31.

PwC (2002): European economic crime survey 2001, o.O.

Ruhnke, K. (2000): Normierung der Abschlußprüfung, Stuttgart.

Sell, K. (1999): Die Aufdeckung von Bilanzdelikten bei der Abschlußprüfung, Düsseldorf.

Sosalla, U./Liebert, N./Bögler, D. (2002): Worldcom lässt Weltbörsen beben, in: Financial Times Deutschland vom 26.6.2002, o.S.

Stange, H. (1994): Konkurs / 2,5 Milliarden DM Schaden, Bei Balsam bleibt nur wenig für die Banken, in: Handelsblatt vom 6.10.1994, S. 1.

Zimbelman, M.F. (1997): The effects of SAS 82 on auditor's attention to fraud risk factors and audit planning decisions, in: Journal of Accounting Research, Supplement, S. 75-97.

Kontrollfragen

1. Grenzen Sie die in Zusammenhang mit der Offenlegung von Unregelmäßigkeiten verwendete Terminologie in IDW PS 210 und ISA 240 voneinander ab.

2. Was ist unter der positiven Suchverantwortung des Prüfers im Rahmen der Prüfung von Jahresabschlüssen zu verstehen? Kennzeichnen Sie kurz das Vorgehen des Abschlussprüfers.

3. Inwieweit sind bei der Beurteilung der going concern-Annahme aufhellende und begründende Ereignisse relevant? Gehen Sie sowohl auf die deutschen als auch auf die internationalen Rechnungslegungsnormen ein.

4. Sie sind mit der Prüfung der Industrie AG befasst. Anzuwenden sind die deutschen Rechnungslegungs- und Prüfungsnormen. Die Industrie AG hat Zahlungsprobleme. Wie ist im Rahmen der Beurteilung der going concern-Annahme vorzugehen?

5. Welche Berichterstattungserfordernisse können sich für einen Abschlussprüfer in Zusammenhang mit der Beurteilung der going concern-Annahme ergeben?

6. Welchen Beitrag vermag die Diskriminanzanalyse im Rahmen der Beurteilung der going concern-Annahme zu leisten? Gehen Sie auch kurz auf die grundsätzliche Vorgehensweise bei der Durchführung einer Diskriminanzanalyse ein.

5 Urteilsbildung, Berichterstattung und Dokumentation[*)]

5.1 Urteilsbildungsprozess

Zur Bildung seines Urteils verschafft sich der Prüfer zunächst einen Überblick über die Prüfungsnachweise der einzelnen Sachverhalte, bevor er diese zu einem Gesamturteil über die normenkonforme Darstellung der Vermögens-, Finanz- und Ertragslage des Unternehmens aggregiert.

5.1.1 Bildung von Urteilen über Einzelsachverhalte

Bei einer komplexen Prüfung vollzieht sich die Bildung von Urteilen über Einzelsachverhalte wie folgt (vgl. Abb. II.5-1; zum theoretischen Ansatz vgl. Kapitel I, Abschnitt 3.2.2):

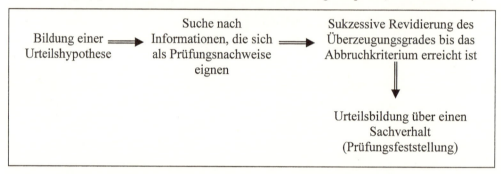

Abb. II.5-1: Allgemeines Vorgehen bei der Bildung von Urteilen über Einzelsachverhalte

Zunächst wird im ersten Schritt eine Urteilshypothese gebildet (z.B. „Prüffeld A ist frei von wesentlichen Fehldarstellungen"). Der Prüfer versucht, seine Hypothese durch angemessene Prüfungsnachweise zu bestätigen oder zu verwerfen. Als Abbruchkriterium gilt entweder das Erreichen einer hinreichenden Urteilssicherheit (reasonable assurance), womit die Hypothese angenommen wird, oder die Erkenntnis, dass das Prüffeld wesentliche Fehldarstellungen enthält, wodurch die Hypothese verworfen wird.

Den zweiten Schritt bildet die Suche nach *geeigneten* Informationen. Um das Abbruchkriterium effizient zu erreichen, konzentriert sich der Prüfer bei der Informationssuche auf Prüfungsnachweise, die seine Hypothese voraussichtlich am stärksten unterstützen (z.B. durch die Nachprüfung besonders großer oder risikobehafteter Positionen) oder mit großer Wahrscheinlichkeit zu deren Verwerfung führen (z.B. durch die bewusste Prüfung möglicherweise betroffener Positionen infolge bereits festgestellter Mängel im IKS). Prüfungsnachweise ergeben sich aus der geeigneten Kombination einzelner Prüfungshandlungen (vgl. Abschnitte 3.2.2 und 3.2.3). Hierbei ist zu beachten, dass Prüfungsnachweise eine von ihrer Art (z.B.

schriftlich oder mündlich) und Quelle abhängige Zuverlässigkeit aufweisen (IDW PS 300.36; ISA 500.15).

Informationssuche und Urteilsbildung sind eng miteinander verknüpft. Während der Suche nach geeigneten Prüfungsnachweisen hat der Prüfer kontinuierlich zu kontrollieren, ob er die bei pflichtmäßigen Abschlussprüfungen erforderliche hinreichende Urteilssicherheit erreicht hat. Die Urteilssicherheit wird dann als hinreichend erachtet, wenn der Prüfer seine Aussage über die Fehlerfreiheit des Prüfungsgegenstands mit einem Sicherheitsgrad von ca. 95% trifft, was einem maximal akzeptierten Prüfungsrisiko von ungefähr 5% entspricht (vgl. Abschnitt 3.2). Bei Erreichen der notwendigen Prüfungssicherheit wird die Informationssuche abgebrochen. Dies geschieht auch, wenn der Prüfer auf Grund der Prüfungsnachweise seine Hypothese verwirft, d.h. der Prüfungsgegenstand sich als nicht fehlerfrei erweist.

Sobald *ausreichende und angemessene* Prüfungsnachweise vorliegen, leitet der Prüfer daraus im dritten Schritt begründete Schlussfolgerungen, so genannte *Prüfungsfeststellungen,* ab (IDW PS 300.8). Diese Prüfungsfeststellungen beschränken sich zunächst auf einzelne Prüffelder oder Prüfungsgegenstände (z.B. die ordnungsmäßige Buchung von Rechnungen). Mehrere solcher Einzelurteile führen zu Teilurteilen über die Ordnungsmäßigkeit einzelner Konten (z.B. Bank) und diese wiederum zu Urteilen über einzelne Jahresabschlusspositionen, bis hin zum Gesamturteil über den Jahresabschluss in Form des Bestätigungs- bzw. Versagungsvermerks.

5.1.2 Aggregation der Einzelurteile zu einem Gesamturteil

Die während der Prüfung gewonnenen Einzelurteile, sind vom Prüfer kritisch durchzusehen, zu bewerten und im Hinblick auf die Ableitung des abschließenden *Gesamturteils* zu gewichten. Die Bildung des Gesamturteils erfolgt analog zur oben beschriebenen Bildung der Einzelurteile, wobei Folgendes als Urteilshypothese formuliert werden kann: „Der Jahresabschluss entspricht in allen wesentlichen Aspekten den zu berücksichtigenden Rechnungslegungsnormen." Der Informationsgewinnungsprozess bezieht sich dann auf das Sammeln und Beurteilen der Prüfungsfeststellungen zu den Einzelsachverhalten.

Der Prüfer vergewissert sich zunächst, ob die vorhandenen Einzelurteile bzw. die daraus abgeleiteten Teilurteile ausreichen, um die erforderliche Urteilssicherheit zu gewährleisten, d.h., dass über alle für das Gesamturteil wesentlichen Prüffelder Einzelurteile mit der erforderlichen Prüfungssicherheit vorliegen.

Der Prüfer hat abschließend analytische Prüfungen zur Bestätigung seiner Schlussfolgerungen bezüglich der Prüffelder und des gesamten Abschlusses durchzuführen (IDW PS 312.23; ISA 520.13), d.h. es ist zu beurteilen, ob die Einzelurteile in ihrem Verhältnis zueinander konsistent sind. So wird sich beispielsweise im Regelfall eine positive Entwicklung der Umsatzerlöse in einer Zunahme der Forderungsbestände niederschlagen. Bei rückläufigen Forderungen ist ein zu hoher Ausweis der Umsätze oder ein zu niedriger

Ausweis der Forderungen denkbar. Folglich sind solange zusätzliche Prüfungsnachweise – z.B. im Rahmen von Befragungen des Managements und/oder Einzelfallprüfungen der Debitorenkonten – einzuholen, bis die Normenkonformität der betroffenen Prüffelder mit erforderlicher Prüfungssicherheit beurteilt werden kann. Die *Feststellung und Bewertung* von Abweichungen und Inkonsistenzen gestaltet sich häufig schwierig und ist nie frei von subjektiven Einflüssen. Wann die erforderliche Urteilssicherheit als Abbruchkriterium der Informationsgewinnung erreicht ist, lässt sich nur situationsspezifisch bestimmen.

Der Prüfer ist sowohl für jedes einzelne Urteil als auch für das abschließende Gesamturteil persönlich verantwortlich und hat daher sicherzustellen, dass auch die Ergebnisse seiner Prüfungsgehilfen als Grundlage für das Gesamturteil herangezogen werden können. Das durch die Aggregation der Einzelurteile erlangte Gesamturteil über die Normenkonformität des Jahresabschlusses ist schriftlich zu dokumentieren. Das Prüfungsurteil kann in den Formen uneingeschränkter Bestätigungsvermerk, eingeschränkter Bestätigungsvermerk und Versagungsvermerk abgegeben werden (vgl. Abschnitt 5.3.1).

5.2 Ausgewählte Problemstellungen bei der Urteilsbildung

Im Zusammenhang mit der Urteilsbildung hat der Prüfer u.a. Aspekte zu berücksichtigen, die speziellen Prüfungsnormen unterliegen. Im Einzelnen sind dies die Behandlung von Ereignissen nach dem Abschlussstichtag, die Berücksichtigung von Darstellungen des Managements, die Verwendung von Urteilen Dritter, die Durchführung von Gemeinschaftsprüfungen und die Prüfung von Unternehmen, die Dienstleistungsorganisationen in Anspruch nehmen.

5.2.1 Berücksichtigung von Ereignissen nach dem Abschlussstichtag

Die Berücksichtigung von nach dem Abschlussstichtag bekannt werdenden Informationen über Geschäftsvorfälle des geprüften Unternehmens wird auf nationaler Ebene in IDW PS 203 und auf internationaler Ebene in ISA 560 (subsequent events) behandelt. Die Regelungen stimmen weitgehend überein.

Im Mittelpunkt steht dabei zunächst die Frage, ob *nach* dem Abschlussstichtag, jedoch noch *vor* Erteilung des Bestätigungsvermerks bekannt werdende Informationen nachträglich zusätzliche Erkenntnisse über die Finanz-, Vermögens- und Ertragslage des Unternehmens *im zu prüfenden Zeitraum*, also zum Abschlussstichtag liefern. Diese Informationen können sowohl auf Ereignissen basieren, die im Zeitraum zwischen Abschlussstichtag und Erteilung des Bestätigungsvermerks eingetreten sind, oder die bereits früher stattgefunden haben, jedoch erst nach dem Abschlussstichtag sowohl dem Unternehmen als auch dem Abschlussprüfer bekannt wurden. Derartige Ereignisse werden als *wertaufhellende* Ereignisse bezeichnet. Ergänzend hierzu normiert IAS 10 solche vorteilhaften oder nachteiligen Ereignisse als wertaufhellende Ereignisse, die zwischen Bilanzstichtag und Veröffentlichung des

Jahresabschlusses bekannt werden (IAS 10.2). Der Zeitpunkt der Veröffentlichung richtet sich dabei nach den spezifischen Gegebenheiten des jeweiligen Unternehmens, wobei insbesondere die gegebenen Managementstrukturen, gesetzlichen Vorschriften und jeweiligen Abläufe bei den Vorarbeiten und der Erstellung des Abschlusses den Zeitpunkt bestimmen. Bei Unternehmen bei denen der Jahresabschluss einem Aufsichtsrat zur Prüfung vorgelegt werden muss, ist der Zeitpunkt an dem das Management die Vorlage des Abschlusses vor dem Aufsichtsrat genehmigt der Zeitpunkt der Veröffentlichung (IAS 10.3 ff.). Insofern können der Zeitpunkt der Erteilung des Bestätigungsvermerks und der der Veröffentlichung voneinander abweichen, wobei davon auszugehen ist, dass der Zeitpunkt der Veröffentlichung nach dem Zeitpunkt der Erteilung des Bestätigungsvermerks liegt.

Alternativ können Ereignisse nach dem Abschlussstichtag die Vermögens-, Finanz- und Ertragslage auch erst *nach* diesem Zeitpunkt verändern, d.h. das abgelaufene Geschäftsjahr unberührt lassen. In diesem Fall spricht man von *wertbegründenden* Ereignissen.

Der Abschlussprüfer hat grundsätzlich geeignete Prüfungshandlungen vorzunehmen, um *alle* Ereignisse, die möglicherweise Einfluss auf den Jahresabschluss haben, festzustellen. Daraus ergibt sich auch die Pflicht, vor Erteilung des Bestätigungsvermerks abzuklären, ob wertaufhellende Ereignisse stattgefunden haben. Beispiele für solche Prüfungshandlungen sind Befragungen der Unternehmensleitung über Planungen und den Stand schwebender Geschäfte, das kritische Lesen von Zwischenabschlüssen und -berichten und unternehmensinternen Berichten – z.B. Berichten des Vorstands an den Aufsichtsrat oder an die Interne Revision – sowie die Untersuchung der Maßnahmen, die die Unternehmensleitung zur Gewährleistung einer vollständigen Erfassung der relevanten Ereignisse nach dem Abschlussstichtag getroffen hat (IDW PS 203.13; ISA 560.5). Wertaufhellende Ereignisse können sich wesentlich auf die Rechnungslegung des Unternehmens auswirken. Hier hat der Abschlussprüfer zu prüfen, ob die Berücksichtigung zutreffend und ausreichend war. Ist dies nicht der Fall, ist der Bestätigungsvermerk ggf. einzuschränken oder zu versagen. Wertbegründende Ereignisse sind lediglich im Lagebericht darzustellen, da hier explizit auf künftige Entwicklungen und Risiken des Unternehmens einzugehen ist.

Wesentliche Ereignisse *nach* der Erteilung des Bestätigungsvermerks unterliegen grundsätzlich nicht der o.g. Prüfungspflicht. Sind für diesen Zeitraum jedoch wesentliche Ereignisse zu erwarten, oder findet die Auslieferung des Bestätigungsvermerks erst längere Zeit nach der Erteilung statt, liegt es in der Verantwortung des Prüfers, mögliche zwischenzeitliche Ereignisse, die den Bestätigungsvermerk tangieren, mit der Unternehmensleitung zu klären. Treten derartige Ereignisse dann tatsächlich ein, sind der Jahresabschluss und/oder Lagebericht ggf. zu ändern und gem. § 316 Abs. 3 HGB zu prüfen (IDW PS 203.21). Erfolgt diese Änderung *nicht*, hat der Prüfer im Rahmen dieser „Nachtragsprüfung" festzustellen, ob dies den Widerruf des Bestätigungsvermerks erfordert (IDW PS 400.104 u. 111; ISA 560.9-11). Auf Grund der unterschiedlichen Definition von wertaufhellenden Ereignissen nach IAS und nationalen Normen unterscheidet ISA 560 neben Ereignissen, die zwischen Bilanzstichtag und Bestätigungsvermerk bekannt werden auch solche, die zwischen Bestätigungsvermerk und Veröffentlichung des Jahresabschlusses bekannt werden und solche, die erst nach der Veröffentlichung des Jahresabschlusses bekannt werden. Die Berücksichtigung von Ereignissen zwischen dem Zeitpunkt des Bestätigungsvermerks und der Veröffentlichung des Jahresabschlusses behandelt ISA 560.8-12 und die Behandlung von Ereignissen nach Veröffentlichung des Abschlusses behandelt ISA 560.13-18 (zur Berücksichtigung going concern-aufhellender und -begründender Ereignisse vgl. Abschnitt 4.2.1).

5.2.2 Berücksichtigung von Darstellungen des Managements bei der Urteilsbildung

Der Prüfer hat eine schriftliche Erklärung der Unternehmensleitung (representations by management) über die Vollständigkeit der erteilten Auskünfte und Nachweise einzuholen (IDW PS 303.20 ff.; ISA 580). Die Vorlagepflicht der gesetzlichen Vertreter des zu prüfenden Unternehmens und die Auskunftsrechte des Abschlussprüfers sind in § 320 HGB umfassend geregelt. Danach kann der Prüfer von den gesetzlichen Vertretern alle Aufklärungen und Nachweise verlangen, die für eine sorgfältige Prüfung notwendig sind. Eine Vollständigkeitserklärung stellt eine umfassende Versicherung des geprüften Unternehmens über die Vollständigkeit der erteilten Auskünfte und Nachweise dar und wird in der Regel vom Vorstand bzw. der Geschäftsführung abgegeben. Für eine solche Erklärung haben sowohl das IDW als auch die IFAC eine Vorlage ausgearbeitet, die an die Gegebenheiten des Unternehmens anzupassen ist. Der Prüfer holt die Vollständigkeitserklärung des Managements zeitnah zur Erteilung des Bestätigungsvermerks ein und bewahrt sie in den Arbeitspapieren auf.

Der IDW PS 303 und der ISA 580 (management representations) stimmen weitestgehend überein. Unterschiede bestehen in Bezug auf die einzuholende Vollständigkeitserklärung der gesetzlichen Vertreter. Während bei ISA 580 die Einholung der Vollständigkeitserklärung nur als Möglichkeit vorgesehen ist, sieht der IDW PS 303 dies als geboten (IDW PS 303.31). Ein weiterer Unterschied besteht für den Fall, dass die gesetzlichen Vertreter sich weigern, eine Vollständigkeitserklärung abzugeben. ISA 580 sieht hierfür zwingend eine Einschränkung des Bestätigungsvermerks vor (vgl. Abschnitt 5.3.1.3). IDW PS 303 sieht eine derartige Verpflichtung zur Einschränkung des Bestätigungsvermerks nicht vor. Der Abschlussprüfer hat jedoch die Verweigerung der Unternehmensleitung zur Abgabe der Vollständigkeitserklärung im Prüfungsbericht festzuhalten und auf Grundlage des Auskunftsrechts nach § 320 HGB die entsprechenden Auskünfte mündlich einzuholen und schriftlich in den Arbeitspapieren zu dokumentieren (IDW PS 303.23 u. 32).

5.2.3 Verwendung von Urteilen Dritter bei der Urteilsbildung

Die Verwendung von Prüfungsergebnissen und Urteilen Dritter gewinnt durch die zunehmende Komplexität der Jahresabschlüsse, die häufig die Hinzuziehung z.B. von Steuer- oder Rechtsexperten notwendig macht, sowie im Hinblick auf eine wirtschaftliche Urteilsgewinnung zunehmend an Bedeutung. Als Dritte gelten andere Abschlussprüfer, die Interne

Revision des zu prüfenden Unternehmens oder Sachverständige. Der Abschlussprüfer muss sich sein Urteil auf Grund des Eigenverantwortlichkeitsgrundsatzes selbst bilden, darf jedoch die Urteile Dritter übernehmen oder verwerten (IDW PS 320.5). Die ISA kennen diese Unterscheidung nicht; sie sprechen von Verwendung der Urteile Dritter (ISA 600.2; 610.16; 620.2). Auf Grund der Eigenverantwortlichkeit hält das IDW (anders als die IFAC, siehe Tab. II.5-1) es für nicht sachgerecht, im Bestätigungsvermerk auf die Prüfungsergebnisse anderer Abschlussprüfer oder sonstiger Sachverständiger zu verweisen (IDW PS 400.34 u. 116, vgl. hierzu auch Kapitel I, Abschnitt 6.5.2.1, Berichterstattung).

- Eine *Übernahme* der Feststellungen Dritter kommt nur für die Prüfungsergebnisse anderer Abschlussprüfer in gesetzlich geregelten Fällen in Betracht. Dazu zählt z.B. die „befreiende Prüfung" nach § 317 Abs. 3 Satz 2 u. 3 HGB, bei der der Prüfer auf die Prüfung der in den Konzernabschluss einbezogenen Einzelabschlüsse verzichten kann, wenn diese nach den Grundsätzen für Pflichtprüfungen und durch einen befähigten Abschlussprüfer geprüft worden sind (IDW PS 320.27 ff.). Der Abschlussprüfer sollte jedoch zumindest die einzubeziehenden Ergebnisse kritisch durchsehen (IDW EPS 450.108 n.F.; ISA 600.18). Liegen Anhaltspunkte dafür vor, dass die Prüfungsergebnisse unzutreffend sind, so hat der Prüfer eigene Prüfungshandlungen vorzunehmen. Nach Auffassung der IFAC darf der gesamtverantwortliche Abschlussprüfer die Arbeit eines anderen Abschlussprüfers unter bestimmten Voraussetzungen verwenden (ISA 600.7).

- In allen anderen Fällen ist eine *Verwertung* der Feststellungen Dritter zulässig. Das Ausmaß und die Gewichtung der Urteile Dritter hängt von der Bedeutung des Sachverhaltes für das Gesamturteil sowie von der fachlichen Kompetenz und der beruflichen Qualifikation des Dritten ab (IDW PS 320.18 f. u. PS 322.12 f.; ähnlich die ISA zur *Verwendung*: ISA 600.6 f.; 610.17 f.; 620.7 f.). Im Unterschied zu den übernommenen Prüfungsurteilen anderer Abschlussprüfer, können die verwerteten Prüfungsurteile Dritter die Prüfungsfeststellungen des Jahresabschlussprüfers nicht ersetzen. Der Prüfer hat stets die volle Verantwortung für das abzugebende Prüfungsurteil, welche durch die Verwertung der Urteile Dritter nicht vermindert wird. Daher hat er stets eigene Prüfungshandlungen durchzuführen, auf die sich seine Prüfungsfeststellungen stützen.

Der Abschlussprüfer kann bei der Planung und Durchführung der Prüfungshandlungen in eigener Verantwortung auf seine Kenntnisse über die Arbeitsergebnisse der *Internen Revision* zurückgreifen. Eine wirksame Interne Revision trägt zur Verminderung des Prüfungsumfangs des Abschlussprüfers bei. Sofern der Abschlussprüfer beabsichtigt, bestimmte Arbeiten der Internen Revision zu verwenden, hat er diese zu beurteilen und die dabei durchgeführten Prüfungshandlungen sowie die gezogenen Schlussfolgerungen zu dokumentieren (IDW PS 321).

Verwertet der Prüfer die Prüfungsergebnisse und Urteile *Sachverständiger*, die für die Beurteilung des Jahresabschlusses von Bedeutung sind, so hat er diese in jedem Fall kritisch zu würdigen und grundsätzlich nachzuprüfen. Sachverständige können sowohl vom geprüften Unternehmen als auch vom Abschlussprüfer beauftragt werden oder bei einem der beiden beschäftigt sein. Möchte der Abschlussprüfer die Ergebnisse eines Sachverständigen nutzen, so hat er dessen berufliche Kompetenz und Objektivität zu beurteilen und festzustellen, ob dessen Arbeit als Prüfungsnachweis ausreicht. Im Bestätigungsbericht darf der Abschlussprüfer *nicht* auf die Arbeit eines Sachverständigen verweisen.

Bezüglich der Verwendung von Prüfungsergebnissen und Urteilen Dritter haben sowohl das IDW als auch die IFAC für jede der drei möglichen Quellen derartiger Informationen (andere Abschlussprüfer, Interne Revision, Sachverständige) einen eigenen Standard herausgegeben. Beim IDW sind dies die PS 320, PS 321 und PS 322. Bei der IFAC sind es ISA 600; ISA 610 und ISA 620.

Tab. II.5-1 zeigt einen Vergleich der relevanten nationalen und internationalen Normen bezüglich der Verwendung von Prüfungsergebnissen und Urteilen Dritter. Der Grad der Übereinstimmung zwischen den Normen wird aus der letzten Spalte der Tabelle ersichtlich. Ein ✓ bedeutet, dass die Normensysteme bezogen auf den jeweiligen Aspekt übereinstimmen. Decken die ISA nicht alle Gesichtspunkte des nationalen Standards ab (z.B. bei Aufzählungen), oder enthalten die ISA weitere Punkte, so stimmen die Normen teilweise überein, was durch (✓) symbolisiert wird. Ein X zeigt eine Nicht-Übereinstimmung oder das Nicht-Vorhandensein einer vergleichbaren Regelung an. Es finden sich auch Querverweise auf andere Prüfungsnormen.

Aspekt	IDW PS 320, PS 321, PS 322	ISA 600, ISA 610, ISA 620	
Eigenverantwortlichkeit	Der Prüfer muss sich sein Urteil auf Grund des Grundsatzes der Eigenverantwortlichkeit selbst bilden, darf jedoch Urteile Dritter übernehmen oder verwerten. Eigenverantwortlichkeit ist explizit Teil der Berufsgrundsätze (§ 44 Abs. 1 WPO).	Der Abschlussprüfer trägt alleinige Verantwortung für das abgegebene Prüfungsurteil. Der Grundsatz der Eigenverantwortlichkeit wird darüber hinaus nicht ausdrücklich betont, dafür explizit in den Ethics Sec. 9.2 angesprochen.	(✓)
Bestätigungsvermerk (IDW PS) bzw. Bestätigungsbericht (ISA)	Hinweise auf die Verwendung von Prüfungsergebnissen anderer Abschlussprüfer oder Sachverständiger sind nicht sachgerecht.	Der gesamtverantwortliche Abschlussprüfer hat im Bestätigungsbericht anzugeben, wenn er sich maßgeblich auf Prüfungsurteile anderer Abschlussprüfer stützt. Er darf im Bestätigungsbericht nicht auf die Arbeit von Sachverständigen verweisen.	X
Übernahme	Die Übernahme von Prüfungsergebnissen Dritter ist auf gesetzliche Fälle beschränkt.	Die ISA unterscheiden Übernahme und Verwertung nicht; sie sprechen von Verwendung.	X
Verwertung	Ausmaß und Gewichtung bei der Verwertung von Urteilen Dritter hängt von der Bedeutung des Sachverhaltes für das Gesamturteil sowie der fachlichen Kompetenz und der beruflichen Qualifikation des Dritten ab.	Die ISA unterscheiden Übernahme und Verwertung nicht; sie sprechen von Verwendung. Die Bedeutung des Sachverhaltes für das Gesamturteil und die fachliche Kompetenz sind bei der Verwendung zu berücksichtigen.	(✓)
Anderer Abschlussprüfer	Der Abschlussprüfer hat abzuschätzen, inwieweit er die Prüfungsurteile anderer Abschlussprüfer übernehmen oder verwerten kann. Für die Übernahme müssen zudem bestimmte Voraussetzungen erfüllt sein.	Der gesamtverantwortliche Abschlussprüfer darf die Arbeit eines anderen Abschlussprüfers unter bestimmten Voraussetzungen verwenden.	(✓)
Interne Revision	Der Prüfer kann die Arbeitsergebnisse der Internen Revision bei der Bemessung des Prüfungsumfangs berücksichtigen. Sie können seine eigenen Prüfungsfeststellungen nicht ersetzen.	Der Prüfer kann die Arbeitsergebnisse der Internen Revision zur Festlegung der Prüfungshandlungen berücksichtigen. Sie können seine eigenen Prüfungshandlungen nicht ersetzen.	(✓)
Sachverständige	Bei der Verwertung von Urteilen von Sachverständigen hat der Prüfer diese grundsätzlich nachzuprüfen, stets aber kritisch zu würdigen.	Bei der Verwendung von Urteilen von Sachverständigen hat der Prüfer deren Angemessenheit nachzuprüfen.	(✓)

Tab. II.5-1: Vergleich von IDW PS 320, PS 321, PS 322 mit ISA 600, ISA 610 und ISA 620 (Verwendung von Prüfungsergebnissen und Urteilen Dritter)

5.2.4 Durchführung von Gemeinschaftsprüfungen

Als Gemeinschaftsprüfungen (joint audits) werden Prüfungen bezeichnet, bei denen mehrere Wirtschaftsprüfer oder Wirtschaftsprüfungsgesellschaften gleichzeitig zum gesetzlichen Abschlussprüfer eines Einzel- oder Konzernabschlusses bestellt werden. Die Konsequenzen einer solchen Bestellung behandelt IDW PS 208. In den Normen der IFAC findet sich *kein* entsprechender Standard (ISA 600 bezieht sich nach ISA 600.1 ausdrücklich nicht auf Gemeinschaftsprüfungen). IDW PS 208 beschäftigt sich gleichwohl *nicht* mit der Verwendung von Prüfungsergebnissen von nicht für diese Prüfung bestellten Abschlussprüfern. Werden mehrere Prüfer gemeinsam als Abschlussprüfer bestellt, so sind sie gemeinsam Abschlussprüfer im Sinne der gesetzlichen Vorschriften. Die IDW Prüfungsstandards und der IDW PS 320 finden entsprechend Anwendung, soweit nicht die Besonderheiten des IDW PS 208 greifen.

Die Bestellung mehrerer Prüfer als Abschlussprüfer vollzieht sich in Analogie zur Bestellung eines einzelnen Prüfers. Der Wahlbeschluss muss die Personen, die Abschlussprüfer sein sollen, so eindeutig bezeichnen, dass die gesetzlichen Vertreter oder der Aufsichtsrat den Prüfungsauftrag ohne eigenes Ermessen erteilen können. Ermöglicht der Wahlbeschluss den gesetzlichen Vertreter oder dem Aufsichtsrat, unter verschiedenen Personen auszuwählen, so ist dieser Wahlbeschluss unwirksam (IDW PS 208.5). Der Prüfungsauftrag ist nach § 318 Abs. 1 Satz 4 HGB unverzüglich nach der Wahl durch die gesetzlichen Vertreter – bei Zuständigkeit des Aufsichtsrats durch diesen – zu erteilen. Über die Annahme oder Ablehnung des Auftrags entscheidet jeder Gemeinschaftsprüfer eigenverantwortlich. Es empfiehlt sich, dass sich die Gemeinschaftsprüfer auf einheitliche Auftragsbedingungen einigen.

Jeder Gemeinschaftsprüfer ist für das Prüfungsergebnis selbst verantwortlich, was bedeutet, dass sich jeder Prüfer ein eigenes Urteil zu bilden hat. Risikobeurteilung und Planung der Prüfung müssen gemeinschaftlich erfolgen, wobei die Prüfungsgebiete auf die Gemeinschaftsprüfer aufgeteilt werden. Während der Prüfungsdurchführung soll zwischen den Gemeinschaftsprüfern eine enge Zusammenarbeit sowie ein reibungsloser Informationsfluss – z.B. durch regelmäßigen Austausch schriftlicher Zusammenfassungen – bestehen, um eine hohe Prüfungsqualität zu gewährleisten. Die Prüfungshandlungen und Ergebnisse der einzelnen Prüfer sind von den anderen Prüfern in eigener Verantwortung zu würdigen.

Das Gesamtergebnis der Abschlussprüfung setzt sich aus den Prüfungsergebnissen der Gemeinschaftsprüfer zusammen. Über das Gesamturteil sollten die Prüfer Einvernehmen erzielen, und sie sollten die Prüfungsergebnisse in einem gemeinsamen Prüfungsbericht festhalten. Angaben zur gemeinsamen Bestellung und zu abweichenden Prüfungsfeststellungen, die nicht unter den Gemeinschaftsprüfern geklärt werden konnten, sind in den Prüfungsbericht aufzunehmen. Den Bestätigungsvermerk unterzeichnen die Gemeinschaftsprüfer *gemeinsam*, es sei denn, sie können sich – in Ausnahmefällen – nicht auf ein einheitliches Gesamturteil einigen. In einem solchen Fall hat jeder Prüfer einen eigenen Bestätigungsvermerk zu erteilen und zu unterzeichnen. Sobald dabei mindestens ein Prüfer ein eingeschränktes Testat erteilt, ist das Gesamturteil der Abschlussprüfung eingeschränkt.

5.2.5 Besonderheiten bei der Abschlussprüfung von Unternehmen, die ihre Rechnungslegung teilweise auf Dienstleistungsorganisationen ausgelagert haben

Zahlreiche Unternehmen beauftragen Dienstleistungsunternehmen wie z.B. die DATEV oder andere IT-Dienstleister mit der Buchung von Geschäftsvorfällen in entsprechenden Unterlagen und Dateien. Mit IDW EPS 331 und ISA 402 enthalten die nationalen und internationalen Prüfungsnormen einen Standard, der sich explizit den Konsequenzen für die Prüfung von Unternehmen, welche Dienstleistungsorganisationen in Anspruch nehmen, widmet. Diese beiden Prüfungsnormen stimmen weitestgehend überein.

Demnach hat der Abschlussprüfer zu berücksichtigen, welchen Einfluss die Inanspruchnahme von Dienstleistungsorganisationen auf das Rechnungslegungssystem und IKS des Mandanten hat. Die Dienstleistungsorganisation kann durch die Grundsätze und Verfahren, die sie bei der Verarbeitung der Daten des Mandanten anwendet, Rechnungslegung und Kontrollen des Mandanten beeinflussen. Je nach Beziehung zwischen dem Mandanten und dem Dienstleistungsunternehmen kann die Dokumentation und Verarbeitung von Geschäftsvorfällen durch den Dienstleister so ausgestaltet sein, dass der Mandant in der Lage ist, eigene Maßnahmen zur Vermeidung von Falschdarstellungen im Jahresabschluss einzurichten.

Bei der Abschlussprüfung beurteilt der Prüfer sowohl die Bedeutung der Tätigkeiten des Dienstleistungsunternehmens für den Mandanten als auch deren Auswirkung auf die Prüfung anhand der anzuwendenden Kriterien. Zu diesen Kriterien gehört z.B. die Identifizierung von wesentlichen Jahresabschlussaussagen, die durch die Tätigkeiten der Dienstleistungsorganisation beeinflusst werden und die Beurteilung des inhärenten Risikos. Gelangt der Prüfer dabei zu dem Schluss, dass das Kontrollrisiko *nicht* durch die Kontrollen des Dienstleisters beeinflusst wird (z.B. da der Mandant eigene Kontrollen eingerichtet hat), so kann er auf weitere Prüfungshandlungen in Bezug auf den Dienstleister verzichten. Wird das Kontrollrisiko hingegen durch die Kontrollen des vom Mandanten in Anspruch genommenen Dienstleistungsunternehmens beeinflusst, so hat sich der Prüfer ein Urteil über diese Kontrollen zu bilden. Zur Beurteilung der Kontrollen des Dienstleisters holt der Prüfer entsprechende Informationen ein und/oder nimmt eigene Prüfungshandlungen vor. Der Prüfer kann dazu ggf. auch den Bericht des Prüfers der Dienstleistungsorganisation einsehen. Liegt ein Prüfungsbericht vor, in dem die angemessene Konzeption und die tatsächliche Wirksamkeit der Kontrollen des Dienstleistungsunternehmens bestätigt werden, kann er seine Einschätzung des Kontrollrisikos reduzieren (hierfür gelten analog die Bestimmungen zur Verwendung von Ergebnissen Dritter). Allerdings darf im Bestätigungsbericht nicht auf die Verwendung des Prüfungsberichts einer Dienstleistungsorganisation verwiesen werden (ISA 402.18). Auch nach nationalen Prüfungsnormen ist ein Verweis auf die Verwertung von Ergebnissen eines Dritten im Bestätigungsvermerk nicht zulässig (IDW EPS 331.28). Jedoch sieht IDW EPS 331.27 vor, dass der Abschlussprüfer die Verwertung von Ergebnissen Dritter ausführlich im Prüfungsbericht und in den Arbeitspapieren darstellt.

5.3 Urteilsmitteilung und Berichterstattung

Die Urteilsmitteilung schließt den Prüfungsprozess ab. Nach deutschen Prüfungsnormen stehen dem Prüfer *zwei Kommunikationsinstrumente* zur Verfügung, mit denen er sein Prüfungsurteil weitergibt: der Bestätigungsvermerk und der Prüfungsbericht. Die Art der Berichterstattung richtet sich nach den Berichtsadressaten. Der *Bestätigungsvermerk* richtet sich vor allem an externe Jahresabschlussadressaten. Daher werden Fehler, die die Darstellung der Vermögens-, Finanz- und Ertragslage im Jahresabschluss nicht *wesentlich* beeinträchtigen, nicht erwähnt. Der *Prüfungsbericht* dagegen ist als unternehmensinternes Informationsinstrument an die Geschäftsführung bzw. an Vorstand, Gesellschafterversammlung und Aufsichtsrat adressiert. Dieser stellt qualitative und quantitative Fehler ausführlich dar, da die Adressaten gewöhnlich Leitungs- und/oder Überwachungsfunktion innehaben und somit Fehlerursachen beeinflussen können. Zusätzlich findet eine Schlussbesprechung über die Jahresabschlussprüfung zwischen dem Prüfer und den gesetzlichen Vertretern statt.

5.3.1 Bestätigungsvermerk

Der in § 322 HGB normierte Bestätigungsvermerk enthält das Prüfungsurteil (IDW PS 400.8; ISA 700.4) sowie die folgenden Angaben (IDW PS 400.2):

- Beschreibung der Aufgaben des Abschlussprüfers,
- Abgrenzung dieser Aufgaben gegenüber der Verantwortlichkeit der gesetzlichen Vertreter der Gesellschaft für die Buchführung und Rechnungslegung,
- Darstellung von Gegenstand, Art und Umfang der Prüfung,
- Zusammenfassung des Prüfungsergebnisses in einer Beurteilung.

Die Erteilung von Bestätigungsvermerken, deren Bestandteile und Inhalte, Formen des Prüfungsurteils, Besonderheiten bei Konzernabschlussprüfungen sowie Sonderfälle von Bestätigungsvermerken sind in IDW PS 400 geregelt. Auf internationaler Ebene ist ISA 700 einschlägig. Der *Bestätigungsbericht* (dieser Ausdruck wird in den ISA verwendet) entspricht in seinen Bestandteilen dem deutschen Bestätigungsvermerk (vgl. auch Kapitel I, Abschnitt 6.5.2.1).

5.3.1.1 Erteilung

Erst nach Abschluss der für die Beurteilung erforderlichen Prüfung darf ein Bestätigungs- bzw. Versagungsvermerk erteilt werden. Die im Folgenden dargestellten Vorschriften zur Erteilung von Bestätigungsvermerken gelten analog für Versagungsvermerke. Nach § 322 Abs. 5 HGB ist der Bestätigungs- oder Versagungsvermerk unter Angabe des Orts (i.d.R. der Ort der Niederlassung des Wirtschaftsprüfers bzw. der Wirtschaftsprüfungsgesellschaft) und des Datums abzugeben. Die Datierung erfolgt auf den Tag, an dem die Prüfung der Rechnungslegung materiell abgeschlossen wurde (Beurteilungszeitpunkt). Der Bestätigungsvermerk ist „auf dem Jahresabschluss anzubringen oder mit diesem und ggf. dem Lagebericht fest zu verbinden" (IDW PS 400.80). Der beauftragte Wirtschaftsprüfer hat den Vermerk eigenhändig zu unterzeichnen und nach § 48 Abs. 1 WPO mit dem Berufssiegel zu versehen. Der Bestätigungsvermerk ist nach § 322 Abs. 5 Satz 2 HGB in den Prüfungsbericht aufzunehmen. Bestätigungsvermerk und Prüfungsbericht sind unabhängig voneinander, jedoch zeitgleich zu erteilen.

5.3.1.2 Inhalt und Bestandteile

Der Bestätigungsvermerk beinhaltet das auf die Rechnungslegung bezogene Gesamturteil des Abschlussprüfers über die Übereinstimmung des Prüfungsgegenstands (Buchführung, Jahresabschluss, Lagebericht sowie bei börsennotierten Unternehmen das Risikofrüherkennungssystem gem. § 91 Abs. 2 AktG) mit den für das geprüfte Unternehmen geltenden Vorschriften. Insbesondere ist zu beurteilen, ob die wirtschaftliche Lage sowie die Risiken der künftigen Entwicklung im Jahresabschluss und Lagebericht zutreffend dargestellt sind. Der Wortlaut ist so zu wählen, dass die Gesamtaussage einheitlich verstanden werden kann und dass er außergewöhnliche Umstände verdeutlicht. Daher enthalten IDW PS 400 und ISA 700 Standardformulierungen, die ggf. zu modifizieren oder zu ergänzen sind. Ein Bestätigungsvermerk besteht aus:

- Überschrift,
- Adressat (nur nach ISA),
- einleitender Abschnitt,
- beschreibender Abschnitt,
- Beurteilung durch den Abschlussprüfer,
- ggf. Hinweis zur Beurteilung des Prüfungsergebnisses,
- ggf. Hinweis auf Bestandsgefährdungen,
- Ort, Datum, Unterschrift, Siegel.

Als *Überschrift* bietet sich nach nationalen Normen die Bezeichnung „Bestätigungsvermerk" oder „Bestätigungsvermerk des Abschlussprüfers" bzw. „Versagungsvermerk" oder „Versagungsvermerk des Abschlussprüfers" an. Die ISA bevorzugen den Begriff „Bestätigungsbericht des unabhängigen Abschlussprüfers". Die Nennung eines *Adressaten* im Bestätigungsvermerk bzw. -bericht, wie in ISA 700.5 u. 7 gefordert, wird in IDW PS 400.22 für nicht sachgerecht gehalten, da neben dem Auftraggeber auch die Öffentlichkeit als Adressat betrachtet wird.

Der *einleitende Abschnitt* enthält Angaben zum Gegenstand der Prüfung, zum Unternehmen, zu dem geprüften Geschäftsjahr, zu den zugrunde liegenden Vorschriften (Rechnungslegungsvorschriften, ergänzende Regelungen), zu den Verantwortlichkeiten der gesetzlichen Vertreter für den Prüfungsgegenstand sowie zur Aufgabe des Abschlussprüfers.

Der *beschreibende Abschnitt* beinhaltet die nach § 322 Abs. 1 Satz 2 HGB geforderte Beschreibung zu Art und Umfang der Prüfungshandlungen. Der Hinweis, dass es sich um eine Jahresabschlussprüfung handelt, reicht zur Klassifizierung der Prüfung (z.B. in Bezug auf die Prüfungssicherheit) aus. Zu den Hinweisen bezüglich des Umfangs gehört der Verweis, dass die Prüfung so geplant und durchgeführt wurde, dass wesentliche Unrichtigkeiten und Verstöße mit hinreichender Sicherheit erkannt wurden (vgl. Abschnitt 4.1). Zudem sind die Prüfungsgrundsätze, also für deutsche Unternehmen die vom IDW festgestellten Normen, zu nennen. IDW PS 201.29 bringt die Auffassung des IDW zum Ausdruck, wonach ein Abweichen von diesen Standards auf Grund der Eigenverantwortlichkeit des Prüfers möglich ist, jedoch nur in begründeten Einzelfällen erfolgen sollte. Ein solches Vorgehen ist im beschreibenden Abschnitt anzuzeigen und im Prüfungsbericht ausführlich zu begründen. Nach IDW PS 400.30 kann der Prüfer ergänzend auf die ISA verweisen. Auch bei der Prüfung von Unternehmen, die ihre Rechnungslegung nach den International Accounting Standards (IAS) durchführen, hat der Prüfer die IDW Standards anzuwenden, sofern diese sachgerecht transformierte IFAC-Normen darstellen (vgl. Kapitel I, Abschnitte 6.3.2 und 6.5.2.1). Die weiteren aufzuführenden Beschreibungen zum Umfang zeigt der folgende Formulierungsvorschlag.

„Bei der Festlegung der Prüfungshandlungen werden die Kenntnisse über die Geschäftstätigkeit und über das wirtschaftliche und rechtliche Umfeld der Gesellschaft sowie die Erwartungen über mögliche Fehler berücksichtigt. Im Rahmen der Prüfung werden die Wirksamkeit des internen Kontrollsystems sowie Nachweise für die Angaben in Buchführung, Jahresabschluss und Lagebericht sowie ggf. Risikofrüherkennungssystem überwiegend auf der Basis von Stichproben beurteilt. Die Prüfung umfasst die Beurteilung der angewandten Bilanzierungsgrundsätze und der wesentlichen Einschätzungen der gesetzlichen Vertreter sowie die Würdigung der Gesamtdarstellung des Jahresabschlusses und des Lageberichts" (IDW PS 400.36).

In der *Beurteilung durch den Abschlussprüfer* wird das Prüfungsurteil dargestellt. Der Prüfer beurteilt, ob bei der Aufstellung des Jahresabschlusses die maßgeblichen (nationalen oder internationalen) Rechnungslegungsnormen vom Unternehmen beachtet wurden. Ist der Gegenstand der Jahrsabschlussprüfung gesetzlich erweitert und verlangt das Gesetz eine Aussage dazu im Bestätigungsvermerk, so ist im Anschluss an das Prüfungsurteil darüber zu berichten. Gegebenfalls sind *Hinweise zur Beurteilung des Prüfungsergebnisses* zu geben. Darunter fällt insbesondere das Aufzeigen von festgestellten Besonderheiten wie der Hinweis auf verbleibende wesentliche Unsicherheiten, die von zukünftigen Ereignissen abhängen, die vom Unternehmen nicht unmittelbar beeinflussbar sind (z.B. schwebende Prozesse oder Risiken aus langfristigen Aufträgen). Für solche Hinweise empfiehlt

IDW PS 400.75 folgende Formulierung: „Ohne diese Beurteilung einzuschränken, weise ich/weisen wir darauf hin, daß [sic](...)".

Ferner ist der Bestätigungsvermerk ggf. um einen *Hinweis auf Bestandsgefährdungen* zu ergänzen. In diesem Fall weist der Abschlussprüfer in einem Unterabschnitt auf eine bestehende Bestandsgefährdung und deren Darstellung im Lagebericht hin. Folgende Formulierung wird in IDW PS 400.77 empfohlen: „Ohne diese Beurteilung einzuschränken weise ich/weisen wir auf die Ausführungen im Lagebericht hin. Dort ist in Abschnitt (...) aufgeführt, daß [sic] der Fortbestand der Gesellschaft auf Grund angespannter Liquidität bedroht ist." Angaben zum Ort und Datum sowie Unterschrift und Siegel des Prüfers schließen den Bestätigungsvermerk ab.

5.3.1.3 Formen des Prüfungsurteils

Das Prüfungsurteil kann in drei Formen vergeben werden: Der Prüfer kann einen uneingeschränkten Bestätigungsvermerk (uneingeschränktes Prüfungsurteil = unqualified opinion), einen eingeschränkten Bestätigungsvermerk (eingeschränktes Prüfungsurteil = qualified opinion) oder einen Versagungsvermerk (negatives Prüfungsurteil = adverse opinion) erteilen (IDW PS 400.41; ISA 700.27, 37 u. 39). Im Gegensatz zu den IDW Standards ist es nach ISA 700.29 u. 38 auch möglich, die Abgabe eines Prüfungsurteils zu verweigern (disclaimer of opinion).

Der *uneingeschränkte Bestätigungsvermerk* bescheinigt, dass der Jahresabschluss ein den tatsächlichen Verhältnissen entsprechendes Bild der Vermögens-, Finanz- und Ertragslage des Unternehmens vermittelt *und* dass der Lagebericht eine zutreffende Vorstellung von der Lage der Gesellschaft widerspiegelt sowie die Risiken der zukünftigen Entwicklung zutreffend darstellt. Der Abschlussprüfer erteilt den uneingeschränkten Vermerk, wenn er keine wesentlichen Beanstandungen gegen Buchführung, Jahresabschluss und Lagebericht sowie ggf. Risikofrüherkennungssystem erhebt und keine Prüfungshemmnisse vorlagen.

Ein *eingeschränkter Bestätigungsvermerk* wird vergeben, wenn der Prüfer zu der Auffassung gelangt, dass zwar die wesentlichen Teile der Rechnungslegung eine positive Gesamtaussage zulassen, jedoch zum Zeitpunkt der Prüfungsbeendigung

- *wesentliche Beanstandungen* gegen abgrenzbare wesentliche Teile der Buchführung oder der Rechnungslegung vorliegen

  oder

- auf Grund von *Prüfungshemmnissen* abgrenzbare wesentliche Teile der Rechnungslegung nicht mit hinreichender Sicherheit beurteilt werden können.

So kann z.B. die fehlerhafte Anwendung von Bewertungsvorschriften in einem Bereich der Rechnungslegung zu einem eingeschränkten Bestätigungsvermerk führen. Korrigiert das Unternehmen vor Beendigung der Prüfung seine Fehler, so ist eine Einschränkung des Bestätigungsvermerks nicht mehr erforderlich. Prüfungshemmnisse können sich z.B. aus Beschränkungen beim Einholen von Saldenbestätigungen ergeben, die darauf beruhen, dass dem Prüfer die Namen möglicher Ansprechpartner verweigert werden, und er nicht auf andere Weise zu angemessenen und ausreichenden Prüfungsnachweisen gelangen kann.

Der Prüfer hat die Einschränkungen nach § 322 Abs. 4 Satz 3 u. 4 HGB zu begründen und so darzulegen, dass ihre Tragweite erkennbar wird. Dies ist möglichst durch Zahlenangaben zu konkretisieren. Er hat folgende Formulierung zu verwenden: „Meine/Unsere Prüfung hat mit Ausnahme der folgenden Einschränkung zu keinen Einwendungen geführt:" (IDW PS 400.59). Die ISA schreiben die Formulierung „mit der Einschränkung, daß [sic]" (ISA 700.37) vor.

Der Prüfer erteilt einen *Versagungsvermerk*, wenn er wesentliche Beanstandungen gegen den Jahresabschluss erhebt, die so bedeutend oder zahlreich sind, dass ein eingeschränkter Bestätigungsvermerk nicht ausreicht, die missverständliche oder unvollständige Darstellung des Jahresabschlusses zu verdeutlichen. Ein Versagungsvermerk wird auch erteilt, wenn sich die Prüfungshemmnisse so wesentlich auswirken, dass es dem Prüfer nicht möglich, ist zu einem (eingeschränkten) Bestätigungsvermerk zu gelangen. Nach § 322 Abs. 4 Satz 3 HGB ist die Versagung zu begründen.

Zu der nur nach internationalen Normen vorgesehenen *Verweigerung* eines Prüfungsurteils kommt es dann, wenn die Prüfungshemmnisse so gravierend waren, dass die Auswirkungen der daraus entstehenden Einschränkungen des Prüfungsumfangs wesentlich und umfassend sind und der Abschlussprüfer infolgedessen nicht in der Lage war, ausreichende und angemessene Prüfungsnachweise zu erlangen. Da er in diesem Fall nicht in der Lage ist, ein Prüfungsurteil abzugeben, hat er dieses zu verweigern. Nach nationalen Normen hat der Prüfer in diesem Fall den Bestätigungsvermerk einzuschränken oder einen Versagungsvermerk zu erteilen. Alle für die Einschränkung oder Verweigerung wesentlichen Gründe sind im Bestätigungsbericht üblicherweise in einem separaten Abschnitt vor der Erklärung der Verweigerung des Prüfungsurteils aufzuführen.

Folgende Tab. II.5-2 stellt die Normen zur Urteilsmitteilung durch den Bestätigungs- bzw. Versagungsvermerk – auf nationaler Ebene in IDW PS 400 und auf internationaler Ebene in ISA 700 geregelt – gegenüber. In der letzten Spalte der Tabelle wird ersichtlich, in welchen der angesprochenen Aspekte die Regelungen übereinstimmen (symbolisiert durch ✓), teilweise übereinstimmen (durch (✓) gekennzeichnet) oder differieren (erkennbar durch X).

Aspekt	IDW PS 400	ISA 700	
Aufgaben des Bestätigungsvermerks (-berichts):	Beschreibung der Aufgaben des Abschlussprüfers: - Abgrenzung dieser Aufgaben gegenüber der Verantwortlichkeit der gesetzlichen Vertreter für Buchführung und Rechnungslegung - Darstellung von Gegenstand, Art und Umfang der Prüfung - Zusammenfassung des Prüfungsergebnisses in einer Beurteilung	(die Aufgaben werden in ISA 700 nicht explizit erwähnt, ergeben sich jedoch aus den einzelnen Bestandteilen)	X
Erteilung	Erst nach Abschluss der für die Beurteilung erforderlichen Prüfung darf der Vermerk erteilt werden.	Die Datierung hat auf den Zeitpunkt der Beendigung der Prüfung zu erfolgen. Daher kann die Erteilung erst nach Abschluss der für die Beurteilung erforderlichen Prüfung erfolgen.	✓
Die Vorschriften zur Erteilung ...	... gelten sowohl für die Erteilung von Bestätigungs- als auch für die Erteilung von Versagungsvermerken.	... gelten für alle Bestätigungsberichte, unabhängig von dem darin enthaltenen Prüfungsurteil.	✓
Datums- und Ortsangabe	Der Vermerk ist unter Angabe von Ort und Datum abzugeben.	Im Bestätigungsbericht ist ein Datum und ein Ort anzugeben.	✓
Datum des Vermerks (Berichts)	Die Datierung erfolgt auf den Tag, an dem die Prüfung materiell abgeschlossen wurde.	Die Datierung erfolgt auf den Zeitpunkt der Beendigung der Prüfung.	✓
Unterzeichnung/Siegel	Der Vermerk ist eigenhändig zu unterzeichnen und zu siegeln.	Der Bericht ist mit dem Namen der Prüfungsgesellschaft (üblicherweise) oder dem persönlichen Namen des Abschlussprüfers oder ggf. mit beiden zu versehen bzw. zu unterschreiben.	X
Anbringen des Vermerks	Der Vermerk ist auf dem Jahresabschluss anzubringen oder mit diesem und ggf. dem Lagebericht fest zu verbinden.	(keine Erwähnung in ISA 700)	X
Inhalt des Vermerks (Berichts)	Er beinhaltet das auf die Rechnungslegung bezogene Gesamturteil des Abschlussprüfers über die Übereinstimmung der Buchführung, des Jahresabschlusses und des Lageberichts sowie für börsennotierte Kapitalgesellschaften des Risikofrüherkennungssystems mit den für das geprüfte Unternehmen geltenden Vorschriften. Insbesondere ist zu beurteilen, ob die wirtschaftliche Lage sowie die Risiken der zukünftigen Entwicklung zutreffend dargestellt sind.	Er beinhaltet ein eindeutiges schriftliches Prüfungsurteil des Prüfers zum Abschluss. Das schließt die Beurteilung mit ein, ob der Abschluss in Übereinstimmung mit einem anerkannten Rechnungslegungskonzept aufgestellt wurde.	(✓)

Aspekt	IDW PS 400	ISA 700	
Form und Inhalt des Vermerks (Berichts) ...	... sind so zu gestalten, dass die Gesamtaussage einheitlich verstanden werden kann und dass außergewöhnliche Umstände verdeutlicht werden.	... sind wünschenswerterweise in bestimmten Ausmaß einheitlich zu gestalten, um das Verständnis des Lesers und das Erkennen außergewöhnlicher Umstände zu verbessern.	X
Standardformulierungen	IDW PS 400 enthält Standardformulierungen, deren Verwendung empfohlen wird.	ISA 700 enthält Standardformulierungen, deren Verwendung jedoch nicht explizit empfohlen wird.	(✓)
Bestandteile des Vermerks (Berichts):	- Überschrift (nicht erwähnt) - Einleitender Abschnitt - Beschreibender Abschnitt - Beurteilung durch den Abschlussprüfer - Ggf. Hinweis zur Beurteilung des Prüfungsergebnisses - Ggf. Hinweis auf Bestandsgefährdungen - Ort, Datum, Unterschrift, Siegel	- Überschrift - Adressat - Einleitender Abschnitt - Abschnitt zum Prüfungsumfang (Beschreibung der Art der Prüfung) - Abschnitt zum Urteil (nicht erwähnt) (nicht erwähnt) - Datum, Adresse, Unterschrift	(✓)
Überschrift	Die Überschrift muss zutreffend sein.	Die Überschrift muss geeignet sein.	✓
Vorschlag einer Überschrift	Die Bezeichnung „Bestätigungsvermerk (des Abschlussprüfers)" oder „Versagungsvermerk (des Abschlussprüfers)" soll gewählt werden.	Die Bezeichnung „Bestätigungsbericht des unabhängigen Abschlussprüfers" kann zweckmäßig sein.	X
Adressierung	Es ist nicht sachgerecht, den Vermerk bei gesetzlichen Prüfungen zu adressieren.	Der Bericht ist zu adressieren.	X
Einleitender Abschnitt enthält Angaben:	- zum Gegenstand der Prüfung - zum Unternehmen - zum geprüften Geschäftsjahr - zu den zugrunde liegenden Vorschriften - zu den Verantwortlichkeiten der gesetzlichen Vertreter - zur Aufgabe des Abschlussprüfers	- zum Gegenstand der Prüfung - zum Unternehmen - zum geprüften Geschäftsjahr - (zu den zugrunde liegenden Vorschriften wird nach ISA nur im Abschnitt zum Prüfungsurteil eingegangen) - zu den Verantwortlichkeiten der Unternehmensleitung - zur Aufgabe des Abschlussprüfers	(✓)

Aspekt	IDW PS 400	ISA 700	
Der beschreibende Abschnitt ...	... beinhaltet die Beschreibung von Art und Umfang der Prüfungshandlungen.	... entspricht dem „Abschnitt zum Prüfungsumfang", der auch die Beschreibung der Art der Prüfung beinhaltet.	✓
Zur Beschreibung der Art der Prüfung ...	... reicht der Hinweis, dass es sich um eine Jahresabschlussprüfung handelt.	(wird nur in ISA 700.5 erwähnt, ist jedoch in der Standardformulierung nicht enthalten)	X
Zur Beschreibung des Umfangs der Prüfung gehören u.a.:	- der Hinweis, dass die Prüfung so geplant und durchgeführt wurde, dass wesentliche Unrichtigkeiten und Verstöße mit hinreichender Sicherheit erkannt wurden. - der Hinweis auf die vom IDW festgestellten Prüfungsgrundsätze. Weitere aufzunehmende Hinweise zum Umfang enthält IDW PS 400.31.	- der Hinweis, dass die Prüfung so geplant und durchgeführt wurde, dass wesentliche falsche Aussagen mit hinreichender Sicherheit erkannt wurden. - der Hinweis auf die angewandten Prüfungsgrundsätze (ISA oder nationale Grundsätze). Weitere aufzunehmende Hinweise zum Umfang enthält ISA 700.14.	(✓)
Beurteilung durch den Abschlussprüfer	Dieser Abschnitt des Bestätigungsvermerks enthält das Prüfungsurteil darüber, ob das Unternehmen bei der Aufstellung des Jahresabschlusses die maßgeblichen Rechnungslegungsnormen beachtet hat und ob ein den tatsächlichen Verhältnissen entsprechendes Bild vermittelt wird.	Dieser Abschnitt des Bestätigungsberichts enthält das Prüfungsurteil darüber, ob der Abschluss in Übereinstimmung mit dem maßgeblichen Rechnungslegungskonzept ein den tatsächlichen Verhältnissen entsprechendes Bild vermittelt.	✓
Formen des Prüfungsurteils	- Uneingeschränkter Bestätigungsvermerk - Eingeschränkter Bestätigungsvermerk - Versagungsvermerk - (eine Verweigerung ist nach IDW PS 400 nicht vorgesehen)	- Uneingeschränktes Prüfungsurteil - Eingeschränktes Prüfungsurteil - Negatives Prüfungsurteil - Verweigerung des Prüfungsurteils	(✓)
Ein uneingeschränkter Bestätigungsvermerk (uneingeschränktes Prüfungsurteil) besagt:	- dass der Jahresabschluss ein den tatsächlichen Verhältnissen entsprechendes Bild der Vermögens-, Finanz- und Ertragslage des Unternehmens vermittelt und - dass der Lagebericht eine zutreffende Vorstellung von der Lage der Gesellschaft wiedergibt sowie die Risiken der zukünftigen Entwicklung zutreffend darstellt.	- dass der Jahresabschluss ein den tatsächlichen Verhältnissen entsprechendes Bild (oder eine angemessene Darstellung in allen wesentlichen Belangen) vermittelt.	(✓)

Aspekt	IDW PS 400	ISA 700	
Ein uneingeschränkter Bestätigungsvermerk (uneingeschränktes Prüfungsurteil) wird erteilt, wenn:	- keine wesentlichen Beanstandungen gegen Buchführung, Jahresabschluss und Lagebericht sowie ggf. Risikofrüherkennungssystem vorliegen. - keine Prüfungshemmnisse bestehen.	der Jahresabschluss ein den tatsächlichen Verhältnissen entsprechendes Bild (oder eine angemessene Darstellung in allen wesentlichen Belangen) vermittelt.	X
Ein eingeschränkter Bestätigungsvermerk (eingeschränktes Prüfungsurteil) wird erteilt, wenn:	Zwar die wesentlichen Teile der Rechnungslegung eine positive Gesamtaussage zulassen, jedoch bei Prüfungsbeendigung - wesentliche Beanstandungen gegen abgrenzbare Teile der Buchführung oder Rechnungslegung vorliegen oder. - auf Grund von Prüfungshemmnissen abgrenzbare wesentliche Teile der Rechnungslegung nicht mit hinreichender Sicherheit beurteilt werden können.	der Prüfer zu dem Ergebnis gelangt, dass ein uneingeschränktes Prüfungsurteil nicht erteilt werden kann, jedoch - die Auswirkungen von Meinungsverschiedenheiten mit der Unternehmensleitung oder - die Einschränkungen des Prüfungsumfangs nicht so wesentlich oder umfassend sind, dass diese ein negatives Prüfungsurteil oder die Verweigerung des Prüfungsurteils erfordern.	(✓)
Gründe für die Einschränkungen ...	... sind vom Prüfer so darzulegen, dass ihre Tragweite und relative Bedeutung erkennbar werden.	... sind vom Prüfer klar zu beschreiben und, soweit praktikabel, die Auswirkungen auf den Abschluss betragsmäßig anzugeben.	✓
Ein Versagungsvermerk (negatives Prüfungsurteil) wird erteilt, wenn:	- wesentliche Beanstandungen gegen den Jahresabschluss bestehen, die so bedeutend oder zahlreich sind, dass ein eingeschränkter Bestätigungsvermerk nicht ausreicht, die missverständliche oder unvollständige Darstellung des Jahresabschlusses zu verdeutlichen oder - sich die Prüfungshemmnisse so wesentlich auswirken, dass es dem Prüfer nicht möglich ist, zu einem (eingeschränkten) Bestätigungsvermerk zu gelangen.	- die Auswirkungen einer Meinungsverschiedenheit so wesentlich und umfassend für den Abschluss sind, dass eine Einschränkung des Prüfungsurteils nicht ausreicht, um die irreführende oder unvollständige Darstellung im Jahresabschluss zu verdeutlichen. - Prüfungshemmnisse führen nach ISA 700.38 zu einer Verweigerung des Prüfungsurteils (disclaimer of opinion)	(✓)
Gründe für die Versagung ...	... sind vom Prüfer zu beschreiben und zu erläutern.	... sind vom Prüfer klar zu beschreiben und, soweit praktisch, die Auswirkungen auf den Abschluss betragsmäßig anzugeben.	✓

Aspekt	IDW PS 400	ISA 700	
Verweigerung des Prüfungsurteils	(in IDW PS 400 nicht vorgesehen)	Ist die Einschränkung des Prüfungsumfangs so wesentlich und umfassend, dass es dem Abschlussprüfer nicht möglich ist, ausreichende und angemessene Prüfungsnachweise zu erhalten und ist er daher nicht in der Lage, ein Prüfungsurteil abzugeben, so muss er die Abgabe eines Prüfungsurteils verweigern.	X

Tab. II.5-2: Vergleich von IDW PS 400 und ISA 700 (Bestätigungsvermerk bzw. Bestätigungsbericht)

5.3.1.4 Konsequenzen eines eingeschränkten oder versagten Bestätigungsvermerks

Die rechtliche Bedeutung des Bestätigungsvermerks für prüfungspflichtige Kapitalgesellschaften folgt aus der sog. Feststellungssperre, wonach der Jahresabschluss erst dann festgestellt werden kann, wenn die Jahresabschlussprüfung durchgeführt wurde und der Prüfungsbericht vorliegt, in den der Bestätigungsvermerk aufzunehmen ist (§ 316 Abs. 1 Satz 2, § 322 Abs. 5 HGB). Hat keine Prüfung stattgefunden, so kann auch kein Bestätigungsvermerk erteilt werden. Ein dennoch festgestellter Jahresabschluss ist bei prüfungspflichtigen Kapitalgesellschaften rechtsunwirksam.

Bei einem eingeschränkten Bestätigungsvermerk oder Versagungsvermerk, hat der Aufsichtsrat den Einwendungen des Abschlussprüfers nachzugehen und in seinem Bericht dazu Stellung zu nehmen (§ 171 Abs. 2 Satz 3 AktG, § 52 Abs. 1 GmbHG). Eine Einschränkung oder Versagung des Bestätigungsvermerks hindert den Aufsichtsrat jedoch nicht daran, den mit Einwendungen behafteten Jahresabschluss, unter Angabe der Gründe, warum seiner Meinung nach eine Änderung des Jahresabschlusses nicht erforderlich ist, zu billigen und somit seine Feststellung herbeizuführen oder der Hauptversammlung/Gesellschafterversammlung vorzuschlagen, diesen Jahresabschluss festzustellen. Auch die Hauptversammlung/Gesellschafterversammlung ist nicht gehindert, einen solchen Jahresabschluss festzustellen. Sie kann ihn sogar ihrem Gewinnverwendungsbeschluss zugrunde legen (§ 171 Abs. 1, § 171 Abs. 2 Satz 4 AktG und § 171 Abs. 2 Satz3 AktG i.V.m. § 52 Abs. 1 GmbHG). Ist der Jahresabschluss jedoch nichtig (siehe § 256 AktG, gilt auch für eine GmbH) so ist auch der hierauf basierende Gewinnverwendungsbeschluss nichtig (siehe § 253 AktG, gilt auch für eine GmbH).

Für die gesetzlichen Vertreter einer Kapitalgesellschaft ergeben sich aus einem eingeschränkten Bestätigungsvermerk oder Versagungsvermerk keine unmittelbaren Folgen. Die Hauptversammlung/Gesellschafterversammlung kann jedoch den gesetzlichen Vertretern, u.U. auch dem Aufsichtsrat, infolge eines eingeschränkten Bestätigungsvermerks oder Versagungsvermerks die Entlastung versagen (§ 119 Abs. 1 Nr. 3, § 120 AktG, § 46 Nr. 5 GmbHG).

In verschiedenen Fällen hat ein eingeschränkter oder versagter Bestätigungsvermerk unmittelbare Folgen auf Beschlüsse der Gesellschaftsorgane, wie z.B.:

- Wenn die Hauptversammlung den Jahresabschluss ändert, werden ihre vor Beendigung der erforderlichen Nachtragsprüfung gefassten Beschlüsse über die Feststellung des Jahresabschlusses und die Gewinnverwendung erst dann wirksam, wenn innerhalb von zwei Wochen seit Beschlussfassung der Abschlussprüfer einen hinsichtlich der Änderungen uneingeschränkten Bestätigungsvermerk erteilt hat; andernfalls werden die Änderungen nichtig.

- Dass die letzte Jahresbilanz einem Beschluss der Hauptversammlung über eine Kapitalerhöhung aus Gesellschaftsmitteln nur dann zugrunde gelegt werden kann, wenn diese mit einem uneingeschränkten Bestätigungsvermerk versehen ist. Gleiches gilt für eine GmbH.

Ein eingeschränkter oder versagter Bestätigungsvermerk kann neben den rechtlichen Folgen auch wirtschaftliche Nachteile bewirken, wie z.B. hinsichtlich der Kreditfähigkeit oder dem Ansehen des Unternehmens bei Investoren. Die Gesellschaftsorgane sind deshalb bemüht, einen uneingeschränkten Bestätigungsvermerk zu erhalten, um dem Ansehen des Unternehmens nicht zu schaden und um etwaige Darlegungs- und Beweiserleichterungen nicht zu verlieren. Sie sind bestrebt bereits während der Prüfung etwaige Einwendungen auszuräumen. Da der Bestätigungsvermerk über die Einhaltung der Rechnungslgung informiert, erfüllt dieser in der Wirtschaft eine wesentliche Ordnungsfunktion (Reglerfunktion der Jahresabschlussprüfung).[1]

5.3.2 Prüfungsbericht

Normen zum Prüfungsbericht finden sich in § 321 HGB, IDW EPS 450 n.F. und im ISA 260 (vgl. Kapitel I, Abschnitt 6.5.2.1). Der Bericht über Gegenstand, Art, Umfang, wesentliche Prüfungsfeststellungen und -ergebnisse der Jahresabschlussprüfung ist an die Aufsichtsorgane des Unternehmens gerichtet, um diese bei der Überwachung des Unternehmens zu unterstützen. Der Prüfungsbericht ist den gesetzlichen Vertretern (bei Erteilung des Prüfungsauftrags durch den Aufsichtsrat diesem) vorzulegen.

Der Abschlussprüfer hat nach § 43 Abs. 1 WPO seinen Beruf unabhängig, gewissenhaft, verschwiegen und eigenverantwortlich auszuüben und sich insbesondere bei der Erstattung von Prüfungsberichten unparteiisch zu verhalten. Die vom Gesetzgeber geforderte Klarheit der Berichterstattung umfasst eine verständliche, eindeutige und problemorientierte Darlegung der wesentlichen Feststellungen und Sachverhalte; in Konkretisierung dazu empfiehlt das IDW Ausführungen zu folgenden Gliederungspunkten (wobei Gliederung und Form der Berichterstattung im Zeitablauf beizubehalten sind):

- Prüfungsauftrag (alternativ: Aufnahme dieser Angaben ins Deckblatt),

- grundsätzliche Feststellungen,

- Gegenstand, Art und Umfang der Prüfung,
- Feststellungen und Erläuterungen zur Rechnungslegung,
- ggf. Feststellungen zum Risikofrüherkennungssystem,
- ggf. Feststellungen aus der Erweiterung des Prüfungsauftrags,
- Bestätigungsvermerk.

Die *Erläuterung* des *Prüfungsauftrags* soll u.a. Angaben zur Firma des geprüften Unternehmens, dem Abschlussstichtag und zur Bestellung des Abschlussprüfers sowie einen Hinweis darauf, dass es sich um eine Abschlussprüfung handelt, sowie ggf. die Auftragsbedingungen enthalten. Die *grundsätzlichen Feststellungen* umfassen eine Stellungnahme zur Beurteilung der Lage des Unternehmens durch die gesetzlichen Vertreter. Die sog. Redepflicht des Abschlussprüfers gem. § 321 Abs. 1 Satz 3 HGB regelt, dass der Abschlussprüfer, sofern er bei der Durchführung der Abschlussprüfung Unrichtigkeiten oder Verstöße gegen die relevanten Rechnungslegungsnormen oder gesetzlichen, gesellschaftsvertraglichen oder satzungsmäßigen Vorschriften sowie Tatsachen feststellt, die den Bestand des Unternehmens gefährden oder dessen Entwicklung wesentlich beeinträchtigen, hierüber zu berichten hat. Auch wenn die Redepflicht bzw. Berichtspflicht des § 321 Abs. 1 Satz 3 HGB weiter geht als die Prüfungspflicht gem. § 317 HGB ist die herrschende Meinung, dass dies nicht zu einer Ausweitung des Prüfungsumfangs führt. Das bedeutet, dass der Abschlussprüfer dann über oben genannten Tatsachen zu berichten hat, wenn er bei ordnungsmäßiger Durchführung der Abschlussprüfung hiervon Kenntnis erlangt.[2]

Gegenstand, Art und Umfang der Abschlussprüfung sind nach § 321 Abs. 3 HGB darzustellen, um den Adressaten die Beurteilung der Prüfungstätigkeiten zu erleichtern. Gegenstand der Jahresabschlussprüfung sind Buchführung, Jahresabschluss, Lagebericht, ggf. das Risikofrüherkennungssystem sowie eventuelle Erweiterungen. Zu den Erläuterungen zu Art und Umfang der Prüfung gehört die Nennung der vom IDW festgestellten Prüfungsgrundsätze. Ergänzend kann nach IDW EPS 450.51 n.F. auf die ISA verwiesen werden. Ist ein Prüfer bei seiner Prüfung von den nationalen Normen abgewichen, so hat er diese Einzelfälle im Prüfungsbericht sachlich zu begründen. Inhaltlich hat der Prüfer über die angewandte Prüfungsstrategie zu berichten. Darüber hinaus sind z.B. die festgelegten Prüfungsschwerpunkte, seine Vorgehensweise bei der Prüfung des IKS, die Verwendung von Urteilen Dritter, Besonderheiten der Inventurprüfung sowie eventuelle Prüfungshemmnisse zu beschreiben.

Die *Feststellungen und Erläuterungen zur Rechnungslegung* enthalten Ausführungen zur Buchführung, weiteren geprüften Unterlagen, Jahresabschluss und Lagebericht. Der Prüfer stellt dar, ob die Buchführung den gesetzlichen sowie den gesellschaftsvertraglichen oder satzungsmäßigen Vorschriften entspricht. Weiterhin hat er über festgestellte Mängel im Jahresabschluss und deren Auswirkungen auf Rechnungslegung, Prüfungsergebnis und ggf. den Bestätigungsvermerk zu berichten. Wesentliche Jahresabschlussposten sind aufzugliedern und zu erläutern (z.B. hinsichtlich ausgeübter Ansatzwahlrechte oder angewandter Bewertungsmethoden), sofern dies die Darstellung der Vermögens-, Finanz- und Ertragslage wesentlich verbessert und die Angaben nicht bereits im Anhang enthalten sind. Außerdem ist zu würdigen, ob die *Gesamtaussage* des Jahresabschlusses ein zutreffendes Bild der Vermögens-, Finanz- und Ertragslage des Unternehmens widerspiegelt. Der Lagebericht ist daraufhin zu beurteilen, ob er mit dem Jahresabschluss in Einklang steht, eine authentische Vorstellung von der Lage des Unternehmens vermittelt und die wesentlichen Risiken der zukünftigen Entwicklung zutreffend darstellt.

Sofern das nach § 91 Abs. 2 AktG einzurichtende *Risikofrüherkennungssystem* zu prüfen ist, sind im Prüfungsbericht oder in einem zum Prüfungsbericht erstellten Teilbericht dessen Funktionsfähigkeit und ein eventueller Verbesserungsbedarf darzustellen (vgl. Abschnitt 8.2). Wurde der Auftrag zur Abschlussprüfung um eine Aufgabe erweitert, die sich nicht auf Jahresabschluss oder Lagebericht bezieht (z.B. Prüfung der Geschäftsführung, vgl. Kapitel III, Abschnitt 2.3.3.2.1), sind *Feststellungen aus Erweiterungen des Prüfungsauftrags* in einem gesonderten Prüfungsberichtsteil darzustellen. Der nicht gesondert zu unterzeichnende *Bestätigungsvermerk* bildet den letzten Teil des Prüfungsberichts.

Als *Anlagen zum Prüfungsbericht* sind der geprüfte Jahresabschluss, der Lagebericht und ggf. sich aus einem erweiterten Prüfungsauftrag ergebende Unterlagen aufzunehmen. Auch die Beifügung der Auftragsbedingungen wird empfohlen. Der Prüfungsbericht wird unter Angabe von Ort und Datum, die sich grundsätzlich mit der Angabe im Bestätigungsvermerk decken muss, von dem beauftragten Wirtschaftsprüfer eigenhändig unterzeichnet und mit dem Siegel versehen.

5.3.3 Weitere Kommunikationsinstrumente

Über den Bestätigungsvermerk und den Prüfungsbericht hinaus stehen dem Abschlussprüfer weitere Kommunikationsinstrumente zur Verfügung:

- Teilnahme des Abschlussprüfers an den Verhandlungen des Aufsichtsrats über den Jahresabschluss oder Konzernabschluss und den Lagebericht (sog. Bilanzsitzung),

- Teilberichte zum Prüfungsbericht,

- Management-Letter und

- Schlussbesprechung.

Gemäß § 171 Abs. 1 Satz 2 AktG hat der Abschlussprüfer im Rahmen der gesetzlichen Abschlussprüfung oder einer freiwilligen Prüfung – hierbei jedoch nur, wenn der Aufsichtsrat den Abschlussprüfer auffordert – an den Verhandlungen des Aufsichtsrats oder eines Ausschusses über den Jahresabschluss oder Konzernabschluss und den Lagebericht teilzunehmen und über wesentliche Ergebnisse seiner Prüfung zu berichten. Das IDW hat hierzu einen Prüfungsstandard erlassen (IDW PS 470). Demnach hat der Abschlussprüfer dem Aufsichtsrat einen kurzen, auf wesentliche Prüfungsergebnisse beschränkten Überblick über die Abschlussprüfung zu geben. Hierbei sollte der Abschlussprüfer, neben allgemeinen Aussagen zum Prüfungsauftrag und -inhalt sowie zu rechtlichen und wirtschaftlichen Besonderheiten des Geschäftsjahres, insbesondere wesentliche Prüfungsaussagen zur Ordnungsmäßigkeit der Rechnungslegung, zu kritischen Einzelsachverhalten im rechnungslegungsbezogenen IKS, zur Angemessenheit und Wirksamkeit des Risikomanagementsystems, soweit dieses Prüfungsgegenstand ist, und zu Verstößen gegen gesetzliche Vorschriften sowie Verstöße der gesetzlichen Vertreter oder Arbeitnehmer gegen Gesetz, Gesellschaftsvertrag und Satzung darstellen. Des Weiteren hat der Abschlussprüfer den Aufsichtsrat auf bedeutsame künftige Änderungen von Rechnungslegungsnormen hinzuweisen und auf das im Bestätigungsvermerk abgegebene Prüfungsurteil einzugehen. Diese mündliche Berichterstattung des Abschlussprüfers soll den Aufsichtsrat bei der Wahrnehmung seiner Überwachungspflichten gem. § 111 Abs. 1 AktG unterstützen. Dabei steht der Abschlussprüfer dem Aufsichtsrat für Fragen zur Verfügung und kann seinerseits auch Anregungen für Fragen geben, die für die Wahrnehmung der Überwachungspflichten des Aufsichtsrats von Bedeutung sind.

Da sich die Berichterstattung im Prüfungsbericht auf das Wesentliche beschränken soll, hat der Prüfer die Möglichkeit, Informationen zu einzelnen Prüfungsgegenständen in *Teilberichten zum Prüfungsbericht* festzuhalten, sofern dieses *zeitlich* (d.h. vor der Vorlage des Prüfungsberichts) oder *sachlich* geboten ist. In diesen Teilberichten ist auf den (ggf. noch zu erstellenden) Prüfungsbericht hinzuweisen, obwohl dieser auch ohne die Heranziehung der Teilberichte verständlich sein muss. Korrespondierend dazu hat der Prüfungsbericht eine Übersicht aller erstatteten Teilberichte, deren Gegenstand und deren wesentliche Ergebnisse zu enthalten. Für den Abschlussprüfer besteht auch die Gelegenheit, besonders komplexe Sachverhalte in der Bilanzsitzung des Aufsichtsrats zu erörtern.

Management-Letter (IDW PS 450.15) enthalten ergänzende Informationen und/oder sich aus der Prüfung ergebende organisatorische oder sonstige Hinweise. Weder Inhalt noch Form sind in den Normen des IDW und der IFAC speziell geregelt. Sie sind lediglich vom Prüfungsbericht zu trennen und dürfen Angaben des Prüfungsberichts nicht ersetzen. Daher ist ein Verweis im Prüfungsbericht nicht erforderlich. Durch einen Management-Letter hat der Prüfer die Möglichkeit, die Unternehmensleitung auf Sachverhalte aufmerksam zu machen, die nicht unmittelbar Gegenstand des Prüfungsauftrags waren oder die für das Gesamturteil sowie die Berichterstattung im Bestätigungsvermerk und Prüfungsbericht unwesentlich sind.[3] In den USA ist hier vor allem über Schwachstellen im IKS zu berichten. Die Bedeutung des Management-Letter in den USA ist erheblich, auch in Deutschland finden sie zunehmend Verbreitung.

Auch die *Schlussbesprechung* ist nicht normiert. Nach allgemeiner Berufsübung findet sie zwischen Vertretern der Wirtschaftsprüfungsgesellschaft (hauptverantwortlicher Prüfer, diejenigen Prüfer, die mit der Prüfung problematischer oder beanstandeter Prüffelder betraut waren, und ggf. einer Person aus der Geschäftsleitung der Prüfungsgesellschaft) und Vertretern der geprüften Gesellschaft (ein oder mehrere gesetzliche Vertreter, d.h. Vorstand oder Geschäftsführung und weitere mit der Rechnungslegung betraute Personen) statt. Dabei wird nach Beendigung der eigentlichen Prüfungshandlungen, aber noch *vor* der Abgabe des Bestätigungsvermerks und des Prüfungsberichts über das voraussichtliche Prüfungsergebnis berichtet. Sie dient vornehmlich dem Zweck, den gesetzlichen Vertretern die wichtigsten

Prüfungsfeststellungen darzulegen, ihnen eine Vorstellung vom Zustand des Rechnungswesens zu vermitteln sowie wichtige Sachverhalte aufzuzeigen. Außerdem können im Rahmen der Schlussbesprechung fehlende Auskünfte und Nachweise durch die Gesellschaft erbracht und Übereinstimmungen in strittigen Sachverhalten erzielt werden.[4]

5.4 Dokumentation

„*Arbeitspapiere* sind alle Aufzeichnungen und Unterlagen, die der Abschlussprüfer im Zusammenhang mit der Abschlussprüfung selbst erstellt, sowie alle Schriftstücke und Unterlagen, die er von dem geprüften Unternehmen oder Dritten als Ergänzung seiner eigenen Unterlagen zum Verbleib erhält" (IDW PS 460.1). Die Abschlussprüfung, insbesondere die Planung einzelner Prüfungsaufträge, die Gesamtplanung, eventuell vorgenommene Anpassungen der Planung, Art, Zeit und Umfang der durchgeführten Prüfungshandlungen, die Ergebnisse der Prüfungshandlungen, die festgestellten Schlussfolgerungen sowie Überlegungen zu elementaren Sachverhalten sind angemessen zu dokumentieren (IDW PS 460.12 f.; ISA 230.6). Die Aufzeichnung muss in Umfang und Inhalt so gestaltet sein, dass sich ein anderer Prüfer jederzeit ein Bild über den Stand der Prüfung und die den Entscheidungen zugrunde liegenden Tatsachen machen kann (IDW PS 460.10 u. 13). Die Arbeitspapiere (working papers) bzw. die in ihnen festgehaltenen Prüfungsnachweise (audit evidence) dienen der Unterstützung der Prüfungsaussagen, der Erörterung von Rückfragen sowie der Vorbereitung der Folgeprüfungen (IDW PS 460.7; ISA 230.4).

Die Arbeitspapiere sind klar, übersichtlich und sorgfältig zu führen und kontinuierlich zu aktualisieren (IDW PS 460.10 u. 20). Sie gehören nach IDW PS 460.22 zu den *Handakten* des Wirtschaftsprüfers im Sinne des § 51b Abs. 1 WPO. Zur Erhöhung der Effizienz wird in der Praxis auf standardisierte Arbeitspapiere (z.B. Checklisten, Musterbriefe, Standardgliederung) zurückgegriffen, die an die Gegebenheiten des jeweiligen Prüfungsauftrags anzupassen sind (IDW PS 460.16; ISA 230.9). Angaben und Prüfungsnachweise, die im Prüfungsbericht enthalten sind, brauchen nicht gesondert in die Arbeitspapiere aufgenommen zu werden (IDW PS 460.6 u. 27).

Im Hinblick auf eine langfristige Zusammenarbeit mit dem Mandanten hat sich die Aufteilung der Arbeitspapiere in eine *Dauerakte* und *laufende Arbeitspapiere* bewährt (IDW PS 460.19; ISA 230.12). Die stetig zu aktualisierende Dauerakte enthält alle Unterlagen, die über einen mehrjährigen Zeitraum bedeutsam sind (IDW PS 460.20; ISA 230.12). Es ist sinnvoll, in einer Dauerakte neben allgemeinen Informationen zum Unternehmen auch Unterlagen zu den Rechtsverhältnissen, der Geschäftsführung und Aufsichtsorgane, den wirtschaftlichen Grundlagen, der Organisation und der Prüfungsdurchführung, die für einen längeren Zeitraum von Bedeutung sein können, aufzunehmen. Für diese Kategorien kommt eine Vielzahl von Unterlagen in Frage, wie beispielsweise:

a) Allgemeine Informationen
  - genaue Firmenbezeichnung
  - Anschrift, Telefonnummern, Fax etc.
  - Unterlagen zur Geschichte und Entwicklung des Unternehmens

b) Rechtsverhältnisse
  - Gesellschaftsvertrag/Satzung
  - Beteiligungsverhältnisse an der Gesellschaft
  - Unternehmensverbindungen (Konzernschaubild, Unternehmensverträge)
  - Beschlüsse von Gesellschaftsorganen mit längerfristiger Gültigkeit
  - Handelsregisterauszüge
  - Zweigniederlassungen/Betriebsstätten
  - Verträge von wesentlicher Bedeutung (z.B. Liefer- und Abnahmeverträge, Miet- und Leasingverträge, Lizenz- und Konzessionsverträge)
  - Versorgungszusagen
  - Betriebsvereinbarungen, Manteltarifverträge
  - Gerichtsurteile

c) Geschäftsführung und Aufsichtsorgane
  - Zusammensetzung
  - Amtsdauer
  - Vertretung und Geschäftsführungsbefugnisse
  - Geschäftsordnung

d) Wirtschaftliche Grundlagen
  - Geschäftsgebiete und Produktionsprogramme
  - technische Kapazitäten
  - abbaufähige Vorräte (bei Grundstoffgewinnung)
  - Marktverhältnisse
  - Zahl der Mitarbeiter
  - Jahresabschlüsse und Lageberichte
  - Versicherungsschutz

e) Organisation
- Organisationsplan unter Angabe der Funktionen der Geschäftsleitung und der Aufteilung der Verantwortlichkeiten
- Organisation des Rechnungswesens, insbesondere
    - Konten- und Kostenstellenplan
    - Beschreibung des Buchführungssystems
    - Dokumentation über den Ablauf des Rechnungslegungsprozesses (ggf. in Form eines Organigramms)
    - unter Einbeziehung des internen Kontrollsystems und des Risikofrüherkennungssystems

f) Prüfungsdurchführung
- längerfristig gültige Vereinbarungen mit dem Auftraggeber
- mehrjähriger Prüfungsplan unter Berücksichtigung des internen Kontrollsystems und des Risikofrüherkennungssystems
- Besonderheiten der letzten Prüfung
- Hinweise auf Folgeprüfungen
- übergreifende Feststellungen vorhergehender Prüfungen
- steuerliche Betriebsprüfung

Die Dauerakte sollte laufend ergänzt und auf dem neuesten Stand gehalten werden. Unterlagen zu den Bereichen Buchführung, Jahresabschluss und Lagebericht sowie ggf. Risikofrüherkennungssystem, die nicht zur Dauerakte gehören, werden in den laufenden Arbeitspapieren gesammelt (IDW PS 460.21; ISA 230.12).

Anmerkungen

*) Dieser Abschnitt wurde unter Federführung von Herrn Prof. Dr. K.-U. Marten erstellt.
1 Zu den Auswirkungen eines eingeschränkten oder versagten Bestätigungsvermerks siehe ausführlich *IDW* (2000), Q 409 ff.
2 Siehe hierzu ausführlich *Hense/Poullie* (2003), § 321 Tz. 20 ff. Eine ausführliche Darstellung der mit der Einführung des TransPuG verbundenen Änderungen des Aktienrechts, der Rechnungslegung und der Prüfung enthält der Artikel von *Pfitzer/Oser/Orth* (2002).
3 Vgl. *IDW* (2000), R 698 ff.
4 Vgl. *IDW* (2000), R 693 ff.

Literaturhinweise

Hense, B./Poullie, M. (2003): Kommentierung zu § 321 HGB, in: Berger, A./Ellrott, H./Förschle, G./Hense, B. (Hrsg.): Beck'scher Bilanz-Kommentar: Handels- und Steuerrecht – §§ 238 bis 339 HGB –, 5. Aufl., München, S. 1920-1962.

IDW (1998): Abschlußprüfung nach International Standards on Auditing (ISA): Vergleichende Darstellung deutscher und internationaler Prüfungsgrundsätze, Düsseldorf.

IDW (2000): Wirtschaftsprüfer-Handbuch 2000, Handbuch für Rechnungslegung, Prüfung und Beratung, Band I, 12. Aufl., Düsseldorf.

Pfitzer, N./Oser, P./Orth, C. (2002): Zur Reform des Aktienrechts, der Rechnungslegung und Prüfung durch das TransPubG – Darstellung und kritische Würdigung des Referentenentwurfs vom 26.11.2001, in: Der Betrieb, S. 157-165.

Ruhnke, K. (1999): Bedeutung internationaler Prüfungsnormen für die Erbringung von Prüfungsdienstleistungen auf nationaler Ebene, in: Der Betrieb, S. 237-244.

Kontrollfragen

1. In welchen Schritten erfolgt die Bildung von Urteilen über Einzelsachverhalte?
2. Inwieweit berühren Ereignisse nach dem Abschlussstichtag die Prüfung?
3. Was ist eine Vollständigkeitserklärung? Wie und warum wird sie eingeholt?
4. Was ist bei der Durchführung von Gemeinschaftsprüfungen zu beachten?
5. Wie kann das Prüfungsurteil lauten? Ist es möglich, die Abgabe eines Prüfungsurteils zu verweigern?
6. Welche Bestandteile enthält ein Prüfungsbericht?

6 Qualitätssicherung und Qualitätskontrolle[*)]

Wirtschaftsprüferleistungen sind durch einen hohen Komplexitätsgrad gekennzeichnet und unterliegen infolge der ständigen Veränderung der Prüfungsgegenstände sowie der anzuwendenden Normen einem hohen Maß an Dynamik. Demgegenüber sind Wirtschaftsprüfer dazu angehalten, ihre Leistungen unter ökonomischen Gesichtspunkten zu erstellen, d.h. ihr Mandat mit möglichst geringen Kosten zu erfüllen. Damit besteht grundsätzlich die Gefahr, dass Wirtschaftsprüferleistungen nicht den geltenden Anforderungen genügen. Vielmehr wird die Serie von Unternehmensschieflagen in jüngster Vergangenheit u.a. auf eine unzureichende Prüfungsqualität zurückgeführt. Insbesondere die Normen zur Qualitätskontrolle stellen somit eine wichtige Reaktion auf mögliche Mängel von Wirtschaftsprüferleistungen dar.

Der Begriff der „Qualität der Abschlussprüfung" ist weder gesetzlich (HGB oder WPO) noch in der Berufssatzung der WPK definiert. Ausgehend von einer allgemeinen Qualitätsdefinition, wonach Qualität den Erfüllungsgrad von Erwartungen an eine Leistung beschreibt, besteht die Qualität von Abschlussprüferleistungen in der Erfüllung aller geltenden Normen zu sämtlichen mit der Abschlussprüfung in Zusammenhang stehenden Tätigkeiten und zu den ausführenden Personen. Qualitätsnormen tragen somit zu einer Verringerung der Qualitätsunsicherheit auf der Seite der Nachfrager bei.[1] Sie können in vier Regelungsbereiche unterteilt werden:[2]

- Regelungen des Zugangs zum Berufsstand (vgl. Kapitel I, Abschnitt 4),
- Regelungen und Maßnahmen zur internen Sicherung der Prüfungsqualität während der laufenden Berufsausübung,
- Regelungen und Maßnahmen zur Überwachung der Berufsausübung (Berufsaufsicht und externe Qualitätskontrolle; vgl. zur Berufsaufsicht Kapitel I, Abschnitt 8.2) sowie
- zivil-, berufs- und strafrechtliche Bestimmungen (vgl. Kapitel I, Abschnitt 8).

Im Folgenden werden die Qualitätsnormen in einem engeren Sinne verstanden. Deshalb wird zunächst der derzeitige Stand der Normierung der internen Qualitätssicherung in der deutschen und internationalen Wirtschaftsprüfungspraxis (zweiter Regelungsbereich) und anschließend das Normengefüge zur externen Qualitätskontrolle (Teil des dritten Regelungsbereichs) dargestellt.

6.1 Normen zur internen Qualitätssicherung

6.1.1 Begriffsabgrenzungen und Überblick

Die Organisation des US-amerikanischen Berufsstands der Wirtschaftsprüfer, das AICPA, versteht unter *quality control* die von einer Prüfungsgesellschaft installierten Maßnahmen, die sicherstellen sollen, dass die Gesellschaft ihren gesetzlichen und berufsständischen

6 Qualitätssicherung und Qualitätskontrolle

Pflichten und Verantwortlichkeiten gegenüber den Mandanten nachkommt. Dazu zählen Maßnahmen, die zum einen die Organisation der Gesellschaft und zum anderen die Abwicklung einzelner Prüfungsaufträge betreffen.[3] Der Begriff „quality control" wird im deutschen Prüfungskontext dem Begriff *interne Qualitätssicherung* gleichgesetzt.

Die Beachtung der Qualität in der Arbeit der Wirtschaftsprüfer nimmt im deutschen Berufsstand einen hohen Stellenwert ein. So regelt z.B. § 4 Abs. 8 bis 12 der IDW-Satzung die Selbstverpflichtung aller IDW-Mitglieder zur Einhaltung eines hohen Qualitätsniveaus in der eigenen Arbeit. In Deutschland bilden folgende Normen den Anforderungskatalog für die interne Sicherung der Qualität von Wirtschaftsprüferleistungen:

- §§ 43 bis 56 WPO,
- §§ 318, 319, 323 HGB,
- die Berufssatzung der WPK,
- die gemeinsame Stellungnahme des IDW und der WPK „Zur Qualitätssicherung in der Wirtschaftsprüferpraxis", VO 1/1995,
- die Stellungnahme des IDW „Zur beruflichen Fortbildung der Wirtschaftsprüfer im IDW", VO 1/1993, sowie
- IDW PS 400 und IDW PS 450.

Neben der VO 1/1995 als zentraler Säule der internen Qualitätssicherung bildet die Berufssatzung der WPK die zweite Säule der Normen zur Prüfungsqualität im engeren Sinne. Letztere regelt die Rechte und Pflichten bei der Ausübung des Berufs des Wirtschaftsprüfers und wurde durch die WPK gem. § 57 Abs. 3 WPO erlassen. Im Teil 5 der Satzung werden die besonderen Berufspflichten zur internen Sicherung der Qualität der Berufsarbeit in den Aufgaben nach § 2 Abs. 1 WPO geregelt. Dazu zählen im Einzelnen:[4]

- Eine sachgerechte Prüfungsplanung (§ 37 Berufssatzung),
- der fachgerechte Einsatz der Mitarbeiter durch Prüfungsanweisungen (§ 38 Berufssatzung) und
- die Sicherung einer gewissenhaften Abwicklung von Prüfungsaufträgen (§ 39 Berufssatzung).

Sämtliche genannten Berufspflichten finden sich in ähnlicher Form in der VO 1/1995 des IDW und der WPK wieder.

Auch in der internationalen Wirtschaftsprüfungspraxis wird der internen Sicherung der Prüfungsqualität ein hoher Stellenwert eingeräumt. Diese Bedeutung kommt im explizit durch die IFAC geschaffenen International Professional Practice Statement (IPPS) 1 und dem ISA 220 zum Ausdruck. Zweck beider Regelungen ist die Aufstellung von Grundsätzen und eines Leitfadens für die interne Sicherung der Prüfungsqualität. Wie für die übrigen Verlautbarungen der IFAC gilt auch für die Regelungen des IPPS 1, dass diese nicht nur bei der Prüfung von Abschlüssen, sondern bei entsprechender Anpassung ebenfalls bei der Prüfung sonstiger Informationen und prüfungsnaher Dienstleistungen anzuwenden sind.

6.1.2 Kennzeichen zentraler Normenarten

6.1.2.1 VO 1/1995

Zur Bereitstellung konkreter Leitlinien, anhand derer Wirtschaftsprüfer geeignete organisatorische Maßnahmen und Kontrollen zur Sicherstellung einer ausreichenden Prüfungsqualität implementieren können, haben das IDW und die WPK bereits im Jahr 1982 eine gemeinsame Stellungnahme VO 1/1982, „Zur Gewährleistung der Prüfungsqualität", erlassen. Die VO 1/1995 „Zur Qualitätssicherung in der Wirtschaftsprüferpraxis" ist eine Novellierung der VO 1/1982 und stellt die erste Norm in Deutschland dar, die alle beruflichen Tätigkeiten der Wirtschaftsprüfer in die interne Qualitätssicherung mit einbezieht. Die VO 1/1995 kann als Ausfluss des Berufgrundsatzes der Gewissenhaftigkeit interpretiert werden.[5] Die Stellungnahme gliedert die aufgeführten Maßnahmen zur Qualitätssicherung in auftragsunabhängige und in auftragsabhängige Maßnahmen. Diese werden durch das Instrument der *Internen Nachschau* ergänzt. Die nachfolgende Abb. II.6-1 stellt den Aufbau der VO 1/1995 grafisch dar.

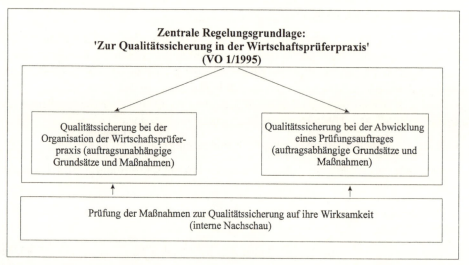

Abb. II.6-1: Aufbau der VO 1/1995

Durch den Begriff Qualitäts*sicherung* im Titel der Stellungnahme soll im Gegensatz zum Begriff Qualitäts*kontrolle* nicht nur eine Orientierung an Prozessen zum Ausdruck kommen, sondern bei Außenstehenden das Vertrauen in die erbrachte Leistung gestärkt werden.[6]

6 Qualitätssicherung und Qualitätskontrolle

6.1.2.2 IPPS 1 und ISA 220

Die IFAC hat im Rahmen ihrer International Professional Practice Statements den IPPS 1, „Assuring the Quality of Professional Services", und innerhalb der International Standards on Auditing den ISA 220, „Quality Control on Audit Work", herausgegeben. Nach Einschätzung des IDW und der WPK erfüllt die VO 1/1995 in vollem Umfang die Anforderungen des ISA 220.[7]

Wie auch die VO 1/1995 beschränkt sich der Umfang der Regelungen im ISA 220 nicht nur auf die Jahresabschlussprüfung, sondern sie deckt auch andere Arbeitsbereiche eines Wirtschaftsprüfers ab. Die Regelungen in der VO 1/1995 sind im Gegensatz zum IPPS 1 und zum ISA 220 insgesamt detaillierter und beschränken sich nicht auf allgemein formulierte Anforderungen. Ähnlich wie die VO 1/1995 untergliedert sich der ISA 220 in

- allgemeine Regelungen (policies and procedures of an audit firm regarding audit work generally) und
- spezielle Regelungen (procedures regarding the work delegated to assistants on an individual audit).[8]

Die in die Prüfungsgesellschaft einzuführenden Grundsätze und Maßnahmen gemäß ISA 220 sollen dabei nicht nur die Einhaltung der nationalen Prüfungsnormen, sondern auch die Übereinstimmung der Prüfung mit den ISA gewährleisten.[9]

Im folgenden Abschnitt sollen zunächst die auftragsunabhängigen Grundsätze und Maßnahmen der VO 1/1995 und des ISA 220 vorgestellt werden. Daran schließen sich – wiederum auf Grundlage beider Regelungswerke – Ausführungen zu den auftragsabhängigen Grundsätzen und Maßnahmen sowie zur internen Nachschau an.

6.1.3 Regelungsbereiche

6.1.3.1 Auftragsunabhängige Grundsätze und Maßnahmen

Dem Management einer Wirtschaftsprüfungsgesellschaft kommt die Aufgabe zu, die Ausgestaltung und Realisierung der auftragsunabhängigen Grundsätze und Maßnahmen der VO 1/1995 und des ISA 220 zu übernehmen. Dabei soll eine Praxisorganisation geschaffen werden, die sicherstellt, dass nur Aufträge angenommen werden, die in Übereinstimmung mit den nationalen und internationalen Normen durch fachkundige Mitarbeiter ausgeführt werden können.[10] Die jeweilige Ausgestaltung der einzelnen in der Stellungnahme VO 1/1995 und im ISA 220 genannten Maßnahmen hängt u.a. von der Größe und der organisatorischen Struktur der jeweiligen Wirtschaftsprüferpraxis ab (VO 1/1995 A.; ISA 220.5).[11] Folgende Grundsätze und Maßnahmen werden in der VO 1/1995 und im ISA 220 sowie im IPPS 1 genannt:

1. Gewährleistung der Einhaltung ethischer Prüfungsnormen (professional requirements)

Während die VO 1/1995 die Sicherstellung der Unabhängigkeit und Unparteilichkeit sowie die Vermeidung der Besorgnis der Befangenheit in ihrem ersten Grundsatz explizit anspricht, fordern IPPS 1 und ISA 220 neben der Einhaltung der Grundsätze der Unabhängigkeit (independence) auch die Sicherstellung der Integrität (integrity), Objektivität (objectivity) und Verschwiegenheit (confidentiality) sowie ISA 220 zusätzlich ein berufswürdiges Verhalten (professional behavior) (VO 1/1995 A., B. I, B. III, C. I sowie IPPS 1.appendix 1.1-2 und ISA 220.6a).[12]

Die jeweilige Wirtschaftsprüfungsgesellschaft hat demnach Maßnahmen zu ergreifen, die sicherstellen sollen, dass z.B. mit Blick auf die geforderte Unabhängigkeit, Unparteilichkeit und Unbefangenheit der Wirtschaftsprüfer und Mitarbeiter Entscheidungen, Beurteilungen und Feststellungen frei von möglichen Beeinflussungsversuchen, Bedingungen und Rücksichtnahmen sind.

Während in Deutschland in diesem Zusammenhang die gesetzlichen Vorschriften zur Unabhängigkeit und zur Besorgnis der Befangenheit – insbesondere die §§ 43, 49 WPO, § 319 HGB – sowie die Berufssatzung der WPK zu beachten sind, ist für den internationalen Rechtsraum in erster Linie die Einhaltung des von der IFAC herausgegebenen Code of Ethics for Professional Accountants zu gewährleisten (vgl. Kapitel I, Abschnitt 6.5.2.2).

Zu den möglichen Maßnahmen, die die Umsetzung dieses Grundsatzes sicherstellen sollen, zählen z.B. die gegenseitige Aufklärung und Abstimmung zwischen den Wirtschaftsprüfern und Mitarbeitern einer Wirtschaftsprüfungsgesellschaft oder die Bestimmung einer verantwortlichen Person, die die Einhaltung entsprechender Anweisungen überwachen soll.

2. Gewährleistung einer ordnungsmäßigen Auftragsannahme und -fortführung (acceptance and retention of clients)

Bei jeder Entscheidung über Auftragsannahme oder -fortführung hat eine Prüfungsgesellschaft gewissenhaft zu prüfen, ob sie nach nationalen und internationalen Normen den Auftrag tatsächlich annehmen kann (VO 1/1995 B.II sowie IPPS 1.appendix 1.9-10 und ISA 220.6 f.). So ist z.B. bei einer Pflichtprüfung des Jahresabschlusses im deutschen Rechtsraum zu beachten, ob die Wahl des Abschlussprüfers wirksam ist und eine Beauftragung durch die Vertreter des Unternehmens gem. § 318 HGB – dies ist i.d.R. der Aufsichtsrat – vorliegt.

Die Gesellschaft hat sodann zu prüfen, ob sie in personeller, sachlicher und zeitlicher Hinsicht in der Lage ist, den Auftrag ordnungsmäßig durchzuführen. In diesem Zusammenhang hat die Prüfungsgesellschaft auch zu beurteilen, ob Auftrag und Auftraggeber seriös sowie die möglichen Risiken des Auftrages beherrschbar sind und ob die Annahme des Auftrages nicht gegen nationale und internationale Berufsgrundsätze verstößt.

Ein möglicher Katalog von zu erarbeitenden Maßnahmen, die bei der Annahme eines Auftrags zu berücksichtigen sind, hat z.B. die Zuständigkeit für eine solche Entscheidung, Regelungen über die Einholung von Informationen über den (neuen) Auftraggeber und deren Bewertung sowie über die Kontaktaufnahme mit einem möglichen bisherigen Abschlussprüfer zu beinhalten.[13]

Die eingehende Berücksichtigung der Risikobeurteilung sowohl in der Auftragsannahme und -fortführung als auch in den zu erstellenden Prüfungsanweisungen stellt ein besonderes Kennzeichen der VO 1/1995 sowie des IPPS 1 und des ISA 220 dar. Dadurch wird die Bearbeitung risikobehafteter Aufträge strengen Anforderungen unterworfen und die Aufdeckungswahrscheinlichkeit von Fehlern in der Rechnungslegung des Mandanten erhöht. Die Risikoorientierung des Prüfungsansatzes soll somit zur Sicherung der Prüfungsqualität beitragen.

3. Gewährleistung der Qualifikation und Information der Mitarbeiter (skills and competence)

Wesentliche Voraussetzung für ein hohes Qualitätsniveau der Prüferleistungen sind eine adäquate Qualifikation der Mitarbeiter und deren ausreichende Information.[14] Die Bedeutung der Qualifikation und des Informationsstandes der Mitarbeiter einer Prüfungsgesellschaft für die Erbringung einer ausreichenden Qualität der Prüferleistungen berücksichtigt die VO 1/1995 sowie der IPPS 1 und der ISA 220 durch die Nennung einer Reihe von Maßnahmen, die einer modernen Personalführung entsprechen. Danach sollen Maßnahmen ergriffen werden, die die Voraussetzungen und Zuständigkeiten für die Rekrutierung, Einarbeitung, Beurteilung sowie die theoretische und praktische Aus- und Fortbildung von Mitarbeitern beinhalten.

Einen breiten Raum nimmt auch die Verbesserung der innerbetrieblichen Kommunikationsprozesse ein. Dazu zählt die Bereitstellung von Fachinformationen wie z.B. Fachliteratur und Dateninformationsdienste. Dadurch sollen den Mitarbeitern aktuelle Entwicklungen insbesondere im Bereich der Rechnungslegung und Prüfung zugänglich gemacht werden. Des Weiteren sollten Bewerber und (neue) Mitarbeiter über das Ziel und den Inhalt der für sie relevanten Grundsätze informiert werden.[15]

Zu den bisher genannten Maßnahmen führt die IFAC im Rahmen des ISA 220 zusätzlich zu den im fünften Grundsatz genannten Maßnahmen die Bedeutung des training on the job während einer Prüfung als Bestandteil der beruflichen Entwicklung an.

4. Sicherstellung der Koordinierung und Gesamtplanung aller Aufträge sowie Einsatz der Mitarbeiter (assignment)

Eine Gesamtplanung sämtlicher Aufträge ist die Voraussetzung dafür, dass die übernommenen oder in Aussicht gestellten Aufträge den fachlichen Normen gemäß und zeitgerecht abgewickelt werden (VO 1/1995 B. IV; ISA 220.6c).[16] Zur Vornahme der Gesamtplanung sind eine oder mehrere geeignete Personen zu bestimmen.

Die Gesamtplanung hat dabei sachliche, zeitliche und personelle Aspekte zu berücksichtigen. Bei der Planung des Personalbedarfs sind einerseits z.B. die zu erwartende Entwicklung der Auftragslage oder das voraussichtliche Ausscheiden von Mitarbeitern und andererseits der Beginn und die Dauer der einzelnen durchzuführenden Aufträge zu berücksichtigen. Die Planung der einzelnen Aufträge bildet die Grundlage für die Gesamtplanung (VO 1/1995 C. I).

5. Herausgabe von fachlichen und organisatorischen Anweisungen und Hilfsmitteln (delegation)

Zur Sicherung der Qualität von Wirtschaftsprüferleistungen müssen u.a. fachliche Anweisungen an die Mitarbeiter ergehen, die bei der Auftragsabwicklung die gewissenhafte Beachtung von Gesetzen, Rechtsprechung, fachlichen Regeln, gesellschaftseigenen Qualitätsstandards und neuesten Entwicklungen gewährleisten (VO 1/1995 B. V; ISA 220.6d). So kann z.B. in Handbüchern (audit manuals) die einheitliche Vorgehensweise der Prüfungsgesellschaft bei der Prüfung bestimmter Sachverhalte des Jahresabschlusses angegeben werden.

Die von der Prüfungsgesellschaft zu erstellenden organisatorischen Anweisungen sollen sich auf eine sachgerechte Erledigung, eine ausreichende Dokumentation sowie auf eine ordnungsmäßige Berichterstattung der Ergebnisse an den Auftraggeber beziehen. Als Hilfsmittel können z.B. Musterberichte, Prüfungsprogramme und IT-gestützte Prüfungstechniken (vgl. Kapitel II, Abschnitt 7) dienen. Sowohl die Einhaltung der fachlichen als auch der organisatorischen Anweisungen ist von der Leitung der Prüfungsgesellschaft zu überwachen.

6. Einholung fachlichen Rates (consultation)

Den im ISA 220 genannten Grundsatz der consultation führt die VO 1/1995 nicht explizit auf.[17] Danach sollen Sachverständige der Prüfungsgesellschaft oder unternehmensfremde Sachverständige stets zu Rate gezogen werden, wenn dies notwendig erscheint. Es obliegt der jeweiligen Prüfungsgesellschaft, Bereiche und Situationen zu beschreiben, in denen eine Beratung erforderlich scheint. Dazu zählt auch die Nominierung von Personen als Spezialisten und die Festlegung des Umfangs der Berichterstattung über die Ergebnisse der Beratung. Die vom IDW und der WPK im Rahmen der VO 1/1995 entwickelten Maßnahmen zum Grundsatz „fachliche und organisatorische Anweisungen und Hilfsmittel" könnten Vorkehrungen der genannten Art in ähnlicher Weise treffen.

Während sich die auftragsunabhängigen Grundsätze und Maßnahmen auf sämtliche möglichen Tätigkeitsbereiche eines Wirtschaftsprüfers erstrecken, beschränken sich die in der VO 1/1995 genannten auftragsabhängigen Grundsätze und Maßnahmen wie auch die entsprechenden Regelungen des ISA 220 auf die interne Qualitätssicherung des Prüfungsbereichs einer Wirtschaftsprüferpraxis.

6.1.3.2 Auftragsabhängige Grundsätze und Maßnahmen

Ziel der auftragsabhängigen Grundsätze und Maßnahmen ist es, dafür zu sorgen, dass die Prüfungshandlungen zu einem umfassenden Erkenntnisstand führen und auftretende Probleme sachkundig und gewissenhaft gelöst werden. Die in der VO 1/1995 genannten Grundsätze und Maßnahmen erstrecken sich auf die Prüfungsplanung (assignment), die Prüfungsanweisungen (direction), die Überwachung des Prüfungsablaufs (supervision) sowie die Durchsicht der Prüfungsergebnisse (review).[18]

1. Prüfungsplanung (assignment)

   Die Prüfungsplanung soll durch die Einbeziehung des allgemeinen und speziellen Risikos einen den fachtechnischen Normen entsprechenden Prüfungsablauf ermöglichen (vgl. VO 1/1995 C. I und IPPS 1.appendix 1.5-6).[19] Wie bereits im Grundsatz zur Auftragsannahme und -fortführung wird auch hier eine Gliederung in sachliche, personelle und zeitliche Aspekte vorgenommen.

   Zu den Maßnahmen einer Prüfungsplanung in sachlicher Hinsicht zählen gemäß der VO 1/1995 z.B. die Planung einer laufenden Überwachung des Prüfungsablaufs und einer anschließenden zeitnahen Durchsicht der Prüfungsergebnisse. In personeller Hinsicht ist z.B. die Besetzung des Prüfungsteams durch Prüfer mit entsprechender Qualifikation und besonderen Branchenkenntnissen vorzunehmen. Dagegen spielt in zeitlicher Hinsicht eher die Terminierung der Prüfungshandlungen, die Prüfungsbereitschaft des zu prüfenden Unternehmens oder die Genehmigung des Zeitplans eine Rolle.

2. Prüfungsanweisungen (direction)

   Durch die explizite Berücksichtigung des Abschnitts „Prüfungsanweisungen" soll hervorgehoben werden, dass neben den allgemeinen Anweisungen und Hilfsmitteln spezielle Anweisungen für die Abschlussprüfung notwendig sind, um die Mitarbeiter auf ihre Aufgabe vorzubereiten und sie für ihre Verantwortlichkeit zu sensibilisieren (vgl. VO 1/1995 C. II sowie IPPS 1.appendix 1.7 f. und ISA 220.11 f.).[20] Dabei sollen die Prüfungsanweisungen gewährleisten, dass neben einer sachgerechten und an Risikofaktoren orientierten Vornahme der Prüfungshandlungen auch eine ordnungsmäßige Dokumentation des Prüfungsablaufs in den Arbeitspapieren sowie eine angemessene Ausgestaltung der Dauerakte und eine ordnungsmäßige Berichterstattung ermöglicht wird.

   Grundlage für die Erstellung von Prüfungsanweisungen ist eine Risikoanalyse des zu prüfenden Unternehmens. Auf Grund der Risikoanalyse können konkrete Maßnahmen wie z.B. die Ermittlung der Prüfungsrisiken für einzelne Prüffelder, die Entwicklung einer Prüfungsstrategie und konkreter Prüfungsprogramme, die Bestimmung des Stichprobenumfangs und eines Zeitbudgets vorgenommen werden.

3. Überwachung des Prüfungsablaufs (supervision)

   Der für einen Prüfungsauftrag verantwortliche Wirtschaftsprüfer hat sich an der Prüfungsdurchführung in dem Umfang zu beteiligen, der ihn in die Lage versetzt, sich ein eigenständiges Urteil zu bilden (vgl. VO 1/1995 C. III sowie IPPS 1.appendix 1.7 f. und ISA 220.13 f.). Seine Mitarbeiter sind durch qualifizierte Personen anzuleiten und zu überwachen.

Zu den genannten Maßnahmen zählen z.B. die Überprüfung des Fachwissens und Urteilsvermögens der Mitarbeiter, die Verfolgung der Einhaltung der Prüfungsstrategie und der Prüfungsanweisungen sowie die Sicherstellung der rechtzeitigen Weiterleitung möglicher Zweifelsfragen an die verantwortlichen Personen.

4. Durchsicht der Prüfungsergebnisse (review)

Nach Fertigstellung der Prüfung einzelner Prüfungsgebiete oder der gesamten Abschlussprüfung hat ein Wirtschaftsprüfer, der nicht mit der Auftragsdurchführung betraut ist, anhand des Prüfungsberichts und der Arbeitspapiere die Erteilung des Bestätigungsvermerks und die Prüfungsdurchführung in formeller und materieller Hinsicht kritisch zu würdigen (*Vier-Augen-Prinzip*) (VO 1/1995 C. IV; ISA 220.15-17). ISA 220.15 erweitert gegenüber der VO 1/1995 den Kreis der review-Berechtigten auf Mitarbeiter, die zumindest über die gleiche Qualifikation verfügen, wie derjenige, der die Prüfungshandlung selbst durchgeführt hat. Die Implementierung des Vier-Augen-Prinzips soll das Risiko von Fehlern bei der Auftragsdurchführung reduzieren, indem der Urteilsgewinnungsprozess einer Plausibilitätsprüfung durch einen neutralen Dritten unterzogen wird.

Die Prüfungsergebnisse sollen insbesondere hinsichtlich einer ordnungsmäßigen Durchführung der Prüfung und auf die Klärung auftretender Zweifelsfragen zwischen Unternehmen und Prüfer analysiert werden. Die Durchsicht der Arbeitspapiere hat sich z.B. auf die Dokumentation des Prüfungsablaufs und der Prüfungsergebnisse, die Liste nicht korrigierter Fehler und die abgezeichneten Vollständigkeitserklärungen zu erstrecken. Als zeitnahe Prüfungsschritte eines reviews wären z.B. die Durchsicht des Gesamtprüfungsplans und des Prüfungsprogramms, die Einschätzung der ermittelten inhärenten Risiken und Kontrollrisiken sowie die Ergebnisse der durchgeführten System- und Funktionstests zu nennen.

6.1.3.3 Interne Nachschau

Ziel der internen Nachschau ist es, die in der Wirtschaftsprüferpraxis installierten auftragsunabhängigen und auftragsabhängigen Maßnahmen zur Qualitätssicherung auf ihre Wirksamkeit hin zu überprüfen (VO 1/1995 D. und Anlagen zur VO 1/1995 sowie IPPS 1.appendix 1.11 f. und ISA 220.6.g).[21] Die Verantwortung für die interne Nachschau oder das monitoring kommt dabei der Geschäftsleitung der Wirtschaftsprüferpraxis zu. Eine Delegation der Durchführung auf qualifizierte Mitarbeiter ist dabei jederzeit möglich. Eine solche Nachschau ist spätestens alle drei Jahre durchzuführen, wobei sie auch auf diesen Zeitraum verteilt werden kann. Negative Ergebnisse einer internen Nachschau sollten zu zusätzlichen Untersuchungsschritten oder einer erneuten vorgezogenen weiteren Nachschau führen.[22]

Die Erarbeitung von Richtlinien, die den Umfang und den Inhalt des gesellschaftseigenen Überwachungsprogramms festlegen sowie die Durchführung und Dokumentation der Ergebnisse einer internen Nachschau bestimmen, unterstützt diesen Prozess. Wichtig ist dabei, dass für beide Teilbereiche der internen Nachschau ein Plan erstellt wird, der z.B. die Teilaspekte der Organisation der Wirtschaftsprüferpraxis oder die zur Nachschau ausgewählten Prüfungsaufträge enthält. Die Ergebnisse der Nachschau sind schriftlich zu fixieren und die daraus resultierenden Empfehlungen für die Organisation der Wirtschaftsprüferpraxis und die Abwicklung der einzelnen Prüfungsaufträge aufzugreifen.[23]

Die „totale Qualitätskontrolle in der Wirtschaftsprüferpraxis"[24] im Rahmen der internen Nachschau überprüft und dokumentiert die gesamte Organisation der Prüfungsgesellschaft und die Abwicklung einzelner Prüfungsaufträge. Mit Hilfe einer guten Dokumentation kann der Wirtschaftsprüfer zum einen im Haftungsfalle eine ausreichende Prüfungsqualität nachweisen und zum anderen weitere Überlegungen mit Blick auf eine Zertifizierung seines Qualitätssicherungssystems gemäß DIN ISO 9000 ff. anstellen.[25]

Der deutsche Berufsstand der Wirtschaftsprüfer hat sich zum Zeitpunkt der Verabschiedung der VO 1/1995 (zunächst) nur für interne Maßnahmen der Qualitätssicherung entschieden. Die Möglichkeit einer externen Qualitätskontrolle wurde zum Zeitpunkt der Herausgabe der VO 1/1995 nicht konkret in Betracht gezogen. Demgegenüber empfiehlt das IFAC seinen Mitgliedstaaten im IPPS 1 ein System der externen Qualitätskontrolle einzuführen (IPPS 1.12). In der am 19.12.2000 verabschiedeten vierten WPO-Novelle stand die Einführung einer obligatorischen externen Qualitätskontrolle für alle Berufsangehörigen, die gesetzliche Jahresabschlussprüfungen durchführen, durch außenstehende Berufsangehörige im Mittelpunkt.

6.2 Normen zur externen Qualitätskontrolle

6.2.1 Begriffsabgrenzungen und Überblick

„Unter einer externen Qualitätskontrolle wird die Überprüfung der Angemessenheit und der Einhaltung der Grundsätze und Maßnahmen der internen Qualitätssicherung in der Wirtschaftsprüferpraxis durch einen Dritten verstanden"[26]. Dabei unterscheidet sich eine externe Qualitätskontrolle von einer internen Nachschau insbesondere dadurch, dass diese von einem unabhängigen Dritten und nicht vom Inhaber der Wirtschaftsprüferpraxis vorgenommen wird. Als Maßstab für die externe Qualitätskontrolle in Deutschland soll – wie auch bei der internen Nachschau – das in der gemeinsamen Stellungnahme VO 1/1995 des IDW und der WPK aufgezeigte Qualitätssicherungssystem dienen.

6.2.2 Quality Review Program der IFAC

Die IFAC empfiehlt im IPPS 1 ihren Mitgliedsorganisationen, neben der internen Nachschau, ein System einer externen Qualitätskontrolle einzurichten. Ziel eines solchen *quality review program* ist es, zu beurteilen, ob die untersuchte Prüfungsgesellschaft oder die untersuchte Arbeit des einzelnen Wirtschaftsprüfers den Grundsätzen und Maßnahmen zur internen Qualitätssicherung folgt (IPPS 1.12). Das IPPS 1 gibt im Wesentlichen eine Reihe von Überlegungen der IFAC wieder, die im Zusammenhang mit der Einführung einer externen Qualitätskontrolle zu beachten sind.

Die IFAC empfiehlt ihren Mitgliedern die Einführung eines für alle Wirtschaftsprüferpraxen verpflichtenden quality review program (IPPS 1.12).[27] Gegenstand der Qualitätskontrolle sind bei den auftragsunabhängigen Grundsätzen und Maßnahmen zur Qualitätssicherung (Praxisorganisation) alle Tätigkeiten des Wirtschaftsprüfers. Bei den auftragsabhängigen Grundsätzen und Maßnahmen sind im Rahmen der Qualitätskontrolle nur solche Aufträge zu berücksichtigen, bei denen ein Urteil abgegeben wurde (assurance engagements). Es obliegt der Entscheidung der Mitglieder der IFAC, ob die Prüfung der auftragsabhängigen Grundsätze und Maßnahmen auf alle professional services erweitert wird (IPPS 1.12). Bei Einführung eines quality review program, stellt sich zunächst die Frage, welche Prüfungsgesellschaften untersucht werden sollen. Die Bestimmung der zu untersuchenden Prüfungsgesellschaften könnte zum einen im Rahmen einer Zufallsstichprobe erfolgen oder sich zum anderen auf alle Prüfungsgesellschaften, die in einem bestimmten Zeitabstand untersucht werden, beziehen (IPPS 1.14). Eine Beantwortung dieser Frage hängt nach Ansicht der IFAC von einer Reihe von Faktoren, wie z.B. dem Kosten-Nutzen-Verhältnis eines solchen Programms oder der in der Öffentlichkeit wahrgenommenen Prüfungsqualität ab (IPPS 1.15).

Die mit der Einführung eines Systems der externen Qualitätskontrolle verbundenen Kosten könnten gemäß der IFAC zu Beginn dadurch gemindert werden, dass zunächst nur Prüfungsgesellschaften in das System mit einbezogen werden, die u.a. börsennotierte Unternehmen prüfen. Es ist davon auszugehen, dass die Öffentlichkeit auf Grund der Bedeutung dieser Unternehmen gerade an der Überwachung dieser Prüfungsgesellschaften ein besonderes Interesse hat (IPPS 1.16).

Eine weitere Überlegung bezieht sich auf den Untersuchungsgegenstand einer externen Qualitätskontrolle. Dabei können einerseits die Grundsätze und Maßnahmen der internen Qualitätssicherung und andererseits (ausschließlich) die jeweils durchgeführten Aufträge Gegenstand der Untersuchung sein. Während im Rahmen der ersten Variante eine Inspektion der Prüfungsgesellschaft vor Ort notwendig ist, kann dies bei der zweiten Variante entfallen.

Soll ein System der externen Qualitätskontrolle eingeführt werden, so ist nach Meinung der IFAC auch der prüfungsberechtigte Kreis von Personen und Institutionen (reviewer) festzulegen (IPPS 1.19). Dabei können drei mögliche Personengruppen unterschieden werden:

- Berufskollegen,
- angestellte Mitarbeiter der jeweiligen Mitgliedsorganisationen (practice monitoring) und
- nicht als Wirtschaftsprüfer praktizierende Personen, die von der jeweiligen Mitgliedsorganisation beauftragt werden.

In allen drei Fällen muss jedoch die Voraussetzung erfüllt sein, dass diese Personen über umfangreiches Wissen verfügen, um z.B. gesetzliche, berufsständische oder branchenspezifische Anforderungen, die sich aus dem review ergeben, zu erfüllen. Des Weiteren kommt der Verschwiegenheit dieser Personen, insbesondere mit Blick auf die gewonnenen Daten über die Mandanten der untersuchten Prüfungsgesellschaften, eine besondere Bedeutung zu.

Grundsätzlich sieht die IFAC für jedes Land, das ein System der externen Qualitätskontrolle einführen möchte, die Notwendigkeit, nachfolgende Anforderungen im Rahmen von Standards zu verabschieden (IPPS 1.22):

- Sicherstellung einer Ausbildung der reviewer über normenkonformes Verhalten während eines review,
- Sicherstellung der Unabhängigkeit und Objektivität der reviewer,
- Sicherstellung der professionellen Kompetenz der reviewer und der dafür notwendigen Fähigkeiten, Wissens- und Erfahrungsschätze,
- Dokumentation der Prüfungsschritte, so dass eine objektivierbare Beurteilung der durchgeführten Schritte bezüglich der notwendigen Sorgfalt und in Übereinstimmung mit den relevanten Normen möglich ist,
- Berichterstattung über die durchgeführten reviews insbesondere mit Blick auf aufgedeckte Mängel und Schwächen, so dass die untersuchte Gesellschaft notwendige Maßnahmen zur Qualitätsverbesserung ergreifen kann,
- Vorschlag erforderlicher zusätzlicher Maßnahmen (z.B. im Rahmen der Aus- und Fortbildung) bei der untersuchten Prüfungsgesellschaft,
- Implementierung von Sanktionsmechanismen für den Fall, dass die zu untersuchende oder bereits untersuchte Gesellschaft die Zusammenarbeit mit dem Review-Team verweigert, notwendige vom Review-Team vorgeschlagene Maßnahmen nicht ergreift oder wesentliche Schwachstellen aufgedeckt werden,
- Gewährleistung der Vertraulichkeit von Mandanteninformationen.

Mitgliedsorganisationen, die sich mit der Einführung einer externen Qualitätskontrolle befassen, müssen zumindest die Auswahl und Zusammensetzung der Review-Teams, die Überwachung der reviews, die Beurteilung der Leistungen der Review-Teams und die möglicherweise unterschiedliche Einschätzung zwischen reviewer und der Gesellschaft bezüglich der Wirkungsweise des untersuchten Qualitätssicherungssystems regeln.

Im Jahr 1998 setzten sich die WPK und das IDW, die jeweils Mitglieder der IFAC sind, das Ziel, in einem gemeinsamen Vorstandsarbeitskreis ein Konzept zur Einführung eines Systems einer externen Qualitätskontrolle im Berufsstand der Wirtschaftsprüfer zu entwickeln.

6.2.3 Entwicklung einer externen Qualitätskontrolle in Deutschland

Durch die vierte WPO-Novelle wurde eine obligatorische externe Qualitätskontrolle für diejenigen Wirtschaftsprüferpraxen eingeführt, die gesetzlich vorgeschriebene Abschlussprüfungen vornehmen.

6.2.3.1 Zielsetzung

Mit der Einführung einer externen Qualitätskontrolle in Deutschland wird u.a. der Tatsache Rechnung getragen, dass die US-amerikanische Börsenaufsichtsbehörde Securities and Exchange Commission (SEC) lediglich solche Abschlussprüfer akzeptiert, die an einem von ihr anerkannten System der externen Qualitätskontrolle teilnehmen.[28] Es werden insbesondere nachstehende Ziele verfolgt:

- Qualitätssicherung der Berufsausübung durch Erkennung und Beseitigung von bestehenden Qualitätsmängeln sowie Hilfestellung bei der Einführung eines internen Qualitätssicherungssystems, insbesondere bei kleinen und mittelständischen Wirtschaftsprüferpraxen.

- Festigung des Vertrauens der Öffentlichkeit in Abschlussprüferleistungen, indem nachvollziehbar dargelegt wird, dass die Berufsangehörigen die Regeln zur Qualitätssicherung gemäß der VO 1/1995 befolgen und dieses durch einen Dritten überprüfen lassen. Insgesamt soll die externe Qualitätskontrolle gegenüber der Öffentlichkeit transparent gestaltet sein. Zudem soll die Öffentlichkeit selbst in angemessener Form beteiligt werden.

- Verbesserung der internationalen Akzeptanz und Wettbewerbsfähigkeit des Berufsstands.[29]

- Selbstregulierung berufsständischer Angelegenheiten.[30]

- Gewährleistung der Effektivität des Qualitätssicherungssystems durch Regelungen und Sanktionierungen bei aufgedeckten Mängeln.

6.2.3.2 Normierung und Anwendungsbereich

Die Kodifizierung dieser externen Qualitätskontrolle erfolgt im HGB und der WPO. In § 319 Abs. 2 Satz 2 Nr. 2 u. Abs. 3 Nr. 7 HGB ist das Fehlen einer wirksamen Bescheinigung der WPK über die Teilnahme am Verfahren der externen Qualitätskontrolle als neuer Ausschlusstatbestand für die Annahme von gesetzlichen Abschlussprüferaufträgen eingeführt. Führt der Berufsangehörige, d.h. Wirtschaftsprüfer in eigener Praxis und Wirtschaftsprüfungsgesellschaften (WP-Praxis/WPG) die gesetzliche Abschlussprüfung einer Aktiengesellschaft durch, die Aktien mit amtlicher Notierung ausgegeben hat, ist die geänderte Vorschrift des § 319 HGB erstmals auf die Prüfung von Abschlüssen für nach dem 31.12.2002 beginnende Geschäftsjahre verpflichtend. Alle anderen Berufsangehörigen, die gesetzlich vorgeschriebene Abschlussprüfungen durchführen, müssen sich bis spätestens zum 31.12.2005 einer externen Qualitätskontrolle unterziehen. Die WPK behält sich zur Vermeidung von Härtefällen z.B. bei Existenzgründungen vor, befristete Ausnahmeregelungen zu erteilen. Zur Teilnahme an der externen Qualitätskontrolle verpflichtet sind gem. § 57a Abs. 1 Satz 1 WPO alle Wirtschaftsprüfer und Wirtschaftsprüfungsgesellschaften sowie vereidigte Buchprüfer und Buchprüfungsgesellschaften, die gesetzliche Abschlussprüfungen durchführen. Die Teilnahmepflicht erstreckt sich auch auf WPK-Mitglieder, die als Prüfungsstellen der Sparkassen- und Giroverbände tätig sind (§ 57h WPO) sowie auf genossenschaftliche Prüfungsverbände[31]; von der Qualitätskontrollpflicht Ausgenommene können an diesem Verfahren freiwillig partizipieren (§ 57g WPO). In Anlehnung an das in den USA praktizierte Peer Review-System sind die Prüfungen alle drei Jahre durchzuführen (§ 57a Abs. 1 Satz 1 WPO).

6.2.3.3 Durchführung

Inwieweit die Durchführung von externen Qualitätskontrollen den Anforderungen entspricht, hängt nicht zuletzt auch von der Qualifikation der Prüfer für Qualitätskontrolle ab. Deshalb werden Prüfer für Qualitätskontrolle nur auf Antrag bei der WPK registriert (§ 57a Abs. 3 Satz 2 WPO), wenn sie

- seit mindestens drei Jahren als Wirtschaftsprüfer bestellt und im Bereich der Abschlussprüfung tätig gewesen sind,
- über Kenntnisse in der Qualitätssicherung verfügen (Nachweis entsprechender Lehrgänge etc.) und
- in den letzten fünf Jahren nicht berufsgerichtlich rechtskräftig verurteilt wurden.
- Des Weiteren muss die Praxis, in welcher der betreffende Wirtschaftsprüfer seinen Beruf ausübt, einer Qualitätskontrolle unterzogen worden sein. Auf Grund dieser muss eine wirksame Teilnahmebescheinigung vorliegen.

Mit diesen Anforderungen soll gewährleistet werden, dass nur erfahrene Wirtschaftsprüfer, die zum einen über ausreichende und in der Praxis bereits erprobte Kenntnisse der Berufsgrundsätze sowie der Rechnungslegungs- und Prüfungsnormen verfügen und zum anderen sowohl Kenntnisse über die Geschäftstätigkeiten als auch über das wirtschaftliche Umfeld einer WP-Praxis/WPG besitzen, zugelassen werden. Eine Wirtschaftsprüfungsgesellschaft kann grundsätzlich dann als Prüfer für Qualitätskontrolle tätig werden, wenn mindestens ein Vorstandsmitglied, Geschäftsführer, persönlich haftender Gesellschafter oder Partner die oben dargestellten persönlichen Voraussetzungen erfüllt. Die Auswahl des Prüfers für Qualitätskontrolle wird von der zu prüfenden Wirtschaftsprüfungsgesellschaft selbst vorgenommen. Die WPK wird daran nicht beteiligt. Der erteilte Prüfungsauftrag für eine externe Qualitätskontrolle ist jedoch der WPK zu melden.

Auch Prüfer für Qualitätskontrolle führen betriebswirtschaftliche Prüfungen i.S.d. § 2 Abs. 1 WPO durch. Sie unterliegen aus diesem Grund auch den allgemeinen Berufsgrundsätzen der Unabhängigkeit, Gewissenhaftigkeit, Verschwiegenheit und Eigenverantwortlichkeit gem. § 43 Abs. 1 Satz 1 WPO. Zusätzlich konkretisiert werden diese Berufsgrundsätze in § 57a Abs. 4 WPO und § 57e Abs. 1 Satz 3 WPO (Unabhängigkeit), § 57b Abs. 1 Satz 1 WPO (Verschwiegenheit) sowie § 57b Abs. 4 WPO (Gewissenhaftigkeit und Unparteilichkeit). Eine gegenseitige Prüfung ist somit ausgeschlossen.

Die Durchführung von Qualitätskontrollen in der Wirtschaftsprüferpraxis regelt IDW PS 140. Dieser wird durch den IDW PH 9.140 ergänzt. Prüfungsgegenstand der externen Qualitätskontrolle ist das interne Qualitätssicherungssystem der WP-Praxis/WPG (IDW PS 140.10). Geprüft werden gem. § 57a Abs. 2 Satz 1 WPO die Angemessenheit und Einhaltung der Maßnahmen und Grundsätze nach Maßgabe der gesetzlichen Vorschriften und der Berufssatzung. Maßstab für die Beurteilung hinsichtlich der Angemessenheit des internen Qualitätssicherungssystems ist die Stellungnahme VO 1/1995 des IDW und der WPK. Die internen Grundsätze und Maßnahmen der Qualitätssicherung umfassen sowohl die Praxisorganisation einer WPG als auch die Durchführung einzelner Prüfungsaufträge. Das bedeutet, dass sich der Prüfer für Qualitätskontrolle zunächst im Rahmen einer Systemprüfung einen Eindruck vom Qualitätssicherungssystem der zu prüfenden WP-Praxis/WPG verschafft. Darunter fallen Grundsätze und Maßnahmen zur Praxisorganisation, zur Abwicklung einzelner Prüfungsaufträge sowie die interne Nachschau (IDW PS 140.47 f.).

Im Rahmen der Beurteilung der Ordnungsmäßigkeit der Abwicklung von Aufträgen sind in ausreichendem Umfang Auftragsprüfungen (engagement reviews) durchzuführen. Dabei ist für einen angemessenen Querschnitt aller bedeutenden betriebswirtschaftlichen Prüfungen der zu prüfenden WP-Praxis/WPG, bei denen nach § 2 Abs. 1 WPO das Berufssiegel verwendet wird, konkret die Einhaltung von Grundsätzen und Maßnahmen zur Qualitätssicherung zu prüfen (IDW PS 140.58 u. 60). Es ist nicht die Absicht der externen Qualitätskontrolle, einen bereits geprüften Jahresabschluss auf seine Richtigkeit nach Art einer zweiten Abschlussprüfung zu prüfen. Anhand einzelner Prüfungsaufträge soll lediglich geprüft werden, ob die Praxisorganisation darauf ausgerichtet ist, jeden einzelnen Prüfungsauftrag normenkonform durchzuführen. Um sicherzustellen, dass der beauftragte Prüfer für Qualitätskontrolle einen umfassenden Eindruck von der Praxisorganisation und der Qualität der Tätigkeit der zu prüfenden WP-Praxis/WPG erhält, ist eine Prüfung vor Ort durchzuführen.

Dem Vorgehen der Pflichtprüfung des Jahresabschlusses entsprechend ist die externe Qualitätskontrolle sachgerecht zu planen, um ein wirksames und wirtschaftliches Vorgehen zu gewährleisten (IDW PS 140.29). Die Planung umfasst die Entwicklung einer Prüfungsstrategie (erwarteter Umfang und geplante Durchführung der Qualitätskontrolle) und eines

Prüfungsprogramms (Zusammenstellung der einzelnen Prüfungshandlungen einschließlich des Zeitablaufs).

Die externe Qualitätskontrolle ist analog zur Pflichtprüfung des Jahresabschlusses als risikoorientierte Prüfung des internen Qualitätssicherungssystems durchzuführen. An die Stelle des Prüfungsrisikos tritt das Qualitätskontrollrisiko, also die Wahrscheinlichkeit, dass ein Prüfer ein positives Prüfungsurteil zu einem mit wesentlichen Mängeln behafteten Qualitätssicherungssystem abgibt oder eine Fehlentscheidung im Zusammenhang mit der Abgabe von Empfehlungen zur Verbesserung des internen Qualitätssicherungssystems trifft. Das Qualitätskontrollrisiko setzt sich zusammen aus dem Entdeckungsrisiko und dem Qualitätsrisiko (IDW PS 140.32). Das Qualitätsrisiko beschreibt entsprechend dem Fehlerrisiko die Wahrscheinlichkeit, dass in der zu prüfenden Praxis nicht sämtliche gesetzlichen und satzungsmäßigen Anforderungen eingehalten werden. Zu dessen Beurteilung sind im ersten Schritt die Risiken zu identifizieren und analysieren, die sich wesentlich auf die Qualität der Berufsausübung auswirken können (qualitätsgefährdende Risiken). Im zweiten Schritt ist das in der Praxis eingerichtete interne Qualitätssicherungssystem darauf hin zu prüfen, ob es geeignet ist, wesentliche Mängel in der Berufsausübung auf Grund von qualitätsgefährdenden Risiken zu verhindern bzw. aufzudecken und zu korrigieren (IDW PS 140.33). Das Entdeckungsrisiko repräsentiert die Wahrscheinlichkeit, dass der Prüfer auf Grund der von ihm durchgeführten Prüfungshandlungen wesentliche Mängel im Qualitätssicherungssystem nicht entdeckt (IDW PS 140.34).

Ziel der Qualitätskontrolle ist die Beurteilung der Angemessenheit und Wirksamkeit des Qualitätssicherungssystems durch den Prüfer mit *hinreichender* Sicherheit (reasonable assurance) (IDW PS 140.12) i.S. einer high positive assurance (vgl. Kapitel I, Abschnitt 6.4.2) und damit die Abgabe eines Prüfungsurteils. Das Prüfungsurteil ist einzuschränken, wenn ein Prüfungshemmnis[32] vorliegt oder wenn der Prüfer einen wesentlichen Mangel in abgrenzbaren Teilen des Qualitätssicherungssystems feststellt (IDW PS 140.95). Wenn infolge von Prüfungshemmnissen oder wesentlichen Mängeln eine positive Beurteilung des Qualitätssicherungssystems insgesamt nicht möglich ist, ist das Prüfungsurteil zu versagen (IDW PS 140.96).

Die Auftragsannahme, die Prüfungsplanung und -durchführung sowie die Prüfungsergebnisse der Qualitätskontrolle sind in Arbeitspapieren zu dokumentieren (IDW PS 140.77). Darüber hinaus ist ein *Qualitätskontrollbericht* zu erstellen und der WPK zuzuleiten. Der Qualitätskontrollbericht hat neben einer Beschreibung von Gegenstand, Art und Umfang der Prüfung auch das Prüfungsurteil zu enthalten. Nach Eingang des Qualitätskontrollberichts bescheinigt die WPK der überprüften WP-Praxis/WPG sodann die Teilnahme an der externen Qualitätskontrolle (Teilnahmebescheinigung). Eine Teilnahmebescheinigung wird jedoch nicht ausgestellt, wenn der Prüfer für Qualitätskontrolle nicht als solcher bei der WPK registriert war oder wenn das Prüfungsurteil der Qualitätskontrolle versagt wurde.

6.2.3.4 Organisation und Überwachung

Zur Vermeidung umfangreicher gesetzgeberischer Interventionen in berufsständische Angelegenheiten sollen Fragen der externen Qualitätskontrolle im Rahmen der Selbstverwaltung gelöst werden. Es obliegt daher der WPK als Selbstverwaltungsorgan des Berufsstands, das System der externen Qualitätskontrolle zu organisieren und zu überwachen (§ 57 Abs. 2 Nr. 14 WPO).

Zudem hat die WPK nach § 57c WPO eine Satzung für Qualitätskontrolle zu erlassen, die dazu dient die WPO von Detailfragen zu entlasten. Dieser Verpflichtung ist die WPK nachgekommen und hat am 17.1.2001 die Satzung für Qualitätskontrolle herausgegeben. In ihr werden folgende Aspekte konkretisiert:

1. Voraussetzungen und Verfahren der Registrierung der Prüfer für Qualitätskontrolle,

2. Ausschlussgründe des Prüfers für Qualitätskontrolle,

3. Verfahren innerhalb der WPK (beispielsweise Auswertung des Qualitätskontrollberichts durch die WPK),

4. Berechnung der Dreijahresfrist für die nächste Qualitätskontrolle,

5. Maßnahmen der Kommission für Qualitätskontrolle.

Die Qualitätskontrolle durch die WPK ist personell und organisatorisch streng von der Berufsaufsicht durch den Vorstand der WPK abzukoppeln (*chinese walls*) (§ 7 Satzung für Qualitätskontrolle), da eine Verwertung von im Zuge der Qualitätskontrolle gewonnenen Informationen in einem Berufsaufsichtsverfahren mit dem verfassungsrechtlichen Grundsatz des Selbstbelastungsverbots nicht vereinbar wäre.[33] Aus diesem Grund hat die WPK eine *Kommission für Qualitätskontrolle* einzurichten (§ 57e WPO). Die Mitglieder dieser Kommission sind Wirtschaftsprüfer und vereidigte Buchprüfer, die auf Vorschlag des Vorstands vom Beirat der WPK gewählt werden und unabhängig, nicht weisungsgebunden und zur Verschwiegenheit verpflichtet sind (§ 57e Abs. 1 Satz 3 WPO u. § 57b Abs. 1 Satz 1 WPO). In ihren Zuständigkeitsbereich fallen alle Angelegenheiten der Qualitätskontrolle. Ihr obliegen insbesondere

- Registrierung der Prüfer für Qualitätskontrolle,

- Entgegennahme der Qualitätskontrollberichte,

- Erteilung und Widerruf von Teilnahmebescheinigungen an einer Qualitätskontrolle,

- Erteilung von Ausnahmegenehmigungen,

- Entscheidung über Maßnahmen bei aufgedeckten Mängeln sowie über Sanktionen in den Fällen, in denen den verhängten Maßnahmen nicht nachgekommen wird,[34]

- Behandlung von Widersprüchen gegen Entscheidungen im Zusammenhang mit einer Qualitätskontrolle.

Der bei der WPK gem. § 57f WPO einzurichtende *Qualitätskontrollbeirat* besteht aus fünf von der Öffentlichkeit anerkannten, für diese Aufgabe qualifizierten und integren Personen, die nicht Mitglied der WPK sein dürfen. Vorgesehen sind Personen, die insbesondere in den Bereichen Rechnungslegung, Finanzwesen, Rechtswissenschaft oder Rechtsprechung tätig sind oder gewesen sind. Auch die Mitglieder des Qualitätskontrollbeirats werden auf Vorschlag des Vorstands, der in diesem Fall jedoch der Zustimmung des Bundesministeriums für Wirtschaft und Arbeit bedarf vom Beirat der WPK gewählt. War ein Mitglied des Qualitätskontrollbeirats bei zwei aufeinander folgenden Sitzungen des Qualitätskontrollbeirats nicht anwesend, so ist der Beirat der WPK berechtigt, an seiner Stelle ein anderes Mitglied zu wählen. Auch die Wahl des neuen Mitgliedes des Qualitätskontrollbeirats erfolgt auf Vorschlag des Vorstands der WPK, der der Zustimmung des Bundesministeriums für Wirtschaft und Arbeit bedarf. Der Qualitätskontrollbeirat besitzt vor allem folgende Aufgaben:

- Überwachung der Angemessenheit und Funktionsfähigkeit des Qualitätskontrollsystems sowie Stellungnahmen hierzu,
- Erarbeitung von Vorschlägen zur Fortentwicklung und Verbesserung des Qualitätskontrollsystems,
- jährliche Erstellung und Veröffentlichung eines Berichts.

Der Erfolg der geplanten Maßnahmen wird an der Erreichung der im Gesetz formulierten Ziele zu messen sein. Vor diesem Hintergrund sind künftig insbesondere die bei festgestellten Mängeln im Qualitätssicherungssystem verhängten Maßnahmen zu beobachten sowie die Kommunikation der Durchführung und der Ergebnisse der externen Qualitätskontrolle.[35]

Die externe Qualitätskontrolle ist eine Systemprüfung, bei der die Grundsätze und Maßnahmen der internen Qualitätssicherung in den Wirtschaftsprüferpraxen auf ihre Angemessenheit und Funktionsfähigkeit überprüft werden. Es handelt sich nicht um eine zweite Abschlussprüfung der von dem Wirtschaftsprüfer geprüften Unternehmen. Ein bewusstes Umgehen des Qualitätssicherungssystems der Wirtschaftsprüferpraxis durch einen Wirtschaftsprüfer kann auch weiterhin zu Normenverstößen führen und kann durch das System der externen Qualitätskontrolle nicht immer aufgedeckt werden.

Von der interessierten Öffentlichkeit gelegentlich kritisch betrachtet, wird z.B. die Auswahl des Prüfers für Qualitätskontrolle durch die zu prüfende Wirtschaftsprüferpraxis selbst. Dabei wird vermutet, dass eine Praxis u.U. einen Prüfer auswählt, der mögliche (wesentliche) Mängel im Qualitätssicherungssystem in seinem Qualitätskontrollbericht nicht erwähnt und sein Prüfungsurteil nicht einschränkt oder versagt. Um eine solche Gefahr einzuschränken, wird eine grundsätzliche Zustimmungspflicht zur Wahl des Prüfers für Qualitätskontrolle vorgeschlagen. Die Kommission für Qualitätskontrolle könnte bei erkennbarem Vorliegen von Gründen, die z.B. die Urteilsfreiheit des Prüfers für Qualitätskontrolle einschränken, ihre Zustimmung zur Wahl dieses Prüfers versagen. Dies würde die Glaubwürdigkeit und Akzeptanz des Systems der Qualitätskontrolle insgesamt erhöhen. Problematisch bei der Umsetzung eines solchen Zustimmungsverfahrens ist die Erarbeitung von objektiven

Kriterien, die die Ablehnung eines ausgewählten Prüfers für Qualitätskontrolle auslösen. Als bedeutsamer positiver Aspekt des deutschen Systems für Qualitätskontrolle wird die Tatsache gesehen, dass dessen Organisation bei der WPK als Körperschaft öffentlichen Rechts, die der Rechtsaufsicht des Bundesministerium für Wirtschaft und Arbeit unterliegt, angesiedelt wurde. Darin liegt ein wesentlicher Unterschied zum bisherigen Peer Review-System in den USA, welches bisher vom privatrechtlich organisierten Berufsstand der Certified Public Accountants des AICPA durchgeführt wurde.

6.2.4 Auswirkungen des Sarbanes-Oxley Act auf deutsche Wirtschaftsprüferpraxen

Das Verfahren der externen Qualitätskontrolle in den USA hat sich mit Verabschiedung des so genannten Sarbanes-Oxley Act of 2002 (SOA) für diejenigen Wirtschaftsprüferpraxen grundlegend geändert, die Prüfungsleistungen für SEC-registrierte Mandanten erbringen. Dabei unterscheidet der SOA nicht zwischen US-amerikanischen oder ausländischen Wirtschaftsprüferpraxen. Das heißt, dass auch deutsche Wirtschaftsprüferpraxen, die Prüfungsleistungen für SEC-registrierte Mandanten erbringen oder die eine wesentliche Rolle bei der Erstellung von Prüfungsdienstleistungen spielen, grundsätzlich unter die Bestimmungen des SOA fallen.

Als wesentliche Neuerung für den Berufsstand der Wirtschaftsprüfer kann die Einrichtung des so genannten Public Company Accounting Oversight Board (PCAOB) angesehen werden. Bei diesem müssen sich o.g. Wirtschaftsprüferpraxen registrieren lassen. Neben der Registrierung der Wirtschaftsprüferpraxen ist es Aufgabe des PCAOB, externe Qualitätskontrollen (inspections) bei den registrierten Wirtschaftsprüferpraxen durchzuführen. Diese unterscheiden sich von den im deutschen System durchgeführten Qualitätskontrollen beispielsweise dadurch, dass der Prüfer für Qualitätskontrolle nicht durch die zu prüfende Wirtschaftsprüferpraxis selbst bestimmt wird. Vielmehr wird die externe Qualitätskontrolle voraussichtlich durch Mitarbeiter des PCAOB durchgeführt werden. Ein weiteres Unterscheidungsmerkmal besteht darin, dass im deutschen System der externen Qualitätskontrolle lediglich siegelgeführte betriebswirtschaftliche Prüfungen im Rahmen der Auftragsprüfung geprüft werden können. Nach Maßgabe des SOA können jedoch alle Prüfungs- und review-Aufträge einer Prüfung unterliegen. Damit ist der Umfang der in die externe Qualitätskontrolle einzubeziehenden Aufträge nach den Bestimmungen des SOA größer als nach deutschen Normen.

Neben den beschriebenen Unterschieden zwischen den Systemen der externen Qualitätskontrolle nach deutschen Normen und nach Maßgabe des SOA, ist in einigen Punkten auch eine Annäherung des US-amerikanischen an das deutsche System festzustellen. So wird das US-amerikanische System für Wirtschaftsprüferpraxen mit SEC-registrierten Mandanten nicht mehr durch die privatrechtliche Organisation des AICPA betrieben, sondern steht unter Aufsicht der staatlichen Behörde SEC.

Anmerkungen

*) Dieser Abschnitt wurde unter Federführung von Herrn Prof. Dr. K.-U. Marten erstellt.
1 Vgl. *Lenz* (1993), S. 219 ff.
2 Vgl. *Egner* (1980), S. 202.
3 Vgl. *Arens/Elder/Beasley* (2003), S. 35, und *Lück* (1999), S. 204.
4 Des Weiteren sind die Verpflichtungen zur Gesamtplanung aller Aufträge in § 4, zur Aus- und Fortbildung der Mitarbeiter in § 6 sowie zur regelmäßigen Überprüfung der Einhaltung der Berufspflichten und Abstellung der Mängel in § 7 der Berufssatzung der WPK zu nennen.
5 Weitere Ausführungen finden sich beispielsweise in *IDW* (2000).
6 Vgl. *Niehus* (1996), S. 390.
7 Vgl. *WPK/IDW* (1995), S. 2.
8 Die Ausführungen im IPPS 1 enthalten im Anhang 1 nur einige generelle Regelungen zur Qualitätssicherung; vgl. auch IPPS 1.10.
9 Während der ISA 220 von *audit firm* spricht und damit entweder die Partner einer Wirtschaftsprüfungsgesellschaft oder eine Einzelpraxis (Einzelprüfer) meint, ist in der VO 1/1995 stets von der *Wirtschaftsprüferpraxis* die Rede. Beiden Begriffen kommt in dem hier behandelten Kontext der internen Qualitätssicherung die gleiche Bedeutung zu.
10 ISA 220 bringt mit dem Begriff *personnel* zum Ausdruck, dass neben den Partnern auch die fachlichen Mitarbeiter einer Prüfungsgesellschaft gemeint sind. Sollen nur die auf einem Prüfungsauftrag eingesetzten Mitarbeiter ohne den Prüfer angesprochen werden, so verwendet der ISA 220 den Begriff *assistants*.
11 Vgl. des Weiteren *Lück* (1999), S. 207.
12 Eine Verletzung dieser Berufspflichten stellt die Reputation des Berufsstands in Frage; vgl. dazu IPPS 1.1.
13 Vgl. *Niehus* (1996), S. 388.
14 Im Rahmen der auftragsabhängigen Grundsätze und Maßnahmen gehen auch die VO 1/1995 C. I u. C. III sowie der ISA 220.9 f. auf die Qualifikation der bei einer Prüfung eingesetzten Mitarbeiter ein.
15 Vgl *Lindgens-Strache* (1997), S. 278. Die VO 1/1995 sieht darüber hinaus vor, dass die Mitarbeiter zur Verschwiegenheit, Beachtung von Insider-Regeln und Unabhängigkeit schriftlich verpflichtet werden sollen.
16 Die von der IFAC im Qualitätsgrundsatz „delegation" (ISA 220.6d) aufgeführten Maßnahmen können teilweise auch dem in der VO 1/1995 genannten Grundsatz der „Koordinierung und Gesamtplanung aller Aufträge" zugeordnet werden.
17 Die Notwendigkeit zur Beratung wird auch im IPPS 1.appendix 1.7 f. genannt.
18 Vgl. *Lück* (1999), S. 208.

19 ISA 220 sieht zwar im Rahmen der Ausführungen zu den auftragsabhängigen Qualitätsgrundsätzen keine explizite Nennung der Prüfungsplanung vor, jedoch kann davon ausgegangen werden, dass der von der IFAC im Rahmen der auftragsunabhängigen Grundsätze genannte Grundsatz „assigment" diesen Bereich mit abdecken soll.

20 ISA 220 beschränkt sich hier auf den Mitarbeiterkreis der Assistenten. Erstellte Anweisungen stellen gemäß ISA 220.13 auch Teile der Überwachung (supervision) dar. IPPS 1.7 f. fassen die Ausführungen zur direction und supervision zusammen.

21 IPPS 1 fasst die entsprechenden Maßnahmen unter dem Titel „inspection" zusammen.

22 Vgl. *Lück* (1999), S. 208 f.

23 Die VO 1/1995 enthält im Anhang Beispiele für Fragebögen, die Aspekte aus allen Bereichen der internen Qualitätssicherung beinhalten.

24 *Niehus* (1996), S. 390.

25 Vgl. *Lindgens-Strache* (1997), S. 279; *Pasch* (1997b), S. 26 ff. und S. 173 ff.

26 *Marks/Schmidt* (1998), S. 976.

27 Dies gilt für alle Wirtschaftsprüfer, die sog. „professional services" erbringen. Darunter fallen z.B. Prüfungstätigkeiten und Steuerberatung. Eine Definition des Begriffs findet sich im Code of Ethics unter „definitions".

28 Vgl. AICPA (1998), S. 1 ff. Beantragt ein Abschlussprüfer seine Zulassung an einer von der SEC überwachten Börse, so prüft diese, ob der Abschlussprüfer an einem anerkannten Verfahren der externen Qualitätskontrolle teilnimmt; vgl. *Marks/Schmidt* (1998), S. 977 ff.

29 Vgl. *Marks/Schmidt* (1998), S. 975 ff.; ähnlich WPK (1999), S. 1 ff.; kritisch dazu *Marten* (1999a), S. 1073 ff.

30 Dabei käme der WPK im Rahmen ihrer Berufsaufsicht die Aufgabe zu, ein solches System der externen Qualitätskontrolle zu organisieren.

31 Vgl. Regierungsentwurf zum Euro-Bilanzgesetz (EuroBilG) u.a. in *Quick* (2001), S. 39 ff.

32 Ein Prüfungshemmnis liegt vor, wenn der Prüfer für Qualitätskontrolle auf Grund von besonderen Umständen das Qualitätssicherungssystem der zu prüfenden Wirtschaftsprüferpraxis ganz oder teilweise nicht mit hinreichender Sicherheit beurteilen kann. Dies ist z.B. dann der Fall, wenn die zu prüfende Wirtschaftsprüferpraxis dem Prüfer für Qualitätskontrolle nicht alle Auskünfte und Unterlagen zur Verfügung stellt, die dieser benötigt, um zu seinem Prüfungsurteil zu gelangen.

33 Vgl. Begründung zu § 57e WPO.

34 Bei Vorliegen von Mängeln im Qualitätssicherungssystem der geprüften Wirtschaftsprüferpraxis kann die Kommission für Qualitätskontrolle Maßnahmen verhängen. Nach § 17 Satzung für Qualitätskontrolle können diese aus Auflagen zur Beseitigung von Mängeln (beispielsweise die Auflage, Mitarbeiter zu schulen), aus der Anordnung einer Sonderprüfung oder aus dem Widerruf der erteilten Teilnahmebescheinigung bestehen. Kommt die geprüfte Wirtschaftsprüferpraxis den Maßnahmen nicht nach, kann die

Kommission für Qualitätskontrolle ein Zwangsgeld von bis zu 25.000 € (ggf. auch wiederholt) verhängen.

35 Der Jahresbericht des Qualitätskontrollbeirats für das Jahr 2001 ist im Internet abrufbar unter http://www.wpk.de, Abschnitt News (Stand: 28.3.2003).

Literaturhinweise

Arens, A.A./Elder, R.J./Beasley, M.S. (2003): Auditing and Assurance Services – An Integrated Approach, 9. Aufl., Upper Saddle River.

Berndt, R. (1999): Total Quality Management in der Wirtschaftsprüfungsunternehmung, Lohmar et al.

Dörner, D. (1999): Die externe Qualitätskontrolle für Wirtschaftsprüfer und vereidigte Buchprüfer, in: Wirtschaftsprüferkammer-Mitteilungen, S. 126-132.

Egner, H. (1980): Betriebswirtschaftliche Prüfungslehre, Berlin und New York.

Hammers-Strizek, G. (1999): Peer Review – Zur Einführung einer externen Überwachung der Qualität in der deutschen Wirtschaftsprüferpraxis, in: Die Wirtschaftsprüfung, S. 911-915.

IDW (2000): Wirtschaftsprüfer-Handbuch 2000, Handbuch für Rechnungslegung, Prüfung und Beratung, Band I, 12. Aufl., Düsseldorf.

Lenz, H. (1993): Die Wahl des handelsrechtlichen Abschlußprüfers – Eine theoretische und empirische Analyse, unveröffentlichte Habilitationsschrift, Freie Universität Berlin.

Lindgens-Strache, U. (1997): Peer Review – Ein probates Mittel zur Sicherung und Verbesserung der Prüfungsqualität in Deutschland, in: Betriebswirtschaftliche Forschung und Praxis, S. 266-291, und in: Wirtschaftsprüferkammer-Mitteilungen, S. 254-266.

Lück, W. (1999): Prüfung der Rechnungslegung – Jahresabschlussprüfung, München et al.

Lück, W. (2000): Quality Control – Maßnahmen zur Qualitätssicherung in der Wirtschaftsprüfer-Praxis, in: Der Betrieb, S. 1-6.

Marks, P./Schmidt, S. (1998): Einführung einer externen Qualitätskontrolle im Berufsstand der deutschen Wirtschaftsprüfer, in: Die Wirtschaftsprüfung, S. 975-987.

Marks, P./Schmidt, S. (2000): Externe Qualitätskontrolle nach dem Regierungsentwurf eines Wirtschaftsprüferordnungs-Änderungsgesetzes (WPOÄG), in: Die Wirtschaftsprüfung, S. 409-425.

Marten, K.-U. (1999a): Qualität von Wirtschaftsprüferleistungen – Eine empirische Untersuchung des deutschen Marktes für Wirtschaftsprüferleistungen, Düsseldorf.

Marten, K.-U. (1999b): Begriff und Messung der Qualität von Jahresabschlußprüfungen, in: Heinhold, M./Pasch, H. (Hrsg.): Qualitätsmanagement in Steuerberatung und Wirtschaftsprüfung, München et al., S. 29-70.

Marten, K.-U. (1999c): Externe Qualitätskontrolle im Berufsstand der Wirtschaftsprüfer, in: Der Betrieb, S. 1073-1076.

Marten, K.-U./Köhler, A.G. (2000): 4. WPO-Novelle: Anstoß zu einer externen Qualitätskontrolle von Wirtschaftsprüfern in Deutschland, in: Betriebs-Berater, S. 867-870.

Marten, K.-U./Köhler, A.G (2001): Durchführung externer Qualitätskontrollen in der Wirtschaftsprüferpraxis – Vergleich deutscher und US-amerikanischer Normen –, in: Die Wirtschaftsprüfung, S. 241-251.

Marten, K.-U./Köhler, A.G./Meyer, S. (2003): Umbruch im Peer-Review-System - Deutscher Status quo und der Sarbanes-Oxley Act of 2002 –, in: Die Wirtschaftsprüfung, S. 10-17.

Niehus, R.J. (1993): Die Qualitätskontrolle bei Abschlußprüfungen, Düsseldorf.

Niehus, R.J. (1996): Qualitätssicherung in der Wirtschaftsprüfung: Ein Berufsstand verpflichtet sich – Gemeinsame Stellungnahme der WPK und des IDW: VO 1/1995 „Zur Qualitätssicherung in der Wirtschaftsprüfungspraxis", in: Der Betrieb, S. 385-391.

Niehus, R.J. (1998): Gewährleistung der Qualität der Abschlußprüfung International, Düsseldorf.

Niehus, R.J. (2000): Peer Review in der deutschen Abschlussprüfung – Ein Berufsstand kontrolliert sich, in: Der Betrieb, S. 1133-1142.

Niehus, R.J. (2002): Peer Review, in: Ballwieser, W./Coenenberg, A.G./v. Wysocki, K. (Hrsg.): Handwörterbuch der Rechnungslegung und Prüfung, 3. Aufl., Stuttgart 2002, Sp. 1613-1622.

Quick, R. (2001): Euro-Bilanzgesetz – Inhalt und Würdigung des Regierungsentwurfs vom 2.5.2001, in: Betriebs-Berater, S. 1139-1141.

Rüchardt, F.A. (1994): Qualitätsmanagement in der Wirtschaftsprüfung – Konzeption eines Qualitätsmanagements für Abschlußprüfungen unter Berücksichtigung haftungsrechtlicher Aspekte, München.

Sahner, F./Clauß, C./Sahner, M. (2002): Qualitätskontrolle in der Wirtschaftsprüfung, Köln.

Schmidt, S. (2000): Externe Qualitätskontrollen zur Sicherung der Qualität der Abschlussprüfung, Düsseldorf.

Schmidt, S. (2002): Die externe Qualitätskontrolle im Berufsstand der Wirtschaftsprüfer, in: Deutsches Steuerrecht, S. 47-53.

Kontrollfragen

1. Worin unterscheidet sich der Prüfungsgegenstand der externen Qualitätskontrolle von dem der internen Qualitätssicherung?
2. Welche Ziele werden mit der Einrichtung einer externen Qualitätskontrolle für Wirtschaftsprüfer in Deutschland verfolgt?
3. Wie sind die Organisation und Überwachung der externen Qualitätskontrolle ausgestaltet, und welche Gremien spielen dabei eine Rolle?

7 Erlangung von Prüfungsnachweisen bei IT-Einsatz[*]

Die Erlangung von Prüfungsnachweisen bei Einsatz von Informationstechnologien (IT) spricht zunächst einmal das IT-Umfeld des zu prüfenden Unternehmens an (vgl. Abschnitt 7.1). Dort eingesetzte IT führen zu einem Wandel im Prüfungsobjekt, der es wiederum erfordert, die Erlangung von Prüfungsnachweisen über IT-gestützte Prüfungstechniken durchzuführen oder zumindest zu unterstützen (vgl. Abschnitt 7.2). Zudem lassen sich IT-gestützte Prüfungstechniken teilweise auch unabhängig vom Automatisierungsgrad der Buchführungstechnik des zu prüfenden Unternehmens einsetzen.

7.1 IT-Umfeld des zu prüfenden Unternehmens

Die *Buchführungstechnik* stellt auf die bei der Buchführung verwendeten Hilfsmittel ab. Der Terminus Buchführungstechnik ist insofern weit zu fassen, als dieser alle Techniken umfasst, die den Mandanten bei der Abschlusserstellung unterstützen; hierzu zählen sowohl die Buchungen der laufenden Geschäftsvorfälle als auch die vorbereitenden (z.B. Bildung von Rückstellungen) und formalen (z.B. Abschluss des Kontos Kasse über das Schlussbilanzkonto) Abschlussbuchungen. Im Folgenden werden die Begriffe Buchführungstechnik und Rechnungslegungstechnik sowie insbesondere IT-gestützte Buchführung und IT-gestützte Rechnungslegung synonym verwendet.

Die Rechnungslegungsnormen schreiben keine bestimmte Buchführungstechnik vor. Zulässig ist neben der manuellen Buchführung (die entweder als Übertragungs- oder als Durchschreibebuchführung ausgestaltet ist) auch die heute in der Unternehmenspraxis vorherrschende IT-gestützte Buchführung. Voraussetzung für die zuletzt Genannte ist indes, dass „die Daten während der Dauer der Aufbewahrungsfrist verfügbar sind und jederzeit innerhalb angemessener Frist lesbar gemacht werden können" (§ 239 Abs. 4 HGB).

Beide Buchführungstechniken müssen den Anforderungen, die an eine doppelte Buchführung zu stellen sind,[1] genügen. Weiterhin gilt für beide Techniken die *spezielle Generalnorm der Buchführung*, wonach die Buchführung so beschaffen sein muss, dass „sie einem sachverständigen Dritten innerhalb angemessener Zeit einen Überblick über die Geschäftsvorfälle und die Lage des Unternehmens vermitteln kann" (§ 238 Abs. 1 Satz 2 HGB).

Spezifische Regeln zur Buchführung existieren in den IAS/IFRS nicht. Im Regelfall sind IAS/IFRS-Jahresabschlüsse zu prüfen. Dies setzt wiederum voraus, dass der Abschlussprüfer die in der Buchführung erfassten Sachverhalte nachvollziehen kann. Demnach gilt die spezielle Generalnorm der Buchführung auch bei der Erstellung eines IAS-Abschlusses. Die folgenden Ausführungen besitzen daher sowohl im Kontext der deutschen als auch der internationalen Rechnungslegungsnormen Gültigkeit.

Wie jede computergestützte Informationsverarbeitung folgt auch die IT-gestützte Buchführung den Phasen der Dateneingabe, der Datenverarbeitung und der Datenausgabe:[2]

- Die *manuelle Dateneingabe* transformiert den durch einen Beleg dokumentierten Geschäftsvorfall in einen maschinenlesbaren Buchungsfall. Die Dateneingabe ist zwingend mit einer *Eingabekontrolle* zu versehen, welche die eingebenden Buchungssätze auf ihre sachliche Richtigkeit (Vermeidung unlogischer Eingaben, wie z.B. die Eingabe eines steuerpflichtigen Wareneinkaufs ohne Vorsteuer) und formelle Richtigkeit (z.B. Identität von Soll- und Habenbuchung sowie Vorhandensein der Kontonummern im Kontenplan) kontrolliert. Fehler werden direkt angezeigt oder als Fehlerprotokoll ausgegeben.

  Zumeist existieren auch Dauerbuchungsfunktionen, die ständig wiederkehrende Buchungen *programmintern erstellen*. Als Beispiele für periodengerecht ausgelöste Buchungen sind die automatischen Buchungen der planmäßigen Abschreibungen, der Zins- und Tilgungszahlungen sowie der Gehaltszahlungen zu nennen. In ähnlicher Weise lassen sich programmintern ereignisbezogen Buchungen auslösen (z.B. automatische Zahlungseingänge aus dem Datenträgeraustausch mit Banken und automatische Vorsteuerbuchung bei Lieferantenrechnungen).

- Die *Datenverarbeitung* erfolgt automatisch, d.h. entsprechend den programmierten Instruktionen werden die eingegebenen Daten den Konten zugewiesen und dort fortgeschrieben. Die Speicherung der Daten erfüllt die Grundbuchfunktion (chronologische Erfassung der Geschäftsvorfälle) und die Übernahme der Daten auf Konten die Hauptbuchfunktion. Ein sofortiger Ausdruck der Daten ist nicht zwingend. Vielmehr genügt die Möglichkeit, die Daten jederzeit ausdrucken zu können (*Ausdruckbereitschaft*); eine solche Buchführung wird auch als *Speicherbuchführung* bezeichnet.

- Die *Datenausgabe* umfasst neben der Möglichkeit, individuelle Abfragen der gespeicherten Daten zu formulieren, eine Vielzahl von Standardauswertungen. Hierzu zählen u.a. der Kontenausdruck, die Summen- und Saldenlisten, die Hauptabschlussübersicht sowie die Bilanz und die GuV.

Die Arbeitsschritte einer IT-gestützten Rechnungslegung verdeutlicht Abb. II.7-1.

IT-Systeme bezeichnen „die spezielle Zusammensetzung von Hardware, Software und Organisationsstrukturen und -verfahren sowie Unternehmensprozessen, die das Unternehmen für die Erreichung seiner Ziele festgelegt hat."[3] Die Elemente eines IT-Systems sind *rechnungslegungsrelevant*, wenn sie rechnungslegungsrelevante Daten verarbeiten oder Daten als Grundlage für Rechnungslegungsprozesse bereitstellen.[4] Während kleinere Unternehmen IT-gestützte Rechnungslegungssysteme zumeist isoliert als PC-Lösung (*stand alone-System*) einsetzen, setzen Unternehmen mit zunehmender Größe verstärkt *integrierte Systeme* ein, welche die Daten mehrerer betrieblicher Funktionsbereiche (z.B. internes und externes Rechnungswesen, Beschaffung, Produktion und Vertrieb) in einer einheitlichen Datenbank erfassen. Auf diese Weise lassen sich die einmal gespeicherten Daten redundanzfrei für mehrere Zwecke (z.B. interne Steuerung und externe Berichterstattung nach IAS/IFRS) nutzen.

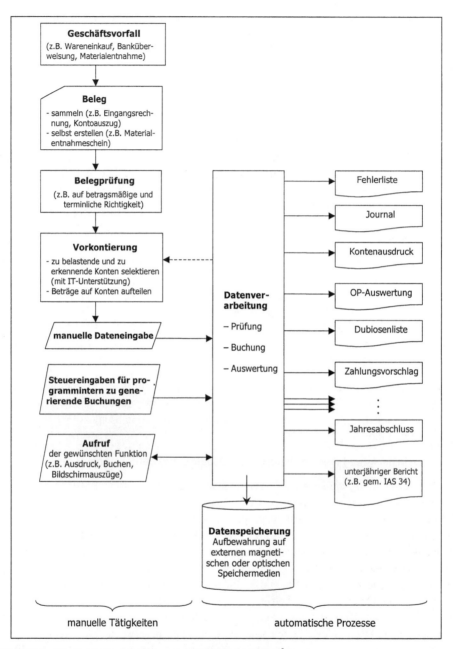

Abb. II.7-1: Arbeitsschritte einer IT-gestützten Rechnungslegung[5]

Als integriertes System hat die modular aufgebaute Standardsoftwarefamilie SAP R/3 weite Verbreitung gefunden.[6] Auch hier werden alle Geschäftsvorfälle auf Konten im Hauptbuch erfasst; die in den Nebenbüchern (z.B. Debitoren- und Kreditorenbuchführung, Anlagenbuchführung, Materialwirtschaft) erfassten Daten schlagen sich direkt im Hauptbuch nieder. Beispielsweise werden einmal im Nebenbuch Materialwirtschaft erfasste Warenabgänge automatisch in den relevanten Konten des Hauptbuchs erfasst; Haupt- und Nebenbücher sind automatisch abgestimmt.

Die Abwicklung einer IT-gestützten Rechnungslegung muss den Grundsätzen ordnungsmäßiger Buchführung (GoB) bei IT-gestützter Rechnungslegung genügen. Diese spezifischen GoB sind wiederum Bestandteil eines umfassenderen *GoB-Systems*. Die GoB beziehen sich auf alle Bereiche der Rechnungslegung. Hierzu gehören

- die Erfassung, Verarbeitung, Ausgabe und Aufbewahrung von Informationen über die laufenden Geschäftsvorfälle sowie die vorbereitenden und formalen Abschlussbuchungen) (GoB i.e.S.),
- die Inventurdurchführung (GoInventur) sowie
- die auf die (materielle) Abschlusserstellung bezogenen GoB (GoAbschlusserstellung).[7]

Für die Einhaltung dieser Grundsätze zeichnet alleine der Buchführungspflichtige verantwortlich. Als Methoden zur Herleitung der GoB sind die Induktion, die Deduktion und die Hermeneutik zu nennen (vgl. hierzu Kapitel I, Abschnitt 6.3.3).

Die Verpflichtung zur Beachtung der GoB i.e.S. ergibt sich aus § 238 Abs. 1 Satz 1 HGB. Die GoB i.e.S. haben sich oftmals in der Literatur und Praxis herausgebildet, ohne explizit Eingang in eine Norm gefunden zu haben. Zu den GoB i.e.S. zählen alle Grundsätze der Abschlusserstellung und zwar unabhängig davon, ob der Abschluss manuell oder IT-gestützt erstellt wird. Die GoB i.e.S. umfassen insbesondere die in §§ 238 f. und 257 HGB formulierten allgemeinen Anforderungen (z.B. Vollständigkeit, Richtigkeit und Nachvollziehbarkeit) sowie aus dem IT-Einsatz resultierende geeignete Konkretisierungen und/oder Modifikationen dieser allgemeinen Anforderungen.

Die GoB i.e.S. bei IT-Einsatz (*GoB bei IT-gestützter Rechnungslegung*) gelten unabhängig davon, ob die IT-gestützte Rechnungslegung als isoliertes System oder als Bestandteil eines funktionsübergreifenden Systems ausgestaltet ist. Die GoB bei IT-gestützter Rechnungslegung umfassen insbesondere die nachstehenden Anforderungen (vgl. auch IDW RS FAIT 1.18 ff.):[8]

- Beleg-, Journal- und Kontenfunktion

    Auch bei einer IT-gestützten Rechnungslegung gilt grundsätzlich das Belegprinzip. Werden Dauerbuchungen durchgeführt, übernimmt das Verfahren, welches die Dauerbuchungen auslöst, die Funktion eines Dauerbelegs (*verfahrensmäßiger Nachweis*). Journal- und Kontenfunktion gelten dann als erfüllt, wenn die Geschäftsvorfälle ausgedruckt werden oder die Ausdruckbereitschaft der gespeicherten Daten sichergestellt ist.

- Anforderungen an eine Buchung

  Geschäftsvorfälle gelten als gebucht, wenn sie autorisiert und nach einem Ordnungsprinzip vollständig, richtig, zeitgerecht und verarbeitungsfähig erfasst und gespeichert sind (IDW RS FAIT 1.37).

- Anforderungen an ein IT-Kontrollsystem

  Die Funktionstüchtigkeit einer IT-gestützten Rechnungslegung ist durch ein IT-Kontrollsystem zu gewährleisten; dieses ist wiederum Bestandteil des IKS (vgl. IDW RS FAIT 1.8 sowie Abschnitt 3.2.2). Ein IT-Kontrollsystem ist auf die Risiken aus dem Einsatz von IT ausgerichtet und umfasst die Gesamtheit aller aufeinander abgestimmten und miteinander verbundenen Kontrollen, Maßnahmen und Regelungen, die u.a. dem Vermögensschutz des Unternehmens sowie der Bereitstellung vollständiger, genauer und aussagekräftiger sowie zeitnaher Aufzeichnungen dienen.

  Die Ausgestaltung des IT-Kontrollsystems hängt wiederum davon ab, ob ein stand alone-IT-System zu prüfen ist (IAPS 1001.7 ff.) oder ob z.B. mehrere Anwender (clients) auf einen Datenbankserver zurückgreifen. So ist z.B. SAP R/3 konsequent als Client-Server-System ausgelegt. Die internen Kontrollen in einem Datenbankumfeld umfassen u.a. die Zuordnung von Verantwortlichkeiten zur Einhaltung der Richtigkeit und Integrität der Daten, die Existenz von Zugangsberechtigungsprofilen sowie die Funktionstrennung zwischen technischem, verwaltendem und anwendendem Personal (IAPS 1003.16 ff.).

  Besonders in den Fällen, in denen das IT-System des Mandanten in eine umfassendere Vernetzung eingebunden ist (diese reicht vom Zugang zum Internet am Arbeitsplatz bis hin zur Abwicklung von Geschäftsprozessen über das Internet, wie z.B. beim Internetbuchhändler Amazon), muss das IT-Kontrollsystem z.B. über Firewalls Schutz vor dem unberechtigten Eindringen Dritter (Hacker) sowie der Programm- und Datenzerstörung durch Crash-Programme (z.B. Computerviren) bieten.

  Das IT-Kontrollsystem ist im Hinblick auf seine Angemessenheit sowie Wirksamkeit im Zeitablauf zu beurteilen. Diese *Überwachung des IT-Kontrollsystems* beinhaltet auch Aktivitäten der gesetzlichen Vertreter des zu prüfenden Unternehmens, die eine Beurteilung erlauben, ob die Strategien (Unternehmensstrategie und IT-Strategie), die daraus abgeleiteten Grundsätze, Verfahren und Maßnahmen in Übereinstimmung mit den Unternehmenszielen umgesetzt wurden, ob das eingerichtete Kontrollsystem angemessen und wirksam ist und ob die umgesetzten Maßnahmen die Erreichung der Unternehmensziele sicherstellen. Typische Beispiele für solche Kontrollen sind die Durchsicht von Fehler- und Ausnahmeberichten im Hinblick auf die Beeinträchtigung kritischer Erfolgsfaktoren, die Durchführung von Benchmark-Tests oder die regelmäßige Analyse der internen Dienstleistungsqualität (in Anlehnung an IDW RS FAIT 1.111). Eine Überprüfung der zuvor angesprochenen sog. *high level-controls* lässt sich als ein wesentliches Element einer geschäftsrisikoorientierten Prüfung (vgl. Abschnitt 3.3.1) charakterisieren.

- Nachvollziehbarkeit des IT-gestützten Verfahrens

  Aufbau und Ablauf des Abrechnungsverfahrens müssen vollständig dokumentiert sein. Diese *Verfahrensdokumentation* muss z.B. anhand von Datenflussplänen eine Übersicht über alle Verfahren und deren Zusammenwirken untereinander vermitteln. Einzugehen ist auch darauf, wie das Unternehmen sicherstellt, dass das dokumentierte Programm auch dem tatsächlich eingesetzten Programm entspricht (Programmidentität). Programmänderungen sind zu protokollieren und das Freigabeverfahren für eine neue Programmversion (update/release) ist präzise zu beschreiben.

- Anforderungen an die Datensicherheit und den Datenschutz

  Die auf dem IT-System des zu prüfenden Unternehmens vorhandenen Programme und Daten sind durch *Sicherungskopien* vor Verlust zu sichern (z.B. über back-up-Prozeduren); Daten sind möglichst täglich zu sichern. Verschiedene Softwaretools erlauben eine automatische Sicherung (z.B. AutoSave). Die Sicherungskopien sind an einem anderen Standort (anderer Sicherheitsbereich) aufzubewahren.[9] Weiterhin müssen auch organisatorische Regelungen zur Wiederherstellung der Betriebsbereitschaft vorhanden sein (IDW RS FAIT 1.87).

  Für die in § 257 Abs. 1 HGB aufgeführten Unterlagen (z.B. Handelsbücher, Inventare, Jahresabschlüsse) gelten die Aufbewahrungsfristen des Abs. 4. Dabei ist z.B. bei magnetischen Speichermedien (z.B. Magnetfestplatte) die Buchhaltung so zu organisieren, dass *nachträgliche Veränderungen* der Buchungsdaten *ausgeschlossen* sind. Des Weiteren müssen *Zugriffskontrollen* sicherstellen, dass nur berechtigte Personen in dem ihrem Aufgabenbereich entsprechenden Umfang auf Programme und Daten zugreifen können (IDW RS FAIT 1.23; IAPS 1002.23 ff.).

Aus dem Einsatz von IT resultieren spezifische *IT-Fehlerrisiken*. Diese setzen sich aus inhärenten und Kontrollrisiken zusammen (IDW PS 330.16; zur Einordnung in den risikoorientierten Prüfungsansatz vgl. Abschnitt 1.2.1). Bei der Beurteilung der inhärenten Risiken sind u.a. die folgenden Risikoindikatoren zu beachten: Änderungsprojekte im IT-Bereich wie z.B. die Einführung einer Standardsoftware, Know-how der Mitarbeiter und mögliche Überlastungen sowie eine unzureichende Ausrichtung der IT auf die Geschäftsstrategien und Prozessanforderungen des Unternehmens (IDW PS 330.18).

Eine Besonderheit des IT-Einsatzes besteht dann, wenn der Mandant *E-Commerce* betreibt. „E-Commerce beinhaltet die Anbahnung und Abwicklung von Geschäftsvorfällen (...) zwischen Marktteilnehmern in elektronischer Form unter Verwendung verschiedener Informations- und Kommunikationstechnologien über öffentlich zugängliche Netze" (IDW ERS FAIT 2.1). Dabei lassen rechnungslegungsrelevante E-Commerce-Systeme „Informationen und Daten über betriebliche Aktivitäten entweder direkt (...) in die IT-gestützte Rechnungslegung einfließen oder stellen diese Informationen und Daten in elektronischer Form als Grundlagen für Buchungen im Rechnungslegungssystem zur Verfügung" (IDW ERS FAIT 2.2). E-Commerce betreibt z.B. der Internetbuchhändler Amazon, indem er seine

Waren im Internet vertreibt und der Kunde die Waren über das Netz (durch eine elektronische Kreditkartentransaktion) bezahlen kann.

Die zuvor formulierten GoB bei IT-gestützter Rechnungslegung sind auf Grund der spezifischen IT-Risiken bei Einsatz von E-Commerce-Systemen entsprechend zu *modifizieren* und/oder zu *ergänzen* (IDW ERS FAIT 2.3).[10] Spezifische IT-Risiken resultieren zum einen aus der Kommunikation über das Internet als öffentlich zugängliches Netzwerk (z.B. hinsichtlich des Verlustes der Datenintegrität) und zum anderen aus der Verarbeitung der Transaktionsdaten (z.B. keine oder unvollständige Datenerfassung bei Integritätsverletzungen).[11]

Beispiel

Die *Belegfunktion* gilt auch bei Einsatz von E-Commerce. Allerdings führen E-Commerce-Aktivitäten nur dann zu einer belegpflichtigen Buchung, wenn der Vorgang durch den Empfänger autorisiert ist (d.h. der Empfänger legt fest, wer zu welchen Vorgängen berechtigt ist), ein buchungspflichtiger Vorgang vorliegt und der Vorgang den Bilanzierenden erreicht (IDW ERS FAIT 2.28 ff.). Werden auf Grundlage der übermittelten Transaktionsdaten automatisch Buchungen ausgelöst und kann ein Nachweis durch konventionelle Belege nicht erbracht werden, ist die Belegfunktion über den verfahrensmäßigen Nachweis des Zusammenhangs zwischen der jeweiligen E-Commerce-Transaktion und ihrer Buchung zu erfüllen (zu den diesbezüglichen Anforderungen vgl. IDW RS FAIT 1.35).

Eine besondere Form von E-Commerce ist *Electronic Data Interchange* (EDI). Dabei handelt es sich um den elektronischen Geschäftsverkehr zwischen Handelspartnern auf der Basis von Standardformaten wie z.B. EDIFACT[12]. Mit Hilfe dieser Norm lassen sich Handelsbriefe und andere Dokumente weltweit austauschen, ohne Papierdokumente versenden zu müssen. Dabei dürfte es sich in weiten Teilen um buchungspflichtige Sachverhalte handeln (z.B. der Warenverkehr zwischen einem Automobilzulieferer und einem -produzenten).

Auch hier gelten die zuvor angesprochenen Anforderungen sinngemäß; demnach muss der Prüfer u.a. feststellen, ob das Übermittlungsverfahren sicher ist und ob der Mandant sein internes Kontrollsystem auf die besonderen Erfordernisse ausgerichtet hat (z.B. Überprüfung der empfangenen Daten auf Plausibilität und regelmäßige Abstimmung des Ergebnisses der Datenübermittlung zwischen den Geschäftspartnern). Da die anfallenden Daten Belegcharakter haben, sind diese mit ihrem vollständigen Inhalt zu speichern oder auszudrucken.[13]

Bezüglich des Einflusses von E-Commerce-Aktivitäten auf die Prüfung von Jahresabschlüssen wird auf IAPS 1013 verwiesen. Einzelheiten der Prüfung von E-Commerce-Systemen im Rahmen von WebTrust gem. IDW PS 890 finden sich in Kapitel III, Abschnitt 2.3.3.1.4. Des Weiteren hängen die E-Commerce spezifischen IT-Risiken teilweise davon ab, wie der

7 Erlangung von Prüfungsnachweisen bei IT-Einsatz

E-Commerce-Partner diese Risiken handhabt. Hier kann eine beim E-Commerce-Partner freiwillig durchgeführte SysTrust-Prüfung (vgl. Kapitel III, Abschnitt 2.3.3.1.5) dazu beitragen, zuverlässige Informationen hinsichtlich der Handhabung dieser IT-Risiken zu erlangen.

7.2 Einsatz IT-gestützter Prüfungstechniken

7.2.1 Begriffsabgrenzungen

Während sich die Buchführungstechnik auf die beim Mandanten eingesetzten Hilfsmittel bezieht, stellt der Begriff *Prüfungstechnik* auf die bei der Prüfung des Jahresabschlusses verwendeten Hilfsmittel ab. Dabei ist zwischen manuellen und IT-gestützten Prüfungstechniken zu unterscheiden. Die zuletzt Genannten lassen sich wiederum hinsichtlich der eingesetzten Programmiertechnik in konventionelle und wissensbasierte IT-gestützte Prüfungstechniken unterscheiden:[14]

- *Konventionelle* Programme durchlaufen einen vorprogrammierten Lösungspfad und leiten ein optimales Ergebnis her (deterministisches Vorgehen).

- Dagegen ist bei *wissensbasierten* IT-gestützten Prüfungstechniken (synonym findet häufig der Begriff *Expertensystem* Verwendung) der Lösungspfad nicht vorprogrammiert; dieser ergibt sich vielmehr im Zuge der Problemlösung durch die im Dialog mit dem Benutzer erlangten Informationen (prozessuales Vorgehen). Insofern sind wissensbasierte Systeme geeignet, den Prüfer bei materiellen Prüfungshandlungen in schwach strukturierten Gebieten zu unterstützen.

Beispiele

Ein Beispiel für eine wissensbasierte Prüfungstechnik wäre die Unterstützung bei der Beurteilung der Werthaltigkeit einer Forderung des Mandanten gegenüber einem Debitor. Hier könnte ein wissensbasiertes System, ausgehend von einem Bestand von Vorinformationen (z.B. Ergebnisse der Systemprüfung und Zahlungsverhalten des Mandanten in der Vergangenheit), im Dialog mit dem Prüfer gezielt beurteilungsrelevante Informationen abfragen (z.B.: Ist der Debitor noch ein aktiver Kunde des Mandanten?) und anhand typischer Muster (Merkmalsmuster, welches einen Debitor kennzeichnet, der erfahrungsgemäß fristgerecht, verspätet oder gar nicht zahlt) Anregungen hinsichtlich der Notwendigkeit der Durchführung einer Einzelwertberichtigung geben.[15]

Dagegen zielen konventionelle Techniken zumeist darauf ab, den Zugriff des Prüfers zu den im IT-System des Mandanten gespeicherten Informationen überhaupt erst zu ermöglichen und/oder diese Daten in einer bestimmten (vorprogrammierten) Weise auszuwerten. Beispielsweise lassen sich über eine Prüfsprache jene Forderungspositionen abrufen, die mit einem Wert ≤ 0 ausgewiesen werden (vgl. Abschnitt 7.2.5).

Für den Begriff IT-gestützte Prüfungstechniken findet im anglo-amerikanischen Sprachraum der Begriff computer assisted audit techniques (CAAT) Verwendung. Dabei wird die Auffassung vertreten, der Begriff CAAT sei weit auszulegen, d.h. er umfasse sämtliche (konventionelle und/oder wissensbasierte) IT-gestützten Prüfungstechniken, welche geeignet sind, den Prüfer von der Auftragsannahme, der Prüfungsplanung über die Prüfungsdurchführung bis hin zur Prüfungsdokumentation zu unterstützen. Demnach kommt der Einsatz solcher Techniken grundsätzlich auch dann in Betracht, wenn der Mandant seine Buchführung nicht IT-gestützt, sondern manuell führt; als Beispiel sei die Erstellung der laufenden Prüfungsdokumentation mit Hilfe eines Textverarbeitungsprogramms genannt.

In den Fällen, in denen eine CAAT der Entscheidungsfindung des Prüfers dienlich ist, liegt definitionsgemäß (gleichzeitig) ein *Entscheidungsunterstützungssystem* vor; im anglo-amerikanischen Sprachraum wird der Begriff decision support system (DSS) verwendet. Während ein wissensbasiertes System die problemlösungsrelevanten Informationen vom Benutzer erfragt, bestimmt beim DSS der Benutzer, welche Fragen er vom System beantwortet haben will, so dass die Steuerung der Problemlösung eindeutig dem Benutzer obliegt. Insofern steht stärker die Informationsversorgung mittels konventioneller Abfragetechniken und weniger die Problemlösung selbst im Vordergrund.

Die eingesetzte Prüfungstechnik bildet die *Voraussetzung*, um bestimmte Prüfungsmethoden und -handlungen durchführen zu können. Die *Prüfungsmethode* kennzeichnet die systematische Vorgehensweise, um zum Prüfungsziel zu gelangen. Dagegen sprechen die *Prüfungshandlungen* einzelne prüferische Tätigkeiten, wie z.B. die Einsichtnahme in Unterlagen des Unternehmens sowie die Befragung und Einholung von Bestätigungen, an (IDW PS 300.26 ff.; ISA 500.19 ff. sowie in modifizierter Form in ED ISA 210.15 ff.). Wichtig für die Unterscheidung zwischen Prüfungshandlung und -methode ist, dass die Prüfungshandlungen eher zielneutral und operativ sind (Mittelanwendung), während die Prüfungsmethode stärker den Weg zur Erreichung des Prüfungsziels (Art und Weise des Einsatzes der Mittel zur Zielerreichung) in den Vordergrund rückt. Insofern lassen sich die Prüfungshandlungen auch als Teil der Prüfungsmethoden interpretieren. Die Literatur grenzt die Begriffe Prüfungstechnik, Prüfungsmethode und Prüfungshandlung jedoch nicht immer einheitlich voneinander ab.[16]

Um das Prüfungsziel zu erreichen, ist eine Prüfungsstrategie zu entwickeln, aus der sich wiederum ein Prüfungsprogramm ableiten lässt (IDW PS 240.11; ISA 300.8). Das Prüfungsprogramm teilt den gesamten Prüfungskomplex in einzelne Prüffelder auf und gibt prüffeldbezogen Ziele vor. Insofern dürften sich die gewählte Prüfungsmethode sowie die eingesetzten Prüfungshandlungen zumeist auf Ebene der Prüfungsziele je Prüffeld (IDW PS 240.19; ISA 300.10) bewegen. Da die (IT-gestützten) Prüfungstechniken die Voraussetzung bilden, um bestimmte Prüfungshandlungen und -methoden durchführen zu können, ist der Einsatz dieser Techniken mit in die Prüfungsplanung einzubeziehen (IDW PS 330.25 u. 48; ISA 401.6 f. u. IAPS 1009.8; zur Prüfungsplanung vgl. Abschnitt 2.2).

Abb. II.7-2 fasst die zuvor angesprochenen Überlegungen zusammen.

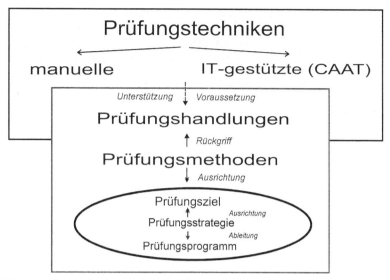

Abb. II.7-2: Prüfungstechniken, Prüfungshandlungen und Prüfungsmethoden

7.2.2 Notwendigkeit des Einsatzes

Die Prüfungstechniken müssen sich naturgemäß dem Prüfungsobjekt anpassen. Dabei ist die eingesetzte Prüfungstechnik insbesondere auf die beim Mandanten eingesetzte Buchführungstechnik auszurichten. Vollzieht sich ein Wandel im IT-Umfeld des Mandanten (z.B. von der manuellen zu einer IT-gestützten Rechnungslegung), muss der Prüfer hierauf durch veränderte Prüfungstechniken reagieren. Setzt der Mandant eine IT-gestützte Rechnungslegung ein, so lassen sich *zwei Prüfungsansätze* unterscheiden:[17]

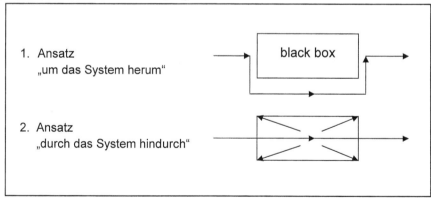

Abb. II.7-3: Prüfungsansätze für die IT-Prüfung

Der Prüfer kann zum einen die Verarbeitungsergebnisse des IT-Systems in Printform heranziehen und die Prüfung wie gewohnt manuell durchführen. Die *Prüfungsstrategie des ersten Ansatzes* lautet:

- Wenn die Klarschriftausgaben des IT-Systems richtig und vollständig sind, muss die Verarbeitung der Geschäftsvorfälle im System in den untersuchten Bereichen gleichfalls korrekt sein. Da die Funktionsweise des IT-Systems des Mandanten selbst für den Prüfer nicht ersichtlich ist, bildet das System eine black box.

Dieses Vorgehen stößt bei einem hohen Datenvolumen rasch an seine Grenzen; zudem mangelt es an der erforderlichen Effizienz. Die fehlende Effizienz liegt vor allem darin begründet, dass sich bei einer IT-Buchführung *die Art der möglichen Fehler ändert*.

- Bei einer manuellen Buchführungstechnik treten oftmals zufallsbedingte Fehler auf (*unsystematische Fehler*). Beispielsweise werden bei einer Übertragungsbuchführung die durch Belege erfassten Geschäftsvorfälle zunächst chronologisch im Grundbuch erfasst und von dort aus manuell nach sachlichen Gesichtspunkten auf die Konten des Hauptbuchs übertragen. In diesem Fall stehen naturgemäß einzelfallbezogene rechnerische sowie Übertragungs- und Abstimmungsprüfungen im Vordergrund.

- Solche unsystematischen Fehler sind indes bei maschineller Verarbeitung nicht zu erwarten, da die in den Programmen niedergelegten Arbeitsanweisungen und Kontrollen bei gleichen Voraussetzungen dieselben Folgen haben. Auf Grund dieser deterministischen Vorgehensweise treten bei IT-Einsatz überwiegend *systematische Fehler* auf: Ist ein Teilbereich falsch programmiert, so werden alle Geschäftsvorfälle einer bestimmten Kategorie auch falsch bearbeitet. Analog gilt auch, dass bei einer korrekten Programmierung auch alle eingegebenen Geschäftsvorfälle richtig bearbeitet werden; von Eingabefehlern sei an dieser Stelle einmal abgesehen.

Aus den zuvor genannten Gründen muss der Prüfer das Buchführungssystem selbst nebst den darin enthaltenen Kontrolleinrichtungen stärker in den Vordergrund rücken. In diesem Fall werden einzelne Vorgänge vom Urbeleg bis hin zur Abbildung im Jahresabschluss durch das System verfolgt. Diese *Prüfungsstrategie des zweiten Ansatzes* verlagert den Schwerpunkt der Prüfungshandlungen von der Einzelfallprüfung (vgl. Abschnitt 3.2.4) hin zur Systemprüfung (vgl. Abschnitt 3.2.2).

Dabei lassen sich Art und Umfang der Prüfungshandlungen reduzieren, sofern der Abschlussprüfer im Rahmen einer *projektbegleitenden Prüfung* bereits in das Stadium der Entwicklung von Software (Individualsoftware) oder der Implementierung von Standardsoftware eingebunden wird (IDW HFA 4/1997). Allerdings muss der Prüfer stets beurteilen, ob und in welchem Umfang ein Risiko einer Selbstprüfung besteht; die daraus resultierenden Beeinträchtigungen der Unabhängigkeit sind abzuwägen (vgl. hierzu auch Ethics Sec. 8.184 ff. sowie ferner Kapitel I, Abschnitt 7 und Kapitel III, Abschnitt 1.2).

Die Systemprüfung ist wiederum eine indirekte Prüfung, welche zunächst das IT-System selbst prüft und anhand der Ordnungsmäßigkeit des IT-Systems (Ersatzprüfungsgegenstand) auf die richtige und vollständige Verarbeitung der eingegebenen Geschäftsvorfälle schließt. Wie bereits zuvor angesprochen, ist die Systemprüfung ab einem bestimmten Volumen der in der Mandantenbuchführung erfassten Geschäftsvorfälle nicht mehr manuell, sondern nur noch IT-gestützt durchführbar.

Manuelle Tests sind nach IAPS 1009.11 auch dann *nicht praktikabel*,[18]

- wenn *Ursprungsinformationen automatisch generiert werden* (als Beispiel sei das Bezahlen per Kreditkarte in einem Kaufhaus (point of sale electronic funds transfer) genannt. Oftmals werden auch Skonto oder Zinsen berechnet, ohne dass eine Autorisierung für die Transaktion erkennbar ist),

- wenn das System *keinen sichtbaren Prüfpfad herstellen kann*, der geeignet ist, die Vollständigkeit und Richtigkeit der verarbeiteten Transaktionen zu belegen (z.B. können Lieferscheine und Lieferantenrechnungen durch ein Programm abgeglichen werden oder es können Kundenkreditlimits automatisch überprüft werden, ohne dass hierfür ein sichtbarer Nachweis verfügbar ist) oder

- wenn *Print-Auswertungen des IT-Systems nicht möglich sind*. In diesem Fall sind Ausdrucke gar nicht oder nicht in der für die Nachvollziehbarkeit der zugrunde liegenden Sachverhalte erforderlichen Detaillierung möglich.

Durch den Einsatz IT-gestützter Prüfungstechniken lässt sich zudem die Effektivität und Effizienz von Prüfungshandlungen steigern (IDW PS 330.94; IAPS 1009.12). Dies gilt besonders dann, wenn es darum geht, analytische Prüfungen durchzuführen oder Stichproben aus größeren Datenbeständen zu ziehen und auszuwerten.

IT-gestützte Techniken treten häufig in Abhängigkeit von den technischen und organisatorischen Gegebenheiten des Prüfungsobjektes neben die manuellen Techniken und verändern die Einsatzgebiete der zuletzt Genannten. Gibt der Mandant z.B. die Geschäftsvorfälle manuell in das IT-System ein, ist die Richtigkeit der Übertragung der Daten vom Eingabebeleg in das IT-System zu prüfen. Auch wenn systemimmanente Eingabekontrollen diese Übertragungsprüfungen weitgehend ersetzen, lassen sich Fehler nicht vollends ausschließen. Daher können im Einzelfall Übertragungsprüfungen dennoch sinnvoll und auch notwendig sein. Dies gilt besonders dann, wenn die Eingabekontrollen bei bestimmten Fehlertypen versagen und wenn die Person, welche die Eingaben vornimmt, fachlich nicht kompetent und/oder in Stresssituationen (z.B. hoher Arbeitsanfall) nicht belastbar ist.

7.2.3 Fachliche Kompetenz des Abschlussprüfers

Eng mit der Notwendigkeit des Einsatzes IT-gestützter Prüfungstechniken ist die Frage verbunden, in welchem Umfang der Abschlussprüfer über entsprechendes Know-how verfügen muss. Diese Frage ist dahingehend bedeutsam, als der Abschlussprüfer den Prüfungsauftrag nicht annehmen darf bzw. zurückgeben muss, sofern er nicht über die entsprechende *fachliche IT-Kompetenz* verfügt (IDW PS 330.45, § 4 Abs. 2 Berufssatzung und ISA 401.4; Ethics Sec. 3).

Dies schließt nicht aus, dass der Prüfer einen IT-Sachverständigen hinzuzieht, falls Spezialkenntnisse erforderlich sein sollten (IDW PS 330.47). In diesem Fall sind die entsprechenden fachlichen und ethischen Prüfungsnormen zu beachten, welche die *Verwendung Prüfungsurteile Dritter* betreffen (vgl. Abschnitt 5.2.3).

Teilweise erteilen unabhängige Dritte *Softwarebescheinigungen* über die beim Mandanten eingesetzten Programme; von Wirtschaftsprüfern erteilte Bescheinigungen dieser Art bezeichnet die Praxis vielfach als Software-Testate. Obgleich eine solche Bescheinigung eine IT-Systemprüfung des betreuenden Jahresabschlussprüfers nicht vollständig zu ersetzen vermag (z.B. hinsichtlich der Feststellung der Sicherung der Funktionsfähigkeit des IT-Systems), lassen sich diese Bescheinigungen unter den in IDW PS 880.50 ff. genannten Voraussetzungen (z.B. kompatible Systemumgebung der bescheinigten und der tatsächlich eingesetzten Software) verwenden und ersetzen auf diese Weise Teilbereiche einer Systemprüfung.

7.2.4 Prüfungsprozessorientierte Systematisierung IT-gestützter Prüfungstechniken

Das Einsatzspektrum IT-gestützter Prüfungstechniken umfasst alle Phasen des Prüfungsprozesses (IDW PS 330.96).[19] Diese Techniken können auf der beim Abschlussprüfer vorhandenen Hard- und Software zur Anwendung gelangen, die dann wiederum auf die Daten und Systeme des Mandanten „aufzusetzen" ist. Zum anderen kann der Prüfer die Hard- und Software des Mandanten für Prüfungszwecke direkt nutzen. Die folgenden Ausführungen nehmen eine prozessorientierte Systematisierung zentraler konventioneller IT-gestützter Prüfungstechniken vor und vermitteln einen Einblick in die Funktionsweise dieser Techniken; obgleich primär der Einzelabschluss angesprochen wird, besitzen die getroffenen Aussagen grundsätzlich auch im Kontext der Prüfung des Konzernabschlusses Gültigkeit.[20]

7.2.4.1 Auftragsannahme und Prüfungsplanung

Bereits vor der Auftragsannahme sowie im Rahmen der Prüfungsplanung hat der Prüfer sich Kenntnisse der Geschäftstätigkeit und des wirtschaftlichen Umfelds des Mandanten zu verschaffen. Hier kann die Informationsbeschaffung wesentlich durch die online-Nutzung *externer Datenbanken* über das Internet unterstützt werden.[21] In *interne Datenbanken* (des Prüfers) eingestellte mandantenspezifische Informationen lassen sich gleichfalls für planerische Zwecke nutzen.

Für die Prüfungsplanung lässt sich Standardsoftware wirkungsvoll einsetzen. Beispielsweise kann die *Netzplantechnik* mittels der Projektplanungssoftware *MS-Project* unterstützt werden. Diese Software erlaubt u.a. eine automatische Berechnung des kritischen Weges, eine Korrektur des kritischen Weges bei zeitlicher Ausdehnung einzelner Prüfungsvorgänge oder bei Einfügung weiterer Vorgänge (z.B. zusätzliche Prüfvorgänge auf Grund der im Prüfungsverlauf festgestellten spezifischen Risiken) sowie detaillierte Auswertungen (z.B. Auslastungen der Mitarbeiterressourcen).[22] Des Weiteren kann das Planungstool *Retain* den Prüfer bei der Verwaltung und Zuordnung limitierter Ressourcen (z.B. Prüfer mit spezifischen Kenntnissen) unterstützen; dieses Tool eignet sich besonders für die Personalzuordnung hinsichtlich Qualifikation und Verfügbarkeit sowie für die Gesamtplanung aller Aufträge.[23]

Eine sinnvolle Unterstützung u.a. bei der Festlegung von Prüfungsschwerpunkten, der Abschätzung inhärenter Risiken sowie der Beurteilung von Bestandsgefährdungen (going concern-Beurteilungen) bietet das auf künstlichen neuronalen Netzen basierende Softwareprodukt *Baetge-Bilanz-Rating*®.[24]

Obgleich das Vorgehen der Software für den Prüfer nicht nachvollziehbar ist, weist die auf Basis empirischer Vergangenheitsdaten vorgenommene Klassifizierung in bestandsgefährdete und nicht-bestandsgefährdete Unternehmen eine hohe Prognosekraft auf. Da sich Variationen im Bonitätsindex, der als eine Art Spitzenkennzahl fungiert, über 14 Kennzahlen erklären lassen, kann das Rating gezielt Anhaltspunkte für weitere Prüfungsschwerpunkte geben; angesprochen sind z.B. die zu einem negativen Gesamtrating führenden Kennzahlen und die dahinter stehenden ökonomischen Sachverhalte.

Das Rating lässt sich auch für die abschlusspostenbezogene Prüfung einsetzen. In diesem Fall wird nicht die Bonität des Mandanten, sondern z.B. die seiner Debitoren näher beleuchtet. Auf diese Weise kann der Prüfer Anhaltspunkte dahingehend erlangen, ob und in welcher Höhe es notwendig ist, den Forderungsbestand außerplanmäßig abzuschreiben.

7.2.4.2 Prüfungdurchführung

Die Ausführungen zum IT-Einsatz bei der Prüfungsdurchführung werden systematisiert in die Bereiche Systemprüfung (vgl. Abschnitt 7.2.4.2.2) und aussagebezogene Prüfungshandlungen (vgl. Abschnitt 7.2.4.2.3). Die zuletzt genannten Handlungen lassen sich wiederum in analytische Prüfungen und Einzelfallprüfungen unterscheiden. Die Systematisierung folgt insofern Tab. I.6-2. Teilweise sind IT sowohl für die Systemprüfung als auch für die Zwecke der Gewinnung aussagebezogener Prüfungshandlungen einsetzbar (vgl. Abschnitt 7.2.4.2.1).

7.2.4.2.1 Checklisten

Der Prüfungsdurchführung zuordnen lassen sich auch *Checklisten*; synonym findet auch der Begriff Fragebogen Verwendung.[25] Checklisten dienen der Erforschung des Prüfungsobjektes; dabei geben Checklisten zumeist konkrete Hinweise hinsichtlich der Erlangung von Prüfungsnachweisen (z.B. abschlusspostenbezogene Checklisten; vgl. Abschnitt 3.3.3). Checklisten lassen sich in Printform oder IT-gestützt einsetzen. Eine Checkliste zur Abschlussprüfung bei Einsatz von Informationstechnologie stellt IDW PH 9.330.1 dar; diese Checkliste soll den Prüfer bei der Prüfung der in IDW PS 330.53 ff. genannten Punkte unterstützen. Im Unterschied zu einer Checkliste in Printform erlaubt es eine *IT-gestützte dialogisierte* Checkliste anhand zuvor eingegebener Basisangaben irrelevante Fragen von vorneherein auszublenden.[26] So werden z.B. bei einem Mandanten, der ausschließlich Standardsoftware einsetzt, die Fragen zur Systemprüfung bei selbstentwickelter Software erst gar nicht gestellt.

Checklisten sind in der Praxis sehr beliebt, weil diese scheinbar einen raschen Zugang zu komplexen Prüfungsobjekten ermöglichen (vgl. Abschnitt 3.2.2.3.1). Gleichwohl dürfen Checklisten nur von Prüfern eingesetzt werden, die in der betreffenden Materie erfahren sind. Nur solche Personen sind in der Lage, von dem in der Checkliste vorgegebenen Prüfungspfad abzuweichen, sofern sich im Einzelfall abweichende Prüfungserfordernisse ergeben. Nachteilig ist, dass Checklisten zu schematisch und kreativitätshemmend vorgehen sowie insgesamt nur eine geringe Fehleraufdeckungskraft[27] besitzen. Überdies besteht die Gefahr, dass der Mandant bei einer mündlichen Befragung das prüferische Vorgehen zu leicht durchschaut; dies gilt besonders bei geschlossenen Fragestellungen, auf die der Mandant entweder mit ja oder nein zu antworten hat.

7.2.4.2.2 Systemprüfung

Die IT-Systemprüfung folgt grundsätzlich der in Abschnitt 3.2.2.3 beschriebenen Vorgehensweise für die Systemprüfung. Ziel der IT-Systemprüfung ist die Beurteilung der IT-Fehlerrisiken (vgl. Abschnitt 7.1), d.h. des Risikos wesentlicher Fehler im IT-System, soweit diese rechnungslegungsrelevant sind (IDW PS 330.9). Der Prüfer hat die IT-Systemprüfung so zu planen und durchzuführen, dass er die IT-Fehlerrisiken des im Unternehmen eingesetzten IT-Rechnungslegungssystems zutreffend beurteilt (IDW PS 330.25 u. 45 ff.). In der Regel bietet es sich an, IT-Systemprüfungen bereits im Vorfeld der Abschlussprüfung durchzuführen (IDW PS 330.14).

Zur Prüfung der Wirksamkeit des IT-Kontrollsystems sind die folgenden Prüfungsschritte erforderlich (IDW PS 330.29 ff.):

- Der Prüfer muss das IT-System zunächst einmal erfassen (*Aufnahme des IT-Systems*). Aufzunehmen sind das IT-Kontrollsystem (IT-Organisation und IT-Umfeld), die IT-Infrastruktur, die IT-Anwendungen sowie die IT-Geschäftsprozesse.

- Anschließend ist der Aufbau des IT-Systems zu prüfen. Ziel der *Aufbauprüfung* ist eine Beurteilung, ob das angewiesene IT-System (Soll-Zustand) des Unternehmens unter Berücksichtigung der prüffeldspezifischen inhärenten Risiken angemessen ist. Zudem wird die vorläufige Wirksamkeit beurteilt.

- Darauf aufbauend setzt sich die *Funktionsprüfung* u.a. das Ziel, zu prüfen, ob die eingerichteten IT-Kontrollen wirksam sind und damit zur Begrenzung der IT-Risiken beitragen. Ergebnis ist eine abschließende Beurteilung der Wirksamkeit und kontinuierlichen Anwendung des IT-Systems.

Beispiel[28]

Den *IT-Anwendungen* ist die Prüfung der *Programmfunktionen* zuzurechnen (IDW PS 330.72 ff.). Der *Aufnahme* der Funktionen sind folgende Prüfungshandlungen dienlich: Erhebung der Funktionalität der Software anhand der Verfahrensdokumentation (Anwenderdokumentation und technische Dokumentation) sowie die Erhebung der Funktionalität der Software anhand von Befragungen bzw. Interviews sowie Inaugenscheinnahme. Die *Aufbauprüfung* umfasst die Beurteilung der Angemessenheit der Programmfunktionen im Hinblick auf rechtliche Anforderungen, Abdeckung des fachlichen Aufgabengebietes sowie die Ausgestaltung des programminternen Kontrollsystems. Die Funktionsprüfung kann auf folgende Aspekte abstellen: Qualität der Testfälle des Anwenders, Parallelverarbeitung, manuelle Nachrechnungen sowie Auswertung von Unterlagen, wie z.B. Revisionsberichte und Abnahmeprotokolle.

Typische Prüfungshandlungen im Rahmen von Aufbauprüfungen sind die Durchsicht von Unterlagen, Befragungen sowie die Beobachtung von Aktivitäten und Arbeitsabläufen; für die Funktionsprüfung kommen darüber hinaus Plausibilitätsbeurteilungen, der Nachvollzug von Kontrollen in Form von Wiederholungen sowie die Verwendung von Unterlagen Dritter in Betracht (IDW PS 330.34 u. 37). Weiterhin bieten sich für die Überprüfung des Aufbaus und/oder der Funktionsweise eines eingesetzten Rechnungslegungsprogramms die nachstehenden (IT-gestützten) Prüfungstechniken an:[29]

- Sachlogische Programmprüfung

  Bei der sachlogischen Programmprüfung versucht der Prüfer, die einzelnen Programmierschritte anhand der Programmdokumentation (wie z.B. Programmablauf- und Datenflusspläne) gedanklich nachzuvollziehen. Dieses Vorgehen erfordert gesicherte Programmierkenntnisse in der jeweiligen Programmiersprache. Ist eine Dokumentation nicht in ausreichendem Umfang vorhanden, muss der Prüfer diese selbst erstellen. Dabei kommen Rückübersetzungsprogramme (*flowcharting software*)[30] zum Einsatz, welche den gespeicherten Quellcode[31] in einen aktuellen Programmablaufplan umsetzen, der dann wiederum auf seine Sachlogik hin zu prüfen ist. Als Beispiele für flowcharting software sind Autoflow, Quick-Draw und Hindsight zu nennen. Problematisch ist indes, dass der Quellcode bei fremderstellter Software oftmals nicht verfügbar ist. Gelangt der Prüfer zu dem Ergebnis, dass die Programmfunktionen sachlogisch richtig sind, so ist in einem zweiten Schritt stets zu prüfen, ob das dokumentierte Programm im Prüfungszeitraum auch tatsächlich zum Einsatz gelangt ist (Programmidentitätsprüfung).

- Testdatenmethode

Bei der Testdatenmethode konstruiert der Prüfer *außerhalb des allgemeinen Geschäftsablaufs* fiktive Geschäftsvorfälle und lässt diese anstelle von Originaldaten durch die beim Mandanten eingesetzte Software verarbeiten. Beim Testen wird ein Programm mit dem Ziel ausgeführt, Fehlfunktionen sichtbar zu machen.

Dabei sind verarbeitungsorientierte und kontrollorientierte Testfälle zu konstruieren. Während bei den *verarbeitungsorientierten Testfällen* dem normalen Geschäftsverlauf entsprechende Testfälle eingegeben werden, zeichnen sich *kontrollorientierte Testfälle* durch die bewusste Eingabe fehlerhafter Daten (Programmquäler) aus; dabei ist es das Ziel zu testen, ob unzulässige Eingaben als solche erkannt und abgewiesen werden. Die verarbeitungsorientierten Testfälle sind dergestalt zu konstruieren, dass alle wesentlichen Programmfunktionen zumindest einmal angesprochen werden. Die Verarbeitungsergebnisse (Ist-Werte) werden danach mit den vorher seitens des Prüfers ermittelten Sollwerten verglichen.

Abb. II.7-4 veranschaulicht das Vorgehen.

Die Identifikation wesentlicher Programmfunktionen setzt voraus, dass der Prüfer mit der Programmlogik vertraut ist; insofern muss der Prüfer auf die Ergebnisse einer zuvor durchgeführten sachlogischen Programmprüfung zurückgreifen. Die Erstellung von Testdaten lässt sich anhand von Testdatengeneratoren unterstützen.

Hinsichtlich der Aussagefähigkeit der Testdatenmethode ist festzustellen, dass lediglich der Prüfungsnachweis erbracht wird, dass die eingegebenen Testdaten richtig verarbeitet wurden. Auch wenn keine Aussage getroffen wird, ob die Software insgesamt korrekt arbeitet, handelt es sich hier um eine sehr wirkungsvolle Methode. Nach Anwendung der Testdatenmethode muss der Prüfer sicherstellen, dass die Testdaten auf dem Mandantenrechner gelöscht werden (IAPS 1009.5).

Eine besondere Ausprägungsform der Testdatenmethode bilden die *integrated test facilities* (ITF). In diesem Fall werden die fiktiven Geschäftsvorfälle als Testdaten *zusammen mit den realen Geschäftsvorfällen* durch das Anwendungsprogramm des Mandanten verarbeitet. Voraussetzung für die Anwendung von ITF ist die Einrichtung eines fiktiven Subsystems (mini company oder dummy unit); dies kann z.B. durch die Einrichtung eines eigenen Buchungskreises für eine fiktive Betriebsstätte erfolgen. Da ITF *permanent* wirksam sind, entfällt die Prüfung der Programmidentität. Nachteilig ist indes der hohe Implementierungsaufwand; zu nennen ist besonders der mit der Löschung der Daten verbundene Aufwand, der sich allerdings durch den Einsatz von Löschroutinen reduzieren lässt.

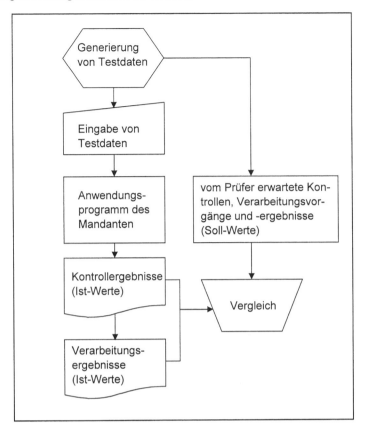

Abb. II.7-4: Testdatenmethode

- Programmvergleich/Programmidentitätsprüfung

Der Programmvergleich soll sicherstellen, dass das dem Prüfer vorgelegte Quellprogramm nebst Programmdokumentation auch jenem Programm entspricht, das für die tatsächliche Verarbeitung verwendet wurde (Programmidentitätsprüfung).

Dabei lässt sich mit Hilfe von *flowcharting software* der Quellcode des eingesetzten Programms in einen Programmablaufplan überführen. Stimmt dieser mit dem in der aktuellen Programmdokumentation enthaltenen Ablaufplan überein, so gilt die Programmidentität als bewiesen. Weiterhin erlaubt *code compare software* den Vergleich von zwei Programmen, wobei die eine Version die freigegebene und dokumentierte Fassung ist, während die andere Version die aktuell eingesetzte Fassung des Anwendungsprogramms darstellt. Dabei können unterschiedliche Arten von Programmen miteinander verglichen werden: zwei Quellprogramme untereinander, ein Quell- mit einem Objektprogramm oder zwei Objektprogramme untereinander.[32] Alle zuvor genannten Formen der Programmidentitätsprüfung weisen den Nachteil auf, dass nicht ersichtlich ist, ob die dem

Prüfer vorliegende Fassung (des Ist-Programms) auch tatsächlich über das gesamte Geschäftsjahr hinweg eingesetzt wurde.

Eine besondere Ausprägungsform des Programmvergleichs bildet die *Parallelsimulation*. Hier erstellt der Prüfer selbst ein Programm, mit dem die Originaldaten nochmals ganz oder teilweise eingegeben und verarbeitet werden. Daneben kommt auch der Einsatz von Standardsoftware für die Abschlusserstellung in Betracht, sofern diese den gleichen oder einen ähnlichen Funktionsumfang aufweist wie die des Mandanten (z.B. BiG-Manager); möglich ist auch der Rückgriff auf eine bereits geprüfte Kopie des Ursprungsprogramms. Die auf diese Weise gewonnenen Ergebnisse sind dann mit den Originaldaten zu vergleichen. Nachteilig ist indes, dass eine Parallelsimulation sehr kostenintensiv ist; zudem dürften sich besonders bei integrierten Systemen mit automatischen Datenübernahmen die Fortschreibungen der Daten im Zeitablauf nur schwer rekonstruieren lassen. Weiterhin setzen alle im Rahmen des Programmvergleichs genannten Hilfsmittel umfangreiche IT-Kenntnisse des Prüfers voraus; insofern dürfte ihr Einsatz zumeist IT-Spezialisten vorbehalten bleiben.

- Auswertung laufender Aufzeichnungen

Die in erster Linie für die Systemsicherheit fest installierten *Systemkontrollprogramme* ermöglichen laufende Aufzeichnungen (Logbücher) über das Verhalten des IT-Systems des Mandanten. Systemkontrollprogramme ermöglichen auch eine permanente Überprüfung der Programmidentität und sind insofern aussagekräftiger als ein zeitpunktbezogener Programmvergleich.

Systemkontrollprogramme sind Bestandteil des Betriebssystems oder sie werden als zusätzliche Dienstprogramme (sog. *utilities*)[33] zur Verfügung gestellt. Beispielsweise erlauben Systemkontrollprogramme die folgenden Aufzeichnungen: Informationen über Laufzeit und Aufrufhäufigkeit von Programmen, das Öffnen und Schließen von Dateien, Logon-Versuche sowie abgewiesene Zugriffe, genutzte und gelöschte Dateien. Auf diese Weise kann der Abschlussprüfer gezielt auf das zu untersuchende Geschäftsjahr bezogene Auswertungen vornehmen.

Für den Abschlussprüfer interessant sind z.B. häufig abgewiesene Logon-Versuche für eine User-Id, Programmbenutzung außerhalb der üblichen Zeitpläne, Benutzung nicht autorisierter Programme, abgewiesene Zugriffsversuche auf sensible Daten sowie unerlaubte Programmänderungen, Passwort- und Systemmodifikationen.

Sind keine Anzeichen für Änderungen oder Manipulationen erkennbar, kann der Prüfer davon ausgehen, dass das aktuell angewandte Programm im gesamten zu prüfenden Zeitraum auch eingesetzt wurde; insofern handelt es sich hier um eine Programmidentitätsprüfung. Finden sich indes Indizien für Unregelmäßigkeiten, ist zu prüfen, ob und inwieweit sich der bestehende Verdacht anhand aussagebezogener Prüfungshandlungen erhärten lässt. Dabei ist besonders zu prüfen, ob die im Rahmen der Systemprüfung erlangten Prüfungsnachweise als Indiz für bewusste Täuschungen, Vermögensschädigungen und Gesetzesverstöße i.S. von ISA 240 u. IDW PS 210 (vgl. Abschnitt 4.1) zu werten sind.

Beispiel

Eines der bekanntesten Tools dieser Art ist *SMF* (System Management Facilities) im Einsatz unter IBM-Betriebssystemen wie MVS/ESA oder OS/390. SMF zeichnet während des Verarbeitungsprozesses eine Vielzahl von Daten zur späteren Auswertung auf. Bei der Aufzeichnung der Daten werden, je nach ihrer Art, unterschiedliche Typen von Erfassungssätzen (z.B. Job-Schrittendesatz, Job-Endesatz und Systemausgabeprogrammsatz) in eine Systemdatei geschrieben. Eine Aufbereitung und Auswertung von SMF-Daten ist recht aufwendig und setzt wiederum den Einsatz besonderer Werkzeuge (z.B. spezieller Software) voraus. Anhand dieser Daten kann der Prüfer beispielsweise ermitteln, welche Jobs, Job-Schritte und Dialoge mit Fehlern abgebrochen wurden und zu welcher Kategorie die Fehler gehören. Weiterhin kann der Prüfer für bestimmte Perioden statistische Auswertungen (z.B. Unterbrechungen der Betriebsbereitschaft während der geplanten Einschaltzeit oder Verweilzeiten zu Jobs) vornehmen. Allerdings setzen derartige Prüfungshandlungen entsprechende IT-Kenntnisse beim Prüfer voraus.[34]

7.2.4.2.3 Aussagebezogene Prüfungshandlungen

Dem risikoorientierten Prüfungsansatz entspricht es, dass der Prüfer seine *Einzelfallprüfungen* zum einen auf die im Rahmen der (IT-)Systemprüfung aufgedeckten Schwachstellen und zum anderen auf die bei Anwendung *analytischer Prüfungen* festgestellten Inplausibilitäten konzentriert (vgl. Abschnitt 1.2).

Sowohl bei einzelfallbezogenen als auch bei analytischen Prüfungen stellt sich bei einer IT-gestützten Mandantenbuchführung das Problem, dass die Daten im IT-System gespeichert sind und zunächst einmal sichtbar gemacht werden müssen. Die Speicherung der Mandantendaten in IT-lesbarer Form stellt jedoch kein unüberwindbares Prüfungshindernis dar. Vielmehr schafft gerade das Vorliegen einer IT-lesbaren Form die Voraussetzung für den Einsatz IT-gestützter Prüfungstechniken. Diese eröffnen wiederum die Chance einer einfachen und zugleich effizienten Prüfungsdurchführung.

IT unterstützen den Prüfer nicht nur bei der Anwendung statistischer Stichprobenverfahren, sondern auch bei Durchführung bewusster Auswahlprüfungen sowie analytischer Prüfungen IDW PS 330.99 f.). Die *Nutzeffekte* IT-gestützter Prüfungstechniken sind demnach in der *Sichtbarmachung* und der *prüferischen Aufbereitung* der gespeicherten Mandantendaten zu sehen.

Dabei lassen sich die zu prüfenden Daten vor allem wie folgt aufbereiten:
- *Ordnen:* z.B. Sortieren von Forderungen und Verbindlichkeiten nach ihrem Altersaufbau.

- *Verdichten*: z.B. von Kostenstellen und Konten.
- *Selektieren:* z.B. Inventurbestände ab einer bestimmten Wertgrenze oder einer bestimmten Lagerdauer sowie die offene Postenliste bei Forderungen.
- *Vergleichen:* z.B. Abschreibungsverfahren für Anlagegegenstände im Vergleich zum Vorjahr.
- *Auswerten:* z.B. durch statistische Stichprobenverfahren.

Für diese Zwecke stehen dem Prüfer verschiedene IT-gestützte Prüfungstechniken zur Verfügung.[35] Dabei sollen zunächst jene Techniken näher vorgestellt werden, welche die zuvor genannten Aufbereitungsschritte direkt auf dem Mandantenrechner vornehmen (*einstufiges Verfahren*).

- Betriebssystemwerkzeuge

  Der Abschlussprüfer kann die in dem jeweiligen *Betriebssystem* (z.B. Windows von Microsoft sowie QMF von IBM für die Betriebssysteme IBM MVS/ESA oder OS/390) des Mandantenrechners enthaltenen Werkzeuge (utilities) zur Aufbereitung der zu prüfenden Daten einsetzen.[36] Dem Vorteil der sofortigen Verfügbarkeit beim Mandanten (Wegfall der Migration der Daten vom Bezugssystem auf ein Fremdsystem) und der höheren Performance stehen als Nachteile die mangelnde Ausrichtung auf Prüfungszwecke, die Schaffung der organisatorischen Voraussetzungen, eine möglicherweise zunehmende Abhängigkeit vom Mandanten sowie die fehlende tiefergehende Vertrautheit des Prüfers mit den Betriebssystembefehlen (sofern im Mandantenkreis unterschiedliche Betriebssysteme zum Einsatz gelangen) entgegen.

- Abfragesprachen/Listgeneratoren

  Sind die prüfungsrelevanten Daten in einer Datenbank gespeichert, so kann der Prüfer mit Hilfe einer *Datenbankabfragesprache* (z.B. SQL[37]) gezielt auf die Inhalte der Datenbank zugreifen.

  Bei *Listgeneratoren* handelt es sich um Software zur Erstellung von Programmen für die Auswertung von Datenbeständen. Listgeneratoren erlauben den direkten Zugriff auf große Datenbestände und eine flexible Formulierung der Auswahlkriterien (z.B. CA-CULPRIT und SIRON). Teilweise enthalten Listgeneratoren auch bereits vorprogrammierte prüfungsspezifische Auswertungsfunktionen, wie z.B. Altersstrukturanalysen, Prüfsummenberechnungen und Stichprobenverfahren. Beispielsweise verfügt EDP-AUDITOR über eine Programmbibliothek mit über 100 vorgefertigten Prüfroutinen, die der Prüfer um selbst entwickelte Routinen erweitern kann.

  Listgeneratoren und Abfragesprachen sind besonders dann von Vorteil, wenn diese von Anfang an Teil des Mandantensystems sind und nicht vom Prüfer mitgebracht und an das Mandantensystem angepasst werden müssen.

Beispiel

Ein gutes Beispiel hierfür ist die *Programmiersprache ABAP/4*[38] von SAP, die jedoch nicht über eigene Prüfroutinen verfügt. Hier bietet es sich an, auf von externen Prüfern entwickelte ABAP/4-Auswertungsprogramme (z.B. DTG-Auditor) zurückzugreifen.[39] Ohne Kenntnisse der Programmiersprache ABAP/4 kann der Prüfer über den *Listgenerator ABAP/4 Query* Auswertungen definieren. Die auf diese Weise erzeugten Auswertungen können mit Hilfe von Tabellen und hierin integrierten Funktionen ausgewertet und z.B. grafisch aufbereitet werden.[40]

Einstufige Verfahren bieten den Vorteil des direkten Datenzugriffs sowie die Möglichkeit der Bearbeitung eines großen Datenvolumens. Nachteilig ist indes, dass dem Prüfer oftmals die erforderlichen Programmierkenntnisse und Transaktionsberechtigungen fehlen, um die notwendigen Auswertungen *eigenständig* zu erstellen.

Als Alternative zu dem einstufigen Verfahren bietet sich ein *zweistufiges Verfahren* an. In diesem Fall erfolgt zunächst eine Zusammenstellung der prüfungsrelevanten Daten auf dem Mandantenrechner. Es folgt der Transfer auf den prüfereigenen PC; von dort wiederum wird die Datenaufbereitung vorgenommen. Als Vorteile eines solchen Vorgehens sind zu nennen: die einheitliche, dem Prüfer vertraute Anwendungsoberfläche sowie die Unabhängigkeit des Prüfers von den Laufzeiten und den speziellen Transaktionsberechtigungen des Mandantenrechners. Als mögliche Nachteile sind Probleme des Datentransfers und Speicherprobleme auf dem Prüfer-PC bei großem Datenvolumen zu nennen. Abb. II.7-5 vermittelt einen Überblick über die zuvor beschriebenen IT-gestützten Prüfungstechniken.

Bei Anwendung des zweistufigen Verfahrens erfolgt zunächst einmal eine Datenzusammenstellung. Diese gestaltet sich bei Einsatz eines SAP-Mandantensystems relativ unproblematisch, da mehr als 1.700 SAP-Standardlisten verfügbar sind, die nahezu jedes für die Prüfung interessante Datenfeld beinhalten. Die gewählte Standardliste lässt sich wiederum als SAP-Druckliste speichern und z.B. mit Hilfe des Moduls PC-Connect auf den Prüfer-PC übertragen (Datentransfer).[41] Auch generelle Prüfsoftware (vgl. Abschnitt 7.2.5) beinhaltet Tools zur Datenübernahme. Für die Zwecke der Übernahme von Listdateien in Datenbanksysteme und Tabellenkalkulationsprogramme lassen sich speziell für diese Zwecke entwickelte Programme einsetzen (z.B. DataImport und Monarch).

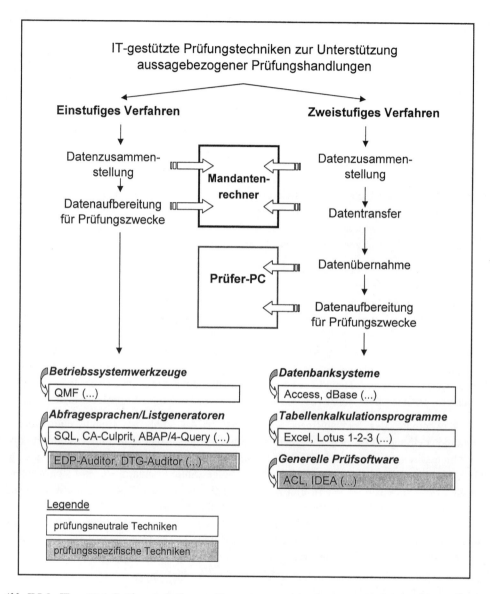

Abb. II.7-5: IT-gestützte Prüfungstechniken zur Unterstützung aussagebezogener Prüfungshandlungen[42]

7 Erlangung von Prüfungsnachweisen bei IT-Einsatz

Für die Datenaufbereitung stehen die in Abb. II.7-5 genannten Prüfungstechniken zur Verfügung.

- Datenbanksysteme

  Datenbanksysteme (z.B. Access, dBase) beinhalten regelmäßig eigene Programmiersprachen, die es erlauben, verschiedene Auswertungen zu erstellen.

- Tabellenkalkulationsprogramme

  Die in der Praxis häufig eingesetzten Tabellenkalkulationsprogramme (z.B. Excel, Lotus 1-2-3) erlauben zumeist nur einfache Auswertungen, wie z.B. das Sortieren zur Feststellung von Mittelwert, Maximum und Minimum einzelner Felder, das Filtern zur Feststellung der Häufigkeit von Werten sowie Rechenoperationen zum Vergleich mehrerer Wertfelder. Teilweise liegen auch komplexere Programmierungen vor, welche z.B. die statistische Stichprobenprüfung betreffen.[43] Im Unterschied zu den Datenbanksystemen bestehen bei Tabellenkalkulationsprogrammen Beschränkungen hinsichtlich der Anzahl der verarbeitbaren Datensätze und -felder.

- Generelle Prüfsoftware

  Generell einsetzbare Prüfsoftware[44] (z.B. ACL und IDEA) sind Programmpakete, die eine Vielzahl prüfungsbezogener Aufbereitungsfunktionen abdecken und die sich unabhängig vom IT-System des Mandanten einsetzen lassen. Mit diesem *umfassenden prüfungsspezifischen Werkzeugkasten* ist der Prüfer bestens vertraut, weil er ihn bei einer Vielzahl von Mandanten einsetzen kann und weil sich die Prüfsoftware zudem einfach handhaben lässt. Weitere Einzelheiten zur Funktionsweise einer generellen Prüfsoftware finden sich in Abschnitt 7.2.5.

  Zudem sehen die geänderten Regelungen der §§ 146, 147 Abs. 2 u. 200 AO vor, dass Finanzbeamte im Rahmen einer *steuerlichen Außenprüfung* (vgl. Kapitel I, Abschnitt 1.2.2) das Recht erhalten, auf in IT-Systemen gespeicherte Datenbestände der steuerpflichtigen Unternehmen zuzugreifen (sog. Nur-Lesezugriff).[45] Auch in diesem Zusammenhang erlangt generell einsetzbare Prüfsoftware einen hohen Stellenwert;[46] dabei setzen die 14.000 Prüfer der Finanzämter für die Betriebs-, Lohnsteuer- und die Umsatzsteuer-Sonderprüfung IDEA ein.[47]

- sonstige Anwendungsprogramme

  Sonstige auf dem prüfereigenen PC einsetzbare Anwendungsprogramme decken nur Teilbereiche der Funktionalität einer generellen Prüfsoftware ab. Zu nennen ist z.B. das für die statistische Stichprobenerhebung einsetzbare Programm RSW[48]. Daneben existieren Programme für die Prüfung einzelner Abschlussposten (z.B. Pensionsrückstellungen) oder für die Berücksichtigung von Branchenspezifika (z.B. in der Banken- oder Versicherungsbranche).[49]

7.2.4.3 Prüfungsbegleitung und -berichterstattung

Die Prüfungsbegleitung umfasst alle Maßnahmen, die nicht direkt auf die Erlangung von Prüfungsnachweisen ausgerichtet sind. Die im Rahmen der Prüfungsbegleitung einsetzbaren IT-Werkzeuge sind relativ heterogen; eine einheitliche Systematisierung ist nicht erkennbar. Die nachstehenden Ausführungen geben einen Überblick über zentrale, der Prüfungsbegleitung dienliche IT-gestützte Tools.[50]

- *Berichterstattung und Dokumentation*

  Die Berichterstattung umfasst den internen Prüfungsbericht sowie den an externe Adressaten gerichteten Bestätigungsbericht. Hinzu tritt die Dokumentation in den Arbeitspapieren. Für die Erstellung dieser Materialien ist der Einsatz von *Textverarbeitungsprogrammen* (z.B. Word) obligatorisch. Als Vorteile einer solchen Vorgehensweise sind u.a. zu nennen: die leichte Änderbarkeit der Dokumente, die direkte Übernahme der vor Ort erstellten Prüfungsberichtsentwürfe als Grundlage für den endgültigen Prüfungsbericht sowie die Standardisierung der zuvor angesprochenen Materialien in formeller Hinsicht. Weiterhin lassen sich z.B. die Serienbrieffunktionen von Textverarbeitungsprogrammen für die Einholung von Saldenbestätigungen nutzen. Für die Präsentation von Prüfungsergebnissen können *Grafik- und Präsentationsprogramme* eingesetzt werden (z.B. Powerpoint).

- *Prüfungsspezifische Standardsoftware*

  Idealerweise erhält der Prüfer zu Beginn der Prüfung vom Mandanten eine Summen-/Saldenliste und einen (vorläufigen) Jahresabschluss. Diese sind wiederum unter Berücksichtigung der vom Prüfer ggf. veranlassten Korrekturbuchungen in einen endgültigen (testierten) Jahresabschluss zu überführen. Dabei ist stets darauf zu achten, dass dem Abschlussprüfer ein prüfungsfähiger Abschluss vorliegt; die Mitwirkung des Prüfers bei der Abschlusserstellung stellt einen Ausschlussgrund gem. § 319 Abs. 2 Nr. 5 HGB dar (vgl. hierzu Kapitel I, Abschnitt 6.5.2.2, Unabhängigkeit).

  Das zuvor Gesagte schließt jedoch den IT-Einsatz für die Zwecke der Abschlusserstellung durch den Prüfer nicht aus. Prüfungsspezifische Standardprogramme sind z.B. AuditAgent und BiGManager. Bei Einsatz des zuletzt genannten Programms ergeben sich stark vereinfacht die folgenden Arbeitsschritte:[51]

  – Eingabe der Stammdaten für den Mandanten in die Abschlusserstellungssoftware,

  – automatisierter Import der Saldenliste des Mandanten,

  – Zuweisung der Konten zu den Abschlussposten über Zuordnungsschlüssel und

  – Eingabe der vorbereitenden Abschlussbuchungen nebst Korrekturbuchungen.

  Auf dieser Basis lässt sich der Jahresabschluss automatisch erstellen. Überdies lassen sich entsprechende Auswertungen für die Berichterstattung und Dokumentation generieren sowie abschlussanalytische Berechnungen (z.B. Kennzahlenbildung) durchführen. Insofern handelt es sich zumindest um partiell integrierte Systeme.

Wichtig ist dabei, dass die Erstellungsaktivitäten des Prüfers die des Mandanten nicht ersetzen dürfen. Vielmehr ist der IT-Einsatz als eine Art Parallelsimulation (siehe Abschnitt 7.2.4.2) zu interpretieren, die sich als Prüfungsnachweis für die Ordnungsmäßigkeit des Buchführungssystems des Mandanten verwerten lässt. Wesentliche Vorteile der zuvor genannten Programme sind: die Unabhängigkeit des Prüfers vom Buchführungssystem des Mandanten, aktuelle Informationen über den Stand der Abschlusserstellung, die direkte Verwertbarkeit der einmal eingegebenen Daten für die Zwecke der Berichterstattung und Dokumentation sowie die Bereitstellung IT-gestützter Checklisten, welche den Prüfer zumeist durch abschlusspostenbezogene Hinweise auf zentrale Prüfungshandlungen unterstützen sollen (z.B. die in AuditAgent enthaltene AuditChecklist).

- *Kommunikationssysteme*

Derzeit ist der Einsatz von *Telefax* und *Email* (z.B. Lotus Notes, Outlook) nicht nur für Prüfungsgesellschaften, sondern auch für Einzelprüfer unabdingbar. Prüfungsunterstützung bieten auch *Kommunikationsforen* im Internet (Chat-Foren), die z.B. dem Erfahrungsaustausch über den Einsatz von CAAT dienen.[52]

Der Einsatz von *Groupware* erlaubt die Verbesserung der Gruppenzusammenarbeit auch örtlich voneinander entfernt agierender Gruppenmitglieder. Groupware umfasst IT-Applikationen, welche es erlauben, einen gemeinsamen Informationsraum durch verschiedene Gruppenmitglieder kooperativ zu nutzen.

Beispielsweise soll das auf Basis von Lotus Notes entwickelte System REDIS (Revisions-Daten-Informations-System) u.a. die Arbeitsabläufe einer Prüfung abbilden und zwischen den Beteiligten kommunizieren.[53] In der Praxis weit verbreitet ist z.B. die kooperative Erstellung von Arbeitspapieren; bei strukturierten, *ständig wiederkehrenden Arbeitsprozessen* spricht die Literatur auch von (groupwarebasierten) *Workflow-Management-Systemen*.[54] Insofern geht Groupware dann über ein reines Kommunikationssystem hinaus, sofern Abarbeitungsinteraktionen angesprochen sind.

- *Informationsbeschaffung*

Das Internet lässt sich für die Informationsbeschaffung nicht nur bei der Prüfungsplanung und Auftragsannahme, sondern in allen Prüfungsphasen einsetzen. Die Informationssuche erfolgt zumeist über Suchmaschinen (z.B. http://www.yahoo.com; http://www.altavista.com und http://www.google.de). Dabei lassen sich u.a. Branchendaten, charakteristische Merkmale vergleichbarer Unternehmen, allgemeine Marktdaten, Trends und zukünftige Entwicklungen recherchieren. Der Prüfer kann sich auf diese Weise auch zeitnah über aktuelle Entwicklungen im standard setting informieren (z.B. http://www.iasb.org.uk; http://www.idw.de und http://www.iasplus.com).

> **Beispiel**
>
> Zur Beobachtung und Ermittlung von Unternehmensinformationen lässt sich der Nachrichten- und Informationsdienst FACTIVA (http://www.factiva.com) einsetzen. Dieser Dienst unterstützt zum einen die Überprüfung von bestimmten Schätzgrößen und speziellen Unternehmensinformationen über eine Freitextsuche. Hier kann der Prüfer z.B. nach mandantenbezogenen Produktarten und -namen (z.B. Informationen zu Warentests, um ein Verständnis hinsichtlich möglicher Produkthaftungsrisiken und Drohverluste zu erlangen), Personennamen (z.B. Besetzung von Schlüsselpositionen beim Mandanten) sowie Konjunkturdaten suchen. Zum anderen ist auch eine laufende Beobachtung des Mandantenumfelds mit Suchprofilen möglich; die Rechercheergebnisse kann der Prüfer sich direkt per Email zustellen lassen.[55]

Überdies bieten verschiedene Internetseiten dem Prüfer Hilfestellung bei der Anwendung von CAAT (z.B. bei Einsatz von ACL siehe http://www.acl.com). Hinsichtlich der Nutzung von Jahresabschlussinformationen ist es möglich, diese Informationen auf der Basis der Berichtssprache XBRL im Internet standardisiert darzustellen und aufzubereiten.[56]

- *Sonstige Unterstützungsleistungen*

Standardsoftware lässt sich auch zur *Erfassung und Abrechnung von Prüferleistungen* einsetzen (z.B. SEAL).[57] Überdies ist Standardsoftware für verschiedene *prüfungsspezifische Berechnungen* (z.B. für steuerliche und versicherungsmathematische Zwecke) einsetzbar; für diese Zwecke lassen sich auch Tabellenkalkulationsprogramme verwenden, die dann auf die besonderen Erfordernisse des Mandanten hin zu programmieren sind.

7.2.4.4 Mandantensoftwarespezifische und prüfungsgesellschaftsspezifische Prüfungstechniken

Mandantensoftwarespezifische IT-gestützte Prüfungstechniken stellen weniger eine spezifische Funktionalität, als vielmehr ein bestimmtes Mandantensoftwaresystem in den Vordergrund.

- *DATEV-Software für die Abschlussprüfung*

Die DATEV[58] hat für die Prüfung von Unternehmen, die ihre Bücher außer Haus über das DATEV-System führen, das Programm „Abschlussprüfung comfort" entwickelt, welches speziell auf die Erfordernisse des DATEV-Systems abgestimmt ist.[59] Dieses Programm erlaubt eine entsprechende Übernahme der Rechnungswesendaten und unterstützt den Prüfer u.a. bei der Risikoanalyse, der Durchführung analytischer Prüfungen (auch durch Rückgriff auf ACL; vgl. Abschnitt 7.2.5) sowie der Erstellung von Arbeitspapieren und Prüfungsberichten. Eine Vielzahl von Hilfestellungen wird in Form von Checklisten gegeben.

- *Audit-Information-System (AIS)*

  Gleichfalls mandantensoftwarespezifisch fokussiert ist das in Zusammenarbeit mit Wirtschaftsprüfungsgesellschaften entwickelte AIS. Dieses System ist auf die Prüfung des SAP-Systems R/3 ausgerichtet.[60]

Beispiel

AIS ist Bestandteil des SAP R/3-Systems. Das aus einem Audit-Berichtsbaum bestehende AIS stellt eine Sammlung, Strukturierung und Voreinstellung von SAP-Auswertungsprogrammen unter einer Oberfläche dar. Dieser *spezielle Prüferarbeitsplatz* vereinfacht die Arbeit des Prüfers.

Unterstützt wird der Prüfer primär bei der *Systemprüfung* (Strukturbaum System-Audit), aber auch bei sog. kaufmännischen Prüfungen (Strukturbaum Kaufmännisches Audit); die zuletzt genannten Prüfungen stellen zumeist auf aussagebezogene Prüfungshandlungen ab. Die Systemprüfungen erlauben Auswertungen u.a. zur Einstellung der Systemparameter, Customizingumgebung, Berechtigungsverwaltung sowie Stammdatenauswertungen. Innerhalb der *kaufmännischen Prüfungen* lassen sich u.a. die Verkehrszahlen der Debitoren-, Kreditoren- und Sachkonten mit den Soll- und Habensummen der gebuchten Beträge abstimmen (große Umsatzprobe), die einzelnen Sachkonten detailliert analysieren (z.B. Anzeige der Gegenkonten nach Häufigkeit ihrer Soll- und Habenbuchungen), Lücken bei der Vergabe der Belegnummern aufzeigen sowie Protokolle zu nachträglichen Belegänderungen erstellen.

Neben diesem einstufigen Verfahren lassen sich Bilanzdaten, Salden und Einzelbeleginformationen anhand vorhandener Schnittstellen an andere prüfungsspezifische Werkzeuge (wie z.B. ACL, IDEA und AuditAgent) weiterleiten (zweistufiges Verfahren).

Prüfungsgesellschaftsspezifische IT-gestützte Prüfungstechniken stellen den Einsatz in einer bestimmten Prüfungsgesellschaft in den Vordergrund. Solche Softwaretools sollen den Mitgliedern einer Prüfungsgesellschaft über ein einheitlich einsetzbares IT-System eine organisationsspezifische Sichtweise der Prüfungsdurchführung vermitteln. Dabei lässt sich der IT-Einsatz auch als Tool zur Umsetzung des organisationsspezifischen Prüfungsansatzes (audit approach) interpretieren; teilweise werden auch nur Teilbereiche der Prüfungsdurchführung unterstützt.

Beispiele

Die stark integrierte und modular aufgebaute Software *AuditSystem/2* (AS/2) von Deloitte & Touche unterstützt alle Phasen der Abschlussprüfung.[61] AS/2 enthält Werkzeuge zur Analyse, Dokumentation, Organisation, Kommunikation, Erfassung, Aufbereitung, Durchsicht und Präsentation von Informationen. So erlaubt z.B. das Modul „trial balance" eine auf den Saldenlisten des Mandanten basierende Jahresabschlusserstellung; realisiert wird dieses Modul über das IT-Tool Access. Für die Realisierung weiterer Module (z.B. Führung der Arbeitspapiere oder Datenbankabfrage) finden Standardsoftwareprodukte wie z.B. ACL, Excel und Lotus Notes Anwendung.

PricewaterhouseCoopers setzen mit *TeamAsset 2000* ein IT-System ein, welches über eine ähnliche Funktionalität verfügt und die Durchführung einer geschäftsrisikoorientierten Prüfung unterstützen soll.[62]

Ernst & Young setzen das IT-Tool *Business Environment Analyses Template* (BEAT) ein. Dabei handelt es sich um ein MS-Word-Dokument, welches den Prüfer dabei unterstützen soll, die im Marktumfeld des Mandanten relevanten inhärenten Geschäftsrisiken zu identifizieren sowie die Auswirkungen dieser Risiken auf den Jahresabschluss nebst Abschlussaussagen zu beurteilen. Dabei existieren auch branchenspezifische templates (Schablonen). Der Nutzeffekt dieses Tools liegt primär darin, dass der Prüfer eine Strukturvorgabe erhält, die einzelfallbezogen zu konkretisieren ist.[63]

KPMG hat mit $KRisk^{SM}$ ein System entwickelt, welches als Entscheidungshilfe bei der Auftragsannahme (vgl. Abschnitt 2.1) sowie der Beurteilung von going concern-Risiken (vgl. Abschnitt 4.2) dienen soll.[64] Das System fragt die Einschätzungen zu einzelnen Risikofaktoren (z.B. Unternehmensinformationen wie wesentliche Kursschwankungen oder ein im Branchenvergleich hohes Kurs-Gewinn-Verhältnis; qualitative Informationen wie die Existenz von Produkten in einer frühen Entwicklungsphase oder geringe Gewinnmargen; Informationen zur Unternehmensorganisation und zu den Unternehmensprozessen wie die Existenz einer Internen Revision oder eine für das angestrebte Unternehmenswachstum unzureichende Infrastruktur) ab und überführt diese mit Hilfe eines mathematischen Algorithmus in einen Gesamtrisikoindex. Problematisch ist, dass der Anwender (Prüfer) den Algorithmus nicht nachvollziehen kann. Der Nutzen dieses Systems dürfte vor allem darin liegen, dass der Prüfer dazu gezwungen wird, sich systematisch mit den einzelnen Risikofaktoren auseinander zu setzen.

7.2.5 Funktionsweise IT-gestützter Prüfungstechniken am Beispiel des Einsatzes genereller Prüfsoftware

Mit Hilfe genereller Prüfsoftware kann der Prüfer mandantenspezifische Datenbestände auf seinen eigenen PC übertragen und dort unter Verwendung einfacher Kommandos gezielt auswerten.[65] Neben dem Begriff generelle Prüfsoftware findet oftmals auch der Begriff Prüfsprache synonym Verwendung. Dabei haben sowohl bei den externen Prüfern als auch bei den internen Revisoren die auf dem Betriebssystem Windows basierenden Prüfsprachen Audit Command Language (ACL) und Interactive Data Extraction and Analysis (IDEA) weite Verbreitung erfahren.[66]

Der Einsatz genereller Prüfsoftware basiert auf dem in Abschnitt 7.2.4.2.3 beschriebenen *zweistufigen Verfahren* (vgl. Abb. II.7-5). Vereinfacht formuliert, werden die Daten zunächst auf dem Mandantenrechner zusammengestellt und dann auf den Prüferrechner übertragen, um von dort aus die Datenaufbereitung für Prüfungszwecke vorzunehmen. Technische Probleme beim Datentransfer bestehen auf Grund der Vielzahl der vorhandenen Datenimportschnittstellen (auch zu SAP R/3) derzeit kaum noch.

Der Einsatz von Prüfsprachen ist bereits in die *Prüfungsplanung* einzubeziehen (ISA 401.6 f. u. IAPS 1009.8). Gerade bei einer Erstprüfung sind bereits im Vorfeld der Prüfungsdurchführung zum einen die Voraussetzungen für einen reibungslosen Datentransfer sicherzustellen und zum anderen das Prüfungspersonal im Umgang mit der Prüfsprache zu schulen.

ACL und IDEA sind als umfassender prüfungsspezifischer Werkzeugkasten ausgestattet und unterscheiden sich hinsichtlich ihrer Auswertungsfunktionen nur in Details. Als zentrale *Auswertungsfunktionen* von IDEA sind zu nennen:[67]

- Feldstatistiken

    Feldstatistiken sollen einen ersten Überblick über Inhalt, Aufbau und Struktur einer Datei sowie ein Gefühl für Zahlenwerte, deren Größenordnungen und Verteilungen vermitteln, um hiernach weitere gezielte Analyseschritte einleiten zu können. Ist es z.B. das Ziel des Prüfers, den Lagerbestand eines bestimmten Produktes näher zu untersuchen, so liefert die Funktion Feldstatistiken (auf Basis einer fiktiven Ausgangsdatei) die in Abb. II.7-6 dargestellten Informationen.

- Datensätze selektieren

    Der Prüfer kann aus der gesamten Datei anhand vorgegebener Kriterien einzelne Datensätze auswählen. Dabei kann er

    - nach auffälligen Merkmalen suchen (z.B. besonders hohe Preise oder Rabatte, Retouren, hohe Reisekosten),
    - Plausibilitätsprüfungen durchführen (z.B. Bestandspositionen ohne oder mit negativem Wert, Provisionen ohne Umsatz, Vorratsartikel, bei denen der Verkaufspreis den Einkaufspreis unterschreitet, Kundennummer ohne Kundenstammsatz) oder
    - bestimmte bearbeitungsrelevante Vorgänge auswählen (z.B. Vorgänge nach einem bestimmten Stichtag, Auswahl der Lagerbestände bestimmter Lieferanten).

    Wird die in Abb. II.7-6 dargestellte Feldstatistik näher untersucht, fallen jeweils vier Datensätze mit einem negativen Bestandswert sowie mit einem Nullbestand auf. Um diese Datensätze näher zu betrachten, definiert der Prüfer die Selektionsgleichung „Betrag <= 0" und es erscheinen Details zu den relevanten Negativbeständen (z.B. Datensatz-Nummer, Artikel-Nummer, Artikel-Name, Lagerort).

Statistik	Wert
Nettowert	54.059.344,05
Absolutwert	54.066.350,99
Anzahl der Datensätze	3.068
Anzahl der Nullwerte	4
Debitorischer Wert (+)	54.062.847,52
Kreditorischer Wert (-)	-3.503,47
Anzahl debitorischer Datensätze (+)	3.060
Anzahl kreditorischer Datensätze (-)	4
Anzahl Datenfehler	0
Durchschnittswert	17.620,39
Minimum	-1.287,97
Maximum	65.524,47
Datensatznummer des Minimums	2.094
Datensatznummer des Maximums	938
Standardabweichung der Stichprobe	19.751,69
Varianz der Stichprobe	390.129.134,12
Standardabweichung der Grundgesamtheit	19.748,47
Varianz der Grundgesamtheit	390.001.973,39
Schiefe der Grundgesamtheit	1,01
Kurtosis der Grundgesamtheit	-0,43

Abb. II.7-6: Feldstatistiken

Im Sinne des risikoorientierten Prüfungsansatzes wäre es dann, diese bewusst selektierten Datensätze näher zu untersuchen. Als mögliche Fehlerursachen für die Existenz eines negativen Bestandswerts kommen z.B. die fehlende Erfassung von Warenzugängen, eine falsche Periodisierung (z.B. Erfassung von Warenzugängen, die dem laufenden Geschäftsjahr zuzuordnen sind, erst im nächsten Jahr) oder die falsche Zuordnung von Warenzugängen zu den Artikel-Nummern in Betracht.

- Altersstrukturanalyse

Die Altersstrukturanalyse erlaubt es, die Datensätze einer Datei (über ein *Datumsfeld*) in verschiedene frei definierbare Altersintervalle einzuteilen. In Bezug auf die zuvor angesprochene Lagerdatei ist eine solche Analyse z.B. dienlich, um die bereits seit längerer Zeit gelagerten Artikel zu identifizieren. Diese sind gleichfalls in einem zweiten Schritt näher zu beleuchten. Dabei kann es z.B. darum gehen, die Gründe für eine längere Lagerdauer zu identifizieren und die Notwendigkeit zur Durchführung einer außerplanmäßigen Abschreibung (z.B. bei verderblichen oder technisch überholten Artikeln) zu prüfen.

- Schichten einer Datei

  Um einen Überblick über die *wertmäßige* Zusammensetzung von relevanten Feldern einer Datei zu erhalten, empfiehlt es sich, diese zu schichten. Beispielsweise lassen sich für die Zwecke der Lagerstrukturdarstellung in Bezug auf die Bestandsbuchwerte oder die Verbrauchswerte ABC-Analysen erstellen.

- Mehrfachbelegungs- und Lückenanalyse

  Mit Hilfe dieser Funktionen kann zum einen festgestellt werden, inwiefern bei Datensätzen, die in einer aufeinander folgenden lückenlosen Reihenfolge vorhanden sein müssten (z.B. fortlaufende Belegnummerierung), Lücken auftreten und zum anderen, inwieweit Datensätze mehrfach vorkommen (z.B. doppelte Vergabe einer Belegnummer). Derartige Fehler deuten auf Mängel im IKS hin.

- Stichprobenerhebung (vgl. Abschnitt 3.2.4.2)

  Unterstützt werden die systematische Auswahl, die Zufallsauswahl, die geschichtete Zufallsauswahl, das Monetary Unit Sampling (MUS) sowie das Attribut-Stichprobenverfahren; überdies findet sich ein Zufallszahlengenerator.

  Aufbauend auf der zuvor dargestellten Funktionalität ist generelle Prüfsoftware in *allen Teilbereichen der Rechnungslegung* einsetzbar. Als zentrale Anwendungsgebiete kommen die Bereiche Kreditoren und Debitoren, Lager- und Materialwirtschaft, Löhne und Gehälter, Anlagevermögen, Hauptbuch sowie Ein- und Verkauf in Betracht.

Beispiel

Am Beispiel der *Kreditoren und Debitoren* sei im Folgenden die Vielfalt der unterstützbaren Prüfungshandlungen verdeutlicht: Auswahl nach Branchen, Kontengruppen, Statistik von Kunden, Lieferanten und Konten, debitorische Kreditoren, Saldenbestätigungen, Ausnahme-Reports für überschrittene Limits, Fälligkeiten und Zahlungsziele, außerperiodische und atypische Buchungen, Analyse der Zahlungsentwicklung und des Zahlungsstroms, Doppelzahlungen, Überzahlungen, Kontrolle der Rechnungseingangs- und Rechnungsausgangsbücher, Überziehung von Einkaufs- und Auftragslimits, Stichprobe aus Forderungen und Verbindlichkeiten.

Besonders wirkungsvoll lassen sich Prüfsprachen dann einsetzen, wenn es um die *positive Suchverantwortung des Prüfers hinsichtlich der Existenz von fraud* geht (vgl. Abschnitt 4.1); dasselbe gilt für den Einsatz von Prüfsprachen im Fall der Erteilung eines weiterreichenden Prüfungsauftrags zur Aufdeckung von Unterschlagungen (vgl. Kapitel III, Abschnitt 2.3.3.2.4).

Deuten z.B. erste Anzeichen auf das Vorliegen von fraud hin, kann der Prüfer die von fraudulenten Handlungen vermutlich betroffenen Datenbestände verschiedenen Plausibilitätsprüfungen unterziehen. Dabei ist zu beachten, dass die seitens des Prüfers vorgenommenen analytischen Prüfungen nur dann ein Potenzial zur Aufdeckung von fraud besitzen, wenn die Täuschungen oder bewusst begangenen Vermögensschädigungen ihre Spuren in dem zu prüfenden Datenmaterial hinterlassen haben.

Um Indizien aufzuspüren, die auf die Existenz von fraud hindeuten, kann der Prüfer bereits vorprogrammierte, prüfungsspezifische Standardanwendungen einsetzen (z.B. DatasPro für ACL). Der Prüfer kann die durchzuführenden Datenanalysen unter Rückgriff auf die verfügbaren Auswertungsfunktionen auch selbst definieren. Die folgenden Beispiele verdeutlichen den Einsatz von Prüfsprachen:[68]

- Mitarbeiter-/Lieferantenabgleich

    In nicht wenigen Fällen vermitteln Betriebsangehörige einem als Lieferanten registrierten Familienangehörigen überteuerte Aufträge. Die Identifikation solcher Vorgänge ist durch einen Abgleich der Personal-Stammdaten (z.B. Name, Anschrift, Telefonnummer oder Bankverbindung) mit den Lieferanten-Stammdaten möglich. Positionen mit übereinstimmenden Dateninhalten lassen sich herausfiltern und sind dann näher zu untersuchen.

- Mehrfach gezahlte Rechnungen

    In Zusammenarbeit mit dem Lieferanten ist es möglich, durch Mehrfachzahlung von Rechnungen unberechtigt Geld aus dem Unternehmen herauszutransferieren. Derartige Vorgänge lassen sich aufspüren, indem Rechnungsausgänge mit identischen Inhalten (z.B. Rechnungsbetrag, Rechnungsdatum, Rechnungs- und Auftrags-Nummer) automatisch ermittelt werden. Dem Versuch der Täter (Defraudenten), das Aufdecken durch Variation der Rechnungsbeträge im Centbereich zu verschleiern, kann der Prüfer durch spezielle Rundungsfunktionen bei der Abfrage entgegen wirken.

- Kennzahlenanalysen

    Verbreitete Kennzahlen für die fraud-Aufdeckung sind das Verhältnis des höchsten zum zweithöchsten Wert, das Verhältnis des aktuellen Wertes zu dem des Vorjahres sowie das Verhältnis des höchsten zum niedrigsten Wert. Abb. II.7-7 verdeutlicht die Anwendung der zuletzt genannten Kennzahl am Beispiel der Verkaufspreise der Fertigprodukte A und B im Jahresverlauf. Dabei sind Kennzahlenausprägungen nahe dem Wert Eins als normal einzustufen.

	Maximum	Minimum	Kennzahl
Produkt A	235 €	127 €	1,85
Produkt B	289 €	285 €	1,01

Abb. II.7-7: Analyse von Verkaufspreisen

Demnach sind bei Produkt B keine Unregelmäßigkeiten zu vermuten. Dagegen muss der Prüfer den Ursachen für die hohe Abweichung vom Normwert bei Produkt A nachgehen.

Eine weitere, theoretisch anspruchsvollere Analysefunktion basiert auf der von Frank Benford beobachteten Häufigkeitsverteilung von Ziffern innerhalb einer natürlichen Grundgesamtheit. Das nach ihm benannte *Benford'sche Gesetz* geht davon aus, dass in einer natürlichen Grundgesamtheit[69] z.B. die mit der Ziffer Eins beginnenden Zahlen signifikant häufiger auftreten als andere Ziffern. Die folgende Formel beschreibt die erwartete Wahrscheinlichkeit für das Auftreten der ersten Ziffer einer Zahl:[70]

$$\text{Ziffernhäufigkeit} = \log\left(1 + \frac{1}{\text{jeweilige Ziffer}}\right).$$

Diese Formel führt, angewandt z.B. auf die erste Ziffer einer Zahl, zu der in Abb. II.7-8 dargestellten Häufigkeitsverteilung.

Diese Gesetzmäßigkeit kann der Prüfer dahingehend nutzen, indem er die *Fehlerhypothese* (vgl. Kapitel I, Abschnitt 3.2.2) aufstellt, dass in Datenbeständen des Mandanten feststellbare Häufigkeitsverteilungen (Ist-Verteilung), die deutlich von der Benford'schen Häufigkeitsverteilung (Soll-Verteilung) abweichen, als Indiz für die Existenz von fraud zu werten sind. Abweichungen der Ist- von der Soll-Verteilung in einer Größenordnung von 1 bis 1,5% für die erste Ziffer gelten als Indiz dafür, dass eine eingehendere Untersuchung dieser Ziffer stattfinden sollte. Weiterhin ist bedeutsam, dass in dem Fall, in dem ein Mensch bewusst Zufallszahlen erfindet, sich eine Präferenz für die Ziffern „6" und „7" zeigt. Als Referenzverteilung eignet sich hier die von Hill beobachtete Verteilung,[71] welche in ihrer Struktur deutlich von der Benford-Verteilung abweicht. Dagegen lassen Systemfehler (z.B. durch Falschprogrammierungen) eher eine gleichmäßige Abweichung von der Benford-Verteilung erwarten.[72]

Prüfsoftware unterstützt den Prüfer hierbei dergestalt, dass sich die erste Ziffer über eine spezielle Programmfunktion in ein gesondertes numerisches Feld einstellen lässt. In einem weiteren Schritt wird dann die Ist-Verteilung (der zu untersuchenden Datei) mit der Benford'schen Häufigkeitsverteilung verglichen. Auffällige Abweichungen sind dann näher zu betrachten.

Erste Ziffer	Beobachtete Häufigkeit Benford-Verteilung	Beobachtete Häufigkeit Hill-Verteilung
1	0,301	0,147
2	0,176	0,100
3	0,125	0,104
4	0,097	0,133
5	0,079	0,097
6	0,067	0,157
7	0,058	0,120
8	0,052	0,084
9	0,046	0,058

Abb. II.7-8: Häufigkeitsverteilung für die erste Ziffer einer Zahl nach Benford und Hill

Beispiele

Beginnen beispielsweise in einer Datei mit Rechnungseingängen 13% der erfassten Werte mit der Ziffer 4, so wären diese Rechnungseingänge näher zu analysieren. Es könnte z.B. sein, dass alle Rechnungen bis zu einem Limit von 500 € ohne besondere Kontrolle und Genehmigung bezahlt werden und dass sich ein Mitarbeiter und ein Kunde darauf verständigt haben, sich über fingierte Rechnungen (die zumeist Beträge zwischen 400 und 499 € aufweisen) zu bereichern. Handelt es sich um eine Datei mit Rechnungsausgängen, könnte das häufige Auftreten der Ziffer 4 auch darin begründet liegen, dass ein Sachbearbeiter die Kompetenz besitzt, Ausbuchungen bis zu einem Limit von 500 € vorzunehmen. Hier könnte der Sachbearbeiter mit einigen Freunden zusammenarbeiten, die regelmäßig Waren im Wert von knapp unter 500 € beziehen. Die regulär erstellten Rechnungen werden dann wiederum vom Sachbearbeiter ausgebucht.

Da der Einsatz der Prüfsoftware der Erlangung von Prüfungsnachweisen dient, gelten auch hier die allgemeinen *Dokumentationsanforderungen*, die an die Ausgestaltung von Arbeitspapieren zu stellen sind (IDW PS 460, insbes. 460.12; ISA 230). Hilfreich ist dabei, dass die mittels einer Prüfsprache formulierten Abfragen bzw. Abfragefolgen automatisch protokolliert werden. Während der Datenanalyse bieten Prüfsprachen zudem die Möglichkeit, Kommentare über einen elektronischen Notizzettel zu vermerken. Darüber hinaus ist es unabdingbar, die Prüfungsergebnisse in Prüfungsberichten festzuhalten; deren Erstellung lässt sich wiederum z.B. über softwareeigene Berichts- und Diagrammassistenten unterstützen.

Anmerkungen

*) Dieser Abschnitt wurde unter Federführung von Herrn Prof. Dr. K. Ruhnke erstellt.

1 Zu nennen sind insbesondere die Buchung der Geschäftsvorfälle auf mindestens zwei Konten mit Soll- und Habenbuchung sowie die zweifache (doppelte) Erfolgsermittlung zum einen in der Bilanz und zum anderen in der GuV; vgl. *Eisele* (2002), S. 509.

2 Vgl. hierzu sowie zu den folgenden Ausführungen *Eisele* (2002), S. 522 ff. m.w.N.

3 *IDW* (2000), R 250. Tiefergehende Ausführungen finden sich in IDW RS FAIT 1.2 u. 6 ff.

4 Vgl. auch IDW FAIT 1.14.

5 In Anlehnung an *Eisele* (2002), S. 526.

6 Vgl. stellvertr. *Bernd-Striebeck et al.* (2000), S. 1 ff., u. *Wobbermin* (2000), S. 102 ff.

7 Vgl. *Ruhnke* (1995), S. 121 ff., u. *Budde/Raff* (1999), § 243 HGB Anm. 1 ff. Die GoB i.e.S. werden oftmals auch als Dokumentationsgrundsätze bezeichnet; vgl. *Baetge/Kirsch/Thiele* (2002), S. 101 ff.

8 Allerdings besitzt die angesprochene IDW-Stellungnahme nicht automatisch GoB-Charakter; vgl. Kapitel I, Abschnitt 6.3.3. Zu der nachstehenden Systematisierung vgl. *BMF* (1996), S. 1 ff. Siehe hierzu auch *Schuppenhauer* (2000), S. 128 ff., u. *IDW* (2000), R 245 ff., sowie zu den IT-Aspekten bei einer Prüfung von Geschäftsprozessen siehe Abschnitt 3.3.1 i.V.m. *IIR-Arbeitskreis „DV-Revision"* (2000), Abschnitt 410.

9 Vgl. *BMF* (1996), S. 6. Siehe auch IDW PS 330.59 ff. u. IAPS 1001.12.

10 Zu den GoB bei Electronic-Commerce-Anwendungen vgl. auch *AWV* (2000), S. 7 ff.

11 Vgl. IDW ERS FAIT 2.18 ff. i.V.m. Anhang 1. Siehe auch IAPS 1013.19 ff.

12 *E*lectronic *D*ata *I*nterchange *F*or *A*dministration, *C*ommerce and *T*ransport.

13 In Anlehnung an *Schuppenhauer* (2000), S. 134 f. Zu den Aufbewahrungsfristen bei Einsatz von EDI siehe IDW ERS FAIT 2.46 ff.

14 Zum Einsatz wissensbasierter Systeme in der Wirtschaftsprüfung vgl. *Ruhnke* (1992), S. 688 ff.; *Zaeh* (1998), S. 365 ff.; *Langel* (1999), S. 29 ff., u. *Ruhnke* (2000), S. 396 u. S. 404 f. m.w.N.

15 Vgl. hierzu *Ruhnke* (1992), S. 691 ff. Vgl. auch Abschnitt 3.4.

16 Teilweise werden z.B die Begriffe Prüfungsmethode und -technik auch synonym verwendet. Vgl. hierzu stellvertr. *Busse von Colbe/Pellens* (1998), S. 581 f. u. 584 ff. Die IDW PS differenzieren nicht streng zwischen Prüfungsmethode und -handlung; zumeist wird der Begriff Prüfungshandlung verwendet. Um sprachliche Irritationen zu vermeiden, verwendet das vorliegende Werk in den Fällen, in denen sich ein Begriff als feststehender Fachbegriff herausgebildet hat (z.B. die analytischen Prüfungshandlungen gem. IDW PS 312), den feststehenden Begriff; auf eine differenzierte Betrachtung (z.B. Unterscheidung in analytische Prüfungsmethode und -handlung) wird insofern verzichtet. In Zusammenhang mit den analytischen Prüfungshandlungen findet synonym auch der Begriff analytische Prüfungen Verwendung.

17 Vgl. *Schuppenhauer* (1998), S. 396 ff., u. *Guy/Alderman/Winters* (1999), S. 274 ff.
18 Vgl. auch IDW PS 330.94 f. sowie der Entwurf zu ED ISA 210.20 (Stand: 9/2002).
19 Ein Überblick über verschiedene IT-gestützte Prüfungstechniken, welche den Prüfer in mittelständischer Praxis unterstützen sollen, findet sich in *IDW* (2002), S. B 1 ff.
20 Zur Prüfung einer IT-gestützten Konzernbuchführung vgl. *Ruhnke* (1994), S. 608 ff. Erstaunlich ist, dass IDW RS FAIT 1.14 das rechnungslegungsrelevante IT-System nicht explizit auf die Konzernbuchführung bezieht, obgleich sich ein Konzernabschluss ohne eine solche Buchführung nicht erstellen und prüfen lässt. Zu den Prüfungen auf Konzernebene vgl. Abschnitt 8.7.
21 Vgl. *Langel* (1999), S. 266 ff. Online sind z.B. allgemeine Wirtschaftsinformationen (über die Datenbank GENIOS; siehe http://www.genios.de) und Handelsregisterinformationen (über http://www.infobroking/Deutsch/index.htm) recherchierbar. Weitere Internetadressen finden sich in *Coderre* (1998), S. 217 ff.
22 Vgl. *Hörmann* (1997), S. 118 ff.
23 Weitere Einzelheiten finden sich unter http://www.audicon.net.
24 Vgl. *Ludewig/Olbrich* (1999), S. 381 ff., sowie Abschnitt 4.2.2.
25 Zum Einsatz von Fragebögen als Prüfungshilfsmittel vgl. *Sauer/Bohnert* (2002).
26 Vgl. hierzu *Ewald* (1990), S. 1 ff.
27 Beispielsweise zeigen *Wright/Ashton* (1989), S. 727, dass nur 3% der vom Prüfer veranlassten Korrekturbuchungen (adjustments) auf den Einsatz von Fragebögen zurückzuführen sind; diese Studie weist indes keinen spezifischen Bezug zur Systemprüfung auf.
28 Vgl. auch *Heese/Swart* (2003), S. 87.
29 Zu den nachstehenden Ausführungen vgl. *Schuppenhauer* (1998), S. 397 ff.; *Guy/ Alderman/Winters* (1999), S. 276 ff.; *IIR-Arbeitskreis „IT-Revision"* (2000), S. 46 ff.; *Nutz/Hamberger* (2002), Sp. 1714 ff., sowie ferner IDW PS 330.97 f.
30 Vgl. *Treuberg, Graf von* (2002), Sp. 814 ff.
31 Ein in einer maschinenorientierten Sprache vorliegendes Programm heißt Objektprogramm. Diese Programme weisen geringe Maschinenlaufzeiten auf. Da ihre Programmierung jedoch sehr aufwendig ist, erfolgt diese zumeist in Form eines Quellprogramms (z.B. Cobol, C und C++). Die Umwandlung (Kompilierung) eines Quellprogramms in ein Objektprogramm erfolgt mit Hilfe von Übersetzungsprogrammen (z.B. Compiler).
32 Zur Begriffsabgrenzung siehe Fn. 31.
33 Dienstprogramme sind Hilfsprogramme zur Abwicklung häufig vorkommender, anwendungsneutraler Aufgaben bei der Benutzung des IT-Systems wie z.B. Sortier-, Misch- und Kopiervorgänge.
34 In Anlehnung an *Wähner* (2002), S. 435 ff.

35 Zu den nachstehenden Ausführungen vgl. stellvertr. *Odenthal* (1995), S. 144 ff.; *Schuppenhauer* (1998), S. 454 ff., sowie *IIR-Arbeitskreis „IT-Revision"* (2000), S. 47 ff.

36 Vgl. stellvertr. *Wähner* (2002), S. 433.

37 Structured query language.

38 ABAP/4 steht für die Programmiersprache advanced business application programming (Programmiersprache der 4. Generation); mit Hilfe dieser Interpretersprache lässt sich der Quellcode der einzelnen ABAPs jederzeit am System einsehen. Vgl. *Bernd-Striebeck et al.* (2000), S. 42, u. *Tiede* (2000), S. 346 ff.

39 Zu dem im SAP-System enthaltenen AIS vgl. Abschnitt 7.2.4.4.

40 Vgl. *Odenthal* (2002a), S. 60 ff.

41 Vgl. *Odenthal* (1995), S. 148 ff.

42 Konzeptionell angelehnt an *Odenthal* (1995), S. 147, u. *Odenthal* (2002a), S. 25 f.

43 Beispielsweise lassen sich statistische Stichprobenverfahren mittels MS-Excel durchführen; vgl. *Hörmann* (1997), S. 30 ff.

44 Synonym findet auch der Begriff generelle Prüfprogramme Verwendung. Es ist darauf hinzuweisen, dass *Prüf*programme keine *Prüfungs*programme darstellen. Der zuletzt genannte Begriff ist dem Bereich der Prüfungsplanung zuzuordnen; vgl. Abschnitt 2.2.

45 Vgl. stellvertr. *Mösbauer* (2002), S. 502.

46 Vgl. hierzu *BDO* (2002), S. 18.

47 Vgl. *Audicon* (2002b), o.S.

48 RSW steht für Rechnergestützte Stichprobenverfahren für die Wirtschaftsprüfung; vgl. *Bredeck* (1993). Zu im Rahmen der Stichprobeninventur einsetzbaren Programmen siehe *Quick* (2000), S. 145 ff. m.w.N.

49 So auch das *IDW* (2000), R 639.

50 Eine Übersicht über revisionsspezifische Software nebst Kennzeichnung der Einsatzfelder findet sich in *Odenthal* (2001), S. 14.

51 Zur Abschlussentwicklung vgl. *GEWIDOR* (2000), S. 4 ff. Zu weiteren prüfungsspezifischen Programmfunktionen siehe auch *GEWIDOR* (2003).

52 So z.B. CAATT-L Discussion List (Subscription über E-Mail an CAATT-L-request@rain.org) oder ISACA-L Information Systems Audit and Control Associate List (Subscription über E-Mail an listserv@mitvma.mit.edu); vgl. *Coderre* (1998), S. 217 ff.

53 Vgl. *Williamson/Russel* (1997), S. 14 f.; *Seufert/Back* (1998), S. 72 ff., u. *IIR-Arbeitskreis „Interne Revision"* (2000), S. 51.

54 Die Begriffsabgrenzungen sind nicht immer einheitlich; zum Workflow-Management siehe auch *IDW* (2000), R 612 ff., u. *Marten et al.* (1996), S. 225 ff. m.w.N.

55 Vgl. *Ordemann* (2002), S. 22 ff.

56 Siehe http://www.xbrl.org sowie Kapitel III, Abschnitt 2.3.1.
57 Vgl. hierzu *Langel* (1999), S. 284 f. m.w.N.
58 Datenverarbeitung und Dienstleistung für den steuerberatenden Beruf eG. Siehe hierzu im Internet unter http://www.datev.de.
59 Vgl. *DATEV* (2002).
60 Vgl. *Bernd-Striebeck et al.* (2000), S. 437 ff.; *Odenthal* (2002a); *Wächter* (2002), S. 444 ff.
61 Vgl. *Krause/Breit* (1997), S. 63 ff.
62 Vgl. *Kieper* (2001); *PwC* (2002).
63 Vgl. *Ordemann* (2002), S. 28 ff.
64 Vgl. *Bell et al.* (2002), S. 97 ff.
65 Zur Einordnung innerhalb der IT-gestützten Prüfungstechniken vgl. Abschnitt 7.2.4.2.
66 Zu den folgenden Ausführungen vgl. *Odenthal* (1994) und *Odenthal* (2001), S. 34 ff., sowie insbesondere den Vergleich von ACL 6.5 und WinIDEA 3.0 auf den S. 51 ff. Vgl. hierzu im Internet unter http://www.acl.com (ACL) und http://www.cica.ca (WinIDEA).
67 Vgl. hierzu *Audicon* (2002a). Zu den Anforderungen an eine generelle Prüfsoftware siehe auch *IIR-Arbeitskreis „Interne Revision"* (2000), S. 49.
68 Zu den folgenden Ausführungen vgl. *Odenthal* (1996b), S. 478 ff.; *Coderre* (1999), S. 7 ff.
69 Das Benford'sche Gesetz ist z.B. nicht anwendbar, sofern die Zahlen der Identifikation dienen (z.B. Telefonnummern) oder klar definierte Unter- oder Obergrenzen existieren (z.B. für Provisionen).
70 Vgl. hierzu *Coderre* (1999), S. 59; *Quick* (1999), S. 217 ff.; *Hamberger* (2001), S. 493 ff.; *Odenthal* (2002b); *Mochty* (2002) m.w.N.
71 Die Verteilung beruht auf einer Befragung von 742 „undergraduate calculus students", die darum gebeten wurden, zufällig sechsstellige Ziffern anzugeben. Zu den Einzelheiten vgl. *Hill* (1998), S. 967 ff.
72 Vgl. *Odenthal* (2002b), S. 5.

Literaturhinweise

Audicon (2002a): IDEA: Leitfaden für die ersten Schritte, Stuttgart.

Audicon (2002b): Für alle, die prüfen, analysieren und bewerten: IDEA, Stuttgart.

AWV (Arbeitsgemeinschaft für wirtschaftliche Verwaltung e.V.) (2000): Positionspapier: Electronic Commerce (EC) und Grundsätze ordnungsmäßiger DV-gestützter Buchführungssysteme (GoBS), Hinweise zur Beachtung und Erfüllung der GoBS bei EC, Eschborn.

Baetge, J./Kirsch, H.-J./Thiele, S. (2002): Bilanzen, 6. Aufl., Düsseldorf.

Bernd-Striebeck, U./Glauch, T./Hohnhorst, G./Kumpf, J./Stein, R. (2000): SAP© Handbuch Sicherheit und Prüfung, 2. Aufl., Düsseldorf.

BDO (2002): Erweiterter Zugriff der Finanzverwaltung im Rahmen von Betriebsprüfungen, Hamburg.

Bell, T.B./Bédard, J.C./Johnstone, K.M./Smith, E.F. (2002): KRisk[SM]: A computerized decision aid for client acceptance and continuance risk assessments, in: Auditing: A Journal of Practice & Theory, S. 97-113.

BMF (1996): BMF-Schreiben vom 7.11.1995 – IV A 8 – S 0316 – 52/95, Grundsätze ordnungsgemäßer DV-gestützter Buchführungssysteme (GoBS), in: Der Betrieb, Beilage 2 zu Heft 3.

Bredeck, H.M. (1993): Rechnergestützte Stichprobenverfahren im Prüfungswesen, Düsseldorf.

Budde, W.D./Raff, I. (1999): Kommentierung zu § 243 HGB, in: Budde, W.D./Clemm, H./Ellrott, H./Förschle, G./Hoyos, M. (Bearbeiter): Beck'scher Bilanz-Kommentar: Handels- und Steuerrecht – § 238 bis 339 HGB –, 4. Aufl., München, S. 56-73.

Busse von Colbe, W./Pellens, B. (1998): Lexikon des Rechnungswesens, 4. Aufl., München.

Coderre, D.G. (1998): CAATTs & other BEASTs for Auditors, 2. Aufl., Vancouver.

Coderre, D.G. (1999): Fraud Detection, Using Data Analysis Techniques to Detect Fraud, Vancouver.

DATEV (2002): Wirtschaftsprüfung, Nürnberg.

Eisele, W. (2002): Technik des betrieblichen Rechnungswesens, 7. Aufl., München.

Ewald, J. (1990): Verfahrensprüfung von EDV-gestützten Buchhaltungssystemen mit Hilfe dialogisierter Checklisten. Vortragsunterlagen, in: GEWIDOR (Veranstalter): Konferenz Computergestützte Revision und Abschlußprüfung, Düsseldorf.

GEWIDOR (2000): BiG-Manager, PC-gestützte Entwicklung von Bilanzen und Gewinn- und Verlustrechnungen, Leverkusen.

GEWIDOR (2003): BiG-Manager und das Anforderungsprofil an eine mittelstandsorientierte IT-Unterstützung des Berufsstandes, in: Die Wirtschaftsprüfung, Beilage zu Heft 3.

Guy, D.M./Alderman, C.W./Winters, A.J. (1999): Auditing, 5. Aufl., Forth Worth et al.

Hamberger, B. (2001): Zum Umgang mit Massentransaktionen, in: Der Schweizer Treuhänder, S. 493-500.

Heese, K./Swart, C. (2003): Die Prüfung IT-gestützter Rechnungslegungssysteme, Vortrags- und Diskussionsveranstaltung der IDW Landesgruppe Berlin/Brandenburg am 6.5.2003, Berlin.

Hill, T.P. (1998): Random-number guessing and the first digit phenomenon, in: Psychological Reports, S. 967-971.

Hörmann, F. (1997): Quantitative Verfahren in der Wirtschaftsprüfung, Wien.

IDW (2000): Wirtschaftsprüfer-Handbuch 2000, Handbuch für Rechnungslegung, Prüfung und Beratung, Band I, 12. Aufl., Düsseldorf.

IDW (2002): Anforderungsprofil zur Beurteilung von Softwareprogrammen zur IT-Unterstützung in der mittelständischen WP-Praxis, in: IDW-Fachnachrichten, Beilage zu Heft 11.

IIR-Arbeitskreis „DV-Revision" (2000): Grundlagen der Prüfung von Geschäftsprozessen, in: IIR: DV-Revision, Ergänzbarer Leitfaden zur Durchführung von Prüfungen der Informationsverarbeitung. Abschnitt 410, Berlin.

IIR-Arbeitskreis „IT-Revision" (2000): Einsatz von Software für Revisionszwecke, in: Zeitschrift Interne Revision, S. 46-51.

Kieper, T. (2001): Der PwC-Prüfungsansatz, Vortrag an der Freien Universität Berlin am 11.7.2001.

Krause, J.P./Breit, H. (1997): Der Einsatz von Prüfungssoftware bei der Jahresabschlußprüfung, in: Gassner, W./Gröhs, B./Lang, M. (Hrsg.): Zukunftsaufgaben der Wirtschaftsprüfung, Festschrift 75 Jahre Deloitte & Touche Österreich, Wien, S. 57-68.

Langel, R. (1999): Konzeption eines integrierten Informationsverarbeitungssystems zur Unterstützung von Wirtschaftsprüfern, Marburg.

Ludewig, R./Olbrich, T. (1999): Die gesteigerte Verantwortung des Abschlußprüfers nach dem KonTraG – Hilfsmittel zu deren Bewältigung, in: Die Wirtschaftsprüfung, S. 381-388.

Marten, K.-U./Damberger, P./Matula, J./Schröter, E. (1996): Workflow-Management – ein Instrument zur Kostenoptimierung und Qualitätsverbesserung in Wirtschaftsprüfungsgesellschaften, in: Die Wirtschaftsprüfung, S. 225-238.

Mochty, L. (2002): Die Aufdeckung von Manipulationen im Rechnungswesen – Was leistet das Benford's Law? –, in: Die Wirtschaftsprüfung, S. 725-736.

Mösbauer, H. (2002): Die an die Buchführung und die sonst erforderlichen Aufzeichnungen zu stellenden Anforderungen, in: Der Betrieb, S. 498-502.

Nutz, A./Hamberger, B. (2002): Programmprüfung, in: Ballwieser, W./Coenenberg, A.G./v. Wysocki, K. (Hrsg.): Handwörterbuch der Rechnungslegung und Prüfung, 3. Aufl., Stuttgart, Sp. 1706-1722.

Odenthal, R. (1995): Computergestützte Datenprüfung in einer SAP-Großrechnerumgebung, in: Zeitschrift Interne Revision, S. 144-154.

Odenthal, R. (1996a): Prüfsoftware auf dem Personalcomputer, in: Zeitschrift Interne Revision, S. 15-26.

Odenthal, R. (1996b): Unterschlagungsprüfung und -prohylaxe mit Hilfe von EDV-Unterstützung, in: Deutsches Steuerrecht, S. 477-480.

Odenthal, R. (2001): EDV-Instrumente zur Unterstützung der internen Revision, Düsseldorf.

Odenthal, R. (2002a): REVIDATA-Leitfaden, Einführung in das SAP R/3™-System unter revisionsspezifischen Gesichtspunkten, Stand: 26.3.2002, Düsseldorf.

Odenthal, R. (2002b): Digitale Ziffern- und Zahlenanalyse, REVIDATA-Partnerveranstaltung am 19.3.2002, Berlin.

Ordemann, D. (2002): Wissensmangement in der risikoorientierten Abschlussprüfung zur effizienten Beurteilung von inhärenten Risiken und Schätzgrößen, Manuskript zum Vortrag auf dem 4. Symposium „Theorie und Praxis der Wirtschaftsprüfung" am 11./12.10.2002 in Potsdam.

PwC (2002): Towards Performance Audit 2002, Documentation – Essential Guide, Team Asset version, o.O.

Quick, R. (1999): Prüfungsmethoden im Spiegel der Forschung, in: Richter, M. (Hrsg.): Theorie und Praxis der Wirtschaftsprüfung II, Berlin, S. 177-234.

Quick, R. (2000): Inventur, Düsseldorf.

Ruhnke, K. (1992): Wissensbasierte Systeme für die Wirtschaftsprüfung, in: Die Wirtschaftsprüfung, S. 688-695.

Ruhnke, K. (1994): Prüfungsansätze bei standardsoftwaregestützter Erstellung des Konzernabschlusses, in: Die Wirtschaftsprüfung, S. 608-616.

Ruhnke, K. (1995): Konzernbuchführung, Düsseldorf.

Ruhnke, K. (2000): Normierung der Abschlußprüfung, Stuttgart.

Sauer, K.-P./Bohnert, S. (2002): Fragebögen als Prüfungshilfsmittel, in: Ballwieser, W./Coenenberg, A.G./v. Wysocki, K. (Hrsg.): Handwörterbuch der Rechnungslegung und Prüfung, 3. Aufl., Stuttgart, Sp. 850-855.

Schuppenhauer, R. (1998): Grundsätze für eine ordnungsmäßige Datenverarbeitung, 5. Aufl., Düsseldorf.

Schuppenhauer, R. (2000): Grundsätze ordnungsmäßiger Datenverarbeitung im Rechnungswesen, in: Die Wirtschaftsprüfung, S. 128-151.

Seufert, A./Back, A. (1998): Kanzleiinformationssystem, Groupware-basiertes Wissensmanagement in Wirtschaftsprüfungs- und Steuerberatungskanzleien [1], in: Datenverarbeitung, Steuer, Wirtschaft, Recht, S. 72-76.

Tiede, T. (2000): SAP® R/3™, Ordnungsmäßigkeit und Prüfung des SAP-Systems (OPSAP), Hamburg.

Treuberg, Graf von, H. (2002): Flow Charts, in: Ballwieser, W./Coenenberg, A.G./v. Wysocki, K. (Hrsg.): Handwörterbuch der Rechnungslegung und Prüfung, 3. Aufl., Stuttgart, Sp. 812-818.

Wähner, G.W. (2002): DV-Revision, Ludwigshafen.

Williamson, A.L./Russell, N. (1997): Audit Automation, in: Accountant's Digest, Ausgabe 367, S. 1-31.

Wobbermin, M. (2000): Arbeitsbuch Buchhaltung, Jahresabschluss, Bilanzanalyse: Aufgaben und Lösungen mit SAP®R/3®-Anwendungen, Stuttgart.

Wright, A./Ashton, R.H. (1989): Identifying audit adjustments with attention-directing procedures, in: The Accounting Review, S. 710-728.

Zaeh, P.E. (1998): Entscheidungsunterstützung in der Risikoorientierten Abschlußprüfung, Landsberg am Lech.

Kontrollfragen

1. Ordnen Sie die GoB i.e.S. in das GoB-System ein und gehen Sie auf die allgemeinen Anforderungen an die GoB i.e.S. ein. Welche Besonderheiten ergeben sich im Hinblick auf die Ausgestaltung der GoB i.e.S., wenn der Mandant IT-gestützte Rechnungslegungstechniken einsetzt?

2. Skizzieren Sie die Arbeitsschritte einer IT-gestützten Rechnungslegung.

3. Legen Sie die Notwendigkeit des Einsatzes IT-gestützter Prüfungstechniken dar.

4. Welche IT-gestützten Prüfungstechniken können den Prüfer in welcher Phase des Prüfungsprozesses unterstützen? Geben Sie einen systematischen Überblick über IT-gestützte Prüfungstechniken und die mit ihrem Einsatz verfolgten Zwecke.

7 Erlangung von Prüfungsnachweisen bei IT-Einsatz

5. Der Prüfungsleiter Hermann Schmidt beauftragt Sie, die IT-gestützte Rechnungslegung der Rabo AG zu prüfen.

   a) Skizzieren Sie Ihr Vorgehen.

   b) Sie stellen die folgenden Mängel fest: Zum einen beschreibt die Ihnen zur Verfügung gestellte Systemdokumentation Eingabekontrollen, die zum Prüfungszeitpunkt in dem eingesetzten (Ist-)System nicht vorhanden sind und zum anderen erscheint Ihnen die mit der Dateneingabe im Verkaufsbereich betraute Person unzuverlässig und fachlich nicht kompetent. Wie gehen Sie vor?

   c) Sie veranlassen verschiedene Korrekturbuchungen bei der Rabo AG und stellen fest, dass die gewünschten Darstellungen in der Bilanz und GuV (nach Durchführung der Korrekturbuchungen seitens des Mandanten) zutreffend sind. Allerdings ist das eingesetzte IT-System so konzipiert, dass sich nachträglich die ursprüngliche und die Korrekturbuchung nicht mehr identifizieren lassen. Wie gehen Sie vor?

6. Gehen Sie auf den Einsatz von Prüfsprachen bei der Jahresabschlussprüfung ein. Inwieweit lässt sich die Aufdeckung von fraud i.S. von ISA 240 bzw. IDW PS 210 über Prüfsprachen unterstützen?

8 Sonderprobleme[*)]

8.1 Prüfung kleiner Unternehmen

Während die IFAC die Besonderheiten bei der Prüfung kleiner Unternehmen[1] in IAPS 1005 behandelt, bestehen in Deutschland keine besonderen, diesen Teilbereich betreffenden Prüfungsnormen. Insofern sind das IDW und die WPK der faktisch bestehenden Verpflichtung, auch die Practice Statements in nationale Verlautbarungen umzusetzen (vgl. Kapitel I, Abschnitt 6.3.2), noch nicht nachgekommen. Seit März 2003 liegt ein Diskussionsentwurf zu IAPS 1005 vor; die vorgeschlagenen Änderungen sind allerdings nicht gravierend und beziehen sich vor allem auf die Anpassung der Inhalte des Practice Statement an verschiedene, bereits geänderte fachtechnische und ethische Prüfungsnormen, wie z.B. ISA 545 und Ethics Sec. 8. Die Kommentierungsfrist lief im Juni 2003 ab. Die folgenden Ausführungen beziehen sich auf das derzeit gültige Practice Statement (Stand: 1.5.2003).

Für die *Einordnung als kleines Unternehmen* sind nicht nur die *Größe* des Unternehmens (z.B. anhand der Größenmerkmale des § 267 HGB), sondern vor allem die in IAPS 1005.5 ff. genannten *qualitativen Merkmale* heranzuziehen:

- das Eigentum und/oder die Geschäftsleitung des Unternehmens befinden sich in der Hand einer oder weniger Personen,

- die Anzahl der Ertragsquellen ist gering (z.B. begrenzte Produktpalette),

- ein niedriger Entwicklungsstand der Buchführung sowie

- nur wenige interne Kontrollen und die damit verbundene Möglichkeit des Managements, sich über diese Kontrollen hinwegzusetzen.

Diese Merkmale beeinflussen den Prüfungsablauf erheblich. Eng hiermit verknüpft ist die höhere Fehleranfälligkeit des Rechnungswesens kleiner Unternehmen im Vergleich zu anderen Unternehmen.[2]

Auch bei der Prüfung kleiner Unternehmen ist grundsätzlich der *risikoorientierte Prüfungsansatz* anzuwenden (vgl. Abschnitt 1.2). An die Prüfung eines kleinen Unternehmens in Form eines audits sind dieselben Anforderungen zu stellen wie an die Prüfung eines größeren Unternehmens. Demnach muss der Prüfer ungeachtet erhöhter Risiken, die ggf. aus dem Vorliegen der zuvor genannten Merkmale resultieren, zu einer angemessenen Prüfungssicherheit gelangen (ISA 120.6 u. ISA 400.48). Das Erfordernis einer verstärkt geschäftsrisikoorientierten Abschlussprüfung (vgl. Abschnitt 3.3.1) und die hieraus resultierenden Änderungen in den internationalen Prüfungsnormen besitzen grundsätzlich auch im Rahmen der Prüfung kleiner Unternehmen Bedeutung (ED Audit Risk, Explanatory Memorandum to Exposure Drafts.Small Entities).

Die folgenden Punkte sprechen ausgewählte *fachtechnische Besonderheiten* des Prüfungsablaufs kleiner Unternehmen an:[3]

- Auf Grund der zumeist nur geringen Anzahl von Mitarbeitern können kleine Unternehmen eine angemessene Funktionstrennung (z.B. Trennung von vollziehenden, verwaltenden und verbuchenden Funktionen) oftmals nicht gewährleisten. Der hieraus resultierende Einfluss auf die *Qualität des IKS* (vgl. Abschnitt 3.2.2) ist zu prüfen. Dabei ist zu erwägen, ob festgestellte Schwächen durch die starke Involvierung des Eigentümers in das Tagesgeschäft kompensierbar sind; dies setzt ein entsprechendes Kontrollbewusstsein (control consciousness) des Eigentümers voraus. Dieses Vorgehen birgt wiederum die Gefahr, dass der Eigentümer sich über interne Kontrollen hinwegsetzt (management override) (IAPS 1005.49 ff.).

- Der zuletzt genannte Umstand ist zudem relevant, wenn es um die *Einschätzung des fraud-Risikos* geht (vgl. Abschnitt 4.1). Für diese Zwecke kann der Prüfer auf die in IAPS 1005.33 genannten Aspekte zurückgreifen. Genannt werden u.a. ein häufiger Wechsel von Beratern, unübliche Beziehungen zu nahe stehenden Personen (vgl. Abschnitt 8.4) sowie der Tatbestand, dass sich der Lebensstil des Eigentümers zweifelsfrei nicht über die unternehmensbezogenen Einkünfte finanzieren lässt.

- Das *IT-Umfeld* (vgl. Abschnitt 7.1) eines kleinen Unternehmens birgt spezifische Kontroll- und inhärente Risiken. Während bei größeren Mandanten diese Risiken zumeist aus der Komplexität des Systems sowie seinem hohen Integrationsgrad resultieren, dürften typische Problemfelder bei kleinen Mandanten u.a. die Gestaltung und Einhaltung der Zugangsberechtigungen zum System, die unautorisierte Modifikation von Hard- und Software sowie der Datenschutz und die Datensicherheit darstellen (IAPS 1005.55 ff. i.V.m. IAPS 1001).

- Sollen bei kleinen Unternehmen Verfahren der *statistischen Zufallsauswahl* (vgl. Abschnitte 3.2.4.2.3 und 3.2.4.3) eingesetzt werden, so gelten dieselben Voraussetzungen wie bei einem nicht-kleinen Unternehmen (IAPS 1005.73). Da die der Stichprobenziehung zugrunde liegende Grundgesamtheit bei kleinen Unternehmen oftmals nicht sehr groß sein wird, ist besonders zu prüfen, ob die erwarteten Effizienzvorteile des Einsatzes statistischer Verfahren bei kleinen Unternehmen wirklich zum Tragen kommen. Vielmehr dürfte es sich oftmals als unabdingbar erweisen, den normalerweise üblichen Stichprobenumfang zu erhöhen, verstärkt Prüfungshandlungen der bewussten Auswahl einzusetzen oder in abgegrenzten Teilbereichen alle Elemente einer Grundgesamtheit zu prüfen. Eine solche Vollprüfung erscheint im Hinblick auf den bei kleinen Unternehmen oftmals nur geringen Umfang der Grundgesamtheit durchaus praktikabel.

- *Analytische Prüfungen* (vgl. Abschnitt 3.2.3) sind grundsätzlich einsetzbar (IAPS 1005.65 ff.). Dabei sind auch stark vereinfachte Vorgehensweisen zulässig. Setzt ein kleines Unternehmen z.B. eine bekannte Anzahl von Mitarbeitern zu einem fest vereinbarten Entgelt ein, kann der Prüfer anhand dieser Daten die in der GuV auszuweisenden Personalaufwendungen normalerweise mit relativ hoher Genauigkeit schätzen und auf diese Weise den Umfang der Einzelfallprüfungen reduzieren (IAPS 1005.67). Probleme treten jedoch in den Fällen auf, in denen die analytischen Handlungen auf nicht glaubwürdigen Daten basieren.

- Erhöhte *inhärente Risiken* ergeben sich auch hinsichtlich der Prüfung der Transaktionen zwischen dem kleinen Unternehmen und dem Eigentümer bzw. den Eigentümern nahe stehenden Personen (sog. related parties; vgl. Abschnitt 8.4). Dies kann u.a. darin begründet sein, dass der Eigentümer nicht mit der Definition einer „nahe stehenden Person" vertraut ist und/oder für die Behandlung solcher Transaktionen keine konkreten Regeln vorliegen (IAPS 1005.74).

- Bei nicht-kleinen Unternehmen kann der Prüfer bei der *Beurteilung der going concern-Annahme* (vgl. Abschnitt 4.2) regelmäßig u.a. auf Budget- und Cashflow-Zahlen sowie Gewinnplanungen zurückgreifen. Liegen diese Daten bei kleinen Unternehmen nicht vor, muss der Prüfer versuchen, über die Diskussion mit dem Management diesbezüglich geeignete Prüfungsnachweise zu erlangen (IAPS 1005.85). Hängt der Fortbestand eines kleinen Unternehmens davon ab, ob und inwieweit ein Eigentümer einen gewährten Kredit in absehbarer Zeit nicht zurückzieht, ist ggf. zu erwägen, vom Eigentümer eine schriftliche Erklärung hinsichtlich seiner Absichten einzuholen (IAPS 1005.86).

Neben den zuvor angesprochenen fachtechnischen Aspekten bestehen auch hinsichtlich der Einhaltung der *ethischen Anforderungen* Besonderheiten (IAPS 1005.99 ff. und Kapitel I, Abschnitt 6.5.2.2, insbes. zu den Stichworten Steuerberatung und Unabhängigkeit). Auf Grund der zumeist nur geringen fachlichen Kompetenz in Rechnungslegungsfragen erwartet ein kleiner Mandant oftmals vom Prüfer, dass er nicht nur eine Prüfungsdienstleistung erbringt, sondern auch die Bücher führt und/oder den Abschluss erstellt oder zumindest in den zuvor genannten Tätigkeitsgebieten beratend tätig wird. Auf Grund des betriebswirtschaftlichen Know-how des Prüfers besitzt gerade ein kleiner Mandant ein besonderes Interesse, den Prüfer in anderen Beratungsfragen (wie z.B. der Steuerberatung) hinzuzuziehen oder direkt in die Unternehmensführung zu involvieren. In den zuvor genannten Fällen muss der Prüfer sorgfältig abwägen, ob die gegebenen Hilfestellungen über eine Entscheidungshilfe hinausgehen. Ist dies der Fall, verbietet sich die gleichzeitige Tätigkeit als Abschlussprüfer.

Kleine Unternehmen i.S. dieses Gliederungspunktes unterliegen im Regelfall keiner gesetzlichen *Prüfungspflicht* (§§ 316 Abs. 1 i.V.m. 267 Abs. 1 HGB). Eine Prüfungspflicht könnte sich indes auf Grund der Bestimmungen des Gesellschaftsvertrags oder der Satzung ergeben. Sollte keine Prüfungspflicht bestehen, kann sich das kleine Unternehmen grundsätzlich auch *freiwillig prüfen lassen*. Normalerweise können bei freiwilligen Prüfungen Gegenstand und Umfang der Prüfung zwischen der Unternehmensleitung und dem Abschlussprüfer frei vereinbart werden. Soll allerdings ein Bestätigungsvermerk i.S.d. § 322 HGB erteilt werden, muss die Prüfung den Vorschriften der §§ 316 ff. HGB genügen. Dies verdeutlicht auch die vom IDW vorgeschlagene Formulierung für den Vermerk in IDW PS 400.Anhang 5.

Auf Grund der zuvor angesprochenen Prüfungsspezifika und dem Umstand, dass die Kosten eines freiwilligen audit den Nutzen einer solchen Prüfung (z.B. hinsichtlich der Entscheidung einer Bank, einen Kredit zu gewähren) vermutlich nur selten rechtfertigen, ist bei kleinen Unternehmen zu erwägen, ob nicht eine *prüferische Durchsicht* (review) einem audit vorzuziehen ist (vgl. auch Kapitel I, Abschnitt 6.4.2). Spezifische Regeln zur prüferischen Durchsicht von Abschlüssen enthält IDW PS 900; dieser Standard transformiert ISA 910 in eine deutsche Norm.[4]

Inbesondere bei nicht prüfungspflichtigen Unternehmen kommt auch die Vergabe eines *Erstellungsauftrags* (compilation; vgl. ISA 930 sowie Kapitel I, Abschnitt 6.4.2) an einen Abschlussprüfer in Betracht. Ein Erstellungsauftrag ist nicht dazu bestimmt und zudem auch nicht geeignet, dem Abschluss Prüfungssicherheit zu verleihen. Der Nutzen für den Abschlussverwender liegt darin, dass die Handlungen mit der berufsüblichen Sorgfalt und Vorsicht durchgeführt werden. Insofern erlangt der durch einen Prüfer erstellte Abschluss auch auf diese Weise eine gewisse Glaubwürdigkeit. Anzumerken ist weiterhin, dass die Vergabe eines Erstellungsauftrags an einen Abschlussprüfer die Vergabe eines Prüfungsauftrags an denselben Prüfer ausschließt (§ 319 Abs. 2 Nr. 5 HGB).

8.2 Prüfung des Risikomanagementsystems

8.2.1 Einführung und Begriffsabgrenzungen

„Das größte Risiko für ein Unternehmen besteht darin, keine Risiken einzugehen."[5] Demnach sind Risiken nicht grundsätzlich schädlich. Vielmehr ist jede unternehmerische Entscheidung auf Grund der Unsicherheit künftiger Entwicklungen mit Chancen und Risiken verbunden. Insofern lässt sich Risiko als die aus einer Entscheidung resultierende Verlustgefahr definieren (IDW PS 340.3).

Nach § 91 Abs. 2 AktG hat der Vorstand einer Aktiengesellschaft geeignete Maßnahmen zu treffen, insbesondere ein Überwachungssystem einzurichten, damit den Fortbestand der Gesellschaft gefährdende Entwicklungen früh erkannt werden (*Risikofrüherkennungssystem*). Der Begründung des Gesetzgebers folgend besitzt diese Regelung auch für den Pflichtenrahmen der Geschäftsführer anderer Rechtsformen (insbesondere der GmbH) Gültigkeit.[6]

Das Risikofrüherkennungssystem und das diesbezügliche, in § 91 Abs. 2 AktG genannte Überwachungssystem sind wichtige Bestandteile des gesamten *Risikomanagementsystems*, welches als die Gesamtheit aller organisatorischen Regelungen und Maßnahmen zur Risikoerkennung und zum Umgang mit den Risiken unternehmerischer Betätigung definiert werden kann (IDW PS 340.4 f.). Umfassende Risikomanagementsysteme schließen im Unterschied zur Risikofrüherkennung auch Maßnahmen zur Risikobewältigung ein. Demnach geht es bei einem Risikomanagementsystem nicht um die Vermeidung unternehmerischer Risiken, sondern darum, der Unternehmensleitung die eingegangenen Risiken bewusst zu machen, diese Risiken zu steuern und zu kontrollieren. Umfassende – in der allgemeinen Betriebswirtschaft thematisierte – Risikomanagementsysteme haben – abweichend von Früherkennungssystemen nach § 91 Abs. 2 AktG – auch eine breitere Risikodefinition zum Gegenstand. Während die aktienrechtliche Vorschrift sich lediglich auf diejenigen Risiken bezieht, die den Fortbestand des Unternehmens tangieren, können über die Erfüllung der Anforderung des § 91 Abs. 2 AktG hinausgehende Risikomanagementsysteme auch nichtbestandsgefährdende Risiken und positive Ausprägungen des Risikos (bspw. im Rahmen eines strategischen oder wertorientierten Risikomanagements[7]) mit einschließen.

Der Prüfer einer AG, deren Aktien börsennotiert sind[8], hat wiederum festzustellen, ob der Vorstand ein Risikofrüherkennungssystem und ein Überwachungssystem eingerichtet hat (§ 317 Abs. 4 HGB). Für die sich aus § 91 Abs. 2 AktG ergebenden Pflichten (Früherkennungssystem und Überwachungssystem) wird im Folgenden der Begriff Risikomanagementsystem verwendet. Konkretisierungen der zuvor angesprochenen gesetzlichen Prüfungspflicht finden sich im IDW PS 340.

In der Begriffssystematik der IDW-Prüfungsstandards ist das Risikomanagementsystem – wie auch das Kontrollsystem, das eine Ordnungsmäßigkeit der Rechnungslegung gewährleisten soll – in das (umfassende) interne Kontrollsystem i.S.v. IDW PS 260 eingebettet (IDW PS 260.10). Während die Maßnahmen zur Früherkennung prinzipiell dem internen Steuerungssystem zuzuordnen sind, gehören die Überwachungsmaßnahmen im Sinne von § 91 Abs. 2 AktG in das interne Überwachungssystem. Die Stellung des Risikomanagementsystems im internen Kontrollsystem ist in Abb. II.8-1 dargestellt.

Internes Kontrollsystem (IKS) im i.S. des IDW PS 260				
Internes Steuerungssystem	Internes Überwachungssystem (IÜS)			
	Prozessintegrierte Überwachungsmaßnahmen (Kontrollen)		Prozessunabhängige Überwachungsmaßnahmen (interne Prüfungen)	
Maßnahmen zur Erkennung bestandsgefährdender Entwicklungen (Risikofrüherkennungssystem gem. § 91 Abs. 2 AktG)	Prozessintegrierte Überwachung (Kontrolle) anderer Maßnahmen und Regeln	Überwachungssystem gem. § 91 Abs. 2 AktG		Prozessunabhängige Überwachung (Prüfung) anderer Maßnahmen und Regeln
		Prozessintegrierte Überwachung (Kontrolle) des Risikofrüherkennungssystems	Prozessunabhängige Überwachung (Prüfung) des Risikofrüherkennungssystems	
	Andere Maßnahmen und Regeln			

Abb. II.8-1: Das dem internen Kontrollsystem im Sinne von IDW PS 260 subsumierte Risikomanagementsystem[9]

8 Sonderprobleme

Nachstehend soll zunächst der Prüfungsgegenstand näher beleuchtet werden, um anschließend auf die Prüfung selbst einzugehen.

8.2.2 Prüfungsgegenstand

Wird Risiko als die aus einer Entscheidung resultierende Verlustgefahr definiert, dann ist es zunächst einmal erforderlich, die Unternehmensziele klar zu formulieren. Die Faktoren, die negative Abweichungen von den gesetzten Zielen begründen, lassen sich dann als Risiken betrachten. Das Risikofrüherkennungssystem umfasst die Identifikation und die Analyse/Bewertung von Risiken sowie deren Kommunikation (IDW PS 340.7 ff.). Die folgenden Ausführungen gehen insofern über die Früherkennung in dem zuvor definierten Sinne hinaus, als diese auch den für das Risikomanagement bedeutsamen Aspekt der Risikosteuerung beleuchten.[10]

- Risikoidentifikation

  Die Risikoidentifikation umfasst eine strukturierte Sammlung aktueller, zukünftiger und potenziell denkbarer Risiken. Da die Risikoidentifikation die Gesamtunternehmenssicht widerspiegeln soll, liegt es nahe, die Risiken zunächst top down-gerichtet zu ermitteln. Diese erste Identifikation potenzieller Risiken auf Ebene der Unternehmensleitung sollte durch ein bottom up-gerichtetes Vorgehen ergänzt werden, um die vorhandenen Risiken möglichst vollständig und systematisch zu erfassen. Hier bietet sich an, die in den einzelnen Bereichen des Unternehmens am Wertschöpfungsprozess beteiligten Personen in Workshops einzubinden (Risiko-Brainstorming). Besonderes Augenmerk ist auf die Erfassung kumulativer Risiken zu richten, deren volle Auswirkungen sich erst entlang der gesamten Wertschöpfungskette entfalten.

  Bei den Risiken kann es sich um allgemeine externe (z.B. Naturgewalten, Technologiesprünge), leistungswirtschaftliche und finanzwirtschaftliche sowie um Risiken im Bereich der Unternehmensführung (z.B. Fluktuationsraten, Führungsstil) handeln. Die systematische Identifizierung von Risiken setzt grundsätzlich die Einrichtung eines *Frühaufklärungssystems* voraus.

  - *Indikatororientierte* Frühaufklärungssysteme legen dabei zunächst die unternehmensinternen und -externen Beobachtungsbereiche zur Erkennung von Gefährdungen und Chancen fest (z.B. Veränderungen am Absatzmarkt, Entwicklungen am Kapitalmarkt). Frühwarnindikatoren (z.B. Auftragsbestand, Fehlerhäufigkeit, Krankheitsstand der Mitarbeiter, Prozessdurchlaufzeit, Reklamationsquote) werden bestimmt und Soll-Werte (Normalentwicklung) sowie Toleranzgrenzen festgelegt, deren Über- oder Unterschreiten ein Alarmsignal auslöst. Zuletzt sind die Informationskanäle des Frühaufklärungssystems zu bestimmen. Die festgelegten Indikatoren sind an sich im Zeitablauf verändernde Einschätzungen der Risiken anzupassen (Risiko-Updates).

– Diese Form der gerichteten Suche sollte durch ein *strategisch* orientiertes Frühaufklärungssystem ergänzt werden, welches quasi mit einem 360-Grad-Radar nach schlecht definierten und unscharf strukturierten Informationen sucht, die derzeit nicht durch Indikatoren erfasst werden, aber in Zukunft für das Unternehmen Bedeutung erlangen können (schwache Signale; z.B. Verbreitung neuartiger Meinungen und Ideen oder Tendenzen in der Rechtsprechung).

- Risikoanalyse/-bewertung

Die Übergänge zwischen Risikoidentifikation und -analyse sind fließend. Ziel der Risikoanalyse ist es, das durch die identifizierten Risiken ausgelöste Gefährdungspotenzial zu bewerten. Dabei geht es u.a. um die qualitative Bewertung und die quantitative Messung von Einzelrisiken, die Aggregation von Einzelrisiken (die isoliert betrachtet von nachrangiger Bedeutung sind), die Eintrittswahrscheinlichkeit eines Risikos, die wechselseitige Beeinflussung von Risiken sowie um den Versuch einer Analyse von Ursache-Wirkungsbeziehungen.

Hilfreich kann die Erstellung eines Risikoportfolios sein, welches darauf abstellt, die Gesamtrisikosituation durch eine Darstellung der Einzelrisiken beispielsweise entlang der Dimensionen Ereigniswahrscheinlichkeit und Intensität der Auswirkung darzustellen. Die Entwicklung der im Portfolio abgebildeten Risiken lässt sich zudem anhand von Simulations- oder Szenariotechniken untersuchen (z.B. Monte Carlo-Simulation oder worst case-Szenarien). Sollten sich Risiken ausnahmsweise nicht angemessen bewerten lassen, so bietet es sich an, diese als high priority risk zu kennzeichnen und unmittelbar der Geschäftsleitung zu melden.

- Risikokommunikation

Die zuvor identifizierten Risiken müssen zeitnah weitergegeben werden. Dies setzt eine funktionierende Kommunikationsstruktur voraus. Obgleich die Risikokommunikation im Rahmen des Risikomanagementsystems intern ausgerichtet ist, bestehen zahlreiche Parallelen zu den Erfordernissen einer externen Risikokommunikation.

– Die (unternehmens-)*interne* Risikokommunikation umfasst das Vorhandensein geeigneter Informationskanäle, die Vorgabe interner Risikorichtlinien sowie die Zuordnung von Verantwortlichkeiten. Eine Kommunikationsbereitschaft der involvierten (berichtspflichtigen) Personen wird vorausgesetzt; dabei muss auch eine Bereitschaft zur Kommunikation von schlechten Nachrichten (bad news) bestehen. Erfordern indes bedeutsame oder nicht bewältigte Risiken rasche Entscheidungen, ist eine Überwindung der formalen Berichtsstrukturen dahingehend sicherzustellen, dass die Geschäftsleitung hiervon direkt Kenntnis erlangt (interne Ad-hoc-Berichterstattung).

– Die *externe* Risikokommunikation umfasst zum einen die periodische Berichterstattung der Risiken der künftigen Entwicklung des Unternehmens im Lagebericht (§§ 289 u. 315 HGB). Zum anderen müssen börsennotierte Unternehmen feststellen, ob ein identifiziertes Risiko geeignet ist, den Börsenkurs erheblich zu beeinflussen. In diesem Fall trifft das Unternehmen eine Pflicht zur (externen) Ad-hoc-Publizität gem. § 15 Abs. 1 WpHG.[11] Des Weiteren hat die Unternehmenspraxis gezeigt, dass es i.S. der Vermeidung schwerwiegender Vertrauens- und Reputationsverluste ratsam ist, bestehende Risiken sowie Maßnahmen der Risikobewältigung zeitnah freiwillig an die stakeholder zu kommunizieren.

- Risikosteuerung

  Risikosteuerung umfasst die *aktive* Beeinflussung der identifizierten und analysierten Einzelrisiken und damit die gesamte Risikoposition eines Unternehmens. Strategien der Risikosteuerung sind:

  - *Risikoakzeptanz* (bewusste Inkaufnahme eines Risikos wie z.B. das bewusste Eingehen von Risiken, denen überproportional hohe Chancen entgegenstehen),
  - *Risikoverminderung* (z.B. Verminderung des Brandrisikos durch Brandschutzmaßnahmen oder Risikostreuung bspw. zur Vermeidung der Abhängigkeit von einem Lieferanten),
  - *Risikoübertragung* (Risikotransfer an Dritte durch Abschluss einer Versicherung oder andere Maßnahmen wie z.B. Factoring) und
  - *Risikovermeidung* (z.B. Vermeidung von Geschäftstransaktionen, die mit besonders hohen Risiken behaftet sind).

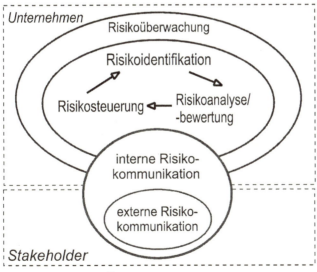

Abb. II.8-2: Risikomanagement-Prozess[12]

- Einrichtung eines Überwachungssystems

  Die Einrichtung eines internen Überwachungssystems zielt auf die Überwachung des Risikofrüherkennungssystems ab (z.B. Aufdeckung von Schwachstellen). Hierzu zählen neben diesbezüglich relevanten prozessintegrierten Überwachungsmaßnahmen des internen Kontrollsystems (z.B. Überwachung der Einhaltung von Toleranzgrenzen im Rahmen des Frühaufklärungssystems) auch prozessunabhängige Prüfungen der Maßnahmen gem. § 91 Abs. 2 AktG durch die Interne Revision (IDW PS 340.15 f.; siehe auch Abb. II.8-2).

Da die Risiken zumeist aus dem Geschäft des Unternehmens (z.B. Risiken im Anlagenbau, im E-Business-Bereich (vgl. Kapitel III, Abschnitt 2.3.3.1.4) oder im Versicherungsbereich), seiner internen (IT-)Organisation (z.B. Risiken aus dem Einsatz integrierter IT-Systeme wie SAP R/3) sowie seinem Umfeld (z.B. Umweltrisiken) resultieren, muss die Ausgestaltung eines Risikomanagementsystems an den zuvor angesprochenen Determinanten ansetzen.

Die zuvor genannten Elemente stehen jedoch nicht isoliert nebeneinander, sondern bauen aufeinander auf und beeinflussen sich gegenseitig. Insofern handelt es sich hier um einen *Regelkreislauf,* so dass das Risikomanagement nicht als einmaliger Vorgang, sondern als ein kontinuierlicher Prozess zu begreifen ist. Abb. II.8-2 verdeutlicht den Risikomanagement-Prozess.

8.2.3 Besonderheiten der Prüfung

Die *Prüfung* des Risikomanagementsystems zielt darauf ab festzustellen, ob das System der Risikoidentifizierung, -analyse und -kommunikation sowie die entsprechenden Überwachungsmaßnahmen zweckentsprechend sind und während des gesamten zu prüfenden Zeitraums eingehalten wurden. Diese Risikomanagementsystemprüfung erweitert das in Abschnitt 3.2.2 beschriebene Spektrum der *Systemprüfungen*.

Die Reaktion des Vorstands auf erkannte Risiken (Risikosteuerung) ist indes formal nicht Gegenstand der Prüfung; demnach handelt es sich hier nicht um eine Geschäftsführungsprüfung (IDW PS 340.6, 19 u. 26). Gleichwohl ist die Risikohandhabung insofern prüfungsrelevant, als sich Konsequenzen für die Prüfung der Annahme der Unternehmensfortführung (vgl. Abschnitt 4.2), die Darlegung bestandsgefährdender Entwicklungen im Prüfungsbericht (§ 321 Abs. 1 Satz 3 HGB) sowie die Prüfung der Darlegung der Risiken der künftigen Entwicklung im Lagebericht (vgl. Abschnitt 8.6) ergeben. Des Weiteren können Risikosteuerungsmaßnahmen selbst ein im Rahmen der Identifikation von Risiken relevantes Risikofeld sein und im Hinblick auf die Bewertung von Risiken Bedeutung erlangen.[13]

Die Prüfung selbst lässt sich in die Phasen Prüfungsplanung, -durchführung und Berichterstattung einteilen.

- Prüfungsplanung

  Die Prüfungsplanung folgt wiederum dem risikoorientierten Prüfungsansatz, d.h. es sind z.B. anhand einer ersten Einschätzung der wirtschaftlichen Lage des Unternehmens und seines Umfelds die inhärenten Risiken und anhand einer ersten Beurteilung des Überwachungssystems die internen Kontrollrisiken vorläufig einzuschätzen. Für die Prüfungsplanung ist auch bedeutsam, ob und inwieweit im Unternehmen ein Risiko- und Kontrollbewusstsein vorhanden ist (IDW PS 340.22).

- Prüfungsdurchführung

  Kernproblem der Prüfungsdurchführung ist das Fehlen eines klar definierten Soll-Objektes. Die als Eignungsprüfung bzw. Wirksamkeitsprüfung angelegte Prüfung setzt vor allem an der Funktionsweise des Systems sowie seiner Effizienz hinsichtlich des Aufspürens bestandsgefährdender Risiken an. Insofern muss der Prüfer zunächst eine *Bestandsaufnahme* des vorhandenen Risikomanagementsystems vollziehen, um auf dieser Basis die *Eignung* dieses Systems sowie die Einhaltung der vorgesehenen Maßnahmen (*Wirksamkeit* des Systems) zu prüfen (IDW PS 340.24 ff.). Die nachstehenden Ausführungen geben einen Überblick über wesentliche Aspekte der Prüfungsdurchführung.[14]

  - Die Bestandsaufnahme des Ist-Systems kann sich u.a. auf eine vom Unternehmen erstellte Dokumentation (z.B. Risikomanagement-Handbuch) stützen. Die Beurteilung der Eignung des Systems muss sich an den einzelnen zuvor genannten Elementen des Risikomanagementprozesses orientieren. Dabei geht es u.a. darum, ob geeignete Beobachtungsbereiche festgelegt wurden, ob Frühwarnsignale bestimmt wurden und inwieweit diese als Frühwarnindikatoren geeignet sind. Es muss ein Gesamtsystem vorliegen, welches die Signale vollständig und rechtzeitig bereitstellt sowie eine zusammenfassende Gesamtbeurteilung von Einzelrisiken erlaubt (Kumulation sowie Wechselwirkungen). Das gewählte Vorgehen muss vom Prüfer intersubjektiv nachvollziehbar sein.

  - Stößt der Prüfer auf Probleme oder Indizien für eine unzureichende Eignung, muss er i.S. des risikoorientierten Prüfungsansatzes den Umfang der Einzelfallprüfungen ausweiten: Dies kann bedeuten, dass er einzelne vermutlich als wesentlich einzustufende Risiken im Hinblick auf ihr Bedrohungspotenzial näher untersuchen muss. Gelingt dem Prüfer keine abschließende Beurteilung, kommt nach IDW PS 340.30 ggf. auch eine Verwendung von Urteilen anderer Sachverständiger in Betracht (z.B. im Bereich der Umweltrisiken). In ähnlicher Weise ist der Umfang der Einzelfallprüfungen mit abnehmender Güte des internen Überwachungssystems auszuweiten.

  - Um die für die Beurteilung des Risikomanagementsystems erforderliche Prüfungssicherheit zu erlangen, sind auch Plausibilitätsprüfungen einsetzbar. In diesem Fall kann der Prüfer auf bereits vorhandene mandantenspezifische Vorkenntnisse und die Prüfungsnachweise, die er im Zuge der laufenden Abschlussprüfung erlangt hat, zurückgreifen.

- Der Prüfer muss die vom Unternehmen vollzogene Risikobewertung nachvollziehen und auf Plausibilität sowie Widerspruchsfreiheit prüfen. Dabei ist insbesondere festzustellen, ob sich auf Basis der vom Unternehmen zugrunde gelegten Prämissen auf das prognostizierte Gefährdungspotenzial schließen lässt. Für diese Zwecke kann der Prüfer auf ISA 810 zurückgreifen, der die Prüfung zukunftsorientierter Informationen behandelt.

- Die seitens der Unternehmensleitung getroffenen Maßnahmen sind in Stichproben auf ihre Wirksamkeit und kontinuierliche Anwendung im Prüfungszeitraum zu prüfen (IDW PS 340.31).

- Berichterstattung

Das Ergebnis der Prüfung ist in einem besonderen Teil des intern ausgerichteten *Prüfungsberichts* darzustellen (§ 321 Abs. 4 HGB i.V.m. IDW PS 340.32 f. u. 450.82 ff.).

Mängel bei den vom Vorstand nach § 91 Abs. 2 AktG getroffenen Maßnahmen haben als solche keine Auswirkung auf den an den externen Adressaten gerichteten *Bestätigungsvermerk* (IDW PS 340.32). Diese Regelung vermag nicht zu überzeugen, da es gerade das Ziel einer Prüfung ist, die asymmetrischen Informationsverteilungen zwischen internen und externen Akteuren zu beseitigen (vgl. Kapitel I, Abschnitt 2). Ein nicht uneingeschränkt erteiltes Testat kommt nur dann in Betracht, wenn die unzureichende Erfüllung der Maßnahmen dazu führt, dass der Nachweis über die Unternehmensfortführung nicht erbracht werden kann. Gleiches gilt, wenn die unzureichende Erfüllung zugleich die Ordnungsmäßigkeit der Buchführung in Frage stellt oder sich aus diesem Grunde die Risiken der künftigen Entwicklung im Lagebericht nicht zutreffend oder nur unzureichend darstellen lassen (IDW PS 400.72).

Die Maßnahmen zum Risikomanagement sind *konzernweit* anzulegen, sofern von Tochterunternehmen den Fortbestand des Mutterunternehmens gefährdende Entwicklungen ausgehen können.[15] Dies bedeutet, dass eine Risikoanalyse auch bei Tochterunternehmen vorzunehmen ist, die Risiken entsprechend zu kontrollieren sind und eine entsprechende Berichterstattung (Reporting) zur Konzernspitze erfolgen muss. Risikoerfassung und -kommunikation können durch konzerneinheitliche Risikorichtlinien und ein funktionsfähiges Beteiligungscontrolling unterstützt werden (IDW PS 340.34 ff.).

8.3 Prüfung der Segmentberichterstattung, der Kapitalflussrechnung und des Eigenkapitalspiegels

Gemäß § 297 Abs. 1 Satz 2 HGB sind die gesetzlichen Vertreter börsennotierter Mutterunternehmen verpflichtet, für Geschäftsjahre, die vor dem 1.1.2003 begonnen haben, den Konzernanhang um eine Segmentberichterstattung und eine Kapitalflussrechnung zu erweitern. Gemäß § 297 Abs. 1 Satz 2 HGB haben nunmehr die gesetzlichen Vertreter von Mutterunternehmen, die einen organisierten Markt im Sinne des § 2 Abs. 5 WpHG durch von ihnen oder einem Tochterunternehmen ausgegebene Wertpapiere in Anspruch nehmen oder aber, die die Zulassung zum Handel an einem organisierten Markt beantragt haben, den Konzernabschluss um eine Segmentberichterstattung sowie eine Kapitalflussrechnung als eigenständigen Teil, d.h. nicht mehr lediglich als Teil des Anhangs, zu erweitern. Der Kreis derjenigen Konzerne, die eine Segmentberichterstattung und eine Kapitalflussrechnung als eigenständigen Bestandteil in den Konzernabschluss aufzunehmen haben, wurde somit den Regelungen des § 292a HGB angepasst. Ferner sind diese Unternehmen verpflichtet, einen Eigenkapitalspiegel als Teil des Konzernabschlusses aufzustellen, der die Veränderung des Eigenkapitals u.a. unter Berücksichtigung von Differenzen aus der Währungsumrechnung und Kapitalkonsolidierung dokumentiert. Diese Regelungen sind erstmals für Geschäftsjahre, die nach dem 31.12.2002 beginnen, anzuwenden. Zudem ergibt sich eine Pflicht zur Erstellung und Offenlegung einer Segmentberichterstattung, einer Kapitalflussrechnung sowie einer Eigenkapitalveränderungsrechnung (changes in equity) nach internationalen oder US-amerikanischen Normen gem. §§ 62 Abs. 1, 77 BörsO FWB für Unternehmen, die zum Teilbereich des amtlichen oder geregelten Marktes mit weiteren Zulassungsfolgepflichten (Prime Standard) zugelassen sind.

Durch die Erweiterung des Konzernabschlusses bei kapitalmarktorientierten Unternehmen wurde der Konzernabschluss an die IAS-/IFRS-Regelungen angepasst. Es werden jedoch weiterhin weder Form noch Inhalt dieser Ergänzungsrechnungen vom Gesetzgeber konkretisiert. Die Formulierung entsprechender Normen für Konzerne hat der deutsche Gesetzgeber einem privaten Rechnungslegungsgremium, dem *Deutsches Rechnungslegungs Standards Committee e.V.* (DRSC) überlassen (§ 342 Abs. 1 HGB). Mit dem *Deutschen Rechnungslegungs Standard 3* (DRS 3) zur Segmentberichterstattung, dem *Deutschen Rechnungslegungs Standard 2* (DRS 2) zur Kapitalflussrechnung sowie dem *Deutschen Rechnungslegungs Standard 7* (DRS 7) zum Konzerneigenkapital und Konzerngesamtergebnis hat das DRSC zwischenzeitlich entsprechende Vorgaben entwickelt und verabschiedet.

Nehmen Mutterunternehmen von Konzernen, deren Wertpapiere an einem organisierten Markt gehandelt werden, die in § 292a HGB eingeräumte Wahlmöglichkeit in Anspruch und legen einen befreienden Konzernabschluss nach international anerkannten Rechnungslegungsstandards vor (hierunter sind im Wesentlichen gemäß DRS 1.10 die IAS bzw. die US-GAAP zu verstehen), so liefern IAS 14 oder SFAS 131 die relevanten Vorgaben für die Segmentberichterstattung. Für die Kapitalflussrechnung sind die Vorschriften des IAS 7 und SFAS 95 sowie für den Eigenkapitalspiegel bzw. die Eigenkapitalveränderungsrechnung IAS 1.86 ff. und SFAS 130 einschlägig.

Die Prüfungspflicht für die Segmentberichterstattung, die Kapitalflussrechnung und den Eigenkapitalspiegel ergibt sich grundsätzlich aus § 316 Abs. 2 HGB. Auch bei Erstellung und Offenlegung eines befreienden Konzernabschlusses nach internationalen Rechnungslegungsgrundsätzen gem. §292a HGB ergibt sich die Prüfungspflicht für die Segmentberichterstattung, Kapitalflussrechnung und Eigenkapitalveränderungsrechnung aus § 316 HGB, wobei Prüfungsbesonderheiten aus der Tatsache resultieren, dass der Abschluss nach IAS bzw. US-GAAP aufgestellt wurde. Bei Personengesellschaften, die gem. § 13 PublG einen

Konzernabschluss aufzustellen haben, sind Segmentberichterstattung, Kapitalflussrechnung und Eigenkapitalspiegel gem. § 14 PublG ebenfalls durch einen Abschlussprüfer zu prüfen. Bei Unternehmen des Prime Standard sind die Segmentberichterstattung, Kapitalflussrechnung und Eigenkapitalveränderungsrechnung zudem gem. §§ 62 Abs. 2, 77 BörsO FWB in Übereinstimmung mit den International Standards on Auditing (ISA) durch einen Wirtschaftsprüfer zu prüfen.

Konkrete Prüfungsnormen, die die notwendigen Handlungen zur Prüfung der Segmentberichterstattung, der Kapitalflussrechnung und des Eigenkapitalspiegels abschließend aufzeigen, liegen nicht vor. Der Berufsstand der Wirtschaftsprüfer muss sich hier somit an allgemeinen Prüfungsnormen für die Abschlussprüfung orientieren, die das IDW mit den IDW PS 200 ff. sowie im Falle der Prüfung gem. §§ 62 Abs. 2, 77 BörsO FWB die IFAC mit den ISA 200 ff. erlassen haben. Der zu wählende Prüfungsablauf soll dabei grundsätzlich ein Urteil über die Einhaltung der relevanten Rechnungslegungsnormen ermöglichen.

8.3.1 Form, Inhalt und Prüfung der Segmentberichterstattung

Mit Inkrafttreten des Gesetzes zur weiteren Reform des Aktien- und Bilanzrechts, zu Transparenz und Publizität (TransPuG) im Jahr 2002 haben Konzerne, deren Wertpapiere an einem organisierten Markt im Sinne des § 2 Abs. 1 Satz 1 WpHG gehandelt werden oder aber, die die Zulassung zum Handel an einem organisierten Markt beantragt haben, den Konzernabschluss für nach dem 31.12.2002 beginnende Geschäftsjahre um eine Segmentberichterstattung als eigenständigen Bestandteil des Abschlusses zu erweitern (§ 297 Abs. 1 HGB).

Mit dem Kapitalgesellschaften- und Co-Richtlinie-Gesetz (KapCoRiLiG) wurden darüber hinaus die an Kapitalgesellschaften gerichteten Publizitätsanforderungen auf Personengesellschaften, bei denen ausschließlich Kapitalgesellschaften voll haftende Gesellschafter sind, ausgeweitet (§§ 264a-c HGB). Von dieser Pflicht sind lediglich solche Unternehmen befreit, denen aus der Offenlegung von Segmentdaten im Anhang erhebliche Nachteile erwachsen würden (vgl. für Kapitalgesellschaften § 286 Abs. 2 HGB). Neben drohenden Gefahren für das Vermögen wird hierunter auch die mögliche Beeinträchtigung immaterieller Werte wie z.B. ein Imageverlust verstanden.[16] Für Konzernabschlüsse greift diese Regelung jedoch gem. § 314 Abs. 2 HGB für nach dem 31.12.2001 beginnende Geschäftsjahre nicht mehr. Von der Angabepflicht im Anhang gem. § 314 Abs. 1 Nr. 3 HGB sind lediglich diejenigen Mutterunternehmen befreit, die nach § 297 Abs. 1 HGB den Konzernabschluss ohnehin bereits um eine Segmentberichterstattung erweitert haben.

Personengesellschaften, die gem. § 13 Abs. 2 u. 3 PublG konzernabschlusspflichtig sind, haben ebenfalls den Anhang (für vor dem 1.1.2003 begonnene Geschäftsjahre) bzw. den Konzernabschluss (für nach dem 31.12.2002 beginnende Geschäftsjahre) um eine Segmentberichterstattung zu ergänzen.

Sind Unternehmen in verschiedenen Branchen oder Regionen tätig, so stellt eine unternehmensweit aggregierte Berichterstattung im Jahresabschluss keine befriedigende Informationsquelle dar. Eine eventuell in einzelnen Segmenten stark voneinander abweichende Vermögens-, Finanz- und Ertragslage könnte durch eine aggregierte Darstellung nivelliert und so für den Außenstehenden verdeckt werden. Darüber hinaus ist die Vergleichbarkeit eines diversifizierten Unternehmens mit Wettbewerbern durch eine aggregierte Darstellung im Jahresabschluss nur bedingt möglich. Die Darstellung von Segmentrechnungen, verstanden als Aufspaltung beliebiger periodenbezogener Teilsysteme des Rechnungswesens[17], stellt hier eine wertvolle Ergänzung zur Erfüllung der Informationsfunktion des Jahresabschlusses dar.[18]

Segmentierte Angaben lassen sich gemäß IAS 14.51 ff. sowohl zur Bilanz (Segmentvermögen/Segmentschulden) sowie zur Gewinn- und Verlustrechnung (Segmenterträge/Segmentaufwendungen) darstellen. Im Wesentlichen werden im Rahmen der Segmentberichterstattung Angaben zum Segmentumsatz, Segmentergebnis sowie Segmentvermögen (unter Ausweis der Investitionen in das dem Segment zuzuordnende Anlagevermögen) und Segmentschulden gefordert.

Zur Definition von Segmentierungsebenen bedarf es der individuellen Beurteilung durch das jeweilige Unternehmen. Als Segmentierungsebenen finden gemäß IAS 14.9 unterschiedliche produktorientierte Geschäftsfelder (business segments) oder geografische Bereiche (geographical segments) Anwendung, wobei die geografische Zuordnung gemäß IAS 14.13 f. in Abhängigkeit davon erfolgt, ob der Standort der Produktionsstätten (*location of its operations*) oder der Absatzmarkt der Produkte und Dienstleistungen (*location of its markets*) am ehesten für die Chance-Risikostruktur maßgebend ist. Produktorientierte Geschäftsfelder sowie geografische Bereiche lassen sich anhand der in IAS 14.9 genannten Kriterien abgrenzen.

In Bezug auf die Abgrenzung von Segmenten lässt sich zwischen dem *Risiko und Chance-Ansatz* (risk and reward approach) und dem *Management-Ansatz* (management approach) unterscheiden. Ein Segment ist nach dem Risiko und Chance-Ansatz dann abgrenzbar, wenn die derartig zusammengefassten Aktivitäten in Relation zu ihrem Erfolgsbeitrag bzw. ihren Risiken vergleichbar erscheinen. Orientiert man sich bei der Abgrenzung von Segmenten an den Bereichen, nach denen die Geschäftsleitung das Unternehmen maßgeblich steuert, so wird diese Form der Abgrenzung als Management-Ansatz bezeichnet.[19] Steuert die Unternehmensführung nach Aktivitätsgruppen, die eine vergleichbare Chance-Risiko-Struktur aufweisen, so wird die Segmentberichterstattung somit sowohl dem Risiko und Chance-Ansatz als auch dem Management-Ansatz gerecht.

Gemäß IAS 14.26 ist zwischen einer primären und einer sekundären Segmentierungsebene zu unterscheiden, wobei zur primären Segmentierungsebene in einem deutlich größeren Umfang Angaben offen zu legen sind als zur sekundären Ebene. Die Festlegung der primären bzw. sekundären Ebene erfolgt hierbei nach IAS 14.26-30 in Abhängigkeit davon, ob die Chancen und Risiken eines Unternehmens vorrangig durch seine produktorientierten

Geschäftsfelder oder durch seine geografischen Bereiche bestimmt werden. Für die Abgrenzung der Segmente ist entscheidend, dass Produkte bzw. Dienstleistungen oder geografische Regionen innerhalb eines Segmentes sich hinsichtlich ihrer Chancen und Risiken nicht wesentlich unterscheiden. Da nach IAS 14.28 jedoch üblicherweise die interne Organisations- und Berichtsstruktur die Risikostruktur zwischen den Segmentierungsdimensionen zutreffend widerspiegelt, ist die primäre Segmentierungsebene i.d.R. anhand der internen Organisations- und Berichtsstruktur festzulegen.

Synonym zur primären Segmentierungsebene des IAS 14 wird im Rahmen des SFAS 131.10 sowie des DRS 3.9 vom operativen Segment (operating segment) gesprochen. Operative Segmente sind vorrangig anhand der internen Organisations- und Berichtsstruktur abzugrenzen. Bei allen genannten Rechnungslegungsvorschriften kommt somit, wenn auch in unterschiedlichem Maße, der Management-Ansatz zur Anwendung.

Gemäß IAS 14.32 (b) ist festzustellen, ob die oberste interne Berichtsebene den Kriterien eines produktorientierten Geschäftsfeldes bzw. geografischen Bereiches entspricht. Ist dies nicht der Fall, ist die nächstniedrigere Berichtsebene zugrunde zu legen, so lange bis eine Abgrenzung der Segmente anhand der Definitionskriterien des IAS 14.9 möglich ist. Folgt die interne Organisations- und Berichtsstruktur jedoch auf keiner Ebene einer Segmentierung nach Geschäftsbereichen bzw. geografischen Bereichen muss von der Segmentierung nach internen Organisations- bzw. Berichtsmerkmalen abgewichen werden.[20]

Grundsätzlich sind die einzelnen Segmente soweit zu untergliedern, bis das kleinste Segment für die Beurteilung des Unternehmens gerade noch relevant erscheint. Eine Berichtspflicht besteht für diejenigen Segmente, die im Hinblick auf die Chance-Risiko-Struktur des Unternehmens wesentlich sind und bestimmte Werte gemäß IAS 14.35 überschreiten. Bei einer Gleichartigkeit verschiedener Segmente hinsichtlich der in IAS 14.9 aufgeführten Definitionskriterien können einzelne Segmente auch zusammengefasst werden. Werden die intern berichteten Segmente weder separat noch zusammengefasst in die Segmentberichterstattung einbezogen, sind sie nach IAS 14.37 in einem Sammelsegment auszuweisen, so lange nicht der Anteil der derartig zusammengefassten kleinen Segmente für sich wiederum wesentlich ist.

Die Hauptziele der Prüfung von Segmentberichten nach IAS leiten sich grundsätzlich aus dem Rahmenkonzept der IAS (Framework for the Preparation and Presentation of Financial Statements) (IASB Framework.25-46) sowie den spezifischen Anforderungen des IAS 14 ab. Die Ziele der Prüfung bestehen vorrangig in der Feststellung des vollständigen Ausweises der bestehenden Segmente, in der Beurteilung der zutreffenden Abgrenzung der einzelnen Segmente sowie der Richtigkeit und Stetigkeit der Informationen.

Zur Erlangung von Prüfungsnachweisen für die Prüfung von Segmentberichten liefert IDW PS 300.44 erste allgemeine Hinweise. Hiernach sind ausreichende und angemessene Prüfungsnachweise einzuholen, falls Segmentinformationen wesentlich für die Aussage des Jahresabschlusses oder des Lageberichts sind. Die Wesentlichkeit (Materiality) von Segmentinformationen ist in Bezug auf den Jahresabschluss als Ganzes zu bewerten und aus qualitativen und quantitativen Gesichtspunkten heraus zu beurteilen (IDW EPS 250) (siehe zum Grundsatz der Wesentlichkeit auch Abschnitt 1.3). Unter qualitativen Gesichtspunkten können Segmentinformationen wesentlich sein, wenn z.B. die den Segmentinformationen zugrunde liegenden Sachverhalte für das Unternehmen unabhängig von der Größe des Segments von besonderer Bedeutung sind oder wenn sich Auswirkungen auf andere Elemente der Segmentberichterstattung ergeben. Unter qualitativen Gesichtspunkten kann somit ein quantitativ nicht wesentlicher Fehler für den Jahresabschluss als Ganzes wesentlich sein. Falls Segmentinformationen unter den aufgezeigten Gesichtspunkten wesentlich für den Abschluss bzw. den Lagebericht sind, hat der Abschlussprüfer zu prüfen, ob die Informationen entsprechend den gesetzlichen Vorschriften (§ 285 Nr. 4, § 289 Abs. 2 Nr. 3, § 315 Abs. 2 Nr. 3 u. § 297 Abs. 1 HGB) sowie den anderen Rechnungslegungsgrundsätzen (z.B. IAS 14) ausgewiesen sind. Gemäß IDW PS 300.44 umfassen Prüfungshandlungen bei der Segmentberichterstattung im Regelfall analytische Prüfungen (vgl. Abschnitt 3.2.3) sowie weitere Tests. Darunter fallen sowohl Systemprüfungen (vgl. Abschnitt 3.2.2) als auch Einzelfallprüfungen (vgl. Abschnitt 3.2.4).

Der Abschlussprüfer hat bei der Prüfung der Segmentinformationen zunächst festzustellen, welche Rechnungslegungsnorm beim Mandanten bei der Erstellung der Segmentberichterstattung angewandt wurde. Für Konzerne, deren Rechnungslegung den Vorschriften des HGB unterliegt, ist dies § 297 HGB sowie ergänzend DRS 3. Nehmen Konzerne die in § 292a HGB eingeräumte Wahlmöglichkeit in Anspruch und legen einen befreienden Abschluss nach international anerkannten Rechnungslegungsstandards vor, so stellen IAS 14 oder SFAS 131 die relevante Rechnungslegungsnorm dar. Ungeachtet, ob ein Konzern die ihm eingeräumte Wahlmöglichkeit des § 292a HGB zur Bilanzierung nach international anerkannten Rechnungslegungsnormen ausübt oder nicht, ergibt sich die Prüfungspflicht auf Basis von § 316 Abs. 2 HGB. Zu den bei der Prüfungsdurchführung zu beachtenden Prüfungsnormen siehe Kapitel I, Abschnitt 6.3.2 und Kapitel II, Abschnitt 8.7.2. Die folgenden Ausführungen beziehen sich im Wesentlichen auf die Prüfung eines Segmentberichts, der den Vorschriften des IAS 14 entsprechen soll.

Der Prüfungsablauf kann sich an der Vorgehensweise der Erstellung des Segmentberichts orientieren und in die folgenden Teilbereiche untergliedert werden[21]:

(1) Ermittlung des inhärenten Risikos

(2) Feststellung und Analyse der internen Organisations- und Berichtsstruktur und Ermittlung des Kontrollrisikos

(3) Prüfung der Segmentabgrenzung

(4) Prüfung der Zusammenfassung der Segmente

(5) Prüfung der Einhaltung der Größenkriterien

(6) Prüfung der Richtigkeit und Vollständigkeit der angabepflichtigen Segmentinformationen und weiterer Angaben sowie Prüfung der Stetigkeit und Vergleichbarkeit der Segmentberichterstattung

Ermittlung des inhärenten Risikos

Der *erste Prüfungsschritt* besteht in der Feststellung des mit der Segmentberichterstattung verbundenen inhärenten Risikos. Der Ermittlung des inhärenten Risikos sind die Kenntnisse des Abschlussprüfers über Art und Ausmaß der Zentralisierung, Integration sowie Einheitlichkeit des Rechnungswesens in dem zu prüfenden Unternehmen zugrunde zu legen. Weiterhin hat das Vorhandensein bedeutender Abnehmer im Ausland sowie das Bestehen ausländischer Unternehmenseinheiten ebenso Einfluss auf das inhärente Risiko wie Veränderungen der Vermögens-, Umsatz- oder Aufwandsstruktur sowie Veränderungen der Produktstruktur bzw. des Dienstleistungsangebots.

Feststellung und Analyse der internen Organisations- und Berichtsstruktur und Ermittlung des Kontrollrisikos

Bei allen genannten Rechnungslegungsvorschriften kommt, wenn auch in unterschiedlichem Ausmaß, der Management-Ansatz zur Anwendung. Dieser Ansatz beruht auf der Überlegung, den externen Interessenten der Segmentberichterstattung dieselben entscheidungsrelevanten Informationen bereitzustellen, die auch vom Management zur Entscheidungsfindung herangezogen werden. Um die hierfür erforderliche Übereinstimmung der Segmentierung mit den Steuerungseinheiten eines Unternehmens zu beurteilen, muss der Abschlussprüfer im *zweiten Prüfungsschritt* die interne Organisations- und Berichtsstruktur des Mandanten nachvollziehen und analysieren.

Es sind u.a. bestehende Unterschiede zwischen den Informationssystemen zur Bereitstellung und Verarbeitung interner Daten und den Informationssystemen zur Bereitstellung und Verarbeitung externer Daten durch den Abschlussprüfer festzustellen und zu beurteilen. Hierzu bietet sich die Einsichtnahme in Organisationshandbücher, Organigramme, Verfahrensanweisungen zum Berichtswesen sowie Berichte an Vorstand und Aufsichtsrat über verschiedene Geschäftsbereiche an. Weiterhin sind die Prozesse der Berichterstattung nachzuvollziehen, zu bewerten und zu prüfen. Der Abschlussprüfer sollte die vorhandenen Kontrollen zur Sicherstellung eines funktionierenden Informationsflusses identifizieren und hinsichtlich ihrer Effektivität testen, um das Kontrollrisiko bestimmen und unter Berücksichtigung des ermittelten inhärenten Risikos die hinsichtlich der Erlangung der geforderten Prüfungssicherheit durchzuführenden aussagebezogenen Prüfungen festlegen zu können. Weiterhin ist zu prüfen, inwiefern die der Unternehmensleitung zur Verfügung stehenden Informationsgrundlagen im Zeitablauf konstant geblieben sind.

Prüfung der Segmentabgrenzung

Anhand der Aufbau- und Ablauforganisation der Geschäftsbereiche sowie des internen Berichtswesens hat der Abschlussprüfer im *dritten Prüfungsschritt* die Festlegung der primären Segmentierungsebene und die Abgrenzung der Segmente zu prüfen, wobei darauf zu achten ist, dass die Segmentabgrenzung anhand der Kriterien des IAS 14.9 vorgenommen wurde. Gemäß IAS 14 hat die Segmentabgrenzung nach dem Risiko und Chance-Ansatz zu erfolgen, wobei allerdings unterstellt wird, dass die interne Organisations- und Berichtsstruktur i.d.R. an den unterschiedlichen Chancen und Risiken ausgerichtet ist. In den Fällen, in denen die interne Organisations- und Berichtsstruktur nicht der Segmentierung nach produktorientierten Geschäftsfeldern sowie geografischen Bereichen entspricht, hat die Unternehmensführung gemäß IAS 14.27 (b) zu entscheiden, ob eine produktorientierte oder geografische Segmentabgrenzung die Chance-Risiko-Struktur am besten widerspiegelt und somit die primäre Segmentierungsebene bildet.

Zur Beurteilung dieser Managemententscheidung hat sich der Abschlussprüfer u.a. über die Charakteristika, den Erstellungsprozess, die typischen Abnehmer und die Vertriebsmethoden der Produkte zu informieren. Hilfreiche Unterlagen sind in diesem Zusammenhang Dokumentationen der Aufbau- und Ablauforganisation der Geschäftsbereiche des Mandanten. Weiterhin ist durch den Abschlussprüfer zu beurteilen, inwiefern die Geschäftstätigkeit des Unternehmens sich auf Länder mit unterschiedlichen wirtschaftlichen und politischen Rahmenbedingungen erstreckt. Hierbei gehört u.a. die Beurteilung des Währungsrisikos unter Berücksichtigung allgemeiner Länderanalysen zu den Aufgaben des Abschlussprüfers. Bei der Prüfung der Segmentabgrenzung sind folglich in hohem Maße Ermessensspielräume vorhanden.

Prüfung der Zusammenfassung der Segmente

Sind produktorientierte Geschäftsbereiche oder geografische Bereiche mit homogener Chance-Risiko-Struktur identifiziert worden (IAS 14.9), können diese Segmente gemäß IAS 14.34 zusammengefasst werden, wenn dadurch die Klarheit und Übersichtlichkeit verbessert wird. Für die Zusammenfassung einzelner Segmente müssen die Segmente eine langfristig vergleichbare Vermögens-, Finanz- und Ertragslage aufweisen und hinsichtlich sämtlicher Kriterien des IAS 14.9 ähnlich sein. Daher ist es im *vierten Prüfungsschritt* Aufgabe des Abschlussprüfers, einen Zeitvergleich wichtiger Segmentgrößen wie Segmentumsatzerlöse, Segmentergebnis, Segmentvermögensgegenstände und Segmentschulden durchzuführen sowie die möglichst umfassende Einhaltung der Kriterien des IAS 14.9 bei der Zusammenfassung der Segmente zu prüfen.[22]

Prüfung der Einhaltung der Größenkriterien

Im Anschluss an die Prüfung der Abgrenzung und Zusammenfassung der einzelnen Segmente hat im *fünften Prüfungsschritt* eine Prüfung der Einhaltung der Größenmerkmale der Segmente zu erfolgen. Über Segmente werden gemäß IAS 14 grundsätzlich nur dann Informationen offengelegt, sofern die Mehrheit der erzielten Umsatzerlöse eines Segments aus Geschäften mit externen Kunden resultiert und die einem Segment zuzuordnenden Beträge bestimmte Größenkriterien (IAS 14.35) überschreiten. Die richtige Anwendung dieser Größenkriterien sowie die entsprechend ausgewiesenen Beträge sollte der Abschlussprüfer u.a. durch vorliegende Unterlagen und Plausibilitätsüberlegungen nachvollziehen. Weiterhin ist zu prüfen, ob gemäß IAS 14.37 insgesamt mindestens 75% der gesamten Umsatzerlöse durch die anzugebenden Segmente erklärt werden. Ist dies nicht der Fall, bedarf es der Identifizierung weiterer originär nicht berichtspflichtiger Segmente, bis die Umsatzerlöse der offengelegten Segmente insgesamt mindestens 75% der gesamten Umsatzerlöse darstellen.

Prüfung der Richtigkeit, Vollständigkeit, Stetigkeit und Vergleichbarkeit der Segmentberichterstattung

In Bezug auf den Inhalt und die Darstellung der Segmentinformationen besteht im *sechsten Prüfungsschritt* die Aufgabe des Abschlussprüfers in der Beurteilung der *Vollständigkeit* und *Richtigkeit*, der *Stetigkeit* und *Vergleichbarkeit* der Angaben sowie der *Darstellung* und *Offenlegung* des Segmentberichts entsprechend den anzuwendenden Rechnungslegungsgrundsätzen (siehe hierzu auch Kapitel I, Abschnitt 6.2). Hinsichtlich der *Vollständigkeit* der Segmentinformationen ist zunächst durch den Abschlussprüfer festzustellen, ob für sämtliche primäre bzw. sekundäre Segmente die angabepflichtigen Informationen im Segmentbericht dargestellt wurden. Für primäre Segmente sind nach IAS 14.51-67 u.a. betragsmäßige Angaben offen zu legen zu den Segmentumsatzerlösen (mit separatem Ausweis der Erlöse aus Geschäften mit externen Kunden und aus intersegmentären Geschäften), dem Segmentergebnis, den Buchwerten der Vermögensgegenstände des Segments, den Segmentschulden sowie dem Gesamtbetrag der wesentlichen nicht zahlungswirksamen Aufwendungen, die im Segmentergebnis enthalten sind. Außerdem hat nach IAS 14.67 eine Überleitung der Segmentdaten zu den Angaben im Abschluss zu erfolgen.

Für sekundäre Segmente sind nach IAS 14.69 f. lediglich Angaben zu den Segmentumsatzerlösen mit externen Kunden, den Buchwerten der Vermögensgegenstände des Segments sowie zu den Segmentinvestitionen zu machen.

Hinsichtlich der zusätzlich darzustellenden qualitativen Informationen zur Erläuterung bestimmter Positionen des Segmentberichts hat der Abschlussprüfer sicher zu stellen, dass die Informationen nicht zu einer Verfälschung des Gesamteindrucks des Segmentberichts führen. Der Abschlussprüfer hat auf die Darstellung ausführlicher und entscheidungsrelevanter Informationen zu bestehen, soweit die Angaben von Bedeutung für Investitions- und Desinvestitionsentscheidungen sein könnten.[23]

8 Sonderprobleme

Im Rahmen der Prüfung der *Richtigkeit* der publizierten Segmentdaten sind zunächst analytische Prüfungen durchzuführen. Analytische Prüfungen wie z.B. Vergleiche absoluter und relativer Zahlen des laufenden Geschäftsjahres mit denen der Vorjahre bzw. mit internen Planzahlen tragen dazu bei, eventuell fehlerhafte Angaben und Auffälligkeiten zu identifizieren, die durch Einzelfallprüfungen näher untersucht werden müssen. Durch die Analyse von Berichten an die Unternehmensleitung sowie Protokollen von Vorstands- und Aufsichtsratssitzungen lässt sich überprüfen, inwiefern die Angaben im Segmentbericht den intern berichteten Angaben entsprechen. Bei Anwendung des Disaggregationsansatzes lässt sich die Richtigkeit der Umsatzerlöse z.B. prüfen, indem die Summe aller Segmentumsätze, korrigiert um ggf. ausgewiesene intersegmentäre Erlöse und zuzüglich der sonstigen zusammengefassten Segmentumsätze, den geprüften konsolidierten Umsätzen entsprechen muss.

Die in allen genannten Rechnungslegungsvorschriften geforderte Überleitungsrechnung, in der die relevanten Angaben aus Gewinn- und Verlustrechnung sowie Bilanz in die Segmentberichterstattung überführt werden, bietet sich für diesen Prüfungsschritt als zentrale Prüfungsunterlage an. Neben der Durchführung analytischer Prüfungen hat sich der Prüfer mittels Durchführung stichprobenartiger Einzelfallprüfungen ausgewählter Positionen der Überleitungsrechnung von der korrekten Zuordnung der Umsatzerlöse zu den Segmenten zu überzeugen. Als Auswahlverfahren für die Ermittlung der Stichprobe erscheint hierbei eine bewusste Auswahl der Stichprobe durch den Abschlussprüfer geeignet. Als Auswahlkriterien bieten sich insbesondere an: eine Orientierung an der absoluten oder relativen Bedeutung der Prüfungselemente, die Berücksichtigung typischer Geschäftsvorfälle sowie persönlicher Erfahrungen und Erkenntnisse des Abschlussprüfers in Bezug auf die Risikoeinschätzung (siehe zu den Auswahlverfahren auch Abschnitt 3.2.4.2).[24] Weiterhin ist zu prüfen, ob die nach IAS 14.17 vorgeschriebene sachgerechte Verteilung von Vermögensgegenständen und Schulden, die mehreren Segmenten zuzurechnen sind, auf der Grundlage eines angemessenen und objektiven Verteilungsschlüssels vorgenommen wurde. Der Abschlussprüfer sollte auf eine am Verursachungsprinzip ausgerichteten Ableitung des Verteilungsschlüssels bestehen.[25]

Auch der Ansatz der tatsächlich verwendeten Verrechnungspreise, die den intersegmentären Umsätzen zugrunde gelegt wurden, ist durch den Abschlussprüfer zu prüfen, wobei eine Aussage über die Angemessenheit der Verrechnungspreise zu treffen ist. Für die Beurteilung der Stetigkeit der Segmentberichterstattung hat der Abschlussprüfer die Arbeitspapiere der Vorjahre heranzuziehen. Weiterhin ist durch den Abschlussprüfer sicherzustellen, dass die Vorschriften des IAS 14 zur Darstellung und Offenlegung eingehalten wurden. Insgesamt sind die in der Segmentberichterstattung und im Lagebericht getroffenen Aussagen kritisch zu lesen und auf Konsistenz zu prüfen (siehe hierzu in Bezug auf die Beurteilung zusätzlicher Informationen zum Jahresabschluss IDW PS 202.7).

Die Ergebnisse der Prüfung der Segmentberichterstattung durch den Abschlussprüfer sind in den Arbeitspapieren zu dokumentieren und haben unmittelbare Auswirkung auf den Prüfungsbericht und den Bestätigungsvermerk, wobei gem. § 321 Abs. 1 Satz 3 HGB im Prüfungsbericht festgestellte Verstöße gegen Rechnungslegungsvorschriften oder Unrichtigkeiten bei der Segmentberichterstattung darzustellen sind (IDW PS 450.40 ff.). Auf Besonderheiten im Ausweis sowie wesentliche Veränderungen gegenüber dem Vorjahr ist im Prüfungsbericht gemäß IDW PS 450.70 gesondert einzugehen. Ebenfalls sind die der Erstellung der Segmentberichterstattung zugrunde liegenden Rechnungslegungsgrundsätze (z.B. IAS 14) im Prüfungsbericht zu benennen sowie das Fehlen von Pflichtangaben bezüglich der Segmentberichterstattung festzuhalten. Falls wesentliche nicht korrigierte Unrichtigkeiten und Verstöße oder wesentliche Prüfungshemmnisse im Rahmen der Prüfung der Segmentberichterstattung gemäß IDW PS 400.50 ff. festgestellt wurden, ist eine Einschränkung des Bestätigungsvermerks vorzunehmen. Vor diesem Hintergrund ist z.B. im Falle des Vorliegens gravierender Abweichungen der Segmentabgrenzung von der Chance-Risiko-Struktur des Unternehmens sowie beim Unterlassen wesentlicher Pflichtangaben eine Einschränkung des Bestätigungsvermerks denkbar[26].[27]

8.3.2 Form, Inhalt und Prüfung der Kapitalflussrechnung

Mit dem KonTraG wurde die Kapitalflussrechnung (cash flow statement) obligatorischer Bestandteil des Anhangs von Konzernabschlüssen (vgl. § 297 Abs. 1 HGB). Mit Inkrafttreten des TransPuG im Jahr 2002 haben gem. § 297 Abs. 1 HGB nunmehr die gesetzlichen Vertreter von Mutterunternehmen, die selbst oder durch eines ihrer Tochterunternehmen einen organisierten Markt im Sinne des § 2 Abs. 1 Satz 1 WpHG in Anspruch nehmen oder aber, die die Zulassung zum Handel an einem organisierten Markt beantragt haben, den Konzernabschluss für nach dem 31.12.2002 beginnende Geschäftsjahre um eine Kapitalflussrechnung als eigenständigen Bestandteil des Abschlusses zu erweitern. Hieraus ergibt sich infolge der Prüfungspflicht des Konzernabschlusses auch eine Prüfungspflicht der Kapitalflussrechnung (§ 316 Abs. 2 HGB). Wird eine Kapitalflussrechnung freiwillig im Anhang oder Lagebericht offengelegt, ergibt sich hieraus ebenfalls eine Prüfungspflicht. Nicht der Abschlussprüfung unterliegen freiwillig erstellte und nicht in Anhang oder Lagebericht veröffentlichte Kapitalflussrechnungen. Der Abschlussprüfer ist jedoch zur kritischen Durchsicht dieser nicht prüfungspflichtigen Kapitalflussrechnungen verpflichtet (IDW PS 202.6 f.).

Investitions- und Finanzierungsvorgänge wirken durch Einnahmen und Ausgaben von Finanzmitteln auf die Finanzlage eines Unternehmens. Die im weitesten Sinne der Finanzierungsrechnung entsprechende Kapitalflussrechnung soll dem Leser eines Jahresabschlusses einen Einblick in die Entwicklung der Finanzlage von Unternehmen in der vorangegangenen Periode geben. Auf Basis dieser Informationsquelle soll die Prognose zukünftig erzielbarer Überschüsse sowie die Beurteilung der Fähigkeit eines Unternehmens oder Konzerns, seinen Zahlungsverpflichtungen auch zukünftig nachzukommen, erleichtert werden.[28]

In einer Kapitalflussrechnung sind gemäß IAS 7 die Zahlungsströme für die Bereiche der *laufenden Geschäftstätigkeit* (zahlungswirksame Tätigkeiten, die auf Erlöserzielung ausgerichtet sind), der *Investitions- und Desinvestitionstätigkeit* (Erwerb und Veräußerung von

Gegenständen des Anlagevermögens, Erwerb von Wertpapieren des Umlaufvermögens) sowie der *Finanzierungstätigkeit* (zahlungswirksame Aktivitäten mit Auswirkung auf Eigenkapital und Finanzschulden) gesondert darzustellen (IAS 7.10).

Wie Abb. II.8-3 veranschaulicht, errechnet sich die Veränderung des Bestands an liquiden Mitteln während einer Periode aus den getätigten Einzahlungen und Auszahlungen der drei beschriebenen Finanzmittelfonds.

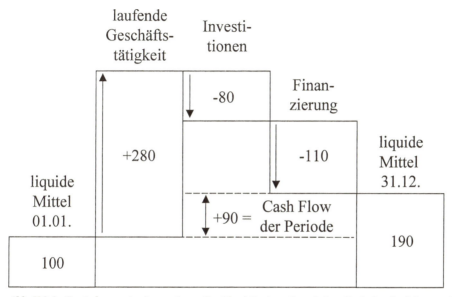

Abb. II.8-3: Veränderung des Bestandes an liquiden Mitteln während einer Periode, abgeleitet aus Ein- und Auszahlungen aus laufender Geschäfts-, Investitions- und Finanzierungstätigkeit

Im Gegensatz zum Cashflow (CF) aus der Investitions- und Finanzierungstätigkeit, der grundsätzlich nach der direkten Methode ermittelt wird, ist bei der Ermittlung des CF aus *laufender Geschäftstätigkeit* die *direkte* und die *indirekte Ermittlung* von Zahlungsströmen zu unterscheiden.[29] Die direkte Methode gibt Einzahlungen und Auszahlungen unsaldiert an. Hingegen ergibt sich der CF nach der indirekten Methode basierend auf den Zahlen der Gewinn- und Verlustrechnung. Zahlungsunwirksame Erträge und Aufwendungen sowie Bestandsveränderungen bei Posten des Nettoumlaufvermögens werden dabei herausgerechnet. Dem direkt ermittelten CF wird allgemein eine höhere Aussagekraft zur Prognose zukünftiger Zahlungsströme zugerechnet. Auf Grund des in Relation geringeren Arbeitsaufwandes bei der indirekten Ermittlung der Zahlungsströme bevorzugen die meisten Unternehmen jedoch diese Methode.[30]

Für die Erstellung einer Kapitalflussrechnung eines Konzerns bieten sich zwei Vorgehensweisen an. Beim so genannten *bottom-up-Konzept* wird die Konzernkapitalflussrechnung durch die Summierung der Kapitalflussrechnungen der einzelnen Konzernunternehmen, korrigiert um konzerninterne Ein- und Auszahlungen, ermittelt. Im Gegensatz dazu lässt sich die Konzernkapitalflussrechnung auch indirekt aus dem Konzernabschluss herleiten (*top-down-Konzept*).

CF aus laufender Geschäftstätigkeit

Direkte Methode
- Einzahlungen (+) von Kunden für den Verkauf von Erzeugnissen, Waren und Dienstleistungen
- Auszahlungen (-) an Lieferanten und Beschäftigte
- Sonstige Ein- (+) und Auszahlungen (-), die nicht der Investitions- oder Finanzierungstätigkeit zuzuordnen sind
- Ein- (+) und Auszahlungen (-) aus außerordentlichen Posten

Indirekte Methode
- Periodenergebnis (einschließlich Ergebnisanteilen von Minderheitsgesellschaftern) vor außerordentlichen Posten
- Abschreibungen (+) / Zuschreibungen (-) auf Gegenstände des Anlagevermögens
- Zunahme (+) / Abnahme (-) der Rückstellungen
- Sonstige zahlungsunwirksame Aufwendungen (+) / Erträge (-), wie z.B. Abschreibungen auf ein aktiviertes Disagio
- Gewinn (-) / Verlust (+) aus dem Abgang von Gegenständen des Anlagevermögens
- Zunahme (-) / Abnahme (+) der Vorräte, der Forderungen aus Lieferungen und Leistungen sowie anderer Aktiva, die nicht der Investitions- oder Finanzierungstätigkeit zuzuordnen sind
- Zunahme (+) / Abnahme (-) der Verbindlichkeiten aus Lieferungen und Leistungen sowie anderer Passiva, die nicht der Investitions- oder Finanzierungstätigkeit zuzuordnen sind
- Ein- (+) / Auszahlungen (-) aus außerordentlichen Posten

CF aus der Investitionstätigkeit

- Einzahlungen aus Abgängen (+) aus dem / Auszahlungen (-) für Investitionen in das:
  - Sachanlagevermögen,
  - Immaterielle(n) Anlagevermögen,
  - Finanzanlagevermögen
- Einzahlungen aus dem Verkauf (+) / Auszahlungen für den Erwerb (-) von konsolidierten Unternehmen und sonstigen Geschäftseinheiten
- Einzahlungen (+) / Auszahlungen (-) auf Grund von Finanzmittelanlagen im Rahmen der kurzfristigen Finanzdisposition

CF aus Finanzierungstätigkeit

- Einzahlungen (+) aus Eigenkapitalzuführungen, wie z.B. Kapitalerhöhungen oder Verkauf eigener Anteile
- Auszahlungen (-) an Unternehmenseigner und Minderheitsgesellschafter, wie z.B. Dividenden, Erwerb eigener Anteile, Eigenkapitalrückzahlungen, andere Ausschüttungen
- Einzahlungen (+) aus der Begebung von Anleihen und der Aufnahme von (Finanz-) Krediten / Auszahlungen aus der Tilgung (-) von Anleihen und (Finanz-) Krediten

= Liquide Mittel am Ende des Geschäftsjahres
− Liquide Mittel zu Beginn des Geschäftsjahres

Abb. II.8-4: Ermittlung des Cashflow aus laufender Geschäfts-, Investitions- und Finanzierungstätigkeit

Bei der Prüfung der Kapitalflussrechnung hat der Abschlussprüfer zunächst zu untersuchen, welche Rechnungslegungsnorm angewandt wurde. Form und Inhalt der Kapitalflussrechnung können sich neben dem DRS 2 aus IAS 7 oder SFAS 95 ergeben. Die Vorschriften des DRS 2 und des IAS 7 sind hierbei weitgehend vergleichbar, so dass sich Kapitalflussrechnungen, die nach DRS oder IAS aufgestellt wurden, grundsätzlich in ihrer Konzeption und Ausgestaltung entsprechen. Unterschiede bestehen hinsichtlich der Zuordnung der Zahlungsströme aus Zinsen und Dividenden. Gemäß DRS 2.36 sind erhaltene und gezahlte Zinsen sowie erhaltene Dividenden der laufenden Geschäftstätigkeit zuzuordnen. Dies gilt nach IAS 7 nur für Finanzinstitutionen. Für andere Unternehmen erfolgt der Ausweis grundsätzlich als CF aus der Finanzierungs- oder Investitionstätigkeit. Weiterhin setzt IAS 7 im Gegensatz zu DRS 2 kein Mindestgliederungsschema voraus. Das Gliederungsschema des DRS 2 entspricht hierbei jedoch grundsätzlich den Anforderungen des IAS 7.[31] Abb. II.8-4 stellt daher die Ermittlung des CF basierend auf dem Gliederungsschema des DRS 2.26-35 zusammenfassend dar.

Grundsätzlich hängen die vom Abschlussprüfer durchzuführenden Prüfungshandlungen maßgeblich von der durch den Mandanten gewählten Methode zur Herleitung der Kapitalflussrechnung ab. Diesbezügliche Organisationsanweisungen des Mandanten können dem Abschlussprüfer hier im Rahmen einer *Systemprüfung* wichtige Hinweise liefern. Die notwendigen Prüfungshandlungen lassen sich nach den Einzahlungen in und Auszahlungen aus den drei darzustellenden Kapitalfonds (CF aus laufender Geschäftstätigkeit, CF aus der Investitionstätigkeit sowie CF aus der Finanzierungstätigkeit) strukturieren.

Prüfungsansatz bei direkter Ermittlung der Kapitalflussrechnung

Wie bereits ausgeführt, kann der *CF aus laufender Geschäftstätigkeit* direkt durch die Aufstellung von Ein- und Auszahlungen einer Periode ermittelt werden. Wird beim Mandanten bereits auf der Buchungsebene über Zusatzkontierungen jeder einzelne Geschäftsvorfall differenziert nach zahlungswirksamen und zahlungsunwirksamen Buchungen erfasst, kann sich die Prüfung des Abschlussprüfers weitgehend auf eine *Systemprüfung* beschränken. Hierbei muss sichergestellt werden, dass bereits bei der Erfassung der Geschäftsvorfälle die Zuordnung zu den relevanten Kapitalfonds gewährleistet ist. In diesem Fall sind die vor dem Hintergrund des ermittelten inhärenten Risikos notwendigen Prüfungshandlungen auf ausgewählte komplexe und wesentliche Zahlungsvorgänge (z.B. Erwerb und Verkauf von zu konsolidierenden Unternehmen und sonstigen Geschäftseinheiten) sowie auf ermessensabhängige Ausweisfragen (z.B. den Ausweis von aktivierten Zinsen) zu beschränken.[32]

Prüfungsansatz bei indirekter Ermittlung der Kapitalflussrechnung

Auch bei der in praxi fast ausnahmslos angewandten indirekten Methode zur Ermittlung des *CF aus laufender Geschäftstätigkeit* besteht die Aufgabe des Abschlussprüfers zunächst darin, die vom Mandanten implementierte Methode zur Erstellung der Überleitungsrechnung durch eine *Systemprüfung* nachzuvollziehen. Die wesentlichen Prüfungsziele bestehen in der Feststellung der Einhaltung der relevanten Darstellungs- und Berichterstattungsvorschriften, der Vollständigkeit und periodengerechten Erfassung der Zahlungsströme sowie der Existenz der Zahlungsmittelbestände und Zahlungsmitteläquivalente am Bilanzstichtag. Im Folgenden wird ein möglicher Prüfungsablauf zur Prüfung einer auf Basis der indirekten Methode ermittelten Kapitalflussrechnung dargestellt:

Der Abschlussprüfer hat sich zunächst durch Einsichtnahme in die Unterlagen zur Herleitung der Kapitalflussrechnung und Organisationsanweisungen sowie in die Überleitungsrechnung der Daten aus dem Jahresabschluss einen ersten Eindruck von der Ordnungsmäßigkeit der Kapitalflussrechnung zu verschaffen. Hierbei ist insbesondere das Vorhandensein sowie die Richtigkeit der Überleitung des Finanzmittelfonds zu den einzelnen Positionen des Jahresabschlusses unter Beachtung der Ausweis-, Gliederungs- und Erläuterungsvorschriften zu prüfen sowie die Einhaltung der Kriterien für Zahlungsmitteläquivalente zu beurteilen.

Die Plausibilität der erstellten Kapitalflussrechnung kann anhand analytischer Prüfungen, wie z.B. dem Vergleich relevanter Kennzahlen im Jahresverlauf oder dem Vergleich mit Vorjahreszahlen, untersucht werden. Zu nennen ist hier u.a. der Vorjahresvergleich des Quotienten aus *CF aus laufender Geschäftstätigkeit* und den *Umsatzerlösen*, wobei eine Verschlechterung der Kennzahl auf einen Anstieg der Forderungen oder eine Erhöhung der Auszahlungen hindeutet.[33]

Im Rahmen von aussagebezogenen Prüfungshandlungen gilt es darüber hinaus, die Abgrenzung des Finanzmittelfonds durch Erhebung und Analyse von Informationen zur *Fristigkeit* bestimmter Positionen (Restlaufzeit von unter drei Monaten, auf den Erwerbszeitpunkt gerechnet), zur *Liquidierbarkeit* sowie im Hinblick auf das *Wertänderungsrisiko* zu untersuchen, um die normenkonforme Berücksichtigung aller Beträge zu prüfen. Von der normenkonformen Abgrenzung hat sich der Abschlussprüfer in Stichproben zu überzeugen. Da in ihrer Verfügbarkeit eingeschränkte Beträge in der Regel nicht in eine Kapitalflussrechnung eingehen dürfen, ist der Abschlussprüfer gehalten, z.B. die auf ausländischen Bankkonten unterhaltenen Guthaben des Mandanten hinsichtlich eventuell bestehender Transferbeschränkungen zu untersuchen, da diese nicht dem Finanzmittelfonds zuzurechnen sind.[34]

Wesentliche zahlungsunwirksame Geschäftsvorfälle sind durch den Abschlussprüfer zu untersuchen, wobei dieser hierbei weitgehend auf Informationen aus dem sonstigen Prüfungsablauf zurückgreifen kann. Insbesondere die einzelfallbezogenen Prüfungshandlungen sind unter Effizienzgesichtspunkten in die übrige Jahresabschlussprüfung zu integrieren. In Bezug auf den *CF aus der Investitionstätigkeit* kann der Abschlussprüfer z.B. bereits im Rahmen der Prüfung des Anlagespiegels die für die Prüfung der Kapitalflussrechnung relevanten zahlungswirksamen Investitionen identifizieren. Generell kann nahezu jede Position der Kapitalflussrechnung mit den Positionen der Bilanz und der Gewinn- und Verlustrechnung durch den Abschlussprüfer abgestimmt werden. Durch einen direkten Zahlenvergleich können sämtliche Positionen der Kapitalflussrechnung überprüft werden, die durch die indirekte Methode in die Kapitalflussrechnung eingegangen sind (z.B. Gewinn, Abschreibungen). Weiterhin ist durch den Abschlussprüfer im Falle einer Folgeprüfung anhand der Arbeitspapiere der vorangegangenen Prüfungen sicher zu stellen, dass der Stetigkeitsgrundsatz hinsichtlich der Abgrenzung des Finanzmittelfonds sowie in Bezug auf die Darstellungsform der Kapitalflussrechnung eingehalten wurde. Abweichungen im Vergleich zu den Vorjahren sind von der Unternehmensleitung zu begründen.

Bei Vorliegen von Veränderungen innerhalb des Konsolidierungskreises ist zu prüfen, ob zahlungsunwirksame Zu- oder Abgänge von Vermögensgegenständen im Zuge der Konsolidierungskreisveränderung unzulässigerweise in die Kapitalflussrechnung einbezogen wurden (IAS 7.37 ff.).

Der Abschlussprüfer hat die Prüfungsfeststellungen sowie das Prüfungsergebnis in den Arbeitspapieren zu dokumentieren und abschließend die Normenkonformität der Kapitalflussrechnung mit der zugrunde liegenden Rechnungslegungsvorschrift festzustellen. Die Prüfungsfeststellungen haben Einfluss auf den Prüfungsbericht und den Bestätigungsvermerk, wobei gem. § 321 Abs. 1 Satz 3 HGB im Prüfungsbericht festgestellte Verstöße gegen Rechnungslegungsvorschriften oder Unrichtigkeiten bei der Segmentberichterstattung darzustellen sind (IDW PS 450.40 ff.). Diesbezüglich ist auch das Fehlen von Pflichtangaben zur Kapitalflussrechnung im Prüfungsbericht zu dokumentieren. Auf Besonderheiten im Ausweis sowie wesentliche Veränderungen gegenüber dem Vorjahr ist im Prüfungsbericht gemäß IDW PS 450.70 gesondert einzugehen. Haben die seitens des Abschlussprüfers durchgeführten Prüfungshandlungen nicht zu wesentlichen Beanstandungen hinsichtlich der Kapitalflussrechnung geführt, ergeben sich keine einschränkenden Auswirkungen auf den Bestätigungsvermerk. Wurden hingegen wesentliche Unrichtigkeiten und Verstöße bei der Kapitalflussrechnung identifiziert oder lagen wesentliche Prüfungshemmnisse vor, ist der Bestätigungsvermerk gemäß IDW PS 400.50 einzuschränken.

8.3.3 Form, Inhalt und Prüfung des Eigenkapitalspiegels

Veränderungen des Konzerneigenkapitals sind für externe Adressaten i.d.R. nur begrenzt nachvollziehbar, da u.a. erfolgsneutrale Veränderungen des Konzerneigenkapitals sowie Differenzen aus der Währungsumrechnung nicht unmittelbar für außenstehende Interessenten erkennbar sind. Vor diesem Hintergrund erscheint die Aufstellung eines Eigenkapitalspiegels zweckdienlich, wobei der Eigenkapitalspiegel deutlich umfassendere Informationen zur Veränderung des Konzerneigenkapitals bereitzustellen hat als das in der Gewinn- und Verlustrechnung ausgewiesene Periodenergebnis.

Bislang wurde eine detaillierte Darstellung der Veränderung des Konzerneigenkapitals sowie des Konzerngesamtergebnisses in Form eines Eigenkapitalspiegels vom deutschen Gesetzgeber nicht ausdrücklich gefordert. Mit Inkrafttreten des TransPuG im Jahr 2002 haben gem. § 297 Abs. 1 HGB nunmehr die gesetzlichen Vertreter von Mutterunternehmen, die selbst oder durch eines ihrer Tochterunternehmen einen organisierten Markt im Sinne des § 2 Abs. 1 Satz 1 WpHG in Anspruch nehmen oder aber, die die Zulassung zum Handel an einem organisierten Markt beantragt haben, den Konzernabschluss für nach dem 31.12.2002 beginnende Geschäftsjahre um einen Eigenkapitalspiegel als eigenständigen Bestandteil des Konzernabschlusses zu erweitern.

Der Gesetzgeber verzichtet jedoch – wie auch bei der Segmentberichterstattung und Kapitalflussrechnung – auf die Festlegung einer bestimmten Darstellungsform. Für Unternehmen, die nach HGB oder PublG verpflichtet sind, einen Konzernabschluss aufzustellen, ist für die Darstellung des Eigenkapitalspiegels DRS 7 einschlägig. Gemäß DRS 7.2 erfolgt im Rahmen des Eigenkapitalspiegels eine detaillierte Aufstellung der Veränderung des Eigenkapitals gesondert für das Mutterunternehmen und die Minderheitsgesellschafter. Hierbei ist der Jahresüberschuss/-fehlbetrag gesondert für das Mutterunternehmen und für die Minderheitsgesellschafter unter Berücksichtigung erfolgsneutraler Veränderungen des Eigenkapitals auf das Gesamtergebnis überzuleiten. Der Eigenkapitalspiegel ist jeweils für das entsprechende Berichtsjahr sowie das Vorjahr aufzustellen und hat gemäß DRS 7.7 folgende Elemente zu beinhalten, wobei bei Mutterunternehmen, die nicht die Rechtsform einer Kapitalgesellschaft haben, die einzelnen Positionen entsprechend anzupassen sind:

 Gezeichnetes Kapital des Mutterunternehmens

./. Nicht eingeforderte ausstehende Einlagen des Mutterunternehmens

+ Kapitalrücklage

+ Erwirtschaftetes Konzerneigenkapital

./. Eigene Anteile, die zur Einziehung bestimmt sind

+ kumuliertes übriges Konzernergebnis, soweit es auf die Gesellschafter des Mutterunternehmens entfällt

= Eigenkapital des Mutterunternehmens gemäß Konzernbilanz

./. Eigene Anteile, die nicht zur Einziehung bestimmt sind

= Eigenkapital des Mutterunternehmens

+ Eigenkapital der Minderheitsgesellschafter

 - davon: Minderheitenkapital

 - davon: Kumuliertes übriges Konzernergebnis, soweit es auf Minderheitsgesellschafter entfällt

= Konzerneigenkapital

Nehmen Mutterunternehmen, deren Wertpapiere an einem organisierten Markt gehandelt werden, das Wahlrecht des § 292a HGB in Anspruch und legen einen befreienden Konzernabschluss nach international anerkannten Rechnungslegungsstandards vor, so liefern IAS 1.86 ff. und SFAS 130 die relevanten Vorgaben für die Darstellung einer Eigenkapitalveränderungsrechnung.

Gemäß IAS 1.7 (c) ist als zusätzlicher Bestandteil des Jahresabschlusses eine Eigenkapitalveränderungsrechnung verpflichtend, die entweder

- sämtliche Eigenkapitalveränderungen oder
- die Eigenkapitalveränderungen, die nicht durch Kapitaltransaktionen mit den Eigentümern und Ausschüttungen an die Eigentümer entstanden sind,

darzustellen hat.

Pflichtbestandteile dieser Eigenkapitalveränderungsrechnung sind gemäß IAS 1.86:

- das Periodenergebnis,
- die erfolgsneutral mit dem Eigenkapital verrechneten Beträge (jeder Aufwands-, Ertrags-, Gewinn- oder Verlustposten, der nach einem anderen Standard direkt im Eigenkapital erfasst wird) sowie
- die Auswirkungen von Veränderungen der Bilanzierungs- und Bewertungsmethoden und der Korrektur schwerwiegender Fehler (Benchmark-Methode gemäß IAS 8).

Darüber hinaus sind diejenigen Eigenkapitalveränderungen, die durch Transaktionen mit den Eigenkapitalgebern sowie durch die Veränderung anderer Eigenkapitalpositionen verursacht wurden, in diese Darstellung einzubeziehen oder als Teil des Anhangs (notes) auszuweisen (IAS 1.86).

In Bezug auf die Prüfung des Eigenkapitalspiegels bzw. der Eigenkapitalveränderungsrechnung hat der Abschlussprüfer zunächst festzustellen, welche Rechnungslegungsnorm beim Mandanten bei der Erstellung des Eigenkapitalspiegels bzw. der Eigenkapitalveränderungsrechnung zugrunde gelegt wurde. Zur Erlangung von Prüfungsnachweisen erscheinen neben analytischen Prüfungen insbesondere in Bezug auf die Prüfung der Veränderungen verschiedener Eigenkapitalpositionen Einzelfallprüfungen angezeigt.

Analytische Prüfungen

Im Rahmen analytischer Prüfungen hat der Abschlussprüfer zunächst die Postenzusammensetzung des Eigenkapitals mit jenen der Vorperioden zu vergleichen und unerwartete sowie das Ausbleiben erwarteter Veränderungen zu klären. Weiterhin sind Informationen über Unternehmensakquisitionen sowie Reorganisationsmaßnahmen einzuholen, die Einfluss auf die Veränderung der Eigenkapitalkonten haben, um folglich Aussagen über die Plausibilität der Veränderungen der einzelnen Eigenkapitalposten zu ermöglichen. Zur Überprüfung der Plausibilität der in der Eigenkapitalveränderungsrechnung ausgewiesenen Informationen bietet sich zudem ein Vergleich mit den im Anhang gemachten Angaben zur Neubewertung von Gegenständen des Sachanlagevermögens gemäß IAS 16, von Investments gemäß IAS 25 sowie immateriellen Vermögenswerten gemäß IAS 38, die erfolgsneutral mit dem Eigenkapital verrechnet wurden. Weiterhin sind analytische Prüfungen zur Beurteilung des Ausgleichspostens aus der Währungsumrechnung zweckdienlich, indem die Wechselkursentwicklungen von Ländern wesentlicher Tochterunternehmen betrachtet werden und einem Plausibilitätscheck auf der Grundlage des Ausgleichspostens für Währungsumrechnung unterzogen werden. Hinsichtlich der Beurteilung des Ausweises des Minderheitenkapitals hat sich der Abschlussprüfer anhand geeigneter Verträge und sonstiger relevanter Dokumente einen Gesamtüberblick über die Anzahl und Zusammensetzung der Minderheitsgesellschafter und den faktisch den Minderheitsgesellschaftern zustehenden Ansprüchen am Eigenkapital und Gesamtergebnis zu verschaffen.

Einzelfallprüfungen

Im Rahmen von Einzelfallprüfungen hat der Abschlussprüfer hinsichtlich der Eigenkapitalkonten zu prüfen, ob die gesetzlichen Vorschriften sowie Bestimmungen, die sich aus dem Gesellschaftsvertrag, der Satzung und sonstigen Verträgen und Urkunden ergeben, beachtet und eingehalten wurden. Bei der Prüfung der Eigenkapitalkonten ist insbesondere die Abstimmbarkeit der Eigenkapitalbuchführung mit dem Hauptbuch sicherzustellen. Im Rahmen der Einzelfallprüfungen ist ferner das gezeichnete Kapital mit dem aktuellen Handelsregisterauszug abzugleichen.

Im Falle von Kapitalveränderungen (z.B. Kapitalerhöhung bzw. -herabsetzung, Verkauf/Erwerb von Anteilen/Aktien, Neuemission) bedarf es zur Erlangung von Prüfungsnachweisen seitens des Abschlussprüfers der Einsichtnahme in die maßgeblichen Beschlüsse und Erklärungen, um die Ordnungsmäßigkeit der Beschlussfassung sowie die korrekte wertmäßige Abbildung der Kapitalveränderung beurteilen zu können. Im Hinblick auf die Beurteilung der Werthaltigkeit noch ausstehender Einlagen ist eine Prüfung der Liquiditätslage wesentlicher Gesellschafter durchzuführen. Der korrekte Ausweis eigener Anteile ist schließlich durch eine Überprüfung des Verwendungszweckes anhand von Gesellschafterbeschlüssen oder anderen geeigneten Dokumenten sicherzustellen.

Der Abschlussprüfer hat die Prüfungsfeststellungen sowie das Prüfungsergebnis in den Arbeitspapieren zu dokumentieren und abschließend die Normenkonformität des Eigenkapitalspiegels bzw. der Eigenkapitalveränderungsrechnung mit der zugrunde liegenden Rechnungslegungsnorm festzustellen. Die Prüfungsfeststellungen haben Einfluss auf den Prüfungsbericht und den Bestätigungsvermerk, wobei gem. § 321 Abs. 1 Satz 3 HGB im Prüfungsbericht festgestellte Verstöße gegen Rechnungslegungsvorschriften oder Unrichtigkeiten bei Eigenkapitalspiegel bzw. Eigenkapitalveränderungsrechnung darzustellen sind (IDW PS 450.40 ff.). Im Prüfungsbericht ist gemäß IDW PS 450.70 weiterhin auf Besonderheiten im Ausweis sowie wesentliche Veränderungen von Eigenkapitalpositionen gegenüber dem Vorjahr gesondert einzugehen und das Fehlen von Pflichtangaben zu dokumentieren. Haben die seitens des Abschlussprüfers durchgeführten Prüfungshandlungen nicht zu wesentlichen Beanstandungen hinsichtlich des Eigenkapitalspiegels bzw. der Eigenkapitalveränderungsrechnung geführt, ergeben sich keine einschränkenden Auswirkungen auf den Bestätigungsvermerk. Wurden durch den Abschlussprüfer hingegen wesentliche nicht korrigierte Unrichtigkeiten und Verstöße oder wesentliche Prüfungshemmnisse im Rahmen der Prüfung des Eigenkapitalspiegels bzw. der Eigenkapitalveränderungsrechnung festgestellt, ist gemäß IDW PS 400.50 eine Einschränkung des Bestätigungsvermerks vorzunehmen. Eine Einschränkung des Bestätigungsvermerks erscheint vor diesem Hintergrund beispielsweise angezeigt, wenn in Bezug auf eine durchgeführte Kapitalerhöhung wesentliche Abweichungen zwischen den vorliegenden Beschlussfassungen sowie den Angaben im Eigenkapitalspiegel bzw. in der Eigenkapitalveränderungsrechnung fest gestellt wurden.

8.4 Prüfung der Beziehungen zu nahe stehenden Personen

8.4.1 Begriffserklärungen und Einordnung in den rechtlichen Rahmen

Im Hinblick auf die Definition nahe stehender Personen stellt IDW EPS 255 auf die Ausführungen aus dem Deutschen Rechnungslegungs Standard Nr. 11 (DRS 11) „Berichterstattung über Beziehungen zu nahe stehenden Personen", die sich an die Definitionen in IAS 24 anlehnen, ab. Der Anwendungsbereich des DRS 11 ist jedoch gegenüber dem IDW EPS 255 insofern eingeschränkt, als sich DRS 11 ausschließlich auf die Berichterstattung im Konzernabschluss kapitalmarktorientierter Mutterunternehmen bezieht. Gemäß IDW EPS 255.5 sind nahe stehende Personen somit „natürliche Personen sowie juristische Personen und Unternehmen, die das berichtende Unternehmen (...) oder eines seiner Tochterunternehmen beherrschen können (...) oder die auf das berichtende Unternehmen oder auf seine Tochterunternehmen unmittelbar oder mittelbar wesentlich einwirken können, sowie diejenigen natürlichen sowie juristischen Personen, die das berichtende Unternehmen beherrschen kann oder auf die es wesentlich einwirken kann."

Natürliche und juristische Personen, die durch eine Stimmrechtsmehrheit oder mittels Beherrschungsvertrag die Finanz- und Geschäftspolitik des Unternehmens bestimmen können, haben die Möglichkeit der Beherrschung und sind somit den nahe stehenden Personen zuzurechnen. Dabei ist es unerheblich, ob die Beherrschung direkt ausgeübt wird oder indirekt über ein Tochterunternehmen. Die Möglichkeit der wesentlichen Einwirkung ergibt sich, sobald natürliche oder juristische Personen an der Entscheidungsfindung im Rahmen der Finanz- und Geschäftspolitik des Unternehmens teilhaben, ohne jedoch beherrschend bzw. bestimmend wirken zu können.

Der Kreis der nahe stehenden Personen lässt sich, IDW EPS 255.6 folgend, somit folgendermaßen abgrenzen:[35]

- Unternehmen, die das zu prüfende Unternehmen oder dessen Tochterunternehmen beherrschen oder von diesem beherrscht werden können;

- Unternehmen, die von einer Person beherrscht werden, die auch das zu prüfende Unternehmen beherrscht;

- Unternehmen, die auf nahe stehende Personen des zu prüfenden Unternehmens wesentlich einwirken oder diese beherrschen können;

- innerhalb des zu prüfenden Unternehmens die Eigentümer bzw. Gesellschafter sowie die gesetzlichen Vertreter und Mitglieder des Aufsichtsgremiums und leitende Angestellte, zu deren Aufgaben die Planung, Leitung oder Kontrolle des Unternehmens gehört und die direkt einem der gesetzlichen Vertreter gegenüber berichtspflichtig sind;

- Personen, die nahe stehende Personen im Hinblick auf die Belange des zu prüfenden Unternehmens beeinflussen oder von ihnen beeinflusst werden können. Damit sind beispielsweise nahe Angehörige eines die Mehrheit der Stimmrechte besitzenden Anteilseigners den nahe stehenden Personen des Unternehmens zuzurechnen, sofern davon auszugehen ist, dass die Möglichkeit eines wesentlichen Einflusses gegeben ist;[36]

- Behörden und öffentliche Einrichtungen, sofern sie nicht durch die Wahrnehmung ihrer hoheitlichen Aufgaben oder den damit verbundenen gewöhnlichen Geschäftsbeziehungen, sondern durch gesellschaftsrechtliche Sachverhalte mit dem zu prüfenden Unternehmen verbunden sind.

Im deutschen Handels- und Aktienrecht sind bisher lediglich einige Vorschriften zur Berichterstattung über Beziehungen zu nahe stehenden Personen vorhanden, die ausschließlich von Kapitalgesellschaften und bestimmten Personenhandelsgesellschaften gem. § 264a HGB anzuwenden sind. Diese beziehen sich lediglich auf die Darstellung der Beziehungen zu verbundenen Unternehmen.[37] Neben den grundsätzlichen Angaben zu verbundenen Unternehmen in den Rechenwerken des Jahresabschlusses, ist über die Mitglieder der Unternehmensführung und der Kontrollorgane sowie deren Bezüge zu berichten (§ 285 Nr. 9 u. 10 HGB). Weiterhin ist über den Besitz von Anteilen an anderen Unternehmen zu berichten, sofern bestimmte Größenordnungen des Anteilsbesitzes überschritten werden (§ 285 Nr. 11 HGB) sowie über Unternehmen, die in den Konzernabschluss einbezogen werden. Nach § 312 Abs. 1 AktG muss der Vorstand eines in einem Abhängigkeitsverhältnis stehenden Unternehmens einen Abhängigkeitsbericht (vgl. hierzu Kapitel III, Abschnitt 2.2.7) erstellen. Dieser ist jedoch nicht im Ganzen zu veröffentlichen, sondern lediglich dessen Schlusserklärung als Bestandteil des Lageberichts (§ 312 Abs. 3 Satz 3 AktG). Des Weiteren ergeben sich Berichtspflichten über Beteiligungen an anderen Unternehmen bzw. von anderen Unternehmen aus §§ 20 f. AktG. Es sind zusätzlich Informationen bereitzustellen, sofern eine Grenze von 5%, 10%, 25%, 50% oder 75% der Stimmrechte über- bzw. unterschritten wird (§§ 21 f. WpHG). Weiterhin sind u.U. besondere Vorschriften einzelner Börsensegmente zur Berichterstattung zu beachten.

Die im IDW EPS 255 verwendete Definition von nahe stehenden Personen, die über den Begriff der verbundenen Unternehmen hinausgeht, findet sich jedoch in der VO 1/1995 sowie im IDW PS 230 wieder. Durch die VO 1/1995, die Ausführungen zur Qualitätssicherung in der Wirtschaftsprüferpraxis enthält, wird eine Analyse der bei der Prüfung zu berücksichtigenden individuellen Risikofaktoren des zu prüfenden Unternehmens gefordert. Ein solcher Risikofaktor kann die Beziehung zu nahe stehenden Personen sein. IDW PS 230 fordert, dass sich der Abschlussprüfer ausreichende Kenntnisse über die Geschäftstätigkeit sowie über das wirtschaftliche und rechtliche Umfeld des Unternehmens zu verschaffen hat. Diese Kenntnisse sind nach IDW PS 230.7 die Grundlage u.a. für die Identifikation von nahe stehenden Personen.

Grundsätzlich entsprechen die Ausführungen des IDW EPS 255 denen des ISA 550 „Related Parties". Sofern Abweichungen zu erkennen sind, handelt es sich ausschließlich um Ergänzungen der Regelungen des ISA 550 durch den IDW EPS 255. So sind hierin im Hinblick auf den Prüfungsbericht und den Bestätigungsvermerk etwa die Konsequenzen durch nicht ausreichende bzw. unangemessene Prüfungsnachweise oder durch aufgetretene Prüfungshemmnisse enthalten (IDW EPS 255.28). Auch sind die Ausführungen zu den besonderen Prüfungsanforderungen (IDW EPS 255.26) für bestimmte nahe stehende Personen nach §§ 312 ff. AktG als Ergänzung zum ISA 550 zu sehen, die auf nationale Gegebenheiten zurückzuführen ist. So unterliegt gem. § 313 AktG der Bericht über die Beziehungen zu verbundenen Unternehmen auch der Prüfung durch den Abschlussprüfer.

Sowohl in IAS/IFRS- als auch in US-GAAP-Abschlüssen sind Angaben über Beziehungen zu nahe stehenden Personen (related parties) zu machen. Diese Angaben bzw. das Fehlen solcher Beziehungen sind vom Abschlussprüfer zu prüfen. Diese Verpflichtungen ergeben sich für IAS/IFRS-Abschlüsse aus IAS 24 „Related Party Disclosures" und für US-GAAP-Abschlüsse u.a. aus SFAS 57. Abweichungen zwischen den internationalen und den deutschen Normen ergeben sich hauptsächlich durch Ergänzungen auf Grund nationaler Besonderheiten. In IAS 24.6 werden jedoch aus der Gruppe der nahe stehenden Personen die Kapitalgeber, die Gewerkschaften und einzelne Kunden oder Lieferanten, mit denen ein wesentliches Geschäftsvolumen abgewickelt wird, ausgenommen. Nach IAS wird somit die Beherrschung bzw. der wesentliche Einfluss als entscheidender Sachverhalt angesehen. Eine Beziehung zu nahe stehenden Personen im Sinne des IAS 24 ergibt sich aus einer solchen wirtschaftlichen Abhängigkeit nicht. Diese Einschränkung der zu berücksichtigenden Personengruppen findet sich imIDW EPS 255 dagegen nicht wieder.

8.4.2 Planung und Durchführung der Prüfung von Beziehungen zu nahe stehenden Personen

Obwohl Beziehungen zu und Geschäftsvorfälle mit nahe stehenden Personen als normaler Bestandteil wirtschaftlicher Tätigkeit angesehen werden, ist diesbezüglich eine besondere Sorgfalt notwendig, da

- sich Auswirkungen auf die Aussagekraft der Rechnungslegung des Unternehmens ergeben können,

- die Zuverlässigkeit von Prüfungsnachweisen, die von nicht nahe stehenden Personen angefertigt wurden, höher ist und

- Geschäftsvorfälle u.U. ausschließlich aus privaten Erwägungen heraus getätigt und dabei wirtschaftliche Gesichtspunkte vernachlässigt wurden, so dass es z.B. zu Vermögensschädigungen oder Gesetzesverstößen kommen kann.

Im Vorfeld der Prüfung beschafft sich der Abschlussprüfer von den gesetzlichen Vertretern des zu prüfenden Unternehmens Informationen über die Beziehungen zu nahe stehenden Personen und die in diesem Zusammenhang aufgetretenen Geschäftsvorfälle. Über die Vollständigkeit dieser Daten und die angemessene Berücksichtigung der Beziehungen zu nahe stehenden Personen im Rechnungswesen ist nach Auffassung des IDW eine schriftliche Erklärung der Unternehmensleitung (representation letter) einzuholen (IDW EPS 255.24). Die Auswertung der Informationen erlaubt dem Abschlussprüfer, die für die Rechnungslegung wesentlichen Beziehungen zu nahe stehenden Personen und korrespondierende Geschäftsvorfälle herauszustellen. Im Rahmen der Festlegung seiner Prüfungshandlungen hat der Abschlussprüfer die Angemessenheit der Kontrollaktivitäten bezüglich der Beziehungen zu nahe stehenden Personen zu beurteilen. Um Beziehungen zu nahe stehenden Personen aufzudecken, sieht IDW EPS 255.16 folgende Prüfungshandlungen vor:

- Auswertung von Arbeitspapieren aus früheren Jahren in Bezug auf bereits bekannte verbundene Parteien,

- Beurteilung der Wirksamkeit der Maßnahmen, die das berichtende Unternehmen ergriffen hat, um nahe stehende Personen zu identifizieren,

- Erkundigungen über die Verbindungen von Mitgliedern der Aufsichtsgremien, der gesetzlichen Vertreter und der leitenden Angestellten zu anderen Unternehmen,

- Auswertung der Liste der Anteilseigner, um die wesentlichen Anteilseigner zu identifizieren,

- Auswertung der Protokolle von Versammlungen der Anteilseigner und der Aufsichtsgremien sowie sonstiger Unterlagen, beispielsweise satzungsmäßiger Aufzeichnungen,

- Befragung der Prüfer vergangener Jahresabschlüsse zu deren Kenntnissen über weitere nahe stehende Personen sowie sonstiger externer Prüfer, deren Arbeit verwendet oder übernommen werden soll,

- Auswertung der Einkommensteuererklärungen und anderer den Behörden zur Verfügung gestellter Informationen und

- Berücksichtigung der Prüfungsergebnisse zu den Berichten der Vorstände von abhängigen Aktiengesellschaften bezüglich der Beziehungen zu verbundenen Unternehmen.

Bei der Durchsicht der buchhalterischen Aufzeichnungen können Geschäftsvorfälle mit hohem Geschäftsvolumen oder ungewöhnliche Konditionen (z.B. Zinsen oder Preise) dem Prüfer als Hinweise auf nicht aufgeführte Beziehungen zu oder Geschäftsvorfälle mit nahe stehenden Personen dienen. Außerdem werden im Zusammenhang mit einzelnen Geschäftsvorfällen oder Beständen Einzelfallprüfungen durchgeführt, um z.B. Geschäftsvorfälle aufzudecken, deren rechtliche und wirtschaftliche Gestaltung nicht übereinstimmen oder deren Abschluss aus wirtschaftlichen Überlegungen heraus unbegründet erscheint. Auf ungewöhnliche Art und Weise abgewickelte Geschäftsvorfälle können ebenso auf Beziehungen zu nahe stehenden Personen hindeuten, wie z.B. unentgeltliche Nutzungsüberlassungen, die nicht in der Buchhaltung erfasst wurden. Weitere Prüfungshandlungen sind hier auch die Beurteilung von Bestätigungen Dritter sowie die Einholung von Bankbestätigungen, die über vergebene oder aufgenommene Darlehen informieren. Zusätzlich werden Prüfungshandlungen durchgeführt, die Hinweise auf erworbene oder verkaufte Beteiligungen sowie auf bestehende Bürgschaften oder andere Haftungsverhältnisse liefern sollen.

Der Abschlussprüfer hat gemäß IDW EPS 255.8 durch die im Rahmen seiner Prüfungshandlungen erlangten Prüfungsnachweise die Angemessenheit des IKS in Bezug auf die Beziehungen zu nahe stehenden Personen zu beurteilen. Sofern keine Sachverhalte vorliegen, die auf eine Ausweitung des Risikos von Unrichtigkeiten im Zusammenhang mit der Berichterstattung über die Beziehungen zu nahe stehenden Personen über das erwartete Ausmaß hinaus bzw. auf bereits aufgetretene Verstöße hinweisen, kann von ausreichenden und angemessenen Prüfungsnachweisen ausgegangen werden. Andernfalls sind die zuvor dargestellten Prüfungshandlungen entsprechend anzupassen oder auszuweiten. Sofern keine Offenlegungspflichten bezüglich der Beziehungen zu nahe stehenden Personen bestehen, besteht die Aufgabe des Abschlussprüfers in der Beurteilung der mit diesen Beziehungen verbundenen Risiken.

8.5 Prüfung der Auswirkungen des Deutschen Corporate Governance Kodex auf die Abschlussprüfung

8.5.1 Ebene des Kodex und der Rechnungslegung

Der am 30.8.2002 veröffentlichte Deutsche Corporate Governance Kodex (DCGK) stellt wesentliche gesetzliche Vorschriften zur Leitung und Überwachung deutscher börsennotierter Unternehmen dar und enthält international und national anerkannte Standards guter und verantwortungsvoller Unternehmensführung. Der Kodex steht als download unter http://www.corporate-governance-code.de zur Verfügung.[38]

Der Kodex soll das deutsche Corporate Governance System transparent und nachvollziehbar machen und das Vertrauen der stakeholder in die Leitung und Überwachung deutscher börsennotierter Aktiengesellschaften fördern (DCGK Ziff. 1). Dabei handelt es sich nicht um ein verpflichtendes Normenwerk, sondern um Empfehlungen zur Ausgestaltung guter Unternehmensführung, die auf dem Wege einer freiwilligen Selbstverpflichtung gelten.

Der Kodex enthält *drei Kategorien von Aussagen*:

- *Muss-Regelungen* beziehen sich auf bestehende gesetzliche Vorschriften, die aus Kommunikationsgründen noch einmal dargestellt werden. So findet sich z.B. die in § 84 AktG kodifizierte Verpflichtung zur Bestellung der Mitglieder des Vorstands durch den Aufsichtsrat in Ziff. 5.1.2 des Kodex.

- Von den *Soll-Empfehlungen* können die Gesellschaften abweichen. Allerdings gilt hier das „comply or explain"-Prinzip. Danach haben Vorstand und Aufsichtsrat zu erklären, ob sie den Kodex vollständig beachtet haben oder in welchen Bereichen sie abgewichen sind. Beispielsweise soll die Vergütung der Vorstandsmitglieder im Anhang des Konzernabschlusses, aufgeteilt nach Fixum, erfolgsbezogenen Komponenten und Komponenten mit langfristiger Anreizwirkung, ausgewiesen werden (DCGK Ziff. 4.2.4).

- *Sollte-/Kann-Regelungen* geben Anregungen für eine gute Unternehmensführung. Von diesen Regelungen kann ohne Offenlegung abgewichen werden, da sie sich in der deutschen Praxis noch nicht als allgemein anerkannte „best practice" durchgesetzt haben. Beispielsweise sollte der Vorsitzende des Prüfungsausschusses kein ehemaliges Vorstandsmitglied der Gesellschaft sein (DCGK Ziff. 5.3.2).

Der Kodex gliedert 59 Muss-Regelungen, 61 Soll-Empfehlungen und 17 Sollte-/Kann-Regelungen in die Bereiche „Aktionäre und Hauptversammlung", „Zusammenwirken von Vorstand und Aufsichtsrat", „Aufsichtsrat", „Transparenz" sowie „Rechnungslegung und Abschlussprüfung" (vgl. hierzu IDW EPS 345.Anhang 1). Die Inhalte sollen einmal jährlich vor dem Hintergrund nationaler und internationaler Entwicklungen überprüft und bei Bedarf angepasst werden. Die Soll-Empfehlungen werden in Deutschland zu 35-46% befolgt; die Sollte-/Kann-Regelungen finden so gut wie keine Beachtung.[39] Insofern ist die deutsche Corporate Governance-Kultur verbesserungswürdig.

Vorstand und Aufsichtsrat müssen jährlich in einer sog. *Entsprechenserklärung* angeben, ob und inwieweit sie von den Soll-Empfehlungen abgewichen sind (§ 161 AktG). Ein Abweichen von den Sollte-/Kann-Regelungen ist nicht in der Erklärung anzugeben. Die Erklärung ist von Einzelunternehmen (§ 285 Nr. 16 HGB) und von allen in den Konzernabschluss einbezogenen börsennotierten Unternehmen (§ 314 Abs. 1 Nr. 8 HGB) abzugeben. Abgegeben wird die Erklärung im Anhang.

8.5.2 Ebene der Prüfung

Da die Entsprechenserklärung im Anhang abgegeben wird, hat der Abschlussprüfer diese gem. §§ 316 Abs. 1 u. 2 i.V.m. 317 Abs. 1 Satz 2 HGB auch zu prüfen.[40] Die gesetzliche Angabepflicht erstreckt sich allerdings nur darauf, *ob* die Erklärung abgegeben und den Aktionären zugänglich gemacht worden ist. Die Erklärung selbst ist *wörtlich nicht wiederzugeben* (IDW EPS 345.14).[41] Daraus folgt, dass sich auch die Prüfungspflicht nur auf die Tatsache erstreckt, ob die Erklärung abgegeben und zugänglich gemacht wurde und ob der

Anhang die erforderlichen Angaben enthält. Eine *inhaltliche Prüfung* erfolgt insofern *nicht* (so auch IDW EPS 345.17).

„Die Entsprechenserklärung bzw. die Darstellung unternehmensindividueller Modifikationen und Abweichungen soll in einem *gesonderten Bericht* erfolgen."[42] Nach § 161 Satz 2 AktG ist die Erklärung den Aktionären dauerhaft zugänglich zu machen. Hierzu reicht bereits die Veröffentlichung auf der Website des Unternehmens im Internet aus. Der Prüfer hat sich zu vergewissern, dass das Unternehmen Vorkehrungen getroffen hat, die eine solche dauerhafte Verfügbarkeit der Entsprechenserklärung ermöglichen (IDW EPS 345.20).

Die Berichterstattung über das Ergebnis der Prüfung erfolgt ggf. im Bestätigungsvermerk und/oder im Prüfungsbericht.

- Auswirkungen auf den *Bestätigungsvermerk* ergeben sich nur dann, wenn die Angaben nicht vorhanden, unvollständig oder unzutreffend sind (IDW EPS 345.24 Satz 1). In diesem Fall ist der Vermerk unter Hinweis auf die Bedeutung, die die §§ 285 Nr. 16 u. 317 Abs. 1 Nr. 8 HGB für die Verbindlichkeitswirkung des DCGK haben, einzuschränken (IDW EPS 345.24 Satz 2). Der Vermerk ist auch dann einzuschränken, wenn die Erklärung den Aktionären nicht dauerhaft zugänglich gemacht wird. Diese Konsequenz ergibt sich zweifelsfrei aus dem Wortlaut der §§ 285 Nr. 16 u. 314 Abs. 1 Nr. 8 HGB.

- Auch im *Prüfungsbericht* ist über die Prüfung der Anhangsangaben zur Entsprechenserklärung nur dann zu berichten, wenn diese Angaben nicht vorhanden, unvollständig oder unrichtig sind (IDW EPS 345.25); zu berichten ist auch, sofern die Erklärung den Aktionären nicht dauerhaft zugänglich gemacht wurde.

Weiterhin hat der Abschlussprüfer im Rahmen der Redepflicht gem. § 321 Abs. 1 Satz 3 HGB oder auf Grund einer nach DCGK Ziff. 7.2.3 getroffenen Vereinbarung mit dem Aufsichtsrat über *bei Durchführung der Abschlussprüfung festgestellte Tatsachen* zu berichten, die erkennen lassen, dass die Entsprechenserklärung inhaltlich unzutreffend ist, insbesondere weil von einzelnen Verhaltensempfehlungen abgewichen worden ist, ohne dass dies in der Entsprechenserklärung zum Ausdruck kommt und damit gegen § 161 AktG verstoßen wird (IDW EPS 345.26; vgl. auch IDW EPS 450.18 n.F.).

Wichtig ist, dass Art und Umfang der Abschlussprüfungshandlungen nicht auf die Einhaltung der Verhaltensempfehlungen des DCGK auszurichten sind (IDW EPS 345.27); insofern besteht keine positive Suchverantwortung seitens des Prüfers. Dabei ist es je nach Art und Inhalt der einzelnen Verhaltensempfehlungen mehr oder weniger wahrscheinlich, dass der Abschlussprüfer etwaige Abweichungen von diesen Empfehlungen bei der Durchführung der Abschlussprüfung feststellt. Dem Grad der möglichen Feststellung von Abweichungen folgend, lassen sich drei Bereiche unterscheiden:

- Erstens kann man davon ausgehen, dass der Prüfer bei der Durchführung der Abschlussprüfung die Richtigkeit der Einhaltung bestimmter Regeln unzweifelhaft feststellt (z.B. DCGK Ziff. 4.2.1, wonach der Vorstand aus mehreren Personen bestehen soll und einen Vorsitzenden oder Sprecher haben soll sowie die Geschäftsordnung, die Geschäftsverteilung und die Zusammenarbeit im Vorstand regeln soll).

- Zweitens existieren Regeln, von deren Einhaltung der Abschlussprüfer regelmäßig Kenntnis nimmt (z.B. DCGK Ziff. 4.2.3, wonach die Vergütung der Vorstandsmitglieder fixe und variable Bestandteile umfassen soll).

- Drittens existieren Regeln, mit deren Einhaltung der Prüfer i.d.R. nicht befasst ist und deren Befolgung sich aus diesem Grunde nur ausnahmsweise oder gar nicht feststellen lässt (z.B. DCGK Ziff. 4.3.5, wonach Vorstandsmitglieder Nebentätigkeiten, insbesondere Aufsichtsratmandate außerhalb des Unternehmens, nur mit Zustimmung des Aufsichtsrats übernehmen sollen).

IDW EPS 345.Anhang 1 enthält eine Übersicht, welche die im DCGK enthaltenen Regelungen unverbindlich den drei zuvor angesprochenen Bereichen zuordnet.

Weiterhin sind die sich bei *Aufnahme der Entsprechenserklärung in den Anhang oder Lagebericht* ergebenden Besonderheiten zu beachten.[43] Obwohl der Gesetzgeber eine unmittelbare Aufnahme der Erklärung in den Anhang oder Lagebericht nicht vorsieht, ist eine solche Aufnahme nicht grundsätzlich ausgeschlossen. In diesem Fall muss der Prüfer den Mandanten unmissverständlich auffordern, die Erklärung aus dem Anhang oder Lagebericht herauszunehmen. Weigert sich der Mandant, die Herausnahme vorzunehmen, so ist dieser darauf hinzuweisen, dass die Entsprechenserklärung nun vollumfänglich inhaltlich zu prüfen ist. Ist es dem Prüfer z.B. auf Grund zeitlicher Restriktionen nicht möglich, die Erkärung inhaltlich zu prüfen (Prüfungshemmnis), so kommt es zu einer Einschränkung des Bestätigungsvermerks. Ansonsten besteht die Gefahr, dass ein Abschlussadressat den Umstand der Aufnahme der Entsprechenserklärung in den Anhang dergestalt fehlinterpretiert, die Erklärung sei auch inhaltlich geprüft. Ein solcher Abschluss wäre *irreführend*. Die Einschränkung ist zu begründen und so darzustellen, dass ihre Tragweite erkennbar wird (§ 322 Abs. 4 Satz 3 u. 4 HGB). Eine Versagung des Vermerks kommt hier nicht in Betracht, da sich das Prüfungshemmnis auf einen abgrenzbaren Bereich bezieht. Dagegen sieht IDW EPS 345.17 in solchen Fällen grundsätzlich vor, einen Hinweis in den „beschreibenden Abschnitt" des Bestätigungsmerks aufzunehmen, ohne diesen einzuschränken.

Die Begründung zum TransPuG erachtet es als wünschenswert, wenn die Entsprechenserklärung bzw. die Darstellung zur unternehmensindividuellen Praxis in den Geschäftsbericht aufgenommen wird.[44] Bei *Aufnahme der Entsprechenserklärung in den nicht prüfungspflichtigen Teil des Geschäftsberichts* hat der Prüfer durch eine Plausibilitätsprüfung i.S. des kritischen Lesens festzustellen, ob Unstimmigkeiten zwischen der Entsprechenserklärung und dem geprüften Jahresabschluss oder Lagebericht bestehen (IDW PS 202.6 ff.). Dies beinhaltet *faktisch inhaltlich ausgerichtete Prüfungshandlungen*. Falls durch das kritische Lesen eine wesentliche Unstimmigkeit erkannt wird, so dürfte ein sich ergebender Änderungsbedarf fast ausnahmslos die zusätzlichen Informationen in Gestalt der Entsprechenserklärung betreffen. Weigert sich das Unternehmen die Entsprechenserklärung zu ändern, so könnte es hier im Hinblick auf die Zielsetzung der Abschlussprüfung und die Interessenlage der Abschlussadressaten geboten sein, den uneingeschränkten Vermerk um einen Hinweis zu ergänzen und dort auf die festgestellten Besonderheiten hinzuweisen. IDW PS 400.75 führt in Zusammenhang mit der Erteilung eines uneingeschränkten Testats Folgendes aus: „In Einzelfällen kann ein Hinweis auf bei der Prüfung festgestellte Besonderheiten sachgerecht sein." Dagegen sind aus dem Gesetz keine Hinweise für die in IDW PS 202.15 vertretene Meinung ersichtlich, wonach der Vermerk bis zur Klärung der Unstimmigkeit nicht herauszugeben ist (vgl. hierzu bereits Kapitel I, Abschnitt 6.5.2.1).

Stößt der Prüfer durch kritisches Lesen der Entsprechenserklärung auf wesentliche anscheinend unzutreffende Informationen, die aber *keinen Bezug zu Jahresabschluss und Lagebericht haben*, so hat der Prüfer diese mit den gesetzlichen Vertretern zu erörtern, um festzustellen, ob sie tatsächlich falsch sind (IDW PS 202.19). Ist der Prüfer nach diesem Gespräch überzeugt, dass die Erklärung eine wesentliche falsche Angabe enthält, die durch die gesetzlichen Vertreter nicht beseitigt wurde, hat der Abschlussprüfer durch geeignete Maßnahmen (z.B. Hinweis an die Vertreter auf eine Erörterung ggf. bestehender Haftungsfragen[45] mit dem Firmenanwalt) auf eine Änderung dieser Haltung der gesetzlichen Vertreter hinzuwirken und diese Maßnahmen schriftlich zu dokumentieren (IDW PS 202.20).

Eine weitere prüfungsspezifische Besonderheit in Zusammenhang mit dem DCGK liegt in der Abgabe einer sog. *Unabhängigkeitserklärung* durch den Abschlussprüfer. Die Verantwortung für die Einhaltung der Unabhängigkeit liegt zweifelsfrei beim Abschlussprüfer selbst (§ 43 Abs. 1 WPO u. §§ 1 f. Berufssatzung). Dabei hat der Prüfer seine Tätigkeit zu versagen, sofern die Besorgnis der Befangenheit besteht (§ 49 WPO u. § 20 Berufssatzung). Konkretisiert wird das Konstrukt „Besorgnis der Befangenheit" über die in § 319 Abs. 2 u. 3 HGB sowie in §§ 21 u. 23 Berufssatzung genannten Gründe, die dazu führen, dass ein Prüfer einen Prüfungsauftrag nicht annehmen darf bzw. ein bestehendes Mandat niederlegen muss (vgl. auch Kapitel I, Abschnitt 6.5.2.2, insbes. Abb. I.6-8).

Über die gesetzlichen Vorschriften geht der Kodex insofern hinaus, als der Aufsichtsrat bereits bei der Vorbereitung seines Wahlvorschlags an die Hauptversammlung die Unabhängigkeit des vorgesehenen Abschlussprüfers feststellen soll. Für diese Zwecke soll der Aufsichtsrat „eine Erklärung des vorgesehenen Prüfers einholen, ob und ggf. welche beruflichen, finanziellen oder sonstigen Beziehungen zwischen dem Prüfer (...) und dem Unternehmen (...) bestehen, die Zweifel an seiner Unabhängigkeit begründen können" (DCGK Ziff. 7.2.1). Diese Unabhängigkeitserklärung hat sich auf die für die Unabhängigkeit bedeutsamen Beziehungen zwischen dem Prüfer, seinen Organen und dem Prüfungsteam einerseits und dem zu prüfenden Unternehmen und seinen Organmitgliedern andererseits zu erstrecken. Eine Formulierungsempfehlung enhält IDW EPS 345.Anhang 2.1-5. Wird die Erklärung nicht eingeholt, ist dies in der Entsprechenserklärung anzugeben (IDW EPS 345.30).

Die Unabhängigkeitserklärung soll auch eine Angabe beinhalten, „in welchem Umfang im vorausgegangenen Geschäftsjahr andere Leistungen für das Unternehmen, insbesondere auf dem Beratungssektor, erbracht wurden bzw. für das folgende Jahr vereinbart sind"

(DCGK Ziff. 7.2.1). Darüber hinaus empfiehlt IDW EPS 345.43 auch die Honorare anzugeben, die der Prüfer für im vorausgegangenen Geschäftsjahr erbrachte Prüfungsleistungen erzielt hat. Bezüglich der Nichtprüfungsleistungen empfiehlt IDW EPS 345.46 unter Verweis auf die Empfehlung der EU-Kommission zur „Unabhängigkeit des Abschlussprüfers in der EU"[46] die dort erzielten Honorare weiter in die Kategorien „andere Prüfungsleistungen außerhalb der Abschlussprüfung", „Steuerberatung" und „sonstige Nichtprüfungsleistungen" aufzugliedern, wobei Letztere wiederum in weitere Unterkategorien unterteilt werden sollten, wenn die darin enthaltenen Posten wesentlich voneinander abweichen. Die beiden zuvor angesprochenen Empfehlungen stehen im Einklang mit der Zielsetzung des Kodex und lassen sich als sachgerechte Konkretisierung der im DCGK Ziff. 7.2.1 geforderten Angaben interpretieren.

8.6 Prüfung des Lageberichts

8.6.1 Regelungen zu Aufstellung und Prüfung des Lageberichts

Nach US-GAAP müssen sämtliche Unternehmen, die nach SEC-Regelungen berichtspflichtig sind – d.h. alle börsennotierten Unternehmen – als *domestic issuers* eine *Management's Discussion and Analysis of Financial Condition and Results of Operation* (MD&A – Form 10-K) oder als *foreign issuers* eine *Operating and Financial Review and Prospects* (OFR – Form 20-F) veröffentlichen. Diese Berichtsinstrumente im Rahmen des Jahresabschlusses enthalten Kommentierungen des Unternehmens zur finanziellen Situation, den Ergebnissen der Geschäftstätigkeit, der Liquidität und den Kapitalreserven (vgl. Regulation S-K, Item 303). Neben einer Darstellung des Geschäftsverlaufs und der Lage des Unternehmens ist auch auf dessen voraussichtliche Entwicklung einzugehen. Die Prüfung dieses Lageberichts ist in AT §§ 700 ff. geregelt. Da der Regelungsinhalt mit dem Lagebericht nach HGB weitgehend vergleichbar ist, wird an dieser Stelle auf eine gesonderte Betrachtung verzichtet.[47]

Im Gegensatz zu dieser Aufstellungspflicht enthalten die IAS lediglich eine Empfehlung zur Erstellung eines Berichts außerhalb des Jahresabschlusses, in dem die Unternehmensleitung die wesentlichen Merkmale der Vermögens-, Finanz- und Ertragslage sowie die wichtigsten Risiken aus ihrer Sicht beschreibt und erläutert (IAS 1.8). Eine diesbezügliche Prüfungspflicht besteht demgemäß nur bedingt, z.B. für die Prüfung prospektiver Angaben nach ISA 810: *The Examination of Prospective Financial Information*.

In der HGB-Rechnungslegung finden sich die am weitesten reichenden Vorschriften (§§ 289, 315, 317 Abs. 2 HGB) für Konzerne und Kapitalgesellschaften, auf die sich diese Ausführungen daher konzentrieren. Dabei entsprechen die Regelungen zum Konzernlagebericht nach § 315 HGB weitestgehend den Regelungen des § 289 HGB. Im Folgenden werden daher zunächst die Inhalte des § 289 HGB dargestellt und Besonderheiten des Konzernlageberichts in Abschnitt 8.6.5 hervorgehoben. Die Praxis zeigt dabei, dass der Lagebericht und der Konzernlagebericht oftmals zusammengefasst werden. Eine Übersicht über notwendige Angaben für Kapitalgesellschaften und Konzerne im Lagebericht sowie den Inhalt der erforderlichen Prüfungshandlungen gibt Abb. II.8-5.

8.6.2 Berichterstattung und Prüfung im Rahmen des Wirtschaftsberichts

Gemäß § 289 Abs. 1 HGB sind der Geschäftsverlauf und die Lage der Kapitalgesellschaft im Wirtschaftsbericht so darzustellen, dass ein den tatsächlichen Verhältnissen entsprechendes Bild vermittelt wird. Dabei lassen sich die Darstellung des Geschäftsverlaufs und der Lage des Unternehmens im Allgemeinen nur schwer trennen, da die Abbildung des Geschäftsverlaufs das Bild der Lage des Unternehmens bereits skizziert. Daher werden diese beiden Aspekte häufig im *Wirtschaftsbericht* zusammengefasst.

Aus der Wiedergabe des hauptsächlich vergangenheits- und zeitraumbezogenen *Geschäftsverlaufs* sollen die Entwicklung der Geschäftstätigkeit der Kapitalgesellschaft in der Berichtsperiode sowie die Umstände und Hintergründe, die für diese Entwicklung ursächlich waren, ersichtlich sein. Des Weiteren soll eine Schlussfolgerung darüber ermöglicht werden, ob die Geschäftsentwicklung der Kapitalgesellschaft in der Berichtsperiode von der Geschäftsleitung als günstig oder ungünstig angesehen wird. Daher ist insbesondere einzugehen auf (IDW RS HFA 1.24):

- Entwicklung von Branche und wirtschaftliche Gesamtentwicklung;
- Umsatz- und Auftragsentwicklung;
- Produktion;
- Beschaffung;
- Investitionen;
- Finanzierungsmaßnahmen bzw. -vorhaben;
- Personal- und Sozialbereich;
- Umweltschutz;
- sonstige wichtige Vorgänge im abgelaufenen Geschäftsjahr.

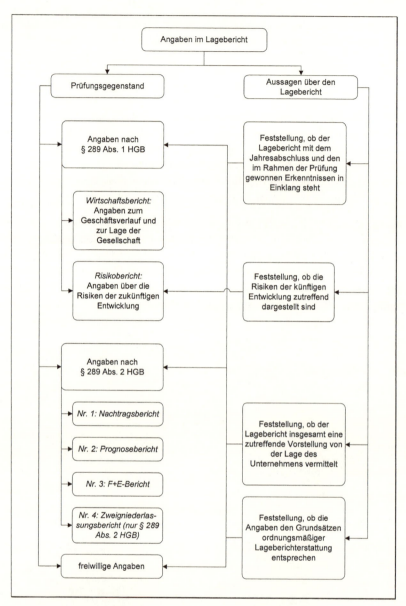

Abb. II.8-5: Überblick über Aufstellung und Prüfung des Lageberichts nach nationalen Normen (IDW RS HFA 1 i.V.m. IDW PS 350)

Die Prüfung der Berichterstattung des Geschäftsverlaufs ist infolge des engen Bezugs zum Jahresabschluss schon während der Prüfung des Jahresabschlusses vorzunehmen. Dabei ist die Darstellung des Geschäftsverlaufs darauf zu prüfen, ob sie dem Grundsatz der Richtigkeit, der Klarheit und dem Grundsatz der Vollständigkeit entspricht und mit dem Jahresabschluss in Einklang steht und ob der Lagebericht insgesamt eine zutreffende Vorstellung von der Lage des Unternehmens vermittelt (Grundsätze ordnungsmäßiger Lageberichterstattung; IDW RS HFA 1.7-13 i.V.m. IDW PS 350.3).

Die in der Regel objektiv nachvollziehbaren historischen Tatsachenangaben des abgelaufenen Geschäftsjahres sind ohne größere Schwierigkeiten auf ihre Richtigkeit zu prüfen, indem Informationen wie etwa Stückzahlen, Produktionsangaben etc. mit dem Inhalt des Jahresabschlusses oder anderer Quellen der an der Lageberichtserstellung beteiligten Unternehmensbereiche verglichen werden. Hierbei können unbedeutsame Einzelheiten infolge des Wesentlichkeitsgrundsatzes vom Prüfer vernachlässigt werden.

Neben dem Geschäftsverlauf ist die *Lage der Kapitalgesellschaft* im Wirtschaftsbericht abzubilden, wobei hierunter vor allem die wirtschaftliche Lage nach § 264 Abs. 2 HGB zu verstehen ist. Dabei ist die wirtschaftliche Lage der Kapitalgesellschaft so darzustellen, dass sie ein den tatsächlichen Verhältnissen entsprechendes Bild vermittelt. Dies bedeutet jedoch nicht, dass das bereits im Jahresabschluss vermittelte Bild der Vermögens-, Finanz- und Ertragslage nochmals wiederzugeben ist. Vielmehr soll der Lagebericht auf Grund seiner Komplementärfunktion durch zusätzliche Informationen dazu verhelfen, dass insgesamt ein den tatsächlichen Verhältnissen entsprechendes Bild von der Lage der Gesellschaft vermittelt wird. Zur Lage der Kapitalgesellschaft gehört daher auch die Lage in allen wirtschaftlichen und rechtlichen Beziehungen (Geschäftslage), insbesondere die Stellung der Kapitalgesellschaft am Markt (Absatzmarkt, Beschaffungsmarkt und Arbeitsmarkt). Ferner wird die Lage durch verschiedenartige sonstige Ereignisse (z.B. Auswirkungen aktueller Gesetzesänderungen oder Naturkatastrophen) beeinflusst. Über derartige Ereignisse ist im Lagebericht zu berichten, sofern dies für die Gesamtbeurteilung der Kapitalgesellschaft notwendig ist. Darüber hinaus ist auch auf interne Sachverhalte wie die Struktur der Kapitalgesellschaft sowie auf die in der Kapitalgesellschaft vorhandenen sachlichen und personellen Kapazitäten einzugehen.

Die Angaben zur wirtschaftlichen Lage (Vermögens-, Finanz- und Ertragslage) sollten mit Hilfe von Kennzahlen, deren Zustandekommen und Wert grundsätzlich zu erläutern sind, ebenso wie durch Mehrjahresübersichten unterstützt werden.

Der Abschlussprüfer hat bei der Prüfung der Lagedarstellung ebenfalls eine Richtigkeits-, Vollständigkeits- und Klarheitsprüfung durchzuführen. Des Weiteren ist die Darstellung der Lage darauf zu prüfen, ob sie mit dem Jahresabschluss in Einklang steht. Da hierbei im Gegensatz zur Abbildung des Geschäftsverlaufs auch zukünftige Ziele und Entwicklungen mit einzubeziehen sind, nehmen wertende Aussagen der gesetzlichen Vertreter und prospektive Angaben in der Berichterstattung zu. Dies führt zu einer veränderten Aufgabenstellung des Abschlussprüfers. Er hat neben der Prüfung bedeutsamer Einzelaussagen hauptsächlich den von der Kapitalgesellschaft dargelegten Gesamteindruck der Lage der Kapitalgesellschaft zu untersuchen.

Bevor der Prüfer eine Aussage darüber treffen kann, ob der Lagebericht ein den tatsächlichen Verhältnissen entsprechendes Bild von der Lage der Kapitalgesellschaft vermittelt, hat er sich über die Einzelprüfung hinaus einen groben Überblick über die gesamte Lage der Kapitalgesellschaft zu verschaffen. Dabei sind im Rahmen der Prüfungsplanung vor allem Analysen zum globalen Umfeld (vgl. hierzu auch Abschnitt 3.2.1), zum Unternehmensumfeld, zu unternehmensinternen Erfolgsfaktoren und zur internen Organisation und Entscheidungsfindung zu berücksichtigen. In diesem Zusammenhang hat der Abschlussprüfer auch die wichtigsten Einflussgrößen der Vermögens-, Finanz- und Ertragslage der Kapitalgesellschaft zu untersuchen. Hierzu bietet sich eine Analyse mittels betriebswirtschaftlicher Kennzahlen an. Mit Hilfe der Kennzahlen sind auch Angaben über Entwicklungen der Kapitalgesellschaft, speziell im Branchenvergleich, zu überprüfen. Ferner ist das angegebene Ergebnis nach DVFA/SG im Lagebericht zu prüfen (vgl. hierzu insgesamt IDW PS 350.10-12).

8.6.3 Berichterstattung und Prüfung der Risiken der künftigen Entwicklung

Nach § 289 Abs. 1 HGB ist auch auf die Risiken der künftigen Entwicklung einzugehen. Durch die explizite Berichterstattung über diese zukünftigen Risiken kann eine Darstellung der Lage der Kapitalgesellschaft gegeben werden, die das geforderte, den tatsächlichen Verhältnissen entsprechende Bild auch tatsächlich vermittelt.

Da der Gesetzestext keine einschränkende Formulierung enthält, könnte der Wortlaut „Risiken der künftigen Entwicklung" dahingehend verstanden werden, dass über alle Risiken, die die wirtschaftliche Lage der Kapitalgesellschaft beeinträchtigen könnten, zu berichten ist. Da jedoch jegliche unternehmerische Tätigkeit auf allen Ebenen und Funktionen eines Unternehmens mit (gewissen) Risiken verbunden ist, ist eine Berichterstattung über alle Risiken weder praktikabel noch dem Zweck des Lageberichts dienlich.

Auf Grund des Wesentlichkeitsgrundsatzes und des Grundsatzes der Klarheit und Übersichtlichkeit ist die Berichterstattung auf Risiken der künftigen Entwicklung, die für den Lageberichtsadressaten entscheidungsrelevant (d.h. wesentlich) sind, zu beschränken. Dementsprechend sind im Risikobericht zumindest Angaben über

- das Risiko eines künftigen Scheiterns der Kapitalgesellschaft (going concern, vgl. hierzu auch Abschnitt 4.2), insbesondere bestandsgefährdende Risiken (Insolvenzgefahr) und

- Risiken mit einem wesentlichen Einfluss auf die Vermögens-, Finanz- und Ertragslage

zu vermitteln. Darüber hinaus können auch freiwillig weitergehende Aussagen über die Risiken der künftigen Entwicklung in den Lagebericht aufgenommen werden. Die freiwilligen Angaben sind jedoch auf Grund des Grundsatzes der Klarheit eindeutig als solche zu kennzeichnen. Falls von der berichterstattenden Kapitalgesellschaft keine wesentlichen Risiken der künftigen Entwicklung identifiziert werden können, ist eine entsprechende Angabe (Fehlanzeige) in den Lagebericht aufzunehmen (IDW RS HFA 1.29-36).

Neben der Einschränkung durch den Wesentlichkeitsgrundsatz formuliert IDW PS 350.29 eine zweite Einschränkung im Hinblick auf die Eintrittswahrscheinlichkeit der berichtspflichtigen Risiken. Demnach ist über die oben angeführten wesentlichen Risiken zu berichten, die mit einer erheblichen, wenn auch nicht notwendigerweise überwiegenden Wahrscheinlichkeit erwartet werden. Damit soll sichergestellt werden, dass potenziell bestandsgefährdende Risiken berichtet werden, auch wenn sie eine Eintrittswahrscheinlichkeit von weniger als 50% besitzen, ihr Eintreten jedoch nicht hinreichend sicher ausgeschlossen werden kann.

Über Risiken, die auf Dritte (z.B. Versicherungen) abgewälzt oder auf andere Weise (z.B. durch Fremdwährungssicherungsgeschäfte) gesichert wurden, ist nicht zu berichten. Dies gilt indes nicht für die ungesicherten Folgerisiken.

Der Lageberichtsadressat sollte anhand der Angaben zu den Risiken der künftigen Entwicklung in der Lage sein, eine eigene Einschätzung der Art, der Eintrittswahrscheinlichkeit und der Auswirkungen künftiger Entwicklungsrisiken treffen zu können. Voraussetzung hierzu sind konkrete Aussagen über die Risiken der künftigen Entwicklung. Die Berichterstattung gem. § 289 Abs. 1 HGB sollte daher nach dem Grundsatz der Klarheit nicht nur auf verbalen Aussagen beruhen, sondern möglichst auch quantitative Angaben enthalten.

Im Rahmen seiner Prüfung hat sich der Abschlussprüfer hinreichend Gewissheit zu verschaffen, ob

- für alle Risiken die verfügbaren Informationen verwendet wurden;
- die grundlegenden Annahmen für die Berichterstattung des Vorstands realistisch und in sich widerspruchsfrei sind und
- Prognoseverfahren richtig gehandhabt wurden.

Dabei kann es jedoch nur Aufgabe des Prüfers sein, zu den vorliegenden Prüfungsunterlagen Stellung zu nehmen. Insofern sind die Aussagen zu den Risiken der künftigen Entwicklung „lediglich" auf Vollständigkeit und Plausibilität zu untersuchen. Um diese Plausibilitätsbeurteilung auf eine möglichst objektivierte Grundlage zu stellen, kann sich der Prüfer moderner Verfahren wie der Multivariaten Diskriminanzanalyse und Künstlichen Neuronalen Netze bedienen, die für die Darstellung der wirtschaftlichen Lage eines Unternehmens bisher am geeignetsten gehalten werden. Diese Instrumente können sein pflichtgemäßes Ermessen zwar nicht ersetzen, aber sinnvoll ergänzen und den Abschlussprüfer somit in seiner Urteilsfindung unterstützen.

Zukunftsbezogene Hinweise zur Beurteilung der Risiken der künftigen Entwicklung kann der Abschlussprüfer insbesondere auch aus den Inhalten unternehmensinterner Planungen (z.B. Plan-Bilanzen, Plan-Gewinn- und Verlustrechnungen, Plan-Cashflow-Rechnungen) entnehmen (IDW PS 350.15). Zudem verlangt vor allem die Beurteilung, ob die von den gesetzlichen Vertretern offengelegten wesentlichen Risiken der künftigen Entwicklung vollständig sind, eine intensive Prüfung, die Kenntnisse der Besonderheiten der Kapitalgesellschaft und der Branche voraussetzt.

8.6.4 Berichterstattung und Prüfung im Sinne des § 289 Abs. 2 HGB

Neben den in § 289 Abs. 1 HGB genannten Berichtspflichten soll der Lagebericht gem. § 289 Abs. 2 HGB auch auf folgende Sachverhalte eingehen:

- Nr. 1: Vorgänge von besonderer Bedeutung, die nach dem Schluss des Geschäftsjahres eingetreten sind (*Nachtragsbericht*; IDW RS HFA 1.38-40);

- Nr. 2: die voraussichtliche Entwicklung der Kapitalgesellschaft (*Prognosebericht*; IDW RS HFA 1.41-44);

- Nr. 3: den Bereich Forschung und Entwicklung (*Forschungs- und Entwicklungsbericht*; IDW RS HFA 1.45-47);

- Nr. 4: bestehende Zweigniederlassungen (*Zweigniederlassungsbericht*; IDW RS HFA 1.48-49).

Trotz des möglicherweise missverständlichen Gesetzeswortlauts („soll auch eingehen auf") des § 289 Abs. 2 HGB, der auf einen weniger verbindlichen Charakter gegenüber § 289 Abs. 1 HGB schließen lassen könnte, ist davon auszugehen, dass mit § 289 Abs. 2 HGB der berichterstattenden Kapitalgesellschaft im Regelfall kein Wahlrecht über die Berichterstattung der angegebenen Sachverhalte eingeräumt wird.

8.6.4.1 Nachtragsbericht

Der Lagebericht soll auch auf Vorgänge von besonderer Bedeutung eingehen, die nach Abschluss des Geschäftsjahres eingetreten sind. Dieser Berichtsteil des Lageberichts wird als *Nachtragsbericht* bezeichnet. Die Aufgabe des § 289 Abs. 2 Nr. 1 HGB besteht darin, den Lageberichtsadressaten wertbegründende Informationen, die im Jahresabschluss des Geschäftsjahres etwa auf Grund des Realisations- und des Stichtagsprinzips noch nicht erfasst wurden, über Vorgänge, die nach dem Schluss des Geschäftsjahres eingetreten und von besonderer Bedeutung für die geschäftliche Entwicklung seit Beginn des neuen Geschäftsjahres sind, zu vermitteln. Derartige Ereignisse können auch für den Fortbestand der Kapitalgesellschaft bedeutsam sein. Dadurch soll das vom Jahresabschluss und der Darstellung des Geschäftsverlaufs wiedergegebene Bild von der Lage der Kapitalgesellschaft aktualisiert und ggf. die Darstellung der Lage korrigiert werden, sofern dies auf Grund späterer Ereignisse notwendig ist.

Die angabepflichtigen, besonders bedeutsamen Sachverhalte lassen sich in drei Kategorien von Informationen gliedern.

- Wichtige Daten oder Datenänderungen, die die Rahmenbedingungen der Kapitalgesellschaft betreffen. Hierzu gehören Angaben über die gesamtwirtschaftliche Situation (wie etwa Veränderungen von Wechselkursen oder bedeutende gesellschaftspolitische Ereignisse) und Aussagen zur Branchensituation (wie z.B. Streiks oder Kaufzurückhaltung).

- Unternehmenspolitische Maßnahmen von erheblicher Tragweite (z.B. der Erwerb oder Verkauf von Beteiligungen und Unternehmensteilen der Kapitalgesellschaft), die direkt die Unternehmenssituation betreffen sowie Angaben über den Geschäftsverlauf in den ersten Monaten des neuen Berichtsjahres (wie etwa Ausführungen über Auftragseingänge und Auftragsbestand).

- Entsprechende Vorjahreswerte zum Geschäftsverlauf, damit von den Adressaten eine sich abzeichnende Entwicklung rechtzeitig erkannt werden kann.

Da es sich bei den Angaben des Nachtragsberichts um Vorgänge handelt, die sich nach dem Bilanzstichtag ereignet haben, benötigt der Abschlussprüfer neben den Erkenntnissen, die er bei der Prüfung des Jahresabschlusses gewonnen hat, weitere Informationen, die es ihm ermöglichen, die Ereignisse, auf die nach § 289 Abs. 2 Nr. 1 HGB einzugehen ist, richtig zu beurteilen. Um dies zu erreichen, hat der Prüfer geeignete Prüfungshandlungen vorzunehmen, um ein möglichst vollständiges Bild über die berichtspflichtigen Vorfälle zu erlangen. Hierzu zählen u.a. die Durchsicht von Monatsberichten (vgl. hierzu Kapitel III, Abschnitt 2.3.3.1.1) oder von Protokollen über Sitzungen der Geschäftsführung. Anhand der gewonnenen Kenntnisse hat der Abschlussprüfer die Angaben des Nachtragsberichts auf ihre Richtigkeit hin zu überprüfen. Um den Nachtragsbericht hinsichtlich seiner Vollständigkeit zu untersuchen, sind daneben auch alle Geschäftsvorfälle des neuen Berichtsjahres zu bedenken, von denen der Abschlussprüfer während der Untersuchung des vorangegangenen Geschäftsjahres Kenntnis erlangt hat. Ferner hat der Prüfer darauf zu achten, dass sich die Vollständigkeitserklärung der gesetzlichen Vertreter auch auf den Lagebericht und die notwendigen Aussagen zu den Vorgängen von besonderer Bedeutung nach dem Bilanzstichtag bezieht (IDW PS 350.19-20).

Der Nachtragsbericht ist auch daraufhin zu prüfen, ob er eine zutreffende Vorstellung von der Lage der Kapitalgesellschaft vermittelt und nicht durch eine bewusst falsche Auswahl günstiger, ungünstiger, bedeutender oder unbedeutender Vorgänge das Bild von der Lage der Kapitalgesellschaft verfälscht (Grundsatz der Klarheit und Übersichtlichkeit).

8.6.4.2 Prognosebericht

Der Lagebericht soll gem. § 289 Abs. 2 Nr. 2 HGB im *Prognosebericht* auf die voraussichtliche Entwicklung der Kapitalgesellschaft eingehen. Hierzu hat die berichterstattende Kapitalgesellschaft auf Annahmen beruhende (unsichere) Erwartungen bzw. Einschätzungen über die zukünftige Entwicklung der Kapitalgesellschaft offenzulegen.

Die Berichterstattung zu § 289 Abs. 2 Nr. 2 HGB hat folglich Prognosecharakter, was bei der Darstellung kenntlich zu machen ist. Prognosen sind Aussagen über zukünftige Abläufe oder Ereignisse, die auf Erfahrungswissen beruhen. Somit setzen Prognosen die Zusammenfassung von Gesetzmäßigkeiten unter Berücksichtigung von Randbedingungen voraus, um daraus das erwartete Eintreffen bestimmter Ereignisse abzuleiten. Sie lassen sich nach der Prognoseinformation bzw. der Prognosegenauigkeit in *quantitative* (z.B. „Die Umsätze auf dem Sektor XY werden um etwa 50% steigen") und *qualitative* (d.h. verbale) Prognosen (z.B. „Die Umsätze werden auf dem Sektor XY deutlich steigen") (*Punkt*- oder *Intervall*-) Prognosen klassifizieren.

Das Gesetz enthält keine Regelung über Inhalt und Umfang der Darstellung der voraussichtlichen Entwicklung. Daher erfolgt die Berichterstattung nach pflichtgemäßem Ermessen der gesetzlichen Vertreter. Dabei hat sich der Vorstand bzw. die Geschäftsführung an den unterschiedlichen Informationsbedürfnissen der Lageberichtsadressaten zu orientieren und über wesentliche, die Lage der Kapitalgesellschaft maßgeblich betreffende Erwartungen zu berichten. Bei Prognoseaussagen, die den Mitbewerbern Rückschlüsse auf konkrete unternehmenspolitische Maßnahmen der Kapitalgesellschaft ermöglichen und somit dem berichterstattenden Unternehmen einen wesentlichen Schaden zuführen würden, ist dem Konkurrenzschutz jedoch Vorrang vor den Informationsbedürfnissen der Lageberichtsadressaten einzuräumen. In solchen Fällen ist eine Beschränkung der Angaben auf relativ vage Formulierungen zulässig, sofern die voraussichtlichen Auswirkungen hinreichend genau offengelegt werden. Die Aussagen zu § 289 Abs. 2 Nr. 2 HGB haben grundsätzlich all jene Bereiche, die im Rahmen der Berichterstattung des Geschäftsverlaufs und der Lage der Kapitalgesellschaft zu berücksichtigen sind, zu umfassen. Infolgedessen kann eine Verknüpfung mit der Abbildung des Geschäftsverlaufs und der Erläuterung besonderer Ereignisse, die nach Schluss des Geschäftsjahres eingetreten sind, als sinnvoll angesehen werden. Zudem sind die Aussagen über die voraussichtliche Entwicklung ausgewogen und willkürfrei darzustellen.

Auf Grund der Unsicherheit von Prognosen besteht die Gefahr, dass einwertige Zahlenangaben (z.B. eine kardinale Angabe der Art „der Umsatz wird voraussichtlich 250 Mio. € betragen") eine nicht vorhandene Prognosesicherheit widerspiegeln, so dass nur eine Verpflichtung zu verbalen Aussagen in Form von Tendenzaussagen besteht. Dabei kann auf klassifizierende Prognosen (z.B. „wir erwarten auch für das kommende Jahr einen befriedigenden Umsatz") oder auf ordinale/komparative Prognosen (z.B. „der Umsatz wird im Vergleich zum vorangegangenen Geschäftsjahr sinken") zurückgegriffen werden. Diese dürfen aber nicht so allgemein und vage sein, dass sie keinen Informationswert besitzen. In der Regel wird ein Prognosehorizont von zwei Jahren als angemessen angesehen.

Prognosen, d.h. Aussagen über eine noch nicht existente Realität, lassen sich grundsätzlich nicht dahingehend beurteilen, ob sie richtig oder falsch sind, da eine objektive Wahrheit nicht festgestellt werden kann. Der Abschlussprüfer hat die Prognosen daher letztlich nur bezüglich ihrer Glaubwürdigkeit bzw. Plausibilität zu überprüfen. Des Weiteren hat er auf die Willkürfreiheit und weitgehende Objektivität der den Prognosen zugrunde liegenden

Annahmen zu achten, da sich Prognosen durch die subjektiven Einschätzungen der gesetzlichen Vertreter leicht an die jeweiligen unternehmenspolitischen Ziele der Kapitalgesellschaft anpassen lassen. Bei seiner Festlegung der Art, des zeitlichen Ablaufs sowie dem angemessenen Umfang seiner Prüfungshandlungen hat der Prüfer daher folgende Punkte in seine Überlegungen mit einzubeziehen (ISA 810.17):

- die Wahrscheinlichkeit wesentlicher falscher Aussagen;
- die bei etwaigen früheren Prüfungen oder sonstigen Aufträgen erlangten Kenntnisse;
- die Kompetenz der Unternehmensleitung im Hinblick auf die Erstellung zukunftsorientierter Informationen;
- das Ausmaß der Beeinflussung der zukunftsorientierten Informationen durch die Einschätzung der Unternehmensleitung;
- die Angemessenheit und Verlässlichkeit der zugrunde liegenden Daten.

Als wesentliche Prüfungsgegenstände lassen sich die folgenden nennen (IDW PS 350.15-18):

- Zuverlässigkeit und Funktionsfähigkeit des unternehmensinternen Planungssystems feststellen;
- die den Prognosen zugrunde liegenden Annahmen sind vor dem Hintergrund der tatsächlichen Lage auf Plausibilität, Widerspruchsfreiheit, Wirklichkeitsnähe und Vollständigkeit zu prüfen;
- Beurteilung der Eignung der verwendeten Prognoseverfahren im Hinblick auf aussagefähige Prognosen;
- korrekte Anwendung der Prognoseverfahren;
- äußeres Erscheinungsbild der prognostizierten Daten daraufhin prüfen, ob der Lageberichtsadressat erkennen kann, dass es sich bei den Prognoseaussagen um unsichere Angaben handelt.

Da bei der Darstellung der voraussichtlichen Entwicklung der Frage nach dem erwarteten Fortbestand der Kapitalgesellschaft eine besondere Bedeutung zukommt, sind bei wirtschaftlichen Schwierigkeiten der Kapitalgesellschaft die wertenden Aussagen und Prognosen besonders kritisch zu untersuchen. Ein weiterer wesentlicher Teilaspekt, dem sich der Abschlussprüfer in solchen Fällen zu stellen hat, ist die Frage, ob die kurz- und mittelfristige Erfolgs- und Finanzplanung der Kapitalgesellschaft, die der Aufrechterhaltung der going concern-Prämisse zugrunde liegt, wirklichkeitsnah ist. Ist diese Annahme für einzelne Bereiche, wie z.B. einzelne Unternehmensteile oder Geschäftsfelder, nicht aufrecht zu halten, ist zu untersuchen, ob die Lage der Kapitalgesellschaft einschließlich der Entwicklung bis zum Ende der Prüfung im Lagebericht zutreffend wiedergegeben wird und ob Ansatz und Bewertung im Jahresabschluss dem entsprechen (IDW PS 350.14). Beinhaltet der Lagebericht keinen Finanzplan, so hat der Abschlussprüfer die gesetzlichen Vertreter zur Erstellung zumindest eines groben Finanzplans aufzufordern oder ggf. selbst einen Finanzplan anzufertigen.

8.6.4.3 Forschungs- und Entwicklungsbericht

Für Kapitalgesellschaften besteht die Verpflichtung, dass die Darstellungen des Lageberichts auch auf den Bereich Forschung und Entwicklung eingehen sollen.

- Unter Forschung ist allgemein eine systematische und schöpferische Arbeit zu verstehen, deren Ziel es ist, neue wissenschaftliche oder technische Erkenntnisse zu erlangen und Erfahrungen zu machen.

- Entwicklung ist die Anwendung und Umsetzung des sich aus der Forschung ergebenden Wissens für die Ausarbeitung neuer oder bedeutsam verbesserter Materialien, Produkte, Systeme, Verfahren oder Dienstleistungen.

Die Angaben zum Forschungs- und Entwicklungsbereich ermöglichen dem Lageberichtsadressaten auf Grund der Qualität und des Umfangs vergangener und künftiger Forschungs- und Entwicklungstätigkeiten eine Einschätzung der Marktposition und Wettbewerbsfähigkeit der Kapitalgesellschaft. Zudem soll eine Erläuterung für den u.U. erheblichen Aufwand der Forschungs- und Entwicklungsaktivitäten vermittelt werden. Dabei ist allerdings zu beachten, dass nicht ohne weiteres von den gegenwärtigen Aufwendungen für Forschung und Entwicklung auf zukünftige Erträge zu schließen ist, da ungewiss ist, ob die Vorhaben überhaupt zu einem Ergebnis führen und falls ja, in welchen Maße dies wirtschaftlich verwertet werden kann. Um dem Lageberichtsadressaten jedoch zumindest Anhaltspunkte über die sich aus den Aktivitäten ergebenden Potenziale zu vermitteln, können einerseits Aussagen zu den Faktoreinsätzen im Forschungs- und Entwicklungsbereich aufgenommen und andererseits Aussagen zu den Ergebnissen der Forschungs- und Entwicklungstätigkeiten getroffen werden.

Die Berichterstattungspflicht über den Bereich Forschung und Entwicklung findet ihre Grenzen dort, wo der berichtenden Kapitalgesellschaft durch die Veröffentlichung detaillierter Informationen erhebliche Nachteile entstehen. Soweit diese Gefahr besteht, kann die Aufnahme detaillierter Angaben zu konkreten Forschungsergebnissen oder Entwicklungsvorhaben unterbleiben. Die Darstellung der Forschungs- und Entwicklungstätigkeiten ist jedoch zumindest so konkret zu halten, dass dem Lageberichtsadressaten ein Eindruck über die grundsätzliche Ausrichtung der Aktivitäten sowie über deren Intensität im Zeitablauf vermittelt wird.

Der Abschlussprüfer hat die sich auf das abgelaufene Geschäftsjahr beziehenden Angaben zum Bereich Forschung und Entwicklung auf Vollständigkeit und Richtigkeit zu untersuchen. Dabei hat er zu prüfen, ob der notwendige Mindestumfang der Angaben eingehalten und ggf. entsprechende Fehlanzeigen von der berichterstattenden Kapitalgesellschaft offengelegt wurden. Zahlenangaben zu Gesamtaufwendungen oder zu wichtigen Entwicklungsvorhaben sind auf Übereinstimmung mit den Zahlen der Buchführung oder des Jahresabschlusses bzw. mit Hilfe anderer geeigneter Unterlagen (z.B. Anzahl der angemeldeten Patente, Planrechnungen) auf ihre Richtigkeit zu überprüfen.

Sofern der Lagebericht auch Angaben über künftige Forschungs- und Entwicklungstätigkeiten enthält, sind diese auf Glaubwürdigkeit bzw. Plausibilität zu prüfen. Hierzu hat sich der Prüfer in Gesprächen mit dem Vorstand bzw. der Geschäftsführung oder den für die Forschung und Entwicklung zuständigen Personen einen entsprechenden Eindruck zu verschaffen. Zusätzlich kann er einen Kennzahlenvergleich mit Wettbewerbern vornehmen.

Zudem ist vom Abschlussprüfer festzustellen, ob die gemachten Angaben eine zutreffende Vorstellung von der Lage der Kapitalgesellschaft vermitteln. Eine falsche Vorstellung der Lage könnte z.B. durch zu positive und umfangreiche Berichte über Leistungen im Bereich Forschung und Entwicklung hervorgerufen werden.

8.6.4.4 Zweigniederlassungsbericht

Der Lagebericht soll auch auf bestehende Zweigniederlassungen eingehen. Als Zweigniederlassungen können im Sinne des HGB nicht rechtsfähige, von der Hauptniederlassung räumlich getrennte Unternehmensteile bezeichnet werden, die im Innenverhältnis weisungsgebunden sind und in entsprechendem organisatorischem Rahmen nachhaltig nach außen selbstständig auftreten. Die Eintragung der Zweigniederlassungen im Handelsregister gem. §§ 13 ff. HGB hat lediglich deklaratorische Bedeutung, so dass, sobald die aufgezeigten Kriterien für das Bestehen einer Zweigniederlassung erfüllt sind, hierüber zu berichten ist. Durch die Angaben zu den Zweigniederlassungen soll der Lageberichtsadressat einen besseren Einblick in die Lage der Kapitalgesellschaft erhalten und damit eine wirtschaftliche Gesamtbeurteilung ermöglicht werden.

Um der Berichtspflicht gem. § 289 Abs. 2 Nr. 4 HGB gerecht zu werden, sind Ortsangaben der bestehenden Zweigniederlassungen im In- und Ausland in den Lagebericht aufzunehmen. Des Weiteren sind Angaben über abweichende Firmierungen, die die Zugehörigkeit zum Stammhaus nicht mehr erkennen lassen und wesentliche Veränderungen (z.B. Errichtung, Aufhebung und Sitzverlegung von Zweigniederlassungen) gegenüber dem Vorjahr darzustellen. Angaben zu Mitarbeiterzahl und Anschrift der einzelnen Zweigniederlassungen sind nicht zwingend erforderlich. Im Hinblick auf die Funktion des Lageberichts sollte auch auf die Schwerpunkte der Tätigkeit von wichtigen Zweigniederlassungen sowie auf die Umsätze eingegangen werden, um den Lageberichtsadressaten aussagekräftige Informationen über die geografische Expansion und die Marktpräsenz zu vermitteln.

Bei der Prüfung der Angaben nach § 289 Abs. 2 Nr. 4 HGB hat der Abschlussprüfer festzustellen, ob die bestehenden Zweigniederlassungen der Kapitalgesellschaft in der gebotenen Weise dargestellt wurden und ob die weiteren Aussagen dem Grundsatz der Richtigkeit entsprechen. Die Vollständigkeit der Aussagen hat der Prüfer sich außerdem durch eine

Vollständigkeitserklärung des Vorstands bzw. der Geschäftsführung der Kapitalgesellschaft bescheinigen zu lassen.

8.6.5 Besonderheiten des Konzernlageberichts

Die Regelungen des § 315 HGB über den Inhalt des Konzernlageberichts entsprechen denen des Lageberichts einer Kapitalgesellschaft gem. § 289 HGB mit der Maßgabe, dass die besonderen Verhältnisse des Konzerns zu berücksichtigen sind, und der Einschränkung, dass nicht über Zweigniederlassungen zu berichten ist (zu den Prüfungen auf Konzernebene vgl. auch Abschnitt 8.7).

Die im Konzernabschluss veröffentlichten Angaben können häufig eine größere Bedeutung haben als diejenigen im Einzelabschluss der Kapitalgesellschaft. Dies gilt auch für die im Konzernlagebericht vermittelten Informationen. Infolgedessen sind die Anforderungen an die Berichterstattung in mindestens gleichem Maße auch für den Konzernlagebericht zu erfüllen. Dies gilt jedoch für börsennotierte Mutterunternehmen nur eingeschränkt, da diese bereits gem. § 297 Abs. 1 Satz 2 HGB den Konzernabschluss um eine Kapitalflussrechnung und eine Segmentberichterstattung zu erweitern haben und derartige Informationen insofern im Konzernlagebericht nicht zu wiederholen sind.

Der Konzernlagebericht stellt ein eigenständiges Informationsinstrument dar, das sich auf den Konzern als wirtschaftliche Einheit bezieht. Die Berichterstattung hat sich deshalb auf den Konzern als Ganzes zu beziehen und kann nicht als bloße Zusammenfassung der Lageberichte der einbezogenen Konzernunternehmen angesehen werden. Der Konzernlagebericht und der Lagebericht, den das Mutterunternehmen nach § 289 HGB aufstellt, dürfen unter der Voraussetzung, dass beide gemeinsam offengelegt werden, gem. § 315 Abs. 3 i.V.m. § 289 Abs. 3 HGB zusammengefasst werden. Dies soll zu einer Vereinfachung der Darstellung führen, da auf diese Weise eine Wiederholung derselben Sachverhalte vermieden werden kann. Da die Berichtspflichten des Konzernlageberichts von denen des Lageberichts des Mutterunternehmens abweichen können, ist in solchen Fällen eine differenzierende, auf die jeweiligen Besonderheiten eingehende Berichterstattung erforderlich. Dies gilt auch für die wesentlichen Risiken der künftigen Entwicklung und insbesondere für die gem. § 289 Abs. 2 Nr. 4 HGB geforderte Berichterstattung über Zweigniederlassungen des Mutterunternehmens. Der Abschlussprüfer hat hier besonders darauf zu achten, dass durch die Zusammenfassung kein Informationsverlust eintritt (IDW PS 350.28).

In den Konzernlagebericht nach HGB einzubeziehende Unternehmen sind – über den Kreis der vollkonsolidierten Unternehmen (§ 294 HGB) hinaus – auch die nicht in den Konzernabschluss einbezogenen Tochterunternehmen (§§ 295, 296 HGB), die quotal konsolidierten Unternehmen (§ 310 HGB) sowie die assoziierten Unternehmen (§ 311 HGB), sofern sich bei diesen Unternehmen Sachverhalte ereignet haben, die für die wirtschaftliche Lage des Konzerns von Bedeutung sind.

Der Konzernabschlussprüfer kann bei der Prüfung des Konzernlageberichts als zusätzliche Informationsquellen Lageberichte (sofern diese einen Lagebericht zu erstellen haben) und Prüfungsberichte der jeweiligen Tochterunternehmen unabhängig von deren Einbeziehung in den Konzernabschluss dazu nutzen, den Konzernlagebericht abzustimmen. Sofern keine oder nur unvollständige Lageberichte der Tochterunternehmen vorliegen, muss der Konzernabschlussprüfer weitergehende Informationen anfordern (IDW PS 350.29).

8.7 Prüfungen auf Konzernebene

8.7.1 Prüfungspflicht, Prüfungsberechtigte und Bestellung des Konzernabschlussprüfers

Prüfungspflichtig sind alle Konzernabschlüsse und -lageberichte, für die eine gesetzliche Aufstellungspflicht besteht. Diese Prüfungspflicht ist für Kapitalgesellschaften in § 316 Abs. 2 Satz 1 HGB kodifiziert. § 14 Abs. 1 PublG verpflichtet Konzerne, deren Mutterunternehmen nicht in der Rechtsform einer Kapitalgesellschaft firmieren und die auf Konzernebene bestimmte Größenkriterien übersteigen, zur Aufstellung. Prüfungspflichtig ist auch ein nach IAS/IFRS aufgestellter Konzernabschluss, sofern dieser nach § 292a HGB befreiende Wirkung erlangen soll. Eine *Ausnahme von der Prüfungspflicht* besteht nach § 264 Abs. 3 HGB für solche Kapitalgesellschaften, die Tochterunternehmen eines nach § 290 HGB zur Aufstellung eines Konzernabschlusses verpflichteten Mutterunternehmens sind, wenn die übrigen Voraussetzungen des § 264 Abs. 3 HGB erfüllt sind (vgl. hierzu auch IDW PH 9.200.1). Hat *keine Prüfung stattgefunden*, so kann der Konzernabschluss nicht gebilligt werden (§ 316 Abs. 2 Satz 2 HGB). Da der Konzernabschluss lediglich eine Informationsfunktion hat, zieht eine Nicht-Billigung keine unmittelbaren Folgen nach sich.[48]

Für die Prüfung eines nach IAS/IFRS erstellten Abschlusses (Einzel- oder Konzernabschluss), der nicht befreiende Wirkung erlangen soll, geben weder die internationalen Rechnungslegungsnormen noch die internationalen Prüfungsnormen eine explizite Pflicht vor. Da der Kapitalmarkt aber ungeprüfte IAS/IFRS-Abschlüsse nicht akzeptiert, besteht auch für diese Abschlüsse eine *faktische* Prüfungspflicht.[49]

Zur Prüfung des Konzernabschlusses und des Konzernlageberichts einer Kapitalgesellschaft sind nur Wirtschaftsprüfer und Wirtschaftsprüfungsgesellschaften *berechtigt* (§§ 316 Abs. 2 i.V.m. 319 Abs. 1 HGB).[50]

Wird kein anderer Prüfer bestellt, so gilt nach § 318 Abs. 2 Satz 1 HGB der Abschlussprüfer des Mutterunternehmens als Konzernabschlussprüfer *bestellt*.[51] Diese Fiktion der Identität von Einzel- und Konzernabschlussprüfer ist jedoch nicht zwingend. Es kann auch ein besonderer Konzernabschlussprüfer gewählt werden (z.B. falls der Abschlussprüfer des Mutterunternehmens nicht über ausreichende Kapazitäten verfügt, um die Konzernabschlussprüfung durchzuführen). In diesem Fall müssen die Organe des Mutterunternehmens (unter Beachtung des § 319 Abs. 2 f. HGB) einen Konzernabschlussprüfer bestellen. Die internationalen Prüfungsnormen enthalten keine § 318 HGB entsprechenden Regeln zur Bestellung des Konzernabschlussprüfers.

Hinsichtlich der *anzuwendenden Prüfungsnormen* gilt für die Prüfung eines HGB-Konzernabschlusses sowie eines IAS/IFRS-Konzernabschlusses mit oder ohne befreiende Wirkung, dass primär die nationalen Normenäquivalente anzuwenden sind. In Fällen einer fehlenden oder nicht sachgerecht durchgeführten Transformation sind auch direkt die Prüfungsnormen der IFAC heranzuziehen, sofern nicht gegen deutsche Prüfungsnormen mit öffentlich-rechtlichem Charakter verstoßen wird (vgl. hierzu Kapitel I, Abschnitt 6.3.2).

8.7.2 Prüfungsgegenstände

Zentraler Prüfungsgegenstand auf Konzernebene ist der *Konzernabschluss*.[52] Dieser Abschluss hat die Aufgabe, das Ergebnis der wirtschaftlichen Aktivitäten der Konzernunternehmen so zu zeigen, wie es sich für den Konzern als wirtschaftliche Einheit darstellt. Dabei werden die relevanten Einzelabschlüsse durch Konsolidierung zum Konzernabschluss zusammengefasst. Aus methodischer Sicht besteht das Wesensmerkmal der Konsolidierung darin, dass die Einzelabschlüsse der rechtlich selbstständigen Unternehmen als Ausgangspunkt der Konzernabschlusserstellung dienen (Handelsbilanzen I[53]).

Die Handelsbilanzen I müssen vor Durchführung der Konsolidierung hinsichtlich Bilanzgliederung und -ansatz, Bewertung und Recheneinheit (Währungsumrechnung) an die konzerneinheitlichen Vorgaben angepasst werden. Dies erfolgt mittels einer Ergänzungsrechnung (Handelsbilanz II).

Sind z.B. HGB-Einzelabschlüsse in einen IAS/IFRS-Konzernabschluss einzubeziehen, ist neben den zuvor angesprochenen Vereinheitlichungen auch eine Anpassung der Einzelabschlüsse an die IAS/IFRS vorzunehmen, sofern die handelsrechtlichen Vorschriften zwingend von den konzerneinheitlichen IAS/IFRS-Vorgaben abweichen (z.B. Verbot der Bildung von Aufwandsrückstellungen nach IAS/IFRS). Ergebnis dieser Vereinheitlichungen ist die IAS/IFRS-Handelsbilanz II.

Die zuvor genannten Vereinheitlichungen sind der Konsolidierung vorgelagert und lassen sich insofern als konsolidierungsvorbereitende Maßnahmen charakterisieren. Die auf diese Weise gewonnenen Handelsbilanzen II sind in einem weiteren Schritt zu einem Summenabschluss zu addieren. Erst auf dieser Grundlage ist mittels Aufrechnung der innerkonzernlichen Verbindungen der Konzernabschluss zu erstellen. Als zentrale Konsolidierungsmaßnahmen sind die Kapitalkonsolidierung, die Schuldenkonsolidierung, die Zwischenergebniseliminierung sowie die Aufwands- und Ertragskonsolidierung zu nennen.

Der zuvor skizzierte Ablauf der Konsolidierung (Überführung der HGB-HB I in einen IAS/IFRS-Konzernabschluss) kann vereinfacht wie in Abb. II.8-6 dargestellt werden.[54]

Analog zur Prüfung des Einzelabschlusses ist die Konzernabschlussprüfung darauf ausgerichtet festzustellen, ob der vorgelegte Konzernabschluss den relevanten Rechnungslegungsnormen (z.B. HGB oder IAS/IFRS) entspricht (vgl. Kapitel I, Abschnitt 6.2). Der Konzernabschluss umfasst die Konzernbilanz und -GuV sowie den Konzernanhang.

Börsennotierte Mutterunternehmen haben den Konzernanhang um eine *Kapitalflussrechnung*, eine *Segmentberichterstattung* und einen *Eigenkapitalspiegel* zu erweitern (§ 297 Abs. 1 Satz 2 HGB sowie DRS 2, 3 u. 7; zur Prüfung siehe Abschnitt 8.3). Kapitalflussrechnung und Segmentberichterstattung sind nach IAS/IFRS obligatorisch; eine dem Eigenkapitalspiegel ähnliche Rechnung ist die Eigenkapitalveränderungsrechnung gem. IAS 1.86 ff.

Als weiterer Prüfungsgegenstand ist der *Konzernlagebericht* zu nennen (§ 317 Abs. 2 HGB sowie konkretisierend in IDW PS 350.27 ff.; vgl. auch Abschnitt 8.6). Ein dem Lagebericht ähnlicher Bericht ist auf *internationaler Ebene* der Bericht über die Unternehmenslage durch das Management (financial review by management) gem. IAS 1.8. Der zuvor genannte Standard empfiehlt Unternehmen, einen solchen Bericht ausserhalb des Konzernabschlusses zu veröffentlichen.[55] Allerdings ist bei Erstellung eines befreienden IAS/IFRS-Konzernabschlusses ein Konzernlagebericht aufzustellen, der im Einklang mit der Richtlinie 83/349/EWG steht (§ 292a Abs. 2 Nr. 2b) HGB). Der in diesem Zusammenhang erstellte Konzernlagebericht muss eine Aussagekraft besitzen, die der Aussagekraft eines HGB-Konzernlageberichts gleichwertig ist (§ 292a Abs. 2 Nr. 3 HGB). DRS 1.46 vertritt die Auffassung, dass eine Gleichwertigkeit nur dann vorliegt, wenn in den befreienden Konzernlagebericht die für den HGB-Lagebericht vorgesehenen Pflichtinhalte aufgenommen werden.

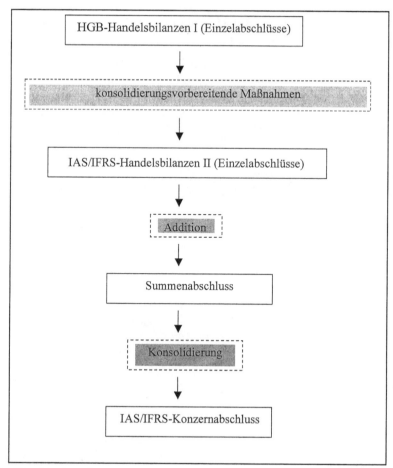

Abb. II.8-6: Ablauf der Konsolidierung

Hat ein Mutterunternehmen, dessen Anteile öffentlich gehandelt werden, den Abschluss nach IAS/IFRS erstellt, sind auch Angaben zum *Ergebnis je Aktie* (IAS 33) zu tätigen. Weiterhin sind *Beziehungen zu nahe stehenden Personen* (IAS 24 u. DRS 11; vgl. Abschnitt 8.4) anzugeben. Für die Prüfung der Beziehungen zu nahe stehenden Personen gibt IDW EPS 255 Hinweise; dieser Standard transformiert ISA 550 in eine nationale Norm. Eine Pflicht zur Prüfung des ggf. einzurichtenden *Risikomanagementsystems* besteht indes ausschließlich nach den deutschen Vorschriften (vgl. Abschnitt 8.2).

Obwohl in § 317 Abs. 1 Satz 1 HGB die *Konzernbuchführung* nicht als Gegenstand der Prüfung genannt wird, besteht faktisch eine Verpflichtung zur Prüfung der Konzernbuchführung, da ohne einen Nachweis des Zusammenhangs von Einzel- und Konzernabschluss einer sachgerechten Konzernabschlussprüfung jede Grundlage entzogen wird. Eine Konzernbuchführung umfasst vor allem die organisatorischen Regelungen ihrer Durchführung und die technische Durchführung selbst. Diese Buchführung ist vor allem auf die Erfassung der Konzerngeschäftsvorfälle ausgerichtet.[56]

Die Konzernbuchführung bezieht sich sowohl auf die konsolidierungsvorbereitenden Maßnahmen als auch auf die Konsolidierung selbst. Die folgenden Ausführungen verdeutlichen den Korrekturcharakter dieser Geschäftsvorfälle:

Beispiel 1: Konsolidierungsvorbereitende Maßnahmen

Fertigerzeugnisse werden in der (HGB-)Handelsbilanz I zu Teilkosten angesetzt (Teil- oder Vollkostenansatz gem. § 255 HGB). Der Konzernabschluss soll den Erfordernissen des IASB genügen. Hier gibt IAS 2 zwingend eine Bewertung zu produktionsbezogenen Vollkosten vor. Die erforderliche Korrekturbuchung (Konzerngeschäftsvorfall) führt auf Ebene der (IAS/IFRS-)Handelsbilanz II zu einer Erhöhung des Wertansatzes für Fertigerzeugnisse (in Höhe der nach HGB nicht aktivierten Herstellungskostenbestandteile). Gleichzeitig sind die in der Handelsbilanz I als Aufwand verrechneten Bestandteile der Herstellungskosten, die es nun in der Handelsbilanz II z.B. als Fertigungsgemeinkosten zu aktivieren gilt, erfolgserhöhend rückgängig zu machen.[57]

Beispiel 2: Konsolidierung

Der Buchwert der Beteiligung des Mutterunternehmens an einem Tochterunternehmen ist mit dem darauf entfallenden Kapital des Tochterunternehmens zu verrechnen (Kapitalkonsolidierung). Ein ggf. entstehender aktiver Unterschiedsbetrag (Beteiligungsbuchwert > anteiliges konsolidierungspflichtiges Eigenkapital) dient der Aufdeckung vorhandener stiller Reserven, und eine danach verbleibende Restgröße ist als Geschäfts- oder Firmenwert auszuweisen. Diese Korrekturbuchungen (Konzerngeschäftsvorfälle) eliminieren die konzerninternen Kapitalverflechtungen. Das Anforderungsniveau (Soll-Objekt) an diese Buchungen ist wiederum in den relevanten Rechnungslegungsnormen fixiert; angesprochen sind z.B. § 301 HGB oder IAS 22.[58]

8.7.3 Besonderheiten der Prüfungsdurchführung

Der *risikoorientierte Prüfungsansatz* kommt grundsätzlich auch auf Konzernebene zum Einsatz.[59] Die Anwendung dieses Ansatzes im Rahmen der Prüfung des Konzernabschlusses nebst zugrunde liegender Buchführung wird jedoch dadurch erschwert, dass die inhärenten Risiken und die Kontrollrisiken bezogen auf einzelne zu konsolidierende Einheiten u.U. unterschiedlich zu beurteilen sind.

Zudem kann der Fall eintreten, dass ein auf Ebene der zu konsolidierenden Einheit als wesentlich erachteter Tatbestand aus Konzernsicht nicht mehr als wesentlich zu beurteilen ist. Möglich ist auch, dass auf Einzelabschlussebene als unwesentlich einzustufende Fehler auf Konzernebene insgesamt als wesentlich zu beurteilen sind. Weiterhin können sich durch die Eliminierung bilanzieller Effekte und Erfolgswirkungen aus dem innerbetrieblichen Leistungsverkehr (z.B. Zwischenergebniseliminierung und Schuldenkonsolidierung) abweichende Wesentlichkeitsbeurteilungen ergeben.

Erschwerend tritt hinzu, dass der Konzernabschlussprüfer keinen direkten Einblick in jene zu konsolidierenden Einzelabschlüsse hat, die von einem *anderen* Abschlussprüfer testiert wurden. Hier muss der Konzernabschlussprüfer feststellen, ob und inwieweit er sich auf das Prüfungsurteil des Einzelabschlussprüfers verlassen kann. Des Weiteren ergeben sich besonders hohe Erfordernisse im Bereich der *Prüfungsplanung*, die aus der *hohen Komplexität* des Prüfungsobjektes resultieren:

- Eine höhere Komplexität kann beispielsweise daraus resultieren, dass die Geschäftsprozesse bei den zu konsolidierenden Einheiten unterschiedlich organisiert sind und die Qualität der eingesetzten Rechnungslegungs- und internen Kontrollsysteme stark voneinander abweicht. Unterscheiden sich die inhärenten und die internen Kontrollrisiken in Bezug auf die zu konsolidierenden Einheiten stark, erschwert dies die Bildung eines Gesamturteils.

- Weiterhin ist eine Vielzahl konzernspezifischer Prüfungshandlungen durchzuführen: Beispielsweise muss der Prüfer feststellen, ob in den Konzernabschluss einbezogene Unternehmen Waren an konzernfremde Unternehmen geliefert haben, die dann wiederum an ein Unternehmen des Konsolidierungskreises gelangt sind. Aus diesen Dreiecksgeschäften resultierende (Zwischen-)Gewinne sind zu eliminieren, sofern diese Geschäfte bewusst angelegt wurden, um die Pflicht zur Eliminierung von Zwischenergebnissen (§ 304 HGB u. IAS 27) zu umgehen. Festzustellen ist auch, ob die Konzernlage dadurch verzerrt dargestellt wird, dass Lieferungen und Leistungen in erheblichem Umfang von Unternehmen stammen, die dem Grunde nach dem Konzern zugehören, aber nicht in den Konzernabschluss einbezogen werden.

In Anbetracht der zuvor angedeuteten Problemkreise muss es erstaunen, dass sich kaum konzernspezifische (fachtechnische) Prüfungsnormen finden (vgl. ausnahmsweise IDW PH 9.200.1). Lediglich zur Berichterstattung auf Konzernebene existieren besondere Normen (IDW PS 400.88 ff. u. EPS 450.97 ff. n.F.). Allerdings ist es auf internationaler Ebene beabsichtigt, ein IAPS zum Bereich group audit herauszugeben.[60]

Die folgenden Punkte sprechen ausgewählte Problemkreise an.[61]

- Organisatorische Regelungen zur Durchführung einer Konzernbuchführung

    Die organisatorischen Regelungen sind so auszugestalten, dass ein sachverständiger Dritter die Herleitung des Konzernabschlusses aus den Einzelabschlüssen innerhalb angemessener Zeit nachvollziehen kann (§ 238 Abs. 1 Satz 2 HGB)[62]. Voraussetzung hierfür ist, dass eine beim Mutterunternehmen einzurichtende Konsolidierungsstelle eine schriftlich fixierte *Konzernrichtlinie*[63] erstellt, die den zu konsolidierenden Unternehmen vorgibt, welche Daten zu welchem Zeitpunkt an die Konsolidierungsstelle weiterzuleiten sind.

Diese Richtlinie ist im Hinblick auf ihre Konsistenz und Vollständigkeit zu prüfen. Sind einzelne Bereiche der Richtlinie nicht korrekt aufeinander abgestimmt, sind die Prüfungshandlungen in diesen Bereichen entsprechend auszuweiten. Dies ist z.B. der Fall, wenn die verbalen Ausführungen der Richtlinie eine Bewertung der Vorräte zu Vollkosten vorgeben, die entsprechenden Formblätter die relevanten Gemeinkostenbestandteile jedoch nur unvollständig erfassen.

Des Weiteren hat der Prüfer anhand der organisatorischen Regelungen, der gesetzten Terminplanung sowie der fachlichen Kompetenz und der persönlichen Integrität der involvierten Personen besonders fehleranfällige Bereiche zu identifizieren und mittels einzelfallorientierter Prüfungshandlungen näher zu beleuchten. Beispiele für mögliche Fehlerquellen sind: mangelnde Vertrautheit der Mitarbeiter eines Tochterunternehmens mit den Inhalten der Konzernrichtlinie oder die erhöhte Gefahr, dass bei einem engen Terminplan für die Konzernabschlusserstellung nicht testierte Einzelabschlüsse in die Konsolidierung einbezogen werden.

- IT-gestützte Konzernbuchführung

Die Praxis setzt für die Erstellung des Konzernabschlusses zumeist spezielle Konsolidierungssoftware ein; teilweise wird die Konsolidierung mit Hilfe von Tabellenkalkulationsprogrammen wie z.B. MS-Excel abgewickelt.[64] Die folgenden Ausführungen beziehen sich auf den Einsatz spezieller Konsolidierungssoftware.

In diesem Fall verlangt eine wirkungsvolle und effiziente Prüfung zunächst eine Systemprüfung der eingesetzten Software. Die Systemprüfung bezieht sich auf den programmierten Konsolidierungsablauf sowie die im System enthaltenen Plausibilitätskontrollen. Der Konsolidierungsablauf wird über Parametereinstellungen gesteuert; diese Einstellungen müssen zu einer Konsolidierung führen, die sowohl den Vorgaben in der Konzernrichtlinie als auch den relevanten Rechnungslegungsnormen entspricht.

Anhand der durchgeführten Systemprüfung, die u.a. auch eine sachlogische Programmprüfung, eine Prüfung der Programmidentität sowie des Datenschutzes und der Datensicherheit umfasst, ist eine Risikobeurteilung vorzunehmen, die wiederum als Ausgangsbasis für gezielt vorzunehmende Einzelfallprüfungen dient.[65]

Die Mandanten führen die IT-gestützte Konzernbuchführung überwiegend als stand alone-System. Zumeist erfolgt eine dezentrale PC-Erfassung der zu konsolidierenden Handelsbilanzen I/II sowie der entsprechenden Formblätter mit anschließender automatischer Plausibilitätskontrolle. Werden konsolidierungsrelevante Informationen bereits im Zeitpunkt ihrer Entstehung (z.B. durch Zusatzkontierungen gekennzeichnete konzerninterne Forderungen und Verbindlichkeiten, die im Einzelabschluss auszuweisen sind, jedoch auf Konzernebene Gegenstand der Schuldenkonsolidierung sind) erfasst und in einer zentralen (Konzern-)Datenbank gespeichert, liegt ein integriertes System vor (z.B. SAP R/3). Dieses Vorgehen ermöglicht zwar in weiten Teilen eine Konsolidierung per Knopfdruck (die zuvor genannten, durch Zusatzkontierung gekennzeichneten Positionen entfallen), setzt jedoch komplexe Abstimmungen und Vorarbeiten voraus.

Die Prüfung eines integrierten Systems erfordert umfangreiches IT-Wissen. Häufig wurde die eingesetzte (integrierte) Software bereits durch einen Dritten geprüft und eine Softwarebescheinigung (Software-Testat; vgl. Abschnitt 7.2.3) erteilt. In diesem Fall hat der Konzernabschlussprüfer zu erwägen, inwieweit er diese Bescheinigung und die zugrunde liegenden Feststellungen als Prüfungsurteile Dritter berücksichtigen kann (IDW PS 880.50 ff.).

- Verwendung der Arbeit eines anderen Abschlussprüfers

§ 317 Abs. 3 Satz 1 HGB bestimmt eine grundsätzliche Prüfungspflicht der zu konsolidierenden Handelsbilanzen I/II durch den Konzernabschlussprüfer. Jedoch sehen Satz 2 u. 3 Ausnahmen vor: Demnach sind die einzubeziehenden Abschlüsse u.a. nicht zu prüfen, wenn diese durch einen in Übereinstimmung mit der 8. EG-Richtlinie (84/253/EWG) zugelassenen Abschlussprüfer oder von einem nach den Anforderungen dieser Richtlinie gleichwertig befähigten Prüfer bereits geprüft worden sind (sog. *befreiende Prüfungen*). Der Konzernabschlussprüfer hat die von den jeweiligen Einzelabschlussprüfern erstellten Prüfungsberichte zumindest kritisch durchzusehen (IDW EPS 450.18 n.F.). Die Gründe für einen in eingeschränkter oder versagter Form erteilten (Bestätigungs-)Vermerk sind zu würdigen und die Auswirkungen auf den Bestätigungsvermerk des Konzernabschlusses zu beurteilen. Im Zweifel muss der Konzernabschlussprüfer eigene Prüfungshandlungen vornehmen. Sprechen allerdings Anhaltspunkte dafür, dass die zu übernehmenden Prüfungsergebnisse unzutreffend sind, so kommt *keine Übernahme* der Arbeit durch den Konzernabschlussprüfer, sondern nur noch eine *Verwertung* dieser Arbeit in Betracht (IDW PS 320.30).

Da der Konzernabschlussprüfer auch bei einer Verwendung von Urteilen anderer Abschlussprüfer (vgl. Abschnitt 5.2.3) unverändert die volle Verantwortung für die Richtigkeit des testierten Konzernabschlusses trägt (§ 43 Abs. 1 WPO), sollte eine laufende Zusammenarbeit mit dem Abschlussprüfer, dessen Urteil verwendet werden soll, angestrebt werden. Der zuletzt genannte Prüfer ist dazu angehalten, mit dem gesamtverantwortlichen Prüfer zusammenzuarbeiten (sog. Kooperationsgebot; IDW PS 320.16 u. ISA 600.15).

Des Weiteren hat der Konzernabschlussprüfer festzustellen, ob sein Anteil an der Konzernabschlussprüfung ausreicht, um die Aufgabe des gesamtverantwortlichen Abschlussprüfers erfüllen zu können. Demnach darf der Anteil der von anderen Wirtschaftsprüfern übernommenen Handelsbilanzen I/II nicht zu hoch sein. Für diese Zwecke sind u.a. die relative Bedeutung der selbst geprüften Einzelabschlüsse sowie das Risiko wesentlicher Falschaussagen in den Abschlüssen, die von anderen Prüfern geprüft wurden, in Betracht zu ziehen (IDW PS 320.12; ISA 600.6).

8 Sonderprobleme

Die Prüfungsgesellschaften legen teilweise intern fest, dass das Mandat bei einem Anteil von weniger als 50% der vom Konzernabschlussprüfer geprüften Konzernaktiva und -umsätze nicht übernommen werden darf. Allerdings kann der Prüfer den Prüfungsauftrag in der festen Erwartung annehmen, dass zwar bei der Auftragsannahme keine ausreichende Gesamtbefassung gegeben ist, sich diese aber durch entsprechende eigene Prüfungshandlungen sicherstellen lässt (IDW PS 320.13). Stellt sich allerdings heraus, dass sich eine ausreichende Befassung auf diese Weise nicht erreichen lässt, so liegt ein Prüfungshemmnis vor, das nach der in IDW PS 320.35 vertretenen Auffassung zu einer Einschränkung oder Versagung des Bestätigungsvermerks führen kann.

- Berichterstattungserfordernisse

Die Ausführungen zur Berichterstattung bei der Prüfung eines Einzelabschlusses (vgl. Abschnitt 5.3) gelten grundsätzlich auch auf Konzernebene. Spezifische Anforderungen an den Bestätigungsvermerk bei Konzernabschlussprüfungen formulieren IDW PS 400.88 ff. Beispielsweise empfiehlt IDW PS 400.91, die Einzelangaben zum Prüfungsumfang um den Hinweis auf die Prüfung der Abgrenzung des Konsolidierungskreises, der angewandten Konsolidierungsgrundsätze und der in den Konzernabschluss einbezogenen Jahresabschlüsse zu ergänzen. Entsprechende auf den Prüfungsbericht zur Konzernabschlussprüfung bezogene Spezifika finden sich in IDW EPS 450.97 ff. n.F.

Die deutschen Berichterstattungsnormen entsprechen weitgehend den ISA. Ein Unterschied besteht z.B. dahingehend, dass der Konzernabschlussprüfer nach ISA 600.18 im Bestätigungsbericht auf die Verwendung von Prüfungsergebnissen anderer Abschlussprüfer verweisen und die Größenordnung der von ihm nicht selbst geprüften Bereiche angeben muss. Dagegen erachten IDW PS 320.33 u. IDW PS 400.93 unter Hinweis auf den Grundsatz der Gesamtverantwortlichkeit des Konzernabschlussprüfers einen solchen Hinweis für nicht sachgerecht; insofern besteht ein inhaltlicher Unterschied (so auch IDW PS 400.116).

8.8 Prüfung von IAS/IFRS- und US-GAAP-Abschlüssen

8.8.1 Grundlagen

Nach § 292a HGB ist es möglich, einen Konzernabschluss nach international anerkannten Rechnungslegungsnormen aufzustellen.[66] Diese Möglichkeit der Befreiung von der Verpflichtung zur Aufstellung eines Konzernabschlusses nach handelsrechtlichen Normen besteht für inländische Mutterunternehmen, die entweder selbst oder über ein Tochterunternehmen Wertpapiere an einem organisierten Markt ausgegeben haben oder den Handel an einem solchen Markt beantragt haben.[67] § 292a HGB soll vermeiden, dass deutsche Unternehmen sowohl nach *handelsrechtlichen* als auch nach *international anerkannten Normen* bilanzieren müssen. Dies wäre beispielsweise dann der Fall, wenn ein international agierendes inländisches Unternehmen einen ausländischen Kapitalmarkt in Anspruch nehmen möchte, dieser aber einen nach deutschen Normen erstellten und geprüften Konzernabschluss nicht akzeptieren würde. § 292a HGB hat indes die Möglichkeit geschaffen, sich durch die Aufstellung eines internationalen Konzernabschlusses von der Aufstellung nach inländischen Normen befreien zu lassen. Um diese Befreiungswirkung nutzen zu können, muss ein Konzernabschlussprüfer gem. § 318 HGB bestellt werden, die Durchführung der Prüfung nach deutschen Prüfungsnormen erfolgen und eine Bestätigung des Abschlussprüfers vorliegen, dass die in § 292a Abs. 2 HGB aufgeführten Voraussetzungen erfüllt sind. Dies ist jedoch nur bis zum 31.12.2004 möglich, da § 292a HGB dann außer Kraft tritt.

Am 6.6.2002 wurde die EU-Verordnung über die Anwendung internationaler Rechnungslegungsgrundsätze verabschiedet. Demnach sind Konzernabschlüsse aller börsennotierten Unternehmen in der EU ab dem 1.1.2005 nach den Regelungen der IAS/IFRS zu erstellen.[68] Sofern von einem Unternehmen lediglich Schuldtitel zum Amtlichen Markt zugelassen sind oder die Wertpapiere in einem Staat außerhalb der EU gelistet sind, so dass international anerkannte Standards, z.B. US-GAAP, anzuwenden sind, gilt diese Verpflichtung erst für Geschäftsjahre ab dem 1.1.2007. Unternehmen, die international anerkannte Standards anwenden, aber nicht in einem Drittstaat notiert sind, werden somit nicht von der Ausnahmeregelung erfasst. Die Ausführungen dieser Verordnung beziehen sich grundsätzlich auf alle durch das IASB erlassene Normen, so dass auch entsprechende Änderungen zu beachten sind. Eine Zielsetzung des § 292a HGB, die Vermeidung der Aufstellung von zwei separaten Konzernabschlüssen, wird in diesem Zusammenhang zunächst in Frage gestellt. Die amerikanische Börsenaufsichtsbehörde SEC erkennt die IAS/IFRS-Abschlüsse derzeit nicht als Zulassungsvoraussetzung an und verlangt weiterhin einen Jahresabschluss nach US-GAAP. Die internationale Organisation der nationalen Börsenaufsichtsbehörden IOSCO (International Organization of Securities Commissions) hat den nationalen Börsenaufsichtsbehörden, zu denen auch die SEC gehört, jedoch bereits im Juni 2000 geraten, die IAS/IFRS für eine nationale Börsenzulassung anzuerkennen.

Sofern die Unternehmen nicht bereits durch die EU-Verordnung erfasst werden, gibt es vielfältige *Motive*, einen Jahresabschluss nach IAS/IFRS oder US-GAAP aufzustellen und ihn auch nach den entsprechenden Normen prüfen zu lassen. Mögliche Anlässe können sein (vgl. vertiefend Kapitel I, Abschnitt 6.3.2):

- Erschließung ausländischer Kapitalmärkte,[69]

- Verbesserung des Einblicks in die wirtschaftliche Lage des Unternehmens,

- Hervorhebung der internationalen Ausrichtung des Unternehmens,

Entschließt sich die Unternehmensleitung, einen internationalen Jahresabschluss aufzustellen und prüfen zu lassen, so ergeben sich folgende Alternativen:

1. Aufstellung eines vollständigen Konzernabschlusses nach IAS/IFRS bzw. US-GAAP. Die Unternehmen können entweder einen zusätzlichen Abschluss oder, sofern die Voraussetzungen erfüllt sind, einen befreienden Konzernabschluss gem. § 292a HGB erstel-

len. Unabhängig davon bieten sich zwei Anpassungsalternativen (vgl. hierzu auch Abschnitt 8.7.2):

a. Anpassung der nach den nationalen Vorschriften aufgestellten Einzelabschlüsse (Handelsbilanz I[70]):

- Erstellung eines Jahresabschlusses (HB I) nach IAS/IFRS oder US-GAAP und anschließende Erstellung einer IAS/IFRS- bzw. US-GAAP-konformen Handelsbilanz II[71]. Vorteilhaft ist hierbei zum einen die hohe Qualität der Informationen, da keine Umrechnungen erfolgen müssen. Zum anderen ist eine schnelle Durchführung möglich, da keine HB II nach HGB erstellt und geprüft werden muss. Das notwendige Wissen über die internationalen Normen ist jedoch in den Tochterunternehmen oftmals nicht vorhanden. Außerdem sind viele Zusatzinformationen notwendig.

- Aufstellung der HB I nach den deutschen Vorschriften und der HB II nach IAS/IFRS- bzw. US-GAAP-Normen (Einzelabschluss). Anschließend folgt die Erstellung einer HB III (Konzernabschluss) nach IAS/IFRS bzw. US-GAAP. Hierbei sind Vereinheitlichungsvorgaben im Rahmen einer Konzernrichtlinie möglich und notwendig. Die hohe Qualität der Abschlüsse stellt sich als Vorteil dar, wogegen die vielen benötigten Zusatzinformationen hier nachteilig wirken.

b. Anpassungen im Rahmen der laufenden Buchführung:

Die laufende Buchführung wird parallel geführt. Jeder Vorgang wird zum einen nach den nationalen Vorschriften und zum anderen nach den internationalen Normen erfasst. Diese Methode bietet neben der höheren Steuerungsqualität auch eine Zeitersparnis, da nachträgliche Umrechnungen nicht notwendig sind. Weiterhin liegt hier die genaueste Form der Datenerhebung vor. Nachteile ergeben sich aus dem Zeitbedarf für notwendige Zusatzarbeiten, z.B. zur Vermittlung der notwendigen Kenntnisse über die IAS/IFRS bzw. US-GAAP in den Tochterunternehmen. Außerdem ergibt sich ein erhöhter Arbeitsaufwand, beispielsweise durch die notwendige Doppelerfassung der Sachverhalte. Werden EDV-Programme wie z.B. SAP R/3 eingesetzt, ist diese Zusatzkontierung jedoch problemlos möglich.

2. Erstellung eines Konzernabschlusses nach handelsrechtlichen Vorschriften mit anschließender Überleitungsrechnung (reconciliation). Hierbei werden das nach Handelsrecht ermittelte Jahresergebnis sowie die Eigenkapitalgrößen angegeben und so umbewertet, dass die nach der Überleitung entstandenen Größen den Normen des gewählten Referenzsystems entsprechen. Darüber hinaus sind weitere Informationen bereitzustellen, die inhaltliche Unterschiede zwischen einem handelsrechtlichen und einem nach internationalen Normen erstellten Abschluss veranschaulichen und die quantitativen Auswirkungen aufzeigen. Auch hier ist der handelsrechtliche Konzernabschluss Grundlage für die Pflichtprüfung nach den §§ 316 ff. HGB. Neben diesen Anpassungsalternativen besteht grundsätzlich auch die Möglichkeit, Mischformen anzuwenden. Die Regelung des § 292a HGB führt u.a. dazu, dass deutsche Wirtschaftsprüfer oder Wirtschafts-

prüfungsgesellschaften ggf. einen nach IAS/IFRS oder US-GAAP aufgestellten Konzernabschluss prüfen und testieren müssen.

8.8.2 Pflichtbestandteile von IAS- und US-GAAP-Abschlüssen

Nach IAS 1.7 unterliegen die folgenden Pflichtbestandteile des Jahresabschlusses[72] einer Prüfung:

- Bilanz (balance sheet)
- Gewinn- und Verlustrechnung (income statement)
- Kapitalflussrechnung (cash flow statement)[73]
- Anhang (notes & other statements)
- Eigenkapitalveränderungsrechnung (statement showing changes in equity)

Darüber hinaus verlangen

- IAS 14 u.a. für Unternehmen, deren Dividendenpapiere (z.B. Aktien) öffentlich gehandelt werden, eine Segmentberichterstattung (segment reporting)[74] und
- IAS 33 für Unternehmen, deren Stammaktien öffentlich gehandelt werden, Angaben über das Ergebnis je Aktie (earnings per share).

Erstellt ein deutsches Unternehmen einen US-GAAP-Jahresabschluss, weil es an einer US-amerikanischen Börse gelistet ist oder sich listen lassen will, so unterliegt es auf Grund der (potenziellen) Registrierung den Vorschriften der dortigen Börsenaufsichtsbehörde Securities and Exchange Commission (SEC). Aufgabe der SEC ist es, die bundesgesetzlichen Regelungen des US-amerikanischen Kapitalmarktrechts auszulegen und durchzusetzen. Sie hat die Kapitalmarktteilnehmer mit zeitnahen und wahren Informationen zu versorgen sowie betrügerische Handlungen bei Wertpapieremissionen und Wertpapierhandel zu verhindern. Um die Zulassung an einer US-amerikanischen Börse zu erreichen oder aufrecht zu erhalten, sind so genannte Formblätter (forms) einzureichen. Diese forms beinhalten die von der SEC verlangten Angaben, die von einem Unternehmen gemacht werden müssen. Für ausländische Unternehmen, die an einer US-amerikanischen Börse gelistet sind, ist dies form 20-F, das u.a. folgende Bestandteile für den Konzernabschluss vorschreibt:

- Bilanz (balance sheet)
- Gewinn- und Verlustrechnung (income statement)
- Kapitalflussrechnung (cash flow statement)
- Anhang (explanatory notes)
- Eigenkapitalveränderungsrechnung (statement of changes in stockholders' equity)

8 Sonderprobleme

- Segmentberichterstattung (segment reporting)
- operating and financial review and prospects (vormals MD&A)

Diese Bestandteile müssen für SEC-registrierte deutsche Unternehmen von einem Abschlussprüfer, der nicht zwingend in den USA registriert sein muss, nach den US-GAAS geprüft werden.

Eine Besonderheit bei Anwendung des § 292a HGB zum befreienden Konzernabschluss ergibt sich bezüglich des Lageberichts und des Risikomanagementsystems. Weder die IAS/IFRS noch die US-GAAP verlangen die Aufstellung und damit auch die Prüfung eines Lageberichts (vgl. hierzu auch Abschnitt 8.6). Auch die in Deutschland nach § 317 Abs. 4 HGB i.V.m. IDW PS 340 und § 91 Abs. 2 AktG vorgeschriebene Prüfung des Risikomanagementsystems (siehe auch Abschnitt 8.2) ist ein Unterschied der US-GAAS und der IAS/IFRS zu den deutschen Prüfungs- und Rechnungslegungsnormen. Jedoch ergibt sich aus § 292a Abs. 2 Nr. 2b HGB, dass der Konzernabschluss und der Konzernlagebericht im Einklang mit der Richtlinie 83/349/EWG stehen müssen. Die 7. EG-Richtlinie fordert, dass IAS/IFRS- und US-GAAP-Abschlüsse um Lageberichtsangaben zu ergänzen sind. Damit gehört der Lagebericht auch bei einem befreienden Konzernabschluss zum Prüfungsgegenstand nach § 317 Abs. 2 HGB i.V.m. IDW PS 350.[75] Hierbei sind besonders die dargestellten Risiken und die Zukunftsaussichten einer Durchsicht zu unterziehen. Es ist jedoch festzustellen, dass Ereignisse, die zu Angaben im Lagebericht nach deutschen Normen führen, auch in IAS/IFRS- oder US-GAAP-Abschlüssen angabe- und damit auch prüfungspflichtig sein können. Beispielhaft können hier Angaben zu Ereignissen nach dem Bilanzstichtag genannt werden. Nach § 289 Abs. 2 Nr. 1 HGB für den Lagebericht bzw. § 315 Abs. 2 Nr. 1 HGB für den Konzernlagebericht sind Angaben über Vorgänge von besonderer Bedeutung zu machen, die nach dem Schluss des Geschäftsjahres eingetreten sind. In einem IAS/IFRS-Abschluss verlangt IAS 10 (Ereignisse nach dem Bilanzstichtag) ebenfalls, dass über solche Ereignisse berichtet wird. Ein weiteres Beispiel bezieht sich auf die Darstellung der wirtschaftlichen Lage eines Unternehmens. Während jedoch nach deutschen Normen die Pflicht zur Darstellung der wirtschaftlichen Lage eines Unternehmens im Lagebericht besteht, wird die Erstellung eines Berichts über die Unternehmenslage seitens der Unternehmensleitung in IAS 1.8 lediglich empfohlen und zudem inhaltlich kaum konkretisiert.

8.8.3 Anzuwendende Prüfungsnormensysteme

Erstellt ein prüfungspflichtiger inländischer Konzern einen nach § 292a HGB befreienden Konzernabschluss nach IAS/IFRS oder US-GAAP, so stellt sich die Frage nach dem anzuwendenden Prüfungsnormensystem. Damit § 292a HGB seine Befreiungswirkung entfalten kann, sind zwingend die §§ 316 ff. HGB zu beachten. Trotz des hohen Grades der Übereinstimmung von deutschen Prüfungsnormen und den Normen der IFAC (zum Grad der Übereinstimmung vgl. Kapitel I, Abschnitt 6.5.2.1), kann im Bestätigungsvermerk nicht automatisch auch auf die Einhaltung der ISA verwiesen werden. Vielmehr muss die Einhaltung der ISA oder der US-GAAS durch den Abschlussprüfer gesondert festgestellt werden.[76] Handelt es sich hingegen um eine freiwillige Abschlussprüfung, so kann im Prüfungsauftrag festgelegt werden, dass lediglich die ISA oder die US-GAAS anzuwenden sind.

8.8.3.1 Anmerkungen zur Prüfung auf der Grundlage internationaler Prüfungsnormen

Bei einer handelsrechtlichen Pflichtprüfung sind stets die §§ 316 ff. HGB zur Abschlussprüfung zu beachten. Besteht darüber hinaus beim zu prüfenden Unternehmen der Wunsch nach Anwendung von internationalen Prüfungsnormen, so ist dies gesondert im Prüfungsauftrag festzulegen. Inhaltlich unterscheiden sich Prüfungen nach nationalen und nach internationalen Prüfungsnormen nur in wenigen Bereichen (vgl. hierzu Kapitel I, Abschnitt 6). Der Grund für die hohe Übereinstimmung liegt u.a. darin, dass das IDW und die WPK auf Grund ihrer Mitgliedschaft bei der IFAC verpflichtet sind, die internationalen Prüfungsnormen in nationale Normen zu transformieren. Somit sind internationale Prüfungsnormen insbesondere dann explizit anzuwenden, wenn sie noch nicht oder nicht sachgerecht in eine nationale Norm transformiert worden sind. Lediglich in besonderen Fällen (z.B. nationale rechtliche Gegebenheiten stehen einer Anwendung der ISA entgegen), ist eine Umsetzung nicht verpflichtend (zur Bindungswirkung siehe Kapitel I, Abschnitt 6.3.2).

Die Prüfungsbesonderheiten ergeben sich aus der Tatsache, dass der Prüfungsgegenstand ein nach IAS/IFRS erstellter Abschluss ist. Das heißt, dass der Abschlussprüfer die Einhaltung der Normen des IASB zu prüfen hat. Zur Verdeutlichung der aufgezeigten Problematik wird im Folgenden beispielhaft auf die vom HGB abweichende Bilanzierung von Rückstellungen in den IAS eingegangen und die Konsequenzen für den Berufsstand der Wirtschaftsprüfer bei der Prüfung eines IAS/IFRS-Abschlusses aufgezeigt.

Zur Prüfung von Rückstellungen in einem IAS/IFRS-Abschluss muss die Einhaltung der in IAS 37 (provisions, contingent liabilities and contingent assets) genannten Kriterien überprüft werden. Eine Rückstellung nach IAS 37.14 liegt dann vor, wenn folgende Bedingungen kumulativ erfüllt sind:

- Es liegt eine gegenwärtige Verpflichtung (rechtlich oder faktisch) vor, die aus einem Ereignis aus der Vergangenheit resultiert,
- der Abfluss von Ressourcen mit wirtschaftlichem Nutzen (z.B. Geld) zur Erfüllung der Verpflichtung ist wahrscheinlich, und
- eine zuverlässige Schätzung der Höhe der Verpflichtung ist möglich.

IAS 37.20 regelt, dass eine Verpflichtung nur dann vorliegt, wenn davon eine andere Partei betroffen ist. Da dies bei Aufwandsrückstellungen nicht gegeben ist, können diese in einer nach IASB-Normen erstellten Bilanz nicht zulässigerweise angesetzt werden. Im Gegensatz dazu sieht das HGB nach § 249 den Ansatz von bestimmten Aufwandsrückstellungen vor.

So sind beispielsweise nach § 249 Abs. 1 Satz 2 HGB Rückstellungen zu bilden für im Geschäftsjahr unterlassene Aufwendungen für Instandhaltung, die im folgenden Geschäftsjahr innerhalb von drei Monaten, oder für Abraumbeseitigung, die im folgenden Geschäftsjahr nachgeholt werden. Da die Aufwendungen für Instandhaltung oder Abraumbeseitigung eine Innenverpflichtung darstellen, dürfen diese nach IAS 37 nicht passiviert werden. Für den Abschlussprüfer eines nach IAS/IFRS bilanzierenden Unternehmens bedeutet das, dass dieser prüfen muss, ob keine Aufwandsrückstellungen passiviert wurden.

8.8.3.2 Anmerkungen zur Prüfung auf der Grundlage US-amerikanischer Prüfungsnormen

Die US-amerikanischen Prüfungsnormen werden im Wesentlichen durch das American Institute of Certified Public Accountants (AICPA) (vgl. dazu auch Kapitel I, Abschnitt 5.2.2) entwickelt. Künftig sollen die US-amerikanischen Prüfungsnormen durch das im Rahmen der Umsetzung des Sarbanes-Oxley Act of 2002 geschaffene Public Company Accounting Oversight Board (PCAOB) aufgestellt, adaptiert und überarbeitet werden. Damit geht die Befugnis zur Setzung von Prüfungsnormen vom Berufsstand AICPA auf eine öffentliche Behörde über.

Generell verwendet jeder unabhängige Wirtschaftsprüfer die Generally Accepted Auditing Standards (GAAS) als Grundlage für die Planung, Durchführung und Berichterstattung seiner Prüfungen. Sie stellen den Prüfern einen Bezugsrahmen für die Prüfungsqualität und die Prüfungsziele zur Verfügung. Von den Standards sind die einzelnen Prüfungsmaßnahmen zu unterscheiden. Diese dienen zur Einhaltung der Standards bei den Prüfungshandlungen. Durch die Veröffentlichung des SAS 95 „Generally Accepted Auditing Standards" im Dezember 2001 erhielten die Grundsätze für Abschlussprüfungen eine neue Struktur, die seit dem 15.12.2001 Anwendung findet. Die GAAS setzen sich demnach aus drei hierarchisch angeordneten Schichten, den so genannten „Layers" oder „Tiers", zusammen.[77]

(1) Unter der Bezeichnung „Auditing Standards" sind in Layer 1 die 10 Standards und die dazugehörigen Statements on Auditing Standards (SAS) zusammengefasst. Hierzu gehören die General Standards, die Standards of Field Work und die Reporting Standards. Zur Interpretation der Normen stehen die SAS zur Verfügung. Nach den Regelungen der Rule 202 des AICPA Code of Professional Conduct müssen die Mitglieder des AICPA die vom Auditing Standards Board (ASB) entwickelten Standards einhalten. Zur Entscheidung, welche Norm bei der jeweiligen Prüfung anzuwenden ist, müssen die Prüfer eine ausreichende Kenntnis der SAS besitzen.

(2) Zu Layer 2 „Interpretive Publications" zählen die Auditing Interpretations zu den SAS, die Anleitungen in den AICPA Audit and Accounting Guides und die AICPA Statements of Position (SOP). Diese Veröffentlichungen haben nicht den Charakter und die Verbindlichkeit von Standards. Sie sind vielmehr Empfehlungen zur Anwendung der SAS in bestimmten Fällen, wie etwa bei spezialisierten Unternehmen. Deshalb sollte

der Wirtschaftsprüfer über die Interpretive Publications informiert sein und die entsprechenden Empfehlungen bei seinen Prüfungen anwenden. Sofern er diesen nicht nachkommt, muss er darlegen, wie die Bestimmungen der SAS anderweitig erfüllt werden.

(3) Die in Layer 3 „Other Auditing Interpretations" aufgeführten Veröffentlichungen haben keinen verbindlichen Charakter. Sie sollen dem Prüfer das Verständnis und die Anwendung der SAS erleichtern. Hierzu gehören AICPA Auditing Publications – sofern diese nicht bereits zu den ersten beiden Layern gehören –, Artikel in Fachzeitschriften wie dem Journal of Accountancy, AICPA CPA Letters sowie weiteres Schulungs- und Hilfsmaterial. Während die geprüften AICPA-Publikationen generell als sachgemäß angesehen werden, muss der Wirtschaftsprüfer bei der Berücksichtigung der übrigen Other Auditing Publications über die jeweilige Relevanz und Angemessenheit entscheiden. Hierbei helfen u.a. Kriterien wie das Ansehen der Publikation oder des Autors.

Layer 1 „Auditing Standards"
10 Standards (General Standards, Standards of Field Work, Reporting Standards)
Erläuternde Statements on Auditing Standards (SAS)
Unmittelbare Verbindlichkeit
Layer 2 „Interpretive Publications"
Anwendungsempfehlungen zu den SAS
(Verzicht auf die Empfehlungen muss erläutert werden.)
Mittelbare Verbindlichkeit
Layer 3 „Other Auditing Publications"
Fachaufsätze und Arbeitsmaterialien zur leichteren Anwendung und zum besseren Verständnis der SAS
Keine Verbindlichkeit

Abb. II.8-7: Systematik der US-GAAS

Handelt es sich bei dem zu prüfenden Unternehmen um ein Unternehmen, das an einer US-amerikanischen Börse gelistet ist oder dies beabsichtigt, so ist die Prüfung des Jahresabschlusses auf Grundlage der US-GAAS und SAS zwingend von der SEC vorgeschrieben. Ansonsten gelten die US-GAAS jedoch nicht als internationale Prüfungsnormen im Sinne der ISA. Sie stellen prinzipiell nationale Vorschriften der USA dar.[78]

Der Abschlussprüfer eines an einer US-amerikanischen Börse gelisteten Unternehmens muss nicht zwangsläufig in den USA als Prüfer registriert sein. Im Rahmen der Qualitätskontrolle (vgl. Abschnitt 6) ist jedoch die Mitgliedschaft in der SEC Practice Section der Division for CPA Firms des AICPA vorgesehen. Sofern der Abschlussprüfer die Unabhängigkeitsanforderungen (independence requirements) der SEC erfüllt und detaillierte Kenntnisse über die US-GAAP, US-GAAS, die SEC rules and regulations sowie über die jeweiligen landesspezifischen Rechnungslegungsnormen (local GAAP) besitzt, ist er berechtigt, ein an einer US-amerikanischen Börse notiertes Unternehmen zu prüfen.[79] Darüber hinaus muss er an einem von der SEC anerkannten System einer externen Qualitätskontrolle (in den USA: peer review) teilnehmen. Weiterhin sind die Vorschriften über die Einbeziehung eines SEC-reviewing partner zu beachten. Werden Jahresabschlüsse von nicht bei der SEC registrierten Unternehmen geprüft, so sind vielfach Regelungen zu beachten, die an Stelle der SEC-Vorschriften anzuwenden sind. Abschlüsse sind oftmals auch dann unter Beachtung bestimmter Vorgaben zu prüfen, wenn keine gesetzliche Verpflichtung besteht, aber z.B. Kreditgeber einen geprüften Jahresabschluss verlangen.

Anmerkungen

*) In diesem Abschnitt wurde u.a. der Teilabschnitt 8.7 unter Federführung von Herrn Prof. Dr. K. Ruhnke erstellt.

1 Teilweise findet synonym auch der Begriff „kleine und mittlere Unternehmen" (KMU) Verwendung.

2 Vgl. *Ruhnke/Niephaus* (1996), S. 789 f. m.w.N.

3 Vgl. *Wyss/Blättler* (2000), S. 1212 ff.; *Ruhnke/Niephaus* (1996), S. 790 ff.; *Schreiber* (1994), S. 104 ff., u. IAPS 1005.19-94 sowie ISA 400.48.

4 Zur prüferischen Durchsicht von unterjährigen Berichten vgl. Kapitel III, Abschnitt 2.3.3.1.1.

5 Dr. Helmut Maucher, Nestlé S.A. (zit. in: *Baetge/Jerschensky* (1999), S. 172).

6 Vgl. Bundesrat, Drucksache 872/97, S. 37.

7 Vgl. z.B. *Fuchs* (1999); *Gleißner/Meyer* (2001); *Pollanz* (1999).

8 Der Kreis der Aktiengesellschaften, die von der Risikomanagementsystemprüfungspflicht des § 317 Abs. 4 HGB tangiert werden, wurde im Jahr 2002 zweimal (durch das Vierte Finanzmarktförderungsgesetz und durch das TransPuG) geändert; *Neubeck* (2003), S. 170-174.

9 Entnommen aus *Neubeck* (2003), S. 62.

10 Zu den folgenden Ausführungen vgl. stellvertr. *Krystek/Müller* (1999), S. 177 ff.; *Bitz* (2000), S. 13 ff.; *DAI/KPMG* (2000), S. 13 ff.; *IDW* (2000), P 5 ff. m.w.N. sowie die Studie 9 des FMAC (Enhancing shareholder wealth by better managing business risk).

11 Zur Prüfung der Ad-hoc-Berichtspflichten vgl. Kapitel III, Abschnitt 2.3.3.2.1.

12 Entnommen aus *Ruhnke* (2001).

13 Vgl. hierzu *Neubeck* (2003), S. 195-198.

14 Vgl. hierzu auch *Giese* (1998), S. 452 ff.

15 Zur Frage, ob die Prüfung des Risikomanagementsystems (§ 317 Abs. 4 HGB) in den Rahmen der Einzel- oder Konzernabschlussprüfung fällt, siehe *Neubeck* (2002), S. 175; es ist davon auszugehen, dass auf Grund eines fehlenden Hinweises von einer Prüfungspflicht sowohl im Rahmen der Einzel- als auch der Konzernabschlussprüfung auszugehen ist.

16 Vgl. *Adler/Düring/Schmaltz* (1995), § 286 HGB Tz. 23.

17 Vgl. *Chmielewicz* (1993), Sp. 1790-1801.

18 Vgl. *Haller* (2000), S. 755-802.

19 Vgl. *Coenenberg* (2003), S. 811 f.

20 Vgl. *Haller* (2002), Sp. 2192.

21 In Anlehnung an *Lenz/Focken* (2002), S. 856 ff.

22 Vgl. *Lenz/Focken* (2002), S. 858.

23 Vgl. *Lenz/Focken* (2000), S. 522.

24 Vgl. *IDW* (2000), R 81 ff.
25 Vgl. *Haller* (2000), S. 781.
26 Vgl. *Geiger* (2002), S. 1906.
27 Vgl. *Lenz/Focken* (2002), S. 858.
28 Vgl. DRS 2.1 sowie *Coenenberg* (2003), S. 759 f.
29 Vgl. *Auer* (2002), Sp. 1298.
30 Vgl. *Lenz/Focken* (2000), S. 503.
31 Vgl. *IDW* (2000), N 934 ff.
32 Vgl. *Lenz/Focken* (2000), S. 502.
33 Vgl. *Lenz/Focken* (2000), S. 507.
34 Vgl. *Lenz/Focken* (2000), S. 509.
35 Mit dieser Definition wird der Fokus des IDW EPS 255 über die in § 271 HGB aufgeführte Definition der verbundenen Unternehmen hinaus ausgedehnt.
36 Die Personengruppe der nahen Angehörigen wird im IDW EPS 255 nicht näher erläutert oder abgegrenzt.
37 Gemäß § 271 Abs. 2 HGB ist der Kreis der nahe stehenden Personen somit auf (a) Unternehmen beschränkt, die (b) in einer Mutter-Tochter-Beziehung zueinander stehen.
38 Vgl. hierzu stellvertr. *Schüppen* (2002), S. 1271 ff., u. *v. Werder* (2002), S. 801 ff.
39 So das Ergebnis einer Untersuchung der Entsprechenserklärungen der 100 größten börsengelisteten Unternehmen Deutschlands; vgl. *Towers/Perrin* (2003), S. 16 ff.
40 Zu den folgenden Ausführungen vgl. ausführlich *Ruhnke* (2003) m.w.N.
41 Vgl. ausdrücklich *Deutscher Bundestag* (2002), S. 25.
42 *Deutscher Bundestag* (2002), S. 21, jedoch keine Hervorhebung im Original.
43 Vgl. ausführlich *Ruhnke* (2003), S. 374 f.
44 Vgl. *Deutscher Bundestag* (2002), S. 22; siehe auch DCGK Ziff. 3.10.
45 Vgl. stellvertr. *Berg/Stöcker* (2002), S. 1575 ff.
46 Vgl. hierzu *EU-Kommission* (2002), Abschnitt A.5.
47 Vgl. hierzu z.B. *Selchert* (1999).
48 Zu den Konsequenzen bei einer AG vgl. *Ruhnke/Schmidt* (2002), § 316 HGB Rz. 52.
49 Vgl. *Ruhnke/Schmidt* (2002), § 316 HGB Rz. 511 f. m.w.N. In den USA ist eine Gesellschaft, die den SEC-Registrierungs- und Berichtspflichten unterliegt, gem. Regulation S-X prüfungspflichtig.
50 Zu weiteren Einzelheiten vgl. *IDW* (2000), M 854 ff.
51 Vgl. ausführlich *Mattheus* (2002), § 318 HGB Rz. 91 ff.
52 Mit Konzernabschluss ist im Folgenden der Jahresabschluss des Konzerns angesprochen. Obgleich die Praxis auf Konzernebene Quartals- und Zwischenberichte erstellt

(vgl. z.B. IAS 34), besteht keine diesbezügliche Prüfungspflicht; vgl. hierzu Kapitel III, Abschnitt 2.3.3.1.1.

53 Die folgenden Ausführungen beschränken sich auf die bilanzielle Betrachtung; ggf. ist auch zu berücksichtigen, dass erfolgswirksame konsolidierungsvorbereitende Maßnahmen Einfluss auf die GuV nehmen.

54 Vgl. hierzu *Ruhnke* (1995), S. 62 ff.; zu den Einzelheiten der Konzernabschlusserstellung nach HGB und IAS vgl. stellvertr. *Baetge/Kirsch/Thiele* (2002).

55 In den USA müssen börsennotierte Unternehmen der SEC eine Management Discussion & Analysis (MD&A; vgl. hierzu Abschnitt 8.6.1) einreichen.

56 Vgl. ausführlich *Ruhnke* (1995), S. 8 ff.

57 Vgl. *Ruhnke/Radde* (2002), Sp. 2774 ff.

58 Vgl. *Baetge/Kirsch/Thiele* (2002), S. 193 ff.

59 So auch *Rochat/Walton* (2000), S. 886 u. S. 893 f.

60 Vgl. IAASB, Board-meeting, date: 7.12.2002, decision summary, abrufbar unter http://www.ifac.org (Stand: 15.1.2003).

61 Die fallstudienähnlichen Ausführungen von *Hayes et al.* (1999), S. 414 ff., vermitteln einen ersten Eindruck von der Komplexität einer Konzernabschlussprüfung (group audit). Zur Organisation einer Konzernabschlussprüfung vgl. *Schnicke* (2002), Sp. 1360 ff.

62 Zur Notwendigkeit einer Buchführung auf Konzernebene sowie zur Anwendbarkeit des § 238 Abs. 1 Satz 2 HGB auf Konzernebene vgl. *Ruhnke* (1995), S. 5 ff., insbes. S. 15 ff.

63 Zur Konzernrichtlinie vgl. *Ruhnke* (1995), S. 144 ff., sowie zuletzt *Veit* (2002).

64 Vgl. hierzu *Bückle/Wicisk* (2000), S. 138 ff., u. *Kagermann/Küting/Wirth* (2002).

65 Vgl. *Ruhnke* (1994), S. 608 ff., und *Ruhnke* (1995), S. 233 ff. Zur Erlangung von Prüfungsnachweisen bei IT-Einsatz siehe auch Abschnitt 7.

66 Als international anerkannte Rechnungslegungsgrundsätze gelten hierbei die IAS (International Accounting Standards)/IFRS (International Financial Reporting Standards) und die US-GAAP (United States-Generally Accepted Accounting Principles). Im Zusammenhang mit der Namensänderung des IASC in IASB im April 2001 werden die neu veröffentlichten Standards als IFRS bezeichnet. Die IAS behalten solange ihre volle Gültigkeit, bis sie entweder vom IASB widerrufen oder durch entsprechende aktualisierte Standards ersetzt werden.

67 Das HGB verweist hierbei auf die Definitionen des Wertpapierhandelsgesetzes zu einem organisierten Markt (§ 2 Abs. 5 WpHG) und zu Wertpapieren (§ 2 Abs. 1 Satz 1 WpHG).

68 Zur Begründung siehe *EU-Kommission* (2000), S. 7.

69 So ist beispielsweise die Anwendung der US-GAAP bei der Erstellung und der US-GAAS bei der Prüfung des Jahresabschlusses Voraussetzung für eine Börsenzulassung durch die SEC.

70 Als Handelsbilanz I (HB I) wird der nach lokalen Richtlinien erstellte Einzelabschluss einer Gesellschaft bezeichnet.

71 Eine Handelsbilanz II (HB II) ergibt sich aus der HB I und den entsprechend den Konzernrichtlinien vorgenommenen Anpassungsbuchungen.

72 Im Folgenden wird unter dem Begriff Jahresabschluss ein Konzernabschluss verstanden, soweit ein Tochterunternehmen nach geltenden Normen zu konsolidieren ist. Liegt dies nicht vor, handelt es sich um einen Einzelabschluss.

73 Zur Prüfung der Kapitalflussrechnung nach internationalen Prüfungsnormen vgl. Abschnitt 8.3.2.

74 Zur Prüfung der Segmentberichterstattung nach ISA vgl. Abschnitt 8.3.1.

75 Vgl. *Breker/Tielmann/Naumann* (1999), S. 192.

76 Siehe dazu *Böcking/Orth/Brinkmann* (2000), S. 234.

77 Zu Einzelheiten ist der AICPA SAS No. 95 im Internet abrufbar unter der Adresse: http://www.aicpa.org/members/div/auditstd/riasai/sas95.htm.

78 Dazu auch *Ruhnke/Schmidt/Seidel* (2002), S. 139.

79 Vgl. *KPMG* (2003), S. 299.

Literaturhinweise

Achleitner, A.-K./Behr, G. (2003): International Accounting Standards – Ein Lehrbuch zur internationalen Rechnungslegung, 3. Aufl., München.

Adler, H./Düring, W./Schmaltz, K. (1995): Rechnungslegung und Prüfung der Unternehmen – Kommentar zum HGB, AktG, GmbHG, PublG nach den Vorschriften des Bilanzrichtlinien-Gesetzes, neu bearbeitet von Forster, K.-H./Goerdeler, R./Lanfermann, J./Müller, H.-P./Siepe, G./Stolberg, K., Teilband 2, 6. Aufl., Stuttgart.

Auer, K.V. (2002): Kapitalflussrechnung, in: Ballwieser, W./Coenenberg, A.G./v. Wysocki, K. (Hrsg.): Handwörterbuch der Rechnungslegung und Prüfung, 3. Aufl., Stuttgart, Sp. 1292-1311.

Baetge, J./Dörner, D./Kleekämper, H./Wollmert, P./Kirsch, H.-J. (Hrsg.) (2002): Rechnungslegung nach International Accounting Standards (IAS), Kommentar auf der Grundlage des deutschen Bilanzrechts, Loseblattsammlung, 2. Aufl., Stuttgart.

Baetge, J./Jerschensky, A. (1999): Frühwarnsysteme als Instrumente eines effizienten Risikomanagement und -Controlling, in: Controlling, S. 171-176.

Baetge, J./Kirsch, H.-J./Thiele, S. (2002): Konzernbilanzen, 6. Aufl., Düsseldorf.

Bailey, G./Wild, K. (2000): International Accounting Standards: A Guide to Preparing Accounts, 2. Aufl., London.

Berg, S./Stöcker, M. (2002): Anwendungs- und Haftungsfragen zum Deutschen Corporate Governance Kodex, in: Wertpapier-Mitteilungen, S. 1569-1616.

Bitz, H. (2000): Risikomanagement nach KonTraG, Stuttgart.

Böcking, H.-J./Orth, C./Brinkmann, R. (2000): Die Anwendung der International Standards on Auditing (ISA) im Rahmen der handelsrechtlichen Konzernabschlussprüfung und deren Berücksichtigung im Bestätigungsvermerk, in: Die Wirtschaftsprüfung, S. 216-234.

Breker, N./Tielmann, S./Naumann, K.-P. (1999): Der Wirtschaftsprüfer als Begleiter der Internationalisierung der Rechnungslegung (Teil II), in: Die Wirtschaftsprüfung, S. 185-195.

Bückle, K./Wicisk, M, (2000): Der Konzernabschluss im Zeitalter der Globalisierung: Internationalisierung, Harmonisierung, integrierte DV-Lösungen, Ulm.

Chmielewicz, K. (1993): Segmentierte Erfolgsrechnung, in: Chmielewicz, K./Schweitzer, M. (Hrsg.): Handwörterbuch des Rechnungswesens, Stuttgart, Sp. 1790-1801.

Coenenberg, A.G. (2003): Jahresabschluss und Jahresabschlussanalyse: Betriebswirtschaftliche, handelsrechtliche, steuerrechtliche und internationale Grundsätze – HGB, IAS/IFRS, US-GAAP, DRS, 19. Aufl., Stuttgart.

DAI/KPMG (2000): Einführung und Ausgestaltung von Risikomanagementsystemen, Frankfurt am Main.

Deutscher Bundestag (2002): Gesetzentwurf der Bundesregierung, Entwurf eines Gesetzes zur weiteren Reform des Aktien- und Bilanzrechts, zu Transparenz und Publizität (Transparenz- und Publizitätsgesetz), Drucksache 14/8769, Berlin.

EU-Kommission (2000): Rechnungslegungsstrategie der EU: künftiges Vorgehen (KOM (2000) 359 endgültig).

EU-Kommission (2002): Empfehlung der Kommission vom 16.5.2002, Unabhängigkeit des Abschlussprüfers in der EU – Grundprinzipien, Amtsblatt Nr. L 191 vom 19.7.2002, Brüssel.

Fuchs, J. (1999): Risikomanagement als Instrument der strategischen Unternehmensführung, in: Management Berater, Heft 8, S. 33-36.

Geiger, T. (2002): Ansatzpunkte zur Prüfung der Segmentberichterstattung nach SFAS 131, IAS 14 und DRS 3, in: Betriebs-Berater, S. 1903-1909.

Giese, R. (1998): Die Prüfung des Risikomanagementsystems einer Unternehmung durch den Abschlußprüfer gemäß KonTraG, in: Die Wirtschaftsprüfung, S. 451-458.

Gleißner, W./Meier, G. (2001): Risiko-Management als integraler Bestandteil der wertorientierten Unternehmensführung, in: Gleißner, W./Meier, G. (Hrsg.): Wertorientiertes Risiko-Management für Industrie und Handel – Methoden, Fallbeispiele, Checklisten, Wiesbaden, S. 53-62.

Haller, A. (2000): Segmentberichterstattung, in: Haller, A./Raffournier, B./Walton, P. (Hrsg.): Unternehmenspublizität im internationalen Wettbewerb, Stuttgart, S. 755-805.

Haller, A. (2002): Segmentpublizität, in: Ballwieser, W./Coenenberg, A.G./v. Wysocki, K. (Hrsg.): Handwörterbuch der Rechnungslegung und Prüfung, 3. Aufl., Stuttgart, Sp. 2187-2200.

Hayes, R./Schilder, A./Dassen, R./Wallage, P. (1999): Principles of Auditing: An International Perspective, London et al.

IDW (2000): Wirtschaftsprüfer-Handbuch 2000, Handbuch für Rechnungslegung, Prüfung und Beratung, Band I, 12. Aufl., Düsseldorf.

Kagermann, H./Küting, K./Wirth, J. (2002): IAS-Konzernabschlüsse mit SAP®, Stuttgart.

KPMG (2003): Rechnungslegung nach US-amerikanischen Grundsätzen – Grundlagen der US-GAAP und SEC-Vorschriften, 3. Aufl., Düsseldorf.

Krawitz, N./Albrecht, C./Büttgen, D. (2000): Internationalisierung der deutschen Konzernrechnungslegung aus Sicht deutscher Mutterunternehmen – Ergebnisse einer empirischen Studie zur Anwendung und zur Folgeregelung von § 292a HGB –, in: Die Wirtschaftsprüfung, S. 541-556.

Krystek, U./Müller, M. (1999): Frühaufklärungssysteme, in: Controlling, S. 177-183.

Küting, K./Weber, C.-P./Gattung, A. (2003): Nahe stehende Personen (related parties) nach nationalem und internationalem Recht, in: Zeitschrift für kapitalmarktorientierte Rechnungslegung, S. 53-66.

Langenbucher, G. (1999): Segmentberichterstattung als Ergänzung der Rechnungslegung, in: Küting, K./Langenbucher, G. (Hrsg.): Internationale Rechnungslegung – Festschrift für Claus-Peter Weber zum 60. Geburtstag, Stuttgart, S. 157-179.

Lenz, H./Focken, E. (2000): Prüfung von Kapitalflußrechnung und Segmentberichterstattung nach § 297 Abs. 1 HGB bei börsennotierten Muttergesellschaften, in: Lachnit, L./Freidank, C.-C. (Hrsg.): Investororientierte Unternehmenspublizität – Neue Entwicklungen von Rechnungslegung, Prüfung und Jahresabschlussanalyse, Wiesbaden, S. 495-526.

Lenz, H./Focken, E. (2002): Die Prüfung der Segmentberichterstattung, in: Die Wirtschaftsprüfung, S. 853-863.

Mattheus, D. (2002): Kommentierung zu § 318 HGB, in: Baetge, J./Kirsch, H.-J./Thiele, S. (Hrsg.): Bilanzrecht, Handelsrecht mit Steuerrecht und den Regelungen des IASB, Bonn und Berlin.

Neubeck, G. (2003): Prüfung von Risikomanagementsystemen, Düsseldorf.

Niehus, R.J. (2003): IAS 24: Related Party Disclosures – „Nahe Familienangehörige" als Gegenstand der Rechnungslegung und Abschlussprüfung –, in: Die Wirtschaftsprüfung, S. 521-532.

Pollanz, M. (1999): Ganzheitliches Risikomanagement im Kontext einer wertorientierten Unternehmensführung (Risk Adjusted Balanced Scorecarding), in: Der Betrieb, S. 1277-1281.

Rochat, M./Walton, P. (2000): Abschlußprüfung multinationaler Unternehmen, in: Haller, A./Raffournier, B./Walton, P. (Hrsg.): Unternehmenspublizität im internationalen Wettbewerb, Stuttgart, S. 869-903.

Ruhnke, K. (1994): Prüfungsansätze bei standardsoftwaregestützter Erstellung des Konzernabschlusses, in: Die Wirtschaftsprüfung, S. 608-617.

Ruhnke, K. (1995): Konzernbuchführung, Düsseldorf.

Ruhnke, K. (2001): Materialien zur Vorlesung „Betriebswirtschaftliches Prüfungswesen" im Sommersemester 2001 an der Freien Universität Berlin.

Ruhnke, K. (2003): Prüfung der Einhaltung des Deutschen Corporate Governance Kodex durch den Abschlussprüfer, in: Die Aktiengesellschaft, S. 371-377.

Ruhnke, K./Niephaus, J. (1996): Jahresabschlußprüfung kleiner Unternehmen, in: Der Betrieb 1996, S. 789-795.

Ruhnke, K./Radde, J. (2002): Zwischenergebniseliminierung, in: Ballwieser, W./Coenenberg, A.G./v. Wysocki, K. (Hrsg.): Handwörterbuch der Rechnungslegung und Prüfung, 3. Aufl., Stuttgart, Sp. 2774-2783.

Ruhnke, K./Schmidt, M. (2002): Kommentierung zu § 316 HGB, in: Baetge, J./Kirsch, H.-J./Thiele, S. (Hrsg.): Bilanzrecht, Handelsrecht mit Steuerrecht und den Regelungen des IASB, Bonn und Berlin.

Ruhnke, K./Schmidt, M./Seidel, T. (2002): Anzuwendende Prüfungsnormen bei der Prüfung eines Konzernabschlusses nach § 292a HGB, in: Betriebs-Berater, S. 138-143.

Schnicke, C. (2002): Konzernabschlussprüfung, Organisation der, in: Ballwieser, W./Coenenberg, A.G./v. Wysocki, K. (Hrsg.): Handwörterbuch der Rechnungslegung und Prüfung, 3. Aufl., Stuttgart, Sp. 1360-1371.

Schreiber, S. (1994): Die Abschlußprüfung kleiner Unternehmen unter Berücksichtigung deutscher und US-amerikanischer Prüfungsgrundsätze, Marburg.

Schüppen, M. (2002): To comply or not to comply – that's the question!, „Existenzfragen" des Transparenz- und Publizitätsgesetzes im magischen Dreieck kapitalmarktorientierter Unternehmensführung, in: Zeitschrift für Wirtschaftsrecht, S. 1269-1279.

Selchert, F.W. (1999): Die MD&A – ein Vorbild für den Lagebericht?, in: Küting, K./Langenbucher, G. (Hrsg.): Internationale Rechnungslegung, Stuttgart, S. 219-237.

Selchert, F.W./Erhardt, M./Fuhr, A./Greinert, M. (2000): Prüfung des Lageberichts, Bielefeld.

Siefke, K. (2000): US-amerikanische und internationale Prüfungsgrundsätze, in: Castan, E./Heymann, G./Müller, E./Ordelheide, D./Scheffler, E. (Hrsg.): Beck'sches Handbuch der Rechnungslegung (B 601), Loseblattsammlung, Stand Juli 2000.

Töpfer, A. (1999): Die A-Klasse: Elchtest, Krisenmanagement, Kommunikationsstrategie, Neuwied.

Towers Perrin (2003): Corporate Governance 2003, Frankfurt am Main.

v. Werder, A. (2002): Der Deutsche Corporate Governance Kodex – Grundlagen und Einzelbestimmungen, in: Der Betrieb, S. 801-810.

Veit, K.-R. (2002): Funktion, Struktur und Bereiche von Konzernabschluss-Richtlinien, Kiel.

Wyss, O./Blättler, P. (2000): Risikoorientiere Prüfung auch bei den KMU!, in: Der Schweizer Treuhänder, S. 1211-1216.

Zimmermann, J. (2002): Die Berichterstattung über Beziehungen zu nahe stehenden Personen nach DRS 11, in: Steuern und Bilanzen, S. 889-895.

Kontrollfragen

1. Grenzen Sie den Begriff „kleines Unternehmen" in einer für Prüfungszwecke geeigneten Form ab und gehen Sie auf die Besonderheiten ein, die sich bei der Prüfung eines solchen Unternehmens ergeben.

2. Das kleine Unternehmen „Software OHG" ist nicht prüfungspflichtig. Für den Geschäftsführer der Software OHG ist absehbar, dass in naher Zukunft die Notwendigkeit zur Fremdkapitalaufnahme in Höhe von ca. 900 T€ besteht, um die Software „direct speach", die eine nahezu fehlerfreie Spracherfassung durch den PC ermöglichen soll, zu vermarkten. Die Bilanzsumme der Software OHG beträgt 1,2 Mio. €. Im laufenden Geschäftsjahr wurden mit anderen Produkten Umsätze in Höhe von 3,7 Mio. € erzielt; das Jahresergebnis betrug 206.119 €. Sie sollen den Geschäftsführer hinsichtlich möglicher Formen einer freiwilligen Prüfung des Jahresabschlusses beraten und die damit verbundenen Nutzeffekte für die Software OHG aufzeigen. Bitte beachten in diesem Zusammenhang auch § 18 KWG.

3. Gehen Sie auf die Notwendigkeit und die Inhalte der Prüfung des Risikomanagementsystems ein. Wo sehen Sie zentrale Problemkreise?

4. Wie unterscheiden sich die Vorschriften zum Risikomanagementsystem des § 91 Abs. 2 AktG von einem umfassenden, betriebswirtschaftlichen Risikomanagementsystemverständnis?

5. Inwieweit bestehen Zusammenhänge zwischen der Prüfung des Risikomanagementsystems und der Prüfung des Grundsatzes der Unternehmensfortführung?
6. Die Prüfung des Risikomanagementsystems führt zu dem Ergebnis, dass das vom Vorstand eingerichtete System unzureichend ist. Welche Konsequenzen ergeben sich im Zuge der Berichterstattung?
7. Nach welchen Kriterien können unterschiedliche Geschäftsfelder im Rahmen der Segmentberichterstattung abgegrenzt werden?
8. Unter welcher Voraussetzung kann sich die Prüfung einer Kapitalflussrechnung im Wesentlichen auf eine Systemprüfung beschränken?
9. Welche Einzelfallprüfungen sind im Rahmen der Prüfung des Eigenkapitalspiegels bzw. der Eigenkapitalveränderungsrechnung durch den Abschlussprüfer durchzuführen?
10. Wie sind nach IAS/IFRS nahe stehende Personen definiert?
11. Welche Prüfungshandlungen sind nach IDW EPS 255 durchzuführen, um die Vollständigkeit der Angaben über die Beziehungen zu nahe stehenden Personen zu überprüfen?
12. Welche Sachverhalte können Hinweise auf Beziehungen zu nahe stehenden Personen liefern und durch welche Prüfungshandlungen können diese Hinweise erlangt werden?
13. Im Anhang erklären Vorstand und Aufsichtsrat einer börsennotierten Gesellschaft Folgendes: „Die Entsprechenserklärung gem. § 171 Satz 1 AktG wurde abgegeben." Bedarf es in Zusammenhang mit der Abgabe der Entsprechenserklärung weiterer Prüfungshandlungen? Die Entsprechenserklärung selbst wurde nicht in den Anhang, den Lagebericht oder den nicht prüfungspflichtigen Teil des Geschäftsberichts aufgenommen.
14. Der Mandant nimmt die Entsprechenserklärung in den Anhang auf. Auch auf ausdrückliche Aufforderung des Prüfers hin weigert sich der Mandant, die Erklärung aus dem Anhang herauszunehmen. Diskutieren Sie, ob in diesem Fall eine Pflicht zur inhaltlichen Prüfung der Erklärung besteht und gehen Sie dabei auch darauf ein, ob und inwieweit sich Konsequenzen für den Bestätigungsvermerk ergeben können.
15. Nennen und erläutern Sie den Zweck und die Bestandteile des Lageberichts.
16. Worin liegt die Besonderheit der Aufstellung und der Prüfung des Prognoseberichts? Zeigen Sie entsprechend mögliche Prüfungsgegenstände und begründen Sie diese.
17. In welchen Berichtsteilen spielt die (gegenwärtige und zukünftige) Lage des Unternehmens eine bedeutende Rolle? Skizzieren Sie die jeweiligen Gründe.
18. Geben Sie einen systematischen Überblick über die konzernspezifischen Prüfungsgegenstände und gehen Sie auf die Besonderheiten der Prüfung eines Konzernabschlusses ein.

19. Welche Besonderheiten ergeben sich für einen Konzernabschlussprüfer bei der Verwendung der Arbeit eines anderen externen Prüfers?
20. Welche Möglichkeiten der Erstellung eines Jahresabschlusses nach international anerkannten Normen stehen den Unternehmen zur Verfügung?
21. Nennen Sie die zu prüfenden Pflichtbestandteile eines IAS/IFRS-Jahresabschlusses, wenn die Stammaktien des betreffenden Unternehmens an einer Börse öffentlich gehandelt werden.
22. Wie untergliedert sich das System der US-amerikanischen Prüfungsnormen?

Kapitel III

Weitere Prüfungsdienstleistungen

1 Rahmenbedingungen[*]

Das Berufsbild des Wirtschaftsprüfers ist in erster Linie durch die Vorbehaltsaufgabe der gesetzlichen Abschlussprüfung gekennzeichnet. Die im Rahmen gesetzlicher Prüfungsleistungen erforderlichen Qualifikationen und Kenntnisse befähigen Wirtschaftsprüfer grundsätzlich aber auch zur Erbringung darüber hinaus gehender Leistungen. Wirtschaftsprüfer besitzen letztlich einen *ökonomischen* Anreiz, die mit dem Erwerb ihrer Qualifikationen und Kenntnisse verbundenen Fixkosten pro Leistungseinheit durch eine Ausdehnung des Leistungsspektrums zu senken, d.h. bei einem Mandanten auch freiwillige Wirtschaftsprüferleistungen zu erbringen, sofern sie ihre Unabhängigkeit als Abschlussprüfer nicht beeinträchtigen (vgl. Kapitel I, Abschnitt 7).

1.1 Ökonomische Motivation der Leistungsdiversifizierung

Im Gegensatz zu den gesetzlichen Prüfungsleistungen greifen bei Angebot und Nachfrage *freiwilliger* Wirtschaftsprüferleistungen ausschließlich Marktmechanismen, die Umfang und Preis der Leistung bestimmen. So kommt es nur dann zur Erstellung einer freiwilligen Wirtschaftsprüferleistung, wenn sowohl für den Wirtschaftsprüfer als Anbieter als auch für ein Unternehmen als Nachfrager der mit der Leistungserstellung verbundene Gewinn bzw. Nutzen die dadurch verursachten Kosten übersteigt.

Auf der Seite der Wirtschaftsprüfer stellen Kostenaspekte häufig die primäre Motivation für das Angebot von freiwilligen Wirtschaftsprüferleistungen dar. Insbesondere die Erfüllung der zur Erbringung von pflichtmäßigen Abschlussprüfungen notwendigen Zulassungsvoraussetzungen (vgl. Kapitel I, Abschnitt 4.1.1.2.2) ist teilweise mit erheblichen Kosten verbunden. Da diese Kosten vom Umfang der Leistungserstellung unabhängig sind, stellen sie Fixkosten dar, die – bezogen auf eine Leistungserstellungseinheit – durch eine Erhöhung der Anzahl der Prüfungsmandate bzw. durch eine Ausdehnung des Leistungsspektrums gesenkt werden können. Umgekehrt können Kenntnisse aus der Erbringung freiwilliger Wirtschaftsprüferleistungen bei der Abschlussprüfung von Nutzen sein.

Auch für Unternehmen kann es effizient sein, die Abschlussprüfung sowie darüber hinaus gehende freiwillige Wirtschaftsprüferleistungen „aus einer Hand" zu erhalten, da durch einen möglichen Informationstransfer seitens des Anbieters der Ressourceneinsatz zur Bereitstellung unternehmensspezifischer Informationen gesenkt werden kann.

Schließlich können die auf der Anbieterseite realisierten Kosteneinsparungen zumindest teilweise an die Nachfrager weitergegeben werden und somit zu einer Senkung der Honorare führen, was möglicherweise einen Wettbewerbsvorteil gegenüber anderen Anbietern bedeuten kann. Der Anreiz für Wirtschaftsprüfer, bei ihren Abschlussprüfungsmandanten sowie bei anderen Unternehmen Leistungen zu erbringen, die über die pflichtmäßige Abschlussprüfung hinaus gehen, wird dadurch verstärkt.

Der Einfluss des Fixkosteneffektes auf die Höhe des Gewinns eines Wirtschaftsprüfers, der gleichzeitig pflichtmäßige Abschlussprüfungen sowie darüber hinaus gehende Leistungen erbringt, ist im Vergleich zu einem Wirtschaftsprüfer, der ausschließlich als Abschlussprüfer tätig ist, in Abb. III.1-1 vereinfacht dargestellt. Betrachtungsgegenstand ist der Kostenverlauf für die Durchführung einer Abschlussprüfung, die alternativ

- von einem Wirtschaftsprüfer durchgeführt wird, der gleichzeitig darüber hinaus gehende Leistungen erbringt (U_1),
- von einem Wirtschaftsprüfer durchgeführt wird, der ausschließlich als Abschlussprüfer tätig ist (U_2).

Wird ein für U_1 und U_2 identischer linearer Verlauf der variablen Kosten für die Abschlussprüfung unterstellt, ist die Summe der Fix- und variablen Kosten für U_2 immer höher als für U_1. Die Durchschnittskosten DK_1 liegen damit bei jedem Leistungsumfang y unterhalb von DK_2. Unter der Annahme, dass die Abschlussprüfung bezüglich ihres Umfangs und Honorars mit Vertragsabschluss festgelegt wird – hier vereinfachend dargestellt durch p' und y' – beschreibt die Fläche ACFD den Gewinn G_1 von U_1 und die Fläche BCFE den Gewinn G_2 von U_2. Auf Grund der Kostenvorteile von U_1 gegenüber U_2 ist $G_1 > G_2$.

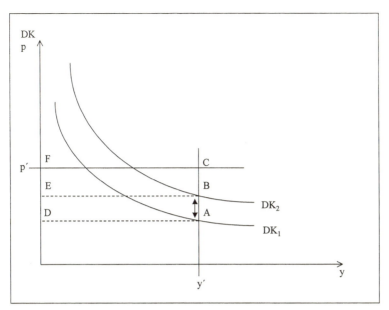

Abb. III.1-1: Alternative Kostenverläufe für die Erstellung einer Beratungsleistung

1.2 Vereinbarkeit von Prüfungs- und sonstigen Dienstleistungen

Das Leistungsprogramm von Wirtschaftsprüfern ist – wie in Abschnitt 1.1 dargestellt – vor allem aus ökonomischen Gründen breit diversifiziert. So macht das Honorarvolumen von Beratungsleistungen bereits 50% der Gesamteinnahmen großer Wirtschaftsprüfungsgesellschaften in den USA aus.[1]

Insbesondere in Anbetracht der wachsenden Nachfrage nach Prüfungsleistungen, die sich nicht auf finanzielle Informationen beziehen, entsteht für Abschlussprüfer eine Vielzahl von Situationen, in denen deren Unabhängigkeit möglicherweise beeinträchtigt ist. Daher ist das gleichzeitige Angebot von Pflichtprüfungen wie der Abschlussprüfung und weiteren freiwilligen Wirtschaftsprüferleistungen bei einem Mandanten nicht unproblematisch. Wie bereits in Kapitel I, Abschnitt 6.5.2.2 aufgezeigt wurde, existieren auf nationaler und internationaler Ebene verschiedene Normen, die ein gleichzeitiges Angebot eingrenzen bzw. untersagen.

In Deutschland liegt gemäß der Rechtsprechung des BGH eine zulässige Beratung nur solange vor, wie sich ein Wirtschaftsprüfer in seiner Funktion darauf beschränkt, unter Aufzeigen von Handlungsalternativen Entscheidungshilfen zu bieten, ohne selbst oder anstelle seines Mandanten unternehmerische Entscheidungen zu fällen.[2] Dies erstreckt sich auch auf seine korrektive Funktion, innerhalb derer er auf Änderungen oder Ergänzungen der Buchführung, der Rechnungslegung und deren Organisation mit dem Ziel hinwirken kann, schließlich einen uneingeschränkten Bestätigungsvermerk erteilen zu können. Hierbei darf er auch auf die Bewertungsansätze, Organisations- und Gestaltungsformen hinweisen, die aus Sicht des Mandanten günstigster bzw. vorteilhafter sind. Diesem Grundsatz des *Selbstprüfungsverbotes* kommt auch § 319 Abs. 2 Nr. 5 HGB nach.

Auf US-amerikanischer Ebene greifen neben den bereits dargestellten Normen zur Unabhängigkeit des Wirtschaftsprüfers (vgl. Kapitel I, Abschnitt 6.5.2.2) aber auch die Regelungen des Sarbanes-Oxley Act of 2002[3], dessen Ausführungsregelungen von der SEC in endgültiger Form im Januar 2003 veröffentlicht wurden. Ihr verpflichtender Charakter ergibt sich allerdings nur für diejenigen Wirtschaftsprüfer bzw. Wirtschaftsprüfungsgesellschaften, deren Mandanten an einer US-amerikanischen Börse gelistet sind, und folglich der Aufsicht der SEC unterliegen. Dies gilt auch für Wirtschaftsprüfer bzw. Wirtschaftsprüfungsgesellschaften von deutschen Tochtergesellschaften US-amerikanischer börsennotierter Muttergesellschaften, deren Konzernabschluss von einem US-amerikanischen Wirtschaftsprüfer geprüft wird.

In Sec. 201 des Sarbanes-Oxley Act of 2002 werden insgesamt acht Nicht-Prüfungsleistungen aufgeführt, die der Abschlussprüfer zukünftig für einen Abschlussprüfungsmandanten nicht mehr erbringen darf.[4] Im Einzelnen sind dies:

- Buchführung und andere mit der Buchführung oder dem Jahresabschluss eines Mandanten verbundene Leistungen,
- Entwicklung und Implementierung von Finanzinformationssystemen,
- Bewertungsleistungen und Sacheinlagenprüfungen,
- versicherungsmathematische Dienstleistungen,
- Übernahme von Funktionen der Internen Revision,
- Übernahme von Managementfunktionen und Personalberatungsleistungen,
- Finanzdienstleistungen,
- Rechtsberatung und Gutachterleistungen, die nicht mit der Prüfung in Zusammenhang stehen.

Darüber hinaus verlangt die SEC für alle weiteren Nicht-Prüfungsleistungen, die *demselben* Mandanten neben der pflichtmäßigen Abschlussprüfung angeboten werden, eine vorherige Genehmigung durch das Audit Committee (vgl. Kapitel 1, Abschnitt 1.2.5) dieses Unternehmens. Sofern bestimmte Voraussetzungen kumulativ erfüllt sind, kann dieses aber entfallen.[5] Die Steuerberatung hingegen darf auch weiterhin vom Abschlussprüfer erbracht werden. In den Erläuterungen zu den Regelungen hat die SEC noch einmal herausgestellt, dass die Erbringung von Dienstleistungen im Bereich der allgemeinen Steuerberatung, der Steuerplanung und auch der steuerlichen Struktur- und Gestaltungsberatung, nach vorheriger Zustimmung durch das Audit Committee, erlaubt ist.

Auf Basis des gewählten regelbasierten Ansatzes wird es in Zukunft jedoch sicherlich Unsicherheiten über die Zuordnung von bestimmten Dienstleistungen geben, da ein Rahmenkonzept fehlt und die einzelnen Nicht-Prüfungsleistungen auch nicht ausreichend inhaltlich präzisiert worden sind.[6]

Trotz dieser restriktiven Regelungen werden verschiedene Argumente angeführt, die für ein gleichzeitiges Angebot von Prüfungs- und sonstigen Dienstleistungen sprechen. Neben den bereits in Abschnitt 1.1 erwähnten Informations- und Kostenvorteilen lassen sich hier die vorgegebenen Verhaltensnormen anführen, an die ein Wirtschaftsprüfer auch bei der Durchführung von Nicht-Prüfungsleistungen gebunden ist. Dadurch wird das Risiko einer falschen Beratung des Mandanten erheblich reduziert.[7]

In einer Vielzahl von empirischen Studien zeigt sich jedoch, dass für die Adressaten des Prüfungsergebnisses bei einem gleichzeitigen Angebot von Prüfungs- und Beratungsleistungen ein negativer Einfluss auf die wahrgenommene Unabhängigkeit auftritt. Auf Grund eines unterschiedlichen Untersuchungsdesigns (Zeitraum, befragte Prüfungsadressaten, Art der Beratungsleistung) sind die Ergebnisse jedoch nicht eindeutig. Gleichwohl ist begründet zu vermuten, dass bei einem höheren Beratungshonorar ein stärkerer Einfluss und bei einer personellen Trennung innerhalb der Prüfungsgesellschaft ein geringerer Einfluss auf die Beeinträchtigung der wahrgenommenen Unabhängigkeit eintritt.[8]

Anmerkungen

*) Dieser Abschnitt wurde unter Federführung von Herrn Prof. Dr. K.-U. Marten erstellt.
1   Vgl. *SEC*, Final Rule: Revision of the Commission's Auditor Independence Requirements, abrufbar unter http://www.sec.gov/rules/final/33-7919.htm, Chapter III.B (Stand: April 2003).
2   Vgl. *BGH* (1997).
3   http://www.law.uc.edu/CCL/SOact/toc.html.
4   Vgl. hierzu *Ferlings/Lanfermann* (2002), S. 2120.
5   Für die im Geschäftsjahr erbrachten Nicht-Prüfungsleistungen müssen als Voraussetzungen gelten, dass (1) das Honorar nicht 5% des Honorars für die Abschlussprüfung übersteigt, (2) bei der Beauftragung nicht erkannt wurde, dass es sich um eine Nicht-Prüfungsleistung handelt und (3) das Audit Committee die Beauftragung nachträglich, aber vor Beendigung der Abschlussprüfung, genehmigt.
6   Vgl. *Lanfermann/Maul* (2003), S. 355.
7   Vgl. *Quick* (2002), S. 627.
8   Siehe hierzu *Quick* (2002), S. 630-634, und die dort angegebenen empirischen Studien.

Literaturhinweise

BGH (1997): Urteil vom 21.04.1997 – II ZR 317/95, Prüfung und Beratung, in: Betriebs-Berater, S. 1470-1472.

Ernst, C. (2003): Die Einheitlichkeit des Wirtschaftsprüferberufes, in: Die Wirtschaftsprüfung, S. 18-25.

Ferlings, J./Lanfermann, G. (2002): Unabhängigkeit von deutschen Abschlussprüfern nach Verabschiedung des Sarbanes-Oxley Acts, in: Der Betrieb, S. 2117-2122.

Lanfermann, G./Maul, S. (2003): SEC-Ausführungsregelungen zum Sarbanes-Oxley Act, in: Der Betrieb, S. 349-355.

Quick, R. (2002): Abschlussprüfung und Beratung, in: Die Betriebswirtschaft, S. 622-643.

Rankin, L.J./Sharp, F.C. (2000): The new mix of client services, in: The CPA Journal, Heft May, S. 38-45.

Kontrollfragen

1. Worin bestehen für Wirtschaftsprüfer die Verbundvorteile beim Erbringen von Beratungs- und Prüfungsleistungen bei *einem* Mandanten?

2. Inwieweit kann es bei den US-amerikanischen Regelungen zum Verbot der Erbringung von Nicht-Prüfungsleistungen bei einem Abschlussprüfungsmandanten durch die gewählte Vorgehensweise zu Unsicherheiten kommen?

2 Leistungsprogramm[*]

2.1 Überblick

Zur Vervollständigung der Darstellung des Leistungsprogramms werden in den nachfolgenden Abschnitten 2.2 und 2.3 jene Prüfungsleistungen beschrieben, die neben der handelsrechtlichen Abschlussprüfung von Wirtschaftsprüfern erbracht werden können. Dabei ist zwischen *gesetzlichen* und *freiwilligen* Prüfungsleistungen zu differenzieren. Bei den gesetzlichen Leistungen wird zudem zwischen Vorbehalts- und Nicht-Vorbehaltsprüfungen und bei den freiwilligen Leistungen zwischen Prüfungen mit eigenständiger Normierung (Abschnitt 2.3.3.1) und Prüfungen ohne eigenständige Normierung (Abschnitt 2.3.3.2) unterschieden.

Die Pflichtmäßigkeit von Prüfungen ergibt sich aus Besonderheiten der Kosten-Nutzen-Verhältnisse von Prüfungsergebnissen der Adressaten und externen Effekten (vgl. Kapitel I, Abschnitt 3.2). Zur Sicherstellung der Nachfrage nach Prüfungsleistungen auf einem gesamtwirtschaftlich optimalen Niveau schreibt der Gesetzgeber eine Reihe von Prüfungen von besonderer Bedeutung für die Öffentlichkeit vor.

Zunächst sollen jedoch noch drei weitere Dienstleistungen skizziert werden, die von Wirtschaftsprüfern oftmals angeboten werden, sofern sie ihre Unabhängigkeit als Abschlussprüfer nicht beeinträchtigen: die Begutachtung, die Treuhandtätigkeit und die Beratung.

1. Begutachtung

   Bei der Begutachtung findet kein expliziter Abgleich eines Begutachtungsobjektes mit dessen korrespondierenden normenkonformen Soll-Objekt statt (Prüfung), sondern die objektivierte Beschreibung oder Quantifizierung eines Tatbestands anhand einer nachvollziehbaren Methodik durch einen sachkundigen Dritten. Ziel ist die Bereitstellung von Erst- oder Zusatzinformationen über einen Tatbestand bei Entscheidungsunsicherheiten oder mangelnder Fachkundigkeit. Gutachten können demnach sowohl der Untermauerung einer bereits vorliegenden Meinung durch die Erhöhung der Glaubwürdigkeit gegenüber Dritten dienen als auch der Feststellung eines Vermittlungswertes im Streitfall. Im letztgenannten Fall sind die verschiedenen subjektiven Vorstellungen der Parteien zu berücksichtigen – man spricht hier von Schiedsgutachen. Ferner können Ermittlungs-, Erklärungsgutachten, prognostische Gutachten und Gutachten über Handlungsalternativen unterschieden werden.[1]

   Der Gutachter stellt in allen Fällen einen unabhängigen Sachverständigen dar, der bei der Urteilsabgabe sämtliche tatbestandsrelevanten Informationen einzuholen und zu verarbeiten hat.[2] Wirtschaftsprüfer können dabei in allen Bereichen der wirtschaftlichen Betriebsführung auftreten (§ 2 Abs. 3 Nr. 1 WPO). Von zunehmender Bedeutung ist hierbei die Gutachtertätigkeit im Rahmen der Unternehmensbewertung (vgl. IDW S 1).

2. Treuhandtätigkeiten

Zentrales Merkmal einer Treuhandschaft ist das Rechtsverhältnis zwischen einem *Treuhänder* und einem *Treugeber*, in dem der Treugeber an den Treuhänder Rechte mit der Auflage übergibt, diese nicht im eigenen Interesse (d.h. im Interesse des Treuhänders) wahrzunehmen.[3] Dieses Rechtsverhältnis kann auf einem Rechtsgeschäft zwischen den beiden Parteien oder einem staatlichen Hoheitsakt oder Gesetz basieren.[4]

Treuhandtätigkeiten stellen im Sinne des Gesetzgebers „Vereinbare Tätigkeiten" für Wirtschaftsprüfer dar (§ 43a Abs. 4 sowie § 2 Abs. 3 Nr. 3 WPO). Die treuhänderische Verwaltung sowie Tätigkeiten zur Beratung und Wahrung fremder Interessen in wirtschaftlichen Angelegenheiten sind demnach mit dem Beruf des Wirtschaftsprüfers vereinbar. Die Richtlinien für die Berufsausübung der Wirtschaftsprüfer und vereidigten Buchprüfer nennen als Beispiele für treuhänderische Tätigkeiten von Wirtschaftsprüfern u.a. die Verwaltung fremden Vermögens, die Wahrnehmung von Gesellschaftsrechten und das Halten von Gesellschaftsanteilen, Tätigkeiten als Testamentsvollstrecker, Nachlassverwalter, Vormund etc. sowie die sog. Domizilgewährung, bei der für gewerbliche Unternehmen, die sich in der Gründung oder Aufbauphase befinden, die Funktion einer Zustelladresse übernommen wird.[5]

3. Beratung

Ein Prüfungsurteil beinhaltet keine Handlungsempfehlung. Gibt ein Sachverständiger neben oder im Zuge seiner Beurteilung eines Tatbestands jedoch explizit *Empfehlungen* zur Ausgestaltung von Systemen (z.B. Aufbauorganisation der Buchhaltung eines Unternehmens) oder Prozessen (z.B. IT-gestützte Belegerfassung und -bearbeitung) ab, liegt eine Beratung vor. Da die individuelle Situation des Auftraggebers immer den Ausgangspunkt von Empfehlungen darstellt, und diese stets unter Berücksichtigung aktueller und künftiger Entwicklungstendenzen im Umfeld des Auftraggebers erarbeitet werden, ist Beratung durch ein hohes Maß an Individualität, Flexibilität und Auftraggeberorientierung gekennzeichnet. Gleichwohl ist z.B. die Unternehmensberatung im Zuge der dritten WPO-Novelle den das Berufsbild prägenden Tätigkeiten (§ 2 Abs. 2 Nr. 2 WPO) zugeordnet worden. Die Unternehmensberatung schließt auch die Personalberatung mit ein, sofern sie die fachliche Überprüfung von Bewerbern für Führungspositionen in den Bereichen Rechnungswesen, Finanzen und Steuern betrifft.[6]

Daneben zählt die Steuerberatung gem. § 2 Abs. 2 WPO i.V.m. §§ 3, 12 StBerG zu denjenigen Aufgaben von Wirtschaftsprüfern, die das Berufsbild maßgeblich kennzeichnen. Berufsangehörige besitzen das Recht, Steuerpflichtige vor den Finanzgerichten und dem Bundesfinanzhof sowie in Fällen, in denen der Verfahrensgegenstand die Überprüfung steuerrechtlich relevanter Verwaltungsakte darstellt, vor den Verwaltungsgerichten zu vertreten. Wirtschaftsprüfer sind darüber hinaus als Bevollmächtigte vor Finanzbehörden (§ 80 AO) und als Prozessbevollmächtigte vor den Finanzgerichten zugelassen.

2.2 Gesetzliche Prüfungsleistungen

Bei den gesetzlichen Prüfungen ist zwischen Vorbehaltsprüfungen und Nicht-Vorbehaltsprüfungen zu unterscheiden. Zur Durchführung von Vorbehaltsprüfungen sind ausschließlich vom Gesetz autorisierte Prüfer befugt, wobei diese Befugnis in vielen Fällen auf Wirtschaftsprüfer und Wirtschaftsprüfungsgesellschaften beschränkt ist. Nicht-Vorbehaltsprüfungen können hingegen von allen Personen mit hinreichender Erfahrung und Sachkenntnis durchgeführt werden. Abb. III.2-1 systematisiert die vom Gesetzgeber vorgesehenen obligatorischen Prüfungen.

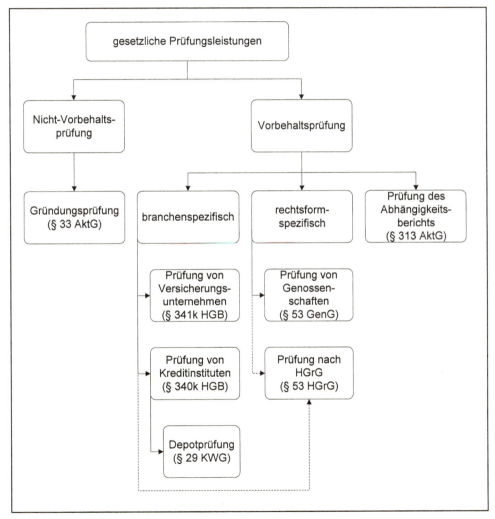

Abb. III.2-1: Überblick gesetzliche Prüfungsleistungen

Die internationalen Prüfungsnormen der ISA und IAPS weisen keine eigenständigen rechtsformspezifischen Regelungen auf. Zwar werden im Anschluss an jede Norm eventuelle Besonderheiten für Unternehmen des öffentlichen Sektors (sog. Public Sector Perspective, PSP) genannt, jedoch kann hieraus das Bestehen eines eigenständigen Normensystems für öffentliche Unternehmen nicht abgeleitet werden.

2.2.1 Gründungsprüfung

Prüfungspflicht und Prüfer

Der Gründungsverlauf einer Aktiengesellschaft (AG) ist gem. § 33 AktG generell durch deren Vorstand und Aufsichtsrat zu prüfen. Für den Fall, dass mindestens eines dieser Gremien möglicherweise befangen ist oder einen wirtschaftlichen Vorteil aus der Gründung der AG ziehen könnte, ist bei der Gründung der AG darüber hinaus ein externer Gründungsprüfer hinzuzuziehen. § 33 Abs. 2 AktG nennt hierbei z.B. den Fall, dass ein Gründer auch gleichzeitig Mitglied von Aufsichtsrat bzw. Vorstand ist. Auch eine Gründung gegen Sacheinlagen oder Sachübernahme bedarf einer externen Prüfung. Ebenso ist eine derartige externe Prüfung für den Fall der Gründung einer AG gegen Bareinlagen vorgesehen, wenn innerhalb der zwei auf die Eintragung ins Handelsregister folgenden Jahre mindestens 10% des Grundkapitals dazu verwendet werden, Vermögensgegenstände zu erwerben (§ 52 AktG, *Nachgründung*).

Der Gründungsprüfer wird nach § 33 Abs. 3 Satz 2 AktG vom Registergericht bestellt. Dabei kommen als Gründungsprüfer generell Personen in Betracht, die in der Buchführung ausreichend vorgebildet und erfahren sind oder auch Prüfungsgesellschaften, wenn mindestens einer der gesetzlichen Vertreter die Voraussetzungen erfüllt, um als Gründungsprüfer bestellt zu werden (§ 33 Abs. 4 AktG). Die Qualifikation des Wirtschaftsprüfers wird nicht explizit verlangt, in der Regel werden jedoch Wirtschaftsprüfer bzw. Wirtschaftsprüfungsgesellschaften mit der Gründungsprüfung beauftragt, obwohl es sich nicht um eine Vorbehaltsprüfung handelt. Nicht als Prüfer kommt nach § 33 Abs. 5 i.V.m. § 143 Abs. 2 AktG in Betracht, wer die Ausschlussgründe des § 319 Abs. 2 u. 3 HGB erfüllt. Für den Fall, dass ein Gründer gleichzeitig Mitglied des Aufsichtsrats bzw. des Vorstands ist oder dass bei der Gründung Aktien für Rechnung eines Mitglieds des Aufsichtsrats bzw. Vorstands übernommen wurden, kann die Prüfung ausnahmsweise auch von dem beurkundenden Notar vorgenommen werden (§ 33 Abs. 3 Satz 1 AktG).

Prüfungsgegenstände

Die Gründungsprüfung soll sicherstellen, dass mit der Gründung die Aufnahme des Geschäftsbetriebes überhaupt beabsichtigt ist, die formellen Anforderungen an eine Gründung beachtet wurden und die Wertansätze in der Gründungsbilanz materiell richtig sind. Dabei hat der Prüfer nach § 34 Abs. 1 AktG explizit zu verifizieren,

1. ob die Angaben der Gründer über die Übernahme der Aktien, die Einlagen auf das Grundkapital, die Sondervorteile und den Gründungsaufwand nach § 26 AktG sowie die Sacheinlagen und die Sachübernahmen nach § 27 AktG richtig und vollständig sind und

2. ob der Wert der Sacheinlagen oder Sachübernahmen den geringsten Ausgabebetrag der dafür zu gewährenden Aktien oder den Wert der dafür zu gewährenden Leistungen erreicht.

Unter Nr. 1 werden dabei Sachverhalte angesprochen, die direkt die Ordnungsmäßigkeit der Rechenschaftslegung der AG-Gründer betreffen. Dabei sind die im Zusammenhang mit den §§ 26 und 27 AktG genannten Sachverhalte auch in die Satzung aufzunehmen, so dass § 34 Abs. 1 AktG zunächst auch eine *Satzungsprüfung* impliziert. So müssen alle Sondervorteile, die einem einzelnen Aktionär oder einem Dritten eingeräumt werden, unter Bezeichnung der Berechtigten in der Satzung vermerkt sein (§ 26 Abs. 1 AktG) und dürfen nicht als Gründungsaufwand ausgewiesen werden. Auch mögliche Sacheinlagen oder Sachübernahmen durch Aktionäre sind in die Satzung aufzunehmen. Dabei ist der Gegenstand der Sacheinlage bzw. Sachübernahme, die Person, von der die Gesellschaft den Gegenstand erwirbt, und der Nennbetrag, bei Stückaktien die Zahl der bei der Sacheinlage zu gewährenden Aktien oder die bei Sachübernahme zu gewährende Vergütung in der Satzung aufzuführen (§ 27 Abs. 1 AktG). Darüber hinaus ist darauf zu achten, dass die Feststellungen nach § 23 Abs. 3 AktG (Pflichtbestandteile der Satzung) berücksichtigt wurden.

Die Satzungsprüfung ihrerseits bildet einen Teilaspekt der Prüfung des *Gründungsablaufs*, die die formellen Aspekte der Gründung zum Gegenstand hat. Dabei ist z.B. zu verifizieren, ob eine Satzung erstellt und notariell beglaubigt wurde, ob der Aufsichtsrat ordnungsgemäß gewählt und bestellt wurde, der Aufsichtsrat den Vorstand ernannt hat, ein Bericht der Gründer über den Gründungsverlauf vorliegt und von den Gründern unterzeichnet wurde (Gründungsbericht) und ob ein Prüfungsbericht des Vorstands und des Aufsichtsrats vorliegt. Der *Gründungsbericht* seinerseits ist unter formellen Aspekten daraufhin zu überprüfen, ob er von den Gründern eigenhändig unterzeichnet wurde und ob er die obligatorischen Bestandteile nach § 32 Abs. 2 AktG enthält, die wiederum insbesondere auf die Angemessenheit der Leistungen für Sacheinlagen und Sachübernahmen sowie auf Sondervorteile für Vorstands- oder Aufsichtsratsmitglieder abzielen.

Die Prüfung der *Angemessenheit der Sacheinbringung* (Nr. 2) zielt auf die materielle Ordnungsmäßigkeit der Gründung ab. Hierbei ist zu prüfen, ob der Wert der in der Satzung festgeschriebenen Sacheinlagen oder -übernahmen den Nennbetrag der dafür zu gewährenden Aktien bzw. der dafür zu gewährenden Leistungen erreicht. Es ist als unkritisch anzusehen, wenn die Leistung der Gesellschaft deutlich unter dem Wert der Gegenleistung liegt. Dabei ist zunächst im Sinne einer Inventurprüfung die mengenmäßige Richtigkeit der Sacheinbringung zu verifizieren (Angemessenheitsprüfung), um dann in einem zweiten Schritt die wertmäßige Richtigkeit der eingebrachten Vermögensgegenstände festzustellen. Als Wertmaßstab ist dabei i.d.R. vom Zeitwert auszugehen. Zum Teil wird in diesem Zusammenhang auch die Notwendigkeit gesehen, den Gründungsaufwand und hierbei insbesondere den Gründungslohn auf seine Angemessenheit hin zu prüfen.

Berichtspflichten

Über die Gründungsprüfung ist unter expliziter Darlegung der vorgenannten Sachverhalte schriftlich zu berichten. Dabei ist der Gegenstand jeder Sacheinlage oder Sachübernahme zu beschreiben und auch anzugeben, anhand welcher Methoden die Wertermittlung stattgefunden hat. Der Prüfungsbericht ist dem Registergericht sowie dem Vorstand der AG auszuhändigen. Er ist beim Registergericht öffentlich zugänglich zu machen (§ 34 Abs. 2 u. 3 AktG). Darüber hinaus ist bei der Bekanntmachung der Eintragung der AG ausdrücklich darauf hinzuweisen, dass der Prüfungsbericht der Vorstands- und Aufsichtsratsmitglieder ebenso wie der des Gründungsprüfers bei Gericht eingesehen werden kann (§ 40 Abs. 2 AktG). Wegen der öffentlichen Zugänglichkeit des Prüfungsberichts ist eine Zusammenfassung des Prüfungsergebnisses in einem Bestätigungsvermerk nicht erforderlich.

2.2.2 Prüfung von Versicherungsunternehmen

Prüfungspflicht und Prüfer

Nach § 341k Abs. 1 HGB haben *alle Versicherungsunternehmen*, d.h. Unternehmen, die den Betrieb von Versicherungsgeschäften zum Gegenstand haben und nicht Träger der Sozialversicherung sind, unabhängig von ihrer Größe den Jahresabschluss (unter Einbeziehung der Buchführung) und den Lagebericht sowie den Konzernabschluss und den Konzernlagebericht prüfen zu lassen. Dabei sind grundsätzlich die allgemeinen Prüfungsvorschriften der §§ 316-324 HGB anzuwenden. Für nach Landesrecht errichtete und der Landesaufsicht unterliegende öffentlich-rechtliche Versicherungsunternehmen gelten zusätzlich landesrechtliche Bestimmungen zur Prüfung ihrer Jahresabschlüsse (§ 60 VAG).

Von der Prüfungspflicht befreit sind die in § 61 RechVersV genannten Unternehmen (§ 64 VAG). Die Entscheidung über die Befreiung wird durch das von diesen Versicherungsunternehmen betriebene Geschäft und bestimmte Größenmerkmale determiniert.

Abschlussprüfer von Versicherungsunternehmen dürfen *ausschließlich Wirtschaftsprüfer und Wirtschaftsprüfungsgesellschaften* sein. Auch bei mittelgroßen Gesellschaften sind vereidigte Buchprüfer und Buchprüfungsgesellschaften von der Abschlussprüfertätigkeit ausgeschlossen.

Der Abschlussprüfer ist der Bundesanstalt für Finanzdienstleistungsaufsicht (BaFin) gem. § 58 Abs. 2 VAG unverzüglich anzuzeigen. Bei Bedenken kann die BaFin innerhalb einer angemessenen Frist die Bestellung eines anderen Abschlussprüfers verlangen. Geschieht dies nicht oder bestehen auch gegen den neuen Prüfer Bedenken, hat die BaFin den Prüfer selbst zu bestimmen.

2 Leistungsprogramm

Prüfungsgegenstände

Bei der Prüfung handelt es sich um eine Ordnungsmäßigkeitsprüfung, die sich auf die *Einhaltung der gesetzlichen Rechnungslegungsnormen* sowie ergänzender Bestimmungen des Gesellschaftsvertrags oder der Satzung erstreckt. Grundsätzlich gelten für Versicherungsunternehmen die Rechnungslegungsvorschriften für große Kapitalgesellschaften. Diese werden jedoch durch die besonderen Rechnungslegungsvorschriften für Versicherungsunternehmen (§§ 341a-341j HGB; §§ 55, 55a, 56a VAG) ergänzt bzw. ersetzt. Darüber hinaus haben Versicherungsunternehmen die Verordnung über die Rechnungslegung von Versicherungsunternehmen (RechVersV) zu beachten. Nimmt ein Versicherungsunternehmen die Möglichkeit zur Aufstellung eines befreienden Konzernabschlusses nach § 292a HGB wahr, hat es darüber hinaus auch die entsprechenden internationalen Normen zu berücksichtigen (zur Prüfung von Jahresabschlüssen nach IAS und US-GAAP vgl. Kapitel II, Abschnitt 8.8).

Nicht Gegenstand der Prüfung ist die interne Rechnungslegung gegenüber der BaFin gem. § 55a Abs. 1 Nr. 1 (interner jährlicher Bericht) u. Nr. 1a (interner vierteljährlicher Bericht) VAG.

Nach § 57 Abs. 1 VAG hat der Prüfer bei der Prüfung des Jahresabschlusses auch festzustellen, ob das Versicherungsunternehmen bestimmten *Anzeigepflichten gegenüber der BaFin* sowie den *Verpflichtungen nach § 14 des Geldwäschegesetzes* (GwG) nachgekommen ist. Dabei handelt es sich um folgende Anzeigepflichten:

- Errichtung einer Niederlassung in einem Mitgliedstaat der EU bzw. einem Vertragsstaat des EWR-Abkommens (§ 13b Abs. 1 u. 4 VAG),
- Aufnahme des Dienstleistungsverkehrs in einem Mitgliedstaat der EU bzw. einem Vertragsstaat des EWR-Abkommens (§ 13c Abs. 1 u. 4 VAG),
- Bestellung eines Geschäftsleiters (§ 13d Nr. 1 VAG),
- Ausscheiden eines Geschäftsleiters (§ 13d Nr. 2 VAG),
- Satzungsänderungen, die eine Kapitalerhöhung zum Gegenstand haben (§ 13d Nr. 3 VAG),
- Erwerb oder Aufgabe einer bedeutenden Beteiligung an Versicherungsunternehmen (§ 13d Nr. 4 VAG),
- Erreichen, Über- oder Unterschreiten von bestimmten Beteiligungsschwellen (§ 13d Nr. 4 VAG),
- Qualifizierung des Versicherungsunternehmen als Tochterunternehmen eines anderen Unternehmens (§ 13d Nr. 4 VAG),
- Halten einer bedeutenden Beteiligung am Versicherungsunternehmen (§ 13d Nr. 5 VAG).

Der § 14 GwG regelt u.a. folgende Vorkehrungen des Versicherungsunternehmens, die verhindern sollen, dass es zur Geldwäsche missbraucht werden kann:

- Benennung eines Ansprechpartners für die Strafverfolgungsbehörden und das Bundeskriminalamt,
- Sicherungssysteme und Kontrollen zur Verhinderung der Geldwäsche und der Finanzierung terroristischer Vereinigungen,
- Zuverlässigkeit der qualifizierten Mitarbeiter,
- Schulungsmaßnahmen.

Gemäß § 14 Abs. 3 Satz 2 GwG dürfen die Versicherungsunternehmen diese Vorkehrungen mit Zustimmung der zuständigen Behörde auch durch andere Unternehmen oder Personen treffen lassen.

Berichtspflichten

Neben §§ 321 und 322 HGB sowie IDW PS 400, 450 und IDW EPS 450 n.F. hat der Abschlussprüfer insbesondere die *Prüfungsberichteverordnung des BAV* [7] (PrüfV) zu beachten, denn dem Prüfungsbericht kommt neben seiner traditionellen Funktion als Informationsinstrument die Aufgabe zu, eine Grundlage für die Beaufsichtigung durch die BaFin zu bilden. Sie basiert auf § 55a Abs. 1 Satz 1 VAG, der die Ermächtigung des Bundesministers der Finanzen enthält, durch Rechtsverordnung nähere Bestimmungen über den Inhalt der Prüfungsberichte zu erlassen, soweit dies zur Durchführung der Aufsicht erforderlich ist. Diese Ermächtigung wurde gem. § 55a Abs. 1 Satz 2 VAG auf die BaFin übertragen.

Der Vorstand hat eine Ausfertigung des Prüfungsberichts mit seinen Bemerkungen und denen des Aufsichtsrats unverzüglich nach Feststellung des Jahresabschlusses der Aufsichtsbehörde vorzulegen. Die Aufsichtsbehörde kann den Bericht mit dem Abschlussprüfer erörtern und, wenn nötig, Ergänzungen der Prüfung und des Berichts auf Kosten des Versicherungsunternehmens veranlassen (§ 59 VAG).

Der Abschlussprüfer muss nach § 341k Abs. 3 i.V.m. § 321 Abs. 1 Satz 3 HGB die BaFin unverzüglich unterrichten, wenn er bei der Wahrnehmung seiner Aufgaben Tatsachen feststellt,

- die den Bestand des Versicherungsunternehmens gefährden,
- die Entwicklung des Versicherungsunternehmens wesentlich beeinträchtigen können oder
- schwerwiegende Verstöße der gesetzlichen Vertreter gegen Gesetz, Gesellschaftsvertrag oder Satzung

erkennen lassen. Auf Verlangen der Aufsichtsbehörde hat der Abschlussprüfer auch sonstige bei der Prüfung bekannt gewordene Tatsachen mitzuteilen, die gegen eine ordnungsmäßige Durchführung der Geschäfte des Versicherungsunternehmens sprechen.

2.2.3 Prüfung von Kreditinstituten

Prüfungspflicht und Prüfer

§ 340k Abs. 1 HGB schreibt *allen Kreditinstituten* unabhängig von ihrer Größe und ihrer Rechtsform die Prüfung des Jahresabschlusses und des Lageberichts sowie ggf. des Konzernabschlusses und des Konzernlageberichts vor. Dabei sind grundsätzlich die Prüfungsvorschriften der §§ 316-324 HGB anzuwenden (ausgenommen § 319 Abs. 1 Satz 2 HGB). Die Prüfung ist spätestens vor Ablauf des fünften Monats des dem Abschlussstichtag nachfolgenden Geschäftsjahres vorzunehmen.

Auswahl, Bestellung und *Abberufung* des Abschlussprüfers richten sich nach den für die jeweilige Rechtsform maßgeblichen Vorschriften. Als Prüfer kommen dabei gem. § 340k HGB Wirtschaftsprüfer bzw. WPG, genossenschaftliche Prüfungsverbände (falls das Kreditinstitut eine Genossenschaft oder ein rechtsfähiger wirtschaftlicher Verein ist) und Prüfungsstellen eines Sparkassen- und Giroverbandes (falls das Kreditinstitut eine Sparkasse ist) in Frage. Dagegen sind vereidigte Buchprüfer und Buchprüfungsgesellschaften von der Abschlussprüfertätigkeit ausgeschlossen.

Die Kreditinstitute haben der Bundesanstalt für Finanzdienstleistungsaufsicht (BaFin) und der Deutschen Bundesbank (DBB) den von ihnen bestellten Prüfer unverzüglich anzuzeigen. Innerhalb eines Monats kann die BaFin die Bestellung eines anderen Prüfers verlangen, wenn dies zur Erreichung des Prüfungszwecks geboten erscheint (§ 28 Abs. 1 KWG). Darüber hinaus hat nach § 28 Abs. 2 KWG das Registergericht am Sitz des Kreditinstituts auf Antrag der BaFin einen Prüfer zu bestellen, wenn

- die Anzeige des bestellten Prüfers nicht unverzüglich nach Ablauf des Geschäftsjahres erfolgt,
- das Kreditinstitut dem Verlangen der BaFin auf Bestellung eines anderen Prüfers nicht unverzüglich nachkommt,
- der gewählte Prüfer die Annahme des Prüfungsauftrags abgelehnt hat, weggefallen ist oder am rechtzeitigen Abschluss der Prüfung verhindert ist und das Kreditinstitut nicht unverzüglich einen anderen Prüfer bestellt hat.

Die Bestellung durch das Gericht ist endgültig. Das Registergericht kann auf Antrag der BaFin einen bestellten Prüfer abberufen. § 28 KWG ist auf Kreditinstitute, die einem genossenschaftlichen Prüfungsverband angeschlossen sind oder durch die Prüfungsstelle eines Sparkassen- und Giroverbandes geprüft werden, nicht anzuwenden.

Prüfungsgegenstände

Die Jahresabschlussprüfung hat zunächst die *Ordnungsmäßigkeit der Rechnungslegung* zum Gegenstand, d.h. der Prüfer hat die Einhaltung der gesetzlichen Vorschriften sowie der sie ergänzenden Bestimmungen der Satzung bzw. des Gesellschaftsvertrags zu kontrollieren.

Dabei ist zu beachten, dass die allgemeinen handelsrechtlichen Rechnungslegungsvorschriften durch die besonderen Rechnungslegungsvorschriften für Kreditinstitute (§§ 340a-340j HGB) ergänzt werden. Zudem haben Kreditinstitute die Verordnung der BaFin über die Rechnungslegung von Kreditinstituten zu beachten. Nimmt ein Kreditinstitut die Möglichkeit zur Aufstellung eines befreienden Konzernabschlusses nach § 292a HGB wahr, hat es darüber hinaus auch die entsprechenden internationalen Normen zu berücksichtigen (zur Prüfung von Jahresabschlüssen nach IAS/IFRS und US-GAAP vgl. auch Kapitel II, Abschnitt 8.8).

Darüber hinaus hat der Abschlussprüfer auch Schutzfunktionen im gesamtwirtschaftlichen Interesse wahrzunehmen, aus denen sich weitere Prüfungsgegenstände ergeben (§ 29 Abs. 1 u. 2 KWG):

- Prüfung der *wirtschaftlichen Verhältnisse* des Kreditinstituts,
- Prüfung der *Einhaltung von Anzeigepflichten* gegenüber der DBB bzw. der BaFin, u.a.:
  - Berechnung nicht realisierter Reserven (§ 10 Abs. 4a Satz 4 KWG),
  - Erwerb eigener Genussrechte (§ 10 Abs. 5 Satz 7 KWG),
  - Erwerb von in Wertpapieren verbrieften eigenen nachrangigen Verbindlichkeiten (§ 10 Abs. 5a Satz 7, Abs. 7 Satz 6 KWG),
  - Gewährung von Krediten an Gesellschafter (§ 10 Abs. 8 KWG),
  - Begründung, Veräußerung oder Aufgabe einer Beteiligung an einem Unternehmen im Ausland bzw. von Unternehmensbeziehungen zu einem Unternehmen im Ausland (§ 12a Abs. 1 Satz 3 KWG),
  - Gewährung von Großkrediten (§§ 13 Abs. 1 Satz 1, Abs. 2 Satz 5 u. 8, Abs. 3 Satz 2, 4 u. 6, 13a Abs. 1 Satz 1, Abs. 3 Satz 2, 4 u. 6, Abs. 4 Satz 2, 4 u. 6, Abs. 5 Satz 2 u. 4, Abs. 6, 13b Abs. 1, Abs. 4 Satz 1 KWG),
  - Gewährung von Krediten über 1,5 Mio. € (§ 14 Abs. 1 KWG),
  - Gewährung von Organkrediten (§ 15 Abs. 4 Satz 5 KWG),
  - Bestimmte personelle, finanzielle und organisatorische Veränderungen (§ 24 KWG),
  - Errichtung einer Zweigstelle in einem anderen Mitgliedstaat der EU (§ 24a Abs. 1, Abs. 4 KWG),
  - Aufnahme des grenzüberschreitenden Dienstleistungsverkehrs in einem anderen Mitgliedstaat der EU (§ 24a Abs. 3, Abs. 4 KWG),
  - Sammelaufstellungen (§ 10 Abs. 8 Satz 4 KWG),
- Prüfung der *Einhaltung der Verpflichtungen nach § 14 GwG* (vgl. hierzu die diesbezüglichen Ausführungen in Abschnitt 2.2.2, Prüfungsgegenstände),

- Feststellung der Einholung von Kreditunterlagen,

  Kreditinstitute haben sich gem. § 18 KWG von Kreditnehmern, denen Kredite von insgesamt mehr als 250 T€ gewährt werden, die wirtschaftlichen Verhältnisse offen legen zu lassen, es sei denn, dass der Kredit durch erstrangige Grundpfandrechte auf selbst genutztes Wohneigentum besichert ist.

- Überprüfung der Anforderungen zur Eigenmittelausstattung (§§ 10, 10a KWG), Begrenzung von qualifizierten Beteiligungen und Beteiligungsbeschränkungen für E-Geld-Institute (§ 12 KWG), Begrenzung von Großkrediten (§§ 13-13b KWG) und Überprüfung organisatorischer Pflichten (§ 25a KWG),

- Überprüfung der *korrekten Ermittlung der nicht realisierten Reserven*, sofern dem haftenden Eigenkapital des Kreditinstituts nicht realisierte Reserven zugerechnet werden.

Durch die über die Prüfung der Rechnungslegung hinausgehenden Prüfungspflichten werden Teilaspekte der Ordnungsmäßigkeit der Geschäftsführung zum Prüfungsgegenstand erhoben.

Berichtspflichten

Der Abschlussprüfer hat neben den gesetzlichen (§§ 321 f. HGB) und den berufsständischen Normen (IDW PS 400, 450 und IDW EPS 450 n.F.) insbesondere die *Prüfungsberichtsverordnung des BAKred*[8] (PrüfbV) zu beachten. Letztere umfasst detaillierte Regelungen zum Aufbau und zum Inhalt des Prüfungsberichts und erleichtert dadurch die Auswertung der Prüfungsberichte durch die Aufsichtsbehörden. Indirekt bestimmt die Prüfungsberichtsverordnung auch weitgehend Art und Umfang der durchzuführenden Prüfungshandlungen.

Nach § 26 Abs. 1 KWG hat der Abschlussprüfer den Prüfungsbericht unverzüglich nach Beendigung der Prüfung der BaFin und der DBB einzureichen. Bei Kreditinstituten, die einem genossenschaftlichen Prüfungsverband angehören oder durch die Prüfungsstelle eines Sparkassen- oder Giroverbandes geprüft werden, ist der Prüfungsbericht nur auf Anforderung einzureichen.

Werden dem Prüfer bei der Prüfung Tatsachen bekannt, welche

- die Einschränkung oder Versagung des Bestätigungsvermerks rechtfertigen,
- den Bestand des Kreditinstituts gefährden,
- die Entwicklung des Kreditinstituts wesentlich beeinträchtigen können oder
- schwerwiegende Verstöße der Geschäftsleiter gegen Gesetz, Satzung oder Gesellschaftsvertrag

erkennen lassen, hat er dies unverzüglich, d.h. regelmäßig noch während der laufenden Prüfung der BaFin und der DBB anzuzeigen (§ 29 Abs. 3 Satz 1 KWG).

Auf Verlangen der BaFin oder der DBB hat der Abschlussprüfer diesen den Prüfungsbericht zu erläutern und sonstige bei der Prüfung bekannt gewordene Tatsachen mitzuteilen, die gegen eine ordnungsmäßige Durchführung der Geschäfte des Kreditinstituts sprechen (§ 29 Abs. 3 Satz 2 KWG).

2.2.4 Depotprüfung

Prüfungspflicht und Prüfer

Nach § 29 Abs. 2 Satz 2 KWG haben die Jahresabschlussprüfer bei Kreditinstituten, die das Depotgeschäft, d.h. die Verwahrung und Verwaltung von Wertpapieren für andere, betreiben, dieses Geschäft besonders zu prüfen. In diesem Zusammenhang ist darauf hinzuweisen, dass Kreditinstitute dazu verpflichtet sind, die BaFin und die Hauptverwaltung der zuständigen Landeszentralbank unverzüglich von der Aufnahme des Depotgeschäfts zu unterrichten. Die Bestellung des Jahresabschlussprüfers und damit des Depotprüfers erfolgt durch das Kreditinstitut (vgl. hierzu auch die entsprechenden Ausführungen in Abschnitt 2.2.3).

Durch Befreiungsantrag bei der BaFin wegen zu geringem Umfangs der fraglichen Geschäftstätigkeit ist eine Befreiung von der Prüfungspflicht möglich (§ 75 PrüfbV). Hierbei handelt es sich jedoch nicht um eine endgültige Befreiung. Die BaFin gestattet in diesem Fall lediglich, dass die Depotprüfung auch in größeren Zeitabständen durchgeführt werden kann.

Prüfungsgegenstände

Bei der Depotprüfung handelt es sich um eine *jährlich*, aber in *unregelmäßigen Abständen* auszuführende *Zeitraumprüfung*. Sie wird zeitlich unabhängig von der Jahresabschlussprüfung ausgeführt. Der Prüfer soll die Prüfung nach pflichtgemäßem Ermessen unangemeldet durchführen. Verlangt das zu prüfende Unternehmen wiederholt eine Verlegung der Prüfung, so ist dies der BaFin und der Hauptverwaltung der zuständigen Landeszentralbank unverzüglich mitzuteilen (§ 71 Abs. 2 Satz 2 PrüfbV).

Hauptziel der Depotprüfung ist es sicherzustellen, dass die Rechte an Wertpapieren korrekt verschafft und einwandfrei laufend verbucht werden und dass die Rechte an den Wertpapieren insgesamt gewahrt werden. Somit besteht die Aufgabe der Depotprüfung in der Überprüfung der ordnungsmäßigen Einhaltung der für den Bereich des Depotgeschäfts erlassenen Kundenschutzvorschriften, d.h. im Rahmen der Depotprüfung ist zu untersuchen, ob das Kreditinstitut die Verwahrung und Verwaltung von Wertpapieren und die Erfüllung von Wertpapierlieferungen ordnungsgemäß ausführt. Die Depotprüfung umfasst gem. § 70 Abs. 1 Satz 2 PrüfbV das Depotgeschäft, die Verbuchung von Lieferansprüchen aus wertpapierbezogenen Derivaten sowie die depotrechtlichen Anforderungen an die Eigentumsübertragung bei Wertpapiergeschäften. Daneben sind die unregelmäßige Verwahrung und Wertpapierdarlehen (§ 15 Depotgesetz) zu prüfen. Bei Depotbanken nach § 12 Abs. 1

Satz 1 KAGG und bei Zweigniederlassungen nach § 12 Abs. 1 Satz 3 u. 4 KAGG oder nach § 2 Abs. 1 Nr. 2 des Auslandinvestment-Gesetzes ist die ordnungsmäßige Wahrnehmung der Depotbankaufgaben zu prüfen.

Die Prüfung hat sich auch auf die Einhaltung des § 128 AktG über Mitteilungspflichten an die Depotkunden und des § 135 AktG über die Ausübung des Stimmrechts aus für Kunden verwahrte Wertpapiere zu erstrecken.

Berichtspflichten

Über die Depotprüfung ist gesondert zu berichten (§ 29 Abs. 2 Satz 3 KWG). Je eine Ausfertigung des Prüfungsberichts ist der BaFin und der Hauptverwaltung der zuständigen Landeszentralbank zuzuleiten, es sei denn, dass auf eine Einreichung verzichtet wird. Bei Kreditinstituten, die einem genossenschaftlichen Prüfungsverband angehören oder durch die Prüfungsstelle eines Sparkassen- oder Giroverbandes geprüft werden, ist der Prüfungsbericht nur auf Anforderung der BaFin einzureichen. Enthält der Bericht jedoch nicht unerhebliche Beanstandungen, ist dies vom Prüfer unverzüglich der BaFin mitzuteilen (§ 73 Abs. 1 Satz 2 PrüfbV[9]). Form und Inhalt des Prüfungsberichts sind in § 73 PrüfbV, die besonderen Anforderungen an den Prüfungsbericht in § 74 PrüfbV geregelt.

Weigert sich das Kreditinstitut, die Prüfung vornehmen zu lassen, oder wird der Prüfer in anderer Weise an der Wahrnehmung seiner Rechte gehindert, so hat er darüber der BaFin und der Hauptverwaltung der zuständigen Landeszentralbank unverzüglich zu berichten. Stellt der Prüfer Mängel in der Handhabung des Depotgeschäfts fest, die nicht während der laufenden Prüfung beseitigt werden können, hat er den Abschluss der Prüfung so lange auszusetzen, bis er sich von der Abstellung der Mängel überzeugt hat. Über eine längere Aussetzung der Prüfung ist die BaFin zu informieren. Bei unwesentlichen Mängeln, die nicht zu einer Schädigung von Kunden führen können, hat der Prüfer die Innenrevision zu unterrichten. Insbesondere bei solchen Mängeln, die zu einer Schädigung führen können, oder bei Verdacht auf strafbare Handlungen hat der Prüfer sofort die BaFin und die Hauptverwaltung der zuständigen Landeszentralbank zu unterrichten.[10]

Der Jahresabschlussprüfer hat in seiner zusammenfassenden Schlussbemerkung über die Jahresabschlussprüfung eines Kreditinstituts auch darüber zu berichten, ob das geprüfte Institut den Mitteilungspflichten über die Aufnahme depotprüfungspflichtiger Geschäfte nachgekommen ist.

2.2.5 Prüfung von Genossenschaften

Prüfungspflicht und Prüfer

Genossenschaften sind verpflichtet, ihren Jahresabschluss mindestens alle zwei Jahre prüfen zu lassen, sofern ihre Bilanzsumme 2 Mio. € nicht übersteigt; ansonsten unterliegen sie einer jährlichen Prüfungspflicht (§ 53 Abs. 1 GenG). Dabei hat die Genossenschaft zwingend einem Prüfungsverband anzugehören, der die Prüfung durchführt (§§ 54, 55 GenG). Eine verbandslose Genossenschaft wird von Amts wegen aufgelöst (§ 54a GenG).

Zur Prüfung seiner Mitglieder bedient sich der Prüfungsverband entweder seiner angestellten Prüfer – § 55 Abs. 1 Satz 3 GenG fordert hierbei lediglich, dass diese im genossenschaftlichen Prüfungswesen ausreichend vorgebildet und erfahren sein müssen, die Qualifikation als Wirtschaftsprüfer stellt jedoch die Regel dar – oder führt den Prüfungsauftrag indirekt durch einen Wirtschaftsprüfer, eine Wirtschaftsprüfungsgesellschaft oder einen anderen Prüfungsverband durch. Diese indirekte Prüfung ist jedoch nur zulässig, falls hier im Einzelfall ein wichtiger Grund vorliegt.

Prüfungsgegenstände

Die genossenschaftliche Pflichtprüfung ist auf die Feststellung der wirtschaftlichen Verhältnisse sowie der Ordnungsmäßigkeit der Geschäftsführung ausgerichtet. Hierzu sind die Einrichtungen der Genossenschaft, die Vermögenslage sowie die Geschäftsführung einschließlich der Führung der Mitgliederliste zu prüfen (§ 53 Abs. 1 GenG). Daneben unterliegen auch die Buchführung, der Jahresabschluss und der Lagebericht der Prüfungspflicht (§ 53 Abs. 2 GenG). Dabei hat der genossenschaftliche Pflichtprüfer das Recht, auf die Beseitigung festgestellter Fehler hinzuwirken (*Betreuungsfunktion* der Genossenschaftsprüfung, § 60 Abs. 1 GenG). Hierzu steht ihm insbesondere das Instrument der Einberufung einer außerordentlichen Generalversammlung zur Verfügung. Somit geht die genossenschaftliche Pflichtprüfung formell wie auch inhaltlich über die Pflichtprüfung nach den §§ 316 ff. HGB hinaus.

Im Rahmen der *Prüfung der Einrichtungen* sind die Anlagen und Bauten sowie die betriebs-, organisations- und verwaltungstechnischen Einrichtungen in die Prüfung mit einzubeziehen. Damit sind z.B. das Rechnungswesen und die Organisation der Arbeitsabläufe (Innenorganisation) sowie das Vorhandensein einer geeigneten und wirksamen Vertriebsorganisation (Außenorganisation) Gegenstand der genossenschaftlichen Pflichtprüfung. Der Fokus liegt dabei auf der Vollständigkeit, der Funktionsfähigkeit wie auch auf dem Erhaltungszustand und der wirtschaftlichen Zweckmäßigkeit im Hinblick auf die unternehmerischen Zielsetzungen.

Die *Feststellung der wirtschaftlichen Verhältnisse* umfasst nach § 53 Abs. 1 Satz 1 GenG die Prüfung der *Vermögenslage* der Genossenschaft. Dabei hat sich der Prüfer Klarheit über die Höhe, Struktur und Entwicklung des Vermögens und seiner Finanzierung zu verschaffen. Dies impliziert auch eine Auseinandersetzung mit der Ertragslage sowie mit der Liquiditätssituation der Genossenschaft, so dass die Feststellung der wirtschaftlichen Verhältnisse mit einer Feststellung der wirtschaftlichen Lage gleichzusetzen ist.

Beispiel

Bei einer Handelsgenossenschaft würde dies etwa die Prüfung der wirtschaftlichen Grundlagen im Beschaffungs- und Absatzbereich, der Umsatzentwicklung nach Warengruppen, Regionen und Vertriebstypen, der Wirtschaftlichkeit der einzelnen Vertriebsstellen etc. umfassen. Auch ist die Vermögens- und Kapitalstruktur aufzugliedern sowie eine Bewegungsbilanz zu erstellen und die Höhe der geplanten Investitionen zu untersuchen und deren Finanzierung zu überprüfen. Dabei ist auch die zukünftige Entwicklung der wirtschaftlichen Verhältnisse zu bewerten. Dazu ist die kurz- und mittelfristige Planung der Geschäftsführung zu hinterfragen und zu beurteilen.

Somit geht die Feststellung der wirtschaftlichen Verhältnisse fast nahtlos in die *Prüfung der Geschäftsführung* über. Diese erstreckt sich auf die Geschäftsführungsorganisation sowie deren Instrumente und Tätigkeit und hat neben deren Ordnungsmäßigkeit auch die Zweckmäßigkeit zu erfassen. Sie untergliedert sich in die Prüfung der Geschäftsführungs-Organisation, des -Instrumentariums sowie der -Tätigkeiten und deckt sich diesbezüglich weitestgehend mit der Prüfung der Geschäftsführung nach § 53 HGrG (vgl. hierzu Abschnitt 2.2.6).

Die Prüfung der *Rechnungslegung* einer Genossenschaft erstreckt sich nicht nur auf die Buchführung und den Jahresabschluss sowie den Anhang (handelsrechtlicher Prüfungsumfang), sondern umfasst auch die genossenschaftlichen Sonderregelungen (insbes. §§ 336-339 HGB, 33 GenG), Satzungsbestimmungen und das interne Rechnungswesen ebenso wie die Beurteilung der Zweckmäßigkeit des Rechnungswesens.

Berichtspflichten

Die grundlegenden Berichtspflichten des Prüfers bzw. Prüfungsverbandes sind in § 58 GenG geregelt. Danach ist über das Ergebnis der Prüfung schriftlich zu berichten, wobei die Regelungen des § 321 Abs. 1-3 HGB insoweit zu berücksichtigen sind, als sie den Jahresabschluss und den Lagebericht betreffen. Ebenso findet § 322 HGB bei großen Genossenschaften im Sinne des § 267 Abs. 3 HGB Anwendung. Der Prüfungsbericht ist dabei vom Prüfungsverband zu unterzeichnen und dem Vorstand der Genossenschaft unter gleichzeitiger Benachrichtigung des Vorsitzenden des Aufsichtsrats zuzuleiten. Dabei ist jedes Mitglied des Aufsichtsrats berechtigt, den Prüfungsbericht einzusehen. Über das Prüfungsergebnis haben Vorstand und Aufsichtsrat der Genossenschaft dann unverzüglich nach Eingang des Prüfungsberichts zu beraten, wobei der Prüfungsverband und der Prüfer an der Beratung teilnehmen dürfen. Dazu sind Prüfer bzw. Prüfungsverband vorher von der Sitzung in Kenntnis zu setzen.

Als weitere Besonderheit ist das Erfordernis zu sehen, dass der Prüfer den Aufsichtsratsvorsitzenden unmittelbar davon in Kenntnis zu setzen hat, wenn wichtige Feststellungen während der Prüfung ein unverzügliches Reagieren des Aufsichtsrats erforderlich machen. Auch hat der Prüfer vor Abgabe des Prüfungsberichts den Aufsichtsrat und den Vorstand der Genossenschaft in einer gemeinsamen Sitzung vom voraussichtlichen Ergebnis der Prüfung in Kenntnis zu setzen (§ 57 Abs. 3 u. 4 GenG).

Nach Beendigung der Prüfung hat der Vorstand der Genossenschaft eine Bescheinigung des Prüfungsverbandes über die abgeschlossene Prüfung beim Genossenschaftsregister einzureichen und den Prüfungsbericht bei der Einberufung der nächsten Generalversammlung zur Beschlussfassung anzukündigen. In dieser Sitzung hat der Aufsichtsrat über wesentliche Feststellungen und/oder Beanstandungen zu berichten. Der Prüfungsverband kann an der Sitzung teilnehmen und darauf bestehen, dass Teile des Prüfungsberichts verlesen werden (§ 59 Abs. 3 GenG). Dabei wird der Prüfungsverband darauf achten, dass auf dieser Sitzung eine den Feststellungen des Prüfers entsprechende Berichterstattung stattfindet und die Annahme des Prüfungsberichts zügig zustande kommt; ansonsten ist der Prüfungsverband berechtigt, eine neuerliche Generalversammlung einzuberufen, auf der eine vom Prüfungsverband bestimmte Person den Vorsitz innehat (§ 60 GenG).

2.2.6 Prüfung nach HGrG

Prüfungspflicht und Prüfer

Für den Fall, dass einer Gebietskörperschaft die Mehrheit der Anteile eines Unternehmens in einer Rechtsform des privaten Rechts (i.d.R. Kapitalgesellschaften) gehören, kann die Gebietskörperschaft verlangen, dass das zuständige Organ des Unternehmens seinen Abschlussprüfer mit der Erweiterung der Abschlussprüfung nach § 53 HGrG beauftragt.[11] Zusätzlich zu den obligatorischen Prüfungsinhalten nach den §§ 317 ff. HGB werden damit die *Ordnungsmäßigkeit der Geschäftsführung* sowie die *wirtschaftlichen Verhältnisse* Gegenstand der Pflichtprüfung.

Die Prüfung ist dabei generell eine Vorbehaltsprüfung, d.h. sie ist Wirtschaftsprüfern und Wirtschaftsprüfungsgesellschaften vorbehalten. Lediglich bei *Eigenbetrieben* (wirtschaftliche Unternehmen einer Gemeinde ohne eigene Rechtspersönlichkeit) können auch länderspezifische öffentlich-rechtliche Einrichtungen (z.B. Gemeinde- oder Kommunalprüfungsämter bei Bezirksregierungen, die Gemeindeprüfungsanstalt Baden-Württemberg oder Landesrechnungshöfe) als prüfende Instanz herangezogen werden.

Prüfungsgegenstände

Das IDW hat mit PS 720 einen Prüfungsstandard zur Prüfung der Ordnungsmäßigkeit der Geschäftsführung und der wirtschaftlichen Verhältnisse nach § 53 HGrG erlassen (zur Geschäftsführungsprüfung außerhalb des HGrG vgl. Abschnitt 2.3.3.2.3). Dieser betont zunächst die Notwendigkeit der expliziten Auftragserweiterung im Sinne des § 53 HGrG, da ein Abschlussprüfer weder verpflichtet noch berechtigt ist, diese Erweiterung des Prüfungsauftrages eigenmächtig vorzunehmen. Die Ausnahme bilden auch hier die Eigenbetriebe, bei denen diese Erweiterung obligatorisch ist und es daher keiner besonderen Beauftragung des Abschlussprüfers bedarf.

Im Rahmen des o.a. Prüfungsstandards wird ein Fragenkatalog vorgegeben, der zur Beurteilung der Prüfungsinhalte heranzuziehen ist. Dieser Katalog ist generell auf die Bedürfnisse gewisser Rechtsformen öffentlicher Betriebe ausgerichtet und kann daher Spezifika – wie etwa Größe oder Branche des zu prüfenden Unternehmens – nicht berücksichtigen. Daher kann der Katalog nicht als abschließend angesehen werden und ist ggf. in geeigneter Form zu erweitern (IDW PS 720.5). Andererseits ist er so zu interpretieren, dass explizit zu begründen ist, falls eine oder mehrere Fragen keine Relevanz für das zu prüfende Unternehmen besitzen. Auch kann nicht erwartet werden, dass sämtliche Fragen jedes Jahr mit gleicher, hoher Intensität Prüfungsgegenstand sind; der Abschlussprüfer hat hier über die Jahre geeignete, wechselnde Schwerpunkte zu setzen.

Darüber hinaus geht der Prüfungsstandard davon aus, dass die geprüften öffentlichen Unternehmen regelmäßig ein Risikoüberwachungssystem nach § 91 Abs. 2 AktG einzurichten haben. Im Rahmen der Prüfung der Ordnungsmäßigkeit der Geschäftsführung nach § 53 HGrG ist daher auch festzustellen, ob die Gesellschaft ein derartiges Risikomanagementsystem eingerichtet hat und ob dieses geeignet ist, seine Aufgaben zu erfüllen (vgl. hierzu auch Kapitel II, Abschnitt 8.2).

Zur Beurteilung der Ordnungsmäßigkeit der Geschäftsführung wie auch der wirtschaftlichen Verhältnisse des zu prüfenden Unternehmens muss der Abschlussprüfer selbstverständlich mit den jeweiligen Geschäftszweigen vertraut sein; darüber hinaus benötigt er zur sachgerechten Beurteilung öffentlicher Unternehmen auch Kenntnisse über mögliche Wechselbeziehungen zu den Gebietskörperschaften, die oft auch Fragen des öffentlichen Rechts bei der Beurteilung der wirtschaftlichen Sachverhalte aufwerfen.

Bei der Beurteilung der Geschäftsführung kann jedoch keine umfassende Auseinandersetzung des Abschlussprüfers mit der Geschäftspolitik und der Zweckmäßigkeit der unternehmenspolitischen Entscheidungen gefordert werden. Vielmehr geht es hierbei um die Beurteilung der Ordnungsmäßigkeit der getroffenen Entscheidungen, d.h. ob die geltenden rechtlichen Rahmenbedingungen beachtet wurden. Es kommen somit nur wesentliche, grob fehlerhafte oder missbräuchliche kaufmännische Ermessensentscheidungen oder vergleichbare Unterlassungen in Betracht.

IDW PS 720 umfasst 21 Fragenkreise mit insgesamt 105 Einzelfragen zur Prüfung folgender Sachverhalte:

- Ordnungsmäßigkeit der Geschäftsführungsorganisation (IDW PS 720.16)

    Im Rahmen der Prüfung der *Geschäftsführungsorganisation* hat der Abschlussprüfer deren innere Strukturierung und Aufgabenverteilung zu beurteilen. Neben der Einhaltung gesetzlicher sowie unternehmensinterner Regelungen geht es dabei auch um die Arbeitsweise der Geschäftsführung z.B. im Hinblick auf die Verfahren der Entscheidungsfindung. Prüfungsziel ist des Weiteren auch die Frage, wie die Wahrnehmung der Führungsaufgabe im zu prüfenden Unternehmen organisiert ist.

- Ordnungsmäßigkeit des Geschäftsführungsinstrumentariums (IDW PS 720.17)

In Bezug auf das *Geschäftsführungsinstrumentarium* sind die Teilbereiche Rechnungswesen und Information, Planung, Überwachung sowie Organisation zu beachten. Im Rahmen des *Rechnungswesens* ist hierbei neben dessen Ordnungsmäßigkeit vor allem die Zweckmäßigkeit und Angemessenheit auch des internen Rechnungswesens und damit der Kostenrechnung von Interesse. Das *Planungswesen* ist auf das Vorhandensein mehrperiodiger Planungen und entsprechender Plankontrollen zu untersuchen; ebenso ist die Wirtschaftlichkeit von Investitionen zu überprüfen. Die Prüfung der *Überwachung* richtet sich auf das Vorhandensein und die Funktionsfähigkeit eines internen Überwachungssystems sowie die Interne Revision. Im Hinblick auf die *Organisation des Unternehmens* sind die Art der Ablauforganisation sowie die getroffenen Regelungen – sofern vorhanden – der Organisationsabläufe Gegenstand der Beurteilung. Dabei ist insbesondere die Zweckmäßigkeit und Wirtschaftlichkeit zu beurteilen.

- Ordnungsmäßigkeit der Geschäftsführungstätigkeit (IDW PS 720.18)

Die Prüfung der *Geschäftsführungstätigkeit* ist nicht so weit reichend zu verstehen, wie die Bezeichnung nahe legen könnte. Sie richtet sich nicht auf die Geschäftspolitik und damit auch nicht auf die Qualität der Unternehmensführung. Auch hat der Abschlussprüfer nicht die einzelnen Entscheidungsprozesse der Geschäftsführung nachzuvollziehen und auf ihre Zweckmäßigkeit hin zu beurteilen. Vielmehr hat der Abschlussprüfer insbesondere gravierende, grob fahrlässige oder missbräuchliche Ermessensentscheidungen aufzudecken. Damit zielt die Prüfung der Geschäftsführungstätigkeit auf die Wahrnehmung der Geschäftsführungsfunktion ab, d.h. ob die Geschäftsführung im Einklang mit internen und externen Regelungen gehandelt hat und die getroffenen Entscheidungen sinnvollen betriebswirtschaftlichen Überlegungen, z.B. Wirtschaftlichkeit und/oder Risikominimierung, folgten.

- Untersuchung der Vermögens-, Finanz- und Ertragslage (IDW PS 720.19 f.)

Die *Prüfung der wirtschaftlichen Verhältnisse* gestaltet sich angesichts der oftmals nicht erfolgswirtschaftlichen Ausrichtung der Unternehmen schwierig. Dies bedeutet, dass öffentliche Betriebe oftmals öffentliche Zwecke – z.B. der öffentliche Nahverkehr – verfolgen, die die Rentabilität hinter die Erfüllung des öffentlichen Auftrages zurücktreten lassen. Eine Beurteilung nach allgemeinen Rentabilitätskriterien kann hier nicht erfolgen. Vielmehr ist vom Abschlussprüfer zu beurteilen, ob das *Wirtschaftlichkeitsprinzip* eingehalten wurde, d.h. ob – bei prinzipiell defizitären Unternehmen – der vorgegebene öffentliche Zweck mit geringst möglichem Aufwand erreicht wurde bzw. – bei Wirtschaftsbetrieben der öffentlichen Hand –, ob bei gegebenem Aufwand ein möglichst hoher Erfolg erzielt wurde. Ungeachtet dessen fordert § 53 HGrG vom Abschlussprüfer eine explizite Auseinandersetzung und Berichterstattung über die Entwicklung der Vermögens-, Finanz- und Ertragslage des zu prüfenden öffentlichen Unternehmens. Hierbei ist der Terminus „Entwicklung" zukunftsbezogen zu interpretieren, so dass dieses Prüfungserfordernis über die in § 321 HGB geforderte Berichterstattung bezüglich der wirtschaftlichen Lage hinausgeht. Der Abschlussprüfer hat sich dabei mit einzelnen bedeutsamen verlustbringenden Geschäften und ihren Ursachen auseinander zu setzen und dementsprechend auch die Ursachen eines eventuellen Jahresfehlbetrages zu analysieren sowie die diesbezüglichen Geschäftsführungsmaßnahmen zu bewerten. Auch wird explizit die Auseinandersetzung mit der Liquidität des Unternehmens gefordert, so dass die Erstellung eines Finanzplans zu den obligatorischen Aufgaben des Abschlussprüfers zu zählen ist. Gleiches gilt für die Berichterstattung über die wirtschaftliche Lage. So hat der Abschlussprüfer u.a. zur Angemessenheit der Eigenkapitalausstattung und zur Höhe und Entwicklung der stillen Reserven Stellung zu beziehen. Ebenso sind verlustbringende Geschäfte zusammen mit den Ursachen der Verluste aufzuzeigen.

Problematisch gestaltet sich oftmals auch die *Messung der Leistungserbringung* des öffentlichen Unternehmens, da eine Bewertung des öffentlichen Nutzens nicht aus kaufmännischen Daten abgeleitet werden kann, sondern vielmehr auch politische Standpunkte einfließen. Als ein Versuch der Leistungsmessung im öffentlichen Sektor kann das *Benchmarking*-Konzept herangezogen werden.[12] Hierbei handelt es sich um den Vergleich mit anderen Unternehmen, etwa aus dem privaten Bereich, die sich durch ihren nachhaltigen Erfolg als die „Klassenbesten" etabliert haben. Durch die Gegenüberstellung von Unternehmen, die ähnliche Funktionen und Aktivitäten besonders hervorragend beherrschen, könnten einerseits marktorientierte Zielvorgaben ermittelt und andererseits Unterschiede zum anderen Unternehmen und deren Gründe erkannt und somit Maßnahmen zur Leistungssteigerung erarbeitet werden.

Ein weiterer Versuch zur Leistungsmessung bei öffentlichen Unternehmen besteht in der Betrachtung von *Kosten-* bzw. *Aufwandsdeckungsgraden*, d.h. der Feststellung, wie weit die entstandenen Aufwendungen durch die Erträge des Unternehmens gedeckt werden konnten. So wird z.B. bei Unternehmen des öffentlichen Personennahverkehrs mit Schienen- und Busverkehr in Großstädten eine Kostendeckung von 60%, bei Omnibusverkehr in kleinen bis mittelgroßen Städten von 70% und bei Omnibusverkehr mit Linienstruktur im ländlichen Raum von 80% als akzeptabel angesehen. Die verbleibenden Differenzen sind als Beitrag der öffentlichen Hand zur Erfüllung des öffentlichen Auftrages anzusehen.

Derartige grobe Richtwerte definieren den Grad der Zielerreichung des zu prüfenden öffentlichen Unternehmens. Der Abschlussprüfer hat hier durch weitergehende Analysen ein Urteil über die Wirtschaftlichkeit des Unternehmens abzugeben und Hinweise auf gravierende Mängel zu geben. Eine ausführliche betriebswirtschaftliche Analyse (etwa der Prozesse oder der Marktstellung des Unternehmens) kann jedoch im Rahmen einer Jahresabschlussprüfung nicht erwartet werden.

Berichtspflichten

Sofern die zuständige Gebietskörperschaft eine erweiterte Prüfung nach § 53 HGrG verlangt, kann sie das zu prüfende Unternehmen veranlassen, dass der Abschlussprüfer in seinem Prüfungsbericht nicht nur die Pflichtangaben nach § 321 und § 322 HGB sowie den berufsständischen Normen (IDW PS 400, 450 und IDW EPS 450 n.F.) aufnimmt, sondern auch explizit zu folgenden Sachverhalten Stellung nimmt (§ 53 Abs. 1 Nr. 2 HGrG):

- die Entwicklung der Vermögens- und Ertragslage sowie die Liquidität und Rentabilität des Unternehmens;
- verlustbringende Geschäfte und die Ursachen der Verluste, wenn diese Geschäfte und die Ursachen für die Vermögens- und Ertragslage von Bedeutung waren;
- die Ursachen eines in der GuV ausgewiesenen Fehlbetrages.

Der Prüfungsbericht ist dementsprechend nicht nur den gesetzlichen Vertretern des zu prüfenden Unternehmens, sondern auf Verlangen auch der Gebietskörperschaft zuzustellen.

2.2.7 Prüfung des Abhängigkeitsberichts

Prüfungspflicht und Prüfer

Nach § 17 Abs. 1 AktG sind abhängige Unternehmen rechtlich selbstständige Unternehmen, auf die ein anderes Unternehmen (herrschendes Unternehmen) unmittelbar oder mittelbar einen beherrschenden Einfluss ausüben kann. Zusammen mit dem herrschenden Unternehmen bildet das abhängige Unternehmen einen faktischen Konzern, wenn die Unternehmensverbindung nicht durch konzernvertragliche Rechtsbeziehungen begründet ist. Ein herrschendes Unternehmen darf gem. § 311 Abs. 1 AktG seinen Einfluss nicht dazu benutzen, eine abhängige AG oder KGaA zu veranlassen, ein für sie nachteiliges Rechtsgeschäft vorzunehmen oder Maßnahmen zu ihrem Nachteil zu treffen oder zu unterlassen, es sei denn, dass die Nachteile ausgeglichen werden. Diese Regelung soll verdeckte Schädigungen, d.h. ein Handeln der Konzernleitung zum Nachteil der abhängigen Gesellschaft und deren Minderheitsgesellschafter vermeiden.

Zur Darlegung der Nachteile und ihres Ausgleichs hat der Vorstand der abhängigen Gesellschaft einen *Bericht über Beziehungen zu verbundenen Unternehmen* (Abhängigkeitsbericht) aufzustellen (§ 312 Abs. 1 AktG). Ein Abhängigkeitsbericht ist nicht zu erstellen, wenn die Abhängigkeit auf einem Beherrschungsvertrag (§ 311 Abs. 1 Satz 1 AktG), einem Gewinnabführungsvertrag (§ 316 AktG) oder einer Eingliederung (§ 323 Abs. 1 Satz 1 AktG) beruht. Durch den Abhängigkeitsbericht soll der Ausgleich nachteiliger Veranlassungen ermöglicht und durchgesetzt werden. Damit soll die abhängige Gesellschaft vermögensmäßig so gestellt werden, als sei sie unabhängig. Diese Sicherungsfunktion wird durch eine Prüfungspflicht ergänzt.

Neben der Prüfung des Abhängigkeitsberichts durch den Aufsichtsrat (§ 314 Abs. 2 AktG) fordert § 313 AktG auch eine Prüfung durch den Abschlussprüfer der abhängigen Gesellschaft. Die Prüfungspflicht ist an die *Prüfungspflicht des Jahresabschlusses gebunden*, d.h. sie entfällt z.B. bei kleinen AG i.S.d. § 267 Abs. 1 HGB. Der Abhängigkeitsbericht ist nach § 313 Abs. 1 Satz 1 AktG gleichzeitig mit dem Jahresabschluss und dem Lagebericht dem Abschlussprüfer der abhängigen Gesellschaft vorzulegen. Eine gesonderte Bestellung des Prüfers für den Abhängigkeitsbericht entfällt somit.

Prüfungsgegenstände

Wurde vom Vorstand einer prüfungspflichtigen AG bzw. KGaA kein Abhängigkeitsbericht vorgelegt, ist vom Abschlussprüfer festzustellen, ob die Erstellung unzulässigerweise unterlassen wurde. Daher ist zu prüfen, ob ein *Abhängigkeitsverhältnis* vorliegt.

Der Abhängigkeitsbericht ist daraufhin zu prüfen, ob die aufgeführten Vorgänge *richtig dargestellt* sind (§ 313 Abs. 1 Satz 2 Nr. 1 AktG). In diesem Zusammenhang muss der Prüfer insbesondere auf die vollständige Darstellung der für die Beurteilung wesentlichen Merkmale der aufgeführten Sachverhalte und auf die Übereinstimmung der Angaben mit den Büchern und sonstigen Unterlagen achten. Eine *Prüfung der Vollständigkeit* der im Abhängigkeitsbericht aufgeführten Maßnahmen und Rechtsgeschäfte ist dagegen nach h.M.[13] *nicht erforderlich*, denn die Unvollständigkeit des Berichts ist in der Regel von außen nicht erkennbar. Allerdings sind die von der abhängigen Gesellschaft getroffenen Vorkehrungen zur Sicherstellung der vollständigen Erfassung solcher Vorgänge zu prüfen (*Systemprüfung*).

Bei den im Abhängigkeitsbericht aufgeführten Rechtsgeschäften hat der Prüfer festzustellen und zu beurteilen, inwieweit der abhängigen Gesellschaft nach den Umständen, die im Zeitpunkt der Vornahme der Rechtsgeschäfte bekannt waren, aus diesen Rechtsgeschäften *Nachteile* erwachsen sind. War dies der Fall, hat der Prüfer des Weiteren festzustellen, ob die *Nachteile ausgeglichen* wurden und ob der Ausgleich angemessen war (§ 313 Abs. 1 Satz 2 Nr. 2 AktG). Hinsichtlich der im Abhängigkeitsbericht aufgeführten Maßnahmen ist zu prüfen, ob keine Umstände für eine wesentlich andere Beurteilung als die des Vorstands sprechen (§ 313 Abs. 1 Satz 2 Nr. 3 AktG).

Berichtspflichten

Nach § 313 Abs. 2 AktG hat der Prüfer über das Ergebnis der Prüfung schriftlich zu berichten. Der Prüfungsbericht ist dem Aufsichtsrat vorzulegen, wobei dem Vorstand vor der Zuleitung Gelegenheit zur Stellungnahme zu geben ist. Sind nach dem abschließenden Ergebnis der Prüfung keine Einwendungen zu erheben, so hat der Prüfer einen uneingeschränkten Bestätigungsvermerk zu erteilen (§ 313 Abs. 3 AktG). Sind Einwendungen zu erheben oder hat der Abschlussprüfer die Unvollständigkeit des Abhängigkeitsberichts festgestellt, so hat er die Bestätigung einzuschränken oder zu versagen (§ 313 Abs. 4 AktG). Dies eröffnet jedem Aktionär die Möglichkeit, eine *Sonderprüfung* nach § 315 AktG zu beantragen.

2.2.8 Prüfung von Stiftungen

Prüfungspflicht und Prüfer

Stiftungen sind juristische Personen, die durch ein so genanntes Stiftungsgeschäft (§ 81 BGB)[14] und die Anerkennung durch die zuständige Behörde des Landes entstehen (§ 80 BGB). Soweit keine speziellen Vorschriften (insbesondere BGB und Stiftungsgesetze) bestehen, kommen für Stiftungen bestimmte bürgerlich-rechtliche Vorschriften des rechtsfähigen Vereins zur Anwendung (§ 86 BGB). Stiftungsgesetze werden nicht vom Bund, sondern von den Ländern erlassen. Dementsprechend existieren keine bundeseinheitlichen – über die Regelungen des BGB hinausgehenden – Vorschriften für Stiftungen (IDW RS HFA 5.1). Dieses ist sowohl bei Fragestellungen zur Rechnungslegung[15] als auch bei Fragestellungen zur Prüfung von Stiftungen von Bedeutung. Im Rahmen dieser beiden Fragestellungen sind des Weiteren die bei der Gründung der Stiftung im Stiftungsgeschäft verankerten Elemente zum Stiftungszweck, insbesondere Ziele wie Erhaltung des Stiftungsvermögens oder wie Verwendung der Mittel im Sinne des Stiftungszwecks, zu beachten.

Die *Rechnungslegung* der Stiftung wird in den meisten Landesstiftungsgesetzen als Jahresrechnung bzw. Jahresabrechnung bezeichnet[16] und kann neben der Buchführungspflicht eine Pflicht zur Aufstellung einer Vermögensrechnung sowie einer Einnahmen-/Ausgabenrechnung umschließen. Auf Grund der Größe oder Komplexität der Stiftung kann eine Jahresabschlusserstellung auf Basis der handelsrechtlichen Rechnungslegungsvorschriften sachgerecht sein. Ausführungen zur Rechnungslegung einer Stiftung bürgerlichen Rechts finden sich in IDW RS HFA 5.

Grundsätzlich obliegt die *Prüfung* der Einhaltung der Stiftungsvorschriften den Stiftungsaufsichtsbehörden der Länder. Die in den Landesstiftungsgesetzen enthaltenen Prüfungsvorschriften unterscheiden sich in den einzelnen Bundesländern. Eine Pflicht zur Prüfung des Jahresabschlusses durch einen Wirtschaftsprüfer ist bspw. gem. § 10 Abs. 1 StiftG Nordrhein-Westfalen und § 12 Abs. 1 StiftG Brandenburg enthalten, sofern die Stiftung ein erwerbswirtschaftliches Unternehmen betreibt. Auch ohne dass die letzte Voraussetzung erfüllt ist, ist die Rechnungslegung bspw. gem. Art. 25 StiftG Bayern zu prüfen, wobei hierbei grundsätzlich jedoch die Aufsichtsbehörde das Prüfungsorgan ist, diese aber ohne das Vorliegen weiterer Voraussetzungen die Prüfung durch einen Wirtschaftsprüfer verlangen kann. Teilweise sind in den jeweiligen Stiftungsgesetzen fakultative Prüfungsvorschriften enthalten.

Beauftragt wird der Wirtschaftsprüfer dementsprechend entweder durch den Stiftungsvorstand (§ 86 i.V.m. § 26 BGB) oder durch die Stiftungsaufsichtsbehörde. Der Wirtschaftsprüfer hat unabhängig davon, ob er einen Bestätigungsvermerk oder eine Bescheinigung erteilt,

IDW PS 740 („Prüfung von Stiftungen") zu beachten. In den IFAC-Prüfungsstandards gibt es hierzu kein Äquivalent.

Stiftungen, die auch ein Gewerbe betreiben und dem Publizitätsgesetz unterliegen, sind grundsätzlich über die Prüfungsvorschriften des § 6 Abs. 1 bzw. § 14 Abs. 1 PublG (i.V.m. § 316 ff. HGB) von Wirtschaftsprüfern zu prüfen (IDW PS 740.7). Auch die Satzung der Stiftung kann festschreiben, dass die Stiftung von einem Wirtschaftsprüfer periodisch im Rahmen einer Abschlussprüfung zu beurteilen ist.

Prüfungsgegenstände

Der Prüfungsgegenstand ist dem jeweiligen Stiftungsgesetz zu entnehmen und ggf. entsprechend den Ausführungen der Stiftungssatzung zu erweitern. Er kann im Vergleich zu einer handelsrechtlichen Jahresabschlussprüfung enger oder weiter definiert sein. Die Definitionsweite ergibt sich u.a. daraus, inwiefern bspw. ein Jahresabschluss zu erstellen bzw. zu prüfen ist und inwiefern die Stiftungsgesetze oder die Satzung bestimmte Prüfungsgegenstandserweiterungen vorsehen. Erweiterungen des Prüfungsgegenstands kommen insbesondere in Betracht im Hinblick auf

- die Erhaltung des Stiftungsvermögens,
- die satzungsgemäße Verwendung der Stiftungsmittel,
- die Ordnungsmäßigkeit der Geschäftsführung und
- die Einhaltung der steuerrechtlichen Vorschriften der Abgabenordnung.

Letzteres ist auch im Hinblick darauf relevant, dass das steuerliche Gemeinnützigkeitsrecht wesentliche Auswirkungen auf den Abschluss der Stiftung haben kann (bspw. ordnungsgemäße Mittelsperrung in der Vermögensrechnung bzw. Einnahmen-/Ausgabenrechnung, Rückstellungsbildung).

Enthalten die Landesstiftungsgesetze keine Ausführungen zum Prüfungsgegenstand und macht die Stiftungsaufsicht auch keine weiteren Auflagen, kann der Prüfungsgegenstand zwischen dem Stiftungsvorstand und dem Wirtschaftsprüfer frei vereinbart werden. Soll ein Bestätigungsvermerk erteilt werden, ist die Prüfung nach den handelsrechtlichen Prüfungsnormen durchzuführen. Beachtenswert sind dann auch die IDW-Prüfungsstandards zur Jahresabschlussprüfung (IDW PS 200 ff.). Das Gleiche gilt, wenn der Prüfungsauftrag keine Angaben über den Gegenstand und Umfang der Prüfung enthält.

Informationen, die vom Stiftungsvorstand in ein dem Umfang der Prüfung unterliegendes Rechnungslegungswerk (z.B. Lagebericht, Anhang) aufgenommen werden, haben – unabhängig davon, ob eine entsprechende Prüfungspflicht vorliegt – eine Erweiterung des Prüfungsgegenstands auf die entsprechenden Informationen zur Folge. Dies ist insbesondere im Hinblick darauf relevant, dass Stiftungen regelmäßig über den Stiftungszweck und dessen Erfüllung im Lagebericht (Stiftungsbericht) informieren. Werden solche Informationen dem

Abschluss lediglich beigelegt, sind diese zusätzlichen Informationen nicht zu prüfen, sondern kritisch zu lesen (IDW PS 202).

Schließt die auftraggebende Stiftung gesetzlich vorgeschriebene Prüfungsinhalte aus, darf keine Abschlussprüfung durchgeführt werden, die mit einem Bestätigungsvermerk abgeschlossen wird, sondern nur eine Bescheinigung über die geprüften Sachverhalte ausgestellt werden (IDW PS 740.9).

Das Ausmaß der anzuwendenden Prüfungsnormen ist abhängig vom Prüfungsgegenstand. Eine Anwendung der jahresabschlussbezogenen Prüfungsnormen ist dann verbindlich, wenn ein Bestätigungsvermerk erteilt werden soll. In diesem Fall sind auch die gesetzlichen Prüfungsvorschriften der §§ 316 ff. HGB zu beachten. Grundsätzlich sind die Hinweise in IDW RS HFA 5 vom Wirtschaftsprüfer als Beurteilungsmaßstab heranzuziehen.

Berichtspflichten

Regelungen zur Prüfungsberichterstattung finden sich in IDW PS 450 (bzw. IDW EPS 450 n.F.). Inhaltliche Erweiterungen der diesbezüglichen Berichterstattung ergeben sich aus ggf. erfolgten Erweiterungen des Prüfungsgegenstands. Im Rahmen der Redepflicht des Abschlussprüfers sind insbesondere Verstöße gegen die Stiftungssatzung und eine im Rahmen der Prüfungstätigkeit entdeckte Gefährdung der steuerlichen Anerkennung als steuerbegünstigte Körperschaft relevant. Die Angaben zur rechtlichen Struktur sollten sich z.B. auf die Stiftungsgenehmigung, den wesentlichen Inhalt des Stiftungsgesetzes sowie der Stiftungssatzung, die Stiftungsorgane und deren Art und Umfang der Vertretungsbefugnis sowie besondere Beschlüsse der Stiftungsorgane beziehen (ausführlicher siehe IDW PS 740.42). Wesentliche Stiftungsaktivitäten, Mittelverwendungsrechnungen und Tätigkeitsberichte der Stiftungsorgane sind mögliche Prüfungsberichtsangaben, um die wirtschaftlichen Verhältnisse darzulegen (ausführlicher IDW PS 740.44).

Im Rahmen der Erstellung des Bestätigungsvermerks hat der Prüfer auch bei einer Stiftungsprüfung die Grundsätze des IDW PS 400 zu beachten. Grundsätzlich ist der Bestätigungsvermerk nur auf die Rechnungslegung der Stiftung zu beziehen. Nur wenn auf Grund der Landesstiftungsgesetze eine Erweiterung des Prüfungsgegenstands zu beachten ist, sind im Bestätigungsvermerk diese Erweiterungen zu beachten (IDW PS 740.46). Ungeachtet dessen kann ein umfassenderes Gesamturteil bezüglich derjenigen Erweiterungen formuliert werden, die in einem anderen Bundesland zum Gegenstand der Abschlussprüfung gemacht worden sind (IDW PS 740.47).

Gegebenenfalls sind die wertenden Formulierungsempfehlungen des IDW PS 450 anzupassen, um die Besonderheiten der sich auf Stiftungen beziehenden Rechnungslegungs- und Prüfungsvorschriften zu verdeutlichen. Auf die Satzung der Stiftung wird nur verwiesen, wenn diese Regelungen zum Abschluss, zur Kapitalerhaltung oder zur Mittelverwendung enthält (IDW PS 740.51).

2.3 Freiwillige Prüfungsdienstleistungen

2.3.1 Prüfungdienstleistungen im Wandel

Unter freiwilligen Prüfungsdienstleistungen werden alle Dienstleistungen eines Wirtschaftsprüfers bzw. einer Wirtschaftsprüfungsgesellschaft verstanden, die nicht auf einer gesetzlichen oder einer anderen zwingenden Verpflichtung beruhen. Vor allem die Prüfungsgesellschaften und die berufsständischen Organisationen haben in den vergangenen Jahren eine Vielzahl von freiwilligen Dienstleistungen entwickelt, welche sich deutlich von den klassischen Prüfungsdienstleistungen unterscheiden.

Ein Grund hierfür sind die wachsenden Informationsbedürfnisse der stakeholder (vgl. Kapitel I, Abschnitt 1). Diese Bedürfnisse gehen oftmals über das hinaus, was sowohl national als auch international im Rahmen der Gewährung glaubwürdiger Jahresabschlussinformationen gefordert wird. Erhöhte Anforderungen werden vor allem an die Dimensionen Zeitnähe, Zuverlässigkeit und Relevanz der gegebenen Informationen gestellt.[17] Dabei besteht insbesondere ein verstärkter Bedarf an einer externen Beurteilung kapitalmarktorientierter Informationen (Business Reporting), wie z.B. unterjährige und zukunftsorientierte Informationen. Zudem steigt die Nachfrage nach Echtzeitinformationen (real time information) und mit ihr die Nachfrage nach einer kontinuierlichen Prüfung (continuous assurance).[18]

Teilweise gehen die Unternehmen bereits freiwillig dazu über, nicht direkt abschlussorientierte Angaben mit Relevanz für den Kapitalmarkt einer wie auch immer gearteten Prüfung zu unterziehen. Ein Beispiel hierfür ist der Shell Report 2001, in dem nicht-abschlussorientierte Angaben (z.B. zur financial-, environmental- und social-performance) erkennbar geprüft werden (vgl. Abschnitt 2.3.3.2.5).[19] Für einen Bedarf an glaubwürdigen Informationen spricht auch eine Befragung von McKinsey, derzufolge institutionelle Investoren bereit sind, für Anteile an Unternehmen mit einem gut funktionierenden Corporate Governance-System zwischen 18 und 27% mehr zu bezahlen.[20]

Das Angebot neuer Prüfungsdienstleistungen liegt zudem im Eigeninteresse der Prüfungsgesellschaften, da sich auf diesem Wege neue Geschäftsfelder eröffnen. Nach einer Studie des Special Committee on Assurance Services des AICPA kann der Umsatz im Prüfungsbereich durch freiwillige Dienstleistungen in den USA verdoppelt bzw. verdreifacht werden.[21] Das Komitee hat hunderte möglicher Serviceleistungen identifiziert. Besonderes Augenmerk richtet das AICPA naturgemäß auf die potenziell umsatzstärksten Bereiche; als solche sind zu nennen: Risk Assessment, Business Performance Measurement, Information Systems Reliability, Electronic Commerce, Health Care, Performance Measurement und ElderCare.[22] Ständig lassen sich auf Grund von makroökonomischen Entwicklungen weitere mögliche Dienstleistungen identifizieren. Eine Übersicht über die neuesten Entwicklungen im Bereich Assurance Services findet sich auf den Internetseiten der AICPA.[23]

Beispiel

So erlaubt es die Berichtssprache XBRL (Extensible Business Reporting Language), Jahresabschlussinformationen im Internet standardisiert darzustellen und aufzubereiten. Ziel ist u.a. eine Erhöhung der Verwendbarkeit von Abschlussinformationen sowie eine Senkung der Kosten für die Berichterstattung, die Distribution und die Analyse dieser Informationen.[24] Auch hier besteht ein Bedarf an glaubwürdigkeitserhöhenden Dienstleistungen, die z.B. sicherstellen, dass Unbefugte die dargestellten Basisdaten nicht manipulieren können oder dass das Unternehmen die Jahresabschlussinformationen in der vorgesehenen Form wiedergibt.

Bereits diese kurze Einführung zeigt, dass die freiwilligen Leistungen ein sehr heterogenes Gebiet unterschiedlichster Prüfungsdienstleistungen ansprechen. Nachfolgend soll zunächst der IFAC Standard zu den assurance engagements näher beschrieben werden. Dabei handelt es sich um den *International Standard on Assurance Engagements (ISA 100)*. Dieser Standard soll die Anforderungen und den Ablauf der Erbringung freiwilliger Prüfungsdienstleistungen normieren und dabei gleichzeitig ein Höchstmaß an Flexibilität (besonders im Hinblick auf die Erbringung neuer Dienstleistungen) gewährleisten. Unter assurance engagements werden hierbei alle Dienstleistungen verstanden, die durch einen Wirtschaftsprüfer erbracht werden und auf eine Erhöhung der Glaubwürdigkeit eines zu behandelnden Gegenstands (subject matter) abzielen. Die Anwendung des ISA 100 beschränkt sich auf die Fälle, in denen keine spezifischen Standards existieren.

Sollte für die zu erbringende Dienstleistung bereits ein spezifischer Standard existieren, so ist dieser gem. ISA 100.2 f. vorrangig anzuwenden (sog. *freiwillige Prüfungsdienstleistungen mit eigenständiger Normierung*; vgl. Abschnitt 2.3.3.1). Dies gilt auch dann, wenn für Teilbereiche der zu behandelnden Gegenstände eines Prüfungsauftrages gem. ISA 100 bereits Prüfungsnormen existieren. Beispielsweise sind für die Prüfung von Ad-hoc-Meldungen (vgl. Abschnitt 2.3.3.2.1) u.a. ISA 200-720 heranzuziehen, sofern ein Unternehmen Jahresabschlüsse ad-hoc publiziert; werden Bestandteile von Abschlüssen ad-hoc publiziert, so sind ISA 800.1-8 u. 12-17 relevant. Demnach ist stets zu prüfen, ob und inwieweit sich vorhandene Normen für die Erbringung einer freiwilligen Prüfungsleistung verwerten lassen.

Obgleich ISA 100.5 Beispiele für mögliche assurance engagements nennt, hat die IFAC bewusst darauf verzichtet, potenzielle Prüfungsdienstleistungen abschließend aufzuzählen. Auf diese Weise gibt der ISA 100 lediglich einen Rahmen vor, innerhalb dessen der Prüfer sich bei der Dienstleistungserbringung bewegen muss. Insofern handelt es sich hier um Dienstleistungen, die nicht bereits ex ante in vollem Umfang normiert sind (sog. *freiwillige Prüfungsdienstleistungen ohne eigenständige Normierung*; vgl. Abschnitt 2.3.3.2). Von Vorteil ist, dass dieser dienstleistungsunabhängige Rahmen nicht fortlaufend an eine sich ständig wandelnde Nachfrage nach Prüfungsdienstleistungen angepasst werden muss.

Beispiel

Die zunehmende Verbreitung des Internet und Fortschritte in der Informationsverarbeitung könnten dazu führen, dass Unternehmen aktuelle Geschäftsdaten tagesgenau im Internet zur Verfügung stellen. Eine zeitnahe Prüfung dieser Informationen liegt nahe. Dabei erscheint es z.B. besonders nutzenstiftend, jene Informationen zeitnah zu prüfen, welche Investoren für die Prognose künftiger Cashflow-Ströme heranziehen. So veröffentlicht beispielsweise die US-Halbleiterindustrie monatlich Kennzahlen, die das Verhältnis von Auftragseingängen zu den ausgelieferten Chips angeben (book-to-bill ratios). Da der Aktienmarkt teilweise signifikant auf diese Verhältniszahl reagiert, erscheint es sinnvoll, diesen relevanten und zugleich zeitnah publizierten Daten über ein assurance engagement Glaubwürdigkeit zu verleihen.[25] Enthielte der ISA 100 eine abschließende Aufzählung der assurance engagements, so wäre es nicht möglich, die Prüfungsdienstleistungen rasch an die geänderten Bedürfnisse des Marktes anzupassen.

Allerdings fallen nicht alle Tätigkeiten eines professional accountant unter den ISA 100. Als Beispiele für Dienstleistungen, die keine assurance engagements darstellen, nennt ISA 100.6 agreed-upon procedures und compilations (vgl. Kapitel I, Abschnitt 6.4.2) sowie die preparation of tax returns (Erstellung von Steuererklärungen), das tax consulting und das management consulting.

Konzeptionell zielen die assurance engagements auf ein *abgestuftes System von Prüfungsdienstleistungen mit Selbstwählschema* ab.[26] Demnach kann der Mandant entsprechend seinen Eigenschaften die für ihn geeignete(n) Dienstleistung(en) wählen. Dabei wird die Auffassung vertreten, der Mandant könne vermutlich am besten beurteilen, ob die aus der Signalfunktion der geprüften Berichterstattung resultierenden Vorteile die hiermit einhergehenden (zusätzlichen Prüfungs-)Kosten rechtfertigen. Ist die in Anspruch genommene Dienstleistung nach außen klar erkennbar, erhalten die Berichtsadressaten ein Signal (in Form des abgegebenen Prüfungsurteils), welches sie für ihre eigenen Zwecke nutzen können.

Beispiel

Der Kapitalmarkt dürfte jene Unternehmen, die auf Grund mangelnder Corporate Governance ins Kreuzfeuer der Kritik geraten sind, mit einer erhöhten Risikoprämie belegen. Eine freiwillige Prüfungsdienstleistung könnte sich auf die inhaltliche Überprüfung der Einhaltung des Deutschen Corporate Governance Kodex (DCGK) beziehen und insofern über die derzeit bestehenden Prüfungspflichten im Rahmen der Abschlussprüfung (vgl. Kapitel II, Abschnitt 8.5) hinausgehen.[27] Ein solches Vorgehen könnte dazu beitragen, das Vertrauen der Anleger in das Unternehmen zu erhöhen (d.h. die erhöhte Risikoprämie zumindest zu reduzieren).

2.3.2 Bezugsrahmen für die Leistungserbringung: Elemente und Beziehungsgeflecht

Eine Prüfungdienstleistung ist dann als freiwillige Dienstleistung i.S.d. ISA 100.8 zu klassifizieren, wenn diese Dienstleistung die folgenden *Elemente* aufweist:[28]

- *Three party relationship (ISA 100.9-19)*

  In die Erbringung einer freiwilligen Prüfungsdienstleistung sind drei verschiedene Parteien involviert: Während der professional accountant (im Folgenden wird der Begriff Wirtschaftsprüfer synonym verwendet)[29] die Prüfungsdienstleistung erbringt, zeichnet die responsible party für den zu behandelnden Gegenstand verantwortlich. Als intended user kommen alle Personen in Betracht, die Empfänger des seitens des Prüfers zu erstellenden Berichts sein sollen (Berichtsadressaten). Der Berichtsadressat kann der gleichen Organisation wie die verantwortliche Partei angehören.

- *Subject matter (ISA 100.20 f.)*

  Als zu behandelnde Gegenstände (subject matter) kommen Informationen (z.B. historische, zukunftsorientierte und statistische Informationen sowie Erfolgsindikatoren), Systeme und Prozesse (z.B. interne Kontrollen) sowie Verhaltensweisen (z.B. Corporate Governance) in Betracht.

- *Suitable Criteria (ISA 100.22 f.)*

  Der zu behandelnde Gegenstand ist anhand geeigneter Kriterien zu beurteilen. Bei den Kriterien kann zum einen auf bereits *bestehende* oder zum anderen auf vom Prüfer *selbst entwickelte* Kriterien zurückgegriffen werden.

- *Engagement process (ISA 100.24)*

  Der engagement process umfasst alle Schritte des Prüfers, die zur systematischen Erbringung der Dienstleistung notwendig sind. Angesprochen sind vor allem die Prüfungsplanung, die Prüfungsdurchführung, die Formulierung eines Prüfungsurteils sowie die diesbezügliche Berichterstattung.

- *Conclusion (ISA 100.25-30)*

  Der Prüfer hat sein Prüfungsurteil in einem Bericht (practitioner's report) zusammenzufassen; dies gilt u.a. auch für die angewandten Kriterien, anhand derer die Beurteilung des zu behandelnden Gegenstands erfolgt.

Knüpfen die Prüfungsfeststellungen hinsichtlich des zu behandelnden Gegenstands an die Aussagen der responsible party an, liegt ein *attest report* vor. Ein typisches Beispiel hierfür sind die Aussagen des Managements im vorläufigen Jahresabschluss (financial statement assertions; vgl. Kapitel I, Abschnitt 6.2), denen durch die Prüfung Glaubwürdigkeit verliehen werden soll. Dagegen beziehen sich die getroffenen Aussagen bei einem *direct report* direkt auf den zu behandelnden Gegenstand (z.B. Beurteilung der Zuverlässigkeit interner

Kontrollen im Hinblick auf eine gesetzte benchmark, ohne dass diesbezüglich bereits eine Aussage des Managements vorliegt).

Die abgegebene *Prüfungssicherheit* kann sich grundsätzlich entweder auf einem hohen Niveau (high level of assurance) oder einem mittleren Niveau (moderate level of assurance) bewegen (ISA 100.29 f.).[30] Hinsichtlich der Erbringung von Aufträgen mit einer *hohen Prüfungssicherheit* formuliert der ISA 100.31-74 detaillierte Anforderungen.

Dagegen konnte sich im standard setting kein Konsens hinsichtlich der Aufträge mit einer *mittleren Prüfungssicherheit* herausbilden (ISA 100.chronology.7). Dabei werden zwei Ansätze unterschieden: Während nach dem interaction of variables view-Ansatz der Grad der Zusicherung von dem Zusammenspiel der weiter oben genannten Elemente (z.B. zu behandelnder Gegenstand und Kriterien) abhängt, geht der work effort view-Ansatz davon aus, dass der Grad der Zusicherung primär von den Informationsbedürfnissen der Urteilsempfänger und den daraus resultierenden Prüfungshandlungen abhängt (ISA 100.chronology.9 ff.). In diesem Zusammenhang hat die IFAC eine Studie vorgelegt, die dem interaction of variables view-Ansatz einen gewissen Vorzug einräumt; allerdings sind die Ergebnisse nicht abschließend.[31] Das im März 2003 veröffentlichte ED Assurance Engagements[32] enthält nunmehr Anforderungen zur Erbringung von Aufträgen mit mittlerer Prüfungssicherheit. Hierbei werden Elemente beider Ansätze verwendet.[33]

Abb. III.2-2 verdeutlicht noch einmal den Zusammenhang zwischen den einzelnen Elementen des Bezugsrahmens.

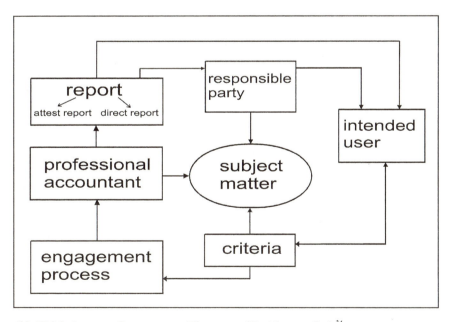

Abb. III.2-2: Assurance Engagements – Elemente und Beziehungsgeflecht[34]

Der *Ablauf einer Prüfung* lässt sich wie folgt skizzieren: Der potenzielle Auftraggeber (zumeist die responsible party) fragt eine spezifische Prüfungsdienstleistung nach. Der Prüfer muss nunmehr abwägen, ob er die geforderte Dienstleistung erbringen kann und somit die Bedingungen für die Annahme eines Prüfungsauftrags vorliegen.³⁵ Hierbei können neben finanziellen Gesichtspunkten (z.B. zu niedriges Prüfungshonorar) auch fachliche und ethische Gründe sowie eine mangelnde Durchführbarkeit des Prüfungsauftrags dazu führen, dass dieser abzulehnen ist.

Zunächst muss sich der Prüfer fragen, ob innerhalb der Prüfungsgesellschaft das *notwendige Know-how* verfügbar ist, um die entsprechende Prüfung durchführen zu können (ISA 100.37). Sollte dies nicht der Fall sein, so kann er u.U. auf das Know-how eines Sachverständigen zurückgreifen. In diesem Fall muss der Prüfer zum einen unverändert ausreichend in die Gesamtprüfung involviert sein und zum anderen über ausreichendes Wissen verfügen, um die Arbeit des Sachverständigen beurteilen zu können (ISA 100.65 u. 67).

Des Weiteren ist der Prüfungsauftrag nur dann anzunehmen, wenn sich dieser in der gewünschten Form durchführen lässt. Hinsichtlich der *Durchführbarkeit* wäre z.B. zu fragen, ob die Natur des zu behandelnden Gegenstands es überhaupt zulässt, dass der Prüfer eine hohe Prüfungssicherheit gewähren kann.

Beispiel

Ein potenzieller Auftraggeber tritt an den Prüfer heran und fragt an, ob er der Aussage, die künftige Lieferfähigkeit eines bestimmten Produktes sei gewährleistet, über ein high level assurance engagement Glaubwürdigkeit verleihen kann. Der Prüfer soll annahmegemäß über das notwendige fachliche Know-how verfügen, um den Prüfungsauftrag annehmen zu können. Da es sich hier um ein Ereignis in der Zukunft handelt, kann der Prüfer bestenfalls bescheinigen, dass die Aussage („Die Lieferfähigkeit des Produktes ist gewährleistet.") unter Berücksichtigung der derzeit verfügbaren Informationen (z.B. mögliche Abhängigkeit des Lieferanten von wenigen Zulieferern) unter den derzeit gegebenen Rahmenbedingungen plausibel erscheint (moderate assurance) und keine Anhaltspunkte auf mögliche Lieferengpässe hindeuten (negative assurance). Demnach darf der Prüfer einen Auftrag, welcher auf die Abgabe einer high level assurance abzielt, nicht annehmen; lediglich die Abgabe einer moderate assurance i.S.v. ISA 100.30 erscheint möglich.

Nach ISA 100.35 f. (Prüfungsleistung mit hoher Prüfungssicherheit) darf der Prüfer den *Prüfungsauftrag* nur dann annehmen,

- wenn eine andere Partei für den zu behandelnden Gegenstand verantwortlich ist,

- wenn es möglich ist, den zu behandelnden Gegenstand dergestalt zu identifizieren, dass dieser der Erlangung von Prüfungsnachweisen zugänglich ist und

- wenn dem Prüfer keine Gründe bekannt sind, die dafür sprechen, dass es nicht möglich ist, anhand geeigneter Kriterien ein Prüfungsurteil mit hoher Prüfungssicherheit abzugeben.

Sprechen keine Gründe gegen die Annahme des Prüfungsauftrags, so kann dieser angenommen werden. Um mögliche Unsicherheiten zu reduzieren, sind die Bedingungen und Verantwortlichkeiten des Auftrags in Vertragsform schriftlich festzuhalten (ISA 100.38).

Die Prüfung selbst ist zu planen. Nach ISA 100.41 umfasst die *Prüfungsplanung* sowohl die Entwicklung einer allgemeinen Strategie als auch die Festlegung eines detaillierten Prüfungsprogramms; dabei ist das Prüfungspersonal einzelnen Prüffeldern zuzuweisen und zu beaufsichtigen. Weiterhin sind z.B. vorläufige Materiality-Grenzwerte zu bestimmen.

Besonders bedeutsam im Rahmen der *Prüfungsdurchführung* ist die Entwicklung von *Kriterien*, welche eine Beurteilung des zu behandelnden Gegenstands zulassen. Diese Kriterien müssen den Anforderungen des ISA 100.44 ff. genügen. Kriterien sind gem. ISA 100.45 dann geeignet, wenn sie für die Beurteilung des Prüfungsgegenstands *relevant* sind, eine *zuverlässige* und *neutrale* Beurteilung erlauben sowie *verständlich* sind. Neutrale Kriterien sind frei von Verzerrungen. Kriterien sind nicht neutral, wenn deren Anwendung zu prüferischen Schlussfolgerungen führt, welche die Berichtsadressaten irreführen. Weiterhin müssen die Kriterien *vollständig* sein, d.h. alle Kriterien, welche das Prüfungsurteil beeinflussen, müssen sich identifizieren lassen und diese Kriterien müssen auch angewandt werden.

Dabei dürfte sich der Rückgriff auf bestehende, allgemein anerkannte Kriterien zumeist unproblematisch gestalten. Gleichwohl ist auch bei allgemein anerkannten Kriterien stets zu prüfen, ob diese im vorliegenden Einzelfall angemessen sind. Dies gilt auch dann, wenn eine Berufsorganisation Kriterien vorgibt. Ist ein Rückgriff auf anerkannte Kriterien nicht möglich, muss der Prüfer die Kriterien selbst entwickeln. Dabei kann die *Beurteilung der Eignung selbst entwickelter Kriterien* erhebliche Probleme bereiten. Stellt sich im Nachhinein eine mangelnde Eignung der vom Prüfer entwickelten Kriterien heraus, drohen dem Prüfer neben einer möglichen Haftung auch Beeinträchtigungen seiner Reputation.

In engem Zusammenhang hierzu steht auch das in ISA 100.12 (c) normierte ethische Erfordernis der *fachlichen Kompetenz* (professional competence). Dabei ist den in der Praxis oftmals anzutreffenden Versuchen, eine fehlende fachliche Kompetenz über den Einsatz von Checklisten, welche für die Beurteilung eines Sachverhalts relevante Kriterien abfragen, mit Skepsis zu begegnen.

- Zum einen sind Checklisten naturgemäß nicht vorhanden, wenn der zu behandelnde Sachverhalt vollkommen neuartig ist.
- Zum anderen mag das Abarbeiten einer Kasuistik kritischer Faktoren einen ersten Eindruck hinsichtlich der Beurteilung des vorliegenden Sachverhalts vermitteln; eine abschließende Beurteilung dürfte indes einem fachlich wirklich kompetenten Prüfer vorbehalten sein. Nur er vermag zu beurteilen, ob die angegebenen Kriterien im vorliegenden Einzelfall wirklich beurteilungsrelevant sind, ob weitere Kriterien heranzuziehen und in

welcher Weise die gewonnenen Teilurteile sachgerecht zu einem Gesamturteil zu aggregieren sind.

Das Vorgehen des Prüfers hängt stark von der jeweils zu erbringenden Dienstleistung ab. ISA 100.49 schreibt für die Prüfungsdurchführung in allgemeiner Form die Anwendung des *risikoorientierten Prüfungsansatzes* (vgl. Kapitel II, Abschnitt 1.2.1) vor, d.h. der Prüfer hat bezogen auf den jeweils zu behandelnden Gegenstand die inhärenten und Kontrollrisiken zu bestimmen sowie durch geeignete Prüfungshandlungen für eine Einhaltung des maximal zulässigen Entdeckungsrisikos zu sorgen, um auf diese Weise die geforderte Urteilssicherheit zu erreichen. Auch im Rahmen von ISA 100 kann der risikoorientierte Prüfungsansatz geschäftsrisikoorientiert (vgl. Kapitel II, Abschnitt 3.3.1) ausgestaltet werden.

Für die Urteilsbildung sind *ausreichende und geeignete Prüfungsnachweise* zu erlangen (ISA 100.52). Die *Prüfungsdokumentation* sollte so aufgebaut sein, dass ein nicht mit dem Prüfungsauftrag befasster Prüfer die Urteilsbildung anhand der Dokumentation nachvollziehen kann (ISA 100.59).

Über das Ergebnis der Prüfung ist zu berichten. Um Missverständnissen hinsichtlich der erbrachten Prüfungsdienstleistung vorzubeugen, empfiehlt ISA 100.68 die *Berichterstattung in Schriftform*. ISA 100.71 nennt Strukturelemente, die der Bericht zu enthalten hat (z.B. Empfänger des Berichts, Beschreibung des zu behandelnden Gegenstands, angewandte Kriterien sowie das Prüfungsurteil). Weiterhin gibt ISA 100.73 die Formen eines nicht uneingeschränkt erteilten Urteils vor (reservation or denial of conclusion). Dabei sind die Gründe, die zu einem nicht uneingeschränkt erteilten Urteil geführt haben, offenzulegen.

Da bereits im Rahmen der traditionellen Jahresabschlussprüfung (audit) erhebliche Probleme hinsichtlich der Kommunikation der Prüfungsinhalte sowie der zu gewährenden Prüfungssicherheit bestehen, dürfte es im Kontext der Erbringung eines frei vereinbarten assurance engagements noch weitaus schwieriger sein, Art und Umfang der zu erbringenden Dienstleistung nebst der vereinbarten Prüfungssicherheit an den Berichtsadressaten zu kommunizieren.[36] Dabei dürfte es besonders in den Fällen zu großen Unsicherheiten kommen, in denen Prüfungsgesellschaften über ein und dieselbe Prüfungsdienstleistung unterschiedliche Berichte erstellen.

Beispiel

Der Berichtsadressat ist mit Analysen von Unternehmen befasst, die im neuen Auswahlindex „TecDax" der Deutsche Börse AG notiert sind.[37] Die von ihm beobachteten Unternehmen alpha und beta haben sich zur Prüfung ihrer Performance-Angaben zum Economic Value Added (EVA) über ein assurance engagement entschlossen (vgl. Abschnitt 2.3.3.2.2). Annahmegemäß wird in beiden Fällen eine inhaltlich identische Prüfungsdienstleistung erbracht. Während der Bericht zur Prüfung von alpha nur die Mindestanforderungen in ISA 100.71 erfüllt, geht der Bericht zur Prüfung von beta ausführlich auf die einzelnen Prüfungshandlungen nebst den verwendeten Kriterien ein. In diesem Fall

2 Leistungsprogramm

suggeriert die unterschiedliche Aufmachung der Berichte dem Analysten, dass die Prüfung in dem zuletzt genannten Fall intensiver durchgeführt wurde. Demnach erscheinen die EVA-Daten von beta glaubwürdiger und der Analyst ist eher bereit, die Aktien dieses Unternehmens mit einem höheren Kursziel (Risikoprämie beta < Risikoprämie alpha) zu versehen.

In Bezug auf die Berichterstattung ist zu beachten, dass im nationalen Kontext ein Testat bzw. Bestätigungsvermerk nur im Rahmen einer Jahresabschlussprüfung erteilt werden kann. Demnach ist über das Ergebnis einer freiwilligen Prüfung eine Bescheinigung zu erteilen (vgl. z.B. IDW PS 820.2 u. 900.8). Dabei kann sich der Grad der Zusicherung (Urteilssicherheit) sowohl auf einem hohen als auch mittlerem Niveau bewegen. Ein Kompatibilitätsproblem mit ISA 100 dürfte allerdings nicht bestehen.

Die IFAC stellt mit dem ISA 100 einen einheitlichen Standard für alle nicht bereits ex ante in vollem Umfang normierten Prüfungsdienstleistungen bereit. Auf diese Weise wird ein erster zentraler Schritt in Richtung der Anpassung der Prüfungsdienstleistungen an die veränderten Bedürfnisse der stakeholder hinsichtlich der Gewährung zeitnaher, zuverlässiger und relevanter Informationen vollzogen. ISA 100 beinhaltet insofern eine Normierungskomponente, als ein Rahmenkonzept zur Vereinbarung und Durchführung individueller Prüfungsdienstleistungen vorgegeben wird. Auf Grund der genannten Kritikpunkte (insbes. betreffend die Kommunikation von Art und Umfang der erbrachten Prüfungsdienstleistung an die Berichtsadressaten) ist anzuraten, bei ausreichender Nachfrage nach einer bestimmten Prüfungsdienstleistung weitere Normierungen vorzunehmen. Auf diese Weise ließen sich zum einen bestehende Unsicherheiten der Berichtsadressaten reduzieren und zum anderen die angebotenen Prüfungsdienstleistungen untereinander vergleichbar gestalten.

Im Zuge der Neustruktuierung des Bezugsrahmens schlägt das ED Preface to the International Standards on Quality Control, Auditing, Assurance and Related Services.appendix vor, ISA 100 in zwei eigenständige Standards aufzuteilen. Zum einen soll ein Teil von ISA 100 als assurance framework dienen. Hierin sollen die Grundsätze, Definitionen und Elemente eines assurance engagements beschrieben werden. Der andere Teil soll in den neu zu schaffenden ISAE 2000 (other assurance engagements) überführt werden (vgl. Kapitel I, Abschnitt 6.4.2, insbes. Abb. I.6-4).[38] Dieser soll sich mit grundsätzlichen Prinzipien und wesentlichen Verfahren für die Durchführung solcher Prüfungsleistungen befassen, bei denen der zu behandelnde Gegenstand sich nicht auf historische Informationen bezieht. Ein entsprechendes ED Assurance Engagements ist Ende März 2003 erschienen.[39]

2.3.3 Ausgewählte Leistungen im Einzelnen

Im Folgenden werden jene assurance engagements untersucht, für deren Erbringung der Wirtschaftsprüfer auf Grund seiner fachlichen Kompetenz in besonderem Maße geeignet erscheint. Diese Dienstleistungen werden entsprechend des vorhandenen Bestandes an dienstleistungspezifischen Normen unterschieden. Für einige der in die Betrachtung einbezogenen freiwilligen Prüfungsleistungen liegen umfassende Normierungen vor. Diese Normierungen gehen ISA 100 vor (ISA 100.2 f.). Für andere freiwillige Prüfungsleistungen liegen indes dienstleistungsspezifische Normen (noch) nicht vor. In diesem Fall ist ISA 100 anzuwenden. Die Ausführungen erheben nicht den Anspruch, alle für die Erbringung einer Dienstleistung i.S.d. ISA 100 relevanten Normen umfassend anzugeben.

2.3.3.1 Freiwillige Prüfungsdienstleistungen mit eigenständiger Normierung

2.3.3.1.1 Prüfung unterjähriger Berichte

Unterjährige Berichte (interim reports) sind alle periodenbezogenen Berichte, die einen Zeitraum von weniger als einem Jahr umfassen. Dabei handelt es sich zumeist um Quartals- und/oder Halbjahresberichte. In Deutschland verpflichtet § 40 Abs. 1 Börsengesetz (BörsG) börsennotierte Unternehmen zur Erstellung von Zwischenberichten (Halbjahresberichten). § 63 Abs. 1 BörsO FWB gibt für Unternehmen, die dem Prime Standard angehören, eine Pflicht zur Veröffentlichung von Quartalsberichten vor, die gem. Abs. 7 einer fest vorgegebenen Struktur folgen müssen (sog. strukturierte Quartalsberichte).[40] Konkrete Anforderungen zur Ausgestaltung eines solchen Berichts finden sich in § 63 der zuvor genannten Börsenordnung sowie in DRS 6. International regelt IAS 34 die Erstellung unterjähriger Berichte; in den USA ist der SEC ein nach Form 10-Q erstellter Bericht einzureichen.[41]

Kapitalmarktteilnehmer ziehen unterjährige Berichtsinformationen für ihre Anlageentscheidungen heran.[42] Diese zeitnahen Informationen eignen sich naturgemäß nur dann für eine Fundierung von Anlageentscheidungen, wenn diese auch glaubwürdig sind. Dabei sind in der Praxis verstärkt Verstöße gegen die bestehenden Normen zur Erstellung von unterjährigen Berichten festzustellen.[43]

Beispiel

Gewinnglättungen von Quartalsberichten durch die unerlaubte Bildung oder Auflösung stiller Reserven oder die Buchung von Umsätzen vor Quartalsultimo sind in den USA vergleichsweise weit verbreitet.[44] Auch in Deutschland besteht offensichtlich ein Bedarf an glaubwürdigen Zwischenberichtsinformationen: Beispielsweise hatte die im Handelssegment Neuer Markt notierte EM.TV in ihrem Halbjahresbericht 1/2000 Ergebnisbeiträge ausgewiesen, die erst phasenverschoben in den nächsten beiden Quartalen zu erfassen gewesen wären. Auf die notwendige Korrektur der Halbjahreszahlen reagierte der Kapitalmarkt binnen eines Tages mit Kursabschlägen von teilweise mehr als 30% (bezogen auf den Vortageskurs).[45]

Weder die deutschen noch die internationalen Normen verpflichten zu einer Prüfung der unterjährigen Berichte. Allerdings *empfiehlt* § 63 Abs. 7 BörsO FWB die prüferische

Durchsicht (review) der Angaben im Quartalsbericht. Zudem belegen die bisherigen empirischen Studien zur Prüfung von Zwischenberichten zumindest eine gewisse Bereitschaft bei den Unternehmen, ihre Berichte *freiwillig* prüfen zu lassen; bei Unternehmen, die jüngst an die Börse gegangen sind, ist diese Bereitschaft weitaus stärker ausgeprägt.[46] In der Praxis zeigt sich, dass deutsche Unternehmen ihre Zwischenberichte teilweise einer prüferischen Durchsicht unterziehen. Beispiele hierfür sind E.ON, ThyssenKrupp, Schering oder die Deutsche Bank.[47] Allerdings ist die Neigung der Prüfer nicht sehr groß, solche Prüfungsaufträge anzunehmen. Dies liegt darin begründet, dass die in § 323 Abs. 2 HGB kodifizierte Haftungsbegrenzung nur für gesetzlich vorgeschriebene Jahresabschlussprüfungen gilt.

Dagegen unterliegen bei der SEC einzureichende Quartalsberichte einer Pflicht zur prüferischen Durchsicht durch einen Wirtschaftsprüfer (Regulation S-X, rule 10-01 (d)); relevante Prüfungsnorm für die Durchführung der prüferischen Durchsicht ist SAS 100.

Die prüferische Durchsicht von Abschlüssen (hierzu zählen Jahresabschlüsse und unterjährige Berichte) regeln der ISA 910 sowie der entsprechend transformierte IDW PS 900. Ein in Deutschland agierender Wirtschaftsprüfer zieht demnach für die prüferische Durchsicht unterjähriger Berichte (nach IAS 34 oder nach § 40 Abs. 1 BörsG) vorrangig den IDW PS 900 heran. Diese Durchsicht ist gem. IDW PS 900.6 ff. so zu planen und durchzuführen, dass der Prüfer auf Grund von erhaltenen Nachweisen davon überzeugt ist, dass der Gegen-stand im Rahmen der gegebenen Umstände plausibel ist (negativ formulierte mittlere Prüfungssicherheit). Dieses Vorgehen entspricht einem review i.S. von ISA 120.14 ff. (vgl. Kapitel I, Abschnitt 6.4.2). Alternativ kann auch eine Prüfung mit hoher (hinreichender) Sicherheit erfolgen. In diesem Fall würde der Prüfer bestätigen, dass mit hoher Sicherheit ein unterjähriger Bericht vorliegt, der frei von wesentlichen Fehlern ist (positiv formulierte hohe Prüfungssicherheit). Dieses Vorgehen entspricht den Anforderungen an eine Jahresabschlussprüfung.

Da sich ein review rascher als ein audit durchführen lässt und der Kapitalmarkt zeitnahe unterjährige Informationen fordert, liegt es nahe, die Prüfung in Form eines review durchzuführen; auch das analoge Vorgehen in den USA spricht für die Ausgestaltung der Prüfung als review. Für einen review sprechen auch die im Vergleich zu einem audit geringeren Prüfungskosten.

Nachfolgend wird unterstellt, dass der unterjährige Bericht einer *prüferischen Durchsicht* gem. IDW PS 900 zu unterziehen ist.[48]

Der Prozess der *Auftragsannahme* erfolgt analog zur Jahresabschlussprüfung (IDW PS 900.13 f.). Lediglich die Regelungen der §§ 111 Abs. 2 Satz 3 AktG bzw. 52 Abs. 1 GmbHG sind nicht anzuwenden.[49] Demnach kann die Auftragserteilung im Unterschied zur Jahresabschlussprüfung auch durch den Vorstand bzw. die Geschäftsführung erfolgen. Gleichfalls analog zur Jahresabschlussprüfung erfolgt eine *Prüfungsplanung* in zeitlicher, personeller und sachlicher Hinsicht (IDW PS 900.15 f. i.V.m. IDW PS 240 sowie Kapitel II, Abschnitt 2.2).

Art, zeitlicher Ablauf und Umfang der prüferischen Durchsicht liegen im pflichtgemäßen Ermessen des Prüfers. Eine Prüfung mit mittlerer Prüfungssicherheit stützt sich im Wesentlichen auf analytische Beurteilungen (vgl. auch IDW PS 312 sowie Kapitel II, Abschnitt 3.2.3) sowie Befragungen von Mitarbeitern (IDW PS 900.18). Unter Befragungen versteht IDW PS 300.30 i.V.m. IDW PS 900.10 das Einholen von prüfungsrelevanten Auskünften bei sachkundigen unternehmensinternen und -externen Personen, die dem Prüfer neue Informationen liefern oder bisherige Prüfungsnachweise bestätigen oder widerlegen können.

In einem ersten Schritt hat der Prüfer sich geeignete Informationen über das Prüfungsobjekt und das Unternehmen zu verschaffen. Seine Kenntnisse aus der Durchführung von Abschlussprüfungen oder prüferischer Durchsichten aus früheren Zeiträumen, sowie seine Kenntnisse über das wirtschaftliche und rechtliche Umfeld des Unternehmens hat er dabei zu berücksichtigen (IDW PS 900.20 f.). Weiterhin dienen u.a. das Buchführungs- und Rechnungslegungssystem, die Bilanzierungs- und Bewertungspraktiken sowie die Protokolle der Unternehmensleitung als Grundlage zur Informationsbeschaffung.

In einem zweiten Schritt sind die durch die Informationsbeschaffung gewonnenen Erkenntnisse analytisch zu beurteilen. In diesem Zusammenhang sind beispielsweise Plausibilitätsbeurteilungen einiger für den Mandanten wesentlichen Aufwands- und Ertragsrelationen durchzuführen. Auch sind Verprobungen zwischen finanziellen und nicht-finanziellen Informationen durchzuführen.[50]

Beispiel

Der Wirtschaftsprüfer der Gesellschaft alpha hat die Aufgabe, den Quartalsbericht Januar-März 2003 einer prüferischen Durchsicht zu unterziehen. Um die Höhe des Personalaufwands analytisch zu beurteilen, ermittelt er das Verhältnis des Lohn- und Gehaltsaufwands zu der Anzahl der beschäftigten Mitarbeiter. Dieses Verhältnis vergleicht er mit den Verhältniszahlen aus Vorperioden, um etwaige auffällige Abweichungen festzustellen.

Sollten bei den Ergebnissen der analytischen Beurteilungen Inplausibilitäten erkennbar werden, so hat der Prüfer durch weitere Befragungen den entsprechenden Sachverhalt zu vertiefen, bis die angestrebte mittlere Prüfungssicherheit erreicht ist.

IDW PS 900.21 benennt elf Maßnahmen, die sich im Rahmen einer prüferischen Durchsicht durchführen lassen. Deutlich detaillierter ist hier allerdings ISA 910.appendix, der 90 Maßnahmen nennt und in vier Kategorien (allgemeine Maßnahmen, Maßnahmen zu einzelnen Abschlussposten, weitere Einzelmaßnahmen, abschließende Maßnahmen) einteilt. Allerdings ist ein ähnlicher Beispielkatalog bereits in der Anlage zur Stellungnahme HFA 4/1996 enthalten, welcher sich mit der Erstellung von Jahresabschlüssen durch den Wirtschaftsprüfer beschäftigt.

Weiterhin sind bei der Prüfung unterjähriger Berichte einige prüfungsobjektspezifische Besonderheiten zu beachten. Angesprochen ist hier vor allem die Frage der richtigen *Periodenabgrenzung*.[51] Diese kann entweder nach dem integrativen Ansatz oder dem eigenständigen Ansatz erfolgen.

- Der *integrative Ansatz* sieht die unterjährige Berichtsperiode als einen integralen Bestandteil der Jahresperiode; es kommt zu einem zeitanteiligen Ausweis eines Planjahresumsatzes und eines Planjahresergebnisses. Demnach sollen die unterjährigen Daten vor allem eine Prognose des Jahresergebnisses und der Jahresumsätze ermöglichen.

- Dagegen betrachtet der *eigenständige Ansatz* die unterjährige Periode als eine vom Jahresabschluss unabhängige Abrechnungsperiode, wobei die Abgrenzungen analog zum Jahresabschluss vorgenommen werden; demnach wird primär retrospektiv berichtet.

Sowohl IAS 34 als auch DRS 6 folgen grundsätzlich dem eigenständigen Ansatz. Gleichwohl werden bestimmte Abgrenzungen integrativ vorgenommen: Diese betreffen z.B. bestimmte regelmäßig anfallende Aufwandsgrößen, die keinen saisonalen Charakter haben (z.B. Aufwendungen für Prüfungskosten oder Wartungs- und Instandhaltungskosten); dagegen sind Rückstellungen in der (unterjährigen) Periode in voller Höhe zu erfassen, in der sie verursacht wurden. Das folgende Beispiel verdeutlicht mögliche Probleme.

Beispiel

Für die Erstellung eines Quartalsberichts sind Bonuszahlungen abzugrenzen, die ein Lieferant am Jahresende voraussichtlich gewähren wird. Beruht diese Bonuszahlung auf einer faktischen Verpflichtung und lässt sich der am Jahresende zu zahlende Betrag (z.B. auf Basis der Umsätze, die voraussichtlich im Gesamtjahr zustande kommen werden) zuverlässig schätzen, so sind die Bonuszahlungen bereits in die entsprechende Zwischenberichtsperiode (anteilsmäßig) vorzuziehen (IAS 34.appendix 2.5 f.).

Hier kann eine prüferische Durchsicht grundsätzlich den in IDW PS 314 bzw. ISA 540 formulierten Regeln zur Prüfung geschätzter Werte folgen. Da eine mittlere Prüfungssicherheit für die Durchführung einer prüferischen Durchsicht ausreicht, muss der Prüfer nicht alle Umsatzschätzungen im Detail nachvollziehen. Gleichwohl muss der Prüfer aktiv werden, sofern der Berichtsersteller im Quartalsbericht die Bonizahlungen auf Basis der Vorjahresumsätze vornimmt und gleichzeitig eindeutige Indizien dafür vorliegen, dass im aktuellen Geschäftsjahr die Vorjahresumsätze mit diesem Lieferanten voraussichtlich nicht erreicht werden. Dies ist z.B. dann der Fall, wenn der Lieferant Material für die Herstellung eines Produktes x liefert und der Prüfer Kenntnis dahingehend besitzt, dass die Herstellung dieses Produktes auf Grund mangelnder Nachfrage bereits im nächsten Quartal eingestellt werden soll.

Hat die prüferische Durchsicht keine Hinweise darauf ergeben, dass der unterjährige Bericht kein korrektes Bild der Vermögens-, Finanz- und Ertragslage vermittelt, so hat der Prüfer eine Bescheinigung über die Ordnungsmäßigkeit zu erteilen. Diese Bescheinigung ist negativ zu formulieren (IDW PS 900.25). Allerdings darf der Prüfer nach der in IDW PS 900.8 vertretenen Auffassung von der Erteilung einer Bescheinigung absehen, wenn davon auszugehen ist, „dass eine Bescheinigung gegenüber Dritten benutzt würde und hierdurch besondere Risiken für den Wirtschaftsprüfer entstehen können. Dies gilt insbesondere bei börsennotierten Gesellschaften, wenn die Bescheinigung zur Veröffentlichung verwendet würde"[52].

Kritisch an der geänderten Fassung von IDW PS 900.8 ist anzumerken, dass das Interesse von Unternehmen an freiwilligen Prüfungsleistungen wie z.B. der Prüfung von unterjährigen Berichten gerade darin besteht, dem stakeholder vertrauenswürdige Informationen zur Verfügung zu stellen. Diese kann der stakeholder aber nur identifizieren, wenn über die Prüfungsleistung auch eine Bescheinigung erteilt wird und diese Dritten auch zugänglich ist. Das Argument, durch eine Dritten zugängliche Bescheinigung würde sich eine weitere Erwartungslücke aufbauen, weil Dritte den unterschiedlichen Grad der Zusicherung bei einem review und einem audit nicht unterscheiden könnten,[53] vermag hier nicht zu überzeugen. Der vollständige Verzicht auf Informationen zur Prüfung kann das ggf. bestehende Kommunikationsproblem nicht lösen. Es bleibt abzuwarten wie IDW PS 900.8 künftig angewandt wird. Derzeit lassen sich in Quartalsberichten deutscher Unternehmen noch Bescheinigungen von Wirtschaftsprüfern finden. Ein Beispiel hierfür ist Schering:

Beispiel

„Wir haben die prüferische Durchsicht in Übereinstimmung mit dem für Aufträge zur prüferischen Durchsicht geltenden International Standard on Auditing durchgeführt. Nach diesem Grundsatz sind wir verpflichtet, die prüferische Durchsicht in einer Weise zu planen und durchzuführen, die angemessene Sicherheit dafür bietet, dass der Abschluss frei von wesentlichen falschen Aussagen ist. Eine prüferische Durchsicht beschränkt sich in erster Linie auf die Befragung von Mitarbeitern der Gesellschaft und analytische Prüfungshandlungen in Bezug auf finanzielle Daten und bietet deshalb weniger Sicherheit als eine Prüfung. Wir haben keine Prüfung durchgeführt und erteilen aus diesem Grund keinen Bestätigungsvermerk.

Bei der Durchführung unserer prüferischen Durchsicht sind wir nicht auf Tatsachen gestoßen, die uns zu der Annahme veranlassen, dass der beigefügte Abschluss nicht in allen wesentlichen Belangen ein den tatsächlichen Verhältnissen entsprechendes Bild in Übereinstimmung mit den International Accounting Standards vermittelt."[54]

Für die prüferische Durchsicht unterjähriger Berichte ist grundsätzlich IDW PS 900 heranzuziehen. Besonders zu beachten sind die bereits angesprochenen Besonderheiten der Periodenabgrenzung unterjähriger Abschlüsse; diese werden weder in IDW PS 900 noch in ISA 910 explizit behandelt. Diese Vorgehensweise dürfte grundsätzlich auch den Anforderungen an einen Prüfungsauftrag mit mittlerer Prüfungssicherheit i.S. des ISA 100 genügen. Fraglich ist indes, ob die Vorschrift des IDW PS 900.8 mit dem ISA 100 in Einklang zu bringen ist; ISA 100.25 fordert ausdrücklich die Abgabe eines Prüfungsurteils und ISA 100.68 empfiehlt für den Bericht die Schriftform.

Wie bereits festgestellt wurde, besteht im Rahmen der internationalen Prüfungsnormen mit dem ISA 910 ein Standard, der sich lediglich generell auf die prüferische Durchsicht von Abschlüssen bezieht; ein spezieller endgültiger Standard zum review unterjähriger Berichte existiert derzeit nicht. Das IAASB hat indes im Juni 2003 einen Exposure Draft für einen ISA veröffentlicht, welcher sich – unter Beibehaltung des ISA 910 – allein auf die prüferische Durchsicht unterjähriger Finanzangaben (Review of Interim Financial Information Performed by the Auditor of the Entity) bezieht und immer dann zur Anwendung kommen soll, wenn im entsprechenden Standard näher zu spezifizierende Umstände gegeben sind (ED Review of Interim Financial Information Performed by the Auditor of the Entity.2). Die Regelungen des ISA 910 sollen dann nur noch für diejenigen Situationen einschlägig sein, in denen die Anwendungsvoraussetzungen des neuen ISA nicht erfüllt sind. Die Kommentierungsfrist für den ED endete am 30.9.2003.

2.3.3.1.2 Prüfung umweltbezogener Sachverhalte

Auf Grund der bestehenden Interdependenzen zwischen dem betrieblichen Umweltschutz und der wirtschaftlichen Lage des Unternehmens sind die stakeholder zunehmend daran interessiert, vertrauenswürdige Informationen über umweltbezogene Sachverhalte zu erhalten. Auch gehen zunehmend Unternehmen wie beispielsweise Shell, ThyssenKrupp oder Volkswagen dazu über, sog. Nachhaltigkeitsberichte (sustainability reports) zu veröffentlichen, welche Umweltaspekte beinhalten (vgl. hierzu Abschnitt 2.3.3.2.5). Zudem legt IAS 1.9 den Unternehmen die Erstellung von Umweltberichten nahe. Ein Unternehmen kann umweltbezogene Angaben im Jahresabschluss, im Lagebericht oder in eigenständig erstellten Umweltberichten tätigen.

Im *Jahresabschluss* können umweltschutzbezogene Angaben in der Bilanz, der GuV oder im Anhang erfolgen. Als Beispiele für umweltschutzbezogene Angaben innerhalb einzelner Bilanzpositionen seien z.B. Rückstellungen für Altlasten oder auf Grund von Rekultivierungsverpflichtungen genannt. Die Erläuterung von Umweltfaktoren und Umweltschutzmaßnahmen kann im Rahmen des *Lageberichts* (IDW RS HFA 1.24) erfolgen. Hierzu ist es auch möglich, dass das Unternehmen ein gesondertes „Umweltschutz-Kapitel" in den Lagebericht freiwillig aufnimmt. Mögliche Inhalte eines solchen Kapitels könnten Angaben bezüglich der Umweltschutzpolitik des Unternehmens oder Erläuterungen zu den umweltschutzbezogenen Chancen und Risiken sein. Allerdings ist darauf zu achten, dass die Angaben zum Umweltschutz nicht einen so großen Umfang annehmen, dass sie von den Pflichtbestandteilen im Lagebericht ablenken.[55] Die zuvor angesprochenen Angaben sind bereits

Gegenstand der Jahresabschluss- und Lageberichtsprüfung. Während sich in den deutschen Prüfungsnormen keine nennenswerten diesbezüglichen Konkretisierungen finden, geht IAPS 1010 explizit auf umweltspezifische Aspekte bei der Prüfungsdurchführung ein.

Darüber hinaus kommt auch die Erstellung *eigenständiger Umweltberichte* in Betracht. Bei den Umweltberichten lassen sich im Wesentlichen zwei Fallgruppen unterscheiden.[56]

- Zum einen ist die Erstellung von *Umwelterklärungen* nach der EMAS II-Verordnung [57] zu nennen. Dabei handelt es sich um die freiwillige Beteiligung gewerblicher Unternehmen an einem Gemeinschaftssystem für das Umweltmanagement und die Umweltbetriebsprüfung.[58] Die Bundesregierung ist mittlerweile ihrer Transformationspflicht der EMAS II-Verordnung nachgekommen und hat am 4.9.2002 die Neufassung des Umweltauditgesetzes (UAG) bekannt gegeben. Die Prüfung von Umwelterklärungen nach EMAS II ist eine Vorbehaltsaufgabe zugelassener Umweltgutachter.[59]

- Zum anderen können die Unternehmen auch auf *freiwilliger Basis Umweltberichte* erstellen, die keine Umwelterklärung nach der EMAS II-Verordnung darstellen. Bei diesen Umweltberichten handelt es sich um Äußerungen von Unternehmen über umweltbezogene Sachverhalte in Schriftform, die in gesonderten Berichten oder innerhalb des Geschäftsberichts (aber außerhalb von Jahresabschluss und Lagebericht) gegeben werden. Die Prüfung von freiwilligen Umweltberichten kann auch durch einen Wirtschaftsprüfer erfolgen.

In dem zuletzt genannten Fall kann sich der Prüfer an dem IDW PS 820 orientieren, welcher Anhaltspunkte für die Auftragsannahme, die Planung, die Durchführung und die Berichterstattung von Umweltberichtsprüfungen gibt. Der Wirtschaftsprüfer darf einen Auftrag zur Umweltberichtsprüfung nur annehmen, wenn er über die notwendige Sachkenntnis verfügt (IDW PS 820.10). Bei der Prüfungsplanung ergeben sich gegenüber anderen Prüfungsdienstleistungen keine wesentlichen Abweichungen (vgl. Kapitel II, Abschnitt 2.2).

Der Prüfungsumfang richtet sich nach dem vereinbarten *Prüfungsauftrag*. Bei der Auftragsannahme ist festzulegen, ob lediglich die Richtigkeit der Angaben oder ob darüber hinaus auch zu prüfen ist, ob der Umweltbericht in allen wesentlichen Belangen die Auswirkungen der Unternehmenstätigkeit auf die Umwelt angemessen darstellt (IDW PS 820.8).

Art und der Umfang der Prüfungshandlungen sind auf die folgenden Prüfungsziele auszurichten (IDW PS 820.15 ff.):[60]

- *Richtigkeit der Angaben in der Umweltberichterstattung:* Dabei ist z.B. die Richtigkeit der Darstellung von Tatsachen mittels Plausibilitätsbeurteilungen (z.B. Feststellung auffälliger Abweichungen mittels Kenn- und Vergleichszahlenanalyse) und Nachweisprüfungen (z.B. Prüfung der Abfälle, der Emissionen und der Grundwasserkontamination) zu prüfen.

Beispiel

Bei der Prüfung des Prüffeldes „Wasserverbrauch" kann der Prüfer auf Wasserzähler, Messprotokolle, Rechnungen der Versorgungswerke sowie die diesbezüglich durchgeführten Buchungen zurückgreifen. Plausibilitätsbeurteilungen ermöglichen hier das Erkennen wesentlicher Abweichungen. Beispielsweise kann der Prüfer den Wasserverbrauch eines bestimmten Produktionsbereiches anhand der Wasseruhr ablesen. Auf Grund von Erfahrungswerten oder im Vergleich mit anderen Produktionsbereichen, die einen ähnlichen Wasserverbrauch aufweisen, kann der Prüfer nunmehr den Wasserverbrauch des zu beurteilenden Produktionsbereiches auf Plausibilität prüfen.

- *Darstellung aller wesentlichen Umweltauswirkungen*: Hier ist u.a. zu prüfen, ob das Unternehmen ein funktionierendes Umweltinformationssystem eingerichtet hat, welches alle wesentlichen unmittelbaren Auswirkungen der Unternehmenstätigkeit auf die Umwelt erfasst. Die Prüfung des Umweltsystems erfolgt mittels einer Systemprüfung (IDW PS 820.25). Nach der Aufnahme der betrieblichen Prozesse erstellt der Prüfer ein individuelles Soll-Objekt für das Umweltinformationssystem. Dieses vergleicht er mit dem bestehenden Ist-Objekt (vgl. Kapitel II, Abschnitt 3.2.2).

- *Einhaltung von Umweltvorschriften*: Als auf die Einhaltung der maßgeblichen rechtlichen Vorschriften ausgerichtete Prüfungshandlungen kommen z.B. die Befragungen der Geschäftsleitung, die Einsicht in Bescheide und sonstigen Schriftverkehr mit den Umweltbehörden sowie die Beurteilung der Verfahren des Unternehmens, die die Einhaltung der Umweltvorschriften sicherstellen sollen und die Nichteinhaltung dieser Vorschriften festhalten, in Betracht. Sofern die berichteten Sachverhalte nicht in Übereinstimmung mit den für sie geltenden Rechtsnormen stehen, ist festzustellen, ob dies in der Umweltberichterstattung angegeben ist (IDW PS 820.28).

- Ausgehend von den dort getroffenen Prüfungsfeststellungen ist eine *Beurteilung der Gesamtaussage des Umweltberichts* vorzunehmen. Dabei ist festzustellen, ob alle wesentlichen Angaben über unmittelbare Auswirkungen der Unternehmenstätigkeit auf die Umwelt so dargestellt werden, dass kein irreführendes Bild vermittelt wird (IDW PS 820.31 u. 55). Die Prüfung hat mit hinreichender Sicherheit zu erfolgen (IDW PS 820.28 u. 65).

Über die Ergebnisse der Prüfung hat der Wirtschaftsprüfer grundsätzlich einen *Prüfungsbericht* zu erstellen, der eine das Prüfungsergebnis zusammenfassende *Bescheinigung* zu enthalten hat (IDW PS 820.40). Wurde die Prüfung der Darstellung aller wesentlichen Umweltauswirkungen vereinbart, ist das Prüfungsurteil einzuschränken, sofern der Prüfer bestimmte abgrenzbare Teile der Umweltberichterstattung nicht mit hinreichender (hoher) Sicherheit beurteilen kann (IDW PS 820.65).

Bei der Prüfung von Umweltberichten handelt es sich gem. IDW PS 820 um eine freiwillige Prüfung, welche die Richtigkeit der vom Unternehmen getätigten Angaben bestätigt. Kritiker erwarten indes von einer solchen Prüfung, welche sich auf die Richtigkeit der getätigten Angaben *beschränkt*, keine Erhöhung der Vertrauenswürdigkeit in die Umweltschutzpublizität. Sie verlangen vielmehr, dass eine adäquate Prüfung auf alle wesentlichen unmittelbaren Auswirkungen der Unternehmenstätigkeit auf die Umwelt ausgerichtet sein muss.[61]

Ist das prüferische Vorgehen allein auf die Erteilung einer Bescheinigung gem. IDW PS 820 ausgerichtet, gelangt der ISA 100 nicht zur Anwendung. Eine Prüfung gem. IDW PS 820 kann den Anforderungen des ISA 100 genügen; eine solche Konformität ist jedoch nicht zwingend. Zu behandelnde Gegenstände einer Umweltberichtsprüfung bilden einzelne Umweltangaben oder die Feststellung, ob der Umweltbericht in allen wesentlichen Belangen die Auswirkungen der Unternehmenstätigkeit auf die Umwelt angemessen darstellt (IDW PS 820.8). Auch hier stellt sich die Frage, anhand welcher Kriterien ein Umweltbericht zu prüfen ist. Die Kriterien, auf die insbesondere IDW PS 820.18 verweist (z.B. Prüfung der Bestandsmengen i.S. von Gefahrstoffverordnung und Chemikaliengesetz), dürften sich dabei zumeist als geeignet erweisen. Auch hier ist einzelfallbezogen zu prüfen, ob es sich um geeignete established criteria handelt. Als zu vereinbarende Prüfungssicherheit kommt grundsätzlich sowohl eine mittlere als auch eine hohe Urteilssicherheit in Betracht; anzuraten ist die Vereinbarung einer hohen Urteilssicherheit (so auch IDW PS 820.68).

2.3.3.1.3 Erteilung von comfort letters

Um im Wege der Inanspruchnahme des öffentlichen Kapitalmarktes durch die Emission von Wertpapieren (insbesondere Aktien und Schuldverschreibungen) liquide Mittel zu generieren, besteht in Deutschland für die Emittentin gem. BörsG regelmäßig die Pflicht zur Erstellung eines Börsenprospektes[62]. Dieser hat sämtliche Informationen über die Emittentin, ihre Gesellschafter und die zu emittierenden Effekten zu beinhalten, die erforderlich sind, um den potenziellen Investoren eine zutreffende Einschätzung der angebotenen Wertpapiere zu ermöglichen.[63] Aus dem Bereich der rechnungslegungsbezogenen Angaben hat der Prospekt die Bilanzen und die Gewinn- und Verlustrechnungen der letzten drei Geschäftsjahre sowie den Anhang und den Lagebericht des letzten Geschäftsjahres zu enthalten.

Nach § 30 Abs. 2 Satz 1 BörsG ist der für die Zulassung zu stellende Antrag, dessen wesentlicher Bestandteil der Börsenprospekt ist (§ 30 Abs. 3 Nr. 2 BörsG), von der Emittentin gemeinsam mit einem Kredit- oder Finanzdienstleistungsinstitut zu stellen. Soll die Emission durch ein Bankenkonsortium (übernommen und) platziert werden, so handelt es sich bei diesem Institut um den oder die Konsortialführer. Dieser bzw. diese hat/haben neben der Emittentin die Verantwortung für die Richtigkeit und Vollständigkeit der Angaben im Prospekt zu übernehmen.

Gemäß §§ 44 Abs. 1 Satz 1, 55 BörsG unterliegen diejenigen, die für die Erstellung des Prospektes verantwortlich sind oder von denen der Erlass des Prospektes ausgeht, der börsengesetzlichen Prospekthaftung, wenn wesentliche geforderte Angaben fehlen (Unvollständigkeit) oder wesentliche Angaben falsch sind (Unrichtigkeit). Eine Haftung ist jedoch dann ausgeschlossen, wenn die Unvollständigkeit und Unrichtigkeit dem Prospektverantwortlichen nicht bekannt war und ihm auch nicht hätte bekannt sein müssen; waren ihm die Mängel indes infolge grob fahrlässigen Handels nicht bekannt, so kann er sich nicht exkulpieren (§ 45 Abs. 1 BörsG).[64]

Um sich nicht der Gefahr des Vorwurfs grob fahrlässiger Nichtentdeckung von Mängeln im Börsenprospekt auszusetzen, ergreifen die Emissionsbanken (underwriters) bzw. stellvertretend der Konsortialführer (lead manager) im Vorfeld der Emission verschiedene Prüfungsmaßnahmen (in ihrer Gesamtheit als Due Diligence-Review bezeichnet). Hinsichtlich der Prüfung der Vollständigkeit und Richtigkeit der in den Prospekt aufzunehmenden Finanzangaben und rechnungslegungsbezogenen Informationen verpflichten die Konsortialbanken durch Aufnahme einer entsprechenden Klausel in den zwischen ihnen und der Emittentin (bzw. und/oder den Anteile abgebenden Altgesellschaftern) zu schließenden Übernahmevertrag die Emittentin üblicherweise zur Einholung eines von einem Wirtschaftsprüfer (meist der amtierende Abschlussprüfer; vgl. IDW EPS 910.16)) ausgestellten sog. comfort letters auf eigene Kosten. Ein comfort letter ist eine an die beauftragende Emittentin sowie den Konsortialführer (stellvertretend für alle Konsortialbanken) adressierte Bescheinigung eines Wirtschaftsprüfers (IDW EPS 910.12), in der dieser über die Ergebnisse von ihm vorgenommener prüferischer Durchsichten sowie Feststellungen hinsichtlich bestimmter im Börsenprospekt enthaltener rechnungslegungsbezogener Angaben berichtet. Die Einforderung eines comfort letters durch die underwriter ist letztlich als eine Reaktion auf ihre mögliche Haftung zu verstehen; mit der Einforderung des comfort letters soll dokumentiert werden, dass die Emissionsbanken als Mitverantwortliche für den Prospektinhalt alles im Rahmen ihrer (wirtschaftlich zu rechtfertigenden) Möglichkeiten getan haben, um eine wesentliche Fehlerhaftigkeit oder Unvollständigkeit der rechnungslegungsbezogenen Prospektangaben zu vermeiden (vgl. auch IDW EPS 910.5-9).[65]

Ursprünglich aus den USA stammend, gehört der comfort letter[66] inzwischen auch in Deutschland zu den standardmäßig von der Emittentin einzuholenden Dokumenten, um die Bereitschaft des Konsortiums zur Durchführung der Emission herzustellen. Das bedeutet, die Emittentin hat de facto keine andere Wahl, als einen comfort letter zu Gunsten des Konsortialführers einzuholen oder nicht, wenn sie die Platzierung der Emission nicht gefährden möchte.[67]

Während Wirtschaftsprüfer in den USA im Zusammenhang mit der Erteilung von comfort letters durch die SAS No. 72, 76 und 86 (AU § 634) bereits seit Langem Hilfestellung (guidance) bei der Erbringung dieser Dienstleistung erhalten (IDW EPS 910.3), wurde für Deutschland erst mit Verabschiedung des IDW EPS 910 am 11.3.2003 durch den HFA nach langen, teilweise kontroversen Diskussionen im entsprechenden Arbeitskreis beim IDW der Entwurf eines Prüfungsstandards verabschiedet.[68] Obwohl der genaue Inhalt eines comfort letters Gegenstand eines Verhandlungsprozesses zwischen Konsortialführer und Emittentin (evtl. unter Hinzuziehung des zu beauftragenden Wirtschaftsprüfers) ist (vgl. auch IDW EPS 910.10), lassen sich bestimmte immer wieder vorkommende Inhaltsbestandteile identifizieren (siehe IDW EPS 910.20 ff.):

- Einleitender Abschnitt, in dem der Abschlussprüfer die in den Prospekt aufgenommenen Abschlüsse benennt, für die er einen Bestätigungsvermerk erteilt hat; materielle Aussagen zu den Ergebnissen der Prüfungen, die den Testaten zugrunde liegen, werden im einleitenden Abschnitt nicht getroffen (IDW EPS 910.26 u. 36).

- Feststellung der beruflichen Unabhängigkeit des Wirtschaftsprüfers gegenüber der Emittentin zu Beginn des comfort letters (IDW EPS 910.28).[66]

- Verweis auf die Daten, unter denen der Prüfer für die im einleitenden Abschnitt aufgeführten Abschlüsse Testate oder Bescheinigungen erteilt hat (IDW EPS 910.30); in keinem Fall sollen die entsprechenden Testate oder Bescheinigungen weder direkt noch indirekt im vollständigen Wortlaut oder in wesentlichen Auszügen wiedergegeben werden, da hierin eine Neuerteilung der Testate bzw. Bescheinigungen gesehen werde könnte (IDW EPS 910.31).

- Kritisches Lesen der Protokolle der Sitzungen der Gesellschaftsorgane (Vorstand, Aufsichtsrat) der Emittentin während des laufenden Geschäftsjahres sowie etwaiger Monatsberichte für Zeiträume nach dem Stichtag des letzten geprüften oder einer prüferischen Durchsicht unterzogenen (unterjährigen) Abschlusses (IDW EPS 910.57, 61 f. u. 74-78).

- Prüferische Durchsicht unterjähriger Abschlüsse

    Hinsichtlich der in den Prospekt aufzunehmenden, bislang ungeprüften unterjährigen Abschlüsse nimmt der Wirtschaftsprüfer eine prüferische Durchsicht (review) unter Beachtung der entsprechenden Standards IDW PS 900, ISA 910 oder SAS 100 vor. Sollte diese Durchsicht zu keinerlei Einwendungen führen, bestätigt der Prüfer in Form einer Negativaussage (negative assurance)[70], dass er nach Durchführung seiner begrenzten Maßnahmen einer prüferischen Durchsicht mit einer gewissen Sicherheit ausschließen kann, dass der unterjährige Abschluss in wesentlichen Belangen nicht in Übereinstimmung mit den angewandten Rechnungslegungsgrundsätzen in Einklang steht; es ist ausdrücklich darauf hinzuweisen, dass die prüferische Durchsicht keine Abschlussprüfung (full audit) im Sinne der deutschen Prüfungsnormen darstellt und daher auch nicht notwendigerweise zur Aufdeckung wesentlicher Abweichungen von den angewandten Rechnungslegungsnormen führen muss (IDW EPS 910.65 f.).

- Durchführung von agreed-upon procedures

    Im Rahmen des sog. „Kringelprozesses" kontrolliert der Wirtschaftsprüfer, ob bestimmte, im Prüfungsauftrag genau spezifizierte Finanzangaben und rechnungslegungsbezogene Angaben, die im Textteil des Prospektes verwendet werden, korrekt aus dem Finanzteil übernommen oder abgeleitet wurden (IDW EPS 910.97). Der Begriff Kringelprozess rührt daher, dass die betreffenden Angaben in dem Exemplar des Prospektes, das dem comfort letter beigefügt wird, vom Prüfer eingekringelt werden. Der Prüfer soll sich dabei auf solche Angaben beschränken, die aus der vom rechnungslegungsbezogenen IKS erfassten Finanzbuchhaltung der Emittentin stammen (IDW EPS 910.98). Über diese vereinbarte prüfungsnahe Leistung (agreed-upon procedure) hinaus, bei der der Prüfer kein Prüfungsurteil abgibt, sondern nur seine tatsächlichen Feststellungen zum jeweiligen Sachverhalt (factual findings) dokumentiert, können weitere vom Prüfer durchzuführende agreed-upon procedures verlangt werden (IDW EPS 910.87).

- Untersuchung von Pro-Forma-Angaben

  Sind in Folge von Restrukturierungsaktivitäten der Emittentin aus der jüngeren Vergangenheit Pro-Forma-Abschlüsse in den Prospekt aufzunehmen, kann der Wirtschaftsprüfer damit beauftragt werden, die entsprechenden Angaben zu untersuchen. Unter einem Pro-Forma-Abschluss (auch als Als-ob-Abschluss bezeichnet) versteht man einen Abschluss, der sich auf einen vergangenen Zeitraum bezieht und unter der Annahme aufgestellt wird, dass – abweichend von den tatsächlichen Verhältnissen – die gegenwärtigen Konzernstrukturen und Rechtsverhältnisse bereits in der Vergangenheit in dieser Form vorgelegen hätten (vgl. auch IDW RH HFA 1.004.2 ff. u. IDW PH 9.900.1.2). Der Prüfer wird die Pro-Forma-Angaben kritisch lesen, die für die Erstellung der Angaben verantwortlichen Unternehmensvertreter über die den Pro-Forma-Anpassungen zugrunde liegenden Annahmen befragen und die Angaben hinsichtlich ihrer rechnerisch korrekten Ableitung aus den historischen Abschlüssen überprüfen; bei seinen Untersuchungshandlungen kann sich der Prüfer an den IDW RH HFA 1.004 bzgl. der Erstellung und IDW PH 9.900.1 bzgl. der prüferischen Durchsicht der Pro-Forma-Angaben orientieren (IDW EPS 910.90).

- Einschränkung der Verwendung des comfort letters und Disclaimer

  Der comfort letter schließt regelmäßig mit einem Passus, in dem der ihn erteilende Wirtschaftsprüfer – aus Gründen der Haftungsbeschränkung – die Weitergabe des comfort letters an Dritte sowie dessen Abdruck (im Gesamten oder in Auszügen) in öffentlich zugänglichen Dokumenten den Adressaten untersagt und es sogar verbietet, auf die bloße Existenz des comfort letters in solchen Dokumenten hinzuweisen (IDW EPS 910.106). Kritisch ist dazu anzumerken, dass infolge der Einschränkung der Verwendung des comfort letters ein (potenzieller) Investor regelmäßig nichts über die Existenz einer solchen Bescheinigung oder gar über deren Inhalte erfährt. Insofern kann ein comfort letter nicht zur Steigerung der Vertrauenswürdigkeit der rechnungslegungsbezogenen Prospektangaben auf Seiten der Anleger beitragen, sondern nur indirekt durch die im Rahmen seiner Erstellung vorgenommenen Untersuchungshandlungen dem Anlegerschutz dienen (vgl. auch die ähnliche Kritik in Bezug auf die Erteilung von Bescheinigungen über prüferische Durchsichten unterjähriger Abschlüsse in Abschnitt 2.3.3.1.1). Des Weiteren wird im Schlussabschnitt darauf hingewiesen, dass der Prüfer für die Angemessenheit von Art und Umfang der vorgenommenen Prüfungshandlungen für die Zwecke der Adressaten keinerlei Verantwortung übernimmt und diese alleine bei der Emittentin bzw. dem Konsortialführer liegt (IDW EPS 910.7 u. 11).

Die Ausführungen lassen erkennen, dass es sich bei der Erteilung eines comfort letters durch einen Wirtschaftsprüfer um eine Dienstleistung handelt, die sich durch ein hohes Maß an Differenziertheit bezüglich der abgegebenen Prüfungssicherheit und damit der durchzuführenden Maßnahmen im Rahmen des Erstellungsprozesses auszeichnet. So werden in Abhängigkeit vom jeweiligen Bezugsobjekt (Teilprüfungsgegenstand) einerseits Prüfungsurteile in Form einer negativ formulierten Aussage auf mittlerem Sicherheitsniveau abgeben (negative, moderate assurance); andererseits teilt der Prüfer im comfort letter in Bezug auf andere Teilprüfungsgegenstände nur seine tatsächlichen Feststellungen (factual findings), ohne damit ein Prüfungsurteil zum Ausdruck zu bringen.

Im Rahmen der internationalen Prüfungsnormen gibt es gegenwärtig noch keinen dem IDW EPS 910 entsprechenden Exposure Draft eines ISA oder endgültigen ISA. Die Entwicklung eines solchen ISA wurde jedoch in den langfristigen Aktionsplan des IAASB (vgl. Kapitel I, Abschnitt 5.3.2) aufgenommen; das entsprechende Projekt wurde bereits im Dezember 2002 genehmigt, ein genauer Zeitplan liegt derzeit indes noch nicht vor (Stand: Juni 2003).

Bis zum Vorliegen eines ISA betreffend der Erteilung von comfort letters stellt sich die Frage, ob eine solche Dienstleistung auf der Grundlage der Regelungen des ISA 100 erbracht werden kann. Prinzipiell erfüllt die Vielzahl der im Rahmen der Erteilung eines comfort letters vom Prüfer vorzunehmenden Prüfungshandlungen oder Maßnahmen einer prüferischen Durchsicht die Voraussetzungen für eine Anwendbarkeit des ISA 100. Der Vorrang bestehender spezifischer Prüfungsnormen (ISA 100.2 f.) sowie die Nicht-Anwendbarkeit des ISA 100 auf agreed-upon procedures (ISA 100.6) schließen jedoch die Erteilung eines comfort letters auf Basis eine Auftrags nach ISA 100 aus. Sowohl für die prüferische Durchsicht von unterjährigen Berichten als auch für die Erbringung prüfungsnaher Dienstleistungen bestehen mit ISA 910/ED ISA „Review of Interim Financial Information Performed by the Auditor of the Entity" bzw. ISA 920 im Kanon der IFAC-Prüfungsnormen Spezialvorschriften, die vorrangig anzuwenden sind. Da der review sowie agreed-upon procedures die dominierenden Elemente des Arbeitsprozesses im Zusammenhang mit der Erteilung eines comfort letters darstellen, dürfte eine entsprechende Beauftragung eines Wirtschaftsprüfers auf internationaler Ebene unter Zugrundelegung des ISA 100 nicht möglich sein. Vielmehr sind die einzelnen Auftragsbestandteile separat auf Basis der jeweiligen Spezialnormen zu vereinbaren.

Auf mögliche Haftungsrisiken, die für einen Wirtschaftsprüfer gegenüber den beteiligten Parteien (Emittentin, Konsortialbanken, Investoren) aus der Börsenprospektprüfung und der darauf basierenden Erstellung eines comfort letters entstehen können, soll an dieser Stelle nicht eingegangen werden.[71]

Ein comfort letter, der in erster Linie auf der Grundlage einer prüferischen Durchsicht der rechnungslegungsbezogenen Angaben eines Börsenprospektes durch einen Wirtschaftsprüfer erteilt wird, ist nicht zu verwechseln mit einem Prospektgutachten, welches ein Wirtschaftsprüfer unter Beachtung des IDW S 4 erstellt (IDW EPS 910.4). Der IDW S 4 enthält zwar die Grundsätze ordnungsmäßiger Beurteilung von Prospekten über öffentlich angebotene Kapitalanlagen; die Beurteilung von Börsenzulassungsprospekten und anderen Prospekten über öffentlich angebotene Wertpapiere (sowie von Prospekten über deutsche und in

Deutschland vertriebene ausländische Investmentanteile) ist jedoch ausweislich IDW S 4.2 explizit nicht Gegenstand dieses Standards.[72]

2.3.3.1.4 Prüfung der Sicherheit von E-Business

Das Internet ist ein weltweiter Zusammenschluss von Computer-Netzwerken auf Basis eines einheitlichen Kommunikationsprotokolls. Dies bedeutet, dass jeder Anwender, der über einen Internet-Zugang verfügt, mit jedem anderen Anwender kommunizieren kann. „Das Internet hat sich in den vergangenen Jahren zu einem Massenmedium entwickelt, das eine weltweite Kommunikation zu vergleichsweise geringen Kosten ermöglicht" (IDW PS 890.1). In gleichem Maße ist auch die Zahl der Anbieter, welche Produkte und Dienstleistungen im Internet anbieten, gewachsen.[73]

Die Anbahnung und Abwicklung von Geschäftsvorfällen (von der ersten Kontaktaufnahme bis zur Zahlung des Rechnungsbetrages) zwischen Marktteilnehmern in elektronischer Form wird allgemein als *Electronic Commerce* (im Folgenden E-Commerce) bezeichnet (IDW ERS FAIT 2.1). In diesem Zusammenhang findet oftmals auch der Begriff *Electronic Business* (im Folgenden E-Business) Verwendung, der eine höhere Entwicklungsstufe in der Nutzung des Internet kennzeichnen soll:[74] Die Entwicklung hin zum E-Commerce erfolgte dabei über die Kategorien „Information" (z.B. Informationsangebote im Internet, sog. Websites), „Interaktion" (z.B. in Form von E-Mails) und „Transaktion" (z.B. Bestellung bzw. Vertragsabschluss). Darüber hinaus beschäftigt sich E-Business auch mit der Kategorie „Integration" (z.B. unternehmensübergreifende Abwicklung von Transaktionen, insbesondere in den Bereichen Einkauf, Logistik und Produktion). IDW ERS FAIT 2.7 fasst auch den Bereich E-Business unter die E-Commerce-Aktivitäten. Die nachstehenden Ausführungen unterscheiden nicht explizit zwischen E-Commerce und E-Business.

Somit umfasst E-Commerce (bzw. E-Business) sämtlichen Handel von Gütern und Dienstleistungen über das Internet. Hierzu zählen vor allem Geschäftsbeziehungen zwischen Unternehmen, wie z.B. die Bestellung eines Unternehmens bei seinem Zulieferer (Business-to-Business-Handel; B2B) sowie Geschäftsbeziehungen zwischen Unternehmen und Endverbrauchern (Business-to-Consumer-Handel; B2C) (vgl. hierzu auch IDW ERS FAIT 2.7 ff.).

Die Bestellung von Waren über das Internet birgt *spezifische Risiken*: Zum einen hat der Kunde keine Möglichkeit, die Ware vorab in Augenschein zu nehmen oder zu erproben. Er muss sich folglich auf die Angaben auf der Internetseite des Anbieters verlassen können. Zum anderen besteht die Gefahr, dass der Anbieter die persönlichen Daten der Kunden (wie z.B. Kreditkarten- und Kontoinformationen) missbraucht. Der Kunde kann auch nicht sicher sein, dass der potenzielle Anbieter überhaupt in der angegebenen Form existiert. Da Käufer und Verkäufer beim E-Commerce örtlich voneinander getrennt sind, kann für beide Parteien nicht sichergestellt werden, „dass die Gegenpartei tatsächlich die Person beziehungsweise Organisation ist, die sie vorgibt zu sein."[75]

Darüber hinaus bestehen Gefahren im elektronischen Zahlungsverkehr auf Grund der Sicherheitslücken im Internet. Mittlerweile wurden kryptografische Methoden zur Verschlüsselung vertraulicher Daten entwickelt. Ein gängiges Verschlüsselungsprotokoll ist derzeit das Secure Sockets Layer-Protokoll (SSL). Aktuell werden die Informationen i.d.R. mit 128 Bit verschlüsselt, um ein Decodieren möglichst aufwendig zu gestalten. Dennoch bieten auch diese Methoden keinen vollständigen Schutz gegen die Entschlüsselung der Daten durch Hacker.[76] Dies zeigt sich auch an der zunehmenden Zahl von Straftaten im Zahlungsverkehr.[77]

Des Weiteren bestehen zahlreiche rechtliche Probleme, wie z.B. das anzuwendende Vertragsrecht bei grenzüberschreitenden Geschäftsabwicklungen (IDW ERS FAIT 2.11). Mit dem Gesetz zur Regelung der Rahmenbedingungen für Informations- und Kommunikationsdienste (IuKDG) wurden spezielle Rechtsnormen erlassen, wie z.B. das Gesetz zur digitalen Signatur, um die Rechtssicherheit beim E-Commerce zu gewährleisten (IDW ERS FAIT 2.12).

Die zuvor genannten Risiken hemmen den Handel im Internet erheblich. Ein großer Teil der internetnutzenden Bevölkerung ist auf Grund der Sicherheitsrisiken derzeit noch nicht oder noch nicht im vollen Umfang bereit, online einzukaufen. Die größten Risiken stellen nach Ansicht der Käufer dabei die mangelnde Sicherheit im Internet, die Unbekanntheit des Anbieters, die Möglichkeit von elektronischem Betrug, die Übermittlung persönlicher Informationen und die mangelnde Information über die Lieferung der Waren dar.[78]

Um das Vertrauen in die angebotene Dienstleistung eines Anbieters für die Kunden zu erhöhen, haben das AICPA und das Canadian Institute of Chartered Accountants (CICA) eine Prüfungsleistung entwickelt, welche die Sicherheit und die Ordnungsmäßigkeit der Geschäftsabwicklung überprüft. Bei einem positiven Prüfungsurteil wird anschließend ein Vertrauenssiegel vergeben. Diese Dienstleistung nennt sich *WebTrust*. Das AICPA hat WebTrust mittlerweile zu einer Produktfamilie ausgebaut, welche verschiedene (im Folgenden näher zu erläuternde) Produkte umfasst.

Das AICPA hat verschiedene Prinzipien und Kriterien für WebTrust entwickelt. Die bis zum 1.4.2003 gültige Version von WebTrust 3.0 unterscheidet sieben eigenständige WebTrust-Prinzipien. Hierbei kann der Auftraggeber mit einer einzigen Ausnahme frei festlegen, ob sich die Prüfung auf die Einhaltung eines einzelnen Prinzips, mehrerer oder aller WebTrust-Prinzipien erstrecken soll.[79] Für ab dem 1.4.2003 erteilte Aufträge wird die Version 3.0 von WebTrust durch die sog. „Suitable Trust Services Criteria and Illustrations" (im Folgenden *„Trust Services"*) ersetzt.[80] Trust Services normiert die unabhängig voneinander erbringbaren Prüfungsleistungen WebTrust und SysTrust (vgl. Abschnitt 2.3.3.1.5) in einem Standard. Trotz der Zusammenlegung in einen Standard ist es weiterhin möglich, den Umfang der Prüfung wie bereits unter WebTrust 3.0 festzulegen.[81] Trust Services beinhaltet einen *vereinheitlichten Satz von Prinzipien für WebTrust und SysTrust* und stützt sich dabei auf fünf Prinzipien: „security", „availability", „processing integrity", „online privacy" und

2 Leistungsprogramm

„confidentiality". Die nachstehenden Ausführungen behandeln WebTrust innerhalb von Trust Services.

In der Begriffswelt des AICPA handelt es sich bei WebTrust um eine examination.[82] Eine examination i.S. der US-amerikanischen Normen formuliert dasselbe Anspruchsniveau an die Prüfung eines Objektes wie ein audit an die Prüfung des traditionellen Jahresabschlusses. Gefordert wird demnach, dass mit hoher Prüfungssicherheit ein Prüfungsobjekt vorliegt, das frei von wesentlichen Fehlern ist. Die im Zuge einer prüferischen Durchsicht geforderte negativ formulierte Prüfungssicherheit auf mittlerem Niveau reicht nicht aus.[83]

Im Bereich B2C soll WebTrust es den Konsumenten ermöglichen, anhand des Vertrauenssiegels Anbieter herauszufinden, die beispielsweise eine vertrauenswürdige Geschäftsabwicklung garantieren und/oder die Sicherheit der personenbezogenen Daten sicherstellen. Die WebTrust-Prüfung wird in einer Vielzahl von Ländern angeboten.[84] Auch das IDW hat mit dem AICPA eine Lizenzvereinbarung über WebTrust geschlossen. Für die Durchführung einer WebTrust-Prüfung liegt neben den amerikanischen Normenmaterialien mittlerweile auch ein deutscher Prüfungsstandard (IDW PS 890) vor. Dieser gibt an, wie im Rahmen einer WebTrust-Prüfung vorgegangen werden sollte.[85] Die innerhalb von IDW PS 890 anwendbaren WebTrust-Prinzipien und -kriterien sind im Internet unter http://www.idwnet.de dokumentiert (IDW PS 890.15). Dieser *dynamische Verweis* stellt die Anwendung der US-amerikanischen Prinzipien und Kriterien[86] in der jeweils aktuellen Fassung sicher. Demnach sind IDW PS 890 und die US-amerikanischen Normen nicht isoliert, sondern stets gemeinsam zu betrachten. Die Druckfassung von IDW PS 890 beinhaltet noch die Version 3.0 der WebTrust-Prinzipien (Stand: 1.5.2003). Mittlerweile erfolgte auf den Internetseiten des IDW ein Hinweis auf die ab 1.4.2003 verpflichtende Anwendung von Trust Services. IDW PS 890.28 verpflichtet somit zur Anwendung der Kriterien in der jeweils aktuellen Fassung.

Eine WebTrust-Prüfung ist darauf ausgerichtet, festzustellen, ob das Unternehmen geeignete Maßnahmen ergriffen hat, um die *Risiken* in einzelnen Bereichen (z.B. Geschäftsabwicklung, Datenschutz und Datensicherheit) des elektronischen Handels *auf ein akzeptables Maß zu begrenzen* (IDW PS 890.11). Für diese Zwecke wurden Prinzipien und Kriterien für die einzelnen Bereiche entwickelt, die von dem E-Commerce betreibenden Unternehmen (Auftraggeber) einzuhalten sind. Die allgemein gehaltenen Prinzipien werden durch Kriterien konkretisiert. Dabei wird unterstellt, dass sich über eine Prüfung der Kriterien ein Urteil über die Einhaltung der Prinzipien gewinnen lässt.

Abb. III.2-3 verdeutlicht die Konzeption sowie den im Folgenden noch näher zu beleuchtenden Ablauf einer WebTrust-Prüfung.

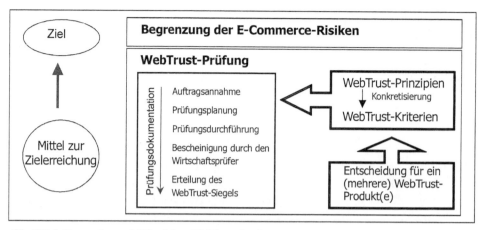

Abb. III.2-3: Konzeption und Ablauf einer WebTrust-Prüfung

Ein *WebTrust-Produkt* setzt sich aus verschiedenen *WebTrust-Prinzipien* zusammen. Beispielsweise besteht das Produkt „Verbraucherschutz" (WebTrust Consumer Protection) aus den Prinzipien „online-Datenschutz" (online privacy) und „Prozessintegrität" (processing integrity).[87] Diese Prinzipien werden durch spezielle Prüfungskriterien (*WebTrust-Kriterien*) in Prüffelder unterteilt, für die wesentliche Prüfungsziele vorgegeben werden (IDW PS 890.13).

Beispiel

Das zuvor angesprochene Prinzip „online-Datenschutz" wird u.a. über das Kriterium 3.5 „Kundenerlaubnis" (customer permission) konkretisiert. Dabei wird gefordert, dass ein Kunde immer zunächst seine Erlaubnis (durch Eingabeaufforderung) erteilen muss, bevor ein Programm auf seinem Rechner installiert wird. Weiterhin hat das Unternehmen sicherzustellen, dass in dem Fall, dass der Kunde keine sog. „cookies"[88] wünscht, diese auch nicht auf seinem Rechner installiert werden.

Gegenstand und Umfang der Prüfung ergeben sich aus den auf Grund des jeweiligen Auftrags zugrunde gelegten WebTrust-Prinzipien und -Kriterien (IDW PS 890.12). Soll das zuvor angesprochene Produkt „Verbraucherschutz" erbracht werden, sind bei einer Prüfung die im Internet veröffentlichten Angaben des Auftraggebers zu den Geschäftspraktiken und zu den Verfahren zur Wahrung der Vertraulichkeit sowie das IKS des Auftraggebers, soweit es die Abwicklung des elektronischen Geschäftsverkehrs und den Schutz von Kundeninformationen gewährleisten soll, mit einzubeziehen (Ist-Objekt). Insofern bildet die WebTrust-Prüfung eine Systemprüfung. Das Soll-Objekt der Prüfung ist über die Kriterien definiert. Stellt der Prüfer beispielsweise fest, dass die in den Kriterien formulierten Mindestan-

2 Leistungsprogramm

forderungen eingehalten wurden, besteht annahmegemäß eine Identität von Ist- und Soll-Objekt. Gefordert wird eine hohe Prüfungssicherheit.

Mit der Durchführung von WebTrust-Prüfungen dürfen nur Wirtschaftsprüfer betraut werden, die hierfür zertifiziert worden sind (IDW PS 890.16). Der Wirtschaftsprüfer kann WebTrust-Prüfungen demnach durchführen, wenn er neben dem technischen Wissen über Informationstechnologien auch an einer anerkannten Schulung teilgenommen hat. Bei *Auftragsannahme* hat der Wirtschaftsprüfer zu überprüfen, ob er die Prüfung annehmen darf und ob er über die notwendige fachliche Kompetenz zur Auftragsdurchführung verfügt; ebenso ist der Prüfer an *ethische Normen* gebunden (IDW PS 890.19 f.). Die Prüfung ist entsprechend zu *planen* (IDW PS 890.24 ff.) und zu *dokumentieren* (IDW PS 890.33).

Im Rahmen der *Prüfungsdurchführung* muss der WebTrust-Prüfer ausreichende und geeignete Prüfungsnachweise einholen, welche die Grundlage für seine Prüfungsfeststellungen und sein Prüfungsurteil bilden (IDW PS 890.29).[89]

- Um einen ersten Überblick zu erhalten, hat sich der WebTrust-Prüfer einen Fragebogen durch die gesetzlichen Vertreter beantworten zu lassen (IDW PS 890.30).[90] In diesem muss der Auftraggeber eine *Selbstauskunft* (z.B. über die Internetseiten, sein Produktangebot, seine Allgemeinen Geschäftsbedingungen, seine Sicherheitsvorkehrungen) geben.

- Zusätzlich zur Beantwortung des Fragebogens muss das Unternehmen schriftlich erklären, dass im betreffenden Zeitraum die Geschäftspraktiken eingehalten, ein wirksames Kontrollsystem eingerichtet und die WebTrust-Kriterien eingehalten wurden (*WebTrust-Erklärung* gem. IDW PS 890.31).

Weichen die festgestellten Ausprägungen der WebTrust-Kriterien (Ist-Objekt) nicht wesentlich von den vorgegebenen WebTrust-Kriterien (Soll-Objekt) ab, erteilt der Prüfer eine *Bescheinigung* über die WebTrust-Prüfung; gefordert wird, dass die Einhaltung der WebTrust-Kriterien mit *hinreichender Sicherheit* beurteilt werden kann (IDW PS 890.26 i.V.m. Anlage 2). Bei Feststellung einer wesentlichen Abweichung von den WebTrust-Kriterien ist als Zwischenergebnis der Prüfung ein Mängelbericht zu erteilen (IDW PS 890.37).

Nach Erteilung der Bescheinigung erfolgt die Einrichtung des *WebTrust-Siegels* auf der Internetseite des Mandanten. Dieses Siegel hat eine Gültigkeit von einem Jahr. Es müssen aber innerhalb dieses Zeitraums aktualisierende Prüfungshandlungen vorgenommen werden (IDW PS 890.36).

Ist das prüferische Vorgehen alleine auf die Erteilung einer Bescheinigung gem. IDW PS 890 ausgerichtet, gelangt der ISA 100 nicht zur Anwendung. Die Beurteilung der *Konformität* einer Prüfung gem. IDW PS 890 mit dem ISA 100 erweist sich allerdings in einigen Punkten als problematisch; die folgenden Ausführungen sollen dies verdeutlichen:

- Zum einen ist davon auszugehen, dass die WebTrust-Schulung alleine nicht ausreicht, um das entsprechende fachliche Know-how zu erlangen.[91] Vielmehr muss schon vorher entsprechendes Know-how beim Prüfer vorhanden sein. Der Begriff ausreichende Kenntnisse in IDW PS 890.21 muss daher streng ausgelegt werden, um den Anforderungen des ISA 100 zu genügen. Ansonsten ist gem. IDW PS 890.23 auf das Wissen eines Sachverständigen zurückzugreifen.

- Zum anderen ist fraglich, ob die Kasuistik einer WebTrust-Prüfung die Anforderungen an die Kriterien gem. ISA 100.22 f. erfüllt. Der WebTrust-Prüfer stellt lediglich eine Übereinstimmung mit den vorgegebenen WebTrust-Kriterien fest (IDW PS 890.26 u. Anlage 2). Insofern besteht kein Raum, eigene Kriterien für die Prüfung zu entwickeln. Allerdings relativiert die neue Fassung von Trust Services diesen Kritikpunkt. In Tz. 10 der Trust Services wird hierzu ausgeführt, dass der Kriterienkatalog nur beispielhaft ist, und der Prüfer auch alternative oder zusätzliche Prüfungen vornehmen kann. Sollten die vorgegebenen Kriterien jedoch nicht geeignet sein und entwickelt der Prüfer nicht selbst geeignete Kriterien, so besteht *keine Übereinstimmung* mit dem ISA 100. Dies könnte durch die raschen Veränderungen in der Informationstechnologie sehr schnell der Fall sein; auch eine zeitnahe, permanente Überarbeitung der vorgebenen Kriterien kann den aktuellen Erfordernissen nur folgen und schließt insofern das Fehlen sowie die Vorgabe ungeeigneter Kriterien nicht vollkommen aus.

Die bisherigen Erfahrungen mit der WebTrust-Prüfung zeigen eine im Vergleich zu anderen Prüfungsleistungen *geringe Verbreitung* dieser Prüfungsdienstleistung.[92] Eines der wenigen Unternehmen mit dem WebTrust-Siegel ist beispielsweise das amerikanische Bankinstitut Wells Fargo.[93] Dies ist zum einen auf die *ungeklärten Haftungsfragen* zurückzuführen.[94] Zum anderen steht WebTrust in *Konkurrenz mit einer Vielzahl weiterer Siegel-Anbieter*.

Beispiele

Hier wären u.a. BBBOnline (http://www.bbbonline.org), das BetterWeb-Siegel von PricewaterhouseCoopers (http://www.betterweb.com) sowie zahlreiche weitere Anbieter wie z.B. DIN CERTCO, EuroHandelsinstitut e.V., RWTÜV Anlagentechnik GmbH, Trusted Shops GmbH, TÜV Informationstechnik GmbH sowie TÜV Secure IT GmbH zu nennen.[95]

Auch zeigen erste empirische Studien, dass die (potenziellen) Internetkunden bei Erteilung des WebTrust-Siegels der Abwicklung von E-Commerce-Geschäften keine höhere Glaubwürdigkeit beimessen. Vielmehr schätzen die Kunden die Qualität der angebotenen Produkte höher ein, sofern ein WebTrust-Siegel erteilt wurde.[96] Diese Erwartungslücke führt zu Fehlinterpretationen des Zwecks einer WebTrust-Prüfung. Insofern ist es erforderlich, den Zweck einer WebTrust-Prüfung klar an die Berichtsadressaten zu kommunizieren. Insgesamt bleibt abzuwarten, ob sich die WebTrust-Prüfung in der bisherigen Form am Markt durchsetzen wird.

2.3.3.1.5 Prüfung der Sicherheit von IT-Systemen

Da immer mehr Unternehmen in wesentlichem Umfang auf IT-gestützte Kommunikationstechniken angewiesen sind, ist die Sicherheit und Verfügbarkeit der IT-Systeme zunehmend eine notwendige Voraussetzung für den geordneten Geschäftsbetrieb. Gliedern Unternehmen Teilprozesse aus (Outsourcing) oder werden Kooperationen mit anderen Unternehmen eingegangen, so ist die Einhaltung von Mindeststandards im IT-System in der Regel eine notwendige Voraussetzung für die erfolgreiche Durchführung derartiger Outsourcing- oder Kooperationsprojekte. Darüber hinaus müssen miteinander verbundene IT-Systeme die ordnungsgemäße Durchführung der Geschäftsprozesse genauso wie separat betriebene IT-Systeme gewährleisten. Neben der Sicherstellung einer möglichst permanenten Verfügbarkeit der IT-Systeme gehört dazu die korrekte Verarbeitung der Daten sowie die Gewährleistung einer hohen Datensicherheit. Kooperationspartner werden somit die Vertrauenswürdigkeit der zu verzahnenden Systeme prüfen oder prüfen lassen, bevor derartige Geschäftsbeziehungen eingegangen werden.

Es wird deutlich, dass sowohl unternehmensintern (z.B. im Management), als auch unternehmensextern (z.B. bei Kooperationspartnern) ein Bedarf an verlässlichen Informationen über die Verfügbarkeit und Sicherheit von IT-Systemen besteht. Mit SysTrust hat das AICPA zusammen mit dem CICA einen assurance service entwickelt, der auf die freiwillige Prüfung von IT-Systemen hinsichtlich ihrer Ausfallsicherheit (reliability) abzielt.[97] Anders als bei WebTrust (vgl. Abschnitt 2.3.3.1.4), zu dem mit dem IDW PS 890 ein deutscher Prüfungsstandard vorliegt, ist die SysTrust-Prüfung in Deutschland bisher nicht normiert worden.

Gegenstand einer SysTrust-Prüfung ist das IT-System eines Unternehmens. Als *System* wird der organisatorische Verbund von Software, Infrastruktur, Mitarbeitern, Prozeduren und Daten mit dem Ziel der Informationsverarbeitung in einem Unternehmen verstanden.[98] *Software* bezeichnet Programme (programs) und Betriebssysteme (operating software). Darüber hinaus werden Dienstprogramme (utilities) sowie spezielle betriebliche Anwendungsprogramme (business application software), die z.B. zur Optimierung der Logistik im Rahmen des Enterprise Resource Planning (ERP) eingesetzt werden, als Software verstanden. Die *Infrastruktur* innerhalb von IT-Systemen setzt sich aus den physischen Einrichtungen, zu denen in einem IT-System vor allem die Hardware zu zählen ist, zusammen. Dazu zählen in IT-Systemen z.B. Großrechner (mainframe), Server oder in Netzwerken organisierte Anlagen und Einrichtungen (facilities). Der Kreis der einzubeziehenden *Mitarbeiter* bezieht sich zum einen auf das Personal der Rechenzentren und EDV-Abteilungen (Programmierer, Administratoren u.a.) und zum anderen auf die Anwender der Programme. Die Datenverarbeitung erfolgt in IT-Systemen sowohl durch automatisierte (programmed procedures), als auch durch manuell auszuführende *Prozeduren* (manual procedures). Derartige Prozeduren umfassen z.B. die Datensicherung (back-up) sowie die Instandhaltung (maintenance) der der Infrastruktur zuzuordnenden Komponenten. Durch die Nutzung von Kommunikationstechnologien sollen in einem Unternehmen *Informationen* bereitgestellt werden. Somit gehören auch Dateien (files), Datenbanken (databases) und Tabellen (tables) zur IT-Infrastruktur, da auf dieser Basis Informationen erarbeitet werden. Neben dieser statischen Betrachtung ist auch der durch Transaktionen bedingte Datenfluss (transaction stream) Gegenstand der Prüfung von IT-Systemen.

Es stellt sich die Frage, wann ein IT-System als sicher vor möglichen Ausfällen gelten kann (system reliability). Aus der Literatur ergibt sich kein einheitlicher Katalog an Merkmalen derartiger IT-Systeme.[99] Das AICPA erachtet Systeme als ausfallsicher, sofern sie während einer vorgegebenen Dauer in einer vorgegebenen Umgebung ohne wesentliche Fehler arbeiten.[100]

Die Ausfallsicherheit von Systemen soll bei einer SysTrust-Prüfung durch die Einhaltung von Prinzipien beurteilt werden (*SysTrust-Prinzipien*), die durch zugehörige SysTrust-Kriterien konkretisiert wurden (vgl. hierzu ähnlich in Bezug auf WebTrust Abb. III.2-3). Diese Prinzipien lauten: Verfügbarkeit (availability), Sicherheit (security) und Integrität (integrity).

Die genannten Prinzipien können einzeln oder zusammen geprüft werden.[101] Die dazugehörigen Kriterien sollen sicherstellen, dass Verfahrensregeln existieren, die geeignet erscheinen, um eine hinreichende System-Performance zu sichern. Dazu ist die permanente Anwendung durch Prüfungen (monitoring) sicherzustellen. Die Mitarbeiter sowie die Hard- und Software sollten in qualitativer und quantitativer Hinsicht mit Blick auf die Einhaltung der SysTrust-Prinzipien ausgewählt worden sein.

- Verfügbarkeit

  Als verfügbar werden IT-Systeme erachtet, sofern sie für die Durchführung von Operationen und zur Nutzung durch Anwender bereitstehen. Die Verfügbarkeit von IT-Systemen wird auch als gegeben erachtet, sofern sie zumindest während fest vorgegebener Zeitintervalle sichergestellt werden kann. Derartige Nutzungsfenster sollten in entsprechenden Anweisungen (service level agreements) dokumentiert werden. Die Sicherstellung der Verfügbarkeit ist insbesondere in Zeiten mit großem Datenaufkommen gefährdet. Die Mindest-Performance des IT-Systems sollte somit so dimensioniert sein, dass das für Spitzen-Phasen prognostizierte Datenaufkommen bewältigt werden kann.

- Sicherheit

  Die Sicherheit der in einem IT-System gespeicherten Daten ist gewährleistet, sofern durch physische oder logische Maßnahmen ein Zugriff unberechtigter Dritter ausgeschlossen werden kann. Dazu sollte z.B. der Zugang zu sensiblen Räumlichkeiten wie insbesondere dem Rechenzentrum nur für legitimierte Mitarbeiter möglich sein. Dienstausweise, die den Durchgang ermöglichen, zählen zu den derartigen physischen Sicherungsmaßnahmen. Vor der Nutzung von Programmen sollten die Benutzer sich durch die Eingabe von Benutzernamen und Passwörtern zu legitimieren haben. Die Wirksamkeit derartiger Zugangsbeschränkungen ist um so höher einzuschätzen, je komplexer sie gestaltet sind und je genauer der Berechtigungsumfang an die Aufgaben der Mitarbeiter angepasst wurde.

- Integrität

    Die Integrität des Datenbestandes wird erhöht, indem die Daten im IT-System vollständig, korrekt und zeitnah verarbeitet werden. Darüber hinaus sollte vor der Verarbeitung von Daten die Freigabe durch kompetente Mitarbeiter erforderlich sein. Zur Wahrung der Integrität des IT-Systems sind Verfahrensregeln auch für die Implementierung neuer Komponenten sowie deren Konfiguration zu definieren. Für die Eingabe von Daten gilt es Prozesse festzulegen, die geeignet erscheinen, eine hohe Datenqualität zu sichern. Hilfreich sind dabei Protokolle, die es erlauben, den Datenfluss von der Eingabe bis hin zu aggregierten Informationen und umgekehrt zu rekonstruieren.

Im Januar 2003 hat das AICPA gemeinsam mit dem CICA eine Norm für Prüfungen von so genannten *Trust Services* vorgelegt. Damit wurden die bis dahin gültigen WebTrust- (Version 3.0) und SysTrust-Normen (Version 2.0) in einen gemeinsamen Katalog von Prinzipien und Kriterien überführt. In dieser Form ist die Anwendung in den USA und Kanada für Prüfungen ab April 2003 vorgesehen. Diese Zusammenführung erscheint sinnvoll, da eine Vielzahl an Prinzipien und Kriterien bei beiden assurance services identisch waren. Inhaltlich wird mit der Zusammenführung keine Änderung des bisherigen Prüfverfahrens vorgenommen. Vielmehr wird die Gelegenheit genutzt, um die im Kontext der beiden assurance services verwendeten Begrifflichkeiten zu vereinheitlichen und die Struktur der Ausführungen zu verbessern (vgl. hierzu auch Abschnitt 2.3.3.1.4).

Weiterhin sind die einzelnen WebTrust- und SysTrust-Module separat prüfbar. Lediglich das in der Version 2.0 der SysTrust-Kriterien enthaltene Modul der Eignung zur Instandhaltung wurde zu Gunsten entsprechender Kriterien in den übrigen Modulen aufgelöst. Darüber hinaus werden die Prinzipien und Kriterien nicht mehr ausdrücklich den einzelnen Modulen zugeordnet. Vergleichbar zu WebTrust ist es nun auch möglich, dem Mandanten bei dem eine SysTrust-Prüfung durchgeführt wurde, bei Einhaltung der Kriterien und Prinzipien das Führen eines SysTrust-Gütesiegels zu erlauben.

Abb. III.2-4: SysTrust-Gütesiegel

Darüber hinaus wurde der Mindestumfang für eine Berichtsperiode mit zwei Monaten festgelegt. Bisher waren SysTrust-Prüfungen unbefristet gültig. Nach der Überarbeitung soll nun dem geprüften Unternehmen das Führen des entsprechenden Gütesiegels für ein Jahr eingeräumt werden. Davon losgelöst sind kürzere Prüfungsintervalle nötig, sofern sich in der Organisation des zu prüfenden Unternehmens wesentliche Änderungen ergeben.[102]

2.3.3.2 Freiwillige Prüfungsdienstleistungen ohne eigenständige Normierung

2.3.3.2.1 Prüfung der Ad-hoc-Publizität

§ 15 Abs. 1 Wertpapierhandelsgesetz (WpHG) verpflichtet die Emittenten börsennotierter Wertpapiere dazu, Tatsachen mit der Eignung zur erheblichen Kursbeeinflussung unverzüglich zu veröffentlichen. Insoweit bildet die Ad-hoc-Publizität als Ereignispublizität eine *Ergänzung zur Regelpublizität* (Jahresabschlüsse, Lageberichte und unterjährige Berichte). In den USA sind der SEC ad-hoc-publizitätspflichtige Informationen gem. Form 8-K (current report) einzureichen; ergänzend ist die Regulation Fair Disclosure (FD)[106] zu beachten. Dagegen geben die IAS/IFRS keine spezifischen Standards zur Ad-hoc-Publizität vor.

Kapitalmarktorientierte Studien belegen den Informationsgehalt von Ad-hoc-Meldungen. Dabei zeigen sich besonders im Hinblick auf Meldungen zu Auftragseingängen, Unternehmensübernahmen sowie vorab publizierte Abschlussdaten abnormale bereinigte Kursreaktionen.[107] In den letzten Jahren ist eine stark zunehmende Anzahl von Ad-hoc-Meldungen festzustellen.[108] Dabei neigen Unternehmen dazu, die Ad-hoc-Meldungen für die Zwecke einer positiven Außendarstellung zu missbrauchen.[109]

Kernproblem der Ad-hoc-Publizität ist die Bestimmung einer *neuen,* d.h. noch nicht veröffentlichten Tatsache, welche zudem geeignet ist, den *Kurs erheblich zu beeinflussen* (sog. kursbeeinflussende Tatsache).[110] Diese bereitet auf Grund der ihr innewohnenden Prognoseproblematik und der Notwendigkeit, sich mit den Erwartungen des Marktes zu beschäftigen, erhebliche Probleme. Als Orientierungshilfe kann hier eine erwartete 5%ige Abweichung vom Börsenkurs dienen;[111] des Weiteren wäre immer noch die Frage zu beantworten, welche Tatsachen geeignet sind, eine solche Kursbeeinflussung auszulösen.[112]

Nicht zuletzt die zentrale Bedeutung von Ad-hoc-Meldungen für den Kapitalmarkt und der Missbrauch dieser Meldungen für Werbezwecke sprechen dafür, den Ad-hoc-Meldungen über eine Prüfungsdienstleistung Glaubwürdigkeit zu verleihen. Auch aus dem Blickwinkel des ad-hoc-publizitätspflichtigen Unternehmens dürfte sich gerade vor dem Hintergrund der am 23.7.2002 neu in das WpHG eingefügten §§ 37b und 37c, welche den Aktionären einen Schadensersatzanspruch gegenüber der Gesellschaft gewähren, eine gewisse Neigung abzeichnen, die Ad-hoc-Meldungen prüfen zu lassen.[113] In diese Richtung bewegt sich auch die folgende Empfehlung: „Hierbei sind die Vorstände gut beraten, gerade bei der Kommunikation komplexer (...) Sachverhalte die Ad-hoc-Mitteilung von einem Fachmann durchsehen zu lassen. Mit dieser Vorgehensweise dürfte sich inbesondere der Vorwurf eines vorsätzlichen Verhaltens ausräumen lassen."[114] Dabei interessiert neben der Frage, ob eine solche Prüfung eine Dienstleistung i.S. des ISA 100 darstellen kann, auch, welche grundsätzlichen Möglichkeiten einer solchen Prüfung bestehen.

Die Ausgestaltung der Prüfung ist den Vertragsparteien grundsätzlich freigestellt. Es ist jedoch sinnvoll, dass der Prüfer zum einen das System der Gewinnung und Weiterleitung potenziell kursrelevanter Informationen prüft. Zum anderen hat er einzelfallbezogen zu beurteilen, ob die Information selbst Eignung zur Kursbeeinflussung besitzt oder nicht. Insofern umfasst auch die Prüfung der Ad-hoc-Publizität (analog zur Jahresabschlussprüfung) die Erlangung von Prüfungsnachweisen im Rahmen einer System- und einer Einzelfallprüfung; ggf. sind auch entsprechende analytische Prüfungen zu tätigen.[115]

Der Prozess der *Auftragsannahme* kann analog zur Jahresabschlussprüfung (IDW PS 220) erfolgen (vgl. Kapitel II, Abschnitt 2.1). Insbesondere muss der Prüfer über ausreichende Kenntnisse in Bezug auf die Ad-hoc-Publizität gem. § 15 WpHG sowie die Gegebenheiten und Reaktionen am Kapitalmarkt verfügen. Auch die *Prüfungsplanung* kann in Analogie zur Jahresabschlussprüfung (IDW PS 240 sowie Kapitel II, Abschnitt 2.2) erfolgen.

Im Rahmen der *Prüfungsdurchführung* sind folgende Prüfungsspezifika zu beachten:

- Bei der Prüfung des *Systems der Informationsgewinnung und -weiterleitung* ist festzustellen, ob das Unternehmen alle Maßnahmen ergriffen hat, die eingetretenen Tatsachen in allen Bereichen des Unternehmens zu erkennen und diese an entsprechende Stellen weiterzuleiten. Ein solches System soll sicherstellen, dass alle kursbeeinflussenden Tatsachen korrekt erkannt, bewertet und veröffentlicht werden. Beispielsweise wäre zu prüfen, ob die in den Tätigkeitsbereichen des Mandanten eingetretenen Tatsachen tatsächlich als solche identifiziert und einer Clearing-Stelle gemeldet werden, die wiederum in der Lage ist, die Eignung zur Kursbeeinflussung zu beurteilen; zudem sind die internen Kommunikationswege und Zuständigkeiten eindeutig festzulegen. Überdies ist die Funktionstüchtigkeit des Systems zu beurteilen.[116] Da das zuvor skizzierte System starke Ähnlichkeiten zu dem in § 91 Abs. 2 AktG geforderten Risikomanagementsystem (vgl. Kapitel II, Abschnitt 8.2) aufweist, ist es naheliegend, die Prüfung der beiden zuvor genannten Systeme nicht isoliert, sondern simultan und aufeinander abgestimmt durchzuführen.

- Im Zuge einer *Einzelfallprüfung* ist u.a. zu beurteilen, ob die der Prognose zugrunde liegenden Daten (Randbedingungen; angesprochen sind hier die Tatsachen i.S. des WpHG) richtig, ob die gesetzten Annahmen (Gesetze) plausibel und ob auf dieser Basis das Prognoseergebnis (Prognoseaussage; angesprochen ist hier die vorhandene oder fehlende Eignung zur erheblichen Kursbeeinflussung) korrekt berechnet wurde. Das Vorgehen bei der Einzelfallprüfung variiert stark in Abhängigkeit von der Art der vorliegenden Ad-hoc-Meldung. Sollte die zu prüfende Ad-hoc-Meldung beispielsweise eine Kapitalerhöhung beinhalten, so kann der Prüfer in einem ersten Schritt durch Einsichtnahme in Dokumente und Protokolle sowie ggf. durch Befragungen die Richtigkeit der Daten relativ leicht feststellen. Deutlich schwieriger gestaltet sich das prüferische Vorgehen dann, wenn die Daten selbst wiederum Schätzelemente beinhalten (z.B. veränderte Einschätzung der Unternehmensleitung hinsichtlich der Entwicklung am Absatzmarkt).[117] Die einer Prognose zugrunde liegenden Daten und Annahmen sind vor allem hinsichtlich ihrer Plausibilität zu prüfen (z.B. „Wie hat der Kapitalmarkt in der Vergangenheit bei vergleichbaren Unternehmen auf die Ankündigung einer Kapitalerhöhung in Höhe von x% der Bilanzsumme oder einer anderen Vergleichsgröße reagiert?"). Da es sich in dem vorliegenden Fall um die Prüfung einer Prognose (forecast) i.S. von ISA 810.4 handelt, kann der Prüfer sich an den prognosespezifischen Normierungen des ISA 810 orientieren.

In zeitlicher Hinsicht kann die Prüfung entweder vor oder nach dem Zeitpunkt der Herausgabe der Ad-hoc-Meldung erfolgen. Eine *ex ante-Prüfung* kann feststellen, ob die seitens des Unternehmens identifizierten Tatsachen auch geeignet sind, den Kurs zu beeinflussen. Dabei erscheint eine zeitnahe Prüfung dieser Tatsachen im Hinblick auf ihre Richtigkeit und der gesetzten Annahmen im Hinblick auf ihre Plausibilität bei einfachen Sachverhalten durchaus realistisch; dies setzt allerdings voraus, dass der externe Prüfer zum einen mit dem Unternehmen und seinen Geschäften vertraut ist und zum anderen die Prüfung umgehend und in relativ kurzer Zeit durchführt. Im Ergebnis dürfte es daher faktisch zu einer kontinuierlichen Begleitung des Unternehmens durch den externen Prüfer kommen. Allerdings kann eine zeitnahe Prüfung bei komplexen Sachverhalten an ihre Grenzen stoßen. Benötigt der Prüfer für die Beurteilung des zu prüfenden Sachverhaltes zu viel Zeit (beispielsweise wenn der Prüfer bei einem Patent ein Expertenurteil einholen müsste), so würde eine Prüfung dem Zweck einer Ad-hoc-Meldung als zeitnahe Veröffentlichungsform entgegenwirken. In einem solchen Fall stößt die ex ante-Prüfung an ihre Grenzen und es muss im Einzelfall zwischen einer ungeprüften sofortigen Veröffentlichung oder einer geprüften zeitversetzen Veröffentlichung abgewogen werden. Grundsätzlich dürfte jedoch eine ex ante-Prüfung der zugrunde liegenden Daten und der gesetzten Annahmen möglich sein. In einem Schreiben des BAWe an die Vorstände der von der Ad-hoc-Publizitätspflicht betroffenen Unternehmen wird explizit darauf hingewiesen, dass der Emittent sich im Zweifel externen Rat einholen kann.[118] Hierunter ist auch die Prüfung durch einen Abschlussprüfer zu verstehen. Auf Grund der grundsätzlichen Unsicherheiten, die mit der Abgabe einer Prognose einhergehen, erscheint die Abgabe einer negativ formulierten Urteilssicherheit (vgl. Kapitel I, Abschnitt 6.4.2) auf mittlerem Niveau angemessen.

Im Einzelfall ist auch die Abgabe einer positiv formulierten Urteilssicherheit auf hohem Niveau nicht ausgeschlossen. Dies dürfte z.B. dann der Fall sein, wenn das Unternehmen auf Grund wesentlicher Abweichungen von den ursprünglichen Gewinnprognosen eine Gewinnwarnung abgibt oder sofern beim Unternehmen ein Großauftrag eingeht, der gemessen am Gesamtumsatz zweifelsfrei wesentlich ist. In dem zuletzt genannten Fall wäre auch zu prüfen, ob der Großauftrag tatsächlich eingegangen ist, ob es sich um eine Absichtserklärung handelt oder ob lediglich die Vorgespräche zu einem möglichen Vertragsabschluss erfolgreich verlaufen sind.

Weiterhin stößt eine ex ante-Prüfung auf Probleme, wenn es um die Frage geht, ob auch alle relevanten ad-hoc-publizitätspflichtigen Informationen veröffentlicht wurden. Da der

Kapitalmarkt auch an schlechten Nachrichten interessiert ist und gerade aus Unternehmenssicht häufig nur geringe Anreize bestehen, diese Neuigkeiten weiterzuleiten, steht der Prüfer vor einem gewissen Dilemma. Eine permanente Suche des Prüfers nach ad-hoc-publizitätspflichtigen Informationen erscheint nur wenig praktikabel. Es bietet sich jedoch an, eine *ex post-Prüfung* dergestalt durchzuführen, dass der Prüfer im Rahmen der jährlichen (oder quartalsweisen) Berichterstattung angibt, ob und in welcher Güte es dem Mandanten in der abgelaufenen Berichtsperiode gelungen ist, seiner Ad-hoc-Publizitätspflicht nachzukommen. Da die stakeholder wiederholte Verstöße nicht sanktionsfrei (z.B. Kursabschläge durch Heraufsetzung der Risikoprämie) hinnehmen werden, ist zu erwarten, dass eine ex post-Prüfung beim Mandanten eine hohe Anreizwirkung hinsichtlich einer normenkonformen Abgabe von Ad-hoc-Meldungen entfaltet. Auch eine ausschließliche ex post-Prüfung ist denkbar.

Die *Dokumentation und Berichterstattung* kann analog zur Jahresabschlussprüfung erfolgen (vgl. Kapitel II, Abschnitt 5.3). Der Prüfer fasst hierbei sein Prüfungsurteil in einer Bescheinigung zusammen.

Die Kompatibilität einer Prüfung der Ad-hoc-Publizität mit dem ISA 100 ist immer dann gegeben, wenn die spezifischen Voraussetzungen des ISA 100 erfüllt wurden. Hierbei ist insbesondere auf die Eignung der zur Beurteilung verwendeten Kriterien zu achten. Der zu behandelnde Gegenstand der Prüfung der Ad-hoc-Publizität lässt sich wie folgt unterteilen: Während bei der Systemprüfung das System der Informationsgewinnung und -weiterleitung den zu behandelnden Gegenstand bildet, rückt die Einzelfallprüfung die neue Tatsache in den Mittelpunkt der Betrachtung. Die weitgehend freie Vertragsgestaltung im Rahmen freiwilliger Prüfungsdienstleistungen führt dazu, dass es zu unterschiedlichen Ausgestaltungen der Prüfungsdurchführung kommen kann, welche alle kompatibel zum ISA 100 sind.

2.3.3.2.2 Prüfung von Wertentwicklungskennzahlen

Unternehmen versuchen mit zunehmender Kapitalmarktorientierung ihre Managementsysteme verstärkt auf eine *wertorientierte Unternehmensführung* (value management) und somit auf eine Steigerung des Shareholder Value auszurichten. Hierbei haben sich in den letzten Jahren verschiedene Kennzahlen zur Messung des betriebswirtschaftlichen Erfolges etabliert; zu nennen sind z.B. der Discounted Cash Flow (DCF), der Economic Value Added (EVA), der Cash Flow Value Added (CVA), und der Cash Flow Return on Investment (CFRoI).[119]

Der *Grundgedanke* dieser Wertentwicklungskennzahlen besteht darin, dass ein zusätzlicher Wert für den Anteilseigner erst dann geschaffen wird, wenn die Rendite des eingesetzten Kapitals den Kapitalkostensatz übersteigt.[120]

Eine der verwendeten Kennzahlen ist der EVA. Dieser errechnet sich als Differenz zwischen dem durch das eingesetzte betriebsnotwendige Kapital erwirtschafteten operativen Periodenergebnis (NOPAT = Net Operating Profit After Taxes) und den kalkulierten Kapitalkosten für das eingesetzte Kapital; die Kapitalkosten ergeben sich wiederum durch Multiplikation des Nettobetriebsvermögens zu Periodenbeginn (capital) mit dem Gesamtkapitalkostensatz (c):[121]

$$EVA = NOPAT - capital \cdot c$$

Basisgröße zur Ermittlung des NOPAT bildet das in der GuV ausgewiesene Betriebsergebnis vor Zinsen und Steuern, welches annahmegemäß den „Earnings before Interest and Taxes" (EBIT) entsprechen soll. Diese Ausgangsgröße unterliegt verschiedenen Anpassungen (conversions); so können z.B. Abschreibungen korrigiert und Forschungs- und Entwicklungsausgaben aktiviert werden (sofern sich für Entwicklungsausgaben nicht bereits aus IAS 38 eine Aktivierungspflicht ergibt). Insgesamt lassen sich vier verschiedene Arten von Anpassungen unterscheiden: „operating conversion", „funding conversion", „tax conversion" und „shareholder conversion". Dabei schlägt die Literatur zum Teil bis zu 164 Korrekturen vor, um zum einen abschlusspolitische Maßnahmen zu korrigieren und zum anderen die unterstellte mangelnde Eignung von Daten, die auf externen Rechnungslegungsnormen basieren, zu verbessern. Die Praxis erachtet allerdings nur bis zu 15 Korrekturen als wesentlich.[122] Häufig kommen Unternehmen mit nur wenigen Anpassungen aus. Werden von dem dergestalt korrigierten EBIT die Steuern abgezogen, ergeben sich die „Earnings before Interest" (EBI).

EBI und NOPAT sollen sich annahmegemäß entsprechen; der ermittelte Wert ist ggf. noch um stille Reserven zu erhöhen. Gegenüberzustellen sind die EBI einerseits und das betriebsnotwendige Kapital (capital) multipliziert mit dem Gesamtkapitalkostensatz (c) andererseits. Nach dem Konzept der gewogenen Kapitalkosten (WACC-Konzept) entspricht c der Summe der gewichteten (angesprochen ist das Verhältnis der Marktwerte von Eigen- und Fremdkapital) Eigen- und Fremdkapitalkostensätze (IDW S 1.125 ff.).

Obgleich die Unternehmen nicht dazu verpflichtet sind, den EVA im Geschäftsbericht anzugeben, berichten einzelne Unternehmen über diese Wertentwicklungskennzahl freiwillig.[123] Ein Beispiel hierfür ist die Siemens AG, die das Konzept des Geschäftswertbeitrages im Lagebericht veröffentlicht. Der Geschäftswertbeitrag basiert auf dem EVA-Konzept. Er unterscheidet sich lediglich darin, dass die Kapitalkosten anders ermittelt werden.

Operatives Geschäft	2002	2001
EBIT	2.474	1.329
Steuern / Sonstiges	- 933	- 332
EBI	1.541	997
betriebsnotwendiges Kapital Kapitalkostensatz	22.715	27.414
Kapitalkosten	- 2.061	- 2.524
Geschäftswertbeitrag Operatives Geschäft	- 520	- 1.527

Alle Angaben in Mio. €.

Abb. III.2-5: Geschäftswertbeitrag-Ermittlung bei der Siemens AG[124]

Sollte die Angabe der Kennzahl *im Lagebericht* des Unternehmens erfolgen, so verpflichtet IDW RS HFA 1.26 das Unternehmen dazu, die Ermittlung der Kennzahl zu erläutern. In diesem Fall unterliegt die Kennzahl einer Prüfungspflicht (IDW PS 350.6); das Prüfungsurteil ist im Rahmen des Bestätigungsvermerks zu formulieren (§ 322 Abs. 3 HGB). Wird diese Kennzahl *außerhalb des Lageberichts*, aber innerhalb des Geschäftsberichts angegeben, hat der Prüfer lediglich durch kritisches Lesen festzustellen, ob wesentliche Widersprüche zwischen den mittels der EVA-Kennzahl gegebenen Informationen und den geprüften Abschlussdaten bestehen (IDW PS 202.7).

Unabhängig von dem zuvor Gesagten, kann die Prüfung auch *freiwillig auf Basis des ISA 100* erfolgen. Eine freiwillige Prüfung lässt sich unterschiedlich ausgestalten. Beispielsweise kann der Prüfer damit beauftragt sein, das flexible Vergütungssystem, welches auf der EVA-Kennzahl aufbaut, zu prüfen. Im Folgenden wird davon ausgegangen, dass der Prüfungsauftrag sich auf die Ermittlung der EVA-Kennzahl selbst bezieht.

Die nachstehenden Ausführungen geben erste Anhaltspunkte für mögliche Prüfungshandlungen.[125]

- Bei der *Auftragsannahme* muss der Prüfer die in ISA 100 normierten Erfordernisse beachten. Im vorliegenden Fall muss der Prüfer über fachliche Kenntnisse zur Ermittlung der Kennzahl verfügen. Ebenso hat der Prüfer die Auftragsabwicklung zu *planen*. Gegenüber anderen Prüfungen ergeben sich hierbei keine Besonderheiten.

- Im Rahmen der Prüfungsdurchführung hat der Prüfer in einem ersten Schritt das *inhärente Risiko* festzustellen. Bezogen auf die EVA-Kennzahl muss er zunächst die Wahrscheinlichkeit beurteilen, dass der ausgewiesene EVA fehlerhaft ist. Dabei kann er verschiedene Indizien heranziehen, die er aus der Analyse der makroökonomischen Faktoren, der Branche und unternehmensspezifischen Merkmalen gewinnt. Wird der EVA beispielsweise als Ausgangspunkt für die Berechnung der variablen Gehaltsbestandteile der Unternehmensleitung herangezogen (unternehmensspezifisches Merkmal), dürften die mit Leitungsaufgaben betrauten Personen eher dazu neigen, die EVA-Kennzahl zu manipulieren, um sich persönlich zu bereichern (erhöhtes inhärentes Risiko).

- Da keine generellen Vorschriften zur einheitlichen Ermittlung des EVA bestehen, muss der Wirtschaftsprüfer bei der Prüfung der EVA-Angaben *geeignete Kriterien zur Beurteilung* heranziehen. Dabei kann der Prüfer z.B. auf anerkannte Empfehlungen von Analysten oder Industrieverbänden für Berechnungsschemata oder Erläuterungen zurückgreifen (established criteria i.S. von ISA 100.23). Für die Ermittlung des EVA liegen jedoch keine anerkannten Empfehlungen vor. Daher muss der Prüfer eigene Kriterien entwickeln.

- Im Rahmen einer *Systemprüfung* muss der Prüfer die Berechnungsprozesse der EVA-Kennzahl überprüfen. Durch eine Aufbauprüfung hat er sich mittels Organigrammen, Stellenbeschreibungen und internen Richtlinien ein geeignetes Bild des Soll-Systems zu verschaffen. Der Prüfer muss im Anschluss durch eine Funktionsprüfung mögliche Abweichungen von Ist- und Soll-System feststellen. Auch muss der Prüfer im Rahmen der Systemprüfung feststellen, ob die Daten von der Finanz- und Anlagenbuchhaltung korrekt zu der Stelle im Unternehmen, welche sich mit der Berechnung der EVA-Kennzahl beschäftigt, übermittelt werden.

- Der Prüfer muss auch darauf achten, dass das Unternehmen die EBIT-Korrekturen (conversions) *vollständig* (d.h. entsprechend dem gewählten Berechnungsschema) vorgenommen hat. Den *Erläuterungserfordernissen* ist Rechnung zu tragen. Als Generalnorm für die Erläuterungserfordernisse gilt, dass ein sachverständiger Dritter die Korrekturen anhand der gegebenen Erläuterungen nachvollziehen können muss. Dies gilt ebenso für die Berechnung des betriebsnotwendigen Kapitals und der Kapitalkosten.

- Festzustellen ist auch, ob die Ermittlung des EVA *richtig und willkürfrei* erfolgte. Dabei ist vor allem die Plausibilität der Daten und getroffenen Annahmen zu prüfen. Beispielsweise lässt sich die Plausibilität der Annahmen, die der Kapitalkostensatzberechnung zugrunde liegen, anhand der im Rahmen der Jahresabschlussprüfung gewonnenen Erkenntnisse sowie externer Quellen beurteilen. Überdies kann der Prüfer im Rahmen der Kapitalkostensatzermittlung u.a. prüfen, ob die verwendeten Risikoprämien sich aus den publizierten Werten von Vergleichsunternehmen ableiten lassen und ob der verwendete risikolose Basiszinssatz mit dem Zinssatz langfristiger börsennotierter Bundesanleihen übereinstimmt.

- Als *analytische Prüfungen* kommen Plausibilitätsbeurteilungen zwischen den Bestandteilen der EVA-Kennzahl und den entsprechenden Jahresabschlusspositionen in Betracht. Beispielsweise führt der Bau einer neuen Werkshalle durch das Unternehmen zu einer Erhöhung des Sachanlagevermögens in der Bilanz. Diese Erhöhung muss sich ebenfalls in einer Erhöhung des capitals niederschlagen.

- Weiterhin muss der Prüfer feststellen, ob die Darstellung der Angaben und Erläuterungen zum EVA im Geschäftsbericht *nicht irreführend ist*, d.h. zu Entscheidungen bei den Berichtsadressaten führt, die diese bei einer korrekten Darstellung nicht oder in einer anderen Weise getroffen hätten.

- Der veröffentlichte EVA ist nur dann entscheidungsnützlich, wenn das einmal angewandte Schema der EVA-Berechnung im Zeitablauf beibehalten wird. Demnach muss der Prüfer feststellen, ob die Berechnung *stetig* erfolgt.
- Die Prüfungsergebnisse sind abschließend in einem *Bericht* zusammenzufassen.

Zu behandelnder Gegenstand sind die EVA-Angaben nebst der zugrunde liegenden Berechnung sowie die damit verbundenen Erläuterungen. Der Prüfungsauftrag ist unter besonderer Beachtung der zuvor formulierten Anforderungen so auszugestalten, dass dieser den Anforderungen des ISA 100 genügt.

2.3.3.2.3 Geschäftsführungsprüfung außerhalb des HGrG

Bei der Geschäftsführungsprüfung (*management audit*) handelt es sich um eine Prüfung, welche sich nicht nur auf die Qualität veröffentlichter Angaben, sondern auch auf die Unternehmensführung selbst bezieht. Da die Überwachung der Geschäftsleitung dem Aufsichtsrat obliegt (§ 111 Abs. 1 AktG), beinhaltet die Jahresabschlussprüfung zweifelsfrei keine Prüfung der Geschäftsführung.

Eine freiwillige, als Geschäftsführungsprüfung ausgerichtete Prüfungsdienstleistung kann sich an der Prüfung nach dem Haushaltsgrundsätzegesetz (HGrG) *orientieren* (vgl. Abschnitt 2.2.6). Dabei lässt sich die Prüfung gem. HGrG auch als freiwillige Prüfungsdienstleistung für den in § 53 HGrG genannten Adressatenkreis interpretieren. Da der Adressatenkreis auf Unternehmen der öffentlichen Hand beschränkt ist und diese Unternehmen häufig keine Renditeziele, sondern einen öffentlichen Auftrag (Leistungserbringung) zu erfüllen haben, ist bei einer Geschäftsführungsprüfung privater Unternehmen zu beachten, dass die Geschäftsführungsentscheidungen ggf. auch an ihrer Eignung zur Realisierung der gesetzten Renditeziele zu beurteilen sind. Des Weiteren können auch nicht-finanzielle Ziele bei der Beurteilung des Managements einen wesentlichen Bestandteil bilden. Somit können neben Ergebnissen, für die der Manager verantwortlich ist, auch seine Eigenschaften, seine Motivation, seine Qualifikation und seine Handlungsweisen bei der Beurteilung herangezogen werden.[126]

Eine Geschäftsführungsprüfung ist darauf ausgerichtet,

- die Ordnungsmäßigkeit der *Geschäftsführungsorganisation*,
- die Ordnungsmäßigkeit des *Geschäftsführungsinstrumentariums* und
- die Ordnungsmäßigkeit der *Geschäftsführungstätigkeit* zu prüfen sowie
- die *Vermögens-, Finanz- und Ertragslage*

zu untersuchen und in die Berichterstattung des Prüfers einzubeziehen.[127]

Die zuvor genannten Prüfungsbereiche bilden den zu behandelnden Gegenstand i.S. von ISA 100. Um den Gegenstand beurteilen zu können, muss der Prüfer geeignete Kriterien heranziehen. Auf Grund der Komplexität des Prüfungsgegenstands hat es sich in der Praxis durchgesetzt, eine *pragmatische Strukturierung* zu wählen.[128] Hierunter versteht man die vereinfachte Unterteilung des Prüfungsgegenstands in die zuvor angesprochenen Bereiche.

Das IDW hat in Abstimmung mit dem Bundesministerium für Finanzen (BMF) und den Bundes- und Landesrechnungshöfen für die Zwecke der Prüfung nach dem HGrG den IDW PS 720 herausgegeben. Dieser enthält einen *Fragenkatalog*, den der Abschlussprüfer auch im Rahmen einer freiwilligen Geschäftsführungsprüfung grundsätzlich heranziehen kann.

Sollte der Prüfer den Fragenkatalog auch bei einer freiwilligen Geschäftsführungsprüfung verwenden, so hat er hierbei die Aufgabe, sich anhand der vorgegebenen Fragen ein Urteil über die Ordnungsmäßigkeit der Geschäftsführung zu bilden. Der Fragenkatalog untergliedert sich in 21 Fragenkreise (vgl. auch Abschnitt 2.2.6). Allerdings räumt IDW PS 720.5 ein, dass der Fragenkatalog keinen Anspruch auf Vollständigkeit erhebt und es Aufgabe des Wirtschaftsprüfers sei, diesen auf den konkreten Sachverhalt anzuwenden und ggf. zu erweitern. Auch können Fragen, welche für den Sachverhalt von untergeordneter Rolle sind, mit geringerer Intensität geprüft werden. Sollte der Prüfer zu dem Urteil kommen, dass eine Frage (oder ein gesamter Fragenkreis) bei der vorliegenden Prüfung nicht einschlägig ist, so kann er von dem vorgegebenen Fragenkatalog abweichen. Zudem ist stets zu fragen, ob der Katalog für ein management audit geeignete Kriterien vorgibt. Sollte dies nicht der Fall sein, so hat der Prüfer selbst geeignete Kriterien i.S. von ISA 100 zu entwickeln.

Weitaus schwieriger als die Erfassung des Ist-Objektes gestaltet sich die Bestimmung des Soll-Objektes einer Geschäftsführungsprüfung. Eindeutige Kriterien, welche eine Beurteilung der Geschäftsführung erlauben, liegen im Regelfall nicht vor. Wissenschaftliche Erkenntnisse der Betriebswirtschaftslehre bezüglich der Führungsmethoden oder des Aufbaus und Ablaufs betrieblicher Funktionsbereiche stellen lediglich Ermessensnormen dar, die keine eindeutigen Kriterien der Soll-Objekte vorschreiben und teilweise erhebliche Beurteilungsspielräume zulassen.[129] Bereits aus diesem Grunde ist eine vollumfängliche inhaltliche Prüfung nicht möglich. Zudem variieren die Unternehmensziele und mithin die Anforderungen an die Geschäftsführungsprüfung von Unternehmen zu Unternehmen.

Aus den zuvor genannten Gründen konzentriert sich die Geschäftsführungsprüfung zumeist auf *formale Kriterien*.

- Im Bereich der *Geschäftsführungsorganisation* ist beispielsweise zu untersuchen, ob die interne Organisationsstruktur sachgerecht ist (z.B. klare Aufgabenverteilung zwischen den einzelnen Ressorts).

- Im Bereich der *Geschäftsführungsinstrumentarien* kann der Prüfer beispielsweise überprüfen, ob eine geeignete Interne Revision eingerichtet wurde, ob laufende Liquiditätskontrollen bestehen und ob es geeignete Richtlinien für wesentliche Entscheidungsprozesse gibt.

- Im Rahmen der Überprüfung der *Geschäftsführungstätigkeit* stehen Verfahrensprüfungen im Vordergrund. Beispielsweise ist zu prüfen, ob die Entscheidungsfindung nachvollziehbar ist und sich auf geeignete Planungs- und Entscheidungsgrundlagen stützt.

Bei der Überprüfung der *Vermögens-, Finanz- und Ertragslage* handelt es sich hingegen um eine primär an *materiellen Kriterien* orientierte Untersuchung. Beispielsweise ist zu prüfen, ob das Jahresergebnis entscheidend von einmaligen Vorgängen geprägt ist und ob besondere Risiken aus schwebenden Geschäften bestehen.

Da die Überprüfung der Geschäftsführungstätigkeit auf Grundlage der bei der Abschlussprüfung gewonnenen Erkenntnisse erfolgt (IDW PS 720.9), lässt sich die Effizenz der Geschäftsführungsprüfung dadurch erhöhen, dass der Prüfer die Informationen aus der Jahresabschlussprüfung verwendet. Mögliche Synergien betreffen z.B. die in IDW PS 720.17 ff. genannten Fragenkreise „Risikofrüherkennungssystem", „Finanzinstrumente, andere Termingeschäfte, Optionen und Derivate", „Interne Revision" sowie „Ungewöhnliche Bilanzposten und stille Reserven".

Beispiel

Nach IDW PS 720.17 hat der Prüfer im Fragenkreis 3 („Aufbau- und ablauforganisatorische Grundlagen") u.a. die Frage zu beantworten, ob es sichergestellt ist, dass wesentliche miteinander unvereinbare Funktionen (z.B. Trennung von Anweisung und Vollzug) organisatorisch getrennt sind. Da dieser Frage i.d.R. bereits im Rahmen der Jahresabschlussprüfung bei der Prüfung des IKS nachgegangen wurde (Kapitel II, Abschnitt 3.2.2), kann der Prüfer die dort gewonnenen Prüfungsnachweise auch im Zuge der Geschäftsführungsprüfung verwerten.

Der beantwortete Fragenkatalog ist gem. IDW PS 720.13 i.V.m IDW PH 9.450.1.6 als Anlage dem Prüfungsbericht (Kapitel II, Abschnitt 5.3.2) beizufügen. Dieses Vorgehen ist bei einer freiwilligen Prüfung der Geschäftsführung nicht notwendig, da keine Pflicht zur Anwendung des IDW PS 720 besteht.

Ob eine *Konformität* mit dem ISA 100 besteht, hängt davon ab, ob man die kasuistische Abarbeitung eines Fragenkataloges als geeignet einschätzt, um eine ordnungsgemäße Geschäftsführung beurteilen zu können. Dies ist nicht der Fall. Eine kritiklose Übernahme der in dem Fragenkatalog des IDW PS 720 enthaltenen Kriterien als „established criteria" i.S. von ISA 100.23 ist daher unzulässig; i.d.S. fordert auch IDW PS 720.5 ff., dass der Fragenkatalog an die Verhältnisse des Einzelfalls anzupassen ist.

Vielmehr kann der Fragenkatalog in IDW PS 720 als Versuch einer Standardisierung von Teilbereichen dieser freiwilligen Prüfung begriffen werden, um eine einheitliche Grundlage für die Geschäftsführungsprüfung zu schaffen. Da mit der Geschäftsführungsprüfung zumeist schwierige Wertungen hinsichtlich des Soll-Objektes der Prüfung einhergehen, dürfte regelmäßig nur die Abgabe einer negativ formulierten mittleren Urteilssicherheit in Betracht kommen (moderate, negative assurance).[130]

2.3.3.2.4 Unterschlagungsprüfung

In den letzten Jahren hat die Zahl der Unterschlagungen stark zugenommen. Eine auf Europa bezogene fraud-Studie von PwC aus dem Jahr 2001 beziffert den Schaden der letzten beiden Jahre auf 3,6 Mrd. € (vgl. Kapitel II, Abschnitt 4.1.1). Aus diesem Grund ist von einer zunehmenden Nachfrage der Unternehmen nach Unterschlagungsprüfungen auszugehen; gleichwohl erbringen Prüfungsgesellschaften derzeit nur in vergleichsweise geringem Umfang solche Dienstleistungen[131].

Der Begriff Unterschlagung wird im Folgenden weit ausgelegt. Dieser soll nicht nur die strafrechtliche Unterschlagung (§ 246 StGB), sondern auch den Diebstahl (§ 242 StGB), den Betrug (§ 262 StGB), die Untreue (§ 266 StGB), die Urkundenfälschung (§ 267 StGB) sowie die Bestechung (§ 299 StGB) umfassen.[132] Dabei ist zu unterscheiden zwischen direkter Schädigung (z.B. Diebstahl einer Ware) und indirekter Schädigung (z.B. Bestechung durch Annahme von Zuwendungen; im Gegenzug gewährt der Bestochene Vorteile zu Lasten des Unternehmens). Allgemein lässt sich unter Unterschlagung im wirtschaftlichen Sinn die bewusste, unerlaubte Entwendung von Geld oder Sachvermögen einer Organisation durch eine interne oder externe Person verstehen.[133] Als zu behandelnder Gegenstand einer Unterschlagungsprüfung kommen demnach primär Verhaltensweisen in Betracht (ISA 100.20).

Dolose Handlungen (übersetzt: arglistig, mit bösem Vorsatz) umfassen vor allem strafrechtliche Unterschlagungen und Diebstahl. Werden die Prüfungsnachweise mit der Zielsetzung erbracht, diese im Kontext von Gerichtsverhandlungen zu verwerten, findet auch der Begriff „forensic auditing" Verwendung.[134] Der im Kontext der Jahresabschlussprüfung verwendete Begriff fraud ist insofern enger gefasst, als es hier um vorsätzliche Handlungen (Täuschungen oder Vermögensschädigungen) geht, die zu wesentlichen falschen Angaben in der Rechnungslegung führen (vgl. Kapitel II, Abschnitt 4.1.1). Insofern werden alle Unterschlagungen, die den Jahresabschluss nicht wesentlich tangieren, von der fraud-Definition des § 317 Abs. 1 Satz 3 HGB i.V.m. IDW PS 210 bzw. ISA 240 nicht erfasst.

Bei der Planung der Abschlussprüfung hat der Prüfer im Rahmen einer Risikobeurteilung vorläufig zu beurteilen, ob ein fraud-Risiko in dem zuvor angesprochenen Sinne besteht (IDW PS 210.22). Gleichwohl *handelt es sich bei der Jahresabschlussprüfung um keine gezielte Unterschlagungsprüfung*. Dies verdeutlicht zum einen IDW PS 210.40, der das unvermeidliche Risiko anspricht, dass einige wesentliche falsche Angaben in der Rechnungslegung nicht aufgedeckt werden. Zum anderen berechtigt IDW PS 210.41 den Abschlussprüfer dazu, grundsätzlich von der wahrheitsgemäßen Erteilung von Auskünften sowie der Echtheit von Dokumenten und Aufzeichnungen auszugehen. Zudem spricht IDW PS 210 den Einsatz kriminalistischer Methoden, die geeignet wären, das zuvor angesprochene unvermeidliche Risiko zu reduzieren, nicht explizit an.

Insgesamt ist eine Unterschlagungsprüfung sowohl inhaltlich als auch im Hinblick auf die eingesetzten Prüfungsmethoden wesentlich *weiter gefasst als eine fraud-Prüfung i.S. von IDW PS 210 bzw. ISA 240*. Gleichwohl gestaltet sich eine genaue Grenzziehung oftmals schwierig.

Bei der Unterschlagungsprüfung handelt es sich um eine *freiwillige Prüfung*. Häufig führen interne Revisoren eine solche Prüfung durch. Dies liegt darin begründet, dass interne Instanzen regelmäßig einen besseren Einblick in das Unternehmen haben und sich die Prüfungsdurchführung zumeist deutlich unauffälliger gestaltet, als bei Einsatz eines externen Prüfers. Aus den genannten Gründen sind interne Revisoren auch erfolgreicher bei der Aufdeckung von Unterschlagungen.[135] Gleichwohl ist ein externer Prüfer immer dann einzusetzen, wenn das betreffende Unternehmen über keine Interne Revision verfügt oder wenn ein Besorgnis der Befangenheit der Revisionsabteilung (z.B. bei Involvierung des Managements in die Unterschlagungen oder einer zumindest teilweise gegebenen Abhängigkeit von Management und Interner Revision) besteht.

Eine Unterschlagungsprüfung kann zu unterschiedlichen *Anlässen* vom Mandanten in Auftrag gegeben werden.

- Es liegen konkrete Verdachtsmomente vor.
- Es liegen lediglich Mutmaßungen vor, dass eine Unterschlagung begangen worden sein könnte.
- Bekannte Schäden sollen quantifiziert werden.
- Die Prüfung dient der Unterschlagungsprophylaxe.

Die *Prüfungsplanung und -durchführung* ist dem Anlass der Prüfung anzupassen.[136] Um der Gefahr der Beseitigung von Beweismaterial entgegenzuwirken, erscheint es regelmäßig zweckmäßig, die Unterschlagungsprüfung als Überraschungsprüfung zu gestalten. Auch kann es ggf. sinnvoll sein, die Unterschlagungsprüfung durch eine andere, reguläre Prüfung zu tarnen, um den oder die (mutmaßlichen) Täter in Sicherheit zu wiegen. Beispielsweise kann die Unterschlagungsprüfung parallel zu einer Jahresabschlussprüfung erfolgen.

- Die Durchführung selbst bildet einen äußerst dynamischen Prozess, bei dem die im Zeitablauf gewonnenen Erkenntnisse in hohem Maße den Prüfungspfad determinieren. Insofern ist zumeist lediglich eine Grobplanung der Prüfung möglich. Diese Grobplanung muss im Laufe der Prüfung ständig konkretisiert werden.
- Liegen keine konkreten Verdachtsmomente vor, bildet das Erkennen von Symptomen (z.B. auffälliger Lebenswandel von Mitarbeitern; ein (unauffälliger) Lebenswandel, der sich aus den laufenden Einnahmen des Mitarbeiters nicht bestreiten lässt; auffällig häufi-

ge Vergabe von Aufträgen an einen bestimmten Lieferanten), die auf abgrenzbare Deliktbereiche (z.B. Unternehmensbereiche, Täterkreise, Transaktionskreise, Zeiträume, gefährdete Vermögensgegenstände) hindeuten, das vorläufige Prüfungsziel.

- Wurden potenzielle Deliktbereiche als solche identifiziert oder bestanden bereits bei Auftragserteilung für bestimmte Deliktbereiche konkrete Verdachtsmomente, ist *lückenlos zu prüfen* (Vollprüfung). Bei einer vermuteten Unterschlagung (z.B. Lager- oder Kassenfehlbestand) ist progressiv in Richtung Erhellung des Tathergangs sowie Täteridentifikation zu prüfen. Dagegen ist retrograd vorzugehen, sofern bereits Anhaltspunkte hinsichtlich der Art der begangenen Tat sowie des Täters selbst vorliegen (zum progressiven und retrograden Vorgehen im Rahmen der Abschlussprüfung vgl. Kapitel I, Abschnitt 3.2.1).

Als *Methoden zur Erlangung von Prüfungsnachweisen* werden zunächst analytische Prüfungen (Ergebnis dieser Prüfungen könnte z.B. die Feststellung sein, dass Warenauslieferungen über die bestehenden Transportkapazitäten hinausgehen) und Systemprüfungen (Ergebnis dieser Prüfung könnte z.B. die Feststellung sein, dass auch unautorisierte Personen zentrale Änderungen im IT-System durchführen können) eingesetzt. Im Rahmen der zuvor genannten Methoden und für die Zwecke einer ersten Risikoeinschätzung führt der Prüfer häufig Befragungen (z.B. von Mitarbeitern sowie Kunden und Lieferanten) durch. Festgestellten, erhöhten Unterschlagungsrisiken ist durch Einzelfallprüfungen nachzugehen. Dabei bedient sich der Prüfer im Unterschied zur Jahresabschlussprüfung auch *kriminalistischer Methoden*: Diese umfassen u.a. das Erkennen von Dokumentenmanipulationen, Strategien zur Beurteilung der Zuverlässigkeit von Aussagen in mündlichen Befragungen, die Spurensuche und -sicherung bei Diebstahl, das Initiieren kontrollierter Lock-Situationen, die Durchsuchung sowie die Observierung. Die Durchsuchung von Wohnungen, das Observieren von Personen und das Initiieren von Lock-Situationen sollte nur in Absprache mit den Ermittlungsbehörden erfolgen.

Für das Erkennen potenzieller Deliktbereiche bietet sich die Analyse von *Datenbeständen mit Hilfe IT-gestützter Prüfungstechniken* an. Besonders effizient dürfte sich dabei generelle Prüfsoftware einsetzen lassen. Diese Software erlaubt das rasche Aufspüren von Indizien, die auf Unterschlagungen hindeuten (z.B. mehrfach gezahlte Rechnungen). Überdies lassen sich IT-gestützt auch theoretisch anspruchsvollere Verfahren (z.B. Benford's Gesetz) zur Identifikation potenzieller Deliktbereiche einsetzen (vgl. ausführlich Kapitel II, Abschnitt 7, insbes. Abschnitt 7.2.5).

Die *Ergebnisse der Prüfung* sind in einem schriftlichen Bericht festzuhalten. Dieser muss ggf. zur Beweisführung vor Gericht geeignet sein. Ergibt sich im Zuge der Prüfungsdurchführung ein unmittelbarer Handlungsbedarf (z.B. sofort einzuleitende Sicherheitsmaßnahme), ist der Auftraggeber unverzüglich (mündlich) zu unterrichten. Ist das Management in die Unterschlagungen involviert, erfolgt die Berichterstattung an die Aufsichtsorgane oder Gesellschafter; zu empfehlen ist, den Primärberichtsadressaten (Management) und die Sekundärberichtsadressaten (Aufsichtsorgane oder Gesellschafter im Falle der Involvierung des Managements) bereits bei Auftragserteilung festzulegen.

Die *Konformität mit dem ISA 100* ist definitionsgemäß immer dann gegeben, wenn das Vorgehen bei einer Unterschlagungsprüfung den Anforderungen dieses Standards genügt. Bei der Unterschlagungsprüfung handelt es sich um eine sehr dynamische Prüfung. Bei geschickt angelegten Unterschlagungen läuft auch eine solche Prüfung häufig ins Leere. Aus diesem Grunde dürfte es faktisch nicht möglich sein, eine positiv formulierte Aussage zu treffen, dass mit hoher Sicherheit keine Unterschlagungen begangen wurden. Angesichts der zuvor skizzierten Unsicherheiten dürfte der Prüfer nur in der Lage sein, eine negativ formulierte Urteilssicherheit auf mittlerem Niveau abzugeben (moderate, negative assurance).

2.3.3.2.5 Prüfung von Nachhaltigkeitsberichten

Immer stärker fordern Investoren, Kunden, Mitarbeiter und Interessengruppen, dass Unternehmen alle natürlichen Ressourcen möglichst effizient einsetzen und sich ethisch einwandfrei verhalten sollen.[137] Beispielsweise berücksichtigen Investoren entsprechende Kriterien bei ihren Anlageentscheidungen und es werden in sog. Ethikfonds nur solche Unternehmen aufgenommen, die ein entsprechendes ethisches und umweltorientiertes Bewusstsein und Handeln nachweisen können.

Aus den zuvor genannten Gründen gehen immer mehr Unternehmen weltweit dazu über, Nachhaltigkeitsberichte (*sustainability reports*) zu veröffentlichen. Das Konzept der Nachhaltigkeit (sustainability) entstammt ursprünglich der Forstwirtschaft und bezieht sich auf eine Nutzung der Ressourcen ohne Beeinträchtigung der Entscheidungsfreiheit zukünftiger Generationen. In ähnlicher Weise ist einer Definition der World Commission on Environment and Development zufolge hiermit ein Handeln angesprochen, welches „die Bedürfnisse der gegenwärtigen Generationen erfüllt, dabei aber gleichzeitig den zukünftigen Generationen die Grundlagen für die Erfüllung ihrer eigenen Bedürfnisse erhält."[138] Für Unternehmen bedeutet dies, die ökologischen und sozialen Umfeldanforderungen an das Unternehmen in der Unternehmensstrategie zu berücksichtigen.[139]

Nachhaltigkeitsberichte beinhalten regelmäßig Angaben zu den folgenden Dimensionen: Wirtschaft (economic), Umwelt (environmental) und Soziales (social):[140]

- *Wirtschaftlich orientierte Angaben* betreffen beispielsweise Angaben zu Lohn- und Gehaltsausgaben, Nettoverkaufserlösen, freiwilligen Spenden und Steuerzahlungen an den Fiskus.

- *Umweltorientierte Angaben* beziehen sich z.B. auf die Auswirkungen von Prozessen, eingesetzten Materialien, hergestellten Produkten und Dienstleistungen auf die Umwelt.

- *Sozial orientierte Angaben* kann das Unternehmen z.B. zum Gesundheitsschutz, zum Wettbewerbsverhalten, zur Kinderarbeit, zu Arbeitnehmerrechten, zu Menschenrechten oder zum sozialen Engagement des Unternehmens tätigen.

Ziel von Nachhaltigkeitsberichten ist es u.a., klare Aussagen über die Auswirkungen von Unternehmensleistungen auf die Menschen und die Umwelt zu machen, um den stakeholdern entscheidungsnützliche Informationen zur Verfügung zu stellen. Um den getätigten Angaben Glaubwürdigkeit zu verleihen, sind einige Unternehmen dazu übergegangen, ihre Nachhaltigkeitsberichte durch einen Wirtschaftsprüfer *freiwillig* überprüfen zu lassen.

Beispiel

Die „Royal Dutch Petroleum Company" und die „'Shell' Transport and Trading Company, plc." lassen seit mehreren Jahren ihren sog. *Shell Report* durch eine unabhängige dritte Instanz prüfen.[141] Hierbei werden Angaben zu unterschiedlichen Dimensionen (Wirtschaft, Umwelt, Soziales) von den beauftragten Wirtschaftsprüfern (PwC u. KPMG) geprüft. Der angewandte Prüfungsansatz basiert vermutlich auf dem ISA 100 („We based our approach on emerging best practice and principles within international standards for assurance engagements."[142]).

Alle mit besonderen Symbolen markierten Bereiche des Berichts wurden mit einer hinreichenden Urteilssicherheit (reasonable assurance) geprüft. Weiterhin wird hinsichtlich des zu behandelnden Gegenstands in Anlehnung an ISA 100.20 zwischen Informationen sowie Systemen und Prozessen unterschieden (Verhaltensweisen werden nicht explizit angesprochen) und die entsprechenden Prüfungsleistungen beschrieben. Beispielsweise wird der Prüfungsumfang zu den Systemen und Prozessen u.a. wie folgt angegeben: „Our assessment included interviewing Shell people and external experts, reviewing documentation and confirming the accurate use of data derived from external sources."[143] Das diesbezügliche Prüfungsurteil lautet: „The statements and data related to systems and processes marked with this symbol are supported by underlying evidence."[144]

Die nachfolgenden Ausführungen geben erste Anhaltspunkte, wie eine solche Prüfung im Rahmen von ISA 100 ausgestaltet werden kann:

Der Nachhaltigkeitsbericht umfasst eine Vielzahl von zu behandelnden Gegenständen, die normalerweise nicht in den Tätigkeitsbereich eines Wirtschaftsprüfers fallen (z.B. Prüfung von Menschenrechtsfragen oder Kinderarbeit). Daher hat der Prüfer bei Auftragsannahme zu prüfen, ob er über das notwendige Fachwissen zur Prüfung der entsprechenden Angaben verfügt. Gegebenenfalls muss er hierbei auf den Rat von Experten zurückgreifen.

Mit dem Inhalt und der ordnungsgemäßen Darstellung von Nachhaltigkeitsberichten hat sich eine Vielzahl von Organisationen, u.a. die FEE und die Global Reporting Initiative (GRI) beschäftigt.[145] Die erstellten Leitfäden stimmen in den meisten Punkten überein. Der Prüfer sollte diese Leitfäden zur Kenntnis nehmen und bei Bedarf im Rahmen der Prüfungsdurchführung beachten. Besondere Bedeutung dürfte hier der von der GRI für Nachhaltigkeitsberichte vorgeschlagene Bezugsrahmen erlangen. Dieser Bezugsrahmen umfasst elf Berichtsprinzipien (transparency, inclusiveness, completeness, relevance, sustainability context, accuracy, neutrality, comparability, clarity, timeliness und auditability), die detailliert beschrieben werden.[146] Die Einhaltung dieser Prinzipien gilt es zu prüfen. Allerdings reicht die Spezifität des GRI-Leitfadens nicht aus, um für alle denkbaren Prüfungsleistungen geeignete Kriterien (established criteria i.S. von ISA 100.22 f.) zur Verfügung zu stellen.

Daher muss der Prüfer die Kriterien unter Beachtung der in ISA 100.52 genannten Merkmale (für die Beurteilung der Eignung von Kriterien) *zumeist selbst entwickeln*.[147] Die folgenden Ausführungen gehen kurz auf die Herleitung der Kriterien ein:

- Bei den *wirtschaftlich orientierten Angaben* (z.B. zum Lohn- und Gehaltsaufwand oder zu den geleisteten Steuerzahlungen) kann der Prüfer zum Teil die im Rahmen der Jahresabschlussprüfung verwendeten Kriterien heranziehen (zum Konzept der Abschlussaussagen vgl. Kapitel I, Abschnitt 6.2). Dieser Bereich erscheint unproblematisch.

- Für die *umweltorientierten Angaben* bestehen zahlreiche Vorschriften und Prüfungsnormen, die es dem Prüfer vergleichsweise leicht ermöglichen, anhand geeigneter Kriterien die Ordnungsmäßigkeit zu überprüfen. Das prüferische Vorgehen zeigt Parallelen zur Prüfung von Umweltberichten (vgl. Abschnitt 2.3.3.1.2).

- Für die *sozial orientierten Angaben* haben sich noch keine allgemein anerkannten Kriterien zur Überprüfung herausgebildet. Erste Anhaltspunkte für die Kriterienentwicklung finden sich in den folgenden Normen: „Social Accountability 8000 (SA8000)" der „Social Accountability International (SAI)" und „AA1000 Assurance Standard" des „Institute of Social and Ethical Accountability".[148]

Beispiel

Im Folgenden werden die *Schwierigkeiten bei der Prüfung sozial orientierter Angaben* beispielhaft verdeutlicht.[149] Dabei geht es darum, die Aussage (assertion) eines Unternehmens hinsichtlich der Beschäftigung von Kindern unter 14 Jahren zu prüfen. Der zu behandelnde Gegenstand (subject matter) ist die Kinderarbeit (child labor). Die Aussage lautet: „Das Unternehmen hat in Brasilien im Jahr 2000 keine Personen unter 14 Jahren beschäftigt." Als bestehende anerkannte Norm, welche auf verschiedene Kriterien zurückgreift (established criteria), wird der International Labor Organization Code C138, Minimum Age Convention 1973, Art. 2., § 4 herangezogen. Relevante Kriterien sind: Genauigkeit (accuracy), Vollständigkeit (completeness), Relevanz (relevance), Neutralität (neutrality) und Verständlichkeit (understandability; angesprochen ist das GRI-Berichtsprinzip clarity).

Die Beurteilung der Kriterien gestaltet sich in vielfältiger Hinsicht problematisch. In Bezug auf das Kriterium *Genauigkeit* stellt sich die Frage, ob die Beschäftigung von bereits einem Kind oder nur zwei oder drei Kindern als wesentlich anzusehen ist. Dabei erlangt die Beurteilung der Wesentlichkeit (materiality) eine andere Bedeutung als im Rahmen der Jahresabschlussprüfung, da bereits die Tatsache, dass *ein* falsch behandeltes menschliches Wesen nicht als unwesentlich angesehen werden kann. In engem Zusammenhang hierzu steht die Frage, ob bereits die fehlende Berichterstattung über die Beschäftigung eines Kindes unter

14 Jahren eine nicht gegebene *Vollständigkeit* begründet. Zudem steht der Prüfer vor dem Problem, dass die Beurteilung der *Relevanz* unter den stakeholdern wesentlich stärker variiert als dies bei verschiedenen Jahresabschlussinformationen der Fall ist. Wie ist eine vom Unternehmen getätigte Aussage, dass alle Anstrengungen unternommen werden, um Kinderarbeit zu vermeiden, im Hinblick auf das Kriterium der *Neutralität* zu beurteilen? Würde der Prüfer dieser Aussage Verlässlichkeit verleihen, so könnte es zu einer Irreführung der stakeholder kommen; mithin ist das Neutralitätskriterium nicht erfüllt. Überdies ist grundsätzlich zu bezweifeln, ob die zuletzt genannte Aussage überhaupt verifizierbar ist.

Die Prüfungsergebnisse sind abschließend in einem Bericht zusammenzufassen. Über die Prüfung kann eine Bescheinigung erteilt werden, aus der das Prüfungsurteil und die gegebene Prüfungssicherheit sowie die getätigten Prüfungshandlungen ersichtlich sind. Ob eine Bescheinigung erteilt wird, richtet sich nach den Vereinbarungen zwischen Kunde und Wirtschaftsprüfer bei der Auftragsannahme.

Fraglich ist, mit welcher Prüfungssicherheit eine Prüfung des Nachhaltigkeitsberichts erfolgen kann. Beispielsweise lässt sich eine wirtschaftlich orientierte Angabe zum Lohn- und Gehaltsaufwand zweifelsfrei mit einer positiv formulierten hohen Urteilssicherheit prüfen. Dagegen lassen sich z.B. die sozialen Angaben auf Grund der zumeist fehlenden Beurteilungskriterien weitaus schwieriger prüfen. Aus diesem Grunde empfiehlt es sich, entweder den gesamten Bericht mit einer mittleren Urteilssicherheit zu prüfen oder die Urteilssicherheit in Abhängigkeit von dem zu behandelnden Prüfungsgegenstand zu variieren.[150] Letztere Vorgehensweise findet sich im Shell-Report wieder; dort wurden nur die besonders gekennzeichneten Bereiche mit einer hinreichenden Urteilssicherheit geprüft.[151]

Anmerkungen

*) Der Teilabschnitt 2.2 wurde unter Federführung von Herrn Prof. Dr. R. Quick und der Teilabschnitt 2.3 (mit Ausnahme der Teilabschnitte 2.3.3.1.3 und 2.3.3.1.5) unter Federführung von Herrn Prof. Dr. K. Ruhnke bearbeitet.

1 Einen Überblick über die Gutachtenarten im Einzelnen bietet *Buchner* (1997), S. 307 ff.

2 Zu den Grundzügen der Begutachtung vgl. *Grünefeld* (1972).

3 Vgl. *Thümmel* (1989).

4 Vgl. *Lück* (1991), S. 240 f. Der Versicherungsschutz im Rahmen der obligatorischen Berufshaftpflicht für Wirtschaftsprüfer deckt ausschließlich die Treuhandtätigkeit auf gesetzlicher oder rechtsgeschäftlicher Grundlage ab.

5 Vgl. *IDW* (2000), A 23.

6 Vgl. *IDW* (2000), A 21.

7 Die Bundesaufsichtsämter für das Versicherungswesen (BAV), das Kreditwesen (BAKred) und den Wertpapierhandel (BAWe) wurden durch das Gesetz über die integ-

rierte Finanzdienstleistungsaufsicht vom 22.4.2002 zum 1.5.2002 unter dem Dach der neu gegründeten Bundesanstalt für Finanzdienstleistungsaufsicht (BaFin) zusammengeführt. Die von den ehemaligen Bundesämtern erlassenen Rechtsverordnungen sind weiterhin anzuwenden. Allerdings sind die aus den Verordnungen entstehenden Pflichten, seit Inkrafttreten des o.a. Gesetzes gegenüber der neu gegründeten BaFin zu erfüllen.

8 Vgl. ebd.
9 Vgl. ebd.
10 Vgl. *Miletzki* (1999), S. 1453.
11 Gleiches gilt auch, falls eine Gebietskörperschaft mindestens ein Viertel der Anteile besitzt und sich darüber hinaus die Mehrheit der Anteile an diesem Unternehmen zusammen mit anderen Gebietskörperschaften in öffentlicher Hand befindet.
12 Vgl. hierzu ausführlich *Horvath/Reichmann* (2003), S. 48-49.
13 Vgl. *IDW* (2000), F 915, 916; *Kropff* (2000), § 313 AktG Rn. 39, 56.
14 Vgl. ausführlich *Ruhnke* (2000a), S. 329 ff.
15 Vgl. stellvertr. *AICPA/CICA* (1999).
16 Vgl. *Shell* (2002), S. 46.
17 Vgl. *McKinsey* (2000), S. 10.
18 Vgl. *Elliott/Pallais* (1997).
19 Vgl. http://www.aicpa.org/assurance/index.htm (Stand: 11.2.2003). Vgl. auch *Messier* (2000), S. 744 ff.
20 Vgl. http://www.aicpa.org/assurance/about/environment/mega.htm (Stand: 11.2.2003).
21 Vgl. ausführlich http://www.xbrl.org sowie *Meyer-Pries/Gröner* (2002), S. 44 ff.
22 Vgl. hierzu *Ruhnke* (2000a), S. 346 m.w.N.
23 Vgl. ausführlich *Ruhnke* (2000a), S. 351 ff., u. *Ruhnke* (2000b), S. 488 ff.
24 Zu einer freiwilligen Prüfung des DCGK vgl. *Ruhnke* (2003), S. 376 f.
25 Vgl. hierzu auch *Ruhnke* (2001a), S. 442 ff., u. *Kirsch/Dohrn* (2001), 427 ff.
26 Eine genaue Begriffsabgrenzung findet sich in Kapitel I, Abschnitt 6.5.2.2.
27 Während ein high level engagement typisch ist für ein audit (i.S. einer Jahresabschlussprüfung), ist ein moderate level engagement typisch für eine prüferische Durchsicht (review); vgl. Kapitel I, Abschnitt 6.4.2.
28 Vgl. *IFAC* (2002), insbesondere S. 112 ff.
29 Angesprochen ist das ED Assurance Engagements, proposed „International framework for assurance engagements", proposed ISAE 2000 „Assurance Engagements on subject matters other than historical financial information" and proposed withdrawal of ISA 120 „Framework of International Standards on Auditing". Vgl. hierzu auch die Ausführungen in Kapitel I, 6.5.2.1.
30 Vgl. hierzu auch die Ausführungen im explanatory memorandum des in Fn. 31 genannten ED unter „work effort" versus „interaction of variables".

31 In Anlehnung an das ED zum ISA 100; siehe auch *Ruhnke* (2000a), S. 338.
32 Zu den Bedingungen, die bei einer gesetzlichen Abschlussprüfung vorliegen müssen, vgl. ISA 210 sowie Kapitel II, Abschnitt 2.
33 Zu der sog. *Erwartungslücke* im Rahmen der Jahresabschlussprüfung vgl. Kapitel I, Abschnitt 1.2.1.
34 Zur Neusegmentierung vgl. http://deutsche-boerse.com.
35 Siehe auch *IAASB* (2003), S. 16.
36 Vgl. hierzu Fn. 32.
37 Vgl. hierzu http://deutsche-boerse.com.
38 Ein Vergleich der Zwischenberichterstattung nach deutschem Börsenrecht, IAS und US-GAAP findet sich in *Alvarez/Wotschofsky* (2000), S. 11 ff. Siehe auch *Merkt/Göthel* (2003), S. 23 ff.
39 Vgl. stellvertr. *Keller/Möller* (1993), S. 35 ff.
40 Vgl. hierzu die empirische Studie von *d'Arcy/Grabensberger* (2001), S. 1468 ff.
41 Vgl. z.B. *o.V.* (1999a), S. 20.
42 Vgl. *o.V.* (2000), S. 32.
43 Vgl. hierzu *Ostrowski/Sommerhäuser* (2000), S. 969 f., sowie *Selch/Rothfuss* (2000), S. 511.
44 Vgl. *E.ON AG* (2002), S. 15; *ThyssenKrupp AG* (2002), S. 22; *Schering AG* (2002), S. 19, und *Deutsche Bank AG* (2002), S. 19.
45 Zur Prüfung unterjähriger Berichte vgl. auch *Bridts* (1990), S. 323 ff.
46 Vgl. *Schindler* (2002), S. 1124.
47 Vgl. *Schindler* (2002), S. 1125.
48 Vgl. hierzu auch *Alvarez/Wotschofsky* (2000), S. 65 ff.
49 Die Neufassung von IDW PS 900.8 wurde auf der 184. Sitzung des HFA am 1.10.2002 beschlossen.
50 I.d.S. offensichtlich *Schindler* (2002), S. 1132 u. S. 1134.
51 *Schering AG* (2002), S. 19.
52 Vgl. *Lange/Daldrup* (2002), S. 659.
53 Vgl. hierzu *Lange/Daldrup* (2000), S. 223 ff. m.w.N.
54 Verordnung (EG) Nr. 761/2001 des Europäischen Parlamentes und des Rates vom 19.3.2001 über die freiwillige Beteiligung von Organisationen an einem Gemeinschaftssystem für das Umweltmanagement und die Umweltbetriebsprüfung (EMAS).
55 Vgl. stellvertr. zum Öko-Audit *Behlert/Marquardt/Rüdel* (1998), S. 207 ff., sowie zur Modellkonzeption des Öko-Audits *Ebinger* (1996), S. 83 ff. Die Ausführungen beziehen sich auf die alte EMAS I Verordnung, besitzen jedoch weiterhin auch für EMAS II Gültigkeit.

56 Zu den Anforderungen an einen Umweltgutachter vgl. *van Someren/Zillmann/Martins* (1995), S. 167 ff. Zum Prüfungsansatz der KPMG in diesem Bereich vgl. ebd., S. 175 f.
57 Vgl. hierzu *IDW* (2000), Q 1167 ff.; siehe weiterhin zur Prüfung der ordnungsgemäßen Entrichtung der Lizenzentgelte für den Grünen Punkt ebd., Q 1175 ff.
58 Vgl. *Lange/Daldrup* (2000), S. 244 f.
59 Je nach dem, in welchem Börsensegment eine Notierung der Wertpapiere angestrebt wird, differieren die im Gesetz verwendeten genauen Bezeichnungen für den Börsenprospekt (Amtlicher Markt: Börsenzulassungsprospekt, Geregelter Markt: Unternehmensbericht).
60 Siehe zu den in den Prospekt aufzunehmenden Informationen im Detail §§ 13 bis 32 BörsZulV.
61 Ausführlich zu den die Einforderung vom comfort letters bedingenden Rechtsgrundlagen nach deutschem und US-amerikanischen Kapitalmarktrecht siehe *Köhler/Weiser* (2003).
62 Börsenprospekte unterliegen zwar einer formellen Prüfung durch die Börsenzulassungsstelle; überprüft wird jedoch nur die Vollständigkeit der geforderten Inhaltsbestandteile und nicht der Wahrheitsgehalt der einzelnen Angaben (keine materielle Prüfung; sog. „Prospekttheorie"). Gleichwohl wird in zunehmendem Maß die Ansicht vertreten, die Börsenzulassungsstelle habe auch eine materielle Prüfungspflicht, da sie andernfalls die gesetzliche Vorgabe, wonach die Zulassung zu versagen ist, wenn Umstände bekannt sind, die zu einer Übervorteilung des Publikums oder einer Schädigung erheblicher allgemeiner Interessen führen (§ 30 Abs. 3 Nr. 3 BörsG), gar nicht erfüllen könne. Der exakte Umfang dieser bisweilen angenommenen materiellen Prüfungspflicht ist indes stets umstritten.
63 Die offizielle Bezeichnung in AU § 634 für comfort letters lautet „letters for underwriters and certain other requesting parties"; im Allgemeinen wird jedoch stets die Bezeichnung „comfort letters" verwendet.
64 Dennoch kann bei der Erstellung eines comfort letters von einer freiwilligen Prüfungsdienstleistung in dem Sinne gesprochen werden, als dass es keinerlei gesetzliche Vorschriften gibt, die eine solche Wirtschaftsprüferbescheinigung verlangen.
65 Die Kommentierungsfrist für den IDW EPS 910 läuft bis zum 30.9.2003.
66 I.S.d. § 43 Abs. 1 WPO.
67 Daher rührt auch die Bezeichnung „cold comfort letter".
68 Siehe dazu *Ebke/Siegel* (2001); *Herzog/Amstutz* (2000) sowie *Köhler* (2003).
69 Zu Prospektprüfungsgutachten von Wirtschaftsprüfern siehe z.B. *Wagner* (2001).
70 Die weltweiten Schätzungen für den Umsatz im Bereich B2B für das Jahr 2004 liegen zwischen 1,4 und 9,8 Milliarden US-$; vgl. *BMWA* (2003), S. 247.
71 Vgl. hierzu die vom IT-Committee der IFAC herausgegebene Guideline: „E-Business and the Accountant: Risk Management for Accounting Systems in an E-Business

Environment", insbesondere die Abbildung „Evolution of E-Business"; siehe auch *Fröhlich/Heese* (2001), S. 589.

72 *Czurda/Dietschi/Wunderli* (2000), S. 816; vgl. auch IDW PS 890.8. Zu den Vorbehalten der online-Konsumenten siehe ferner *Wittsiepe* (2002), S. 249 f.

73 Zu den Sicherheitsaspekten von E-Commerce vgl. stellvertr. *Kautenburger* (2000), S. 29, u. *IIR-Arbeitskreis „IT-Revision"* (2001), S. 18 ff.

74 Vgl. *BMI/BMJ* (2001), S. 196 ff.

75 Vgl. *Czurda/Dietschi/Wunderli* (2000), S. 816.

76 Vgl. *AICPA/CICA* (2001), S. 1.

77 Vgl. hierzu *AICPA/CICA* (2003).

78 Dies wird durch die Beispiele für WebTrust-Reports im neuen Standard deutlich; vgl. *AICPA/CICA* (2003), S. 86 ff.

79 Die Begriffswelt des AICPA bezieht eine examination nicht nur auf WebTrust, sondern auch auf weitere Dienstleistungen: Zu nennen sind z.B. die examination von Planabschlüssen (prospective financial statements), von Pro-Forma-Abschlüssen oder einer Management Discussion & Analysis (MD&A). Vgl. hierzu AT §§ 200, 300 u. 700; in Bezug auf Pro-Forma-Abschlüsse und die MD&A ist auch ein review möglich; vgl. AT §§ 300.07 ff. u. 700.08 ff. Zu den assurance services in den USA vgl. weiterhin *Marten/Köhler* (2001), S. 435 ff. Die IFAC verwendet den Begriff examination nur in Bezug auf prospective financial information; dort allerdings zumeist in Zusammenhang mit einer negativ formulierten Prüfungssicherheit auf mittlerem Niveau. Vgl. Kapitel I, Abschnitt 6.4.2.

80 Vgl. *Nagel/Gray* (1999), S. 635 f.; *Ruhnke* (2000a), S. 342 ff., u. *AICPA/CICA* (2003), S. 80 ff.

81 Derzeit bieten neben den USA, Kanada und Deutschland noch 14 weitere Länder eine WebTrust-Prüfung an, vgl. http://www.idwnet.de/ (Stand: 11.2.2003).

82 Vgl. auch *Drobeck/Gross* (2000), S. 1048 ff.

83 Die „Suitable Trust Services Criteria and Illustrations" sind abrufbar http://www.aicpa.org/assurance/webtrust/index.htm (Stand: 11.2.2003).

84 Vgl. *AICPA/CICA* (2003), S. 88 (Illustration 2).

85 Die Cookie-Technik (cookie, übersetzt: Keks) erlaubt es einem Web-Server, auf dem PC des Anwenders Informationen zu hinterlegen. Diese Informationen kann man sich als elektronische Krümel vorstellen, die ein cookie (Keks) hinterlässt. Da der Web-Server nicht direkt auf die Datenträger des Anwenders Zugriff hat, muss er hierfür den Browser bitten, der für diese Zwecke eine Datei mit allen cookies anlegt. Beim nächsten Aufruf des Web-Servers werden die für ihn gültigen Daten aus der cookie-Datei übertragen. In Anlehnung an die Darstellungen unter http://www.www-kurs.de/cookies.htm (Stand: 5.3.2003).

86 Zum Vorgehen bei einer WebTrust-Prüfung vgl. ausführlich *Nagel/Gray* (1999), S. 615 ff. Siehe auch *Nagel/Gray* (2000).

87 Der Fragebogen zur Selbstauskunft ist unter http://www.idwnet.de als Anhang von IDW PS 890 abrufbar.
88 I.d.S. auch *Heese* (2000), S. 20 f., der vom WebTrust-Prüfer ausreichende praktische Erfahrung fordert. Die vom IDW als eintägige Veranstaltung konzipierte WebTrust-Schulung dürfte nicht ausreichen, um das notwendige fachliche Know-how zu vermitteln.
89 Derzeit haben weltweit nur 32 Internetseiten ein WebTrust-Siegel. Vgl. http://www.cpawebtrust.org/abtseals.htm (Stand: 11.2.2003).
90 Vgl. http://www.wellsfargo.com/cps/index.jhtml (Stand: 27.2.2003).
91 Vgl. zu den ungeklärten Problemen bei der Haftung *Pacini/Sinason* (1999), S. 479 ff.
92 Bei den letztgenannten Unternehmen handelt es sich nur um Anbieter, die von der Initiative D21 als Gütesiegel empfohlen wurden. Hierzu zählt das WebTrust-Siegel des IDW. Darüber hinaus gibt es zahlreiche weitere Anbieter. D21 ist eine Initiative der deutschen Wirtschaft, die u.a. den Selbstregulierungsprozess im B2C-Bereich des E-Commerce fördert, vgl. http://www.initiatived21.de (Stand: 27.2.2003).
93 Vgl. *Houston/Taylor* (1999), S. 89 ff.
94 Vgl. *Pugliese/Halse* (2000).
95 Vgl. *AICPA/CICA* (2002), S. 22; *AICPA/CICA* (2003), S. 8-9.
96 Vgl. *McPhie* (2000), S. 4.
97 *AICPA/CICA* (2002), S. 20.
98 Vgl. *Mackler* (2001).
99 Vgl. *AICPA/CICA* (2003).
100 Ein Stiftungsgeschäft (§ 81 BGB) enthält die verbindliche Erklärung eines Stifters, ein Vermögen zur Erfüllung eines von ihm vorgegebenen Zweckes zu widmen, sowie genaue Angaben zum Namen, zum Sitz, zum Zweck, zum Vermögen und zur Bildung des Vorstands der Stiftung.
101 Zur Rechnungslegung von Stiftungen siehe IDW RS HFA 5.
102 Siehe *Merl/Koss* (1998), S. 1060.
103 Vgl. http://www.sec.gov/rules/final/33-7881.htm (Stand: 11.2.2003).
104 Vgl. *Röder* (1998), S. 23 ff., u. *Nowak* (2002), S. 449 ff.
105 Im Jahr 2001 betrug die Anzahl der Ad-hoc-Meldungen 5.421; vgl. *BAWe* (2002b), S. 31 f.
106 Vgl. *o.V.* (1999b), S. 33, u. *o.V.* (2002), S. 28.
107 Vgl. stellvertr. *Fülbier* (1998), S. 261 ff.
108 Vgl. *BAWe/Deutsche Börse AG* (1998), S. 38. Dabei sind stets die Volatilität des Wertpapiers sowie die im aktuellen Börsenkurs eingepreisten Erwartungen zu berücksichtigen.

109 Beispiele für prüfungsrelevante Tatsachen i.S. einer praxisorientierten Anwendungshilfe ohne Anspruch auf Vollständigkeit finden sich in *BAWe/Deutsche Börse AG* (1998), S. 50 f.

110 Zur Frage, ob Ad-hoc-Meldungen geprüft werden sollten oder nicht, vgl. *Ruhnke* (2001b), S. 1372 ff., und *Förschle/Helmschrott* (2001), S. 1375 ff.

111 *Rodewald/Siems* (2001), S. 2440.

112 Zu den nachstehenden Ausführungen vgl. ausführlich *Ruhnke* (2001a), S. 440 ff.

113 Zur praktischen Umsetzung bei Daimler-Benz (heute: DaimlerChrysler) vgl. *Bruns* (1995).

114 Zur Veröffentlichungspflicht von Unternehmensprognosen mit Tatsachenkern vgl. *Leis/Nowak* (2001), S. 114 f.

115 Vgl. *BAWe* (2002a).

116 Vgl. stellvertr. *Lachnit/Müller* (2002), S. 2553.

117 Vgl. *Crasselt/Pellens/Schremper* (2000), S. 72.

118 Diese Art der Formel wird als capital charge-Formel bezeichnet. Eine andere Formel ist die value spread-Formel. Hiernach ergibt sich der EVA wie folgt: $EVA = (r - c) \times capital$ mit $r = NOPAT / capital$. Beide Formeln lassen sich ineinander überführen.

119 Vgl. *Küting/Eidel* (1999), S. 834. Eine vollständige Liste der Anpassungen ist nur für Kunden von Stern, Stewart & Co. verfügbar, vgl. *Hostettler* (2000), S. 97, Fn. 437.

120 Zur zunehmenden EVA-Orientierung vgl. http://www.sternstewart.com.

121 Verdichtete Darstellung; entnommen aus *Siemens AG* (2002), S. 68, jedoch mit teilweise abweichender Terminologie. Die Kapitalkostensätze variieren in Abhängigkeit von dem Risiko der einzelnen Geschäftsbereiche der Siemens AG zwischen 8 und 10%; vgl. ebd.

122 Zu den folgenden Ausführungen siehe auch *Fey/Siegler* (2000), S. 20 ff.

123 Vgl. *Wübbelmann* (2001), S. 119.

124 Vgl. hierzu IDW PS 720.16 ff. sowie *Künnemann/Brunke* (2002), Sp. 927 ff. Kritisch zur Übertragung der Prüfungsmaßstäbe einer Geschäftsführungsprüfung nach HGrG auf private Unternehmen siehe *Loitz* (1997), S. 1839 ff. Vgl. allgemein zur Geschäftsführungsprüfung privater Unternehmen *Odenwald* (1999), S. 1163 ff.

125 Vgl. *Künnemann/Brunke* (2002), Sp. 924.

126 In Anlehnung an *Künnemann/Brunke* (2002), Sp. 926; zur Geschäftsführungsprüfung als Soll-Ist-Vergleich vgl. auch *Kofler* (1996), S. 272 ff.

127 Vgl. hierzu auch *Bolsenkötter* (2002), Rn. 154 ff.

128 Vgl. *IFAC* (2002), S. 89 ff., insbes. S. 95.

129 Vgl. *Sell* (1999), S. 4.

130 Vgl. *Leffson* (1988), S. 382.

131 Der Terminus „forensisch" entstammt dem Lateinischen und bedeutet die Gerichtsverhandlung betreffend. Forensische Prüfungen dienen zumeist der Rekonstruktion wirtschaftskrimineller Handlungen. Vgl. auch *Bologna/Lindquist* (1995), S. 26 ff.

132 Vgl. z.B. *Kleinmanns* (1999), S. 614 m.w.N.

133 Zu den folgenden Ausführungen vgl. stellvertr. *Kleinmanns* (1999), S. 613 ff., u. *Ebeling/Böhme* (2000), S. 469 ff.

134 Vgl. *Bergius* (2002), S. K1.

135 Zitiert in *Hauth/Raupach* (2001), S. 25.

136 In Anlehnung an *Brebeck/Horst* (2002), S. 21.

137 Vgl. *GRI* (2002), S. 36, u. *FEE* (2002), 12.

138 Vgl. *Shell* (2002), S. 46.

139 *Shell* (2002), S. 46.

140 *Shell* (2002), S. 46.

141 *Shell* (2002), S. 46.

142 Vgl. *FEE* (2000) u. *GRI* (2002).

143 Vgl. *GRI* (2002), S. 22 ff.

144 I.d.S. auch *FEE* (2002), S. 28, u. *Wallage* (2000), S. 56 ff.

145 Vgl. *SAI* (2001) sowie *Institute of Social and Ethical Accountability* (2002).

146 Das Beispiel ist in Anlehnung an *Wallage* (2000), S. 58 ff., konzipiert.

147 Vgl. hierzu auch *Wallage* (2000), S. 62 ff., u. *FEE* (2002), S. 16 f.

148 Vgl. *Shell* (2002), S. 46.

Literaturhinweise

AICPA/CICA (1999): Continuous Auditing, Toronto.

AICPA/CICA (2001): WebTrust$^{SM/TM}$ Practitioner guidance on scooping and reporting issues, New York und Toronto, abrufbar unter: http://www.aicpa.org/webtrust/index.htm, (Stand: 11.2.2003).

AICPA/CICA (2002): Exposure Draft: Trust Services Principles and Criteria (Incorporating SysTrust and WebTrust), Version 1.0, abrufbar unter: http://www.aicpa.org (Stand: 10.4.2003).

AICPA/CICA (2002): SysTrust: Presentation for CPAs, abrufbar unter: http://www.aicpa.org (Stand: 22.12.2002).

AICPA/CICA (2003): Suitable Trust Service Criteria and Illustrations, New York/Toronto, abrufbar unter: http://www.aicpa.org/assurance/webtrust/index.htm (Stand: 11.2.2003).

AICPA/CICA (2003): Trust Services Principles and Criteria (Incorporating SysTrust and WebTrust), Version 1.0, abrufbar unter: http://www.aicpa.org (Stand: 10.4.2003).

Alvarez, M./Wotschofsky, S. (2000): Zwischenberichterstattung nach Börsenrecht, IAS und US-GAAP, Bielefeld.

Angermayer, B. (1994): Die aktienrechtliche Prüfung von Sacheinlagen, Düsseldorf.

Angermayer, B. (1998a): Handelsrechtliche Anschaffungskosten von Sacheinlagen – Zugleich eine kritische Würdigung der Meinungsvielfalt bei der Einbringung einzelner Sacheinlagegegenstände und Sacheinlagen in Umwandlungsfällen, in: Der Betrieb, S. 145-151.

Angermayer, B. (1998b): Die Bewertungsprüfung von Sacheinlagen – Eine kritische Auseinandersetzung zum Problem des maßgeblichen Istwertes – Richtungweisende Impulse durch das Stückaktiengesetz ?, in: Die Wirtschaftsprüfung, S. 914-919.

Arens, A.A./Loebbecke, J.K. (2000): Auditing – An Integrated Approach, 8. Aufl., New Jersey et al.

Arens, A.A./Elder, R.J./Beasley, M.S. (2002): Auditing and Assurance Services: An Integrated Approach, 9. Aufl., New Jersey.

Bailey, A.D. (2000): Discussion of AICPA/CICA SYSTRUST: Principles and Criteria, in: Journal of Information Systems, Supplement, S. 9-16.

Bailey, L.P. (1999): Miller GAAS Guide, San Diego et al.

BAWe (2000): Statistik 2000, Frankfurt am Main.

BAWe (2002a): Hinweis des BAWe, dass Ad-hoc-Tatsachen unabhängig von Börsenhandelszeiten – unverzüglich – zu veröffentlichen sind, Schreiben des Bundesaufsichtsamtes für den Wertpapierhandel an die Vorstände der an einer inländischen Börse zum Amtlichen Handel oder Geregelten Markt zugelassenen Aktiengesellschaften sowie die persönlichen haftenden Gesellschafter der zum Amtlichen Handel oder Geregelten Markt zugelassenen Kommanditgesellschaften auf Aktien vom 8.2.2002, Frankfurt am Main.

BAWe (2002b): Jahresbericht 2001, Frankfurt am Main.

BAWe/Deutsche Börse AG (1998): Insiderhandelsverbote und Ad hoc-Publizität nach dem Wertpapierhandelsgesetz, 2. Aufl., Frankfurt am Main.

Becker, G.M. (2000): Marktwertorientiertes Rechnungswesen, Shareholder Value Management und Controlling, in: Das Wirtschaftsstudium, S. 53-55.

Behlert, C./Marquardt, U./Rüdel, R. (1998): Umweltprüfung, in: Sietz, M (Hrsg.): Umweltschutz, Produktqualität und Unternehmenserfolg, Berlin, S. 199-343.

Bergius, S. (2002): Sauberer Profit, in: Handelsblatt vom 28./29.6.2002, S. K 1.

BMI/BMJ (2001): Erster periodischer Sicherheitsbericht, Berlin; abrufbar unter: http://www.bmi.bund.de (Stand: 27.2.2003).

BMWA (2003): Monitoring Informationswirtschaft, München; abrufbar unter: http://www.bmwi.de/Redaktion/Inhalte/Downloads/6-faktenbericht-vollversion, templateId=download.pdf (Stand: 27.3.2003).

Bologna, G.J./Lindquist, R.J. (1995): Fraud Auditing and Forensic Auditing, 2. Aufl., New York et al.

Bolsenkötter, H. (1990): Die Prüfung der Ordnungsmäßigkeit der Geschäftsführung, in: v. Wysocki, K./Schulze-Osterloh, J. (Hrsg.): Handbuch des Jahresabschlusses in Einzeldarstellungen (HdJ), Loseblattsammlung, Abt. VI/4.

Bolsenkötter, H. (2002): Die Prüfung der Ordnungsmäßigkeit der Geschäftsführung, in: v. Wysocki, K./Schulze-Osterloh, J. (Hrsg.): Handbuch des Jahresabschlusses in Einzeldarstellungen (HdJ), Loseblattsammlung, 2. Aufl., Abt. VI/8.

Bosse, C. (2002): TransPuG: Änderungen zu den Berichtspflichten des Vorstands und zur Aufsichtsratstätigkeits – weitere Änderungen zur Gründungsprüfung und Kapitalbildung, in: Der Betrieb, S. 1592-1595.

Brebeck, F./Horst, D. (2002): Die Nachhaltigkeitsdebatte und die „EU-Empfehlung zur Berücksichtigung von Umweltaspekten im Lagebericht": Indizien für eine Erweiterung des Tätigkeitsbereichs der Wirtschaftsprüfer, in: Wirtschaftsprüferkammer-Mitteilungen, S. 20-24.

Bridts, C. (1990): Zwischenberichtspublizität, Düsseldorf.

Bruns, H.-G. (1995): Finanzpublizität nach Inkrafttreten des 2. Finanzmarktförderungsgesetzes – Zur praktischen Umsetzung bei Daimler-Benz, in: Baetge, J. (Hrsg.): Insiderrecht und Ad-hoc-Publizität, Düsseldorf, S. 107-119.

Buchner, R. (1997): Wirtschaftliches Prüfungswesen, 2. Aufl., München.

Crasselt, N./Pellens, B./Schremper, R (2000): Konvergenz wertorientierter Erfolgskennzahlen (Teil I und II), in: Das Wirtschaftsstudium, S. 72-78 u. S. 205-208.

Czurda, H./Dietschi, C./Wunderli, C. (2000): Vertrauensbildung im E-Business durch WebTrust, in: Der Schweizer Treuhänder, S. 815-821.

d'Arcy, A./Grabensberger, S. (2001): Die Qualität von Quartalsberichten am Neuen Markt – Eine empirische Untersuchung, in: Die Wirtschaftsprüfung, S. 1468-1479.

d'Arcy/Leuz, C. (2000): Rechnungslegung am Neuen Markt – Eine Bestandsaufnahme, in: Der Betrieb, S. 385-391.

Delfs, J./Neubauer, B./Müller, J. (1999): E-Business – Aktivitäten im Mittelstand, Frankfurt am Main.

Deutsche Bank AG (2002): Results 2002 Zwischenbericht zum 30. September, Frankfurt am Main.

Deutsche Börse AG (2002): Regelwerk Neuer Markt (Stand: 1.7.2002), Frankfurt am Main.

Deutsches Aktieninstitut (2001): DAI-Factbook 2001, Frankfurt am Main.

Dörner, D. (1998): Von der Wirtschaftsprüfung zur Unternehmensberatung, in: Die Wirtschaftsprüfung, S. 302-318.

Drobeck, J./Gross, G. (2000): Das WebTrust-Seal als Symbol für eine unabhängige Überprüfung, in: Die Wirtschaftsprüfung, S. 1045-1054.

E.ON AG (2002): Zwischenbericht III / 2002, Düsseldorf.

Ebeling, R.M./Böhme, C. (2000): Methoden gerichtsrelevanter Unterschlagungsprüfungen, in: Die Wirtschaftsprüfung, S. 467-477.

Ebinger, F. (1996): Modellkonzeption des Öko-Instituts für die betriebliche Praxis, in: Leicht-Eckhardt, E./Platzer, H.-W./Schrader, C./Schreiner, M. (Hrsg.): Öko-Audit – Grundlagen und Erfahrungen, Frankfurt am Main, S. 80-89.

Ebke, W.F./Siegel, S. (2001): Comfort Letters, Börsengänge und Haftung: Überlegungen aus Sicht des deutschen und US-amerikanischen Rechts, in: Wertpapier-Mitteilungen, Sonderbeilage Nr. 2/2001, S. 3-23.

Eibelshäuser, M. (1997): Aufsichtsrat und Abschlussprüfer – Kann die erweiterte Prüfung und Berichterstattung des Abschlussprüfers nach § 53 HGrG zu einer Verbesserung der Aufsichtsratsinformation beitragen?, in: Wirtschaftsprüferkammer-Mitteilungen, S. 166-177.

Elliott, R.K./Pallais, D.M. (1997): Are you ready for new assurance services?, in: Journal of Accountancy, Heft June, S. 47-51.

FEE (2000): Towards a generally accepted framework for environmental reporting, Brüssel; abrufbar unter: http://www.fee.be/publications/main.htm (Stand: 18.2.2003).

FEE (2002): Discussion Paper Providing Assurance Sustainability Reports, Brüssel; abrufbar unter: http://www.fee.be/publications/main.htm (Stand: 18.2.2003).

Fey, G./Siegler, J. (2000): Externe Beurteilung einer kapitalmarktorientierten Unternehmensberichterstattung, Frankfurt am Main.

Förschle, G./Helmschrott, H. (2001): Assurance Engagements bei Ad-hoc-Meldungen? – Erwiderung zu den Anmerkungen von Ruhnke, WPg 2001, S. 1372 ff., in: Die Wirtschaftsprüfung, S. 1375-1377.

Förschle, G./Helmschrott, H. (2001): Neuer Markt an der Frankfurter Wertpapierbörse, 3. Aufl., Frankfurt am Main.

Fröhlich, M./Heese, K. (2001): Ordnungsmäßigkeit und Sicherheit der rechnunglegungsbezogenen Informationssysteme im E-Business, in: Die Wirtschaftsprüfung, S. 589-596.

Fülbier, R.U. (1998): Regulierung der Ad-hoc-Publizität, Wiesbaden.

GRI (2002): Sustainability Reporting Guidelines, Boston; abrufbar unter: http://www.globalreporting.org (Stand: 18.2.2003).

Grünefeld, K.-P. (1972): Das betriebswirtschaftliche Gutachten, in: Schriftenreihe des Instituts für Revisionswesen der Westfälischen Wilhelms-Universität Münster, Band 7, Düsseldorf.

Guy, D.M./Aldermann, C.W./Winters, A.J. (1999): Auditing, 5. Aufl., Fort Worth et al.

Hauth, P./Raupach, M. (2001): Nachhaltigkeitsberichte schaffen Vertrauen, in: Harvard Businessmanager, Heft 5, S. 24-33.

Heese, K (2000): Ordnungsmäßigkeit und Sicherheit der Informationssysteme im E-Business, Frankfurt am Main.

Heigl, A. (1994): Prüfung des Abhängigkeitsberichts, in: Das Wirtschaftsstudium, S. 444-451.

Herzog, P./Amstutz, T. (2000): Rechtliche Überlegungen zur Haftung des Wirtschaftsprüfers für Comfort Letters – Ungeklärte Rechtssituation in der Schweiz, in: Der Schweizer Treuhänder, S. 757-766.

Horvath, P./Reichmann, P. (Hrsg.) (2003): Vahlens Großes Controllinglexikon, 2. Aufl., München.

Hostettler, S. (2000): Economic Value Added (EVA), 4. Aufl., Bern.

Houston, R.W./Taylor, G.K. (1999): Consumer perceptions of CPA WebTrust^{SM} assurances: Evidence of an expectation gap, in: International Journal of Auditing, No. 3, S. 89-105.

IAASB (2003): 2002 Annual Report, New York.

IDW (2001a): Vorschläge zur Ausgestaltung einer gesetzlichen Regelung zur Aufstellung und zum review von Quartalsberichten, Düsseldorf.

IDW (2001b): Rechnungslegung und Prüfung der Versicherungsunternehmen, 4. Aufl., Düsseldorf.

IDW (2000): Wirtschaftsprüfer-Handbuch 2000, Handbuch für Rechnungslegung, Prüfung und Beratung, Band I, 12. Aufl., Düsseldorf.

IFAC (2002): The determination and communication of levels of assurance other than high, New York.

IIR-Arbeitskreis „IT-Revision" (2001): Kontrolle und Sicherheitsaspekte bei E-Commerce, in: Zeitschrift Interne Revision, S. 18-22.

Institute of Social and Ethical Accountability (2002): AA1000 Assurance Standard, London; abrufbar unter: http://www.accountability.org.uk (Stand: 18.2.2003).

IOSCO (1998): International disclosure standards for cross-border offerings and initial listings by foreign issuers, o.O., abrufbar unter: http://www.iosco.org/docs-public/1998-intnl_disclosure_standards.html (Stand: 3.4.2001).

Kaufmann, M. (1995): Die Prüfung kommunaler Unternehmen gemäß § 53 Abs. 1 Haushaltsgrundsätzegesetz, Düsseldorf.

Kautenburger, T. (2000): Sicherheit im Electronic Commerce, in: Informationstechnik und Technische Informatik, Heft 3, S. 26-31.

Keller, E./Möller, H.P. (1993): Die Auswirkungen der Zwischenberichterstattung auf den Informationswert von Jahresabschlüssen am Kapitalmarkt, in: Bühler, W./Hax, H./Schmidt, R. (Hrsg.): Empirische Kapitalmarktforschung, Düsseldorf, S. 35-60.

Kirsch, H.-J./Dohrn, M. (2001): ISA 100 Assurance Engagements: Inhalt und Bedeutung des neuen Rahmenkonzeptes der internationalen Prüfungsgrundsätze, in: Die Wirtschaftsprüfung, S. 425-434

Kleinmanns, H. (1999): Unterschlagungsprüfung, in: Buchhaltung, Bilanz, Kostenrechnung, Fach 28, S. 1171-1186.

Knechel, R.W. (2001): Auditing: Assurance & Risk, 2. Aufl., Cincinnati.

Köhler, A.G. (2003): Eine ökonomische Analyse von Comfort Letters, in: Die Betriebswirtschaft, S. 77-91.

Köhler, A.G./Weiser, M.F. (2003): Die Bedeutung von Comfort Letters im Zusammenhang mit Emissionen – Darstellung der Rechtsgrundlagen –, in: Der Betrieb, S. 565-570.

Kofler, H. (1996): Geschäftsführungsprüfung, in: Kofler, H./Nadvornik, W./Pernsteiner, H. (Hrsg.): Betriebswirtschaftliches Prüfungswesen in Österreich, Festschrift für Karl Vodrazka zum 65. Geburtstag, Wien, S. 269-280.

Konrath, L.F. (2002): Auditing: A Risk Analysis Approach, 5. Aufl., Cincinnati.

KPMG (1994): Rechnungslegung von Versicherungsunternehmen nach neuem Recht, Frankfurt am Main.

Kropff, B. (2000): Kommentierung zu § 313 AktG, in: Kropff, B./Semler, J. (Hrsg.): Münchener Kommentar zum Aktiengesetz, 2. Aufl., München, S. 918-940.

Künnemann, M./Brunke, U. (2002): Geschäftsführungsprüfung, in: Ballwieser, W./Coenenberg, A.G./v. Wysocki, K. (Hrsg.): Handwörterbuch der Rechnungslegung und Prüfung, 3. Aufl., Stuttgart, S. 922-932.

Küting, K./Eidel, U. (1999): Performance-Messung und Unternehmensbewertung auf Basis des EVA, in: Die Wirtschaftsprüfung, S. 829-838.

Lachnit, L./Müller, S. (2002): Probleme bei der wertorientierten Performancedarstellung von Unternehmen, in: Der Betrieb, S. 2553-2559.

Lange, C./Daldrup, H. (2000): Umweltschutz-Reporting und Prüfung – Bereitstellung vertrauenswürdiger Informationen über die umweltbezogene Lage eines Unternehmens an Investoren, in: Lachnit, L./Freidank, C.-C. (Hrsg.): Investororientierte Unternehmenspublizität – Neue Entwicklungen von Rechnungslegung, Prüfung und Jahresabschlussanalyse, Wiesbaden, S. 215-253.

Lange, C./Daldrup, H. (2002): Grundsätze ordnungsmäßiger Umweltschutz-Publizität, in: Die Wirtschaftsprüfung, S. 657-668.

Larson, L.L. (2001): Contracting for SysTrust Services, in: Internal Auditing, Heft 5, S. 25-34.

Leffson, U. (1988): Wirtschaftsprüfung, 4. Aufl., Wiesbaden.

Leis, J./Nowak, E. (2001): Ad-hoc-Publizität nach § 15 WpHG, Stuttgart.

Loitz, R. (1997): Die Prüfung der Geschäftsführung auf dem Prüfstand, in: Betriebs-Berater, S. 1835-1841.

Lück, W. (1991): Wirtschaftsprüfung und Treuhandwesen, 2. Aufl., Stuttgart.

Mackler, E. (2001): CPA + SysTrust Standards = A Reliable System, in: Ohio CPA Journal, No. 3, S. 71-72 oder abrufbar unter: http://www.tscpa.org (Stand: 10.4.2003).

Mandler, U. (1995): Theorie internationaler Wirtschaftsprüfungsorganisationen: Qualitätskonstanz und Reputation, in: Die Betriebswirtschaft, S. 31-44.

Marten, K.-U./Köhler, A.G. (2001): Entwicklung und gegenwärtiger Stand der Assurance Services in den USA, in: Die Wirtschaftsprüfung, S. 435-440.

Marten, K.-U./Schulze, W. (1998): Konzentrationsentwicklungen auf dem deutschen und europäischen Prüfungsmarkt, in: Zeitschrift für betriebswirtschaftliche Forschung, S. 360-386.

McKinsey (2000): Investor opinion survey on corporate governance, London.

McPhie, D. (2000): AICPA/CICA SysTrust: Principles and Criteria, in: Journal of Information Systems, Supplement, S. 1-7.

Merkt, H./Göthel, S.R. (2003): Vorschriften und Ansätze der Quartalsberichterstattung: Vergleich USA - Deutschland, in: Recht der Internationalen Wirtschaft, S. 23-32.

Messier, W.F. (2000): Auditing & Assurance Services, 2. Aufl., Boston et al.

Meyer-Pries, L./Gröner, S. (2002): Web-Publizität und Datenaustausch mit XBRL, in: Finanz Betrieb, S. 44-53.

Miletzki, R. (1999): Die neuen Depotprüfungsbestimmungen und die Bekanntmachungen zum Depotgeschäft, in: Wertpapier-Mitteilungen, S. 1451-1454.

Nagel, K./Gray, G. (1999): Electronic Commerce Assurance Services, San Diego et al.

Nagel, K./Gray, G. (2000): CPA's Guide to E-Business: Consulting and Assurance Services, San Diego et al.

Nowak, E. (2001): Eignung von Sachverhalten in Ad-hoc-Mitteilungen zur erheblichen Kursbeeinflussung, in: Zeitschrift für Bankrecht und Bankwirtschaft, S. 449-524.

o.V. (1999a): Das Quartal läuft bis 35. März, in: Handelsblatt vom 18.2.1999, S. 20.

o.V. (1999b): Ad-hoc-Publizität wird oft zu Werbezwecken mißbraucht, in: Handelsblatt vom 15.6.1999, S. 33.

o.V. (1999c): Aktionär von Igel Media bezweifelt Angaben im Börsenprospekt, in: Handelsblatt vom 21.10.1999, S. 34.

o.V. (2000a): EM.TV-Aktie mit dramatischem Kurseinbruch, in: Handelsblatt vom 10.10.2000, S. 32.

o.V. (2000b): Sicherheitslücken im E-Commerce, in: Handelsblatt vom 19.9.2000, S. 46.

o.V. (2002): Kampfansage gegen Ad-hoc-Missbrauch, in: Handelsblatt vom 17./18.5.2002, S. 28.

Odenwald, G. (1999): Die Prüfung der Ordnungsmäßigkeit der Geschäftsführung, in: Buchführung, Bilanz, Kostenrechnung, Fach 28, S. 1163-1170.

Ostrowski, M./Sommerhäuser, H. (2000): Wirtschaftsprüfer und Going Public, in: Die Wirtschaftsprüfung, S. 961-970.

Pacini, C./Sinason, D. (1999): Auditor liability for electronic commerce transaction assurance: the CPA/CA WebTrust, in: American Business Law Journal, S. 479-513.

Paskert, D. (1991): Informations- und Prüfungspflichten bei Wertpapieremissionen, Düsseldorf.

Pfaff, D./Bärtl, O. (1999): Wertorientierte Unternehmenssteuerung – Ein kritischer Vergleich ausgewählter Konzepte, in: Gebhardt, G./Pellens, B. (Hrsg.): Rechnungswesen und Kapitalmarkt (ZfbF-Sonderheft 41), Düsseldorf, S. 85-115.

Pugliese, A.J./Halse, R. (2000): SysTrust and WebTrust: Technology Opportunities for CPAs, in: The CPA Journal, No. 11, S. 28-34, oder abrufbar unter: http://www.cpaj.com (Stand: 10.4.2003).

Richter, H. (1992): Versicherungsunternehmen, Prüfung der, in: Coenenberg, A.G./v. Wysocki, K. (Hrsg.): Handwörterbuch der Revision, 2. Aufl., Stuttgart, Sp. 2113-2125.

Röder, K. (1998): Die Informationswirkungen von Ad hoc-Meldungen, Arbeitspapiere zur Mathematischen Wirtschaftsforschung, 3. Aufl., Heft 162, Augsburg.

Rodewald, J./Siems, M. (2001): Haftung für die „frohe Botschaft" – Rechtsfolgen falscher Ad-hoc-Mitteilungen, in: Betriebs-Berater, S. 2437-2440.

Ruhnke, K. (2000a): Entwicklungen in der internationalen Wirtschaftsprüfung – der Paradigmenwechsel auf dem Markt für Prüfungsdienstleistungen –, in: Lachnit, L./Freidank, C.-C. (Hrsg.): Investororientierte Unternehmenspublizität – Neue Entwicklungen von Rechnungslegung, Prüfung und Jahresabschlussanalyse, Wiesbaden, S. 329-361.

Ruhnke, K. (2000b): Normierung der Abschlußprüfung, Stuttgart.

Ruhnke, K. (2001a): Überlegungen zur Prüfung von Ad-hoc-Meldungen auf der Basis des „International Standard on Assurance Engagements", in: Die Wirtschaftsprüfung, S. 440-452.

Ruhnke, K. (2001b): Assurance Engagements bei Ad-hoc-Meldungen? – Anmerkungen zum Beitrag von Förschle/Helmschrott, WPg 2001, S. 637 ff., in: Die Wirtschaftsprüfung, S. 1372-1375.

Ruhnke, K. (2003): Prüfung der Einhaltung des Deutschen Corporate Governance Kodex durch den Abschlussprüfer, in: Die Aktiengesellschaft, S. 371-377.

SAI (2001): Social Accountability 8000, New York; abrufbar unter: http://www.cepaa.org (Stand: 18.2.2003).

Schering AG (2002): Zwischenbericht Q1-3/2002, Berlin.

Schindler, J. (2002): Prüferische Durchsicht von Jahres-, Konzern- und Zwischenabschlüssen, in: Die Wirtschaftsprüfung, S. 1121-1134.

Schindler, J./Böttcher, B./Roß, N. (2001): Erstellung von Pro-Forma-Abschlüssen – Systematisierung, Bestandsaufnahme und Vergleich mit US-amerikanischen Regelungen, in: Die Wirtschaftsprüfung, S. 22-32.

Scholz, W. (1992): Kreditinstitute, Prüfung der, in: Coenenberg, A.G./v. Wysocki, K. (Hrsg.): Handwörterbuch der Revision, 2. Aufl., Stuttgart, Sp. 1128-1142.

Seitz, H. (1998): Kommentierung zu § 341k HGB, in: Budde, W.D./Schnicke, C./Stöffler, M./Stuirbrink, W. (Hrsg.): Beck'scher Versicherungsbilanz-Kommentar, München.

Selch, B./Rothfuss, C. (2000): Empirische Befunde über Umfang und Qualität der Zwischenberichterstattung börsennotierter deutscher Kapitalgesellschaften, in: Die Wirtschaftsprüfung, S. 506-519.

Sell, K. (1999): Die Aufdeckung von Bilanzdelikten bei der Abschlußprüfung, Düsseldorf.

Shell (2002): The Shell Report 2001, London.

Siemens AG (2002): Geschäftsbericht 2002, München.

Theisen, M.R. (1992): Geschäftsführungsprüfung, in: Coenenberg, A.G./v. Wysocki, K. (Hrsg.): Handwörterbuch der Revision, 2. Aufl., Stuttgart, Sp. 650-663.

Thümmel, M. (1989): Stichwort „Treuhänder", in: Lück, W. (Hrsg.): Lexikon der Rechnungslegung und Abschlußprüfung, Marburg, S. 760.

ThyssenKrupp AG (2002): Zwischenbericht 3. Quartal 2001/2002, Düsseldorf.

van Someren, T.C.R./Zillmann, T./Martins, F. (1995): Die externe Begutachtung und Validierung, in: Fichter, K. (Hrsg.): Die EG-Öko-Audit-Verordnung, München et al., S. 165-178.

Wagner, K.-V. (2001): Was leisten Prospektprüfungsgutachten von Wirtschaftsprüfern und was nicht?, in: Deutsches Steuerrecht, S. 497-504.

Wallage, P. (2000): Assurance on Sustainability Reporting: An Auditor's View, in: Auditing: A Journal of Practice & Theory, Supplement, S. 53-65.

Winter, A.-M. (2000): Kommentierungen zu §§ 28 und 29 KWG, in: Boos, K.-H./Fischer, R./Schulte-Mattler, H. (Hrsg.): Kreditwesengesetz – Kommentar zu Kreditwesengesetz und Ausführungsvorschriften, München

Wittsiepe, R. (2002): WebTrust Assurance Service, in: Österreichische Zeitschrift für Recht und Rechnungswesen, S. 248-253.

Wübbelmann, K. (2001): Management Audit, Wiesbaden.

Kontrollfragen

1. Worin besteht der Unterschied zwischen Prüfung und Beratung?

2. Warum fragen stakeholder zunehmend freie Prüfungsdienstleistungen i.S. des ISA 100 nach? Wie begründen Sie die Nachfrage aus dem Blickwinkel des agency-theoretischen Ansatzes?

3. Stellen Sie den Bezugsrahmen für die Erbringung freier Prüfungsdienstleistungen i.S. von ISA 100 dar und diskutieren Sie diesen kritisch.

4. Die Pharma AG ist ein im Bereich Impfstoffe tätiges Unternehmen. Das Unternehmen gibt jährlich einen Bericht heraus, der die sozialen Programme des Unternehmens (wie z.B. die Unterstützung von Menschenrechtsgruppen, Entwicklungshilfe und allgemeines Sponsoring) erläutert. Die Pharma AG tritt an Sie in ihrer Eigenschaft als Wirtschaftsprüfer heran und möchte den zuvor genannten Bericht durch Sie prüfen lassen. Würden Sie den Prüfungsauftrag gem. ISA 100 annehmen? Begründen Sie Ihr Ergebnis.

5. Welche zu behandelnden Gegenstände (subject matter) kommen für freiwillige Prüfungsdienstleistungen i.S. von ISA 100 grundsätzlich in Betracht? Geben Sie zwei konkrete Beispiele für mögliche Prüfungsdienstleistungen. Dabei ist zum einen anzugeben, um welchen zu behandelnden Gegenstand es sich handelt und zum anderen ist kritisch zu diskutieren, welche Prüfungssicherheit erbracht werden sollte.

6. Erklären Sie den Sinn und Zweck einer WebTrust-Prüfung. Welche spezifischen Probleme treten bei der Kompatibilität mit dem ISA 100 auf? In welchem Beziehungszusammenhang stehen IDW PS 890 einerseits und die in Trust Services genannten Prinzipien und Kriterien andererseits?

7. Erklären Sie den Unterschied zwischen einem Umwelt- und einem Nachhaltigkeitsbericht. Welche spezifischen Probleme treten bei der Prüfung eines Nachhaltigkeitsberichts auf?

8. Erörtern Sie den Gegenstand einer SysTrust-Prüfung. Inwiefern kann SysTrust einen Nutzen für interne oder externe Informationsempfänger darstellen?

9. Aus welchem Gesetz ergibt sich die (Pflicht-)Prüfung einer Stiftung und was gehört zum Gegenstand der Prüfung?

10. Wer prüft die Rechnungslegung einer Stiftung?

11. Welche Besonderheiten sind in Prüfungsbericht und Bestätigungsvermerk im Rahmen der Prüfung von Stiftungen zu berücksichtigen?

Stichwortverzeichnis

A

ABAP/4 473
Abbruchkriterium 271, 336, 347
Abfragesprachen 472
Abhängigkeitsbericht 526, 600 ff.
Ablaufdiagramm 264 f.
Abschluss
  befreiender 5 f., 19 ff., 507, 511, 556 ff.
  erstmalig aufgestellter 233
  Feststellung 8, 18, 419 f.
  Normenkonformität 336
  vorläufiger 43, 77, 79
Abschlussaussagen 77 ff., 99, 108, 240, 273, 319, 325, 330
  abschlusspostenorientierte 346 ff.
  tätigkeitskreisorientierte 337 ff.
Abschlusserstellung 7, 87, 92, 101, 159, 452, 455
Abschlusspolitik 245, 250, 252
Abschlusspostenorientierte Prüfung 314, 342 ff.
Abschlussprüfer 6 ff., 547, 554
  Abberufung 226 f., 589
  Auskunftsrecht 82, 404
  Ausschlussgründe 155 ff., 224
  Bestellung 133, 224 ff., 408, 547
  Bestellung durch Gericht 227
  Ersatzprüfer 227
  Mandatsnachfolger 133 f.
  Mandatsvorgänger 134
  Redepflicht 114, 421, 531
  Wahl 166, 224, 408, 432
Abschlussprüfung 4 ff., 77, 202 ff.
  Auswirkungen des Deutschen Corporate Governance Kodex 529 ff.
  Dokumentation 115, 424 ff.
  Erstprüfung 110, 152 f., 164, 233, 252
  Folgeprüfung 152, 232 f., 252, 521
  Gegenstand, Art und Umfang 8, 421

  Kosten-Nutzen-Verhältnis 36, 202, 214 f., 576
  Pflichtmäßigkeit 36
  Reglerfunktion 420
  theoretische Begründung 31, 35 ff.
  Zielsetzung 106 f.
Accountant 22, 64, 66
  existing 133 ff.
  professional 119, 607 f.
  receiving 133
Accounting Principles Board 319

ACL 475, 480 f.
added value 315, 329
Ad-hoc-Publizität 21, 502 f., 606, *636 ff.*
Adverse selection 31 f.
Advocacy threat 123, 128 ff., 160
Agency-theoretischer Ansatz *27 ff.*, 153
  Agency-Kosten 29
  Agent 27 ff.
  Prinzipal 27 ff.
Agreed-upon procedures 7, 100 ff., 624 ff.
Aktiengesellschaft 8, 13 ff., 17 f., 126, 154, 165, 225, 441, 584
Aktienoptionsprogramme 383
Allgemeine Auftragsbedingungen 107, 225 f., 421 f.
Allweiler-Urteil 159
Alpha-Fehler 203, 302 ff.
Altersstrukturanalyse 482 f.
American Institute of Certified Public Accountants *64 f.*, 210, 428, 446, 561 ff.
Analytical review risk 207
Analytische Prüfungen 105, 107 f., 205, 240, 242, *273 ff.*, 328, 335, 345, 384 f., 401, 463, 465, 487
  bei Ad-hoc-Publizität 637
  bei kleinen Unternehmen 497
  bei Segmentberichterstattung 511

bei unterjährigen Berichten 616
bei Unterschlagungsprüfungen 648
bei Wertentwicklungskennzahlen 642
beim Eigenkapitalspiegel 523 f.
Angestelltenfunktion für den Mandanten 128
Anhang 6, 8, 19, 324, 422, 508, 516, 523, 530, 532, 558
Anreiznormen 137 f.
Anteilsbesitz am Mandanten 155
Arbeitspapiere 86, 115, 225 f., 251, 404, *424*, 426, 436, 515
　bei IT-gestützten Prüfungstechniken 476 ff.
Arithmetisches Mittel 298
Assertions, *siehe* Abschlussaussagen
Assurance
　high, but not absolute 100, 609 f.
　moderate 100, 107, 609 f., 646
　negative 100 f., 624, 646
　positive 100, 443
　reasonable 100, 107, 400, 443
Assurance engagements 88, 99 ff., 606 ff.
Assurance services 605 ff.
Audit Committee 14, 123, 129, 160, *165 ff.*, 578
Audit Gauge 217 f.
Audit manual 89, 434
Audit-Information-System 479
Auditing Standards Board 64, 561
Aufbauprüfung 108, *261 ff.*, 335, 642,
　bei IT-gestützen Prüfungstechniken 466 ff.
Aufbewahrungsfristen 457
Aufsichtsrat *13 ff.*, 17 f., 114 f., 224, 403, 408, 419 ff.
　bei Genossenschaften 595 ff.
　bei Geschäftsführungsprüfung 643
　bei Gründung 584 f.
　gemäß DCGK 530 ff.
Auftraggeberhaftung 137, *180 ff.*

Auftragsbestätigungsschreiben 107, *225 ff.*
Auftragsprüfungen 442
Aufwandsrückstellungen 560 f.
Aus- und Fortbildung 35, 120, *135 f.*, 251, 433
　bei IT-gestützten Prüfungstechniken 463
Aus- und Fortbildungsnormen 35, 95, 103 f., *134 ff.*
Auskunftshaftung 185
Auskunftsvertrag 184 f.
Aussagebezogene Prüfungen *108 ff.*, 259 f., 266 ff., 328, 335, 338, 384
　bei IT-gestützten Prüfungstechniken 471 ff.
Aussagesicherheit 297, 307 ff.
Ausschuss für internationale Zusammenarbeit 72
Auswahlprüfung 108, 240, 289 f.
Auswahlverfahren 240, *290 ff.*, 515
　Auswahl aufs Geratewohl 290
　bewusste 291, 295
　detektivische 292
　geschichtete 294
　Klumpenauswahl 295
　mehrstufige 293
　unechte 293
　Zufallsauswahl 108, 240, 291 ff.
Auswertungsverfahren 290, *298 ff.*
　Dollar Unit Sampling 304 ff.
　Schätzverfahren 298 ff.
　Testverfahren 301 ff.
Average prudent investor 212

B

Baetge-Bilanz-Rating 465
Balance sheet audit 240, 343
Balanced Scorecard 323
Befragung *263 ff.*, 335, 616
　Fragebogentechnik 263 ff., 386
　Suggestivfragen 263

Beherrschungsvertrag 525, 600
Beizulegende Zeitwerte 353 ff.
Belegprinzip 455, 458
Belehrung 187
Benchmarking *287*, 599
Benford'sches Gesetz 485
Beratertätigkeit 11 ff., 116, 127 ff., 434, 579 ff.
 bei kleinen Unternehmen 498
 Entscheidungshilfen 577
 ökonomische Begründung 133, 224 ff., 408, 547
 unzulässige 127, 159 f., 578
 Vereinbarkeit mit Prüfungsleistung 157 ff., 577
 zulässige 577
Beratungshonorare 153
Berichterstattung 18 f., 31, 72, 113 ff., 212, 226, 329, 382, 395, 410, 423, 434f., 439, 453, 476, 477, 502, 504, 596, 598
 bei freiwilligen Prüfungen 612 f.
 bei IT-gestützten Prüfungstechniken 476 f.
 Konzernberichterstattung 555
 mündliche 115
 ordnungsmäßige 434
 unrichtige 192 ff.
 unterjährige 20, 614
Berichtspflicht 181, 192 f., 421, 578, 586 ff., 593 ff., 601 f.
 Verletzung 183 f., 192 f., 200
Berufsaufsicht 35, 61, *187 f.*, 191, 428, 444
Berufsausschluss 50, 190 ff.
Berufsgerichtsbarkeit 188 ff.
Berufsgrundsätze 83, 442
Berufshaftpflichtversicherung 54 ff.
Berufspflichten 82 f., 154, 191 f., 429
Berufsrechtliche Ahndung 138, 180, *187 ff.*, 196
Berufsrichtlinien 61, *82 f.*, 90

Berufssatzung der WPK 83, *90*, 119 ff., 134, 154, 429 f.
Berufsständische Organisationen 60 ff.
Berufsverbot 190
Berufswürdiges Verhalten 83, 119, 133, 432
Berufszugang 50 ff., 135 f.
 Bestellung 54 f.
 Prüfungsverfahren 52 ff.
 Zulassungsvoraussetzung 50 ff., 135
Bescheinigung 185, 618, 621 ff., 631, 639, 652
Besorgnis der Befangenheit 121, *123 ff.*, 129, 154, 432
Bestandsaufnahme 349 f.
Bestätigungsbericht 96, 113, 393 f., 406 ff., *414 ff.*, 476
Bestätigungsvermerk 4, 8, 19, 86, 110 f., 113 f., 212, 227, 238, *402 ff.*, *410 ff.*, 414 ff.
 bei Folgeprüfung 233
 bei fraud 386
 bei freiwilligen Prüfungen 624, 641
 bei going concern-Beurteilung 394 f.
 bei Prüfung auf Konzernebene 594 f.
 bei Prüfung der Kapitalflussrechnung 521
 bei Prüfung der Eigenkapitalveränderungsrechnung 524
 bei Prüfung nahe stehender Personen 527
 bei Prüfung der Segmentberichterstattung 518
 bei Prüfung des Abhängigkeitsberichts 601
 bei Gründungsprüfung 586
 eingeschränkter 114, 193, 413 f.
 uneingeschränkter 413 f.
 unrichtiger 184, 192 f.
 unter Beachtung des DCGK 531
 Veröffentlichung 403
Versagungsvermerk 193, 410 ff.

Widerruf 403
Bestechung 648
Beta-Fehler 203, 302 ff.
Betreuungsfunktion 594
Betrügerische Handlungen 13, 105, 249, 380
Bewertungsleistungen 128, 159
Bewertungsmodelle 360
   Discounted Cash Flow-Verfahren 361, 639
   Optionspreismodell 361
Bewusste Auswahl 240, 291 ff.
Bilanz 6, 18 f., 252, 274, 509, 520, 558
   Eröffnungbilanz 233
   Gründungsbilanz 584
Bilanzdelikte 380
Bilanzkennzahlen 279 f.
Bilanzsitzung 422
Bilanzstichtag 351, *387 f.*, 402 f., 541, 559
Binomialverteilung 305
Black box 462
Board of directors 14, 165 f.
Bonding expenditures 29
Börsenprospekt 622 f.
Börsenprospektprüfung 622 ff.
Bottom up-Ansatz 318, 518
Box-Jenkins-Zeitreihenananalyse 287
Bridging Problematik 328
Buchführung 8, 257, 274, 299, 413, 421, 506, 594
   Buchführungstechnik 452 ff.
   doppelte 452
   IT-Buchführung 462
   Konzernbuchführung 550 ff.
   Lagerbuchführung 204, 305 f.
   manuelle 452, 462
   Speicherbuchführung 453
Buchführungstätigkeiten *127 ff.*, 155 f., 159 f.,
Bundesanstalt für Finanzdienstleistungsaufsicht 21, 586 ff.

Bundesgerichtshof 121, 185 f., 192
Business Reporting 605
business segments 509
Business-to-Business-Handel 629
Business-to-Consumer-Handel 629

C

CAATT *460*, 477
Canadian Institute of Chartered Accountants 211, 628
Cashflow
   aus Finanzierungstätigkeit 517
   aus Investitionstätigkeit 516, 520
   aus laufender Geschäftstätig-keit 517
Cash flow statement 18, 516 ff.
Certified Public Accountants 64 f., 446
Checklisten 230, 263, 348, 385 f., *465 f.*
Clearing-Stelle 639
Client-Server-System 456
Code of Ethics *116 ff.*, 157, 159, 163
Comfort letter 622 ff.
Compilation 7, 92, 100 f., 499
Compliance test 267
Comply-or-explain-Erklärung 15, 18, 166, 530
Continuous assurance 605
Corporate Governance 2, 25, *529 f.*, 605
Critical success factors 324 f.

D

Daten 204, *358 ff.*, 453 ff.
   betriebliche 288 f.
Datenbankabfragesprache 472
Datenbanksysteme 475
DATEV 409, 478, 490 f.
Dauerakte 424 ff.
Decision support system 460
Decision usefulness 31, 212
Deduktion 97, 149, 455
Deliktische Haftung 183 f.
Depotgeschäft 592
Depotprüfung 592 f.

Detektivische Auswahl 292
Deutsche Bundesbank 589 f.
Deutscher Corporate Governance Kodex 15, 18, 165 f., 529 f.
Deutsches Rechnungslegungs Standards Committee e.V. 507
Diebstahl 252, 381, 648
Differenzenschätzung 301, 310
Disaggregationsansatz 515
Discounted Cash Flow-Verfahren 361, 639
Diskriminanzanalyse 214, *391 f.*, 397, 539
Disziplinaraufsicht 187 f.
Dokumentation 105, 115, 383, 386 f., *424 ff.*, 437
   bei IT-gestützten Prüfungstechniken 476 f., 486
Dollar Unit Sampling 298, *304 ff.*, 377
   Durchschnittsfehlermethode 309
   Fehlerreihungsmethode 309
   Maximalfehlermethode 309
Dolose Handlung 381 f., 648
Dreiecksgeschäfte 552
Dritthaftung 183 ff.
Dual purpose test 242, 267
Dualistisches Prinzip 14, 17
Durchschnittsfehlermethode 309, 313
Durchsetzungsnormen 35, 103 f., *137 ff.*

E

Earnings per share 18, 558
EBIT 640, 644
E-Business 627 ff.
E-Commerce 457 f., *627 ff.*
EDI 458
EDIFACT 458
Eigenkapital 30, 216
   Konzerneigenkapital 522
Eigenkapitalgeber 1, 16
Eigenkapitalspiegel 6, 19, 107, 506 ff., 521 ff.

Eigenkapitalveränderungsrechnung 18, 507 f., 523 ff., 558
Eigenverantwortlichkeit 83, 233, *405 ff.*
   bei Gemeinschaftsprüfungen 408
Einwirkungsgebot 158
Einzelfallprüfung 108 f., 240, 273, 275, *289 ff.*
   Auswahlverfahren 240, *290 ff.*, 515
   Auswertungsverfahren 290, *298 ff.*
   bei abschlusspostenorientierter Prüfung 345
   bei kleinen Unternehmen 497
   bei Prüfung auf Konzernebene 553
   bei Prüfung der Ad-hoc-Publizität 637
   bei Prüfung der Segmentberichterstattung 511
   bei Prüfung des Risikomanagementsystems 585
   bei Prüfung von Beziehungen zu nahe stehenden Personen 529
   bei Unterschlagungsprüfungen 648
   Saldenbestätigungen 351 f.
Elektronischer Zahlungsverkehr 630
EMAS II-Verordnung 621
Emissionsbank 625
Endlichkeitskorrekturfaktor 303
Entdeckungsrisiko 109, *204 ff.*, 211, 289, 317
Entscheidundsinstitutionen 4, 15 ff.
Entscheidungsträger 4
Entscheidungsunterstützungssystem 460
Entsprechenserklärung 15, 18, 166, 530 ff.
Ereignispublizität 636
Ereignisse nach dem Abschlussstichtag 110, 363, 387 f., *402 f.*, 559
Ereignisse
   wertaufhellende 110, 402 f.
   wertbegründende 403
Erfahrungswissenschaftlicher Ansatz 41
Erfolgshonorar 130, 132
Erfolgslage 246 f.

Ergebnis je Aktie 550, 558
Ergebnisprüfung 14, 240, 273
Erklärung der Unternehmensleitung 112, 404
Erklärungshypothesen 278
Eröffnungsbilanzsalden 233
Ersatzprüfer 227
Erstprüfung 110, 152, 225, *233 f.*, 252
Erwartungslücke *8 ff.*, 314, 618
Erwartungswert 278, 282
EU-Committee on Auditing 82
EVA 613, 642 f.
Examination 100 ff., 629
Exkulpation 182
Expertensystem 459
Explanatory notes 18, 21, 558
Externe Effekte 28
Externe Pflichtrotation 162 ff.
Externe Qualitätskontrolle 121, 137, 437 ff.
Extrapolation 282 f.

F

Fahrlässigkeit 181 f., 186, 195
Fair value 353 f.
Falschdarstellungen im Jahresabschluss 79, 319, 339 f.
Familiarity threat 123, 129, 160
Fédération des Experts Comptables Européens 65 f.
Fehler 298 ff., *381 ff.*
  bewusste 250
  durchschnittliche 307
  maximal zu erwartender Fehler 305 f., 309, 314,
  nicht-korrigierte 436
  systematische 296, 462
  unsystematische 462
  wesentliche 203 f., 212, 260, 288, 333 f.
Fehleranteil 301, 304 ff.

Fehleraufdeckungskraft 317, 321, 348, 380, 466
Fehlerhöhe 301, 304
Fehlerhypothesen 270 f., 310
Fehlerindikator 271
Fehlerintensität 305 ff.
Fehlerrate 307 ff.
Fehlerreihungsmethode 309 ff.
Fehlerrisiko 109, 243 f., 248 f., 253, 315 f., 349 f.
  bei IT-gestützten Prüfungstechniken 457, 466
Fehlerwahrscheinlichkeit 288, 305 f.
Feldstatistiken 481 f.
Feststellungssperre 419
Finanzdienstleistungen 129
Finanzmittelfonds 517, 520
Five-Forces-Modell 323
Fixed interval sampling 308, 312
Flowcharting software 467, 469
Folgeprüfung 225, *233*, 251, 265
Forderungen aus Lieferungen und Leistungen 281, 341, 344, 346
Forensic auditing 648
Forschungs- und Entwicklungsbericht 540, *544 ff.*
Forum of Firms 68 f.
Fragebogentechnik *263 ff.*, 386
Fraud 115, *380 ff.*, 483 f.
  bei kleinen Unternehmen 497
Fraud-Prüfung *380 ff.*, 647
Fremdkapitalgeber 1, 15, 30
Frühaufklärungssysteme 501 f.
Früherkennungssystem 500
Funktionsfähigkeitsprüfung 266 f.
Funktionsprüfung 108, 261, *266 ff.*, 335, 466

G

Gegebenheiten
  rechtliche 387
  tatsächliche 387

Geheimhaltungspflicht 138, *194 f.*
Geheimnis 194
Geldbuße 190, *195 f.*
Geldwäschegesetz 587 ff.
Gemeinschaftsprüfer 408
Gemeinschaftsprüfung 402, 408
Genese 97
Genossenschaft 594, 596
Geographical segments 509
Gesamtbuchwert 306 ff.
Gesamtplanung 107, *234 f.*, 433 f., 465
Gesamturteil 231
Geschäftsführungsprüfung
   nach HGrG 596 ff.
   außerhalb des HGrG 643 ff.
Geschäftslage 537
Geschäftsmodell 323 f.
Geschäftsprozess 14, 331, 333
   IT-Geschäftsprozess 466
Geschäftsrisiko 242, *315 ff.*, 320, 324
Geschäftsrisikoorientierte Prüfung 314, *318 ff.*
   Berichterstattung 328 f.
   kritische Erfolgsfaktoren 324 f.
   Normengebung 319
   Praxisorientierter Ansatz 330
   Prüfungsablauf 322 ff.
   Schlüsselindikatoren 325
   Strategieanalyse 322
Geschätzte Werte 354, 356
Geschichtete Auswahl 292 ff.
Gesellschaftliches Wohlfahrtsmaximum 27, 29
Gewinn je Aktie 18, 558
Gewinn- und Verlustrechnung 6, 8, 18, 20, 509, 515, 517, 520 f., 558
Gewinnverwendungsbeschluss 419
Gewissenhaftigkeit 82 f., 90, 181, 420, 430, 442
Global Reporting Initiative 653
Globalprüfung 240

Going concern-Annahme 105, 115, 243 f., 275, 380, *387 ff.*, 465, 538, 543
   bei kleinen Unternehmen 498
   Berichterstattungserfordernis 393 f.
   im Prognosebericht 543
Going concern-Prüfung 388 ff.
Grenzüberschreitende Tätigkeiten 121
Grenzwertsatz, zentraler 301
Größenkriterien
   quantitative 5 f.
   qualitative 496
Groupware 477
Grundsätze ordnungsmäßiger Buchführung 455
Grundsätze ordnungsmäßiger Lageberichterstattung 537
Grundsätze ordnungsmäßiger Abschlussprüfung 96 ff.
Gründungsbericht 585
Gründungsbilanz 584
Gründungsprüfung 584 ff.
Gutachtertätigkeit 581

H

Haftung, zivilrechtliche 180 ff.
   Auftraggeberhaftung 137, *180 ff.*
   bei Fahrlässigkeit 186
   Dritthaftung 183 ff.
   für den Erfüllungsgehilfen 182
   Haftungsgrenze 137, 182 f., 187
Handakte 188, *424*
Handelsbilanz I 548, *550 ff.*, 557
Handelsbilanz II 7, 548, *550 ff.*
Hauptabschlussübersicht 274
Hauptprüfung 205, 234
Hauptversammlung 14, 419 f.
Hermeneutik 97
Heuristischer Suchprozess 45 f., 270 ff.
Hidden action 28, 153
Hidden characteristics 28
Hidden intention 28
Hochrechnung 298 ff.

gebundene 301
Honorar
　Beratungshonorar 160, 579
　Prüfungshonorar 112, *130*, 132, 152 f., 165
Hypothese 41, 46, 302
Hypothesentest 303

I

IAS/IFRS-Abschluss 93 f., 558 ff.
IDEA 481
Independence in appearance 122 f., 151
Independence in fact 122, 151
Independence in mind 122, 168
Induktion 97
Information System Reliability 634
Information Suppression Hypothesis 16
Informationen 1 ff.
　asymmetrische 2, 27 ff., 180
　entscheidungsrelevante 21, 31, 212, 650
　Finanzinformationen 100 ff., 577, 616
　glaubwürdige 6, 16, 36, 76, 101, 103, 118, 542 ff., 581, 605, 619, 633
　kapitalmarktorientierte 605
　mandantenspezifische 242 ff., 288 f., 320, 439, 480, 575
　Rechnungslegungsinformationen 6, 16, 31, 36, 107
　Segmentinformationen 510 ff.
　Vorinformationen 46 f., 346 f., 459
　zeitnahe 2, 153, 614
　zukunftsorientierte 7, 101, 506, 542 f., 605
　zusätzliche 6, 84, 112, 114, 226, 537, 557, 581
Informationssuche 347, 400 f., 477
Informationsasymmetrie 27 ff.
Informationsbedürfnis 212, 605, 609
Informationsdienste 478
Informationssystem 262, 512, 621

Informationsverarbeitungsansatz 45 ff., 332, 346
Informationsvorsprung 2, 28, 31, 153, 194
Inhärentes Risiko 109, *203 ff.*, 315 ff., 333, 337
　bei Fraud-Prüfung 383 f.
　bei IT-Einsatz 457
　bei kleinen Unternehmen 498
　bei Prüfung des Tätigkeitskreises 327 f., 332 f., 340 f.
　bei Prüfung der Segmentbericht-erstattung 512
　bei Prüfung von Wertkennzahlen 641 f.
　branchenspezifische Faktoren 243 ff.
　makroökonomische Faktoren 243
　mandantenspezifische Faktoren 245 ff.
　prüffeldspezifische Faktoren 203 f., 252 ff.
Institut der Wirtschaftsprüfer 60, 62 ff., 67
　standard setting 98
　Transformation internationaler Normen 92, 95 f., 106
　Verlautbarungen 82 ff., 90 f.
Integrated test facilities 468
Integrität
　des Prüfers 119, 132, 432, 553
　des Mandanten 204, 249, 261, 383
　Datenintegrität 458, 634 f.
Interim reports 20, 615, 619
Internal consulting 12
International Accounting Standards 6 f., 18, 20, 77 f., 93 f., 388, 548, 555 ff.
International Accounting Standards Board 66 f., 70, 72, 556
International Auditing Practice Statement 87 f., 94, 99, 355, 496 f.
International Federation of Accountants 66 ff.
　International Auditing and Assurance Standards Board 69

Standard Setting 67
International Financial Reporting
 Standards 6, 77, 93 f., 548, 555 ff.
International Forum on Accountancy
 Development 72, 92
International Organization of Securities
 Commissions 7, 67, 72, 92
International Standards on Auditing 7 f.,
 87 f., 92 ff., 99 ff.
Interne Kontrollen 204 ff., 269, 496 f.
Interne Nachschau 430, 436 f.
Interne Revision *12 f.*, 159, 256, 384,
 405 ff., 647
Interne Rotation 126, 156
Internes Kontrollsystem 12, 108, 229,
 256 ff.
 bei kleinen Unternehmen 497
 bei Prüfung des Tätigkeitskreises
  333 f., 339
 IT-Kontrollsystem 456
 Risikomanagementsystem 500
Internes Steuerungssystem 256, 500
Internes Überwachungssystem 256, 500
Internet 458, 608, 627 f.
Intimidation threat 123, 129 f.
Inventur 349
Inventurprüfung 349 ff.
Inventurvereinfachung 350
Ist-Objekt 42 ff., 79, 238, 343, 391 ff.
IT-gestützte Buchführung 452 ff., 457
IT-gestützte Konzernbuchführung 553
IT-gestützte Prüfungstechniken 111,
 459 ff.
IT-gestütztes Rechnungslegungssystem
 111, *452 ff.*, 466
IT-Kontrollsystem 456, 466
IT-Systeme 453, 463, 635 ff.
 bei kleinen Unternehmen 497
IT-Systemprüfung 466 f.

J

Joint audits 402, 408

Jointrisiko-Modell 210 f.

K

Kapitalflussrechnung 5, 18, 21, 107,
 506 ff., 516 ff., 549, 558
Kapitalgesellschaft 5, 19, 21, 56 f., 158,
 419, 546
Kapitalgesellschaften- und Co.-Richtlinie-
 Gesetz 508
Kapitalkosten 31, 36, 639 ff.
Kapitalmarkt 15 f., 361, 555 f., 607,
 614 f., 637
Kennzahlenanalyse 279, 384, 484, 639 f.
Key performance indicators 325
Klumpenauswahl 295
Kommission für Qualitätskontrolle 61,
 444 ff
Kommunikationsinstrumente 410 ff.,
 422 ff.
Kommunikationssysteme 477
Konfidenzintervall 298 ff.
Konsolidierungsmaßnahmen 548, 550
Konsolidierungssoftware 553
Konsortialführer 622 f.
KonTraG 9, 113, 138, 186, 315, 516
Kontrollaktivitäten 262
Kontrollen
 high level 321 f.
 low level 321
Kontrollmaßnahmen 256 f., 334 f., 337 f.,
 340 f.
Kontrollrisiko 109, *203 ff.*, 268
 bei Einzelfallprüfung 289
 bei geschäftsrisikoorientierter Prüfung
  316 ff.
 bei Prüfung der
  Segmentberichterstattung 512
 bei Systemprüfungen 268 f.
 bei tätigkeitsorientierter Prüfung
  332 ff., 340 f.
Kontrollziele 334, 337 ff.

Konzernabschluss 5 f., 19 f., 507 ff., 546 ff., 559
Konzernabschlussprüfer 547 f., 554 f.
Konzernanhang 19, 506, 547, 549
Konzernbilanz 19, 549 ff.
Konzerneigenkapital 521
Konzernlagebericht 5, 19, 546 f., 559
Kreditgeber 15 f.
Kreditinstitute 589 ff.
Kriminalistische Methoden 650
Kringelprozess 626
Kritische Erfolgsfaktoren 324 f.
Kritisches Lesen 6, 112, 404, 516, 533 f., 605, 625 f.
Kundmachung 83, 122
Künstliche neuronale Netze 391 ff.
Kursbeeinflussende Tatsachen 21, 636 ff.

L

Lagebericht 5 f., 8, 19, 116, 389, 394, *534 ff.*
Layers 561 f.
Liquide Mittel 517
Liquiditätsgrade 280
Listengeneratoren 472
Logistische Regression 391, 393
Low balling 152 f., 157 f.

M

Management approach 509
Management audit 13, 643
Management Buy-Out 252
Management Letter 114, 167, 329, *422 f.*
Management override 205, 384
Management's Discussion and Analysis 534
Management-Ansatz 509
Mandant
   Art des Unternehmens 248
   Bestandsgefährdung 392
   Beziehung zum Prüfer 124 ff.
   Branche 243, 287
   Darstellungen des Managements 404
   Geschäftstätigkeit 107, 318, 320, 322
   Größe 204, 249, 496
   Kontrollbewusstsein 251, 261
   Management 204, 249 ff., 261, 383
   Personal 204, 251
   Planzahlen 288
   Prüfungsbereitschaft 231
   wirtschaftliche Lage 245 ff.
Mandantendruck 47
Mandantengelder 132
Mandatsdauer 163
Markov-Ketten 269
Markt 1, 33 f., 354, 506
Marktintransparenz 4
Marktversagen 33
Marktwert 354, 356
Materiality 212 ff.
   Allokation 220 f.
   bei Auswertungsverfahren 307 ff.
   bei Segmenten 510
   Bezugsgrößen 215, 217
   Gesamt-Materiality auf Jahresabschlussebene 220 f., 290
   individuelle Materiality auf Prüffeldebene 220 f., 290, 307
   Materiality-Bandbreiten 276
   Materiality-Grenzen 209, 213 ff.
   qualitative Kriterien 219
Maximalfehlermethode 306 ff.
Mehrfachbelegungs- und Lückenanalyse 483
Messgrößen 42
Methode der kleinsten Quadrate 282, 285
Mittelwertschätzung 298
Monetary Unit Sampling 304
Monistisches Prinzip 14
Monitoring 28, 636
Moral hazard 32, 153
Multiplikationssatz der Wahrscheinlichkeitsrechnung 207

Mutterunternehmen 7, 15, 93, 116, 506 ff., 522, 546 ff.

N

Nachgründung 584
Nachhaltigkeitsberichte 619, *649 ff.*
Nachtragsbericht 540 f.
Nachtragsprüfung 111, 403, 420
Netzplantechnik 231, 464
Neue Institutionenökonomie 27
Nicht-Prüfungsdienstleistungen 129 ff.
Nicht-Stichprobenrisiko 208
Nicht-Vorbehaltsprüfung 581, 583
NOPAT 642
Normen
  Anreiznormen 137 f.
  Aus- und Fortbildungsnormen 35, 95, 103 f., *134 ff.*
  berufsständische 80, 82 ff., 89 f.
  betriebliche 89, 96, 104
  Bindungswirkung 80, *90 ff.*, 560
  Dominanz nationaler Normenäquivalente 91 f.
  Durchsetzungsnormen 35, 103 f., 137 f.
  ethische 35, 70, 87 f., 94, *103 f.*, 116 ff., 157, 407, 432, 464
  fachtechnische 35, 87, 94, 103, *105 ff.*, 119, 131, 435
  gesetzliche 82, 89 f.
  Grundsätze ordnungsmäßiger Abschlussprüfung 96 ff., 181
  Haftungsnormen 137
  Normenarten 102 f.
  Normenkategorien 80 f.
  Prüfungsnormen 60, 76 ff., 82 ff., 104 ff., 157, 429
  Qualitätsnormen 35, 103 f., *137*, 428
  Rechnungslegungsnormen 6, 77 f.
Normenverstöße 180, 381 f.
Nutzenfunktion 30

O

Objektivität 12, *118 ff.*, 132 ff., 162, 432, 439
Öffentlichkeitsversagen 9
Offene-Posten-Liste 346
Operating and Financial Review 534, 539
Operational Auditing 12
Opinion shopping 117, 165
Optionspreismodell 361
Ordnungsfunktion 151, 420
Ordnungsmäßigkeitsprüfung 8, 587, 589
Ordnungsgeld 190
Ordnungsrechtliche Konsequenzen 138, 195 f.
Ordnungswidrigkeit 195

P

Parallelsimulation 470
Peer review 441, 446
Personalbedarfsplanung 434
Personalberatung 129, 160, 578
Personelle Verflechtung 151, 155
PEST-Analyse 323
Pflichtverletzung 138, 180 ff., 186, 190 ff.
Pilotstichprobe 299
Planung 2 f., 27, 228, 598, 645
Plausibilitätsbeurteilungen *273 ff.*, 286, 384
Plausibilitätstests 279
Poisson-Verteilung 305
Positive Suchverantwortung *383*, 386, 483, 531
Posterior-Risikomodell 210 f.
Pro-Forma-Abschluss 625
Prognosebericht 540 f.
Prognosemodell 390
Prognosen 542
Prognoseprüfung 391
Prognosesicherheit 542
Programmidentität 457
Programmidentitätsprüfung 467, *469 f.*

Programmvergleich 469
Prospekthaftung 622
Prospektprüfungen 186
Provision 132
Prozessanalyse 324 ff.
Prozesse 324
Prüferische Durchsicht 69, *100 f.*
   bei comfort letters 626 ff.
   bei unterjährigen Berichten 615 ff.
   bei kleinen Unternehmen 499
Prüferrotation
   externe 156, 162 ff.
   interne 65, 126, 156, 231
Prüferversagen 9, 386
Prüffelder 47, 203 f., 220 ff., 255
   bei analytischen Prüfungen 275 ff.
   bei der Prüfungsplanung 230 ff.
   bei Einzelfallprüfungen 289 ff.
      Auswahlverfahren 290 ff.
      Urteilsermittlung 298 ff., 314
   bei Systemprüfungen 268 ff.
   bei Urteilsaggregation 401 f.
   Negativposten 255
   Nullposten 255
Prüfsoftware 473 ff., 480 ff.
Prüfsprachen 459, 480 ff., 486
Prüfteam 234
Prüfung
   angekündigte 242
   direkte 239, 274
   diskontinuierliche 241
   Fernprüfung 242
   formelle 241
   freiwillige 498
   gesetzliche *4 ff.*, 105, 422, 437, 441, 498, 583 ff.
   indirekte 239, 242, 274, 462, 594
   interne 4
   IT-gestützte 241, 459 ff., 471 ff., 478 f., 494
   kontinuierliche 241, 605
   manuelle 241
   materielle 241
   progressive 42 f., 241
   projektbegleitende 462
   retrograde 42 ff., 241, 343
   Überraschungsprüfung 242
   vor Ort 242, 442
Prüfung bei ausgegliederter Rechnungslegung an Dienstleistungsunternehmen 409
Prüfung der Ad-hoc-Publizität 638 ff.
Prüfung der Beziehungen zu nahe stehenden Personen 525 ff.
Prüfung der Debitoren 483
Prüfung der Entsprechenserklärung des DCGK 530
Prüfung der going concern-Annahme 388 ff.
Prüfung der Kapitalflussrechnung 516 ff.
Prüfung der Kreditoren 483
Prüfung der Risiken der künftigen Entwicklung 538 f.
Prüfung der Segmentberichterstattung 506, 508, 510 ff.
Prüfung der Sicherheit von E-Business 627 ff.
Prüfung der Sicherheit von IT-Systemen 633 ff.
Prüfung des Eigenkapitalspiegels 521 ff.
Prüfung des Forschungs- und Entwicklungsberichts 544
Prüfung des Konzernabschlusses 116, 547 ff.
Prüfung des Konzernlageberichts 546
Prüfung des Lageberichts 116, 534, 536
Prüfung des Nachtragsberichts 540 f.
Prüfung des Prognoseberichts 541 ff.
Prüfung des Risikofrüherkennungssystems 390
Prüfung des Risikomanagementsystems 116, 499, 504 ff.
Prüfung des Zweigniederlassungsberichts 545

Prüfung kleiner Unternehmen 496 ff.
Prüfung nach HGrG 596
Prüfung prospektiver Angaben 534
Prüfung umweltbezogener Sachverhalte 620 ff.
Prüfung unterjähriger Berichte 614 ff.
Prüfung von Abhängigkeitsberichten 600 f.
Prüfung von beizulegenden Zeitwerten und geschätzten Werten 353 ff.
Prüfung von E-Commerce-Systemen 458
Prüfung von Genossenschaften 594 ff.
Prüfung von IAS/IFRS-Abschlüssen 555 ff.
Prüfung von Kreditinstituten 589 ff.
Prüfung von Marktwerten 355
Prüfung von Nachhaltigkeitsberichten 651 ff.
Prüfung von Stiftungen 602 ff.
Prüfung von US-GAAP-Abschlüssen 555 ff.
Prüfung von Versicherungsunternehmen 586
Prüfung von Wertkennzahlen 641 ff.
Prüfung zusätzlicher Informationen 114
Prüfungsansatz 104, 315, 479
Prüfungsanweisungen 230, 429, 433, 435 f.
Prüfungsassistent 234
Prüfungsauftrag 107, 126, 154, 162, 224 f., 421 ff., 429, 484
   Ablehnung 224 f.
   Auftragsannahme 107, 224 f., 229, 432 ff., 460
   Auftragsbestätigungsschreiben 225 ff.
   bei Aktiengesellschaften 154, 408, 420
   bei freiwilligen Prüfungen 610 ff.
   Erteilung 14, *224*, 237
   Niederlegung 227, 533
   Verlust 47
Prüfungsausschüsse 14, 123, 160, *165 ff.*, 578

Prüfungsbericht 14, 113 ff., 182, 192 f., 233, 386 f., *408 ff.*, *420 ff.*, 476, 504, 621, 645
   bei Depotprüfung 593
   bei Gründungsprüfung 586
   bei Prüfung nach HGrG 600
   bei Prüfung von Genossenschaften 595 f.
   bei Prüfung von Kreditinstituten 589, 591
   bei Prüfung von Stiftungen 604
   unvollständiger 193
Prüfungsberichtsverordnung des BAV 588
Prüfungsdienstleistungen 7, *99 ff.*, 118
Prüfungsdokumentation *115*, 230, 267, *424 ff.*, 434 ff., 460, 476, 486, 612
Prüfungsdurchführung 41, 105, 115, 212, 230, 238, 275, 281, 329, 343, 435 ff.
   bei freiwilligen Prüfungen 611 ff.
   bei Prüfung auf Konzernebene 551 f.
   bei Prüfung des Risikomanagementsystems 505
   IT-gestützte 465 ff.
Prüfungsergebnisse 11, 44, 192 f., 275, 407, 410, 422 ff., 434 f.
   Dritter 403 ff.
Prüfungsfeststellungen 11, 108, 112, *401*, 405, 407 f.
Prüfungsgegenstand 5 f., 42 f., 228 f., 274 f., 289, 428, 543, 548, 572, 584, 587, 590 f., 601, 603
   bei Prüfung auf Konzernebene 548 f.
   bei Prüfung des Risikomanagementsystems 501
   bei Prüfung von Stiftungen 603
Prüfungsgehilfe 182, 194
Prüfungshandbuch 89, 434
Prüfungshandlungen
   Systematik 108 ff.
   alternative 209, 352
Prüfungshemmnis 113 f., 413

Prüfungshonorar 130 ff., 152 f., 165
Prüfungsinstitution 3 ff., 10 ff., 28
Prüfungsintensität 240, 259
Prüfungskette 43 f.
Prüfungskosten 17, 162, 164 f., *202 f.*, 213 f., 218, 259
Prüfungsleistungen, weitere 7, 581 ff.
  freiwillige 583 ff.
  gesetzliche 605 ff.
Prüfungsleiter 231, 234
Prüfungsmandat, Niederlegung 226 f.
Prüfungsmarkt 162, 164, 273
Prüfungsmaß 217
Prüfungsmethode 230, 238 ff., 242, 273, 275, 460 f.
Prüfungsnachweise 45, 47, 105, *108 ff.*, 238, 321, 335 f., 342, 347, 400 ff., 424
  bei IT-Einsatz 452 ff., 468, 486, 527
  bei Prüfung der Segmentberichterstattung 510
  bei Prüfung des Eigenkapitalspiegels 523 f.
  bei Prüfung des Risikomanagementsystems 505
  bei Prüfung kleiner Unternehmen 498
  bei Unterschlagungsprüfung 648
Prüfungsnormen 60, *76 ff.*, *82 ff.*, *104 ff.*, 157, 429
Prüfungsordnung 76, 80 ff.
Prüfungspflicht 5 ff., 36, 83, 107, 116, 195, 228, 403, 421, 498, 511, 516, 534, 566, 583
Prüfungsplanung 107, 164, 208, 228 ff., 435, 442 f.
  auftragsspezifische 228 ff., 235
  bei Fraud 383
  bei freiwilligen Prüfungsdienstleistungen 601, 615, 620, 637, 647
  bei internationalen Abschlüssen 561
  bei IT-Prüfungen 464 f., 481

  bei Prüfung auf Konzernebene 552 f.
  bei Prüfung der going concern-Annahme 388, 390
  bei Prüfung des Risikomanagementsystems 505
  bei Prüfung von Beziehungen zu nahe stehenden Personen 527 f.
  detaillierte 232
  Gesamtplanung 107, 234 f., 424, 433 f., 447, 465
  globale 232
  personelle 230 f.
  Planungspflicht 288
  Prüfungsumfang 209
  Reihenfolgebedingungen 231
  sachliche 230, 232, 435
  Simultanplanungsprozess 231
  strategische 228
  stufenweise 231
  zeitliche 231, 297, 435
Prüfungsprogramm 107, 203 f., 228, 230 ff.
Prüfungsprogrammplanung 231 f.
Prüfungsprozess 5, 41 ff., 105 f., *202 ff.*
Prüfungsqualität 16, 152 f., 162 ff., 428 f.
Prüfungsreihenfolge 231
Prüfungsrichtung 42 f., 241
Prüfungsrisiko 109, *203 ff.*, 210, 238, 242, 315 ff.
Prüfungsrisikomodell *203 ff.*, 289
Prüfungsschwerpunkte 260, 275
Prüfungssicherheit 8, 45, 79, *100 f.*, 107 f., 271, 339, 347, 383 ff., 401 f., 496, 505
  bei freiwilligen Prüfungsdienstleistungen 609 ff.
Prüfungsstrategie 107, 203 f., *228 ff.*, 266, 270, 442, 460, 462
Prüfungstechnik 238, 459 f.
  IT-gestützte 111, 459 ff., 471 ff., 478 ff.
Prüfungstheorie 41 ff., *45 ff.*, 236, 372

Informationsverarbeitungsansatz 42 ff., 332, 346
messtheoretischer Ansatz 42 ff.
Prüfungsumfang 113, 209, *212 ff.*, 238, 297, 414, 421, 620
Prüfungsurteil
  bei Gemeinschaftsprüfungen 402
  eingeschränktes 113, 394, 413, 418
  Einzelurteil 44, 276, 400 ff.
  Gesamturteil 44, 112, 212, 276, 401, 552
  negatives 394 f., 402, 410 ff.
  uneingeschränktes 413, 417 f. 120, 218, 391, 539
  Urteile Dritter 112, 405 ff.
  Urteile über Einzelsachverhalte 400, 427
  Urteilshypothese 48, 400 f.
  Urteilsmitteilung 238, 410, 414
  Verweigerung 113, 394, 413 f., 417 ff.
  Verwendung von Urteilen Dritter 402, 404 f., 421
Prüfungsziele 8, 106 f., *202 f.*, 213, 290 296, 343 f.
Public Company Accounting Oversight Board 137, *446,* 561
Publizität 17 ff., 503
  Ad-hoc-Publizität 21, 503, 636 ff.
  ereignisbezogene 21
  Publizitätspflicht 17, 19
  Regelpublizität 17, 21
  unterjährige 20
    Quartalsberichte 20, 614 ff.
    Zwischenberichte 20, 614

Q

Quadratwurzel-Formel 220
Qualitätskontrollbeirat 61, 445
Qualitätskontrolle, externe 61, 68, 121, 137, 428, *437 ff.*
  in Deutschland 440 ff.
Qualitätskontrollrisiko 443 f.

Qualitätsnormen 103 f., *137*, 428
Qualitätssicherung 87, 103 f., 137, 227, *428 ff.*
  auftragsabhängige Maßnahmen 435 f.
  auftragsunabhängige Maßnahmen 430, 431 ff.
Qualitätssicherungssystem gem. DIN ISO 9000 437
Quality Review Program der IFAC 438
Quartalsberichte 20, 614 ff.
Quasi-Renten 152 f., 157 f., 162
Quasitheorie 41

R

Rating 393
Rechnungshöfe 11 f., 644
Rechnungslegung 16, 18 f., 31 f., 107, 167, 212, 256, 353
  falsche Angaben 381 f., 386
  Outsourcing an Dienstleistungsorganisationen 409
  IT-gestützte 111, 452 ff., 466
Rechnungslegungsdelikt 381 f.
Rechnungslegungsnormen 6, 77 f.
Rechtsberatung und -vertretung 128, 160
Reconciliation 557
Red flags 386
Redepflicht 114, 421, 531
Regelkreislauf 504
Regressionsanalyse 284 ff.
Related parties 116, 498, 527
Related services 7, 99 ff., 613
Reliance test 266
Reputation 30, 103, 132, 152, 154, 250, 503, 611
Residenzpflicht 56
Review 69, 100 f., 615 ff., 629 ff.
Risiko-Chancen Ansatz 374, 509
Risikoanalyse 210, *229 f.*, 233, 238, 273, 348, 435, 502, 506
Risikobericht 538
Risikobeurteilung 229, 261

Risikofrüherkennungssystem 8, 411 f., 421 f., *499 f.*, 501, 504,
Risikomanagementsystem 116, 256, 374, *499 ff.*, 506
  im Konzern 506
Risikomodelle 109, *203 ff.*, *207 ff.*, 316
  Jointrisiko-Modell 210 f.
  Posterior-Risikomodell 210 f.
  nach CICA 211
  nach SAS 39 206
  nach SAS 47 203
Risikoorientierter Prüfungsansatz
  bei kleinen Unternehmen 496
  bei Konzernen 551
  Entdeckungsrisiko 109, 204 ff., 209, 211, 289
  Fehlerrisiko 109, 230, 242 ff., 248 ff.
  Inhärentes Risiko 109, 203 ff., 315 ff., 333, 337
    Beurteilung 242 ff.
  Kontrollrisiko, 109, 203 ff., 268
    Beurteilung 256 ff.
  Qualitätskontrollrisiko 443
  Risikomodelle 109, *203 ff.*, *207 ff.*, 316
  Prüfungsrisiko 109, 203 ff., 210, 238, 242, 315 ff.
  Risiko aus analytischen Prüfungen 207
  Risiko aus Einzelfallprüfungen 207, 289
  Testrisiko 207, 289
Risk assessment process 320
Rotation
  externe 156, 162 ff.
  interne 65, 126, 156, 231
Routinetransaktionen 255, 260, 345
Rüge 187 f.

S

Sachverständige 14, 107, 111 ff., 131, 230, 349, 362, 405 f., 464
Saldenbestätigungen 100 f., 344 ff., *351 ff.*, 414, 476

Saldenbestätigungsauswahl 352
SAP R/3 273, 455 f., 473, 479, 481, 504, 553
Sarbanes-Oxley Act of 2002 87, 127, 129, *159 f.*, 446
Satzungsprüfung 585
Schaden 181 f.
Schätzverfahren 298 ff., 301, 304,
Schlussbesprechung 11, 115, 410, *422 f.*
Schlüsselindikatoren 325
Schlüsselprozesse 331
Schlussziffernverfahren 293
Schutzgesetze 183
Scoring Modelle 269
Securities and Exchange Commission 64 f., 96, 440, 446, 556, 558 f., 563, 578, 636
Segmentberichterstattung 5, 18 f., 116, 508 ff.
Selbstprüfung 127 f., 158, 578
Self interest threat 122, 125, 130 f., 161
Self review threat 123, 160
Selffulfiling prophecy 395
Sensitivitätsanalysen 362
Shareholder Value 641
Simultanplanungsprozess 231
Sicherheitsgrad 284, 298
Signaling 31 f.
Single purpose test 267
Softwarebescheinigung 464
Soll-Ist-Vergleich 2 f., 42 ff., 46 f., 238 f., 270
Soll-Objekt 42 ff., 47, 77, 79, 238, 270, 332, 343, 392 f.
Sonderprüfung 7
Speicherbuchführung 453
SQL 472
Stakeholder 1 f., 8 ff., 28, 314, 605
Stand-alone-System 453, 456
Standardprüfprogramme 343, 348
Standardsoftware, prüfungsspezifische 476

Start up-Kosten 152, 164
Steuerberatertätigkeit 7, 121, 128 f., 159, 498, 578, 582
Steuerliche Außenprüfung 10 f., 25, 475
Steuerung 2 f., 17, 32, 76, 453, 460
Stichprobe 109, 209, 289 ff., 298 ff.
Stichprobenerhebung 291 f., 308
Stichprobenrisiko 209
Stichprobenumfang 205, 292, 297, 303, 305
Stiftungen 602 f.
Stock options 383
Strafrechtliche Inanspruchnahme 180, 192 ff.
   Berichtspflichtverletzung 192 ff.
   Verletzung der Geheimhaltungspflicht 194 f.
Suchmaschinen 477
Suggestivfragen 263
Summarische Kontrollrechnungen 274
Summen-/Saldenliste 476
Summenabschluss 548
Sunk costs 168
Sustainability reports 619, *649 ff.*
SWOT-Verfahren 323
Systembeurteilung 263, 266 f.
Systemerfassung 263, 265
Systemkontrollprogramme 470
Systemprüfungen 14, 108, 239 f., *259 ff.*
   Aufbauprüfung 108, 261 ff., 335, 642
   aus heuristischer Sicht 270 ff.
   bei abschlusspostenorientierter Prüfung 343
   bei Prüfung der Segmentberichterstattung 511
   bei Prüfung des Risikomanagementsystems 504
   bei tätigkeitskreisorientierter Prüfung 332, 335 f.
   IT-Systemprüfung 111, 466 ff.
   Umweltsystemprüfung 621
Systemtheorie 139

SysTrust 459, 631, 635
SysTrust-Prüfung 635 ff.

T

Tätigkeitskreise 331 f.
Tätigkeitskreisorientierte Prüfung 240, 330 ff.
Tätigkeitsverbot 190 f.
Testdatenmethode 468 f.
Testfälle 468
Testrisiko 207
Testverfahren 298, 301 ff., 377
Three party relationship 609
Top down-Ansatz 318, 320 f., 518
Training on the job 433
Transaction cycle approach 331
Transaktionen, nicht-routinemäßige 255, 260, 345
Transaktionskosten 27, *32 ff.*, 165, 213
Transaktionskreise 331 f.
Transformation 106, 134
Transformationsprüfung 266 f.
Trendanalyse 282 f.
Treuhandtätigkeit 7, 581 f.
Trittbrettfahrerverhalten 36 f.

U

Überleitungsrechnung 515, 520, 557
Überraschungsprüfungen 647
Übertragungsprüfungen 463
Überwachungssystem 13, 384, *499 f.*, 504 f., 598
Umsatzabhängigkeit 155 f.
Umweltberichterstattung 619 ff.
Umweltberichtsprüfungen 620
Umweltinformationssystem 621
Unabhängigkeit 3, 10, 63, 83, 103, *120 ff.*, *151 ff.*, 420, 430, 442, 578
   advocacy threat 123, 128 ff., 160
   Besorgnis der Befangenheit 121, 123 ff., 129, 154, 432
   dem äußeren Anschein nach 122 f.

independence in appearance 122 f., 151
independence in fact 122, 151
independence in mind 122, 168
innere 122, 151
intimidation threat 123, 129 f.
Normen 154 ff.
self interest threat 122, 161
self review threat 123, 160
Unabhängigkeitsbedrohungen 122, 124 ff., 152, 168, 177
Unabhängigkeitserklärung 533 f.
Unabhängigkeitsstärkungen 123, 157 ff., 431 f.
Urteilsfähigkeit 151
Urteilsfreiheit 151
  wahrgenommene 164, 579
Unbefangenheit 83, 151
Underpricing 16
Union Européenne des Experts Comptables Economiques et Financiers 65
Unterschlagungen 252, 381, 648
Unterschlagungsprüfung 289, 493, *648 ff.*
Urteile Dritter 112, 110, *405 ff.*, 464, 554
Urteilsbildung 44, 151, 202, 230, 297, *400 ff.*
Urteilshypothese 48, 400 f.
Urteilssicherheit 100, 202, 290, 400
US-GAAP-Abschluss 558 f.
US Generally Accepted Accounting Principles 7, 93, 556
US Generally Accepted Auditing Standards 96, 560 ff.

V

Variable interval sampling 308
Varianz 299
Verantwortlichkeit
  berufsrechtliche Ahndung 138, 180, *187 ff.*, 196
  Haftung, zivilrechtliche 180 ff.
  Ordnungrechtliche Konsequenzen 138, 195 f.
  Strafrechtliche Inanspruchnahme 192 ff.
Vereidigter Buchprüfer 51, 53, 60
Verhalten, sittenwidriges 184
Verhältnisschätzung 301
Verhältniszahlen 279
Versagungsvermerk 410 f., *413 f.*, 417 ff.
Verschweigen erheblicher Umstände 192 f.
Verschwiegenheit 83, 120 f., 142, 181, 225, 432, 439, 442, 444
Versicherungsunternehmen 586, 588
Vertrag mit Schutzwirkung zu Gunsten Dritter 184 f.
Vertragliche und vertragsähnliche Ansprüche 184 ff.
Verweis 190 f.
Verwendung von Prüfungsurteilen Dritter 110, 351, 405 ff., 464, 554
Vollprüfung 108, 240, 289, 497
Vollständigkeitserklärung 112, 404
Vorbehaltsprüfung 4, 575, 581, 583 f., 589, 596
Vorjahresprüfung 251
Vorprüfung 231
Vorratsinventur 349 f.
Vorratsvermögen 281, 349, 351, 384
Vorsatz 183 f., 192, 194 f.
Vorstand 14 f., 17 f., 32, 390, 403, 499 f., 506, 526, 530 ff., 546

W

WACC 642
Wahrscheinlichkeiten 208
Warnung 190 f.
WebTrust 87, 458, 628, 630
WebTrust-Prüfung 629 ff.
Werbung 83, 134, 142
Wertentwicklungskennzahlen 642 ff.

Wertorientierte Unternehmensführung 641
Wertpapieremission 624
Window dressing 245
Wirtschaftsbericht 535, 537
Wirtschaftsprüfer 4, 50, 133
    Berufsgrundsätze 83
    Berufszugang 50 ff., 135 f., 428
    Eigenverantwortlichkeit 83, 233, 405 ff.
Wirtschaftsprüfer, Berufsstand der 34 f., 60, 64 ff., 90, 117 f., 182
Wirtschaftsprüferexamen 50, *52 ff.*, 135 f.
Wirtschaftsprüferkammer *60 ff.*, 75, 148, 187 f.
Wirtschaftsprüfertag 62
Wirtschaftsprüfungsgesellschaft 55 ff.
Workflow-Management-Systeme 477

X

XBRL 607

Z

Zeitraumprüfung 592
Zeugnisverweigerungsrecht 142
Zivilrechtliche Haftung 180 f.
Zufallsauswahl 108, 240, *291 ff.*, 305
    bei kleinen Unternehmen 497
    echte 292
    einfache 293
    geschichtete Auswahl 294
    Klumpenauswahl 295
    komplexe 293
    unechte 292
Zusatznutzen 315, 329
Zweigniederlassungsbericht 540, 545
Zwischenberichte 615
Zwischenberichterstattung 20, 614
Zwischenprüfungen 205